SV

HAVEMANN

von

Florian Havemann

Suhrkamp

Erste Auflage 2007

Druck: Clausen & Bosse, Leck
Printed in Germany
ISBN 978-3-518-41949-6

2 3 4 5 6 7 – 13 12 11 10 09 08

HAVEMANN

Vorwort zur zweiten Auflage

93 % Havemann. Ich hab das mal von einem Computer ausrechnen lassen, auf diese Zahl ist Verlaß – also bleibt doch von Havemann genug übrig, Havemann weiter zu verbreiten, Havemann noch einmal in einer zweiten Auflage drucken zu wollen.

Gerupfter, eingeschränkter, zensierter Havemann – doch Vorsicht mit der Zensur: eine staatliche ist es nicht, die in mein Buch eingegriffen hat, es ist nur bzw., beziehungsweise etc. pp. eine privatrechtliche, eine damit rechtsstaatliche Sache und leider in fast allen Fällen eine Familienangelegenheit, die zu diesen Schwärzungen in Havemann geführt hat.

Unterlassungsverpflichtungserklärungen, die innerhalb von zwei Tagen abzugeben sind, Klageschriften, Prozesse, Anwaltskosten, Schadenersatzansprüche, die geltend gemacht werden, 40 Tausend €, 250 Tausend €, ersatzweise 6 Monate Haft – nicht schlecht, diese Ernte bei einem Buch, aber das ist natürlich nur wieder der Zynismus, der mir immer wieder vorgeworfen wird. Zu Recht, aber für mich auch die Rettung, mich in einen solchen Zynismus zu flüchten, wo mir doch keiner darin folgen will, wenn ich sage, zu der von mir beanspruchten Freiheit der Kunst, der Meinungsfreiheit auch, gehöre doch komplementär die Freiheit des Lesers, ein Buch nicht zu lesen, über das er sich nur ärgern und aufregen kann.

Für ein Buch, in dem es schon in seiner Urfassung eine, wie sich nun zeigt, prophetisch-vorsorglich geschwärzte Seite gegeben hat, sind die vielen nun auch noch zusätzlich geschwärzten Seiten natürlich auch eine Zier – Beweis auch dafür, daß sein Autor so naiv nicht war, nicht ganz so naiv, wie es nun scheinen muß. Aber ich muß das zugeben, damit nicht gerechnet zu haben, unter denen, die sich mit juristischen Mitteln und unter Prozeßandrohungen gegen meinen Havemann gewehrt haben, dann auch meine Geschwister zu finden, meinen Bruder, meine Schwester. Hätte ich so nicht für möglich gehalten. Hätte ich's für möglich gehalten, ich hätte anders über sie geschrieben, eingedenk dieser Möglichkeit, und also muß mir dies selber nun auch recht sein, was ihnen recht und billig ist – und wahrscheinlich aber eigentlich dann doch wieder nicht genügt: daß sie in meinem Havemann nur noch geschwärzt erscheinen, als Phantome ihrer selbst. Diese Kapitel über sie stimmen so nicht mehr, wie ich sie geschrieben habe, ich wußte nicht, daß sie mir so feind sein könnten. Auf die Zerstörung dessen aus, was ich, ihr Bruder, schreibe. Nichts dagegen, daß sie sich ärgern, daß sie ihrem Ärger auch öffentlich Luft machen, nichts dagegen, daß sie meiner Wahrheit die ihre entgegenstellen – wie sollte ich auch dagegen etwas haben, ich, der nicht mehr zu tun mir vorgenommen hatte, als meine Wahrheit zu schreiben, nicht die Wahrheit über Havemann, die es eh nicht gibt. Aber mit Anwälten zu kommen, mit Gerichten zu drohen, das ist erbärmlich – nur habe ich kein Erbarmen mit ihnen, ich kann mich der Verachtung nicht erwehren. Und mich nur bestätigt sehen, in meiner Anmaßung, nur mich allein in dieser Drei-Generationen-Geschichte Havemann als Havemann zu behaupten. Aber auch das stimmt so nicht ganz, denn auch das ist Havemann, der kleinliche Havemann, dem alle Mittel recht sind. Ich habe doch meinen Vater zum letzten Mal gesehen, als er mir mit der Polizei drohte, wenn ich nicht binnen 24 Stunden sein Grundstück verlasse.

Daß sich da Menschen durch das verletzt fühlen, was ich über sie geschrieben habe, das kann ich verstehen, und auch dann noch nachvollziehen, wenn ich mich gegen die Unterstellung dabei wehren würde, ich hätte dies so in der Absicht geschrieben, sie zu verletzen – aber daß sich Menschen, die mir persönlich so nahestehen, in ihren Persönlichkeitsrechten verletzt fühlen, das verstehe ich nicht. Ich verstehe nicht, wie man hier auf Rechte pochen kann, wie man sich hier in Rechten verletzt fühlen kann. Besonders dann, wenn man, wie dies meine Schwester im *SPIEGEL* getan hat, selber gut austeilen kann: »... ein Buch, das ich für durch und durch eitel, kokett, mißgünstig, hämisch, schmähend, schlampig und gezielt unaufrichtig halte.« Wer ein Buch rezensiert, sollte nicht gegen es klagen, entweder/oder, das ist unfair gegenüber den Lesern, denen man ein Buch beurteilt, das man ihnen so, wie man es be- und verurteilt hat, dann zu lesen verwehren will. Auf daß sich Leser selber ein Urteil bilden können, sehen können, ob das für sie geschrieben ist, dieses Buch. Ein Buch muß sich seine Leser erst finden, die, für die es geschrieben ist, die, die es dann auch, ohne Schaden dabei zu erleiden, werden lesen können. Ein Autor aber hat es erst mal mit Menschen zu tun, für die er doch nicht unbedingt sein Buch geschrieben hat, weder für die von der Kritik, die Zeitungs- und meist Schnellschreiber, die Platzwarte der Literatur, die verhinderten Zensoren, die sich in meinem Falle Havemann so hervorgetan haben, noch für die, die selber ihren Havemann kennen, der notgedrungen und notwendig und zum Glück auch von meinem Havemann abweicht, für die auch, die selber Havemann sind, zu dieser Mischpoke Havemann dazugehören. Was Wunder, daß sie hier ihren Havemann beschädigt sehen, daß sie sich als Ebenso-Havemann geschädigt glauben, als wäre es das, was ich hätte tun wollen: ihnen Schaden zufügen. »Wir sind eine beschädigte Familie«, sagte meine Schwester zur *ZEIT*, und vielleicht sind wir das auch, aber wie kann man nur glauben, einen solchen Schaden durch einen Schadenersatz, durch Geld, aus der Welt schaffen und ausgleichen zu wollen.

Ich verstehe es nicht, aber vielleicht will ich es auch nur nicht verstehen, diese eigenartige Mischung aus Ost und West: all diese Menschen, fast alle, die mir mit Einsprüchen gegen meinen Havemann gekommen sind, sie kommen aus dem Osten, sind im Osten aufgewachsen, groß geworden, in einem Staat also, dessen Staatspartei immer wieder ihr unliebsame Bücher verboten hat oder gar nicht erst hat erscheinen lassen – vielleicht ist das eine tiefe Prägung, auf eine solche Weise Dinge aus der Welt schaffen zu wollen, mißliebige Dinge, Dinge, die einem zuwider sind, das Weltbild und die Ruhe stören. Vielleicht, und vielleicht sogar bei den Menschen, die diesen Staat deshalb abgelehnt, ja, gehaßt haben, weil er ihnen vorschreiben wollte, was sie lesen dürfen. Was sie nun mit meinem Buch versuchen, also der Versuch der Wiedereinführung von Zensur – nun aber mit privatrechtlichen Mitteln und nicht mehr von Staats wegen, sondern so, daß hier Privatpersonen von selber tätig werden, Anwälte dann bemühen, die Gerichte zum Teil auch, und irgendwann geht es dann auch um Geld, und selbst dann, wenn es um Geld gehen könnte, ist hier nicht Schluß, wo sie doch wissen, daß ich nicht reich bin, kein Geld habe, aber eine Familie, drei Kinder. Wir sind im Westen angekommen. Aber vielleicht mache ich es mir da zu einfach, und auch deshalb zu einfach, weil sie den einfachen Weg gehen, den leichten, den, den man mit der Hilfe von juristischen Helfershelfern gehen kann, vielleicht will ich doch die Zerstörungswut nicht sehen, der dann alles, alle Mittel recht sind, auch die rechtlichen. Und ich habe sie herausgefordert, diese Wut angefacht, bin also selber schuld – was beklage ich mich? Beklage ich mich denn? Aber auch wenn ich mich beklagen will, klage ich doch niemand anderen an, komme ich hier nicht mit einer emotionalen Retourkutsche vorgefahren. Und fühle mich nicht plötzlich als Opfer, ich will Täter bleiben. Ich habe ein Buch geschrieben, und ein Buch ist ein Buch, ein Buch nur. Auf denn nun, Havemann zum zweiten!

Anfangen

Egal, womit anfangen. Alle kennen Havemann, keiner kennt Havemann. Ich schreibe das auf, nur das, was sich in meine Erinnerung eingegraben hat, was sich in mir über die Jahre hinweg als Erklärung in meinem Denken festgesetzt hat. Ich überprüfe es nicht auf seinen Wahrheitsgehalt, ich forsche nicht nach. Ich wühle mich nicht durch alte Aufzeichnungen, durch Gerichts- und Geheimdienstakten. Nur meine Wahrheit zählt, und sie zählt auch dann hier allein nur, wenn sie vielleicht nicht die Wahrheit ist, wenn ich's schon ahne, daß man dies alles auch ganz anders sehen und interpretieren kann, daß die gleichen Dinge von den Menschen, die mir familiär am nächsten stehen, ganz anders auch erlebt worden sein können. Ich schreibe nicht für sie, nicht für meinen Bruder, meine Schwester. Ich schreibe an der Legende Havemann. Das ist der Freibrief – ich habe ihn mir selber ausgestellt.

Ich schreibe auf, was ich weiß. Ich schreibe nur auf, was ich weiß. Ich schreibe aber auch meine Zweifel an dem auf, was ich weiß. Ich schreibe meine Zweifel an dem auf, was ich weiß, denn um diese Zweifel weiß ich ja auch. Und ich weiß, daß alles Wissen zweifelhaft, bezweifelbar bleibt, bleiben muß. Ich weiß, daß ich mit dem Zweifel leben muß. Ich werde alles aufschreiben, was ich über Havemann weiß. Aber ich werde natürlich nicht alles aufschreiben können, was ich über Havemann weiß. Denn ich weiß zuviel über Havemann. Aber ich werde auch mehr aufschreiben über Havemann, als ich über Havemann weiß, als ich jetzt schon weiß, jetzt, wo ich anfange, alles über Havemann aufzuschreiben, was ich weiß. Mir werden Dinge erst aufgehen, in ihren möglichen Zusammenhängen klarwerden, während ich sie aufschreibe. Ich werde, in meine Erinnerungen eintauchend, dort sicher sehr viel mehr herausholen können, als ich es jetzt schon weiß. Ich schreibe dies Buch Havemann für mich. Es ist dies ein egoistisches, ein vollkommen egozentrisches Buch, ein ungerechtes sicher, ein für viele verletzendes auch. Es ist dies ein kommunistisches Buch, und wer Havemann ein bißchen kennt, wird wissen, warum ich diesen Scherz mache. Weil mein Vater im Vorwort zu seinen im Westen erschienenen Vorlesungen meinte dieses sein Buch ein kommunistisches Buch nennen zu sollen. Deshalb ist auch dies Buch, mein Havemann, ein kommunistisches Buch. Weil es ein Buch für alle ist und für mich. Und weil auch in diesem Buch Havemann, wie im Kommunismus der Privilegien, ein paar meiner Leser gleicher sein werden als andere. Die Armen, die mich kennen. Die mich kennen und dieses Buch trotzdem lesen werden. Obwohl ich ihnen davon abraten werde, es zu lesen.

Ich wollte dieses Buch, einen Roman über Havemann, eine Bio- und Autobiographie, mir doch egal, schon immer schreiben – aber was heißt immer? Seit vielen Jahren schon, dieses Buch Havemann, das Buch über meinen Vater und mich, mich und meinen Vater und, wie ich dann doch bald wußte, meinen Großvater, denn wir gehören zusammen, wir drei bilden eine Reihe. Ich wußte, daß ich's irgendwann schreiben werde, wenn ich weiß, wie ich's schreiben kann, und viele erwarten, daß ich's schreibe, das Buch Havemann, viele befürchten's wohl eher, daß ich's schreiben werde, und sie haben sicher Grund und Anlaß dafür. Aber immer bin ich es selber, der sich mehr ins Unrecht dabei gesetzt hat, habe ich mich zu Havemann geäußert, immer habe ich, wenn, nur mich und nicht etwa meinen Vater unmöglich gemacht, und das ist gut so, das ist die einzigste Chance, die ich habe, auch für dieses Buch habe. Weil ich nur dann gut bin, rücksichtslos gut bin, wenn ich nichts zu gewinnen habe. Und nun habe ich's zu schreiben angefangen, weil ich plötzlich wußte, wie's geht, den Stil wußte, in dem dies geschrieben werden muß, von mir, und von mir auch nur geschrieben werden kann. Nur jetzt paßt es mir nicht in den Kram, weil ich anderes zu tun habe, nicht ein neues Projekt anfangen will, bevor ich meinen ersten Roman nicht fertig gemacht habe. Aber auch den wollte ich doch nicht schreiben, mußte ihn aber schreiben. Das ist das Gute in meiner ausweglosen Situation, daß ich nur schreibe, was ich schreiben muß. Und jetzt schreibe ich ein bißchen Havemann, damit ich schon ein bißchen was geschrieben, den Stil ausprobiert und für mich überprüft habe, den Klang, den Ton, den ich anschlage, und ich schreibe, damit ich mich nicht gleich voll und ganz in dieses Projekt Havemann hineinstürze. Zur eigenen Beruhigung.

Ich deklariere Havemann einfach als Buch, denn das ist es ja beziehungsweise soll es das werden: bedrucktes Papier zwischen zwei Deckeln – ich meine: wenn es denn einer druckt, und druckt es keiner, kein Verlag, dann drucke ich es mir selber aus in ein paar wenigen Exemplaren und lasse es mir feierlich und teuer binden. Ein Buch, ich schreibe ein Buch, schreibe erst einmal an einem Buch. An einem Buch, das gattungsmäßig so schwer wohl einzuordnen wäre, daß ich's nur ein Buch nennen will. Eine, meine Autobiographie ist es nicht, obwohl es natürlich sehr viel von einer Autobiographie enthält, eine Biographie meines Vaters ist es nicht, eine Doppelbiographie von meinem Vater und seinem Vater, meinem Großvater, das ist es auch nicht, obwohl es, wie ich meine, das Entscheidende von ihrer beider Leben enthält, das für mich Entscheidende. Havemann, das ist nur zu dritt interessant, behaupte ich, Havemann, das ist nur von innen heraus interessant, behaupte ich, von einem Insider geschrieben, einem an Havemann Beteiligten, einem von Havemann Betroffenen. Und also wird Havemann nur ein höchst unangenehmes Buch werden können, interessant, weil unangenehm, unangenehm, weil nur so interessant, und also bedarf Havemann einer gewissen Absicherung und wird sich hinter dem Schutzschild der Kunst verstecken müssen – wenn man mir also mit Klagen kommt, kommen will, dann ziehe ich mich ganz schnell auf den Roman zurück und deklariere das Buch Havemann, auch wenn das juristisch vielleicht so nicht funktioniert und durchschlägt, ganz schnell in einen Roman um. Denn ein Roman ist es ja, ein Familienroman, eine Väter-und-Söhne-Geschichte, eine Söhne-und-Väter-Geschichte, und dann ist es doch auch ein ganz moderner Roman, ein Roman auf der Höhe der Zeit, ein auf mehreren Ebenen spielender, ein zwischen Realität und Fiktion schillernder, einer, der sich selbst in seinen Voraussetzungen, seiner Entstehung reflektiert – was will man mehr?

Und wenn ich mir einen Scherz erlauben will, dann sage ich, dieses Buch wäre ursprünglich fürs Fernsehen geplant gewesen, als Drehbuch für eine Familiensaga im Stile von *Dallas* oder *Denver Clan*. Und wenn mir das einer abnimmt, für einen Moment abnimmt, dann behaupte ich, daß man aber nicht etwa von einem deutschen Fernsehsender auf mich zugekommen wäre, den Mut hätten sie da nicht, in diesen Anstalten, es wäre das via Polanski gelaufen, der ja als Pole Sinn für Ost-Geschichten habe, und ein Hollywoodagent hätte mir den Auftrag für ein Exposé gegeben. Und wer mir das dann immer noch glaubt, dem binde ich den Bären auf, daß sich dieses Projekt leider, wie so viele bei mir, zerschlagen hätte, und wer dann noch eine Begründung dafür hören will, dem erzähle ich, daß Havemann diesen Amis dann doch zu nur deutsch und aus der deutschen Geschichte verständlich vorgekommen sei, daß sie aber wohl eigentlich nach mehr Sex gegiert hätten. Und ertappt man mich bei meinem bemühten Scherz, sei es gleich auf der ersten Stufe, sei es, daß da am Ende doch Zweifel entstehen, dem sage ich, daß solche Witze eben typisch Havemann wären und deshalb bei meinem Projekt nicht ausbleiben könnten.

Das Terrain

Havemann, das beginnt mit einem Saathändler. Für mich beginnt Havemann mit einem Saathändler, aber natürlich weiß ich, daß es vor diesem Saathändler andere Havemänner gegeben haben muß, Havemänner, von denen dieser Saathändler abstammt und mit ihm dann wir, mein Großvater, mein Vater und ich, und natürlich auch noch die vielen anderen, die zur Sippschaft gehören. Vielleicht waren das Bauern, Saatgüterproduzenten, die sich eines Tages auf den Handel mit Saatgut allein verlegt haben, vielleicht aber waren das lange und immer schon Havemänner, *to have* Männer, Männer und ihre Familien, die was hatten, Besitz, vielleicht aber auch waren das Hafenmänner, diese Havemänner, und damit schon Händler von alters her, Leute, die im Hafen ankommende Ware kauften und dann weiterverkauften, in andere Städte, ins Hinterland. Hamburger Hafenmänner zum Beispiel, denn die habe ich mir immer als unsere Vorfahren vorgestellt, von denen dann einer auf der halben Strekke zwischen Hamburg und Berlin hängengeblieben ist, in Grabow, der kleinen Stadt Grabow. Besser ein großer Händler sein in Grabow als ein kleiner Hafenmann in Hamburg. Besser ein *to-have*-Mann in einem kleinen Nest wie Grabow sein, ein Habenmann, ein Habemann dort als von der Hamburger Hafenkonkurrenz erdrückt werden – an irgendwelche Bauern, die Saatgut produzierten und dann zu Saatguthändlern wurden, habe ich nie geglaubt, denn das ist für mich nicht Havemann. Havemann, das ist für mich: eine Gelegenheit ergreifen, die sich einem bietet. Den Saatguthandel in einer kleinen Provinzstadt wie Grabow zum Beispiel. Havemann, das ist: lieber in einem kleinen Nest ein König zu sein als sich in einer Weltstadt, in einer Hafenstadt mit Verbindung in die ganze Welt, der Konkurrenz der ganzen Welt ausgesetzt, abmühen zu müssen. Havemann, das ist: DDR und im doofen Rest der Klügste sein zu wollen. Havemann, das ist: ein König ohne Volk bleiben zu wollen, anstatt sich mit dem undankbaren, uneinsichtigen Volk da draußen abmühen, abgeben zu müssen. Und das können dann auch zum Beispiel Kritiker sein. Havemann, das ist: sich irgendwo festsetzen, eine häusliche Existenz führen. Grabow, Borgsdorf und Grünheide bei Berlin, mein Neukölln. Havemann beginnt mit einem Saathändler, und der Saathändler, das ist Mittelstand, Mittelschicht, und Havemann ist das immer geblieben: Mittelstand, Mittelschicht – nur was das bedeutet, das hat sich immer wieder geändert.

Nein, Havemann beginnt nicht mit diesem Saathändler in Grabow, Havemann beginnt so wenig mit diesem Saathändler in Grabow, daß ich noch nicht mal weiß, wie dieser Havemann mit Vornamen hieß. Der Saathändler Havemann in Grabow, das ist die Vorgeschichte von Havemann, das, wo Havemann herkommt, das, woraus dann Havemann wurde, mit meinem Großvater Hans Havemann wurde, dem Sohn des Saathändlers Havemann in Grabow. Und wenn noch etwas bleibt von diesem Havemann in Grabow, bis zum heutigen Tag und in mir Havemann bleibt, dann der Atheismus, sein Atheismus, denn das einzige, was mir von diesem Saathändler Havemann übermittelt wurde, ist sein für seine Zeit so ungewöhnlicher Atheismus. Sein für eine Kleinstadt so ungewöhnlicher, so auffälliger Atheismus. Der bekennende Atheist Havemann, so die Legende, soll nur ein einziges Mal eine Kirche betreten haben, die Kirche in Grabow – Anlaß: die Konfirmation seines Sohnes. Und dann, so die Legende weiter, habe der Pfarrer in seiner Predigt gegen die Leute gewettert, die nicht an Gott glauben und nur aus einem äußerlichen, einem gesellschaftlichen Grund in die Kirche kommen, und ganz Grabow, so die Legende, habe gewußt, wer mit dieser allgemein gehaltenen Philippika gemeint gewesen sei: der bekennende Atheist Havemann, der wohlbetuchte Saathändler Havemann. Und da ist er dann aufgestanden, der Saathändler Havemann, mitten in der Predigt, und hat demonstrativ und von allen begafft die Kirche verlassen. Hat laut und für alle vernehmlich die Kirchentür hinter sich zugeworfen. Und das ist dann doch schon Havemann. Das ist der Dissident Havemann. Das bin ich, der die Kirche Sozialismus verläßt. Die demonstrative Abkehr, die Flucht, weil einem Havemann das sehr schnell doch zu blöd wird, auf was er sich da eingelassen hat. Und das ist auch mein Großvater, der Nazi, der Chefredakteur einer Provinzzeitung, der Schriftleiter, der eines Tages beschließt, Geologe zu werden. Das ist Havemann: eines Tages wegzugehen. Aus Gründen der Ehre, der Selbstachtung, um der eigenen Überzeugungen willen. Weil einem etwas doch zu blöd wird. Weil man auch etwas anderes tun könnte, etwas vielleicht Besseres. Das ist nicht nichts, das ist nicht wenig. Havemann, das ist etwas. Havemann, das ist, sich als etwas Besseres zu dünken als die anderen.

Aber Havemann wird erst richtig zu Havemann in dem Moment, wo der Sohn des Saatguthändlers nicht selber Saatguthändler wird, wo Havemann in meinem Großvater zum Intellektuellen wird. Zu einem, der auf seinen Geist auch seine Existenz zu gründen versucht. Der mit seinem Grips durchkommen will. Was das bedeutet, das wandelt sich, und es ist auch nicht immer eine leichte Sache, es ist auch gefährlich, existenzbedrohend gefährlich, lebensgefährlich. Das kann es sein. Muß es nicht sein. Aber prekäre Existenz, das ist es immer. Havemann hat studiert. Mein Großvater Havemann war der erste Havemann, der studiert hat, und auch ich habe studiert. Wenn auch nicht richtig, wenn auch ein Fach, das ich dann als Beruf nie ausgeübt habe. Und auch das ist immer noch Havemann, typisch Havemann. Denn Havemann, das bedeutet, sich nicht auf einen Beruf festzulegen. Auf einen Beruf allein. Mein Großvater war Gymnasiallehrer, mein Großvater war Zeitungsschreiber, war Redakteur, mein Großvater wurde dann Geologe. Mein Großvater hat philosophische Bücher geschrieben, mein Großvater hat Theaterstücke geschrieben, Romane. Mein Vater hat als Naturwissenschaftler gearbeitet, mein Vater war technischer Assistent in einem Krankenhaus, mein Vater war Erfinder. Mein Vater hat eine Widerstandsgruppe gegründet. Mein Vater war Parlamentsabgeordneter, mein Vater hat auf seine Weise Politik gemacht, mein Vater war der Anführer der Opposition in einem Staat, der offiziell keine Opposition zuließ. Mein Vater hat Gedichte geschrieben, mein Vater hat Bücher geschrieben. Ich bin Elektriker von Beruf, ich habe Bühnenbild studiert, habe als Reinigungskraft gearbeitet. Ich habe Bilder gemalt, Theaterstücke geschrieben, ein paar Gedichte auch, einen Roman bisher. Ich habe Musik gemacht, Musik komponiert. Ich bin zum Verfassungsrichter geworden. Ich habe für den Bundestag kandidiert. Ich bin Herausgeber einer Zeitschrift. Und das ist Havemann. Vielleicht in meinem Falle schon Havemann im Delirium, in einem Zuviel an Havemann. Aber Havemann, denn Havemann bedeutet: sich nicht auf eine Sache festlegen wollen, sich nicht auf eine einzige Sache festlegen können. Aber aus Havemann wird auch dann erst richtig Havemann, wenn sich Havemann mit Nicht-Havemann verbindet. Mein Großvater hat eine adlige junge Dame geheiratet, eine Malerin. Mein Vater hat eine Karin von Bamberg geheiratet, meine Mutter. Eine Kriegerwitwe. Die Frau eines U-Boot-Kommandanten, der im Atlantik verblieben ist. Und ich, ich habe eine Französin geheiratet, eine junge Frau aus der französischen Provinz, der mittellose Künstler hat sich mit einer Frau zusammengetan, die in einer gutbürgerlichen Familie groß geworden ist, der Atheist Havemann hat sich mit einer Katholikin zusammengetan, und das ist Havemann. Sich mit Nicht-Havemann zu verbinden, das ist Havemann.

April 2006, an einem Wochentag, morgens früh, Viertel nach sechs, kurz vor halb sieben. An einer Bushaltestelle, an der Bushaltestelle, an der ich immer einsteige, um von meinem Atelier, meinen Arbeitsräumen am Kottbusser Damm, zur Wohnung, unserer Wohnung, der der Familie Havemann, in der Schleiermacherstraße zu fahren. Das kann doch nicht wahr sein. Ich glaub, mich tritt ein Pferd – nein, kein Pferd weit und breit zu sehen, in Berlin doch nicht. Aber mich sticht der Hafer – das schon eher, das sogar ganz erheblich, und weckt mich auf, macht mich wach, reißt mich aus meiner frühmorgendlichen Müdigkeit heraus, ich habe nur drei Stunden Schlaf hinter mir. Doch nun das! So ein Mist! Was für ein Desaster, das wirft mir doch einfach meine ganze, jahre-, jahrzehntelang vertretene Theorie über den Haufen. Ein Kleintransporter schiebt sich ins Bild, ins Blickfeld meiner müde verquollenen Augen, weiße Farbe, weiß lackiert, und hinten, auf den geschlossenen Teil mit großen blauen Lettern geschrieben, ein Name: *HAFERMANN* – die Ampel schaltet auf Grün, und schon braust er davon, dieser Kleintransporter, so schnell, daß ich in meinem Schock gar nicht die Zeit habe, nachzuschauen, was denn das nun für eine Firma war, die mit dem Namen *HAFERMANN* in der Gegend rumfährt. Ich bin ja früher mit einem ebensolchen Kleintransporter zu vergleichbaren Zeiten in der Stadt rumgekurvt, in meinen Elektrikerzeiten, und wir hatten da hinten drin unser Material, die Kabelrollen, die Steckdosen, eine richtige kleine Werkstatt – der Wagen einer solchen Firma könnte das gewesen sein, und wenn das jetzt noch der Lastwagen eines Saatguthändlers gewesen wäre, dann wäre die ganze Chose, mein Desaster perfekt, aber dazu war der Wagen zu klein. *HAFERMANN* – damit ist alles klar: nicht *to have*, nicht Hafen, der Hafer ist es, wo Havemann herkommt, und also doch vom Feld und von den Bauern her, und einer von ihnen dann verlegt sich auf den Handel mit dem, was Bauern nebenbei ja immer auch produziert haben: das Saatgut für das nächste Jahr, die nächste Aussaat. Nina hatte also instinktiv recht, Nina Hagen, meine Freundin, meine einstige Geliebte, die mich scherzhaft immer wieder *Haberkorn* nannte, *Doktor Haberkorn* wohlgemerkt – *Haber*, das alte Wort, die alte Lautung von dem, was heute Hafer ist.

Aber was mache ich morgens um diese frühe Zeit an einer Bushaltestelle, wenn ich nur drei Stunden geschlafen, weil bis um 3 Uhr in der Nacht geschrieben habe? Gute Frage, leicht und doch nicht so leicht zu beantwortende Frage: ich fahre von meinem Atelier, von meinen Arbeitsräumen am Kottbusser Damm, wo ich eine Matratze zu liegen habe, wenn es zu spät wird, in die Schleiermacherstraße zu meiner Familie, um von dort aus dann meine Kinder zur Schule zu bringen, nachdem wir erst mal alle zusammen gefrühstückt haben. Ich bringe die Brötchen mit – die Brötchen zu holen, das habe ich jahrelang auch als Schuljunge getan, bei Wind und Wetter, auch im Winter, bei Schnee, und es hieß da immer schon eine halbe Stunde, zwanzig Minuten vorher dasein und warten, daß der Bäckerladen um 7 aufmacht, denn stand ich nicht ganz vorne mit in der Reihe, ich hätte es nicht rechtzeitig zurück geschafft zum Frühstück – aber das lenkt natürlich jetzt nur ab, denn es sind ja nicht die Brötchen, und es ist auch nicht mein familiär väterliches Pflichtbewußtsein, was diese Frage so schwer zu beantworten macht, deren Antwort lautet, daß ich die Nacht, wie so oft, schreibend in meinem Atelier und nicht bei meiner Familie, im Bett mit meiner Frau verbracht habe. Meine Eltern schliefen in getrennten Betten, aber das Bett meines Vaters, es war fast immer am Morgen leer und unberührt, er nicht da, und sein großes Zimmer, sein Bett dann immer der Platz, wo ich noch, nachdem ich schon um 6 aufgestanden war, eine halbe Stunde las, mehrere Jahre lang in einem dicken Wälzer aus dem Bücherschrank meines Vaters, dem Briefwechsel zwischen Stalin, Roosevelt, Churchill und dann Truman während des Zweiten Weltkriegs, bevor ich mich auf meinen Weg zum Bäcker machte – aber auch dieses Buch, von dem ich nur das wenigste verstand, das ich trotzdem immer weiter las, lenkt nur ab. Worauf es hier ankommt, das ist, daß mein Vater nicht bei uns zu Hause in der Wohnung am Strausberger Platz lebte, sondern auf unserem Grundstück in Grünheide Alt-Buchhorst, in seinem Häuschen dort. Wir Kinder sahen ihn nur zur Mittagszeit – wir Kinder, meine Mutter, die zur Arbeit war, nicht, und dann verschwand er wieder, und das war's. Nur die Wochenenden verbrachte die Familie Havemann zusammen. Und ob ich's nun will oder nicht, mir dies peinlich und schmerzlich ist, in gewisser Weise lebe ich auch so ein Familienleben – natürlich gibt es Unterschiede, und ich könnte sie mir alle aufzählen, aber auch meine Kinder erleben ihren Vater und also mich immer wieder als jemanden, der sich von ihnen verabschiedet. Der wichtigste, der entscheidende Unterschied, und den will ich dann doch nennen, mit ihm mich rechtfertigen, ist natürlich der, daß ich arbeite, etwas tue, wenn ich mich von meinen Kindern, meiner Frau und von ihr auch oft genug für die Nacht verabschiedet habe, mein Vater aber, er schaute auf den See hinaus, er trank, er hatte seine Weiber dort in seiner Hütte in Grünheide Alt-Buchhorst, und das war's. Er war ja so faul. Ein Philosoph.

Ein Denker

Da sitzt er, sinnend sein Haupt gebeugt über die Kassenbücher, wägend Gewinn und Verlust, der Saathändler, der Ur-Havemann – sieht er rote oder schwarze Zahlen? Hoffen wir für ihn auf die schwarzen, auf den Profit, denn von diesem Geld dann wird mein Großvater, der Sohn des Saathändlers, studieren. Der eine studiere die Kassenbücher, die Rechnungen, die Kassenbelege, Einnahmen und Ausgaben, damit der andere dann den philosophischen Quatsch studieren kann. Vom Vater zum Sohne, vom Niederen zum Höheren. Aber den Sinn für Höheres, den könnte doch auch schon der Saathändler in sich verspürt haben, der überzeugte, der unverbesserliche Atheist, und da ihm der Himmel der Religion verwehrt blieb, war auch er vielleicht schon dilettantisch und im Selbstversuch auf dem philosophischen Trip, und ich tue ihm furchtbar unrecht, wähne ich ihn über schnöde Zahlen gebeugt dort im Licht. Und wie der Vater dann der Sohn, der eine setzt nur fort, was der andere an seinem Schreibtisch schon in Grabow begann. Bilder an den Wänden, exotisch anmutende Hörner, eine Skulptur auf dem Schrank hinter ihm, die große, hochgestellte Petroleumlampe, so hoch gestellt wohl, daß sie auch des Nachts noch gut diesen Tisch beleuchte, an dem dieser Mann schreibt – wie ein Kontor sieht es nicht aus bei Havemann in Grabow, wie eine Studierstube sieht es aus. Fehlen nur die Bücher, aber das setzt sich ja fort bei Havemann, das Selberdenken, das eine Sache nicht Studieren und sie doch Bedenken, das Denken auf eigene Kappe, das Behaupten von Behauptungen. Studieren, in die Bücher gucken, das ist doch Havemanns Sache nicht – sollte denn Havemann vielleicht doch schon mit diesem Saathändler in Grabow begonnen haben?

Ich kenne nur diese Silhouette im Licht, mehr kenne ich von diesem Havemann nicht, ich weiß noch nicht mal, wie dieser Havemann hieß. Mit Vornamen hieß. Ich frage also meine Schwester, ob sie das wisse, wie unser Urgroßvater Havemann, der Saathändler, mit Vornamen geheißen habe – nicht, daß es mich sonderlich interessieren würde, dies zu wissen, wie der Mann, unser Vorfahr, denn geheißen habe. Mich interessiert vielmehr, ob meine Schwester etwas weiß, was ich nicht weiß. Entweder vergessen habe oder nie habe wissen wollen. – interessant, das wußte ich gar nicht. Vielleicht gibt es ja doch noch eine andere Fotografie von ihm, und ich kenne nur diese eine, obwohl es noch andere gibt. Aber mir reicht die eine. Ich habe doch Augen. Viel ist ja nicht zu erkennen auf diesem alten Foto, aber eines erkenne ich doch: dieser Havemann, er trägt zum mindesten einen Bart am Kinn – nichts Besonderes in der guten alten wilhelminischen Zeit. Mein Großvater hatte dann schon keinen Bart mehr, war glatt rasiert, und mein Vater, doch eher schlampig in seiner Kleidung, leger im Habitus, er rasierte sich jeden Tag, und nur ich dann lasse es daran fehlen – aber, wenn ich zum Gericht muß, nach Potsdam zum Verfassungsgericht, dann rasiere ich mich, dann ziehe ich mir auch einen Anzug an, diese Verbeugung vor dem, was Usus ist, die mache ich dann doch. Mein Großvater immer untadelig gekleidet, mein Vater in Jeans dann nach seiner Entlassung aus allen Ämtern, von allen Direktorenposten. Nein, er mochte das nicht, das Bürgerliche, Allzubürgerliche. Seine runtergetretenen Latschen, die Slipper, die er so lange draußen bei uns in Grünheide Alt-Buchhorst trug, sie waren legendär. Eine vielbeachtete Kuriosität, und in unserer Wohnung am Strausberger Platz hing neben dem Kaffeetisch im Zimmer meines Vaters ein Bild von Frédéric Joliot-Curie an der Wand, eine Zeichnung von Picasso – eine Reproduktion natürlich, kein Original, und uns Kinder wunderte das schon, wie dieser Picasso da mit einer rasch hingeworfenen Linie den Kragen auf seiner Porträtzeichnung hingeworfen, hingerotzt hatte, und eines Tages, als wir drei mit unserem Vater nach dem gemeinsamen Mittagessen an diesem Tisch zusammensaßen, sprachen wir ihn auf diese Nachlässigkeit an, sicher in dem naiven kindlichen Protest, daß das ja wohl keine Kunst sei. Unser Vater aber erklärte es uns, erklärte uns, daß Picasso das natürlich mit Absicht gemacht habe, weil er damit etwas zum Ausdruck bringen wolle – wir schauten unseren Vater mit großen, ungläubigen Augen an, und er sagte, wir sollten uns diesen Joliot-Curie, diesen berühmten und sicher vielbeschäftigten Wissenschaftler, als jemanden vorstellen, der anderes im Kopf habe als, ob er denn ordentlich gekleidet sei und sein Kragen richtig liege, wir sollten uns einen Mann wie ihn vorstellen, der er ja auch, was seine Kleidung betrifft, eher nachlässig sei, und wenn denn dann noch der Hinweis auf meine Mutter fehlte, mit der er deswegen immer wieder Auseinandersetzungen habe, wegen seiner Nachlässigkeit in diesen Dingen, nötig war er nicht, dieser Hinweis, diese Probleme kannten wir, diese Probleme hatten wir mit dieser Preußin doch auch.

Der Mensch

Er stellte sich da hin in die Mitte des Raumes. Er hielt das Buch schon in der Hand. Er sagte: »Hört zu, ich muß euch etwas vollkommen Verrücktes vorlesen.« Ob das nun eine größere Runde war oder sich nur ein, zwei Freunde bei ihm versammelt hatten, bei ihm und seinem Bruder im Zimmer hoch über dem Strausberger Platz mit dem Blick zum Alex hin. Sein Bruder wußte, was jetzt kommen würde: eine pathetische und dabei ins Lächerliche gezogene Deklamation – von was? Wenn sie ihn fragten, seine Freunde, was er ihnen vorlesen wolle, aus welchem Buch denn, antwortete er: das täte erst mal nichts zur Sache, außerdem würden sie es garantiert nicht kennen, auch den Autor nicht. Und wenn ihn einer seiner Freunde dann noch fragte, woher er das offensichtlich alte Buch habe, in welchem Antiquariat er es gefunden habe, antwortete er nur kurz und knapp: »Familienbesitz«, und sein Bruder lächelte. Er schlug also das Buch auf, die Arme eng an seinen schmalen, in die Höhe geschossenen Jünglingskörper gepreßt, er blätterte das schön gestaltete Deckblatt um, die Titelseite – den Titel nannte er nicht, nicht den Autor, aber das erwartete auch keiner mehr. Er überblätterte auch das Vorwort, und dann hatte er den Text vor sich, das erste Kapitel dieses Buches, von dem er niemals mehr als nur den Anfang gelesen hatte, diejenige Stelle, die er nun vortragen würde. Er hob die Hand, schaute sich noch einmal um, seinen Freunden ins Gesicht, und dann begann er zu lesen, vorzulesen, und er las:

Über die Oberfläche der Erde hin schreitet der Mensch. Die Landschaft wächst ihm entgegen. Das Land wird durchmessen von der Linie seines Weges. Und auch das Bild vor ihm teilt sich, wird Mitte und Seiten, entbreitet sich und entweicht ihm zu beiden Seiten. Nur was vor ihm liegt und steht, entweicht nicht. Vor ihm die Ferne. Aber die Ferne entläßt die Nähe. Was Ferne umschloß und zum Bilde band, dem sein Weg entgegeneilt, löst sich, tritt hervor als Gestalt, tritt auseinander zu Gestalten. Noch stehen sie ihm gegenüber, noch strebt er näherschreitend sie immer voller zu umfassen, mit dem Blick zuerst, mit Armen und Händen dann, sie zu haben und an sich zu ziehen. Aber schon vermag er sie nicht mehr zu umgreifen, schon entweichen sie zur Seite, sind neben ihm, um ihn, sind Gegenwart, um sogleich hinter ihm zu sein, Vergangenheit, Welt, die er durchmaß, zu greifen und zu halten trachtete, und die nun hinter ihm sich baut, hinter ihm sich schließt, verdämmerndes Bild, das Gestalt und Antlitz war.
Vor ihm eine Welt, die sich entbreitet, sich ihm darbringt. Hinter ihm eine Welt, die den durchmessenen Weg bebaut, ihn vorwärtstreibend als ihr Geschöpf.
Und er selber ist vorne und hinten. Ist Antlitz, Brust, Leib und Geschlecht. Ist Auge, das Nähe und Ferne mißt, ist Mund, der anruft Ding und Gestalt, ist Brust, die der Welt sich entgegenbreitet, ist Leib, der Nahrung heischt und ist Kraft des Geschlechts. Und ist Rücken auch. Ist Hinterhaupt, Rückgrat, Schulterblatt und Becken. Ist feste Wehr, die Haupt, Brust und Leib bedeckt, ist Rückgrat, das Haupt und Glieder verknüpft und den Bau des Leibes stützt und richtet.

Vorne der Blick, das Wort, das Mienenspiel des Antlitzes, das Atmen der Brust, das Greifen und das Schreiten. Vorne der Wechsel, die Bewegung, die Freiheit, die Gebärde und die Tat. Hinten die Ruhe, die feste Gliederung, Knüpfung und Ordnung, die Sicherung, Abschließung und Erstarrung. Vorne das Werdende, hinten das Vergangene und Ausgeschiedene, das Verharrende, Gebundene.
Sinn des Leibes, Dimension des Lebens im Menschenleibe: die Linie des Weges im Gegenspiel von vorne und hinten, Antlitz und Rücken.

Leerzeile, Ende des ersten Abschnitts – Gelegenheit, den Vortrag abzubrechen. Das mußte reichen – wofür aber reichen? Um mich ein für allemal von der Philosophie zu scheiden, mich, sie diffamierend, von ihr zu differenzieren, ihr eine Absage mit Gelächter zu erteilen. Egal, ob das nun schlechte Philosophie ist, expressionistisches Gedöns, genug, daß sich daran die Geister scheiden können. Für den, für den das schlechte Philosophie ist, das bloß expressionistische Gedöns aus einer kurzen, längst wieder überwundenen Epoche der Philosophie, der doch sehr viel bessere Philosophie voranging, für den, der diese Differenzierungen vornimmt, ist das nur eine Philosophie neben anderen – für mich aber war das –: Philosophie und Philosophie damit etwas, von dem ich mich ganz grundsätzlich zu differenzieren hatte. Nein, das ist meine Sache nicht. Das ist lächerlich. Und weil lächerlich, gut geeignet für so einen Dummkopf wie mich, sich hier vollkommen resistent gegen die philosophische Versuchung zu zeigen und zu erklären. Das Gelächter, mein Gelächter, es mußte reichen – es reichte natürlich nicht, und auch ich habe dann noch andere philosophische Texte gelesen, Texte, die bessere Philosophie waren, nicht dieses expressionistische Gedöns. Aber das besserte die Sache für mich nicht, die Philosophie blieb grundverdächtig für mich. Meine Sache nicht, und natürlich mußte ich mir die Frage stellen: warum? Umgeben von Philosophen mußte ich mir diese Frage stellen, und die Antwort ist ganz einfach: weil ich Künstler bin. Weil sich Philosophie und Kunst vielleicht mit denselben Dingen beschäftigen, dies aber auf so grundsätzlich andere Weise tun. Entweder – oder. Es gibt keine friedliche Koexistenz, in geistigen Dingen gibt es sie nicht. Ich könnte das malen, diesen dahinschreitenden Menschen, es ergäbe ein furchtbar belangloses Bild. Kitsch. Ich könnte andere Bilder malen, Kommentare zu diesem Bild des dahinschreitenden Menschen, einen Menschen, der vor einer Mauer steht und gegen diese Mauer tritt, ich könnte einen Menschen malen, der sein Geschlecht in der Hand hält, dessen so oft erwähnte Brust sich zu Brüsten auswächst, ich könnte einen Menschen malen, hinter dem es keine Ruhe gibt, keine feste Gliederung, keine Sicherung, der statt dessen von Agenten der Sicherheitspolizei verfolgt wird, von einem Mörder. Ich könnte so viele Bilder malen um dieses eine Bild herum, über dieses eine Bild so viele Übermalungen. Und es wäre Kunst und keine Philosophie mehr. Keine philosophisch beeinflußte Kunst, nicht dieser symbolische, symbolistische Kitsch. Es gibt schlechte Philosophie, besonders lächerliche Philosophie, und es gibt schlechte Kunst, den lächerlichsten Kitsch. Und trotzdem wäre das Kunst. Und ich könnte mich auch von der schlechten Kunst nicht distanzieren. Von der wahren Kunst zu sprechen, es verbietet sich mir. Weil ich die Philosophie kennen- und auch da dann gegen meinen Willen Unterschiede zu machen gelernt habe.

Das Buch heißt: *DAS BILD DES MENSCHEN*, und ich schreibe es mal hier in den Versalien, in denen der Titel auf dem Umschlag steht. Als Untertitel dann, wenn man das Buch aufschlägt: *Mensch und All im Lichte einer Philosophie des Raumes*. Das Buch ist im Jahre 1937, also während der Nazizeit, wie ich sicher nicht extra betonen muß, in einer Auflage von zweitausend Exemplaren im Eugen Diederichs Verlag Jena erschienen. Diederichs, so lese ich bei Wikipedia über den Verlag, habe sich während der Nazizeit mit Blut-und-Hoden-Literatur hervorgetan – wobei natürlich der *Hoden* eine diffamierende Gemeinheit ist, eine aber aus der Nazizeit selber stammende, es müßte natürlich *Boden* heißen, und bei einer *Philosophie des Raumes* muß es das wohl fairerweise auch. Das erste Kapitel, es nennt sich: *Mensch und Raum*, und der Autor dieses Buches heißt Hans Havemann, und Hans Havemann ist der Name meines Großvaters. Mein Großvater lebte zu der Zeit noch, als ich, sein Enkelkind, die Frechheit besaß, mich so über das von ihm Geschriebene lustig zu machen.

Das ist alles, was ich für dieses Buch und seinen Autor, meinen Großvater Hans Havemann, tun kann: diesen ersten Abschnitt, über den ich mich dereinst so köstlich amüsiert und mit meinem Bruder zusammen lustig gemacht habe, den ich immer wieder auch meinen Freunden gegenüber der Lächerlichkeit preisgegeben habe, hier in seiner Gänze zu zitieren und in mein Buch Havemann aufzunehmen. Mehr nicht, dies aber will ich tun. Sein philosophisches Großwerk, es wird niemals wohl wieder ein Mensch lesen (wobei *Mensch* natürlich gut ist, besser als der prosaische Leser), geschweige denn, daß jemals mit einer Neuauflage zu rechnen wäre – Schwamm drüber! Vergessen! Vergessen? Nicht ganz: hier bei mir darf dieser Mensch noch ein bißchen fortleben, darf er noch mal seinen Auftritt haben. Denn dieser Mensch, das bin ja ich. Und mein Großvater natürlich auch. Mein Vater weniger. Glaube ich nicht, daß er sich jemals so erlebt haben könnte. So auf dieser Ebene dahinschreitend. Ich aber ja. Und deshalb war ich das ja dann auch selber, über den ich mich in meinem affektierten, übersteigert pathetischen Vortrag lächerlich gemacht habe, der manchmal von mir vor lautem Gelächter gar nicht zu Ende gebracht werden konnte, meinem und, angesteckt durch mich, auch dem der anderen – diese Ansteckung mußte sein, denn von allein hätten meine Freunde über diesen hochphilosophischen Quark wohl nicht zu lachen angefangen. Sie hätten ihn ernst genommen, ihn für tiefsinnig gehalten, für philosophisch halt und nicht für den hochtrabenden, hochfliegenden Unsinn, den ich in ihm sah, nachdem auch ich mich erst mal ein bißchen an ihm berauscht hatte. Ich liebe das Gedöns, das philosophisch gründelnde und tief und tiefer gründelnde Gequatsche, aber bitte nur in kleinen, sehr kleinen Dosen – was ist das provinziell und abgeschmackt, und es sind die Besten jeweils einer Jugend, die sich nicht an Bier, sondern an

Worten berauschen. Mich fröstelt, ich sehe graue Herbstnebel über die Ebene ziehen, eine Tasse Kaffee wäre jetzt gut. Auf daß sich da dann auch irgend jemand vom Kaffeeausschank als Mensch verwirklichen kann. So frißt der eine von dem andern. Aber irgendwo muß sie doch herkommen, die Realität – nennen wir es Geraune, eine nicht ganz verständliche Stelle im Text. Etwa mit Absicht kryptisch? Gibt sich da ein prosaischer Kopf mystischer, als er in Wirklichkeit ist?

Hatte ich eben *Wirklichkeit* gesagt und zwei Sätze vorher von *Realität* gesprochen? Hatte ich. Aber warum? Weil mir mein Deutschlehrer in der Schule Wortwiederholungen als Ausdrucksfehler angestrichen hätte? Nein, nicht deshalb, sondern weil auch ich ein bißchen philosophisch sein kann und, wie zum Beweise dessen, da mal einen gravierenden Unterschied sehen würde zwischen Realität und Wirklichkeit – jedenfalls in meinem Falle, für andere mag das anders sein: ich aber bin real dieser Florian Havemann, muß als Florian Havemann mit dieser Realität Florian Havemann klarkommen, in Wirklichkeit aber bin ich ein Mensch. Doch *ein Mensch*, das ist viel zu schwach ausgedrückt, eine Untertreibung, die ich gleich korrigieren sollte: der Mensch. Das klingt schon besser, kommt der Wirklichkeit näher, aber um der Wahrhaftigkeit willen sollte ich wohl auch noch diesen letzten Schritt tun und mich als das offenbaren, was ich wirklich bin, wenn ich auf dieser Hochebene des Gedankens dahinschreite, auf der schon vor nunmehr bald hundert Jahren mein Großvater gewandelt ist: der letzte Mensch. Ja, der letzte Mensch. Mein Großvater war der vorletzte Mensch dort oben, mein Vater ward dort oben auf den Geisteshöhen nicht gesichtet, aber wir zwei Havemanns immerhin waren da, haben uns dort ein bißchen herumgetrieben, und es war sehr, sehr einsam dort oben, das möchte ich mal festhalten und zu Protokoll geben, und nur wer dort oben war, kommt als Mensch zurück, hat den Menschen in sich verwirklicht und darf sich dann an die Realität seiner Nase fassen und sich Mensch nennen, und dieser Mensch, der von dort herunterkommt, zuletzt dort oben wandelte, er ist immer der letzte Mensch, und dieser letzte Mensch, das ist natürlich ein bloßer Witz und das letzte, was einem passieren sollte. Da gehören doch Warnschilder aufgestellt: Vorsicht! Betreten auf eigene Gefahr! Drohende Überheblichkeit!

Ja, nennen wir es eine Behinderung, nennen wir den wirklichen Menschen eine Behinderung für den Menschen in seiner Realität – wir könnten auch ein anderes Wort benutzen: Humanismus. Nennen wir es deshalb eine Behinderung, weil ich zum Beispiel als ein Mensch ohne diese humanistischen Wahnvorstellungen längst Karriere gemacht hätte, mir meinen Schneid für gutes Geld hätte abkaufen lassen und mehr darauf ausgewesen wäre, verwertbare Produkte, marktkonformen Kunststoff herzustellen, anstatt mich mit meinem Beitrag zur Kultur abzuplagen, und dafür dann noch jahrelang den Dreck anderer Leute wegputzen gegangen bin. So blöd kann nur ein Humanist sein, der letzte Mensch in seiner Reinigungskraft. Aber es sind mir eigentlich immer die besten Gedanken gekommen, während ich den Dreck anderer Leute wegräumte, am Ende 60 Tische saubermachte in diesem Ingenieurbüro, auf denen die Pläne für zukünftige Toiletten und Wasser- und auch Stromleitungen durcheinanderlagen, während ich mit dem Staubsauger den Teppichboden durchfurchte. Eine solche niedere Tätigkeit nimmt doch den Geist nicht in Anspruch, eine solche sicher für viele, für mich jedoch nicht erniedrigende Tätigkeit läßt den Geist frei über Hochebenen schweben und auf noch nicht durchdachte Realitäten stoßen – ich habe alle meine Theaterstücke dort begonnen, während meiner Reinigungsarbeit am Wochenende. Das große Büro war leer, kein Mensch da, und auch, wenn da einer war, der auch am Wochenende arbeitete, Termindruck, weil ein Abgabetermin nahte, ein Plätzchen fand sich immer für mich, wo ich mich unbemerkt hinsetzen konnte, meine Einfälle zu notieren. Ich habe diese Minuten und die Stunden, die sich da sicher zusammenrechnen ließen, nicht von der mir bezahlten Arbeitszeit abgerechnet und kann nur hoffen, daß mein früherer Arbeitgeber nicht lesen wird, was Havemann über

Havemann und seine Nebentätigkeit hier zu erzählen hat. Der Mensch im Staub, der Mensch mit dem Müllsack in der Hand, der Mensch, der sich in einem dann sauberen Büro verwirklicht, das von den Leuten, für die es saubergemacht worden ist, gleich am nächsten Tag wieder dreckig gemacht werden wird. Aber Saubermachen, das ist eine saubere Sache. Das ist kein schmutziges Geld, das sich beim Saubermachen verdienen läßt, auch dann nicht, wenn ich immer zu viele Stunden abgerechnet habe. Der Kunst geopferte Stunden – ich danke meinem Sponsor Ulli Heimann. Dem Ingenieur. Der einen Künstler beschäftigte, einen Künstler jahrelang mitschleppte, obwohl jeder Profi, jede Reinigungsfirma den Job schneller, billiger und besser erledigt hätte. Das ist der Mensch.

In dem Saathändler Havemann lebt er wohl schon, der Mensch, und will raus. In seinem Sohn, meinem Großvater, nimmt er dann eine Havemann-Gestalt an, dieser Mensch, und das setzt sich bis ins dritte Glied fort, und wir werden sehen, ob es mit Havemann weitergeht oder ob da für Havemänner etwas anderes, ein anderes Leben beginnt. Das Problem des Menschen, der da in dem Saathändler Havemann schon ans Licht der Aufklärung wollte, ist nur, daß er als Provinzler reichlich spät kommt mit seiner Humanität und die Menschen Havemann dann in sehr finsteren Zeiten leben und plötzlich Nazi werden müssen oder Kommunist, den Terror gutheißen, den Terror zumindest billigend in Kauf nehmen, die ganze Unmenschlichkeit des 20. Jahrhunderts, den Verrat und die haltlosen Verdächtigungen, die Denunziation, und ich benenne sie als schuldig, meine beiden Vorväter, bekenne aber auch mich schuldig – ich war Stalinist, vergessen wir mir das nicht. Aber du warst doch ein kleiner Junge – kann man so sehen, wird man so von einem harmlos bürgerlichen Standpunkt und Erfahrungshorizont her vielleicht auch nur so sehen können, ich weiß aber, daß ich in der Hauptsache nur Glück hatte, daß diese Zeiten zu Ende gingen, in denen man Stalinist oder Kommunist oder Nazi oder … werden mußte, wollte man Mensch sein, und meinen kleinen, unbescheidenen, aber doch bescheidenen Beitrag dazu, daß diese Zeiten zu meinen Lebzeiten, und während ich aufwuchs, zu Ende gingen, den will ich zwar nicht geringgeschätzt wissen, selber aber doch nicht überbewerten.

Er hat gemalt, mit dem Bildermalen angefangen, er hat auch niemals ganz damit aufgehört, ist aber kein Maler geworden. Er hat sich dann auf Bühnenbild kapriziert, hat das sogar studiert, hat aber niemals in diesem Beruf gearbeitet, doch er hat ganze Konvolute von Bühnenbildentwürfen in Mappen versteckt, und manchmal bepflastert er die Wände seines Ateliers mit ihnen. Er hat auch über drei Jahre lang eine Schauspielausbildung gemacht und dafür sehr viel Geld bezahlt, er hat auf der Bühne gestanden, er ist aufgetreten, hat inszeniert, Regie geführt, und er hat das alles auch noch unterrichtet, das Theater in seinen vielfältigen Aspekten. Er hat versucht, in den Bereich des kommerziellen Theaters hineinzukommen, Produzent zu werden. Er hat dann auch noch angefangen, Musik zu machen, er hat ein Instrument gelernt, hat komponiert, hat Klavierkonzerte gegeben, ist mit einer Band aufgetreten, hat eine Platte gemacht. Und er hat Stücke geschrieben, viele Theaterstücke, Gedichte auch, und dann auch noch einen Roman verfaßt. Er hat immer wieder Artikel für Zeitungen und Zeitschriften geschrieben, er ist sogar zum Mitherausgeber einer eigenen Zeitschrift geworden. Er hat sich in ein öffentliches Amt wählen lassen, hat Politik gemacht, ist zu einer Bundestagswahl als Kandidat angetreten, er war der Berater einer Parteivorsitzenden, er hat eine Denkwerkstatt einzurichten versucht, er ist der Vorsitzende eines Vereins geworden, der einen Hort betreibt, in dem auch seine Kinder ein Unterkommen haben. Er hat geheiratet, eine Familie gegründet, seine Vaterpflichten zu erfüllen gesucht – ich meine, ich frage: was soll das? Was soll dabei rauskommen, außer Versuchen? Außer Dilettantismus? Ja, was soll das alles? Wozu das alles? Was das soll, wozu das alles – ganz einfach: das soll sein der Mensch, die allseits entwickelte Persönlichkeit. Was dabei herauskommen kann, das ist eine Frage, und solange der Mensch dabei herauskommt, Havemann, dann ist das vielleicht eine ganz zweitrangige

Frage, wo Havemann doch nur einmal lebt und immer noch Atheist ist in der nunmehr vierten Generation, und bist du in ein Fach gedrängt, dann lerne pflügen. Hat Hölderlin gesagt, der Hauslehrer – oder war's schon der Verrückte in seinem Tübinger Turm, der das gesagt hat? Und wenn du dich als Mensch, als Havemann nicht in ein Fach drängen und zwängen lassen willst, dann mußt du notfalls arbeiten gehen, bei der Reichsbahn, als Elektriker in kleinen Firmen, als Beleuchter und Hausmeister in der Akademie der Künste, bei *Aldi* als Packer und fünfzehn Jahre lang als Reinigungskraft in einem Ingenieurbüro. So ist das. Und das ist der Mensch. Der Mensch der Jahrtausendwende. Ein Überlebender.

Mein Großvater hat Philosophie studiert, er hat seinen philosophischen Doktor gemacht, hat ein Werk gigantischen philosophischen Unsinns verfaßt, mein Großvater hat Theaterstücke geschrieben, sogar den Entwurf für einen Kriminalroman gibt es von ihm, mein Großvater hat als Gymnasiallehrer gearbeitet, war Zeitungsschreiber, Zeitungsredakteur, war Feuilletonchef, war Chefredakteur einer Provinzzeitung, mein Großvater hat sich da eine Theorie ausgedacht über die Entstehung des Sonnensystems, er hat diese Theorie über Jahre hinweg verfolgt, er ist Geologe geworden und hat im Geologischen Institut der Akademie der Wissenschaften gearbeitet. Und mein Großvater ist erst einer, dann einer anderen Partei beigetreten, erst der NSDAP, dann der SED. Er hat geheiratet, zweimal geheiratet, er hat eine Familie gegründet, ist Vater zweier Söhne geworden. Und mein Vater, einer dieser beiden Söhne meines Großvaters, er hat Physik studiert, er hat als Naturwissenschaftler gearbeitet, er ist Institutsdirektor geworden, er hat wissenschaftliche Lehrbücher geschrieben und populärwissenschaftliche Vorträge gehalten und seine philosophische Vorlesungsreihe gehabt, er hat Erfindungen gemacht, er hat während der Nazizeit in einem Krankenhaus gearbeitet, er wurde nach dem Krieg kommissarischer Direktor des Krankenhauses Neukölln, und er hat Politik gemacht, er hat illegal für die Gruppe *Neu Beginnen* gearbeitet, er hat seine eigene Widerstandsgruppe gegründet, er ist einer Partei beigetreten, er hat als Funktionär Karriere gemacht, er war jahrzehntelang Mitglied der Volkskammer, er ist auf Kongresse gefahren, er war bei Albert Schweitzer als Vertreter seines Landes, er hat mit anderen zusammen einen politischen Kampf innerhalb seiner Partei geführt, er hat diesen Kampf verloren, er ist Oppositioneller geworden, Dissident, er hat Bücher und Artikel geschrieben, er hat Interviews gegeben, und er hat immer wieder auch Gedichte verfaßt, er hat dreimal in seinem Leben geheiratet und ist Vater von mindestens sechs Kindern geworden – ich meine: was will man mehr, um hier doch eine gewisse Kontinuität Havemann erkennen und auch in mir anerkennen zu können?

Ich ziehe hinter mir her einen ganzen Schwanz von Dilettantismus, ich wandele in den Fußstapfen des Dilettantismus meines Großvaters, meines Vaters. Der Mensch, das ist ein Dilettant, notgedrungen Dilettant – anders ist der Mensch nicht zu haben. Nicht mehr. Und der einzigste Unterschied zwischen meinem Großvater, meinem Vater und mir, der Unterschied, auf den ich stolz bin, der ist nur der, daß ich noch mehr Dilettant bin, selbstbewußt Dilettant bin, meinen Dilettantismus nicht hinter irgendeiner Art von Seriosität zu verstecken suche. Die Zeiten sind vorbei, wo der Mensch noch so tun konnte, als wäre er ein ernstzunehmender Vertreter von etwas. Ich habe einen Artikel über meinen Vater geschrieben und ihn dort in diesem Artikel als einen Dilettanten bezeichnet, seine geistige Produktivität als die eines Dilettanten charakterisiert – man hat mir dies sehr übelgenommen, mich auch deshalb des Vatermords beschuldigt, aber wenn ich mir hier etwas zuschulden habe kommen lassen, dann das, daß ich nicht klar genug zum Ausdruck gebracht habe, es ist selber ein Dilettant, der hier spricht, der deshalb gar nicht den Dilettantismus als Vorwurf meinen kann, weil er doch selber zu dieser Gattung Mensch gehört. Und ich habe in diesem Artikel auch meine Zweifel angemeldet, ob denn mein Vater überhaupt das sei, als was er sich selber immer bezeichnet, als was er gesehen werden wollte, ein Kommunist nämlich, und ich habe auch dabei nicht zu erkennen gegeben, ob ich das denn nun gut finde, daß mein Vater kein Kommunist ist, oder dies ihm zum Vorwurf mache, ich habe ihn auch darin nur charakterisieren wollen, mehr nicht. Weil es mir um etwas anders ging, habe ich mich auch hier Mißverständnissen ausgesetzt, weil ich meinen Vater als jemanden darstellen wollte, der sich selber nicht kennt, der immer etwas anderes sein wollte, als er war. Nur darum ging es mir, nur darum geht es mir noch immer, daß wenigstens nicht ich auch noch jemand anders sein will als der Mensch, der ich bin und nur sein kann. Zum Beispiel ein Dilettant, zum Beispiel unverbesserlich und wider Willen links. Links, weil ich zu lange bei der Reichsbahn, bei Aldi und als Reinigungskraft gearbeitet und daraus meine Kraft gezogen habe, die Kraft, wenigstens mir selber treu zu sein.

Der Garten

Der Einzug der Menschheit in die großen Städte, er unterliegt gewissen Hemmnissen, nicht jeder will in einem Slum unterkommen, nur um anzukommen in der großen Stadt, und je reicher ein Land ist, desto mehr Zwischenformen, Bastarde aus Stadt und Land, Metropole und Provinz werden sich entwickeln, desto weiter wird die Kleinstadt in die Großstadt hineinreichen. Die Moderne als eine gegen die Großstadt gerichtete Bewegung, als der Versuch, das eigentlich Urbane der großen Stadt zu zerstören, die Stadt in eine riesige, nirgendwo wirklich beginnende, nirgendwo endende Vorstadt zu verwandeln. Zersiedlung statt Verdichtung.

Natürlich kommt das von der englischen Gartenstadt her, von Ruskin also, nur daß in der Moderne die Häuschen ein bißchen größer werden, aus einstigen Villen Kaninchenställe für Menschenmassen, Massenmenschen, Box an Box, Stall neben Stall, aber viel, viel Grün dazwischen. Aber es gibt halt diese Leute, die das Glück, das Geld und die Möglichkeiten hatten, sich in dieser Villen-Vorform des modernen Grauens am endlosen Stadtrand einzunisten. Man könnte sagen, mein Großvater, der Sohn des Saathändlers aus Grabow, er trug den Garten seiner Kindheit mit in die Stadt hinein, von München über Bielefeld, Hannover bis nach Berlin, wo er sich dann außerhalb der Stadtgrenze in einem Vorort niederläßt, in Borgsdorf, und wahrscheinlich wird er dafür sehr viel gegeben haben, geopfert haben, um der beschaulichen Idylle willen, ohne die er sicher nicht glaubte leben zu können – Stadt, Großstadt und Nicht-Stadt. In die Stadt mußte man, mußte der Mensch, nur in der Stadt konnte aus dem Sohn eines Saathändlers ein Mensch werden, aber in der richtig großen Stadt konnte er es auch nicht, dazu war der Mensch viel zu idyllisch angelegt, zu sehr Gartenmensch. Also zog es ihn in die Vorstadt, die Garten- und Nicht-Stadt, den Un-Ort, und geistig wahrscheinlich auch deshalb nach Utopia, nach nirgendwo. Und mein Vater ging aus Hannover von seinen Eltern weg nach München zum Studieren und von München dann nach Berlin, in den Moloch Berlin, die Hauptstadt Deutschlands, die deutsche Metropole, das Zentrum aller Gegensätze, und ich würde mal sagen, daß er deshalb das Glück hatte, wenigstens Kommunist werden zu können und kein Nazi, und dies nicht nur, weil er, wie der Zufall so spielte, der in einer Großstadt soviel mehr an Spielmöglichkeiten hat, zu einer kommunistischen Taxifahrerin ins Taxi stieg und danach dann mit ihr ins Bett, wo er zum Kommunismus bekehrt wurde, sondern auch über das Anekdotische hinaus einer solchen Zufallsbegegnung, weil ihn diese Zeit der Entscheidung in einer Großstadt erwischte – der in einer Villa am Stadtrand hockende Mensch, er wurde Nazi, weil ihn die Angst packte, die Furcht vor den Massen in ihrem Elend, der Wahn, daß sie eines Tages kommen könnten, ihm seine Villa wegzunehmen, ihn aus seiner Idylle zu vertreiben. In Rußland hatte man das doch erlebt, und also mußte der Villen-Mensch Nazi werden, sich der Faust zu bedienen suchen, die der Masse in die Fresse schlägt, die Organisationen der Elenden zerschlägt und hoffentlich dann dem Elend aufhilft durch den Bau von Autobahnen und dann Panzern und Bombenflugzeugen, und die Schweinerei ist doch die, daß die Villa stehenblieb im Krieg, an dem der villenbewohnende Mensch mit schuld war, die Stadt aber kaputtgeschlagen wurde. Mein Vater, der Überlebende dieses Krieges und auch des Kampfes gegen diesen Krieg, er zog in eine Villa ein, in eine Dienstvilla erst, die des Direktors des Kaiser-Wilhelm-Instituts in Berlin-Dahlem, er lebte ein paar Jahre dann in einer Villa in Kleinmachnow, ein bißchen außerhalb von Berlin, und dort auch verbrachte ich die erste Zeit meines Lebens, und dann, als er dann doch in die Stadt mußte, nach Berlin wegen seiner Arbeit, seiner Funktionärstätigkeit, war es das erste mit, was er tat, daß er sich ein Grundstück am See kaufte, in Grünheide Alt-Buchhorst, und dorthin zog er sich dann immer mehr und dann, nachdem er seinen politischen Kampf verloren hatte, vollends zurück – nur dort konnte der Mensch im Sozialismus Mensch bleiben. Wieder Mensch werden, nachdem er Funktionär gewesen war. In diesem Garten am See habe ich die Hälfte meiner Kindheit und Jugend verbracht, aus diesem Garten meiner Kindheit und Jugend wurde ich ein für allemal vertrieben, und es wird für mich immer dabei bleiben, daß mein Vater mich von dort vertrieben hat, ich, der Untermensch, der Noch-nicht-und-vielleicht-niemals-Mensch, gehörte dort nicht hin, durfte dort nicht bleiben. In der Idylle. Und er ist Großstadt-Mensch geworden, hat Großstadt-Mensch werden müssen, in der Großstadt Mensch, und wenn mir etwas fernliegt und ich dafür nichts, aber auch gar nichts tun würde und opfern, dann das, mich wieder in die Idylle zurückzuziehen, zurückziehen zu wollen. Havemann ist angekommen, in der großen Stadt angekommen, in Berlin. Havemann lebt am Kottbusser Damm.

R. Havemanns Original Raubtier-Schule.

Der Tierbändiger

Sie wären doch alles biedere Leute, sagte mir der Mann aus dem Parteiapparat der Partei des nun mal demokratischen Sozialismus, Kleinbürger, Funktionärstypen, Leute mit einem eher plebejischen Hintergrund, ohne eine interessante Familiengeschichte. Erzähle ihnen, sagte der Apparatschik, die Geschichte von deinem Onkel Richard, die Geschichte, die du mir mal erzählt hast, die Geschichte von diesem Dompteur Havemann. Sie werden das toll finden, faszinierend, sie werden dich vielleicht auch darum beneiden, aus einer solchen Familie zu kommen, und Neid hervorzurufen, das ist sicher immer auch etwas Gefährliches, aber sie werden glücklich sein, diese gewendeten einstigen Staatssozialisten, mal etwas anderes von einem Havemann zu hören, von einem anderen Havemann, nicht nur von deinem Vater, dem gegenüber sie ein schlechtes Gewissen haben, wegen der DDR, ihrer SED-Vergangenheit, wegen der Partei, die deinen Vater so schnöde ausgeschlossen hat, dessen Programm eines demokratischen Sozialismus sie jetzt übernommen haben – natürlich erzählte ich sie nicht, diese Geschichte von Onkel Richard, nicht vor diesen Parteileuten, die mich zu ihrem Kandidaten machen wollten für die dann so kläglich verlorene Bundestagswahl 2002. Ich erzähle sie jetzt, wo ich nichts mehr in dieser Partei und durch sie werden will, auch kein Bundestagsabgeordneter mehr, ich erzähle sie hier bei Havemann, denn zu Havemann gehört sie dazu, unbedingt mit dazu, und diese Geschichte von Onkel Richard, sie ist eigentlich schnell erzählt, denn so viel war das ja nicht, was von diesem Onkel Richard in der Familie Havemann erzählt wurde. Die Legende vom Onkel Richard, den ich fälschlich *Onkel* Richard nenne, denn mein Onkel war das doch gar nicht, sondern der nur meines Vaters, der Bruder dann seines Vaters, meines Großvaters, sie geht so:

Havemanns Raubtierschule – um genau zu sein und dem zu folgen, wie es auf der Postkarte steht, mit der er wohl für seine Show geworben hat: *R. Havemanns Original Raubtier-Schule*. Schon mal was davon gehört? Nein? Aber das ist ja auch nur was für Zirkusspezialisten, diese Spezialisten in Zirkusdingen aber sollten es wissen, daß das ein Havemann war, der zum ersten Mal überhaupt in der ganzen Zirkusgeschichte Tiger und Löwen, Löwen und Tiger in einer Truppe vereint hat. Was man vor ihm, diesem Neuerer, ja gänzlich für unmöglich hielt und ausgeschlossen, daß sich diese so unterschiedlichen, aus so verschiedenen Weltgegenden stammenden Raubkatzen, die sich auf ihrer freien Wildbahn nie begegnen, miteinander überhaupt vertragen könnten. Havemann machte es möglich, Havemann probierte es, Richard Havemann. Ein berühmter Mann in seiner Zeit und Zirkuswelt, besonders in Amerika, Lateinamerika, wo er seine größten Erfolge feierte, aber Havemanns Raubtierschule, das war aus einem anderen Grund noch eine Schule, und diese Schule machte Schule, denn Havemann, der Neuerer, nahm beherzt Abschied von der Pistolenknallerei, die bis dahin unter Dompteuren üblich und als einzige Methode bekannt war, mit solchen Viechern überhaupt fertig werden und sie dazu bewegen zu können, von einem Podestchen zum anderen oder etwa durch einen brennenden Reifen zu springen. Havemann, Richard, der Tierbändiger, behielt zur Sicherheit zwar die Peitsche bei, um sich seine Tierchen notfalls vom Leibe halten zu können, und er knallte sicher auch mal mit dieser Peitsche, knallte mit ihr aber nur auf den Boden oder effektvoll in der Luft herum, und das war dann mehr ein akustisches Signal für seine gutdressierte Truppe denn etwas, das den Tieren angst machen sollte. Keine Gewalt. Statt dessen Belohnungen, die Belohnung nach getaner Arbeit, wenn so ein eigentlich faules und träges Tier seine Nummer hinter sich gebracht hatte. Zuckerbrot und Peitsche, und die Peitsche, wie gesagt, mehr als Signal und ein bißchen wahrscheinlich auch noch für das Publikum bestimmt, als Symbol der Macht des Dompteurs, und Zuckerbrot, das waren sicher schon die süßen kleinen viereckigen Zuckerstückchen – heute ist das alles üblich, die Pistole hat in der Manege ausgedient, und das geht natürlich alles auf Havemann zurück. Auf einen Havemann, und das auch dann, sollten Sie's nicht gewußt haben. Na ja, ein bißchen Angeberei wird doch wohl erlaubt sein, wenn man so einen Onkel Richard in der Familie hat.

Er starb den Heldentod, in Ausübung seines Dienstes, den Tod, der einem Tierbändiger als einzigster zur Ehre gereicht: er wurde von seinen Tieren zerfleischt – was sich jetzt sicher ein bißchen übertrieben anhört und ein bißchen auch übertrieben dargestellt wäre, aber ich habe so viele andere Zirkusleute nicht in der Familie, niemanden, der von einem Trapez abstürzen, aus Versehen von den Messern eines Messerwerfers durchbohrt werden kann, von Elefanten zertrampelt, ich habe nur Onkel Richard, der von seinen Löwen und Tigern angefallen wurde, und *angefallen*, das klingt ja nun doch schon mal ein bißchen weniger dramatisch als *zerfleischt*, nicht wahr. Aber auch *angefallen* trifft es so nicht ganz korrekt, denn bei *angefallen* stellt man sich das doch so vor, als stünde der mutige Mann mit seiner Dompteurspeitsche, der besser wohl doch nicht auf die Pistole seiner Vorgänger hätte verzichten sollen, da mitten in der Manege, in seinem Löwen- und bei meinem Onkel Richard auch Tigerkäfig, mit einem Mal, und wir wissen nicht warum, wir Nicht-Dompteure, denn vielleicht hat er ja einen unverzeihlichen Dompteursfehler gemacht, und ich war doch auch nicht dabei, habe es mit den eigenen Augen nicht gesehen, gebe es nur wieder, mit einem Mal also und unversehens stürzen sich seine Tiger und Löwen auf ihn, und alles Domptieren und Dressieren, auf eine Zirkusnummer hin Abrichten war in diesem Moment dann umsonst und vergebens, die Wildnis bricht durch in den eigentlich doch wilden, nur oberflächlich gezähmten Tieren, und dann werfen sie sich auf ihn, auf den eben noch bewunderten Tierbändiger, der in diesem Moment alle Gewalt verloren hat über die wilde Natur, und sie verspeisen ihn dann, zerfleischen ihn – aber *zerfleischen* ist ja schon mal als maßlos übertrieben und mächtig aufgemotzt raus aus dem Spiel. Doch *verspeisen* ist nur eine nicht ganz so blutrünstige sprachliche Variante des Zerfleischens, und eigentlich war ich doch schon einen Schritt weiter und auch das mit dem Anfallen längst als zu legendär ausgeschieden – oder sollte ich mich als Zirkuslaie hier vollkommen in meinen sprachlichen Fallstricken verfangen haben?

Kriechen wir also langsam, aber dennoch durchaus mutig, Zentimeter um Zentimeter, von einem falschen Wort zum nächsten, an die sprachliche Wahrheit von Onkel Richards Todesursache heran – nein, das eben nicht, genau das nicht, nur nicht auf den Boden gehen. Genau das war doch der Fehler, das, was niemals hätte passieren dürfen, denn liegt man erst mal auf dem Boden, dann verwandelt man sich doch für Löwen und Tiger von einem respekterheischenden Menschen mit vielleicht ein paar leckeren Zuckerstückchen in der Tasche in ein noch leckereres Stück Fleisch. In ein Stück Fleisch, auf das sich Tiger und Löwen stürzen. Und dann schlagen sie mit ihren Tatzen zu, ihren Pranken, ihren Krallen, und dann beißen sie zu und graben ihre raubtierscharfen Raubtierzähne in das Fleisch, auf das dieser einstige Mensch für sie dann reduziert ist. Um es zu verspeisen – aber *verspeisen* ist weg, ist schon gestrichen. Bleibt dieser Fehler der Horizontalen, der nicht der Fehler eines so erfahrenen

Dompteurs wie Onkel Richard war. Ich bitte Sie, denken Sie das nicht. Denken Sie erst mal nur an die Horizontale und daran, was einem geschehen muß, damit man als aufrechter Mensch von der Aufrechten des Zweibeiners in die Horizontale kommt, und schließen Sie das aus, daß da irgend jemand so dumm sein könnte, sich in einem Raubtierkäfig zu einem kleinen Schlummer hinzulegen. Man fällt, man stürzt. Natürlich ein Sturz. Ein Sturz, und ist man gestürzt, dann stürzen sie sich auf einen, die wilden Tiere, dann gibt es für sie kein Halten mehr – ein wahrlich bestürzendes Ereignis, aber zur Zirkuswelt doch irgendwie passend, möchte ich meinen.

Dieser Onkel Richard hatte da einen Tischler zur Hand, der ihm, genau nach seinen Angaben und Wünschen und den jeweiligen Nummern, die er mit seinen lieben Tierchen einstudieren wollte, die Holzpodeste baute – damals Holz, heute ist das im Zirkus Metall, Holz aber ist doch zirkusmäßiger, denn Holz läßt sich doch viel zirkussiger und also bunt und buntesbunt mit vielen Schnörkeln anmalen. Und dieser Tischler, wahrlich keine etwa mit Zirkusdingen nicht vertraute Person, er wußte also ungefähr, worauf er sich einließ, wurde von Onkel Richard immer mehr in seine Pionierarbeit auf dem Feld der Raubtierdressur mit einbezogen, und dann auch von ihm in den Käfig mit reingezogen, nachdem sich die Tierchen an ihn gewöhnt hatten, vertraut mit ihm geworden waren, und eines schönen beziehungsweise schrecklichen Tages, irgendwo in Argentinien, in der Pampa, in einem kleinen argentinischen Provinznest, oder war es doch in Buenos Aires?, war der gute Mann wieder am Morgen bei der Probe mit den so harmlos gelangweilt dreinschauenden Tieren bei Onkel Richard in der Manege, im Raubtierkäfig, in Havemanns Raubtierschule, sie hatten da was zu besprechen, irgendein neues Podest, das dann ungefähr und in der Luft abzumessen war, und da passierte es, das Unglück, es war ein Unglück, nur ein Unglück, nicht das Ende von Havemanns Dressurmethoden, nicht der Beweis dafür, daß Raubtiere doch mehr als Zuckerstückchen brauchen, daß unser Tischler, Onkel Richards

Tischler, ein paar Schritte rückwärts ging, während Onkel Richard wahrscheinlich gerade einen Löwen springen ließ oder einen seiner Tiger, und hinten am Kopf hat man bekanntlich keine Augen, und pardauz, da stolperte der Tischler, über was wohl?, über irgend etwas, und damit war's um ihn geschehen, die eben noch so friedlich am Vormittag trägen Tiere stürzten sich auf ihn, also doch, und zerfleischten ihn?, nein, das nicht, denn dazu kam es nicht, denn Onkel Richard stürzte sich sofort seinerseits ins Gemenge aus Tier und Mensch und Raubtierzähnen, er rettete dem Tischler das Leben, der Tischler überlebte, schwerverletzt zwar, aber er überlebte. Onkel Richard verschied zwei Tage später im Krankenhausbett an seinen schweren Verwundungen.

Aber schauen wir uns nun noch einmal jene Postkarte genauer an, die von *R. Havemanns Original Raubtier-Schule* – und was sehen wir da dann nun: er hat nicht nur Löwen und Tiger in einer Truppe zusammengebracht, sondern auch noch einen Bären mit dabei, sogar einen Hund. Und wir sehen noch mehr: der Mann liegt, Richard Havemann liegt zwischen seinen Raubtieren, liegt ausgestreckt sogar auf einem seiner Löwen. Ja, er liegt, Richard Havemann liegt, und nun verstehe ich gar nichts mehr, wo man mir Zirkuslaien das doch immer so erzählt hat, als dürfe man eines bloß nicht: in einem Raubtierkäfig liegen. Aber, und dies ist vielleicht die Erklärung: auch seine Raubtiere liegen, liegen wie er am Boden. Vielleicht kann man sich dann zu ihnen legen, liegen sie – wer weiß? Wer weiß es? Da müßte ich direkt mal einen Zirkusdompteur nach fragen, aber ich kenne keinen Zirkusdompteur. Verdammt noch mal, ich kenne so viele Leute, so viele Menschen auch aus den unterschiedlichsten Berufen, aber keinen Zirkusdompteur. Was für ein beschränktes, eingeschränktes Leben.

Hätte ich etwa eine solche Havemann-Schnurre in einer Versammlung demokratischer Sozialisten zum allerbesten geben sollen, auf daß sie was zum Schmunzeln haben, die Genossen, und mich dann zu ihrem Kandidaten hätten wählen, ich weiß nicht für was für ein Amt, für jedes und womöglich auch noch zum Dompteur ihres Sauhaufens hätten machen wollen – nein, das wäre kategorisch ausgeschlossen gewesen. Aber kategorisch eingeschlossen scheint's, daß ich das hier so erzähle und hinschreibe von Onkel Richards Tod und Heldentod, als würde ich den so ganz ernst nicht nehmen wollen und für einen amüsanten Witz halten – kennen Sie das nicht, daß man eine Story so oft in seinem Leben schon gehört hat, sie dann auch noch selber weitererzählt hat, daß sie einem eigentlich schon zum Halse raushängt und man den schalen Geschmack schon auf der Zunge spürt, wenn man sich dann doch noch einmal dazu hinreißen läßt, sie zu erzählen? Weil man mit ihr doch garantiert einen Erfolg verbuchen kann. Und dieser Onkel Richard ist doch für mich nicht mehr als diese eine Geschichte. Die seines vorzeitigen Todes. Onkel Richard, verzeih, wenn ich daraus eine sprachliche Clownsnummer mache, und Onkel Richard, ganz ein Havemann, verzeiht, denn nach seinen Raubtieren folgten ja immer gleich die Clowns, schon während des Umbaus traten sie auf, während sein Raubtierkäfig abgebaut wurde – woher ich das weiß? Ganz einfach: ich weiß es. Weil ich mir das eben so ausgedacht habe. Und damit sei dann Schluß mit Onkel Richard, das war's. Er wird nie wieder in meinem Zirkus hier auftreten. Schade.

From The New York Times, same date: SAN DIEGO, Calif., Feb. 20 (AP) – Richard Havemann, 68, animal trainer, died in a hospital today of injuries suffered when a 3-year-old Himalayan bear he had trained since it was a cub clawed him in a sudden attack at the San Diego Zoo Dec. 11. Among American zoos for which Mr. Havemann had worked were those in St. Louis and the Bronx.

Diese Information nun findet der Findige im Internet über Richard Havemann, diese für mich erste wirkliche Information jenseits der Familienlegende. Das Datum steht da, der 20. Februar, nur wüßte man nun natürlich auch noch gern, in welchem Jahr das passiert ist. Für mich war dieser Onkel Richard schon seit Ewigkeiten tot und von seinen Biestern in der Blüte seiner Jahre zerfleischt worden, als ein Mann, der gerade den Gipfel des ihm möglichen Erfolges erreicht hatte – sagen wir vierzig Jahre alt und nicht schon fast siebzig. Und dann diese plötzliche Attacke auf ihn nicht im Zirkus, wo dann romantische Zirkusluft zu schnuppern wäre, sondern im Zoo von San Diego, und dann ist da noch von anderen amerikanischen Zoos die Rede in dieser Meldung aus der *New York Times*, in denen dieser *animal trainer* gearbeitet hat, dem von St. Louis, dem in der Bronx, und noch nicht mal als *tamer* kommt er hier vor, als Tierbändiger, als Dompteur. Und dann waren es auch nicht die mir kolportierten Löwen und Tiger, die ihn angefallen haben, sondern ein drei Jahre alter Bär aus dem Himalaja, und auch von dem Tischler findet sich nichts, den er gerettet hat – haben soll, wie es ja nun wohl heißen muß. Tja, man sollte sich eben wirklich nicht allzu sachkundig machen, sich die Vergangenheit nicht von irgendwelchen Fakten beeinträchtigen lassen. Wenn es eines Beweises bedurft hätte, wie richtig ich doch mit meiner Grundentscheidung liege, nur das zu erzählen und hier aufzuschreiben, was ich weiß, ganz unabhängig davon, ob's nun wahr ist, ganz und gar wahr, und nicht nur meine Wahrheit, die, die für mich zählt, mit dieser Meldung aus der *New York Times* hätte ich ihn.

Mein Großvater als junger Mann

Was für ein Schnösel, was für ein Geck – zumindest einer, der für einen Gecken gehalten werden will. Ein Schnösel. Sehr schick. Mit Hut, mit einem sicher damals ganz modischen Strohhut. Mit einem Strohhut, der eine breite Krempe hat – fast glaubt man da, in Panama zu sein, im sonnigen Süden. Und dann der Stock, auf den sich dieser junge Mann da stützt. Dieser junge Mann mit den schmalen herabfallenden Schultern, der aber doch wohl einen Stock nicht nötig hatte. Den ich noch nicht mal als dann alten Mann mit einem Stock gesehen habe. Mein Großvater, der so alt geworden ist, 94 Jahre. Mein Großvater, der seine beiden Söhne überlebt hat. Hans-Erwin, in Stalingrad gefallen. Robert, den er und seine Frau dann *Rob* nannten, im Alter von 72 Jahren, nach fast zehn Jahren schwerer Krankheit 1982 verstorben, und sein Vater war bei der Beerdigung mit dabei, sagte, vor der Leiche seines Sohnes stehend: »So schlecht sieht er doch gar nicht aus.« Und wie schaut er da auf diesem Foto hier als junger Mann in die Kamera und für mich also in die Welt? Etwas blasiert – kann man das so sagen? Ich würde es so sagen. Als ein Weichling – auch das würde ich so sagen. Ein bißchen unsicher, ob er sich denn würde in der Welt behaupten können. Wie ein Gymnasiast sieht er aus, noch ganz unbeleckt. Wie ein junger Schnösel. So glatt. Nicht nur glatt rasiert. Überhaupt glatt. Glatt und ein bißchen dumm, ein bißchen überheblich auch – würde ich so sagen. Würde ich glattweg so sagen. Von sich überzeugt? Nein. Das nicht. Ein bißchen überheblich, weil so gar nicht von sich überzeugt. Weil seiner selbst unsicher. Ein Havemann? Sieht so ein Havemann aus? Alles das, die Überheblichkeit, die Unsicherheit und die aus der Unsicherheit resultierende Überheblichkeit, das ist Havemann. Das ja. Aber der Schnösel, der Geck, der Schönling? Mein Vater sah niemals danach aus, niemals wie ein Schnösel, ein Geck, ein Schönling. Und ich? Was weiß ich von mir? Was weiß ich, wie ich in diesem Alter gewirkt habe, so gerade mit Anfang 20. Meine Welt war eine andere, und auch die meines Vaters im gleichen Alter sah ganz anders aus, die Nazis vor der Tür. Mein Großvater aber, mit Anfang 20 wohl, der lebte in einer Welt, wo die Welt noch in Ordnung war. Der Kaiser herrschte, der Fortschritt marschierte, es ging aufwärts, und auch mit Havemann konnte es doch aufwärtsgehen. Vielleicht. Nur vielleicht. Es gab zu viele junge Aufstreber. Zu viele mit Brause im Kopf und Sinn für Höheres. Zu viele, die von Papi einen Wechsel erhielten, damit sie studieren können und den Aufstieg schaffen. Lebenstüchtigere als dieser junge Schnösel auf dem Foto. Deshalb beides: das Glatte und die Unsicherheit.

Elsa von Schönfeld

Eine junge Frau, eine mit über Dreißig gar nicht mehr ganz so junge Frau. Eine Frau, bei der von ihrem Alter her sicher schon Zweifel angezeigt waren, ob sie bei ihrem Alter überhaupt noch einen Mann finden, jemals heiraten würde. Eine emanzipierte junge Frau, ein Blaustrumpf vielleicht sogar, eine Frau, die ihren eigenen Weg geht, als unverheiratete Frau nicht bei ihrer Familie lebt, sondern alleine in einer fremden Stadt. In München, der Hauptstadt der Kunst damals, dem Zentrum der Boheme. Die Stadt, in der damals im Jahrzehnt nach der Jahrhundertwende, nach 1900, auch ein Adolf Hitler lebt, als Postkartenmaler sein Leben fristend. Die junge Frau, auch sie malt, aber sie ist mit ihren über Dreißig keine angehende Malerin mehr, sie hat studiert, hat ihr Studium abgeschlossen. Bei Hans von Marees, wirklich kein schlechter Maler. Dessen mehr kompakte Formen sie beibehalten wird, auch wenn sie, wie alle Welt damals, unter den Einfluß des Impressionismus gerät. Ihre Palette aufhellt, dann kräftige Farben bevorzugt. Ein Malweib? Nein, kein Malweib, wenn denn überhaupt noch jemand eine Vorstellung davon hat, was man damals unter Malweibern sich vorstellte, den Schrecken der Akademien. Eine Dame. Eine Dame mit Hut, mit Gemüse auf dem breitkrempigen Hut. Oder einem Federbusch. A la mode gekleidet. Enge schmale Taille, wahrscheinlich trägt sie ein Korsett am Leibe. Keine Reformkleidung. Eine adlige junge Dame, Elsa von Schönfeld. Meine Großmutter. Eine Dame von Stand, mit dem zur Schau getragenen Selbstbewußtsein ihres Standes. Die Familie alter Adel. Mit einem Schloß. In Schönfeld. Sie bekommt Geld von ihrer Familie. Den regelmäßigen Wechsel, der ihr ein sorgloses Leben ermöglicht. Ihre Bilder verkaufen, um davon leben zu können, das muß sie nicht. Sie malt, weil es ihr Spaß macht, weil sie dafür begabt ist. So begabt, daß ihre Familie ihr dabei keine Steine in den Weg legt, wenn sie Malerin werden will. Soll sie malen, soll sie Malerin sein.

Eine junge, mit über Dreißig nicht mehr ganz so junge Frau, die einen Mann liebt, einen Mann ihres Alters, einen Maler. Eine adlige junge Dame, die einen Bürgerlichen liebt, einen Maler, der, anders als sie, wohl nicht von seiner Familie finanziell unterstützt wird. Der sich durchbeißen muß, der Bilder verkaufen, sich einen Erfolg organisieren muß. Im Unterschied zu ihr überhaupt nicht sorglos. Wahrscheinlich sogar ehrgeizig. Ein Maler, der es zu etwas bringen will. Und auch muß. Schmales Gesicht, feingliedrige Hände, in seinem Blick die Verzweiflung. Die Verzweiflung des Künstlers, der den Erfolg braucht. Vielleicht schon etwas zu alt dazu ist, um noch auf den großen Erfolg hoffen zu können, den Durchbruch. Kein Avantgardist, eher traditionell und damit ohne den Furor des verkannten Genies. Auch er Boheme, aber Münchner Boheme, nicht jemand, der in Armut seiner Kunst, seiner künstlerischen Berufung lebt. Er wird sich mächtig abgestrampelt haben, dieser Heise – so sein Name. Wahrscheinlich sogar neidisch gewesen sein auf die junge adlige Dame, die er liebt, die ihn liebt. Auf die Malerin, die nicht malen muß.

Die jeden Monat Geld bekommt. Wahrscheinlich werden sie zusammengelebt haben, das war billiger. In wilder Ehe. Ohne Trauschein. In einer Stadt wie München, in der Hauptstadt der Kunst wahrscheinlich schon damals möglich, ohne daß man da mehr als nur schief angesehen wurde. Aber man mußte es ja nicht allzu offen treiben. Wahrscheinlich wird er von ihr auch finanziell abhängig gewesen sein. Von seiner malenden Frau. Das wird ihn gewurmt haben. Vielleicht haben sie an Heirat gedacht. Vielleicht. Wahrscheinlich jedoch war eine Heirat ausgeschlossen, weil es bedeutet hätte, daß dann die Wechsel ausbleiben, daß dann der Maler Heise selber für den Unterhalt hätte sorgen müssen, für sich und seine Frau.

Heise bringt sich um, der Maler Heise begeht Selbstmord. Die große Liebe ihres Lebens. Ein Jahr später heiratet Elsa von Schönfeld einen dreizehn Jahre jüngeren Mann, meinen Großvater Hans Havemann. Er ist grad 22, sie 35. Er noch ein Student, wenn auch schon am Ende seines Studiums. Sie ist fertig, eine Malerin, die malt und keine Bilder verkauft, die als Malerin keinen Ehrgeiz besitzt. Nicht verrückt genug ist. Sie ist eine Dame, eine Dame mit Gemüse auf dem breitkrempigen Hut oder auch mal mit einem feschen Federbusch, er sieht neben ihr aus wie ein unfertiger Gymnasiast. Und dieser Hans Havemann ist kein Maler, er will schreiben, ein Philosoph sein, ein junger Mann voller Träume. Aber kein Maler. Nicht wie Heise, ihre große Liebe, wie der zerquälte Selbstmörder Heise. Nehmen wir an, sie tröstet sich mit diesem jungen Mann voller Zukunftspläne. Nehmen wir an, daß er sie sehr geliebt haben wird, der junge Hans Havemann seine Elsa von Schönfeld. Daß er sie auch bewundert, bewundernd zu ihr aufgeblickt haben wird. Nehmen wir auch an, daß er, der Sohn eines Saathändlers aus Grabow, stolz darauf gewesen sein wird, diese adlige Dame zu seiner Frau machen zu können. Zu seiner Ehefrau. Sie heiraten, und prompt tritt ein, was eine Ehe zwischen dem Maler Heise und Elsa von Schönfeld behindert, ja, ausgeschlossen haben wird: die Wechsel bleiben aus. Und mehr noch: Elsa von Schönfeld wird von ihrer Familie enterbt. Denn das gehört sich nicht für einen weiblichen Adelssproß, einen Bürgerlichen zu heiraten. Der dann auch noch nicht mal Geld hat, eine Fabrik im Hintergrund, die über vieles hinwegsehen läßt, auch dann, wenn man ein Schloß besitzt. 1910 wird mein Vater geboren, der erste von zwei Söhnen, und vielleicht haben sie wegen diesem Kind geheiratet, heiraten müssen. Vielleicht. Ein Kind war doch in diesen Zeiten ein Heiratsgrund. Man drehte nicht einer Frau ein Kind an und verschwand dann. Man entehrte doch eine Dame nicht.

Sie war eine reife Dame, ihr junger Mann dreizehn Jahre jünger als sie, und dann 1945 nutzte sie die Gelegenheit der Kriegswirren, um sich ein paar Jährchen jünger zu machen, den Altersabstand zwischen sich und ihrem Mann etwas zu verkleinern. Sie habe ihren Ausweis verloren, alle ihre Papiere, auch ihre Geburtsurkunde, so behauptete sie, und die Behörden glaubten ihr, denn schließlich war das in den Bombennächten vielen so passiert – keine Ahnung, was sie sich von dieser Verjüngung versprach, die sie doch von ihrem Aussehen, ihrem ganzen Habitus her nicht jünger machte und ihren Mann, meinen Großvater, auch nicht älter. Aber es hat ihr doch was gebracht, ganz unverhofft etwas gebracht: sehr viel später dann, als sie schon sehr alt war und dann auch noch krank wurde, richtig krank, und wegen ihrer Krankheit auch operiert werden mußte. Ihr Mann, mein Großvater, ging sie gleich nach der Operation im Krankenhaus besuchen, und da hörte er, ohne daß die es ahnten, dem Gespräch der beiden Ärzte zu, die sie gerade eben operiert hatten, und der eine Arzt sagte zum anderen, daß er die Operation abgebrochen hätte, so krank sei sie, wenn sie zwei, drei Jahre älter gewesen wäre – sie war aber fünf Jahre älter und lebte nach dieser Operation noch einmal drei Jahre. Aber wieder gut ging es ihr dann nicht mehr, sie siechte dahin, doch auch das ist ein Leben. Und das auch: mein Großvater ließ eine Nichte kommen, zur Pflege seiner kranken Elsa, seine Nichte aus dem Westen, aus Mainz, eine vierzigjährige Frau, und die beiden verliebten sich ineinander, und geschlafen haben sie auch miteinander – während meine Oma nebenan im Sterben lag. Er hat es irgendwann meiner Mutter gestanden, voller Schuldgefühle.

Aber von wegen Kriegswirren und die Kriegswirren dazu genutzt, sich ein paar Jährchen jünger zu machen –
nicht ein paar Jährchen, und in meiner Vorstellung waren das maximal fünf und nur so viel Jahre, daß es grad mal für diese Geschichte ausreicht mit den Ärzten, die sie, wäre sie drei Jahre jünger gewesen, nicht mehr weiteroperiert hätten, nein, zehn Jahre, um zehn Jahre soll sie sich jünger gemacht haben, um dann nur noch drei Jahre älter als ihr Mann zu sein. Und dies soll auch schon sehr viel früher über die Bühne gegangen sein, schon in den 30er Jahren und mittendrin in der Nazizeit, und dies zu tun, es solle gar nicht ihre Idee gewesen sein, sondern die von ihrem Mann, meinem Großvater, dem das dann peinlich war, eine soviel ältere Frau zu haben, und möglicherweise, man kann auch dies nicht ausschließen, glaubte er auch nicht, daß ein solcher Altersunterschied den Vorstellungen der Nazis davon entsprach, was eine richtig deutsche Ehe sei. Aber wie macht man das, sich so viele Jahre und überhaupt jünger zu machen, ohne Kriegswirren, ohne die Lüge, bei einem Bombenangriff alle Papiere verloren zu haben? War das etwas, das behördenoffiziell möglich war, oder hatte mein Großvater da seine Verbindungen? Meine Schwester weiß es auch nicht.

NEUE HOLLÄNDISCHE KUNST

JAN VAN MEHAN

Weltgericht

DIE TRAGÖDIE DER URLAUTE

AEIOU

Völker befreit! Hier ist das Erste Drama der Ur-Kunst: ohne Sätze, ohne Worte; nur die primitiven Ausdrucksmittel der Gebärden und der Vokale A E I O U gestalten die rasende Handlung dieses Dramas, das ein junger Dichter in die Welt warf. Alle Erdgeborenen: Ihr Holländer, Chinesen, Franzosen, Australneger, Berliner, Eskimos; ihr Heizer, Friseure, Milliardäre, Professoren, Kommis, kniet in Anbetung vorm Laut, der die Erde noch einmal dem Anfang entrollt!

PAUL STEEGEMANN VERLAG HANNOVER
DIE SILBERGÄULE BAND 83/84

Das *AEIOU*

Ein Gymnasiallehrer dreht durch – nein, falsch, er tut nur so. Ein Gymnasiallehrer spielt verrückt – das trifft es eher, denn er spielt ja nur. *Die Tragödie der Urlaute*, sie findet gar nicht statt, sie ist bloß ein Witz. *NEUE HOLLÄNDISCHE KUNST* – noch so ein Witz, eine falsche Fährte, damit keiner der Lehrerkollegen dem Dr. Havemann auf die Spur komme. *Jan van Mehan* sein Pseudonym. Geschrieben 1920, veröffentlicht im Paul Steegemann Verlag Hannover, das ja nicht so weit von Bielefeld entfernt ist. Wo der Dr. Hans Havemann eine Stelle als Gymnasiallehrer hatte annehmen müssen, um Frau und Kinder ernähren zu können. Und nun zog er schon herauf und krumm an die zehn Jahre seine Schüler an der Nase herum und konnte doch vom Höheren nicht lassen. Zu dem er sich berufen fühlte. Und er ärgerte sich natürlich, darüber, daß andere mutiger waren als er, ihr Leben und Erdenwallen ganz der Kunst, der Literatur und Philosophie verschrieben hatten. Er dagegen: ein Feigling, ein Bürger, der nicht aus seiner Haut konnte, den bürgerlichen Anzug nicht ausziehen wollte. Und dann hatten diese unordentlichen Typen auch noch Erfolg mit ihren lächerlichen Machwerken. Während er auf dem Katheder versauerte. Und sich so gern mal so richtig ausgedrückt hätte, so richtig expressionistisch. Das waren doch seine Leute, diese Oh-Mensch-Menschen. Also haßte er sie sicher ganz besonders und neidete ihnen den Erfolg. Und eines Abends beim Bier gab ein Wort das andere, und Paul Stegemann aus Hannover war auch dabei, der Mann mit dem Miniverlag, und also tönte er rum, der beleidigte Dr. Havemann, daß er das doch auch könne, mal eben ein expressionistisches Drama schreiben, nichts leichter als das, und wahrscheinlich war das eine dem Bier geschuldete Idee oder eine Schnapsidee gar, falls er zu härteren Sachen griff, seine Enttäuschung zu ersäufen, daß er da sagte, das eigentlich expressionistische Drama wäre doch noch gar nicht geschrieben, es würde mit den Vokalen allein auskommen, in denen der stärkste emotionale Ausdruck stecke, und so weiter mit dem ganzen Blödsinn, und Stegemann, Paul, fand's witzig und etwas für seinen Verlag und sagte: »Die Wette gilt, schreiben Sie mir ein Stück nur aus Vokalen, schreiben Sie es mir in zwei Wochen, dann druck ich's.« Und das machte er dann, der Jan van Mehan. In der Familie wurde erzählt, der später zu einigem Ruhme gekommene Komponist Wagner-Regeny habe es lustig gefunden, das *AEIOU*, habe eine Oper draus machen wollen – nur wurde nichts draus, kam da irgendwas dazwischen.

„Speer"-Uraufführung mit Brandauer in Berlin

Esther Vilars Theaterstück „Speer" wird am 30. Januar in der Akademie der Künste am Pariser Platz uraufgeführt. Regie und Hauptrolle übernimmt Klaus Maria Brandauer, sein Bühnenpartner ist Peter Simonischek. In den Räumen der Akademie hatte Albert Speer seit 1937 als „Generalbauinspekteur" an den Plänen für eine Welthauptstadt „Germania" gearbeitet. Im großen Modellsaal entstand die architektonische Weltherrschaft der Nazis. Dieser Raum inspirierte Esther Vilar zu ihrem Stück. Hier läßt die Autorin den 75jährigen Speer auf einen Repräsentanten der DDR-Regierung treffen, eine inoffizielle Unterhaltung im Schatten der Mauer 1980. Die Aufführung werde weniger ein klassischer Theaterabend, sagte Brandauer, „Speer" sei vielmehr ein Innehalten über Bauen und Zerstörung, eine Aktion. Das Stück wird bis zum 8. Februar gespielt, am 31. Januar überträgt 3sat live. Vorverkauf ab 15. Januar in der Akademie der Künste, Pariser Platz 4. **UA**

Es kam nicht nur einmal was dazwischen bei meinem Großvater – nein, das Schicksal war nicht gnädig mit ihm, und das kommt mir irgendwie bekannt vor, das kenne ich doch von mir selber. So was ist mir doch auch mal passiert: ich hatte da schon zwanzig Jahre mit einem Stück über Albert Speer zugebracht, den Architekten und späteren Rüstungsminister Hitlers, und dann redete ich mit den Leuten vom Berliner Ensemble über dieses Stück, die interessiert schienen, es in ihrem Hause aufzuführen. Wir steckten schon mitten in den Verhandlungen darüber, da lese ich in der Zeitung, Esther Vilar, eine gewisse Esther Vilar plane mit Klaus Maria Brandauer in der Hauptrolle die Aufführung eines von ihr geschriebenen Stückes, genannt *Speer*, und es kam ja dann auch zu dieser in den Medien vielbeachteten und sogar im Fernsehen übertragenen Aufführung in den

Räumen der Akademie der Künste am Pariser Platz, genau dort, wo Albert Speer sein Atelier hatte – damit schien mein *SPEER*, und da konnte ich ihn noch so oft groß und in Versalien schreiben, erledigt. Ich war zu spät gekommen, würde als Nachahmer gelten, als jemand, der sich an das Thema Speer nur anhängt. Ich hätte verzweifelt sein müssen, nicht so verzweifelt, wie ich das erst dachte, denn eine Esther Vilar interessierte doch von den Theaterleuten niemand, aber es machte mich lachen, sofort lachen: da war es wieder – genau das, was doch meinem Großvater schon mal passiert war: er hatte ein Stück geschrieben *Die Not in Calais*, angeregt durch die berühmte Plastik von Rodin, das Stück ist im Jahr 1923 im Wolf Albrecht Adam Verlag, wiederum Hannover, erschienen, geschrieben, wie man der Widmung an seine Frau entnehmen kann, 1918. Zwei Wochen vorher nun kommt der damals schon berühmte Georg Kaiser mit einem Stück heraus, das den Titel trägt *Die Bürger von Calais* – damit ist mein Großvater erledigt, als bloßer Nachahmer stigmatisiert, als Epigone abgetan. Der Verlag, der befürchten muß, auf seinem Buch sitzenzubleiben, auf dem Stück eines vollkommen unbekannten Autors in der Nachfolge von Georg Kaiser, meint die Auflage mit einer Banderole um den Umschlag retten zu können, auf der zu lesen steht: »Georg Kaisers *Bürger von Calais* sind haarspalterische Dialektik des Opfertums. Havemann gibt das schlichte Opfer in der Ironie seiner Vergeblichkeit, Volk in Hilflosigkeit, Empörung und Heroismus, die zermalmende Tragik unserer eigensten Not.«

Schöne Geschichte. Eine richtig schöne Geschichte. So jedenfalls wurde sie in der Familie Havemann erzählt, diese Havemannsche Familienlegende hat leider nur einen Nachteil, den Nachteil, gar nicht wahr zu sein – der Zufall wollte es, daß ich's rausbekam. Weil ich doch das Buch mit dem Stück meines Großvaters nicht gleich zur Hand hatte und mir da nicht ganz sicher war, wie heißt es denn nun, im Unterschied zu dem von Georg Kaiser: *Die Not in Calais* oder *Die Bürger von Calais* – aber ich habe ja von Brockhaus meine *Chronik des 20. Jahrhunderts*, da wird doch was über Georg Kaiser drinstehen. Steht auch was drin, aber dicke, das war doch ein berühmter Stückeschreiber, dieser Georg Kaiser – und was steht da nun? Daß er sein Stück *Die Bürger von Calais* 1914 geschrieben habe, und 1917, da wurde es am 27. Januar, einem Samstag, so genau ist die *Chronik*, im Neuen Theater in Frankfurt am Main uraufgeführt, unter der Regie von einem Paul Gretz – adieu also, Havemann. Eine Legende weniger. Vorsicht also: nichts wird von dem besser stimmen, was ich von den Havemann-Geschichten geglaubt habe. Alles Legenden, nichts als Legenden.

Aber, und darauf muß mich ein Kenner wie Gerhard Ahrens erst aufmerksam machen, dieser Paul Steegemann, das war doch nicht irgendwer, sein Verlag, wenn obskur, dann auf eine ganz besondere Weise obskur, als ein Verlag der literarischen und künstlerischen Avantgarde. Diese Bücherreihe *Die Silbergäule*, in der meines Großvaters Stück als Band 83/84 erschienen ist, ich solle doch mal nachlesen, was für Namen da alles veröffentlicht haben – also tue ich's und finde: Arp, Schwitters, Serner, Hülsenbeck, Melchior Vischer, Hiller, Heinrich Vogeler, Klabund und Franz Blei. Und dazwischen Jan van Mehan. Der Wolf Albrecht Adam Verlag in Hannover, wo meines Großvaters *Not in Calais* erschien und auch dieses andere Buch noch, *Der polare Mensch*, auch das sei ein wichtiger Verlag gewesen damals, in den 20er Jahren, und auch der Eugen Diederichs Verlag in Jena, sagt der Kenner, war doch keine schlechte Adresse für ein philosophisches Buch wie das meines Großvaters, *Das Bild des Menschen* – unterschätze ich ihn? Sicher unterschätze ich ihn.

Tetraeder und Oktaeder

Es war in Bielefeld, und schon dessen kann ich mir nicht ganz sicher sein, denn vielleicht war's erst später und dann in der Stadt Hannover, wo mein Großvater nach seiner Gymnasiallehrerzeit Zeitungsredakteur und Feuilletonchef wurde – aber egal, es war Bielefeld, für mich war's in Bielefeld, und ich will hier ja auch nur eine Fama erzählen, an einer Legende stricken, an der Legende Havemann. Aber Legende hört sich gar nicht gut an, Legende ist ein bißchen billig und macht es mir mit der Wahrheit zu leicht. Sträflich leicht. Doch ich habe an Havemann viel zu lange viel zu schwer zu tragen gehabt, als daß ich mir dies jetzt noch nehmen ließe, es mir nun mit Havemann leichtzumachen und in die Legende auszuweichen – so findet jeder seine Begründungen. Doch ich will ja hier nicht wieder von mir reden und in meine Langstreckenrhetorik abdriften, bei der ich dann immer so elegant über vieles hinweggleiten kann, dem ich eigentlich mal ordentlich nachgehen sollte. Aber geschenkt, denn dieser Geschichte, die ich nun als Teil der Legende Havemann erzählen will und gerne muß, der kann ich doch gar nicht nachforschen, der, den ich fragen, bei dem ich nachfragen müßte, mein Großvater, ist schon ein paar

Jährchen tot. Blieben meine Geschwister und wie die diese Story in Erinnerung haben, aber was kümmert mich das, wo es doch für mich nur auf meine Erinnerung daran ankommen kann. Weil doch nur die mich ausmacht, mich geprägt hat. Zu Havemann gemacht hat. Zu diesem Dilettanten Havemann.

In Bielefeld also, und ich bleibe dabei und lasse mich doch nicht von Hannover irremachen, in Bielefeld und dort in dem Stadtpark von Bielefeld. Den ich mir klein vorstelle. So klein wie die kleine Stadt Bielefeld. So klein, daß man da von einem Ende des Parks zum anderen sehen kann. Fast. Jedenfalls in fünf Minuten zu durchschreiten, und auf diese fünf Minuten kommt es mir schon an. Ich stelle ihn mir etwas altertümlich, mit einem Zaun versehen vor, diesen Park, und natürlich wird es da auch diese Schilder gegeben haben: *Betreten des Rasens verboten!*, was mein Großvater aber sicher auch niemals vorgehabt hätte. Er nicht. Er war schließlich Gymnasiallehrer, in Bielefeld war er es und mußte sich dementsprechend wie eine Respektsperson verhalten. Auch nach Dienstschluß. Genau: es wird nach Dienstschluß gewesen sein, und mein Großvater, noch den Lärm der wilden Horde seiner Gymnasiasten im Ohr, wird einen Moment der Ruhe, wird die fünf Minuten Park gebraucht haben auf seinem Nachhauseweg. Wo dann wieder zwei Bälger auf ihn warteten, seine beiden Söhne, Robert und Hans-Erwin. Vielleicht wird er extra einen kleinen Abstecher gemacht haben auf seinem Weg nach Hause. Wie auch immer: er betritt also diesen Park, den ganz sicher Bielefelder Stadtpark, wo doch Bielefeld ganz sicher einen Stadtpark besitzt. Es ist eine kleine Tür, durch die er da hindurchmuß, um in den Park hineingelangen zu können, eine Tür, die man nur antippen muß, dann schwingt sie auf, und darum, daß sie sich wieder schließe, braucht man sich bei einer solchen Tür ja dann nicht mehr kümmern. Das ist praktisch und vielleicht doch ein bißchen zu englisch, um in Bielefeld wahr sein zu können. Aber sollte es im Bielefelder Stadtpark eine solche englisch anmutende Tür nicht gegeben haben, so muß mich das nicht weiter bekümmern, denn in meiner Vorstellung gibt es sie ja, hat sie einen festen Platz, und also gehe ich von der Tür nicht ab. Weil ich sie auf der anderen Seite des Parks und fünf Minuten später brauche. Damit sie auch dort schwinge, aber einem dann ganz anderen Mann schwinge als dem, der eine ebensolche Tür schon einmal und ganz unbedacht beim Eintreten in diesen Park hat schwingen lassen. Wenn er sie auch dann nicht bemerkt, diese zweite Tür am Ausgang des Parks, dann wird er sie aus ganz anderen Gründen nicht bemerken als denen bei seinem Eintreten in den sommerlich grünen Park – so stelle ich ihn mir jedenfalls vor, ich sehe ihn doch nicht im Herbst oder gar winterlich kahl und verschneit, und so was gefällt mir doch sehr: zweimal der gleiche Vorgang, nur beides mal etwas anderes bedeutend, weil sich da etwas verändert hat, etwas Entscheidendes für diesen Mann, der Parktüren ganz unbedacht schwingen läßt. Daraus würde ich Filme machen. Wenn ich Filme machen würde.

Mein Großvater geht also in diesen Park hinein, wie gesagt: Bielefeld, er durchschreitet diesen Park, er durchschreitet ihn, denn er ist ein Mensch: *Über die Oberfläche der Erde hin schreitet der Mensch. Vor ihm eine Welt, die sich entbreitet, sich ihm darbringt. Hinter ihm eine Welt, die den durchmessenen Weg bebaut, ihn vorwärtstreibend als ihr Geschöpf.* So ist das doch. Also vor ihm Park und dann bald auch zur Seite, hinter ihm Park. Er hat fünf Minuten Park. Wahrscheinlich ist er müde, erschöpft von seinen dummen Schülern. Die den Menschen nicht kapieren wollen. Er ist sicher erschöpft, aber gleich wird er sich beleben, gleich wird er sich in einen Schöpfer verwandeln. Er ist erschöpft, weil er sich in einen Schöpfer verwandeln wird, in einen Menschen – keine Widerrede, keine kleinlichen Einwände, bei mir ist er das: erschöpft. Punktum. Ich brauche es für meine Inszenierung, denn nun betrete ich doch ein Gebiet, in dem ich mich nicht so gut auskenne. In Parks kenne ich mich aus und auch damit, wie man sich plötzlich erschöpft beleben kann, wie man unerwartet zum Schöpfer wird, der Macht eines Einfalls erliegt. Ein Künstler kennt das. Und in der Wissenschaft, um die es mir nun gehen muß, ist das doch so anders nicht. Einstein soll seine Relativitätstheorie doch auch beim morgendlichen Klavierspielen eingefallen sein, bei seinem Herumklimpern auf dem Klavier, denn mehr wird das nicht gewesen sein, und er war doch nicht mal auf seiner Geige so gut. Auch mein Großvater übrigens spielte Geige, kratzte da ein bißchen drauf herum. Weil ein Mensch das so macht. Ich spiele doch auch Klavier, habe sogar Klavierkonzerte gegeben – wie sich das anhört: *gegeben*, wie hochtrabend. Also lassen wir das, und kehren wir zur Wissenschaft zurück. In der ich mich nicht auskenne. Nicht wirklich. Trotz meiner Einsen in Physik und Chemie natürlich auch. Mein Vater war doch schließlich Physiko-Chemiker, das verpflichtet. Mein Großvater aber, er war in diesem Bielefelder Stadtpark Gymnasiallehrer. Mehr nicht. Ein Gymnasiallehrer mit vielfältigen wissenschaftlichen Interessen, das ja. Er interessierte sich zum Beispiel für die Kristallographie, und auch ich mag doch Kristalle, auf ganz unwissenschaftlicher Basis natürlich, nur weil sich Kristalle so schön anschauen lassen. Weil das doch erstaunlich ist, was die Natur so in Kristallen an unnatürlich wirkenden Formen hervorbringt – falls denn die Natur überhaupt etwas hervorbringen kann, falls es die Natur denn überhaupt gibt. Aber egal. Mein Großvater interessierte sich wissenschaftlich-dilettantisch auch noch für etwas anderes, und dieses andere, es kann dann nicht mehr von mir wie ein Beispiel ins Spiel gebracht werden, denn nun, mit der Astronomie, wird es ernst. Auch ich mag mir gern Fotos von fernen Galaxien anschauen, rein unter künstlerischen Gesichtspunkten natürlich nur. Unter künstlerischen Gesichtspunkten aber wäre es besser gewesen, ich hätte hier nicht von Galaxien gesprochen und sprechen können, sondern vom Sonnensystem, denn dieses Wort wird noch eine entscheidende Rolle spielen, nur gibt es leider keine Fotos von unserem oder anderen Sonnensystemen, die ich ob ihrer ästhetischen Schönheit bewundern könnte.

Aber egal, worauf es allein ankommt, in Bielefeld ankommt, in diesem Park ankommt, für meinen Großvater ankommt, das ist, daß sich dort, genau dort und nirgendwo anders, wie ich behaupte, worauf ich bestehe, diese beiden seiner Interessengebiete für ihn verbinden. Die Kristallographie mit der Astronomie. Über Zahlen. Über eine mathematische Reihe. Ich weiß nicht, wer das entdeckt hatte, das müßte nachzuschlagen sein, daß die Abstände der Planeten unseres Sonnensystems, von unserer Sonne aus gemessen, eine mathematische Reihe ergeben. Nachschlagen lassen müßte sich auch, wann das war, daß dieser kluge, mathematisch und astronomisch kluge Kopf, der für meinen Großvater die Vorarbeit geleistet hat, auf diese mathematische Reihe gekommen ist. So lange wird das wahrscheinlich gar nicht hergewesen sein, damals in Bielefeld, in diesem Stadtpark und von meinem Großvater aus betrachtet. Denn so leicht dürfte das ja wohl nicht sein, die genauen Abstände der Planeten von der Sonne zu bestimmen. Mit einiger Exaktheit. Mit der nötigen Exaktheit. Mit der für eine mathematische Reihe nötigen Genauigkeit. Auf die es hier schon ankommt. Entscheidend ankommt, denn siehe da, und niemand hatte dies vorher so gesehen, hatte diese Verbindungslinie gezogen, da mußte erst mein Großvater kommen und durch den Bielefelder Stadtpark schreiten und dort Mensch werden, dieselbe, oder sagt man hier doch: die gleiche, aber egal, diese besagte mathematische Reihe, sie findet sich auch im Kristallisationsprozeß – wo da genau, das weiß ich nicht, und mich wegen so was nun extra sachkundig machen, das habe ich mir geschworen, das mache ich nicht. Das muß ich als Legendenerzähler ja schließlich auch nicht tun.

Die Schlußfolgerung war schnell gezogen, in den fünf Minuten, die mein Großvater dort in Bielefeld, im Stadtpark von diesem provinziellen Bielefeld Zeit hatte, und diese Schlußfolgerungen waren denkbar einfache. Alle wissenschaftlichen Erkenntnisse sind im Grunde einfache, jedenfalls für Wissenschaftler. Und sie müssen elegante Lösungen für schwierige Probleme bieten. Habe ich gelernt, von meinem Bruder. Und mein Bruder wird das sicher schon von seinem beziehungsweise unserem Vater eingebläut bekommen haben. Die Schlußfolgerung konnte nur die sein, daß wir uns die Entstehung unseres Sonnensystems und damit all der anderen Sonnensysteme, die es sonst noch geben mag im ungeheuer schwarzen Weltall, als Kristallisationsprozesse vorzustellen haben. Und das war doch immerhin eine neue Theorie. Eine vielleicht sogar weltbewegende, eine, die weltweit für Furore sorgen, meinen Großvater weltberühmt machen konnte. Zu einem zweiten Einstein. Und wenn das denn stimmte, und eigentlich konnte es daran doch keinen Zweifel geben, daß das stimmt und stimmen muß, für meinen Großvater jedenfalls, dann mußte auch unsere schöne Erde, obwohl so rund, so rund wie eine Kugel fast, weil in einem Kristallisationsprozeß entstanden, eigentlich wie ein Kristall aufgebaut sein. Eigentlich. Dem Anschein zuwider – nein, dem Anschein nach nicht, denn dem Anschein nach ist sie doch platt, unsere Erde, aber dieser Anschein ist ja wissenschaftlich längst überwunden. Und demnach konnte auch diese scheinbare Kugelgestalt der Erde zugunsten eines Kristalls überwunden werden, wissenschaftlich. Oder, daß das eigentlich ein Kristall sei, der sich nur aus anderen Gründen zu einer Kugelgestalt verforme. Oder wie immer man das ausdrücken mag. Ich bin kein Wissenschaftler.

Und damit bin ich mit meinem Großvater am andern Ende seines Parks im piefigen Bielefeld angelangt, wieder schwingt eine Tür vor ihm auf und dann hinter ihm zu, nun aber, um einem Menschen gleich Schöpfer den Weg freizumachen, den Weg in die Welt, die nun nur noch von dieser neuen Theorie erfahren muß des Dr. Havemann aus Bielefeld. Der eigentliche Schöpfungsakt, der schöpferische Moment, er ist vorbei, wenn sich die Tür zum Stadtpark in Bielefeld hinter meinem Großvater schließt, der nun aber, um seine Theorie veranschaulichen zu können, sofort seine beseelten, neubelebten Schritte zu einem Glasschleifer lenkt, um bei ihm, als Glaskörper, einen Tetraeder und einen Oktaeder in Auftrag zu geben, den einen, den gleichmäßig aus Dreiecken zusammengesetzten Tetraeder, wohl, um da einen Unterschied zu machen, um sie leichter voneinander unterscheiden zu können, aus blaugetöntem Glase – ganz so sicher, hundertprozentig sicher war er sich in diesem Moment seiner

Theorie also nicht, ob der Aufbau der Erde als ein Tetraeder oder vielleicht doch als ein Oktaeder vorzustellen wäre, das konnte er noch nicht entscheiden. Beides schien ihm möglich. Noch möglich, aber das mußte ja herauszufinden sein. Die Arbeit hatte zu beginnen, und mir bleibt nur, ganz fest und sicher zu behaupten, daß das mein Großvater sofort getan hat und nicht ein paar dumme und überflüssige Tage später erst, daß er zu diesem Bielefelder Glasschleifer gegangen ist. Bei mir, und davon rükke ich nicht ab, hat er sofort nach Verlassen des Parks den Weg dorthin eingeschlagen. Da mochte seine Familie eben warten.

Aus seiner Bielefelder Gymnasiallehrer-Scheiße herauskommen, das mußte er, mußte er versuchen. Also Hannover, die Zeitung, das Feuilleton, der Chefredakteursposten. Aber auch aus dieser kackbraunen Nazi-Verstrickung mußte er dann wieder herauszukommen suchen. Spätestens, als sich das Ende der tausend Jahre abzeichnete – doch ich weiß das gar nicht, wann er diesen Sprung schaffte, von der Zeitung weg in die Wissenschaft, vom allgemeinen Gesülze auch seiner philosophischen Schriften hin zur soviel exakteren Geologie. In meiner, wie ich dabei merke, nicht sehr genauen, nicht wirklich durch die sichere Kenntnis von Fakten gestützten Vorstellung machte er diesen Schritt erst nach dem Ende des Krieges und dem Nazi-Dreck, mit dem er sich besudelt hatte – erstaunlich, daß man ihn diesen Schritt machen ließ, der ja für meinen Großvater, der da immer noch seine Frau auch zu versorgen hatte, mit einem Job, einer Anstellung verbunden sein mußte. Die er bekam, in der Akademie der Wissenschaften, im Geologischen Institut der Akademie der Wissenschaften bekam. Keine Ahnung, wie sich dieser Posten nannte. Irgendeine Leitungsfunktion war es jedenfalls nicht. Er wird da als einfacher wissenschaftlicher Mitarbeiter sein berufliches Dasein gefristet haben, der Dr. Havemann, bis zu seiner Pensionierung. Nach dem Feuilletonchef, dem Chefredakteur herabgestuft zu einem bloßen Mitarbeiter, aber er wird froh gewesen sein, irgendwo unter- und aus der Schußlinie gekommen zu sein. Sich wegducken. Sich klein machen. Keine Politik mehr. Nur das Nötigste an politischem Engagement. Die Partei, in der jeder war. Und vielleicht hoffte er, sein Sohn würde in der DDR nun nicht nur Karriere machen, sondern auch der, nun wissenschaftlichen, seines Vaters etwas aufhelfen – woran der aber sicher nicht einen Moment gedacht haben wird. Aber natürlich war dieser Schritt des Dr. Hans Havemann in die Wissenschaft nicht einfach so möglich, er war lange vorbereitet und wahrscheinlich sehr lange schon von ihm als eine Option gesehen worden, als ein möglicher Ausweg aus seiner Feuilleton-Scheiße, dem philosophischen Gewäsch, das ihm nichts wirklich einbrachte, der Politik auch, in die er sich vorgewagt hatte. In die er aber doch gar nicht gehörte. Er wird wieder seine Postkarten geschrieben haben, seine Theorie über die Entstehung des Sonnensystems als Kristallisationsprozeß an bekannte Namen verschickt haben – von einer Reaktion weiß ich, den Brief von Max Planck an ihn, den habe ich gelesen, auf den war er ja auch mächtig stolz. Das wäre ja doch sehr interessant, so schrieb Max Planck, seine Theorie mit der Kristallisation sicher ein interessanterer Ansatz, sich die Entstehung von Sonnensystemen zu erklären, als das, was man sich so allgemeinhin und allgemein unter Wissenschaftlern anerkanntermaßen vorstelle, interessanter als die Vorstellung von der bloßen Massenanziehung und dann Massenzusammenballung, zu Sternen und Planeten. So Max Planck. An meinen Großvater, den Dr. Hans Havemann. Aber Max Planck hatte auch einen Einwand, und der war in etwa der, daß es so viele mathematische Reihen gebe und es deshalb vielleicht gar nicht weiter verwunderlich wäre, wenn sich da aus den Abständen der Planeten von der Sonne eine solche mathematische Reihe ergebe. Also höherer Blödsinn, die ganze Hypothese, mathematisch eine Banalität.

Wenn das mit dem Kristallisationsprozeß stimmte, dann mußten sich im geologischen Aufbau der Erde dafür Anhaltspunkte finden lassen – eine einfache Schlußfolgerung, auch für einen Nicht-Wissenschaftler wie mich nachvollziehbar. Das brachte meinen Großvater zur Geologie. Die er nie studiert hatte, der Doktor der Philosophie, der natürlich naturwissenschaftlich gebildete Doktor der Philosophie – diese Trennung zwischen der Philosophie und der Naturwissenschaft, die gab es doch noch nicht in der Zeit, als mein Großvater studierte, und auch mein Vater noch hat einen Doktor phil. und war doch in erster Linie Naturwissenschaftler. Mein Großvater wußte also, wie das geht mit der Wissenschaft, nur deshalb kam er ja von seinem philosophischen Getue überhaupt wieder los. Seinen geistigen Großtaten. Aber Großes wird er mit seiner Theorie von der Entstehung des Sonnensystems als Kristallisationsprozeß sicher immer noch vorgehabt haben, vielleicht wollte er damit der zweite Einstein des 20. Jahrhunderts werden. Doch dann steckte er als bloßer wissenschaftlicher Mitarbeiter in einem Institut, im Geologischen Institut der Akademie der Wissenschaften, und konnte wahrscheinlich nur froh sein, dort überhaupt untergekommen zu sein. Bei seiner Vergangenheit. Seiner braunen. Was wird er da während seiner 20, 25 Jahre in diesem geologischen Institut gemacht haben? An seiner Theorie geforscht, nach Beweisen für seine Theorie gesucht haben? Ich nahm es an, aber ich nahm es wohl ganz fälschlich an, denn so läuft das doch gar nicht mit der Wissenschaft. Nicht, wenn man ein kleiner wissenschaftlicher Mitarbeiter in einem Institut ist und sich an den Projekten dieses Instituts zu beteiligen hat. Und die DDR, sie mußte sich doch für ihre Geologie interessieren, für die Rohstoffe, die da womöglich in ihrem kleinen Stück Erde lagerten und deren sie so sehr bedurfte. Er wird seinen Job gemacht haben. Punktum. Aber ich hatte doch auch Grund zu der Annahme, daß mein Großvater in seinem Institut an dieser Theorie bastelte, immer weiter an dieser Theorie bastelte, mit der er noch mal groß rauszukommen hoffte. Ein Havemann. Er machte das ja auch, verfolgte seine Theorie weiter, heute aber muß ich doch annehmen, daß er dies nebenbei machte, nur nebenbei betreiben konnte. Es war das in der Zeit kurz vor seiner Pensionierung, daß er zu mir kam, zu seinem zeichnerisch begabten Enkelsohn, mit der Bitte, ich möge ihm doch ein paar Karten und Diagramme und geologische Schnitte ins reine zeichnen, die er für eine Veröffentlichung seiner Theorie brauche. Und ich machte das dann, machte es natürlich, und ich las dann auch den Text, und was ich nicht verstand, und ich verstand sicher einiges nicht, das ließ ich mir von meinem Bruder erklären. Was mich erstaunte, das war die Kürze dieser Abhandlung, mehr als vielleicht zwanzig Seiten waren das nicht – und das sollte eine weltbewegende Theorie sein? Aber auch da mußte ich mich durch meinen Bruder noch belehren lassen, daß doch auch die Erstveröffentlichung der Relativitätstheorie von Einstein nur vierzehn Seiten dick gewesen ist. Genug, um das wissenschaftliche Weltbild umzustürzen. Und auch nur in einer kleinen wissenschaftlichen Zeitung veröffentlicht, erst ohne Beachtung zu finden. Mein Großvater, und das war doch immerhin besser als unsere kleine DDR, konnte seine Theorie in einer holländischen geologischen Zeitschrift veröffentlichen. Oder war's eine belgische – egal. Fest steht jedenfalls, daß das auch meine erste Veröffentlichung war. Und da bin ich dann doch stolz drauf. Stolz darauf, als ein echter Havemann eben nicht mit irgendwelcher Kunscht als erstes hervorgetreten zu sein. Sondern als wissenschaftlicher Mitarbeiter. Als Mitarbeiter eines Mitarbeiters.

Dem war aber wohl gar nicht so, denn ein paar Stunden später stelle ich die gleiche Frage an Bernd Florath, den derzeitigen Leiter des Robert-Havemann-Archivs, und der sagt, Robert wäre seinem Vater bei etwas anderem nach dem Krieg behilflich gewesen, dabei, trotz seiner braunen Vergangenheit beim *Sonntag* unterzukommen, bei der Zeitschrift des Kulturbundes, zu dessen Leitung mein Vater gehörte, für den er dann als Abgeordneter in der Volkskammer saß – weiterhin als Zeitungsredakteur also. Hans Havemann habe beim *Sonntag* auch unter Pseudonym geschrieben, unter dem Pseudonym *Hans Grabow*, und Grabow, das war die mecklenburgische Kleinstadt, aus der er herkam. Er habe da sogar beim *Sonntag* unter dem Pseudonym Hans

Grabow Artikel über Robert Havemann geschrieben, seinen Sohn – kein Kommentar. Ein Kommentar erübrigt sich.

Die Pistole

Wir waren glühende Sozialisten, mein Bruder und ich, treue Söhne der DDR – nur ästhetisch waren wir das dann bald nicht mehr, seitdem die Stalinallee in häßlichen Plattenbauten bis zum Alex hin weitergebaut wurde, war das ästhetisch unsere DDR nicht mehr. Wir begannen Antiquitäten zu sammeln, interessierten uns nur noch für altes Zeug. Daher auch der Zylinder, den ich mir am 7. Oktober 1966 auf den Kopf gesetzt, mit dem ich die Staatsmacht gegen mich auf den Plan gerufen hatte. Alte Grammophone, sehr alte, so was gefiel uns, und wir hatten dann eines mit Platten aus Blech, in das musikalische Löcher gestanzt waren wie bei einer Spieluhr. Es klang fürchterlich, aber das war uns egal. Hauptsache alt. Und also interessierte uns unser Großvater, also machten wir uns immer wieder auf den weiten Weg nach Borgsdorf, denn bei unserem Großvater gab es doch immer irgendwas Altertümliches, irgendeine kleine Antiquität abzustauben. Das waren schon etwas makabre und unheimliche Nachmittage bei ihm, dem alten, allein, nach dem Tod seiner Frau allein lebenden Mann. Er holte, von uns sicher danach gefragt, alte Mappen hervor, setzte sich an seinen schwarzen Eßtisch auf einen der Stühle dort mit den hohen Lehnen, plazierte meinen Bruder und mich links und rechts von sich und begann sich die ungeordneten Zeugnisse seiner Vergangenheit anzuschauen. Mein Bruder und ich, wir beide durften zusehen dabei, links und rechts über seine Arme gebeugt. Irgendwelche Erklärungen gab er eigentlich dabei gar nicht ab, ich erinnere mich noch an die Stille, in der das immer vonstatten ging. Aber mit irgendwas von seinem alten Zeugs fuhren wir dann doch immer nach Hause.

Eines Tages, diesmal war unser Vater mit dabei, sein Sohn, kommen wir bei ihm rein, und unser Großvater sagt gleich, er hätte da was für uns, für meinen Bruder und mich. Er geht zu seinem Schreibtisch, wir folgen ihm interessiert, er öffnet die unterste Schublade seines Schreibtisches, und da liegt dann eine Pistole, ein Trommelrevolver. Wie sich herausstellt: geladen. Mit sechs Patronen drin. Die aber vergammelt sind, aus denen irgendwelche Chemikalien ausgetreten sind. Und der Revolver, er ist verrostet. Unser Vater nimmt ihn an sich, nimmt ihn dann mit in sein Institut, um ihn dort von seinen technischen Hilfskräften reinigen zu lassen. Natürlich fragen wir unsern Großvater, wo er diesen Revolver herhabe. Das wisse er gar nicht mehr, das sei schon so lange her. Dann fragen wir ihn, wozu er sich diesen Revolver angeschafft habe, und unser Großvater lächelt bloß. Während der Autofahrt zurück nach Berlin stellen wir die gleiche Frage noch einmal, nun aber unserem Vater, seinem Sohn. »Er wird irgendwann mal daran gedacht haben, sich umzubringen.« So die Antwort unseres Vaters – aha.

Unser Großvater und Weihnachten, die Weihnachtstage verbringt er immer bei uns in der Familie, damit er da nicht so allein sein muß, in seinem Haus in Borgsdorf. Weihnachten, und das ist für uns Kinder immer der heißersehnte Abschluß und Höhepunkt des ansonsten so bedrückend langweiligen Festes, geht es dann immer am Abend noch zur Familie Henselmann. Zu unseren engsten Verwandten. Erst wohnen sie mit bei uns am Strausberger Platz, in einer Wohnung eine Etage unter der unsrigen, dann in einem Haus in Pankow. Mein Onkel, Hermann Henselmann, der Architekt und Kindskopf, hat ein Herz für Kinder, er hat ja auch acht davon. Plus uns vier Havemann-Kinder macht das zwölf, und die Bande muß unterhalten werden. Also denkt sich Onkel Hermann Spiele aus, jedes Weihnachtsfest was anderes. So war das, und in einem Jahr, da kommt er auf die merkwürdige Idee, wir sollten Selbstmord spielen. Spielen, daß wir uns umbringen. Natürlich versuchen wir es, und auch ich gebe mir redliche Mühe, mich umzubringen, komme mir dabei aber doch recht lächerlich und unerfahren vor. Zum ersten Mal ein Fehlschlag, das mit dem Selbstmordspiel, das zündet nicht. Onkel Hermann wird es bald bemerkt haben. Dann sind endlich alle durch, alle zwölf Kinder haben sich damit abgequält, sich umzubringen, das Spiel ist vorbei, und alle atmen auf. Da meldet sich mein Großvater, damals schon siebzig Jahre alt: auch er wolle das jetzt mal spielen, einen Selbstmord. Er steht auf, setzt sich an einen Tisch und schreibt einen Abschiedsbrief. Wie das Selbstmörder so oft machen – natürlich hatte keines von uns Kindern daran gedacht. Und dann nimmt er Gift, er hat es schon in seiner Jackentasche. Das Gift schmeckt natürlich widerlich. Aber er überwindet seinen Widerwillen, seinen Ekel und schluckt das Gift. Dann liest er noch mal seinen Abschiedsbrief und besinnt sich. Plötzlich will er doch nicht mehr sterben. Er versucht, das Gift aus sich herauszuwürgen. Er übergibt sich fast dabei. Währenddessen nun beginnt das Gift zu wirken, sein Würgen geht in die vom Gift verursachten Krämpfe über. Er steht von seinem Tisch auf, er taumelt, er fällt vornüber. Er windet sich in Krämpfen auf dem Boden. Ein siebzigjähriger Mann. Alle halten den Atem an. Er bäumt sich noch einmal qualvoll auf. Bricht dann endgültig zusammen. Letzte Zuckungen. Dann Stille, Bewegungslosigkeit, er liegt tot auf dem Fußboden. Wie tot. Dann erhebt er sich plötzlich wieder, klopft sich den Staub von seinem Anzug und setzt sich auf seinen Platz.

Stimmung, gar weihnachtliche Stimmung wollte danach nicht wieder aufkommen. Ich hörte, wie meine Mutter zu meinem Vater sagte: »Ich glaube, wir müssen ihn bald zu uns nehmen.« Aber das mußten sie nicht, mußten sie dann doch nicht, denn mein Großvater fand eine zweite Frau, eine dreißig Jahre jüngere, und er fand sie in der S-Bahn, mit der er jeden Morgen von Borgsdorf aus in die Stadt fuhr, nach Berlin zu seiner Arbeit im Geologischen Institut der Akademie der Wissenschaften. Und diese 45jährige Frau, sie fuhr jeden Morgen in der gleichen S-Bahn wie er, auch sie arbeitete in Berlin, als kleine Sachbearbeiterin irgendwo, und ich weiß wirklich nicht mehr, wo. Sie stieg wie er in Borgsdorf in die S-Bahn ein, und am Nachmittag, nach Feierabend und Büroschluß, sah er sie auch immer wieder in der S-Bahn und an der gleichen Station aussteigen, wie er in Borgsdorf. Und eines Tages quatschte er sie an, der 75jährige die 45jährige, und fragte sie, ob sie nicht Lust habe, mit ihm am kommenden Sonnabend eine Fahrradtour zu machen. Sie hatte, und also holte er sie am kommenden Sonnabend zu einer Fahrradtour ab, in die Wälder in der Umgebung von Borgsdorf, und er brachte sie nach dieser gemeinsamen Fahrradtour, ganz Gentleman und alte Schule, wieder zu ihrem Haus zurück, nur ein paar wenige Straßen weiter. Und dann fragte er sie wieder, ob sie vielleicht auch am Sonnabend in der Woche drauf eine Fahrradtour mit ihm machen würde, und wieder sagte sie zu, und also machten sie eine zweite Fahrradtour zusammen, der 75jährige und die 45jährige, und am Dienstag drauf meldete er sich bei ihrer Mutter an, einer Dame, die drei Jahre jünger war als er und die mit ihrer 45jährigen Tochter zusammen in einem Haus wohnte, und bei dieser Frau, ganz Gentleman und alte Schule, hielt er dann um die Hand der Tochter an, der 45jährigen. Und dann heirateten sie, kurz darauf heirateten sie, der 75jährige und die 45jährige, und meine Eltern mußten sich doch nicht um ihn kümmern, um meinen Großvater.

Die Pistole sollte später, sollte 68 dann noch mal eine Rolle spielen: die Stasi fand sie bei mir, ganz harmlos als bloßes Dekorationsstück auf der Kommode liegend, neben anderen Antiquitäten, denn natürlich gehörte auch das zu einer ordentlich durchgeführten Untersuchung: eine Hausdurchsuchung, die Suche nach mich eventuell belastendem Beweismaterial. Die Stasi nahm die Pistole mit und ließ dann diese Pistole untersuchen, von ihren dafür ausgebildeten Fachleuten, und die, ich habe das Gutachten zu lesen bekommen, stellten eindeutig fest, daß es sich bei dieser Pistole um eine jederzeit funktionsfähige Waffe handelte, deren Besitz nach dem Waffengesetz der DDR natürlich strengstens *verbotten* war, wie wir immer so russifizierend falsch betonten, wenn etwas ganz verboten war. Also wurden wir dann auch des illegalen Waffenbesitzes beschuldigt, mein Bruder und ich – angeklagt deswegen wurden wir aber nicht, das schien wohl selbst der Stasi zu abwegig, in deren Abschlußbericht zu meiner Straftat, inklusive rechtlicher Wertung, sie dann gar nicht mehr auftauchte, diese Pistole. Aber einen richtigen Schreck haben sie einigen Leuten doch mit dieser Pistole eingejagt, in meiner Schule nämlich, als sie von der Stasi dorthin gingen, ein paar ausgewählte meiner Mitschüler damit zu konfrontieren, die dies natürlich sofort in der ganzen Schule weitererzählten, ich sei nicht nur der staatsfeindlichen Hetze angeklagt, sondern auch wegen illegalem Waffenbesitz in Untersuchungshaft – ein Terrorist also.

Der Streit

Bekanntlich fällt ja der Regen von oben nach unten, und ein Regentropfen, der irgendwo auf ein Blatt oder eine noch glattere Fläche trifft, fließt dann weiter nach unten, und es sei überhaupt noch nirgendwo in der Welt ein Bach, ein Fluß gefunden worden, der etwa einen Berg hinauf flösse, Wasser strebt immer dem tiefsten Punkt zu, so sagte mein Vater, und wir alle wohl, die wir mit ihm am Abendbrottisch im Holzhäuschen saßen, nickten zumindest im Geiste mit – keine Anführungsstrichelchen, keine wörtliche Rede, dafür ist es zu lange her. Aber, sagte er weiter, und hier nun käme es vielleicht ganz genau auf die Formulierung an, für die ich mich dann also nicht hundertprozentig verbürgen kann, aber, sagte mein Vater und blickte uns Kinder dabei ganz väterlich aufmunternd an, wir hätten dies doch sicher schon beobachtet, es gäbe da eine Ausnahme: Regentropfen, die auf eine Glasscheibe träfen, auf eine Glasscheibe, die sich in Bewegung befinde, sie flössen nach oben – warum? Sagte er das so, wie ich es hier aufgeschrieben habe, sprach er in seiner Frage so allgemein von einer Glasscheibe in Bewegung? Sagte er nicht doch: Windschutzscheibe? Jedenfalls hatte ich sofort eine solche vor Augen, und die Erinnerung daran, wie er uns Kinder bei einer Regenfahrt mit unserem Auto auf dieses Phänomen aufmerksam gemacht hatte, sie war sofort präsent, und meinen Geschwistern wird es genauso gegangen sein – ja, warum fließen da nun die Regentropfen nicht nach unten, sondern nach oben? Das waren so die Fragen, die uns mein Vater jedesmal, wenn wir mit ihm zusammensaßen, stellte, und wenn ihm gar nichts einfiel, dann fragte er Hauptstädte ab, Ländernamen, und besonders gern stellte er solche Wissensfragen immer dann, wenn wir dort im Holzhäuschen beim Essen um den Tisch versammelt waren und wenn also meine, unsere Mutter dabei war, seine Ehefrau, mit der er sich wohl nicht zu unterhalten wußte, deren fortwährende Versuche, uns Kindern Tischsitten und Manieren beizubringen, ihm schwer auf die Nerven gingen. Aber die meisten dieser Fragen waren so schwer, daß ich sie nur mit Mühe beantworten konnte, wenn überhaupt, und meine noch einmal drei Jahre jüngere Schwester überhaupt nicht. Sie waren ja auch in der Hauptsache gar nicht für mich oder sie gedacht, diese Fragen, sondern für meinen älteren Bruder Frank, sie waren Teil der Bemühungen meines Vaters, aus seinem ältesten Sohn einen Naturwissenschaftler zu machen, und Fränki lernte dabei, sein Denken, seine Kombinationsgabe wurde auf diese Weise sicher ungemein gefördert. Aber auch für mich, der ich dabeisaß, fiel immer etwas ab, bei diesem naturwissenschaftlich-mathematischen Förderprogramm, und ich erinnere mich noch an diese eine Fragestunde, wo es um ein kniffliges mathematisches Problem ging, das ansonsten vollkommen meinen Wissenshorizont überstieg, und wo mein Vater dann, um etwas erklären zu können, nach einem Blatt Papier verlangte und einem Stift und da dann mit einer raschen Bewegung einen ganz ungefähren Kreis auf das Papier warf, der mehr einem Ei glich, und wo er dann irgendwo in dessen ungefährer Mitte ein kleines Kreuzchen machte, neben das er den Buchstaben M schrieb – als er dann meinte dieses unförmige, nur vage an einen Kreis erinnernde Gebilde als einen solchen gedanklich behandeln zu können, protestierte ich: dies wäre doch gar kein Kreis, um einen Kreis zu zeichnen, so sagte ich, brauche man einen Zirkel. So hatte ich es grade in der Schule gelernt, und da ich zeichnen konnte, immerhin zeichnen konnte, war ich auch dort von meiner Lehrerin für meine exakten Kreise gelobt worden. Mein Vater lächelte mich an und erwiderte, mir sei doch sicher klar, wie schwierig es sei, einen exakten Kreis zu zeichnen, was ich natürlich nur bestätigen konnte, ich müsse mir, so sagte er weiter, aber auch klarmachen, daß es vollkommen unmöglich sei, einen hundertprozentig exakten Kreis zu zeichnen, und dies nun mußte mir einleuchten, auch wenn es dem um Exaktheit bemühten Kreiszeichner natürlich zuwider war. Da es also gar keinen Kreis gebe, so mein Vater weiter, keinen wirklich vollkommen exakten Kreis, könne auch dieses Ei, das er da mal eben rasch, um an ihm ein mathematisches Problem zu veranschaulichen, aufs Papier geworfen habe, als Kreis gelten, wenn er dieses Gebilde im folgenden nun als Kreis behandle. Ein Kreis, das wäre, so mein Vater, eine Idee, die Kreise, die wir zu zeichnen fähig seien, nur die mehr oder minder unvollkommene Realisierung dieser Idee eines Kreises – das haute mich um, ich war vollkommen platt, als ich dies hörte, es leuchtete mir sofort ein, und ich übertreibe hier nicht, wenn ich sage, daß dies meine Weltsicht veränderte. Danke also, Papi, für diese Lektion.

Was aber war nun mit dieser Frage nach den Regentropfen, die bekanntlich von oben nach unten fallen, auf einer Scheibe in Bewegung jedoch nach oben fließen können? Wie war diese Frage zu beantworten? Während ich krampfhaft dabei war, eine Antwort zu finden, tausendmal schon frustriert, aber eifrig bemüht, wie immer, sagte mein Großvater, der an diesem Abend mit am Tisch saß, für das Wochenende zu Besuch bei uns in Grünheide Alt-Buchhorst: nein, dies stimme so gar nicht, Regentropfen würden auch auf einer Scheibe in Bewegung nicht plötzlich nach oben fließen können – das war ein Schock, daß er dies so sagte, daß er so einfach der Voraussetzung der Frage meines Vaters widersprach, denn schließlich hatte ich das doch selber gesehen bei der Autofahrt mit meinem Vater im Regen, und mein Großvater war doch nicht dumm, war doch selber ein Naturwissenschaftler. Wie konnte er das leugnen, was ich mit meinen eigenen Augen gesehen hatte? Mein Vater erklärte also noch einmal dieses Phänomen der nach oben fließenden Regentropfen, für das er eine Erklärung von uns haben wollte, aber mein Großvater, sein Vater, widersprach wieder, er blieb dabei, daß es das gar nicht gebe, daß nach oben fließende Regentropfen eine physikalische Unmöglichkeit seien. Und dann begannen sie zu streiten, Vater und Sohn, und dieser Streit, den sie mit zunehmender Verbissenheit führten, er dauerte mehrere Stunden, und sie führten ihn so verbissen, daß ihnen das völlig egal war, was diese Streiterei für die anderen, die mit ihnen am Tische saßen, bedeutete, für uns drei Kinder. Irgendwann, nachdem wir schweigend, es nicht wagend, uns in diesen Streit zwischen Vater und Sohn einzumischen, unser Abendbrot zu Ende gegessen hatten, standen wir auf, meine Mutter und Tati, unsere Haushälterin, räumten den Tisch ab, während ihr Streit immer weiterging. Ich erinnere mich noch an die Blicke, die die beiden Frauen miteinander wechselten – daß es bei diesem Streit unter Naturwissenschaftlern um etwas anderes ging als um diese nach oben oder nicht nach oben fließenden Regentropfen, das war auch mir bald klar. Wir Kinder flüchteten nach draußen in den Garten, aber auch von dort aus sahen wir die beiden Männer in der Veranda bei ihrem Streit, und irgend etwas spielen, das mochten wir nicht, das konnten wir nicht, dazu war die Stimmung viel zu gedrückt.

Mein Großvater besaß kein Auto, mein Großvater fuhr S-Bahn, jeden Tag den weiten Weg von Borgsdorf bei Oranienburg, wo er wohnte, bis in die Stadt in sein Geologisches Institut der Akademie der Wissenschaften, wo er arbeitete, diesen weiten Weg, der nach dem Mauerbau noch weiter geworden war, als dann die S-Bahn West-Berlin umfahren mußte, mein Großvater hatte schon viele Regentropfen an den S-Bahn-Fenstern nach unten fließen und niemals welche nach oben fließen gesehen, er kannte dieses Phänomen der an der Windschutzscheibe eines fahrenden Autos nach oben fließenden Regentropfen gar nicht, Vater und Sohn hatten stundenlang aneinander vorbeigeredet, und als sich dies dann doch zu guter Letzt herausgestellt hatte, daß sie von zwei völlig unterschiedlichen Dingen ausgegangen waren, als mein Großvater die Möglichkeit nicht mehr ausschließen konnte, daß mein Vater mit seiner Behauptung nach oben fließender Regentropfen vielleicht recht habe, wurden wir Kinder von unserer Mutter wieder zurück ins Haus gerufen, wir sollten das wissen, daß sich der erbitterte Streit in Luft aufgelöst hatte – alle waren erleichtert, aber mein Großvater konnte sich doch der hämischen Bemerkung nicht enthalten, es hätten eben nicht alle ein Auto. Was natürlich wieder stimmte, in der DDR, zu diesen Zeiten jedenfalls, besaßen die wenigsten ein Auto, nur die Privilegierten, wie mein Vater einer war.

Wunderkind, Schnellkapierer, Allesversteher

Ich weiß gar nicht, woher ich diese Geschichte habe – mein Vater wird sie doch nicht etwa selber erzählt haben? Das wäre ganz schön angeberisch. Und sollte sie mein Großvater erzählt haben, dann wäre es das Entgegengesetzte von Angeberei, ein Zeichen von Größe, von wirklicher Größe. Diese Postkarte aber, die von Albert Einstein, die habe ich bei meinem Großvater gesehen, er hat sie uns gezeigt. Nicht ohne Stolz, denn wer hat schon wie mein Großvater eine Postkarte von Albert Einstein – eine Postkarte, eine Postkarte bloß? Aber mehr als eine Postkarte hatte doch auch mein Großvater an Albert Einstein nicht geschrieben. Der sie ihm dann auch prompt und überhaupt nicht pompös beantwortete. Wann wird das gewesen sein, in welchem Jahr? Darauf kommt es dann schon an, entscheidend an, denn davon hängt ja ab, wie alt mein Vater da genau gewesen sein wird, und das macht schon einen Unterschied, ob er da zwölf war oder schon dreizehn. Doch so groß ist dieser Unterschied nun auch wieder nicht. Mit dreizehn wäre diese Geschichte noch genauso erstaunlich. Damals, als mein Großvater an Einstein eine Postkarte schrieb und von ihm eine Postkarte zur Antwort bekam. Für mich war das im Jahre 1922, aber da ich noch nicht mal mehr weiß, wer denn in meiner Familie diese Geschichte erzählt hat, ist darauf natürlich nicht Verlaß. Aber nehmen wir das mal an, das Jahr 1922 als richtig an, und schaue ich in der im Brockhaus-Verlag herausgegebenen *Chronik des 20. Jahrhunderts* nach, und vorsichtshalber tue ich es, dann finde ich für den 6. April 1922 einen Eintrag unter dem Titel *Einsteins Relativitätstheorie macht weltweit Furore*, und dort steht dann zu lesen, daß Einstein in Paris, im Collège de France, einen vielbeachteten Vortrag über seine Relativitätstheorie gehalten hat, und das ist doch schon mal ein gutes Indiz. Aber es geht noch weiter, und ich zitiere: »Damit …«, und mit *damit* ist eine Sonnenfinsternis gemeint, die von einer britischen Expedition beobachtet worden war und durch die der Beweis für Einsteins Theorie erbracht schien, »… setzt eine weltweite Begeisterung für das Werk Einsteins ein, Wissenschaftler versuchen erneute Beweisführungen, populärwissenschaftliche Vorträge auch in den kleinsten Städten sind hoffnungslos überfüllt. Einstein, der seit 1914 das Kaiser-Wilhelm-Institut leitet, wird von allen bedeutenden Universitäten eingeladen.« Gut, das paßt, damit paßt auch ein Vortrag Einsteins in der Stadt Bielefeld, ein hoffnungslos überfüllter, bei dem dann mein Großvater einer seiner Zuhörer war, in meine Geschichte, und auch das wäre ja gut möglich, daß sich mein Großvater wegen einem Vortrag Einsteins in den Zug nach Hannover gesetzt haben könnte, so weit ist Bielefeld von Hannover ja nicht entfernt.

Mein Großvater also hört einen Vortrag Einsteins über dessen Relativitätstheorie, ob nun in der kleinen Stadt Bielefeld oder im etwas größeren Hannover, egal, und er versteht da etwas nicht, etwas an der Relativitätstheorie erscheint ihm nicht stimmig – man frage mich nicht, was das war, ich bin kein Physiker. Mich interessiert das Drama. Mein Großvater schreibt also nach diesem Vortrag seine Postkarte an Einstein, an den damals schon weltberühmten Mann. Ohne Scheu. Ohne falsche Ehrfurcht seine Einwände formulierend. Kurz und knapp, wie das ein wissenschaftlich gebildeter und geschulter Mann halt kann – ich könnte es nicht. Und zwei Wochen später, Einstein antwortet prompt auf diese Postkarte, die ihn aus dem kleinen Städtchen Bielefeld von einem Dr. Havemann erreicht, hält mein Großvater also dessen Antwort in seinen Händen, und in dieser Antwort, ich rekapituliere es nur aus dem Gedächtnis und so, wie es mir mehrmals erzählt wurde, steht in etwa und sinngemäß: Vielen Dank für Ihre Postkarte, denn Einstein ist schließlich ein höflicher Mann, und weiter: Ihre Einwände gegen die allgemeine Relativitätstheorie haben mich in den ersten zwei Wochen der Beschäftigung mit ihren Grundlagen auch gequält – denken Sie also weiter. Viele Grüße, Albert Einstein. So in etwa, für den genauen Wortlaut verbürge ich mich nicht. Und dieses *denken Sie also weiter*, das versuchte mein Großvater also, durch diese Aufforderung fühlte er sich sicher herausgefordert. Und also ging er mit seinem Sohn, meinem Vater, am darauffolgenden Sonntag, ganz in Gedanken versunken, spazieren, und in meiner Erinnerung, aber vielleicht ist dies ja auch meine eigene Zutat, gingen die beiden dabei auf dem Eis spazieren, über einen zugefrorenen See – aber einen solchen See gibt es wohl gar nicht in oder bei Bielefeld, und dann ist das eben ein Fluß, und ein Fluß fließt ja durch die schöne Stadt Bielefeld. Mein Vater, der Junge von im Jahre 1922 zwölf Jahren, bemerkt, daß sein Vater, mein Großvater, mit seinen Gedanken ganz woanders ist, und fragt ihn also, was ihn denn so sehr beschäftige. Daraufhin erzählt mein Großvater seinem naturwissenschaftlich interessierten Sohn, er habe da einen Vortrag von Albert Einstein über dessen Relativitätstheorie gehört, er habe darauf Einstein eine Postkarte mit seinen Einwänden gegen diese Theorie geschrieben und nun von ihm eine Antwort mit dem Eingeständnis erhalten, auch er, Einstein, habe sich mit diesen Einwänden beschäftigt, die also so falsch nicht wären, und er sei dann von Einstein dazu aufgefordert worden, weiter über dieses Problem nachzudenken, und dies tue er nun. So ungefähr wird das die Antwort meines Großvaters auf die Frage seines

Sohnes gewesen sein. Der nun aber, naturwissenschaftlich interessiert, will mehr wissen und befragt seinen Vater nach der Relativitätstheorie, von der er ein bißchen vielleicht schon gehört haben mochte, und auch nach den Einwänden seines Vaters, meines Großvaters, gegen sie. Der nun wimmelt die Fragen seines naturwissenschaftlich interessierten Sohnes nicht ab, sondern beantwortet sie ihm ausführlich. Das wird also ein langer Spaziergang auf dem Eise gewesen sein, und ich sehe da die winterlich schwache Sonne über den beiden eifrig Disputierenden herabsinken. Weil mich ja das Drama interessiert und als Dramatiker immer auch der Handlungsort, der, wenn nur irgend möglich, mit einbezogen werden sollte. Noch aber hat das Drama nicht begonnen, noch ist das nur ein wunderbar geduldiger Vater, der seinen Sohn in aktuelle wissenschaftliche Probleme einweiht. Eine Idylle also. Bis dahin eine Idylle, aber dann bricht in diese Idylle doch das Drama ein, und es ist ein ganz stilles, ganz unscheinbar wirkendes, dafür aber das ganze Leben, das Verhältnis der beiden Protagonisten, Vater und Sohn Havemann, Hans und Robert Havemann, bestimmendes Drama, und das Drama, es besteht ganz einfach darin, daß es nun der Sohn ist, der 1922 12jährige, der seinem Vater die von ihm gegen Einsteins Relativitätstheorie vorgebrachten Einwände auseinandersetzt und seinem Vater erklärt, was der bis dahin nicht verstanden hatte. Das ist der Moment der Staffelübergabe. Der Moment, wo der Vater erkennen muß, sein eigener Sohn versteht schneller als er selber, und zwar eine so komplizierte Theorie wie die der allgemeinen Relativität. Er wird baff gewesen sein. Einfach baff. Aber eben sicher doch nicht einfach baff und dann vielleicht auch stolz auf seinen Sohn. In diesem Moment wird sie begonnen haben, die Konkurrenz zwischen Vater und Sohn, das, was dann Jahre später zu diesem Streit über die Regentropfen führte. Und es beginnt hier noch ein anderes Drama, das meines Vaters als Wissenschaftler, und dieses Drama, es sieht im ersten Moment überhaupt nicht nach einem Drama aus, nur nach einer glänzenden wissenschaftlichen Karriere dieses so überaus begabten und im Denken so fixen Jungen. Der seit diesem Tage auf dem Eis bei oder in Bielefeld zu erwartende wissenschaftliche Glanz, er kommt dann nämlich nicht. Mein Vater schafft es bis zum wissenschaftlichen Assistenten, er wird dann nach dem Krieg zwar Direktor des Kaiser-Wilhelm-Instituts, Nachfolger also von Albert Einstein, dort aber von den Russen, von der sowjetischen Besatzungsmacht eingesetzt, kommissarisch, auf diesem Posten aber nicht von seinen Kollegen anerkannt, die sich vorsichtshalber in Richtung Westen abgesetzt haben. Er wird dann zwar auch noch zum ordentlichen Professor der Humboldt-Universität ernannt, bekommt dort auch ein Institut, das physikalisch-chemische in der Bunsenstraße, muß aber hinnehmen, daß sich seine Schüler, die Assistenten und Studenten, über ihn bei der Leitung der Humboldt-Universität beklagen, darüber, daß er seine Professoren-Pflichten vernachlässige, viel zuviel als Funktionär unterwegs sei. Er schafft es auch in die Akademie der Wissenschaften, wird dort aber nur auf Druck der Partei hin aufgenommen, lediglich als korrespondierendes Mitglied, und er muß sich dann später auch noch von einem Mann wie Harich nachsagen lassen, Havemann sei als Philosoph ein Ignorant, als Naturwissenschaftler eine Null.

Bitter, bitter. Und bitter auch dann, wenn er das dann sicher doch nicht war, als Naturwissenschaftler eine Null – es reicht, daß er nicht wurde, was von ihm seit dem Tage auf dem Bielefelder Eis zu erwarten war. Es reicht das eben nicht, fix im Denken zu sein und alles ganz schnell zu kapieren. Damit fängt die Wissenschaft, die weltweit für Furore sorgen kann, eben doch nicht an. Bei einer solchen Disposition hört die Wissenschaft ganz schnell wieder auf, wenn sie nicht berufsmäßig betrieben wird, und genau dies war ja etwas, das mich bei meinem Vater sehr beschäftigte, daß er nach seiner Entlassung aus der Humboldt-Universität in keinster Weise mehr wissenschaftlich gearbeitet hat.

Haß

Sie haßten sich, Vater und Sohn, ja, sie haßten sich, und ich bin mir sicher, daß das gegenseitig war. Und sie hatten sicher beide ihre Gründe dafür – die meines Großvaters habe ich nie erfahren, ich kann sie nur erahnen, aber wenn mein Vater über seinen Vater sprach, auch gegenüber anderen Leuten, die ihn nicht kannten, dann fehlte es eigentlich nie, daß er erwähnte, sein Vater sei 1934 in die NSDAP eingetreten und 1946 dann in die SED. Damit war alles klar, eigentlich alles über diesen Mann gesagt: ein Opportunist und Feigling, mehr nicht.

Wie sich dann aber für mich sehr viel später herausstellte, als ich im Robert-Havemann-Archiv die Stasi-Akten studierte, nicht alle natürlich, denn es gibt viel zu viele, stimmte das gar nicht, was mein Vater immer behauptet, sich mir fest eingeprägt hatte: mein Großvater war nicht 1934 in die NSDAP eingetreten, er war es schon bereits im Jahre 33, ganz kurz nach der Machtergreifung Hitlers, er gehörte mit zu den Leuten, die die Nazis, aber nicht nur sie, spöttisch die *Märzgefallenen* nannten. Mein Großvater war 33 schon reif für die Nazis, und vielleicht wäre er gern schon vorher der Nazi-Partei beigetreten, meinte aber sich dies als Chefredakteur der *Hannoverschen Zeitung* nicht leisten zu können – bleibt die Frage, warum mein Vater den Eintritt seines Vaters in die NSDAP umdatiert, auf ein Jahr später verschoben hat. Schließe ich mal nicht von mir auf ihn, nehme ich nicht an, mein Vater könnte ein so schlechtes Zahlen- und Zeitgedächtnis gehabt haben wie ich, dann, und natürlich nur dann, stellt sich diese Frage – und wie würde ich sie beantworten, diese Frage, gesetzt den Fall, sie stelle sich überhaupt? War das etwas, das meinem Vater peinlich gewesen sein könnte, dieser rasche Parteieintritt seines Vaters direkt nach der Machtergreifung Hitlers? Glaube ich kaum. Eher war es wohl so, daß sich an einem Parteieintritt 34 der Opportunismus meines Großvaters besser festmachen ließ. Ein Jahr zuvor war das doch so klar noch gar nicht gewesen, daß sich die Nazis an der Macht würden halten können, daß nicht auch die Kanzlerschaft von Adolf Hitler nur eine Episode bliebe – aber ich merke schon, ich denke hier vielleicht falsch, und mein Vater wollte seinen Vater lieber als Opportunisten darstellen denn als der Nazi, der er wohl oder übel war, und dies hieße, daß ihm dieser Nazi-Vater dann doch peinlich war. Und peinlich und unangenehm vielleicht auch der Gedanke, daß die Partei, der er angehörte, für die er sich engagierte, ich spreche von der SED, einen ehemaligen Nazi wie meinen Großvater aufgenommen hat, und das schon gleich 1946. Oder die Sache liegt noch einmal anders und dann so, daß mein Vater seinem Vater einfach keinerlei Überzeugungen zugestehen wollte, und damit dann noch nicht mal das, daß es 33 schon noch ein Schritt war, in diese Nazi-Partei einzutreten, von der zu diesem Zeitpunkt niemand wissen konnte, ob sie sich an der Macht würde halten können. Ein arrivierter Großbürger wie Thomas Mann gab den Nazis im Frühsommer 33 nicht mehr als sechs Monate, und das schon mal einfach deshalb, weil das für ihn eine Dilettantentruppe war, die doch keinen Staat regieren könne, und als George Grosz, dem diese selbstgefällige Hochnäsigkeit Manns schwer auf die Nerven ging, als sie sich zum Gespräch im sicheren und fernen New York trafen, davon zu reden anfing, daß aus diesen sechs Monaten sehr gut auch mal sechs Jahre werden könnten, da galt er für das Ehepaar Mann als vollkommen überspannt und durchgeknallt und wußte selber nicht, ob er das mit seiner Prognose wirklich ernst gemeint hatte, ob sie für ihn nicht nur dazu da war, den blöden Herrn Mann, den Großschriftsteller Thomas Mann zu provozieren – so war das doch. Wer konnte sich damals 12 lange Jahre vorstellen? Auch ein überzeugter Nazi nicht, der aber aus ganz anderen Gründen, und weil es für ihn dann nur 12 Jahre hätte heißen müssen und nicht die ihm versprochenen tausend des Tausendjährigen und Dritten Reiches – aber so dumm wird doch mein allseits und also auch historisch gebildeter Großvater nicht gewesen sein, diese tausend Jahre überhaupt für möglich zu halten. Nehme ich nicht an. Bleibt also die interessante Frage, was ihn schon 1933 in die NSDAP und zu den Nazis trieb.

Der Turm

Ein erstaunliches Dokument, so erstaunlich, daß der leider schon verstorbene Werner Theuer, der frühere Leiter des Robert-Havemann-Archivs, von mir wissen wollte, was ich davon halte, so erstaunlich, daß ich es nicht aus dem Gedächtnis heraus rekonstruiere, sondern mich wegen ihm noch einmal ins Robert-Havemann-Archiv begebe – mein Vater schreibt, datiert auf Dienstag, den 6. Februar 34 einen Brief an seine Eltern, in der Hauptsache aber an seinen Vater, an Babo, meinen Großvater Hans Havemann:

Lieber Babo und liebe Mulli,
Ich will Euch schnell von gestern erzählen, als ich mit Frau Fabricius mit dem Turm auf dem Propaganda-Ministerium war.
Frau Fabricius hatte sich mit dem ihr bekannten Ministerialrat Heegert um 12 Uhr verabredet, und wir beide gingen also hin, nachdem wir uns vorher noch mit einem Gläschen Portwein Mut angetrunken hatten. Heegert rief dann noch einen anderen Herren hinzu. Die beiden schienen leider von einem solchen Projekt an sich weniger erbaut zu sein, obwohl ihnen der Turm selbst sehr gut gefiel. Dem einen gefiel er noch besser ohne die obere Platte. Nun sind ja solche Leute schließlich nicht maßgebend und die Hauptsache ist, daß sie Goebbels den Turm dann auch gleich zeigen wollten. Ich habe ihnen genau erklärt, wie Du Dir den Turm im Einzelnen denkst, mit den großen Mosaik-Bildern in der Halle und dem leuchtenden Feuer oben in der schalenförmigen Kuppe. Morgen abend telefoniere ich noch mit Frau Fabricius – wir wollen morgen oder übermorgen zusammen ins Theater gehen – und dann weiß sie wahrscheinlich schon, was Goebbels dazu gesagt hat. Darauf bin ich nun sehr gespannt. Ich habe Deine Adresse auf dem Propaganda-Ministerium zurückgelassen. Vielleicht erfährst Du von dort etwas.
Es umarmt Euch Euer Rob

Er hatte das nicht erfaßt, mein Großvater, das, was die Bewegung ausmachte, deren Anhänger er war, geworden war, daß das eben in erster Linie eine Bewegung war und damit nichts, was sich hätte hinstellen lassen. Feststellen und aufrichten. Er wollte seine Bewegung, von der sich dann fragen läßt, ob es denn wirklich seine war, ob er in ihr nicht etwas sah, was sie gar nicht war, mit den Mitteln einer längst vergangenen Zeit darstellen, mit denen der Gründerjahre, denen der ersten großen Welle des deutschen Nationalismus. Und das war ja dann die Zeit, in der er groß geworden ist. Das Denkmal für Hermann den Cherusker, gar nicht weit von Bielefeld entfernt. Oder in Hamburg der riesige Bismarck. Oder in Leipzig das Völkerschlachtdenkmal und in Berlin die Siegessäule. Hitler wollte nichts dergleichen für sich und seine Bewegung, die in Bewegung bleiben sollte. So ein Symbol. Das natürlich nur psychologisch als aufgerichteter Penis gedeutet werden kann. Er wollte auch nicht, wie Stalin das nicht nur mit Lenin, sondern auch mit sich hat machen lassen, als überlebensgroße Statue überall im Vaterland der kleinen Werktätigen rumstehen, er wollte überlebensgroß den kleinen Herrn Hitler, er wollte den großen Auftritt. Den Auftritt eines kleinen Mannes, der über sich hinauswächst in der Rede, in seiner Raserei, seinem Taumel. Als Vorgang, als vom Publikum mitzuerlebender Prozeß. Der kleine Mann ganz groß, aber explosionsartig groß, nicht als feste Größe. Eben dynamisch und als Bewegung. Und natürlich läßt sich auch dies psychologisch deuten und nicht nur damit erklären, daß dieser kleine Herr Hitler durch Reden groß geworden ist, sich in der Rede erst erschaffen hat und groß gemacht, und psychologisch gedeutet, bedeutet es wahrscheinlich, daß sich dieser Mann seiner männlichen Potenz gar nicht sicher war. Ein Männchen, nicht groß, sondern im Größenwahn, im ansteckenden Größenwahn. Das Genie, wenn man das so will und hinnehmen mag, bei einem Nazi von Genie zu sprechen, das Genie seines Architekten dann, das von Speer, seine eigentliche künstlerische Leistung, sie bestand darin, für Hitler dann das gefunden zu haben, was architektonisch seine Auftritte umrahmen und steigern konnte: man wird es bei Speer und seinen Entwürfen in vielerlei Formen finden, in einer ganzen Reihe von Variationen, das, was man abstrahiert die Zwei nennen könnte. Nicht die Eins eines Turmes, wie sie meinem Großvater vorschwebte, sondern die Zwei eines Tores. Und mit der Zwei eigentlich die Drei, denn ein Tor ist ja für den da, der es durchschreitet. Für Hitler. Und auch in diesem Durchschreiten wieder die Dynamik, die Bewegung, das Verwandlungserlebnis. Beides: das Hineingehen in einen anderen Bereich, das Heraus- und Zurückkommen zu den Massen aus einem anderen, ihnen nicht zugänglichen Bereich.

Es gibt da diese eine kleine Skizze von Hitler, eine rasch hingeworfene Federzeichnung, die einer *Säule der Bewegung* aus dem Jahre 1937, riesengroß, wenn man die kleinen Strichelchen vor ihr als Menschen deutet, und es gibt eine ebensolche Entwurfsskizze von ihm, und die stammt schon aus der Mitte der 20er Jahre, aus einer Zeit also, als das ein reiner Wahn war, an so etwas zu denken, auf der die Große Halle zu sehen ist, die Speer dann für Berlin geplant hat, nicht die Idee Hitlers ändernd, sondern nur die Proportionen des Baus. Nicht nur mein Großvater also hat an einen solchen Turm gedacht, auch Hitler hat es, aber erst sehr viel später und in einer Zeit, in der er, mit Architekturprojekten beschäftigt, seiner Bewegung Einhalt gebieten, sie vielleicht doch stabilisieren wollte. Aber diese *Säule der Bewegung*, ein Widersinn und Widerspruch in sich, sie ist nur Skizze geblieben, eine rasch hingeworfene Ideenskizze, eine wahrscheinlich ebenso rasch wieder verworfene. Speer hat das nicht aufgegriffen, und er hätte diese Idee natürlich aufgegriffen, hätte sein Auftraggeber Hitler auf dieser Säule beharrt, Speer hätte daraus sonst einen durchaus realisierbaren Plan gemacht. Wie er das mit dieser anderen Idee der Großen Halle doch getan hat, die auch auf Hitler zurückgeht. Und die Große Halle ist genau das: ein Auftrittsort für Adolf Hitler, sollte genau dies sein. Eine große, eine riesengroße Halle für den kleinen Herrn Hitler, eine überdimensionierte, jedes menschliche Maß übersteigende, und das Problem von Speer war dies, daß in ihr auch Hitler so klein wie

Abb. 3 Entwurfsskizze zu einer „Säule der Bewegung" für München, Federzeichnung von Adolf Hitler, 1937

ein Punkt gewesen wäre. Der Stein gewordene Größenwahn hätte, optisch, den Größenwahnsinnigen klein aussehen lassen. Das Erlebnis, daß sich ein kleiner Mann in die Größe hineinredet und dabei sein Publikum mitnehmen kann, es hätte sich in dieser Halle nicht mehr einstellen können. Von weitem hätte diese Halle mit ihrem dann grün werdenden Kupferdach ausgesehen wie ein Berg, von der Form her dem Deckel einer zu groß geratenen Suppenterrine gleichend, und psychologisch gedeutet, erinnert diese weiblich runde Form an die einer Mutterbrust oder an die eines gigantisch schwangeren Bauches – nichts da jedenfalls, was einem Phallus gleicht.

Mein Großvater wollte einen solchen Phallus, wollte statt einer Bewegung ein Symbol männlicher Kraft und Potenz, und auf dieses Mißverständnis der Bewegung hinzuweisen, der er im Jahre 1933 beitrat, ist das eine – wozu sicher auch gehört, daß nicht nur mein Großvater diesem Mißverständnis aufgesessen sein wird, sondern mit ihm viele aus dem Bürgertum, dem er angehörte. Das andere bleibt die Frage nach dem Warum dieses Mißverständnisses und damit die Frage danach, was auch einen Mann wie meinen Großvater in die Fänge der Nazibewegung geraten ließ, und ich würde sagen, das war ganz klar die Angst vor dem Kommunismus, die Angst vor der proletarischen Revolution. Er war endlich aus Bielefeld herausgekommen, hatte es bis nach Hannover geschafft, er war aufgestiegen, kein bloßer Gymnasiallehrer mehr, sondern nun Zeitungsredakteur, Feuilletonchef der wichtigsten Zeitung in Hannover, er war zu einem gewissen Wohlstand gelangt und damit dahin zurück, wo er hergekommen war, und das dann nicht mit schnödem Saatgut, sondern aufgrund seiner intellektuellen Fähigkeiten, und damit dann aber doch in einer für ihn prekär bleibenden Weise, und nun drohte die Revolution, drohte es, daß da Leute an die Macht kommen würden, die ihm dies alles wieder wegnehmen wollten. Er mußte das wollen, daß sich der für ihn erreichte Zustand konserviere, daß er erhalten bleibe. Aber alles war schon so sehr ins Rutschen geraten, daß die konservativen Kräfte die Kraft nicht mehr hatten, den Zustand zu konservieren, den mein Großvater für sich erhalten wissen wollte. Blieben nur noch die Nazis. Die Faust, die dreinschlägt. Die Faust mit dem Vernichtungswillen, der einem Mann wie meinem Großvater sicher von seinem charakterlichen Zuschnitt her fremd war. Aber er hatte keine Wahl mehr. Auch wenn ich mir hier wiederhole: mein Großvater war ein *Märzgefallener*, einer von denen, die nach der Machtergreifung im Januar 33 in die Partei eingetreten waren, aber eine Entscheidung war das in diesem März 33 dann doch noch, denn diese

Stimmen gab es ja überall zu hören, die den Nazis keine sechs Monate bis zu ihrem sicheren Scheitern gaben. Besonders von bürgerlicher Seite aus. Das war mehr als bloßer Opportunismus – ob dies nun für oder gegen meinen Großvater spricht, das mag jeder für sich selber entscheiden. Für mich, für den er als das Musterbeispiel eines Opportunisten hingestellt wurde, von seinem Sohn, von meinem Vater, ist das mehr und etwas anderes. Vielleicht etwas Schlimmeres, aber trotzdem will mir doch der bloße Opportunismus als das Schlimmste überhaupt erscheinen. Aber Nazi geworden zu sein aus einem Mißverständnis heraus, was Nazi bedeutet, das wiederum ist in meinen Augen erbärmlich. Denn wenn mein Großvater und mit ihm sicher auch mancher andere in seiner oder einer ähnlichen Lage etwas nicht wollte, dann Bewegung, und schon gar nicht eine Bewegung, die bereit ist, bis zum eigenen Untergang zu gehen.

1946, nach dem Ende des Krieges, ist der Nazi, der frühere PG Hans Havemann, der SED beigetreten, der Sozialistischen Einheitspartei Deutschlands, ganz kurz gleich nach ihrer Gründung – er lebte da schon in Borgsdorf, in der Nähe von Oranienburg und damit Berlin und damit auch in der sowjetischen Besatzungszone, und wieder könnte man ihn da so nennen, wie ihn mein Vater, sein Sohn, genannt hat: einen Opportunisten. Aber schließlich hätte er da auch noch abhauen können, in Richtung Westen, und viele seinesgleichen haben es getan. Mein Großvater aber blieb. Er blieb vielleicht nur wegen seiner schönen Wohnung in dieser Villa in Borgsdorf, vielleicht nur deswegen. Aber er blieb, und als er dann ganz alt war, schon über 90, sagte er zu meiner Mutter, ebenso wie er Mitglied der SED, es wäre wohl doch ein Fehler gewesen, der Partei beizutreten, und meine Mutter wagte es nicht, ihn zu fragen, welche Partei er denn nun meine, die Nationalsozialistische Arbeiterpartei oder die SED, die Sozialistische Einheitspartei Deutschlands. Vielleicht ist dies nicht ganz fair, aber ich glaube doch, daß meine Mutter auch deshalb nicht nachfragte, weil sie's lieber so genau nicht wissen wollte und befürchtete, er könne die SED meinen, ihre Partei und auch seine. Wahrscheinlich meinte er beide, Partei überhaupt, und daß es für einen wie ihn ein Fehler sei, in eine Partei einzutreten. Für einen eigentlich Unpolitischen wie ihn.

Schwer zu deuten bleibt, warum mein Vater dies für seinen Vater getan hat, wegen dessen nationalsozialistisch gemeintem Turm-Projekt in Goebbels' Propagandaministerium vorzusprechen, vorzufühlen – ist das Tarnung? Könnte doch so von meinem Vater gedacht gewesen sein. Als Tarnung, auf daß da bloß kein Verdacht auf ihn falle. Er arbeitete doch, illegal natürlich, in dieser Zeit für den Komintern-Apparat, als Kurier, und er hatte sich schon verdächtig gemacht, verdächtig dadurch, daß er da einen Komintern-Agenten, den Bulgaren Tanew, bei sich hatte wohnen lassen, Tanew war in der Folge des Reichstagsbrandes verhaftet worden, Tanew stand auch zusammen mit Dimitrow vor dem Reichsgericht in Leipzig – freigesprochen übrigens wie auch Dimitrow und mit Dimitrow dann nach dem Prozeß in die Sowjetunion wechselnd. Wo er im Zuge der stalinistischen Säuberungen ein paar wenige Jahre später erschossen wurde – aber das ist eine andere Geschichte, eine sehr, sehr typische Geschichte. Mein Vater hatte sich bei seinem Verhör durch die Gestapo rausreden können, hatte es glaubwürdig so hinstellen können, daß dieser Tanew als bloßer Untermieter bei ihm gewohnt hatte, aber daß die Gestapo ihn mit auf einer ihrer Listen und ein Auge auf ihn haben könnte, davon war auszugehen. Also konnte das nur gut sein, machte er sich, dem Anschein nach, mit den Nazis gemein, und das Turm-Projekt seines Vaters, das war vielleicht für ihn so eine Gelegenheit, ganz unverdächtig, weil der Nazi-Sache zugetan, zu erscheinen. Oder war es Neugier, die Neugier, die mich wohl ins Propagandaministerium getrieben hätte? Daß mein Vater also die sich ihm durch seines Vaters Turm-Projekt bietende Gelegenheit nutzte, sich diese Leute mal anzusehen, die neuen Herren, und besonders die im Propagandaministerium, denn das war schließlich eine Neuerung, eine echte politische Innovation. Aber das will mir doch eher unwahrscheinlich vorkommen, wo er doch diese Nazi-Bande so abgrundtief verachtete. Mit denen so überhaupt nichts zu tun haben wollte.

Bliebe noch die Erklärung, daß am Beginn der Nazizeit die Familienbande noch so stark waren, daß das innerfamiliär egal war, der eine ist Nazi, der andere grad Kommunist geworden. Und es war doch mit seinem Vater, meinem Großvater, auch der Bruder meines Vaters Nazi geworden. Der Maler, der Künstler. Hans-Erwin, für den eine Karriere als Maler so wenig absehbar war. So wenig, daß mein Vater vielleicht glaubte, seinem Bruder durch so ein Havemann-Turm-Projekt einen Job verschaffen zu können. Unwahrscheinlich? Ein kleiner mieser Nazi-Kulturfunktionär in der Provinz, das wurde Hans-Erwin dann doch. Aber die Familienbande als so stark anzunehmen, das fällt mir schwer, nach all dem, was mir mein Vater von seiner Familie erzählt hat, von dem Verhältnis zwischen ihm und seinem Vater. Die Familienbande bekommen da nämlich noch einen ganz anderen Klang, daraus wird noch eine Familienbande.

Anmerkung diesen Namen *Fabricius* betreffend: der Mann von dieser Frau Fabricius, keine Ahnung, woher mein Vater die kannte, der Mann saß seit 1933 für die NSDAP im Deutschen Reichstag, war im Kultusministerium ein hohes Tier. So habe ich's gehört. Und ich habe auch das gehört, daß dieser Fabricius bei dieser Geschichte mit Freundlich eine Rolle spielte, bei dieser Geschichte von den wissenschaftlichen Instrumenten des hochgeachteten Physikers Freundlich, des Professors von meinem Vater in Berlin. Freundlich hatte sie von einer amerikanischen Stiftung bekommen, diese Instrumente und Gerätschaften, von der Rockefeller-Stiftung oder einem vergleichbaren Verein. Und dann war der Jude Freundlich 33 nach England gegangen, weg vom Deutschland der Nazis, und wollte doch seine, wie er meinte, ihm gehörenden wissenschaftlichen Instrumente und Gerätschaften nachgeschickt bekommen. Sie waren schon eingepackt, und davon erzählte der Student Robert Havemann dieser ihm bekannten Frau Fabricius, und die erzählte es ihrem Mann, und der verhinderte dann, daß Freundlich sein Eigentum nach London nachgeschickt bekam – eine gezielte Denunziation? Ist meinem Vater so nicht nachzuweisen. Vielleicht hat er nur ein bißchen rumgequatscht. Sein Maul nicht halten können. Aber er wußte doch, wer der Mann dieser Frau Fabricius war. Wollte er sich bei den Nazis einkratzen? Jedenfalls wird das später lobend erwähnt, daß er mit diesem Hinweis auf des Professors Freundlich schon gepackte Pakete dem deutschen Staate einen Dienst erwiesen habe – wo genau wird das erwähnt? Habe ich vergessen. Müßte ich mich erkundigen. Bei den Verteidigern von Robert Havemann in dieser nicht ganz sauberen Geschichte. Er habe sicher einfach nur ganz egoistisch mit diesen wissenschaftlichen Instrumenten seines Professor Freundlich weiterarbeiten wollen. Sagen die Verteidiger von Robert Havemann in diesem Falle. Und wenn das die Verteidiger Robert Havemanns so sagen, dann bleibt mir doch nur ein Wort hinzuzufügen, zur Charakterisierung, mehr nicht, das Wort: skrupellos.

Stalingrad-Soldaten im
Der erste geplante „Blitzkrieg“

HEH

Hans-Erwin, der Maler, der Nazi, der kleine Kulturfunktionär – keine Ahnung, was er genau gemacht hat, darüber erzählte mein Vater doch nichts. Gefallen in Rußland, elendig krepiert im Schnee und Eis des Kessels von Stalingrad – zu Recht, wie wir meinten, in unserer Familie meinten. Jedenfalls nahm ich das an, daß wir alle das so sahen. Er hatte schließlich Napulle gemalt, ein Portrait Napoleons in Öl, er hätte das wissen müssen, wohin das führt in Rußland, in welch kalte Weiten. Und was ist mit seiner Frau? Blöder Krieg, gemeiner Krieg. Und einen Sohn, gab es nicht auch noch einen Sohn der beiden, der ohne Vater aufwachsen mußte? Ja, auch das, und ein ekliger Krieg, ein Krieg zum Hassen. Ein Adolf zum Hassen. Eine Dummheit zum Hassen. Der Fanatismus. Er war an der Ostfront verwundet, Hans-Erwin, der Bruder meines Vaters, sein jüngerer Bruder, mein Onkel also, den ich aber nie als meinen Onkel kennengelernt habe. War im Lazarett, mußte aber wieder zurück an die Front, nach Stalingrad, in die fast, aber eben nur fast schon eroberte Stadt, die Stalin aber nicht aufgeben wollte. Sein Bruder, so mein Vater, habe das gewußt, daß er lebend nicht aus diesem Krieg zurückkommt. Nicht aus Stalingrad. Auch Hans-Erwin habe da dann endlich Zweifel am ganzen schönen Nationalsozialismus gehabt. Habe noch in den wenigen ihm verbleibenden Tagen vor dem Rücktransport in die Hölle von Stalingrad dieses Aquarell gemalt mit den Kriegsgreueln, das bei meinem Vater, seinem Bruder, an der Bilderwand hing. Beeindruckt hat es mich, das ja, aber für große Kunst hielt ich es nicht. Man malt so etwas mal nicht eben so hin. Aber warum hat er diese wenigen, ihm verbleibenden Tage nach der Entlassung aus dem Lazarett nicht genutzt, sich zu verstekken? Ja, warum rennt man nicht einfach weg vor einem solchen Krieg, warum nicht? Weil man das, was man angefangen hat, zu Ende machen muß, zu einem Abschluß bringen? Ist es das? Dann hätte er ja, Hans-Erwin, diesen Krieg mit angefangen. Zusammen mit Adolf Hitler. Und ein paar anderen mehr. Ein Nazi und keiner, der in den Krieg gestolpert ist.

Einer, der in den Scheißkrieg marschiert ist, mit klingendem Spiel, mit Tschingderassassa, mit Pauken und Trompeten. Die Parade hatte es ihm wohl angetan – aber was weiß ich. Das mit der Parade, das würde ich ja noch verstehen müssen. Aber wenn's ernst wird, schlage man sich doch seitwärts in die Büsche. Außer man hat Spaß am Leutetotschießen, Spaß an der Gefahr, selber totgeschossen zu werden. Oder nichts weiter vor im Leben. Ein gescheiterter Künstler, das war er doch wohl, dieser Hans-Erwin. Noch so ein Havemann. Noch so ein gescheiterter. Vielleicht der am meisten Gescheiterte von uns. Vor den Vätern sterben die Söhne. Nicht alle. Manche entkommen. Mein Vater entkommt seinem Todesurteil. Wenn auch nur knapp. Sehr knapp. Ich lebe deswegen. Todesbereitschaft. Vielleicht sogar Todessehnsucht, eine Bande von Selbstmördern, diese Nazis und die, die gegen sie waren, so sehr gegen sie waren, daß sie gegen diese Bande von Selbstmördern und Amokläufern zu kämpfen anfingen, wie infiziert von dieser Krankheit. Irgendwie verstehe ich das schon, daß einem da dann das eigene Leben egal wird, wenn so ein Einbruch möglich ist, wenn es so wenig Verlaß gibt auf die Menschlichkeit der Menschen. Aber ich vergesse die Banalität dabei, den Alltag, das Leben, das doch weiterging – nein, ich vergesse es nicht, ich sehe es als einen Grund mehr, das eigene Leben geringzuachten. Die Selbstverachtung gerade deswegen. Weil man doch auch mitmachte. Ob man nun wollte oder nicht, mitmachte. Weitermachte.

Die Denunziation

Er sprach nicht oft darüber, und er sprach auch nur dann darüber, wenn er einiges andere, was für ihn schon hätte genügen müssen, erzählt hatte, über seinen Vater, den Opportunisten, und sich, über das schwierige Verhältnis zwischen Vater und Sohn, wenn man da dann nicht lockerließ – dann aber erzählte er es, und es war weniger der Haß, eher die grenzenlose, die tiefste Verachtung, die dabei zu spüren war, und merkwürdigerweise, obwohl wir doch unseren Großvater liebten, wollten wir diese Geschichte immer wieder hören. Als müßten wir dies lernen, verstehen und auch immer wieder neu verstehen lernen, mit gewachsenem Verständnis verstehen lernen für das, was es so alles gibt in der Welt. Die Geschichte war nicht einfach erzählt, die Geschichte hatte eine komplizierte Vorgeschichte, die Kindern so leicht auch nicht zu vermitteln war. Auch weil sie irgendwie so gar nicht zu unserem Vater zu passen schien. Sich den eigenen Vater mit einer anderen Frau verheiratet vorzustellen, das war schon mal schwer, und ansonsten erzählte er doch auch fast gar nichts von seiner ersten Frau, dieser Antje Hasenclever: woher sie sich kannten, wie sie sich begegnet sind, was dann ihre Ehe so schwer machte, sie zerrüttete – keine Ahnung, keine Erinnerung daran, daß mein Vater jemals davon erzählt hat. Deshalb vielleicht auch nicht, weil doch auch seine zweite Ehe, die mit unserer Mutter, vollkommen zerrüttet war und da dann für uns möglicherweise ein Muster erkennbar gewesen wäre, ein Muster in seinem Verhalten, das nur den Schluß zugelassen hätte, daß er für die Ehe nicht tauge. Weil ein fortwährender Ehebrecher. Aber das Bemerkenswerte und so Erstaunliche, so schwer Vorstellbare an dieser Vorgeschichte, die er erzählen mußte, damit die eigentliche Geschichte, die mit seinem Vater, überhaupt verständlich wurde, war dann das, daß unseres Vaters erste Frau, die Hasenclever, die Antje, ein Verhältnis mit einem anderen Mann gehabt hatte. Von dem er wußte, das mein Vater hinnahm. Vielleicht weil es einen Freibrief für ihn bedeutete, einen Freibrief für seine eigenen Affairen. Oder weil es die Folge war seiner ehelichen Untreue und er seiner Frau dann keinen Vorwurf machen konnte, als sie selber ein außereheliches Liebesverhältnis anfing. Mit einem Mann, den er gut kannte. Um diesen Mann zu charakterisieren, sprach er immer nur von einem: daß er ein Trotzkist gewesen sei, und dieses Wort *Trotzkist*, das hatte keinen guten Klang, auch bei meinem Vater nicht. Später dann, als wir schon in etwa wußten, wer dieser Trotzki gewesen war, interessierte uns das natürlich, weil dies ja wohl bedeutete, daß der spätere Stalinist

Robert Havemann ein bißchen davon gewußt haben mußte, wer sein, unser Stalin gewesen ist, und das schon lange vor den Chruschtschowschen Enthüllungen 1956. Dem war auch so, aber unser Vater mußte zugeben, daß ihn dies nicht wirklich erreicht hatte, was ihm dieser Trotzkist schon während der Nazizeit über Stalin und den Stalinismus zu erzählen wußte. Sie kannten sich durch die illegale Arbeit, durch den gemeinsamen Widerstandskampf, an dem auch dieser Trotzkist teilgenommen hatte, ebenso wie die erste Frau unseres Vaters. Wie diese Antje, die dann fremdging, Ehebruch beging, sich mit diesem Trotzkisten zusammentat. Und als sie das dann waren, ein Paar, Antje und ihr Trotzkist, sind sie ausgestiegen. Aus dem Widerstandskampf, weil zu gefährlich in ihren Augen, weil sie Angst hatten – so erzählte es unser Vater, und dies ohne Verachtung, nur für ihn wäre dies natürlich nicht in Frage gekommen, er habe weitermachen wollen und auch weitergemacht, dies dann aber vor seiner Frau, vor der Hasenclever und ihrem Geliebten, dem Trotzkisten, auch noch geheimhalten müssen, und natürlich waren wir, seine Kinder, da ganz auf seiner Seite, auf der Seite des Helden.

An dieser Stelle angelangt seiner Erzählung, gab es immer einen Sprung, und er erzählte dann damit weiter, wie er im Prinz-Albrecht-Palais bei der Gestapo immer wieder danach gefragt wurde, ob das denn auch sein Kind sei, das seiner ersten Frau, ob er denn dessen leiblicher Vater wäre – er war es nicht, das Kind war nicht von ihm, das Kind seiner Frau war von diesem Trotzkisten, er aber hatte es anerkannt, galt offiziell als sein Vater. Die Ehe war nicht geschieden, die Ehe dauerte fort. Ich nahm es hin, wenn mein Vater davon erzählte, heute wundert es mich doch, als verheirateter Mann und Vater dreier Kinder wundert es mich. Und auch dies ist eigentlich verwunderlich, wie die Gestapo überhaupt auf diese Frage, ob das denn sein Kind sei, gekommen sein mag. Darüber erzählte er nichts, und ich kam auch nicht drauf, ihn danach zu fragen. Mir imponierte dies viel zu sehr, daß mein Vater, wie er behauptete, der Gestapo gegenüber immer wieder behauptet hatte, dies wäre sein Kind und nicht das von Enno Kind – so hieß der Trotzkist nämlich, jetzt erst fällt mir der Name wieder ein. Seine Begründung dafür: er hätte den Nazis keinen Vorwand liefern wollen, über die Kommunisten als eine unmoralische Bande herzuziehen. Was sich Freisler, da war sich mein Vater sicher, sicher nicht hätte entgehen lassen. Freisler, der ehemalige Kommunist und spätere Vorsitzende des Volksgerichtshofs, vor dem mein Vater mit seinen Genossen von der *Europäischen Union* angeklagt wurde, Freisler, der meinen Vater zum Tode verurteilte. Und seine Genossen auch. Während des Prozesses herumbrüllend, ihnen alle Ehre absprechend.

So, und nun geht die eigentliche Geschichte erst los, und jetzt erst wird sie zu einer Geschichte zwischen meinem Vater und seinem Vater, und es ist dies nun eine Geschichte der Vaterschaft, eine ganz bittere und böse: in dem Moment, wo sein Sohn zum Tode verurteilt worden war, hatte mein Großvater nichts Besseres zu tun, als für seinen Sohn einen Vaterschaftstest zu beantragen, bei dem nachgewiesen werden sollte, daß dieses Kind, als dessen Vater mein Vater galt und gelten wollte, gar nicht von ihm, gar nicht sein Kind war – warum? Weil dieser ekelhafte Kerl, den ich hier meinen Großvater nennen muß und den ich als Kind doch liebte, bei seinem irgendwann mal bevorstehenden Tode nichts an diesen Bastard vererben wollte. An das Kind seines Sohnes, das nicht dessen Kind war, sondern das von Enno Kind – was mein Großvater also wußte. So war das, und damit ist diese Geschichte schon zu Ende. Und es bleibt weiter dazu nichts zu sagen.

Und so, so anders, so irritierend anders vom Ton, vom ganzen Tenor her liest sich das dann in einem Brief, den mein Vater an seine Eltern am 18. Januar 1944 aus dem Gefängnis Brandenburg-Görden geschrieben hat:

Meine geliebte Mulli, mein geliebter Babo!
Nun ist es schon wieder über vier Wochen her, seit ich Euch und meine liebe Antje das letzte Mal gesehen habe. Ich habe soviel Sehnsucht nach Euch

und mache mir wegen der Luftangriffe immer Sorge um Euch. Gottseidank war es in der letzten Zeit ruhig. Ich habe die ersten drei Wochen noch im Erdgeschoß gelegen, wo es furchtbar kalt ist. Seit einer Woche habe ich aber eine schöne helle und warme Zelle im dritten Stock. Hier kann ich auch meine wissenschaftlichen Arbeiten für das Heereswaffenamt wesentlich besser ausführen, als unten, wo ich immer steife Finger hatte. Dieser Brief wird Euch ja wohl erst erreichen, wenn wir uns inzwischen wiedergesehen haben. Darum will ich gleich zum Anlaß des Briefes kommen. Wie Babo mir ja schon am Tage des Termins mitteilte, hegt Ihr Zweifel an meiner Vaterschaft bei dem Kind, das Antje jetzt erwartet. Ich bin hierüber sehr betroffen und kann mir dieses Euer Mißtrauen Antje gegenüber gar nicht erklären. Es macht mich auch sehr unglücklich, daß zwischen Euch und Antje kein ganz glückliches Einvernehmen herrschen könnte; Antje ist der Mensch, dem ich immer beistehen werde und von der ich auch weiß, daß sie mir immer beisteht. Also, seid lieb zu ihr, schaltet dieses Mißtrauen wieder aus und helft ihr, wo Ihr könnt, in ihrer jetzigen unglücklichen Lage. – Mir wurde nämlich hier mitgeteilt, daß Ihr wegen eines möglichen Vaterschaftsprozesses eine Blutgruppenbestimmung bei mir durchführen lassen wollt. Ich soll Euch nur mitteilen, daß Babo sich deswegen an das Institut für gerichtliche Medizin zu wenden habe, das die benötigten Hilfsmittel für die Untersuchung erst bereitstellen müßte. Die Blutentnahme könne hier ausgeführt werden. – Ich teile dies nur pflichtgemäß mit, ich will mich doch gegen eine Blutgruppenbestimmung nicht wehren – aber ich meine, Ihr solltet diese Sache lassen. Ich bedauere besonders, daß ich diesen Brief nicht auch an Antje richten kann, da ich dies Thema berühren mußte. Ich kann jetzt alle 14 Tage schreiben und Ihr mir auch. Auch soll die normale Besuchsfrist nur 3 Wochen betragen. Meine geliebten Eltern, laßt den Mut und die Hoffnung nicht sinken. Ich liebe Euch von ganzem Herzen und umarme Euch, besonders meine liebe Mulli, mit vielen lieben Küssen
Euer Sohn Robert.

Antje Hasenclever und Enno Kind

Sieht hier noch jemand durch bei diesem Durcheinander, diesen komplizierten Familienverhältnissen und Mehrfach-Ehen? Wer ist Ulrike Martin? Eine Tochter von meinem Vater, meine Halbschwester also. Und wer ist die Mutter von Ulrike Martin? Brigitte Martin. Und wer ist Brigitte Martin? Das war eine gute und langjährige Bekannte von meinem Vater, seine Geliebte, um hier doch deutlicher zu werden – ich mochte sie übrigens. Ein verrücktes Huhn. Ein bißchen aufgedreht, ein bißchen ordinär auch. Eine Sekretärin mit Sinn für Höheres, die dann zu naiv zu malen anfing. Nachdem sie immer wieder stundenlang neben mir gesessen und zugesehen hatte, wenn ich malte. Und ein Buch über ihre Liebe zu meinem Vater hat sie auch geschrieben, in Camouflagetechnik, damit es in der DDR erscheinen konnte. Das Schwein hatte ihr doch dann, als er sie loswerden wollte, damit gedroht, die Behauptung in die Welt zu setzen, sie wäre bei der Stasi – übel. Das tut weh, daran zu denken.

Das Buch Havemann

Warum schreibe ich dies Buch Havemann hier, warum? Ich weiß nicht. Ich könnte aber auch antworten: ich weiß es, ich schreibe, weil ich es weiß, weil ich weiß, wie es geht, wie ich über Havemann schreiben kann, weil ich es nun weiß – vorher wußte ich nur, wenn ich nach meinem Leben und Havemann befragt und ausgefragt worden bin und manchmal auch ungefragt, und sicher oft auch zuviel, von Havemann erzählt habe, daß ich's noch mal aufschreiben müsse. Aufschreiben würde, irgendwann. Weil das doch interessante Geschichten sind, diese Havemann-Geschichten, weil man mit ihnen doch auch das ganze vergangene Jahrhundert bis in meine Gegenwart hinein erzählen kann, die deutsche Geschichte des 20. Jahrhunderts. Und natürlich, weil es diese vielen Klischees gibt, Nazizeit- und Ost-West-Klischees und darin immer auch die Havemann-Klischees, und es gut wäre, diese Klischees einmal wegzuräumen. Um zum Leben zu kommen. Ich wußte, daß ich's mal aufschreiben müßte, den Havemann, und daß sich dies eigentlich nur lohnen würde, ginge es über drei Generationen, begänne es mit meinem Großvater und endete es bei mir, das wußte ich auch, wußte ich lange schon. Ich wußte nur nicht wie, wie das alles aufschreiben, den ganzen Havemann. Ohne dabei einem Zwang zur Vollständigkeit zu erliegen. Ohne dabei auch all das, was ich weiß, von Havemann weiß, verifizieren, auf seinen Wahrheitsgehalt überprüfen zu müssen. Nicht, daß ich danach gesucht hätte, wie dies zu schreiben wäre, mich abgequält hätte, einen Weg zu finden, wie dies aufschreiben. Keine Versuche, keine dann wieder aufgegebenen Versuche, ein Havemann-Buch zu schreiben, mein Havemann-Buch. Ich habe anderes zu tun, anderes zu schreiben auch. Aber nun schreibe ich es, schreibe ich mein Havemann-Buch, und ich schreibe es, schreibe es nur, weil ich plötzlich wußte wie, wie ich meinen Havemann schreiben kann. Und ich schreibe es wirklich nur, weil ich weiß, wie ich es schreiben kann. Keine Abrechnung mit wem auch immer und, wie alle wohl meinen dürften, mit meinem Vater. Das ist vorbei, das habe ich längst hinter mir, die Abrechnung ist lange vollzogen, ich habe diesem Havemann keine Vorwürfe mehr zu machen, keine Vorhaltungen. Und ich habe mir auch nicht mehr über mich selbst klarzuwerden, wer ich bin, woher ich komme und wozu ich vielleicht dann doch da bin in der Welt – alles genügend klar, das, was ich über mich weiß, es reicht, reicht mir aus, um mit mir, mit mir in der Welt klarzukommen. Keine Quälerei mehr, das habe ich alles hinter mir. Das ist überwunden, der Selbstzweifel. Ich lebe. Und ich tue nur noch das, was ich kann. Ich weiß, was ich weiß. Und es ist mir egal, ob das jemand anderen interessiert, für einen anderen wichtig ist – schön, sollte dies doch der Fall sein. Aber keine Spekulation. Keine Spekulation auch auf einen eventuellen Erfolg mit diesem Havemann, den ich hier schreibe. Kein Schielen auf einen Skandal – sollte es doch einen machen, einen Skandal, es müßte von mir hingenommen werden, ich könnte es nicht ändern. Es wäre dann eben so. Weil man das, was man kann, dann auch tun muß. Wenn man es kann, und mich hier hinsetzen und schreiben, das kann ich. Was auch daraus werden mag.

Aber ich schreibe natürlich nicht im luftleeren Raum, ich schreibe diesen Havemann, während Havemann noch in der Öffentlichkeit stattfindet, mein Vater und auch ich und das, was unser Leben ausmacht. Das 20. Jahrhundert, es ist doch noch nicht zu Ende. Und ich bin doch sowieso nicht am Ende. Meine Zeit, sie kommt erst noch. Die Zeit, in der ich als Künstler, als Autor irgendeine Wirkung haben werde, sie bricht vielleicht grad jetzt an. Wir werden sehen. Oder auch nicht, und ich erlebe es nicht mehr. Und ob dieses Havemann-Buch zu meinen Lebzeiten veröffentlicht werden wird, ich weiß es nicht, ich schreibe auch nicht auf eine Veröffentlichung hin. Aber ich schreibe dieses Buch nicht im luftleeren Raum, ich schreibe meinen Havemann, während schon die Kunde davon nach außen dringt, daß ich dieses Buch schreibe, ich halte es nicht geheim, und ich schreibe es nicht für die berühmte Schublade, für die ich schon so viel geschrieben habe. Aus der ich, wenn sich die Gelegenheit für mich ergibt, einiges zumindest werde herausholen können. Wer mich ein bißchen kennt, wird dies erwartet haben, daß ich eines Tages Havemann schreiben werde. Wobei *erwartet* auch heißen kann, für einige Menschen garantiert auch bedeuten wird, daß sie's befürchten, ja, befürchten müssen, daß ich dieses Buch schreibe, das ich in ihren Augen besser nicht schriebe. Ich habe viele schreckliche Geschichten zu erzählen, und so wird dieses Buch Havemann auch Schrecken verbreiten. Und mir Ärger einbringen. Aber so sei es eben. Und es tut mir noch nicht mal leid. Es tut gar nichts zur Sache. Wer mich versteht, wird diesen Havemann ohne Schaden lesen können, und ich schreibe doch nur für die, die mich verstehen. Sollen die anderen sich aufregen. Sollen sie gleichgültig mit den Achseln zucken. Sollen sie zu der Auffassung kommen, ich hätte mich mit Havemann restlos unmöglich gemacht. Ich habe dann immerhin noch was gemacht, und das ist besser, als gar nichts zu machen, und auch das ist Havemann, sich notfalls unmöglich zu machen, davor hat Havemann doch keine Angst. Havemann lebt nur einmal. Havemann erwartet kein Jüngstes Gericht. Havemann war von Anfang an schon Atheist und wird es bis zum Ende von Havemann bleiben. Und die öffentliche Meinung ist für Havemann nur eine Meinung. Mehr doch nicht. Und die öffentliche Meinung, sie ändert sich für Havemann durchaus. Von der allgemeinen Verachtung zur allgemeinen Bewunderung, das ist alles möglich und deshalb doch eigentlich egal. Doch meine Sache nicht. Ich muß beides nicht, weder mich selber verachten noch mich beweihräuchern, und ob es gut ist, was ich schreibe, egal, ich bin doch nicht derjenige, der das beurteilen muß und beurteilen kann. Und ich schreibe doch nur für die, die's irgendwie gut finden, was ich schreibe, nicht für die, die was daran zu kritisieren hätten. Und solange die, die sich über mich ärgern, sich in ihrem Ärger lebendig fühlen, ist es mir auch recht. Hauptsache Leben. Und wenn ich etwas will, dann Havemann lebendig werden lassen. Weil Havemann doch unter Havemann-Klischees begraben wird. Und das Leben meines Vaters viel interessanter ist, wenn über ihn in interessanter Weise gesprochen wird, gegen das Klischee von Havemann. Und wenn zu Havemann-Vater Havemann-Großvater tritt und der Sohn darüber schreibt. Ungerecht, ohne Havemann gerecht werden zu wollen. Weil nur das Havemann gerecht wird, weil alles andere der Grabstein ist, die feierliche Inschrift, die Todesanzeige. Havemann aber lebt.

Muß mich das bekümmern, daß sich für meinen Havemann schon Verlage interessieren, während ich noch an Havemann schreibe, jetzt schon, wo ich grad erst an Havemann zu schreiben begonnen habe? Nein. Es muß mich nicht bekümmern, und es bekümmert mich auch nicht. Ich werde deshalb doch nicht meinen Havemann anders schreiben, weder netter, rücksichtsvoller noch schlimmer und auf Krawall aus, auf einen Skandal. Was weiß ich denn, was aus diesem verlegerischen Interesse wird, wenn ich mein Buch fertig habe, ob es dann immer noch gilt – niemand kann es vorhersagen und ich am wenigsten. Und also ist es egal und mir doch vollkommen gleichgültig. Sollen sie doch darauf spekulieren, mit meinem Havemann ein Buch in die Hand zu bekommen, mit dem sich Geld verdienen, das in den Druck, die Werbung investierte Geld wenigstens wieder hereinholen, ein Machwerk, mit dessen Veröffentlichung sich ein bißchen an Reputation gewinnen läßt. Eine Hand wäscht die andere. Eine seift die andere vielleicht auch nur ein – habe ich denn die Welt erfunden? Das Geld? Verlage? Habe ich nicht. Ich habe so lange in meine Kunst, meine Produktion nur Geld investiert, Geld, das ich anderweitig verdient habe – warum sollte ich nicht auch mal Geld für das bekommen, was ich um meiner selbst willen gemacht habe? Komme mir keiner mit Moral. Und damit, daß ich die *IM*-Tätigkeit meiner Mutter, die politischen Verstrickungen meines Vaters und seines Vaters, meines Großvaters, des einstigen Nazis, verscherbeln würde – wenn es den Sohn mal ernähren könnte und seine Familie, was wäre dagegen einzuwenden? Aber ich schreibe doch Havemann gar nicht um des Geldes willen, wegen der eventuell möglichen Spekulation, damit vielleicht auch Geld zu verdienen. Ich schreibe Havemann, weil ich Havemann schreiben kann und weil ich tun muß, was ich tun kann. Weil ich dazu auf der Welt bin. Und diese Welt, ich habe sie mir doch nicht ausgedacht. Und wenn denn ein Verlag meint, er könne mit meinem Havemann Geld verdienen, dann soll er das tun und mir wie jedem anderen Autor auch von diesem Geld gefälligst etwas abgeben. Daß es das gibt, das geistige Eigentum, dafür bin ich doch nicht verantwortlich. Von mir aus gäbe es das nicht, und jeder Gedanke, er würde allen gehören. Ich habe so viele Gedanken von mir einfach weggegeben, andern zur Verfügung gestellt, ohne daß sie dafür etwas hätten bezahlen müssen, ich lasse mir doch den Vorwurf, geldgierig zu sein, nicht gefallen. Nicht von Geldgierigen. Nicht von Leuten, die es für selbstverständlich halten, daß sie für das, was sie machen, bezahlt werden. Geist gegen Geld, das habe ich doch nicht erfunden. Aber was rege ich mich auf? Ich rege mich gar nicht auf, ich schreibe nur nicht in einem luftleeren Raum. Und wenn diese Luft verseucht ist, dann atme ich sie doch.

Mein Vater, Robert Havemann

Wer bin ich denn hier, was für ein Havemann ist es, der sich anschickt, dieses Buch Havemann zu schreiben? Auf alle Fälle immer noch jemand, der seinem Vater nicht das Wasser reichen kann (so werden die meisten meinen), jemand, der es besser nicht wagen sollte, seinen Vater zu kritisieren (so werden sicher auch viele meiner Freunde sagen – schon um mich in Schutz zu nehmen vor Mißverständnissen). Äußere ich mich über meinen Vater, stehe ich immer noch in der Gefahr, als ein kleiner Pinscher angesehen zu werden, der gegen ein Denkmal pinkelt. Aber zumindest hört man mir jetzt schon mal zu, wenn ich über meinen Vater spreche, auf die ewigen Fragen nach meinem Papi in meiner Weise, also despektierlich, antworte. Auch ich bin kein öffentlich ganz unbekannter mehr, ich bin immerhin Verfassungsrichter – wenn auch nur des Landes Brandenburg, aber: was heißt hier *nur*? Als Künstler aber, als Autor, in meiner eigenen Angelegenheit bin ich nahezu unbekannt, eigentlich gar nicht existent. Eine Behauptung, eine von mir aufgestellte und bei jeder Gelegenheit wiederholte Behauptung, und wenn hier etwas verwunderlich ist, dann das, daß man mir diese Behauptung unbesehen glaubt, daß keiner nachprüfen will, was denn für ein Künstler, Autor dieser Havemann sei, von welcher Qualität denn. Es gibt ja viele Künstler, viele Künstler zum Lachen drüber, Möchtegernkünstler und angeblich verkannte Genies, und deshalb zählt eben die öffentliche Anerkennung so sehr, entscheidet sie darüber, ob man wirklich zu den Künstlern gezählt wird. Und diese Anerkennung durch die dazu Berufenen, die berufsmäßigen Kritiker, Ausstellungsmacher, Verleger und Theaterdirektoren, sie fehlt mir ganz und gar. Ich habe mich nicht wirklich darum bemüht, so könnte ich sagen, und ganz unglaubwürdig klinge ich damit auch für den Außenstehenden mittlerweile nicht mehr, wenn ich dies so sage – wie gesagt: man glaubt mir meine Behauptung, aber ändern tut das nichts. Ich werde trotzdem als Künstler, als Autor nicht wahrgenommen, und es ist genaugenommen noch nicht einmal so, daß die Leute, die mich persönlich kennen, die mich also fragen könnten, nach meiner Kunst fragen oder daß sie mal etwas von mir lesen wollten, derartige Absichten mir gegenüber äußerten. Und ich bin mir sicher: würde ich eine Ausstellung machen, sie kämen zur Vernissage, sie kämen zu einer Aufführung eines Stückes von mir, sie würden wahrscheinlich sogar ein Buch von mir kaufen oder zumindest lesen, wenn ich ihnen ein Leseexemplar schenke. Als Künstler, als Autor wahrgenommen zu werden, es bedarf der Öffentlichkeit, selbst da, wo sie gar nicht nötig wäre, als Umweg nötig, wo es doch direkt ginge, und ich bin nicht öffentlich, bin als Künstler, als Autor ein nichtöffentlicher Havemann. Und es schreibt hier also nicht etwa ein anerkannter Autor über sich Havemann und Havemann in drei Generationen. Und diese Stellung als Havemann in der Welt, sie bestimmt natürlich die Perspektive mit, aus der heraus ich über Havemann schreibe, auch mich Havemann.

Aber auch das wäre doch eine in diesem Zusammenhang interessante Frage: die Frage danach, als was ich dieses Buch Havemann dereinst beenden werde, ob ich da dann immer noch dieser unbekannte Havemann sein werde, der öffentlich nicht anerkannte Künstler und Autor. Darüber werde ich mir Rechenschaft ablegen müssen, wenn ich mit Havemann dereinst einmal fertig sein werde – wenn, denn noch ist das so weit hin, daß das gar nicht gesagt ist, daß ich jemals mit diesem Buch Havemann fertig werde. Vielleicht sterbe ich ja drüber, vielleicht bleibt es unvollendet, Fragment. Vielleicht bleibt es unvollendet, Fragment, weil meine Rechnung dann doch nicht aufgeht und es mir vollkommen sinnlos erscheint, als unbekannter Havemann über Havemann zu schreiben und ohne Aussicht auf Veröffentlichung. Vielleicht verliere ich ja die Lust eines Tages. Vielleicht versiegt die Leidenschaft, mich als Havemann zu erklären, wenn ich ein nicht anerkannter Havemann bleiben werde. Wer weiß das schon, und vielleicht komme ich eines schönen Tages darauf, daß ich auch mit Havemann nur meine Zeit vertan habe, die Zeit, die ich besser dafür genutzt hätte, als Künstler, als Autor bekannt zu werden und öffentlich anerkannt. Da ist, anders gestellt, die Frage nach der Leidenschaft für Havemann, für mich als Havemann, als Havemann in der dritten Generation. Vielleicht bin ich den Havemann eines Tages los. Und nur noch ein alter Mann, ein alter, gescheiterter Mann und Künstler und Autor.

Zeitungslektüre

Die Zeit vergeht, Zeit vergeht auch beim Schreiben, und sie vergeht rasend schnell beim Schreiben, wenn da kein Ziel vor Augen steht, kein Ende abzusehen ist. Und ich bin doch mit meinem Buch Havemann hier noch ganz am Anfang, habe eben erst damit angefangen, und heute, heute ist der 4. Januar, der 4. Januar des Jahres 2006 – ich halte dieses Datum fest. Und ich halte es fest, weil ich heute mal wieder was über meinen Vater Havemann in der Zeitung lesen konnte, die Zeit vergeht ja auch mit Zeitungslesen, im Berliner *Tagesspitzel* – eine alte West-Berliner Angewohnheit, die gute alte Tante *Tagesspiegel*, eine immerhin ganz seriöse und immer noch ganz ordentliche Zeitung, links und despektierlich *Tagesspitzel* zu nennen. Worauf natürlich nur Leute kommen konnten, die nicht wußten, was ein Spitzel ist, und ich erwähne dies nur, weil es in diesem Artikel heute, in dieser kleinen Meldung auf der vierten Seite des *Tagesspiegels*, um den Spitzel Havemann geht. Der er ja auch war. Mein Vater. Und das ist keine Neuigkeit, sondern schon, wie es richtig in dieser Meldung steht, seit ein paar Jahren bekannt. Aber, so behauptet die Überschrift dieser Meldung, es gebe da neue Details zu Havemanns Stasi-Tätigkeit – für mich sind sie das nicht, denn ich habe die Akte *Leitz*, die Akte Havemann, gelesen. *Leitz*, so der von meinem Vater selbstgewählte Deckname als *GI*, als *Geheimer Informator*, und das ist ein erstaunlicher Name, den sich mein Vater da gewählt hat, erstaunlich für ihn, der doch so ein unbürokratischer Mensch war, und *Leitz*, so heißt die bekannte Firma, die Aktenordner produziert, *Leitz-Ordner*, und ich hätte das schon gern gewußt, wie er bloß auf diesen Namen verfallen ist. Wahrscheinlich, weil's die perfekte Tarnung darstellte für einen Mann, den niemand mit einem Leitz-Ordner in Verbindung bringen würde. Vor ein paar Jahren schon habe ich die Akte *Leitz* gelesen, im Robert-Havemann-Archiv, das es ja auch gibt und wo sie einsehbar ist. Nicht die ganze Akte, die vielen Aktenmeter, aber die Leitz-Ordner habe ich gelesen des *Geheimen Informators* Havemann beziehungsweise *Leitz* und dann in Auszügen auch etwas vom *Operativen Vorgang Leitz*, denn die Übergänge sind da fließend, und die Staatssicherheit, meines Vaters einstiger Auftraggeber, hat sich gar nicht die Mühe gemacht, für ihren einstigen Spitzel und dann von ihr bespitzelten Havemann einen anderen Decknamen zu finden. Und vielleicht hat dies sogar diesen Stasi-Leuten Spaß gemacht, bei *Leitz* zu bleiben. So ein Büroalltag ist ja langweilig und öde, und auch die Staatssicherheit war ja wohl in der Hauptsache eine bürokratische Angelegenheit, eine Behörde.

Und nun haben sie sich also in einer anderen Behörde, der Stasinachfolge-Behörde, in der Birthler-Behörde, wie sie nun heißt, die Mühe gemacht, den Teil der Akte *Leitz* zu studieren, auszuwerten, wie es wohl bürokratisch heißt, in dem sich die Tätigkeit meines Vaters als *Geheimer Informator* niederschlägt, und sie kommen in ihrer Schlußfolgerung dahin, so steht es in der Zeitung, daß dies eine *intensive* Tätigkeit gewesen sei – ich erinnere mich da anders, erinnere mich daran, in der internen Auswertung des Ministeriums für Staatssicherheit der DDR gelesen zu haben, daß dieser Havemann kein so fleißiger Spitzel gewesen sei und immer auch auf seinen persönlichen Vorteil ausgewesen wäre. So steht es auch in der Expertise des KGB, des sowjetischen Geheimdienstes, für den mein Vater ja schließlich auch mal gearbeitet hat – in den 40er Jahren des vorigen Jahrhunderts, direkt nach dem Kriege, als er noch in West-Berlin lebte und dort Direktor des Kaiser-Wilhelm-Instituts war, der jetzigen Max-Planck-Gesellschaft. Und das ist Havemann, immer auch auf den persönlichen Vorteil bedacht zu sein, und das wäre ja auch meinem Vater zugute zu halten – einem Geheimdienst gegenüber. Aber die Birthler-Behörde sieht das anders, die Birthler-Behörde zählt, und sie zählt, so steht es in der Zeitung, 62 Treffen meines Vaters mit seinem Führungsoffizier, sie zählt, man höre und staune, 140 Einzelinformationen und darunter dann 19 belastende personenbezogene Angaben, und ob das nun viel ist und eine intensive Spitzeltätigkeit genannt werden kann, das weiß natürlich die Birthler-Behörde besser, sie hat ja den Vergleich, den ich nicht habe.

Im Jahre 1956 hat mein Vater für das Staatssicherheitsministerium als *Geheimer Informator* zu arbeiten angefangen. Im Jahre 1956, und da war der große Stalin schon drei Jahre tot, die Entstalinisierung schon im Gange, da hatte Chruschtschow seine Geheimrede schon gehalten, die nicht nur im Westen nicht geheim blieb, die solchen Genossen wie meinem Vater von seiten seiner Partei auch zur Kenntnis gebracht wurde, da war er, seinen eigenen späteren Angaben zufolge, schon kein Stalinist mehr. Und im Jahre 1956, da war ich vier Jahre alt. Und die Stasitätigkeit meines Vaters, sie dauerte bis 1963 an, und da war ich dann elf. Und ich habe natürlich von seiner Stasitätigkeit nichts gewußt, sie war ja geheim. Ich habe auch von den 62 Treffen nichts mitbekommen, die, wie ich aus der Akte *Leitz* weiß, alle bei uns in der Wohnung am Strausberger Platz stattgefunden haben. Ich erinnere mich nur dunkel, und vielleicht will ich mich daran auch nur erinnern, daß es da ab und an, sehr selten zwar, auch Besucher gegeben hat, wo wir Kinder bei den Gesprächen dann nicht mit dabeisein durften, und das durften wir Kinder eigentlich sonst immer. Und vielleicht war das dann sein Führungsoffizier, der da kam. Vielleicht. Muß wohl so gewesen sein. Ich habe also von meinem vierten bis zu meinem elften Lebensjahr mit einem Vater zusammengelebt, der ein *Geheimer Informator* gewesen ist, und das will mir nun wirklich nicht in den Kopf, daß man mir unterstellt, ich müsse da schwere Konflikte mit ihm, mit meinem Vater, gehabt haben, mit dem *Geheimen Informator* Havemann bzw. *Leitz*, wenn ich sage, daß mein Vater nicht glaubwürdig für mich gewesen sei, daß ich ihn für einen Lügner gehalten hätte – die schweren persönlichen Konflikte mit ihm, die hatte ich auch, und sie waren es sicher, die mich darauf kommen ließen, ihn für unglaubwürdig zu halten, für einen ausgemachten Lügner, aber es war das doch richtig, wie sich zeigt. Und ich hatte nur das Organ dafür. Und man sollte mir dies zugute halten. Dieser Havemann war immerhin ein Spitzel. Das war er. Mein Vater ein Spitzel, und wenn ich ihm in diesem Zusammenhang etwas vorzuwerfen habe, dann noch nicht mal das, daß er später, als er dann selber Objekt der Stasi-Spitzelei war, nichts von seiner einstigen Tätigkeit für den Verein erzählt hat – es hätte ihm gut gestanden, meinem Helden Havemann, es hätte uns allen gutgetan, der ganzen Familie und seinen Freunden und Bekannten, der ganzen Opposition, aber vorzuwerfen ist ihm das nicht, daß er sein einstmals verabredetes Stillschweigen mit der Stasi auch da noch wahrte. Vorzuwerfen ist ihm nur, und ich werfe ihm das vor, daß er so gar nicht Einhalt gebot, wenn dann gegen andere Mitglieder dieser Opposition Stasi-Verdächtigungen geäußert wurden, daß er sich selber an derlei Verdächtigungen aktiv beteiligte. Das ist ihm vorzuwerfen. Ich jedenfalls werfe ihm dies vor. Und es gibt da diese Brigitte Martin, die jahrelang seine Geliebte war, eine Frau, mit der er zwei Kinder hatte, zwei Töchter, Halbschwestern von mir also, und sie erzählt, und ich sehe nun keinen Anlaß mehr, dies für völlig unglaubwürdig zu halten, mein Vater habe ihr, als er sie dann loswerden wollte, angedroht, sie als Stasi-Spitzel zu verdächtigen, wenn sie ihn nicht endlich in Ruhe lasse. Jeder, der sie kennengelernt hat, weiß, daß sie einem ganz schön auf die Nerven gehen konnte – aber ist das ein Grund? Perfide ist es, perfide nur könnte es genannt werden. Wenn es denn stimmt, und warum sollte es nicht stimmen. Und damit bin ich wieder der kleine Pisser, der an das Denkmal Havemann pinkelt. Weil ich kein Denkmal zum Vater haben möchte. Sondern einen Vater. Und einen interessanten und widersprüchlichen, einen interessanten, weil widersprüchlichen Menschen dazu. Einen sehr viel interessanteren Menschen als den des Denkmals Havemann.

Nach der Meldung vom 4. Januar 2006 im Berliner *Tagesspiegel* am nächsten Tag der diese Meldung ergänzende längere Artikel auf der dritten Seite der *Berliner Zeitung*, die sich als ehemalige Ost-Berliner Zeitung natürlich mehr für Havemann interessiert, für den Stasi-Spitzel Havemann auch, und da ist dann neben seinen Kontakten zum Ministerium für Staatssicherheit der DDR, von denen ich wußte, deren Beginn aber, wie ich dem Artikel der *Berliner Zeitung* entnehme, schon auf das Jahr 1953 datiert, und zusätzlich zu seinen Kontakten zu dem russischen bzw. sowjetischen Geheimdienst KGB, der nur da noch anders hieß, MGB, was immer diese Abkürzung bedeuten mag, und mit dem mein Vater Havemann von 1946 bis 1952 in Kontakt war, nun auch noch die Rede von Kontakten zur Militäraufklärung der Volksarmee, von denen ich bisher noch nie etwas gehört hatte – aber da, so heißt es in der Zeitung, gebe es nur wenige erhalten gebliebene Akten, und so nehme ich das nur als Garnierung, nicht als etwas, das mein Bild grundsätzlich ändern würde, das macht für mich nun nicht mehr den Kohl fett. Aber ich bin ja bekanntlich schlecht in Daten und Zahlen überhaupt, und auch Telefonnummern sind für mich nahezu unmerkbar, weshalb ich dann doch aufmerke, wenn ich das mal so schön nebeneinander zu lesen bekomme: von 1946 bis 1952 diese Verbindung zu den Russen und ihrem Geheimdienst, die beenden die Zusammenarbeit von sich aus, nachdem mein Vater in den Osten gekommen ist, sie beenden sie auch deshalb, weil er seine Aufträge schlecht erfüllt habe, wie noch einmal in der *Berliner Zeitung* zu lesen steht. Im Jahre 1952 bin ich geboren. Und dann gleich im folgenden Jahr beginnen diese Kontakte mit der Stasi, erst als *Kontaktperson*, dann ab 1956 als *Geheimer Informator*, was die *Berliner Zeitung*, ganz zu Recht, in Klammern mit dem Insignium des Schreckens *IM* versieht, mit einem *Inoffiziellen Mitarbeiter des MfS* gleichsetzt – diesen Begriff gab es damals nur noch nicht, diese behördeninterne Bezeichnung, die erst nach der Wende, dem Ende der DDR diese unglaubliche Karriere machte. Für uns war einer nur bei der Stasi, und das war's schon, in welcher Rubrik genau und unter welchem Kürzel er bei dem *Verein*, wie wir die Stasi oft nannten, oder auch die *Firma*, die *Firma Horch und Guck*, geführt wurde, das wußten wir doch nicht, das wäre uns auch vollkommen egal gewesen. Aber das interessiert mich hier eigentlich nicht, wo es mir um die Daten geht, die Jahresangaben, die ich sicher demnächst bald wieder vergessen haben werde: 52 hört er für die Russen zu arbeiten auf, 53 beginnen die Kontakte zur Stasi, und das interessiert mich. 52, das könnte ja Ende des Jahres 1952 gewesen sein und 53 am Anfang dieses Jahres 1953, und dazwischen gar kein großer zeitlicher Abstand, und dies wäre dann sozusagen der fliegende Wechsel von einem Geheimdienst zum anderen, und ich will mir hier die Bosheit nicht verkneifen zu sagen, mein Papi habe es vielleicht ohne diese Tätigkeit für einen Geheimdienst nicht ausgehalten, aber ich relativiere dies natürlich sofort, denn davon ist ja wohl nicht auszugehen, daß er von sich aus die Verbindung zur Stasi gesucht habe, nachdem er mit den Russen nicht mehr konnte, da wird die Stasi aktiv geworden und an ihn herangetreten sein – bliebe, daß er nicht nein gesagt hat, daß er nicht einfach nur froh war, diese Geheimdienstverbindungen los zu sein. Der KGB hat in einer späteren, dann gegen Mitte der 60er Jahre angefertigten Expertise für ihre Kollegen von der DDR-Staatssicherheit, die ich gelesen habe, die sich in meines Vaters Stasi-Akten findet, geschrieben, und ich glaube, daß ich mich da korrekt erinnere, dieser Havemann sei bei seiner Arbeit für sie immer auch auf seinen kleinen persönlichen Vorteil bedacht gewesen, und so ließe sich hier natürlich nun die Vermutung aufstellen, er habe auf die kleinen persönlichen Vorteile, die sich aus einem Geheimdienstkontakt ziehen lassen, nicht verzichten wollen – das wäre so eine Interpretation, und bin ich es, der sie anstellt, dann wird man natürlich wieder meinen, dies sei die mißgünstige, die, die meinen Vater in ein schlechtes Licht stellen solle, und ich könnte dann nur entgegnen, daß das vielleicht sogar sehr vernünftig sei, das einzigst Vernünftige überhaupt, läßt man sich mit Geheimdiensten ein, daß man davon dann selber auch etwas habe. Geben und nehmen. Aber an dem Idealisten Havemann kratzt das natürlich, und es ist doch der Idealist Havemann, dem seine Stasi-Tätigkeit, seine Geheimdienstkontakte vergeben werden, der Idealist, der er sein Leben lang gewesen und geblieben sei. Und deshalb versuche ich mich hier gleich auch noch in einer anderen Interpretation, in einer, die man mir nicht wieder ganz so übel ankreiden wird: 1952/53 – in was für einer Zeit sind wir da denn? In der Hochzeit des Kalten Krieges, und Stalin lebte noch, starb erst 1953, der Sozialismus, das war nur der stalinistische in dieser Zeit, ein anderer gar nicht wirklich vorstellbar, und mein Vater, er konnte sich ja bei seiner nicht ganz so sauberen, nicht ganz so parteifrommen Vergangenheit durchaus auch gefährdet sehen, und also wäre seine Bereitschaft, nach dem Ende seiner Kontakte mit den Russen sofort wieder welche mit der Stasi einzugehen, dann vielleicht auch so zu verstehen: daß er sich dadurch auch schützen wollte und absichern. Sich auch dadurch absichern, daß er durch seine Bereitschaft zu einem derartigen Kontakt seine Treue zur Sache unter Beweis stellt, dadurch, daß er sich einem solchen Ansinnen der Stasi nicht verweigert – denn sich verweigern, das hätte er ja müssen, gehe ich nicht von dem eher unwahrscheinlichen Fall aus, er habe von sich aus die Verbindung zur Stasi gesucht. Aber wahrscheinlich mache ich mir mal wieder einen Kopp um etwas, das für meinen Vater überhaupt kein Problem darstellte, wahrscheinlich war das vollkommen selbstverständlich für ihn, seiner Sache des Sozialismus auch an der geheimen Front zu dienen – denn was hat er denn für die Stasi getan? Mit ihr zusammen seinen Sozialismus gesichert.

Mutmaßungen

Der mutmaßliche Wille eines Verstorbenen, der meines Vaters, soll gerichtlicherseits festgestellt werden – das Gericht selber will das so, und ich armer Tor soll dabei helfen. Und ich soll dabei ein anderes Bild dieses Mannes zeichnen, der mein Vater war, als Katja Havemann dies wohl tun wird, seine dritte und letzte Ehefrau, sein Witwe also, die auch als Zeugin, aber der Gegenseite, geladen werden soll. Der Anwalt des Anwalts, der in diesem Prozeß *Gregor Gysi gegen die Bundesrepublik Deutschland* auftritt, in dem es um die Herausgabe von Stasi-Akten geht, in denen (ich formuliere es unverfänglich) Gregor Gysi und mein Vater vorkommen, hat mich als Zeuge benannt, diesem Antrag ist vom Richter zugestimmt worden, und nun erwartet mich ein Bußgeld von 1000 €, sollte ich meiner Zeugenpflicht nicht nachkommen, ersatzweise Haft.

Halten wir uns (um nicht schon mal im Geiste zu sagen: Halten Sie sich doch bitte gefälligst, Hohes Gericht ...) an das, was mit Bestimmtheit gesagt werden kann, an die Dinge, denen nicht so einfach zu widersprechen sein dürfte. Das sind so viele nicht, der große Rest bleibt Spekulation, unseren Mutmaßungen überlassen. Das sind dann Fragen, Fragen, die man so oder so beantworten kann. Die Frage nach dem mutmaßlichen Willen meines Vaters, der hier gerichtlich festgestellt werden soll, sie zielt in diesem Falle auch und ganz wesentlich auf sein mögliches Verhältnis zu den ihn betreffenden Akten des Ministeriums für Staatssicherheit der untergegangenen DDR und deren Veröffentlichung. Und sie zielt hier, wegen der konkreten Schriftstücke, um die es konkret geht, darauf, ob meinem Vater daran gelegen sein könnte, seinen früheren Anwalt Dr. Gregor Gysi in einen ihn desavouierenden Zusammenhang mit der Stasi zu verbringen, um die Verdächtigungen zu stärken, die es ja schon seit einiger Zeit immer wieder gibt, Gregor Gysi sei ein *IM*, ein *informeller Mitarbeiter*, der Stasi gewesen, habe mit meinem Vater im Auftrage der Stasi verhandelt, ihn ausgehorcht und damit also Mandantenverrat begangen. Davon auszugehen, daß mein Vater ein Interesse daran gehabt haben könnte, diesen Verdächtigungen gegen Gregor Gysi Nahrung zu geben, sie zu verstärken, weil er sich von ihm, aufgrund der nach der Wende gefundenen Akten, die dies für viele zur Gewißheit machen, auch wohl für die Mitarbeiter der Birthler-Behörde, hintergangen gefühlt haben könnte, das war bis vor einigen Jahren sicher naheliegend, bis zu dem Zeitpunkt nämlich, als herauskam, daß mein Vater in den 50er Jahren und bis 1963 selber als *GI*, als *gesellschaftlicher Informator* (daraus wurde später in der Behörde der *IM*), tätig war. Diese Tätigkeit wurde erst jetzt von der Birthler-Behörde als eine intensive eingeschätzt – doch dies nur nebenbei. Für mich und auch meine Geschwister war eines immer gewiß: daß mein Vater nicht so naiv war, diesem jungen Anwalt, der da zu ihm kam, sich ihm anbot, einfach so zu vertrauen, daß er Gregor Gysi nur das gesagt haben wird, was auch andere Stellen in diesem Staate DDR erfahren sollten – die vorgelegten Schriftstücke, in denen von den Zweifeln die Rede ist, die mein Vater an Gregor Gysi habe, die er ihm gegenüber auch ganz offen geäußert hat, bestärken mich noch einmal in dieser Gewißheit. Und natürlich gehörte für mich immer auch mit dazu, daß mein Vater es für möglich halten mußte, es bei Gregor Gysi mit einem Mann zu tun zu haben, der Kontakte zur Staatssicherheit haben könnte – ich sage dies unbeschadet dessen, daß Gregor Gysi behauptet, dem sei nicht so gewesen, seine Kontakte seien auf die zum ZK, zur Rechtsabteilung des Zentralkomitees, der für ihn auch höheren Stelle, beschränkt gewesen. Für mich und auch für meine drei Geschwister war weiterhin immer klar, daß sich mein Vater auf diesen jungen Mann, der da zu ihm kam, sich ihm als Anwalt anbot, deshalb eingelassen hat, weil es sich bei ihm um den Sohn von Klaus Gysi handelte – etwas anderes war da doch Gregor Gysi zu diesem Zeitpunkt nicht, jedenfalls nicht für Leute wie meinen Vater. Auch für diese Annahme bieten die hier vorgelegten Schriftstücke geradezu den Beweis, da in ihnen davon die Rede ist, daß mein Vater über Gregor Gysi mit dessen Vater Klaus Gysi, als Vertreter des Staates, der Partei, in Kontakt kommen will. Genau darum ging es ihm doch.

Aber die Ausgangslage, das, wovon wir auszugehen haben, hat sich ja nun noch einmal verändert, dadurch verändert, daß wir nun wissen, daß mein Vater selber für die Stasi tätig war. Zumindest mein Vater, um dessen mutmaßlichen Willen es hier geht, könnte sich wohl schwerlich im nachhinein darüber aufregen, sollte dieser junge Anwalt, der ihm seine Dienste anbot, dessen Dienste er sich dann auch bediente, in einer Verbindung mit der Stasi gestanden haben. Von Katja Havemann, seiner Witwe, die als erste Einsicht in die Stasi-Akten meines Vaters, ihres verstorbenen Ehemannes, nehmen konnte, und zwar direkt nachdem sie freigegeben wurden, gingen dann die massiven öffentlichen Beschuldigungen aus, Gregor Gysi sei als *IM* auf meinen Vater angesetzt gewesen. Ich unterstelle nicht, daß sie da gleich auch mit der eigenen Stasi-Tätigkeit von Robert Havemann konfrontiert worden ist und dieses Wissen der Öffentlichkeit vorenthalten hat. Soweit ich weiß, wurde dieser erste Teil der Akte *Leitz* erst später gefunden – bleibt aber, daß sich für sie die Stasi-Verbindungen, die sie Gregor Gysi vorwirft, nicht durch die ihres Mannes, meines Vaters, zu relativieren scheinen, jedenfalls habe ich von ihr nichts gehört, das dies annehmen ließe. Zieht sie auch vor Gericht dann nicht eine solche Verbindung, bestärkt mich dies noch einmal mehr in meiner Vermutung, daß es Katja Havemann bei alldem um etwas anderes gehen dürfte als darum, die Verhältnisse in der untergegangenen DDR aufzuhellen und wie sehr dieser Staat von der Stasi durchdrungen und verseucht gewesen ist.

Kehre ich noch einmal zu meiner Ausgangsfrage zurück, zu der nach dem mutmaßlichen Willen meines Vaters und ob er denn wohl einverstanden sein würde, wenn diese Schriftstücke aus dem Aktenbestand des MfS nun veröffentlicht werden, dann muß man dies natürlich im Hinterkopf behalten, daß dieser Mann jahrelang selber für das MfS tätig war – die Frage stellt sich dann, gegliedert in mehrere Unterfragen, so: wäre er bereit, noch einmal den Stasi-Verdächtigungen gegen Gregor Gysi Nahrung zu geben? Wäre er bereit, noch einmal seine eigenen Verstrickungen mit der Stasi öffentlich thematisieren zu lassen, nachdem er diese zu seinen Lebzeiten niemals aufgedeckt hat? Wäre er bereit, daß dies noch einmal mehr deutlich würde, wie loyal er, bei all seiner Kritik, der DDR gegenüber gewesen ist, daß er auf ein Einvernehmen mit der Staats- und Parteiführung aus war? Wenn ich mir diese Fragen zu beantworten versuche, dann komme ich darauf, daß ich hier eigentlich alles für möglich halten muß: vorstellbar wäre für mich, daß mein Vater sein immer wieder und bis zu seinem Tode wiederholtes Bekenntnis zum Kommunismus und damit dann für ihn auch zur DDR als dem besseren deutschen Staat, in dem die Grundlagen für eine Entwicklung zum Kommunismus seiner Auffassung nach existierten, umdeutet – nach dem Muster von Wolf Biermann etwa, der von sich behauptet, er habe immer nur am Freiheitskampf der Menschheit teilhaben wollen, sein Kommunismus sei dabei ein Irrtum gewesen, ein wegen seinem Vater, seiner Familie erklärbarer Irrtum. An einer solchen Wendung meines Vaters läßt mich dann allerdings die Tatsache zweifeln, daß er, im Unterschied zu Wolf Biermann etwa, ja selber zum Kommunismus gekommen ist, und das in einer Zeit, in der sein

Vater, mein Großvater Hans Havemann, und auch sein Bruder zu Nazis wurden, zu Mitgliedern auch der NSDAP. Aber mein Vater war, wie gesagt, Kommunist, wenn auch sein Kommunismus der eines bürgerlichen Intellektuellen und Naturwissenschaftlers war, und Kommunisten haben kein so ausgeprägtes Verhältnis zur Wahrheit. Man kann auch als Anti-Kommunist, als Anti-Stalinist, wenn man das einmal war: Kommunist und Stalinist, in seiner Denkweise, seinen politischen Methoden, der Art, wie man mit politischen Gegnern umgeht, Kommunist und Stalinist bleiben – ich verweise hier noch einmal auf den Freund meines Vaters, auf Wolf Biermann. Ich könnte mir aber auch eine ganz andere Position vorstellen, die mein Vater jetzt, und das heißt: nach der Wende, nach dem Ende der DDR, nachdem seine eigene Stasi-Tätigkeit bekanntgeworden ist, zu einer Veröffentlichung der in Rede stehenden Aktenfundstücke einnehmen könnte. Ich würde es durchaus für möglich halten, daß er einer solchen Veröffentlichung zustimmen würde, um durch sie noch einmal seine Loyalität zur DDR, zum Kommunismus deutlich zu machen, was auch immer dies für seinen öffentlichen Ruf bedeuten würde – ein Opportunist war mein Vater nicht, und man muß sich das klarmachen, daß er es ausgehalten hat, Kommunist zu einer Zeit zu sein, in der die Deutschen in ihrer übergroßen Mehrheit, so hat er dies uns Kindern gegenüber jedenfalls immer dargestellt, ohne zu differenzieren, ein Volk von Nazis waren. Mein Vater war Widerstandskämpfer, vergessen wir das nicht, er hat sein Leben riskiert in diesem Widerstandskampf – was sollte ihn also das Gegeifere von Journalisten bekümmern, die selber gegenüber ihren Chefredakteuren katzbuckeln und vornehmlich im Mainstream der Klischees und Meinungen mitschwimmen? Ich könnte mir ferner vorstellen, daß ihm diese ganze Diskussion um die Stasi reichlich absurd vorkäme, denn immerhin war der Sozialismus, an den er glaubte, nur unter den Bedingungen des Kalten Krieges zu haben, und mein Vater hat doch in diesem Kalten Krieg, der immer auch ein heißer werden konnte, der einer war, der propagandistisch und auch mit geheimdienstlichen Mitteln ausgetragen wurde, eindeutig Stellung bezogen und Partei ergriffen. Mein Vater, vergessen wir auch dies nicht, ist vom Westen in den Osten gegangen, und dies, nachdem er in West-Berlin mehrere Jahre für den KGB tätig gewesen war. Mein Vater wußte das doch, daß es in der DDR so etwas wie die Stasi gab, er war doch auch darin nicht naiv. Ich nehme nicht an, daß er irgendwelche Schwierigkeiten damit gehabt haben dürfte, dann selber für das MfS aktiv zu werden, daß ihn da irgendwelche moralischen Skrupel geplagt haben könnten. Vorstellbar wäre also für mich, daß er überhaupt nichts gegen die Veröffentlichung auch dieser Aktenstücke des MfS haben würde, einfach weil er es als eine Selbstverständlichkeit ansehen würde, daß man in diesem Kalten Krieg Partei ergreifen mußte. Mein Vater wollte immer nur eine bessere DDR, nicht Keine-DDR. Ich sage dies als jemand, der 1971 in den Westen abgehauen ist, als jemand, der in der DDR politisch, wegen staatsfeindlicher Hetze, im Gefängnis gesessen hat, ich sage dies als jemand, der nicht nur für sich in dieser DDR keine Zukunft gesehen hat, sondern auch für diese DDR nicht, für den ganzen Sozialismus nicht. Und ich sage dies als jemand, dem von seinem Vater wegen dieser Flucht in den Westen Verrat am Sozialismus vorgeworfen wurde. Mein Vater hat diesen Vorwurf bis zu seinem Tode nicht zurückgenommen, hat ihn niemals auch nur relativiert. Daß er von seinen politischen Überzeugungen Abstand genommen hätte, ist mir nicht bekannt geworden, und nichts in seinen öffentlichen Äußerungen weist darauf hin. Die DDR, das war sein Staat, die SED, das war seine Partei – völlig unabhängig davon, daß diese Partei ihn ausgeschlossen hatte. Er wollte von dieser Partei rehabilitiert werden, und das hat sie ja dann auch gemacht – allerdings erst nach der Wende, ein paar Jahre zu spät.

So hätte ich wohl vor Gericht reden müssen, um dem Richter, der mich als Zeugen laden wollte, die Unwägbarkeiten deutlich zu machen, die es, meinen Vater betreffend, gibt und aus denen sich ergibt, daß es schlichtweg unmöglich sein dürfte, etwas über seinen Nach-Todes-Willen zu mutmaßen. Wie sollte das auch gehen, nach einem Epochenwechsel möglich sein, wo sich dann für jeden intelligenten Menschen die Welt und auch die eigene Vergangenheit noch einmal anders darstellt. Aber ich mußte zum Glück dann doch nicht als Zeuge und in diesem Prozeß antreten, die Begegnung mit Katja Havemann vor Gericht blieb mir erspart, der Richter verzichtete darauf, uns beide zu hören. Gregor Gysi unterlag in diesem Prozeß gegen die Bundesrepublik Deutschland in Gestalt der Birthler-Behörde, er konnte nicht verhindern, daß diese Akten herausgegeben werden – wie es schien, machte ihm dies gar nichts aus. Er habe, so sagte er mir, sich nur als früherer Anwalt Robert Havemanns dazu verpflichtet gefühlt, hier Widerspruch anzumelden, aber wenn ein Gericht dies so entscheide …

Im Überblick

Nehmen wir nur mal sein Erwachsenenleben, das Leben meines Vaters als Erwachsener: da sind diese 12 langen und kurzen Jahre der Naziherrschaft, kurz als historischer Zeitabschnitt, lang für ein kurzes Menschenleben. Damit beginnt es, beginnt eigentlich das Leben meines Vaters als erwachsener Mann, gleich damit. Er hat sein Studium beendet, er wird Assistent in dieser Zeit, einer der vielen jungen Wissenschaftler, die sich irgendwie durchschlagen, da eine Stelle, an einem anderen Institut eine andere – macht er als Wissenschaftler Karriere in dieser Zeit? Kann man kaum so nennen. Am Ende dieses Zeitabschnitts vielleicht, wenn er als Mitarbeiter in einem richtigen Institut unterkommt und nicht mehr bei seinem Freund Groscurth im Krankenhaus Moabit arbeiten muß. Aber irgendein großer wissenschaftlicher Wurf, von dem er vielleicht geträumt hat, von dem er sogar wahrscheinlich geträumt hat, gelingt ihm nicht. Er macht kleine Erfindungen, lebt auch von diesen Patenten. Und er ist mit dieser Frau zusammen, an deren Namen ich mich immer erst so mühsam erinnern muß – ach ja, Antje, Antje Havemann, geborene Hasenclever.

Er ist verheiratet, hat aber mit dieser Frau keine Kinder. Seine öffentliche Wirksamkeit ist gleich null in dieser Zeit. Er wird in keiner Zeitung erwähnt, er fällt nicht auf. Er ist politisch tätig, aber im verborgenen, in der Illegalität, er führt eine Art Doppelleben. Aber irgendwann kommt es heraus, daß er im Widerstand tätig ist. Eine deutliche Zäsur. Zum Glück so spät, daß da auch dieses Regime bald am Ende ist, gegen das er Widerstand geleistet hat. Nur dies eröffnet ihm die Chance zu überleben. Aber er hätte diese Chance nicht nutzen müssen, und dann wäre sein Leben an dieser Stelle zu Ende gewesen, mit 34, 35 Jahren Schluß. Er überlebt die Nazis, die Nazizeit, und mit dem Kriegsende, der Niederlage des Deutschen Reiches, beginnt für ihn eine neue Zeit. Eine Zeit, in der er öffentlich bekannt wird, prominent und auch geachtet. Er macht Politik, nun Politik, mit der er nun auch in der Zeitung steht. Er macht Karriere, politisch Karriere. Er wird Parlamentsabgeordneter, Mitglied der Volkskammer, ein Aushängeschild seines Staates, der DDR. Er macht als Wissenschaftler Karriere, er wird Professor, Institutsdirektor, Dekan und dann Prorektor der Humboldt-Universität, er fährt auf wissenschaftliche Kongresse, reist in der Welt herum, China, Indien, Afrika, und er heiratet eine neue Frau, meine Mutter. Er wird Vater. Er hat viele Liebschaften, ist als Mann erfolgreich. Er verdient viel Geld, er erwirbt sich ein Grundstück, er baut ein Wochenendhaus. Er fährt ein großes Auto, er besitzt ein Motor- und dann auch noch ein Segelboot. Er lernt viele interessante Leute kennen, verkehrt mit berühmten Wissenschaftlern, Künstlern, Intellektuellen. Er hat Schüler, Leute, die ihm wissenschaftlich zuarbeiten. Und, nicht zu vergessen: er ist für Geheimdienste tätig. Eine Zäsur, die in dieser Periode seines Lebens trotz vieler Kontinuitäten noch zu setzen wäre, ist die seines Wechsels von West nach Ost. Er entscheidet sich klar für eine Seite im Kalten Krieg, der politisch diese ganze Zeit seines Lebens mitbestimmen wird. Er wird zum Stalinisten und löst sich langsam wieder vom Stalinismus, aber er tut dies beides nicht allein, er vollzieht damit die Entwicklung mit, die die Partei nimmt, der er sich angeschlossen hat. Er ist ein Mann der Partei in dieser Zeit, Mitglied der Sozialistischen Einheitspartei, und er nimmt am Leben dieser Partei teil, die ja eine Staatspartei auch in dem Sinne ist, daß sich in ihr die Funktionäre dieses Staates versammeln. Und dann endet diese Periode seines Lebens, und sie endet mit einem deutlichen Schnitt, einer klar erkennbaren Zäsur, es beginnt eine neue Zeit für ihn. Und sie beginnt damit, daß er aus der Partei ausgeschlossen wird, der er, nachdem er seine Mitgliedschaft auf das Jahr 32 hat vordatieren lassen, also über 30 Jahre angehörte. Er wird schon eine Zeit davor nicht mehr als Kandidat für die Volkskammerwahl aufgestellt, aber dann geht es Schlag auf Schlag. Er verliert seine Arbeit, seine Professur, er wird als Institutsdirektor entlassen, er wird aus den Mitgliederlisten der Akademie der Wissenschaften gestrichen, er verliert sein hohes Einkommen, wird dann mit 56 Jahren schon Rentner. Er wechselt die Automarke, er verkauft die russische Bonzenschleuder, fährt zeitweilig mit einem kleinen *Trabant.* Keine Reisen mehr, keine Hausangestellten. Er hört auf, wissenschaftlich zu arbeiten, seine Schüler wenden sich von ihm ab. Auch wenn er vorher schon nicht der Fleißigste war und sich immer wieder Leute über seinen Arbeitseifer zu beschweren hatten, den fehlenden, seine Faulheit bricht erst jetzt voll durch, das große Nichtstun beginnt. Er schreibt in einem Zeitraum von fast 20 Jahren zwei Bücher, die nicht in der DDR erscheinen dürfen, dann immer mal wieder kürzere Artikel, die in der Westpresse veröffentlicht werden. Er sitzt die meiste Zeit nur rum, er beginnt richtig zu trinken. Er hört den ganzen Tag Radio und hockt dann irgendwann vor dem Fernseher, den er sich doch kauft, nachdem er vorher dieses Medium abgelehnt und verachtet hat. Er wird zum Oppositionellen, zum staatlich anerkannten Staatsfeind, wird vom Westen zum Dissidenten gemacht, seine immer geringer werdende politische Wirkung braucht den Umweg über den Westen. Die große Bespitzelung beginnt, aus dem einstigen Informanten der Staatssicherheit *Leitz* wird der *Operative Vorgang Leitz.* Er verbringt nach der Biermann-Ausbürgerung fast zwei Jahre unter Hausarrest. Er wird mehrmals wegen seiner unerlaubten Deviseneinnahmen zu Geldstrafen verurteilt. Er vereinsamt zusehends, verliert die meisten seiner

Freunde. Er hat keinen Umgang mehr mit ihm intellektuell ebenbürtigen Menschen, sein intellektuelles Niveau sinkt deutlich und für alle, die ihn von früherer Zeit her kennen, überdeutlich ab. Er, der Atheist, läßt sich mit einem Pfarrer ein, mit einem Leichtgewicht wie Rainer Eppelmann, den er gleichzeitig verachtet. Er zieht sich vollends nach Grünheide Alt-Buchhorst und damit aus Berlin zurück, nimmt nicht mehr am kulturellen Leben der Hauptstadt teil. Er geht nicht ins Theater, nicht ins Kino, er kauft sich keine Bücher, er erwirbt keine Bilder mehr. Er, der früher mit Leuten wie Brecht, Johnny Heartfield, Wieland Herzfelde, Stefan Heym, Fritz Cremer und Ronald Paris Kontakt hatte, lernt dann nur noch so großartige Künstler wie die Malerin Bärbel Bohley kennen, den Möchtegern-Schriftsteller Jürgen Fuchs. Es bleibt ihm nur Wolf Biermann, der eine künstlerische Qualität besitzt, dessen Produktivität aber rasch unter dem politischen Druck, dem er mit meinem Vater zusammen und auch durch ihn ausgesetzt ist, verfällt, und auch diese Freundschaft zersetzt sich mit der Zeit. Biermann geht in den Westen. Seine Kinder, darunter auch ich, distanzieren sich von ihm, wenn auch jedes auf seine Weise. Seine Ehefrau, meine Mutter, läßt sich von ihm scheiden, er geht erst wechselnde Affairen mit Frauen ein, die weit unter seinem intellektuellen und auch einstigen sozialen Niveau liegen. Er hat mit einer dieser Frauen, mit Brigitte Martin, zwei Kinder, beendet aber diese Beziehung, sieht diese beiden Mädchen jahrelang nicht. Er heiratet noch einmal, wird mit bald 70 Jahren noch einmal Vater. Er wird krank. Die alte Lungen-Tbc bricht wieder aus. Er stirbt.

Habe ich hier etwas vergessen? Sicher. Etwas Wichtiges? Sicher auch das, und ich habe für viele, die sich im Leben meines Vaters auskennen, sicher auch diesen Einschnitt in seiner letzten Lebensphase nicht genug betont, den dieser fast zweijährige Hausarrest darstellte, der ihm nach der Biermann-Ausbürgerung auferlegt wurde, ich habe diesen Hausarrest in meiner Darstellung hier in einen größeren Zusammenhang eingebettet, der so sehr als Skandal empfunden wurde, als der Höhepunkt allen Robert

Havemann angetanen Unrechts, der für die meisten Leute so fest mit ihm assoziiert ist – aber ich sehe nun mal in diesem Hausarrest meines Vaters nicht diesen gravierenden Einschnitt, durch den er eigentlich nur zu dem Leben verurteilt wurde, das er sowieso führte und dessen Hauptsinn und -zweck doch darin bestand, ihn von westlichen Journalisten fernzuhalten und diesen den Zugang zu ihm unmöglich zu machen. Doch möglicherweise unterschätze ich das, unterschätze ich die psychologischen Auswirkungen – was das bedeutete, würde ich staatlicherseits zu dem Leben verurteilt, das ich führe, das ist auch mir schwer vorstellbar. Kafkaesk hätten wir früher dazu gesagt.

Aber ich glaube, ich habe da bei den drei Leben meines Vaters doch etwas ausgelassen, das wichtig ist, etwas, das mir doch bei meinem eigenen Leben so wichtig ist: Kindheit und Jugend und damit eine vierte Phase, die erste, die das Leben eines jeden Menschen so sehr bestimmt und durch die dann erst auch das in seiner Bedeutung erklärt wird, was sein Leben während der Nazizeit prägt, mit dem ich begonnen habe: aufgewachsen ist mein Vater ja nicht in Berlin, in der Hauptstadt des Deutschen Reiches, einer Weltstadt damals, damals in den 20er Jahren auf alle Fälle, aufgewachsen ist er in der Provinz, in Bielefeld und dann Hannover, zu studieren angefangen, das hat er in München, wo er geboren wurde und wo seine Eltern vor ihrem Wechsel aus diesem Zentrum der Künste, der Boheme, in die Provinz, nach Bielefeld, gelebt hatten. Nach Berlin ist er während seines Studiums gezogen, und wollte man naturwissenschaftlich etwas werden, dann mußte man damals wohl nach Berlin gehen, in die Stadt mit den vielen Nobelpreisträgern, in die Stadt, wo Einstein lehrte. Mein Vater hat immer wieder gesagt, er wäre bis dahin ein junger, völlig unpolitischer Mann gewesen, aus einem bürgerlichen Hause stammend, nur an Naturwissenschaft interessiert. Politisiert, das wurde er erst in Berlin, und er wurde dies dann gleich auch auf die radikale Weise, die sich einem, so oder so, in Berlin aufdrängte, in der Stadt, wo alle politischen, gesellschaftlichen Probleme Deutschlands damals kulminierten, indem er Kommunist wurde. Das ist wichtig, schon wichtig, will man das Leben meines Vaters verstehen, diese Neuorientierung auf die Politik hin, und ein gravierender Unterschied zu mir zum Beispiel, der ich in einer von vornherein hochgradig politisierten Familie aufgewachsen bin, für den Politik immer Schicksal war und nicht erst etwas, das sich mir irgendwann eröffnete.

Und ich habe da etwas bei dieser Lebensdarstellung meines Vaters weggelassen, etwas, auf das ich sonst immer soviel Wert lege, etwas, das sein Leben ganz anders einteilt, das sein Leben in zwei Abschnitte teilt, in ein Davor/Danach: das Todesurteil. 1944, und da war er 34 Jahre alt, und ich bin jetzt, während ich dies schreibe, 54, und natürlich würde ich dies gerne wissen, wie das wäre, wenn ich diese letzten zwanzig Jahre zusätzlich gelebt hätte. Und natürlich werde ich dies nie wissen können und hoffentlich auch nie wissen, selber erfahren müssen. Und deshalb wird dieser Mann, mein Vater, mir immer auch ein Rätsel bleiben, ein Mysterium, und dies nicht etwa deshalb, weil ich mich nicht genug um ihn bemühen würde oder er mir da etwas vorenthalten hätte, sondern weil es mir einfach an einer vergleichbaren Erfahrung fehlt und eben doch nicht alles mitgeteilt und kommuniziert werden kann – wie schwierig dies mit bestimmten Dingen ist, da, wo's an die Substanz geht, das weiß ich doch selbst, das weiß ich von meinen Versuchen, andern Menschen etwas vom Gefängnis zu erzählen und was es für mich bedeutet hat, im Gefängnis zu sitzen, im Gefängnis gewesen zu sein. Man wird's nicht wieder los, und ich sage hier *man* wohl deshalb, weil diese Erfahrung, diese Gefängniserfahrung, so weit über das kleine Ich hinausgeht. Und weil dem so ist, daß sich diese Erfahrung nicht vermitteln läßt, deshalb schreibe ich doch soviel darüber, über das Gefängnis, deshalb meine Faszination für Charles Manson, der fast sein ganzes Leben im Gefängnis verbracht hat, deshalb auch *SPEER*, meine 20jährige Beschäftigung mit Speer, der 20 Jahre gesessen hat, deshalb beginnt mein Stück über Rosa Luxemburg im Gefängnis und endet auch wieder dort. Und deshalb dann auch

Speedy, dieser Roman über den Maler Rudolf Schlichter und seine Frau, und auch der spielt wieder im Knast.

Mein Vater hat das nicht versucht, niemals eigentlich, darüber zu sprechen, was es bedeutet, für ihn bedeutet hat, zum Tode verurteilt gewesen zu sein, er hat da nur eine kleine Geschichte erzählt, die damit in Verbindung zu bringen wäre, von mir irgendwann auch zur Erklärung seines Verhaltens herhalten mußte: er habe nach seiner Verurteilung, nach seinem Todesurteil, noch wegen einem Nachfolgeverfahren, in dem dann weitere Mitglieder seiner Widerstandsgruppe vor Freislers Volksgerichtshof standen und in dem er als Zeuge aussagen sollte, eine Zeit in Berlin verbracht, in der Untersuchungshaftanstalt Moabit, bevor es dann auch für ihn nach Brandenburg gehen sollte und dort dann auch zu seiner Hinrichtung. Er sei dann in einer grünen Minna mit anderen zum Tode Verurteilten nach dieser Zeit, nach dem Abschluß auch dieses Prozesses gegen seine Genossen, nach Brandenburg transportiert worden, und sie hätten während dieser Fahrt miteinander reden können. Er wäre auf diesem Transport von diesen anderen, die ihrem sicheren Tode entgegenfuhren, gefragt worden, wie alt er sei, und er habe diese Frage so beantwortet, wie sie jeder andere Mensch auch beantworten würde, damit, daß er 1910 geboren, also 34 Jahre alt sei. So hätten sie die Frage nicht gemeint, wurde ihm von den anderen gesagt – wie lange das denn her sei, daß gegen ihn das Todesurteil verkündet wurde? Vielleicht waren es zwei Wochen, ich weiß es nicht mehr so genau, was er den anderen Todeskandidaten da zu antworten hatte. Aber ich weiß sehr genau, daß mein Vater erzählte, diese anderen Todgeweihten hätten daraufhin voller Bewunderung ihre Köpfe gewiegt und gesagt, damit wäre er also schon in der Pubertät, fast schon ein erwachsener Mann, und als mein Vater nicht verstand, wie sie dies meinten, fragten sie ihn, ob er denn nicht wisse, daß für einen zum Tode Verurteilten die Tage wie Jahre zählten, sie selbst wären noch Babys und würden sicher als Kleinkinder sterben – ich weiß auch noch, wie mich jedesmal ein Schauder erfaßte, wenn mein Vater diese Geschichte erzählte und ich mir vorzustellen versuchte, wie alt er nach dieser Rechnung denn nun sei. Es waren astronomische Zahlen, Zahlen jenseits alles Vorstellbaren. So alt würde ich nicht werden wollen, schrieb ich in meinem Artikel im *SPIEGEL*, der mir als ein vatermörderischer ausgelegt wurde und in dem ich diese Geschichte auch am Schluß erzählte, gedacht als eine Art von Apotheose, jedes menschliche Maß doch sprengend und deshalb geeignet, das Unerklärliche dieses Mannes zu erklären, ihn zu rechtfertigen. Vor mir. Vor mir jedenfalls und um für mich alles das, was ich Kritisches über ihn geschrieben hatte, zu relativieren.

Übertragung

Versuche ich etwas Vergleichbares für mein Leben, es in Phasen einzuteilen – erster Abschnitt meines Lebens: mein Leben im Osten, mein Leben bis zu meiner Flucht in den Westen, von 1952 an also bis 1971, insgesamt 19 Jahre also, bis zur Wiedervereinigung des in Ost und West geteilten Landes 1989 vergehen dann 18 Jahre. Die Wiedervereinigung hat auch auf mein Leben Auswirkungen, schon mal die, daß ich als West-Berliner nun wieder in den Ostteil meiner Stadt kann, dann aber, wenn auch mit einiger Zeitverzögerung, die entscheidende, mein Leben stark verändernde, daß ich wieder in die Politik gerate, indem ich 1999 zum Verfassungsrichter des Landes Brandenburg gewählt werde. Daraus ergeben sich schon mal drei Phasen in meinem Leben. Phase 1: ich werde im hochpolitisierten Osten groß, will Künstler werden, mische mich dann dort aber auch politisch ein, was zur Folge hat, daß ich 1968 wegen staatsfeindlicher Hetze ins Gefängnis komme. Phase 2: ich gehe in den Westen, privatisiere, halte mich von der Politik fern, werde wirklich zum Künstler. Phase 3: ich komme im wiedervereinigten Deutschland wieder mit der Politik in Kontakt, werde Teil der politischen Klasse, bleibe dabei aber Künstler. Auch ich verkehre in diesen drei Phasen meines Lebens mit jeweils sehr anderen und auch unterschiedlichen Menschen. Aber auch eine andere Phaseneinteilung wäre möglich, wiederum sind es drei – Phase 1: ich bin Kind, dann Schüler. Phase 2: ich komme infolge meiner Straftat zur Deutschen Reichsbahn und gerate damit in die Arbeitswelt, werde Prolet, dies setzt sich auch nach meinem Wechsel in den Westen fort, nimmt dort aber unterschiedliche Formen an, zuerst arbeite ich weiterhin als Elektriker, dann arbeite ich während meines Studiums immer wieder bei Aldi und später dann für mehr als 15 Jahre als Reinigungskraft in einem Ingenieurbüro, damit mache ich auch dann noch weiter, als ich Verfassungsrichter geworden bin. Phase 3: als ich zum Kandidaten für die Bundestagswahl 2002 werde, höre ich mit meinem Job als Reinigungskraft auf, ich ernähre mich und meine Familie, zusätzlich zu der Entschädigung, die ich als Verfassungsrichter bekomme, von nun an durch Honorare für Vorträge, Lesungen aus meinen Stücken und für die Organisation und Leitung einer Denkwerkstatt. Auch diese drei Phasen gehen damit einher, daß ich mit jeweils sehr unterschiedlichen Menschen in Kontakt bin, die wenigsten Beziehungen lassen sich von einer Phase zur anderen erhalten. Dann aber auch dieser Einschnitt, der mein Leben völlig umkrempelt, daß ich meine Frau kennenlerne, daß wir 1986 heiraten, drei Kinder zusammen bekommen. Durch meine Frau, eine Französin, lerne ich ein anderes Land kennen, ihre Familie mit ihrer gänzlich anderen sozialen Herkunft, durch sie, eine Katholikin, sieht sich der Atheist Florian Havemann mit der christlichen Religion konfrontiert – auch dies etwas völlig Neues für mich. Aber ich bin ja mit meinem Leben noch nicht zu Ende, und es wird dies sicher noch weitere Phasen bekommen, die sich dann ebenso klar von denen davor unterscheiden lassen werden. In absehbarer Zeit werde ich kein Verfassungsrichter mehr sein, die Zeit in diesem Amt ist auf zehn Jahre beschränkt. Wollen wir hoffen, daß mir dies noch gelingt, mit meinen Werken auch öffentlich wahrgenommen zu werden. Bevor ich tot bin. Vielleicht beginnt das ja gerade.

Es geht also, es funktioniert, es ist sehr gut möglich, mein Leben in solche Phasen einzuteilen. Die Übereinstimmung mit dem Leben meines Vaters, sie ist verblüffend, in ihr zeigt sich unsere Ähnlichkeit. Auch ich bin in diesem Sinne ein Havemann. Und sollte so etwas auch bei meinem Großvater möglich sein, dann bin ich es noch einmal mehr, ein Havemann. Dann bedeutet Havemann, ein Leben zu haben, das sich in klar voneinander zu unterscheidende Phasen einteilen läßt – versuche ich es also hier auch noch auf die Schnelle und ganz grob für meinen Großvater. Ich brauche ja nur noch eine Bestätigung. Phase 1: Grabow. Phase 2: München, Philosophiestudium, er lernt seine Frau kennen, die Malerin Elsa von Schönfeld. Phase 3: Provinz, Bielefeld, Arbeit als Gymnasiallehrer, Familienvater. Phase 4: Wechsel nach Hannover, Arbeit bei der Zeitung, Politisierung, Mitgliedschaft in der NSDAP. Phase 5: Wechsel nach Berlin, an den Stadtrand von Berlin, Wechsel dann auch in die Wissenschaft, Mitgliedschaft in der SED. Phase 6: Tod seiner Frau, neue Heirat, Pensionierung. Das muß reichen. Damit ist dies also klar und kann von mir behauptet werden, daß Havemann ein Leben in Phasen bedeutet – ist dies aber auch wirklich bedeutungsvoll? Ich glaube ja, auch wenn ich nicht unbedingt glaube, daß dies nun etwas ganz Besonderes sei. Im 20. Jahrhundert doch nicht.

Enthüllungen

Erstaunlicherweise hatte man mich dazu eingeladen, zu dieser Enthüllung einer Robert-Havemann-Gedächtnistafel neben dem Eingang zu dem zur Berliner Humboldt-Universität gehörenden Gebäude in der Hannoverschen Straße, in dem mein Vater seine vielbeachteten Vorlesungen abhielt, die ihm dann richtig Ärger von seiten seiner Partei eingebracht haben. Der jetzige Direktor des in diesem Gebäude untergebrachten Instituts, ein gewisser Professor Sauer, der Mann der späteren, unserer gegenwärtigen Bundeskanzlerin Angela Merkel, hielt dann dort vor ein paar wenigen, im kalten Wind stehenden Leuten, und so also auch vor mir, einen kleinen Vortrag zur Würdigung des durch diese dann enthüllte Tafel gewürdigten Professors Robert Havemann. Und darin, in seiner kleinen Festrede zu diesem festlichen Anlaß, sagte er, der Professor Sauer, daß Robert Havemann nach seiner Entlassung aus der Humboldt-Universität in Grünheide Alt-Buchhorst unter Hausarrest habe leben müssen. Völliger Quatsch natürlich, und es gefiel ihm gar nicht, als ich ihn anschließend darauf hinwies, daß dem so nicht war, daß dieser Hausarrest nur zwei Jahre währte, zwei von den zwanzig Jahren, die er als Rentner und ansonsten freier Mann verbracht hat – das Wörtchen *nur* klingt natürlich blöd in diesem Zusammenhang, ich weiß, und auch, davon zu sprechen, mein Vater wäre die übrige Zeit als anerkannter Staatsfeind ein *freier* Mann gewesen, nach DDR-Maßstäben natürlich.

Danach dann, die Reden waren endlich vorbei, konnte ich mir noch einmal den steil ansteigenden Vorlesungssaal anschauen, in dem ich als Kind bei einem Konzert dort von Wolf Biermann schon mal gesessen hatte. Und danach wiederum gab es, des festlichen Anlasses wegen, einen kleinen Empfang, mit ein bißchen Knabberkram und Sekt und Orangensaft, und dort dann, Professor Sauer stand zufällig neben mir, und ohne daß wir uns kannten, sprach ich ihn an, ganz freundlich eigentlich im Ton, in der Sache aber doch glasklar, und erklärte ihm, daß er sich da in seiner Rede vorhin geirrt und die ganze Sache etwas falsch dargestellt habe: Robert Havemann habe mitnichten die ganze Zeit von seiner Entlassung aus der Humboldt-Universität im Jahre 1964 bis zu seinem Tode 1982 in Grünheide Alt-Buchhorst unter Hausarrest gelebt. Unter Hausarrest habe er von diesen 18 Jahren nur 2 Jahre gestanden, den Rest habe er, sicher unter Beobachtung, dort sehr friedlich und auch gemütlich verbracht, mit einer ausreichend hohen Rente als Kämpfer gegen den Faschismus – oh, da wurde er aber ganz sauer, der Professor Sauer, als ich ihm dies sagte, ihn darauf hinwies. Dies stimme so nicht, sagte er, und ich sagte ihm, daß ich dies doch alles recht sicher wisse, denn ich sei sein Sohn, der Sohn des gerade eben geehrten Robert Havemann.

Aber machen wir dem sicher viel und mit Wichtigerem beschäftigten Professor Sauer keinen Vorwurf, daß er sich im Leben von Robert Havemann so gut nicht auskennt und auch die Zeit nicht gefunden hat, sich mal im Leben des von ihm zu Ehrenden und zu Würdigenden ein bißchen mehr sachkundig zu machen. Das kommt halt davon, wenn man, wie mein Vater, keine Werke von bleibendem Interesse hinterlassen hat – ich weiß, das klingt gemein, aber ich würde das schon so sagen und sehen wollen, daß mein Vater aus dem verkorksten Dilettanten-Berufsleben seines Vaters, meines Großvaters, des Philosophen, der sich dann als Gymnasiallehrer wiederfand, und das in Bielefeld, für sich diesen Schluß gezogen haben wird, daß man, Philosophie hin, die schöne Philosophie und Liebe zur Weisheit her, eine ordentliche Basis brauche, eine profunde naturwissenschaftliche Basis, mit der man zumindest irgendwo in irgendeinem Institut an der Uni als Assistent unterkommen kann, möglichst in Berlin, und daß ich, für den meines Vaters Leben und Wirken eben nicht wie für Professor Sauer in einem für ihn Fakt gewordenen, so aber nicht erlittenen Hausarrest von 18 Jahren zusammenschnurrt, für den es sich aber auch nicht in bleibenden Werken niederschlägt, die Schlußfolgerung gezogen habe, daß es in der Hauptsache eben auf die Werke ankomme, daß man da etwas mache, das die Gestalt eines Werkes annehme. Würde ich behaupten wollen. Frohgemut behaupten. So würde ich das sehen wollen, in einer solchen Generationenfolge.

Havemann als Namenspatron

Sitzungssaal im Rathaus Mitte erinnert an DDR-Regimekritiker

MITTE (oew). Der Saal der Bezirksverordnetenversammlung (BVV) trägt seit gestern den Namen des Wissenschaftlers und DDR-Regimekritikers Robert Havemann. Mit einer kleinen Feierstunde vor der regulären Sitzung wurde Donnerstag abend der Raum im neuen Rathaus an der Karl-Marx-Allee benannt. Wolf Biermann, langjähriger Freund Havemanns, hielt nicht nur eine kurze Laudatio, sondern griff auch in die Saiten seiner Gitarre.

Der Präsident des Abgeordnetenhauses Herwig Haase (CDU) erinnerte an Havemann als Wahrer des Grundrechts auf freie Meinungsbildung. Mittes Bürgermeister Joachim Zeller (CDU) referierte den Werdegang der Idee, den Saal zu benennen: Im vergangenen November hatte die BVV mehrheitlich beschlossen, einen entsprechenden Antrag der SPD-Fraktion zu unterstützen. Mitte ist damit der erste Bezirk, der seinen BVV-Saal einer Persönlichkeit gewidmet hat.

Der Strausberger Platz, unweit des Rathauses, war jahrelang der Wohnort des ehemaligen Professors der Humboldt-Universität, ehe ihm 1976 von der Staatsführung das Dorf Grünheide bei Berlin als Wohnort zugewiesen wurde. Bereits 1964 wurde Havemann wegen seiner kritischen Auseinandersetzung mit dem SED-Regime aus Partei und Universität geworfen. Besuche durfte er kaum empfangen. Havemann wurde 1910 in München geboren, bereits im Dritten Reich bedrängten ihn die Nationalsozialisten, schließlich wurde er vom Volksgerichtshof 1943 zum Tode verurteilt. Für den Krieg wichtige Forschungen bewahrten den Wissenschaftler vor der Exekution. Havemann starb 1982 in Grünheide.

Einweihung

Sauer also ist nicht der einzigste, der sich so irrt. Ein ganzes Stadtbezirksparlament kann irren, sich in aller Ruhe einen solchen Unsinn anhören – oder stand es dann nur so falsch in der Zeitung? Von wegen: Havemann wurde 1976 von der Staatsführung das Dorf Grünheide als Wohnort zugewiesen. Von wegen: Besucher durfte er kaum empfangen, nachdem er 1964 aus Partei und Universität geworfen worden war. So kann's gehen, wenn ein Name verblaßt. Wenn ein Mensch zwar einen Namen, aber so kurz nach seinem Tod immer noch interessante Werke hinterläßt. *Havemann als Namenspatron*, das ist das Ende. Was auch immer ich über ihn schreibe, wie falsch und verzeichnet das sein mag, vor einem solchen Ende will ich meinen Vater bewahren.

31. März 33

Meinen Geburtstagsmantel habe ich noch nicht, obwohl ich ihn schon vor ca. 14 Tagen bei S. S. bestellt und bezahlt habe. Angeblich sollte ich ihn gleich bekommen, sie hätten nur die betreffende Größe gerade nicht da. Hoffentlich fällt S. S. nicht unter den Boykott, ich weiß nicht ob es ein jüdisches Geschäft ist. Sollte es der Fall sein werde ich alles versuchen mein Geld wiederzubekommen. Habt Ihr ausländische Zeitungen gelesen? Auch die wenigen, die noch in Deutschland gehandelt werden dürfen, treiben ja eine nicht unmißverständliche Hetze gegen uns. Ob es gelingen wird, den Juden ihre unrechtmäßigen Privilegien zu entreißen? Schließlich ist der Russe sogar mit der »Bourgeoisie« in seinem Lande fertiggeworden, ohne daß das Ausland ihn erfolgreich hätte boykottieren können. Ich glaube, daß dies der nationalen Bewegung in Deutschland mit der nötigen eisernen Energie auch in Bezug auf die Juden gelingen wird. Müssen wir Deutschen denn wirklich ewig die Sklaven der feindlichen Mächte bleiben? Deutschland erwartet doch heute von Hitler, daß er sein gegebenes Wort auch einlösen wird, auch wenn es Köpfe kosten sollte. Aber ich will nicht soviel von Politik reden, es raucht einem schon der Kopf davon. Im Institut wird schon kaum noch gearbeitet deswegen. Schließlich haben wir weit über 50 % Juden bei uns, d. i. die 50-fache Menge, als erlaubt sein sollte. Aber noch eins wollte ich Euch bitten was mit der Politik zusammenhängt. Ich möchte in dieser Zeit nicht weiter unangemeldet in Berlin wohnen. Ich wohne doch hier in der Wohnung eines Juden, eines ehemalig russischen sogar und man kann womöglich in eine ekelhafte Lage kommen, denn wie sollte ich einen glaubwürdigen Grund für mein unangemeldetes Wohnen angeben können. Schickt mir also bitte umgehend meine Abmeldung, damit ich mich hier anmelden kann.

Brief eines jungen Mannes von gerade 23 Jahren an seine Eltern, von Berlin, der Reichshauptstadt, in die hannoversche Provinz – niemand würde wohl in diesem Briefschreiber meinen Vater Robert Havemann vermuten. Weiß man nicht, daß er diesen Brief geschrieben hat, meint man sicher, es hier mit einem durchaus zwar politisch interessierten, eigentlich aber recht unbedarften angehenden Wissenschaftler zu tun zu haben, der, exakt zwei Monate nach der Machtergreifung Hitlers, wie die meisten Studenten in dieser Zeit, wenn sie nicht schon vorher Nazis waren, von der nationalen Begeisterung erfaßt und mitgerissen sein muß. Der Verweis auf die Russen, die mit ihrer »*Bourgeoisie*« fertig geworden sind, der vielleicht in diesem Zusammenhang erstaunt, er würde sich dann aber doch damit leicht erklären lassen, daß die Nazis von einer Revolution geredet haben, damit, daß dieser politische Umschwung von sehr vielen Menschen auch als eine Revolution angesehen und empfunden wurde. Dieser junge Mann aus bürgerlichem, bildungsbürgerlichem Hause, er wäre dann als auch von diesem revolutionären Aspekt der Machtergreifung durch die Nazis angetan vorzustellen, womit er dann wiederum überhaupt nicht alleine dastünde. Nun aber ist es mein Vater, der diesen

Brief geschrieben hat, und damit muß ich nun klarkommen. Damit, daß mein Vater an seine Eltern einen solchen antisemitischen Brief geschrieben hat, einen Brief, in dem dann auch so ein Satz wie der zu lesen ist, Deutschland erwarte von Hitler, daß er sein gegebenes Wort auch einlösen wird, auch wenn es Köpfe kosten sollte – so weit geht das also, womit ich nun klarkommen muß. So weit. Bis zu Köpfen, die es kosten sollte. Geschrieben von einem 23jährigen, der einen Satz weiter schreibt, ihm rauche schon der Kopf von der Politik. Geschrieben von einem Mann, der zehn Jahre später von ebendiesen Nazis zum Tode verurteilt werden wird, was mit dem Fallbeil zu vollstrecken ist. Mit dem Fallbeil, das ihm also seinen Kopf kosten sollte. Wenn es allein nach seinem Richter gegangen wäre, dem Vorsitzenden des Volksgerichtshofes Freisler.

Nur um dies gleich einzufügen, dies naheliegende Mißverständnis aufzuklären: *S. S.*, das ist nicht, wie wir Nachgeborenen wohl vermuten würden, die *SS*, bei der man sich ja wohl auch schwerlich einen Geburtstagsmantel bestellen kann, bei der noch weniger anzunehmen ist, es könne sich da um ein Geschäft handeln, das unter einen anti-jüdischen Boykott falle. *S.S.*, das ist, wie ich einem anderen, vorher schon geschriebenen Brief meines Vaters an seine Eltern entnehme, ein *wahnsinnig billiges* Konfektionshaus, wo es *herrliche Hemden* für 3,- oder 4,- Mark und *fabelhafte Anzüge* für nur 50,- Mark zu kaufen gibt. »So ein Anzug für 50,- Mark würde mich vollständig glücklich machen«, heißt es da in diesem Brief vom 27. Februar 1932, in dem dann aber auch so etwas zu lesen steht:

Ach ich bin so glücklich über Euch beide lieben Eltern und habe gerade in diesen letzten Wochen oft Sehnsucht nach Euch gehabt. Ich sehe jetzt wieder ab und an meine kommunistische Freundin Elisabeth, die sich auch um mich sorgt und natürlich überhaupt von ihrem Standpunkt aus, ihrem jetzigen Leben unter Proleten, Arbeitslosen und Hungernden sehr viel an mir verurteilt, was mehr unsere ganze Klasse angeht. Das ist gut für mich auch solche Stimmen zu hören, denn man schaut Freunde und seinen lieben Nächsten überhaupt, wie es hier so in W herumläuft mit veränderter Einstellung an.

Der junge Mann, der etwas mehr als ein Jahrzehnt später, im Krieg dann, die Deutschen unter Adolf Hitlers Führung das Siegen von den Russen, von der Sowjetunion lernen lassen will, er hat also eine kommunistische Freundin, die sehr viel an ihm und der Klasse zu verurteilen hat, der er und seine Eltern angehören, die Eltern, nach denen er sich so oft sehnt und über die er glücklich ist: daß er sie hat, daß sie seine Eltern sind. Von dieser kommunistischen Elisabeth ist in dem Brief von 1933 dann nicht mehr die Rede, was aus ihr nach der Machtergreifung durch Hitler und seine Nazis geworden ist, wird nicht erwähnt. Diese Bekanntschaft dürfte nun auf alle Fälle nicht mehr opportun gewesen sein, wo sich doch der Vater eindeutig auf die Seite der Nazis gestellt hat, genau in dieser Zeit Mitglied der NSDAP wird. Der antisemitische Brief also, er wäre leicht damit zu erklären, daß sich da ein Sohn bei seinem Vater politisch einschmeicheln wolle, dem er in einem Brief vom 1. März 1932 noch dieses geschrieben hatte:

Mein lieber Babo ich sehne mich so sehr danach Deine ganz offen männliche Freundschaft zu gewinnen. Du mußt später auch einmal uns hier in Berlin besuchen um ganz aus dem zu Hause heraus zu sein, in dem Du Dich immer wieder in erster Linie als Vater fühlen mußt. Du bist ein sehr junger Vater für uns große Söhne und das schafft alle die Schwierigkeiten. Und wie gut könnten wir uns wirklich verstehen. Und uns gegenseitig helfen.

Mit diesem Traum einer *offen männlichen* Freundschaft zwischen Vater und Sohn dürfte es also ein Jahr später, 1933 und nach der Machtergreifung und dem Eintritt des Vaters in die NSDAP, vorbei gewesen sein. Diese antisemitische Hetze des Sohnes, in einem Privatbrief aber wohlgemerkt, sie wäre damit als bloßer Opportunismus zu erklären und abzutun. Ein bißchen dicke vielleicht, da, wie gesagt, in einem Privatbrief geschrieben, aber vielleicht war das eine Zeit, in der man dick auftragen mußte, um in dem glaubwürdig zu erscheinen, was uns nun heute gerade deshalb wenig glaubwürdig klingen mag. Weniger muß da nicht genug gewesen sein. Man bedenke, und ich bedenke es, daß dieser in Berlin studierende Sohn finanziell vollkommen von seinen Eltern abhängig war. Sie, und damit in erster Linie sein Vater, mein Großvater, der das Geld verdiente, bezahlten das Studium des Sohnes. Ein Jahr später wird dieser Sohn, mein Vater, der Tüftler und Bastler, sein erstes Patent anmelden, durch seine erste kleine Erfindung, auf die weitere folgen werden, so unter anderem eine Pumpe, um Muttermilch abzupumpen, die immer noch in Gebrauch ist und in jeder Apotheke bei Bedarf ausgeliehen werden kann, anfangen, dann auch Geld zu verdienen. Die Bettelbriefe an seine Eltern hören damit auf, die detaillierten Auflistungen seiner Ausgaben. Der antisemitische Briefschreiber des Jahres 33 aber darf es sich nicht mit seinem Papi, seinem Babo, verderben. Und trägt deshalb so dicke antisemitisch auf. Gegenüber seinem zum Nazi gewandelten Vater. Ein Fall von Opportunismus also. Nicht sehr schön, nicht sehr heldenhaft, aber vielleicht doch verständlich und zu entschuldigen.

Bedenken wir auch, über die finanzielle Abhängigkeit von seinem Vater hinaus, die aktuelle Situation dieses jungen Mannes von 23 Jahren. Ich jedenfalls bin durchaus bereit, dies zu tun. Der Brief ist am 31. März des Jahres 1933 geschrieben, am 27. Februar, nicht mal einen ganzen Monat davor also, brannte der Reichstag. Noch in der Nacht des Reichstagsbrandes werden allein in Berlin 130 Personen verhaftet, darunter die Reichstagsabgeordneten der KPD Wilhelm Pieck, Hermann Remmele, Ernst Torgler, der Redakteur der *Roten Fahne* Ernst Schneller, die Schriftsteller Ludwig Renn, Carl von Ossietzky, Erich Mühsam und Egon Erwin Kisch – der Naziterror, er beginnt erst jetzt richtig. Aber noch ist hier mein Vater nur Zuschauer. Am 9. März, und damit nähern wir uns dem Tag, an dem mein Vater seinen Brief mit den antisemitischen Äußerungen schreibt, werden Georgi Dimitrow, Blagoi Popow und Vasil Tanew verhaftet, bulgarische Kommunisten, die sich als Agenten der Komintern in Deutschland aufhalten, alle drei werden später mit dem Holländer Marius van der Lubbe vor dem Reichsgericht in Leipzig wegen Brandstiftung angeklagt, sie werden dort dann aber freigesprochen und später in die Sowjetunion abgeschoben. Durch die Festnahme von Vasil Tanew hört mein Vater auf, bloßer Zuschauer des Zeitgeschehens zu sein, da dieser bei ihm zur Untermiete gewohnt hatte. Mein Vater, der natürlich genau weiß, daß der bei ihm zur Untermiete wohnende Tanew ein Agent der Komintern ist, wird von der Polizei verhört, ihm gelingt es, glaubwürdig den Ahnungslosen zu spielen, auch seine Frau macht, ohne daß sich die beiden hätten vorher absprechen können, die gleiche Angabe, aus Geldmangel einen Untermieter gesucht und nicht gewußt zu haben, um wen es sich da handelt. Deshalb also die Dringlichkeit der Sache mit der Anmeldung in Berlin. Deshalb also so dick aufgetragen. Vielleicht annehmend, daß sein Brief von der Geheimen Staatspolizei gelesen werden könnte – ist die Sache damit erledigt und aufgeklärt? Für mich ist sie es nicht. Nicht ganz.

Warum gibst du keine Ruhe? Was soll das? Wozu dich quälen und andere, mit Geschichten, die sich eh niemals mehr werden aufklären lassen? Du willst doch deinem Vater am Zeug flicken, an seinem Nimbus kratzen, seine Integrität erschüttern. Gib es doch zu! Mal hier ein bißchen bohren, mal da und dann noch eine Frage und noch eine und auf keine eine eindeutige Antwort. Zweifel säen und keine Beweise vorlegen.

Mein Vater hat immer gesagt, er wäre nie in Versuchung gewesen, sich den Nazis anzuschließen, wegen ihrem ekelhaften Antisemitismus. Der ganze Rassenwahn, eine Sache ohne alle wissenschaftliche Substanz und Grundlage. Nicht wert, daß man sich damit eine Sekunde beschäftige. Intellektuell die Nazibande kein Gegner. Und das, was er seinem Vater, meinem Großvater am meisten vorwerfe, das sei, daß er, der viele Juden kannte, mit Juden gut befreundet war, diesen Mist mitgemacht, den persönlichen Kontakt zu diesen Juden abgebrochen, deshalb Freundschaften beendet habe – reicht das? Reicht das zur Erklärung aus, warum ich hier keine Ruhe gebe, mich quäle, in erster Linie doch mich, wenn auch andere sicher ebenso. Habe ich hier Zweifel, daß das so stimmt mit meines Vaters so sicherer, so klarer, so instinktiver Ablehnung der Nazis wegen ihrem verdammten Antisemitismus? Glaube ich auch ihn von dieser Seuche infiziert, für einen Moment der Schwäche von diesem Wahn befallen? Nein, nein, das ist es nicht, das nicht. Es ist der Opportunismus in dieser Frage, der mir zu schaffen macht, wie er sich in seinem Brief an die Eltern äußert. Das dann bloß taktische Verhältnis zur Wahrheit, auch in dieser Sache, die ihn so sehr abstieß. Was ich doch glauben will. Dieses *auch wenn es Köpfe kosten sollte* – daß es hier keinen Halt gibt, keine Grenze, die nicht auch er überschreitet. Er, der dann später Juden geholfen hat, ein *Gerechter der Völker*. Warum nicht irgendwas anderes an den Nazis imposant und besser finden als vorher geglaubt, wenn's ihm denn unbedingt nötig erscheint, vor seinem zum Nazi gewandelten Vater einen Kotau zu machen? Warum ins antisemitische Horn stoßen? Auch er mit dabei, mein Vater. Kein Ehrbegriff, der ihm dies verbietet. Natürlich darf man Schiß haben. Aber dann darf man sich doch im nachhinein nicht so darstellen, als hätte man nie Schiß gehabt, sondern wäre eben mutig und frech überall und immer durchgekommen. Also doch der Nimbus, das Bild dieses Mannes, das Bild, das er selber von sich gezeichnet, an das Klein Flori geglaubt hat. Nicht nur die anderen, die an ihrem Idol Robert Havemann festhalten wollen, auch ich will es doch.

Gift

1933-35	Tätigkeit in der illegal agierenden Gruppe *Neu Beginnen*.
1934	Doktorarbeit.
1933-37	Tätigkeit an der IV. Medizinischen Klinik der Berliner Universität im Robert-Koch-Krankenhaus.
1936	Arbeit in der gastherapeutischen Abteilung der militärärztlichen Akademie in Berlin-Charlottenburg an Fragen des Wirkungsmechanismus von Phosgenvergiftungen.
1937	Assistent am Pharmakologischen Institut der Berliner Uni-

versität, das seit dem 1. Weltkrieg das Zentrum der deutschen Giftgas-Forschung ist.

1938 in seinem Institut Mitarbeit an einem geheimen Forschungsauftrag des Heereswaffenamtes des Oberkommandos der deutschen Wehrmacht betreffs Giftgase und ihre Abwehrstoffe.

1941 Ernennung zum *militärischen Abwehrbeauftragten*, 1942 zusätzlich zum *politisch-polizeilichen Abwehrbeauftragten* des Pharmakologischen Instituts, was Zusammenarbeit mit der Gestapo bedeutete.

1943 Habilitation, Mitglied im NS-Dozentenbund.

1943 zusammen mit Dr. Groscurth Gründung der Widerstandsgruppe *Europäische Union*, die zwei Monate existiert, bevor sie von der Gestapo zerschlagen wird.

1944 nach seiner Verurteilung zum Tode wegen illegaler Widerstandstätigkeit (Hochverrat) im Zuchthaus Brandenburg Fortsetzung seiner Arbeit zur Erforschung von Kampfstoffen im Auftrag des Heereswaffenamtes. Zusätzlich Erforschung von Geheimtinten im Auftrag des Sicherheitsdienstes, SD.

1946-52 Tätigkeit für den sowjetischen Geheimdienst.

1956-63 Tätigkeit als *gesellschaftlicher Informator, GI*, für das Ministerium für Staatssicherheit.

1957 Kontaktperson der Armeeaufklärung der DDR.

Das sind die Fakten. Ich bin entsetzt: das war mir so nicht klar. Ich bin empört: daß er sich dazu nicht bekannt hat – dieser Lügner, dieser Mann der Halbwahrheiten! In Andeutungen hat er zwar davon gesprochen, doch die waren so nebulös, daß sie niemandem in ihrer ganzen Bedeutung klar wurden – mir jedenfalls nicht und all den Leuten, die ich danach frage und die diesen Mann gut gekannt haben, auch nicht. Ich fühle mich betrogen, manipuliert: er, der so viel und immer wieder von dieser Zeit erzählte, hat dies, wie sich zeigt, in einer sehr lückenhaften Weise getan, hat sich über die Stellen hinweggemogelt, wo es kritische Fragen von seiten seiner

Kinder, seiner Freunde hätte geben können. Einen Moment lang steigt Haß in mir auf, empfinde ich es als Zumutung, diesen Mann zum Vater zu haben: einen Wissenschaftler, der seine Erkenntnisse dazu nutzt, Waffen zu entwickeln, Massenvernichtungsmittel – Giftgas: damals, als es die Atombombe noch nicht gab, die schlimmste Waffe überhaupt, deren Anwendung im Ersten Weltkrieg einen solchen Schock auslöste, daß sie im Zweiten selbst ein Hitler nicht mehr auf dem Schlachtfeld anzuwenden wagte – dagegen wehrt sich alles in mir: mir meinen Vater über Reagenzgläser gebeugt vorstellen zu müssen, in denen er Stoffe zusammenmischt, die dazu da sind, andere Menschen in qualvoller Weise zu Tode zu bringen. Und wenn dies nur Berechnungen waren, die er anstellte, so ändert das nichts: ich muß mich nun auch damit noch auseinandersetzen, daß diese besondere Verantwortung des modernen Naturwissenschaftlers, über die er sich in den 50er Jahren so trefflich in vielen Artikeln und Reden geäußert hat, etwas war, das meinen Vater direkt betraf, daß es hier eine Verantwortung gab, zu der er sich nicht bekannt, der er wahrscheinlich auch nicht gerecht geworden ist.

Und dann, in einer Mischung aus Amüsement und Überdruß, muß ich grinsen: ein Giftmischer – das war er also auch noch, mein Papi! Wer hätte das gedacht! Da hat uns dieser Blender doch ganz schön was vormachen können! Jetzt aber kommt es doch raus, und seit der Wende, dem Ende der DDR, wissen wir, daß er, der berühmte Dissident, das arme Opfer der Stasi, vorher selbst ein Informant des MfS gewesen ist: Deckname *Leitz* – von ihm selbst gewählt und von seinen perfiden Genossen dann praktischerweise gleich beibehalten, als sie ihn zu einem *Operativen Vorgang*, zum Objekt ihrer Bespitzelung machten. Und für die *Freunde* hat er ja auch gespitzelt, für den sowjetischen Geheimdienst: seine eigenen früheren Genossen von der Widerstandsgruppe *Neu Beginnen* hat er ausgehorcht, nach dem Krieg, während er bei ihren Diskussionen immer noch ein bißchen rechter und antikommunistischer auftrat, als das bereits ihre Position im beginnenden Kalten Krieg war. Und keiner weiß, ob er das nicht wirklich so gedacht hat – das hatte mir an Enthüllungen im nachhinein doch eigentlich gereicht, aber jetzt erfahre ich, daß er sein Doppelspiel schon sehr viel früher begann: *militärischer* und dann *politisch-polizeilicher Abwehrbeauftragter*, das war er auch schon und also für die Gestapo tätig. Doch mein Gelächter erstirbt, wenn ich daran denke, wie es war, wenn es in unseren DDR-Oppositionskreisen Stasi-Verdächtigungen gab: nicht, daß ich wüßte, mein Vater hätte da jemals zu Mäßigung aufgefordert oder hätte von sich aus eine solche Mäßigung erkennen lassen. Er, der selbst eben noch das war, was man heute einen *IM* nennen würde, tat nichts, um bei uns und in seinem weiteren Kreis für Verständnis zu sorgen, für persönliche Nachsicht gegenüber denjenigen einzutreten, die in derartige Verstrickungen geraten sein sollten und wahrscheinlich, genauso wie er selbst früher, glaubten, dafür gute Gründe zu haben. Er hat selbst solche Verdächtigungen bedenkenlos in die Welt gesetzt, hat diesen Verdacht benutzt, wenn er Leute loswerden wollte – das war übel, und ich werfe ihm das immer noch vor.

Ich ertappe mich aber auch dabei, wie ich mit einem Achselzucken über das alles hinweggehen will: ist das denn wirklich so wichtig? Muß ich mich deswegen aufregen? Dann war er eben erst selbst ein Spitzel, bevor er zum Objekt der Bespitzelung wurde – das ist dann die Ironie seiner Geschichte. Und auch wenn das vielleicht ein bißchen weniger komisch ist: dann hat er das eben auch noch getan, hat er an diesem pharmakologischen Institut gearbeitet, hat er da bei diesem anrüchigen Geheimauftrag mitgeforscht – na und? Für Momente bin auch ich geneigt, darüber hinwegsehen zu wollen und dem entgegenzuhalten: er hat doch aber Widerstand geleistet, ist zum Tode verurteilt worden. Er hat Juden geholfen, hat Geld gegeben für Menschen, die sich versteckten, hat falsche Papiere organisiert – ist das etwa nichts? Wiegt das nicht das andere auf? Was weiß ich so genau, was das bedeutete, etwas zu tun, wofür man mit einem Todesurteil zu rechnen hatte – auch wenn ich natürlich lächeln muß und meine harmlose DDR-Opposition wiederzuerkennen glaube, wenn ich höre, daß mein

Vater auch mit seiner Widerstandsgruppe Partys gefeiert hat. Und mehr als drei Monate existierte die Gruppe auch nicht, bevor sie aufflog – wegen seiner Fahrlässigkeit, wie ein paar seiner Genossen behauptet haben? Ich kann das nicht beurteilen. Und wenn das Verrat war, daß er sich im Gefängnis bereit erklärte, weiter an dem Teufelszeug zu forschen, um auf diese Weise seinen Kopf vor dem Fallbeil zu retten, kann ich das doch nicht verurteilen, der ich doch nur deshalb lebe, weil er überleben wollte. Und überhaupt: ist das zu verlangen, daß einer dann immer den Helden spiele, nur weil er es einmal getan hat? Und wer verstünde das nicht, daß dieser damals noch junge Mann von 27, 28 Jahren vielleicht einfach auch nur ein bißchen als Wissenschaftler hat Karriere machen wollen, daß er sich habilitieren wollte – doch Robert Havemann: ein Karrierist? Das hört man natürlich nicht gern, wollen wir uns doch immer einen Menschen und sein Tun aus einem einzigen Punkte erklären.

Was aber, wenn dieser Mensch Widerstandskämpfer und Karrierist gewesen ist? Und vielleicht war er mutig, jemand, der seiner Überzeugungen wegen sein Leben riskierte, und aber auch jemand, der dabei immer noch Partys feiern wollte – ein Mensch also mit einem Plural an Identitäten. Das müßte uns doch vertraut sein: so sind wir doch auch, und vielleicht verlangen wir ja grad deshalb nach einem Helden, der in allem konsequent und also eindimensional sei. Die Welt ist kompliziert und auf alle Fälle komplizierter, als Klein Flori sich das mit seinem moralischen Rigorismus früher einmal gedacht hat. Aber auch ich habe mich, wie alle andern, doch längst an den Gedanken gewöhnt, daß eine moralisch konsequente Existenz nicht geführt und deshalb auch von niemandem gefordert werden kann – noch nicht einmal das kann verlangt werden: daß wir uns diese unsere moralische Inkonsequenz und damit dann auch das Unmoralische unserer Moral eingestehen und daraus dann wenigstens die Konsequenz zu ziehen versuchen, andere nicht mehr mit der moralischen Keule erschlagen zu wollen. Das aber hat man sich doch grad so schön angewöhnt: an die Menschen, ihr Handeln und Unterlassen, die schärfsten moralischen Maßstäbe anzulegen, die unter den beiden deutschen Diktaturen des vergangenen Jahrhunderts haben leben müssen, während man jedoch an die eigenen moralischen Verstrickungen unter den derzeitig soviel komfortableren Bedingungen ganz lax und nachsichtig heranzugehen bereit ist. Doch die ganze Sache abtun zu wollen, geht nicht, ich muß mir Klarheit über all das verschaffen, was mich verwirrt, muß aber auch über die bloße Empörung hinwegkommen: was also habe ich zu sagen?

Erstens sage ich und gehe auch davon nicht ab, wenn mir sonst alles zweifelhaft wird: Das macht man nicht – Punkt! Man denkt sich nicht aus, wie man andere Menschen zu Tode bringt, und schon gar nicht Menschen, die man nicht kennt und die einem aber auch nichts, rein gar nichts getan haben. Natürlich ist das eine Frage der Moral, und deshalb sage ich zweitens, daß man sich, wenn man so etwas doch tut, moralisch zu rechtfertigen hat, und ich füge dem aber auch gleich hinzu, daß für mich sehr wohl solche Rechtfertigungen vorstellbar sind, die auch ich anerkennen müßte. Doch mein Vater hat ja nie zum Beispiel behauptet, er hätte die Feinde Nazi-Deutschlands über den Stand der deutschen Giftgas-Forschung informieren wollen und habe deshalb mitmachen müssen – das wäre doch eine mögliche Rechtfertigung gewesen, der schwer etwas entgegenzusetzen wäre. Es bleibt also drittens dabei, daß er sich für seine Forschungen nicht gerechtfertigt hat – sie sind also als nicht gerechtfertigt zu betrachten. Doch heißt dies nicht unbedingt, daß mein Vater dies etwa deshalb unterließ, weil er wußte, sich dafür nicht rechtfertigen zu können – vielleicht war das etwas für ihn moralisch völlig Unbedenkliches, etwas, für das es nach seiner Auffassung gar keiner Rechtfertigung bedurfte, wie ich sie jetzt im nachhinein fordere. Vielleicht hatte er gar kein Problem damit, keinerlei schlechtes Gewissen auch, und wenn ich ihm unterstelle, er hätte die ganze Sache deshalb so nebulös dargestellt, um die moralischen Probleme umgehen zu können, so träfe dies dann gar nicht zu. Vielleicht war das, was er von dieser Zeit erzählt hat, wirklich das, was allein für ihn zählte und in der Erinnerung wichtig war. Des weiteren ist ja auch mir klar, daß moralische Kategorien nur für den Geltung haben, der sie anerkennt und gegen den sie auch geltend gemacht werden können. Die Frage, die sich hier unausweichlich stellt, ist also die, ob mein Vater ein Mensch mit moralischen Grundsätzen war, ob diese sein Leben und Handeln bestimmten – die meisten der Menschen, die ihn nur vom Hörensagen kennen, würden genau dies annehmen, ich aber müßte auf diese Frage antworten: ich glaube dies nicht. Ich sehe ihn eher als einen Spieler, als einen Abenteurer, als einen Menschen, der ein gewisses Risiko brauchte und erst in der Gefahr auflebte. Wenn man von seinem Mut spräche, den natürlich auch ich bewundere, würde ich aber auch von seiner Lust an der Provokation sprechen wollen, und ich müßte ihn auch rücksichtslos nennen und egozentrisch. Es ging ihm um die Freiheit, in erster Linie aber um seine eigene, ganz persönliche – ihn zu einem Musterbeispiel an moralischer Integrität erheben zu wollen, dagegen wehrt sich schon lange alles in mir. Ich kannte ihn zu gut, und wenn nun herauskommt, daß es da bei ihm moralisch zumindest fragwürdige Handlungen gegeben hat, wird dies vielleicht nun auch für andere, für Außenstehende nachvollziehbar. Er hat von andern Menschen Moral eingefordert, er hat moralische Kategorien benutzt, aber eben in dieser wiederum moralisch zweifelhaften Weise, andere Leute mit ihnen verächtlich zu machen. Wenn er seine Genossen des Verrats an den Idealen des Sozialismus bezichtigte, stellte er dies als moralisches Versagen dar – das war wirksam und beeindruckte uns Jüngere sehr, erklärte aber eigentlich wenig, wie es zu dieser Entwicklung der DDR gekommen war. Er dagegen hatte seine moralische Reputation, gewonnen durch den Kampf gegen die Nazis, durch seine Abkehr vom Stalinismus erneuert. Das machte ihn unangreifbar und sicherte ihn auch in seiner Stellung als eine Art staatlich anerkannter Staatsfeind. Aber er ließ sich selbst auch, erst in den West-Medien und später dann von den Anhängern, die er sich gewann, zu diesem Muster an Moralität hochstilisieren – ohne dem Einhalt zu gebieten, ohne seinen Werdegang selbstkritisch zu hinterfragen. Dieser

Kult um seine Person scheint ihm angenehm gewesen zu sein. Er schmeichelte seiner Eitelkeit, beförderte seine Ruhmsucht.

Doch halt: wie man sieht, schwinge ich selbst hier die Keule der moralischen Verurteilung – nur mit ihr richtig zuschlagen, das kann ich dann doch nicht, nicht mehr. Die Lebenserfahrung setzt mir Schranken, mein Interesse für diesen Menschen ist stärker, meine Liebe zu diesem Mann, der mein Vater war, gewinnt – ich bewege mich in einem Widerspruch, ich merke es selbst, der sich für mich nicht auflösen läßt: da ist mein alter moralischer Rigorismus, der nicht abstirbt, nicht totzukriegen ist und wieder aufflammt, sowie ich einer solchen Ungeheuerlichkeit begegne wie der, daß dieser Mensch, den ich liebte, an Giftgas-Forschungen beteiligt war. Und da ist dann mein Interesse, die Dinge genau wissen und mir nichts vormachen zu wollen, mein Streben nach einer möglichst realistischen Sicht auf Menschen, ihren Charakter und die sie formenden Lebensumstände. Da ist meine Faszination gerade für unreine, gebrochene, rätselhafte Figuren mit vielen Facetten, für Menschen jenseits der Moral. Ohne meinen moralischen Rigorismus wäre ich wahrscheinlich zum Zynismus verdammt, ohne meine Leidenschaft, wissen zu wollen, was wirklich geschieht, wäre ich ein Fanatiker, ein moralischer Terrorist. Aber es ist dies für mich auch ein moralisches Gebot, das mich dazu bringt, auf das bloße Moralisieren, das so leicht zu haben ist und einem dieses angenehme Gefühl der eigenen Überlegenheit verschafft, zu verzichten. Ich habe so lange vergeblich gegen diese Idealisierung meines Vaters angeredet und bin deshalb angefeindet und sogar verdächtigt worden, dies im Auftrage der Staatssicherheit getan zu haben, daß ich mich doch eigentlich, nach dem, was nun seit ein paar Jahren, seit der Wende, dem Ende seiner DDR, über diesen Mann herauskommt, der mir so lange schon dubios und unwahrhaftig erschien, nur bestätigt sehen kann – doch ich triumphiere nicht, denn das, was ich in diesen letzten Jahren immer wieder erlebe, ist nicht das, was ich wollte: daß wir zu einem mehr realistischen und, wie ich sagen würde, damit auch interessanteren Bild von diesem Menschen kommen. Was geschieht, ist etwas anderes, etwas, das ich meinem Vater auch nicht gewünscht hätte: die Reduzierung seines Lebens auf ein paar wenige Fakten, sich wie automatisch abspulende Assoziationen, mit denen ich immer wieder konfrontiert werde und zu denen ich, seit ich als Richter des Brandenburger Verfassungsgerichts eine Figur öffentlichen Interesses geworden bin, immer wieder Stellung beziehen muß. Ein Prozeß der Trivialisierung und auch Banalisierung dieser Figur Robert Havemann läuft hier ab, dem ja nicht dadurch entgegenzuwirken wäre, daß ihm irgendeine größere Bedeutung für die gegenwärtige Situation zugesprochen werden könnte – hier rächt sich seine Bequemlichkeit, seine von so vielen zu bezeugende Faulheit: er hat keine wirklich wichtigen Werke hinterlassen. Was sich nun mit einem Mal ganz negativ für ihn auswirkt, das ist das, was erst seinen Ruf begründete, ist die Idealisierung, die von seinen Anhängern jahrelang betrieben wurde: sie sorgt nicht mehr für ein Fortwirken dieses Mannes, sie vermag nicht einmal mehr, Interesse für ihn zu wecken. Er ist wirklich tot und auch geistig nicht mehr lebendig, seitdem er nicht mehr mit der ganzen Kraft seiner Persönlichkeit für seine Sache eintreten kann: mit seinem Charme, mit der ihm eigenen, oft erfrischenden Hochmütigkeit und der anrührenden Verletzlichkeit auch, die er dann als kranker, alter Mann ausstrahlte. Die Erinnerung verblaßt, er ist wesenlos geworden, ein Schatten. Es liegt an mir, das Interesse für ihn zu wecken – sonst wird er vergessen.

Der Widerstandskampf

Ich behelfe mich erst mal mit ein paar groben Einteilungen, einer zeitlichen Gliederung – auf daß man hier einen Überblick gewinne:
Phase 1: die Gruppe *Neu Beginnen* und die Komintern
Phase 2: der private Helferkreis
Phase 3: die Gründung der *Europäischen Union.*

Nachdem das getan ist, grenze ich diese Phasen erst einmal zeitlich näher ein und charakterisiere kurz, worin die Widerstandstätigkeit in diesen Phasen jeweils bestand:

Phase 1: beginnt schon vor 1933, vor der Machtergreifung durch die Nazis, die Gruppe *Neu Beginnen* arbeitet im verborgenen, ist auf den Wechsel in die Illegalität also vorbereitet. Mit dem Apparat der Komintern kommt mein Vater bereits damals in Kontakt. Die Gruppe *Neu Beginnen* stellt ihre illegale Arbeit Mitte der 30er Jahre ein, die Führung setzt sich ins Ausland ab. Auch das im geheimen agierende Netz der Komintern löst sich in dieser Zeit auf.

Phase 2: der private Helferkreis entsteht wohl langsam, nachdem mein Vater den Kontakt zur Komintern verloren und sich die Gruppe *Neu Beginnen* aufgelöst hat. Man muß sich diesen Kreis als eine kleine Gruppe von Freunden vorstellen, die sich verpflichtet fühlen, verfolgten Juden zu helfen, indem sie ihnen Pässe und Behördenpapiere besorgen und fälschen, indem sie diese illegal lebenden Juden auch finanziell unterstützen. Einer aus diesem Freundeskreis erfährt aufgrund seiner Kontakte zu hohen Militärs das Datum für den Angriffstermin der deutschen Wehrmacht auf die Sowjetunion, der Kreis teilt dies der sowjetischen Botschaft mit – die Warnung vor dem deutschen Angriff bleibt aber in Moskau, wie die Richard Sorges aus Tokio, unbeachtet, Chruschtschow wird dies in seiner Geheimrede von 1956, seiner Abrechnung mit Stalin, erwähnen.

Phase 3: die Gründung der *Europäischen Union* erfolgt durch diesen Freundeskreis dann im Jahre 1943, und zwar genau am 15. Juli 1943, was bedeutet, nach der Niederlage der deutschen Wehrmacht in der Schlacht um Stalingrad – wahrscheinlich auf Drängen meines Vaters hin. Ihr Kern besteht aus vier Personen, die Gruppe gewinnt aber rasch Kontakt zu anderen, insbesondere zu ein paar Leuten, die in sicher wiederum illegalen Organisationen von nach Deutschland verschleppten Fremdarbeitern tätig sind. Die Gruppe kommt auch in Kontakt zu einem Mann, der wiederum Kontakt zur sowjetischen Abwehr besitzt. Noch während der Aufbauphase der Gruppe wird sie von der Gestapo entdeckt und nach noch nicht mal zwei Monaten ihrer Tätigkeit zerschlagen. Am 5. September erfolgt die Verhaftung – die Fehler, die zur Verhaftung führen, sind wahrscheinlich alle meinem Vater anzulasten. Mein Vater wird zusammen mit seinen engsten Freunden, Georg Groscurth, Klaus Richter, Gerhard Rentsch, den Begründern der *Europäischen Union,* angeklagt und gemeinsam mit ihnen zum Tode verurteilt, die Todesurteile gegen Georg Groscurth, Klaus Richter, Gerhard Rentsch werden am 8. Mai 44, auf den Tag genau ein Jahr vor der Kapitulation, dem Tag der Befreiung, vollstreckt. In Folgeprozessen werden insgesamt 14 Personen zur Todesstrafe verurteilt, andere bekommen zum Teil hohe Haftstrafen. Man muß davon ausgehen, daß alles in allem wahrscheinlich bis an die hundert Leute verhaftet wurden, einigen aber gelang es, unterzutauchen, so zum Beispiel Enno Kind. Ebenso geschnappt aber auch wurden nach dem Auffliegen der *Europäischen Union* die Juden, denen der private Freundeskreis geholfen hatte, die von seiner Hilfe auch abhängig waren. Soweit ich weiß, sind vier oder fünf von ihnen vergast worden, einer Frau soll es gelungen sein, Auschwitz zu überleben, ein Mann starb, völlig entkräftet und krank, nach der Befreiung des KZ Auschwitz durch die Rote Armee.

Einwurf

Doch halt! Stimmt das auch so? Kann ich das sicher behaupten? Behaupten ja, wenn auch nicht nachweisen. Die Zeit habe ich nicht, mich so tief noch einmal in die nachgelassenen Akten meines Vaters einzuwühlen. Entscheidend, für mich entscheidend allein, daß ich's so annehme, mir dessen eigentlich vollkommen sicher bin. Seit vielen Jahren schon davon ausgehe. Und würde ich hier nicht unterbrechen, mich selbst zwingen innezuhalten, auch mein Leser läse vielleicht darüber hinweg. Das ist ja nichts, was nicht irgendwo auch erwähnt worden wäre, in irgendwelchen Publikationen über meinen Vater. In diesem Sinne: durchaus bekannt und auf alle Fälle nicht meine Erfindung, nichts auch, das ich herausgefunden habe. Und dann sicher nachweisen müßte. Erwähnt bisher aber lediglich als Faktum, ein Detail am Rande und so auch hier in meinem Überblick, und dann überliest man es. Weil man da schon innehalten muß, um das Problem zu entdecken, und insistiere ich darauf, daß es hier ein Problem gibt, dann bin ich doch wieder mal schuld an den unangenehmen Fragen. Die sich stellen. Die ich stelle, stellen muß. Aus meinem alten moralischen Rigorismus heraus? Weil ich davon bei meinem Vater nicht lassen kann? Vielleicht merke ich es ja nur deshalb, daß es hier ein Problem gibt, und die andern lesen nicht nur, gehen auch darüber hinweg, als gäbe es dieses Problem nicht, und wollen von mir nicht angehalten werden und gezwungen, hier ein Problem entdecken zu müssen. Natürlich sind die Nazis die Verbrecher, die Nazis, die Juden verfolgen, Juden umbringen – gar keine Frage, und daran ändert sich auch nichts, wenn ich hier nun das Verhalten meines Vaters und seiner Mitverschworenen aus der *Europäischen Union* gegenüber diesen Juden in Frage stelle, denen sie bis dahin geholfen, denen sie ein Überleben in der Illegalität ermöglicht hatten. Das war schon gefährlich genug, nun aber beginnen diese vier *Gerechten der Völker* etwas anderes, etwas noch Gefährlicheres. Etwas so Gefährliches, daß sie's nur zwei Monate durchhalten, bevor sie geschnappt werden. Womit dann auch das andere auffliegt, das, was sie vorher gemacht haben. Ihre Hilfe für die verfolgten Juden. Die dann geschnappt werden. In Auschwitz umgebracht werden. Ist das Problem deutlich geworden? Als ein Problem der Verantwortung. Der Verantwortung, die mein Vater und seine Freunde für diese verfolgten, in der Illegalität lebenden Juden übernommen haben, der Verantwortung, der sie mit der Gründung der *Europäischen Union* und ihrer plötzlich so anders gearteten Widerstandstätigkeit nicht mehr gerecht werden. Sicher ein moralischer Impuls, diesen verfolgten Juden zu helfen. Streiten wir auch den moralischen Impuls nicht ab, der bei der Gründung der *Europäischen Union* eine Rolle gespielt hat, wahrscheinlich auch entscheidend war. Aber die eine Tätigkeit paßt mit der anderen nicht zusammen, gefährdet sie – also unverantwortlich. Unverantwortlich, eine solche Widerstandsgruppe zu gründen, ohne die Hilfe für die verfolgten Juden so zu beenden, daß diese eine Überlebenschance bekommen. Ich komme um dieses furchtbare Wort *unverantwortlich* nicht herum – ist das eine moralische Kategorie? Gibt es eine Moral, die Verantwortungslosigkeit moralisch verdammt? Vielleicht gibt es sie, vielleicht wäre sie zu entwickeln. Aber das wäre nicht mehr meine Sache. Meine Sache ist es nur, den moralischen Rigorismus zu überwinden, mit dem ich früher die mir Nächsten so geplagt habe. Ich will verstehen, verstehen lernen. Und ich verstehe, daß es hier einen Moment gibt, wo ich die Handlungsweise meines Vaters und seiner Mitgenossen als verantwortungslos charakterisieren muß. Nicht kritisieren, charakterisieren. Aber. Und ein Aber muß hier folgen, wenn ich nicht wieder in meinen moralischen Rigorismus zurückfallen will – handle ich nicht nur dann unverantwortlich und verantwortungslos, wenn ich mir der Konsequenzen auch klar bin, die mein Handeln hat beziehungsweise eventuell haben kann? Vielleicht überschätze ich mich ja auch und glaube, das irgendwie schon schaffen zu können und damit auch der bereits übernommenen Verantwortung doch gerecht zu werden. Was dann aber nichts daran ändern würde, daß ein solches Handeln, vom Ergebnis her betrachtet, als unverantwortlich charakterisiert werden müßte. Und nur das Ergebnis zählt. So ist das bei der Verantwortung, daß nur das Ergebnis zählt. Ich weiß, das gefällt niemandem, am wenigsten unseren Politikern. Verantwortungslos handelt ja nicht nur der, der eine von ihm übernommene Verantwortung dann einfach abstreift, verleugnet, aufkündigt. Eine übernommene Verantwortung aufzukündigen, dem, für den man verantwortlich war, zu erklären, man fühle sich nicht mehr an die übernommene Verantwortung gebunden, sich also nicht mehr verantwortlich, das wäre ja noch verantwortungsbewußt gehandelt. In dem Moment, wo man diese Verbindung auflöst. Unverantwortlich, das heißt ja genau das andere: keine Antwort zu haben. Weil man sich die Frage gar nicht stellt, auf die man antworten müßte, handelt man unverantwortlich.

Dein Vater war ein Abenteurer, ein Spieler, das sagst du doch immer – was regst du dich also hier auf? Warum verlangst du von einem Abenteurer und Spieler etwas, das nicht des Abenteurers und Spielers Sache ist? Ich rege mich nicht auf, nicht mehr, das klingt vielleicht noch ein bißchen so, und man vermutet es bei mir, und mein früherer moralischer Rigorismus gibt den Grund dafür ab, daß man mir dies so leicht unterstellt, moralisch urteilen und meinen Vater sogar verurteilen zu wollen. Das verbietet sich für mich. Nun verbietet es sich. Nur weil ich älter geworden bin? Nein, nicht nur, oder anders ausgedrückt, weil ich, älter werdend, gemerkt habe, daß die Moral des Kleinbürgers, des Feiglings und Opportunisten hier nichts zu suchen hat, daß meine Moral eine andere ist. Ich meine nicht mit dieser anderen gemein machen sollte. Eine Moral aber, die sich nicht gemein machen kann, mit der anderer zusammenkompromittieren will, ist keine Moral mehr, weil Moral ja immer das moralische Gesetz bedeutet. Das für alle zu gelten habe. Bleibt, daß ich am Idol kratze, am Idol Robert Havemann. Für die, die ein Idol Robert Havemann, die überhaupt Idole nötig haben. Ich habe es nicht, und also kratze ich auch nicht am Idol Robert Havemann. Ich nicht. Das ist eine Verwechslung. Eine, der ich nicht entgehen werde. Die wohl oder übel unumgänglich ist. Die ich provoziere, ohne sie provozieren zu wollen. Worauf ich aber keine Rücksicht nehme, keine Rücksicht nehmen kann. Zu beklagen also hätte ich mich nicht. Beklage ich mich?

Die Ehrung

19. Juni 2006, 14 Uhr: Der Botschafter des Staates Israel S. E. Simon Stein lädt herzlich ein zu einer *Yad Vashem*-Feier zu Ehren von Georg und Anneliese Groscurth, Robert Havemann, Paul Rentsch, Herbert Richter, posthum ausgezeichnet mit dem Ehretitel *Gerechte/r unter den Völkern* – zwei Plätze bleiben leider leer: der von Wolf Biermann, der auch

von Gregor Gysi, der erstaunlicherweise zu den Eingeladenen gehört. Wahrscheinlich wollten sie sich nicht begegnen, so viel Ehre dann doch nicht dem von ihnen beiden verehrten Robert Havemann. Seine Exzellenz der Botschafter spricht, nicht sehr exzellent, eine Frau von der Holocaust-Gedenkstätte sehr offen über die Probleme, die es wegen meines Vaters Giftgasforschung gegeben habe, weshalb die einer solchen Ehrung vorangehenden genauen Prüfungen auch so lange Zeit in Anspruch genommen hätten, Bernd Florath vom Robert-Havemann-Archiv spricht, und er spricht für Harald Hurwitz, der an einer Biographie meines Vaters schreibt, und dann spricht F. C. Delius, der Schriftsteller, dem ich mehrmals bei Biermann während der Zeit unserer Freundschaft begegnet bin und später dann bei Thomas Brasch, mit dem er auch als Abgesandter des Rotbuch-Verlages zu tun hatte, in dem ja das erste Buch von Thomas erschienen ist. Ich habe nie herausgefunden, für welche harmlosen deutschen Vornamen diese Initialen *F* und *C* stehen sollen, ich habe mich darum auch nicht bemüht, es erschien mir nur lächerlich und bemüht, als der Versuch eines völlig harmlosen jungen Mannes sich irgendwie interessant zu machen. Und wenn jemand nicht interessant war, dann der blasse F. C. Delius – nun aber hat er es doch geschafft, ein irgendwie geachteter und anerkannter Autor zu werden. Und er hat ein Buch geschrieben, das mich interessieren sollte, ein Buch, in der Hauptsache über Georg Groscurth und seine Frau Anneliese, ein Buch aber auch über die *Europäische Union*, die Widerstandsgruppe, als deren führender Kopf mein Vater gilt, und also auch über ihn. In den Zeitungskritiken stand zu lesen, daß Delius einen kritischen Blick auf meinen Vater werfe, und also hätte es mich eigentlich interessieren müssen. Aber das, was mir meine Schwester, die es gelesen hat, über dieses Buch erzählte, war so negativ und abwertend, daß ich's nicht getan habe, daß ich's nun erst jetzt getan habe, nachdem ich den immer noch blassen, nun aber auch gravitätischen Herrn Delius bei der Feierstunde in der israelischen Botschaft habe reden hören. Und es war wichtig, dieses Buch zu lesen, das auch ich als Buch nicht weiter bemerkenswert finde. Es war wichtig für mich, weil ich in ihm einiges mehr über die Tätigkeit der Widerstandsgruppe erfahren habe, der mein Vater angehörte, die er wohl auch leitete. Und noch wichtiger war für mich, das zu lesen, was in den Zeitungskritiken dieses Buches als Kritik an Robert Havemann gewertet wurde – zum ersten Mal ist da jemand, der ein paar entscheidende Punkte so sieht, wie ich sie sehe, ich sie mir zusammengereimt habe.

Sie machten das, sie mästeten Juden, wie Freisler das gesagt hat, das Schwein Freisler, der Nazi-Richter, der ehemalige Kommunist, sie halfen Juden, besorgten ihnen Papiere, sie versteckten sie, brachten sie an sicheren Orten unter, sie ließen sich das auch einiges kosten, sie machten das jahrelang und wohl auch mit einigem Erfolg, aber mein Vater erzählte nie viel davon, er, der sonst gerne so viel von seinem Widerstandskampf erzählte, erzählte davon nicht viel. Eigentlich gar nichts. Vielleicht, weil er es einfach als selbstverständlich erachtete, daß man das machte, und deshalb nicht groß der Rede wert. Weil er sich damit nicht groß brüsten wollte und hervortun. Möglich, aber sonst erzählte er viel und in vielen Details und auch, nicht ohne dabei ein bißchen anzugeben, wie clever und geschickt sie doch gewesen wären. Und deshalb dann doch Vermutungen: die Vermutung, daß er deshalb so viel nicht von ihrer Hilfe für die Juden erzählte, weil es da so viel nicht zu erzählen gab, keine spannenden und aufregenden Räuber-und-Gendarm-Geschichten wie bei ihren sonstigen Widerstandsaktivitäten. Und mein Vater liebte das doch, Geschichten zu erzählen, die richtige Geschichten waren, spannende Geschichten. Er machte Dia-Abende bei sich in seiner Wohnung, in seinem Atelier in der Bismarckstraße, für diese Juden, die weder in ein Theater noch in ein Kino gehen durften, und auch das war eine Hilfe für sie, war Widerstand. Aber eine spannende Geschichte war das nicht. Oder diese Vermutung, daß er deshalb so viel nicht von ihrer Hilfe für verfolgte Juden erzählte, weil ihm das nicht reichte, weil er mehr wollte, mehr politisch agieren, richtig Widerstand machen wollte – es sieht ganz danach aus, als wäre von meinem Vater die Initiative ausgegangen, diesen privaten Helferkreis in eine richtige Widerstandsgruppe umzuwandeln, daraus mehr zu machen, etwas, von dem er sich politisch eine Wirkung versprach, daß er die anderen dazu drängte, aktiver zu werden. Die andern, skeptisch zwar, sich von ihm drängen ließen, seinem Charme, seiner Beredsamkeit, seiner Überzeugungskraft auch erlagen. Vielleicht aber auch diese Vermutung, daß er von dieser Hilfe für verfolgte Juden deshalb so viel nicht sprach, weil er ja wußte, was aus den meisten von ihnen dann geworden ist, nachdem seine *Europäische Union* aufflog. Daß er sich auch schuldig fühlte, deshalb keinen Grund sah, so besonders stolz auf diese Hilfe zu sein.

Das Programm

Dann müssen wir also davon reden, was diese *Europäische Union* wollte, warum sie gegründet wurde, welche Ziele sie sich vorgenommen hatte. Und dann müssen wir nicht nur davon allein reden, sondern ebenso auch davon, was diese Widerstandsgruppe gemacht hat. Und davon, wie sich das, was sie konkret gemacht hat, zu dem verhält, was sie sich vorgenommen hatte, und wie sich dies miteinander verträgt – heikel, äußerst heikel. Zum Glück aber oder leider, je nachdem, wie man will, gibt es eine umfangreiche Aussage meines Vaters zu diesem Fragenkomplex in den Untersuchungsakten der Gestapo – ich mache mir die Mühe, sie abzutippen, werde sie dann natürlich auch kommentieren. Läßt sich leider nicht vermeiden.

Ich habe mich während meines Studiums für politische Dinge überhaupt nicht interessiert, sondern mein Interesse galt der Naturwissenschaft, insbesondere der modernen Entwicklung der Physik und Chemie und es ergab sich hieraus ein starkes Interesse für Fragen der Naturphilosophie.
Ich habe in diesen Jahren viel mit meinen Studienkameraden und Freun-

den über die Geheimnisse der Natur und die Möglichkeit ihrer Erkenntnis diskutiert. Anfänglich hatte ich ein naives Glaubensverhältnis zu den naturwissenschaftlichen Erkenntnissen.
Ich war der Ansicht, daß eine naturwissenschaftliche Erkenntnis eine erschöpfende Antwort über die Fragen nach dem Wesen der Dinge liefern könne. Erst durch das Studium der modernen Naturphilosophen Hume, Berkeley, Kant, Schopenhauer, Mach und Hegel wurde mir klar, daß in jeder Antwort, die die Natur auf unsere Fragen an sie gibt, eine neue tiefere Fragestellung enthalten ist und das unsere Erkenntnisse niemals widerspruchsfrei und entgültig sein können. Es wurde mir klar, daß es keinen von Menschen ausgesprochenen Grundsatz geben kann, der Anspruch auf völlige Allgemeingültigkeit erheben kann.
Die bewegte Zeit des Jahres vor der Machtergreifung machte mich eigentlich gegen meine Veranlagung mit politischen Problemen bekannt, ich nahm damals die folgende Stellung ein: Ich war der Ansicht, daß eine demokratische Regierungsform immer nur die innere Zerrissenheit eines Volkes widerspiegeln könne und daß es mit dieser Regierungsform unmöglich sei, der Schwierigkeiten Herr zu werden, die aus der inneren Zerrissenheit Deutschlands und der äußeren Notlage des Reiches folgte. Ich glaubte, daß das Regieren nicht die Aufgabe politischer Parteien, sondern die Aufgabe dafür vorgebildeter Fachleute sein sollte.
Bei der Betrachtung der in Deutschland vorhandenen Parteien schien mir keine diesen Standpunkt zu vertreten. Entweder wollten sie das bisherige System beibehalten oder eine Diktatur einer einzelnen Partei errichten. Ich machte mich eingehend bekannt mit den philosophischen Grundlagen der beiden radikalen Parteien Deutschlands, der Kommunistischen Partei und der Nationalsozialistischen. Bei der Kommunistischen Partei stieß es mich ab, daß sie eine Diktatur des Proletariats errichten wollte, während ich der Meinung war, daß die Masse möglichst keinen Einfluß auf die Regierung ausüben sollte.
Bei der Nationalsozialistischen Partei wurde ich abgestoßen durch den Antisemitismus. Es schien meiner eigenen Beobachtung zu widersprechen,

daß die Juden ausschließlich Schädlinge seien. Ich hatte in meinem Beruf ausgezeichnete jüdische Wissenschaftler kennengelernt. Ich will Namen wie Albert Einstein, Haber, Freundlich nennen. Aus diesem Grunde war ich nicht bereit, mich irgend einer dieser Parteien anzuschließen, ich glaubte vielmehr, daß ich als Wissenschaftler genügend Aufgaben für mein Leben erhalten habe. Im Laufe der Jahre nach 1933 stellte ich fest, daß der Nationalsozialismus in vielen Punkten die Regierungsform entwickelte, welche meiner ursprünglichen Idee einer Regierung von Fachleuten immer näher kam, allerdings sah ich auch, daß Deutschland sich unter der Regierung Adolf Hitlers für einen großen Kampf um die Erringung seiner Freiheit rüstete. Ich habe immer einige Sorge empfunden angesichts dieser Entwicklung, denn ich schätzte die Macht der Gegner Deutschlands sehr hoch ein. Der Verlauf des Krieges schien meine Ansicht in diesem Punkte zu widerlegen. Die militärischen Erfolge waren derart überragend, daß ein Zweifel an dem glücklichen Ausgang des Krieges vollständig unbegründet erschien. Erst in dem letzten Jahr trat eine Entwicklung des Krieges ein, die von neuem in mir die Besorgnis entstehen ließ, daß es auch möglich sei, daß dieser Krieg für Deutschland ungünstig ausgehen könne. Ich habe mich ernsthaft mit der Frage beschäftigt, welche Folgen ein solcher ungünstiger Ausgang des Krieges für Deutschland haben müßte. Es schien mir klar, daß die besondere Notlage, in die Deutschland dann gelangen würde, darauf beruhen würde, daß nach einem Zusammenbruch des Nationalsozialismus in Deutschland keinerlei Kräfte übrig seien, die in der Lage und gewillt sind, für die Interessen des Reiches zu arbeiten und einzutreten. Deutschland mußte so das Opfer der imperialistischen Interessen Englands, Amerikas und Rußlands werden. In Anbetracht der inneren Gegensätze zwischen Rußland einerseits und den angelsächsischen Mächten andererseits war zu befürchten, daß Deutschland der Schauplatz und das Opfer einer letzten furchtbaren Auseinandersetzung zwischen den Mächten des Westens und des Ostens würde.

Ich glaubte, daß die innere geistige und politische Zerrissenheit Deutschlands von neuem die Grundlage unserer völligen Ohnmacht sein würde.

Da ich zu der Erkenntnis gelangt war, daß politische Programme, die Eindruck auf die Massen machen, nur Schlagwörter sind und daß es gar nicht auf sie ankommt, sondern nur darauf ankommt, welches Ziel mit ihnen verfolgt werden soll, hielt ich die Zeit für gekommen, sich mit der Frage zu beschäftigen, auf welche Weise eine Einigung der widerstreitenden, sich entgegenstehenden Richtungen, die ein solches Nachkriegsdeutschland aufweisen würde, möglich sei. Insbesondere glaubte ich, daß es notwendig sei, sich ernstlich mit diesen Fragen zu beschäftigen.
Es ist selbstverständlich, das heute jeder Deutsche hofft, daß dieser Krieg, der nun in seine entscheidende Phase getreten ist, glücklich für uns ausgehen möge. Aber es ist auch klar, daß im Augenblick niemand mit Sicherheit voraussagen kann, wie nun der tatsächliche Ausgang sein wird. Wir müssen heute, so sehr wir auf den Sieg hoffen, an die Möglichkeit der Niederlage und ihre Folgen denken. Ich stellte mir die Frage, welche Möglichkeit überhaupt vorhanden sei, im Falle einer Niederlage sich für die Rechte und Ziele Deutschlands einzusetzen. Der Zusammenbruch des Nationalsozialismus würde ja ein vollständiges politisches Chaos in Deutschland hervorrufen. Im Gegensatz zu 1918/19 gibt es heute in Deutschland keinerlei politische Kraft, die in der Lage wäre, diesem Chaos entgegenzutreten. Deutschland war so in der Gefahr, von Rußland einerseits und den Westmächten andererseits in Stücke gerissen zu werden. Ich sagte mir, daß es zu spät sein würde, sich mit den Fragen dieses Nachkriegsdeutschlands erst dann zu beschäftigen, wenn der Zusammenbruch Tatsache geworden sein sollte. Ich war der Ansicht, daß für eine politische Betätigung im Interesse Deutschlands nach einem unglücklichen Kriegsausgang nur solche Menschen in Betracht kommen, die sich bisher nicht im nationalsozialistischen Staate als Nationalsozialisten betätigt haben.
Auf den Schultern derjenigen, die politisch unbelastet nach dem Kriege dastehen werden, ruht heute eine ungeheure Verantwortung. Ich glaubte, daß es notwendig sei, heute bereist damit zu beginnen, diese Menschen zusammenzubringen. Es war für mich klar, daß diese Menschen zum größten Teil innerhalb der Gruppe der bisherigen Gegner des Nationalsozialismus zu

suchen seien. Ich hatte den Plan, diese Leute vollständig von ihrer bisherigen politischen Vergangenheit zu lösen und war bestrebt, ihnen klar zu machen, daß die Aufgaben für sie heute nur darin bestehen, sich auf den Zeitpunkt vorzubereiten, in dem der Krieg möglicherweise zu Deutschlands Ungunsten beendet sein würde. Es sollte sich darum handeln, wirklich qualifizierte Menschen ausfindig zu machen, die in der Lage waren, in der zu erwartenden Zeit der Zerrissenheit ihren Mann zu stehen. Ich habe ausdrücklich jede Störung der augenblicklichen politischen und Kriegsereignisse durch irgendwelche Aktionen, Sabotage und dergl., abgelehnt und erklärt, daß es ausschließlich unsere Aufgabe sei, die Verbindung zu den in Frage kommenden Personen aufzunehmen.

Ich wollte die Einigung der widerstreitenden politischen Ansichten durch den Hinweis auf den ungeheuren Ernst der Lage überwinden und lehnte jede Diskussion über weltanschauliche und dogmatische und sonstige Dinge ab, weil ich voraussah, daß hierdurch von vornherein eine wirkliche Einigung unmöglich gemacht werde. Ich wollte alle Verbindungen zu den politischen Organisationen der Vergangenheit abbrechen. Ich glaubte, daß es ein besonderes Problem sein würde, in einer solchen Form aufzutreten, das man nicht sogleich von den einzelnen Parteien der Siegermächte als im Interesse einer bestimmten Richtung arbeitend, angefeindet werden würde. Ich war der Meinung, daß man deshalb ein politisches Programm entwickeln müsse, daß der zu erwartenden schwierigen Lage Rechnung trägt. Ich glaubte, daß durch die Proklamation der Forderung nach individuellen Grundfreiheiten den Ansprüchen der demokratischen Propaganda einerseits, durch die Aufstellung eines sozialistischen Wirtschaftsplanes den Ansprüchen der Russen andererseits Genüge getan werden könnte. Ich bin auch der Ansicht, daß die sozialistische Wirtschaftsform, wie sie ja auch der Nationalsozialismus in Deutschland bereits in großem Umfange verwirklicht hat, eine unumgängliche Forderung unserer Zeit ist. Die scharfe Distanzierung vom Nationalsozialismus und Faschismus war selbstverständlich deswegen notwendig, weil sämtliche heutige Gegner Deutschlands erklärt haben, daß allein der Nationalsozialismus ihr eigentlicher Gegner sei. Ich

bin mir vollkommen darüber klar, daß es sich bei den Zielen unserer Feinde um nichts weiter handelt, als um die Absicht einer völligen politischen Vernichtung Deutschlands. Eine solche Vernichtung Deutschlands wäre nicht nur ein großes Unglück für uns Deutsche, sondern es würde auch die Einigung Europas für lange Zeit unmöglich machen. Europa ist das Vaterland der ganzen modernen Kulturentwicklung und allein die Europäer besitzen die geistigen Kräfte, um die zukünftige Entwicklung der Welt wirklich produktiv und fortschrittlich zu gestalten. Deutschland kommt bei dieser Entwicklung wegen seiner großen kulturellen Leistungen, seiner zentralen Lage im Herzen Europas und der grüblerischen Veranlagung seiner Menschen die führende Rolle zu. Ich habe mir öfter die Frage vorgelegt, ob es nicht möglich wäre, über diese sich mir stellenden Probleme mit ernsthaften Nationalsozialisten in freier Aussprache zu diskutieren, da ich mir nicht ernsthaft vorstellen kann, daß unter ihnen niemand sei, der die Möglichkeit einer Niederlage Deutschlands nicht wenigstens in Betracht zog. Ich weiß, daß ein Nationalsozialist mehr als irgend ein Anderer es auch nur kann, an den Sieg glaubt und ihn herbeiwünscht und -hofft. Ich weiß auch, daß ein Nationalsozialist bei dem Gedanken an die Niederlage zuletzt an sein persönliches Schicksal denken wird, daß aber für ihn die Niederlage außer der völligen Vernichtung Deutschlands auch noch den Untergang seiner Idee bedeutet. Trotzdem glaube ich, daß das eigentlich Entscheidende für jeden Deutschen bei dem Gedanken an eine mögliche Niederlage der zu erwartende Untergang Deutschlands ist.
Ich möchte darauf hinweisen, daß ich mir darüber klar bin, daß ich weder der berufene Mann für eine solche große politische Aufgabe bin, noch daß ich mir einbildete, mit diesem Gedanken den ganzen Umfang des Problems gelöst zu haben. Ich sagte mir aber, das niemand heute das Recht hat, sich darauf zu verlassen, daß schon Andere da sein werden, die dazu berufen sind, die Geschicke Deutschlands in die Hand zu nehmen. Ich sagte mir, jeder muß versuchen, das zu tun, was in seinen Kräften steht, denn nur dann, wenn diese Einstellung allgemein ist, kann man erwarten, daß auch im Falle eines deutschen Zusammenbruchs wirklich Menschen da sind, die

die Katastrophe abwenden könne. Ich glaubte, daß es auch wichtig sei, den Eindruck von vornherein zu verwischen, daß man für die Interessen des geschlagenen Deutschlands arbeite. Aus diesem Grunde wurde die Bezeichnung »Europäische Union« gewählt, die durch ihren Namen ein Ziel verfolgt, wie es auch im Falle eines deutschen Sieges erreicht werden würde. Die Bezeichnung »Europäische Union« soll auch zum Ausdruck bringen, daß jede Anlehnung an irgend eine politische Richtung der Vergangenheit abgelehnt wird. Wir haben öfter darüber diskutiert, auf welche Weise wir mit unseren beschränkten Kräften solchen Ideen Wirksamkeit verschaffen könnten und kamen dabei zu dem Ergebnis, daß wir am leichtesten Andere zur Mitarbeit bewegen könnten, wenn die Betreffenden den Eindruck hatten, daß bereits eine größere Organisation vorhanden sei. Aus diesem Grunde wurden die Flugblätter auf einer Vervielfältigungsmaschine abgezogen, um den Eindruck einer größeren Auflage zu erzeigen. Wir hatten nicht die Absicht, diese Flugblätter an unbekannte Personen zu verschicken, sondern wollten uns nach eingehender Diskussion mit einem zu gewinnenden Menschen als Angehörige einer solchen Organisation vermittels des Flugblattes ausweisen.

Ein bemerkenswertes Dokument – die Mühe hat sich gelohnt, das abzutippen. Ich breche an der Stelle ab, wo's konkret wird und mein Vater von den vier Personen spricht, aus denen diese *Europäische Union* mit den hochfliegenden Plänen eigentlich bestanden habe, aus Georg Groscurth, Klaus Richter, Gerhard Rentsch plus ihm, meinem Vater, nämlich, wobei er dann gleich auch noch, ob zu dessen Schutz, bleibe dahingestellt, diesen Gerhard Rentsch als eine Randfigur bezeichnet, als jemand, der an all den Unterhaltungen nur als Zuhörer teilnahm, wobei er dann auch noch betont, daß es gegen seine ursprüngliche Absicht gewesen wäre, Gerhard Rentsch überhaupt in den Plan mit diesen Flugblättern einzuweihen. Im Kern sind das also nur drei Mann, plus einem Sympathisanten, wie man heute sagen würde, und es war sicher nicht ganz ungefährlich, da gleich noch jemanden mit dabeizuhaben, den man so ganz nicht dazurechnete. Das formulierte Ziel dieser Gruppe sollte sein, wirklich qualifizierte Menschen ausfindig zu machen, die in der Lage wären, sich im Falle einer Niederlage für die Rechte und Ziele Deutschlands einzusetzen – diese 3 ½ Mann rechneten sich sicher zu diesen qualifizierten Menschen, die sich nach der absehbaren Niederlage Deutschlands für dessen Rechte und Ziele, was immer die dann sein mochten, einsetzen würden, dem steht ein immerhin damals ungefähr 60-Millionen-Volk gegenüber. Aber man wollte ja mehr werden, diese Gruppe vergrößern, damit sie dann, wenn die Niederlage da ist, bereitsteht. Mein Vater spricht dann auch von zwanglosen Diskussionen zu zweien, dreien und vieren, in denen diese Ideen und auch der Plan, derartige Flugblätter herzustellen, entwickelt wurden – zwanglose Diskussion aber sind doch etwas anderes als das, was sich aus den Aussagen meines Vaters zuvor als Eindruck vermittelt. Würde ich schon behaupten wollen. Für mich liest sich dies jedenfalls so, als hätte da ein von seinen Ideen Überzeugter andere von seinem Konzept überzeugen wollen, als hätte es da ganz gezielt auf die Ausarbeitung eines solchen Konzeptes gerichtete Debatten gegeben. Vom Tenor hört sich das an, als wären das auch schon Kadergespräche gewesen mit einer ganz klaren Ansage, welche Anforderungen an die gestellt werden müssen, die dabei mitmachen. So als ob da eine größere Organisation schon vorhanden wäre, in der diskutiert, gearbeitet wird, für die geeignete Leute gesucht werden, so hört sich's an. Für mich jedenfalls. Für mich, der ich das ein paarmal schon erlebt habe, welcher Selbstsuggestion Leute erliegen können, die eine große, ihre Mittel weit übersteigende Sache vorhaben.

Um diese Flugblätter geht es dann im weiteren dieser Vernehmung, ganz konkret, wer sie geschrieben, auf eine Wachsmatrize abgeschrieben hat, in welcher Auflage sie hergestellt wurden, wer auch den Stempel *EU* beschafft hat, der auf einigen dieser Flugblätter zu finden ist – Klaus Richter war dies, der meinte, was mein Vater aber für eine überflüssige Spielerei hielt, daß so ein Stempel einen guten Eindruck machen würde. Es geht auch darum, daß diese Flugblätter mit *ZK* oder *EK des ZK*, gleich *Exe-*

kutivkomité des Zentralkomités der Europäischen Union, unterzeichnet worden sind – auf den Vorhalt der Gestapo, daß aus der Wahl von derlei Bezeichnungen eine Anlehnung an die kommunistische Ideologie herauszulesen sei, erklärt mein Vater, daß diese Ausdrücke nicht auf seinen Vorschlag zurückgingen, er aber keinen besseren gehabt habe, daß sie ansonsten aber keinerlei Bedeutung gehabt hätten, daß diese Komitees ja gar nicht existierten und nur den Eindruck erwecken sollten, als gäbe es da schon eine größere Organisation. Worum es aber nicht geht, das ist, wem alles diese 3 ½ Leute ihre Flugblätter gezeigt haben und welchen Eindruck sie damit machen konnten. Dies bliebe dann also der Spekulation überlassen, soweit ich mich erinnere aber haben sie mit diesen Flugblättern wirklich agiert, haben sie die den Leuten gezeigt und wohl auch gegeben, mit denen sie dann in Verbindung kamen und die in den sicher wiederum illegalen Organisationen von nach Deutschland verschleppten Fremdarbeitern tätig waren. Diese Leute wollten schließlich wissen, mit wem sie es zu tun hatten, und wahrscheinlich auch, ob sich das überhaupt für sie lohnen würde, mit der *Europäischen Union* zusammenzuarbeiten – ich würde hier von einer Vorspiegelung falscher Tatsachen sprechen, von einem Betrug, denn das macht ja nun schon einen entscheidenden Unterschied, ob man es da mit vier Männeken zu tun hat oder doch einer wirklich existierenden größeren Organisation. Die Leute von diesen Fremdarbeiter-Organisationen, die sich mit der *Europäischen Union* eingelassen haben, haben dafür dann alle mit dem Leben bezahlt. Ich halte das fest. Tut mir leid. Ich komme darum nicht herum. Ich komme auch um diesen Satz nicht herum, den letzten des letztes Flugblattes, geschrieben von Robert Havemann, meinem Vater: »Das Geheimnis der Unverwundbarkeit der Organisation der E.U. darf niemals preisgegeben werden.«

Sredzki

Es gibt da eine Straße in Berlin, in Prenzlauer Berg, im früheren Ostteil der Stadt, die Sredzkistraße, benannt nach einem kommunistischen Widerstandskämpfer, an dessen sauberer Weste, wie man so sagt, sich nach der Wende kein Dreck finden ließ, die eine Umbenennung gerechtfertigt hätte, obwohl Kommunist. Als Kommunist gleich in den Anfangstagen des Naziterrors erschlagen oder erschossen. Jeder im Osten, damals zu meinen Zeiten jedenfalls, kannte den Namen Sredzki, jeder hatte von diesem tapferen Mann gehört, von diesem Opfer der Nazis. Als ich dann, nach meiner Haft 1968, in das Reichsbahnausbesserungswerk Berlin-Schöneweide gesteckt, um dort den ehrbaren Beruf eines Elektrikers zu erlernen, in meiner Berufsschule auf einen Sredzki traf, der dort als Staatsbürgerkundelehrer tätig war und auch mich unterrichtete, war das natürlich sofort die Frage, die sich mir stellte: ob mein Lehrer Sredzki mit dem Widerstandskämpfer Sredzki etwas zu tun hat – er hatte, mein Sredzki war der Sohn des ermordeten Sredzki. Und er war selber bei den Nazis in Haft gewesen, als 16jähriger Jungkommunist und Funktionär des Kommunistischen Jugendverbandes ins KZ gesteckt worden. Schon deshalb ergab sich da eine doch sehr merkwürdige Verbindung zwischen diesem Mann und mir, zwischen ihm als einem Vertreter des Staates, der mich mit 16 Jahren wegen staatsfeindlicher Hetze ins Gefängnis gesteckt hatte. Sicher widerwillig und ohne daß er irgendwelche Sympathien für meine Straftat, für meinen Protest gegen den Einmarsch der Warschauer-Pakt-Truppen in die Tschechoslowakei gehabt haben dürfte, aber auf dieser Ebene, daß wir beide in einem solchen jungen Alter schon für unsere politischen Überzeugungen inhaftiert worden waren, begegnete er mir mit Respekt. Und mit großer Nachsicht auch meinen provokatorischen Bemerkungen, meinen vielen Fragen nach den linken Abweichungen in der Geschichte der Arbeiterbewegung, die er natürlich alle kannte. Sredzki war 1938 in der großen Welle von Entlassungen aus den Konzentrationslagern, die sich das fest im Sattel sitzende Nazi-Regime leisten zu können glaubte, in Freiheit gekommen. Er wurde dann 1944 wieder inhaftiert, als ein Mitglied der berühmten *Roten Kapelle*, als eine Randfigur dieser wohl größten und wirkungsvollsten Widerstandsorganisation, und weil bloß Randfigur, nicht zum Tode verurteilt. Er überlebte, und als einer der ganz wenigen Überlebenden der *Roten Kapelle* tauchte er dann auch in der Presse der DDR auf, wenn es wieder mal Zeit war, die *Rote Kapelle* zu feiern. Wir, seine Schüler, wußten das, haben natürlich diese Artikel über unseren Lehrer, der sich so bedeckt hielt, nie etwas von seiner Widerstandstätigkeit erzählte, in der Hoffnung, mehr von ihm zu erfahren, verschlungen. Wir wußten auch, daß er nach dem Kriege keine Funktionärslaufbahn eingeschlagen hatte, was uns natürlich für ihn einnahm, er hatte einen Beruf gelernt, hatte angefangen, bei der Deutschen Reichsbahn zu arbeiten. Aber er war natürlich in der Partei und wurde irgendwann dann doch zum hauptamtlich tätigen Parteifunktionär, zum Leiter der Betriebsgruppe der SED in unserem Reichsbahnausbesserungswerk. Lehrer, Staatsbürgerkundelehrer wurde er erst dann, und ohne eigentliche Lehrerausbildung, als sie in dieser Berufsschule ein paar Klassen einrichteten, in denen zusätzlich zur Facharbeiterprüfung das Abitur abgelegt werden konnte, und in eine solche Klasse ging ich.

Es war auf dem Höhepunkt einer der wiederholten Würdigungen der *Roten Kapelle*, als er dann doch einmal zu reden begann, über seine Widerstandstätigkeit berichtete, und das hörte sich dann so an: er habe natürlich nach seiner Entlassung aus dem KZ den Kontakt zur Partei gesucht und dann von der Partei den Auftrag bekommen, Widerstandsgruppen aufzulösen – wie bitte? Ja, aufzulösen. Sredzki wußte das natürlich ganz genau, welche Überraschung, ja, welchen Schock dies bei uns Schülern auslösen mußte. Er erklärte es, erklärte seinen Auftrag so: eine illegal agierende Gruppe sei nur etwas auf Zeit, besonders, wenn sie erfolgreich agiere und mehr Mitglieder gewinne, steige die Gefahr ihrer Entdeckung, die Gefahr auch ihrer Unterwanderung, ihrer Denunzierung. Widerstandsgruppen müßten sich also nach einer gewissen Zeit eigentlich wieder auflösen, nur sähen dies die Leute, die sie unter Gefahren und mit großem Einsatz aufgebaut hätten, naturgemäß nicht ein. Er sei also von der Partei in bestehende und ihr bekannte Widerstandsgruppen als besonders verläßlicher Genosse eingeschleust worden, mit dem Auftrag, diese wieder aufzulösen, und es sei ihm freigestellt gewesen, mit welchen Mitteln er dieses Ziel erreiche, am besten natürlich mit Argumenten und indem ein paar Leute von der wachsenden Gefahr für die Gruppe zu überzeugen waren, notfalls aber auch mit der Drohung, die Gruppe zu denunzieren, sie an die Gestapo zu verraten. Uns stand das Maul offen. Er habe, so Sredzki weiter, mehrmals Erfolg gehabt, nicht immer leider aufgrund von Argumenten, sei aber bei der *Roten Kapelle* zu spät gekommen, sei bei ihr nicht mehr bis in die Führung vorgedrungen. Wir würden sicher verstehen, daß ihm dies auch peinlich wäre, nun als Held der *Roten Kapelle* gefeiert zu werden, in die er nur mit dem Auftrag eingeschleust worden sei, auf ihre Auflösung hinzuwirken. Wir würden nun vielleicht auch verstehen, warum er nach dem Krieg kein Funktionär der Partei habe werden wollen. Auch das war also Widerstandskampf.

Das Gespenst

Und sie, diese intellektualistischen Schwachköpfe,
wollten die Macht an sich reißen.
Freisler

Ach ja, ich wollte das doch näher kommentieren, dieses bemerkenswerte Dokument der Aussagen meines Vaters gegenüber der Gestapo – dann also los und auf die Gefahr hin, mich gänzlich unbeliebt zu machen. Gut, das ist schon mal witzig, sich einen Gestapo-Beamten vorzustellen, der sich die Probleme eines angehenden Wissenschaftlers mit der Wissenschaft und worin sie sich denn vom Glauben unterscheide anhören und dies dann auch noch protokollieren muß. Und damit muß sich die

Gestapo abgeben – herrlich, das wird sie mächtig interessiert haben. Aber, was meinen Vater als Naturwissenschaftler betrifft, sind das doch interessante Aussagen, auf die ich irgendwann noch mal zurückkommen sollte. Dann aber, und da nun wird es nicht nur für die Gestapo sicher interessanter, sondern auch für mich, der ich kein Wissenschaftler bin, taucht dieses Gespenst auf – nicht das bekannte des Kommunismus, hier in Gestalt des Programms der Kommunistischen Partei, mit dessen philosophischen Grundlagen sich mein Vater eingehend bekannt gemacht haben will und dem er irrtümlich unterstellt, es wolle die Masse an die Macht bringen. Mit der Masse hat es der Kommunismus ja gar nicht, das war erst die Entdeckung von Adolf Hitler, auf daß die Masse, wie Walter Benjamin über den Faschismus gesagt hat, wenn nicht zu ihrem Rechte, so doch zu ihrem Ausdruck käme. Die von den Kommunisten propagierte Diktatur des Proletariats, das war ja was anderes, und da, wie mein Vater ja ganz richtig sagt, politische Programme, die Eindruck auf die Massen machen, nur Schlagwörter sind, es also demnach gar so sehr nicht auf sie ankommt, sondern nur darauf, welches Ziel mit ihnen verfolgt werden soll, hätte auch meinem Vater, jedenfalls zum Zeitpunkt seiner Aussage bei der Gestapo, schon aufgrund der sowjetischen Erfahrung klar sein können, daß diese Diktatur des Proletariats auf die einer kleinen Funktionärsschicht hinauslief – schließlich kannte er doch einen Trotzkisten, den Enno Kind, der wird's ihm doch wohl erzählt haben. Das Gespenst, das hier auftaucht, ist ein ganz anderes – mein Vater formuliert es so: »Ich glaubte, daß das Regieren nicht die Aufgabe politischer Parteien, sondern die Aufgabe dafür vorgebildeter Fachleute sein sollte.« Und er bringt das dann, wenn er vom Nationalsozialismus in den Jahren nach 1933 spricht, auf diesen gängigen Begriff einer *Regierung von Fachleuten*. Genau das ist die Formel, unter der diese Idee in Europa herumgeistert – wie lange schon? Ich bin kein Ideen-Historiker, aber interessieren würde mich das schon. Natürlich wird das eine Idee von Fachleuten sein, eine Idee auch aus den Zeiten des Fortschrittsglaubens, aber eine Idee, der sich dann auch all die politikmüden, politikverdrossenen, vom ewigen politischen Gezänk Angewiderten gerne anschließen. Sachbezogene Lösungen sollen her, rationale Entscheidungen, nicht mehr diese Rücksichtnahme auf Einzelinteressen, der Parteienstreit endlich überwunden. Unpolitisch, anti-politisch, das Wesen von Politik verkennend. Und natürlich ganz besonders auch anti-demokratisch, weshalb ja dann auch die Nazis, zum Erstaunen meines Vaters, immer auch Fachleute haben machen lassen – solange ihrem Führer die letzte Entscheidung blieb, auch die ganz irrationale. Ich nenne den Namen Speer. Und weise darauf hin, daß es diese Regierung der Fachleute längst gibt, die von Verwaltungsfachleuten nämlich, die Herrschaft der Bürokratie. Überall und nicht nur in Europa, und das seit einiger Zeit schon, aber eben nicht als totale Herrschaft. Immer im Konflikt mit so unbedarften Leuten wie Königen, Diktatoren oder gewählten Abgeordneten. Alle brauchen die Bürokratie, damit ihre Anordnungen und Gesetze umgesetzt werden, alle sind davon bedroht, daß die Bürokratie, ob offen oder verdeckt, die völlige Herrschaft übernimmt. Demokratie bedeutet, daß inkompetente Leute Ämter auf Zeit übernehmen, um den kompetenten Dauerbeamten wenigstens ein bißchen dazwischenfunken zu können. Man störe ihre Kreise. Sonst geht alles seinen ordnungsgemäß bürokratischen Gang, wird alles zum Aktenvorgang. Wahlbeamter auf Zeit, auf Zeit nur, weil sonst das bürokratisch-rationale Verwaltungsdenken sich auch in den Köpfen derjenigen durchsetzt, die die Macht dieser Verfahren, mit den Problemen umzugehen, zu stören haben.

Mein Bekenntnis zur Demokratie. En passant, by the way. Ich will keine Regierung von Fachleuten, die Fachleute regieren mir schon viel zu sehr. Deshalb auch als Nicht-Jurist im Verfassungsgericht. Aber natürlich würde hier mein Vater, mit dem ich im Geiste diskutiere, sagen, er meine doch nicht die Bürokratie, die Herrschaft der Bürokratie und habe sie nie gemeint. Woraufhin ich erwidere, es sei egal, was er gemeint habe, solange seine Regierung der Fachleute nur eine von Verwaltungsfachleuten sein könne, denen dann keine Nicht-Fachleute mehr Knüppel zwischen die Beine werfen. Der Postminister sollte ein Postler sein. Der Minister für die Eisenbahn, den Verkehr, ein alter Kollege von mir, o.k., der Mann für Forschung und Wissenschaft aus der Wissenschaft und Forschung kommen – das hätte dann mein Vater sein können. Einen Minister für Naturphilosophie hätte man ja wohl nicht gebraucht. Er wird doch wohl das nicht gemeint haben, daß für einen marxistischen Gesellschaftstheoretiker ein Ministerium zur Umwandlung der Gesellschaft in eine sozialistische zu schaffen sei? Ich mache Scherze, ich mache sie aber vor dem Hintergrund, daß aus der Kritik meines Vaters an der Funktionärsherrschaft in der DDR immer auch dieser Aspekt mit herauszuhören war, die Forderung, das Regieren den Fachleuten zu überlassen. Weshalb es ja diesen schönen Witz gab, in der DDR: da die Partei doch so gut wisse, wie Bücher richtig sozialistisch geschrieben werden sollten, die Schriftsteller umgekehrt ebenso gut, wie sozialistisch regiert werden sollte, der Vorschlag: beide Gruppen sollten doch tauschen, die Partei schreibt die Bücher, die Schriftsteller machen die Politik. So ungefähr. Im Prinzip ja.

Aber da ich schon mal bei diesem Gespenst bin, bei dieser Gespensterdebatte um die Vorzüge einer Regierung der Fachleute: was meinem Vater da vorschwebte, für die Zeit nach der Niederlage Deutschlands im Kriege, diese wirklich qualifizierten Menschen, die er ausfindig machen wollte, damit sie im Moment der Niederlage ihren Mann stehen, das ist natürlich nichts anderes als eine solche Regierung der Fachleute, die Regierung der Fachleute im Wartestand.

Der Dritte Weg nach nirgendwo

Aber da ist mehr noch, mehr noch herauszuholen aus diesem Dokument, der Aussage meines Vaters bei der Gestapo: hier haben wir die Geburtsstunde des Dritten Weges – nein, die Geburtsstunde sicher nicht, denn die wird ja sicher eine einsam grüblerisch nächtliche gewesen sein oder die des angeregten Gesprächs noch in dem privaten Freundeskreis, bevor aus ihm die *Europäische Union* wurde. Also die Geburtsstunde nicht hier in diesem Dokument, aber das Gründungsdokument wohl schon des Dritten Weges, des demokratischen Sozialismus, in Anbetracht der Quellenlage und wo sich ein anderes nicht finden läßt als dieses Protokoll einer Gestapo-Vernehmung – wozu ich natürlich erst mal richtig suchen müßte, um dies behaupten zu können, doch ich bin kein Geschichtsforscher, ich bin nur ein Geschichtenerzähler und Legendenstricker, und also darf dann auch der Ehrlichkeit halber, der halben Ehrlichkeit wegen, der Hinweis nicht fehlen, daß hier allein wieder nur von einem Havemann die Rede ist und meinem Vater und seinem Dritten Weg zwischen West und Ost, aber in die Geschichte, in eine Sammlung der Dokumente des demokratischen Sozialismus gehörte es wohl sicher doch hinein, dieses Protokoll der Vernehmung meines Vaters durch die Gestapo. Wie wenig substantiiert, um hier mal als Verfassungsrichter im juristischen Jargon zu sprechen, dieser Vortrag ist, wie wenig begründet dieser Dritte Weg eines demokratischen Sozialismus hier erscheint, das sei den Umständen geschuldet, das will ich meinem Vater unter diesen Umständen einer Vernehmung zugute halten, auch wenn ich mich dadurch wieder in dem Verdacht bestätigt sehe, daß dieser Dritte, als gangbar angenommene Weg in seinem Kern und Ausgangspunkt eine reichlich naive Sache gewesen und immer auch geblieben ist. Und das über meinen Vater hinaus und bis zum heutigen Tage und in der Partei des demokratischen Sozialismus, die auch als Linkspartei von ihm nicht lassen will. Bei meinem Vater, dem Naturwissenschaftler, der sich niemals auf das Gebiet der Gesellschaftsanalyse begeben hat, mutet es, für mich jedenfalls, so an, als hätte da ein Chemiker etwas zusammenzumixen versucht: die Demokratie für den demokratischen Westen, die Planwirtschaft für die Sowjets, und dann wollen wir doch mal sehen, was bei diesem Experiment, einem Gedankenexperiment natürlich erst mal nur, herauskommt – so ganz voraussetzungslos ist das aber nicht, wie es vielleicht scheinen mag, denn immerhin, man verzeihe mir diesen Hinweis, hatte da schon jemand anders, niemand anders nämlich als Adolf Hitler, eine vergleichbare Mixtur versucht, die aus Nationalismus und Sozialismus, was sich ja dann als sehr explosive Mischung erwiesen hat. Warum also nicht mal eine andere Kombination versuchen, auch das könnte doch ein zündendes Konzept werden – daß dieser Dritte Weg nur nach nirgendwo führen sollte, das konnte doch mein Vater damals noch nicht wissen. Und allein nur ein Schleich- und Nebenweg bleiben, das sollte es ja auch nicht, Abwandlungen dieses Konzepts finden sich im Nachkriegseuropa an vielen Stellen: in den sogenannten Volksdemokratien, die die Sowjets für die von ihrer Roten Armee besetzten Ländern vorgesehen hatten, in der französischen *planification*, und selbst eine Partei wie die CDU hatte den demokratischen Sozialismus doch in ihrem Ahlener Programm zu stehen. So ganz allein war mein Vater also nicht mit seinen Ideen.

Nun gut, könnte man natürlich sagen, das alles hat er in einer Vernehmung und der Gestapo erzählt, in einer Situation, wo er sich schon Hoffnung darauf machte, trotz des für ihn allein nur in Aussicht stehenden Todesurteils mit dem Leben wegen seiner Verbindungen zum Heereswaffenamt davonzukommen – um so interessanter ist es dann, daß mein Vater bei seiner Zeugenaussage in Nürnberg, bei einem der Kriegsverbrecherprozesse, was die Ziele und Aufgaben der *Europäischen Union* betraf, in ihr unbelastete Fachleute für die Zeit nach dem Kriege zu sammeln, die dann im Moment der Niederlage Verantwortung und also Leitungspositionen übernehmen könnten, das gleiche gesagt hat. Das wird es dann wohl auch gewesen sein, was die *Europäische Union* vorhatte. Mit einem anderen Wort: er wollte an die Macht – wenn auch vielleicht nicht an die richtig große, nicht ganz nach oben, denn dafür mochte es Berufenere geben, aber mitmischen im Nachkriegsdeutschland, das wollte er wohl schon, auch politisch mitmischen. Im Moment der Niederlage Verantwortung übernehmen, für Deutschland, und ich denunziere dies nicht, denn dies zu denunzieren hieße ja auch die Verantwortung denunzieren, die ich als Verfassungsrichter des Landes Brandenburg übernommen habe. Ich glaube nicht, daß sich mein Vater direkt als Politiker gesehen hat oder vorhatte, nach der Niederlage Deutschlands in die Politik einzusteigen, richtig als Politiker in der Politik mitzumischen. Wenn, dann wohl nur in einer Regierung der Fachleute, an welcher Stelle dann auch immer, nicht unbedingt ganz oben. Als Fachmann in einem Staat, der endlich von Fachleuten regiert wird. Weil sich alle anderen ja politisch desavouiert haben. So ganz abwegig erschien dies vielleicht gar nicht, daß einem besiegten Deutschland nur eine solche Regierung von den Siegern zugestanden werden würde. Selbst ein Fachmann wie Albert Speer hat das ja als sicher angenommen, er würde im Nachkriegsdeutschland noch gebraucht werden und Verwendung finden, als Wiederaufbauminister – nachdem er als Rüstungs- und damit Zerstörungsminister seine überragenden organisatorischen Fähigkeiten, seine Managerqualitäten unter Beweis gestellt hatte.

Briefe aus dem Gefängnis

Ich wähle ganz gezielt, sicher tendenziös, wie man mir vorwerfen könnte, nur ein paar wenige Stellen aus den Briefen aus, die mein Vater offiziell aus dem Gefängnis an seine Eltern und, bis auf die eine Ausnahme, wo es um seine in Frage gestellte Vaterschaft geht, gleichzeitig immer auch an seine damalige Frau Antje geschrieben hat – mich interessiert nur dieses eine immer wiederkehrende, von meinem Vater variierte Thema, und es müßte mir dabei vollkommen egal sein, hielte man mir vor, daß es gerade das wieder ist, was mich an diesen Briefen interessiert, die doch von vielem anderen auch sprechen. Wer diese Briefe ganz lesen will, kann dies jederzeit im Robert-Havemann-Archiv tun, wo sie aufbewahrt werden. Der Zusammenhang, in den diese Sätze und Abschnitte gehören, die ich mir, gegen alle unter Historikern üblichen Geflogenheiten, ohne Angabe, wo genau sie stehen und zu finden wären, herausreiße, er ist dort selber zu entdecken – ich muß ja zum Glück nicht seriös sein. Havemann, eine Behauptung.

Ich habe schon wieder einige Ideen entwickelt, die auch das Heereswaffenamt interessieren würden und die ich gerne zu Papier bringen möchte.
Ich hoffe aber, daß es nicht mehr allzu lange dauert, bis mein Schicksal sich entschieden hat, da ich hoffe, dann eine qualifizierte Arbeit als Chemiker oder Techniker zu erhalten. Vielleicht wird man mir auch meine erfinderische Tätigkeit ermöglichen. Ich habe ja nur die eine Sehnsucht, mich durch gute und wertvolle Leistungen zu bewähren und meine ganze Kraft dem Dienste des Vaterlandes zu widmen.
Ich bin ruhig und gefaßt und halte mich an die Hoffnung auf das Gnadengesuch. Ich habe inzwischen wieder einige kriegswichtige erfinderische Ideen entwickelt, die ich gerne schriftlich ausarbeiten möchte. Hoffentlich werde ich in Brandenburg hierzu Gelegenheit habe.
Ich habe eine Erfindung eines neuen Mittels der Luftabwehr, worüber ich Babo schon Andeutungen machte; dann eine neue Methode, um die Wirkung von Bomben und Minen zu erhöhen, schließlich einen neuen sehr empfindlichen Strömungsmesser für Gase, der für die Arbeiten von großer Wichtigkeit ist, die ich selbst zuletzt im Institut mit von Bergmann durchführte. Ihr meine Lieben, alle meine Gedanken sind bei Euch, ich gebe die Hoffnung auf das Leben und die Möglichkeit durch Arbeit und Erfindungen meine Straftaten wieder gut zu machen nicht auf.
Meine ganze Kraft als Wissenschaftler und als Mensch überhaupt soll dann der Rechtfertigung dieser Gnade dienen.
Mir geht es hier nun in aufsteigender Linie besser. Ich habe außerordentlich große Freude an meiner nun auch anerkannten wissenschaftlichen Arbeit. Ich komme gut damit voran und habe bereits wieder einige Ergebnisse erzielt, die mir besondere Freude bereiten. Ich bin glücklich, daß ich auf diese Weise die Möglichkeit habe, durch positive Leistungen ein wenig von dem

wieder gut zu machen, was ich in verblendeter Abirrung von meiner Aufgabe als Wissenschaftler getan habe. Auf diese Weise erfüllt sich mein jetziges Dasein mit einem Sinn.
Meine Arbeiten machen mir große Freude und ich habe schon schöne Ergebnisse erzielt. Leider fehlt mir das Laboratorium, wo ich so manchen Gedanken sofort erproben könnte, der nun ungenützt liegen bleiben muß. Meine Notizen-Kladde füllt sich mit solchen Bemerkungen, über die man nicht viel sagen, aber um so mehr experimentieren kann. Ach wenn sich doch meine Hoffnung erfüllen würde, daß ich hier auch praktisch arbeiten könnte. Räumlichkeit dafür ist in diesem hochmodernen Zuchthaus sicher vorhanden, und die nötigen Apparate besitze ich ja selbst. Aber ich will nicht unbescheiden sein – ich will ja auch nicht nur zu meinem Vergnügen im Labor stehen, sondern ich könnte da wohl wertvolle Arbeit leisten, die heute dringend gebraucht wird. Und wie ich glaube, könnte ich auch manche andere Arbeit einsparen helfen dank einiger neuer Ideen.
Leider kann ich Euch ja nicht einmal Andeutungen machen über die Dinge und Versuche, die jetzt meine Gedanken ganz erfüllen, aber glaubt mir nur, daß sie mir große Freude machen und daß mein sehnlichster Wunsch ist, daß meine Arbeiten beitragen, die Kräfte unseres Volkes zu vergrößern und die Lasten des Krieges zu verringern. Ich erkenne jetzt in völliger Klarheit, daß ich – der doch immer ein Einsamer, Tüftler und Bastler war – mich ganz auf meine wissenschaftliche und forscherische Natur hätte beschränken müssen, und welch Irrweg es war, der mich von diesem mir vorherbestimmten Weg abzuleiten suchte. Nun, da ich wieder mit meiner geliebten Chemie jede Stunde des Tages zusammenlebe, erkenne ich so recht, daß nur in dieser Beschränkung sich meine eigentliche Kraft entfalten kann.
Ein schweres Jahr liegt nun hinter mir und ich hoffe so sehr, daß ich Euch in diesem Jahr durch die Erfolge meiner Arbeit ein wenig Freude schenken kann. Auch dieser Gedanke ist neben der höheren Verpflichtung nur ein steter Ansporn für meine weiteren Arbeiten. Noch liegen schwere Zeiten für alle vor uns, noch heißt es, um die Entscheidung um Sein oder Nichtsein zu ringen in diesem gewaltigsten Ringen. Wie sehnen wir uns doch alle nach

einem glücklichen Frieden, an den wir heute noch nicht denken dürfen. Ich bin von Neuem meinem Geschicke dankbar, daß ich meine Kräfte wieder ganz in den Dienst unseres Volkes stellen durfte.

Nehmen wir an, er habe angenommen, die Briefe, die er aus dem Gefängnis an seine Eltern und auch an seine Frau schreiben durfte, würden nicht nur gelesen, wovon sicher auszugehen war, sondern in ihrem Inhalt auch an höhere Stellen, an die Gestapo weitergeleitet – nehmen wir also an, er sei nicht nur davon ausgegangen, daß diese Briefe kontrolliert und durch das Gefängnispersonal auf versteckte Mitteilungen des Häftlings Robert Havemann nach draußen gelesen werden, sondern er habe auch darauf spekuliert, daß sich durch diese Briefe für ihn auch die Möglichkeit ergebe, die Behörden zu beeinflussen, die über sein weiteres Schicksal entscheiden. Indem er dann da den reuigen Sünder markiert. Den zur Mitarbeit von ganzem Herzen Bereiten. Den, der seine Sache wiedergutmachen will. Seinen Fehler eingesehen hat. Nehmen wir das an, obwohl es mir doch reichlich naiv vorkäme. Das wäre doch so leicht zu durchschauen gewesen, so durchsichtig und klar motiviert, daß dem doch kein Nazi auf den Leim gegangen wäre. Entscheidend war doch sicher allein die Frage, ob er ihnen als Wissenschaftler von Nutzen sein konnte, ob die Leute im Heereswaffenamt das so sahen oder es wenigstens behaupteten. Eine Sache des Kalküls. Daß er sich geläutert gab, dazu nicht nötig. Nehmen wir vielleicht auch an, daß er sich in seiner Situation auf das Wohlwollen seiner Eltern, insbesondere seines Vaters angewiesen glaubte. Des Nazis. Der auch Artikel für *Das Reich* schrieb, für Goebbels' Edelpostille. Dem gegenüber es womöglich besser war, sich geläutert zu geben, als jemand erscheinen zu wollen, der zurück zur Wissenschaft gefunden hat, der bereit ist, der nationalsozialistischen Sache zu dienen. Nehmen wir dies an, dann nehmen wir auch an, er hätte angenommen, irgendwie annehmen müssen, es käme jetzt noch, so kurz vor Kriegsende, auf seinen Nazi-Vater an und wie der ihn einschätze, daß der jedenfalls von der Wandlung seines Sohnes überzeugt sei und ihn nicht irgendwelcher staatsgefährdender Umtriebe verdächtige. Einen solchen Verdacht dann den Behörden melde. Nehmen wir es an, obwohl es mir nicht sehr glaubwürdig erschiene, er hätte geglaubt, darauf Rücksicht nehmen, seinem Vater etwas vormachen zu müssen. Der Sohn hat an den Vater auch Briefe außerhalb des offiziellen Weges geschrieben, als Kassiber, die wohl sein alter Kumpel und nun Verbindungsmann zum Heereswaffenamt Dr. Bergmann übermittelt hat. Und der Vater, er hat auf diese nicht erlaubte Weise seinem Sohn dann auch geantwortet. Und dann war dieser Vater nun auch ausgebombt und nicht mehr in Berlin, sondern erst in Martinskirchen und dann in Mühlberg, einem kleinen Örtchen an der Elbe, und damit weit weg von allen Behörden, denen er Mitteilung über seinen Sohn hätte machen können. Stellt sich also doch die Frage, warum wir all dies annehmen wollen, lesen wir diese Ergebenheitsadressen an das Nazi-Regime – die Antwort: weil wir nicht annehmen wollen, er hätte sie so gemeint, es hätte diesen Sinneswandel in ihm wirklich gegeben. Und es gibt auch keinen Grund, daran zu zweifeln, was er selber über seine Zeit im Gefängnis berichtet hat, über seine illegale Arbeit dort, den Bau eines Radios, die Zeitung mit den neuesten Entwicklungen an der Front, die für alle Häftlinge so wichtig war – die Stasi hätte es rausbekommen, die Stasi, die diese Untersuchungen über seine Vergangenheit anstellte, die ihm so gern seinen Nimbus als aufrechter Widerstandskämpfer zerstört hätte.

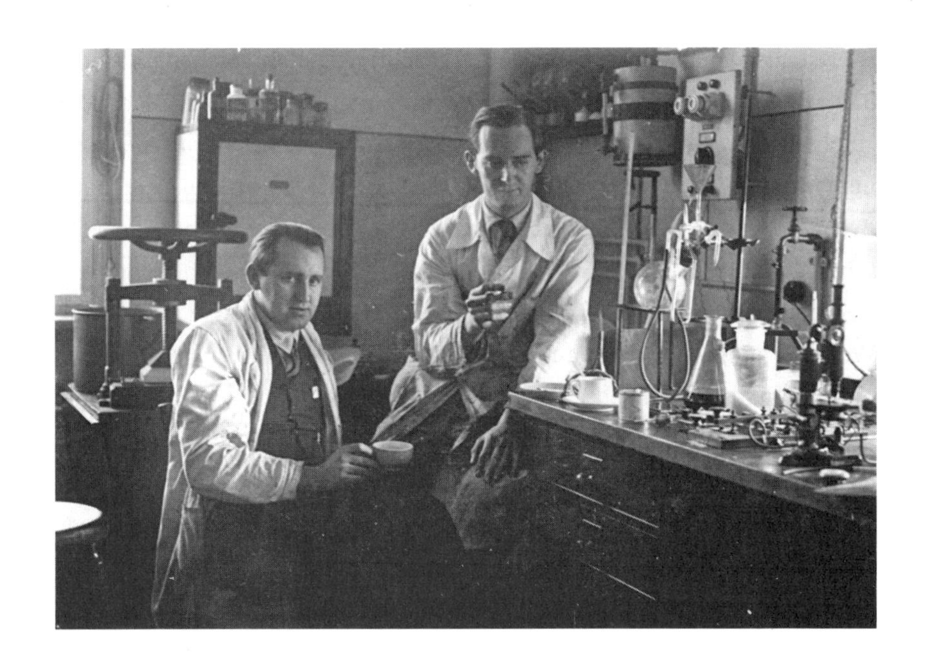

Kollegen, Freunde, Genossen

Die Witwe Großcurth sagte mir, und sie sagte es mir im Vertrauen, ihr Mann habe seinen Mitgenossen Havemann für einen Verräter gehalten, als der auf das Angebot der Nazis einging, für sie wissenschaftlich zu arbeiten, um auf diese Weise der Vollstreckung des gegen ihn verhängten Todesurteils zu entgehen. Ihr Mann habe meinem Vater Verrat vorgeworfen – von Zelle zu Zelle. Klopfzeichen. Mein Vater hat immer wieder von den Klopfzeichen erzählt und wie man mittels Klopfzeichen kommuniziert. Er hat erzählt, daß er sich mit seinem Freund Großcurth geklopft habe, er hat nie erzählt, was sie sich da geklopft haben, worüber sie sich da ausgetauscht haben. Und ich nicht und niemand hat meinen Vater danach gefragt, was sie sich beide als zum Tode Verurteilte zu klopfen hatten. War's der Verrat? Der Vorwurf des Verrats, um den es ging? Gegen den sich mein Vater dann auch verteidigte? Auch Großcurth, so seine Witwe, habe ein solches Angebot von den Nazis bekommen, für sie und damit die Verlängerung des Krieges wissenschaftlich zu forschen, ihr Mann aber habe dieses Angebot zurückgewiesen. Und wenn dem so gewesen ist, dann möchte ich nicht in der Haut dieser beiden Männer gesteckt haben, dieser beiden Freunde, deren Wege sich in ihren Todeszellen trennten. Aber da ich sowieso nicht und niemals in einer Todeszelle gesessen haben wollte, erübrigt sich diese Bemerkung. Und wenn das Verrat war, dann war das vielleicht ein Verrat, dem ihn sein Freund und Genosse Großcurth vorwerfen konnte, ich aber als sein Sohn nicht. Ich lebe nur, weil mein Vater diesen Verrat begangen hat – wenn es denn ein Verrat war, dann war es der Verrat, dem ich mein Leben verdanke. Aber da ich als Nichtgeborener dann so sehr nicht geboren gewesen wäre, erübrigt es sich auch, hier davon zu sprechen, daß ich diesem Verrat mein Leben verdanke – niemand hätte mich vermißt. Noch nicht einmal ich. In jeden Satz schleicht sich hier ein falscher Ton ein, ein unangebrachtes Wort. Weil es um die Existenz geht und um die Nicht-Existenz. Und nicht existent nicht existiert. Aber ich verdanke mein Leben einem Verrat. Einem Verrat, den ich dem, der ihn begangen hat, nicht vorwerfen kann. Ich verdanke mein Leben einem Verrat, weil ich diesen Verrat angenommen habe, weil ich in meinem Vater diesen Verräter gesehen habe, sicher auch habe sehen wollen. Weil ich diesen Verrat brauchte, um meinen Vater zu verstehen. Weil ich ihn mir nicht anders erklären kann. Und weil ich ihm diesen einen Vorwurf dann doch machen wollte, den, daß er dann mir Verrat vorgeworfen hat, den Verrat am Sozialismus. Wenn einer diesen meinen Verrat am Sozialismus hätte verstehen, den Verräter Florian Havemann hätte verteidigen müssen, dann der Verräter Robert Havemann. Aber er hat es nicht getan, er hat mich nicht verteidigt, er hat mir selber Verrat vorgeworfen. Also irre ich mich vielleicht, nehme ich vielleicht etwas Falsches an, und mein Vater hat gar keinen Verrat begangen. Ihm ist auch von seinem Freund und Genossen Großcurth gar kein Verrat vorgeworfen worden. Er hat gar nicht gewußt, wie es ist, wird einem Verrat vorgeworfen. Er hat mir Verrat vorwerfen können, weil ihm niemals Verrat vorgeworfen wurde. Oder ich irre mich doch nicht, und die Sache mit dem Verrat stimmt, und sie stimmt so sehr, daß mein Vater niemals über diesen Vorwurf hat sprechen können, sprechen wollen, daß er diesen Verratsvorwurf verdrängt hat, vielleicht auch verdrängen mußte. Weil als Vorwurf so schlimm, so belastend. Und deshalb das Schweigen. Deshalb dieser Mann, der sich nicht kannte, der keinen Zugang zu sich selber besaß. Das wäre eine Erklärung, und diese Erklärung, sie ist falsch oder richtig. Aber es ist nicht entscheidend, nicht mehr entscheidend, ob sie denn richtig ist oder doch falsch, entscheidend ist nur, daß ich diese Erklärung für mich gefunden habe, daß sie mir einleuchtete, daß ich von ihr ausging und auf nichts gestoßen bin, was mich darin wankend gemacht hätte. Havemann, das ist für mich der Verrat. Und der Havemann-Verrat ist ein Verrat für das Leben. Das Weiterleben, das Überleben, das geistige Überleben. Und also als Verrat zu rechtfertigen. Als Verrat aber. Dieser Verrat bleibt Verrat, wenn er gerechtfertigt werden kann. Daran ändert sich nichts. Ich bin ein Verräter. Ich habe den Sozialismus verraten. Der Vorwurf stimmt, der Vorwurf trifft mich. Ich hatte nur sehr gute Gründe, diesen Verrat am Sozialismus zu begehen. Und wenn mein Vater seinen Freund und Genossen Großcurth verraten hat und mit ihm, in ihm den Widerstandskampf, dann billige ich ihm den besten Grund dafür zu. Das Leben. Und weil es sich nicht lohnen muß, um des Nazis willen nicht zu leben. Weil der Nazi nicht so wichtig ist, der Kampf gegen den Nazi nicht so wichtig ist, der Krieg nicht so wichtig ist. Weil das Leben wichtiger ist. Und wenn man dabei zum Verräter wird. Aber nicht nur ich nicht, auch niemand sonst hätte meinem Vater diesen Verrat vorzuwerfen, außer sein Freund und Genosse Großcurth niemand. Nur wer in der Todeszelle sitzt, könnte den Vorwurf dieses Verrats erheben. Niemand sonst und schon gar nicht all die Feiglinge, die niemals etwas politisch gewagt haben, die sich nie in die Gefahr gebracht haben, wegen ihrer Überzeugungen ins Gefängnis zu kommen. Mein Vater hat sich in diese Gefahr gebracht, und auch ich habe mich in diese Gefahr gebracht, und deshalb ist dies für mich Havemann. Und alle anderen haben ihr Maul zu halten. Aber auch ich habe dann irgendwann zu schweigen, denn Todesgefahr war es doch nicht, in die ich mich gebracht habe. Nur Gefängnis drohte, mehr nicht. Aber immerhin das.

Auch ich will hier keine Zweifel säen, darum geht's gar nicht. Ist nicht meine Absicht. Man unterstelle mir dies nicht. Mir geht es um etwas anderes, etwas ganz anderes, und das ist schwer in Worte zu fassen, schwer zu formulieren. Diese Briefe, der Tenor in ihnen, und natürlich besonders die von mir zitierten Passagen, lösen Entsetzen in mir aus. Entsetzen ja – aber was ist es, das mich entsetzt, was ich entsetzlich finde? Abscheu? Löst das auch Abscheu in mir aus? Nicht im Sinne von Verachtung, aber abscheulich finde ich sie, diese Briefe. Ich lese sie nur mit Widerwillen, ich lese sie wiederwillig, lese sie ängstlich, befürchtend, noch schlimmere, noch erniedrigendere Stellen zu finden. Erniedrigung, daß sich da jemand in diesen Briefen erniedrige, so kommt es mir vor – nicht *jemand*, sondern mein Vater. Und das tut weh. Das will ich nicht, daß er sich erniedrige. Es tut mir leid, daß er dies getan hat, er tut mir leid, daß er sich in diesen Briefen erniedrigt hat. In meinen Augen. Vielleicht kam er sich ja unglaublich geschickt dabei vor und clever. Absicherung auch nach dieser Seite. Seinen Eltern, seinem Vater gegenüber. Aber auch dann täte er mir noch leid, wenn ich annehmen müßte, er habe angenommen, dies nötig zu haben. Was mir fehlt, das ist Würde. Ja, würdelos, so kommen mir diese Briefe vor, so kommt mir mein Vater in diesen Briefen vor. Als ein Mann ohne Ehre. Als jemand, der nicht darauf achtet, seine Würde zu wahren, seine Ehre. Als ob er sich in meinen Augen entehrte. Durch diesen Kotau entehrte. So kommt es mir vor. So kommt es mir aber wohl nur deshalb vor, weil ich ein so ganz anderes Bild von meinem Vater im Gefängnis habe, weil ich diese Briefe nicht mit dem zusammenbekomme, was er erzählt hat, wenn er vom Gefängnis erzählte. Und dann ist da der Tod, das Todesurteil, und ich möchte nicht, daß sich ein Mensch, der zum Tode verurteilt ist, von den Nazis zum Tode verurteilt ist, der immer wieder mit seiner Exekution rechnen muß, solche Nazi-Briefe schreibt. Sich auf eine solche Weise bei dem Nazi einschleimt. Versucht, den im

Nazi-Sinne Geläuterten zu markieren. Will ich nicht. Ist mir zuwider. Entsetzt mich. Schmerzt mich.

Noch schlimmer aber diese Vorstellung: man stelle sich einen Wissenschaftler im Selbstversuch vor. Man stelle sich einen eher kleinen und untersetzten, einen dicklichen Mann vor, obwohl Arzt von Beruf, sicher nicht ganz so gesund. Man stelle sich diesen Mann vor, wie er sich eine Gasmaske aufsetzt. Ohne, daß es da Gas gegeben hätte, vor dem er sich durch diese Gasmaske hätte schützen müssen. Im Selbstversuch. In einem Selbstversuch, bei dem es nicht um das Gas selber und die Gasmaske, sich vor dem Gas zu schützen, gegangen ist, sondern darum, wie der menschliche Körper bei Belastung reagiere, der eines Menschen, der eine Gasmaske tragen, eine Gasmaske vor seinem Gesicht haben muß. Man stelle sich vor, wie dieser etwas dickliche und sicher ein bißchen übergewichtige Mann mit der Gasmaske vor dem Gesicht anfängt, Kniebeugen zu machen, auf und ab zu springen, so lange, bis er nicht mehr kann, bis er fast umfällt. Dabei angeschlossen, der Mann ist Arzt, an ein Gerät, das seinen Blutdruck mißt, die Meßdaten wahrscheinlich auch aufzeichnet. So. Und wenn man sich dies alles vorgestellt hat, dann stelle man sich auch den Ort und die Umstände vor, unter denen sich dieser Mann mit der Gasmaske seinem Selbstversuch unterzieht: er befindet sich in einer Zelle dabei, und das ihm zur Verfügung stehende wissenschaftliche Instrumentarium, man stelle es sich als äußerst notdürftig und beschränkt vor. Sehr viel mehr als dieses Blutdruckmeßgerät wird das nicht gewesen sein, und er wird einen Schreibblock gehabt haben, die Ergebnisse seiner Selbstversuche festzuhalten. Und dann ist da diese Gasmaske. Die er sich freiwillig aufsetzt und dann wahrscheinlich im letzten Moment, bevor er umkippt, wieder vom Gesicht reißt. Wissenschaftliche Forschung also unter den primitivsten, den eingeschränktesten Bedingungen. Aber damit nicht genug: man stelle sich auch vor, daß dieser Mann zum Tode verurteilt ist, daß der Tag seiner Exekution eigentlich schon feststeht. Dieser Mann aber will der Vollstreckung seines Todesurteils entgehen, und seine einzigste, vielleicht sehr geringe Chance, der Vollstreckung seines Todesurteils zu entgehen, sie besteht darin, einen Forschungsauftrag zu bekommen, einen Forschungsauftrag, der für kriegswichtig gehalten wird – nein, um meinen Vater handelt es sich bei diesem Mann im Selbstversuch nicht, mein Vater war kein Arzt, und er war schlank und hochgewachsen, mein Vater ist es also nicht, den wir uns so vorstellen müssen. Das ist Groscurth, der Freund meines Vaters – das soll Groscurth sein? Was dann hieße, daß das ja wohl doch nicht so ganz stimmte und stimmen kann, was mir Anneliese, die Witwe Groscurth, erzählt hat – oder hatte ich sie da voreingenommen falsch verstanden, falsch verstehen wollen? Daß er, Groscurth, seinem besten Freund und Mitstreiter und Genossen in der Widerstandsgruppe, in der *Europäischen Union*, meinem Vater Verrat vorgeworfen hat, Verrat wegen seiner Bereitschaft, für die Nazi-Feinde wissenschaftlich zu arbeiten, im Gefängnis, als zum Tode Verurteilter, und um seinen Kopf zu retten, ihn auf seinen Schultern behalten zu können. Die Exekution, sie sollte mit dem Fallbeil erfolgen. Was dann hieße, daß sich auch Groscurth um das gleiche beworben hat wie mein Vater und ihm deshalb einen solchen Vorwurf des Verrats also nicht hätte machen können. Mein Vater hätte da dann nur mehr Glück gehabt, die besseren Verbindungen und aufgrund seiner Giftgasforschungen die günstigeren Voraussetzungen.

Also noch einmal und das gleiche, nur etwas schlimmer noch: man stelle sich einen Mann vor, der sich im Selbstversuch unter einer Gasmaske abquält und dessen Todesurteil dann doch vollstreckt wird. Einen Mann also, der sich ganz zwecklos unter der Gasmaske abgequält hat. Einen Mann, der die wenigen Tage, die ihm noch bis zur Vollstreckung seines gegen ihn verhängten Todesurteils verbleiben, mit Selbstversuchen verbringt. Die den Nazis, die ihn verurteilt haben, helfen, ihnen kriegswichtig genug erscheinen sollen. Einen Mann, der immer gegen diesen Krieg der Nazis war, denen er nun in ihrem Krieg helfen will. Einen Mann, der zum Tode verurteilt wurde, weil er den Krieg für verloren gegeben und deshalb über das Kriegsende hinausgedacht hat. Einen Mann, der in der von ihm mitinitiierten Widerstandsgruppe politisch unbelastete Fachkräfte sammeln wollte, die nach dem zu erwartenden Kriegsende im geschlagenen Deutschland Verantwortung übernehmen könnten. Nun aber will er helfen, diesen Krieg zu verlängern. Will er dabei mithelfen, daß der Nazi auch noch Giftgas zum Einsatz bringen kann, um diesen verhaßten Krieg zu verlängern. Schlimm. Furchtbar. Schrecklich, sich einen Mann vorstellen zu müssen, der die wenige ihm noch verbleibende Zeit unter einer Gasmaske verbringt, anstatt sie dazu zu nutzen, Abschied vom Leben zu nehmen, sich auf den Tod vorzubereiten.

Vieles von dem, das meiste sicher, gilt auch für meinen Vater, auch wenn er sich nicht in der Todeszelle unter einer Gasmaske abgequält hat – der eigentliche Unterschied ist nur der, daß mein Vater mit seinen Bemühungen Erfolg gehabt hat, daß er es dann schaffte, das Todesurteil zu überleben. Aber daß er diesen Erfolg würde haben können, daß er sein Todesurteil würde überleben können, daß es dafür überhaupt eine Chance gab, das wußte er nicht, als er sich auf die Leute vom Heereswaffenamt einließ, sich dazu bereit erklärte, den Nazis bei der Verlängerung des sinnlosen Krieges zu helfen. Er weiß es nicht, er kann es nicht wissen, aber er ist bereit dazu, und ich bin der letzte, der ihm deshalb Vorwürfe machen könnte, und würde ich ihm deswegen doch Vorwürfe machen, ich könnte es nur, weil er dazu bereit war, ich lebe nur deswegen. Der Mann ist 34, und er will leben, überleben, sein Todesurteil überleben. Er kämpft ums Überleben, und dabei sind vielleicht alle Mittel erlaubt, er kämpft auch, ohne es zu wissen natürlich, darum, daß ich leben kann. Und dieses Buch schreiben. Über ihn schreiben. Keine moralischen Vorhaltungen also. Von meiner Seite aus nicht. Nur Verständnisprobleme: warum läßt sich ein Mann, ein Mann von immerhin schon 34 Jahren, auf Dinge ein, von denen er weiß, daß er für sie mit dem Tode bezahlen kann, muß, höchstwahrscheinlich wird, wird er geschnappt, wenn's aber ans Bezahlen geht, dann versucht er seiner Strafe, dem Tod, zu entkommen, den er doch die ganze Zeit vor sich gesehen, der ihn nicht abgehalten hatte. Er entehrt sich, indem er solche Sätze schreibt wie: »Ich bin von Neuem meinem Geschicke dankbar, daß ich meine Kräfte wieder ganz in den Dienst unseres Volkes stellen durfte.« Geschrieben 1945. Ein paar wenige Monate vor Kriegsende. An seine Eltern. Wissend, wo die Front steht.

Aber vergißt du dabei nicht, was du selber immer wieder, zum Erstaunen auch vieler, über deinen Papi gesagt hast: daß er ein Spieler war. Wollte es halt versuchen, dem Tod wieder von der Schippe zu springen. Mit welchen Tricks auch immer. Was ist das bißchen Ehre angesichts des Todes? Keine Ahnung, weiß ich nicht. Kann ich nicht wissen. Spieler aber auch wohl vorher schon, während er sein Leben für seine Überzeugungen aufs Spiel setzte. Was dann aber auch hieße: mit dem eingeschränkten Bewußtsein eines Spielers nur um diese Todesgefahr wissend. Wissend und gleichzeitig nicht wissend. Diese Gefahr ausblendend. Was erklären würde, warum er dann, als das Todesurteil gegen ihn gesprochen worden ist, der Vollstreckung des Todesurteils zu entgehen versucht. Weil er als Spieler dann doch nicht auf den Tod vorbereitet war. Nicht bereit dazu, für seine Überzeugungen zu sterben. Auf seine Ehre als Widerstandskämpfer bedacht. Andere waren es. Andere sind aufrecht in den Tod gegangen, andere haben sich nicht wieder in den Dienst des deutschen Volkes und der Nazibande zu stellen versucht. Die wenigsten werden auch die Möglichkeit dazu gehabt haben, sie wurden diesem Test also nicht unterzogen, sich auch dann noch ehrenhaft zu verhalten, wenn sich ihnen eine Chance eröffnet, lebend davonzukommen. Also relativiert sich das. Auch das wieder vielleicht. Und macht es noch schwieriger. Eine Einschätzung des Verhaltens meines Vater. Unmöglich. Mir unmöglich. Ich will ja auch nur verstehen. Wahrscheinlich das verstehen, was ich gar nicht verstehen kann. Verstehen können kann.

Nachtrag

Nein, ich bin nicht nachtragend, wirklich nicht, und wie sollte ich auch, wo ich doch meinem Vater überhaupt nur etwas nachtragen kann, weil ich lebe, er also seinen Tod überlebt hat – mit welchen Mitteln auch immer. Die mir alle recht sein müssen, von mir in jedem Falle zu rechtfertigen wären, ich will doch nicht nicht leben. Keine Weltflucht. Kein gar nicht auf der Welt Sein. Aber ich will hier doch, ohne nachtragend zu sein, etwas noch nachtragen und anmerken, denn so ganz ist es doch nicht nur das eine, was mich an diesen Briefen beschäftigt und im Bann hält, die mein Vater aus dem Gefängnis geschrieben hat, es gibt da auch noch etwas anderes, das sich als Thema durch sie hindurchzieht und mich nun nicht losläßt.

Ich habe mich so gefreut, daß die Mulli wieder zum Malen gekommen ist. Versenke Dich nur recht oft, meine liebe Mulli, in dieses zeitlose Glücklichsein des stillen Schaffens. Vergiß die Welt um Dich, höre nicht immer den Drahtfunk ab und laß die Tommys fliegen wo sie wollen. Es ist viel besser für die Nerven, wenn man gar nicht weiß, daß ein Angriff bevorsteht. Wie oft wirst Du vergebens in Unruhe versetzt. Da habe ich es gut, daß ich von all dem nichts weiß und höre. So gerne würde ich Dir im Stillen über die Schulter sehen, wenn Du malst und ich weiß, daß Du dann glückliche Stunden erlebst.

So lebe ich nun wieder ganz in meinem Reich, dem Experimentieren und Grübeln und empfinde kaum Einsamkeit, wenn ich auch öfter bei neuen Ergebnissen am liebsten einen Menschen hätte, dem ich gleich davon erzählen und mit ihm das weitere beratschlagen könnte. Das ist die Freude des Entdeckens, die sich mitteilen möchte.

Ich empfinde es heute deutlicher, als je zuvor, wieviel ich Dir verdanke, wieviele nachdenkliche Fragen und Antworten wir beide schon in meiner frühen Jugend getauscht haben, wie Du mich hinübergeführt hast in das große Zauber-Reich des abstrakten Denkens. Und so bin ich Gottlob kein engstirnig beschränkter Fach-Naturwissenschaftler geworden, sondern habe bei meinen wissenschaftlichen Bemühungen immer versucht, vom Teil aufs Ganze zu schließen und vom Geheimnis des Ganzen auch die Fragen des kleinen Details zu betrachten. Ich habe von Dir auch gelernt – oder geerbt –, daß man bei einer begonnenen Sache nicht locker lassen soll, und wenn sie sich zu Anfang auch noch so zäh und unangreifbar darstellt. Man soll nicht gleich verzagen und sich lieber zuviel als zuwenig zutrauen. Dies ist auch mein Leitstern jetzt. Und wenn ich zurückdenke, was ich alles in der Zeit seit der Verurteilung mit meinen Gedanken und jetzt in meinem Laboratorium auch mit Händen und Sinnen angepackt habe, so ist doch schon manches Positive dabei errungen worden und ich kann dieses Jahr zu den guten Jahren meines Lebens zählen, trotz allem äußeren Unglück. Dies Unglück kam vielleicht gerade recht, um mich aus einer unheilvollen Verstrickung zu lösen.

Diese schwere Zeit führt die Menschen zu innerer Besinnlichkeit. Die Gedanken wenden sich den wesentlichen Fragen unseres Leben zu, nach dem tieferen Sinn des für ein Menschenhirn kaum faßlichen Geschehens. Aber wie vieles ist doch ständig um uns – und auch in uns, in das wir trotz schärfsten Grübelns keinen Eingang finden können, Weltraumferne, Zeitunendlichkeit, Wunder des Lebens, die Schauer des Erlebens in der eigenen Brust!

Die Kunst als Weltflucht, aber nicht nur die Kunst, auch die wissenschaftliche Tätigkeit, Abkehr von der Realität, die eine des Krieges ist, des bevorstehenden Zusammenbruchs Deutschlands, für ihn und seine Eltern, seine Frau aber immer doch auch die der drohenden Vollstreckung des Todesurteils – vielleicht hält man es anders nicht aus, und nur nachträglich mag das verwunderlich klingen. Meine Freundin Irene Klokemann hat mir das doch auch so erzählt, wie sie als junges Mädchen in Hamburg zwischen den Bombenangriffen noch schnell ins Kino gerannt ist, zu der UFA-Schmonzette *Die Frau meiner Träume* – selber das zeitlose Glücklichsein des stillen Schaffens zu erleben wird da sicher noch wirkungsvoller sein, umgeben von so viel Zerstörung. Ein bißchen schizophren dann aber diese Weltflucht eines Wissenschaftlers, der, jedenfalls offiziell, deshalb überlebt er ja, mit an dieser Zerstörung und den dafür zu nutzenden Mitteln forscht, den Schauer des Erlebens in der Brust. Aber, und das bekomme mir einer mit diesen Briefen zusammen, er will das doch gar nicht getan haben, da ernsthaft in dieser Haft etwas ge- und erforscht haben. Er habe ein Radio gebaut, sich die dafür nötigen Einzelteile besorgt, ohne daß dies irgend jemandem auffiel, und sich dann dieses Gerät in seiner Labor-Zelle zusammengebastelt. Um damit ausländische Sender abzuhören. Um auf diese Weise zu erfahren, wo die Front steht, wie es also um seine Überlebenschancen steht. Und dann hat er diese Nachrichten mit der Schreibmaschine, die er brauchte und hatte, um seine Forschungsergebnisse festzuhalten, auf ein Blatt getippt, dieses Blatt dann in der Toilette versteckt, wo es dann von einem anderen Häftling abgeholt, von dem dann die auf ihm stehenden Informationen im ganzen Gefängnis verbreitet wurden. Hört sich schon mal ganz anders an. Locker, intelligent, gewagt und sehr wohl den Realitäten zugewandt. Er habe sich Alkohol für seine Versuche kommen lassen, habe daraus Schnaps gemacht, mit dem Schnaps die Wärter bestochen. Auch clever. Nicht ganz so clever vielleicht, aber dafür wiederum Weltflucht, daß er irgendwann selber von seinem Schnaps zu trinken angefangen hat. Einmal will er sich angetrunken beim Direktor des Gefängnisses beschwert haben, und der habe das auch gemerkt, daß er besoffen war, eine Fahne hatte, aber nichts geschah. Glück gehabt. Nein, ich bekomme das nicht zusammen, den Mann, den ich in diesen Briefen sehe, und das, was mein Vater immer vom Knast erzählt. Auch das waren doch Abenteuergeschichten, und vom Glück des Forschens war nicht die Rede, wie wohl er sich da zwischen seinen wissenschaftlichen Instrumenten gefühlt habe. War ihm das vielleicht nachträglich peinlich, diese Weltflucht? Oder hat er da womöglich doch wirklich geforscht und dies dann später nicht mehr zugeben wollen?

Nazi-Zuchthaus Brandenburg: Niemand ...

Bomben

Da hatte er aber sicher auch gut reden mit seinem *laß die Tommys fliegen wo sie wollen*, er befand sich ja an einem der sichersten Orte Deutschlands, jedenfalls, was die Bomben betraf. Die Stadt Brandenburg liegt auf dem Wege von Westen nach Berlin, sie lag also für die Tommys und auch die amerikanischen Bombergeschwader, die die Reichshauptstadt anfliegen wollten, auf dem Wege dorthin, und das Zuchthaus Brandenburg-Görden, etwas außerhalb der Stadt gelegen, mit seinem markanten Grundriß, es bot einen guten Orientierungspunkt für die Bomberpiloten, den zu zerstören und in Schutt und Asche zu legen deshalb dann auch ganz schön dumm gewesen wäre. Aber so dumm waren die Planer des Bombenkrieges gegen Deutschland doch nicht, was immer man ihnen sonst an Dummheit in ihrer Strategie des Terrors gegen die Zivilbevölkerung vorwerfen mag. Das Zuchthaus Brandenburg-Görden war also sicher, und die Häftlinge, die wußten das auch, daß sie von den über sie hinwegfliegenden Bombenflugzeugen nicht angegriffen werden würden. Das Wachpersonal verschwand beim Anflug der Bomber im Keller, die Häftlinge mußten eingeschlossen in ihren Zellen bleiben, und sie mußten dies auch an dem einen Tag, an dem dann auch die Stadt Brandenburg bombardiert wurde, ihr Zuchthaus aber nicht. Mein Vater hat davon erzählt, wie er diesen Bombenangriff auf Brandenburg vom Fenster seiner Zelle aus beobachtet hat: innerlich unbeteiligt, als wäre es nur ein faszinierendes Schauspiel und er säße wie auf einem der besten Plätze, völlig in Sicherheit dabei, dieses faszinierende Schauspiel betrachten zu können – es waren ein paar wenige Sätze nur, aber ich wollte sie immer wieder zu hören bekommen, denn diese Vorstellung, sie faszinierte nun mich, mir meinen Vater beim faszinierten Betrachten fallender Bomben vorzustellen, als wären diese auflodernden Brände und Explosionen, der zum nachmittäglichen Himmel aufsteigende Rauch, der Funkenflug ein Schauspiel, dem er innerlich unbeteiligt hätte zusehen können. Ich sah in meiner Vorstellung davon immer beides, den Bombenangriff und den Mann, der diesen Bombenangriff aus sicherer Entfernung, von einem sicheren Orte aus beobachtet. Das Wissen, daß diese Bomben Tod und Zerstörung bringen, Häuser zerstören, in denen Menschen leben, in denen all das, was ihr Leben bis dahin ausgemacht hat, durch diese Bomben vernichtet wird, die Möbel, ihre Kleider und all die kleinen persönlichen Erinnerungsstücke, die ein Mensch im Laufe seines Lebens ansammelt, und Bücher auch und Bilder für immer zerstörend, und sich dies dann als bloßes Wissen vorzustellen, als ein Wissen, das die Faszination des Vorgangs nicht stört – stärker konnte das Auseinanderklaffen nicht gedacht werden, das zwischen meinem Vater, der Situation, in der er sich befand, und dem deutschen Volk. Jeder Bombenangriff, jede weitere Zerstörung, der Tod anderer Deutscher brachte ihn der Freiheit näher, verkürzte die Dauer des Krieges, erhöhte seine Chance, das Nazi-Regime doch noch überleben zu können. Und das Leid, die Zerstörung, dem diese anderen Deutschen ausgesetzt, nahezu schutzlos ausgesetzt waren, es mußte dann auch noch wie eine gerechte Strafe dafür gelten können, daß sie den Hitler gewählt, ihm bei seinen Erfolgen am Anfang des Krieges begeistert zugejubelt, daß sie keinen Widerstand gegen ihn geleistet hatten. Nun mußten sie dafür büßen. Auch Freisler, der in Berlin, im Hof des Kammergerichts, wo sein Volksgerichtshof tagte, von einer Bombe getroffen wurde. Ihn hatte mein Vater damit schon mal überlebt – was für ein Triumph muß das gewesen sein.

Die eine Hälfte, wenn auch nicht unbedingt mengenmäßig, derjenigen, die dann später in der 1949 gegründeten DDR zur Elite des Staates gehörten, kam aus dem Exil, die andere aus den Gefängnissen der Nazis oder schlimmer noch aus dem KZ – für beide Gruppen waren diese Deutschen, die sie nun zu regieren hatten, ein Volk von Nazis und zumindest Mitläufern, ihnen war nur mit größter Skepsis, Mißtrauen und Vorsicht zu begegnen. Die, die nun herrschten, hatten recht behalten, hatten auf der richtigen Seite gestanden, auf der der Sieger dann. Ein paar wenige gegen viele, sehr viele, gegen die überwältigende Zahl, gegen Millionen. Klar, daß sie daraus dann einen Herrschaftsanspruch für sich begründeten. Klar aber auch, daß sie sich von Feinden umstellt sahen – was notfalls hartes Durchgreifen rechtfertigte. Klar wohl auch, daß es einem Mann wie meinem Vater, der eine solche Situation des völligen Gegensatzes zwischen sich und seinen Interessen zu denen der übrigen Deutschen durchgemacht hatte, das dann doch herzlich egal war, wie es diesen Deutschen im Nachkriegsdeutschland, seiner DDR auch erging. Seine Privilegien, sie werden nie ein Problem für ihn gewesen sein, nichts erst einmal, das ihn an dem Sozialismus seiner sozialistischen DDR hätte zweifeln machen können.

Neubeginn

Nach dem Krieg ein Neuanfang, und dieser Neuanfang, er führt bald zurück zu *Neu Beginnen* – was weiß ich eigentlich von *Neu Beginnen*? Nicht viel eigentlich. Dann mach dich doch, verdammt noch mal, ein bißchen sachkundig. Aber nein, wo es doch nur auf das ankommt, was ich von *Neu Beginnen* weiß, nicht auf das, was ich nicht weiß und bloß wissen könnte. Weil ich doch hier nur einen Schnitt machen möchte, ein Resümee ziehen dessen, was mich zu Havemann gemacht hat. Ich bin kein Forscher, ich bin noch nicht mal, wie mein Vater, ein Tüftler und Erfinder, ich bin nur ein Geschichtenerzähler, ein Geschichtsklitterer, bin legendär veranlagt. Bastle an einer Legende. Mehr nicht. Ich habe ja immer noch Zeit für die Wahrheit. Für nichts als die Wahrheit, die abgesicherte, die erforschte Wahrheit. Oder ich habe Besseres, weil anderes zu tun. Meine eigenen Sachen zu machen. Und das wäre mir doch viel lieber, weil es doch bei so einem Menschen wie mir nur darauf ankommt, was er aus sich macht. Etwas sein, Havemann sein, nur um mit Havemann etwas anzufangen, etwas Neues zu beginnen. Etwas, das über den bisherigen Havemann hinausgeht. Mit Havemann neu beginnt.

So viel weiß ich: daß *Neu Beginnen* eine Gruppierung war, in der sich Funktionäre der beiden Arbeiterparteien, aus SPD und KPD, gegen Ende der 20er Jahre zusammenfanden, Funktionäre, der zweiten, der dritten Reihe, die es sich zur Aufgabe machen wollten, die Spaltung der Arbeiterbewegung zu überwinden. Wofür sich aber beide Arbeiterparteien verändern müßten. Ohne das wäre es ja nicht gegangen. Bei einem Versuch der beiden Parteispitzen, sich zu einigen, die beiden Parteien wieder zu vereinigen, wäre doch sicher nur eine noch schlimmere Scheiße rausgekommen. Konnte man jedenfalls annehmen. Also war für diese Leute von *Neu Beginnen* Wühlarbeit angesagt. Sie wären aus ihren Parteien herausgeflogen, wäre das ruchbar geworden, worauf sie hinwirken wollten, sie handelten ja nicht im Auftrag ihrer jeweiligen Parteiführungen. Noch nicht mal den Versuch hat es wohl gegeben, das zu sondieren, ob man nicht doch was zusammen machen könne, sich gemeinsam des gemeinsamen Feindes, der Nazis, zu erwehren. Statt dessen beschimpften sie sich gegenseitig. *Sozialfaschisten* und *Lakaien Moskaus*, und an beiden Vorwürfen war doch auch etwas dran, denn natürlich war die SPD spätestens seit der deutschen Revolution im November 1919 eine Partei des

Verrats, eine staatstragende Partei auch, und daß die KPD von Moskau aus gesteuert wurde, auch das stimmte doch.

Ich würde das moralisch nicht überhöhen wollen, daß er bei dieser Truppe landete von *Neu Beginnen* und damit nicht beim leninistisch-stalinistisch Weitermachen der KPD – soweit ich das weiß, war das Zufall, daß er mit diesen Leuten in Kontakt geriet, und er war wahrscheinlich schon, als sich dieser Zufallskontakt für ihn ergab, bereit für die radikale Lösung, eine radikale Partei. An der KPD und ihrem Programm habe ihn gestört, daß sie die Masse an die Macht, die Regierung bringen wolle – mal ganz unabhängig davon, ob das jemals so in dem Parteiprogramm der KPD stand, unabhängig auch davon, daß es reichlich naiv gewesen wäre, daran zu glauben. Durch die Gruppe *Neu Beginnen* kam er mit dieser Partei selber nicht in Kontakt, nicht in Kontakt damit auch zu den Proleten, die es in der KPD gab, er lernte nicht das normale Parteileben kennen, den drögen politischen Alltag mit seinen ständigen Rangeleien um Posten, *Neu Beginnen*, das war eine Elitetruppe, das war mittlere Funktionärsebene, das waren die intelligenteren Leutchen auf dieser Ebene, Leute, die sahen: so geht's nicht, machen wir auf diese Weise weiter, gegeneinander kämpfend statt vereint gegen die Nazis, dann endet es in einem Desaster. Auch wenn wir im nachhinein wissen, daß diese Leute recht behalten sollten, würde ich auch das nicht als besondere Leistung überhöhen wollen, darauf mußte jeder einigermaßen intelligente Mensch kommen. Ich würde es auch deshalb nicht überhöhen wollen, weil es diese Leute in jeder Partei gibt, diese mittlere Ebene von Funktionären, die meist sehr viel klarer sehen als die an der Spitze, ich habe sehr viele solcher Leute in der PDS kennengelernt, die sich nun in Linkspartei umbenannt hat. Es gibt keine schärferen Kritiker dessen, was Parteiführungen so tun und meinen tun zu müssen, als genau auf dieser Ebene. Leute, die klar alle möglichen Fehlentwicklungen und Gefahren erkennen, die auch ganz klar sehen, was für Kretins sie in der Führung ihrer jeweiligen Partei zu sitzen haben, wie sehr die Unfähigkeit dort regiert. Wer solche

Leute reden hört, wundert sich dann natürlich, wie es kommt, daß sie dann doch, zähneknirschend zwar, hinnehmen, was ihre Parteiführung so alles an Blödsinn macht und ihnen zumutet, daß sie nicht längst den Aufstand versucht haben, nicht selber versucht haben, an die Spitzenpositionen zu kommen, um dort dann eine bessere und intelligentere Politik zu machen. Wer diese Leute ein bißchen näher kennenlernt, wird dann aber auch wissen können, warum dem so ist: es fehlt ihnen was, sie sind nicht skrupellos genug, nicht wagemutig genug, ihnen mangelt es an Entschlußkraft und schon damit an dem, was die eigentliche politische Begabung ausmacht, wo Politik doch in der Hauptsache eines ist: ständig Entscheidungen fällen zu müssen – nur wer das kann, wer daran auch Lust hat, die Kraft dazu aufbringt, wird ganz nach oben kommen. Und dann muß man auch noch, nicht nur im Zweiergespräch, in der kleinen Runde, im Hinterzimmer der Macht oder in der Kneipe, im Kreis der Vertrauten, reden, Charme und Charisma entfalten können, sondern auf einem Parteitag, in der Mitgliederversammlung vor in der Regel sehr viel weniger intelligenten Leuten, und das können sie dann nicht, da versagen sie meist. Und das macht sie völlig von ihren Führungsfiguren abhängig, das bringt sie dazu, auf einen in der Führung ihrer Partei zu setzen, der ein bißchen intelligenter ist, und all ihr Wissen, ihre sehr viel realistischere Sicht der Dinge nützt ihnen dann gar nichts, im entscheidenden Moment geben sie doch klein bei.

So die Fama, wie ich sie kenne, wie ich sie mir zurechtgelegt habe: ein junger Mann, ein Student, er hat es eilig oder womöglich einen großen Koffer zu transportieren, steigt in ein Taxi. Er hat nicht viel Geld, ist finanziell völlig von seinen Eltern abhängig, aber ein Taxi, das kostete in dieser Zeit auch nicht so viel wie heute. Im Jahre 1932. Und es gab sehr viele davon in Berlin. Sehr viel mehr Taxis als heute in der Hauptstadt des Deutschen Reiches, der aufstrebenden Weltstadt. Der junge Mann steigt in ein Taxi ein, zu seiner Überraschung sitzt da eine Frau am Steuer. Nicht der erwartete Berliner Taxichauffeur mit der berlintypischen Kodderschnauze, sondern eine Frau. Eine junge Frau, ungefähr in seinem Alter, vielleicht ein bißchen älter, wenn aber, dann nicht sehr viel älter. Auch heute noch sind es nicht so viele Frauen, die als Taxifahrerinnen arbeiten, damals aber, 1932, ist eine Frau am Steuer eines Taxis eine Sensation, etwas ganz Un- und Außergewöhnliches. Emanzipiert, stark muß diese Frau sein, muß eine Frau sein, die in einem solchen Beruf arbeitet. Der junge Mann, es ist mein Vater, 1932 22 Jahre alt, wird sofort fasziniert gewesen sein. Von dieser jungen Frau ungefähr in seinem Alter, zu der er in das Taxi steigt. Vielleicht sah sie ja auch noch gut aus. Stark und emanzipiert wird sie in jeden Falle gewirkt haben. Ich stelle sie mir dunkelhaarig und mit einer zu der Zeit ganz schicken und modernen Pagenfrisur vor. Der Pagenschnitt als Zeichen dafür, wie modern, wie emanzipiert sie ist. Mein Vater, in ihrem Taxi sitzend, baggert sie an – aber so hätte man dies damals wohl nicht genannt, das mit dem *Anbaggern*, das dürfte ein aktueller Begriff sein, ein sprachlicher Fehlgriff also, wenn ich mir diese Begegnung dort in diesem Taxi im Jahre 1932 vorstelle. Er wird sie angequatscht haben, mit ihr geflirtet haben, das wohl eher, und das vielleicht gar nicht mal mit dem Ziel, in der Hoffnung, dieser Frau näherkommen zu können, die doch wohl von jedem zweiten männlichen Fahrgast angemacht worden sein dürfte. Ich stelle sie mir als Kumpeltyp vor. Nicht auf den Mund gefallen, durchaus in der Lage, mit einer solchen Anmache umzugehen. Es ist die Frau, die die Wahl trifft, der Mann versucht es nur, bei der Frau Eindruck zu machen. Und sie, diese junge Taxifahrerin, nennen wir sie Fräulein Schmidt, ich glaube auch, daß sie so hieß, Schmidt, bilde mir dies aber vielleicht auch nur ein, weil mir so ein Allerweltsname für sie passend erschiene, sie geht auf die Anmache meines Vaters ein. Das *Fräulein* ist richtig, darauf bestehe ich, ist zeitlich passend, paßt in eine Zeit, in der man noch sehr genau einen Unterschied machte zwischen einer unverheirateten Frau und denen, die verheiratet sind. Sie werden nicht sehr viel Zeit gehabt haben, eine Taxifahrt dauert so lange ja nicht, also wird das sehr klar gewesen sein, wozu sie sich am Ende verabredet haben, zu einem Rendezvous. Das wird dann auch nicht irgendwann mal gewesen sein, daß sie sich treffen, das Bürgersöhnchen, der Student aus der Provinz, und die schöne proletarische Taxifahrerin, vielleicht am nächsten Tag schon. Der Student wird sich zeitlich nach ihr gerichtet haben, eine Vorlesung zu schwänzen, das ist keine große Sache. Auch damals wohl sicher schon nicht, wo es in den Universitäten noch nicht diesen Massenbetrieb gab wie heute. Vielleicht haben sie sich bei Aschinger getroffen am Bahnhof Zoo. Vielleicht unter der Normaluhr am Potsdamer Platz. Ich stelle sie mir sehr direkt vor, diese junge Taxifahrerin, die beiden werden keine lange Anlaufzeit gebraucht haben, das romantische Geturtel wird gar nicht nötig gewesen sein. Sie werden ganz schnell ins Bett miteinander gegangen sein. Wahrscheinlich gleich bei ihrer ersten Verabredung. Sie werden erst dann miteinander zu reden angefangen haben, nachdem sie zusammen geschlafen haben. Da erst erfährt der junge Mann aus bürgerlichem Hause, daß sein Fräulein Schmidt Genossin ist, eine Kommunistin, Mitglied in der Kommunistischen Partei Deutschlands. Das wird ihn nicht unbedingt groß erstaunt haben müssen. Daß sie sofort mit ihm ins Bett gegangen ist, wird ihn wahrscheinlich gleich schon mal für diesen ihren Kommunismus eingenommen haben. Auf alle Fälle wird er auch davon fasziniert gewesen sein. Daß sie Kommunistin ist, sich zum Kommunismus bekennt. Obwohl er da natürlich seine Vorbehalte hat, die üblichen Vorurteile eines bürgerlichen Intellektuellen, eines jungen Mannes aus dem deutschen Bildungsbürgertum. Zu primitiv, was für die einfachen, die simpel denkenden Leute. Für Proleten. Aber das Fräulein, die Genossin Schmidt ist offensichtlich nicht ganz ungebildet, sie besitzt ein paar Bücher, und eines dieser Bücher gibt sie ihm dann zum Lesen mit. Sie wird nicht groß mit ihm diskutiert haben in dieser Liebesnacht, sie wird danach nur gewußt haben, woher er kommt, aus was für einer Familie, aus welchen Verhältnissen, und was er studiert, daß er Naturwissenschaftler werden will. Sie gibt ihm also von Engels *Die Dialektik der Natur* mit, das könnte, das sollte ihn doch interessieren. Und ganz gegen seine Erwartung interessiert es ihn, ja, begeistert ihn dieses Buch. Naturphilosophie, genau das ist es doch, was ihn, beeinflußt auch durch seinen Vater, interessiert, die Wunder der Natur. Er kommt doch von den Wundern der Natur zur Naturwissenschaft. Hat vielleicht durch seinen Vater auch schon Lao-Tse kennengelernt, den Zauber der Dialektik. Die Übersetzung dieses chinesischen Weisen von Richard Wilhelm ist 1910 erschienen, im Jahr der Geburt meines Vaters, sie hat Lao-Tse erst in Deutschland überhaupt bekannt gemacht. In gewissen Kreisen natürlich nur. Zu denen sein Vater, mein Großvater, sehr wohl gehört haben könnte.

So wird er Kommunist, wird Robert Havemann Kommunist, über *Die Dialektik der Natur* von Friedrich Engels. Nicht über die Politik. Nicht aufgrund des Programms der Kommunistischen Partei Deutschlands. Sein kommunistisches Erweckungserlebnis, das ist Engels, die Lektüre seines Buches über die Dialektik, die es in der Natur selber geben soll. Zum Beispiel das Weizenkorn – das aber ein Insiderwitz ist, den zu verstehen man Engels ein bißchen gelesen haben muß. Was man aber nicht unbedingt muß. Das ist ein dickes Buch, mein Vater wird es vielleicht sogar bis zum Ende gelesen haben, er, der nicht so ein begeisterter, emphatischer Leser war, den ich als eifrigen Leser jedenfalls nicht kenne. Aber das mag in seinen jungen Jahren anders gewesen sein. Vielleicht hat er nach Engels dann ja auch mehr an marxistischer Literatur gelesen, vielleicht auch Marx selber oder von Lenin *Materialismus und Empiriokritizismus*, die Streitschrift, in der Lenin die Engelssche Naturdialektik gegen den Vorwurf verteidigt, Mystizismus zu sein, das Buch, das ihm bis an sein Lebensende wichtig sein wird. Der Kommunist Havemann kommt also von der Theorie zum Kommunismus, nicht von der politischen Praxis her. Er wird zum Marxisten, wird in seinem Verständnis zu einem Marxisten, obwohl ich das nicht glaube, daß er sich jemals wirklich mit Marx und seinem *Kapital* zum Beispiel beschäftigt haben wird, Ökonomie, das ist ein Gebiet, das ihn nie groß interessiert hat. Der Marxist Havemann, der für den Kommunismus neugewonnene Student Robert Havemann, er schließt sich dann auch nicht der Kommunistischen Partei an, die ihn vielleicht auch gar nicht aufgenommen hätte. Die Genossin Schmidt, die sich dann über ihre kurze Liaison und Liebesgeschichte hinaus um ihn kümmert, um seine marxistische Weiterbildung, zu seiner Freundin und Genossin wird, nachdem sie erst seine Bettgenossin war, bringt ihn zu *Neu Beginnen*, zu der Gruppierung, zu der sie selber dazugehört. Alles Zufall. Die Begegnung meines Vaters mit dem Kommunismus: Zufall – er hätte nur in ein anderes Taxi einsteigen müssen. Daß die Genossin Schmidt bei der Gruppe *Neu Beginnen* mitmacht, vielleicht kein Zufall, aber ohne sie wäre er dort nicht gelandet. Ohne *Neu Beginnen* wäre der ganze Kommunismus für ihn womöglich ein intellektueller Flirt geblieben. Ohne daß *Neu Beginnen* von diesem jungen Mann aus bürgerlichem Hause glaubte Gebrauch machen zu können. Was ist aus der Genossin Schmidt später geworden? Sie hat, nicht ganz so und überhaupt nicht zufällig, ein paar Jahre beim Genossen Stalin im Lager verbracht, im GULAG. Sie hat dann, zurück in Deutschland, in der DDR lebend, wie so viele dieser ehemaligen stalinistischen Lagerinsassen, als mein Vater dann endlich in Schwierigkeiten mit seinem Staat, seiner Partei kam, den Kontakt zu ihm gesucht – mehr weiß ich nicht.

Es ist also sofort die politische Konspiration, die konspirative Arbeit also, in die mein Vater hineingeriet, die einer Funktionärsclique, eines sich elitär dünkenden Clubs. Das wird ihm auf alle Fälle entgegengekommen sein, wenn nicht hier sogar die Frage, die natürlich nicht zu beantwortende Frage gestellt werden kann, ob er jemals der Typ gewesen wäre, der ganz normal in eine Partei eintritt, an ihrem Parteialltag teilnimmt und von den Niederungen der Ortsgruppe aus hätte Karriere machen können – ich glaube das nicht. Ein Quereinsteiger und damit völlig von der Stelle abhängig, von wo aus er in die Politik einsteigt, was diese Leute da wollen und vorhaben, welche Stellung sie im Gefüge ihrer Parteien einnehmen und wozu sie den, der da unverhofft zu ihnen stößt, glauben gebrauchen zu können. Als von vornherein konspirativ arbeitende Gruppe war *Neu Beginnen*, im Unterschied zu den beiden Arbeiterparteien, auf die Illegalität dann bestens vorbereitet, die mit der Machtergreifung der Nazis notwendig wurde. Doch alle diese Dinge, wie Flugblätter verfassen, Flugblätter verteilen, die zum Kampf gegen die Nazis aufrufen, oder da an irgendwelchen Fabrikschornsteinen revolutionäre Losungen anzumalen, es gibt diese Abenteuergeschichten ja, wir haben sie in der Schule durchgenommen, das war doch die Sache nicht von *Neu Beginnen*. Sie sahen ihre Aufgabe woanders, in etwas ganz anderem: in der Vorbereitung auf den von ihnen sicher erwarteten Moment, wo es mit der Naziherrschaft zu Ende gehen würde – da dann so stark zu sein, so viele Anhänger gewonnen zu haben, daß *Neu Beginnen* dann mit den beiden Arbeiterparteien wirklich neu beginnen, auf eine Veränderung dieser beiden Parteien und ihre Vereinigung würde hinwirken können, das war's, was sie sich vorgenommen hatten, und daß es hier gewisse Ähnlichkeiten zu dem Konzept gibt, das mein Vater für seine *Europäische Union* dann am Ende des von den Nazis angefangenen Krieges entwickelt hat, das wird nicht abzustreiten sein. Ganz wie bei *Neu Beginnen* auch bei der *Europäischen Union* die Absage an alle direkten Widerstandsaktionen, die Vorbereitung auf den Tag X der Niederlage Deutschlands. Was sie bei *Neu Beginnen* machten, um für diesen ihren noch ohne Krieg und Niederlage gedachten Tag X des Machtverlustes der Nazis vorbereitet zu sein, das waren Schulungen. Schulungen in marxistischer Ideologie. Sie wollten ja Anhänger gewinnen. In der Illegalität, unter dem Gebot der Geheimhaltung waren das immer nur drei, vier Leute, Leute, die sich untereinander natürlich nicht kennen durften, die sie auf diese Weise schulten. In Zwei-Wochen-Kursen, mehr war das nicht. Das mußte reichen. Und erst dann, wenn sie diese Schulungen durchgeführt hatten, eröffneten sie ihren Kursanten, wer sie wären, die Gruppe *Neu Beginnen*, und was denn die Ziele von *Neu Beginnen* wären – es soll einige Leute gegeben haben, die darauf dann empört reagiert haben, in dem sicheren Glauben, es mit der Kommunistischen Partei zu tun gehabt zu haben. Sie belieferten darüber hinaus wohl auch noch die exilierten Parteizentralen beider Arbeiterparteien mit Informationen aus Nazi-Deutschland. Auch das in

Vorbereitung ihres Tages X, den sie wahrscheinlich sehr viel schneller kommen geglaubt hatten, ohne den Krieg. 1936, nach drei Jahren also der illegalen Tätigkeit und ohne daß sich nunmehr ein Ende des sich stabilisierenden Nazi-Regimes abzeichnete, soll dann die Führung von *Neu Beginnen* zu dem Schluß gekommen sein, daß das ganze Unternehmen zu gefährlich würde, daß auch sie besser und wirkungsvoller ihre Arbeit vom Ausland aus fortsetzen sollten. Es habe da Unstimmigkeiten gegeben, heißt es, die Führung von *Neu Beginnen* sei mit ihren Absichten und Plänen, die Gruppe aufzulösen, bei den Mitgliedern auf Widerstand gestoßen. Bevor sich diese Führung dann aber doch ins Ausland absetzte, packte sie die ganzen Unterlagen und auch die Mitgliederlisten in einen Koffer und versenkte diesen Koffer in einem See bei Berlin. Wo er dann nach ein paar Tagen wieder auftauchte und von einem eifrigen deutschen Denunzianten gefunden und der Geheimen Staatspolizei übergeben wurde. Daraufhin setzte eine Verhaftungswelle ein, die Namen und Adressen standen ja auf der Liste. Mein Vater muß gezittert haben, er wurde aber nicht verhaftet, sie hatten ihn als Mitglied von *Neu Beginnen* nicht in ihre Liste eingetragen. Wahrscheinlich war er für sie nichts weiter als ein nützlicher Idiot, ein Sympathisant bloß, ein bürgerlicher Wissenschaftler, dessen Spezialkenntnisse und Hilfsdienste von ihnen zu nutzen waren. Er wird für sie Geheimtinte entwickelt haben, ihnen beim Fälschen von Ausweisen geholfen haben. Solche Sachen.

Die Führung von *Neu Beginnen* ging nach London ins Exil, von dort aus, in der Annahme, daß mit dem Kriegseintritt der USA die amerikanische Politik bestimmen würde, was in Deutschland nach dem Kriegsende geschieht, nach Washington. Um dort dann beratend tätig zu sein, Einfluß nehmen zu können. Mit den amerikanischen Truppen kamen sie in das besiegte Deutschland zurück. Nun rechte sozialdemokratische Positionen vertretend, traf mein Vater sie in West-Berlin wieder. Im amerikanischen Sektor, wo mein Vater lebte, als Direktor des Kaiser-Wilhelm-Instituts auch seine Dienstvilla hatte. Die ganze Stadt wimmelte nur so von Geheimdiensten, und mein Vater ließ sich mit dem KGB ein – sein Auftrag: herauszufinden, was seine einstigen Genossen von *Neu Beginnen* treiben und vorhaben. Herauszufinden war dies aber nur, indem er bei ihnen mitmachte. So zum Beispiel in ihrem Kreis einen Vortrag hielt – das Thema: die Enteignung und Verstaatlichung von Großbetrieben. Robert Havemann lehnte dies ab. Er brachte alle möglichen Argumente vor, die in der wirtschaftlich so angespannten Lage und unter besonderer Berücksichtigung der Reparationen und des von den Russen vorgenommenen Abtransports ganzer Fabriken dagegen sprächen, nun auch noch den Leuten die Betriebe wegzunehmen, die sich mit ihnen am besten auskennen. Die Hauptsache sei doch, daß die Fabriken endlich wieder zu produzieren beginnen. Eine durchaus rationale Argumentation. Nachvollziehbar. Dann aber, nachdem er all diese Argumente durchhatte, sagte er, die Enteignung und eine Verstaatlichung seien auch deshalb abzulehnen, weil dies eine Forderung wäre, die von der SED komme. Damit aus dem Osten, damit von den Sowjets, für deren Geheimdienst er arbeitete. Nicht schlecht. Man nenne es Konspiration. Nenne es Camouflage. In der anschließenden Diskussion dann, in der die Ausführungen von Robert Havemann wohlwollend kommentiert wurden, dieser Satz: »Wenn wir uns vom Sozialismus befreien, werden wir freie Menschen sein.« Kein Widerspruch seitens Robert Havemanns dagegen.

Friedenskampf

Ein Historiker würde herauszufinden suchen, wer diese anderen Leute auf den Fotos sind.
Ein Historiker würde herauszufinden suchen, was für ein Symbol das ist, unter dem sich diese Gestalten versammelt haben und von dem auf den Fotos immer nur Anschnitte zu sehen sind.
Ein Historiker würde herauszufinden suchen, was das für eine Zeitung war, die da in zwei Exemplaren auf dem kleinen runden Tisch liegt – diese *STIMME*, wessen Stimme war sie?
Ein Historiker würde herauszufinden suchen, wo sich diese Leute da versammelt haben, an welchem Ort, bei welcher Gelegenheit auch und natürlich auch, wann genau oder in etwa das gewesen sein wird, daß diese Fotos aufgenommen wurden.
Ein Historiker würde herauszufinden suchen, was das denn eigentlich für eine Veranstaltung ist, an der diese vier um den runden Tisch versammelten Figuren teilnehmen – ist das ein Podium, auf dem sie sitzen, oder

wird hier etwas fürs Radio aufgenommen oder, man beachte den Scheinwerfer auf dem einen Foto, werden hier Filmaufnahmen gemacht?
Ein Historiker würde herauszufinden suchen, wer der Veranstalter war, wer auch hinter diesen Veranstaltern stand, sie womöglich finanzierte.
Ein Historiker würde das alles, mit Fleiß und Enthusiasmus und Zugang zu den richtigen Quellen, sicher auch herausfinden können, gesetzt den Fall, er versteife sich darauf, und auch wenn es ihm nicht gelänge, alle diese Fragen zu beantworten, er wüßte sehr viel mehr als vorher und wir mit ihm.
Ich bin kein Historiker.
Ich habe auch nicht die Absicht, einer zu werden.
Ich werde all das, was ein Historiker herauszufinden suchen würde, nicht herauszufinden suchen. Ich werde mir diese Mühe nicht machen, mir fehlt der dazu nötige akribische Fleiß, der Enthusiasmus eines Spürhundes, mir fehlt das Handwerkzeug eines akademisch ausgebildeten Historikers, ich wüßte gar nicht, wo suchen, wo das Quellenmaterial zu finden wäre. Mir fehlt nebenbei auch das Geld, einen arbeitslosen Historiker, von denen es sicher einige gibt, an diese Arbeit zu setzen.
Ich bin kein Historiker und habe weder die Absicht, einer zu werden, noch aber auch so zu tun, als wäre ich einer.
Ich werde mir nur diese Fotos anschauen, mehr nicht.
Ich werde diese Fotos, nach denen ich nicht gesucht habe, von deren Existenz ich bis zu dem Augenblick, wo ich sie in einem nur halb geordneten Stapel im Robert-Havemann-Archiv gefunden habe, nichts wußte, auf mich wirken lassen, werde versuchen, der faszinierenden Wirkung, die sie sofort auf mich hatten, nachzuspüren.
Ich werde diese drei Fotos öffentlich machen, sie in meinem Buch hier veröffentlichen, für mich gehören sie nun zu Havemann, gehören sie also zu mir, und dies ganz unbesehen und ungeachtet dessen, ob es da jemand geben könnte, der auf diese Fotos irgendwelche Rechte geltend machen könnte – gibt es da jemanden, dann melde er sich bei mir. Ich verlange keine Beweise, eine kleine Abfindung ist gewiß.

Ein Stuhl ist leer, leer geblieben – haben sie da noch jemanden erwartet, der dann nicht gekommen ist? Ein Stuhl ist auf alle Fälle leergeblieben, aber auch rechts von meinem Vater gibt es noch Platz. Der runde Tisch ist klein, auch der Raum, in dem sie sich befinden, scheint klein, sie haben sich in einer Ecke versammelt. Tapete an den Wänden. Das Symbol, das über ihrer Runde an der Wand hängt, es hat in der Mitte eine Faltkante, es wird also transportabel sein, dort also nicht immer hängen, es wird eigens für diesen Zweck, zu dem sie sich dort versammelt haben, aufgehängt worden sein. Sie sitzen nur um die eine Hälfte des runden Tisches herum, die andere bleibt leer. Sie könnten so auf einem Podium sitzen, vor sich die Zuschauer, aber sie befinden sich nicht auf einem Podium, das ist ein ganz normaler Innenraum. Das Licht kommt nicht von oben, es kommt von einer Seite, die starken Schatten auf dem ersten Foto zeigen es, und dieses erste Foto, es zeigt auch die Lichtquelle, einen Scheinwerfer. Vor ihnen wird eine Kamera aufgebaut sein. Sie werden gefilmt. Aber sie verhalten sich nicht wie Menschen, die gefilmt werden. Mein Vater rauchend, wie immer mit der Zigarette in der Hand. Er starrt erst auf seine Zigarette, als wisse er nicht, wo sonst hinschauen, als sei ihm die ganze Situation peinlich. Wenn auch er etwas sagen wird, dann ohne sich vorher Notizen gemacht zu haben. Er verläßt sich darauf, ohne Vorbereitung auskommen zu können, er konnte sich darauf auch verlassen. Er redete immer frei. Der Mann vorne rechts, auf den ersten beiden Bildern nur von der Seite, dann fast von hinten zu sehen, hat vor sich auf dem Tisch einen Spickzettel zu liegen. Auf dem zweiten Foto hebt er ihn etwas an, als wolle er sich noch einmal dessen vergewissern, was er sich zu sagen vorgenommen hat. Auf dem dritten Foto dann ist er immer noch mit seinem Zettel beschäftigt. Er hat den Blick gesenkt, fast die Augen geschlossen, und jetzt erst sehen wir sein Gesicht, wie ein Ganove sieht er aus, dieser Mann mit dem Bärtchen. Der Mann mit der Brille, auf dem ersten Foto schaut er noch auf, aber sein Blick ist schon in sich gekehrt, er scheint niemanden direkt anzusehen, auf dem zweiten dann senkt auch er den Blick, schließt auch er sich nach außen hin ab. Er stützt sich auf der Lehne des leergebliebenen Stuhles ab, er sieht trotzig aus, verbittert. Auf dem dritten Foto verschränkt er, wie mein Vater auch, die Arme vor der Brust. Jeder bleibt für sich. Keiner nimmt Kontakt zu den anderen auf. Sie sind alle gut gekleidet, die Männer tragen dunkle Anzüge, die Frau einen Pelz. Auch sie raucht, die Streichhölzer liegen neben ihren Papieren. Wie männlich sieht sie doch aussieht, mit ihren, ganz wie bei den drei Männern um sie herum, streng nach hinten gekämmten Haaren. Ihre Brille mit dem dicken Gestell, auch sie könnte die eines Mannes sein. Eine Intellektuelle, die auf eine weibliche Erscheinung keinen Wert legt, eine Emanzipierte. Sie ist es, die auf dem dritten Foto spricht, offensichtlich eine Erklärung vorliest. Es scheinen das mehrere Seiten zu sein, eine umfangreiche Erklärung, die sie vorträgt, die drei Männer sehen so aus, als ließen sie das über sich ergehen, als wünschten sie nur herbei, daß diese Frau mit ihrer Erklärung zu einem Ende komme.

Aber betrachten wir auch diese andere, deutlich jüngere Frau, die nicht mit am Tisch sitzt: auf dem ersten Foto steht sie hinter meinem Vater, mit gesenktem Blick, als wäre sie gerade mit etwas beschäftigt, auf dem dritten Foto hält sie ein Mikrophon in der Hand. Dieses Mikrophon an ein Kabel anzuschließen, damit wird sie wahrscheinlich auf dem ersten Foto beschäftigt sein. Sie steht vorgebeugt, sie hält das Mikrophon so, daß diese Intellektuelle bei ihrem Vortrag vom Mikrophon nicht verdeckt wird. Sie schaut herunter, scheint dies mitzuverfolgen, wo diese Frau gerade in ihrem Text angelangt ist. Gehen wir noch einmal zu dem zweiten Foto zurück: nun sehen wir, wie diese jüngere Frau neben dem Mann mit dem Bärtchen steht, wir erkennen, daß sie ihren Arm auf die Höhe des Kopfes dieses Mannes angehoben hat. Auf diesem Foto sehen wir das Mikrophon nicht, aber wir können es vermuten. Sie wird diesem Mann das Mikrophon hinhalten, die Annahme, daß er sich auf dem zweiten Foto noch einmal dessen vergewissern will, was er sich zu sagen vorgenommen hat, dürfte also falsch gewesen sein – er redet da gerade. Damit könnte auch die Reihenfolge falsch sein, in die ich diese drei Fotos gebracht habe: das zweite Foto wäre dann an die dritte Stelle zu setzen, wenn wir nicht annehmen wollen, daß sich dieser Mann mit dem kleinen Ganovenbärtchen auch dann noch in die Betrachtung seines Zettelchens vertiefe, wenn er schon, unter dessen Zuhilfenahme, gesprochen hat. Es war der Perspektivenwechsel auf den Fotos, der mich veranlaßt hatte, diese Reihenfolge zu wählen, das Foto mit der grad sprechenden Frau als das dritte der Fotos anzunehmen, ich weiß es nun.

Ich kenne nur meinen Vater, erkenne ihn ohne Schwierigkeiten, weiß sofort auch, wie alt er da ungefähr gewesen sein muß, als diese Fotos gemacht wurden. Bei Kriegsende war er 35, 1950 dann 40 Jahre alt, in dem Zeitraum dazwischen befinden wir uns. Die hohe Stirn hatte er schon immer. Sein Gesicht sieht schmal aus, noch nicht angefettet wie später in seinen Funktionärszeiten, auch wenn er schon damals das Privileg gehabt haben wird, auf seine Lebensmittelkarte hin die Ration eines Schwerstarbeiters zugeteilt zu bekommen. Er hat das Gefängnis so lange noch nicht hinter sich. Und er hat eine schwere Krankheit gerade überwunden, die Lungen-Tbc, die bei ihm kurz nach der Haftzeit ausgebrochen ist – als er Direktor des Krankenhauses Neukölln war, sein erster Leitungsposten nach dem Krieg. Sehr praktisch, sehr günstig für ihn, daß er da gleich in dem Krankenhaus behandelt werden konnte, dessen Direktor er war. Seine politischen Aktivitäten dann in dieser Zeit, in der wir uns auf diesen Fotos nur befinden können: der Berliner Friedensrat. In dessen Leitung er war, dessen Vorsitz er hatte, jedenfalls in West-Berlin, in den Westsektoren der geteilten Stadt. Wo er dann wohnte, in Dahlem, in der ihm als kommissarisch eingesetztem Direktor des Kaiser-Wilhelm-Instituts zustehenden Dienstvilla. Auf den drei Fotos geht es um Politik, da werden politische Erklärungen abgegeben. Es werden das Leute vom Berliner Friedensrat sein, die sich dort um diesen runden Tisch versammelt haben, und man könnte das sicher gar nicht so schwer herausfinden, ob dieses Symbol dort an der Wand dazu paßt. Man könnte sicher auch herausfinden, wer diese anderen Personen auf den Fotos sind, diese

Intellektuelle, die hat doch ein markantes Gesicht, und auch der Mann mit dem Bärtchen dürfte leicht wiederzuerkennen sein. Auf anderen Fotos. Einen Historiker würde das interessieren, was das für Leute sind, um welche Personen es sich da handelt, vielleicht sind das bekannte Namen. Namen, die selbst mir noch etwas sagen würden.

Nur für diese eine Frau auf den drei Fotos, für die, die das Mikrophon hält, würde sich ein Historiker überhaupt nicht interessieren, und weil dem so ist, interessiert sie mich. Ich habe alle mir zur Verfügung stehenden Mittel in Bewegung gesetzt, um herauszufinden, wer diese Frau war. Ich habe es herausgefunden: diese Frau war eine Kriegswitwe, ihr Mann in Rußland gefallen, sie hatte einen Sohn, und sie wollte keinen Krieg mehr, sie hatte endgültig genug vom Krieg, das brachte sie zum Friedensrat. Sie hatte die Bombennächte in Berlin erlebt, den Bombenterror der westlichen Alliierten gegen die deutsche Zivilbevölkerung, von einer Atombombe wollte sie nicht ausgelöscht werden, nachdem sie dieses Inferno überlebt hatte. Das brachte sie zum Friedenrat und natürlich auch das: die Anstellung als Sekretärin, die sie dort bekommen konnte. Sie hatte einen Sohn durchzubringen. Sie hatte Hunger. Sie hatte keinen Mann mehr, keinen Ernährer. Aber, und wenn man sie sich auf den drei Fotos genauer ansieht, wird man dies spüren, mit ihr stimmte was nicht. Ich habe herausgefunden, was: sie arbeitete für den amerikanischen Geheimdienst, sie war eine Agentin der CIA. Sie war erpreßt worden, mit ihrer Vergangenheit erpreßt worden. Diese Frau, die Amis bekamen es heraus, war früher eine Nazisse gewesen, eine glühende Anhängerin der Nazis, eine Bewunderin von Adolf Hitler, aktives Mitglied im Deutschen Frauenbund, engagiert in der sogenannten Winterhilfe, dort auch als Sekretärin tätig. Ihr Mann hatte im Osten, in Polen und Rußland, an Erschießungen teilgenommen, sie wußte davon, und die Amerikaner hatten bei einer Hausdurchsuchung in ihrer halb zerbombten Wohnung Briefe gefunden, die sie an ihren Mann geschrieben hatte, Briefe, die ihr dann, nachdem er gefallen war, übergeben worden waren, die sie dann dummerweise aufbewahrt hatte, Briefe, in denen sie so Sachen geschrieben hatte wie, daß diese slawischen Untermenschen nichts anderes verdient hätten. Diese Nazi-Sachen. In anderen Briefen an ihren Mann hatte sie vom anglo-amerikanischen Bombenterror gesprochen, besonders die Amerikaner in ihren fliegenden Festungen als feige Verbrecher bezeichnet. Sie haßte die Amis, anzunehmen war, daß sie auch deshalb so sehr gegen die Atombombe war, weil sie eine amerikanische Bombe war. Sie war zum Friedensrat aus ihrem eigenen Impuls heraus gekommen, nicht schon als Agentin der CIA, sie war erst als Sekretärin des Friedensrates von der CIA angeworben worden, von der CIA erpreßt worden, für die Leute mit der Atombombe tätig zu werden. Viel war da für sie nicht herauszubekommen gewesen, der Friedensrat, das war eine völlig harmlose, für die Amis ungefährliche Truppe. Die CIA hat sie dann fallenlassen, hat ihre Kollegen vom sowjetischen KGB wissen lassen, daß diese Frau für sie tätig gewesen ist. Das war keine große Sache, Berlin in dieser Zeit die Stadt mit der größten Agentendichte der Welt. Die Frau ist ein paar Jahre später in einem sibirischen Lager umgekommen. Erfroren. Ein Opfer des Kalten Krieges. Eine deutsche Geschichte, ich habe alle Mittel in Bewegung gesetzt, sie herauszufinden, ich habe sie mir ausgedacht. Ich bin kein Historiker, ich bin ein Geschichtenerzähler.

Nieder mit der Atombombe

Noch ein Foto, ganz in der Nähe von hier, in der Nähe meines Ateliers am Kottbusser Damm aufgenommen, am Hermannplatz, an der Ecke, wo die Karl-Marx-Straße beginnt – man schaue sich das Foto daraufhin an, ob diese Neuköllner Karl-Marx-Straße da schon Karl-Marx-Straße heißt. Ein Straßenschild ist mit im Bild, und wenn mich nicht alles täuscht, steht da auch schon dieser Name, aber das müßte für einen Historiker anhand eines Stadtplans und Straßenverzeichnisses aus dieser Zeit leicht zu klären sein. Heute heißt sie immer noch so, nach dem Begründer des angeblich wissenschaftlichen Kommunismus, nach Karl Marx, die ganze Zeit des Kalten Krieges über hieß sie, obwohl im antikommunistischen Westteil der Frontstadt Berlin gelegen, Karl-Marx-Straße, und das zur großen Verwunderung aller aus Westdeutschland anreisenden Besucher. Ich habe nach meiner Flucht in den Westen immer in dieser Gegend gewohnt, im Norden von Neukölln, dem einstigen Arbeiterbezirk, erst in der Sonnenallee, der Parallelstraße zu dieser Karl-Marx-Straße, seit über 25 Jahren nun bin ich am Kottbusser Damm, der den Hermannplatz mit dem Kottbusser Tor verbindet, das dann schon zu Kreuzberg gehört, zum einstigen SO 36, Südost und SO 36, das war mal die Postleitzahl. Ich bin unzählige Male an diesem Hermannplatz gewesen, steige auch heute noch dort immer wieder in die U-Bahn ein. Oder gehe in das große Karstadt-Warenhaus, das dort im amerikanischen Stil Ende der 20er Jahre erbaut wurde, von dem nach dem Krieg aber nur noch Trümmer blieben, das später dann aber wiederaufgebaut wurde, ein häßlicher 60er-Jahre-Bau, mehrmals danach, weil so häßlich, renoviert – sieht man etwas von dieser Ruine auf dem Foto der Verhaftung meines Vaters? Nein, leider nicht und schade. So weit nach links reicht der Bildausschnitt nicht. Nein, den Zigarrenladen von Walter E. Beyer, den gibt's da nicht mehr – auch schade, denn sonst hätte ich mir, ich rauche ja Zigarren, dort in memoriam meines Vaters mal eine richtig dicke Brasil gekauft. *BERLINER* – das sieht mit seiner breiten vergitterten Tür nicht wie ein Laden aus, eher nach einer Bankfiliale, die Berliner Bank also wird's gewesen sein. Heute, und wie passend ins heruntergekommene Neukölln, ist das ein Schnäppchen-Markt ab 49 Cent, wie versichert wird – wer's glaubt, wird sicher mehr Geld los. Jahrzehntelang konnte man dort an dieser Ecke bei *Tchibo* Kaffee kaufen, eine Tasse Kaffee gleich auch trinken, das heutige Nachfolgegeschäft heißt *Dunkin' Donuts*, was immer das bedeuten mag, wo man keinen Kaffee mehr kaufen, aber immer noch trinken kann und dazu sich an langweiligen Bagels fett futtern. Ich lasse das besser, ich bleibe schlank, so schlank und dünn, wie mein Vater damals war, auf diesem Foto. Aber im Anzug, im gestreiften Zweireiher und natürlich, wie damals üblich, immer mit Krawatte unterwegs, im weißen Hemd. Am rechten Handgelenk schon die Handschelle, an der ihn dieser Schupo wegzuzerren versucht, aber Havemann agitiert natürlich weiter, protestiert sicher auch lautstark gegen seine sicher mal wieder ganz ungesetzliche Verhaftung. Kümmert das die Leute drumherum? Sieht mir eher so aus, als wäre das die immer neugierige Jugend, die's interessiert. Der Junge vorne links, der sich zu dem gutgekleideten Rebellen umschaut, das wäre ich gern gewesen. Stolz auf meinen Papi. Man beachte, was die andern Leute so anhaben, die Neuköllner Proleten – nur: wer ist der Herr mit dem Hut hinter meinem Vater? Sieht mir ganz nach einem Agenten aus, könnte auch ein Amerikaner sein, einer von der CIA. Berlin ein Geheimdienst-Eldorado in diesen Nachkriegsjahren, denen des Kalten Kriegs dann. Der Schupo mit Tschako, dieser Kopfbedeckung, halb Mütze und Helm, der Stumm-Polizist – so hießen die West-Berliner Bullen ja: *Stumm-Polizisten,* und Klein Flori dachte, sie hießen deshalb so, weil sie, ganz anders als die *Volkspolizei, dein Freund und Helfer*, auf jede Anfrage und Bitte nach Auskunft stumm reagierten und die strikte Anweisung hätten, sich nicht mit dem Volke einzulassen, aber denkste: *Stumm*, so hieß der damalige West-Berliner Polizeipräsident – so klärt sich alles auf, wird dadurch aber nicht besser, nur langweiliger oft.

Ich kann mich genau an diese Stelle stellen, wo mein Vater auf diesem Foto zu sehen ist, bei seiner Verhaftung, und wie er da immer noch seine Agitationsrede fortzusetzen versucht. Die Zeit ist eine andere. Was auch eine Banalität ist. Die Zeit ist immer eine andere, das Leben geht bekanntlich weiter. Geht über die Gegenwart hinweg, ist über die Vergangenheit hinweggegangen. Trotzdem aber ... – was aber trotzdem? Ist es das, daß wir mit der Bombe zu leben gelernt haben, gegen die mein Vater gekämpft hat? Daß diese Zeit also Epochen zurückliegt? Daß auch der Sozialismus auf deutschem Boden so ganz der Vergangenheit angehört? Ist es das? Sind es diese Brüche, die ich meine? Sicher. Aber es ist noch etwas anderes. In der Gegenwart zu leben und in der Vergangenheit. Und. Nicht geschichtslos zu sein, diese ganze Geschichte noch nicht los zu sein. Immer wieder auf Havemann zu treffen. Immer noch Havemann zu sein. Ein Geschichtsbewußtsein zu haben, ein Havemann-Bewußtsein. In die Geschichte des schrecklichen 20. Jahrhunderts zu gehören. Davon nicht loszukommen. Vor ein bißchen mehr als nur hundert Jahren waren da noch Felder am Kottbusser Damm, und die Hasenheide beim Hermannplatz war eine Heide mit Hasen, außerhalb der Stadt. Ich bin ein Berliner. Auch das ist es: ein Berliner zu sein. In dieser Stadt Berlin zu leben, die in diesen letzten hundert Jahren soviel Veränderungen erlebt hat. Groß wurde, zu Groß-Berlin wurde, fast im Krieg zerstört wurde, Schlachtfeld war am Ende des Krieges, Ruinen überall. Das ist meine Stadt. Ich bin ein Sohn dieser Stadt. Überall Geschichte. Deutsche Geschichte, Havemann-Geschichte, meine eigene Geschichte. Ist es das, was ich meine? Fast eine Banalität? Nur fast und für mich doch nicht.

Sie kamen ihm dann aber wohl doch sehr schnell auf die Schliche, seine einstigen Genossen von *Neu Beginnen*, und verdächtigten ihn sehr bald, für den KGB tätig zu sein – was sie ihm nicht weiter übelnahmen, so charmant, wie er war. Sie lockerten nur den Kontakt zu ihm, ließen ihn fallen, unterstützten ihn auch nicht mehr als Direktor des Kaiser-Wilhelm-Instituts, der KGB, für den er nutzlos geworden war, stellte die Zusammenarbeit mit ihm ein. Vorerst. Später reaktivierten sie den Kontakt zu ihm wieder, der Kampf gegen die Atombombe hatte begonnen, mein Vater war im Berliner Friedensrat aktiv. Die Sowjets bastelten da zwar schon längst an ihrer eigenen Bombe, aber ein paar nützliche Idioten, die im Westen und in dem naiven Glauben gegen die amerikanische Atombombe ankämpften, sie ließe sich wieder aus der Welt schaffen, als Waffe bannen, konnten nur nützlich sein. Sie brauchten ihn wieder, den geachteten Wissenschaftler, den Friedenskämpfer mit der guten antifaschistischen Vergangenheit. Der Berliner Friedensrat organisierte Demonstrationen gegen die Bombe. *Nieder mit der Atombombe!* Nein, bloß nicht – diese, eine stereotype Formulierung benutzende Losung wurde dann doch ganz schnell wieder fallengelassen. Mein Vater redete auf diesen Demonstrationen, er wurde mehrmals verhaftet. Er verlor seinen Direktorenposten beim Kaiser-Wilhelm-Institut. Die andere Seite gab ihm dafür das Institut für physikalische Chemie in der Bunsenstraße. Er war mit einem Bein also schon im Osten. Dann schrieb er für das *Neue Deutschland*, für das Zentralorgan des Zentralkomitees der Sozialistischen Einheitspartei, deren Mitglied er nicht war, einen Artikel: *Trumans großer Theaterdonner*, und in dem stellte er sich als Naturwissenschaftler und Schnell- und Alleskapierer vor, wie denn wohl die dann auch noch entwickelte Wasserstoffbombe technisch funktionieren dürfte. So schwer war das vielleicht noch nicht mal. Der Artikel erschien, und am Tag seines Erscheinens, mein Vater, der Autor, hielt sich irgendwo im Westen Deutschlands auf, Vorträge haltend, klingelten zwei Herren bei meiner Mutter in Dahlem an der Tür, die sich als Mitarbeiter der CIA auswiesen. Sie wollten Professor Robert Havemann sprechen, zu einem Verhör mitnehmen. Professor Robert Havemann war nur nicht da. Als er am selben Abend noch von seiner Vortragsreise zurückkam und von meiner Mutter hörte, was passiert war, packten sie noch in derselben Nacht ihre Koffer und setzten sich in den Osten ab. Man hätte ihn womöglich der Atomspionage verdächtigt – so jedenfalls die offizielle Familienversion dieser plötzlichen Flucht in den Osten. Daß er in dieser Zeit für den KGB tätig war, daß zumindest seine Leute von *Neu Beginnen* genau dies vermuteten, vermuten mußten, davon war nie die Rede. Wußte meine Mutter davon? Vielleicht. Vielleicht auch nicht.

Die Rückdatierung

In die Partei, in seine SED, die Sozialistische Einheitspartei, gegründet schon 1946, trat er erst nach seinem Wechsel von West nach Ost ein, wohl im Jahre 1950 also. Sie werden ihn nur zu gerne aufgenommen haben, den geachteten Widerstandskämpfer, das Mitglied des Berliner Friedensrates, aber er wollte mehr, nicht nur einfach in die Partei aufgenommen werden, er wollte, daß man seine Parteimitgliedschaft auf das Jahr 1932 rückdatiere. Er war nie Mitglied der KPD gewesen, die sich dann nach dem Krieg in der SBZ, der Sowjetisch Besetzten Zone, mit der SPD zur Sozialistischen Einheitspartei zusammentat, er hatte da doch nur die

Kontakte zu *Neu Beginnen* gehabt, wollte aber, daß man dies als Eintritt in die KPD gelten lasse. Merkwürdige Idee, aber so ganz ausgeschlossen war dies nicht, daß er mit diesem Ansinnen durchkommen könnte. Sie zitierten den Genossen Havemann also vor die Parteikontrollkommission, befragten ihn da ausführlich und eine Woche lang. Er erzählte ihnen von seiner illegalen Arbeit für die Komintern, er erzählte ihnen von *Neu Beginnen*, und die Komintern war sicher gut und seinem Begehren förderlich. *Neu Beginnen* aber sehr viel weniger: sie erklärten ihm, daß *Neu Beginnen* von Anfang an eine trotzkistische Organisation gewesen wäre, eine Tarnorganisation zur Unterwanderung der KPD. Er wollte es erst nicht einsehen, verwies auf die hervorragende marxistische Schulung, die er bei *Neu Beginnen* erhalten haben wollte. Ob sie das gelten ließen? Wahrscheinlich hatten sie auch an dieser marxistischen Schulung etwas auszusetzen und als ganz gefährlich trotzkistisch zu beanstanden. 1950 und also in ganz harten stalinistischen Zeiten. Nach einer Woche hatten sie ihn dann soweit, und er unterschrieb eine Erklärung, daß er sich 1932, ohne sich darüber doch im klaren gewesen zu sein, mit einer gefährlichen trotzkistischen Organisation eingelassen habe, die Partei möge dies mit seiner bürgerlichen Herkunft entschuldigen, aber nun habe er das eingesehen und sei der Partei dankbar, daß sie ihm die Augen für die Gefährlichkeit der Gruppe *Neu Beginnen* geöffnet habe – so in der Art wird's gewesen sein, ich habe doch diese Erklärung nicht gelesen. Wer hat mir diese ganze Geschichte eigentlich erzählt, die ich nie auf ihren Wahrheitsgehalt hin überprüft habe? Die ich sofort für wahr gehalten habe – vielleicht Harold Hurwitz, der, im Unterschied zu mir, seriös und wissenschaftlich an einer Biographie meines Vaters schreibt. Die ich mir nie zu schreiben vorgenommen habe. Nie schreiben könnte. Ich schreibe nur die Legende Havemann, und die Legende geht dann so, daß sie ihm nach dieser sich von *Neu Beginnen* distanzierenden Erklärung seine Parteimitgliedschaft auf das Jahr 1932 zurückdatiert haben. War doch nett. Oder? So versichert man sich der Anhänglichkeit eines Genossen.

Die Begrüßung

Aber machen wir doch gleich weiter mit den Fotos – auch das hat es in sich, dieses Foto von Wilhelm Pieck und meinem Vater, es hing bei uns jahrelang in der Diele. Sie wissen doch, wer Wilhelm Pieck ist? Nein? Das sollten Sie aber, als historisch ein bißchen gebildeter Mensch sollten Sie das. Aber Sie kennen Walter Ulbricht, den Mann mit dem Spitzbart – den müssen Sie kennen, der war auch viel wichtiger, der eigentliche Machthaber. Pieck, Wilhelm Pieck, das war doch nur der erste und dann auch einzigste Präsident der neu gegründeten Deutschen Demokratischen Republik – der einzigste, weil Ulbricht 1960, nach dem Tod von Pieck, das

Präsidentenamt abschaffte und sich ein neues Machtgremium schaffte, den Staatsrat, dessen Vorsitzender er wurde. Mit dem er dann wohl auch Macht ausübte – nicht, daß das nur Dekoration war. Generalsekretär der Partei, das war er sowieso schon, und das Regieren, das Ausführen der unter seiner Ägide im Politbüro getroffenen Entscheidungen, das überließ er seinen Ministerpräsidenten, erst Grotewohl, dann Stoph. Wilhelm Pieck dagegen, 1897 geboren, 1919 zu den Gründungsmitgliedern der KPD gehörend, von 1928 bis 33 Reichstagsabgeordneter, danach im sowjetischen Exil, hatte auch als Präsident nicht wirklich was zu sagen. Der *SPIEGEL*, wohl treffend, charakterisierte Pieck als biedermännischen Repräsentanten mit einer Neigung zu plüschiger Kulisse – so zu lesen in meiner informativen *Chronik des 20. Jahrhunderts*, und wenn ich mir das Foto wieder ansehe, dann bestätigt es zumindest Piecks Neigung zu plüschiger Kulisse. Ich mag ja Dicke, kleine Dicke, vielleicht weil mein Vater so groß war, so lang und erst später dann vom Funktionärsleben ein bißchen aufgeschwemmt, Pieck war mir von diesem Foto her sympathisch, auch sein Lächeln, sein Strahlen, er schaut ja meinen Vater fast verliebt an, aber diese Möbel da im Hintergrund, die befremdeten mich schon als kleinen Jungen. Proletarisch sah das nicht für mich aus und so, wie ich's mir bei einem ersten Arbeiterpräsidenten zu Hause vorstellte. Und unser Havemann-Stil war's auch nicht der Wohnungseinrichtung. Wo's mein Vater doch eher modern mochte und meine Mutter ein paar antike Familienerbstücke in ihrem Zimmer rumzustehen hatte. Und dann diese pompöse Deckenlampe bei Pieck, wie geschmacklos. Und verwunderlich, daß da ein paar Lampen offensichtlich defekt waren – aber egal, für mich war das ein Guter, dieser Wilhelm Pieck. Wer meinen Vater so freundlich begrüßte, konnte nur ein Guter sein. Jemand, dem mein Vater so gelöst die Hand gab, konnte nur ein Guter sein. Als netter freundlicher Opi wurde er uns ja auch in den Zeitungen hingestellt. Der erste Arbeiterpräsident. Ein Freund der Kinder, er ließ sich das Pionierhalstuch umlegen. Ulbricht war nicht beliebt, Pieck war es – glaubte ich jedenfalls, um so größer dann mein Erstaunen, in der U-Bahn, an der Straßenbahnhaltestelle und dann auch in meiner Schule Bemerkungen zu hören, aus denen ich nur entnehmen konnte, daß auch Pieck gar nicht so beliebt war, wie von mir angenommen, daß er als ein Schwächling galt, der den Scharfmacher Ulbricht nicht stoppen konnte. Ich hörte dann solche Bemerkungen auch aus den Gesprächen heraus, die mein Vater mit den vielen sonntäglichen Besuchern führte, die immer bei uns in Grünheide Alt-Buchhorst zum Kaffee vorbeikamen. Vielleicht legte ich mir das auch zurecht, und diese guten Genossen hätten das gar nicht gewagt, über ihre parteiinternen Zweifel beim Sonntagskaffeekränzchen zu sprechen, jedenfalls war ich doch beunruhigt. Der arme Wilhelm Pieck, er mußte von opportunistischen Schleimern umgeben sein, wußte das sicher gar nicht, denn sonst hätte er doch wohl mal als aufrechter und ehrlicher Kommunist auf den Tisch gehauen im Politbüro. Oder im Schloß Niederschönhausen, in Berlin-Pankow, wo er seinen Amtssitz hatte. Also faßte der Jungpionier Florian Havemann einen Entschluß, macht er einen Plan, und der sah ungefähr so aus – ungefähr, nicht deshalb, weil ich mich an ihn nur noch ungefähr erinnere, sondern, weil das ja nur ein Plan ins Ungefähre war, ich doch für das eigentlichen Problem dabei keine Lösung fand: Pieck solle sich tot stellen, solle dann zu uns nach Hause kommen, sich bei uns in der Wohnung am Strausberger Platz verstecken, für eine Woche, eine Woche lang, das würde genügen, und dann nach dieser Woche im Versteck wieder auftauchen, um da mal in der Partei- und Staatsspitze aufzuräumen, all die machtgierigen Funktionäre auszuschalten, die ihn sofort ersetzen zu können glaubten. Und in dieser Woche bei uns würde ich ihm dann auch erzählen, was die Leute so sagen und an unserer schönen DDR auszusetzen haben. Damit er, der Arbeiterpräsident, das weiß und wir mit ihm dann den Sozialismus besser machen können – herrlich, wie naiv. Staatsgläubig und schon ein bißchen kritisch. Das Problem war mir natürlich klar: wie sollte ein toter Präsident unbemerkt verschwinden können? Vielleicht, indem man den Sarg gleich zuschraubt, und in der Nacht dann hole ich ihn da wieder raus. Das mochte vielleicht gehen, aber da hätten doch ein paar engste Vertraute von Pieck mitmachen müssen, und womöglich waren dies die Leute, die ihn die ganze Zeit am ärgsten beschissen, ihm da was vorgaukelten. Und wie konnte ich kleiner Jungpionier überhaupt an den Genossen Präsidenten rankommen? Über meinen Vater natürlich. Mein Vater mußte zu Pieck gehen, er wußte doch, wo er wohnt. Also hieß es, meinen Vater in diesen Plan einzuweihen, ihn für diesen Plan zu gewinnen. Er lachte mich bloß aus, als ich ihm davon erzählte. Nicht, daß ich mich erinnern könnte, daß er mir gegenüber begründet hätte, was an meiner großartigen Idee so lächerlich war.

Der Multifunktionär

Muß ich das kommentieren, diese Fotos von Robert Havemann auf dem Höhepunkt von Macht, Anerkennung und Einfluß? Nun gut, diese Jakken, die liebte er: Pfeffer und Salz. Er liebte es leger und möglichst bequem. Besonders natürlich in Grünheide Alt-Buchhorst, im Häuschen. Ein Wochenendgrundstück mit gleich zwei Häusern drauf, die große Sechs-Zimmer-Wohnung in der Stadt, zwei Boote, zwei Autos, zwei Hausangestellte. Nicht schlecht, da ist der Sozialismus schon ausgebrochen. Ist die Epoche des Sozialismus doch schon angebrochen. Alle sind gleich, aber natürlich sind ein paar dann doch ein bißchen gleicher. Jeder nach seinen Fähigkeiten. Verdienste müssen gewürdigt werden. Und er verdiente dann ja auch nicht schlecht: viertausend im Monat. Das war eine Menge Geld. Sehr viel Geld für DDR-Verhältnisse. So viel Geld, daß bei uns in der Familie über Geld nicht gesprochen wurde. Wir Kinder staunten nicht schlecht, als wir dann mal im Schreibtisch unseres Vaters seinen Arbeitsvertrag fanden. Und wir staunten noch mehr, daß das nicht ein Vertrag zwischen ihm und der Humboldt-Universität war, dessen Institut für physikalische Chemie er doch leitete, wo er Professor war, sondern ein Vertrag mit der Regierung der DDR. Direkt. In blaues Leder gebunden, vorne drauf als Prägedruck in Gold das Staatswappen der DDR, Hammer, Zirkel, Ährenkranz. Deshalb wurden wir ja auch im Regierungskrankenhaus der DDR behandelt. Und ich bin da auch geboren und meine Schwester auch. Im Namen der Regierung. Und dann lagen da in seiner Schreibtischschublade, achtlos, wie es schien, dort hineingeworfen, seine Orden und Ehrenzeichen, seine Medaillen. Der Mann war hochdekoriert. Das schien ihm aber völlig egal, und das machte ihn uns sympathisch. Besonders, wenn es dann immer wieder mal deswegen zwischen ihm und unserer Mutter Streit gab, weil er das partout vergessen hatte, seine Orden, wie auf der Einladungskarte doch gefordert, anzulegen, wenn sie zu einem Staatsempfang gingen. Unsere Mutter war Preußin, und also hatten die Orden angelegt zu werden. Ordnung mußte sein, und Orden und Ordnung gehören ja wohl auch zusammen. Und meinem Bruder und mir meinte diese Frau doch auch immer noch mal über die Haare streichen zu müssen, damit unsere immer viel zu langen Mähnen ein bißchen ordentlicher aussähen, bevor wir zur Schule gingen. Also volle Solidarität mit unserem Vater, der auf diesen Fotos zwar wie ein Funktionär aussieht, aber doch so überhaupt nicht der Typ des Funktionärs war und von seinesgleichen sicher immer blöd angestarrt worden sein wird wegen seinen zerknitterten Jacken, seinem meist auch etwas schief sitzenden Schlips. Für ein bißchen unkonventionell werden sie ihn auf alle Fälle gehalten haben, diesen Professor Havemann. Aber er war ja wohl ein Protegé von Ulbricht, reiste in der weiten Welt herum, die DDR zu repräsentieren, nach China, nach Indien, nach Afrika zu Albert Schweitzer – solche intellektuellen Aushängeschilder brauchte man doch.

Es war besonders dieser eine Orden meines Vaters, der es mir angetan hatte, der Vaterländische Verdienstorden in Silber – warum, weswegen? Wegen seiner Rückseite. Darum. Vorne stand da auf dieser runden Plakette etwas drauf, wohl, was das für eine großartige Auszeichnung war, aber das interessierte mich nicht weiter. Mich interessierte nur die Rückseite, denn die Rückseite, sie sah ganz exakt genauso aus wie die Rückseite eines 2-Mark-Stückes. Und die ganze Medaille hatte auch die Größe dieser Münze, die für mich viel Geld war. Und nicht nur für mich: auch für meine Kumpels in der Schule war das viel Geld, von 2 Mark hätten wir uns alle beim Bäcker soviel Plunderstücke und Amerikaner kaufen können, wie wir wollten, uns mal richtig den Bauch vollschlagen können. Also übte ich das ein bißchen, wie ich meines Vaters Vaterländischen Verdienstorden in Silber so in der Hand halten könnte, daß man da diesen farbigen Steg nicht gleich sehn konnte, an dem die 2-Mark-Medaille hing, und am nächsten Tag ging ich damit zur Schule und in der Pause dann durch die Reihen, meine Kumpels zu foppen. Ich zeigte ihnen das angebliche 2-Mark-Stück, erntete ein begeistertes *Oh,* und sofort wurden da dann die Begierden angemeldet und an meine Generosität appelliert, dann aber drehte ich das bewunderte 2-Mark-Stück um, es war nur ein Vaterländischer Verdienstorden in Silber, ein blöder Orden, der uns nichts einbringen konnte.

Der Spaß reichte für einen Vormittag, mehr nicht, und natürlich vergaß Klein Flori dann völlig, was er da in seiner löchrigen Hosentasche hatte, vergaß ich dann auch, den Orden wieder an seinen Platz zurückzulegen. Dann, es wird dies ungefähr zwei Wochen später gewesen sein, kam ich von der Schule nach Hause, und es war so ganz merkwürdig still in der Wohnung, als mir meine ernst dreinblickende Mutter die Tür aufmachte. Sie sagte: »Dein Vater will dich sprechen.« Mein Vater hatte noch nie mit mir sprechen wollen – was mochte das bedeuten? Ich bog in der Diele nach links ab, in Richtung der beiden großen zusammenhängenden Räume meines Vaters, aber meine Mutter rief mir hinterher: »Dein Vater erwartet dich in meinem Zimmer.« Wie bitte? Im Zimmer meiner Mutter? Was wollte denn mein Vater in ihrem Zimmer, da hielt er sich doch nie auf? Also nach rechts von der Diele aus und dann wieder von dem kurzen Verbindungsflur aus noch einmal nach links, und da saß er nun, mein Vater. In der Ecke des Zimmers meiner Mutter. In dem Ohrensessel, den sie dort zu stehen hatte. Vor ihm ein kleiner Hocker. Mein Platz. Ich hatte keinerlei Ahnung, was mich erwarten könnte. War ich schlecht in der Schule geworden? Nein, eigentlich nicht. War ich in den letzten Tagen frech zu meiner Mutter gewesen? Auch nicht. Was konnte es nur sein? Mein Vater, ohne mich zu begrüßen, wies mir den Platz auf dem Hocker vor ihm zu, ich setzte mich. Mochte nun das Donnerwetter über mich kommen. Mein Vater erklärte mir, sehr ernst, sehr gefaßt, in knappen Worten, daß meine Mutter, und so nannte er sie auch, seine Frau, in der Tasche meiner Lederhose etwas gefunden habe, was dort nicht hingehörte. In dem Moment wußte ich immer noch nicht, wovon er spricht. Sein Vaterländischer Verdienstorden wäre dort in dieser löchrigen Hosentasche, nun erwähnte er auch das, diese löchrige Gefahr, von meiner Mutter gefunden worden, zwischen dreckigen Taschentüchern, also *Rotzfahnen*, wie wir Kinder sagten, und auch die mußten jetzt mit erwähnt werden. Was ich dazu zu sagen hätte? Eigentlich hatte ich natürlich nichts dazu zu sagen, außer meinem Vater zu erklären, wozu ich seinen Orden in der Schule gebraucht hätte. Hoffte ich auf Gnade? Vielleicht, wo er uns doch immer wieder von seinen Schulstreichen erzählt hatte. »Du gibst also damit an«, sagte er – was natürlich als Vorwurf völlig absurd war, wo doch sein Vaterländischer Verdienstorden für die Jungs, bei denen ich mit einem 2-Mark-Stück sehr wohl hätte angeben können, nur eine Enttäuschung bedeutete. Aber ich widersprach nicht. Ich duckte mich bloß, denn nun mußte ja irgendeine Konsequenz folgen, eine Strafe. Und sie folgte auch: mein Vater verdonnerte mich dazu, einen zweiseitigen Text aus meinem Lesebuch abzuschreiben. Was mich völlig verwunderte, denn erstens war das doch mit links zu erledigen, und zweitens, und noch verwunderlicher, gegen solche völlig geistlosen und geisttötenden Aufgaben war er doch immer zu Felde gezogen, weigerten sich mein Bruder und ich, solche idiotischen Schularbeiten zu machen, dann hatten wir doch immer seine Unterstützung. Nun gut, dann mochte das also meine Strafe sein, für meine Dummheit mit einer Dummheit bestraft zu werden.

Damit war ich entlassen, und als ich aus dem Zimmer meiner Mutter herauskam, sah ich sie ins Bad gehen, das durch den kurzen Verbindungsflur zu erreichen war, von dem auch ihr Zimmer abging. Mein Eindruck dabei: daß sie die ganze Zeit über, von mir nicht bemerkt, in der Tür zu ihrem Zimmer gestanden haben wird, sich die Standpauke anzuhören, die mir mein Vater halten sollte. Das stimmte auch so, wie ich Jahre später von meinem Vater erfuhr, sie kontrollierte das, sie war sich nämlich gar nicht sicher, was mein Vater zu mir sagen würde, ob er mich denn auch gehörig ausschimpfen würde. Sie hatten sich nämlich mächtig gestritten wegen diesem Vaterländischen Verdienstorden in meiner löchrigen Lederhosentasche mit den verrotzten Rotzfahnen, bevor ich von der Schule nach Hause kam. Meine Mutter fand's eine Ungeheuerlichkeit, eine Mißachtung wohl auch der DDR und von unserer Regierung, die meinem Vater diesen Orden verliehen hatte, mein Vaters dagegen fand's lustig. Was dann meine Mutter noch einmal mehr empörte und aufbrachte. Gegen meinen Vater nun, der seinen erzieherischen Pflichten nicht nachkommen wollte, seine Kinder noch vollkommen verderben würde, wenn er so weitermachte. Da gab er klein bei und ließ sich von ihr nötigen, mir wegen seinem Verdienstorden die verdiente Strafe aufzubrummen. Er habe innerlich die ganze Zeit lachen müssen, sagte er mir dann später, eigentlich gar nicht mal so viele Jahre später, und besonders lustig habe er meine 2-Mark-Geschichte gefunden. Die Strafarbeit, die ich ihm eine Woche drauf vorlegen sollte, hat er dann nie kontrolliert. Meine Mutter aber fragte mich, ob mein Vater sie habe sehen wollen. Als ich ihr, sicher grinsend, antwortete, nein, das hätte er nicht, sagte sie: »Aha.«

Das war mein Vater, und Sie werden doch hoffentlich bemerkt haben, daß ich ihn sehr mochte, in vielen Dingen sehr, sehr mochte. Als Schutz gegen meine Mutter mit ihrem preußisch-sozialistischen Ordnungswahn. Wunderbar auch diese Episode, wie er ihr ihre Erziehungsbemühungen kaputtmachte: ich meine, jede Mutter macht das, fast jede, und damals in den nun weit zurückliegenden 50er Jahren des vorigen Jahrhunderts garantiert jede, daß sie von ihren Kindern verlangt, sie mögen sich doch bitte vor dem Essen die Hände waschen – wobei dieses *bitte* natürlich als Befehl aufzufassen ist. Nur vergessen das kleine Jungs natürlich immer wieder, sich vor dem Essen die Hände zu waschen, die vom Spielen so dreckigen. Und wir hatten doch im Sand gespielt, mein Bruder und ich, Burgen gebaut und Tunnel gegraben, als wir von unserer Mutter zum Abendessen ins Haus gerufen wurden. Mich fing sie am Eingang ab, mein Bruder jedoch entwischte ihr und saß schon an seinem Platz, als sie sich dann genötigt sah, da mal massiv erzieherisch einzugreifen. Sie baute sich vor dem Eßtisch auf und donnerte los, und mein Bruder antwortete, er habe sich doch nur schon mal provisorisch hingesetzt – provisorisch! Mein Vater fand's köstlich, fand's amüsant, er lachte, und meine Mutter explodierte fast. Aber sie wußte natürlich immer Haltung zu bewahren, und sie wichen dann ins Englische aus, wenn sie sich vor uns zu streiten anfingen. Bösartig, kalt, aber im Konversationston – für meinen Bruder und mich der Anlaß, so schnell wie möglich Englisch zu lernen. Bei Richard O'Rouke, nachmittags von dreiviertel vier bis um vier Uhr, im ansonsten deutschsprachigen Programm der BBC London.

Nichts

Er macht das Nichtmachen, so kommt alles in Ordnung.
Lao-Tse

Ja, diese Lehre vom Nichtstun, sie wird meinem Vater gefallen haben, ihm sehr entgegengekommen sein, ihm, dem großen Nichtstuer. Ich weiß, das hat man mir sehr übelgenommen, daß ich meinen Vater als faul bezeichnet, ihn als unproduktiven Nichtstuer charakterisiert habe – so in dem Artikel, den ich über ihn im *SPIEGEL* geschrieben habe. 1979, und damit noch zu seinen Lebzeiten. Nett war das nicht. Sollte auch nicht nett sein. Aber es war dies kein Vorwurf an ihn von mir, jedenfalls in meinem Artikel über ihn nicht als ein solcher formuliert. Ein Vorwurf richtet sich an jemanden, ich schrieb über jemanden, über meinen Vater. Der Artikel beschäftigte sich, ganz lapidar davon ausgehend, daß dieser Robert Havemann nur noch faul rumsitzt, mit der Frage, in welcher Situation er denn produktiv gewesen war, versuchte diese Situation zu schildern. Dieser Wechsel mußte jedem auffallen, der ihn nur etwas näher kannte, etwas länger auch kannte. Ein Fleißiger, das war er nie gewesen, dazu liebte er Wein, Weib und Biermanns Gesang zu sehr beziehungsweise das Cognac-Glas. Ich stellte mir seinen Arbeitstag als Institutsdirektor und Universitätsprofessor immer ungefähr so vor – mehr als ungefähr hatte ich ihn mir ja nicht vorstellen können, da er ja nicht bei uns, bei seiner Familie am Strausberger Platz, lebte, sondern die meiste Zeit, nicht nur an den Wochenenden, in Grünheide Alt-Buchhorst: daß er gegen neun Uhr aufsteht, eher später als neun, und dann erst mal einen Kaffee trinkt, frühstückt, und er liebte das Frühstück ja ausgiebig, daß er sich dann in sein Auto setzt und in die Stadt fährt, Fahrzeit eine dreiviertel Stunde. Er wird also gegen elf in seinem Institut angekommen sein. In der Regel, denn wenn er Vorlesung hatte, wird dies vielleicht anders gewesen sein, außer, er hatte auch dafür die elegante Lösung gefunden, daß die Vorlesungen von Professor Havemann immer etwas später angesetzt wurden. Weil er da dann erst denken kann. Er bereitete diese Vorlesungen ja nicht in dem Sinne vor, daß er da dann etwas vorzulesen hatte, er sprach frei, hatte nur einen kleinen Spickzettel dabei. Die Studenten seiner Fakultät sollen sich ja immer wieder über ihn beschwert haben, darüber, daß er unvorbereitet in die Vorlesung käme, immer wieder Vorlesungen auch ausfallen ließe, viel zu oft als Funktionär unterwegs wäre. Lassen wir es also, wie von mir angenommen, ungefähr elf sein, wenn er sein Institut betrat, seine Assistenten hatten da dann also schon mindestens drei Stunden gearbeitet. Es wird Briefe gegeben haben, die, schon für ihn vorbereitet, zu unterschreiben waren, aber, so stellte und stelle ich mir das vor, so erinnere ich mich auch, daß er immer wieder davon erzählt hat, das Wichtigste an diesen Vormittagen war wohl, daß er sich von seinen Assistenten berichten ließ, wie es mit ihren Arbeiten voranging, daß er sich mit ihnen zusammen vorbereitete Experimente anschaute, mit ihnen diese Forschungsvorhaben diskutierte, da dann als Schnell- und Alleskapierer wahrscheinlich immer auch ein paar gute Anregungen zu geben hatte. Aber diese Zeit war beschränkt, er wurde am Strausberger Platz zum Mittagessen erwartet. Von uns, seinen Kindern, nicht von unserer Mutter, die ja dann auch bald wieder arbeiten ging, im Deutschen Wirtschaftsinstitut, und von der Wirtschafterin und Haushälterin des Herrn Professors, der Familie Havemann. Die Zeit in seinem Institut war so beschränkt, daß sein wichtigster Assistent, später sein Nachfolger im Institut für physikalische Chemie der Humboldt-Universität, jeden Donnerstag zu uns zum Mittagessen kam, wo es dann regelmäßig Königsberger Klopse gab, weil der Doktor Haberditzel sie angeblich so gerne aß, um dort dann mal, während des gemeinsamen Essens und des Kaffees danach, mit seinem Chef ein paar ruhige Worte sprechen zu können, die laufenden Geschäfte des Instituts zu besprechen, die er, dieser Doktor Haberditzel, faktisch sicher schon längst selber leitete. Aber auch da dann saßen wir drei kleinen Kinder oft mit dabei, bei diesen Gesprächen nach dem Mittagessen, denn das war unsere Zeit, die einzigsten Stunden am Tage, die wir mit unserem Vater verbringen konnten. In den späteren Jahren kam dann nahezu regelmäßig zu diesen gemeinsamen Mittagessen immer auch noch Biermann dazu, und so wurde es dann meist halb drei, drei, bevor er sich noch einmal wieder auf in sein Institut machte, die reguläre Arbeitszeit wird spätestens um fünf zu Ende gewesen sein, und ich kann mir das beim besten Willen nicht vorstellen, daß da mein Vater der letzte gewesen wäre, der sein Institut verließ. Danach düste er wieder raus nach Grünheide Alt-Buchhorst in sein Häuschen an den See – ob alleine oder in Frauenbegleitung, das lassen wir mal unbeachtet.

Ein angenehmes Leben, sehr bequem, so würde ich sagen, aber er hatte ja ein gutes Argument dafür, für diesen Lebensstil, er vertrat es auch offensiv, daß nutzlos am Arbeitsplatz verbrachte Stunden ja bei einem Wissenschaftler nicht zählten, daß sich auch wissenschaftliche Ideen nicht auf Bestellung einstellten und an geregelte Arbeitszeiten hielten. Solange er also Ideen hatte, durch seine Ideen die Arbeit seiner Assistenten anregte und förderte, war das alles zu rechtfertigen. Aber dann, so mein damaliger Eindruck, kam er doch noch aus seinem Trott heraus, wurde er aktiv, wurde er auch produktiv – im nachhinein würde man vielleicht sagen: er wurde es, als seine Schwierigkeiten mit der Partei begannen, aber stimmen würde dies nicht, die Schwierigkeiten, in die er mit seiner Partei kam, waren eher die Folgen, und erst mal auch waren das eher Schwierigkeiten, die seine Partei mit ihm hatte. Und nicht nur mit ihm allein. Es gärte nämlich in dieser Partei, die alles beherrschte, die ganze DDR, und zu der auch mein Vater gehörte. Die von Chruschtschow eingeleitete Entstalinisierung, die war aber nur der Auftakt, die notwendige Vorbedingung dazu gewesen, in der DDR richtig los ging es erst nach dem Bau der Mauer, wo es dann nicht mehr möglich war, die offensichtlichen Probleme einfach nur auf den Westen zu schieben, auf die westliche Einflußnahme und Diversion, die es ja sicher gegeben hatte. Nun war die Zeit da, sich mit der Frage zu befassen, warum denn die Leute weggerannt waren, warum denn die DDR dem Westen so sehr hinterherhinkte. Ökonomisch, technologisch. Das kam dann alles auf den Prüfstand: die Planwirtschaft mit ihrer Tonnenideologie, die völlig verzerrten Preise, die dadurch falsch gesetzten Anreize, die Rolle, die die Wissenschaft zu spielen hatte, wie die Wissenschaft durch idiotische Vorgaben der Partei behindert worden war, der ideologische Dogmatismus, die Sklerose der marxistischen Philosophie. Es waren da sehr viele Leute an verantwortlichen Positionen sehr unzufrieden, nicht nur mein Vater allein. Parteigenossen, die sich nicht mehr von ihrer Parteiführung vorschreiben lassen wollten, was sie zu tun und zu denken haben. Die Intelligenz, so könnte man sagen, drängte zur Macht, die Intelligenz wollte ihren Freiraum haben. Und die Künstler dann natürlich auch. Und mein Vater war nur einer von vielen dabei. Er war nicht der Anführer dieser Truppe, dieser innerparteilichen Opposition. Einen Anführer konnte es gar nicht geben, eine offen erklärte Opposition wäre gar nicht zugelassen worden. Fraktionsbildung war laut Satzung innerhalb der SED verboten. Nennen wir es eine Strömung, eine Strömung, in der mein Vater mitschwamm. Die er auf seine Weise beförderte. Wahrscheinlich sogar anfangs und lange Zeit gefördert von Ulbricht, der ja, wenigstens in dieser Zeit, gar nicht der Betonkopf war, den alle in ihm sahen.

Und in dieser Zeit, in der war mein Vater produktiv, in dieser Situation auch eines lebhaften Diskussionszusammenhanges mit anderen, deren Chef er nicht war, als deren Chef er sich auch nicht aufspielte. Produktiv machte ihn, machte auch die vielen anderen diese Aussicht auf eine Reform des Sozialismus. An der sie mitwirken wollten, die sie in Gang kriegen wollten. Dann aber endete diese schöne Zeit, das 11. Plenum der Partei 1964 beendete diese Träumerei brutal, mein Vater fand sich aus seiner Partei ausgeschlossen wieder, rausgeschmissen auch aus der Humboldt-Universität. Er wurde öffentlich angegriffen, natürlich gab es den Versuch, ihn zu isolieren, aber er, der so gesellig war, der gerade eben noch zusammen mit anderen produktiv gewesen war, isolierte sich auch selber. Er zog sich in sein Häuschen am See zurück. Er konzentrierte sich auf Wein, Weib und Gesang, der Cognac blieb ihm und Wolf Biermann, ihm was vorzusingen. Und von ihm kam nichts mehr. Vorbei. Robert

Havemann, der Witze-, der Anekdoten- und Geschichtenerzähler, das blieb. Mehr war nicht. Er machte das Nichtmachen – nur in Ordnung kam dabei nichts.

Erledigt

Ich hatte einen Freund, Thomas Brasch, der mir wichtigste Freund damals und dann sehr lange noch, vielleicht zu lange. 1945 geboren und damit sieben Jahre älter als ich, 1965 war ich 13 und er also schon 20, aber der Altersunterschied spielte zwischen uns nicht die Rolle, außer sexuell natürlich, wo er mir mehr als nur voraus war. Thomas hatte studiert, hatte dann seinen Studienplatz verloren, war aus der Universität in Leipzig rausgeflogen. Politisch natürlich, und den Anlaß dafür bildete dieser Havemann, Robert, mein Vater, für den Thomas Brasch offen Sympathien geäußert hatte, für den er eingetreten war, weil er das überhaupt nicht in der sozialistischen Ordnung fand, einen Mann wegen seinen abweichenden politischen und in erster Linie philosophisch abweichenden Anschauungen aus der Partei zu werfen, ihn von seinem Lehrstuhl zu entfernen. Als er mich dann kennenlernte, den Sohn dieses Robert Havemann, war klar, daß er durch mich dann auch ihn kennenlernen würde, den Vater durch den Sohn. Aber Thomas hatte es nicht eilig damit, sich in die Schar der Bewunderer von Robert Havemann einreihen, das wollte er nicht, und auch ich hatte es nicht eilig, meinen neuen Freund zu meinem Vater zu bringen, ihn meinem Vater vorzustellen. Ich hatte endlich jemanden gefunden, mit dem ich reden konnte. Mit dem ich mich verstand, mit dem der ganze Sozialismus noch einmal durchzukauen war. In einer Weise, die interessanter schien als nur das simple Pro und Kontra DDR, denn Thomas war jemand, der sich wirklich für dieses Land interessierte, die DDR liebte. Und mit ihm war doch über meinen Vater zu reden. Über meine komplizierte Geschichte mit ihm, über meine Bewunderung für ihn, meine Zweifel an ihm. Wir lasen zusammen die Vorlesungen meines Vaters, die bei rororo unter dem Titel *Dialektik ohne Dogma* als Taschenbuch erschienen waren. Wir waren nicht gegen dieses Buch, überhaupt nicht, wir fanden es interessant, wir fanden es anregend, wir fanden nur sehr bald, daß in diesem Buch eigentlich noch ein anderes Projekt steckte, ein Buch, das von meinem Vater zu schreiben wäre. Man könnte es vielleicht kurz so formulieren: eine marxistische, eine materialistische Geschichte der Naturwissenschaft im Zusammenhang mit der sie beeinflussenden Philosophie, unter Einschluß der Entwicklungen, die es in der Sowjetunion gegeben hatte, den Zusammenhang und Widerspruch zwischen ideologischem Dogmatismus und der Wissenschaft betrachtend. So in der Art. Wir glaubten, daß eine solche Untersuchung fehlte, wir meinten, daß sie sehr nützlich sein könne. Und nachdem uns das alles so wunderbar klar war und einleuchtend erschien, sagte ich Thomas, wir sollten uns nun mit meinem Vater treffen, wir hätten doch etwas mit ihm zu bereden. Thomas war einverstanden, und ich verabredete mit meinem Vater einen Termin, wo wir uns zu dritt zusammensetzen würden. Und das taten wir dann auch, und Thomas und ich, wir erläuterten meinem Vater, was uns bei der Lektüre und Diskussion seines Buches *Dialektik ohne Dogma* aufgegangen sei, was das eigentliche Nachfolgeprojekt dieser seiner Vorlesungen sein müsse. Mein Vater hörte uns aufmerksam zu, er sperrte sich dagegen nicht. Umgekehrt: er fand das alles sehr interessant und richtig. Genau dies müsse man tun, hier wäre weiterzugehen, weiter zu forschen, das wäre sicher eine nützliche Untersuchung. Auch politisch. Wir waren uns also einig. Vollkommen einig, und also dachte ich, und auch Thomas dachte es, wie er mir im nachhinein bestätigte, mein Vater würde nun also sagen, daß er dieses Projekt in Angriff nehmen würde. Aber er sagte nichts dergleichen, und an der Stelle, wo er es eigentlich hätte sagen müssen, trat eine merkwürdige Stille ein, das Gespräch stockte. Thomas schwieg, und nur ich als Sohn konnte das fragen, meinen Vater fragen, was denn nun wäre, ob er dieses Buch schreiben, sich an diese Arbeit machen würde. Mein Vater lächelte mich an, als ich ihm diese Frage stellte, und dann sagte er nein, ganz klar nein. Er sagte nicht, es täte ihm leid, seine Umstände erlaubten ihm nicht, eine solche sicher sehr umfangreiche Sache zu beginnen, er sprach nicht von irgendwelchen Umständen, die es ihm unmöglich machen würden, eine solche wissenschaftliche Arbeit zu leisten, daß er an das dafür nötige Material nicht herankäme – nichts derart. Als ich ihn fragte, warum nicht, antwortete er: er habe keine Lust dazu, das sei ihm zuviel Arbeit. In dem Moment war er für mich erledigt. Thomas sagte mir Jahre später, für ihn sei in diesem Moment klar gewesen: vergiß den Vater, halte dich an den Sohn.

Als Vorwurf formuliert war es von mir im *SPIEGEL* an die Adresse meines Vaters nicht, daß er nur faul rumsäße, ein Nichtstuer wäre, formuliert war das nur en passant, als handle es sich dabei um etwas, das ja allgemein bekannt ist, als bloße Charakterisierung seiner Person, und das hat dann sicher noch ein paar Leute mehr geärgert, aber als Vorwurf hätte dies ja doch gemeint sein können, und die dann, die da einen Vorwurf herauslasen, lasen womöglich das Richtige, das von mir nur Verdeckte – war dem so? Es war schlimmer als das. Es war mehr als nur das, daß ich meinem Vater wegen seiner Faulheit Vorwürfe zu machen gehabt hätte. Das wär ja noch im Rahmen geblieben. Des Fünfjahresplanes, der sozialistischen Arbeitsmoral, der bürgerlichen Strebsamkeit, der protestantisch-preußischen Ethik. Große Aufgaben warten auf uns, und er sitzt da rum, schaut auf den See und nippt an seinem Cognac-Glas. Es bewegte sich über diesen Rahmen hinaus, der Vorwurf betraf nicht die Tatsache, daß dieser Mann nichts tat, der Vorwurf zielte darauf, daß dieser Mann unproduktiv war. Daß bei ihm nichts rauskam. Er hätte ja sagen können: laßt mich mal in Ruhe nachdenken, ich muß da was für mich klären, aber das sagte er nicht, und er dachte auch nicht nach und klärte nichts für sich. Dieser Vorwurf aber, unproduktiv zu sein, war einem Menschen nicht zu machen. Man ist es oder ist es nicht. Einfälle lassen sich nicht kommandieren. Auch ein Künstler kann das doch nicht. Sie kommen oder sie kommen nicht. Ganz so dumm, meinem Vater seine Unproduktivität zum Vorwurf zu machen, war ich nicht, ich war dümmer, ich war schlimmer, es war schlimmer: ich verachtete ihn dafür. Intellektuell war er bei mir unten durch. Als Denker erledigt. Ich hatte nur Verachtung für ihn übrig. Also hatte ich ihn mir anders vorgestellt, mir anders gewünscht, an einen anderen Robert Havemann geglaubt. Und ich hatte an mehr als nur einen anderen Robert Havemann geglaubt, auch an einen anderen Sozialismus, an einen, den wir als sozialistische Opposition zumindest intellektuell vorzubereiten hatten. Die Unproduktivität meines Vaters, des anerkannten Oberhaupts dieser Opposition, des Mannes, der die Führung dieser Opposition beanspruchte, sich als deren Obermakker behauptete, sie behinderte diese Opposition. Sie machte sie steril, sie schwächte sie. Ein ewiges Wiederkäuen abgegriffener Formeln – was sollte das, daß dieser Sozialismus wohl schwerlich mit den Vorstellungen unserer Klassiker übereinstimmte? Das konnte doch kein Argument sein. Kein Argument gegen die Realität. Sie damit ärgern, die Parteibonzen, das konnte man, weil sie sich ja immer auf diese Klassiker beriefen, mehr aber auch nicht. Aber das brachte uns doch keinen Schritt weiter, das bereitete doch nicht ein bißchen eine Veränderung dessen vor, was da als Sozialismus entstanden war. Der Vorwurf, unproduktiv zu sein, mein Vorwurf, er betraf also die ganze Opposition, mich inklusive. Der Vorwurf betraf natürlich die andern ein bißchen mehr als mich, denn die sahen das ja noch nicht mal, daß sie sich von einem unproduktiven Führer an die Kandare nehmen ließen, der sie still hielt, sie nur Party machen ließ. Was aber natürlich nur möglich war, weil auch diese anderen unproduktiv waren, sonst hätten sie doch den alten Nichtstuer einfach beiseite geräumt und weiter auf seinen See starren lassen beim Cognac-Glas. Aber auch dieser Vorwurf an die Opposition als Ganzes war natürlich absurd und nicht zu halten und verwandelte sich also – in was? In Verachtung natürlich. Für den ganzen Verein. Bei dem nichts herauskam, der nur Party machte.

Heute weiß ich, daß die sozialistische Opposition in der DDR deshalb so unproduktiv war, weil es da einfach gar nichts mehr zu holen gab, weil dieser Sozialismus keine Zukunft besaß, die Opposition war nur als Lokkerungsübung von Bedeutung. Ein Endzeitphänomen. Eine Dekadenzerscheinung. Und von meinem Vater müßte ich heute und im nachhinein sagen, daß er sich als unproduktiver Mensch tapfer gehalten hat. Und es gut war, daß es ihn gab, daß er da war. Das machte das Leben für die Leute leichter in der DDR. Es lebt sich anders in einem Land, in dem es eine Opposition gibt, und sei es auch nur eine Ein-Mann-Opposition. Plus Sänger, plus Biermann. Die stalinistischen Zeiten waren vorbei, das bedeutete es, daß es den staatlich anerkannten Staatsfeind Robert Havemann gab, daß man ihn in aller Ruhe an seinem See sitzen ließ. Ihn nicht einsitzen ließ, im Gefängnis, ihn nicht an die Wand stellte. Das entspannte die Situation, das zeigte ihre Schwäche, zeigte, daß sie zurückwichen, nicht mehr die Kraft hatten, richtig zuzuschlagen. Auch wenn sicher klar war, daß sie bei diesem Havemann eine Ausnahme machten, die sie bei andern dann eben doch nicht machen würden. Aber die Welt ändert sich, wenn es nicht nur die Regel, sondern auch die Ausnahme von der Regel gibt. Der totalitäre Staat kann sich keine Ausnahme erlauben, nur eine Verschärfung, muß er eine Ausnahme machen, hört er auf, ein totalitärer Staat zu sein, tendenziell tut er das, und da es den totalitären Staat nicht als totalitären Staat, sondern nur als Tendenz geben kann, ist das kleinste Zurückweichen entscheidend. Kann es der Beginn seines Endes sein.

1965

Nein, wirklich nicht. Es geht ihm nicht gut. Man sieht's doch. Dieser Mann steckt in Schwierigkeiten. Er versucht, Haltung zu bewahren, sich nichts anmerken zu lassen. Nicht, wie dreckig es ihm geht. Daß er sich überhaupt nicht sicher ist, aus diesen Schwierigkeiten einigermaßen heil herauszukommen. Vielleicht ist er doch zu weit gegangen. Von seinem Optimismus ist nichts zu spüren, von der Sorglosigkeit, die er sonst immer ausstrahlt, mit der er seinen Mitstreitern den Rücken zu stärken sucht. Die Abenteuerlust, sie scheint ihm gründlich vergangen. Bedrükkung, vielleicht sogar Verzweiflung, Unsicherheit, das sicher. Aber er versucht, sich nicht unterkriegen zu lassen. Sich nichts anmerken zu lassen. Die Kamera aber hält es fest. Die Bilder sind stumm. Die Bilder legen ein beredtes Zeugnis davon ab, wie mies es ihm geht. Wie wenig wohl er sich in seiner Situation fühlt. Könnte er jetzt etwas sagen, er würde

diesen Eindruck zu zerstreuen suchen. Aber der Ton fehlt, kein Statement möglich. Nichts, womit er sich selber einreden könnte, die Lage sei doch gar nicht so schlimm, die Partei würde sich schon noch korrigieren, der Kommunismus sicher siegen. Man redet ja auch, um sich selber was einreden zu können. Man spricht anderen Mut zu, um selber mutig sein zu können. Man tut sich mit anderen Menschen zusammen, um nicht spüren zu müssen, wie einsam man doch eigentlich ist.

Er hat sich fotografieren lassen. Er, der selber fotografiert, wird fotografiert. Läßt sich fotografieren. Er hat sich in seinen Sessel gesetzt, dorthin, wo er immer sitzt. In den Sessel, von dem aus er in den Garten schauen kann, in den Sessel, in dem er schon so viele Stunden gesessen hat, in den Garten hinausschauend, das Glas Cognac vor sich, seine Zigaretten rauchend, das Radio läuft auch dann, wenn er vielleicht gar nicht richtig zuhört. Er hat viele sehr einsame Stunden in diesem Sessel verbracht

Stunden, in denen ihn niemand anders gesehen hat. Das ist auch sein Platz, wenn Leute kommen, seine Kinder, seine Freunde, seine Frauen. Der Präsidentensitz an der Längsseite des niedrigen Tisches, alle Blicke richten sich auf ihn. Er muß sich nicht erst Gehör verschaffen. Er hat etwas zu sagen. Er strahlt eine natürliche Autorität aus. Alle wissen auch, wie witzig er sein kann, daß er Geschichten, Anekdoten zu erzählen hat. Daß er spontan sein kann. Ein guter Unterhalter. Jemand, der mit anderen leicht in Kontakt kommt. Ein geselliger Mensch. Auf diesen Fo- os aber ist er es nicht. Auf diesen Fotos ist er allein. Wir vergessen den otografen – wahrscheinlich ein Profi, der sich selber vergessen machen nn, sich so verhalten, als wäre er gar nicht da. Auf diesen Fotos sehen r ihn so, wie er wohl ausgesehen haben könnte, wenn er allein ist. Al- n mit sich. Wir sehen ihn so, wie wir ihn sonst nicht kennen. Wir sehen en Mann, der offensichtlich in Schwierigkeiten steckt.

Keine Schnappschüsse, nicht aufgenommen in einer Gesprächssituation. Da hat sich jemand hingesetzt, um sich fotografieren zu lassen. Fast könnte man sagen, er posiert. Aber nur fast, denn von Pose ist auf diesen Fotos nichts zu spüren. Weder, daß er auf ihnen freundlich wirken möchte, charmant und verbindlich, kein Lächeln, nicht mal der verquälte Versuch zu lächeln, noch, daß hier einer ist, der seine Verzweiflung ausstellen möchte, wie dreckig es ihm geht. Kein verkanntes Genie, das sich romantisiert, tragisch umwölkt gibt. Er hat sich nur hingesetzt, um sich fotografieren zu lassen. Er hat gar keine Übung darin. Ist nicht der, der es gewohnt ist, sich fotografieren zu lassen. Er inszeniert sich nicht. Er weiß das nicht, was man tun muß, um auf Fotos stark rüberzukommen. Daß es da um Emotionen geht. Daß das Objektiv der Kamera das Subjekt zum Gegenüber braucht, das starke innere Erleben dessen, den es ablichtet. Es passiert ihm nur, das geschieht nicht willentlich, daß seine Gefühle auf diesen Fotos dann so deutlich werden. Seine Unsicherheit, daß er offenbar in Schwierigkeiten steckt. Da ist keine Absicht dahinter. Wahrscheinlich würde er das gar nicht wollen, daß man ihn so sehen kann. Vielleicht ist diese Serie von Fotos auch deshalb nicht bekannt, weil er sie unterdrückt hat. Weil sie ihm peinlich waren. Weil er das nicht wollte, daß man ihn so sieht. Daß man ihm auf ihnen die Verzweiflung ansehen kann. Wie bedrückt er ist. Daß es ihm dreckig geht. Daß er seinen Optimismus verloren zu haben scheint.

Er trägt eine Krawatte zum dunklen Hemd. Einen gestreiften Schlips. Das scheint üblich gewesen zu sein in dieser Zeit. Auch dann noch, wenn man es sich zu Hause bequem gemacht hat. Der Ort, wo diese Fotos von meinem Vater aufgenommen wurden, das ist in seinem Häuschen, ist in Grünheide Alt-Buchhorst. Sein oberster Hemdkragen ist offen. So leger war er trotz Schlips. Und er hat diesen dicken Pullover an mit dem spitzen Ausschnitt, den auffälligen Streifen. Er trug ihn oft, diesen Pullover. Diesen hellblauen Pullover, der so gar nicht zu einem Professor passen wollte. Was natürlich sympathisch ist. Auch wenn wir ihn alle schrecklich fanden, diesen Pullover. Dieses Babyhellblau ein bißchen peinlich. Aber er scherte sich ja um solche Sachen nicht. Was natürlich sympathisch ist. Später dann, und gar nicht mal so viel später, hat er den Schlips abgelegt, und der Pullover wurde ein roter. Und er zog Jeans an. Jeans, bei denen ihm der Hintern dann immer viel zu weit herunterhing. Darauf legte er doch dann keinen Wert mehr, wie er aussieht, gekleidet war. Es mußte bequem sein, das war alles. Was natürlich sympathisch ist. Diese Fotos zeigen den Übergang: er hat den Schlips noch an, das Jackett aber schon abgelegt, er hat sich einen dicken Pullover angezogen. Wann sind sie aufgenommen worden, diese Fotos, die ich im Robert-Havemann-Archiv gefunden habe? Ich schätze mal 1965. In der Zeit also, als er mächtig in der Bredouille steckte, massive Schwierigkeiten mit seiner Partei hatte, mit seinem Staat DDR. Könnte aber auch etwas früher gewesen sein, ein, zwei Jahre davor, als diese Schwierigkeiten begannen, die sich dann steigerten, zu seinem Rausschmiß führten aus dieser Partei, deren Mitglied er war und doch auch bleiben wollte, zu seiner Entlassung aus der Humboldt-Universität. Aber ich verlege diese Fotos doch in das Jahr 1965, ich verlege sie dorthin, weil er da dann 55 Jahre alt war. Und damit genauso alt wie ich jetzt. Sehe ich mit meinen 55 Jahren jünger aus als er auf diesen Fotos? Das kann man von sich selber nicht wissen. Jedenfalls erstaunt es die Leute oft, wenn sie hören, wie alt ich schon bin. Man hält mich für jünger. Aber sehen wir nicht alle meistens heute jünger aus? Wir haben 1968 hinter uns, wir leben in einer Zeit des forever young, und vor 68 war das wohl genau umgekehrt. Daß auch die Jüngeren lieber aussehen wollten wie gesetzte Leute. Erschreckend, wie zeitabhängig auch so etwas ist. Wie sehr wir bestimmt werden von dem, was unsere Epoche ausmacht. Irgendwann vielleicht wird man sich auch über mich nur wundern, darüber, wie ich noch mit 55 ausgesehen habe, wie unreif, wie unfertig.

Geizig

Ich bin es. Mit mir selber bin ich es. Ich bin geizig, geizig mit mir selbst. Hoffentlich nur mit mir selber geizig. Mein Bruder ist es auch. Auch er gönnt sich nichts. Nichts, was wirklich ins Geld gehen könnte. Meine Schwester, freigebig gegenüber anderen, auch mich hat sie immer mal wieder mit Geld unterstützt, für sich selber aber von größter Sparsamkeit. Auch sie würde ich geizig nennen, geizig mit sich selbst. Warum? Warum sind wir drei Geschwister so verdammt geizig, geizig jedenfalls, was uns betrifft? Vielleicht wegen diesem Schock am Weihnachtstag 1965 – vielleicht. Ich nehme es an, ich erkläre es mir so, ich entschuldige uns damit, man belächle unseren Geiz mit Nachsicht. Und was war da los, am 24. Dezember 1965, was ist da passiert?

Weihnachten, das war ja immer furchtbar langweilig, eine öde, angestrengte, um Harmonie bemühte Veranstaltung in der Familie Havemann, etwas auch, das mich zunehmend irritierte, als mir klar wurde, daß dies ein christliches Fest ist – wie konnten wir als Atheisten so was feiern, wie konnte sich unser Vater, der mit uns regelmäßig die Beweise für die Nicht-Existenz Gottes beim Mittagessen durchkaute, auf so einen Humbug überhaupt einlassen? Gut, es gab die Geschenke, und die allein gaben diesem Feiertag einen Sinn – aber sonst? Am späten Abend bei Henselmanns, da war wenigstens noch was los, aber der staatstragende Opportunist Henselmann hatte doch diese weihnachtlichen Großfamilientreffen sang- und klanglos abgeschafft, seit sich sein Schwager Robert Havemann zum Staatsfeind mauserte, die Henselmann-Familie feierte 1965 ohne uns. Ein öder, verlorener Tag, dieser unheilige Heiligabend – früh mußten wir noch in die Schule, für drei Unterrichtsstunden, mehr nicht, und groß gefordert wurde man da an diesem Tag auch nicht, dann das Mittagessen, und immer gab es da diese dicke, fette Erbsensuppe, die ich nicht mochte, die wahrscheinlich eigentlich niemand in der Familie Havemann mochte, die aber mit zu den unumgänglichen Weihnachtsvorbereitungen zu gehören schien, als Sparmaßnahme zum Ausgleich für das, was die Geschenke kosten mochten. Gut, nach der Bescherung gab es dann die Würstchen mit Kartoffelsalat, die ich gerne in mich hineinfutterte, aber dazwischen, die Zeit dann vom Mittagessen bis zu dieser Bescherung, die war hart. Absolute Stille, lähmende Stille – nicht erst *Stille Nacht, heilige Nacht*, bei uns herrschte diese verdammte Stille schon den Nachmittag über. Auch mein Vater muß sich unendlich gelangweilt haben in dieser Zeit, denn die eigentlichen Weihnachtsvorbereitungen, die waren ja Sache unserer Mutter, da kümmerte er sich nicht drum, für den das ganze Fest eine einzige Zumutung gewesen sein muß. Der er sich aber beugte, wegen den Kindern sicherlich. Wegen uns. Weil unsere Mutter meinte, Weihnachten muß sein. Alle Welt feiert Weihnachten, Weihnachten auch im Sozialismus, da kann sich Havemann nicht einfach ausklinken. Vielleicht war das beim ersten Mal eine spontane Idee von ihm gewesen, weil er's in seinem Zuhause, in dem er doch gar nicht wirklich zu Hause war, nicht aushielt, später dann forderten wir Kinder das von ihm, es wurde ein streng einzuhaltendes Ritual, daß unser Vater mit uns nach dem Mittagessen eine Spazierfahrt mit dem Auto machte. Er nutzte die dann auch noch, um noch schnell und auf den letzten Drücker, bevor die Geschäfte zumachten, ein Geschenk für seine Frau, seine verbiesterte Ehefrau, zu kaufen – das dauerte, denn natürlich wollte ihm gar nichts einfallen, was er unserer Mutter schenken könnte. Ansonsten aber gondelten wir in unserer Bonzenschleuder durch die leeren, immer leerer werdenden Straßen Ost-Berlins, und an diesem Weihnachtstag fuhr auch mein Vater langsam und hielt sich ausnahmsweise an die Straßenverkehrsordnung, wir hatten ja kein Ziel, wollten nur die tote Zeit überbrücken. Ich erinnere mich nur an graue Nachmittage, und eigentlich war diese Fahrerei genauso öde wie die Öde, die sie uns verscheuchen sollte – ob wir das auch noch im Jahre 1965 so gemacht haben, diese Tour in den Weihnachtsabend, ich weiß es gar nicht mehr sicher. Immerhin waren wir da keine ganz kleinen Kinder mehr, ich war 13, mein Bruder schon 15, und Bille, mit ihren 10 Jahren, oder eben nicht wollten, nicht mehr wollten. Auf alle Fälle werden wir 1965 nicht mehr mit unserem *Wolga* unterwegs gewesen sein, denn den teuren, spritschluckenden russischen Panzer für Funktionäre, den hatte unser Papi doch wohl schon durch den sehr viel bescheideneren *Wartburg* aus der DDR-Produktion ersetzt, er hatte doch den großen Kladderadatsch schon hinter sich, den Rausschmiß aus der Humboldt-Universität, ein bißchen sparsamer war er doch schon geworden, seitdem ihm nur noch die kleine Forschungsstelle bei der Akademie der Wissenschaften geblieben war – oder hatte er da unbeschadet dessen immer noch seinen Vertrag direkt mit der Regierung der DDR? Ich weiß es nicht.

Wir drei Kinder saßen also, ob mit oder ohne Spazierfahrt davor, mit unserem Vater in seinem Zimmer zusammen, der Dinge harrend, die da weihnachtlich auf uns zukommen würden, an diesem Weihnachtstag im Jahre 1965. Plötzlich aber klingelte es an der Tür. Wir sahen uns an, verwundert, erstaunt – wer sollte da zu dieser vorweihnachtlichen Stunde zu uns, uns besuchen kommen wollen? Es mußte eine Nachbarin sein, jemand aus dem Hause, dem der Zucker ausgegangen war. Nichts weiter von Wichtigkeit. Jedenfalls rannte keiner von uns dreien zur Tür, wie wir das sonst sicher getan hätten, Tati, die an diesem Tage besonders vielbeschäftigte Haushälterin des Kommunisten Havemann, wird's gewesen sein, die dann aus der Küche zur Wohnungstür gegangen ist. Aber er mußte dann auch kommen, er war's, der verlangt war, der mit seiner Unterschrift den Empfang des Briefes bestätigen mußte, dem ihm der Bote, der da bei uns zu dieser Unzeit geklingelt hatte, persönlich zu übergeben und auszuhändigen hatte. Ich sehe meinen Vater noch in sein Zimmer zurückkehren, zu uns, zu seinen drei Kindern, diesen Brief in der Hand. Bleich – er hatte ja schon den Absender gelesen, vielleicht auch wird der Bote ihm gesagt haben, wer ihn geschickt hatte: die Akademie der Wissenschaften, deren Präsident, Professor Hartke. In dem Brief dann seine Kündigung, die Mitteilung, daß er mit sofortiger Wirkung von seinem Direktorenposten der Arbeitsstelle für Photochemie in Berlin-Adlershof entbunden sei, verbunden mit dem Verbot, sie jemals wieder zu betreten. Zack, aus, vorbei. Er war seinen Job los. Von dem Moment an ohne Einkommen. Er las uns diesen Brief vor, atemlos. Ohne Kommentar, unfähig, etwas zu sagen. Er reichte unserer Mutter, die aus ihrem Zimmer, in dem der Weihnachtsbaum aufgestellt war und in dem sie die Geschenke für uns drapierte, zu uns kam, wahrscheinlich von Tati in Kenntnis davon gesetzt, daß irgend etwas Wichtiges passiert sein mußte, den Brief seiner fristlosen Entlassung. Sie las den Brief, wortlos. Verschwand dann wieder, ohne irgend etwas dazu gesagt zu haben. Und mein Vater saß da, wie unter Schock, ich hatte ihn noch nie so still gesehen, so schweigsam. Das ganze eh schon für Atheisten absurde Weihnachtsfest, es wurde das Absurdeste, was ich bis dahin überhaupt erlebt habe. Die fette Weihnachtsgans am ersten Weihnachtstag, die Geschenke, der gefüllte Gabentisch: absurd. Die materielle Grundlage für diesen teuren Spaß, sie gab es nicht mehr, Havemann hatte sich ausprivilegiert.

Und dabei war er sich doch so unglaublich clever vorgekommen, der geduldete Staatsfeind Havemann, der immer noch von seinem Staate hochdotiert beschäftigte: der große *SPIEGEL*-Artikel über ihn und seinen Rausschmiß aus der Partei, aus der Humboldt-Universität ein Jahr zuvor, der ihn und seinen Fall erst im Westen richtig publik gemacht hatte, war da schon erschienen, auch dieses lange Gespräch, das dieser amerikanische Journalist Knop mit ihm geführt und zu einem Artikel im *SPIEGEL* gemacht hatte – der *SPIEGEL* aber wollte mehr, wollte direkt etwas von dem oppositionellen Professor Havemann, einen von ihm selber verfaßten Artikel. Das Angebot lag vor, und es war mehr als nur ein Angebot: er mußte das machen, mußte da etwas schreiben, für den *SPIEGEL*. Er hatte sich mit dem Westen eingelassen, mit dem Klassenfeind in Gestalt seiner Medien, es war ihm dies passiert, er war einem cleveren West-Journalisten auf den Leim gegangen, der ihn, den er wohl für einen Studenten hielt, nach seiner schon von der Partei kritisierten und beargwöhnten Philosophie-Vorlesung angesprochen, ihm Fragen gestellt hatte, die dann, als Interview ausgegeben, im *Hamburger Abendblatt* erschienen waren – für die Partei der willkommene Anlaß, ihn auszuschließen, Anlaß auch dafür, daß er seine Professur verloren hatte, das war aber auch etwas, das seine Mit-Oppositionellen irritierte, einen Graben zwischen ihm und seinen Genossen aufriß, denn damit hatte er gegen ein Tabu verstoßen. Man spricht nicht mit dem Klassenfeind, wir klären unsere Schwierigkeiten intern und unter uns. Wenn's sein muß mit Erschießungen – gut, die Zeiten waren wohl doch vorüber, die ganz schlimm stalinistischen. Zugeben, daß er naiv gewesen war, sich von diesem Journalisten hatte übertölpeln lassen, nein, das konnte er nicht, er konnte nur noch vorwärts gehen auf diesem Wege, dem einer Einflußnahme auf die DDR-Verhältnisse über die Westmedien – so jedenfalls legte er sich das zurecht. Auch als Schutz, auf daß ihn seine Bekanntheit im Westen vor weiteren Zwangsmaßnahmen seitens der Partei, des Staates schütze. Aber Vorsicht war geboten, er wollte es sich doch mit seinen Genossen nicht ganz verderben, weder mit denen seiner Opposition noch mit denen ganz oben, er wollte die Rehabilitation nicht unmöglich machen, auf die er hoffte. Also handelte er mit dem *SPIEGEL* aus, daß er über jedes Thema schreiben könne, das er wolle, politisch in seiner Situation für angebracht hielt. Der *SPIEGEL* ließ sich darauf ein, der *SPIEGEL* war klüger als der Genosse Professor Havemann, der doch seine Leute hätte besser kennen müssen, der *SPIEGEL* wußte, was immer auch dieser Havemann schreiben würde, die Veröffentlichung bei ihnen wäre ein Skandal. *Plädoyer für eine neue KPD* – so hieß dann die Überschrift des Artikels, den der *SPIEGEL* abdruckte. Und da glaubte mein Vater doch, das wäre unglaublich geschickt, wenn er, als Kommunist versteht sich, in einer West-Postille für die Wiederzulassung der im Westen seit 1956 verbotenen KPD eintrete, da könne ihm doch keiner was, da könne doch kein Kommunist etwas dagegen haben. Die im Westen verbotene KPD jedoch, in Gestalt ihres natürlich im Osten lebenden Vorsitzenden Max Reimann, distanzierte sich sofort, sie wollte nicht wiederzugelassen werden, jedenfalls nicht, weil dies Robert Havemann forderte und auch für den Westen, die westliche Demokratie als nur von Vorteil darstellte, würde sie diese Kommunistische Partei wieder legalisieren. Und sie wollte es schon gar nicht in der Fasson, unter den Bedingungen, die ihr der geschaßte Professor Havemann in seinem Artikel vorschreiben wollte: als eine anti-stalinistisch geläuterte, als eine wirklich demokratische, auch innerparteilich demokratische, die vom sogenannten, aber alles andere denn demokratischen Zentralismus Abschied nimmt, wie er für alle kommunistischen Parteien üblich war. Ja, er hatte natürlich davon dann doch nicht lassen können, sich in seinem *SPIEGEL*-Artikel eine Partei auszumalen, wie er sie für seine einstige SED gefordert hatte – auch dies gehörte doch zu seinem Trick mit dazu, das war der zweite Teil seiner so clever gedachten Strategie: über die KPD schreiben, aber die SED meinen. Und die natürlich verstand die Botschaft und fühlte sich sehr wohl gemeint und zog die Konsequenzen: seine Kündigung kam am Weihnachtsabend. Damit war er draußen. Das Spiel war aus – was sollte nun werden? Meine Mutter war schneller als mein Vater: ich hörte sie zu ihm noch am Weihnachtsabend sagen, daß Tati sofort entlassen werden müsse, die Familie Havemann könne sich eine Haushälterin doch nun nicht mehr leisten. Ich habe meine Mutter gehaßt dafür. Im Jahr drauf zog sie eine weitere Konsequenz: sie ließ sich scheiden.

Die Rente

Es hat doch wirklich Leute gegeben, die haben die wunderbare, gutbezahlte Arbeitslosigkeit meines Vaters ein Berufsverbot genannt – Westdeutsche natürlich, denn in Westdeutschland gab es das ja, Dank sei Brandt, Willy Brandt, gab es Berufsverbote gegenüber Radikalen, die es in ihrer sonderbaren Radikalität in den öffentlichen Dienst drängte. Staatsfeinde mit Pensionsberechtigung – nein, ein solcher Irrsinn war natürlich nur im Osten möglich. Aber auch nur in einem einzigen Fall, in dem Sonderfall Robert Havemann. Sie werden sich gewundert haben, wovon der Mann, so ohne alles Einkommen, denn lebe, oder sie werden sich sicherheitshalber bei ihren Genossen von der Sicherheit erkundigt haben, wie er das wohl schaffe. Geredet hat er darüber nicht groß, nur ein paar wenige Male in Andeutungen, und aus denen ergab sich, daß ein paar berühmte und gutverdienende Wissenschaftler, denen das überhaupt nicht gepaßt hatte, wie ihr Kollege Havemann einfach so, ohne das übliche Ausschlußverfahren, aus den Mitgliederlisten der Akademie der Wissenschaften einfach gestrichen worden war, etwas von ihrem dicken Verdienst ab- und in einen gemeinsamen Topf hineingaben, aus dem er sich dann bedienen konnte. Keine Ahnung, wie lange das so ging, aber ewig konnte es so natürlich nicht gehen. Weder konnte die Partei das auf Dauer dulden, auch wenn sie sich wohl sicher mit diesen anerkannten Größen nicht so gerne anlegen wollte, noch war von seiten meines Vaters davon auszugehen, daß diese fleißigen und vielbeschäftigten Leutchen, wird ihnen erst einmal klar: der Havemann will ja gar nicht, will nicht arbeiten, eine Stellung annehmen, dem ist doch die ganze Wissenschaft schniezpupsegal, immer weiter an ihn zahlen werden. Ihn damit in den Westen treiben zu können, daß man den Professor aushungert, damit war auch nicht zu rechnen, eher machte er wieder Skandal. Der drohende Sozialfall Havemann mußte also gelöst werden. Möglichst, ohne viel Wirbel zu machen. Ein Fall für die Genossen vom Schwert und Schild der Partei, aber natürlich eine subtile Aufgabe für dieses Schwert und Schild. Die Lösung war wohl gar nicht so schwer gefunden: der Staatsfeind war mit einer Rente ruhigzustellen – wozu war der Mann das, womit er sie immer ärgerte, was seinen Nimbus entscheidend mit ausmachte, ein Widerstandskämpfer, ein Opfer damit des Faschismus, ein Verfolgter des Naziregimes. Dafür gab es ja Rente, eine hohe, eine Extra-Rente, aber sie gab es natürlich nur, wenn man alt genug war, Rente beanspruchen zu können. So alt war mein Vater 1967 mit seinen also 57 Jahren noch nicht, aber es gab sie, diese VVN-Rente, ja auch, wenn man krank war, und ganz gesund war der Professor Havemann sicher nicht, der nach dem Krieg und wahrscheinlich infolge der Haft eine schwere Lungentuberkulose durchgemacht hatte. Doch einen Arzt zu finden, der diesen Robert Havemann, den sie am liebsten sicher wirklich krank und möglichst bald aus dem Leben scheidend gesehen hätten, für krank erklärte, für nicht mehr arbeitsfähig, das sollte doch wohl eine Schwierigkeit sein, die von den Genossen der Sicherheit zu überwinden sein mußte. Zu ihrer Sicherheit werden sie doch ihre Ärzte gehabt haben, ihre Stasi-Ärzte.

Das war die Lösung des Problems Havemann, nur mußte man dies noch diesem Havemann verklickern und irgendwie beibringen, daß die Beantragung einer solchen Rente alle seine finanziellen Probleme lösen würde. Aus den Mitgliederlisten dieses VVN, dieses Vereins der Verfolgten des Naziregimes, hatten sie ihn bei seinem großen Rausschmiß ja auch gestrichen, was sich in diesem Moment als Fehler erwies, denn wäre er da noch Mitglied gewesen, hätte man ihm doch über diesen Verein mal Mitteilung machen können, daß auch ihm eine Rente offen- und womöglich zustehe – als Rundschreiben an alle getarnt, als ein Rundschreiben, von dem es dann auch nur ein einziges Exemplar hätte geben können, produziert für den Briefkasten Robert Havemanns. Das fiel also als Möglichkeit aus, und ihm dies direkt von Staats wegen mitteilen, das konnte man auch nicht, denn dann bestand ja wieder die Gefahr, daß er sich da auf die Hinterbeine stellt und staatsfeindlich den Staat beschuldigt, ihn kaltstellen zu wollen. Blieb nur der Bote, ein unverfänglich erscheinender Bote, und einen solchen schickten sie dann dem armen, mittellosen Robert Havemann ins Haus. Ich war dabei, als er kam. In die Wohnung meines Vaters am Strausberger Platz, in die Wohnung, in der er nach der Scheidung meiner Eltern noch eine Weile alleine lebte. Wenn er denn da war, in der Stadt war und nicht, wie meist doch, in seinem Häuschen am See, in Grünheide Alt-Buchhorst. Aber das war ja wohl für die Genossen von der Sicherheit kein Problem, das festzustellen, wo sich das Sicherheitsrisiko Havemann gerade befindet. Dieser Bote, er kam nicht allein, er hatte eine junge Frau dabei. Seine Frau, wie er sagte, seine Geliebte, wie er sich dann korrigierte. Mein Vater hatte eine junge Frau, eine Geliebte, also paßte das, mußte das passen. Vielleicht war das subtiler gedacht, als da nur eine oberflächliche Übereinstimmung zu schaffen, subtiler, weil das ja einem Mann mit einer jungen Geliebten schon zu schaffen machen könnte, wenn er dann zum Rentner wird. Aber wollen wir ihnen nicht mehr Subtilität zubilligen, als sie wahrscheinlich aufbringen konnten. Der Bote gab sich als begeisterter Havemann-Anhänger zu erkennen, als Bewunderer von Robert Havemann, und er trug das auch dick genug auf – wie hätte er da sonst aus dem Nichts auftauchen können, und daß der Professor Havemann für Bewunderung empfänglich war, das war ja sicher allseits bekannt, dem Ministerium für des Staates Sicherheit garantiert. So viel zu sagen, was er denn an Robert Havemann so toll fände, außer seinen persönlichen Mut, das wußte der Bote allerdings nicht. Drauf kam es gar nicht an, und Robert Havemann fragte da auch gar nicht groß nach und fühlte dem Mann nicht auf seinen angeblich oppositionellen Zahn, denn das war ja wohl von vornherein klar, daß dieser Mann von der Stasi kam, im höheren Auftrag, die Frage war nur: was ist sein Anliegen?

Er trug sein Anliegen vor sich her, er legte sein Anliegen auf den Tisch – nein, nicht gleich das Formular, auf dem mein Vater seine vorzeitige VVN-Rente hätte beantragen können. Subtiler. Oder brutaler. Wie man will. Jedenfalls sehr deutlich und unübersehbar. Der Bote hatte eine Armprothese. Kinder mögen so was ja gar nicht gerne anschauen, und ich war ein Kind. Der Witz meines Vaters, als der Mann raus war, half etwas darüber hinweg, der gemeine und bösartige Witz, daß er in seiner Armprothese sicher ein Mikrophon versteckt habe, Platz wäre da ja genügend gewesen. Doch das war eine Anfangsvermutung, darum, Aufnahmen von diesem Gespräch mit meinem Vater zu machen, ging es sicher nicht, dazu war es viel zu unergiebig. Der Mann war ein Bote, und die Armprothese war seine Botschaft. Indirekt, wo doch diese Armprothese die Begründung dafür war, daß er nirgendwo arbeitete, sondern Rentner war, ein offensichtlicher Invalidenrentner. Behauptete er jedenfalls, und es klang dies auch glaubwürdig. Nicht ganz so glaubwürdig klang dagegen, daß er dann gleich, als er von sich als einem Rentner sprach, behauptete, er bekäme eine VVN-Rente. Dazu sah er eigentlich ein bißchen zu jung aus. Mein Vater fühlte ihm auch da nicht näher auf den Zahn, was er denn im Widerstand gegen die Nazis als damals so junger Mann, und wahrscheinlich noch gar nicht mal Mann, getan haben wollte, und als rassisch Verfolgter, als Jude gab er sich auch nicht aus, mein Vater nahm es als Teil der Legende, mit der sich dieser Mann ausgestattet hatte. Das fiel erst dann auch nur in einem Nebensatz, daß doch sicher auch mein Vater eine solche Rente beantragen und beziehen könne – daß der Mann deshalb gekommen war, um ihm dies zu sagen, einzig und allein dies, mein Vater verstand es nicht bei seinem ersten Besuch. Als er weg war, das große Rätselraten, was er wohl gewollt hatte. Und vielleicht haben sie das dann gleich auch mitgehört über ihre Wanzen, die Stasi-Leutchen, die meinem Vater eine Rente zu verschaffen hatten.

Aber er kam ja wieder, ein paar Tage später schon, und wieder mit seiner jungen Frau im Arm, und diesmal hatte er nach seinem ersten Besuch bei meinem Vater nachgedacht, und worüber er nachgedacht haben wollte, das war diese Sache mit der Rente. Die er meinem Vater, wieder saßen wir Kinder mit dabei, nun näher erklärte. Das wäre doch die Lösung, sagte er, nachdem er sich die ausführliche Geschichte meines Vaters von den diversen, für ihn unannehmbaren Arbeitsstellen angehört hatte, die man ihm staatlicherseits angeboten hatte. Für jemanden wie meinen Vater, erklärte er, dürfe dies doch gar nicht schwer sein, aufgrund seiner Tuberkulose, da einen Arzt zu finden, der ihn für wenigstens teilweise arbeitsunfähig erkläre. Er kenne da auch einen Arzt, dem er vertraue, der dies sicher tun würde, für den es eine Ehre sei, dem verdienstvollen Widerstandskämpfer und nunmehrigen Oppositionellen Robert Havemann ein solches Attest auszuschreiben. Mein Vater, so sagte der Bote, habe überall Bewunderer, um ihm einen Stasi-Arzt schmackhaft zu machen. Mein Vater hörte sich das an, sagte weder ja noch nein, und so ging das dann noch eine ganze Weile hin und her, der Mann mußte noch ein paar Mal kommen, ihm die Rente nahezubringen, und im Verlaufe dieser persönlichen Verbundenheit und sich anbahnenden Freundschaft konnte dann, als eine vertrauensbildende Maßnahme, auch eine Einladung an den verehrten Professor, plus seiner jungen Geliebten Brigitte Martin, nicht ausbleiben. Mein Vater nahm diese Einladung auch an, er fuhr mit seiner Brigitte ins ferne Lichtenberg in diese in einer bekannten Stasi-Gegend liegende Wohnung des Mannes mit der Armprothese, die, so mein Vater danach, leer und unbewohnt gewirkt habe. Zwei Wochen später, es war an einem Samstagmorgen, war ich in der Münzstraße unterwegs, unweit vom Alexanderplatz in Mitte, da kam er mir in Hausschuhen entgegen, gerade dabei, in einem Bäckerladen Brötchen zu kaufen. Ich begrüßte ihn freundlich, er stotterte, und damit war alles restlos klar. Stasi. Danach dann ging alles sehr schnell: mein Vater ging zu diesem vertrauenswürdigen Arzt, er bekam sein Papierchen, er stellte seinen Rentenantrag, er bekam seinen Rentenbescheid und hat von dieser Rente sehr gut bis zum Ende seines Lebens gelebt. Den Mann mit der Armprothese haben wir dann nie wiedergesehen. Auftrag erfüllt.

Die vorsorglich geschwärzte Seite

»Was ich gesagt habe, das ist doch noch der Gipfel der Harmlosigkeit gegenüber dem, was ich denke.« So mein Vater. So mein Vater zu Hager, zu Kurt Hager, zu dem Kurt Hager, der sich später dann den Ehrentitel *Tapetenkutte* erworben hat, als er, angesprochen auf Gorbatschows Perestroika, gesagt haben soll: nur weil der Nachbar die Tapeten wechselt, mache ich das doch nicht auch – ein Ehrentitel, weil das ja schon mal was bedeutete, wenn man in der grauen DDR als mausgrauer Funktionär so sehr auffiel, daß einen des Volkes Stimme mit einem Spitznamen bedachte. Tapetenkutte hat es geschafft, aber erst am Ende dieses glorreichen und kurz darauf unerbittlich untergehenden Staates – als mein Vater mit ihm sprach, war er noch weit davon entfernt. Da war er noch der Apparatschik, den außerhalb des Apparats die wenigsten kannten. Aber halt! Das stimmt doch so gar nicht, das war doch gar nicht der Genosse Hager, der Chefideologe Hager, der sich von meinem Vater diese Frechheit mit seinem Gipfel der Harmlosigkeit anhören mußte. Denn zu Hager ging er ja hin, in dessen Büro im Haus des Zentralkomitees, und in einem Büro mit einem Mächtigen sitzend ist wahrscheinlich auch ein Havemann nicht ganz so frech. Genau, ein Havemann braucht die Öffentlichkeit, den Auftritt, um so aus sich herauszugehen, er braucht die Provokation durch andere, und am besten die durch die Dummheit anderer, um diesen anderen dann durch freche, spontane und meist gar nicht wirklich durchdachte Bemerkungen zu provozieren, zu noch mehr an Dummheit anzuregen – bei welcher Gelegenheit nun wird mein Vater das gesagt haben, das mit dem Gipfel, dem Gipfel der Harmlosigkeit, der für die anderen anwesenden sicher der Gipfel der Frechheit gewesen sein muß? An was für einem Ort in der grauen Langweiler-DDR wird das gewesen sein? Irgendwas Internes muß es dann wohl doch gewesen sein, denn die Gelegenheit, die gab es ja in diesem geordneten Staat gar nicht, daß man sich in einer öffentlichen Diskussion so mit seinen Widersachern beharken konnte, daß es dann hin und her ging, Replik auf Replik folgte und sich derartige Weiterungen ergeben konnten, Steigerungen bis zu den Gipfeln der Frechheit. Ich könnte mal nachsehen, ob das nicht irgendwo in einem seiner Bücher steht, diese Anekdote, die es sicher zu diesem Gipfelerlebnis gibt. Mein Vater wird das doch aufgeschrieben haben – aber deshalb extra wühlen, mich durch schlecht und ungeschickt geschriebene Seiten quälen, nur für den Gipfel der Harmlosigkeit, und daß das janz authentisch ist, und korrekt zitiert und mir dann kein Erbe mit dem mutmaßlichen Willen eines Verstorbenen kommt? Nein, das wäre mir die Mühe nicht wert, und zum Glück bin ich ja bei meinem Vater mit Erbe und Nachkomme und kann also selber mutmaßen, mutig meine Vermutungen als die einzig wahren und richtigen ausgeben, als die, nach denen man sich richten sollte, als eine doch von meinem Vater selber vorgegebene, von mir nur über seinen Tod hinaus verlängerte Richtschnur, denn eines kann ich mir nun wirklich nicht vorstellen, daß mein Vater mit seinen großen Segel- beziehungsweise Elefantenohren, daß er, der so gerne ein Elefant gewesen wäre, aus dieser Mücke dann, ob und wo genau dieser Spruch von ihm in die Welt gesetzt wurde und ob ich das mit seinem Gipfel so hundert Prozent richtig in der Erinnerung habe und deswegen nicht besser fleißig seine Werke und Hinterlassenschaft studiert hätte, selber nun einen Elefanten hätte machen wollen. Mein Vater war selber nicht fleißig und verlangte auch von keinem anderen, fleißig zu sein, er drehte und wendete die Wahrheit selber wie einen nassen Waschlappen, wenn da Dreck wegzuwischen war, und auch ihm kam es meist nur auf die Pointe an, nicht auf die näheren Umstände, die eine solche Zuspitzung erst möglich machten, er, der Lässige, würde mir eine solche Nachlässigkeit durchgehen lassen. Und er wäre froh, müßte mittlerweile froh sein, daß sich überhaupt noch einer an seine Schnurren erinnert, seine Witzchen, und sie weiterkolportiert und in ein Buch hineinschreibt, und wenn denn da ein Buch mit im Spiel ist, dann vergibt er auch mir kleinen Mücke meine Sticheleien. Mein Vater würde sein Grinsen aufsetzen, seine Lao-Tse-Stimme annehmen und sagen: »Alles, was ich sage, ist der Gipfel der Harmlosigkeit gegenüber dem, was ich denke«, und er würde dabei sicher annehmen, er hätte damit was gesagt, und diesmal stimme ich ihm zu. Auch für mich gilt hier, daß das, was ich schreibe, der Gipfel der Harmlosigkeit ist im Vergleich zu dem, was ich schreiben könnte. Was dann auch bedeutet, daß ich einiges nachreichen könnte, sollten mir irgendwelche mir namentlich schon bekannte Kleingeister wegen diesen Harmlosigkeiten an den Wagen fahren, den ich nicht habe, oder vors Schienbein treten, das auch ich habe, und ein Tritt vors Schienbein tut ja weh. Das ist einfach eine Frage des Formats, das mein Vater besaß und andere so nicht aufweisen, das ist, anders ausgedrückt, die Frage, zu welchen Gipfelleistungen ein Mensch fähig ist, und die meisten schrecken schon vor der Anstrengung kleinster Hügel zurück, als ob sie kleine Mäuse wären.

Kriege ich wegen Havemann Ärger, dann veröffentliche ich das Buch doch mal eben ganz schnell im Internet, dann ist es wenigstens so in der Welt – was soll ich mir meine Wahrheit per Gerichtsbeschluß und einstweiliger Verfügung zensieren, mir Stellen meiner Wahrheit schwärzen lassen, wo es doch nur meine Wahrheit ist und nicht die derjenigen sein muß, die sich über sie ärgern. Sollen diese anderen doch ihre Geschichte erzählen, und ich komme dann auch gern ganz schlecht dabei weg. Man schütte die Dreckkübel über mir aus, ich stinke gern ein bißchen – Hauptsache, wir spielen hier nicht auf privat- und persönlichkeitsrechtlicher Basis DDR und erfinden uns nicht feige noch einmal die Zensur, die wir in diesem Staate immer abschaffen wollten. Das sollte doch wohl unter uns Verdächtigern und Verleumdern ein bißchen zu sehr unter unserer Würde sein. Etwas mehr an Menschenwürde sollten wir aufbringen, als daß uns das groß kratze, wenn uns mal so ein kleiner Kläffer wie ich nun ans Denkmal pinkele. Ich muß doch bitten, meine Herren, meine Damen, entehren Sie sich nicht so, sich so leicht in Ihrer Ehre verletzt zu fühlen. Ehre, wem Ehre gebührt, und mir gebührt sie doch nicht, jedenfalls nicht so sehr, als daß man sich auf Ehrenhändel mit mir einlasse. Ich bin nicht satisfaktionsfähig. Von mir kann man keine Satisfaktion erwarten, ich bleibe bei meiner Wahrheit, und alle Welt wird es wissen, daß meine Gegner nur gute Rechtsanwälte haben und das Geld, sie zu bezahlen, und mehr doch nicht auf ihrer Seite. Ich bin der geborene Loser, ich verliere gern. Ich werte das nur als eine weitere Bestätigung meiner großartigen Persönlichkeit. Nur die Gewinner haben Schwierigkeiten damit, dann doch mal zu verlieren. Nur die Gewinner haben Angst davor, ich doch nicht.

Das Grab

»Glaub mir, lieber Yorrick, diese deine unüberlegte Scherzhaftigkeit wird dich früher oder später in Klemmen und Schwierigkeiten bringen, aus denen dir kein Nachwitz mehr heraushelfen kann. Bei diesen Witzeleien geschieht es nur zu oft, wie ich weiß, daß ein Verlachter sich im Licht des Beleidigten erblickt und sich alle Rechte beimißt, die sich aus der Situation ergeben; und wenn auch du ihn in diesem Licht siehst und seine Freunde, seine Familie, seine Verwandtschaft und die Verbündeten dazu zählst, und auch die vielen Rekruten musterst, die sich im Gefühl gemeinsamer Bedrohung von ihm anwerben lassen, so braucht es keine besondere Arithmetik, zu behaupten, daß du dir für je zehn böse Witze hundert Feinde gemacht hast; und bevor du nicht so weiter gemacht hast und dir der ausgestörte Wespenschwarm um die Ohren saust und du halb zu Tode gestochen bist, wirst du dich nie überzeugen lassen, daß dem so ist.

Ich kann den Mann, den ich schätze, nicht beargwöhnen, daß in diesen Witzeleien auch nur der kleinste Ansporn zu Übelwollen oder böser Absicht liegt. Ich glaube und weiß, daß sie ehrlich und scherzhaft gemeint sind: Bedenke aber, mein lieber Freund, daß Dummköpfe dies nicht unterscheiden können, und daß Schurken es nicht wollen: und du weißt nicht, was es auf sich hat, den einen zu provozieren oder sich über den anderen lustig zu machen; wann immer sie sich zu gemeinsamer Abwehr zusammentun, verlaß dich darauf, sie werden den Krieg gegen dich auf eine Art weiterführen, lieber Freund, daß dir dein Kampf und auch dein Leben verleidet wird.«

Hilfe, auch das noch: geklaut. Die Idee für diese schwarze Seite im Buch Havemann hier geklaut, übernommen, ohne Erlaubnis verwendet – reden wir uns wie Brecht auf eine zugegeben laxe Einstellung zum geistigen Eigentum hinaus, um wenigstens eine Referenz vorweisen zu können. Nennen wir es kulturvoll und kulturbeflissen das Beste, was einer Idee passieren kann, von einem anderen aufgegriffen und wiederverwendet zu werden. Atmen wir auch auf, denn der Mann, dessen Idee das war, er meldet sich nicht, meldet keine Ansprüche auf Urheberschaft an, er kann es nicht, kann sich nicht beschweren, mich nicht des Diebstahls bezichtigen, er ist tot. Mausetot und längst von allen Würmern zerfressen. Lange genug auch tot, als daß da dann auch keine Erben mehr irgendwelche Ansprüche anzumelden hätten, um wenigstens prozentual ein bißchen mitzuverdienen. Die verlängerte 70-Jahre-Frist, sie greift bei Lawrence Sterne nicht mehr – ja, ich bekenne es offen und ehrlich: das ist seine Seite, diese schwarze Seite. Von mir aus seinem *Tristram Shandy* übernommen. Behaupten wir sie als Zitat, und Zitate sind ja erlaubt. Behaupten wir auch, sie in ihrer Schwärze umfunktioniert zu haben, damit aus seiner schwarzen Seite anläßlich des Todes von Yorrick, des Mannes, den sein Vorwitz dann doch irgendwann eingeholt und ins Grab gebracht hat, eine bei mir vorsorglich geschwärzte Seite werde. Hier hat die Selbstzensur zugeschlagen und einstweilig Schwärzung verfügt, und so ist das auch bei mir hier ein Grab, worunter all das begraben ist und eingesargt, was besser niemand lesen darf. Aber es lebt da unten noch und kann jederzeit hervorgeholt werden und um sich beißen und Witze reißen und dann notfalls dafür sorgen, mir als Munition in dem Kampfe zu dienen, mit dem ich dann nicht mein, sondern das Leben anderer verleide. Ach, wie bin ich rücksichtsvoll in meiner Rücksichtslosigkeit. Man merkt nur, daß ich böse will, wie gutmütig ich dabei bin, das merkt man nicht. Alle Welt sei gewarnt: ich kann auch noch anders.

Der neue Zynismus

Neu ist immer gut, das *Neue Persil*, weißer geht's nicht, die neueste Meinungsumfrage, neuester meint's nicht, und also auch der neue Zynismus – nur ist dieser Zynismus schon über dreißig Jahre alt und demnach gar nicht mehr up to date, sondern vielleicht so gründlich veraltet und old fashioned, daß man sich an ihn schon mit einer gewissen Nostalgie und also dem Gegenteil und Gegentum von Zynismus erinnern mag. Vielleicht war's aber auch niemals etwas anderes als die uralt alte Leier, der immer gleiche und Ewig-Zynismus, mit dem sich eine Schwächlings-Männlichkeit aufzudrapieren pflegt. »Zynismus als eine Verletzung, die man nicht zuletzt sich selber zufügt.« Selbstzitat Ende und Anfang in einem Merksatz, mit dem ich es sogar mal auf die Titelseite der linken *taz* geschafft habe. Aber auch das ist wieder eine Ewigkeit her und fast schon nicht mehr wahr. Jedenfalls kaum für den *taz*-Leser von heute vorstellbar. Aber der Zynismus, den man nicht zuletzt sich selber zufügt, der dann dadurch vielleicht auch moralisch zu rechtfertigen wäre, falls man denn als Zyniker eine moralische Rechtfertigung nötig zu haben meint, der Zynismus also, bei dem nicht nur die anderen getroffen aufheulen, sondern man selber als der Zyniker vom Dienst wenigstens leise auch mitwimmert, der ist schon neu. Neu gewesen. Und wäre es vielleicht noch immer, da er sich so wenig hat durchsetzen können, meine Privatangelegenheit und Macke blieb und so zeitdiagnostisch vielleicht doch nicht zu verstehen war, wie Karl Heinz Bohrer ihn verstehen wollte. Denn das war ja er, der mich in diese Kategorie eines *Neuen Zynismus* eingeordnet hat, Karl Heinz Bohrer, und ich war es nicht – fiele mir im Leben nicht ein, mich mit so einem Begriff bekleben zu wollen. Selbstdenunziation oder Selbstreklame, das wäre dabei zwar immer noch die Frage, und der intelligente Kopf wüßte, daß Selbstdefinition, die ohne Protzerei daherkommt, immer die beste Selbstreklame ist, und ich will auch gern in aller Bescheidenheit zugeben, daß ich mich für ein intelligentes Kerlchen halten will. Aber nur eben das nicht: das *Neue Persil* nicht, der neue Havemann nicht und sein neuer Zynismus.

Karl Heinz Bohrer, heute als Herausgeber des *Merkur* ein Kollege von mir – auch wenn da natürlich gewisse Unterschiede bestehen, und ich meine nicht die zwischen links und rechts, die zwischen altmodisch gedruckt wie die Hefte des *Merkur* noch und dem Online der *Zeitschrift für unfertige Gedanken*, deren Mitherausgeber ich bin, ich meine doch das Renommee und daß das eines alten Planeten, der schon seit ewigen Zeiten konservativ seine Bahnen zieht, sich nicht mit dem einer plötzlich auftauchenden Himmelserscheinung wie dem *Unfertigen Gedanken* messen lassen kann, die vielleicht nur eine dieser schnell verglühenden Sternschnuppen bleiben wird, das versteht sich von selbst. Und auch das dürfte sich von selber verstehen, wer hier in der Konkurrenz zwischen uns beiden Herausgebern der Überlegene ist. Aber man wird sehen und mir jedenfalls zugute halten müssen, daß ich mir diesen *Unfertigen Gedanken* mit ein paar anderen Leuten zusammen selber ausgedacht habe, was man so von meinem nunmehrigen Kollegen Bohrer nicht sagen könnte. Es wird dann aber auch noch einen weiteren, nicht zu vernachlässigenden Unterschied zwischen diesen beiden Publikationsorganen geben, deren Herausgeber wir beide sind, Karl Heinz und ich: ich nehme mal an, daß man beim *Merkur* Geld verdient, beim *Unfertigen Gedanken* aber, da muß man draufzahlen – womit ich jetzt diskret angedeutet habe, daß es sich bei diesem Karl Heinz Bohrer, einem Mann mit zum Teil fanatischen, quer zum Mainstream liegenden Überzeugungen, eben auch um jemanden handelt, der ganz ordentlich und mit Vertrag, vertraglich abgesichert denkt. Und damals, als ich ihn kennenlernte, in seinem Haus in Putney, im Südwesten Londons, für einen Monat auch unterkam, dachte er für die *FAZ*, die *Frankfurter Allgemeine Zeitung*, ein bekanntermaßen recht konservatives Blatt, dessen Feuilletonchef er zuvor in den 68er Jahren gewesen war, bevor sie ihn dann, weil zu schräg in seinen Ansichten, als Kulturkorrespondent nach London abgeschoben hatten. Bohrer, ein Mann der Bücher, ein Mann, der sich unter anderem auch vor seiner Frau unter seinen Büchern, in seiner Bibliothek vergrub, die ein ganzes Stockwerk dieses Londoner Vorstadthauses einnahm, Bohrer, der keinerlei Kontakt zu irgendwelchen Engländern besaß, von den Londoner Intellektuellen überhaupt nichts wissen wollte, gab sich in seinen Kritiken, die meist deutsche Kulturimporte behandelten, wie die Ausstellung zum Beispiel meines Freundes Christos Joachimides, durch den ich ihn kennengelernt hatte, als Engländer aus, tat so, wenn er seine ureigenen Ansichten kundtat, als wären es die Ansichten des intellektuellen Englands, und Christos und ich, wir nannten ihn dann auch nur so: *unseren Engländer*. Ansonsten und in der Hauptsache wollte Bohrer ein deutscher Professor werden und schrieb an seiner Habilitationsschrift über irgendwelche von ihm so bezeichnete dezisionistische Figuren bei Ernst Jünger – was immer das auch sein mochte, und ich bin mir auch gar nicht sicher, ob ich mir diesen mir bis dahin unbekannten Begriff, der mir auch später nie wieder untergekommen ist, richtig gemerkt habe, wahrscheinlich nicht. Die *FAZ* ließ sich diesen Spaß einiges kosten, das muß man ihr lassen, es lebte sich gut und ruhig und sicher teuer im langweiligen Putney. Ich hatte Karl Heinz Bohrer, den Londoner Kulturkorrespondenten der *Frankfurter Allgemeinen Zeitung*, also durch meinen Freund Christos Joachimides kennengelernt, über dessen Ausstellung in London, in der Royal Academy of Arts, *A New Spirit in Painting*, er für seine Zeitung etwas schreiben wollte, und Bohrer, ein Mann der Bücher, nicht der Bilder, er mußte also gebrieft werden, damit er da für seine *FAZ* auch etwas Vernünftiges schreibe – so also lernten wir uns kennen, und Bohrer, der natürlich gelesen hatte, was ich im *SPIEGEL* über meinen Vater geschrieben hatte, war nur zu begierig, den Autor dieses Skandal-Artikels kennenzulernen, also mich, und Christos hatte dann alle Mühe, ihn wieder für seine Ausstellung zu interessieren. Bohrer erzählte mir, er sei aufgefordert worden, und zwar von Jürgen Habermas, der bei dieser Sache als Herausgeber fungiere, einen Beitrag für den tausendsten Band der edition suhrkamp zu schreiben, der sich an dem Buch *Die geistige*

Situation der Zeit orientieren solle, das Karl Jaspers kurz vor 33 veröffentlicht hatte. Er, Bohrer, werde da auch etwas schreiben, er habe dafür schon etwas zu schreiben begonnen, ein längerer Essay solle dies werden, den er *Die drei Kulturen* nennen wolle, und dort nun habe er vor, eine Passage über mich zu schreiben, über meinen Havemann-Artikel aus dem *SPIEGEL*, der ihm, auch durch den Skandal, den er hervorgerufen habe, zeitdiagnostisch hochbedeutsam scheine – er wolle gern mal mit mir in aller Ruhe reden können. So lernte ich ihn kennen.

Punk-Anarchismus, Mescalero-Anarchismus – falls sich noch irgendeiner unter diesen ollen Kamellen was vorstellen kann, damit jedenfalls werde ich nicht mitgemeint gewesen sein, von Karl Heinz Bohrer, mir bleibt der *Neue Zynismus* in seiner Aufzählung: *4. Formen der Popular culture.* Alle guten Dinge sind drei, und 4. ist natürlich auch gut, wenn auch auf andere Weise gut, denn 4. garantiert, daß du, da es 1., 2., 3. gegeben haben muß und aller guten Dinge bekanntlich drei sind, bei 4. also die Chance hast, zu den Bösen zu gehören, den Wichtern, den Bösewichtern, den eigentlich Wichtigen, und 4. ist auch deshalb gut, weil es Ordnung verheißt und du also doch einen Platz findest in der Welt, in der du dich bis dahin nicht zurechtgefunden hast, und 4. ist noch einmal mehr gut, falls hier überhaupt noch Steigerungen möglich sind, weil es nach Wissenschaft aussieht, nach wissenschaftlicher Systematik, und wir wissen das ja, daß es das gar nicht geben kann, eine intellektuelle Macht des wohlmeinenden Denkens jenseits der Orthodoxie und Systematik. Karl Heinz Bohrer und ich. Wir. Wir wissen es. Nur weiß ich nicht so recht danach zu handeln, so orthodox und systematisch ist Havemann nicht. Auch ich Havemann nicht. Karl Heinz aber, der Bohrer, hat seinen Doktor gemacht, hat sich habilitiert, und in dem Moment seiner Laufbahn, als er seinen Essay *Die drei Kulturen* schrieb, hatte er den Professorentitel grade eben errungen, und also das professorale Gehabe noch leicht zur sich wissenschaftlich versuchenden Hand beziehungsweise Manier, von *manus*, lateinisch die *Hand*, Mensch, bin ich gebildet, und aller guten Dinge sind drei, und auch die Kulturen sind drei, denn drei ist immer gut, besser noch als Zynismus, denn drei ist uns heilig, der Vater, der Sohn und der Heilige Geist – ich aber bin bei 4. zu Haus, und also über die Drei hinaus, und wo der Zynismus wohnt, beim Pop, der so populär ist, daß es sich schon für einen erhabenen Geist fragt, ob das denn noch Kultur ist. Ist ja auch nicht. Ist ja Englisch, ist ja *culture*, und in dieser *culture* kann dann auch *popular* sein, wenn man das Böse liebt. Und ich, ich liebe ja das Böse nur und sonst gar nichts. Bösartig, ganz wie es meine Art ist, und die Betonung liegt dabei dann wohl doch auf *artig*. Man verwissenschaftliche mich, ich senke demütig mein Haupt. Behaupte ich. Eine Macht des Denkens jenseits von Orthodoxie und Systematik kann es nur als eine böswillige geben, als eine des Zynismus, der nicht zuletzt sich selber Zynismus zufügt – aber jetzt mal im Ernst, und lassen wir endlich Karl Heinz Bohrer zu Wort kommen:

Nun ließe sich natürlich einwenden, Punk-Anarchismus und Mescalero-Anarchismus seien Ausdrucksformen einer kulturellen und politischen Fringe-Szene, die keinen Anspruch darauf hat, in einem systematischen Sinne kulturdiagnostisch ernstgenommen zu werden, zumal sie so sehr dem Verzehr von Mode und Aktualität unterworfen ist, daß inzwischen wiederum eine mit Öl frisierte Kleinbürgerjugend jenseits jedes politischen Bewußtseins agiert. Genau diesen Einwand, vorgebracht von den alternden, auf ihre Position eifersüchtig bedachten Vertretern der »Neuen Kultur«, möchte ich entkräften. Dazu könnte der »Fall« Florian Havemann ausgezeichnet dienen. Haben wir es doch hier abermals mit einer exzentrischen verbalen Ausschreitung zu tun, die im Unterschied zu den vorangegangenen Beispielen keineswegs im kulturellen oder politischen Außenseiter-Milieu stattfand, sehr wohl artikuliert war, aber ebenfalls eine emotionelle Reaktion in der allgemeinen und der intellektuellen Öffentlichkeit hervorrief, die den Wutschreien gegen den Mescalero-Text gleichkommt. Florian Havemann, der 27jährige Sohn von Professor Robert Havemann, 1971 nach West-Berlin geflohen und seitdem mit literarischen und mit Theater-Pro-

jekten befaßt, veröffentlichte im Spiegel (30. Oktober 1978) einen skandalösen Text über private, geistige und politische Aspekte seines Vaters Robert Havemann. Was an diesem Text nun in unserem Zusammenhang bedeutsam scheint, ist über den Fall eines »Vatermords« hinaus die Kombination eines sehr natürlichen, zynischen, d. h. vorurteilsfreien Realismus mit der absichtsvoll-systematischen Verletzung einiger zentraler idealistischer Tabus nicht bloß des akademisch-bürgerlichen Mittelstands (Vaterfigur, Tod), Tabus auch der westdeutschen linken und liberalen Intelligenz. Dieser Text räumt nämlich – und das ist sein wichtigster Teil – ohne viel Federlesens, aber scharfsinnig und instinktsicher, mit einer gewissen Art zu philosophieren, jenem idealistisch ausgeruhten Vor-sich-hin-Denken auf, das uns schon bei so vielen Geisteswissenschaftlern auf die Nerven fiel und für das der gelernte Naturwissenschaftler, aber nunmehr spekulative Kopf Havemann zweifellos eine einladende Zielscheibe darstellt, hindert einen Pietät nicht, es zu sagen. Ich übergehe das Problem der hier motivierend wirkenden Vater-Sohn-Beziehung, auch die von mir nicht nachprüfbaren Tatsachenbehauptungen des Sohnes über Szenen und Vorfälle zwischen ostdeutschen oppositionellen Intellektuellen. Vielmehr möchte ich die wichtigste Verletzung eines kulturellen Tabus, die dieser Text strukturiert, hervorheben: den Angriff auf die Vorstellung, es gäbe eine intellektuelle Macht des wohlmeinenden Denkens jenseits der Orthodoxie und Systematik. Es ist der Angriff auf den fashionablen Gedanken von einem repressionsfreien Kommunismus, der Angriff überhaupt auf bloße Kopfgedanken als revolutionär und originell. Florian Havemann stellte sich hier nicht als Punk-Junge und nicht als Mescalero-Student, sondern als junger Künstler dar, der den Illusionismus, gedankenvolle Nachtgespräche philosophischer »Dilettanten« seien wirklich produktiv, zwar nicht widerlegt, wohl aber diskreditiert. Der Künstler nämlich nimmt wahr, daß orthodoxen Ideen nicht per allgemeinen »Ideen« widersprochen werden kann, will man nicht in jenen humanitären Essayismus zurückfallen, der in Westdeutschland die fünfziger und frühen sechziger Jahre beherrscht hat. Florian Havemann schrieb: »Eine partisanenhafte Art des Zitierens der Klassiker bringt jeden, der an einer

Analyse arbeitet, zur Verzweiflung, nicht nur den Dogmatiker. Immer wieder steht der Dilettant auf, es ist ihm wieder etwas eingefallen. Für ihn haben Zitate Beweischarakter. Es macht ihm einen großen Spaß, seinen Gegnern nachzuweisen, daß sie ihre Klassiker nicht ordentlich studiert haben. Es hat der Dilettant eine große Fähigkeit, alles aus dem Zusammenhang zu reißen. Das ist sicher auch positiv, wenn die Zusammenhänge falsch sind. Aber es ist dem Dilettanten unmöglich, aus Bruchstücken einen neuen Begriff zu entwickeln.« Und: »Ich muß zugeben, daß von der Versicherung, die Zusammenhänge seien gar nicht so kompliziert, auf andere Dilettanten sicher eine starke Wirkung ausgeht. Die so einfachen Zusammenhänge, die im Denken hergestellt werden, nehmen, konfrontiert mit der Realität, utopische Züge an. Es entsteht keine Utopie im klassischen Sinne, sondern die durch keine Fakten zu revidierende Gewißheit, die Welt nach diesen einfachen Gedanken einrichten zu können. Das sei ganz einfach, wird immer wieder versichert. Das sind vielleicht einfach zu einfache Gedanken.« Florian Havemann setzt dann zum vernichtenden Zug an. Der in materialistischem Denken erzogene Knabe aus der DDR zeigt, wie der Vater, der idealistische Kommunist und bürgerlich Erzogene, eigentlich nichts anderes wiederholt als die bürgerlichen Aufklärer vor ihm: Verbesserung der Gesellschaft durch Erziehung zur Kultur. Was diesem naiven Programm gänzlich abgeht, ist nach Ansicht des Sohnes das Entscheidende: »Die Utopie von einer anderen Art von Arbeit.« Das ist der systematisch entscheidende Punkt. Das ist das Kriterium auch von Popular Culture. Der junge Künstler Havemann hat nichts anderes getan, als das längst an seine Grenze gestoßene Kultur-Interesse »philosophierender« Wissenschaft am persönlichen Fall des Vaters zu beschreiben. Es böten sich zur Geistigkeit des Vaters Parallelen vornehmlich aus philosophisch dilettierenden Texten westdeutscher Naturwissenschaftler, Theologen und Pädagogen an: dieselbe idealistisch-pompös-beliebige Sprache, aufgehoben in einem »abendländischen« Kontext. Ihre hochprivilegierten Autoren scheinen fern aller Pragmatik zu denken, daß die Gedanken wirklich frei seien. Das Harmlose unserer Kulturphilosophen, pädagogischen Idealisten, idealistischen Schwärmer, ja das intellek-

tuell Seichte ihrer hochgemuten Begrifflichkeit, das alles ist erst von dem schwarzen ideenlosen Pragmatismus ans Licht gebracht worden. Sagen wir es so: Der homosexuelle, obszöne englische Stückeschreiber Joe Orton, dieser Gassenjunge aus Leicester, hat in jedem seiner dramatischen Sätze mehr von dieser Gegenwart begriffen als jeder lebende deutsche Ästhetiker in seinem System. Und wie schmerzhaft auch den Vertretern der New Culture dieser Pragmatismus in die Augen sticht, bewiesen ihre seinerzeit hilflos-psychologisierenden oder bloß wütenden Reaktionen auf den Text des jungen Havemann. Ein Text, wohlverstanden, dessen hier zitierte Passagen zeigen, daß es überhaupt nur ganz wenige westdeutsche Intellektuelle gibt, die es an Originalität, an lakonischer Einsicht und zynischem Witz, die es an luzider Schärfe damit aufnehmen könnten, allzusehr ist ihre Sprache verseucht von Sentimentalität und linker Innerlichkeit. Unter den veröffentlichten Leserbriefen an den Spiegel war nur ein einziger, der Florian Havemanns Skandal-Text vorurteilsfrei begriff: daß er sich nämlich unterstanden hat, eine politisch noch heile Welt vieler Intellektueller mit allen Mitteln argwöhnischer Subversion zu unterlaufen. Daß dies auch ein »psychischer Exzeß« war, ein »zwanghaft erbarmungsloser«, wie Erich Fried schrieb, spricht gerade nicht gegen seine Wahrheit. Seit wann brächte ein »befreiender« Text mehr zustande als ein »selbstzerstörerischer«, ist zudem zu fragen, seitdem wir wissen, daß der Terminus »Selbstbefreiung« zu jenem optimistisch-jugendbewegten Arsenal der New Culture gehört, die nun am Ende ist, während »selbstzerstörerische« Akte sich immer wieder mit künstlerischer Produktivität verbunden haben und verbinden. Havemanns Text ist von einer pragmatischen Aggressivität, die sich nicht von liebgewonnenen Tabus der Alten Kultur oder Neuen Kultur abhalten läßt, deren idealistische Märchen zu ridikülisieren. In Havemanns Unternehmen steckt – wenn man will – eine noch zu schreibende blasphemische Komödie über die deutsche Intelligenz. Die Aufregung, die dieser Text in westdeutschen intellektuellen Zirkeln auslöste, sagt alles, was man wissen muß über das Altern der Neuen Kultur. Sie zeigt auch die Gefahr, wie schnell in diesem Lager dieselbe Sentimentalität und intellektuelle Verlogenheit ausbricht, die man

so lange mit Recht den konservativen und akademischen Vertretern der Alten Kultur zurechnete.
Läßt man alle systematischen Argumente beiseite, dann hätten zumindest Florian Havemanns immenser Witz, seine euphorionhafte Frivolität begriffen werden können. Dafür aber sind die alternden Vertreter der Neuen Kultur zu pompös, zu humorlos, zu schwerfällig und einige auch zu dumm. Ironischerweise ausgerechnet dann, wenn es um »Kultur« geht, die einige von ihnen doch vor nicht allzu langer Zeit abschaffen wollten. Was lehrt der Fall Havemann also? Er lehrt, daß sogenannte nonkonformistische linke Künstler inzwischen durchdrehen, weil ein nahezu Unbekannter es gewagt hat, sich an einem der Ihren, an einem aus dem linken Kultur-Establishment zu vergreifen, daß die beabsichtigte Tragödie also zur Komödie gemacht wurde. Florian Havemann ist ein kreativ Begabter, weil er jenseits von Alter und Neuer Kultur fühlt und denkt.
Diese pragmatische Aggressivität besaßen die kulturrevolutionären Aggressions-Texte der 60er Jahre nicht. Als Berliner Anarcho-Linke im Jahre 1967 den amerikanischen Napalmkrieg in Vietnam kommentierten, indem sie die Vorstellung von brennenden Warenhäusern in den westlichen Metropolen zynisch insinuierten, da blieb die Semantik ihres Textes hoch formalisiert, stilisiert und gewann dadurch eine surreale, utopische Perspektive. Selbst als das spätere Terroristenpaar Baader und Ensslin bald darauf in Frankfurt ein Warenhaus wirklich in Brand setzte, verstand es dies noch als »symbolische« Handlung. Auch die Brutalisierung und Vulgarisierung des westdeutschen linken Pamphlets zu Beginn der 70er Jahre ließ noch erkennen, wie hier Stil und Tonlage der Polemik zwischen Marx und den Junghegelianern nachgebildet waren. Es ist also die Differenz zwischen symbolischem und authentischem Sprechen, was die extrem fortgeschrittene Form der Populär Culture von der New Culture unterscheidet. Gefährlich wirkt die nicht-symbolische Sprache erst deshalb, weil durch sie Wahrheiten ausgesprochen werden, die der symbolischen Sprache nicht mehr abgenommen werden. So ist das schwarze Gewalt-Theater der Pinter, Wesker, Orton und Bond bis zur äußersten Grenze gegangen. Eine Verschärfung auf dieser

Ebene war nicht mehr möglich, sondern nur noch der Umschlag in eine andere Qualität. Diesen Umschlag haben die intellektuellen, bald durch ihren Status auch privilegierten Vertreter der New Culture nicht vollziehen können. Damit aber war auch das symbolische Sprechen desavouiert. Der Umschlag in die hier beschriebene Form von Populär Culture ist also kein zufälliger, sondern ein notwendiger Vorgang. In der Differenz von Populär Culture und New Culture bricht eine Aporie unserer Zivilisation auf: die Spannung zwischen symbolischen und authentischen Handlungen. Theorien, Bekenntnisse und kulturelle Aktionen sind symbolische Handlungen, die ein Versprechen auf die Zukunft enthalten. Solange der Symbolismus des sprachlichen Zeichens dieses Versprechen glaubhaft machte, blieb er ungefährdet und autonom. Seitdem nur noch die Praxis ein Versprechen beglaubigt, hat die symbolistische Reflexion abgedankt und wird von authentischen Akten ersetzt.

Wer ist Joe Orton? Keine Ahnung, ich kenne meine Kumpels nicht. Scharfsinnig und instinktsicher, euphorionhafte Frivolität, Havemanns immenser Witz – nein, ich übergehe das besser, ich übergehe auch, daß es überhaupt nur ganz wenige westdeutsche Intellektuelle gibt, die es an Originalität, an lakonischer Einsicht und zynischem Witz, die es an luzider Schärfe mit mir aufnehmen könnten, ich übergehe es, weil es so gar nicht nach Zynismus und damit Selbstverletzung, sondern nach Selbstbeweihräucherung aussieht, wenn ich dies hier zitiere und dann auch noch einmal den Finger in diese Wunde lege. Ich muß üben. Muß mich in Bescheidenheit üben, denn diese noch zu schreibende blasphemische Komödie über die deutsche Intelligenz, die laut Bohrer in meinem Unternehmen steckte, ich habe sie ja nicht geschrieben – oder schreibe ich sie gerade? Nein, ich habe mich in ein anderes Unternehmen geworfen, ich spekuliere in dem Bereich, den Karl Heinz Bohrer schon damals vor über 30 Jahren *eine fast inflationistische Bekenntnisliteratur* nannte und von der er so schön treffend sagte: »Formal und intellektuell unbedeutend, wie sie ist, charakterisiert sie nur den kleinbürgerlich-sentimentalen Kern des westdeutschen Literaturbetriebs …« Und nun muß ich eine kleine Pause machen und einmal tief bescheiden durchatmen, bevor ich dieses Zitat zu Ende zitiere: »… gegen den nur Texte wie die von Florian Havemann etwas ausrichten.« Au, das tut weh. Das ist der Zynismus, der sich selber weh tut, wenigstens das. Denn wer weiß denn, ob mein Havemann hier immer noch ein Text wie der von Florian Havemann ist – ich am wenigsten.

Ich muß zugeben, daß ich mich durch Karl Heinz Bohrer verstanden fühlte, daß allein die Tatsache, wenigstens von einem klugen Kopf verstanden worden zu sein, mich glauben ließ, vielleicht doch nicht so ganz unverständliches Zeug über meinen Vater geschrieben zu haben. Da war jemand fähig, das Problem der in meinem Artikel sicher auch motivierend wirkenden Vater-Sohn-Beziehung zu übergehen, fähig, auch von meinen für ihn nicht nachprüfbaren Tatsachenbehauptungen über Szenen und Vorfälle zwischen ostdeutschen oppositionellen Intellektuellen abzusehen und auf den eigentlichen, mich bewegenden Antrieb zu kommen, die Sache mit der anderen Art zu arbeiten, der Angriff auf das Philosophieren, auf das idealistisch ausgeruhte Vor-sich-hin-Denken, das mir immer bei meinem Vater so auf die Nerven fiel, der Angriff auf den fashionablen Gedanken von einem repressionsfreien Kommunismus, der Angriff überhaupt auf bloße Kopfgedanken als revolutionär und originell. Mein Vater stellte für mich eine einladende Zielscheibe dar, mich hinderte Pietät nicht, und wenigstens einer, Karl Heinz Bohrer, akzeptierte es, warf es mir nicht vor. Und er bekam ja prompt auch Schwierigkeiten deswegen und also eine Vorstellung von dem Ärger, den ich mir wegen meinem *SPIEGEL*-Artikel über meinen Vater eingehandelt hatte: Jürgen Habermas, der Herausgeber dieses Bandes 1000 der edition suhrkamp, *Zur geistigen Situation der Zeit*, der ihn, Bohrer, dafür um einen Essay gebeten hatte, wollte *Die drei Kulturen* erst nicht in diesen Sammelband aufnehmen, wegen dem Abschnitt darin über mich. Ehre, wem Ehre gebührt: Habermas hat es dann doch getan.

Erich Fried

In dieser Zeit, meiner Zeit in London, ging ich zu Erich Fried – zusammen mit Christos. Das war wichtig für mich, diese Wiederbegegnung mit ihm nach so vielen Jahren, wo wir nichts miteinander zu tun hatten, wo ich mich von ihm auch ferngehalten hatte. Es war wichtig, ihn wiederzusehen, nachdem ich diesen Artikel über meinen Vater für den *SPIEGEL* geschrieben hatte, denn Erich Fried kannte doch meinen Vater, und er kannte meine Geschichte, er wußte um das so problembeladene Verhältnis zwischen meinem Vater und mir – was also würde er zu dem sagen, was ich geschrieben hatte? Einen Leserbrief von ihm an den *SPIEGEL* hatte ich ja schon gelesen, aber das war ja klar, daß Erich mir direkt noch mehr und etwas anderes zu sagen haben würde als das nur:

Florian Havemanns Vater-Rufmord ist zwar sicher keine bewußte Verleumdung, etwa um eines fetten Honorars willen, sondern ein psychischer

Exzeß, ein Ausbruch, der seit langem drohte, entstellt aber den wirklichen Robert Havemann bis zur Unkenntlichkeit.
Ohne etwas, was Florian Havemann als unerträgliches Versagen seines Vaters ihm gegenüber empfindet, wäre dieser furchtbar irreführende, mehr selbstzerstörerische als befreiende Text nicht zustande gekommen.
Wieweit aber ein solches Versagen gesellschaftsbedingt (zum Beispiel durch bedrückende Umstände) und nur zum kleinen Teil des Vaters »Schuld« war, scheint der konfliktbesessene und derzeit zwanghaft erbarmungslose Sohn nicht verstehen zu wollen oder zu können:
So wird nicht nur schief und falsch, was er über Havemann, sondern auch, was er über Fuchs und Bahro sagt, von seiner grotesken Berufung auf Wolfgang Harich zu schweigen. – »Die verlorene Ehre des Robert Havemann?« – Nein. Aber selbst die Furcht, der Konkurrenz einen fetten Bissen zu überlassen, kann die Veröffentlichung dieses Unglückstextes im SPIEGEL nicht rechtfertigen.

Erich war freundlich wie immer – Christos gefiel ihm nicht, das war klar, und Christos war schmierig, devot an diesem Abend bei Erich Fried. So, wie er das sehr oft war, wenn er Leuten begegnete, die einen Namen hatten, die berühmt waren, die ihm aber nicht viel bedeuteten, und ich wäre sicher besser ohne ihn nach Hampstead ins Haus von Erich gefahren. Aber das änderte nichts an der Freundlichkeit von Erich. Daß er Christos kalt und abweisend behandelte, das machte seine Freundlichkeit mir gegenüber nur noch wertvoller. Und er überraschte mich: er fragte, ob ich mich noch an die Gedichte erinnern würde, die er mal über Ernst Fischer geschrieben hatte – natürlich erinnerte ich mich, und es waren sehr peinliche Erinnerungen, denn wegen diesen Gedichten hatten wir beide uns doch zerstritten. Weil ich doch damals noch überhaupt keine Ahnung davon hatte, wie Gedichte entstehen, wie wenig prosaisch sie gewollt und geplant sein können, wie sehr sie vom Einfall abhängig sind. Und das noch viel Schlimmere war, daß ich die Gedichte von Erich Fried, und nicht nur die über Ernst Fischer, eigentlich gar nicht mochte, daß sie mich nicht berührten, mich nichts angingen und ich mich doch darauf eingelassen hatte, auf dieses Projekt, ein Gedicht von Erich mit einer Zeichnung von mir zu kombinieren und daraus dann ein Poster zu machen – und war das meine Idee? Nein, es war Erichs Idee, dem meine Zeichnungen gefielen, und es war ja eigentlich auch eine gute Idee, eine, die mir sofort einleuchtete, die ich gleich auch begeistert aufgriff und weiterentwickelte. Nur fiel mir so überhaupt nichts ein, was ich da hätte zeichnen können, als Erich mir dann dieses Gedicht über Ernst Fischer gab, das er für mich und diesen Zweck eines solchen Posters geschrieben hatte, und statt das einfach zu sagen und zuzugeben, daß dieses Gedicht bei mir keine Bilder auslöse, hatte ich angefangen, dieses Gedicht zu kritisieren, an ihm herumzumäkeln, und Erich, der meine Kritik interessant fand und auch nicht ganz unberechtigt, er hatte dann, angetrieben von mir und meiner Unwilligkeit, eine Fassung nach der anderen geschrieben, insgesamt sechs Stück, und keines fand Gnade bei mir, ich wurde immer strenger – ich muß ein Monster gewesen sein. Zerstörerisch. Nur das: zerstörerisch. Weil selber nicht produktiv.

Er wisse, sagte Erich, daß ich diese Gedichte nicht gut gefunden habe, und wahrscheinlich seien sie das auch nicht, aber er denke daran, diese Gedichte nun zu veröffentlichen – ich verstand nicht warum, verstand auch nicht, warum er mir das sagte. Er wolle sie mit einer Widmung an mich veröffentlichen, so Erich, und ich verstand noch immer nichts. Er wolle durch diese Veröffentlichung der mir gewidmeten Gedichte zeigen, daß man mit mir sehr wohl umgehen könne, befreundet sein könne, daß ich nicht irgendein Unmensch sei, kein Feind, niemand, der zu verteufeln ist – so war Erich. Erich Fried, der Dichter. Der gute Mensch von London. Wenn es mehr von solchen Menschen gäbe, die Welt sähe anders aus. Es würde schwieriger sein, sich von ihr abzukehren. Nur gibt es leider sehr wenige Menschen, die so sind, wie Erich Fried war, so gut, so reinen Herzens, und wenn ihm etwas vorzuwerfen war, dann, daß er es nicht wußte, nicht wahrhaben wollte, was für eine Ausnahmeerscheinung er war. So lange, wie die Ausnahme die Regel bestätigt, sagt Holger Keller, bin ich gegen die Ausnahme, und damit müßte er dann gegen sich selber sein, denn auch er gehört zu diesen guten Menschen, die ich das Glück hatte kennenlernen zu können. Und bei Holger, einem Hitzkopf, einem Fanatiker, will das etwas heißen, so gut zu sein, so menschenfreundlich. Vielleicht aber war Erich als junger Mann auch so, ein Überzeugungstäter und deshalb links, weil er der sicheren Überzeugung war, alle Menschen könnten so gut sein wie er selber, hinderte sie nicht die Gesellschaft daran. Erich war links, so links, daß er alle Linken durch seine Menschlichkeit beschämte – wenn die Linke so wäre, wie Erich Fried war, die Linke sähe anders aus. Und sähe die Linke anders aus, die Welt sähe anders aus. Erich hat Kühnen verteidigt, den Neonazi Kühnen, ist in dem Prozeß gegen Kühnen, den kleinen Neonaziführer, als Zeuge aufgetreten. Um Kühnen zu verteidigen. Um dafür einzustehen, daß Kühnen, mit dem er in einer öffentlichen Diskussion zusammengetroffen war, ehrlich an das glaube, was er an nazistischem Schwachsinn von sich gab, und daß er wegen seines ehrlichen Glaubens nicht als Bösewicht zu gelten habe, daß auch Kühnen ein Mensch sei, menschliche Qualitäten besitze, in seinen Überzeugungen zu achten sei – kein Linker hat das verstanden, daß Erich das gemacht hat. Wie kann man nur einen Neonazi verteidigen, in Schutz nehmen. Was ist das für ein Argument, daß jemand ehrlich von dem überzeugt ist, von dem er überzeugt ist. Wenn das Nazischeiße ist. Das macht es doch nur noch schlimmer. Aber so war Erich, und die Welt sähe anders aus, wenn es ein paar mehr Erich Frieds geben würde. Weil Erich immer den Menschen sah, auch im Feind. Im Gegner. Und wenn es das jemals gegeben hat, die eigentlich christliche Feindesliebe, dann in Erich Fried, dem Juden, dem Atheisten, und ich kann mich glücklich schätzen, ihn kennengelernt zu haben. Und ich, ich bin kein guter Mensch, ich nicht.

Erst war da nur diese Stimme: jeden Mittwochabend im Londoner Rundfunk, im deutschsprachigen Dienst der BBC. Direkt nach den Nachrichten, die ich mit meinem Bruder zusammen jeden Abend beim Insbettgehen hörte – wir gingen ja früh ins Bett. Um früh wieder aufstehen zu können, um noch mindestens eine Stunde Zeit zu haben, bevor wir zur Schule mußten. Die Glocke von Big Ben um acht Uhr, dann die Nachrichten, mittendrin von diesem bewundernswerten Satz unterbrochen: »Sie hören die Nachrichten vom BBC London.« Damit da kein Vertun möglich ist. Damit man Bescheid weiß, wer zu einem spricht. Lapidar, sachlich, englisch unterkühlt – was muß das für ein Kontrast gewesen sein zu der Propaganda der Nazis, was muß das für eine Wirkung gehabt haben auf den, der es wagte, diesen Feindsender zu hören. Wirkungsvolle Propaganda, weil keine Propaganda, Propaganda für die Demokratie. Und auch mich, auch uns, meinen Bruder und mich, erreichte diese Propaganda für die Demokratie – wie man das Geschehen in der Welt auffaßte, wie man es kommentierte, von welcher Position aus man die Dinge sah, das müßte doch von dem zu trennen sein, was ist, was Fakt ist. Ein Traum wahrscheinlich, aber doch was für einer. Und dann am Mittwoch nach diesen Nachrichten Erich Fried, ein Linker, das war klar, und schon dies, daß in der BBC ein Linker zu Wort kam, sprach noch einmal für die Demokratie. Und dann diese Stimme, die Vertrauen einflößte, die Stimme von Erich Fried mit ihrem leichten Akzent – daß das ein österreichischer, ein wienerischer war, ich wußte es nicht. In der kleinen DDR wußte man so etwas nicht, in diesem Scheißland. Für mich war Erich Fried Engländer. Und er sah in meiner Vorstellung auch so aus, wie ich mir einen Engländer vorstellte. Groß und schlank. Wie Chamberlain. Arthur Neville Chamberlain. »I bring peace for our time.« Und als er dann zu uns kam, war es ein kleiner Wiener Jude, der bei uns vor der Wohnungstür stand – aber das stimmt so nicht, denn ein Jude war es doch gar nicht, der uns alle damit verblüffte, daß er sich so viel Salz auf das Stück Fleisch streute, das es bei uns zu essen gab, bis es mit einer weißen Schicht bedeckt war, ein Jude deshalb nicht, weil für mich kein Jude, weil ich doch von dem Juden Erich Fried nichts wußte. Den lernte ich erst später kennen, in London, in seinem Haus dort in London. Seine Haare waren sehr viel länger geworden, hingen ihm in dicken, kräftigen Strähnen in die Stirn, und er hatte sich einen Bart wachsen lassen. Und er schien so sehr stark gealtert, ging mit einem Stock in seinem Haus herum, hielt sich mit den Händen an den Wänden des Flures fest, wenn er von seinem Arbeitszimmer in die Küche wankte, zum Essen mit seiner Familie, seiner Großfamilie, zu der dann immer auch eine Geliebte von ihm gehörte, der Lover von seiner Frau und immer auch Gäste, die, wie ich doch auch, unangemeldet zu ihm kamen, bei ihm problemlos unterkamen und verköstigt wurden. Und er hatte immer eine Aktentasche dabei, auch wenn er am Morgen, nur in seiner Unterhose, durch den Garten von seinem Mädchenstall, wie er das nannte, dem Holzhaus für seine aktuellen Freundinnen, zum Frühstück gestolpert kam. Und in dieser Aktentasche, da hatte er die Gedichte, an denen er gerade schrieb, und er hatte da sein Bargeld drin, immer größere Summen, dicke Bündel von Geldscheinen. Und vorne in dem kleinen Zimmerchen neben dem Eingang starb seine erste, oder war's seine zweite, Ehefrau, treu umsorgt von ihrem nunmehrigen Mann – ein Däne, der seine Frau, als sie auf den Tod an Krebs erkrankte, fragte, ob sie noch einen Wunsch hätte, den er ihr erfüllen könne. Ja, sie hatte einen Wunsch, sie wollte zu Erich, und natürlich nahm Erich die beiden auf. Und oben in der ersten Etage lebte Erichs Mutter, die sich vierzig Jahre lang standhaft und erfolgreich geweigert hatte, das Englisch ihres Exils zu lernen. Die Mutter, die einfach mitten hinein ins Gespräch platzte, bei Erich ins Arbeitszimmer gelaufen kam, um bei ihrem Sohn nach Klebstoff zu suchen oder einem Briefumschlag. Eine alte Wiener Dame mit einem starken Wiener Akzent, und Erich war doch selber schon alt, und redete man mit ihm, schloß er irgendwann die Augen, und man hatte das Gefühl, er hört einem gar nicht mehr zu und wird gleich vom Stuhl fallen, und bevor er das wahrscheinlich getan hätte, legte er sich auf den Boden und seine Beine auf den Stuhl, auf dem er gesessen hatte, damit ihm das Blut wieder ins Gehirn fließe, und so redete man dann mit ihm weiter – was für ein Mensch. Ein wunderbarer Mensch. Der beste Mensch, den ich je kennengelernt habe, das Glück hatte kennenzulernen. Ohne Erich hätte ich doch meine *ROSA* nicht schreiben können, das Stück über Rosa Luxemburg.

Im *SPIEGEL*

Titel: »*Alle machen aus meinem Vater einen Fall*«

Redaktioneller Vorspruch: *Florian Havemann über Robert Havemann und dessen SED-Kritik. In der Bundesrepublik gilt Robert Havemann, prominentester SED-Gegner, als Verfechter einer Art von Eurokommunismus für die DDR. Sohn Florian, 26, der 1971 nach West-Berlin floh und dort als Bühnenbildner arbeitet, setzt sich mit der Kritik seines Vaters auseinander. »Ich kann daran nichts Kommunistisches entdecken.«*

Mein Motto: »*Denn wenn es den Begriff Vaterland gibt, dann gibt es auch den Begriff Sohnesland, laßt sie uns beide bewahren. Es scheint nicht darum zu gehen, sich ins Leben der Alten einzumischen, sondern darum, neben dem ihren das eigene aufzubauen.*« *Velimir Chlebnikov*

Und dann der Text:

Körper, Namen und Länder
Meinen Vater habe ich seit sieben Jahren nicht gesehen. Ich sehe nur noch sein Bild: Der Körper meines Vaters sitzend, sein Geist wie abwesend. Ein Bild, das jetzt zerfällt. Die Bilder, die ich jetzt von meinem Vater zu sehen bekomme, das ist er nicht. Es ist der Zerfall eines Gesichts, den ich sehe. Es zerfällt nicht etwa, weil ich es berührt habe, es zerfällt wegen dem Alter.
Jetzt führt eine Grenze hin zwischen dem Körper meines Vaters und meinem Körper. Wir können uns nicht mehr berühren. Ich kann mich aber auch an eine Berührung mit meinem Vater nicht erinnern. Wenn auch spät, aber dann doch, wünschte ich mir, meinen Vater zu schlagen.
Ich wollte nachts kommen, über die Grenze, in sein Haus. Ich wollte auf den Tisch vor seinen Sessel mich stellen. Angetrunken würde er da sitzen, wie jede Nacht. Ich stehe auf dem Tisch und trete meinem Vater ins Gesicht. Jetzt schweigt er, Blut im Mund. Ich werfe mich meinem Vater vor die Füße.
Furchtbares Ende des Traums: Seine Hand weist nur hart den Weg zur Tür.
Der Name meines Vaters: Robert Havemann. Wie soll ich ihn nennen? Robert kann ich nicht sagen, konnte ich nie zu ihm sagen. Eines Tages sollte ich plötzlich Robert zu ihm sagen. Eine Gleichberechtigung, die ich sonst nie empfunden habe. Ich hatte als Kind doch immer Papi gesagt. Ich vermied es bis zu meiner Flucht, ihn direkt anzusprechen. Gegenüber Dritten sagte ich oft, so oft es ging: Herr Havemann oder der Herr Professor. Und dann noch: der Alte.
Ich meinte aber nie, daß er alt ist. Jetzt, wo er es ist, kann ich da noch der Alte sagen – nein, es geht nicht. Ich möchte nicht, daß mein Vater aus seinem Deutschland hierher in mein Deutschland kommt, aus Angst vor dem Alter. Meine Furcht, ihn als einen Sterbenden in Empfang nehmen zu müssen – furchtbar, wie er zerfallen würde in dem Moment, wo ich ihn endlich in die Arme schließen kann. Er stirbt, wenn ich ihn berühren kann.
Oder er stirbt besser in der Ferne, ungesehen.

Der Fall
Die Situation, in der mein Vater Robert Havemann jetzt seit fast zwei Jahren leben muß, ist bekannt. Wenn aber die Posten vor seinem Haus abziehen werden, der Hausarrest aufgehoben ist – an der Situation meines Vaters wird sich eigentlich nichts ändern. Die Isolation wird bleiben, sich frei bewegen zu können – wo soll denn der schwerkranke Mann noch hin? Es werden keine Freunde mehr da sein, sie sind im Westen. Die ständige Beobachtung durch die Staatssicherheit wird bleiben – die ist seit 15 Jahren normal. Eine Möglichkeit zur Arbeit – im Alter von 56 Jahren wurde mein Vater Rentner. Veröffentlichen kann er nur im Westen, so oder so.
Das ist das Lächerliche an diesem Hausarrest, von dem mein Vater mehrmals spricht. Das wirft aber auch einen goldenen Schimmer auf seinen furchtbaren Lebensabend. Ihm ist jetzt jede Mitschuld an seinem Zustand genommen. Die große Aufmerksamkeit, die er genießt, er genießt sie auch.
Der Zustand ist doch der, daß er da bleibt, wo er ist, und spricht. Die einen wollen nicht, daß er bei ihnen im Lande bleibt, und wollen auch nicht, daß er weiterspricht. Sie wollen endlich Ruhe. Sie versuchen, möglichst nicht mehr auf ihn zu reagieren.
Die anderen hier wollen, daß er da bleibt, wo er ist, das ist die Geschäftsgrundlage, und weitersprechen soll er. Was er aber sagt, das kennen sie schon, es kommt ja auch nichts Neues mehr. Ein Interesse an einer Diskussion der Äußerungen meines Vaters ist nicht zu entdecken. Aber ein Interesse daran, daß er sich äußert.
Unter einer Reaktion auf die Äußerungen meines Vaters scheint man sich in Ost und West nur Polizeimaßnahmen vorstellen zu können. Die einen wollen den Fall Havemann los sein, die anderen wollen ihn warmhalten.
Alle haben sie aus meinem Vater einen Fall gemacht – Äußerungen werden nicht mehr wahrgenommen, eine Person ist nicht mehr zu entdecken. Um ihn herrscht eine Zone des Schweigens, obwohl er spricht. Dieses tödliche Schweigen zu durchbrechen – vielleicht wird alles noch schlimmer.

Alternative

Der Manager Rudolf Bahro arbeitete Jahre an seiner Analyse der sozialistischen Gesellschaften Osteuropas und Asiens. In seiner Freizeit studierte und schrieb er. Rudolf Bahro hatte keinerlei gesellschaftlichen Kontakt zu oppositionellen Kreisen Ost-Berlins.

Er verbreitete dann das Manuskript seines Buches in wenigen Exemplaren. Das Manuskript war anonym. In den Ost-Berliner oppositionellen Kreisen wurde das anonyme Manuskript als ein Produkt der Staatssicherheit verdächtigt. Eine Diskussion der von Rudolf Bahro entwickelten Analysen fand nicht statt. Bahro wollte dann sein Buch im Westen veröffentlichen lassen, anonym. Mehrere Verlage lehnten ab, sie fragten, wer ist der Verfasser? Sie wollten den Fall. Der Wunsch des Autors, hinter seinem Werk zurückzutreten, wurde nicht akzeptiert. Es soll nicht die Sache diskutiert werden, es soll vom Autor gesprochen werden. Rudolf Bahro entschloß sich zum Fall Bahro, er opferte seine Anonymität: acht Jahre Gefängnis.

Freunde und Genossen

Als der ehemalige FDJ-Funktionär Jürgen Fuchs seine oppositionelle Bewegung in der DDR aufbauen wollte, fand er ein Monopol für Opposition vor: Wolf Biermann und Robert Havemann. Sie waren beide nur noch Monumente ihrer Isolation und bisher ohne Einfluß auf die jungen kritischen Sozialisten wie Fuchs und seine Jenaer Freunde.

Jürgen Fuchs sah in Wolf Biermann und Robert Havemann die Träger einer oppositionellen Kontinuität. Die Opposition von vor 1968 mit der der siebziger Jahre zu verbinden, das hielt Jürgen Fuchs für entscheidend.

Später zog er dann nach Grünheide auf das Grundstück meines Vaters. Die Nähe zu ihm war für Jürgen Fuchs recht problematisch. Er wollte die dreckige Unterwäsche – ich zitiere aus dem Gedächtnis – des von ihm hochgeschätzten Mannes nicht kennenlernen müssen. Eine entscheidende Eigenschaft meines Vaters, das Sammeln von negativen Punkten anderer Personen, war für Jürgen Fuchs unerträglich. Er ging, soweit das in dieser Nähe möglich war, auf Distanz.

Jürgen Fuchs organisierte Treffen von jungen Dissidenten in Grünheide. Die Treffen hatten folgenden Ablauf: Erst trafen sich die Jungen im eigenen Kreis mit Fuchs als Zentrum, dann ging man – so war das von Fuchs organisiert – zum Monument. Mein Vater wurde über das Thema der vorangegangenen Sitzung informiert und gab dann seine Statements ab.
Wenn das Thema erschöpft war und mein Vater seine Schnapsflasche und die Gläser holen wollte, und er sah sich vielleicht schon nach den Frauen um, wenn es also privat zu werden drohte, beendete Fuchs das Treffen mit dem Hinweis auf den letzten Bus. Er brachte die Dissidenten zur Haltestelle.
Nicht ohne Komik das Ganze, wenn man bedenkt, daß höchstens 50 Personen an diesem bösen Spiel »sozialistischer Opposition« beteiligt waren. Wenn ich an meinen Vater dabei denke, möchte ich weinen.

Kommentare
Oft wird von wohlmeinenden Kritikern meines Vaters bedauert, daß er sein philosophisches Werk über »Dialektik ohne Dogma« hinaus nicht fortgeführt hat. Nun beschreibt mein Vater in seiner letzten Veröffentlichung die Situation, in der er, der Naturwissenschaftler, als Philosoph produktiv war: Es ist der Lehrer im Kreise seiner Schüler und es ist der Meinungsstreit mit den anderen Philosophen. Der Meinungsstreit, das ist ganz real: Die Herren Philosophen streiten sich. Es ist das gesprochene Wort die Verbindung, auch zu den Schülern. Die Schüler fragen, der Lehrer antwortet. Die Antwort ist entsprechend der Tiefe oder Höhe der Frage.
Im Kreis um meinen Vater wurde verächtlich von den anderen als »Kathederphilosophen« gesprochen. Wenn man es bedenkt, natürlich war zum Beispiel Hegel auch ein typischer Kathederphilosoph. Aber der Kreis um meinen Vater, das war etwas anderes, nämlich ein Kreis philosophisch interessierter Dilettanten.
Die Dilettanten wehrten sich gegen jede Bevormundung. Der freie Meinungsstreit, das war die Meinungsfreiheit, die sie meinten und die mein Vater noch heute fordert.

Davon, daß man sich mit den von anderen Philosophen entwickelten Ideen auseinandersetzen wollte, davon kann keine Rede sein. Man wollte diese verknöcherten Dogmatiker in Panik versetzen, und man tat es mit großem Spaß. Man brachte diese »Kathederphilosophen« in Verwirrung, weil man dem Disput, den man forderte, gleichzeitig auswich.
Da, wo ein »Kathederphilosoph« an einem System arbeiten muß, ist der Dilettant als Philosoph ein Springer: Er hat hier eine Anmerkung, da ein unpassendes Zitat und dazu noch einen Kommentar. Der Dilettant ist als Philosoph ein Ignorant, wie es Wolfgang Harich treffend gesagt hat. Der Titel der Vorlesungsreihe meines Vaters weist auf ihren kommentatorischen Charakter hin: naturwissenschaftliche Aspekte philosophischer Probleme.
Eine partisanenhafte Art des Zitierens der Klassiker bringt jeden, der an einer Analyse arbeitet, zur Verzweiflung, nicht nur den Dogmatiker. Immer wieder steht der Dilettant auf, es ist ihm wieder etwas eingefallen. Für ihn haben Zitate Beweischarakter. Es macht ihm einen großen Spaß, seinen Gegnern nachzuweisen, daß sie ihre Klassiker nicht ordentlich studiert haben. Es hat der Dilettant eine große Fähigkeit, alles aus dem Zusammenhang zu reißen. Das ist sicher auch positiv, wenn die Zusammenhänge falsch sind. Aber es ist dem Dilettanten unmöglich, aus Bruchstücken einen neuen Begriff zu entwickeln.
Jetzt, mit einem Abstand von 14 Jahren zu seiner letzten Veröffentlichung eines philosophischen Werkes, stellt sich mein Vater auch ganz offen gegen jede neue Theoriebildung (Philosophie, Ökonomie, Gesellschaftswissenschaften).
»Die populärwissenschaftliche Erläuterung der gar nicht so komplizierten Zusammenhänge ist die Hauptaufgabe der politischen Wissenschaftler des Marxismus.« Das hat zumindest den Vorzug der Klarheit: Es gibt also für Robert Havemann keine gesellschaftlichen Entwicklungen, seitdem die Schriften der Klassiker erschienen sind, die einen neuen theoretischen Ansatz nötig machen.
Deshalb kann er auch einen neuen Ansatz zum Beispiel in den Analysen Rudolf Bahros nicht entdecken. Er sieht nur Meinungen, wie er selbst nur

Meinungen äußern kann: »Die Oktoberrevolution fand nach meiner Meinung zur falschen Zeit am falschen Ort statt.«
Die Ignoranz nimmt hier monströse Ausmaße an. Die Oktoberrevolution und die durch sie ermöglichte Entwicklung bedarf immerhin einer gründlichen Analyse. Die Empfindung, daß sie ein Unglück war, sagt ja nichts aus über die Realität. Die neuen Fakten sind wohl ein Unglück für die so gefährlich vereinfachten Zusammenhänge.
Ich muß zugeben, daß von der Versicherung, die Zusammenhänge seien gar nicht so kompliziert, auf andere Dilettanten sicher eine starke Wirkung ausgeht. Die so einfachen Zusammenhänge, die im Denken hergestellt werden, nehmen, konfrontiert mit der Realität, utopische Züge an. Es entsteht keine Utopie im klassischen Sinne, sondern die durch keine Fakten zu revidierende Gewißheit, die Welt nach diesen einfachen Gedanken einrichten zu können. Das sei ganz einfach, wird immer wieder versichert. Das sind vielleicht einfach zu einfache Gedanken.
Mein Vater entwickelt seine Utopie nicht aus der Realität, auch nicht aus einem Begriff von Weltgeschichte oder der Historie der Utopien oder aus der Ökonomie, er leitet sie nicht aus dem Marxismus her – davon ist alles nicht die Rede und kann auch nicht die Rede sein. »Havemanns kommunistische Utopie« – ich frage, was daran kommunistisch ist.
Es werden einige bürgerlich liberale Forderungen wiederholt: Gleichheit, politische Freiheit, Brüderlichkeit; einige sozialdemokratische: Abschaffung ökonomischer Privilegien, Chancengleichheit bei der Ausbildung, soziale Sicherheit; dann gewerkschaftliche Forderungen: Verkürzung der Arbeitszeit, Mitbestimmung; und aufklärerische Positionen werden vertreten: Verbesserung der Gesellschaft durch Erziehung zur Kultur. Ich kann daran nichts Kommunistisches entdecken.
Was es nicht gibt, ist der Traum, die Utopie von einer anderen Art der Arbeit. Die befreite Produktivität des Menschen ist ihm kein Ziel, auch kein utopisches, sondern die kulturvolle Konsumtion ohne kulturbildende Produktion. Wer bestimmt eigentlich, was kulturvoll ist?
Er hat die von Dr. Karl Marx entwickelten Kategorien gar nicht in sein

Denken aufgenommen – muß er auch nicht. Aber man sollte aufhören, sein Denken mit einem marxistischen zu verwechseln. Wenn man diese sogenannte Utopie untersucht, wird man spüren, daß sie nur aus der Psyche meines Vaters abgeleitet werden kann.
Es gibt keine Arbeit in seiner Utopie, weil er selbst die Arbeit immer nur als etwas Lästiges empfunden hat. Er flüchtete vor der Arbeit, sooft er nur konnte. Das Philosophieren ist so eine Flucht vor der naturwissenschaftlichen Arbeit.
Die Partei unterbrach den freien Meinungsstreit und zerstörte den Kreis um meinen Vater – seitdem gibt es für ihn keine philosophisches Denken provozierende Situation mehr. Das Politisieren ist die Flucht vor der Philosophie, die ihm – ohne die Möglichkeit zur naturwissenschaftlichen Forschung – zur Arbeit hätte werden müssen.

Zitat
»Das eigene Denken wird doch oft von Motiven bestimmt, über die man nicht den Mut hat, sich wirklich Klarheit zu verschaffen.«

Verwandlung
»Innerhalb eines Jahres«, so sagt mein Vater in seinem neuen Buch »Robert Havemann: ein deutscher Kommunist«, »verwandelte ich mich von einem ziemlich unpolitischen, normalen wissenschaftsinteressierten jungen Mann aus der Bürgerschicht in einen leidenschaftlich politisch interessierten Menschen. Alles Halbe schien mir unmöglich.« Mein Vater wurde aber nicht einfaches Mitglied der Kommunistischen Partei, er kam gar nicht in einen lebendigen Kontakt zur Arbeiterbewegung, von der die KPD damals ein Teil war – nein, er wurde sofort in den Komintern-Apparat der sogenannten Abwehr eingebaut, das heißt, er wurde von Anfang an Teil einer elitären, undemokratischen illegalen politischen Praxis.
Diese Verwandlung, die Art, in der das geschah, nämlich ohne wirkliche Alternative einer anderen politischen Richtung und einer anderen als der illegalen politischen Praxis – ich stelle die Frage, ob das Mitglied der Kom-

munistischen Partei, Robert Havemann, überhaupt ein Kommunist wurde? Von den Voraussetzungen her ist es sehr gut denkbar, auch wenn darüber kein Bewußtsein vorhanden ist, daß ganz andere als kommunistische Positionen vertreten werden.

Schreiben und Sprechen

»Der mit diesem Buch vorgelegte Text mußte gesprochen, konnte nicht geschrieben werden« (der Herausgeber Manfred Wilke). Ich erinnere mich nicht, meinen Vater jemals am Schreibtisch arbeiten gesehen zu haben. Der Schreibtisch meines Vaters war immer sehr ordentlich, obwohl er sonst nicht für Ordnung war. Mein Vater schrieb nie. Nicht, daß man ihm vorwerfen könnte, er sei faul – mein Vater ist erklärtermaßen faul. Mein Vater schrieb nicht, weil mein Vater nicht schreiben kann. Er mußte auch nicht schreiben, denn an einer Analyse, die das Schreiben verlangt, hat er nie gearbeitet. Das Schreiben war für ihn mit keinem Erlebnis verbunden.

Ich nenne einige Gründe für das Schreiben (mögen andere Autoren darüber lachen!): Mein Vater hat nichts zu verheimlichen. Er kann seine ganze Sprache im Gespräch verwirklichen. Wozu dann schreiben? Seine Erlebnisse trennen sich auch nicht von ihm, es entsteht ihm keine klar von sich getrennte Welt, die doch die seine ist. Kein Grund zur Literatur. Weil er sein Leben wie Anekdoten erzählen kann.

Von der Erfahrung, von der Wirkung der Ereignisse auf ihn kann er nicht sprechen. Sind da keine Wirkungen? Oder ist er sprachlos, ist das die Wirkung? Er kann auch nicht schreiben wie sprechend zu sich selbst, weil er sich und seine Geschichte nicht zum Gegenstand seines Denkens macht. Es sitzt der Rentner den Tag und grübelt. Er denkt in die Grube. Was findet er in der Grube? Wenn er zurückkehrt aus seiner Grube, kommt er mit leerem Mund. »Was ich sage, ist der Gipfel der Harmlosigkeit gegenüber dem, was ich denke.«

Was mein Vater denkt – wir werden es nicht erfahren.

Zugabe
Mein Vater sagte mir einmal, sein Leben nach dem Todesurteil sei wie eine Zugabe. Er habe sich damals vorgenommen, nur noch zu genießen. Es gibt unter zum Tode Verurteilten eine andere Zeitrechnung, sie zählen die Tage wie Jahre. Man wird nicht alt als zum Tode Verurteilter. Mein Vater aber ist so alt geworden, schon über zwölftausend Jahre alt. Ich möchte so alt nicht werden. Ich ahne, warum man mit diesem Alter nicht mehr von sich sprechen kann.

Kommentar

Das sind Hammerschläge. Hammerharte Schläge. Die Brutalität liegt schon im Stil. Der Stil aber, in dem man schreibt, ist mehr als nur eine Formsache, nicht etwas allein, das die Art der Darstellung betrifft. Hat man etwas vom Schreiben und schreibt man nicht einfach in dem Stil anderer weiter, schreibt man also selber, anstatt beim Schreiben von anderen geschrieben zu werden, bedeutet es ein Verhältnis zur Welt. Hier ein Verhältnis zu dem Gegenstand, über den ich schrieb, über meinen Vater. Weist also auf mein Verhältnis zu ihm hin. Brutal, unerbittlich. Pardon wird nicht gegeben. Unglaublich provozierend dadurch, daß das alles Behauptungen sind. Deshalb das Lakonische. Natürlich würde ich heute das eine oder andere eleganter formulieren, mehr auf Rhythmus achten, ein paar Unwägbarkeiten und Vagheiten einbauen, durch die ich weniger angreifbar wäre, aber was mich viel mehr verblüfft: daß ich auch sprachlich gar nicht so weit davon entfernt bin, in dem, was ich jetzt schreibe. Vielleicht liegt's an den Behauptungen, daran, daß ich auch hier wieder Behauptungen aufstelle, mich behaupten will. Meine Sicht der Dinge. Andere werden alles anders sehen. Weshalb meine Sicht doch noch nicht falsch sein muß. Die der anderen aber auch nicht. Das ist mehr als eine Konzession, zu der ich bereit bin, das ist mir zu einer

Überzeugung geworden. Um so mehr behaupte ich, was ich zu behaupten habe. Ansonsten aber schreibe ich doch eigentlich anders, ansonsten kann es mir nicht kompliziert genug sein, nicht komplex genug. Sätze, die sich über eine halbe Seite hinziehen. Und auch dieser Satz ist jetzt kurz. Nur das Buch wird lang. Der ganze Havemann. Den Platz hatte ich im *SPIEGEL* damals natürlich nicht. Und schon damals aber das Gefühl, daß ich eigentlich viel mehr schreiben müßte, damit das, was ich schreibe, schreibend behaupte, überhaupt verständlich sein könne. Eine sehr verkürzte Darstellung war das, eine unzulässig verkürzte. Eine, die mich schon deshalb ins Unrecht setzte, weil sie so kurz war, so vieles wegließ, was ich auch noch hätte sagen können und vielleicht hätte sagen müssen, auf alle Fälle besser gesagt hätte. Durch die Masse an Geschichten, die ich nun erzähle, wird's entweder noch schlimmer, oder die Dinge relativieren sich doch. Sicher aber verderbe ich's mir mit noch ein paar Menschen mehr, wo es jetzt nicht nur um meinen Vater geht. Und mit denen, denen es um meinen Vater allein geht, verderbe ich es mir noch einmal mehr und nun endgültig. Dabei ist schon dieser Artikel im *SPIEGEL* mit Liebe geschrieben. Behaupte ich, behaupte ich immer noch. So streng und unerbittlich kann Liebe sein. Es gibt die, die sich Illusionen hingibt, und es gibt die Liebe, die die Wahrheit will. Die einen Menschen lieben will, einen Menschen auch dann lieben will, wenn der sich nicht liebt, lieber Illusionen von sich verbreitet sehen will. Deshalb mußte ich gegen diesen Mann schreiben. Weil ich über ihn schreiben wollte, mußte ich gegen ihn schreiben. Ungewollt, aber es ging nicht anders. Weil ich über den Menschen Robert Havemann schreiben wollte, mußte ich gegen das Idol Robert Havemann schreiben. Weil Robert Havemann sehr zufrieden mit dem Idol war, das man aus ihm gemacht hatte, mußte ich gegen ihn schreiben. Meine Liebe für ihn mußte sich gegen ihn richten. Die einzigste Alternative wäre gewesen, nicht zu schreiben. Das, was es da an Gedanken in diesem Artikel gibt, an Kritik auch der Opposition im Osten, das hätten vielleicht auch andere schreiben können, das hätten sicher andere besser geschrieben, besser andere geschrieben. Aber keiner, der dafür in Frage kam, wollte sich gegen die Macht Robert Havemann stellen. Keiner wagte es, keiner wollte es sich deswegen im Westen verderben. Auch deshalb mußte ich das schreiben, weil meine Leidenschaft stärker war, stärker gefordert war, weil mich all das Falsche, was ich über meinen Vater im Westen zu lesen und von den Leuten zu hören bekam, viel stärker etwas anging, mich sehr direkt und persönlich etwas anging. Aber ich konnte nicht so schreiben, als hätte ich an diesem Mann und seiner Rolle als Führer der DDR-Opposition etwas zu kritisieren, als könnte ich sachlich dabei bleiben, damit hätte ich mich doch nur lächerlich gemacht. Und wäre vielmehr nur unglaubwürdig geblieben. Deshalb dieser Traum am Anfang, den aufzuschreiben, in diesen Artikel hineinzuschreiben ich mich verpflichtet sah. Moralisch verpflichtet sah. Um den Extrempunkt zu markieren. Um mich in dem, was ich zu sagen habe, angreifbar zu machen. Als Angreifer angreifbar. Denn daß man in mir den Angreifer sehen würde, das war doch klar, und es war ja das auch ein Angriff. Aber einer, bei dem ich nicht stärker erscheinen wollte, als ich war. Eine Absatzbewegung also von dem, was bis dahin Havemann war. Dieses stärker, bedeutender scheinen Wollen, als Havemann ist in der Welt. Und vom Ergebnis her ist das stark, ist das also Havemann, eine Erweiterung des Begriffs Havemann. Dieser Artikel, er bleibt schon. Bleibt stark. Ein starkes Stück von mir aus. Auch wenn das jetzt wie eine Ewigkeit her erscheint. Aber da hat der Herr Bohrer schon recht, daß da ein paar gute Gedanken drinstecken. Die ausgesprochen werden mußten. Hinderte mich doch Pietät nicht, sie auszusprechen.

Was mich immer noch ärgert: daß ich keinen Titel gefunden hatte für diesen Artikel, daß ich den Titel dem *SPIEGEL* überlassen habe: *»Alle machen aus meinem Vater einen Fall«* – mit Anführungsstrichelchen, denn der Satz stand ja so in meinem Text. Die Zwischenüberschriften aber, die freuen mich noch immer, auch das mit dem vorangestellten Motto, dem Zitat von Chlebnikov. So was gab's ja sonst nicht im *SPIEGEL*. Dadurch wurde es schon ein bißchen zur Literatur. Und daß das verdammt gut geschrieben ist, das mußten ja selbst meine Kritiker zugeben, jedenfalls die in der *SPIEGEL*-Redaktion, die mehrheitlich gegen die Veröffentlichung in ihrem Blatt war. Wir können doch nicht diesen Havemann, den wir bei uns erst aufgebaut, zu dem gemacht haben, was er nun ist, in unserer eigenen Zeitschrift vernichten lassen – das soll Böhme gesagt haben, der eine Chefredakteur. Und der andere der beiden, der Herr Engel, hat meinen Gewährsmann damals beim *SPIEGEL*, den Initiator meines Machwerks, den Ulrich Schwarz, gefragt, ob er das denn wolle, daß seine Kinder mal so über ihn in der Zeitung schreiben – natürlich wollte das auch Schwarz nicht, aber er war so klug, zu sagen, er wäre ja wohl auch deshalb kein Havemann. Den heftigen Debatten in der Redaktion ein Ende gemacht, das hat dann Rudolf Augstein, der Herausgeber des *SPIEGEL*, der selbstherrlich entschied: der Artikel kommt. Der mir dann, als wir im nachhinein darüber sprachen, sagte, ihm wäre die Idealisierung von Robert Havemann schon seit längerem auf die Nerven gegangen. Diese ganze lächerliche DDR-Opposition, von der doch nichts kommt. Außer das Gejammere, daß der Sozialismus nicht der sei, den sie sich vorgestellt hätten. In diesem Punkte trafen wir uns.

Vatermord und Leben

Als der Versuch ist das aufgefaßt worden, den eigenen Vater zu verunglimpfen, seinen Ruf vernichten zu wollen, angetrieben vom Haß auf den Vater, vom ödipalen Haß auf den eigenen Erzeuger, als ein vatermörderisches Unterfangen, und in der Zuspitzung hieß es dann: Vatermord – als ob es da nicht doch einen Unterschied gäbe zwischen einem Text und der Tat, dem Gedanken und der Aktion. Erich Fried, der meinen Artikel genauso psychologisch und in seinem psychoanalytischen Wahn hat lesen wollen, Erich Fried, der Gerechte, der gute Mensch aus London, hat dies wenigstens in seinem Leserbrief an den *SPIEGEL*, der dort natürlich liebend gerne abgedruckt wurde, klargestellt, daß hier in meinem Falle, bitte sehr, und wenn überhaupt, nur von *Vaterrufmord* die Rede sein könne, davon, daß ein Sohn den Ruf seines Vaters zerstören wolle. Ich dagegen würde aus diesem Artikel immer noch den Versuch herauslesen wollen, meinen Vater verständlich zu machen, anderen Menschen verständlich, den Menschen, die ihn nicht kennen, die nur das Klischee von ihm kennen, Havemann nur als ein Idol wahrnehmen, nicht aber ihn, nicht den Havemann zumindest, den ich kannte. Aus nächster Nähe kannte. Aber auch aus der Distanz. Ich würde aus diesem Artikel nicht nur den Versuch herauslesen wollen, meinen Vater anderen verständlich zu machen, sondern auch den, ihn selber zu verstehen, besser verstehen zu können. Anders ist doch der Schluß, die Apotheose am Schluß gar nicht zu deuten. Hier versuche ich, einen Schlüssel zu finden, einen Schlüssel dann auch zu geben, wie überhaupt das Leben meines Vaters zu verstehen ist, wie man das zusammenkriegt bei ihm, diese so unterschiedlichen Phasen seines Lebens, und der Schlüssel dazu, so schreibe ich, lege ich nahe, der Schlüssel dafür sei das Todesurteil, genauer: daß er sein Todesurteil überlebt hat – ich bin niemals zum Tode verurteilt worden, weiß nicht, wie das ist, überlebt man dann doch sein Todesurteil, ich maße mir das gar nicht an, einen Mann, der zum Tode verurteilt wurde und dann sein Todesurteil überlebt hat, voll und ganz verstehen zu können, ihn zu beurteilen. Am Ende dieses Artikels finde ich mich damit ab, daß mir dies nicht möglich sein wird.

Ich bringe diesen Mann mit dem Tod in Verbindung, sein Leben mit diesem Todesurteil, und das ist schon interessant, psychologisch auch interessant, daß man mir dann genau das vorgeworfen hat: Vatermord. Und psychologisch ebenso interessant dürfte sein, was mein Vater in Reaktion auf diesen Artikel [redacted] geschrieben hat: daß er mich für selbstmordgefährdet halte, und wieder ist es der Tod, der Gedanke an den Tod, hier nun vom Vater mit dem Sohn assoziiert – nichts lag mir ferner, als mich selber umzubringen, und der Gedanke, die Vermutung lag also nahe, daß er, mein Vater, mir dies vielleicht wünsche, daß ich Selbstmord begehe, dies sich wünsche, um mich los zu sein. Auf daß der angebliche Vatermörder sich selber richte und durch einen solchen Selbstmord das Problem auf den Punkt bringe, den psychologisch doch für jeden nachvollziehbaren, daß also an all dem, was dieser Sohn geschrieben hat, nichts dran sein könne, weil von einem Selbstmörder dann geschrieben, von einem Psychopathen, der mit seinem Leben nicht klargekommen ist. Das wäre die Lösung gewesen, die *eleganteste* Lösung, wie mein Vater in einem solchen Falle wohl gesagt hätte, aber der Sohn lebt und hatte niemals die Absicht, sich selber umzubringen, war niemals auch nur in der Nähe dessen, an Selbstmord zu denken. Ich nicht. Und wenn überhaupt, dann schrieb ich um mein Leben. Um mich und mein Leben von dem meines Vaters abzusetzen, mit dem ich von den Leuten, im Positiven wie im Negativen, immer identifiziert wurde, zu Unrecht identifiziert wurde. Gerade in der Zeit, als ich diesen Artikel für den *SPIEGEL* schrieb, redete ich mit den Leuten von den Berliner Festwochen über eines meiner windigen Theaterprojekte, und sie, sie redeten mit mir, der Chef der Festwochen, Dr. Ulrich Eckhardt, empfing mich, mich, der noch nicht mal sein Studium beendet hatte, gerade mal, und das noch im Rahmen nur seiner Kunsthochschule, eine Inszenierung realisiert hatte, meine *Auszüge aus den Tafeln des Schicksals*, und das war mir doch klar, warum sie so freundlich zu mir waren und bereit, mir die Höchstsumme zu geben, die sie für die Finanzierung solcher Projekte bereitstellten, warum sie sich dann auch noch um irgendeine Kooperation mit einem Theater, dem in Bremen, bemühten, nachdem klar war, daß selbst diese Höchstsumme nicht ausreichen würde – das lag doch nicht nur daran, daß sie mein Projekt, etwas über die Wiedervereinigung zu machen, so toll fanden, es war doch klar, daß es auch an meinem guten Namen Havemann lag. Der Artikel über meinen Vater im *SPIEGEL* war der Test darauf, und dieser Test, er fiel aus wie erwartet: das Interesse der Berliner Festwochen an mir und meinem Projekt, es erlosch schlagartig, der für die Woche nach dem Erscheinen des Artikels verabredete Gesprächstermin, er wurde von ihnen abgesagt. Ohne Begründung, aber eine Begründung war dafür auch nicht nötig. Selbstmörderisch nicht, aber selbstzerstörerisch schon, wie Karl Heinz Bohrer das genannt hat, einen solchen Artikel zu schreiben. Aber auch selbstzerstörerisch doch eigentlich nicht, nur die Aussichten zerstörend, die mir aufgrund des Namens meines Vaters offenstanden. Mir einen eigenen Namen verschaffend. Rufschädigend, meinen eigenen Ruf schädigend, sicher, aber da dieser Ruf nicht mein eigner, sondern der meines Vaters war, mir überhaupt erst einen Ruf schaffend. Egal, ob das dann ein schlechter Ruf war, ich verrufen, Hauptsache ich, Hauptsache als Sohn vom Vater zu unterscheiden.

An diesem Gedanken aber, daß es eines Schlüssels bedürfe, um meinen Vater verstehen zu können, an diesem Gedanken würde ich immer noch festhalten wollen, auch wenn ich jetzt glaube, daß dieser Schlüssel nicht das gegen meinen Vater verhängte und dann von ihm überlebte Todesurteil ist, sondern etwas anderes, etwas, das schon davor anzusetzen ist, etwas, das es ihm erst ermöglichte, in die Gefahr zu geraten, für das, was er tat, zum Tode verurteilt zu werden, da einen Kampf aufzunehmen, der ihn in diese Gefahr brachte. Man versteht das sicher, wie sehr ich mich dann bestätigt fühlte, mich bestätigt fühlen mußte, als Harald Hurwitz zu mir kam, dieser Mann, der sich vorgenommen hatte, eine Biographie meines Vaters zu schreiben, dieser amerikanische Professor, dieser Amerikaner, der kurz nach Kriegsende nach Deutschland gekommen, dann lange Jahre Professor an der Freien Universität in West-Berlin gewesen war, denn Hurwitz, der das Leben meines Vaters zu studieren angefangen hatte, sich im Leben meines Vaters in Teilen sogar sehr viel besser auskannte als ich selber, auch er war doch der Meinung, daß es zum Verständnis des Lebens von Robert Havemann, zum Verständnis der verschiedenen Leben meines Vaters, der so deutlich zu unterscheidenden Lebensabschnitte in seinem Leben eines Schlüssels bedürfe – endlich jemand, der das genauso sah. Endlich. Und über diesen Schlüssel redeten wir dann, darüber, was denn wohl der Schlüssel für das Leben meines Vaters Robert Havemann sei und sein könnte. Mehrmals. Immer wieder. Und natürlich war ich interessiert daran, was Harald Hurwitz glaubte herausgefunden zu haben, was für ihn denn dieser Schlüssel sei, mit dem er glaubte das Leben meines Vaters verstehen zu können. Doch was für eine Enttäuschung dann, als er davon sprach, mein Vater sei eigentlich ein künstlerisch veranlagter Mensch gewesen, der es sich aufgrund der Zeitläufte versagt habe, seiner künstlerischen Veranlagung zu folgen, ein Mann, der in der Wissenschaft und in der Politik dann immer falsch gewesen, ein Mann, der von seinem Wege abgekommen sei – enttäuschend, weil es genau das war, was für Harald Hurwitz, den ich bei unseren zum Teil sehr heftigen Diskussionen doch ein bißchen kennengelernt hatte, selber gelten mußte. Sein Schlüssel, der Schlüssel für sein Leben. Hineinprojiziert in das Leben von Robert Havemann. Enttäuschend, aber Hurwitz nicht vorzuwerfen. Man könne immer nur das erkennen, hat Goethe gesagt, wieder mal Goethe, wofür man auch das Organ habe. Richtig, und mehr als eine Spekulation kann so ein Schlüssel auch niemals sein, den man für das Leben eines anderen findet, aus der eigenen Lebenserfahrung folgend, gefolgert. Und diese Spekulation, sie geht dann auf, sie erscheint schlüssig, sie ist in der Lage, genug Dinge zu erklären, oder es bleibt da zuviel offen. Enttäuschend und natürlich, weil so enttäuschend, auch lehrreich, denn das wird doch für mich genauso gelten, für den Schlüssel, den ich glaube für das Leben meines Vaters gefunden zu haben, von dem Schlüssel, der mir so schlüssig sein Leben erklärt. Auch dies wird nur eine Projektion sein, nichts anderes als eine Projektion sein können. Daß ich von mir, von dem, was ich erlebt habe, von meiner Lebenserfahrung aus auf meinen Vater und sein Leben schließe. Etwas anderes gar nicht möglich.

Ich sehe einen jungen Mann, ich sehe den Allesversteher, den Schnellkapierer, sehe das naturwissenschaftlich begabte Wunderkind, das seinem Vater die Relativitätstheorie erklären konnte, einfach mal eben so, und ich sehe dann, wie dieser junge Mann, der zu den größten Hoffnungen Anlaß bot, zu der Hoffnung, ein zweiter Einstein zu werden, zu einem zweiten Einstein nicht wird. Und deshalb nicht werden kann, weil er alles so schnell kapiert, von so überraschend fixer Auffassungsgabe ist, im Unterschied zu Einstein, einem mäßigen Schüler, der den Dopplereffekt nicht verstand, die Erklärungen für dieses physikalische Phänomen nicht verstehen konnte, der deshalb ein Problem hatte, ein Problem, an dem er knapste, ein Problem, mit dem er nicht zurechtkam, das ihn wurmte und ihn denken, ihn die Relativitätstheorie entwickeln ließ. Mein Vater aber, er hatte keine Probleme, er verstand ja immer alles ganz schnell. Die Produktivität aber eines Menschen, sie rührt nur aus Problemen her, und da unterscheidet sie sich nicht, die wissenschaftliche, von der künstlerischen Produktivität, und auch nur der, der mit seinem vorgegebenen Gott Probleme hat, wird religiös produktiv sein, nur der Philosoph produktiv, der die Philosophie nicht versteht und doch verstehen will. Mein Vater aber verstand alles, er war so ungeheuer blitzgescheit, daß bei ihm dann nichts herauskam, nichts Eigenes herauskommen konnte. Nicht mußte. Und ich sehe diesen jungen Mann, der als Wunderkind zu größten Hoffnungen als Naturwissenschaftler Anlaß gab, mit seiner eigenen wissenschaftlichen Unproduktivität konfrontiert. Ich sehe einen jungen Mann, der selber gerne ein zweiter Einstein geworden wäre, der davon geträumt hat, ein zweiter Einstein zu werden, der glaubte, das Zeug dazu zu haben, ein zweiter Einstein zu werden, dem aber das Entscheidende fehlte: ein Problem. Genie, und auch das wiederum hat, glaube ich Goethe gesagt, Genie heißt, viele Probleme zu haben, Genie entwickelt nur der, der genug Probleme hat, Probleme, mit denen er sich herumquält. Der Genius, das ist der Schutzgeist, Genie hat der, dem es gelingt, eine Lösung für seine Probleme zu finden. Aber dafür muß man erst mal Probleme haben, und mein Vater hatte keine Probleme. Ich sehe einen jungen Mann, der sich selber als naturwissenschaftliches Genie gesehen hatte, einen jungen Mann, der dann feststellen mußte, das Genie, das er zu sein glaubte, das ist er doch nicht, einen jungen Mann, der dann nur noch diese Aussicht vor sich sah, eine mittlere wissenschaftliche Karriere zu machen, irgendwo in einem Institut Assistent zu werden, und wenn er Glück hat, irgendwann mal vielleicht Professor. Ich sehe einen jungen Mann, der dann entdecken mußte, daß er ein Bastler ist, ein kleiner Erfinder. Mehr nicht als nur ein kleiner Erfinder. Und dann sehe ich, wie die Politik in sein Leben hereinkommt, er hat sie nicht gesucht, es waren nicht die politischen Leidenschaften, die ihn in die Politik getrieben haben, Zufall, und vielleicht hätte es auch etwas anderes sein können, nicht die Politik, in die er dann ausweichen konnte. Ja, ich sehe die Politik bei meinem Vater als Ausweichmanöver, als das Mittel, seinem verpfuschten Leben noch einen Sinn zu geben. Ich sehe den jungen Mann und eigentlich bereits gescheiterten, im Verhältnis zu seinen Ansprüchen und Hoffnungen gescheiterten Naturwissenschaftler, der anfängt, sich politisch zu engagieren, schon als einen Überlebenden. Nicht erst denjenigen als Überlebenden, der das gegen ihn verhängte Todesurteil überlebt. Nur derjenige läßt sich auf etwas ein, was ihn in Todesgefahr bringt, dem sein eigenes Leben nicht viel wert ist. Nur der. Bei aller Heroisierung, vergessen wir das nicht. Aber auch das nicht: Robert Havemann überlebt, und er ist das Überleben gewöhnt, geübt, er weiß, was man zum Überleben braucht. Auch er doch kein Selbstmörder. Er hätte dies Angebot nicht annehmen müssen, das ihn sein Todesurteil überleben läßt. Und wieder ist es eine kleine miserable wissenschaftliche Tätigkeit, nichts Großartiges, was er dabei wählt. Für den Sicherheitsdienst Geheimtinten entwickeln. An diesen Giftgasen weiterforschen. Und er will auch da wieder nichts wirklich herausfinden, kein Ehrgeiz, nichts davon, nur überleben. Kein Lebens-, ein Überlebenskünstler.

Was ich sehe also, was für mich der Schlüssel ist für das Leben meines Vaters, für sein Überleben, das ist Havemann. Das ist das Havemann-Problem. Es war schon das Problem meines Großvaters. Auch er ein Überlebender, als Gymnasiallehrer einer, der die großartigen Träume, die er von sich geträumt hat, dann überlebt hat. Hat sich nicht umgebracht. Trotz des Revolvers in der untersten Schublade seines Schreibtisches. Hat diesen Schlag überlebt, diesen Anschlag auf sein Selbstbewußtsein, sein

Selbstwertgefühl, sich dann als Gymnasiallehrer in Bielefeld wiederzufinden, in der tiefsten Provinz. Als Schriftsteller, der er wohl gerne gewesen wäre, gescheitert. Ein Versager. Und natürlich ist das mein Problem, das ich da sehe. Ich bin Havemann und kann nur ein Havemann-Problem sehen, das mein Havemann-Problem ist. Aber das ist für mich wenigstens ein Problem, Havemann ein Problem. Ein Problem, das mich beschäftigt, zur Produktivität zwingt, mich nicht zur Ruhe kommen läßt. Und Havemann hat als Problem so viele Facetten. Havemann bedeutet nun, viele Probleme zu haben. Havemann aber ist nur ein Problem, ein Problem aus vielen Problemen, wenn Havemann nicht endlich doch Genie entwickelt. Die Voraussetzungen dafür sind da, die vielen Probleme, die über drei Generationen angehäuften Havemann-Probleme – aber habe ich genügend Schutzgeist in mir, genügend an Genie, um nicht nur ein weiteres Havemann-Problem zu sein? Wer weiß das schon. Wer kann dies von sich wissen? Noch bin ich produktiv, noch ist das Havemann-Problem also nicht gelöst. Oder arbeite ich es nur noch aus, und es treibt mich die Lust an der Gestaltung an? Auch damit kann sich ein Überlebender auf Jahre hin beschäftigen. Denn natürlich bin auch ich das, ein Überlebender. Und was habe ich nicht alles überlebt. Ich habe diese Krise überlebt, diese künstlerische Krise, als das begabte Wunderkind nicht zum Künstler werden konnte. Ich habe das Gefängnis überlebt. Habe den Sozialismus, die DDR blöde überlebt. Habe es überlebt, als offensichtlich gescheiterter Künstler fünfzehn Jahre den Dreck anderer Leute wegmachen zu müssen. Habe es überlebt, mich zwischen der Kunst und der Politik entscheiden zu müssen, und wenigstens das war doch genial, mich da dann nicht zu entscheiden. Und wer so viele Niederlagen und Absagen überlebt, der muß schon ein Stehaufmännchen sein. Und wer dann immer noch lächelt und lächeln kann und nicht nur verquält grinsen, der ... – ja, was ist mit dem? Egal, der Rest wird sich zeigen. Ich habe vor, noch ein paar Jährchen zu leben. Zu leben, nicht nur zu überleben.

Utopia

Jesus ist ganz anders als die Gründer anderer Religionen. Er ist wirklich die Brücke zwischen Himmel und Erde, das Licht der Wahrheit, das uns erschienen ist.

Was habe ich gelacht, als ich das in der Zeitung las. Als Zitat. Soll der gegenwärtige Papst gesagt, geschrieben haben. Erstaunlich, was? Gerade er – ich meine, wenn das nun ein Buddhist gesagt hätte, der Dalai Lama, ein Anhänger Zarathustras oder von diesem Mohammed, aber ausgerechnet ein Christ, der Papst sogar. Ich habe diese Brücke noch nicht gesehen, mir hat bisher nur die Sonne geschienen und das elektrische Licht, aber, und das wird mir immer wieder von katholischer Seite aus vermittelt, ich kann das auch gar nicht verlangen, daß mir dieses Licht der Wahrheit wirklich real erscheine, ich muß es in mir wirken lassen, mich von ihm erleuchten lassen, muß erst mal daran glauben – oder habe ich das noch immer nicht richtig verstanden? Muß ich ja nicht, denn verstandesmäßig verstehe ich's sowieso nicht, und deshalb ficht das doch einen guten Christen nicht an, wenn ich nun sage, das wird für die anderen Religionsgründer nicht anders sein, daß die, die an sie glauben, glauben, der ihre sei ganz anders als die anderen.

So gelangen wir unausweichlich zu unserer großen Schicksalsfrage: werden wir auch nur einer der Millionen Fehlschläge sein, die den immer neuen Versuchen beschieden sind, die Stufe des Menschlichen zu ersteigen? Werden wir von einer glücklichen Welt und einer glücklichen Menschheit nur träumen können bis in unsere letzten Stunden, wenn alles um uns durch uns und mit uns versinkt?
Weil wir noch leben, weil wir noch die Kraft haben, den Lauf der Dinge zu ändern, um der großen Kultur der Menschheit willen, um der Liebe, die uns verbindet, willen, um unserer Kinder willen, um des Todes willen, den der reine Mensch Christus vor 2000 Jahren für uns gestorben ist, dürfen

wir die Hoffnung nicht aufgeben. Das Prinzip Hoffnung ist das einzige, das die Welt aufwärts bewegen kann. Niemals dürfen wir dieses Urprinzip des menschlichen Seins preisgeben.

Habe ich auch gelesen in diesen Tagen, und da habe ich überhaupt nicht lachen können, da ist es mir ganz schnell vergangen, das Lachen, in das ich mich erst retten wollte – hier nicht *soll*, wie bei der Zeitungsmeldung über die päpstlichen Erkenntnisse, hier kann es sicher heißen: er hat, mein Vater hat das wirklich geschrieben, ich habe es vor mir liegen, es steht zu lesen in seinem letzten Buch *MORGEN*, das 1980 im Piper-Verlag erschienen ist, Seite 71 unten, Seite 72 oben. Dann also gute Nacht. Das ist das Ende, der Untergang des Abendlandes, die Selbstaufgabe. Danke, Papi, endlich herrscht Klarheit. Meine Schicksalsfrage, die Frage nach meinem Schicksal ist beantwortet: ich bin ein Fehlschlag, Havemann war ein Fehlschlag. Havemann ist erledigt. Geben wir Havemann auf, lassen wir alle Hoffnung fahren. Das Urprinzip, es wirkt nicht mehr. Der Atheismus gilt nicht mehr. Ich wußte das doch nicht, daß er um meinetwillen, um seiner Kinder willen und damit also auch um meinetwillen seine Hoffnung nicht aufgeben wollte. Ich wußte das noch weniger, daß er um Christus willen die Hoffnung nicht aufgeben wollte. Ich wußte auch das doch nicht, daß dieser reine Mensch auch für mich gestorben ist, und das schon vor 2000 Jahren.

Die so einfachen Zusammenhänge, die im Denken hergestellt werden, nehmen, konfrontiert mit der Realität, utopische Züge an. Es entsteht keine Utopie im klassischen Sinne, sondern die durch keine Fakten zu revidierende Gewißheit, die Welt nach diesen einfachen Gedanken einrichten zu können. Das sei ganz einfach, wird immer wieder versichert. Das sind vielleicht einfach zu einfache Gedanken.

Auch das habe ich gelesen, in diesen Tagen wiedergelesen, das, was ich über meinen Vater geschrieben habe, 1978, und also nur zwei Jahre bevor er mit seinem *MORGEN* und damit mit einer Utopie im klassischen Sinne herauskam – er wird sich doch nicht etwa durch mich herausgefordert gefühlt haben, so etwas noch nachzuliefern? Aber nein, und was für eine Selbstüberschätzung, begonnen hat er mit diesem Buch schon 1976. Nun könnte ich natürlich sagen, ich hätte schon den richtigen Riecher gehabt, daß aber diese utopischen Züge im Denken meines Vaters wirklich noch mal in Utopia ankommen würden, ich hätte es nicht für möglich gehalten. Schon, weil das ja auch Mühe kostet, ein solches Land der Träume zu schaffen, weil das ja alles aufgeschrieben werden muß. Aber ich hätte dies doch nicht nur nicht für möglich gehalten, ich hätte es ihm auch nicht gewünscht, daß er so weit geht, so weit noch der Realität entfliehen muß. Ich habe sie doch nicht gefordert, nicht nach einer Utopie im klassischen Sinne verlangt, mir wäre lieber die Peinlichkeit erspart geblieben, meinen Vater auf ein solches Niveau auch noch herabsinken zu sehen, und auch Jesus Christus konnte dann nicht ausbleiben – aber es mußte wohl sein, diese Konsequenz war doch zu nahe liegend. Diese Peinlichkeit übrigens, sie befiel nicht nur mich allein bei der Lektüre dieses Buches, auch seine Anhänger und Adepten, die Bewunderer von Robert Havemann, gehen über dieses Buch hinweg, erwähnen es nur mit einem nachsichtigen Lächeln. Und das nachsichtige Lächeln, das ist der Tod, damit ist eine Sache wirklich erledigt. Schlimmer geht's nimmer.

Mit »Morgen« gelang Havemann ein sehr vielschichtiges Buch.

So kann man das natürlich auch nennen, dieses Buch, das mit einem Essay über die Industriegesellschaft, die ökologische Frage beginnt, in keinster Weise originell, den Bericht des Club of Rome referierend, ihn populärwissenschaftlich aufbereitet, dann politisch wird, Ost und West betrachtet, die beiden sich gegenüberstehenden Systeme, der Frage nachgeht, spekulativ natürlich, ob das eine besser als das andere, ob sie beide denn überhaupt befähigt sein könnten, den ökologischen Herausforderungen zu begegnen, in das dann überraschend ein Gedicht eingeschoben ist, das mein Vater 1958 verfaßt hat, und dann erst folgt, in einem ganz anderen Stil geschrieben, dieser eigentlich utopische Teil, *Die Reise in das Land unserer Hoffnungen* genannt, und in diesem Teil geht es dann um alles andere denn darum, wie diese ökologische Krise überwunden werden kann, in dem Land der Hoffnungen meines Vaters ist sie dies nämlich schon längst. Es geht um Kultur und Erziehung, um Trieb und Liebe, um die Treue und natürlich auch die Untreue, um Homosexualität und lesbische Liebe, um den Inzest, das Inzestverbot, das es in seinen Träumen nicht mehr gibt, um das Matriarchat, das in diesem Lande gilt, aber so gar nichts von einer Herrschaft an sich hat. Eine technologische Utopie, denn für alle ist ausreichend gesorgt in diesem Lande Utopie. Eine ökologische Utopie, denn für alle die Probleme unserer Industriegesellschaft ist eine Lösung gefunden worden. Aber beides, auch wenn der Untertitel des Buches *Die Industriegesellschaft am Scheideweg – Kritik und reale Utopie* etwas anderes vermuten läßt, spielt eigentlich nur am Rande eine Rolle, vielmehr geht es um eine Gesellschaftsutopie. Aber auch die bietet wiederum nur die Folie, den Rahmen für etwas anderes: für eine sexuelle Utopie, die als der eigentliche Kern, der Antrieb erscheint, sich dies alles auszudenken – ein vielschichtiges Buch, wenn man so will. Und wer hat dieses Buch ein vielschichtiges Buch genannt, wen zitiere ich da? Das ist nicht so klar, denn es steht in einem Buch zu lesen, als deren Autoren Katja Havemann und Joachim Widmann genannt werden: *Robert Havemann oder Wie die DDR sich erledigte* – Katja Havemann, das ist die letzte Ehefrau meines Vaters, seine Witwe, dieser Joachim Widmann ein Journalist, und der wird es wohl geschrieben haben. Nicht weiter erwähnenswert, würde ich sagen, und ich erwähne es nur, weil ich diesem Buch entnehme, wann genau mein Vater diese eigentlich utopische Passage seines Buches geschrieben hat, 1979 nämlich – also doch, nachdem ich im *SPIEGEL* angemerkt hatte, daß sein Denken utopische Züge annimmt, dabei aber keine Utopie im klassischen Sinne entsteht. Also doch. Vielleicht fühlte er sich doch genau dadurch herausgefordert. Und auch durch den Dilettantismus, über den ich bei ihm als Philosophen geschrieben hatte.

Ein unsittliches Angebot

Er sagte, er wolle mir das abkaufen. Er hatte zu diesem Zeitpunkt zwar noch gar nicht gelesen, was ich da in diesem Artikel über meinen Vater geschrieben hatte, aber er wollte ihn mir abkaufen. Damit ich ihn nicht veröffentliche, nicht an den *SPIEGEL* verkaufe, diesen Artikel, damit es ihn nicht gibt, um ihn aus der Welt zu schaffen. Ich lachte ihn einfach aus, als er mir das am Telefon sagte, und heute bereue ich es doch, ihn nicht wenigstens gefragt zu haben, wie hoch denn sein Angebot sei, was ihm also das Verschwindenmachen des von mir Geschriebenen wert gewesen wäre. Auslachen, das hätte ich ihn ja immer noch können, nach unseren Preisverhandlungen. Aber ich lachte ihn schon gleich aus, Überzeugungstäter, der ich war, und für Geld nicht zu haben, und dann erzählte ich ihm von mir, von dem Leben, das ich führe, was ich so tue, womit ich mich beschäftige, was mich an- und umtreibt – zum ersten Mal überhaupt erzählte ich ihm von mir, zum ersten Mal redete nicht nur er wie ansonsten immer, wenn wir uns gesehen hatten, zum ersten Mal redete ich, und er hörte zu. Als ich nach einer halben Stunde fertig war, zu Ende geredet hatte und also klar war, daß ich nicht zu kaufen sei, es mir nicht ums Geld ginge, sagte er, dann würde er eben bei Augstein anrufen, um auf diesem Wege das Erscheinen meines Artikels im *SPIEGEL* zu verhindern. Und das tat er dann auch, er rief bei Augstein an und bequatschte ihn, redete auf ihn ein, daß dieser furchtbare Text niemals erscheinen dürfe (den er zu diesem Zeitpunkt noch gar nicht kannte, von dem er nur wußte, daß es ihn gibt) – Augstein erzählte mir später davon, nachdem mein Artikel im *SPIEGEL* erschienen war, von ihm, Augstein, dem Herausgeber, gegen heftigen Widerstand in der Redaktion durchgedrückt, und Augstein, er erzählte es mir lachend, wie er dann zu Wolf Biermann gesagt habe, auch er fände das ja schrecklich, was ich da über meinen Vater geschrieben habe, es sei zwar verdammt gut geschrieben, doch deshalb nur noch schrecklicher, aber was solle er, Augstein, denn machen, Wolf Biermann müsse dies doch bitte verstehen, wenn's der *SPIEGEL* nicht drucke, dann würde es die Konkurrenz vom *stern* machen, und Biermann verstand – das war, so Augstein feixend, das einzige Argument, mit dem ich bei Biermann, immerhin doch ein Medienprofi, durchzukommen können glaubte. Und es klappte. Biermann war still, schrieb jedenfalls keinen Gegenartikel, von dem ich doch annehmen würde, daß ihn der *SPIEGEL*, ohne mit der Wimper zu zucken, nur zu gerne dann auch noch abgedruckt hätte.

Aber ganz still blieb er natürlich nicht, er spulte sich furchtbar auf nach Erscheinen meines Artikels, und sein Verleger Neven DuMont, der diese Woche nach seinem Erscheinen mit ihm zusammen verbrachte, erzählte mir dann später, wie entsetzt, ja, entgeistert er gewesen sei, miterleben zu müssen, wie Wolf Biermann sich in dieser Woche immer mehr in Rage redete, in eine sich von Tag zu Tag steigernde Feindschaft gegen mich, den Verräter, den unwürdigen Sohn, den Vatermörder. Und nachdem diese Woche vergangen war, kam, wie immer unangemeldet, ich hatte ja schließlich auch kein Telefon, und wie immer auch zu sehr später Stunde, mein Freund, der Anwalt Hartmut Balzer, zu mir in die Sonnenallee in den Hinterhof. Diesmal waren es nicht seine neuesten Fälle, von denen er mir erzählen wollte, begierig auf meine Einschätzung, diesmal kam er wegen einem Fall, den er erst noch übernehmen wollte, und er kam aufgekratzt und euphorisch und mit den Worten: »Jetzt haben wir ihn, und wir haben Hunderte von Zeugen.« Balzer war auf einer linken Solidaritätsveranstaltung gewesen, einer dieser meist völlig wirkungslosen Veranstaltungen, die nur den Veranstaltern etwas einbrachten, das gute Gefühl, etwas getan zu haben, es ging um Bahro dabei, Rudolf Bahro, der wegen seinem Buch *Die Alternative* in der DDR zu acht Jahren Knast verurteilt worden war, und als main act, als von allen erwarteter Hauptgast des Abends war dort dann Wolf Biermann aufgetreten und hatte sein Lied *Die Erde wird rot* in den Saal gedonnert, um dann aber seine Gitarre wegzustellen und zu sagen, er habe heute überhaupt keine Lust zu singen, er könne das auch nicht, er wäre viel zu betroffen, und dann, so Balzer, der Zeuge, einer von den vielen Zeugen, habe Biermann gegen mich zu hetzen angefangen, mit den unflätigsten, und wie der Rechtsanwalt Balzer freudig bemerkte, gerichtsverwertbaren Ausdrücken über diesen furchtbaren Artikel zu schimpfen begonnen, sich dahin steigernd, daß kein anständiger Linker mit so einem wie mir noch Kontakt haben dürfe. Die meisten, so Balzer, hätten entsetzt dabeigesessen, bei diesem Ausbruch, die meisten der Anwesenden hätten doch sicher auch gar nicht meinen Artikel im *SPIEGEL* gelesen, den *SPIEGEL* läse doch ein anständiger Linker gar nicht – dann laß ihn doch, sagte ich zu Balzer, und Balzer verstand mich nicht und hätte doch so gerne seinem Freund Flori geholfen und auch mal einen großen Beleidigungsprozeß geführt gegen einen Prominenten wie Biermann.

Apropos abkaufen, denn vielleicht hat ja jeder seinen Preis: das Honorar für diesen *SPIEGEL*-Artikel betrug 7 Tausend Mark – in € halbiert wären das 3500, und nehmen wir die Progression der Geldentwertung hinzu, wären das heute vielleicht, Pi mal Daumen gerechnet, 4 Tausend €. Zieht man da noch Steuern ab – aber nein, Steuern habe ich ja damals bei meinem sonstigen Einkommen gar nicht zahlen müssen, das sich aus einem Stipendium, von dem sich grad so durchkommen ließ, und dem zusammensetzte, was ich in den Semesterferien bei *Aldi* dazuverdiente. Ein ganz normaler Preis für einen solchen Artikel damals, nach Zeilen berechnet und sicher im unteren Bereich bei mir als einem völlig unbekannten Autor. Kein überhöhtes Honorar jedenfalls – für mich viel Geld damals, damit konnte ich für drei Monate nach London verschwinden und währenddessen die Miete für meine Bude in der Sonnenallee bezahlen. Ich erwähne das, weil ich nach meiner Rückkehr aus London hörte, daß die Zahl von 50 Tausend herumging, die ich für meinen *Vatermord* erhalten haben sollte, von Wolf Biermann in die Welt gesetzt worden sein soll. 50 Tausend, das wäre natürlich ein bißchen ville gewesen, ein Schweinegeld, ein guter Judaslohn, das angemessene Honorar sicher auch für einen Vaterauftragsmord, und natürlich sollte diese Summe genau das, mich moralisch diskreditieren: wegen des Geldes hat er das gemacht, seinen Vater öffentlich zu kritisieren, einen *Vaterrufmord* zu begehen. Ich weiß nicht, ob Wolf Biermann zu dieser Zeit 50 Tausend Mark für einen *SPIEGEL*-Artikel bekam und er da deshalb von sich auf andere, in diesem Falle mich, meinte schließen zu können, nehme es aber nicht an. Aber ich ahne doch, wie Wolf Biermann, ohne daß ihm dabei künstlerische Freiheit zugestanden werden müßte, die Übertreibungssucht eines Poeten, auf diese hübsche runde Summe gekommen sein dürfte, durch seinen Freund Jürgen Fuchs nämlich, der ja wirklich vom *SPIEGEL* 50 Tausend für eine *SPIEGEL*-Serie über seine Knastzeit bei der Stasi in Hohenschönhausen erhalten hatte – eine Serie allerdings und nicht ein einzelner Artikel, und ob diese 50 Tausend nun überhöht waren und auch als Freundschaftspreis gedacht, als Starthilfe im Westen für diesen prominenten und aktuellen Überläufer, ich weiß es nicht. Ich weiß nur, daß Fuchs dieses Honorar wurmte, nicht aber etwa, weil es ihm als Haftentschädigung zu niedrig vorkam, sondern aus einem Grund, den er mir anvertraute: diese Stasi-Leute, die hatten ihn ja wirklich gequält, nicht physisch, sondern ihn, den Diplom-Psychologen, genau passend psychologisch und mit dem erklärten Ziel, ihn dazu zu bewegen, seine Zelle in Hohenschönhausen mit einem angenehmen Leben im Westen zu tauschen, was Fuchs nach außen hin jedenfalls vehement ablehnte, und eine ganz besondere Gemeinheit seines Vernehmers, sie bestand darin, ihm zu sagen, er freue sich schon auf den Tag, auf einen Montag, den Erscheinungstag des *SPIEGEL*, wo er dann in seinem Büro am Morgen die neueste Nummer des *SPIEGEL* aufschlagen könne, um darin die Erinnerungen von Fuchs an seine Haftzeit lesen zu können und dabei dann also auch über sich und was für ein perfider Typ sein Vernehmer gewesen wäre. Und dazwischen dann die Werbung für *Mercedes*, und Fuchs könne sich sicher sein, der *SPIEGEL* zahle ordentlich, und vielleicht könne er sich dann sogar einen *Mercedes* von diesem Geld leisten – genau das war eingetreten, nein, nicht das mit dem *Mercedes*. Aber selbst Wolf Biermann erklärte mir in dieser Zeit doch mal, er könne sich keinen Mercedes leisten, ein *Mercedes* sei zwar das sehr viel bessere Auto als der *Ford Granada*, den er fahre, aber als Linker könne er das nicht, dürfe er keinen *Mercedes* fahren, seine linken Gesinnungsgenossen würden dies nicht verstehen. Von diesen Rücksichten wird sich Biermann dann aber später doch freigemacht haben, nehme ich an – doch das war natürlich jetzt alles Schleichwerbung, Productplacement, und man nehme doch bitte an, daß ich mich dafür von der Firma Daimler-Benz ordentlich habe bezahlen lassen. Und natürlich jetzt auch wieder vom *SPIEGEL*, den ich so oft hier erwähne, ich gebe es zu, gebe es gern zu, weil es so schön absurd ist. Ich gebe darüber hinaus zu, nach diesem Angebot von Wolf Biermann, mir meinen Artikel abzukaufen, für einen Moment doch schwach geworden zu sein, daß ich in tätiger, fast tätiger Reue daran dachte, ihn von mir aus noch einmal anzurufen, um ihm zu sagen, für 1 Million sei ich bereit, ihm meinen Artikel zu überlassen, und weil auch mir dies doch vielleicht ein bißchen happig erschiene, wäre ich dann auch bereit, für diese 1 Million noch eine Verpflichtungserklärung zu unterschreiben, zu der eine Liste gehören sollte mit all den Personen, über die ich in Zukunft dann auch nicht schreiben würde, vorneweg natürlich Wolf Biermann. Aber es folgten dann noch ein paar andere Namen, so der von Carmen Tetzner und auch der von Erich Honecker – doch hätte ich da nicht Erich, sondern Margot Honecker hinschreiben sollen, das wäre sicher wirkungsvoller gewesen. Für einen Scherz dieser Art bin ich immer zu haben, auch wenn ich natürlich niemals meine Großmutter verkauft hätte. Doch was heißt hier *niemals*, jeder hat doch seinen Preis, er muß nur genügend hoch sein, nicht wahr.

Sorgen, ernste

Aus einem Brief meines Vaters ██████████ im März 1979:

██████████████████████████████████████
██████████████████████████████████████
██████████████████████████████████████

WB

Taxifahrer sahen so aus, der unangepaßte Prolet versuchte sich mit Bart, mit Bärtchen und Schnauzer, der schmierige Typ aus der Eckkneipe. Immer ordentlich beschnippelt und beschnippselt, und nun höre ich, der junge Mann soll sich sogar sein Biermann-Bärtchen gefärbt haben, auf daß es ein bißchen dunkler werde. Brigitte, französisch weich ausgesprochen, obwohl sie gar keine Französin war, dafür dann aber mit einem Franzosen erst mal verheiratet, dem Pantomimen Soubeyran, mit dem sie auch ein Kind hatte, Manuel, die erste Frau von WB, etwas älter als er, sie war es, die ihm sein Markenzeichen verpaßt hat, den Biermann-Bart – ich habe ihn nie ohne gesehen, ich weiß nicht, wie gewöhnlich er ausschaute ohne Bart, wie sehr er einen Schnauzer nötig hatte im Gesicht, um etwas darzustellen in der Welt. Das war doch eine sehr individuelle Note damals. Besonders für einen jungen Mann, einen so jungen Mann. Der dann aber wahrscheinlich so jung nicht wirken wollte. Später dann, ohne Brigitte, wurde sein Schnauzer länger, unordentlicher, die Haare auch. Der Schnauzer, das war dann der des Genossen Stalin, zeitweilig der des Genossen Nietzsche, ähm, des Nihilisten Nietzsche – mit den länger und so viel unordentlicher werdenden Haaren zusammen aber der Versuch einer Anpassung, einer Verjüngung nun, denn die *Beatles* hatten mit den Bärten angefangen, die *fabelhaften Vier* mit den hohen Stimmen und dem femininen Gebaren, die dann auch irgendwann als richtige Männer gelten wollten. Ab 68 gehörte auch WB in diese Truppe, verwandelte er sich in einen Troubadour – zu meiner großen Überraschung, und mit diesem Look kam er dann auch hier im Westen an. Deshalb dann vielleicht auch mein Vorschlag für ihn, was er, im Westen angekommen, tun sollte: nicht den linken Barden spielen, den Alleinunterhalter für eine Linke, auf die ich nicht setzen, nicht hoffen konnte. Er solle das wie Bob Dylan machen, der ja auch als Einzelkämpfer mit der Klampfe angefangen, sich dann aber doch eine Band zugelegt hatte. WB hätte doch sicher ein paar gute Musiker finden können, mit denen er sich zusammentut, und eine normale Rockband hätte das dann auch nicht werden müssen, aber mehr als eine bloße Begleitband schon. Und dann sagte ich ihm, er solle alle die seiner Lieder, in denen es keinen direkten DDR-Bezug gebe, für sein Repertoire auswählen und mit ihnen in Richtung Pop marschieren. Aber seine Sorge war, daß ihm dabei sein Publikum nicht folgen würde – mein Gegenargument zog nicht, daß er doch sagen könne, nur die blöde DDR hätte es verhindert, daß er das tun könne, was er immer eigentlich hätte tun wollen und nun endlich aber tun könne: mit anderen Musikern zusammenzuspielen. Aber er wollte wohl doch lieber den linken Clown machen. Sich von der Entwicklung dieser Linken abhängig machen, die ihm den Traum in sein vom Ruhm verwöhntes Köpfchen einblies, er, WB, sei dazu berufen, diesen zerstrittenen Haufen zu einen, die Linke zu vereinigen. Er, ein Sänger. Ein Liedermacher als Führer der Linken. Biermann ist von Havemann also nicht so weit entfernt, der gleiche Irrsinn. Nur von der Linken, von der hat er sich dann entfernt, was ich vollkommen verstehen, nachvollziehen kann, selber nur widerwillig, notgedrungen links. Leider aber, und diese Weichenstellung, die hätte er eben gleich nach seinem Wechsel in den Westen vollziehen müssen, nicht in Richtung Entertainment, und das wäre doch schön gewesen, hätten wir in Deutschland WB als Star gehabt, diesen begabten Hund, aber nein, er wanderte nach rechts, bis nach Wildbad Kreuth zur CSU, er blieb politisch, und natürlich folgte ihm da sein Publikum nicht, sein linkes. Die Konzerthallen wurden kleiner, CBS, der große amerikanische Plattenkonzern, kündigte den Vertrag mit ihm, mit dem Sänger WB ging es unaufhaltsam bergab. Dann sprang er auch noch für Bush senior in die Bresche, erkannte in Saddam Hussein einen Wiedergänger Adolf Hitlers, der unbedingt mit einer neuen Anti-Hitler-Koalition bekämpft werden müßte, und war damit für sein einstiges Publikum erledigt. Paßt auf, sagte ich zu meinen Freunden, nun bekommt er Preise. Das Establishment läßt ihn nicht hängen, auf daß er nicht verarme, zu einem Sozialfall werde. Und er bekam die Preise. Es regnete Preise. Und heute hat er es sogar bis zum Ehrenbürger Berlins geschafft. Auf Vorschlag eines richtig schön rechten Berliner CDU-Politikers. Der darüber hinaus auch noch sein Anwalt ist, wie peinlich.

Woran erinnert er mich heute, auf diesen vielen Fotos, die ich von ihm in der Zeitung sehe? Er hat sich verändert, stark verändert, aber natürlich ist das noch WB, und ich erkenne ihn auch. Er wird seiner Mutter Emma immer ähnlicher, dasselbe kreisrunde Gesicht. Der fast weiße Schnauzbart streicht nun noch einmal mehr die Oberlippe aus, die bei einem flüchtigen Blick fast zu fehlen scheint. Wie sehr so ein Bart das Gesicht verdeckt und unkenntlich macht, es wird immer deutlicher. Wir haben ihn nie gesehen, wir wissen gar nicht, wie WB aussieht, und er, er weiß es auch nicht. Aber es ist etwas anderes noch, irgendwas assoziiert sich da in meinem Hirn, er kommt mir irgendwie bekannt vor, vom Typ her. Ich kenne doch solche Leute, solche Männer. Klein und untersetzt und mit ergrautem Schnauzer. Genau, sie laufen doch bei mir in Neukölln rum, so sehen sie aus, die einstigen Proleten, die vielleicht noch einen Job haben, meist aber nicht mehr. Gepanzert. Die Lederjackenträger. Zu denen auch WB gehört, die Herkunft schlägt irgendwann durch – aber mit Lederjacke haben wir ihn doch schon kennengelernt. Mit der Lederjacke des Taxifahrers von einst. Die aber damals das Anti-Jackett war, die legere Fassung, weich und etwas formlos. Und nicht so bald zur Reinigung zu bringen. Eine Bequemlichkeit. Offen zu tragen – man schaue sich die Fotos des Ehrenbürgers WB an, wie da eine Verpackung draus geworden ist.

So sah er also aus, der junge Biermann, der junge Wolf Biermann, young Byrman – ich muß das wieder mal nachrechnen, in welchem Jahr das gewesen sein mag, daß mein Vater dieses Foto von ihm gemacht haben wird. Und wie rechne ich das aus? Meine Schwester war sechs, als Wolf zum ersten Mal in unsere Familie kam, uns draußen im Häuschen besuchte, und das doch könnte ein Ausgangspunkt sein für mein Nachrechnen: sechs Jahre alt – beziehungsweise noch sehr jung – wurde meine 1955 geborene Schwester, rechne ich davon sechs Jahre weiter, also 1961 – kann das wahr sein, daß Biermann schon 1961 zu uns kam, im Jahr des Mauerbaus? Das scheint mir doch ein bißchen früh, doch von 61 bis zum 11. Plenum der Partei 1964, auf dem die beiden dann, mein Vater und auch Wolf Biermann, so stark angegriffen wurden, sind es von 61 aus nur drei Jahre hin, und also könnte das stimmen. Meine Schwester war sechs, als Biermann zu uns in die Familie kam, dessen bin ich mir sicher – wie alt war er dann damals eigentlich? In meiner Erinnerung ein junger Mann, dreißig jedenfalls noch nicht. Aber doch ein paar Jahre älter als Utz, als mein Halbbruder. Das Geburtsdatum von Wolf, das erinnere ich noch, das ist der 16. November – sie haben ihre Geburtstage hintereinanderweg, im Paket, meine drei älteren Brüder, zu denen ich Wolf doch auch zähle: 14., 15., 16. November. Gut, und im vergangenen Jahr, am 16. November 2006, und das wurde in allen Zeitungen und medial auch gehörig abgefeiert, wurde Wolf Biermann siebzig, deshalb weiß ich das ja auch nur. Also ist er, das rechnet sich einfach, im Jahre 1936 geboren, und auch das dann ist nicht so schwer zu errechnen, daß Wolf 1961, als er bei der Familie Havemann aufkreuzte, 25 Jahre alt gewesen ist – meine Einschätzung war demnach so falsch nicht, daß er noch unter Dreißig gewesen sein muß. Ein junger Mann also, aber immerhin doch ein paar entscheidende Jährchen älter als meine damals sechsjährige Schwester. Genau 19 Jahre älter. Und jetzt noch zu meiner Vergewisserung auch dieser Altersvergleich: 1961 war mein Vater, und bei ihm als einem 1910 Geborenen ist das ja immer leicht zu rechnen, 51 Jahre alt, und damit 26 Jahre älter als Wolf Biermann – was Wunder also, daß die Freundschaft zwischen den beiden doch sehr schnell eher einem Vater-Sohn-Verhältnis glich. Und Biermann hatte keinen Vater, Biermanns Vater war, wie er poetisch sagte, in Auschwitz als Rauch gen Himmel gefahren. Biermann brauchte einen Vater, Biermann ließ sich von meinem Vater also, wenn auch nur quasi, wie ein Sohn adoptieren, als der allerälteste seiner Söhne. Und noch eine Zahl ist hier wichtig in diesem Zusammenhang: 1961, und wiederum bei einem 1941 Geborenen leicht für mich zu rechnen, 1961 war mein ältester Bruder, mein Halbbruder Utz, 20 Jahre alt und damit nur ein paar wenige Jahre jünger als Wolf, und auch meinen Bruder Utz hatte doch Robert Havemann bei der Eheschließung mit Karin Havemann, geborene von Bamberg, verwitwete von Trotha, adoptiert – dies aber direkt und so, daß aus Ullrich von Trotha unter Verlust seines *von* ein Ullrich Havemann wurde. Soweit waren also die beiden Adoptivsöhne gar nicht auseinander, nur 6 Jahre, mehr nicht. Was es dann vielleicht noch einmal mehr verständlich macht und nachvollziehbar, wenn ich von Wolf Biermann immer als von meinem ältesten Halbbruder spreche.

Später. Ein paar Jahre später, 1970. Durch meine Liebe zu Nina, meine Liebschaft mit Nina Hagen, der Tochter von Eva-Maria Hagen, der, und anders läßt sich dies wohl nicht ausdrücken, Hauptfrau zu dieser Zeit von Wolf Biermann. Während einer gemeinsamen Reise, die wir vier, Wolf und Eva, Nina und ich, zusammen machten, an die Ostsee, auf die Insel Usedom. Wo Eva unterm Dach bei irgendwelchen Leuten eine Wohnung, ein paar Dachzimmer hatte, in Lütow, am Achterwasser. Und ein Dachboden gehörte dazu, ein nicht weiter groß ausgebauter Dachboden. In dem ich zusammen mit Nina schlief. Sie mit mir schlafen wollte. In dem wir dann auch miteinander schliefen. Ich zum ersten Mal mit einer Frau, sie war mir da längst voraus, die 15jährige Nina, die, auch das noch, übrigens am gleichen Tag Geburtstag hat wie meine Schwester. Wie mein Vater auch, am 11. März. Sogar genau am gleichen Tag geboren ist, im Jahr 1955, am 11. März 1955. Das ist also alles ganz schön eng miteinander verbandelt. Mir war es dann bald zu eng, zu eng miteinander verbandelt. Ich wollte da raus, aus dieser Familie, dieser um Biermann und seinen Anhang erweiterten Familie Havemann. Mir war das ein bißchen zu inzestuös. Der Biermann-Havemann-Familienverein. Aber ohne Biermann kein Havemann. Havemann und Biermann, das gehört zusammen. Für immer und ewig. Und was auch sonst noch zu Biermann und Havemann zu sagen ist. Und das ist allerhand.

Meine Schwester usw.

Hier kommt doch vieles zusammen: das Klavier, der Flügel, für den man ja in einer Wohnung genügend Platz haben muß – wir hatten ihn in unserer großen Wohnung am Strausberger Platz. Dann das über dem Flügel, der ja mehr in einen bürgerlichen Salon gehört, hängende große Bild von Mao Tse-tung, auf Seide gemalt, oder vielleicht auch nur gedruckt, das sich mein Vater von seiner Reise nach China mitgebracht und dann auch bei sich, denn es war ja sein großes Doppelzimmer, in dem auch der Flügel stand, an die Wand gehängt hatte. Wie so viele, wie Brecht zum Beispiel auch, hatte mein Vater in Mao große Hoffnungen gesetzt, sehr große auch darein, daß mit dem chinesischen Kommunismus die moskowiter Zentrale des Kommunismus an alleiniger Macht verliere, die Vorherrschaft Stalins beendet sein könnte. Einen Stalin, ein Stalinportrait, leider nicht mit auf dem Foto, weil um die Ecke im zweiten, etwas kleineren Raum des Doppelzimmers, das mein Vater in unserer Wohnung bewohnte beziehungsweise eigentlich nicht wirklich bewohnte, so wenig, wie er sich dort blicken ließ, ein Foto von Stalin hatte er sich auch an die Wand gehängt – ein sehr schönes Foto sogar vom Genossen Stalin, das berühmte, wie er sich gerade die Pfeife anzündet. Der Stalin verschwand zuerst, Mao folgte ein paar Jahre später, bei Beginn der chinesischen Kulturrevolution. Nur seinen Lenin, den hatte er bis zum Schluß, bis zu seinem Tode 1982, zu hängen, den aber in seinem Häuschen in Grünheide Alt-Buchhorst. In seinen Räumen am Strausberger Platz, da hatte er dann noch Frédéric Joliot-Curie, in einer Lithographie von Picasso beziehungsweise deren Reproduktion, und mit Frédéric Joliot-Curie, das war noch mal etwas anderes, Frédéric Joliot-Curie, das war ein Naturwissenschaftler wie mein Vater, der sich, wie mein Vater auch, nach dem Weltkrieg gegen den Krieg engagiert hatte, im Kampf gegen die Atombombe, bei den Bestrebungen vieler Wissenschaftler, die Bombe zu ächten.

Mao also und ein Flügel, ein bürgerliches Klavier, und dann gibt es auf diesem Foto noch etwas zu sehen: die Lampe, die Stehlampe. Die Stehlampe mit dem gebogenen Messingständer und diesem merkwürdigen Schirm, der meiner kleinen Schwester bei ihrem Klavierspiel Licht gibt – typisch 50er Jahre. Wie unsere ganze Wohnungseinrichtung erst: die großen Bücherregale, die sich mein Vater für seine vielen Bücher hatte bauen lassen, eine richtige Bücherwand, der breite Schreibtisch, den ich meinen Vater nie benutzen, an dem ich ihn niemals habe sitzen sehen und den ich dann später übernahm, an dem ich sehr viel saß. Im Unterschied zu meinem Vater. Die kleine Sitzecke mit den Sesseln, den schweren großen Sesseln, wo mein Vater immer seine übrigens chinesischen Zigaretten erst rauchte, bevor er dann zu einer westlichen Marke überging. Im Eßzimmer die Möbel, die mein Onkel Hermann entworfen hatte, lackiertes Eisengestänge, auf den Stühlen in einer Extraanfertigung die mit Plastik bezogenen Kissen – das gleiche Mobiliar stand auch ein Stockwerk tiefer bei Henselmanns in der Wohnküche, die gleichen Stühle und Tische bildeten auch die Einrichtung des Kindercafés oben auf dem *Haus des Kindes*, in dem wir wohnten und wofür es eigentlich entworfen worden war. Und bei meiner Mutter in ihrem Zimmer, neben ein paar alten Familienerbstücken, so einem gefakten Chippendale-Regal, das ihre Mutter mal im *KdW* gekauft hatte, im *Kaufhaus des Westens*, und das ich nun nach meiner Mutter Tod von ihr geerbt und bei mir in der Wohnung rumstehen habe, dieser Typisch-50er-Jahre-Tisch, der niedrige mit den schlanken und etwas schräggestellten Beinen und den hellblauen Kacheln als Tischfläche.

Mittendrin meine Schwester, klavierspielend. Klavierunterricht, das hatten wir, wie es sich für Bildungsbürger gehört, alle drei Kinder. Bei unserem Nachbarn Herrn Schirmer. Der mich irgendwann, nachdem ich wieder mal nicht geübt hatte, aus seinem Unterricht schmiß. Später dann, sehr viel später, habe ich Klavierkonzerte gegeben. Von meinen eigenen Sachen. Für die ich erst mal wieder Klavier spielen lernen mußte. Meine Schwester, mein Bruder, sie hielten es länger mit dem Klavierspielen durch. Herr Schirmer hielt es länger mit ihnen aus. Mein Bruder ist heutzutage ganz gut auf der Maultrommel.

einen Klavierspieler geheiratet, einen Konzertpianisten, wie es wohl richtiger, weil seriöser, und der Mann ist schließlich Professor, heißen sollte. Einer, der diese schreckliche moderne Musik spielt, die keiner hören mag,

So ist das. Eine bürgerliche Familie also. Bildungsbürgertum. Aber eben mit gewissen Besonderheiten. Mit Mao. Mit Mao und Stalin an der Wand. Roter Adel.

Biermann hat auch oft auf diesem Klavier gespielt, aber mehr in einer nicht ganz so konventionellen Spielweise, die bei einem Klavierlehrer sicher keine Gnade gefunden hätte, und auch ganz andere Sachen – aber auch nicht seine eigenen, die er nur mit der Gitarre spielen konnte, so Blues und Spirituals, diese amerikanische Negermusik, wie man damals noch sagen konnte, ohne politisch unkorrekt zu erscheinen und gleich als Rassist verdächtigt zu werden. Er setzte sich ans Klavier, wenn mein Vater weg war, noch für ein, zwei Stunden in seinem Institut, nachdem er mit uns Kindern Mittag gegessen hatte, und zu seinen Kindern gehörte dann auch Wolf, der eigentlich jeden Tag bei uns um die Mittagszeit vorbeikam. Und dann auch noch blieb, wenn, und hier sage ich es ganz bedacht, unser Vater weg war. Wolf gehörte ganz schnell mit zur Familie. Er war nicht der Freund bloß unseres Vaters, er war auch unser Freund, unser großer Bruder. Nicht nur meine Schwester, die ganze Familie Havemann liebte ihn, und auch ich liebte ihn, ich gehörte ja mit zu dieser Familie Havemann, die ihren Biermann liebte. Aber ich liebte ihn auch auf meine Weise, und noch einmal mehr und anders und vielleicht sogar ein bißchen meiner Schwester ähnlich, denn Biermann, das war für mich der erste Mensch überhaupt, mit dem ich richtig körperlichen Kontakt hatte – mit meiner Mutter doch nicht, zu der es nur diese eine Verbindung gab, die durch ihre Hand, die ich halten durfte, die ich dann auch niemals loslassen wollte, mit meinem Vater schon gar nicht, der meinen Bruder, der meine Schwester auf den Schoß nahm, mich doch aber nicht. Niemals. Und mit Wolf, mit Wolf nun war das alles anders, an den konnte ich mich schmiegen, der ließ körperliche Nähe zu, der ging mit uns baden, der tollte mit uns Kindern herum, er spielte gern, und später dann habe ich von ihm Tischtennis gelernt und Bocciaspielen, und als ich mit ihm und Eva und mit Nina an der Ostsee war, haben wir die Tage spielend am Strand verbracht, am Nacktbadestrand, mit den Boccia-Kugeln im Sand, und es war eine Idylle. Ich mochte ihn, mochte mit ihm zusammensein, mochte seinen Körper, die Art, wie er sich bewegte, seine Geschicklichkeit, und ich fühlte mich auch von ihm gemocht, in meiner Unbeholfenheit angenommen, ein bißchen mit Ironie, einer milden und nachsichtigen. Ein älterer Bruder, der beste ältere Bruder, den ich mir wünschen konnte. Und natürlich mochte ich seine Lieder, wie er Gitarre spielte und sang und daraus kein Gewese machte. Gehörte einfach zu ihm dazu. Ich malte, zeichnete, während wir in der großen Havemann-Runde zusammensaßen, er hatte seine Gitarre dabei, und hatte er sie nicht dabei, dann spielte er auf unserm Klavier am Strausberger Platz. Eine Idylle, eine Harmonie, bei der ich mich durch ihn nicht mehr ausgeschlossen fühlte, und diese Vertrautheit, sie wirkte auch dann noch fort, als wir in allem anderen schon längst weit auseinander waren. Auch im Westen noch, und ich bin mir auch heute noch sicher, daß wir uns auf einer Ebene problemlos verstehen würden, auf der, bei der es nicht um Politik geht, um Meinungen, um all diese Dinge, die dann eben doch nicht so wichtig sind.

Ich habe mit Wolf in seiner Hamburger Villa am Hohenzollernring eine ganze Woche zusammen verbracht, 1977, und damit in der Zeit, als meine Schwester ihr zweites Kind zur Welt brachte, dessen Vater er war, und diese Idylle, sie war auch da existent. Und es kostete mich auch nur ein nachsichtiges Lächeln in dieser Zeit, daß mir Wolf immer wieder von seinen Geldsorgen berichtete, er, der sich eben gerade diese Villa gekauft hatte, sie bar gezahlt hatte, und ich, ich hatte da nur vielleicht gerade zehn Mark in der Tasche, und sehr viel mehr auch nicht auf irgendeinem Konto. Problematisch wurde es nur, wenn da dann irgendwelche anderen Leute kamen, Biermann zu bewundern, seine politischen Meinungen wie Offenbarungen anzunehmen – nicht für mich problematisch, für ihn, denn ich hatte doch keine Schwierigkeiten damit, daß er seine Meinungen hatte, ich die meinen, und daß diese Auffassungen nie übereinstimmten, übereinstimmen konnten. Ich saß dabei und lächelte und grinste wahrscheinlich auch, wenn er seinen Blödsinn erzählte, an den ich doch nicht glauben konnte, der für mich aber halt zu ihm gehörte, und das war's dann schon. Jeder hat seine Macke. Ihn aber irritierte dies offenbar, daß wir beide so ganz und gar in der gleichen Welt lebten, gleichzeitig aber auch in so verschiedenen. Aber es irritierte ihn auch nur dann, wenn diese anderen Leute kamen und mit ihm die Biermann-Welt für die Welt halten wollten, ansonsten waren diese Unterschiede einfach gar nicht da. War diese Vertrautheit da. Zum Problem wurden sie erst in Beziehung zu anderen Menschen, diese so unterschiedlichen Welten, in denen wir damals schon lebten. Zum Problem für ihn, nicht für mich. Ich bin Pluralist, ich gehe davon aus, daß andere anders sind. Diese Lektion, die hatte ich gelernt, und auch mein moralischer Rigorismus war weg. Der Kampf der Meinungen, er war nicht meiner mehr. Wolf aber, und das nun lernte ich in dieser Woche bei ihm in seiner Hamburger Villa verstehen, Wolf gehörte immer noch zu den Menschen, die da glauben, so wie er sie glaube und annehme, so müsse die Welt auch sein. Kein Vertun möglich, keine Distanz zu den eigenen Auffassungen, jede andere mußte falsch sein. Nicht, daß sie vielleicht von einer anderen Sichtweise herrühre, und sich damit aus einer anderen Position in der Welt ergebe, aus anderen Erfahrungen auch, nein, er glaubte immer noch naiv an die vollkommene Kongruenz zwischen sich und der Welt, und wer sie anders sah, der mußte verstockt sein, böswillig gar, sie absichtlich verzerrt darstellen, der war bestenfalls noch als uneinsichtig anzunehmen, als nicht gebildet genug. Der war also vollzuquatschen, mit Biermann zu beglükken, mit Biermann zur richtigen Erkenntnis zu führen. Und deshalb redete er die ganze Zeit, redete und redete er, damit alle anderen seine Auffassungen annähmen, und zu den ihren machten. Und er redete, damit er ja nichts Abweichendes von diesen anderen zu hören bekäme, etwas, das seine Welt stören könnte – er hat mir nie eine Frage gestellt in dieser Zeit, die ich mit ihm verbrachte, keine Frage danach, wie ich lebe, was ich mache, was ich denn so denke. Er hat mit mir auch nie über meinen Vater reden wollen, hätte er's getan, ich hätte ihm nichts anderes erzählt als das ihn so Empörende, was er dann in meinem *SPIEGEL*-Artikel zu lesen bekam – ich bin mir sicher, war es mir sofort, daß er sich über diesen Artikel nicht nur deshalb so sehr aufregte, weil das alles so neu für ihn war, ihm so sehr gegen den Strich gehen mußte, diese Aufregung, sie verfolgte auch noch einen anderen Zweck: mich loszuwerden, das Problem loszuwerden, mit dem er nicht klarkam, das Problem, sich mit jemandem so gut zu verstehen, mit dem er sich so gar nicht versteht. Und nun waren da diese anderen, die für uns beide in dieser idyllischen Woche nur am Rande existiert hatten, diese anderen, die von ihm wissen wollten, wie er das fände, was dieser ihm bekannte Florian Havemann über Robert Havemann geschrieben hat. Nun konnte es für den Kleingeist Biermann nur noch um falsch oder richtig gehen, nur noch darum, in mir den Widersacher dingfest zu machen, mich zu verteufeln. Aber selbst das mußte uns beide doch nichts angehen – ich erinnere mich noch genau an diese Szene, als ich Wolf dann vor dem Haus meiner Schwester in Hamburg wiedertraf, ein viertel, ein halbes Jahr später, nach meinem Artikel, nach seinen wüsten Beschimpfungen gegen mich, seinen Verunglimpfungen: er stand da, im ersten Moment noch verstockt wie ein kleiner Junge, ich ging auf ihn zu, nahm ihn in die Arme, und in dem Moment war nicht ich das *Enfant perdu*, der verlorene Sohn, er war es, dem zu verzeihen war, und ich verzieh ihm. Ohne alle Probleme.

Allein. Und dann war da ja auch ich da, und so ist das nun mal in matriarchalischen Verhältnissen, daß der Onkel die wichtigste männliche Bezugsperson für die Kinder ist, der Bruder der Mutter. Ich liebe meine Schwester, also liebte ich auch ihre Kinder. Selbstverständlich also, daß ich für sie da war. Für meine Schwester, für ihre Kinder, und vorzuwerfen hätte ich hier WB nur, daß er von dem Moment an, wo er dann doch bereit war, sich auf seine beiden Kinder einzulassen, sie zu sich zu lassen, anfing, ihnen gegenüber gegen mich zu hetzen. Aber selbst das werfe ich ihm nicht vor, denn vorwerfen könnte ich ihm dies nur, wenn ich etwas anderes erwartet hätte. Achtung gegenüber den Menschen, darunter auch ich, die sich um seine Kinder in der Zeit gekümmert haben, in der er dies nicht tat. Nichts dergleichen wäre von WB jemals zu erwarten gewesen. Von diesem Mann, der nur um sich selber kreist. Der deshalb auch glaubt, alle Welt kreise um ihn. Aber auch das ist kein Vorwurf, sondern bloß eine Feststellung. Oder eine Behauptung, wenn man so will und sich WB anders vorstellen möchte. Ich kann das keinem Menschen vorwerfen, was für einen Charakter er hat. Ich schon gar nicht mit meinen Charakterschäden. Die ich mir ja auch nicht vorwerfen lassen möchte.

Tut er mir leid? Ja, er tut mir leid. Seit langem schon nur das, nur leid. Aber er kann mir deshalb auch kein Leid antun, ich sehe seinen Beschimpfungen gelassen entgegen. Auch dann tut er mir leid, wenn er mich beschimpft, mich damit aber nicht treffen kann. Das kann einem doch leid tun, oder? Feindesliebe? Er ist nicht mein Feind. Ich bin seiner, und das macht schon einen Unterschied. Aber übertreibe ich da nicht? Sicher, denn das wird doch alles längst rituell sein, auch die Feindschaft zu mir. Das ist es doch gerade, weshalb er mir leid tut. Weil sich da bei ihm nichts mehr entwickelt, alles seit Jahren, Jahrzehnten nun stagniert, kein einziger neuer Gedanke mehr dazukommt, die Art seines Denkens sich nicht ändert. Seine Sprache macht es sichtbar: immer die gleichen Formulierungen, dieselben Klischees und Wendungen, die unzählige Male schon verwendeten Pointen. Das Forcierte seines so schal gewordenen Witzes, die Drastik seiner Wortwahl, die jedes Gefühl für die Situation vermissen läßt, für andere Menschen, für sich selber. Das sind doch Drogen, da will einer, der nichts mehr spürt, andere verletzen, damit er überhaupt noch etwas spüre. Ein Mann, wie eingemauert in sich selbst, eingesperrt in seinen Kosmos, und daß ich in dieser Welt die Rolle eines Widersachers spiele, was geht das mich an. In Berlin, wo er jetzt mit Ach und Krach Ehrenbürger geworden ist, würden wir sagen: der Mann hat eine Hacke weg. Tut mir leid, daß ich ihn nicht ernst, nicht wichtig nehmen kann. Ein Mann mit Wahnvorstellungen. Ich mein's nicht pathologisch, aber für mich ist er schon ein bißchen verrückt. Aber harmlos. Der würde sich vielleicht gern als Recke fühlen, als mutiger Drachentöter, aber der tut doch keiner Fliege was zuleide. Und ich bin eine Fliege. Ein bißchen ärgerlich zwar und nervtötend, aber auch von mir geht doch keine echte Gefahr aus. Geht nur für den eine Gefahr aus, der einen Feind der Menschheit braucht. Ohne den die Welt anders und garantiert sehr viel besser aussähe. Was muß es Fliegen geben? Und wo Fliegen fliegen, fliegen diesen Fliegen dann auch noch Fliegen hinterher. So ist das, und WB wird sich doch hoffentlich nicht wieder in seinem schwachen Nervenkostüm beleidigt fühlen, nur weil er mir so leid tut, unendlich leid tut – unendlich? Ja, unendlich, weil ich kein Ende absehen kann.

Gute Freunde

Mein Vater, ich habe es aus x Ecken gehört, ich könnte es mir auch gut vorstellen, hielt ihn irgendwann für einen Verräter, seinen Freund Wolf Biermann, den er auch nicht mehr einen Freund nennen mochte – offiziell aber blieb es dabei, und zwar von beiden Seiten. Das nennt man Politik, Politik, die bis in die privaten, die Freundschaftsbeziehungen hineinreicht. Ich sollte mir die sicher mal selber anschauen und mich nicht auf Hörensagen verlassen, die Homepage, die auch ein Biermann nun im Internet hat, aber so sehr interessiert es mich doch nicht, was mir da nun

Für das Jahr 1960, und das ist das Jahr, in dem sie sich zum allerersten Mal begegnet sind, mein Vater und der junge Wolf Biermann, in der Humboldt-Universität, Biermann als Student, mein Vater noch in seiner offiziellen Position als Prorektor, sei vermerkt, so meine Schwester, daß er Hanns Eisler kennengelernt habe, den Komponisten – von meinem Vater kein Wort. Daß sie befreundet miteinander waren – davon dort jedenfalls kein Wort. Nicht mehr. Havemann ist nicht mehr opportun. Wohl, weil sich herumgesprochen hat, daß er bis zu seinem Tode Kommunist geblieben ist, ein überzeugter. Und der ganze Kommunismus, das ist doch für Biermann nur noch der komplette Wahnsinn. Aber möglicherweise stellt sich die Welt auf Biermanns Website nun schon wieder ganz anders dar, und Robert Havemann hat wieder Konjunktur – ich sollte da also wirklich mal nachschauen. Nein, das sollte ich nicht.

1968, es muß im Frühsommer gewesen sein, der sogenannte Prager Frühling hatte seinen Frühling gerade hinter sich, da kam Biermann raus zu uns nach Grünheide, und am Abend, er wurde ganz ernst, verkündete er uns, daß es eine Intervention geben würde, einen Einmarsch in die Tschechoslowakei, auf daß aus dem Prager Frühling nicht mehr werde als nur dieser Frühling, den wir aus der Ferne miterlebt hatten – diese Intervention sei geplant, es habe schon einen Termin für sie gegeben, dieser Termin sei nur noch einmal aufgeschoben worden, da die tschechischen Genossen, nach außen hin wenigstens, den Russen, den Sowjets, also Breschnew, bei einem Treffen noch einmal nachgegeben und versprochen hätten, für Ruhe in ihrem Machtbereich zu sorgen. Sie sei aber nur aufgeschoben, diese Intervention, der Einmarsch bleibe zu erwarten. So Wolf Biermann, und dies sollte sich ja auch als richtig erweisen – die Frage, die ich ihm nicht stellte, die ihm keiner in der geschockten Runde stellte, woher er denn diese vertrauliche, diese parteiinterne Information habe, sie läßt sich heute eigentlich recht leicht, jedenfalls mit einer plausibel erscheinenden Vermutung, beantworten, an der ja wohl auch nichts weiter ehrenrührig sein dürfte: von Margot Honecker. Wahrscheinlich von ihr als Warnung an ihren früheren Spielgefährten Wolf gemeint, als Warnung, sich besser nicht allzusehr auf die Prager Sache einzulassen. Die Frage, die hier nur noch zu stellen wäre und die leider unbeantwortet bleiben muß, ist die, ob ihn denn wenigstens mein Vater, als sie dann allein waren, danach gefragt hat, woher er diese Information denn hätte – wußte mein Vater von Biermanns Kontakten zu Margot Honecker? Wir wußten alle davon, aber nur in den vagesten Andeutungen, das Thema blieb ausgespart, tabu. Der Vielerzähler Biermann, davon hat er nichts erzählt, wie gut er diese Frau kennt, wie eng die Verbindung zwischen ihnen wohl gewesen sein muß, die sie sich seit ihrer Jugendzeit kannten. Keine Geschichten von früher, aus den Hamburger Zeiten, in denen Margot Honecker vorgekommen wäre. Nichts davon, daß diese Verbindung zu Margot Honecker auch noch nach dieser Sache mit dem Tonband für Walter Ulbricht angehalten haben könnte, die sie doch vermittelt hatte. Von heute aus gesehen, könnte man fast darauf kommen, Biermann habe die ganze Zeit ein Doppelleben geführt: hier bei uns, bei Havemann, Teil der Opposition und im verborgenen, für uns jedenfalls verborgenen, dann diese Verbindung ganz nach oben, via Margot Honecker – kein uninteressanter Gedanke, ein Gedanke, der vieles erklären würde. Muß aber so gar nicht gewesen sein.

Das Tonband

Ach ja, das mit dem Tonband für Walter Ulbricht, das ist eine interessante Geschichte: Wolf kommt zu uns nach Grünheide Alt-Buchhorst, zu uns ins Häuschen raus und hat etwas Spannendes zu erzählen: er solle ein Tonband mit seinen Liedern für Walter Ulbricht aufnehmen, der von ihnen bisher nur etwas gehört, sie doch aber selber noch gar nicht gehört hätte – Margot Honecker habe Ulbricht dazu gebracht, seine Bekannte von früher, aus Hamburger Zeiten. Daß er sie kannte, mir wurde es erst in dem Moment klar, ich nahm es aber hin, ohne dumm zu fragen, in welcher Verbindung er denn noch mit ihr stehe. Ich war ja da auch nur der Bub am Rande, die Verwachsenen würden schon wissen. Noch vor dem 11. Plenum der Partei war das, auf dem Biermann zusammen mit meinem Vater und einigen anderen mehr so heftig angefeindet wurde, Biermann war halb schon verboten, halb noch geduldet, die Partei hatte ihn schon auf dem Kieker, aber noch war da vielleicht was zu reparieren, doch natürlich konnte das nur von ganz oben kommen, von Ulbricht also. Und deshalb ja auch diese Idee von Margot Honecker, die mit dem Tonband – das war ihr Sinn und Zweck. Und Biermann war natürlich bereit, bereit für Walter Ulbricht ein Tonband mit seinen Liedern aufzunehmen. Und aufgenommen werden, das konnten sie doch am besten von meinem Vater, der die dafür nötige Tonbandanlage hatte. Mein Vater hatte ja schon viele Tonbänder, auf denen Biermann zu hören war – aber eben nie allein, sondern immer mit anderen Leuten, die Geschichten erzählten, die Biermann aufforderten, doch mal dieses Lied oder jenes zu singen, die seine Lieder auch kommentierten, ihre Witzchen dazwischen machten, mein Vater hatte einfach das Tonband laufen lassen, wenn Biermann mit dabei war. Denn wir lernten Biermann nicht alleine kennen, sondern als jemanden, der zu einem Kreis von Leuten gehörte, von Leuten, die sich selber für interessant und intelligent genug hielten, doch da nicht einen Abend verbringen zu wollen, an dem sie nur einem Sänger lauschen. Die Biermann-Show, die gab es doch erst sehr viel später, der Alleinunterhalter Biermann, er war eine Errungenschaft späterer Zeiten. Oder ein Zeichen des Niedergangs, jedenfalls davon, daß es diesen Kreis von Leuten nicht mehr gab, zu denen er erst mal gehört hatte. Dazugehört hatte. Gar nicht mal in einer herausragenden Position, als Teil einer Truppe. Als der Sänger, mehr nicht. Klar war, daß dieses Tonband für Walter Ulbricht nicht in dieser Weise aufgenommen werden konnte, nicht mit dem Gebrabbel der anderen dabei, nicht als unterhaltsame Einsprengsel einer allgemeinen Debatte. Nur die Lieder gehörten auf dieses Tonband, ein

Lied auf das andere folgend. Und es durfte keine Unterbrechungen mehr geben, keine Witze, keine Kommentare, nur die Lieder. Und Ulbricht, der sie doch, anders als Biermanns Zuhörer in diesem Kreis bisher, nicht kannte, mußte sie gut hören können, ihre Texte gut verstehen können. Also ging es um Tonqualität. Ging es um etwas, um das es vorher noch nie gegangen war, und Biermann hatte also in das Mikrophon hineinzusingen, der Ton war vorher auszusteuern. Und also verwandelte sich das Häuschen meines Vaters in ein Tonstudio, und zum ersten Mal stellte sich Biermann hin, wenn er sang. Kein Nebenbei mehr, nichts konnte wie bisher dem Zufall überlassen werden. Und war ein Lied aufgenommen, dann war die Aufnahme anschließend sofort anzuhören und auf ihre Tonqualität zu überprüfen. Und natürlich auch auf ihre künstlerische Qualität hin. Notfalls mußten die Aufnahmen wiederholt werden. Und wir Kinder, die dabeisaßen, hatten plötzlich mucksmäuschenstill zu sein. *Achtung, Aufnahme!*

Und auch mein Vater verwandelte sich: der bisherige Gastgeber, Mitdiskutant und Witzeerzähler wurde zum Tonmeister, zu einem strengen Tonmeister natürlich, der darauf achtete, daß die Tonqualität auch stimme. Aber er wurde mehr noch, er wurde zum Produzenten dieses für Walter Ulbricht bestimmten Tonbandes mit Biermann-Liedern. Er achtete auch auf die künstlerische Qualität des jeweiligen Vortrages, er war es, der sagte: »Noch mal!« Und er war es auch, der bestimmte, welches Lied auf welches folgen sollte, welche Lieder mit auf diesem Tonband für Walter Ulbricht überhaupt drauf sein sollten. Bisher war das immer eine spontane Sache gewesen, eine des Zurufs durch einen der Anwesenden, durch einen aus diesem Kreis, zu dem Biermann gehörte. Und Wolf war doch der, der dann immer das sang, was die anderen grad hören wollten, ein Programm-Macher, sein eigener Programm-Macher, das war er doch damals gar nicht. Und nun war es mein Vater, der ihm das Programm machte, mein Vater allein. Biermann selber hatte auch genug mit anderen Dingen zu tun, damit, daß er sich wie ein Vortragskünstler vor ein

Mikrophon zu stellen, Tonqualität abzuliefern hatte und dann auch noch seine Lieder in der bestmöglichen Weise singen sollte. Eine auch für ihn völlig veränderte Situation. Und ich würde doch sagen, daß mein Vater sie ausnutzte. So habe ich das jedenfalls erlebt, denn eines war doch wohl klar: daß jeder Künstler in einer vergleichbaren Situation wie Biermann für den Genossen Ersten Sekretär eine Auswahl aus seinen Liedern getroffen hätte, die ihm eine Chance eröffnet hätte, von diesem obersten Machthaber für doch gar nicht so schlimm angesehen zu werden. Nicht, daß es da nicht auch ein paar der schlimmeren Lieder mit dabei hätte geben können, ja, geben müssen, denn wie sonst hätte der Genosse Ulbricht die Aufregung um den umstrittenen Biermann verstehen können, er hätte ja argwöhnen müssen, es würde ihm hier ein falsches Bild vorgegaukelt. Aber diese besonders von der Partei beargwöhnten Lieder doch bitte wohldosiert, immer mit ein paar harmloseren dazwischen, und nicht ein Hammer nach dem anderen. Nur lag das natürlich überhaupt nicht im Interesse meines Vaters, der keine netten Lieder zu singen hatte und mit seinen Auffassungen so sehr angefeindet wurde, daß seine Aussichten, beim Obersten der Oberen noch Gnade zu finden, so schon gar nicht mehr existierten. Er wollte doch seinen Biermann nicht an die Partei verlieren, mit der er diese Schwierigkeiten hatte, seinen Sänger der Opposition nicht, seinen Köder auch, seinen Verbindungsmann zu jüngeren Leuten. Mein Vater also sorgte dafür, daß das Schlag auf Schlag ging, daß auf diesem für Walter Ulbricht bestimmten Tonband all die schlimmen Lieder zu hören waren, eines nach dem anderen. Ein Klopper auf den anderen folgend. Und Biermann machte mit, und seine Mutter, die Hamburger Kommunistin, fluchte, daß nur dieser Havemann an der völligen Entfremdung ihres Sohnes von der Partei schuld sei, und damit an seinem Unglück. Natürlich haben wir nie wieder etwas von diesem Tonband gehört, nichts von einer Reaktion Walter Ulbrichts – wenn denn Margot ihm dieses Tonband überhaupt übergeben haben wird. Wäre ja zu ihrem Nachteil gewesen, da sie doch bei Ulbricht eine Lanze für ihren Biermann hatte brechen wollen.

Als Biermann zu uns in die Familie kam, in dieser Zeit vor seinen massiven Schwierigkeiten mit der Partei, da schrieb er drei Gedichte und Lieder pro Woche – ich übertreibe das vielleicht etwas, aber diese Übertreibung, sie zeige nur, wie produktiv Biermann in dieser Zeit war. Immer mit irgendwelchen Texten beschäftigt, dabei, sich Melodien auszudenken, an seiner Gitarrenbegleitung für ein neues, gerade entstehendes Lied zu feilen. Und dann, ich springe etwas, springe in die Zeit nach dem 11. Plenum, in die Zeit nach den scharfen Angriffen auch auf Biermann, in die Zeit dann, als er verboten war und nicht mehr auftreten durfte, und da dann, und ich übertreibe auch dies vielleicht etwas, aber nicht zu sehr, schrieb er nur noch drei Lieder im Jahr. Der Unterschied war erschreckend, und so viel war ich auch damals schon selber Künstler, daß ich wußte, hier muß etwas ganz Schreckliches passiert sein. Da war eine Quelle versiegt. Natürlich war es leicht und sicher auch richtig, der Partei dafür die Schuld zu geben, aber ich gab eine Mitschuld daran auch meinem Vater. Ohne meinen Vater, Biermann hat das später immer wieder gesagt, ohne meinen Vater hätte er dem Druck nicht standgehalten, mit meinem Vater aber, mit meinem ihn stützenden Vater aber versiegte die Quelle seiner Produktion. Vielleicht wäre es für den Künstler Biermann besser gewesen, zu Kreuze zu kriechen, sich mit der Partei irgendwie zu arrangieren, andere haben das auch getan, so halb und halb und nie dabei zu bloßen Apologeten werdend – nicht, daß meinem Vater direkt ein Vorwurf daraus zu machen wäre. Auch nicht, wenn hier von Mitschuld gesprochen muß. Aber auch die relativiert sich für mich noch einmal dadurch, daß mein Vater, wie sich hier ganz klar zeigte, nicht wirklich verstand, worauf es einem Künstler ankommen muß. Nur darauf, produktiv zu sein. Das muß ein Mensch nicht wissen, der kein Künstler ist. Und mein Vater, der selber und auf seinem Gebiet nicht wirklich produktiv war, konnte es noch weniger wissen. Vielleicht ist ihm dies sogar noch nicht mal aufgefallen, solange sein Wolf doch politisch auf Linie blieb, seiner Linie. Wir anderen, wir redeten darüber, besonders wir jungen Künstler, was wohl mit Wolf passiert sei, und damit begann es für mich, das Fatale: daß er mir leid tat, daß ich ihn bedauerte.

Bart ab

Ich sehe es noch genau vor mir, wie Wolf uns diese Ankündigung des Einmarsches in die Tschechoslowakei machte: hinter ihm, von meiner Perspektive aus, eine helle Lampe, ansonsten Dunkel im Raum – das sieht ganz nach einem Verschwörerzirkel aus. Wobei man aber davon ausgehen muß, daß alle Anwesenden davon überzeugt waren, es müsse in dem Haus meines Vaters nur so von Wanzen wimmeln. Ich erinnere mich auch noch genau daran, was in mir vorging, als ich Wolf so reden hörte, wie ich darauf reagierte, mit einem gewissen Frohlocken nämlich: daß sie an diesem Tage, wo sie in Prag einmarschieren, auch bei uns in der DDR im höchsten Maße nervös sein würden, sie, die Partei- und Staatsführung, und dies demnach der Tag sein müßte, an dem ein Protest gegen ihre Politik die größtmögliche Wirkung erzielen würde. Und genau deswegen entschloß ich mich, diesen Tag dann zum Protest zu nutzen, und ich entschloß mich dazu, während Biermann noch redete. Aber ich behielt es für mich, wußte ich doch, daß mein Vater einen solchen Protest für höchstgradig gefährlich, für kompletten Irrsinn halten würde. Doch es behielt auch noch jemand anders seine Schlußfolgerungen, diesen Tag betreffend, der nun absehbar war, für sich: Wolf Biermann nämlich, und seine Schlußfolgerung war die, sich an diesem Tage zu verstecken. Aus Angst, die Stasi könnte ihn an diesem Tage hopsnehmen, die Gelegenheit für ein großes Reinemachen nutzen, prophylaktisch alle möglichen Gegenstimmen wegsperren. Wolf Biermann und sich in der kleinen DDR verstecken – ein Gedanke, der noch ein bißchen irrsinniger war als meiner, diesen Tag zum Protest zu nutzen. Und natürlich ein feiger Gedanke, ein Gedanke, der ahnen ließ, wie ängstlich er doch war, der immer den Helden markieren mußte. Er glaubte doch nicht etwa, erschossen zu werden? Wir waren uns alle zu fein, ihn danach dann zu fragen, wie er es denn angestellt habe, sich zu verstecken – als ich aus dem Gefängnis rauskam, saß er da, ganz kleinlaut und bedripst, und sagte kein Wort, und natürlich wird er meine Verachtung und die der anderen gespürt haben. Er hat ja dann auch später in der Zeit, die wir dann ein, zwei Jahre später miteinander verbrachten, während unserer Freundschaft, nie danach gefragt, wie es denn im Gefängnis gewesen sei. Und ich, ich habe ihm im Gegenzug erspart, ihn danach zu fragen, wie es denn in seinem Versteck war. Auch dies blieb ausgespart.

So jedenfalls ist es mir erzählt worden, und so in etwa könnte es doch auch gewesen sein: ein nächtlicher Anruf, ohne Namensnennung, aber Biermann erkennt die Stimme sofort, es ist die seines früheren Parteisekretärs vom BAT, des von Biermann gegründeten Berliner Arbeiter-und-Studenten-Theaters, und diese Stimme, sie sagt nur einen Satz: er solle das Radio anschalten und sich die Nachrichten anhören. Biermann schaltet also das Radio an, hört dort auf einem westlichen Sender, daß der von ihm erwartete Einmarsch in die Tschechoslowakei begonnen habe. Und dann: Biermann rasiert sich den Bart ab – das muß man ihm lassen, daß er daran gedacht hat, sich auf diese Weise wenigstens unkenntlich zu machen. Biermann wickelt sich ein Handtuch um den Kopf. Biermann entweicht über den Hinterhof aus seiner Wohnung, seinem Haus in der Chausseestraße, er versucht zu einer vor uns völlig geheimgehaltenen Liebsten zu kommen, die ein paar Häuser weiter wohnt, trifft sie aber nicht an. Biermann schleicht sich (man verzeihe mir die Häme dieser Formulierung) zu einer Telefonzelle, er ruft verzweifelt bei Gilsenbach an, dem DDR-Zigeunerforscher, seine Bitte, Gilsenbach möge ihn bei seinen Zigeunern unterbringen.

– aber die Stasi interessierte doch Biermann nicht, nicht ein Biermann, der sich in ein Versteck begibt, in ein Versteck, von dem aus er schwerlich würde irgendwelche Erklärungen abgeben können, in ein Versteck, das sie darüber hinaus auch noch genau kennt. Biermann wird in der Zigeunerfamilie, deren Adresse ihm Gilsenbach nennt und mit der er in der Zwischenzeit Kontakt aufgenommen hatte, nicht groß überschwenglich empfangen, er bekommt ein Zimmer zum Schlafen, und dann irgendwann am frühen Morgen klingelt es an der Tür, und Biermann denkt natürlich, jetzt kommen sie ihn abholen. Biermann versteckt sich noch einmal, nun in dem Schrank, der in dem ihm zugewiesenen Raum steht – als ob die Stasi, sollte sie Biermann finden wollen, nicht auch mal in diesem Schrank nachgesehen hätte. Es mache sich jeder selber lächerlich, so gut er kann. Panik: Biermann hört, es ist die Polizei, wirklich die Polizei (nicht die Stasi), die an der Tür Einlaß begehrt, die jemanden abholen will – aber wie sich herausstellt, nicht ihn, Biermann, sondern den Sohn der Familie, und dies wegen irgendwelcher Klauereien, und wenn das noch politisch korrekt wäre, würde ich hier jetzt sagen: halt Zigeuner, Diebesgesindel. Wie man sich halt früher so etwas unbedacht dachte. Der Sohn ist nicht da, die Polizei wird von seiner Familie wieder hinauskomplimentiert, die Polizei läßt sich vertrösten, in der Gewißheit wohl, daß sie ihn schon irgendwann mal erwischen werden, diesen Sohn. Biermann kann aufatmen, kann aus seinem Schrank wieder hervorkommen. Das war die Nacht, die auch ich nicht mehr zu Hause verbrachte. Mich aber suchte die Stasi. Anders als Biermann. Mein Vater nannte ihn irgendwann einen Feigling – da kann man nichts machen.

Rebellion

Protestbrief

Sehr geehrter Herr Nase, hiermit möchte ich gegen Ihr Verhalten in der Mathematikstunde am 1. Juli 1968 protestieren. Sie haben in dieser Stunde mit einem Taschenmesser eine Haarsträhne von meinem Kopf geschnitten.
Das stellt einen groben Verstoß gegen die Höflichkeit dar. Ich glaube, durch mein Verhalten keinerlei Anlaß zu einer solchen Handlungsweise gegeben zu haben.
Sie haben sich damit in meine ganz persönlichen Belange eingemischt, denn die Frage, ob ich meine Haare lang oder kurz trage (denn darum dreht es sich ja), kann ich ohne Ihre »tätliche« Mitwirkung entscheiden. Und wenn Sie Ihre Meinung kundtun wollen, dann doch in der Form von Ratschlägen und nicht in Form von »tätlich werden«. Ich kann mich nicht erinnern, daß ich mich jemals über Ihre Haarlänge oder gar über die Farbe Ihrer Strümpfe (denn das läge in der gleichen Preislage) geäußert habe, und dann noch in dieser Form.
Sie haben damit Ihre Machtstellung schamlos ausgenutzt. Stellen Sie sich

vor, ich würde Ihnen vor der Klasse die Haare kürzen. Das Ganze hätte doch mit einem Tadel oder Verweis für mich geendet.
Ich protestiere also gegen Ihr autoritäres Verhalten und fordere Sie auf, sich vor der Klasse zu entschuldigen.
Mit vorzüglicher Hochachtung
Florian Havemann

Der Countdown läuft hier schon: es ist der 1. Juli, und den Brief werde ich noch am gleichen Tage geschrieben habe – es sind also nur 30 plus dann noch mal 21 Tage bis zum 21. August, dem Tag, an dem ich straffällig werde und dann nicht mehr gegen eine abgeschnittene Haarsträhne und das autoritäre Verhalten eines Lehrers protestiere, sondern, ein paar Nummern größer, gegen den Einmarsch in die Tschechoslowakei. Aber es passierte noch etwas Bemerkenswertes in der Zeit dazwischen: es waren ja noch Zeugnisse zu verteilen beziehungsweise zu bekommen, und für diese feierliche Zeremonie, die in dieser Schule in der Aula vom Herrn Direktor persönlich durchgeführt wurde, hatte er sich das Tragen des Blauhemdes ausbedungen, und natürlich erschien ich an besagtem Tage nicht im Blauhemd der FDJ, der Freien Deutschen Jugend – ich war so frei, dies nicht zu tun, und als ich dann an der Eingangstür der Aula von meinem Direx deswegen aufgehalten, von ihm darauf angesprochen wurde, sagte ich ihm, die Freie Deutsche Jugend, deren Mitglied ich war, wäre eine Jugendorganisation, und was diese Organisation tue oder lasse, darüber habe er als Schuldirektor überhaupt nicht zu bestimmen, einen entsprechenden Beschluß der FDJ, an dem ich ja dann hätte beteiligt sein müssen, habe es nicht gegeben. Daraufhin wurde mir der Eintritt in die Aula verwehrt, ich bekam mein Zeugnis nicht an diesem Tag, mir wurde auferlegt, das Zeugnis innerhalb von zwei Wochen im Sekretariat abzuholen, und natürlich ließ ich diese zwei Wochen bis zu diesem letzten Tag verstreichen, und ich war es dann auch nicht selber, denn schließlich war dies eine Frage der Ehre, sondern mein Bruder, der das Zeugnis für mich abholte, während ich draußen auf ihn wartete.

Und damit waren wir der Straftat also noch ein Stück weit näher, wir beide, mein Bruder und ich – aufsässiges Pack. Immer auf Konfrontationskurs.

Und dann am 21. August war es soweit, war der 21. August gekommen, der Tag des Protestes, des großen Protestes – natürlich könnte auch ich vom 21. August in anderer Weise sprechen, politisch. Von der Entwicklung des Sozialismus könnte ich sprechen, von den Krisensymptomen im allgemeinen dieses Sozialismus und von der hoffnungsvollen tschechischen Entwicklung im besonderen, vom Prager Frühling und wie inspirierend er war und was für eine Sauerei das dann war, diese Hoffnung, die letzte Chance des Sozialismus mit Panzern niederzuwalzen am 21. August 1968. Von der moralischen Erregung über diesen Einmarsch könnte ich sprechen, von dem Zwang, mit dem sich jeder Sozialist konfrontiert sah, sich hier positionieren zu müssen, und daß doch nur der Protest dagegen blieb oder das feige Zurückweichen – aber ich will so nicht über den 21. August sprechen, so politisch und moralisch nicht vom Einmarsch in die Tschechoslowakei, von meinem Protest gegen ihn. Nicht, daß dieser Protest etwa nicht politisch gewesen wäre, nicht von der moralischen Empörung getragen über diese Ungerechtigkeit und Gewaltanwendung – doch, doch, das war schon politisch, war schon aus der moralischen Empörung herrührend, aber … Ja, was aber? Der 21. August doch nur ein Anlaß, Anlaß für den Protest eines Protestierers und Protestlers, eines Rebellen. Nicht aber der eigentliche Grund, die Ursache für diesen Protest, und deshalb habe ich mir da niemals moralisch stolz auf die Brust schlagen wollen, daß ich protestiert habe, den Mut dazu aufbrachte, mutig zu protestieren. Mut verlangte es doch, und daß man da als kleiner Protestierer ganz leicht zwischen die Mühlsteine der großen Politik geraten, ins Gefängnis deswegen kommen konnte, das war schon klar. Ich habe am 21. August den 21. August nur benutzt, den Einmarsch in Prag zum Anlaß genommen, als die sich endlich bietende günstige Gelegenheit ergriffen, mit meinem Protest, der sich ansonsten weiter gegen einen Herrn Nase hätte richten müssen, durchdringen, ganz groß rauskommen zu können, und wir, die glorreichen Sieben, das Fähnlein der sieben Aufrechten, die wir dann zusammen der staatsfeindlichen Hetze wegen unseres Protestes angeklagt wurden, haben es damit ja schließlich auch sehr weit gebracht, sind damit bis in die *New York Times* gekommen, und in der vom Brockhaus-Verlag herausgegebenen *Chronik des 20. Jahrhunderts* stehe ich auch mit meinem kleinen Protest drin an diesem großen Verstärkertag des 21. August 1968 – was will ich mehr? Ein großer Erfolg also. Aber deshalb auch, weil selber ganz so moralisch nicht, ganz so moralisch sauber in meinem Protest nicht, keine moralische Überheblichkeit gegenüber den vielen Opportunisten des 21. August, die alle hübsch ordentlich keine Protest-, sondern eine andere Resolution unterschrieben haben, die ihrer feigen Zustimmung, keine moralische Abwertung der vielen, die sich an diesem Tag ihren Schneid haben abhandeln lassen. Nur leid können sie mir tun, nur bedauern kann ich sie, daß sie sich diese Gelegenheit entgehen ließen, sich ihre Menschwürde zu bewahren, sie an diesem Tage zu erlangen. Aber was ist mit meinem moralischen Rigorismus, für den ich so bekannt war und berüchtigt?

Eine Moral, die nur verlangt, daß man selber ihr folge, ihr Genüge tue, eine Moral, der man letzten Endes nur sich selbst verpflichtet sieht, das ist keine Moral, die doch immer das moralisch Verlangte zum kategorischen Imperativ für alle machen muß. Eine solche dann eigentlich amoralische Moral, sie ist nur dazu da, einen Unterschied zu machen, sich selber von den vielen abzusetzen, von denen nicht verlangt werden kann, daß sie die Größe, den Mut, die Entschlossenheit aufbringen, ihr kleines Leben und Wohlleben zu gefährden – also geht's um etwas ganz anderes: um die Ehre, nicht um Moral, die eigene Ehre und darum, sich selber vor der Ehrlosigkeit zu bewahren. Vor den Zumutungen der Lüge und der Aufforderung zur Verlogenheit. Vor dem Opportunismus. Vor dem Schmutz. Aus Gründen der Selbstachtung – in was für Widersprüchen ich mich bewege: daß ich das alles erkennen will, was da los ist und real und fern allen idealischen Vorstellungen, und doch gegen diese Realität Widerstand leisten, mich behaupten will. Aber ich bewege mich. Und das ist es, worauf es allein und deshalb ankommt, weil ich doch ein Künstler bin und ein Künstler instinktiv die für ihn unbequemste Lage aufsuchen muß, weil nur das ihn produktiv macht. Jenseits der Moral, weil für den Künstler nur die Produktivität zählt, und sei es, daß der größte Stuß dabei herauskommt, das moralisch verworfenste Machwerk. Nicht um das Gute, Wahre und Schöne geht es, sondern um das unerbittlich Wahre, um die Schönheit als Verführungsmittel, als Droge, als Gift und darum, daß *gut* nur gut gelungen meint.

Der Feind

Haben, Sein und Tun
Jemanden zum Feind haben
Jemandes Feind sein
Jemanden anfeinden, als Feind bekämpfen
Von jemandem als Feind angesehen, bekämpft werden

Habe ich einen Feind? Nein. Bin ich jemandem feind? Auch nein, eindeutig nein. Ohne Wenn und Aber nein. Ich habe keinen Feind, ich feinde niemanden an, bekämpfe niemanden als meinen Feind – nicht, daß ich wüßte, nicht, daß mir dies bewußt wäre. Ich bin kein Philosoph, ich habe es nicht so mit dem Sein. Ich habe genug mit mir selber zu tun, mit den Menschen, die ich liebe, für Feindschaft habe ich einfach keine Zeit, keinen Platz mehr in meinem Herzen. Karl Heinz Bohrer sprach von meinem vorurteilslosen Pragmatismus, also mache ich diese Unterschiede und begreife Feindschaft als etwas, das man betreiben muß, das ohne Anfeindungen, ohne Kampf nicht auskommt. Und kämpfe ich gegen jemanden? Nein.

Bin ich jemandes Feind? Das schon eher. Sieht in mir jemand seinen Feind? Es sieht ganz danach aus. Werde ich von jemandem als Feind bekämpft? Viele Indizien sprechen dafür. Aber nehme ich diese Feindschaft an? Nein, das tue ich nicht, denn das wäre schön blöd von mir. Nehme ich diese Feindschaft, mit der mich dieser Jemand verfolgt, nur deshalb nicht an, weil es blöd wäre, sie anzunehmen, weil es meine Position schwächen würde? Nein, ich kann nur so blöd nicht sein, weil ich meinen Feind liebe. Feindesliebe – gibt's das denn wirklich, ist das nicht nur ein christlicher Wunschtraum? Keine Ahnung, denn ich liebe ja den nicht, dessen Feind ich bin, für den ich ein Feind bin, weil er mein Feind ist oder ich seiner oder weil er in mir einen Feind bekämpft, aber ich liebe ihn, liebe ihn aber als einen mir ganz Vertrauten, liebe ihn wie meinen Bruder, habe ihn erst geliebt und bin erst später dann von ihm zu seinem Feind erkoren worden. Die Feindschaft ist nicht das, was am Anfang steht zwischen mir und diesem Mann, für den ich ganz offensichtlich ein Feind sein muß, der mich mit seiner Feindschaft verfolgt. Was er aber nur tut, wenn sich die Gelegenheit dazu ergibt, wenn ich ihn durch irgend etwas dazu provoziere, und das tue ich jetzt, wenn ich über diese Feindschaft schreibe. Aber ich tue es, ohne es zu wollen, ohne es darauf anzulegen, diesen Mann zu provozieren, ich tue es, weil es ohne diese Feindschaft nicht möglich ist, von Havemann zu reden, über mich als Havemann. Weil dieser Mann zu Havemann dazugehört. Weil das Leben ein anderes ist, wenn man einen Feind hat, jemandes Feind ist. Weil diese Feindschaft ja auch ihre guten Gründe hat, Gründe, die sehr wohl mit meinem Leben zu tun haben. Weil diese Feindschaft nicht etwa auf einem bloßen Mißverständnis beruht, und das auch dann nicht, wenn ich sie nicht erwidere. Noch mehr nicht ein Mißverständnis nur ist, da ich sie nicht erwidere. Mich ihrer noch nicht einmal wirklich erwehre. Ich habe noch nie zurückgeschlagen, noch nie, und auch jetzt sieht es nur so aus, als schlüge ich endlich doch zurück. Nur weil ich über diesen Mann schreibe, der mich als seinen Feind sieht, schreibe ich doch nicht gegen ihn. Nur, und das ist das Problem, wird er dies wahrscheinlich so auffassen, als schriebe ich gegen ihn. Nur kann dies mich nicht davon abhalten, über diesen Mann und seine Feindschaft gegen mich zu schreiben, daß er dies so auffassen könnte, als schriebe ich gegen ihn, als erwehrte ich mich seiner nun und schlüge zurück. Wenn dem so sei, dann sei dem so, dann ist dies nicht zu vermeiden, und es liegt bei ihm, hier nun wieder eine Gelegenheit zu sehen, einen Anlaß zu haben, gegen mich vorzugehen, oder doch so klug zu sein, dies sein, diese sich ihm bietende Gelegenheit verstreichen, den Anlaß ungenutzt zu lassen. So oder so, damit muß ich klarkommen. Auch damit, daß man mir vorwerfe, ihn erst provoziert zu haben und dann so zu tun, als wäre ich darüber erstaunt, daran vollkommen unschuldig, reagiert er darauf auf seine Weise, glaubt er sich durch mich provoziert. Mich erstaunt gar nichts, so leid es mir tut, ich werde mich mitschuldig machen, mache ich meine Sache. Das ist die Feindschaft, daß alles so oder so gewendet werden kann und natürlich immer gegen den anderen, den Feind, und es ist so sehr die Feindschaft, in deren Odium ich schreibe, daß deren Gesetz all das erliegt, was ich über diesen Mann, in dem ich doch keinen Feind sehe, zu schreiben habe. Was ich über ihn schreiben muß, will ich über Havemann schreiben. Und das will ich. Will ich und kann ich und will ich, weil ich es nun kann, kann ich und muß ich auch deshalb, weil ich es kann.

Diese Feindschaft, die mich mit Wolf Biermann verbindet, ihn mit mir verbindet, sie ist natürlich reichlich absurd, eine Spiegelfechterei, weil so einseitig und weil sie mich gar nicht meint, mich eigentlich gar nicht betrifft. Was weiß denn Biermann von mir? So gut wie gar nichts. Wir haben uns seit Jahren, Jahrzehnten mittlerweile, nicht mehr gesehen, nicht mehr miteinander geredet. Aber das braucht diese Feindschaft nicht, die Biermann gegen mich hegt, sie kommt viel besser mit mir als einer bloßen Projektion zurecht. Weil sie sich dann auch so wunderbar steigern läßt und ich doch als Projektionsfläche dieser Feindschaft viel besser tauge, bleibe ich dies, eine bloße Projektion. Und weil dieser Mann Feindschaft braucht, um sich gut zu fühlen, am Leben und überhaupt im

Kampf lebendig. Weil er ohne Feindschaft nichts ist und ich also nur hoffen kann, er findet einen anderen Feind, den er zum Feind der Menschheit erklären kann, denn unter der Menschheit macht es doch dieser Poet nicht, der sich nicht poetisch mit Blumen begnügen kann, der Schönheit seines Gartens – das ist das Erbe des Stalinismus. Des Stalinismus, den er poetisch-psychologisch nie losgeworden ist, auch dann nicht losgeworden ist, als er sich politisch von seinem Stalinismus losgesagt hat. Man kann auch stalinistisch gegen den Stalinismus sein, mit den gleichen, den stalinistischen Methoden, und zu diesen Methoden gehört es, sich den Gegner, den Abweichler immer nur als Feind und Feind der Menschheit denken zu können, ohne den die Menschheit besser aussähe, ohne den die Welt eigentlich in Ordnung wäre, der also mit allen Mitteln bekämpft werden muß. Die totale Feindschaft, die Feindschaft, die den Feind nicht in seinem Recht anerkennt, die ihn entwertet und am liebsten aus der Menschheit ausschließen würde – wenigstens in Worten, wenn nun nicht in Taten mehr. Dieser Stalinismus, er muß nun in post-stalinistischen Zeiten den Feind der Menschheit persönlich kennen, und Biermann kennt mich, glaubt mich zu kennen, und kennt mich doch nicht. Aber das bißchen, was er von mir weiß, reicht aus. Das bißchen bietet sich für eine Feindschaft an und soll auch nur dies bißchen bleiben, damit die Feindschaft nicht vergeht. Natürlich wird er das lesen, was ich über ihn zu schreiben habe, schreibe ich über Havemann, aber er wird es auch nicht lesen, nicht lesen und in sich aufnehmen können, weil er sich durch alles, was ich schreibe, nur zu seiner Feindschaft provoziert fühlen wird. Alles, was ich über Havemann schreibe und dann auch über ihn schreiben muß, wird nur Nahrung sein für seine Feindschaft. Und wenn ich jetzt hier sage und auch schreibe, daß ich diesen Mann geliebt habe, ja, immer noch liebe, dann wird er auch das als etwas wohl ganz Perfides abtun.

Als ich Kandidat sein sollte für dieses Amt eines Brandenburger Verfassungsrichters, als ich es dann auch wurde, ein Kandidat für dieses Amt, habe ich allen Leuten, die dies angehen könnte, allen Medienleuten auch, immer wieder gesagt, daß ich da jemanden habe, der mich als seinen Feind ansieht, daß ich und damit auch sie, wenn sie mich in meiner Kandidatur in irgendeiner Weise unterstützen, daß wir damit zu rechnen hätten, von Wolf Biermann wegen dieser Kandidatur angegriffen zu werden – die Reaktion aller, die der Politiker im Lande Brandenburg, die auch der Medienleute, war immer die gleiche: was interessiert uns Wolf Biermann, das ist doch völlig belanglos und unbedeutend, was Wolf Biermann zu sagen hat und in diesem Falle zu vermelden hätte. Und Biermann war so klug, sich nicht zu melden, sich nicht gegen mich und meine Kandidatur für dieses Amt zu Worte zu melden – polterte er drauflos und war nicht mehr zu halten, und er war so klug, sich nicht ein anderes Forum für diesen Unsinn zu schaffen, und also gibt es Hoffnung, daß er auch nun klug Stillschweigen wahren wird, wenn er liest beziehungsweise eben nicht wirklich liest, was ich über Havemann und damit auch über ihn zu schreiben habe. Biermann hat zu seinem 70. Geburtstag irgendeinen Nationalpreis bekommen, und nun hat er's auch noch zum Ehrenbürger meiner Stadt Berlin geschafft, und also könnte er doch darüber erhaben sein, was ich kleiner Pinscher ihm ans Denkmal zu pinkeln habe. Und möglicherweise ist er auch so klug, zu wissen, daß sich daran nichts und auch das ihm errichtete Denkmal nichts daran geändert hat, daß das niemanden mehr interessiert, wenn er gegen irgendwelche Leute und deren Leben und Ansichten zu Felde zieht. Die Deutungshoheit, die hat er doch nicht mehr, beansprucht er sie nun in meinem Falle noch einmal wieder, macht er sich doch nur lächerlich. Aber ein Feind, der sich lächerlich werden sieht, ist vielleicht ein um so gefährlicherer Feind. Um so größer sein Eifer, mit dem er in die Schlacht zieht. Ein Endkampf läßt sich so mit noch stärkerer Vehemenz führen. Besonders von jemandem, der von Schönrednern umgeben ist, nur in seinem Kreis lebt und die

Welt außerhalb nicht kennt. Bleibt darauf zu hoffen, daß Biermann gute Berater hat, kluge Berater, Berater, die hoffentlich klüger sind als er, und darauf bleibt wenigstens insoweit zu hoffen, als Biermann doch immer Berater hatte, immer jemanden brauchte und wohl immer noch braucht, der ihm sagt, was machen, was nicht – ich weiß es, denn für eine kurze Zeit war ich es, der in dieser merkwürdigen Position ihm gegenüber war. Der ihm zumindest sagte, welches Lied er als nächstes singen sollte, ihm das Programm machte.

Ein Kofferraum

Erich Fried, ein in London lebender deutschsprachiger Schriftsteller und Dichter, aus Wien im Jahre 1938 beim Anschluß Österreichs an das Deutsche, damit dann Großdeutsche Reich als Jude und Linker emigriert, Mitarbeiter des deutschsprachigen Dienstes der BBC, und dies als ausgewiesener Linker – ich beschreibe ihn mal so ganz von außen, damit die Fakten klar sind, die hier das weitere Geschehen bestimmen. Erich Fried, und es wird dies ungefähr im Jahre 1964 oder 65 gewesen sein, lernt eine junge Frau kennen, eine Engländerin, Studentin der Germanistik, ihr verstorbener Vater ein Salon-Kommunist aus den 30er Jahren, die Mutter Katholikin, sie selber in einer Klosterschule von Nonnen erzogen, und dies im protestantischen und antikommunistischen England der 50er Jahre – wahrscheinlich aber wird es so gewesen sein, daß Erich Fried bei irgendeiner Veranstaltung von dieser jungen und für eine Engländerin ausnehmend hübsch aussehenden Rothaarigen angesprochen wurde, sich von ihr dann auch gern hat ansprechen lassen, weil sie ausnehmend hübsch war. Diese junge Frau dann, Margret V., beabsichtigt, ihre Diplomarbeit über den deutschen Anarchisten Gustav Landauer zu schreiben, die meisten Dokumente über Landauer aber befinden sich in Ost-Berlin, sie stellt also einen Antrag, ein halbes Jahr dort in Ost-Berlin forschen zu dürfen, und siehe da: dieser Antrag wird auch bewilligt. Margret V. erzählt Erich Fried davon und fragt ihn, wen er in Ost-Berlin kenne, an wen er sie dort verweisen könne. Erich Fried kennt in Ost-Berlin einige Leute, aber in der Hauptsache kennt er dort den von ihm bewunderten Robert Havemann, von dem auch Margret V. zu dieser Zeit wahrscheinlich schon mal was gehört haben dürfte. Erich Fried erklärt der jungen Margret V. genauer, wer dieser Robert Havemann sei, und vergißt dabei nicht zu erwähnen, daß er ein attraktiver Mann sei, der sich für junge Frauen interessiere. Er sagt ihr, sie sei alt genug, um zu wissen, ob und inwieweit sie sich mit diesem Robert Havemann einlasse, nur eines dürfe sie niemals tun: wenn sie von ihm aufgefordert würde, in den Kofferraum seines Autos zu steigen, müsse sie dies verweigern. Margret V., die Engländerin, versteht natürlich nicht, wie ein Mann darauf kommen könnte, sie dazu aufzufordern, in den Kofferraum seines Autos zu steigen, sie kennt sich mit den Besonderheiten dieses Staates hinter dem Eisernen Vorhang so gut nicht aus. Sie weiß zwar, daß es eine Mauer gibt, von der West-Berlin eingeschlossen ist, daß sie beim Wechsel von West- nach Ost-Berlin eine Staatsgrenze zu überqueren habe, sie weiß aber nicht, daß es auch um Ost-Berlin herum wegen dem noch immer geltenden Viermächte-Status Berlins eine bewachte Grenze gibt, richtig mit Schlagbaum, eine Grenze, die sie als Engländerin mit einem Visum, das ihr lediglich den Aufenthalt in Ost-Berlin erlaubt, nicht übertreten darf. Sie weiß wohl auch da noch nichts davon, daß der Robert Havemann, zu dem Erich Fried sie schickt, zwar eine Wohnung in der Stadt hat, wo seine Familie lebt, er die meiste Zeit jedoch draußen allein auf seinem Grundstück in Grünheide Alt-Buchhorst verbringt, außerhalb der für sie nicht zu übertretenden Stadtgrenze, aber Erich Fried erklärt ihr dies alles geduldig.

Nun versteht sie, warum sie sich nicht von diesem Robert Havemann dazu überreden lassen darf, in den Kofferraum seines Autos zu steigen, aber die ganze Geschichte kennt sie wohl nicht, die Vorgeschichte. Sie fährt dann nach Ost-Berlin, nimmt ihre Forschungen über Gustav Landauer an der Humboldt-Universität auf und besucht dann sehr bald auch Robert Havemann. Dieser empfängt sie sehr freundlich in seiner Stadtwohnung, und nachdem er gesehen hat, was für eine überaus hübsche junge Frau da aus dem fernen London mit der Empfehlung von Erich Fried zu ihm gekommen ist, erklärt er ihr, und er tut dies ganz direkt, er betrachte sie als ein Geschenk von Erich Fried – dies wird die junge, in einer Klosterschule erzogene Engländerin schwer beeindruckt haben, so ist anzunehmen, denn sie läßt sich darauf ein, mit ihm in sein Auto zu steigen, um mit ihm zu seinem Grundstück zu fahren. Es ist abends, wahrscheinlich schon dunkel, als Robert Havemann nach schon längerer Fahrt in einem Waldstück anhält, um ihr zu erklären, sie solle bitte nun für eine kurze Zeit in den Kofferraum seines Autos steigen, es gäbe da eine dumme Grenze zu passieren. Margret V., sich daran erinnernd, was Erich Fried ihr gesagt hat, verweigert dies. Darauf reagiert der ihr nahezu unbekannte Mann ungehalten und wütend, er beschimpft sie sogar, fährt sie dann aber, nachdem sie sich weiterhin geweigert hat, seinem Ansinnen zu folgen, wenigstens zum nächsten S-Bahnhof, dem in Willhelmshagen, zurück – was für ein Stoffel! Am nächsten Tag sehen sie sich wieder, und da erklärt er ihr lachend, sie habe vollkommen recht gehabt mit ihrer Weigerung, in den Kofferraum seines Autos zu steigen, er sei an der Grenze kontrolliert und aufgefordert worden, seinen Kofferraum zu öffnen, man hätte sie dann wohl verhaftet.

So hat mir das Erich Fried erzählt, der dabei meinte, wenigstens dies positiv und zugunsten meines Vaters vermerken zu können, daß er gegenüber Margret V. zugegeben habe, kontrolliert worden zu sein – wie aber kam Erich Fried darauf, Margret V. davor zu warnen, bei Robert Havemann in den Kofferraum zu steigen, wie kam er auf die eigentlich aberwitzige Idee und ja dann auch zutreffende Voraussage, er würde sie genau dazu auffordern können? Das hat eine Vorgeschichte, und diese Vorgeschichte, man ahnt es wohl schon, ist die einer anderen jungen Frau, die als Westdeutsche ebenso nicht die kontrollierte Stadtgrenze Ost-Berlins übertreten durfte, die aber so dumm war, sich von meinem Vater genau dazu überreden zu lassen, und die, nachdem er sie wohl ein halbes Jahr lang immer wieder in seinem Kofferraum über die Grenze geschmuggelt hatte, eines für sie schlimmen Tages aus ebendiesem Kofferraum herausgeholt worden war und dann deswegen ein ganzes Jahr bei der Stasi in Untersuchungshaft gesessen hat. Auch sie eine V., eine Victoria V. aber, deren Namen hier nicht ausgeschrieben werde, da ihr dies sicher sehr unangenehm wäre. Und wahrscheinlich sogar mehr als nur das, als nur unangenehm, wo ich doch weiß, daß sie meinen Vater, mit dem sie dieses halbe Jahr lang eine Affaire hatte, eine Affaire, für die sie dann mit einem Jahr Knast zu bezahlen hatte, haßt, und sie hat ja auch Gründe dafür. Und einer dieser Gründe ist ein Buch, ein Buch, das mein Vater geschrieben hat, ein Buch, das im Piper-Verlag unter dem Titel *Fragen, Antworten, Fragen* erschienen ist, im Jahre 1970, und also nach der Knastzeit von Victoria V., und in diesem Buch, und das ist sein Aufhänger, erzählt mein Vater ausführlich von den Verhören durch die Staatssicherheit, zu denen er wegen Victoria V. als Zeuge geladen worden war. Ich habe dieses Buch nur einmal durchgesehen und es eigentlich nur darauf durchgesehen, ob mein Vater dort nur von seinen Zeugenvernehmungen im Falle der in Untersuchungshaft sitzenden Victoria V. durch die Stasi erzählt oder auch davon, warum und unter welchen Umständen sie verhaftet wurde – nach meiner Erinnerung hat er dies nicht getan, aber ich muß da direkt noch einmal nachsehen. Doch ich bin mir jetzt noch sicher, daß dem nicht so war, daß mein Vater die eigentliche Geschichte von Victoria V., die ja auch die seine ist, in seinem Buch ausgespart hat, ich bin mir dessen sicher, weil dieses Buch ja genau deshalb für uns, seine Familie, seine Freunde und Bekannten, für alle, die die wahre Geschichte kannten, ein Un-Buch war, ein Buch, über das nicht gesprochen wurde, ein Buch, das niemand wirklich gelesen hat, das alle, peinlich berührt, ignorierten, das in den Diskussionen ausgespart blieb – um so irritierender dann für mich, im Westen immer wieder Menschen zu begegnen, die dieses

Buch meines Vaters gelesen hatten, es sehr viel besser kannten als ich, für die dieses Buch dann auch noch, wie sie sagten, von Bedeutung gewesen wäre. Peinlich.

Peinlich, weil in diesem Buch der *Fragen, Antworten, Fragen* die Frage nach der Mitschuld meines Vaters an der Inhaftierung von Victoria V. weder aufgeworfen noch beantwortet, noch nicht einmal überhaupt angedeutet wurde. Peinlich zu lesen, weil in ihm nichts davon geschrieben stand, daß er mit ihr ein Verhältnis gehabt hatte, nichts auch davon, sie geliebt zu haben – er nennt sie, die ansonsten völlig blaß bleibt, lediglich eine entfernte Verwandte (was sie als Cousine ich-weiß-nicht-welchen entfernten Grades zweifellos auch war), und er nennt sie eine fortschrittlich gesinnte westdeutsche Studentin mit Interesse an den Verhältnissen in der sozialistischen DDR (woran ich dann wohl doch eher meine Zweifel anmelden würde). Peinlich aber die Erinnerung an dieses Buch meines Vater, an Victoria V. selber auch aus einem anderen Grund – es gibt ja etwas, das Kinder nie tun sollten: bei ihren Eltern in den Schränken und Schubläden nachstöbern, und ich war das ja auch nicht, der dies bei meinem Vater getan hat, es war meine Schwester, seine von ihm so sehr geliebte Tochter, und sie wollte das, was sie da in einem seiner Schränke entdeckt hatte, nicht für sich behalten, sie zeigte es mir eines Tages, als mein Vater weg war. Es waren dies Fotos, die sie mir zeigte, Fotos, die unser Vater aufgenommen hatte, Fotos, wie man wohl sagen könnte, pornografischen Inhalts, erotische Fotos, wie ich aber nun doch sagen würde.

Ich hatte noch nie so etwas gesehen, etwas so Erotisches, und ich habe dann in diesem puritanischen Staat DDR bis zu meinem Wechsel in den Westen auch niemals wieder etwas so Erotisches gesehen, sehen können – ich kannte damals natürlich dieses Wort nicht, hatte keinen Begriff von Erotik, habe ihn erst sehr viel später bekommen und für mich auch entwickelt, aber mich an diese Fotos erinnernd, weiß ich: das war Erotik. Und ich weiß auch: diese erotischen Fotos zu sehen, das war für mich ein tief einschneidendes, mich prägendes, ein Erweckungserlebnis. Und das macht es so schwer für mich, mich hier, trotz des Kofferraums, in den er Victoria V. hat steigen lassen und aus dem sie eines Tages von der Polizei dann herausgefischt wurde, von meinem Vater zu distanzieren, dem ich dieses Erlebnis zu verdanken habe – auch wenn er mich diese Fotos natürlich niemals hätte sehen lassen. Gemacht hat er sie, aufgenommen hat er diese Fotos, die mich so entscheidend prägen sollten.

Es war eine Serie von Fotos – ich hatte vorher so etwas überhaupt noch nicht gesehen, ich kannte nur Einzelfotos, der Effekt dieser Serie war deshalb der denkbar stärkste. Von Foto zu Foto fehlte da immer etwas, das in der Vorstellung zu ergänzen war – in einem doppelten Sinne zu ergänzen war: als Aufgabe für den Betrachter, aber auch so, daß es möglich war, die fehlenden Zwischenschritte in der Vorstellung zu ergänzen. Das war im höchsten Maße anregend, die Phantasie anregend, anregender wahrscheinlich, als es eine Filmaufnahme des gleichen Vorgangs gewesen wäre, und bei einer Filmaufnahme wäre dann immer auch noch der Ton mit dazugekommen oder er hätte gefehlt. Die Fotoserie lieferte eine Realität ohne Worte, ohne daß da gesprochen wurde, was man bei einem Stummfilm dann hätte wissen wollen oder bei einem mit Ton als wesentlichem Inhalt mit dazugehabt hätte. Bei der Fotoserie konnte man von der wahrscheinlich falschen oder zumindest unwahrscheinlichen Annahme ausgehen, es wäre bei dem, was sie zeigte, gar nicht gesprochen worden, hier hätten Menschen ganz und gar auf die Magie des Sichtbaren, des Gezeigten vertraut. Die Menschen quasseln zuviel, und sie reden meist auch dummes Zeug – für einen Menschen mit Sinn für Bilder jedenfalls, wodurch ja dann, da doch die Worte fehlen, die realistische Abbildung von Menschen, besonders noch einmal die durch Fotos, zu einer grundsätzlich völlig unrealistischen Sache wird. Diese Serie von Fotos zeigte Victoria V. im Garten unseres Grundstückes in Grünheide Alt-Buchhorst – noch ein Grund mit, daß dies so ein wichtiger, ein so erotisch aufgeladener Ort für mich ist. Daß sie dort nicht hingehörte, dort eigentlich nicht sein, nicht sich aufhalten durfte, das war klar, mir damals jedenfalls schon vollkommen klar, aber so klar dieser Gedanke war, so unwichtig war er auch, denn die Wirkung dieser Fotos, sie ging ja nicht davon aus, daß ich dort die mir bekannte Victoria V. zu sehen bekam, sondern sie in einer Weise zu sehen bekam, wie ich sie allerdings noch nie gesehen hatte: als eine junge Frau, die sich von Foto zu Foto immer mehr die Brust, ihre Brüste entblößte. Von der jungen Frau ging die Wirkung aus – wobei ich jetzt gar nicht weiß, wie alt genau Victoria V. gewesen sein mag, als mein Vater sie fotografierte, so fotografierte. Sie war kein Mädchen mehr, kein junges Ding, sondern eine Frau, und heute würde ich schätzen, eine Frau von über 25 Jahren – jung, aber eben nicht mehr ganz jung, eine Frau mit sexueller Erfahrung, und vielleicht rührt es von diesen Fotos her, daß ich Frauen genau dieses Alters für die sexuell reizvollsten halte. Nicht, daß im Vergleich dazu die Reize jüngerer und vergleichsweise älterer deshalb für mich verblassen, überhaupt nicht, aber es sind dies für mich spezielle Reize dann. Die Fotos zeigten eine junge Frau mit halblangen, glatten und in der Mitte gescheitelten Haaren, so kannte ich Victoria V., aber diese Serie offenbarte mir erst den Reiz dieser Art von Frisur, zeigte mir, wie mit dieser Frisur sexuell aufreizend zu spielen war, wie sie geschickt von einer der Wirkung einer solchen Frisur bewußten Frau eingesetzt werden konnte – jedenfalls vermittelten die Fotos den vielleicht falschen, ja wahrscheinlich sogar falschen Eindruck, daß dies, was die Fotos an Wirkungen dieser Frisur zeigten, im Wissen um die jeweilige Wirkung, auf den erotischen Effekt hin von dieser jungen Frau getan worden war: wie sie auf dem einen Foto den Kopf nach vorne beugte, wodurch ihr die Haare links und rechts ins Gesicht fielen, was ihr den Ausdruck von Schamhaftigkeit und Scheu gab, wie sie dann auf einem anderen schon die eine Seite ihres Scheitels aus dem Gesicht und hinter das Ohr gestrichen hatte, was den Eindruck machte, als würde sie sich lasziv dem Betrachter darbieten, wie sie dann auf den letzten Fotos mit freiem Gesicht den Betrachter direkt anblickte – auch das schon ein Akt der Entblößung, der Zurschaustellung von großer Magie, zu der dann noch ein Lächeln trat, das ohne die Scheu davor niemals diese Wirkung gehabt hätte. Auf mich. Auf mich jedenfalls, der ich bis zum heutigen Tage von Frauen mit dieser Art von Frisur fasziniert bin. Auf dem ersten Foto trug diese junge Frau ein Hemd, ein weites Männerhemd, das ich Victoria V. nie hatte tragen sehen, und mir war schon klar, was dies bedeutete, dieses Männerhemd, das sie trug und das offenbar ein Hemd meines Vaters war. Es bedeutete, daß sie vorher schon nackend gewesen war, es bedeutete, daß sie, bevor mein Vater diese Fotoserie von ihr machte, mit ihm im Bett gewesen sein mußte – die Fotos zeigten ein Danach oder ein Dazwischen, ein Danach, nach dem es noch etwas geben sollte, einen zweiten Akt, Geschlechtsakt, und deshalb auch war das da eine junge Frau mit Erfahrung auf diesen Fotos, diese Frau hatte schon erlebt, was sie noch einmal erleben wollte, und was sie in dieser Serie von Fotos tat, dieses Hemd meines Vaters Stück für Stück erst aufzuknöpfen, ihm dann erst die eine, die linke ihrer Brüste zu zeigen, dann beide, es war dazu da, es zu einer Wiederholung dessen kommen zu lassen, was sie schon erlebt hatte, es war dazu da, meinen Vater zu reizen, ihn wieder in Fahrt zu bringen, ihn sexuell noch einmal zu erregen, und genau dies machte es so erotisch, erotisch, weil mit Absicht getan. Und dann ihre Brüste, und ihre Brüste waren kleine Brüste, sehr wohlgeformte, aber nicht große Brüste, keine flachen Dinger, aber auch nicht das, was Sexbomben aufzuweisen haben oder sich mittlerweile auch mittels Silikon verschaffen – nicht, daß noch kleinere Brüste, nicht auch, daß sehr viel größere gänzlich bei mir ihre Wirkung verfehlen würden, aber es sind diese Brüste auf den Fotos der jungen Victoria V., die sich bei mir für immer als das Urbild von Brüsten eingebrannt haben, alles andere, das sind Abweichungen von dem, wie Brüste zu sein haben, und dies können sehr wohl interessante und auch reizvolle Abweichungen sein, aber eben doch Abweichungen. Ich würde sagen, daß ich hier schon einige der entscheidenden Momente dessen zusammenhabe, was Erotik ausmacht, und nicht nur meine: die Bildhaftigkeit, die eine des Geschehens selber ist, die aber auch eine des dazwischengeschalteten Mediums sein kann, das bewußte Agieren, das auf seine Wirkung hin berechnete Agieren, die gezielte, die bewußt erlebte Entblößung und die Fixierung auf einen bestimmten Fetisch hin – hier die auf eine bestimmte Form und Größe von Brüsten. Und Erotik meint auch nicht das Eigentliche, nicht den Geschlechtsakt selber, sondern das Drumherum.

Victoria heißt Sieg, in diesem Moment bedeutet es das, den Erfolg, als Frau, als erotisches Wesen, ein paar Monate später bedeutet dieser Sieg, dieser erotische Erfolg nur noch, mächtig dumm gewesen, von diesem Mann, der es doch besser und um die Gefahr hätte wissen müssen, in die er sie gebracht hat, ausgenutzt worden zu sein – bitter, und ich kann in etwa die Gefühle erahnen, mit denen Victoria V. von sich in diesem Buch meines Vaters gelesen haben wird. Nein, das wird nicht schön gewesen sein.

Noch ein Kofferraum

Daß WB im Westen bleiben wollte, und seine Ausbürgerung also – ja, was war? Ein Geschenk der Partei, der Staatsführung der DDR an ihren ungetreuen Sohn? Ein abgekartetes Spiel, eine Farce? Darüber mögen die Meinungen auseinandergehen, aber daß sich hier jemand als bloßes Opfer staatlicher Willkür darstellt, das konnten die Menschen, die WB nahe waren, ihn näher kannten, nie mitmachen. Natürlich wäre es gut, WB würde den kommenden 30jährigen Jahrestag seiner Ausbürgerung nutzen, etwas mehr von den Hintergründen zu offenbaren, aber natürlich wird WB dies niemals tun, seine ganze Stellung im Westen und im nun wiedervereinigten Deutschland rührt ja von dieser Ausbürgerung her. Also gibt es Geschichten, Leute, die Geschichten zu erzählen haben – auch wenn sie die natürlich nicht öffentlich erzählen würden, denn keiner will sich mit WB anlegen, alle wissen doch, wie sehr man von ihm mit Dreck beworfen, von ihm auf das gröbste diffamiert werden kann. Mir aber ist das egal, ich liebe doch meinen WB und verzeihe ihm alles schon einmal vorher und prophylaktisch.

Da gibt es zum Beispiel die Geschichte, die Bernd Rump zu erzählen hat, zu DDR-Zeiten selber ein Liedermacher und wie alle Liedermacher von WB beeinflußt, ihn auch dann vergötternd, wenn sie politisch nicht mit ihm einverstanden waren und sich wie Bernd Rump, wenn auch natürlich kritisch, auf Parteilinie bewegten. Bernd Rump kannte Sonia, er kannte sie vom Studium her, er glaubte sich mit ihr befreundet, und er kannte auch ihren chilenischen Mann, der in der kleinen und solidarischen DDR nach dem Putsch gegen Allende im Exil lebte. Und natürlich war Bernd Rump, wie jeder vernünftige und der Sache des Sozialismus auf deutschem Boden ergebene Sozialist, entsetzt über die Ausbürgerung von WB, die für ihn zumindest eine Dummheit war, und natürlich sprach Bernd Rump dann auch mit Sonia und ihrem chilenischen Mann darüber, in der Gewißheit, von Sonia mehr von den Hintergründen dieser Entscheidung des Politbüros seiner Partei, WB aus der DDR auszubürgern, zu erfahren, von Sonia, die darüber doch als Tochter von Margot und Erich Honecker sicher etwas zu erzählen haben würde. Und Sonia erzählte ihm, erzählte dem erstaunten Bernd Rump, daß ihre Mutter, Margot Honecker, am Tag vor seiner Abreise in den Westen bei WB gewesen wäre, um ihn davor zu warnen, die DDR zu verlassen, weil es schon beschlossene Sache sei, ihn dann, wenn er erst mal im Westen sei, auszubürgern. WB sei aber trotz dieser Warnung gefahren, er habe also gewußt, welche Folgen dies für ihn haben würde. So Sonia. Zu Bernd Rump. So jedenfalls erzählte es mir Bernd Rump bei dem ersten intensiven Gespräch, das ich mit ihm hatte. Damals an dem Abend in Grimma, am Tag bevor mich der sächsische Landesverband der PDS zu seinem Kandidaten für die Bundestagswahl kürte. Aber wer ist Bernd Rump? Ein Parteimann. Strategischer Berater des Fraktionsvorsitzenden der PDS im sächsischen Landtag Peter Porsch, und wir wissen doch, wessen dieser Peter Porsch später verdächtigt wurde: ein Stasispitzel gewesen zu sein, und also glaube man dieser Geschichte, die Bernd Rump zu erzählen hat, oder man glaube ihr nicht und halte auch ihn für verdächtig.

Aber es gibt noch jemand anderes, der eine Geschichte von der Ausbürgerung WBs zu erzählen hat, und die Geschichte, die er zu erzählen hat, sie ist dann auch eine andere. Dieter Dehm beruft sich in seiner Geschichte nicht auf jemanden wie Sonia, er will dies direkt von WB gehört haben. Er habe doch, so Dieter Dehm, als Manager von WB für ihn die ersten großen Tourneen durch Westdeutschland nach seiner Ausbürgerung organisiert (und dies müßte sich überprüfen lassen), er sei mit WB durch die Lande gefahren, in einem Kleinbus, denn so viel Equipment brauchte der Sänger WB doch nicht, sie seien sich also in dieser Zeit ganz nahe und vertraut gewesen, hätten diese Tage und Wochen miteinander verbracht. Und auf dieser Tournee, so Dieter Dehm, seien sie auch nach Köln gekommen, und in Köln aber hätten sie ausnahmsweise nicht in einem Hotel übernachtet, sondern bei Jakob Moneta, dem IG-Metall-Funktionär, der entscheidend an der Entscheidung seiner Gewerkschaft beteiligt gewesen war, für WB diese erste Tournee im Westen zu organisieren, während deren dann seine Ausbürgerung erfolgte. Und dort im Garten des Hauses von Jakob Moneta am Abend vor dem Konzert sitzend, hätten sie zusammen ein Glas Rotwein getrunken – was Dieter Dehm erstaunte, der doch wußte, daß WB nicht trinkt, weil er keinen Alkohol verträgt. Und mit diesem Glas Rotwein intus, so Dieter Dehm, habe WB dann angefangen, von seiner Ausbürgerung zu erzählen und was dieser vorausging: Margot Honecker habe ihn am Abend vor seiner Abreise in den Westen besucht, und sie habe ihn davon in Kenntnis gesetzt, daß seine Ausbürgerung schon eine beschlossene Sache sei. Sie habe ihm dann gesagt, daß es sicher besser für ihn sei, im Westen für den Sozialismus weiterzukämpfen, da es auch nach dem Machtwechsel zu ihrem Mann Erich Honecker für ihn in der kleingeistigen DDR keine Chance gebe, jemals wieder aufzutreten. Schon dies zu hören erstaunte nicht nur Dieter Dehm sehr, wie er sagt, es erstaunte auch Jakob Moneta, der bis dahin wie doch alle Welt in WB ein bloßes Opfer staatlicher Willkür gesehen hatte, der noch nicht mal geglaubt hatte, WB hätte mit seiner Ausbürgerung rechnen können oder gar diese für möglich gehalten. Doch damit nicht genug, so Dieter Dehm, WB habe sich dann zum Entsetzen Dehms, der das unappetitlich fand, und auch zu Monetas Entsetzen damit gebrüstet, in dieser Nacht vor seiner Abreise in den Westen mit Margot Honecker im Bett gewesen zu sein, mit ihr geschlafen zu haben. So Dieter Dehm in dem ersten ausführlichen Gespräch, das ich mit ihm in der Parteizentrale der PDS, deren stellvertretender Parteivorsitzender er in der Zeit meiner Bundestagskandidatur war, im Karl-Liebknecht-Haus hatte, wir beide eine seiner dicken und teuren kubanischen Zigarren paffend – aber wer ist Dieter Dehm? Wie vertrauenswürdig ist Dieter Dehm? Hat Dieter Dehm nicht eine Rechnung mit WB offen? Könnte man annehmen, aber er hat diese Geschichte eben niemals öffentlich erzählt, und wenn ich ihn nur ein bißchen kenne, dann gehört Dieter Dehm zu den vielen Leuten, zu denen auch ich gehöre, zu denen, die WB lieben, WB so sehr lieben, daß sie ihm nichts übelnehmen können, ihm alles durchgehen lassen. Dieter Dehm ist Millionär. Behauptet er jedenfalls. Dieter Dehm war, und ist das immer noch ein bißchen, ein Liedermacher wie WB, Dieter Dehm hat mit ein paar Hits, die er geschrieben hat, viel Geld verdient, und er hat sich dann auch noch auf das gewinnbringende Geschäft verlegt, andere Künstler zu managen. Auch WB. Und Dieter Dehm war in der SPD, war für die SPD im Bundestag. Er ist es nun wieder, nun aber für die Linkspartei, und auch er hat seine Stasigeschichte gehabt, ist der Tätigkeit für die Staatssicherheit verdächtigt worden, dies aber für eine Zeit, in der er nicht mehr der Konzertmanager von WB war, und er weiß Material vorzuzeigen, das ihn von dem Stasivorwurf reinwäscht, das die Medienkampagne gegen ihn als üblen Mißbrauch von Medienmacht ausweist. Aber Dieter Dehm ist Dieter Dehm, und Dieter Dehm ist ein Aufschneider, ein Angeber, ein Gockel und Intrigant – was aber nicht daran hindert, daß man ihn mögen, ihn durchaus amüsant finden kann.

Am Abend vor seiner Ausreise besuchte ihn Margot Honecker ein letztes Mal, um alles mit ihm zu besprechen. Peinlich war es nur, daß Erich Honecker, ohne jemanden zu informieren, von Wandlitz aus die Ausweisung angeordnet und dafür den durch die Nazis besetzten Begriff »Ausbürgerung« gewählt hatte. Aber auch das war wahrscheinlich Absicht. Er selbst, sagte er mir, sei nicht auf den Begriff gekommen, »die Margot« hätte ihn vorgeschlagen.

So zu lesen in dem Buch *Nach dem Sturz – Gespräche mit Erich Honecker, aufgezeichnet von Reinhold Andert*, 2001 im Leipziger Verlag Faber & Faber erschienen, und Biermann hat es hingenommen, hat es durchgehen lassen, ist dagegen nicht gerichtlich vorgegangen. Guter Rat also an WB, und guter Rat ist in diesem Falle nicht teuer, alles andere könnte es werden: der Rat, sich beraten zu lassen, von klugen Leuten beraten zu lassen, von Leuten dieses Kalibers, die ihm in einem anderen Falle schon mal erfolgreich von einem Gerichtsverfahren abgeraten haben, in dem der obigen Behauptung, die ja schon ein Hammer ist, ein Schlag ins Gesicht der Legende Biermann. Aber sollte da was dran sein, und diese Frage haben ihm diese klugen Berater ja wohl gestellt, irgendwas dran sein, dann lasse er es besser, hier beleidigt zu sein, dann übergehe er es. Und WB hat sich dran gehalten. Doch ich bin natürlich nicht Andert und habe mit Erich Honecker nicht gesprochen. Ich zitiere es bloß, das von WB Hingenommene, nicht mit einem Beleidigungsprozeß Überzogene. Aber wer ist Andert? Noch so ein Liedermacher. Der Dritte nach Bernd Rump und Dieter Dehm. Da wird doch nicht Neid eine Rolle spielen? Diese musikalischen Poeten werden es doch mit der Wahrheit nicht so genau nehmen – was dann nur für den musikalischen Poeten WB genauso gelte. So ein Angepaßter war das doch, dieser Andert, der hat doch bei den Weltfestspielen der Jugend und Studenten für Honecker gesungen. Ein hauptamtlicher FDJ-Funktionär – wenn's nur so einfach wäre. Andert haben sie immerhin 1980 aus seiner SED geschmissen. Wie dereinst WB. Aber eben ein paar Jährchen später, und WB kann nur eine Entwicklung gelten lassen, die genau zeit- und erkenntnisgleich mit der seinigen verläuft. Wer früher als er auf den Trichter kommt, daß das mit dem ganzen Sozialismus Kokolores ist, wird von ihm als Verräter am Sozialismus beschimpft, wer dabei zu spät kommt, den bestraft das Leben, in Gestalt von WB, der überall mit feiner Spürnase die Ewiggestrigen aufspürt und die, die nicht exakt auf Linie sind, seiner Linie, seinem Schlußstrich unter die eigene Vergangenheit. Typisch Stalinist halt. Immer noch. Doch den Andert, den kann WB vielleicht noch abtun, als kleinen Pisser, der nicht zählt, und es gilt doch noch andere Arschlöcher zu bekämpfen. Und nun ist die Berliner Stadtregierung eine Verbrecherbande – nein? Das hat er so nicht gesagt? Aber nehmen wir's doch mit den Worten nicht so genau, machen wir's wie WB. Der immer tapfer seinen Mann stand und steht im ewigen Freiheitskampf der Menschheit. Kämpfen wir mit ihm für die Freiheit der freien Meinungsäußerung. Das wäre doch rufschädigend, sich als Beleidiger aller anderen so leicht selber beleidigt zu zeigen. Aber ich bin nicht Andert, den WB vielleicht vergessen kann, ich bin Havemann, und bei Florian Havemann liegen die Dinge für WB sicher noch einmal ganz anders. Aber die Dinge liegen hier mit Havemann auch sehr viel komplizierter, und ein Verfassungsrichter wird sich zu wehren wissen. Besser so tun, als gäbe es nichts. Nicht mehr. Für einen Bundesverdienstkreuzträger am Bande. Einen Ehrenbürger Berlins – waren ja auch schon andere wichtige Leute vor ihm. Ich erinnere mich an Adolf Hitler. Aber das nur nebenbei. Und gesagt haben will ich damit gar nichts weiter. Außer, daß dem Ehre gebühre, dem Ehre gebührt. Mir doch nicht. Nein, das ist kein unstatthafter Nazi-Vergleich, keine Gleichsetzung von Biermann und Hitler in bezug auf ihre staatsbürgerliche Gesinnung – Hitler wollte Berlin zerstören, mit Hilfe seines Architekten Speer, Biermann hat Berlin besungen, ich sehe den Unterschied und bitte Sie: wie kann man nur darauf kommen, daß ich dies so ehrenrührig gemeint haben könnte? Wollen Sie nicht verstehen, was mich hier wundert, mich auch zum Hohn als Mittel der Polemik greifen läßt? Was ich nicht verstehe, das ist, wie man noch, nachdem ein Hitler Ehrenbürger dieser Stadt Berlin gewesen ist, eine Ehre darin sehen kann, von dieser Stadt zum Ehrenbürger ernannt zu werden – aber ich gebe zu, das dies Nichtverstehen nicht eines ist, das sich um Verständnis bemüht.

Eine Fortsetzungsgeschichte

Also muß ich meine eigene Geschichte auch noch erzählen, aber bevor ich sie erzähle, erzähle ich noch die Geschichte von Manfred Split – Manfred Split war ein dänischer Journalist, ein ganz früher Fan von WB, links, aber sozialdemokratisch, und Manfred Split hatte schon ein paar Artikel über den von ihm bewunderten und zu dieser Zeit zumindest in seinem Dänemark noch nahezu unbekannten WB geschrieben, bevor er ihn dann zum ersten Mal in Ost-Berlin, in seiner Wohnung in der Chausseestraße 131 besuchte. Das genaue Datum ließe sich feststellen, denn es war genau dies der historisch wichtige Tag, wo Willy Brandt, der erste sozialdemokratische Kanzler der Bundesrepublik Deutschland, in Erfurt war, um sich dort mit dem Ministerpräsidenten der Deutschen Demokratischen Republik Willi Stoph zu treffen, den wir immer nur *Willi is doof* nannten. Dieser Besuch von Willy Brandt bildete mehr als nur den Hintergrund des ersten Gespräches zwischen Manfred Split und WB, er war das Hauptthema, und was Manfred Split, den Sozialdemokraten, der gekommen war, um WB zu bewundern, entsetzte, das war, wie WB über Willy Brandt herzog und die blöden DDR-Bürger beschimpfte, die Willy Brandt mit ihren begeisterten *Willy-Willy*-Rufen an das Fenster des Hotels gerufen hatten, in dem er mit seinem Konterpart Willi Stoph über die gesamtdeutsche Sache verhandelte. Wenn es nach WB gegangen wäre, so Manfred Split, so von Manfred Split kolportiert, den dies als guten Sozialdemokraten natürlich zutiefst entsetzte und verstörte, seinem Idol WB auch entfremdete, dann hätten sie etwas anderes rufen sollen, nämlich: *Brandt an die Wand!* So habe ihm dies WB gesagt, geifernd, wutschnaubend. Aber auch Manfred Split gehörte zu den Leuten, die WB nichts auf Dauer übelnehmen konnten, und es freute ihn dann natürlich um so mehr, als er WB nach seiner Ausbürgerung und während seiner ersten Tournee durch mehrere Städte Westeuropas bei einer Pressekonferenz in Kopenhagen auf die Frage nach seinem Verhältnis zur Sozialdemokratie antworten hörte, auch die deutsche SPD sei natürlich links und es gebe in ihr viele gute Sozialisten, mit denen von einer linkeren Position aus zusammenzuarbeiten wäre. Und das sagte Manfred Split dann zu WB, als sie am Abend nach dieser Pressekonferenz in seinem Hause zusammensaßen, wie sehr er sich darüber gefreut habe, daß WB in diesem Punkte seine Meinung geändert hätte. Das aber meinte WB gar nicht, der sofort behauptete, dies sei immer schon seine Meinung gewesen, wie Manfred Split überhaupt darauf käme, er könne, was die Sozialdemokratie betrifft, jemals anderer Meinung gewesen sein. Manfred Split also versuchte WB an seinen ersten Besuch bei ihm zu erinnern und wie er sich damals über die DDR-Bürger mit ihren *Willy-Willy*-Rufen aufgeregt habe, die, wenn es nach ihm, WB, gegangen wäre, hätten rufen sollen: *Brandt an die Wand!*, und wie sehr ihn dies damals doch entsetzt hätte. Aber WB leugnete dies glattweg ab, er behauptete, so etwas niemals gesagt zu haben, er steigerte sich da hinein, er könne so etwas gar nicht gesagt haben, dies sei überhaupt nicht seine Sprache, solche Formulierungen nähme er niemals in den Mund, und außerdem habe doch schon sein Vater, der Hamburger Kommunist, vor 33 diese Schwierigkeiten mit seiner Partei, der KPD, gehabt, da er gegen die Verächtlichmachung der SPD als *Sozialfaschisten* und für eine Volksfront unter Einbeziehung ebendieser SPD zur Abwehr des Faschismus gewesen sei. Da wußte dann Manfred Split, der eben noch so froh darüber gewesen war, von seinem verehrten und geliebten WB eine andere Meinung zur Sozialdemokratie gehört zu haben, nicht, was tun, er geriet in völlige Verzweiflung, hin- und hergerissen zwischen der Loyalität zu seinem bewunderten Freund und zu der zur Sozialdemokratie, und er sah sich in seiner Ehre als Journalist angegriffen, so sicher wie er sich seiner Sache war, genau dieses *Brandt an die Wand!* damals von WB gehört zu haben. Er stand mitten im Gespräch auf, ohne WB in seinem Redefluß zu unterbrechen, der sich den anderen Anwesenden gegenüber, darunter meine Schwester, weiterhin über diese ungeheuerliche Unterstellung echauffierte. Manfred Split verschwand in seinem Archiv, und nach einer halben Stunde intensiven und sicher auch verzweifelten Suchens kam er mit einem Kassettenrecorder zurück, und in diesem Kassettenrecorder hatte er schon eine Kassette zu stecken, und diese ließ er dann ablaufen, und auf der Kassette war zu hören, wie sich WB über die DDR-Bürger und ihre *Willy-Willy*-Rufe empörte und in seiner maßlosen Erregung sagte, sie hätten besser *Brandt an die Wand!* gerufen. Und wie reagierte WB, als er diese Tonbandaufnahme und sich dort *Brandt an die Wand!* sagen hörte?

Preisfrage, und aus der Antwort, die hier jeder für sich gebe, läßt sich schließen, wie gut man denn WB kenne – wie das mein Freund Thomas Brasch immer gesagt hat: wenn man die Welt nicht ändern kann, ändere man das Thema, und WB wechselte abrupt das Thema, er sprach von Gitarrensaiten und kam auch niemals wieder auf die Kassette, auf *Brandt an die Wand!* zurück. Hat mir Manfred Split erzählt, und es fiel ihm nicht leicht, mir dies zu erzählen, und er hätte es mir wohl von sich aus niemals erzählt, aber ich kannte die Geschichte schon, ich kannte sie von meiner Schwester, die entgeistert dabeigesessen hatte. Ich wollte sie von Manfred Split bestätigt bekommen, der sich natürlich mit mir und meiner Schwester, mit der zusammen ich nach Kopenhagen gefahren war, über WB austauschen wollte, und also erzählte er sie mir, diese Geschichte, für die nur ich mich hier verbürge, denn Manfred Split ist tot, und er hat sie nie öffentlich erzählt, diese Geschichte, und meiner Schwester, die immerhin zwei Kinder mit WB hat, würde ich dies nie antun wollen, diese Geschichte bestätigen zu müssen – aber wer bin ich denn, eine solche Geschichte zu erzählen? Wie vertrauenswürdig bin ich, was WB betrifft?

Ich hatte ihn mehrere Jahre nicht gesehen, traf ihn dann aber bei einem Konzert von Nina Hagen in Hamburg, im Foyer der Musikhalle, wohin ich vom Backstage-Bereich gegangen war, um mir die Leute anzusehen, die zu einem Konzert meiner Freundin Nina kommen. Ich stand, etwas erhöht, auf einem Treppenabsatz, und da kam er mir dann entgegen, der kleine WB. Wir begrüßten uns, und wenn ich mich recht entsinne, beugte ich mich zu ihm hinunter, um ihn zu umarmen. Und WB fing dann sofort davon an, wie schlecht es ihm ginge, wie verzweifelt er sei, seine Frau Tine wolle sich von ihm scheiden lassen, ja, habe sich schon von ihm getrennt, sei mit ihren gemeinsamen Kindern aus- und mit einem anderen Mann zusammengezogen. Er litt, das war offensichtlich, aber WB wäre nicht WB, wenn er dieses Leiden nicht auch noch beredt ausgestellt hätte, und also sagte ich ihm, etwas süffisant sicher, also ginge es ihm doch gut, denn schließlich wäre er mit seinem Leiden doch in seinem Element – natürlich war das gemein, aber WB lächelte, verdrehte die Augen und gab mir damit in gewissem Sinne recht. Nach dem Konzert sah ich ihn auf der Bühne wieder, die ganze Kamarilla war versammelt, die Mutter von Nina war da, Eva-Maria Hagen, die frühere Frau von WB, und aber auch Tine, die Frau, die sich nun von ihm scheiden lassen wollte, die ihn schon verlassen hatte. Und das war amüsant, wirklich ein Genuß, wie sie das machte, mit welcher freundlich-nachsichtigen Ironie sie ihm begegnete, die natürlich wegen ihrer Nachsicht und Freundlichkeit noch einmal mehr tödlich wirkte. Diese Tine Bark, verheiratete Biermann, die ich bis dahin eher für ein gutaussehendes Dummchen gehalten hatte, stieg von Minute zu Minute in meiner Achtung, und dabei ist es bis zum heutigen Tage geblieben. WB konnte es nicht fassen: diese Frau hatte ihn verlassen, nicht er sie, sondern sie ihn – wobei das ja wohl so doch nicht ganz stimmt, denn WB verläßt doch eine Frau nicht, macht doch nicht mit einer Frau Schluß, nein, er legt sich eine neue zu, und die alte kann sehen, wie sie damit klarkommt. Diese Tine aber hatte ihn nicht nur verlassen, sie hatte auch schon einen anderen Mann, sie entzog sich ihm total, und insoweit war das doch falsch, was ich WB im ersten Moment unserer Begegnung im Eingang der Musikhalle gesagt hatte, von wegen, da wäre er doch in seinem Element, wo ihn seine Frau nun verlassen habe – er war es überhaupt nicht, so etwas Ungeheuerliches hatte er noch nie erlebt. Nur den Schmerzensmann zu mimen, den Leidenden, darin war er geübt, und einem Dichter steht diese Pose wohl an, die uns doch immerhin schon ein paar bewegende Poeme geschenkt hat. Aber bei WB kam nichts, kein Abgesang auf Tine B. – nun gut, ich bin schon lange nicht mehr, was seine dichterische Produktion betrifft, auf dem laufenden. Interessiert mich nicht mehr. Doch das muß jetzt nicht unbedingt mit WB im besonderen etwas zu tun haben, ich bin ein Ignorant, seit ich selber schreibe.

Jedenfalls sagte ich ihm, als wir uns dann voneinander verabschiedeten, daß ich noch ein paar Tage in Hamburg wäre und ihn gern besuchen würde, ich fragte ihn aber nicht, ob er mich überhaupt empfangen wolle, ich vereinbarte mit ihm auch keinen Termin, ich kündigte ihm meinen Besuch nur an. Aber natürlich hätte er das ablehnen können, daß ich zu ihm komme, er hätte mich am Nachmittag des folgenden Tages, als ich bei ihm in seiner Villa im Hohenzollernring vor der Haustür stand, auch abweisen können, und sei es mit einer faulen Ausrede, doch er ließ mich rein und führte mich in die Küche. Und ich glaube sogar, er war so höflich, mir einen Tee anzubieten – was unbedingt zu seinen Gunsten vermerkt werden sollte, denn Höflichkeit gehört ja gerade nicht zu WBs Stärken. Natürlich fragte er mich nicht, wie es mir ginge, was ich denn so machen würde, das ist von WB auch nicht zu erwarten, er wollte noch nicht einmal von mir wissen, was mich zu ihm führte nach all diesen Jahren, in denen wir uns nicht gesehen hatten. Wie immer bei WB war er es, der das Thema vorgab unseres Gespräches, und es war dies nicht noch einmal, wie ich erwartet hatte, seine ungetreue Ehefrau, die ihn verlassen hatte, sondern ein Brief, den er vor ein paar Tagen von meiner Schwester bekommen hatte – er bot mir dies mehrmals während unseres mehrere Stunden dauernden Gesprächs an, mir diesen Brief meiner Schwester zu zeigen, ich aber lehnte dies ab. Die kleinste abwehrende Geste, daß dies nicht nötig sei, genügte, und so bin ich nun völlig darauf angewiesen, das so anzunehmen, was WB mir von diesem Brief erzählt hat, und man erinnere sich an Manfred Split, bedenke, daß WB nur ein etwas laxes Verhältnis zur Wahrheit hat, und lasse da also Vorsicht walten – aber halt, auch ich habe hier Vorsicht walten zu lassen, auf diesem verminten Gelände, damit mir da nicht eine Granate an einer unbedachten und gar nicht mal so wichtigen Stelle hochgehe, die mir meinen ganzen schönen Havemann in den Reißwolf der Geschichte befördert. Natürlich ist das, was es hier zu lesen gibt, von erfahrenen Anwälten geprüft, aber auch die gewieftesten Anwälte wissen nicht um alle Fallstricke, die im Falle Havemann & Konsorten lauern – also heißt es hier vorsichtig sein, und eine Person der Havemann-Geschichte wegzulassen, die in diesem Brief meiner Schwester eine gewisse Rolle spielte, nach all dem jedenfalls, was mir der Adressat WB davon erzählt hat. Zu diesem … habe mein Vater gesagt, und … habe es dann meiner Schwester berichtet, was Robert Havemann über WB gesagt habe, den Zusammenhang lasse ich außen vor: vor WB brauche doch niemand Angst haben, er kenne doch seinen Freund ganz genau, WB wäre nichts weiter als ein Feigling – immerhin: halten wir dies WB zugute, daß er mit seinem etwas laxen Verhältnis zur Wahrheit mir gegenüber dies so deutlich wiederholte. Zur Begründung dafür, und ich folge hier nur WB, der es mir berichtet hat, um dies zu illustrieren, daß sein Freund WB ein Feigling sei, habe Robert Havemann dann … eine völlig irre, eigentlich sofort doch ganz und gar unglaubwürdige, so WB, Geschichte erzählt, und diese Geschichte, WB wiederholte sie für mich, sie ging so: sie hätten dies natürlich beide für möglich gehalten, Robert Havemann und sein guter Freund WB, daß die DDR-Behörden ihn, WB, nicht wieder in die DDR zurücklassen würden, wenn er erst mal im Westen wäre, ein Vorwand ließe sich da schon finden, irgendeine Äußerung von WB während seiner Tournee, die dazu den Anlaß bieten würde – daß sie dies so gesehen hatten, mit dieser Möglichkeit gerechnet hatten, das nun bezeichnete WB mir gegenüber nicht als grobe Verfälschung der Wirklichkeit, erst das, was danach gefolgt sein sollte, das, was ihre gemeinsame Schlußfolgerung aus dieser Eventualität und Wahrscheinlichkeit betraf: so habe mein Vater, so WB, so soll es in dem Brief meiner Schwester gestanden haben, behauptet, sie hätten da beide eine Verabredung getroffen, eine Verabredung dahingehend, daß WB, sollte er nicht wieder in die DDR zurückgelassen werden, in den Kofferraum (mein Vater bekanntlich liebte Kofferräume) eines Diplomatenautos steigen würde, um auf diese Weise wieder zurück in die DDR zu gelangen, und zwar (wohin sonst?) nach Grünheide Alt-Buchhorst gebracht zu werden. Von einem westlichen Diplomaten, in einem an der Grenze nicht kontrollierten Diplomatenauto, im Kofferraum eines solchen Wagens mit dem CD des Corps Diplomatique am Nummernschild – eine Wahnidee natürlich, die nicht weniger wahnhaft durch die Versicherung meines Vaters gegenüber … wird, es hätte diesen Diplomaten gegeben, der dazu bereit war. Aber wer weiß, ob das so stimmt, ich kolportiere dies nur, gebe hier nur wieder, was in diesem Brief meiner Schwester an WB gestanden haben soll, so wie er es mir erzählt hat, und wir wissen ja, wie genau WB es mit der Wahrheit nimmt. So genau, daß er das alles hier glattweg abstreiten würde, wenn es ihm nicht in seinen grad aktuellen Kram paßt.

In unserm Gespräch damals bei ihm in der Küche, der Küche seiner Hamburger Villa, stritt er ab, daß es eine solche Vereinbarung zwischen ihm und seinem Freund Robert Havemann jemals gegeben habe, und führte alles an, was es da nur zu sagen gab, um mir die völlige Absurdität einer solchen Idee deutlich zu machen, die mir natürlich selber vollkommen absurd vorkam – nur war für WB die Sache damit, weil so absurd, erledigt, und es konnte sie für ihn also, weil so absurd, niemals gegeben haben, weder als eine zwischen ihm und Robert Havemann jemals besprochene Idee noch etwa als eine Vereinbarung oder gar Verabredung zwischen ihnen beiden, so zu verfahren, sollte der Fall eintreten, daß er nach seiner Tournee von den DDR-Behörden nicht wieder ins Land gelassen würde. Für mich aber war sie das nicht, weil so absurd schon deshalb abgetan, und für mich war sie es deshalb nicht, weil ich ja die beiden Beteiligten kannte, meinen Vater und WB, und weil mein Vater doch solche Räuber-und-Gendarm-Spiele liebte. Und auch Kofferräume, in denen jemand versteckt werden kann, den man über eine Grenze bringen will. Und mal abgesehen davon, daß mein Vater vielleicht ein bißchen zu alt für solche Scherze war und nicht mehr gelenkig genug, um sich in einen Kofferraum zu legen, ihm war nicht nur eine solche Idee zuzutrauen, ihm wäre auch zuzutrauen gewesen, es auf eine solche hochdramatische Situation ankommen zu lassen. Sich dann noch einmal aus der DDR mit einem Rieseneklat rauswerfen zu lassen, das hätte ihm, dem Provokateur, doch Spaß machen können. Und WB? WB natürlich nicht, WB war doch viel zu ängstlich für so etwas, WB hatte sich am 21. August 1968 den Bart abrasiert und sich zu verstecken gesucht, um sich einer eventuell drohenden Verhaftung zu entziehen. Gesetzt den für mich doch nicht auszuschließenden Fall, mein Vater hätte eine solche natürlich vollkommen absurde Idee gehabt, und gesetzt auch den Fall, er hätte sie auch mit seinem Freund WB besprochen, diese absurde Idee, hätte sie mit ihm in einer Weise besprochen, daß dies für ihn als eine Vereinbarung darauf gelten konnte – was dann? Dann heißt dies noch lange nicht, daß für WB das nicht dabei sofort völlig klar war, daß es sich dabei um eine völlig abstruse, niemals zu realisierende Idee seines Freundes Robert Havemann handelt. Was dann hieße, daß er dieser abstrusen Idee nur nicht widersprochen hätte, sie als nicht realisierbar abgelehnt hat – wäre dies vorstellbar? Aber ja. Wenn ja: warum? Ganz einfach, weil WB doch in den Westen wollte. Und weil WB doch wußte, daß er nur mit dem Segen, der Zustimmung seines Freundes Robert Havemann in den Westen konnte, jedenfalls nur dann nicht befürchten mußte, von ihm als Verräter am Sozialismus beschimpft zu werden. Als feiger Abhauer. WB war doch dabeigewesen, wie ich von meinem Vater nach meiner Flucht in den Westen als Verräter am Sozialismus beschimpft worden war. WB war mehr als nur dabeigewesen, er hatte ein Lied darüber geschrieben, *Enfant perdu*, und wenn er etwas verhindern mußte, dann in die gleiche Situation zu kommen wie ich ein paar wenige Jahre vorher. Und er wäre dann noch in der Gefahr gewesen, sich dieses Lied von meinem Vater vorhalten lassen zu müssen.

WB wird meinem Vater und seiner abstrusen Idee also sehr wohl zugestimmt haben können, sie dabei für sich als abstrus einschätzend und vollkommen unrealisierbar. Nur keinen Streit mit Robert Havemann in dieser Situation. Nur ihm gegenüber nicht deutlich zugeben, bekennen müssen, nun selber in den Westen zu wollen. Aber natürlich wußte es mein Vater, daß sein letzter Freund WB in den Westen wollte, und er spürte es auch, daß er ihn davon nicht würde abhalten können. Also mußte dies in einer Weise geschehen, bei der sich für beide Seiten das Gesicht wahren ließ. Auf daß WB in den Westen kann, er aber, Robert Havemann, ihn dabei dann nicht als Verräter am Sozialismus beschimpfen muß. Zwei Leute, die sich gegenseitig etwas vormachen und in die Tasche lügen. Und mein Vater: wollte auch er in den Westen? In einer großangelegten politischen Propagandaaktion vielleicht – man bedenke, daß er nicht zu einer Tournee in den Westen eingeladen werden konnte und daß man ihn, um im Westen politische Vorträge halten zu können, in den Westen lasse, das war nun wirklich vollkommen ausgeschlossen.

Doch das sind natürlich alles Spekulationen – auch wenn sie mir durchaus plausibel vorkommen wollen und so auch von ein paar anderen Leuten, die beide kannten, meinen Vater und WB, in der gleichen Weise angestellt wurden, für sie zumindest nachvollziehbar waren. Aber, und ich muß das hier bis zum Ende erzählen, dieser Nachmittag bei WB, er war ja noch nicht zu Ende, er hatte mir doch noch mehr von diesem Brief meiner Schwester zu erzählen, von dem Grund nämlich, warum sie ihm dies alles geschrieben habe, diese Sache mit dem von unserem Vater als Feigling bezeichneten WB und der Räuberpistole eines WB, der, wenn er nicht in die DDR zurückgelassen wird, in den Kofferraum eines Diplomatenautos dann nicht eingestiegen ist – vorausgesetzt, das stimmt alles wenigstens so in etwa, wie WB es mir erzählt hat. Vorausgesetzt auch, das stimmte wenigstens ein bißchen, was er mir dann von den Gründen meiner Schwester erzählt hat, ihm diesen Brief zu schreiben: sie wisse nun erst, warum er sich ihr gegenüber, die er nach seiner Ausbürgerung erst so dringend bei sich im Westen hatte haben wollen, dann, als sie bei ihm war, mit ihm zusammen war, so distanziert verhalten habe, so abweisend und unsicher – warum? Weil er in ihr nicht die Frau, sondern die Tochter seines besten, von ihm aber gerade betrogenen und enttäuschten Freundes gesehen habe. Das sei der Grund gewesen, warum aus ihrer Liebe dann nichts geworden wäre – dazu WB mir gegenüber, und vorausgesetzt, er sagte die Wahrheit dabei: er habe meine Schwester als Hilfe, als Stütze gebraucht, als Beraterin in einer Situation, in der er sich vollkommen verloren gefühlt hätte, sie aber habe seine Frau sein wollen. Ja, er liebe meine Schwester, aber doch eigentlich nicht als Frau, er sei sexuell ganz anders gepolt – man nenne es, so WB, von ihm aus primitiver, der Sex einer Frau wie Tine, wie der Tine, die sich gerade von ihm getrennt hatte, mache ihn viel mehr an und deshalb habe er Tine ja dann auch noch kommen lassen. [redacted]
[redacted]

Warnung

Warum? Warum diese Geschichten erzählen? Warum sie nicht für mich behalten wie bisher? Warum an Biermanns Mythos kratzen? Warum ihn ärgern, ihn provozieren? Will ich doch den Showdown? Ist das hier die große Abrechnung? Macht mir das wirklich etwas aus, wenn die Leute weiter seinen Geschichten glauben? Was habe ich als Legendenerzähler gegen eine Legende? Bin ich ein Wahrheitsfanatiker? Kann ich nicht weiter mit der Lüge leben? Ist mir der Mann so wichtig? Ärgere ich mich über ihn so sehr? Will ich seine Feindschaft dann doch erwidern? Habe ich Lust, einen Rufmord zu begehen?

Was treibt mich an?

Aber warum auch nicht diese Geschichten erzählen, die für mich doch dazugehören? Warum sollte ich Selbstzensur üben? Warum auf Biermann Rücksicht nehmen?

Sind doch nur Geschichten, Geschichten aber, für die ich keine Beweise vorlegen kann – womit sie sich nicht von den vielen anderen Geschichten unterscheiden, die ich zu erzählen habe. Die ich erzähle, ohne für sie Beweise vorzubringen. Die ich erzähle, weil ich sie für wahr halte, für wahr gehalten habe, für zumindest möglich. Plausibel. Vorstellbar. Geschichten also, die etwas über mich aussagen, darüber, was ich so für vorstellbar und eigentlich plausibel halte. Das ist meine Welt. Meine Welt besteht doch nicht nur aus beweisbaren Fakten, meine Welt besteht auch aus Annahmen, aus Eventualitäten, die sich mir aufdrängen, so sehr aufdrängen, daß ich dann von ihnen ausgehe, daß von ihnen mein Verhalten bestimmt wird. Die Wahrheit dieser Geschichten ist nicht unbedingt die der Fakten. Die Wahrheit ist meine Wahrheit. Mehr nicht. Und wer's glaubt, was ich zu erzählen habe, der wird seine Gründe haben zu glauben, was ich erzähle. Ich bin nicht dafür verantwortlich, was andere glauben, von dem glauben, was ich ihnen erzähle. Ich bin noch nicht mal dafür verantwortlich, was ich so glaube.

Geht es mir da anders als anderen?

Nein, geht es mir nicht, ich tue, was alle tun, was auch Wolf Biermann tut. Meine Welt ist nicht grundsätzlich eine andere denn seine. Nur kommen in ihr andere Dinge vor. Meine und nicht seine. Und er äußert seine Sicht der Dinge – warum soll ich da nicht auch meine äußern. Mehr behaupte ich doch gar nicht, als daß das meine Sicht ist. Mein Havemann. Und zu Havemann gehört Biermann mit dazu. Zu meinem Havemann gehört mein Biermann. So einfach ist das doch.

Das Verfahren

Am 5. April, ich halte das Datum der Genauigkeit halber fest und deshalb natürlich auch die dazugehörige Jahreszahl, 2006, lese ich als kleine Meldung in der Zeitung, daß mein alter, mein früherer Bekannter und auch Freund und eigentlich auch fast Halbbruder Wolf Biermann seinen Verlag wechselt: nach 30 Jahren K&W nun H&C – ich will mir hier weder Schleich- noch die in Deutschland verbotene Antiwerbung vorwerfen lassen können. Schon gar nicht in einer Sache, die mir herzlich egal sein kann – interessant ist nur die Begründung für diesen Schritt, die WB mir (und natürlich nicht nur mir) einen Tag darauf in einer Presseerklärung nachreicht: er scheide in Groll über drei flottflapsige Seiten (*flottflapsig*, das ist sein und so ein typisches Biermann-Wort) in einer Literaturgeschichte, die in seinem nunmehr früheren Verlag erschienen ist und in der es wohl neben ein paar kritischen Bemerkungen (die ihn aber nicht stören würden, schließlich sei er andere Kaliber gewohnt) auch ein paar sachliche Fehler gebe, und die (so scheint es) waren es dann, die für ihn den Anlaß abgaben, von seinem Verlag weg- und zu einem anderen hinzugehen – weiß er das denn nicht, der alte Medienhase, der so viele Artikel schon über sich gelesen haben wird, daß auch die wohlwollendsten immer auch ein paar gravierende Fehler enthalten? Aber eine Literaturgeschichte ist doch wohl etwas anderes als ein Zeitungsartikel – gut, lassen wir das gelten, auch wenn es natürlich viele Literaturgeschichten gibt und noch geben wird und überhaupt nicht gesagt ist, daß die, über die Wolf sich aufregt, irgendeine Bedeutung erringen wird. Wenden wir uns also den angeblichen Fehldarstellungen zu, die ihn (soweit seine Presseerklärung in meiner Zeitung gestern richtig wiedergegeben wurde und es auch da nicht wieder sachliche Fehler gibt) besonders erregt zu haben scheinen, und dies nun sei, um der Genauigkeit willen, also wortwörtlich zitiert: »Ich war nie Mitglied der KPD und habe mich auch nicht erst nach dem Zusammenbruch der DDR vom Kommunismus abgewandt, sondern Anfang der 80er Jahre.« Hier nimmt es einer also sehr genau, und recht hat er – zumindest in dem einen Punkt: Biermann war nie Mitglied der KPD, er war nur Kandidat der SED und dann sehr enttäuscht, daß ihn diese Partei, in der er so gern Mitglied werden wollte und dessen Parteiabzeichen er sich schon mal probehalber während seiner Kandidatenzeit ans Revers stecken durfte (mit großem Stolz, wie er zu meiner Verblüffung später bekannt hat), dann doch nicht in ihre Reihen aufgenommen hat. Lassen wir dies mal außen vor, daß es mir an seiner Stelle lieber wäre, fälschlich ein Mitglied der KPD genannt zu werden, als daß man mir mit der Wahrheit käme, in den 60er Jahren noch Kandidat der SED gewesen zu sein und also die Absicht gehabt zu haben, in diesem Verein Mitglied zu werden, in der Staatspartei der DDR – ich halte mich da raus, ich tauge für keine Partei und kann dies nicht beurteilen, was da jetzt nun als größerer Makel gelten muß. Und auch, was diesen zweiten Punkt anbelangt, den, daß Biermann sich nicht erst nach dem Ende, dem Zusammenbruch der DDR vom Kommunismus abgewandt haben will, sondern bereits schon Anfang der 80er Jahre, werde ich mich zurückhalten und nicht groß darauf rumreiten, daß ich immer noch auf eine Erklärung von Wolf warte (wenigstens mir persönlich gegenüber), mit meiner mir damals von ihm als Verrat am Sozialismus vorgeworfenen Flucht in den Westen vielleicht gar nicht mal so falsch gelegen, ihm sogar ein paar Jährchen vorausgewesen zu sein in meiner Erkenntnis – verlangen wir nicht von einem kleinen Mann, was er nicht leisten kann: Größe. Und deshalb sei dies hier auch nur ganz klein angemerkt, daß ich (wiederum zu meinem Erstaunen) in einem Vorwort zu einer Sammlung politischer Essays von Wolf lesen konnte, daß er (wenn auch nur kurzzeitig) beim Zusammenbruch der DDR geglaubt, gehofft habe, nun könne man dort endlich den richtigen Sozialismus aufbauen, den Sozialismus, auf den er so lange gehofft habe – wahrscheinlich (man gestatte mir diese hämische Bemerkung) hatte er auch darauf gehofft, man würde ihn da mal (nach dem tschechischen Vorbild Václav Havel) zum Staatsratsvorsitzenden machen. Um seine Enttäuschung über die blöde DDR-Bevölkerung zu erklären, braucht es diese besonderen Hoffnungen auf ein Staatsamt in der untergehenden DDR nicht, seine sich manchmal zu furioser Wut steigernde Ablehnung dieser DDR-Deutschen mag aber auch daher rühren – doch lassen wir das, und bleiben wir genau, und halten wir Wolf Biermann also zugute, daß seine (wie von ihm behauptet) bereits Anfang der 80er Jahre vollzogene Abkehr vom Kommunismus nicht unbedingt sofort mit dem Verlust auf jedwede Hoffnung verbunden gewesen sein muß, daß da doch ein besserer Sozialismus möglich sein könnte. Diese Differenzierung muß möglich sein, denn auch wenn die Idee des Kommunismus ein Irrtum, ein ausgemachter Irrsinn gewesen sein mag, einer dieser Menschheitsbeglückungsträume, die realisiert die Menschen nur unglücklich machen, wie Biermann dies nun immer wieder wiederholt (und ich würde ihm da sicher zustimmen), so heißt das ja noch nicht unbedingt, daß damit schon (auch wenn ich daran nicht glaube) irgendein Sozialismus undenkbar wird – dies nur, um Biermann gegen falsche Verdächtigungen in Schutz zu nehmen, er hätte es auch in dieser Presseerklärung wieder mal nicht so genau genommen.

Ich sei im Jahre 1982 in den Westen gekommen, so steht es mehrfach in einer Akte der Amtsanwaltschaft Berlin, in einer Akte mit der Strafsache gegen Havemann, Florian wegen Bedrohung, pp. gegen den Geschädigten Biermann, Karl-Wolf, und natürlich mußte ich annehmen, diese Angabe über mich und meinen Wechsel, meine Flucht in den Westen stamme von Wolf Biermann. Eines jedenfalls ist diese Angabe nicht zu nennen: exakt und genau, beim besten Willen nicht – aber was rege ich mich darüber auf, über eine solche nicht ganz genaue, ja, direkt falsche Jahresangabe, ich, der ich mit solchen Angaben selber meist falschliege, müßte dies doch verstehen und hinnehmen können, und außerdem geht es hier doch nicht um die Literaturgeschichte (von der gar nicht klar ist, ob ich jemals in sie hineingehören werde), sondern nur um eine Zeugenaussage in einem Strafverfahren, und wieviel ein Wolf Biermann vom Rechtsstaat versteht, das konnte man doch schon daran erkennen, daß er, als er bei seiner Zeugenaussage im sogenannten Havemann-Prozeß, in dem diejenigen Staatsanwälte und ehemaligen DDR-Richter dann in Fürstenwalde selber vor Gericht standen, die ebendort meinen Vater wegen seiner Devisenvergehen angeklagt und zu Hausarrest und Geldstrafen verurteilt hatten, erklärte, er wolle einen Beitrag dazu leisten, daß diese Leute verurteilt werden würden – außer in Zivilsachen, bei denen es die Möglichkeit eines Vergleiches gibt, endet jeder Prozeß mit einem Urteil, auch ein Freispruch ist ein Urteil, jeder Zeuge also trägt zur Urteilsfindung bei, nur deswegen wird er ja geladen und angehört. Dem Gericht allerdings bleibt die Aufgabe, diese Zeugenaussagen zu gewichten, in ihrer Relevanz zu werten, und daß man also die eigene Aussage nur entwerten kann, wenn man sich als eindeutig parteiisch darstellt, das muß ein Wolf Biermann doch nicht wissen, dessen Verständnis vom Rechtsstaat sich ruhig doch auf dem Niveau von *BILD*-Zeitungslesern bewegen kann, ohne weiteren Schaden anzurichten, und dies auch unbeschadet dessen, daß er nun mit zu den Leuten gehört, die der DDR (nicht ganz zu Unrecht – nicht ganz) vorwerfen, ein Unrechtsstaat gewesen zu sein. Nicht ganz zu Unrecht (um diese vielleicht mißverständliche Anmerkung in Klammern doch verständlich zu machen), weil doch in dieser DDR die meisten Ehescheidungs- und Strafrechtsprozesse in kriminellen Fällen (nur um herauszugreifen, was auch in diesem Staat den Hauptteil der Prozesse ausmachte) nach durchaus rechtsstaatlichen Grundsätzen durchgeführt wurden. Von einem Unrechtsstaat DDR (den es natürlich auch gegeben hat) zu sprechen, dies muß sich schon (will man denn genau bleiben) auf alle politischen Fälle beschränken, und zu diesem Unrechtsstaat DDR gehört dann aber auch, daß vom obersten Boß dieses Staates (damals noch Walter Ulbricht) so mir nichts, dir nichts die Anweisung erteilt werden konnte, jemanden wie mich aus der Haft zu entlassen, wofür es bei der Art meiner Verurteilung rechtlich, vom Gesetz her keinerlei Handhabe gab. Und dazu gehört auch, daß jemand wie Bärbel Bohley, ohne daß ihre Sache ordentlich vor einem ordentlichen Gericht der DDR verhandelt wurde, aus der Untersuchungshaft in den Westen entlassen, zu einem einjährigen Studienaufenthalt nach England delegiert werden konnte – das mit dem delegiert, das ist natürlich (ich gebe es zu) eine etwas boshafte, ja, böswillige Formulierung.

Im Jahre (ich muß das wieder nachrechnen und orientiere mich dabei an der Geburt meiner zweiten Tochter Caroline, die jetzt acht Jahre alt ist), im Jahre 1999 also klingelte es bei mir und meiner Frau eines Vormittags an der Tür, und vor unserer Tür standen zwei Herren, die sich als Mitarbeiter des Landeskriminalamtes Berlin, Abteilung Staatsschutz, auswiesen und Einlaß begehrten. Ich ließ sie herein, wir gingen in die Küche zu meiner Frau, die sicher gerade dabei war, unser kleines Kind zu füttern, und dort dann eröffneten mir diese beiden Herren, ich wäre verdächtig, Wolf Biermann mit Anrufen zu belästigen, ihm gegenüber am Telefon Morddrohungen auszusprechen. Ich mußte lachen, als ich das hörte, und auch meine Frau lachte, und einer dieser beiden Staatsschützer sagte: »Sie kennen doch Wolf Biermann«, und dies mochte nun eine Frage sein, auf die er eine ganz sachliche Bestätigung haben wollte, dies konnte aber ebensogut auch als etwas süffisante Bemerkung gelten, die mir klarmachen sollte, was der Staatsschutz von diesen Anschuldigungen gegen mich hielt, nämlich nicht sehr viel, da von Biermann ausgehend – wie dem auch gewesen sein mag: jedenfalls wurde ich für einen der nächsten Tage vom Staatsschutz zur Vernehmung einbestellt, und ich wäre da auch als ordentlicher Staatsbürger ganz ordentlich hingegangen und hätte offen und vorbehaltlos meine Aussage gemacht, wenn mir nicht doch eingefallen wäre, mich vorher mal mit einem Anwalt zu beraten. Und ich war da sehr gut beraten, mich von einem Anwalt beraten zu lassen, der mir erst einmal sagte, ich bräuchte dort gar nicht hinzugehen zu dieser Vernehmung, er würde als mein Anwalt erst einmal Akteneinsicht verlangen, und das tat er dann auch. Es dauerte eine Weile, bis er diese Akte bekam, die wir dann zusammen studierten, mit zunehmender Verwunderung studierten – wenn das deutsche Polizeiarbeit ist, wenn das alles ist, was der Staatsschutz zusammenbekommt, dann, ja, was dann? Dann gute Nacht, Deutschland.

In dieser Ermittlungsakte stand zu lesen, als eine Angabe, die Wolf Biermann gegenüber der Ermittlungsbehörde, dem Staatschutz, gemacht hatte, ich sei im Jahre 1982 in den Westen gekommen, und nun könnte man natürlich meinen und auch einwenden, wie dies denn von Wolf Biermann verlangt und erwartet werden sollte, sich genau daran zu erinnern, wann ich in den Westen gegangen beziehungsweise abgehauen bin – so ganz genau müßte er's auch nicht wissen, und ich wäre der letzte, der dies von ihm verlangen könnte, daß er die genaue Jahreszahl meiner Flucht in den Westen erinnere und sofort parat habe, wird er danach gefragt, wo ich doch selber so große Schwierigkeiten habe, mir Jahreszahlen zu merken. An eines aber sollte er sich doch wohl erinnern, daß ich schon im Westen war, als er dann in den Westen kam, wie freiwillig oder nicht freiwillig auch immer, daß ich da schon war, wo er erst hinkam, im Westen. Daran erinnern, das muß er sich nun aber nicht unbedingt deshalb, weil wir uns da doch ganz wenige Tage nach seiner Ausbürgerung in Stuttgart begegnet sind, bei seinem Konzert dort, und dies nicht allein nur mal eben und auf die Schnelle in seiner Garderobe. Wir haben ja den ganzen Abend dann noch zusammen verbracht – wenn auch nicht wir beide allein nur, sondern zusammen mit diesen IG-Metall-Funktionären, die Biermann zu seiner Tournee im Westen eingeladen hatten, Franz Steinkühler darunter, dieser Gewerkschaftsmann, der später von seinem

Posten zurücktreten mußte, weil er in dubiose Geschäfte verwickelt war und also die Seite gewechselt hatte. Ich weiß nicht, ob sich Biermann noch an diesen bemerkenswerten Abend erinnert in diesem pikfeinen Restaurant außerhalb Stuttgarts, die Rechnung ging auf Kosten der IG Metall und wurde also von den Mitgliedern dieser Gewerkschaft bezahlt – wahrscheinlich nicht, denn dieser Moment, wo ihm dann der servile Inhaber des Restaurants das Gästebuch brachte, damit sich der berühmte Herr Biermann dort eintrage und verewige, er war ja dann doch ein sehr peinlicher, Biermann damals jedenfalls noch peinlicher, denn damals wollte Biermann ja noch links sein. Nachdem er sich dort in dieses Gästebuch eingetragen, dort einen netten Spruch und seine schwungvolle Unterschrift hinterlassen hatte, beging Biermann die Unvorsichtigkeit und auch Dummheit, in diesem Gästebuch nach vorne zu blättern, und siehe da: sie waren schon alle dagewesen, die Kohl und Genscher, die Späth und ein Graf Lambsdorff fehlten auch nicht, die ganze konservative und reaktionäre Bande war da versammelt in diesem Gästebuch, und Biermann stöhnte laut auf, als er diese Namen las – damals stöhnte er noch wegen dieser unseligen Gemeinschaft auf, in die er durch seine Unterschrift und Eintragung geraten war, später erst ließ er sich von der bayrischen CSU nach Wildbad Kreuth einladen, zum jährlichen Treffen dieser Parteileute am Jahresbeginn.

Nein, das verlange ich nicht, daß sich Biermann an diesen Abend erinnert, daran, daß wir beide diesen Abend gemeinsam mit den IG-Metall-Oberen verbrachten und uns gemeinsam damals gewundert haben, was das für Leute sind, wie wenig diese Arbeitervertreter in ihrem ganzen Lebensstil und Habitus mit den von ihnen vertretenen Arbeitern zu tun hatten – ich verlange gar nichts, von Biermann nichts, und es ist auch nicht so, daß ich meinte von ihm verlangen zu können, er müßte sich doch bei einem Telefongespräch mit dem Staatsschutz daran erinnern, wann ich genau in den Westen gegangen bin. Verwunderlich ist nur, daß er sich nicht mal seiner eigenen Angelegenheiten zu erinnern vermochte, als er meinen Wechsel in den Westen auf sehr viel später, auf den Beginn der 80er Jahre, verlegte – ein bißchen rechnen sollte er doch wohl können, denn schließlich hatte er, damals noch im Osten, und nur von dort aus machte es doch auch Sinn, dieses Lied über meine Flucht geschrieben, *Enfant perdu*, dieses Lied, das im Westen bei der Linken ein so großer Erfolg war, das aber auch als eines der wenigen bei seinem ersten Konzert im Westen, damals in Köln, heftige Diskussionen ausgelöst hat. Biermanns Ausbürgerung, das war 1976, und das weiß sogar ich aus dem Kopf zu sagen, und also mußte ich doch auch für ihn zumindest vorher in den Westen abgehauen sein – bliebe die vielleicht für mich spannende, aber natürlich nur spekulativ zu beantwortende Frage, wie es bei Biermann zu diesem Irrtum kommen konnte. Doch da jetzt nun mit solchen fruchtlosen Spekulationen meine Zeit vergeuden? Nein.

Überraschender Besuch aus dem Osten

Ich bin übrigens Biermann nicht erst nach seiner Ausbürgerung aus der DDR im Westen begegnet, sondern ein paar Jahre zuvor schon, 1973, als er, sicher mit der Hilfe, wie wir nun ahnen, von Margot Honecker, wegen seiner Oma Meume, die angeblich im Sterben lag, aber eigentlich noch putzmunter war, zu Besuch nach Hamburg fahren durfte – ohne davon zu wissen, war auch ich in dieser Zeit in Hamburg, und wie immer, wenn ich in Hamburg war, ging ich zu Emma, zu Biermanns Mutter, um sie zu besuchen, so auch dieses Mal, und ich traf sie in hellster Aufregung an: Wolf würde jeden Moment kommen, und dann kam er auch eine halbe Stunde später. Und er kam nicht allein, hatte ein paar Leute von CBS dabei, der amerikanischen major company, mit der er nun einen Vertrag für eine erste Platte hatte, und er hatte auch diese Platte mit dabei, in den ersten Exemplaren, frisch aus der Presse, der Plattenpresse – er hatte sie selber noch nicht gehört, und wir hörten sie dann also zusammen, und da erst hörte ich auch das Lied, das Wolf über mich und meine Flucht in den Westen geschrieben und von dem mir bisher nur mein Freund Thomas Brasch am Telefon erzählt hatte. Wolf hatte nichts Eiligeres zu tun, als mir zu erklären, bei diesem *Flori Have* in seinem Lied handle es sich natürlich weitestgehend um eine Fiktion, er wisse, daß ich sicher Gründe für meine Flucht gehabt hätte, daß ich im Westen auch nicht, wie von ihm in seinem Lied behauptet, den linken Clown machen würde. Aber ich müsse dies doch verstehen, meine Flucht in den Westen habe im Osten bei vielen Leuten mächtig für Furore gesorgt, er wäre immer wieder von ihm unbekannten jungen Leuten auf der Straße darauf angesprochen worden, ob das denn stimme, daß ich abgehauen wäre, ob dies denn bedeute, wenn schon so einer wie ich abhaue, der doch mutig gegen den Einmarsch in Prag protestiert habe, daß es keinen Sinn mehr mache, in der DDR für einen besseren Sozialismus zu kämpfen – eine solche Schlußfolgerung könne doch von mir nicht gewollt gewesen sein, so Wolf, und ich, ich Idiot nahm es hin, nahm es als Begründung für sein Lied, das mir noch soviel Ärger machen sollte, an, ich war wieder mal so verständnisvoll.

Verloren

lieber wolf, als ich vor zwei tagen die neue rolling-stones-platte kaufen wollte, stand im laden am kudamm auch deine CBS-platte. ich habe sie mir gekauft. Dann haben wir unser straßentheater in einer kneipe aufgebaut und natürlich die beiden scheiben aufgelegt. als dann bei »enfant perdu« blicke und erwartungen auf mich gerichtet waren (so wie in hamburg), habe ich mit dem Finger geschnippst und mitgegrölt, zwischendurch bier und zigaretten eingeführt. bei 8 minuten und 15 secunden ist das alles drin. das alles hat mich nicht gehindert, die große wut zu kriegen und ich bin damit nicht ganz allein geblieben. der plattentext von herrn zwerenz ist ein kleiner höhepunkt. wenn ich mal alles zusammennehme, sieht das ungefähr

so aus: die literarische person flori have taucht auf in »meine genossen«, startauflage 15tausend, in dem interview mit peter laudan, das über drei große sendeanstalten der brd (von denen ich weiß) gelaufen ist, auf der CBS-platte, auflage ich-weiß-nicht-wieviel, die dazu noch im »spiegel« groß angekündigt wurde. weiter: die literarische person flori have wird jedesmal entliterarisiert. in »... genossen« durch das gedicht »fünf fingerübungen über florian havemanns flucht«. im interview durch deine erläuterungen. auf der platte durch den text von zwerenz. ganz einfach klar sind doch nun erstmal zwei sachen. daß die theorie, das lied sei die notschlachtung einer fiktiven person flori have, die mit florian havemann nur wenig bis nichts zu tun hat, um abhaukandidaten in der ddr vom abhauen abzuhalten, nichts weiter ist als eine noch nicht mal intelligente theorie des schlechten gewissens. aus zwei gründen nämlich, weil immer die fiktive person flori have als die scheinbar wirkliche zu erkennen gegeben wird, und weil das immer im westen geschieht. das argument, daß das alles irgendwie die ddr erreicht und dafür auch bestimmt ist, ist so alt wie es falsch ist. das interview ist mit dem westdeutschen rundfunk gemacht und den hört in der ddr keiner. Die platte ist schon in ihrer aufmachung sowas von westlich und auch unpraktisch für solche zwecke. dazu dann der text, der ganz eindeutig für den westen geschrieben ist. er erläutert dem west-hörer die sachen, die er vielleicht nicht weiß.
diese veröffentlichungen statten mich mit soetwas wie einer biographie aus. hängen bleibt, daß ich der sohn von robert havemann und in den westen abgehauen bin. kluges kind, herz und witz, dreister sklave, trauriger held. ich weiß nicht, ob dir noch irgendwie klar ist, daß das gar keine biographie, sondern einfach eine sauerei ist. ich weiß nicht, ob dir klar ist, daß das das ist, was den leuten einfällt, wenn sie meinen namen hören. als privatperson, die den wunsch hat, mit bestimmten leuten was zu tun zu haben und mit anderen nicht, der es zum halse raushängt, daß leute ihn kennen wollen oder nicht kennen wollen, wegen seinem namen, ist es widerlich genug. als öffentliche person, die in nächster zukunft seine bilder ausstellen will, die zwei poster mit erich fried zusammen herausgeben will, die mit der arbeit im

kreuzberger straßentheater möglichst viele leute erreichen will, die vielleicht auch mal anders etwas politisch machen will, ist es einfach zum kotzen. der witz dabei ist doch, daß ich es nicht selber bin, der sich durch die medien mit einer verstümmelten biographie, mehr als schubläden können dabei nicht herauskommen, ausstattet, sondern jemand anders. vielleicht überlegt sich der große deutsche dichter, der wahre sänger der ddr, mal, warum ich, im westen angekommen, nicht zum »spiegel« und damit überall hin gegangen bin, und erzählt habe über knast, politische richtungen, betrieb, biermann und havemann und diverse meinungen abgelassen habe. übrigens das geld hätte ich gut gebrauchen können. Wir hatten nämlich nichts und 24tausend mark schulden. dazu kommen dann noch als zugaben ein paar dieser speziellen scherze: daß du und dieser herr zwerenz (für dessen text du nebenbei auch verantwortlich bist), daß ihr beide das spiel spielt, das von robert am 23. august 1968 mit seiner mitteilung an die westpresse (»meine söhne sind …«) begonnen wurde, was die westpresse, funk und fernsehen begierig aufgenommen haben, was dann paul verner und der staatssicherheit ungeheuer gut in den kram gepaßt hat. spezielle würze der verlust von paul verner zu dir & zwerenz: damals hatte ich wenigstens noch irgendwas irgendwie bedeutendes gemacht. diese abgekitzelte sache, als sohn seines vaters rumzulaufen, ist das geschäft einer ebenso abgekitzelten klasse. das ist nicht verwunderlich, diese übereinstimmung. bei dir und zwerenz dieselbe ausbeuterische haltung. bei dir das statement eines politikers, der eine tat einer person benutzt, um mitzuteilen, daß er nicht abhauen wird. bei zwerenz belieferung der kulturindustrie ohne ihre veränderung, d. h. er muß eine seite vollkriegen, er muß den mann mit den insider-informationen spielen, ausschau haltend nach den nächsten aufträgen.

so ist es und man hat mir geraten, freundlicher zu schreiben. ich hoffe, du siehst, daß der optimismus, dir zu schreiben, aus so etwas wie freundschaft resultiert. du erinnerst dich daran, wie du in hamburg gesagt hast, wie fränki und ich immer um unseren lohn beschissen wurden bei der 68er geschichte. es muß dir doch mal klar werden, daß du heutzutage, was mich anbelangt, der hauptexponent dieses beschisses geworden bist. und meine wut ist ganz ohnmächtig. wenn ich zum beispiel dich und den zwerenz öffentlich angreifen würde, wäre das nur eine eskalation meines dilemmas. zeitungen würden meine stellungnahme deshalb drucken, weil eure Arbeit schon so erfolgreich war. ich könnte euch angreifen, aber eine richtige biographie hätte ich immer noch nicht. wie beschissen meine situation ist, habe ich gemerkt, als ich den zwerenz wegen seinem text anranzen wollte: er las aus seinem neuen roman in einer buchhandlung im forum steglitz, solch einer supermodernen markthalle, mit rolltreppen und feinsten boutiquen. eine völlig künstliche welt. ich hab ihn angesprochen und gesagt: Sie sind doch der Zwerenz? darauf er: Wenn Sie mir freundlich gesonnen sind, ja, sonst nicht. ich: Sie sind's also, freundlich bin ich Ihnen aber nicht gesinnt. wir steigen eine lange, nur leicht geneigte rolltreppe rauf und ich sag zu ihm: Ich möchte Sie darauf aufmerksam machen, bereiten Sie sich auf ein kleines Scharmützel vor! sagt er: Jetzt da oben? oben sollte er lesen, seine gestik war vorbereitung für eine Prügelei, er muß mich für einen ganz rechten gehalten haben. Ne, das nicht, sag ich. ob ich mit ihm reden will, fragt er. Ne, das auch nicht, sag ich. wogegen ich denn was hätte, fragt er. er hätte da einen text in einer platte geschrieben, sag ich. darauf er: Ich habe schon soviele Texte für so viele Platten geschrieben. langes schweigen von mir, dann: Biermann-Platte. wir sind jetzt oben angelangt, nach meiner antwort dreht sich der zwerenz zum obligaterweise anwesenden karsunke und fragt: Ist denn die Biermann-Platte schon raus? karsunke wußte die antwort und seine frau wußte noch entrüstet zu bemerken, daß CBS ihnen, der firma karsunke, noch nicht mal die platte zugeschickt hätte. bei wagenbach war das noch besser. das hat mir erstmal den rest gegeben und ich bin abgetrullert. carmen kam gerade diese lange Rolltreppe hoch und ich ging ihr also entgegen. da fängt hinter mir der zwerenz an zu rufen: Flori, Flori etc. ich fahre mit carmen wieder die treppe langsam hoch und der zwerenz empfängt mich oben: Hättest du doch gleich sagen können, daß du der Flori bist. er wolle mit mir reden, er müsse aber erstmal seinen scheiß vorlesen. karsunkes schnalle hatte ihn gefragt, ist das nicht der …, worauf ihm alles klar gewesen sei. war ihm aber nicht. da hätte ich mich umdrehen sollen

und weggehen, aber ich war so irritiert, daß ich mich hingesetzt habe und mir seinen scheiß angehört habe. als er fertig war, ist er aufgestanden und ich hab da gesessen und ihn angeschaut, und er hat mich angeschaut und ist mit karsunke redend vorüber gegangen. während er sein leicht an der oberfläche kratzendes zeug vorgelesen hat, muß er wohl begriffen haben, was ich auf der rolltreppe gesagt habe. ich bin dann auch gegangen. du siehst, das war ein scharfer dialog. mein angriff auf die herrschende ordnung hat sich schnell in gestammel verwandelt. während zwerenz vielbeachtet vor sich hingrinst und bemerkungen macht, schleiche ich im buchladen herum. ich beobachte meinen feind und kann mich nicht auf ihn einstellen. wenn ich meine attacke führe, rede ich wie ein zerstörter mensch und stiere auch so vor mich hin. er reagiert gelassen, angriffe gewöhnt, ihn interessiert nur die technische seite der angelegenheit. er hat die haltung des massenproduzenten. ich stehe ihm vereinzelt gegenüber, gelähmt von seiner macht. ich schaffe es nicht, die einzige situation, wo ich macht habe, wo er mich erkennt, für mich zu nutzen. mein problem ist uninteressant für ihn, meine person aber, die ist es.
lieber wolf, ich mache dir nun einen vorschlag: im rahmen deines vertrages mit CBS machen wir beide zusammen eine platte, eine singl, eine neuaufnahme von »enfant perdu«. nun lassen wir aber deine einspielungen vom radio weg und dafür erzähle ich ein paar sachen. wegen der länge kann man part one und part two machen, also beide seiten voll. im gegensatz zu deinem können wir meinen text diskutieren. sauereien werde ich auch nicht sagen, die richten sich sowieso gegen mich. also, das ist der vorschlag, den wir natürlich verändern können, wenn das grundprinzip erhalten bleibt. wenn du darauf eingehen würdest, fände ich das fair.
viele grüße, dein flori
20. 9. 1973

Habe ich diesen Brief abgeschickt? Ich bin mir da nicht so sicher, vielleicht war mir das, als ich ihn fertig hatte, schon klar, daß es völlig sinnlos sein dürfte, ihm einen solchen Vorschlag zu machen. Den Vorwurf aber, daß er auf diesen Vorschlag nicht eingegangen ist, den kann ich ihm deshalb aber nun nicht machen, wo ich das doch gar nicht mehr sicher weiß, ob ich ihn denn damit behelligt habe. Auf die vielen erklärungsbedürftigen Details, die in diesem Brief angesprochen werden, wer, wie, was, auf die einzugehen, das lohnt gar nicht weiter, was dieser Brief aber doch sehr gut zeigt, und deshalb lese ich ihn auch mit einem gewissen Erstaunen wegen meiner Offenheit Biermann, ausgerechnet ihm dabei gegenüber, das ist die Situation, in die mich sein Lied gebracht hat. Diese Hilflosigkeit, darauf nicht reagieren zu können, nicht zu wissen, wie damit umgehen.

Fortsetzung einer Fortsetzungsgeschichte

Biermann hätte dem Staatsschutz gegenüber Gründe nennen können, warum ich etwas gegen ihn haben dürfte, sein Lied über mich hätte ein solcher Grund sein können, und auch seine Aussage während des schon erwähnten Havemann-Prozesses in Frankfurt an der Oder, als er seitens der Verteidigung mit meinem *SPIEGEL*-Artikel über meinen Vater konfrontiert wurde, weil der ein so anderes Bild davon zeichne, in welcher Situation sich mein Vater befand, welche Auswirkungen der über ihn verhängte Hausarrest auf sein Leben gehabt hatte, wäre so ein Grund gewesen, den er hätte nennen können und der dann sicher auch plausibel geklungen hätte – Biermann hatte vor Gericht meinen Artikel mit der lapidaren Bemerkung abgetan, er halte ihn für eine Auftragsarbeit der Stasi, und das war dann sofort am gleichen Tag über die Sender und durch die Nachrichten gegangen und am nächsten in vielen deutschen Zeitungen zu lesen. Aber wahrscheinlich hatte er auch dies lieber verdrängt, denn auf Nachfrage der Verteidigung, ob es denn für seine Behauptung irgendwelche Beweise gebe, mußte er doch kleinlaut zugeben, daß er sie nicht habe, und dann hatte sich auch noch der auch ihm gut bekannte *SPIEGEL*-Redakteur Uli Schwarz öffentlich gegen die Unterstellung verwahrt, seine Zeitschrift könne einen Artikel abgedruckt haben, der im Auftrage der Stasi geschrieben worden wäre, und dazu bekannt, daß es der *SPIEGEL* in seiner Person gewesen ist, der mir diesen Auftrag gegeben hatte, einen solchen Artikel über meinen Vater zu schreiben.

Vollkommen irre, was sich aus der Lektüre dieser mich betreffenden Akte ergab: ich sollte also zwei Tage nach der Geburt meiner zweiten Tochter damit begonnen haben, Wolf Biermann, mit dem ich da schon seit fast 15 Jahren keinen Kontakt mehr gehabt hatte, am Telefon zu beschimpfen und zu bedrohen, ihn damit zu bedrohen, ihn umzubringen, ihn ermorden zu wollen. Und dies auch noch von verschiedenen Orten Deutschlands aus, von einer Telefonzelle in Köln etwa – und das mir, der ich mir in dieser Zeit eine Fahrkarte nach Köln doch gar nicht hätte leisten können. Ich sollte auch noch diverse Briefe geschrieben haben, Drohbriefe, Briefe an andere Leute, die dazu angetan waren, Biermann zu verunglimpfen, ich sollte sogar vor einer öffentlichen Veranstaltung mit ihm des Wissenschaftskollegs, dessen Gast und Stipendiat Biermann für ein Jahr war, ihn desavouierende Flugblätter ausgelegt haben – all das, worauf Leute, die einer öffentlichen Person Schaden zufügen wollen, so kommen können, und es gab da sicher einige, die Grund und immer wieder Anlaß hatten, sich in dieser Zeit mächtig über Biermann zu ärgern: eine Gruppe ehemaliger Stasileute war da sehr gut vorzustellen, die als Spezialisten auf diesem Gebiet, als Leute vom Fach, ihre allzu lange und langweilige Dauerfreizeit mit einem solchen Spielchen ausfüllen mochten. Aber nein, ich sollte es gewesen sein, ich, dem Biermann doch längst herzlich egal geworden war, ich, der ich anderes und Besseres zu tun hatte und nun auch zum zweiten Mal Vater geworden war. Und wie war nun der Staatsschutz, dem die Untersuchung dieses Falles oblag, auf die irrwitzige Idee verfallen, ich könne der Urheber dieser Morddrohungen sein? Es war gar nicht der Staatsschutz, der auf diese Idee gekommen war, daß ich dies sein müsse, ja, nur ich allein dies sein könne, das war Biermanns Idee, ganz allein seine Idee. Und wie nun war Biermann darauf gekommen?

Auch dies läßt sich anhand der Akten sehr gut nachvollziehen – soweit denn solche Akten überhaupt das wirkliche Geschehen festhalten, woran natürlich sehr wohl Zweifel möglich sind.

Biermann, dem diese anonymen Anrufe verständlicherweise auf die Nerven gingen, Biermann, auch angestiftet durch seinen Freund Jürgen Fuchs, der ihm plastisch die Gefahr eines gedungenen kaukasischen Killers vor Augen hielt, ihn dann auch an Manfred Kittlaus vermittelte, damals der oberste Verfolger aller Regierungs- und Wiedervereinigungsverbrechen, wie es so schön hieß, Biermann also hatte beim Staatsschutz darauf gedrungen, daß bei ihm eine Fangschaltung installiert würde, mit der es doch möglich sein sollte, dem Täter auf die Spur zu kommen – das war in der Wohnung ganz einfach, die er für dieses eine Jahr seines Stipendiums zur Verfügung gestellt bekommen hatte, erwies sich aber für das Büro, das Biermann im Wissenschaftskolleg hatte, als sehr viel schwieriger, weil sein Telefon dort ja nur eines von vielen im Hausnetz war. Die Akte verzeichnet die etwas ungehalten wirkende Äußerung Biermanns, darüber müsse man halt mal mit den Leuten von Siemens reden, das müsse doch wohl möglich sein, so eine Fangschaltung zu installieren. Und es war dies ja dann auch möglich, wenn auch mit einigem Aufwand verbunden, und Biermann hatte dann auch schon ein paarmal seine Fangschaltung betätigen können, nur leider hatte die Bundespost, die Telekom, dann immer nur irgendwelche Telefonzellen ausfindig machen können, von denen die Anrufe kamen. Anders an jenem schicksalsträchtigen Tage, an dem ich dann mit ins Spiel kam: wieder so ein Anruf, eine neuerliche Morddrohung, und gleich danach dann setzt Biermann den Staatsschutz davon in Kenntnis und dieser dann die Post, die Post verfolgt zurück, woher der Anruf kam, und siehe da: die Post kommt diesmal auf einen privaten Telefonanschluß, sie ermittelt dessen Nummer und auch den Namen der Person, auf den der Apparat angemeldet ist. Und jetzt kommt die Sensation: nein, mein Telefon war es nicht, überhaupt nicht,

Und dann aber beginnt er nachzudenken, zu assoziieren, und sollte der Aktenvermerk an dieser Stelle exakt wiedergeben, was Biermann in diesem Telefonat mit dem Staatsschutz und dem Staatsschutz gegenüber gesagt hat, dann kann man ihm da richtig beim Denken und Assoziieren zuschauen:

Diese Anna Havemann nun sei die Tochter von Ulrich Havemann, auch dies völlig richtig,

Ob nun dieser Ulrich Havemann noch einen zweiten Schlüssel zu der Wohnung besitze,

das wisse er nicht, würde er aber nicht ausschließen – so weit, so gut und als sachdienliche Hinweise durchaus zu rechtfertigen. Dann aber, und bei der Lektüre dieses Vermerks in der Akte des Staatsschutzes hat man direkt das Gefühl, man könne merken, wie es bei Biermann Klick macht und einrastet: dieser Ulrich Havemann nun habe noch einen Bruder

und dieser Florian Havemann sei ihm, *gelinde gesagt* (eine typische Biermann-Formulierung), nicht wohlgesonnen – damit war die Sache für ihn klar: ich müsse mir von meinem Bruder den Wohnungsschlüssel besorgt haben,

ihn von dort aus angerufen,

daran könne es keinen Zweifel geben. So also, so leicht gerät man in einem Rechtsstaat wie der Bundesrepublik Deutschland in ein Strafverfahren hinein: aufgrund einer bloßen Gedankenassoziation – doch muß es wohl die Gedankenassoziation eines Herrn Biermann sein, die eines Prominenten, der jederzeit die Zeitung alarmieren kann. Doch, und dies wollen wir festhalten, daran wollen wir uns festhalten, man kommt auch wieder aus einem solchen Strafverfahren heraus, weil dieses Deutschland ein Rechtsstaat ist und ein paar vernünftige Staatsanwälte hat, die das dann schon noch irgendwann merken, wenn an einer Sache nichts dran ist. Aber greifen wir nicht vor, denn dafür mußte noch einiges passieren.

viel-
leicht, vielleicht aber auch auf dem Mist seines Vaters gewachsen, der ja zwischenzeitlich auch noch ein bißchen Zeit gehabt hatte, weiter nachzudenken und zu assoziieren – entscheidend bleibt, daß sich die Herren vom Staatsschutz dies anhörten, ohne in Gelächter auszubrechen. Das Protokoll verzeichnet jedenfalls an dieser Stelle kein kritisches Nachfragen. Halten wir es den Beamten des Staatsschutzes aber zugute, daß sie es sonst mit Fällen anderen Kalibers zu tun haben, mit Terroristen und Spionen, und daß sie natürlich bei einer solchen mehr speziellen Ausbildung nicht wissen können, was jeder Kriminale bestätigen würde:

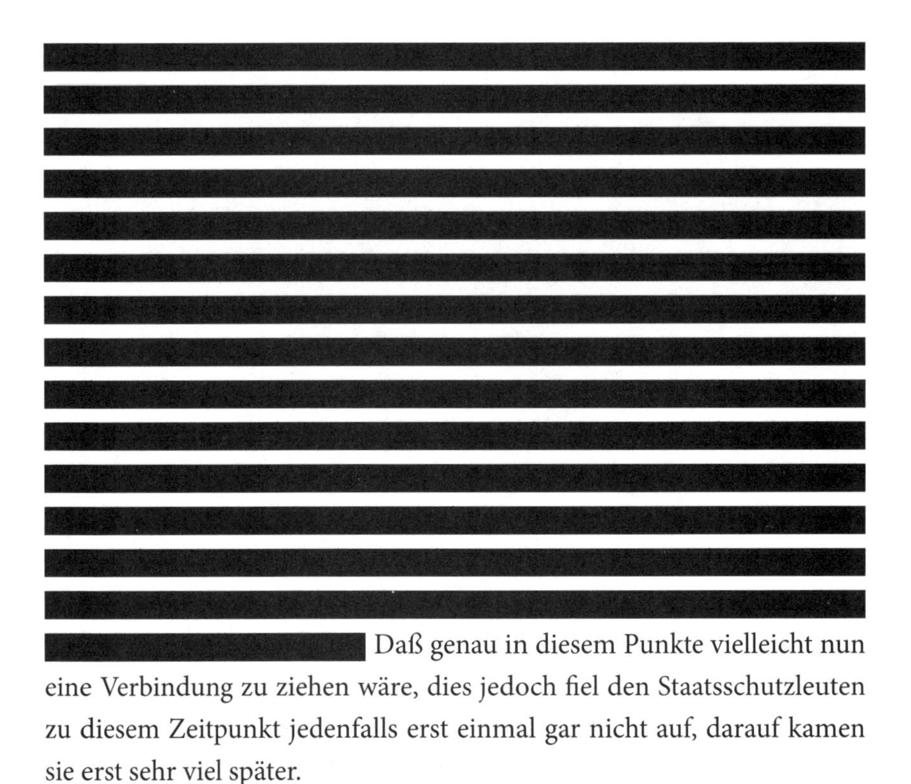

Daß genau in diesem Punkte vielleicht nun eine Verbindung zu ziehen wäre, dies jedoch fiel den Staatsschutzleuten zu diesem Zeitpunkt jedenfalls erst einmal gar nicht auf, darauf kamen sie erst sehr viel später.

Noch also hatten die Staatsschützergehirne nicht zu kombinieren angefangen, noch lag ihnen die entscheidende Liste auch nicht vor, und es geschahen ja auch noch ein paar Dinge mehr, die sie in Trab hielten, und es war wiederum Biermann, der sie in Trab hielt, sie mit seinen Forderungen traktierte. Er bekam ins Wissenschaftskolleg einen an ihn adressierten Brief, der im Namen von Cohn-Bendit verfaßt und, gefälscht natürlich, auch von ihm unterschrieben war, und in diesem Brief schrieb Cohn-Bendit, er habe per Fax einen verleumderischen Artikel über seinen alten Freund Biermann aus einer ihm unbekannten Zeitung bekommen, in dem dieser wegen seinem Aufenthalt im Berliner Wissenschaftskolleg als Schmarotzer beschimpft würde – was das nun wieder sollte, was sich diese Stasi-Leute in ihrer vielen Freizeit bei diesem Schachzug gedacht haben könnten, wer weiß es. Ein Anruf bei Cohn-

Bendit genügte natürlich, und es war klar, daß dieser Brief nicht von ihm stammte, daß jemand anders ihn geschrieben haben mußte, und dieser jemand anders, das war für Biermann sofort zweifelsfrei klar, das konnte nur ich gewesen sein. Er verlangte vom Staatsschutz die Untersuchung des Briefes auf irgendwelche dort befindliche Fingerabdrücke hin – für so blöd also hielt er mich, daß er mir noch nicht einmal zutraute, die einfachsten Regeln zu beachten, die doch wohl jedem Straftäter geläufig sein sollten: hinterlasse keine Fingerabdrücke, benutze Handschuhe! So einfach ist das doch, und die älteren Herren von der Staatssicherheit, die ich und, wie ich meine, jeder einigermaßen vernünftige Mensch als Täter vermuten dürfte, hielten sich natürlich an diese Regeln. Es wurden keine verwertbaren Fingerabdrücke gefunden. Aber Spuren hat auch diese Episode hinterlassen – ich zitiere: »Evtl. ist ja auf dem Fax-Hitze-Papier ein Fingerabdruck von ... Florian H. oder ähnlichen Menschheitserrettern.« So Biermann in einem Brief an das LKA, das Landeskriminalamt, vom 6. Mai 1998, und dies verdient festgehalten zu werden, denn da haben wir ihn doch, den ganzen Biermann wie in der berühmten Nuß-Schale, in diesen *Menschheitserrettern*, zu denen ich zählen, von denen ich zumindest einer sein soll.

Aus dem Bericht des Landeskriminalamtes (LKA) vom 29. April 1998:

Speziell in bezug auf Florian Havemann machte der Geschädigte deutlich, daß er mit diesem seit ca. 28 Jahren keinen Kontakt mehr habe. Der Betreffende hänge alten Idealen der untergegangenen DDR nach und sei heute aktiv auch noch für die PDS tätig und privat als Künstler wenig erfolgreich.

Die Vorstellung, daß ich, der 1971 aus der DDR abgehauen war, immer noch den Idealen dieser DDR anhängen solle, die hatte natürlich schon was Witziges, aber wir wollen superkorrekt sein und Wolf Biermann auch da noch die Unterscheidung zugestehen, die er mit vielen anderen DDR-Oppositionellen zwischen den sozialistischen Idealen, den Idealvorstellungen vom Sozialismus, und dem real in der DDR existierenden Sozialismus gemacht hat. Zum Verfassungsrichter des Landes Brandenburg wurde ich erst im Jahre 1998 gewählt, und dies zwar auf Vorschlag der PDS, mit der ich bis dahin keinerlei Kontakt gehabt hatte, geschweige denn, daß ich ihr Mitglied oder für sie aktiv gewesen wäre – nun gut, könnte man sagen, hier nimmt der Dichter Wolf Biermann etwas prophetisch vorweg, das erst ein paar Jahre später Wirklichkeit werden sollte.

Aus dem Bericht des LKA vom 6. Juni 1998:
Der Geschädigte selbst konnte keine weiteren sachdienlichen Angaben hinsichtlich der beiden anonymen Anrufer machen. Er äußerte jedoch die Einschätzung, daß der angeblich nach 1982 nach West-Berlin geflüchtete und wenig erfolgreiche Künstler
Florian Havemann
12. 1. 52 Berlin geb.
Kottbusser Damm 81
10967 Berlin-Neukölln gem. (Bl. 146),
mit dem er seit ca. 28 Jahren keinen Kontakt mehr habe, ein Motiv für die anonymen Anrufe haben könnte. Seine Stimme habe er nicht erkannt.

Rechnet man vom Jahre 1998 28 Jahre zurück, dann ist man beim Jahre 1970 angelangt. Ich bin im Jahre 1971 in den Westen abgehauen, habe Wolf Biermann auf dem Grundstück meines Vaters im Sommer vor der Flucht noch einmal gesehen, wir haben da aber wahrscheinlich kein Wort mehr miteinander gewechselt. Unser beider enges Verhältnis endete ungefähr ein Jahr vorher, und insoweit gibt es für diese von Wolf Biermann angenommenen 28 Jahre, in denen er mit mir keinen Kontakt mehr gehabt haben will, schon einen Bezug. Ich habe Wolf Biermann dann im Jahre seiner ersten Plattenveröffentlichung bei CBS, bei seinem öffentlich nie bekannt gewordenen Besuch in Hamburg anläßlich des zu erwartenden Todes seiner Großmutter Oma Meume gesehen und mit ihm da mehrere Tage verbracht. Ich habe Wolf Biermann ein paar wenige Tage nach seiner Ausbürgerung aus der DDR bei seinem Konzert in Stuttgart gesehen und war auch den anschließenden Abend mit ihm zusammen. war in dieser Zeit von morgens bis abends mit ihm zusammen. Ich hatte mit Wolf Biermann im Jahre 1977 telefonisch Kontakt, wo es um den von mir geschriebenen Artikel über meinen Vater ging, den der *SPIEGEL* veröffentlichen, dessen Veröffentlichung Biermann aber verhindern wollte. Ich habe Wolf Biermann dann Mitte der 80er Jahre, als ich für den MÄRZ-Verlag ein Buch mit den Liedtexten von Nina Hagen vorbereitete, bei einem Konzert von ihr in Hamburg getroffen und ihn am folgenden Tag in seinem Haus besucht. Sollte Wolf Biermann dies alles vergessen haben? Gut möglich, denn vielleicht waren diese Begegnungen, diese Kontakte, von denen es noch ein paar mehr gab, für ihn ja sehr viel weniger wichtig als für mich. Vielleicht auch der ein Vierteljahr nach Erscheinen meines *SPIEGEL*-Artikels, wo ich es war, der ihn in den Arm nahm, um ihm damit all die Angriffe gegen mich, die von ihm wegen diesem Artikel ausgegangen waren, und seine Verleumdungen als *Vatermörder* zu verzeihen – sicher mochte er sich auch an diese Szene nicht gern erinnern.

Aber irgendwann kombinierten die Polizei- und Staatsschutzgehirne dann doch, und in dem Moment, wo sie es taten, sich vielleicht sogar zum ersten Mal ernsthaft mit dem ganzen Fall beschäftigten, kamen sie ganz schnell darauf, wie es nur zu diesen unglücklichen Verstrickungen gekommen sein konnte, durch die auch ich dann in diesen Fall hineingeraten war – was sich dabei ergab und sich aus der entsprechenden Aktennotiz entnehmen läßt, das ist die nun folgende dumme Geschichte: Biermann bekommt also wieder einen dieser Drohanrufe in seinem Büro im Wissenschaftskolleg, Biermann setzt die Fangschaltung in Gang, jedenfalls glaubt er, dies zu tun. Auf seinen Glauben kommt es dabei an, auf seine sichere Gewißheit. Aber es gelingt ihm dies nicht, die Fangschaltung in seinem Büro in Gang zu setzen, er ist zu doof dazu. Oder zu aufgeregt. Fünf Minuten später, reiner Zufall, zwei Ereignisse, die in keinem inneren Zusammenhang stehen, ruft nun seine in der Wohnung von Biermann an, für deren Telefon ebenso wie bei dem in seinem Büro eine solche Fangschaltung installiert worden war. und sie setzt dabei die Fangschaltung in Gang – sie aber wirklich und nicht nur vermeintlich, sie aber aus Versehen und ohne Absicht und Anlaß bei einem solchen Privatgespräch ohne alle Morddrohung. Aus Blödheit, weil sie vielleicht ja nichts falsch machen will, keinen anonymen Anruf versäumen, und ohne dies zu bemerken, ohne sich später daran zu erinnern. Nachdem Biermann seinen Drohanruf erhalten hat, ruft er beim Staatsschutz an, teilt er dem Staatsschutz mit, eben wieder einen dieser Anrufe bekommen zu haben, der Staatsschutz setzt sich mit der Deutschen Post in Verbindung, Bei welchem der beiden Telefonapparate die Fangschaltung in Gang gesetzt worden war, danach hatte niemand die Deutsche Post gefragt. Also fassen wir das so zusammen: Biermann erwies sich als zu dumm, seine Fangschaltung in Gang zu setzen, Und dieser Irrsinn hat mich tausend Mark gekostet, so hoch war die Rechnung des Anwalts.

Interessanterweise jedoch war damit für die Staatsschützer die ganze Sache, jedenfalls was mich dabei betraf, noch nicht erledigt: sie wollten bei mir eine Hausdurchsuchung durchführen. Um eine Hausdurchsuchung durchführen zu können, muß in einem Rechtsstaat wie der Bundesrepublik Deutschland eine richterliche Genehmigung eingeholt werden, und zwar von der Staatsanwaltschaft, die den entsprechenden Fall bearbeitet. In diesem Moment mußte sich also die Staatsanwaltschaft mit den Fall beschäftigen – der Eindruck bei der Lektüre der Akten ist der, daß sie dies zum ersten Mal in diesem Moment erst getan hat, sich die Akten vorlegen zu lassen, die ihr vorgelegten Akten zu studieren. Die Staatsanwaltschaft beendete ebenso aber auch, weil offensichtlich unbegründet, das gegen mich eingeleitete Ermittlungsverfahren. Damit war die Sache erledigt, der Rechtsstaat hatte gesiegt. Ich wurde auch deshalb Verfassungsrichter, weil ich die Vorzüge des Rechtsstaates kennengelernt hatte. Nachdem ich zum Verfassungsrichter gewählt worden war, meldete sich Nina Hagen bei mir, meine alte Liebe, ganz begeistert davon, daß ich in dieses Amt gewählt worden war, daß ich mich in dieses Amt hatte wählen lassen. Sie lud mich und meine Familie, die sie unbedingt mal kennenlernen wollte, zu ihrem nächsten Berliner Konzert ein. Ich erzählte ihr, was mir mit unserem gemeinsamen Bekannten Wolf Biermann passiert war. Nina hörte es mit Staunen, und als wir uns dann bei ihrem Konzert wiedersahen, erzählte sie mir, mit ihrer Mutter darüber gesprochen zu haben, und ihre Mutter habe ihr gesagt, im Hause Biermann wäre man nach wie vor überzeugt davon, daß ich der anonyme Drohanrufer gewesen sein müsse, auch sie sei es, meine Stimme sei eindeutig zu identifizieren gewesen, nur die schlampige Polizeiarbeit sei daran schuld, daß man mir dies nicht hatte nachweisen können. Nina lachte, als sie mir dies erzählte, und sie faßte sich an den Kopf dabei. Dann hob sie ihre Schultern hoch, verzog ihr Gesicht zu einer Grimasse und sagte: »Biermann.«

Verzeih

Aber das war erst ein paar Jährchen später, und ich hätte es an dieser Stelle, nachdem sich alles in Wohlgefallen aufgelöst, mein Strafverfahren für beendet erklärt worden war, gutsein lassen sollen.

Adel

Der kleine Junge starrte in das Lexikon, das einbändige Lexikon, das damals in der DDR so weitverbreitet war, und er hatte die Seite bei *H* aufgeschlagen, auf der er seinen Vater finden würde, und der Wahn überkam ihn, daß dort einmal, in einer späteren, zukünftigen Lexikonausgabe, auch sein Name stehen würde, und zwar, da *F* alphabetisch ja vor *R* kommt, über dem seines Vaters, und dann würde es bei Robert Havemann heißen: Vater von 1 – dies nennt man Ehrgeiz. Früh geweckten Ehrgeiz, und würde man meinen, ich sei von Ehrgeiz zerfressen, von Ehrgeiz angetrieben, ich hätte da viel nun zu tun, nachdem ich mich einmal zu diesen Wahnvorstellungen bekannt habe, einen solchen Eindruck zu verwischen, wieder auszulöschen. Wahrscheinlich bin ich's ja wirklich, und mir bliebe nur zu sagen, mich dahingehend zu retten, daß mein Ehrgeiz so groß ist, daß er sich nicht durch irgendwelche Titel, Orden und eine Anerkennung meiner Leistungen zu meinen Lebzeiten noch befriedigen lasse. Daß er deshalb ganz wesenlos geworden sei, mein Ehrgeiz, so sehr übersteigert, daß er mich gar nicht mehr anzutreiben vermag und ich also nur noch meiner Bestimmung folge, mich meinem Schicksal ergeben habe. Aber wer würde mir dies glauben, wer? Vielleicht aber hilft es mir aus diesem

Dilemma heraus, wenn ich meinen Vater selber für diesen Ehrgeiz verantwortlich mache und behaupte, daß er ihn mir doch eingepflanzt habe, daß dieser Ehrgeiz sein Erbe sei, das dann von mir nur angenommene, weitergeführte. Daß Havemann Ehrgeiz bedeute, daß Havemann ohne Ehrgeiz nicht zu haben sei. Weil Havemann aristokratisch ist. Und der Ehrgeiz ein Wesensmerkmal der Aristokratie ist. Mein Freund Christos Joachimides hat mal zu mir gesagt, durchaus in einer Mischung aus Verachtung und Bewunderung, ich verhielte mich so, als hätte ich ein Schloß geerbt. Und das trifft es wahrscheinlich. Ich habe aber kein Schloß geerbt. Ich habe gar nichts geerbt. Von meinem Vater nicht. Nur seinen aristokratischen Ehrgeiz. Also einen Begriff von Ehre. Einen Begriff auch von Loyalität. Die Ehre erweist sich in der Loyalität, und sie erweist sich noch einmal mehr in einer Loyalität, die auch dann gilt, wenn man sich seinem König entgegenstellt, der Sache, der man Treue gelobt hat. Wenn die Ehre nicht mehr auf den persönlichen Vorteil bedacht ist.

Wie gesagt: aus Havemann wird erst Havemann, wenn sich Havemann mit Nicht-Havemann verbindet. Wie schon erwähnt, heiratet der Sohn des Saatgroßhändlers Havemann, mein Großvater, eine adlige Dame, Elsa von Schönfeld, die daraufhin prompt von ihrer Familie enterbt wird. Aber es geht ja noch weiter: die Frau, die mein Vater im Jahre 1949 und damit vier Jahre nach Ende des Krieges, vier Jahre nachdem er seiner Todeszelle entronnen ist, heiratete, sie hieß Karin von Trotha und war die Witwe eines U-Boot-Kommandanten, der, wie ich immer so neutral wie möglich zu formulieren suche, im Atlantik verblieben ist – merkwürdiger Gedanke: ich verdanke dem Tod dieses Mannes mein Leben. Diese Witwe Trotha, die dann also meine Mutter werden sollte, sie war, wie sollte es bei einem Trotha wohl auch anders sein, selber von Geburt eine *von*, eine derer von Bamberg, und diese von Bambergs, das waren, über mehrere Generationen schon, hohe preußische Staatsbeamte, Staatsanwälte, Geheimräte, Gymnasialdirektoren, Finanzdirektoren, wie dann auch der Vater meiner Mutter, mein Großvater, den ich nie kennengelernt habe, da schon lange vor meiner Zeit verstorben, vor 33 zu seinem Glück schon, erst Verwaltungschef des berühmten Internats in Schulpforta war, wo meine Mutter auch geboren wurde, dann auf einem Posten in Kassel und am Ende Finanz- und Verwaltungsdirektor der Berliner Charité – das war diese Sippschaft, die Familie meiner Mutter. Die der Trothas, in die meine Mutter zuerst einmal eingeheiratet hatte, ist da als alte Militaristenfamilie sehr viel schlechter beleumundet: wer sich ein bißchen in der Geschichte des wilhelminischen Deutschland auskennt, weiß, daß es ein von Trotha war, der in Deutsch-Südwestafrika die Hottentotten massakriert hat. Doch gemach, ich stamme von diesem Henker nicht ab, und auch der Mann, den meine Mutter während des Krieges geheiratet hatte, dieser patente junge Mann mit dem Kapitänspatent und der großartig erhebenden Aussicht, sein wohlverdientes Ende dereinst am Meeresgrunde zu finden, er war mit diesem Hottentottenschlächter von Trotha nur entfernt verwandt, sein Vater ein kleinerer Polizeioffizier in Kassel, und von dort stammt sie ja her, die Verbindung derer von Bamberg und dieses Zweigs der Trothas. Aber noch einmal mehr adlig wird es, wenn man diese Linie verfolgt, die von der Mutter meiner Mutter ausging, die derer von Ascheberg nämlich, das war dann ganz, ganz alter Adel, so alt, daß er sich angeblich bis zu Widukind zurückverfolgen lasse, dem Führer der Sachsen gegen Karl den Großen, nach der Niederlage der Sachsen zum Christentum bekehrt und getauft, Taufpate: Karl der Große – so machte man das damals. Und von diesem Widukind soll dann über dessen Töchter eine Verbindung bis zum ersten deutschen Kaiser beziehungsweise dessen Gemahlin existieren – ich schreibe das hier nur ganz nachlässig, weil von oben herab hin, diese Mitteilungen strotzen sicher nur so von Fehlern und würden den guten Herrn Meier zur Verzweiflung treiben, der sie uns dereinst, Mitte der 60er Jahre, als hochbedeutsam mitgeteilt hat – habe ich Meier gesagt? Ja, Meier, und das war ja schon mal ein Witz, daß der Ahnenforscher dieser Familie Ascheberg ein Herr Meier war, ein eingeheirateter Herr Meier, der es also nötig haben mußte. Aber auch die Familie Meier hatte es in sich, wie Herr Meier dann irgendwann mitzuteilen wußte: natürlich waren das Geldleute, diese Meiers, und ihr Geld machte sie den Aschebergs akzeptabel, die nicht soviel davon hatten, aber es waren diese Meiers nicht irgendwelche Geldleute, sondern ganz schlimme Geldleute – es waren nämlich diese Meiers, die in Schlesien die von ihnen abhängigen Weber so sehr geknechtet hatten, und es waren dieselben Meiers, die dann nach der preußischen Armee riefen, als diese von ihnen ausgepreßten Weber den Aufstand probten, und die Armee, die preußische, sie kam, die Meiers vor dem Pöbel zu schützen.

Das sind so Familienhintergründe, und auch wenn wir uns nach dem Besuch des kleinen Herrn Meier darüber zu Hause lustig gemacht haben, erzählt habe ich diese Storys immer gerne – in der sicheren Gewißheit, damit Eindruck zu schinden, selbst bei meinen gut sozialistisch erzogenen Altersgenossen, und um mich dann noch einmal darüber erheben zu können, über den aristokratischen Stammbaumwahn, und dann auch darüber, wie man sich nur von solchen Namen blenden lassen könne. Ich wähnte diese meine Überheblichkeit eine sozialistische, ich *wähnte* sie eine sozialistische, ich betone den Wahn, dabei aber war sie doch nur die Fortsetzung meines eigenen aristokratischen Wahns. Man nenne es von mir aus: einen sozialistisch-aristokratischen Wahn. Es hat ja schließlich auch mal einen aristokratischen Sozialismus gegeben. Und auch eine sozialistische Aristokratie, einen roten Adel. Und genau zu dem gehörte mein Vater, in diesen Adel wurde ich hineingeboren, den Dünkel dieses Adels teilte ich. Dessen Hochmut natürlich auch, und was nun diesen alten Adel betraf, mit dem sich der Herr Meier aus dem Westen, in den es seine Familie nach dem Verlust ihrer schlesischen Besitzungen nach dem Zweiten Weltkrieg verschlagen hatte, schmückte und mit dem sich auch beim einfachen sozialistischen Volk in der DDR noch Eindruck schinden ließ, so wähnte ich natürlich den Adel, die Aristokratie, zu der mein Vater gehörte und durch ihn auch ich, diesen bloßen *Vons* unendlich überlegen. Deren Heldentaten lagen mir doch ein bißchen zu lange, zu viele Generationen zurück. Mein Papa dagegen war ein ganz frischer Held, und er hatte sich selber in den Adelsstand erhoben, in einen Adelsstand, der so ein lächerliches *von* nicht brauchte, nicht diese äußerlichen Insignien.

Meine Mutter, aus einer alten adligen Familie stammend, hatte als junges Mädchen beschlossen, daß für sie nur so ein *Von* als Ehemann in Frage käme, und es gab dann da wohl einen ganzen Reigen von adligen jungen Herren, mit denen sie eine Verlobung eingegangen war, bevor sie dann diesen U-Boot-Kommandanten von Trotha heiratete – einer von ihnen, ein Pilot, soll sich damit gebrüstet haben, bei der Legion Condor und ihrem Angriff auf Guernica mit dabeigewesen zu sein. Für meine Mutter kein Grund, die Verlobung mit ihm zu lösen – dafür gab es andere Gründe, nicht weiter erwähnenswerte, von meiner Mutter jedenfalls nicht erwähnte Gründe, und ich würde dies auch für möglich, wenn nicht wahrscheinlich halten, daß diese ganzen Verlobungen meiner Mutter von ihr gar nicht mit ernstlichen Heiratsabsichten eingegangen worden waren, sondern nur, um die Affairen mit diesen Männern zu legitimieren, nach außen hin und vielleicht auch vor sich selbst. Dann aber doch im Jahre 1941 die Ehe mit diesem von Trotha, den sie schon seit ihrer Jugendzeit in Kassel kannte, und vielleicht war da schon mein ältester Bruder, mein Halbbruder Utz unterwegs. Der U-Boot-Trotha verblieb im Atlantik, nachdem er zuvor im Mittelmeer einen englischen Kreuzer abgeschossen und mit Mann und Maus versenkt hatte und dafür hoch dekoriert worden war. Der Krieg ist 1945 zu Ende, eine neue Zeit beginnt, meine Mutter dann Witwe, Kriegerwitwe und 33 Jahre alt, als sie 1949 meinen Vater kennenlernt und heiratet – einen Havemann, einen Bürgerlichen. Von ihrem Adelswahn wohl geheilt – mitnichten: der Mann, den sie heiratet, er gehört, als ehemaliger Widerstandskämpfer, einem neuen Adel an. Und auch er wird dekoriert werden, für seinen Widerstandskampf eine Medaille bekommen, den Vaterländischen Verdienstorden zweiter Klasse für seine Verdienste um den Aufbau der DDR und und und – was will sie also mehr, meine Mutter?

Natürlich wurde das nie ausgesprochen, das mit der neuen Aristokratie, dem roten Adel. Das war tabu. Das war so sehr tabu, daß es wahrscheinlich noch nicht mal tabuisiert werden mußte. Das fiel für einen Sozialisten unter ein Denkverbot. Unter ein Denkverbot, das für einen Sozialisten so weit ging, daß er noch nicht mal wußte, daß er sich dies zu denken verboten hatte. Anders und wahrscheinlich realistischer, weniger mysteriös ausgedrückt: dem Sozialisten fehlten die Denkmittel, die gedanklichen Hilfsmittel, seine Lage zu denken, zu begreifen, wenn er mit zu diesem Adel gehörte. Der kam in ihrer Theorie nicht vor. Der Begriff der Aristokratie gehörte in eine ganz andere Geschichtsepoche, er hatte mit dem Sozialismus nichts zu tun, er ging die sozialistische Aristokratie doch nichts an. Der aristokratische Sozialist, er befand sich auf dem Weg in die klassenlose Gesellschaft. Als Djilas, der selber mal zu dieser Mischpoke gehört hatte, zu der Aristokratie, die sich im jugoslawischen Partisanenkrieg herausgebildet hatte, dann von der *Neuen Klasse* sprach, sein Buch der Analyse der jugoslawischen Gesellschaft unter Tito so nannte, war das eine Sensation. Und schnell wieder vergessen, verdrängt, in seinen Konsequenzen bitte nicht zu bedenken. Aber diese sozialistische Aristokratie, sie herrschte nicht wirklich, sie war da, war unübersehbar, sie besetzte wichtige Posten, aber sie mußte die eigentliche Herrschaft den so wenig aristokratischen Parteibonzen überlassen und ihren subalternen Beamten, den kleinen, miesen und opportunistischen Gefolgsleuten, dem Funktionärspack. Und sie litt darunter, sie flüchtete sich in aristokratische Überheblichkeit. Und dann wurde ihr Stück für Stück der Schneid abgekauft, abgetrotzt von den kleinlichen Verhältnissen, den Schwächlingen in der Partei, die über sie triumphierten. Außer sie begehrten noch einmal auf. Wie mein Vater aufbegehrte. Aber eben aus ganz anderen Beweggründen als denen, über die das Volk da unten zu schimpfen und zu meckern niemals aufhörte. Und der gute Mann glaubte, das Sprachrohr dieses Volkes zu sein, und das Volk war froh, einen da oben an herausragender Stelle zu haben, der widersprach – was er sagte, das war dabei so wichtig nicht. Hauptsache, einer widersprach. Und es fragt sich da für mich, wer wohl sich in einem größeren Verblendungszusammenhang bewegte, und ich stelle diese Frage natürlich nur rhetorisch, denn für mich ist es ja klar, daß das mein Vater war, der Angehörige der Intelligenz, der kluge, mutige Mann, der ewige Aristokrat, der auch als Oppositioneller niemals aufhörte, Aristokrat zu sein, roter Adel. Die Pisser, die kleinen Anschwärzer, die berufsmäßigen Denunzianten, die Spitzel von der Stasi, der untersetzte Jägersmann Mielke, der andere Erich, er vorneweg, natürlich hätten sie diesen Mann wie zu Stalins harten Zeiten am liebsten weggesperrt oder noch lieber an die Wand gestellt oder auch in einem Schauprozeß vernichtet, doch da war erst Ulbricht und dann der andere, der oberste Erich vor, Erich Honecker, und wahrscheinlich waren sie froh, heilfroh, diesen Adelsmann Havemann auf seine Güter zu schicken und mehr nicht, nach Grünheide Alt-Buchhorst auf seine Hütte, in sein Haus am See. Und sie gaben ihm eine Pension, und als dem einen Erich von dem anderen Erich eine Liste vorgelegt wurde, die von seiner Stasi ausgearbeitet worden war und worin aufgelistet stand, was man mit diesem Havemann so alles anstellen könne, ihn bei einem fingierten Autounfall ums Leben kommen, ihn bei einer Operation sterben lassen, alles das, was Geheimdienstleuten auf der ganzen Welt so einfällt, wollen sie sich eines leidigen Problems entledigen, da schrieb Erich Honecker mit seiner grünen Tinte an jede einzelne dieser vorgeschlagenen Maßnahmen sein *Nein EH* dazu und kam sich wohl sehr gut dabei vor – nur mit der Observation durften sie weitermachen wie bisher.

Was hat mich das für Mühe gekostet, diese DDR zu durchschauen, diesen Adel, in den ich hineingeboren wurde, dessen Dünkel ich teilte, als Adel zu begreifen, und ich bin stolz darauf, daß ich mir diese Mühe gemacht habe, und natürlich ist auch dieser Stolz wieder Adelsstolz und muß verdächtig bleiben. Was war ich überheblich. Eine Geißel, wie mein Freund Thomas Brasch sagte, ein Monster mit meinem moralischen Rigorismus, und alle seien doch froh gewesen, als ich endlich in den Westen abgehauen bin und sie mich dann los waren. Mich endlich beschimpfen konnten, als Verräter am Sozialismus beschimpfen konnten. Von wegen, ich sei ein Opfer gewesen, ein Opfer meines Vaters – umgekehrt, so Thomas Brasch, mein Vater, er sei mir hilflos ausgeliefert gewesen, er mein Opfer, das Opfer meines Rigorismus, meiner Radikalität. Das ist Havemann. Wenn die Dinge dann doch anders liegen, als sie sich nach außen hin darstellen mögen, das ist Havemann. Der falsche Eindruck – Havemann.

Und dann der Westen, die freie Welt – was ist das für eine Welt? Was für eine Welt ist das für einen Aristokraten? Für einen wie mich. Eine Welt, in der es alles gibt. Monarchen, Alleinherrscher, Despoten und Tyrannen, den Beamtenstaat und die charismatische Herrschaft, die Adelsrepublik, die Elite und besonders die Möchtegernelite, den Plebs und die unterste Unterschicht, den Pöbel und seine Tribunen – alles und alles, was sich früher, zu früheren Zeiten leichter trennen, einteilen und zuordnen ließ, alles mit einem Mal, gleichzeitig, zur gleichen Zeit und sich gegenseitig durchdringend, im Larvenstadium und im Verfall, verpuppt und frech sich zur Schau stellend, und alles eingebettet, sich in einem großen Lotterbett wälzend, und dieses Bett, man nennt es Demokratie. Und ich, der ich so lange am Rand gesessen habe, habe immer auch mit auf diesem Bett gesessen, auf seiner immer noch bequemen Kante. Als Lumpenaristokrat. Jahrelang ohne Versicherungskarte. Aber gehabt euch wohl: ich fühlte mich wohl dabei, und ich beklage mich nicht. Ich beklage mich vielleicht deshalb nicht, weil ich mir dazu zu fein bin, mich zu beklagen, wie sich alle beklagen. Ich bin ein Demokrat wider Willen, aber ich bin ein Demokrat.

Auch ich glaube, daß einige Menschen Führungsqualitäten besitzen, andere die, sich führen zu lassen – auch das eine Qualität, will ich meinen. Und ich glaube, daß das mengenmäßig sehr ungleich verteilt ist, daß es wenige Menschen sind, die, auf welchem Gebiet auch immer und in welcher Weise immer auch, andere führen können und das dann auch wollen, wobei wenige nicht heißen muß: zu wenige, und vielleicht sind es sogar zu viele, und deshalb das Gerangel um die Posten, und ich glaube, daß es diese Fähigkeiten in sehr unterschiedlichen Graden gibt, ich glaube also an eine Hierarchie, die komplizierter sein mag, als das die meisten Obersten wohl gern haben, aber ich glaube dran, ich kann nicht anders. Mir fällt nichts anderes ein. Und ich weiß doch, daß das überhaupt nicht stimmen muß, daß ich mich da grundlegend täuschen kann, nur einem Wahn aufgesessen bin, daß sich mir die Welt nur deshalb so darstellt, weil man mich die Welt der Menschen mit aristokratischen Augen sehen gelehrt hat. Aber ich sehe sie so. Hier stehe ich und könnte gern anders. Doch zu mehr, als daß ich einen ganz grundsätzlichen Irrtum für möglich halte, nicht ganz ausschließe, reicht es nicht. Das ist das Maximum dessen, was ich an Einsicht leisten kann, und ich befürchte, daß auch dies wieder von aristokratischen Motiven angetrieben sein könnte, daß ich so unabhängig in meinem Denken sein will, daß ich dann sogar für Momente wenigstens unabhängig von meinem eigenen Denken sein will in seiner Beschränktheit, immer in dem Bestreben, etwas ganz Besonderes sein zu wollen. Die Selbsterniedrigung aus purer Überheblichkeit, Selbstüberhebung.

IA 57-88

Das Auto

Von der Seite, schräg nach vorne und en face, mit dem Gesicht zum Betrachter – ja ich weiß, das muß jetzt wieder bösartig auf Sie wirken, geradezu denunziatorisch, dieses Doppelporträt: ein Mann und sein Auto beziehungsweise umgekehrt: ein Auto und der Mann, der zu diesem Auto gehört. Oder noch einmal anders, mehr DDR-spezifisch, und das auch in der Wortwahl: ein Bonze und seine Bonzenschleuder. Aber das wissen Sie doch mittlerweile nun, daß mein Vater in dieser DDR zu den Privilegierten gehörte, zur Nomenklatura, zum roten Adel, wie man das auch nannte, und also ein Bonze war – noch so ein Wort für etwas, ein soziales Phänomen, für das es kein Wort gab, für das die klugen, die intelligenten Leute der Intelligenzia lieber nach keinem Begriff suchen wollten, und *Bonze*, das klang irgendwie asiatisch, und damit stimmte schon erst mal die Himmelsrichtung, wo doch diese *Neue Klasse*, wie Djilas das später nannte, ohne damit richtig durchzudringen, aus dem Osten, den asiatischen Weiten des roten Rußland, zu uns bis an die Elbe gekommen war. Sie wissen, daß mein Vater ein Bonze war, aber Sie wollen ihn lieber nicht so sehen, auf einem Foto den Bonzen Havemann nicht unbedingt sehen müssen – stimmt's? Verstehe ich, verstehe ich durchaus, der Bonze Havemann, das ist kein so angenehmer Anblick, der spätere Oppositionelle, der Dissident Havemann sah sehr viel besser aus – aber es ist Ihnen doch wohl klar, daß ich meine ganze Kindheit durch, fast bis in die Pubertät hinein, mit diesem Bonzen Havemann zu tun hatte, den Sie lieber nicht ansehen mögen, weil Ihnen sein Anblick unangenehm ist. Vielleicht sogar peinlich – wenn ja, dann ginge es Ihnen wie mir, nur daß ich ihn mir trotz dieser Peinlichkeit doch noch einmal genauer ansehen will. Meinen Vater. Den Bonzen Havemann. Wie er neben seinem Auto steht, seiner russischen Funktionärslimousine der Marke *Wolga*, neben dieser Bonzenschleuder für die nicht ganz so hohen Bonzen. Die Oberbonzen ließen sich in einem tschechischen *Tatra* durch die Gegend kutschieren – wenn sie etwas weltläufiger waren, sich moderner geben wollten und nicht ganz stur in ihrer deutsch-sowjetischen Freundschaft. Grosse hatte so ein Ding, so einen stromlinien-, tropfenförmigen *Tatra*, Grosse, der Minister für Schwermaschinenbau, der bei uns mit im *Haus des Kindes* am Strausberger Platz wohnte und ebenso wie mein Vater ein Wochenendgrundstück in Grünheide Alt-Buchhorst besaß, und manchmal durften wir mit der Familie Grosse in diesem schnellen *Tatra* am Sonntagabend in die Stadt zurückfahren – dann, wenn mein Vater draußen bleiben wollte über Nacht. Auch Erich Apel, unser Nachbar dann in der Burgwallstraße, nachdem die Familie Henselmann ihr Haus dort aufgegeben hatte, Apel, der Vorsitzende der Staatlichen Plankommission, fuhr einen solchen *Tatra* beziehungsweise ließ sich in ihm chauffieren – mein Vater fuhr selber, das muß man ihm lassen, diese Unterscheidung muß man machen, mein Vater hatte Spaß am Autofahren, und vielleicht auch war er ein so hochgestellter und privilegierter Bonze dann doch nicht, daß er das Anrecht auf das Privileg eines Chauffeurs gehabt hätte. Aber wer einen solchen *Wolga* hatte, der hatte doch in der Regel auch einen Chauffeur, und also passierte es meinem Vater immer wieder, und er berichtete belustigt davon, daß er, wenn er mit seinem *Wolga* in dieser Reparaturwerkstatt für Bonzenschleudern in der Hannoverschen Straße vorfuhr, daß er, der sich nachlässig kleidete, nicht wie ein typischer Funktionär, von den anderen Chauffeuren für einen von ihnen gehalten und also von ihnen geduzt wurde – bis sie dann doch sehr erstaunten, wenn er von dem Leiter dieser Reparaturwerkstatt, der ihn natürlich kannte, mit *Herr Professor* angeredet wurde – nennt man das Volksverbundenheit? Wie immer man das nennen mag, mein Vater war ohne sein Auto gar nicht zu denken, und so viele Autos gab es damals in der DDR nicht, ein Auto zu besitzen, das war schon ein Privileg. Die Straßen waren ja leer damals, und also gab es freie Fahrt und keine Parkplatzprobleme – waren das selige Zeiten für einen leidenschaftlichen Autofahrer wie meinen Vater. Immer rauf aufs Gaspedal, egal, was die Verkehrsregeln vorschrieben. Verkehrsregeln, die galten doch für einen Havemann nicht.

Ist das jetzt wieder Denunziation? Gut, dann erzähle ich Ihnen jetzt eine kleine Geschichte, eine Anekdote von dem Rennfahrer Havemann: es war an einem Samstagmittag, und mein Vater wollte raus ins Häuschen, nach Grünheide Alt-Buchhorst an den See, so schnell wie möglich, und also bretterte er voll Karacho die Stalin- und dann Frankfurter Allee entlang, immer weiter raus aus dem Stadtinnern, und in Friedrichsfelde dann fiel einer Polizeistreife dieser Wagen mit überhöhter Geschwindigkeit auf – wir drei Kinder saßen mit meinem Vater zusammen auf der Vorderbank, Sicherheitsgurte, die gab es ja damals noch nicht, ich am Fensterplatz, und von dort aus sah ich es, wie diese Volkspolizisten, als sie unsern schwarzen *Wolga* an sich vorbeirauschen sahen, schnell in ihren Streifenwagen sprangen und uns nachsetzten. Ich machte meinen Vater darauf aufmerksam, und bald hatte er sie in seinem Rückspiegel, und daß sie uns hinterherfuhren, das war ja klar, aber für meinen Vater natürlich kein Anlaß, nun etwa deshalb auf die Bremse zu treten und seine überhöhte Geschwindigkeit zu reduzieren – umgekehrt: mein Vater fuhr nur noch schneller, versuchte die *Weißen Mäuse* von der Verkehrspolizei abzuhängen, und natürlich fanden wir Kinder das aufregend. Ein *Wolga* fuhr ja schneller als das, was so ein Streifenwagen hergab, aber in Mahlsdorf dann in dieser weit gebogenen Kurve holten sie uns ein, überholten sie uns sogar in einem gewagten Manöver und drängten meinen Vater an den Straßenrand, so daß er stoppen mußte. Der Fahrer des Polizeiautos stieg aus, kam auf uns zu, am ganzen Körper bebend, mein Vater kurbelte die Scheibe an seiner Seite herunter, ließ aber den Motor an. Der Polizist verlangte von meinem Vater, er solle den Motor ausschalten und ihm seine Fahrerlaubnis geben. Mein Vater aber schaltete den Motor nicht aus. Und mein Vater gab dem Mann auch nicht die verlangte Fahrerlaubnis, er holte statt dessen seinen großen roten Volkskammerausweis aus der Innentasche seines Jacketts und reichte ihn dem erstaunten Polizisten. Und in dem Moment, wo er meinem Vater diesen roten Ausweis abgenommen hatte, drückte der wieder aufs Gaspedal und rauschte davon – fast noch hätte er dem Polizisten, der entsetzt einen Schritt zurückwich, die Hand abgerissen. Zwei Wochen später bekam er seinen Volkskammerausweis von der VP, der Volkspolizei, zurück – die Folgen für ihn: keine. Das nennt man Privilegien. Ein Mann, der seinen Bonzenstatus rücksichtslos für sich ausnutzte.

Und jetzt springe ich mal und erzähle Ihnen eine andere Geschichte, eine Geschichte, die ich nicht selber erlebt habe, die mir nur erzählt worden ist, und zwar von KD Wolf, dem Verleger aus Frankfurt am Main – Stroemfeld/Roter Stern, vielleicht kennen Sie den Verlag. Mit ihm zusammen fuhr ich von Berlin nach Frankfurt, irgendwann in den 90er Jahren, die DDR gab es schon nicht mehr, und wir wollten in seinem Verlag über eine Buchausgabe meines Rosa-Luxemburg-Stückes sprechen, ob sie das vielleicht veröffentlichen, als Buch herausgeben mit von mir manipulierten und überarbeiteten Fotos. Die Fahrt ging zügig, die Unterbrechung durch die DDR-Grenzkontrollen gab es nicht mehr, keinen Transitweg, aber die Fahrt dauerte doch lang, und also hatten wir Zeit, KD Wolf und ich, die wir uns doch gar nicht kannten, nur einiges voneinander wußten, uns mal richtig zu unterhalten, und wenn man sich mit mir, einem Havemann, unterhält, dann unterhält man sich natürlich irgendwann über Havemann und also auch über meinen Vater, und KD Wolf wollte immer mehr von mir wissen, ihn interessierte das, meine Sicht auf diesen Robert Havemann, den er wie viele Linke im Westen aus der Ferne bewundert hatte, aber wir fuhren ja mit einem Auto, und KD Wolf fuhr und lenkte und hatte eine volle Autobahn zu beachten, und also waren es mehr Anekdoten, die ich ihm erzählte, uns beiden die Zeit zu verkürzen. Und also erzählte ich ihm zur Charakterisierung der Privilegien, die mein Vater in der DDR genossen und schamlos für sich ausgenutzt hatte, diese Geschichte mit der Polizei, die uns da mal verfolgt hatte, den schwarzen, mit überhöhter Geschwindigkeit fahrenden *Wolga*, und dann diese Sache mit dem Volkskammerausweis und wie mein Vater der Verkehrspolizei einfach davonfährt. KD Wolf hörte dieser Story mit wachsender Faszination zu und ohne mir den Vorwurf zu machen, ich würde nur wieder mal schlecht über meinen Vater reden, ihn in ein schlechtes Licht setzen wollen, und als ich fertig war, sagte er, nun wolle er mir eine dazu passende Geschichte erzählen, und diese Geschichte, die ging dann ungefähr so: der junge KD, frankophil und, so oft es ihm nur möglich war, zu Besuch in Frankreich, lernt dort dann, so was bleibt ja nicht aus, eine Französin kennen, eine Liebesgeschichte entspinnt sich, und er fühlt sich sehr geehrt, daß er als Deutscher in der Familie seiner französischen Liebe freundlich aufgenommen wird, der Vater, ein ehemaliger Résistance-Kämpfer, ein Linker, hat nichts gegen den linken jungen Deutschen. Und dann eines Tages muß die Familie von dem Provinzstädtchen, wo sie lebt, wo der Vater irgendeinen hohen Posten in der Verwaltung bekleidet, nach Paris, der älteste Sohn, im wehrpflichtigen Alter, muß nach Algerien, in Paris seinem Stellungsbefehl nachkommen. Und also setzt sich die ganze Familie ins Auto, einen ganz modernen *Citroën DS 19*, KD Wolf, der zurück nach Deutschland will, darf mitfahren, und natürlich fahren sie zu spät los, die familiäre Abschiedszeremonie hatte sich französisch hingezogen, keiner wußte, ob der Sohn aus dem algerischen Bürger- und Kolonialkrieg wieder lebend zurückkommt, und also drückt der Vater aufs Gaspedal, brettert er mit überhöhter, sehr stark überhöhter Geschwindigkeit über die französisch schmalen Provinzstraßen, die es damals zu dieser Zeit ja nur gab. In irgendeiner der Ortschaften, die der Vater, ohne den Fuß vom Gaspedal zu nehmen, durchfährt, wird der Citroën von der Gendarmerie bemerkt. Die ihm in ihrem sehr viel älteren und weniger schnellen Wagen nachfährt, ihn nicht stoppen kann. Dann scheint es so, als hätten sie die Verfolgungsjagd aufgegeben, aber in einem der nächsten Orte steht ein Polizeiwagen am Straßenrand bereit, wieder versuchen sie, den Mann zu stoppen. Der sich davon aber nicht beeindrucken läßt, nur auf seine Uhr schaut, und es ist spät, sie sind spät dran und haben bis nach Paris noch eine ganze Strecke vor sich. Dann aber, KD sieht es wie die andern schon von fern, zehn, zwanzig Kilometer weiter hat die Gendarmerie eine Straßensperre aufgebaut, die den Vater zum Halten zwingt. Fordern sie ihn zum Aussteigen auf?

Steigt der Mann aus? Ich weiß es nicht, und darauf kommt es so sehr auch nicht an – worauf es ankommt und warum mir KD Wolf diese ganze Geschichte erzählt hat, das ist etwas anderes: dieser Mann in seinem zu schnellen *Citroën* beginnt die Polizisten zu beschimpfen, was sie sich einbilden würden, er hätte es eilig, sein Sohn müsse nach Paris wegen seiner Einberufung, und dann, und nun kommt's, holt er einen Ausweis aus der Tasche, einen Ausweis, der ihn als Résistance-Kämpfer ausweist, als Mitglied der Ehrenlegion, und ich weiß jetzt gar nicht mehr, ob dieser Ausweis nun Eindruck auf die französischen Gendarmen machte, ob sie den Mann deshalb unbeanstandet passieren ließen – entscheidend ist allein nur der Anspruch dieses Mannes, daß für ihn als ehemaligen Résistance-Kämpfer die Straßenverkehrsordnung nicht gelten solle.

Die Ähnlichkeiten zum Verhalten meines Vaters sind frappant, und deshalb doch spreche ich wohl ganz richtig von einer neuen Aristokratie, die aus dem Widerstandskampf gegen Hitler, gegen die Nazis hervorgegangen ist, und dies nicht nur in Deutschland – eine Aristokratie beansprucht Vorrechte für sich, Privilegien. Sie hält ihre Privilegien für gerechtfertigt. Auch solche, die sich dann auf die Straßenverkehrsordnung beziehen. Eine Straßenverkehrsordnung gab es zu den Zeiten aristokratischer Herrschaft vor der Französischen Revolution zum Beispiel und auch anderswo in Europa nicht, aber das war dem Adel erlaubt, mit einer Jagdgesellschaft einfach über und durch die Felder der Bauern zu reiten, da konnte ihnen keiner was anhaben. Und deshalb ist der Adel, die Aristokratie zu jeder Zeit abzulehnen – außer natürlich man gehört zu dieser Mischpoke mit dazu. Dann genieße man diese Vorrechte. Man wäre schön blöd, es nicht zu tun. Also keine Denunziation meines Vaters, nur eine Beschreibung seiner Stellung, und er hätte ein Heiliger sein müssen, diese Stellung nicht auszunutzen. Die Polizei mag keiner. Ihr ein Schnippchen zu schlagen, das ist ein Gaudi. Chuzpe, sagte mein Vater, und er benutzte besonders gern dieses jüdische Wort, das mehr meint als nur die deutsche Frechheit. Aber schon Frechheit siegt – nicht immer, aber oft genug.

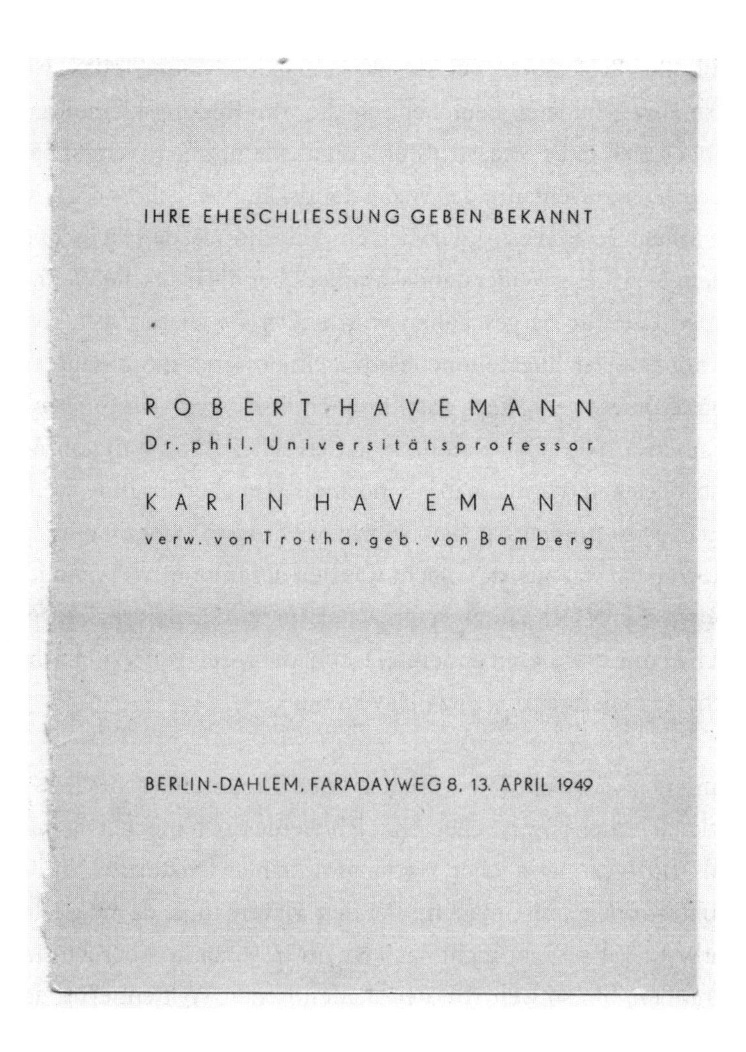
IHRE EHESCHLIESSUNG GEBEN BEKANNT

ROBERT HAVEMANN
Dr. phil. Universitätsprofessor

KARIN HAVEMANN
verw. von Trotha, geb. von Bamberg

BERLIN-DAHLEM, FARADAYWEG 8, 13. APRIL 1949

Titel

Herrlich! Und auch wie dämlich: *von ... von*, verwitwet *von*, geboren *von*. Doppel-*von*. Und wie bescheuert: der Professor ist auch noch Universitätsprofessor – wo sonst könnte man in Deutschland eine Professur bekommen? Und den Doktortitet, den kann man in Doktorland mit im Ausweis haben, als gehörte er wie ein von zum Namen dazu. Aber der

Dr. phil., der Professorentitel, das ist ja eigentlich nur Pipifax, was für die normalen gebildeten Leutchen, für die vom Bildungskleinbürgertum – die sollen sich mit so was großtun, mit akademischen Weihen beweihräuchern, aber Havemann, der Widerstandskämpfer, gehört doch in eine andere Kategorie, und es ist wirklich ein Versäumnis, daß da nicht gleich nach dem Sieg dieser Widerstandskämpfer über die deutsche Wehrmacht ein neuer Titel für sie geschaffen wurde. Der sie auszeichnet, sie nach außen hin kennzeichnet, ein neues von, ein besseres, moralischeres von. Man hätte ihnen wenigstens das Einfügen ihres *nomme de guerre*, ihres Decknamens im illegalen Kampf, gestatten sollen, umrahmt von Anführungsstrichelchen, damit man als normalsterblicher Feigling weiß, mit wem man es zu tun hat – genau: so wie bei Ernesto »Che« Guevara. Das sieht doch nach was aus, das macht was her, das imponiert. Wenn ich nur wüßte, welchen Decknamen mein Vater im Widerstandskampf gehabt hat – ich kenne nur diesen anderen Decknamen, den von später. Aber ich versuch das mal: Robert »Leitz« Havemann.

Tut mir leid, aber so ein Titel verleitet einen Titellosen wie mich zu Schabernack, zu sicher bösen Scherzen – ich werde doch nicht etwa neidisch sein, als einziger männlicher Havemann keinen Doktortitel zu haben? Das doktert doch sonst mächtig bei den Havemanns, da sehe ich ganz minderbemittelt aus, gar nicht nach einem Havemann. Aber ich stehe so sehr draußen, bin so weit von der akademischen Welt entfernt, daß ich es gar nicht einschätzen kann, was das für einen Akademiker für eine Bedeutung hat, so ein Dr. oder ein Prof. gar, und besonders für einen Universitätsprofessor wie den Prof. Havemann, der so lange Assistent nur war, ein wissenschaftlicher Mitarbeiter mit sehr geringen Aussichten, jemals eine Professur zu bekommen, wenn überhaupt. Aber er hat es doch geschafft, und der Professorentitel macht ihn besser als seinen Vater, den Dr. Hans Havemann. Alle Welt soll es wissen. Auch auf dem Zettelchen muß es geschrieben stehen, mit dem er seine Eheschließung bekanntgibt mit Karin Havemann, verw. von Trotha, geb. von Bamberg.

Aber die, die diesen Wisch zugeschickt bekommen, werden es doch längst wissen, daß Robert Havemann Universitätsprofessor geworden ist – was soll das also? Das dürfte so schwer gar nicht zu erklären sein; dazu muß man sich nur die Frage stellen, wer wohl diese private Annonce der Eheschließung zwischen Robert Havemann, Dr. phil., Universitätsprofessor, und Karin Havemannn, verw. von Trotha, geb. von Bamberg, hat drucken lassen – mein Vater doch nicht. Niemals. Das wird ihm überflüssig erschienen sein, viel zu konventionell. Meine Mutter wird sich das ausgedacht haben, die Frau, die sich später als *Frau Professor* anreden ließ. Selbst von ihrer Haushälterin – ein Glück nur, daß diese Frau nicht auch in der Partei war, da hätte sie sich von ihr als *Genossin Havemann* anreden lassen müssen. Man komme mir nicht damit, daß dies früher so üblich gewesen sei, ich meine: immerhin hatten wir den Sozialismus. Jedenfalls war ich in meinem kindlichen Gemüt des Glaubens, wir hätten ihn, und dabei hatten wir doch nur den Frau-Professor-, den Hausangestellten-Sozialismus.

Karin Havemann, geborene von Bamberg,
verwitwete von Trotha

Diese Frau ist mir völlig fremd. Natürlich weiß ich, wer das ist, ich erkenne sie auch auf dem Foto wieder, meine Mutter, aber sie ist mir fremd. So habe ich sie niemals in meinem Leben gesehen, niemals – weil sie blondiert ist? Das auch, aber das ist nur ein Detail, ein Zeichen vielleicht auch für das, was sie mir so fremd macht. Hatte ich nicht mal von dem Mysterium meiner Geburt gesprochen? Hatte ich das? Wenn, war's ein Fehler. Die eigene Geburt, da ist man zwar dabeigewesen, daran erinnert sich aber keiner. Um die Erinnerung geht's aber doch auch nicht bei dem, was mir so mysteriös ist, immer so ein Rätsel war, meine Zeugung nämlich. Auch da war kein dann Gezeugter und später Geborener mit dabei – was soll da also so Besonderes dran sein? Nein, um etwas Besonderes geht's auch nicht, kann sein, daß sich das die wenigsten vorstellen könnten, wie sie gezeugt wurden, Vater und Mutter beim Zeugungsakt – ich bin alt genug nun, um in etwa zu wissen, was da abläuft, ich bin schließlich selber Vater dreier Kinder. Nein, das ist es nicht, was mir meine Zeugung so mysteriös macht, und entscheidend ist auch nicht, was ich jetzt darüber weiß, entscheidend ist, daß ich mir das als Kind niemals vorstellen konnte. Aber auch das wieder kann man natürlich falsch verstehen, denn welcher kleine Junge hat schon eine Vorstellung vom Geschlechtsakt – ich jedenfalls hatte keine, und das

Sexuelle, das hatte für mich als Jungen, und das reichte weit bis in meine Pubertät hinein, eigentlich wenig mit dem eigentlichen Geschlechtsakt zu tun. Auch der war natürlich mysteriös für mich, aber nicht etwas, das mich wirklich beschäftigte – was mir meine Zeugung so mysteriös machte, war etwas anderes, eine Leerstelle, die ich nicht ausfüllen konnte, selbst unter Aufbietung all meiner Phantasie und Vorstellungskraft nicht: ich habe meine Eltern niemals in körperlicher Nähe zueinander erlebt, habe sie sich nie küssen oder bloß in den Arm nehmen gesehen. Fand nicht statt. Gab es nicht. Nur Distanz zwischen den beiden. Kälte. Frostige Kälte. Und deshalb traf mich dann dieser dumme Scherz meines Onkels schon, der irgendwann sagte, er müsse wohl mein Vater sein – da ich mich schließlich wie er, von ihm beeinflußt aber auch, für Architektur interessierte, künstlerisch offensichtlich begabt war. Und da mein Bruder ebenso offensichtlich nach seinem Vater kam, nicht nur vom Aussehen her, auch was das Naturwissenschaftliche betraf. Nein, ich sah nicht aus wie mein Vater. Ich sah aus wie meine Mutter, und heute würde man bei mir vielleicht auch noch eine gewisse Ähnlichkeit mit meinem Großvater entdecken, aber als Kind nicht. Eindeutig meine Mutter, und natürlich fragte ich mich das schon, ob die Ablehnung meines Vaters vielleicht damit zu tun haben könnte, daß ich gar nicht von ihm bin. Aber mir meine Mutter mit einem anderen Mann und fremdgängerisch vorzustellen, das gelang mir noch weniger – bei meinem Vater gab es diese Schwierigkeit nicht und bald die Gewißheit, daß er andere Frauen hatte. Aber meine Mutter? Nein. Was sich, aber erst sehr viel später, als ein Irrtum erwies. Was aber auch erst für sehr viel später als ein Fehler gelten muß. In meiner Kindheit war sie die verschmähte, aber treue Ehefrau eines Hallodri. Leidend. Unglücklich, und schaut man sich dieses Foto von ihr an, dann sieht man natürlich dieses Unglück.

Auf der Rückseite steht, in der Handschrift meiner Mutter, eine Jahreszahl: 1953, und hinter dieser Jahreszahl steht, in Klammern gesetzt, eine 2 – sie war sich also nicht ganz so sicher später, ob dieses Foto von ihr direkt im Sommer nach meiner Geburt oder erst ein Jahr später aufgenommen worden war. Sehen wir sie da in dieser Phase der Depression, die viele Mütter nach einer Geburt befällt? Vielleicht. Vielleicht auch verstärkt noch dadurch, daß dieses Kind, das sie geboren hatte, von seinem Vater so offensichtlich abgelehnt, nicht angenommen wurde. Aber es gibt doch noch mehr auf diesem Foto zu sehen: eine nackte, entblößte Schulter, das Band um ihren Hals, das wohl nur zu einem Badeanzug, zu einem Bikini aber auch vielleicht gehören könnte, und die Hollywoodschaukel, auf der sie sitzt, ein bißchen wahrscheinlich die Augen auch deshalb zusammenkneifend, wegen der Sonne. Sonnt sie sich, hat sie sich zum Bräunen in die Sonne gelegt? Das habe ich ja sehen können als Kind, wie sich meine Mutter in der Sonne hat braten lassen – für mich völlig unverständlich, ich vertrug keine Sonne, vertrage sie heute noch nicht. Aber nein, meine Mutter sitzt auf diesem Foto im Schatten, im Schatten unter der Markise unserer Hollywoodschaukel, daran kann es keinen Zweifel geben und auch darüber nicht, wer dieses Foto von ihr gemacht hat: mein Vater. So sehen die Fotos aus, die mein Vater gemacht hat, der ja dann seine Filme selber entwickelte, die Aufnahmen in seinem eigenen Fotolabor auch vergrößerte, wodurch alles noch einmal mysteriöser für mich wird, wenn ich mir meinen Vater vorstellen soll, der seine Frau, also meine Mutter, leichtbekleidet auf der Hollywoodschaukel fotografiert. Müde sieht sie aus. So müde. Verzweifelt, aber nicht nur verzweifelt, auch zweifelnd – woran aber zweifelnd? War's, daß sie daran zweifelte, was denn das nun für ihre Ehe mit meinem Vater bedeuten sollte, daß er sie so leichtbekleidet auf der Hollywoodschaukel fotografierte? Oder zweifelte sie an der Bedeutung dessen, was dem vorangegangen sein mochte? Man schaue sich das Foto genau an, und vielleicht sieht man da mit mir die Nacht, die diesem Foto vorangegangen sein muß. Eine des Ehestreits? Vielleicht, aber sicher nicht nur, wahrscheinlich auch eine der Versöhnung – obwohl hier jetzt von *Versöhnung* zu sprechen für einen Sohn schon etwas unpassend klingt, und vielleicht habe ich ja, das Baby, nur die ganze Nacht durch geschrieen und dadurch das unmöglich gemacht, was meiner Mutter an Eheglück ohne mein Baby-Gebrüll vielleicht möglich gewesen wäre.

Doppelmoral

Was für eine durch und durch verlogene Frau: das Muster an Tugend, ihr Mann dagegen ein Unhold und ganz allein schuld an der Zerrüttung ihrer Ehe, wegen seinen außerehelichen Eskapaden, seinen Affairen und Frauengeschichten, sie sein Opfer. Und dann, wie sie sich über Brigitte Martin aufgeregt hat, über diese junge Frau, die sich an meinen Vater, ihren Mann, heranmachte, eine Schlampe, ein verworfenes, unzüchtiges Luder, und alles das war nie ganz wahr, war immer auch Fassade. Um die Fassade ging es ihr, darum, die Fassade aufrechterhalten zu können. Sehr spät, durch eine unbedachte Äußerung von ihr, bei der ich dann nachbohrte, kam heraus, daß sie sich in der Hauptsache darüber aufgeregt hat, daß diese Brigitte Martin, dieses dumme, junge Ding mit der großen Klappe, in ganz Berlin rumgerannt ist, wie meine Mutter sagte, und überall herausposaunt hat, daß sie vom Professor Havemann ein Kind bekäme – der *Professor Havemann*, das war die Formulierung meiner Mutter dabei, die so ihrem Sohn, mir, gegenüber von dem Mann sprach, von dem sie da schon seit Jahren geschieden war. Sie hatte sich als seine Ehefrau und Gattin ja immer auch so nennen lassen: *Frau Professor Havemann*, auch von unserer Haushälterin, was mir immer schon etwas merkwürdig vorgekommen war, auch wenn das damals vielleicht so Usus war in den besseren Kreisen. Genau darauf kam es ihr an, auf die Stellung, die herausgehobene, auf die Fassade, und sie hätte wohl auch eine Brigitte Martin als eine weitere Geliebte meines Vaters, des Professors Havemann, hingenommen, hätte die nur die Klappe gehalten. Das außereheliche Verhältnis meines Vaters, das war es gar nicht, was sie so sehr aufregte, an diese Verhältnisse war sie wahrscheinlich auch schon gewöhnt, aber natürlich hatte sie es uns, ihren Kindern, und auch allen anderen gegenüber immer so hingestellt, auch als eine furchtbare Rücksichtslosigkeit dieser jungen Frau, sich so schamlos offen an einen verheirateten Mann heranzumachen, der immerhin eine Familie hat.

Und auch das kam in einem dieser späten Gespräche mit meiner Mutter heraus, bei ihren Besuchen bei mir in West-Berlin und als sie dann mal den West-Berliner *Tagesspiegel* bei mir liegen sah, der vorne auf seiner Titelseite groß eines seiner Mitbegründer gedachte: Edwin Redslob. Heraus kam, daß sie den kannte, in der Nachkriegszeit, der Zeit also der Gründung des *Tagesspiegels*, kennengelernt hatte, sie, die junge 30jährige Kriegerwitwe, Redslob ein schon alter Mann, Professor natürlich, und als ich weiter bei meiner Mutter nachbohrte, die dabei zwischen dem Stolz, der Eitelkeit, einen solchen Mann nicht nur gekannt zu haben, und der Scham schwankte, ein Verhältnis mit ihm zugeben zu müssen, daß sie dabei also in genau derselben Situation gewesen war wie Brigitte Martin gegenüber meinem Vater, ihrem einstigen Ehemann. Denn Redslob war verheiratet, Redslob hatte eine alte, eine Frau in ungefähr seinem Alter, und meine Mutter war da die Junge gewesen, über dreißig Jahre jünger als er, und auch sie und ihr Geliebter Redslob hatten die Fassade nicht gewahrt, die gutbürgerliche, wie meine Mutter gestand. Es hatte da Begegnungen im Hause Redslob gegeben, von denen dessen alte und wohl auch kranke Frau genug mitbekommen haben muß, um zu wissen, was da diese beiden im Arbeitszimmer ihres Mannes trieben – was regte sie sich also über Brigitte Martin auf? Aber es sollte dann noch schlimmer kommen: heraus kam irgendwann, daß sie mit ihrem Chef, dem Direktor des Deutschen Wirtschaftsinstitutes, auch er natürlich verheiratet, ein jahrelang andauerndes Verhältnis gehabt hatte – nichts Genaues weiß man nicht, aber ein Verhältnis wohl, das schon in der Zeit begonnen hatte, in der sie mit ihrem fortwährend, aber im Unterschied zu ihr offen die Ehe brechenden Mann, meinem Vater, verheiratet war. Kein Mensch sollte etwas davon erfahren, nicht mal ihrer Schwester, meiner Tante Isi, erzählte sie etwas davon, die sich ihr immer anvertraute, wenn es um die Eskapaden ihres Mannes ging, meines Onkels Hermann Henselmann – die untreuen Männer sind Schweine, wird dabei wohl der Tenor gewesen sein. Nur Tati, unsere Haushälterin, wußte etwas davon, Tati, die auch bei uns in der Familie blieb, als meine Mutter als geschiedene Frau Professor sich keine Haushälterin mehr leisten konnte, durch Tati kam dieses Verhältnis meiner Mutter mit ihrem Chef dann auch heraus, erst nach dem Tod meiner Mutter aber. Die Fassade blieb bis zum Schluß intakt.

Aber sie hat mal den Versuch gemacht, diesen Mann, ihren Chef und Liebhaber, bei uns in der Familie, der Restfamilie Havemann, einzuführen, das muß ich ihr lassen, und ich war es, der diesen Versuch zu einem Desaster für sie werden ließ, zu einem völligen Fehlschlag. Natürlich war immer mal wieder von ihrem Chef die Rede, von ihrem Chef als ihrem Chef und was das für ein großartiger Chef sei und wie geachtet auch in der Partei wegen seiner kämpferischen, widerständlerischen Vergangenheit – kurzum ein Mann, der auch mir hätte Hochachtung abnötigen sollen. Dieser Mann aber, er war, nachdem sein Besuch bei uns lange vorher schon von meiner Mutter angekündigt worden war, so dumm, bei diesem ersten Besuch in der Wohnung seiner Geliebten, bei ihrer Familie mir, dem ungeratenen Sohn, ich muß ungefähr fünfzehn gewesen sein, Vorhaltungen machen zu wollen, wegen meines so ungebührlichen Verhaltens, in der Schule und überhaupt und dann natürlich auch bei Tische, beim gemeinsamen Abendessen mit ihm. Das hatte mir gerade noch gefehlt, daß da plötzlich ein Mann auftaucht, den ich nicht weiter kenne, der mich gar nicht kennt, der mit mir noch kein einziges Gespräch über mein Leben geführt hat und was ich so mache, und sich nun einfach in mein Leben einmischen will. Noch einer, denn es gab ja in dieser Zeit meiner Rebellion noch ein paar mehr, die dies versuchten, auf mich einzuwirken, mich zu bezähmen und auf den Weg eines gezähmten Opportunisten zu führen. Unter dem Motto: Freiheit ist Einsicht in die Notwendigkeit. Und wenn das von Hegel war, dann war Hegel mein Feind, denn diese stumpfsinnigen Notwendigkeiten, denen auch ich mich unterwerfen sollte, sie waren doch in keinster Weise als notwendig einzusehen, für mich die Freiheit des Opportunisten nicht erkennbar. Also benahm ich mich gründlich daneben, als er bei uns war, ihr Chef, der heimliche Geliebte meiner Mutter, ich provozierte, ich stänkerte gegen jede seiner Bemerkungen an, ich ließ die wüstesten politischen Schmähungen und Blasphemien vom Stapel. Mit dem Ziel, diesen Mann zu vergraulen. Ihn ein für alle Mal zu verjagen. Nach dem gemeinsamen Essen zog sich meine Mutter mit ihm für eine Stunde in ihr Zimmer zurück, bei geschlossener Tür, versteht sich, und auf den Gedanken, daß sie da noch etwas anderes zu tun hatten, als über mich und ihren gemeinsamen Fehlschlag bei ihren gemeinsamen erzieherischen Bemühungen zu beraten, wäre ich nie gekommen. Nicht nur er war dumm, meine Mutter war es noch mehr: hätte sie mir gesagt, daß sie diesen Mann liebe, ich hätte mich doch auf ein Arrangement mit ihm zu verständigen gesucht, unter gegenseitiger Wahrung bestimmter Grenzen natürlich. So schlimm war ich doch nicht, meiner unglücklichen Mutter nicht auch etwas Liebesglück zuzugestehen. Aber die Fassade war ihr wichtiger. Nach dieser einen Stunde im Zimmer meiner Mutter verschwand der Mann, ohne sich von mir zu verabschieden, und ward nimmermehr gesehen. Er wurde auch nie wieder von meiner Mutter erwähnt.

Und dabei hätte mir doch das, was meine Mutter immer wieder mal davon erzählte, wie sie meinen Vater kennengelernt hat, schon zu denken geben müssen, zu denken darüber, daß ihr doch völlig klar hätte sein müssen, auf was für einen Hallodri sie sich eingelassen hatte. Meine Mutter war nach dem Tod ihres ersten Mannes, des im Atlantik verbliebenen U-Boot-Kommandanten, mit ihrem Sohn aus dieser Ehe, meinem ältesten Bruder also, meinem Stiefbruder Utz, am Ende des Krieges mit ihrer Schwester Isi und deren damals schon sieben, dann bald acht Kindern Henselmann aus dem zerbombten Berlin ins sichere Gotha geflohen, dort von einer der Tanten aufgenommen worden, in einer winzigen Wohnung. Nach dem Ende des Krieges blieb sie erst mit den Henselmanns zusammen, der dann wiederauftauchende Onkel Hermann, der sich als Architekt bei irgendwelchen kriegswichtigen Bauaufgaben verdingt hatte, besetzte für seine Familie plus meiner Mutter, seiner Schwägerin, und deren Sohn ein paar Räume im Gothaer Schloß, in dessen andere Teile erst die Amerikaner mit ihren GIs einzogen, dann die Muschiks der Roten Armee. Dann ging meine Mutter mit Henselmann auch nach Weimar, wo er Direktor der Kunsthochschule wurde, als seine Sekretärin, und meine Tante, die schon sieben-, dann bald achtfache Mutter, begann zu studieren, Innenarchitektur, in der von ihrem Mann geleiteten Hochschule, und natürlich waren das etwas schwierige Verhältnisse für meine Mutter, die als Chefsekretärin ihres Schwagers vor dessen Frau, ihrer Schwester, die sexuellen Eskapaden geheimzuhalten und diese wohl auch terminlich zu organisieren hatte, denen sich dieser Mann und Hallodri hingab. Lange hat sie's nicht ausgehalten, sie wurde die Chefsekretärin des thüringischen Ministerpräsidenten, der sich dann aber nach einer Weile gen Westen aus dem sowjetisch-besetzten Staub machte. Man bot meiner Mutter, ausgerechnet meiner Mutter, die Leitung der thüringischen Sittenpolizei an, sie aber ging lieber zurück nach Berlin, dort ihr Glück zu suchen, und fand dort eine Anstellung in der Akademie der Wissenschaften. Von dieser Zeit hatte sie immer eine lustige Geschichte zu erzählen, die Geschichte, wie Sauerbruch, der berühmte Chirurg, der als erster der bis dahin von den seriösen Herrn Wissenschaftlern verachteten *Klempner*, so nannte man die Chirurgen doch, Mitglied der Akademie hatte werden dürfen: wie Sauerbruch, vielbeschäftigt, wie immer zu spät zu den Sitzungen der ehrwürdigen Akademie kommend, sie, die im Vorzimmer die vornehmen älteren Herren zu begrüßen hatte, hereineilend gefragt habe: »Wo tagt denn der Sauhaufen?« Meine Mutter verwies ihn zur offenstehenden Tür, alle hatten es gehört, das mit dem Sauhaufen.

Aber das nur vorweg, jetzt kommt's: Henselmann, der wohl die alten Zeiten wiederaufleben lassen wollte, auch die des Bauhauses, das ja vor dem Umzug nach Dessau seinen Platz in der Weimarer Kunstgewerbeschule gehabt hatte, Henselmann veranstaltete dort jährlich ein großes Faschingsfest, für das die gesamte Kunstschule von den Studenten umgestaltet wurde, und diese Feste, sie machten Furore, ihr legendärer Ruf verbreitete sich bis nach Berlin, in das Henselmann, der dorthin sowieso wieder zurückwollte, eifrig seine Verbindungen knüpfte. Und Henselmann, der wie alle großen Architekten auch ein großer Organisierer war, organisierte dann immer auch einen Bus, der seine Berliner Freunde und Bekannten nach Weimar zu diesem Faschingsfest abholte, sie dann auch wieder nach Berlin zurückbrachte, so auch im Frühjahr 49. Wo dann auch meine Mutter mitfahren wollte, zusammen mit einer Freundin von ihr. Und diese Freundin, sie erzählte ihr, ganz geknickt und voller Wut und Verzweiflung auch, an diesem Morgen, als sie zusammen in diesem Bus saßen, von einem Professor Havemann, mit dem sie ein Liebesverhältnis gehabt habe, der Mann, ein Hallodri, aber habe sie fortwährend betrogen und sie nun wegen einer anderen verlassen. Meine

Mutter wußte also über ihn Bescheid, über diesen Havemann. Und dann hielt der Bus noch in Dahlem vor einer Villa, die der Freundin meiner Mutter nur zu gut bekannt war, denn dort, in der Dienstvilla des Direktors des Kaiser-Wilhelm-Instituts, wohnte er, dieser Havemann, der Herr Direktor Havemann. Der Busfahrer hupte, der Professor Havemann kam aus seiner Villa heraus und stieg in den Bus ein, mit in den Bus dazu. Auch er wollte nach Weimar zu Henselmanns Fasching, die beiden hatten sich vor kurzem in Berlin kennengelernt, in der *Möwe*, dem Club der Intelligenz, den die Russen in ihrem Intelligenzwahn mit als erstes eingerichtet hatten. Und schon während der Fahrt nach Weimar, seine eben verflossene, verabschiedete Flamme saß neben meiner Mutter, begann er mit ihr anzubandeln und zu flirten. Und am nächsten Morgen dann in einer versoffenen Runde, Henselmann natürlich mit dabei und auch meine Tante Isi, erklärte er, meine Mutter auf seinem Schoß, er wolle sie heiraten. Nachdem sie sich ein paar wenige Stunden nur kannten, vielleicht aber schon … – doch lassen wir das. Entscheidend ist, daß meine Mutter bereit war, sich sofort auch dazu bereit erklärte, diesen Mann, diesen Hallodri Havemann, zu heiraten. Und das taten sie dann auch, sie heirateten, und meine Mutter war da, als sie heirateten, schon schwanger, mit meinem Bruder Frank schwanger, der im November geboren wurde – aber rechnen wir das jetzt nicht nach und zurück, lassen wir den beiden ihr Intimleben. In diesem Punkte lasse ich es ihnen und offenbare nur diesen einen einzigen Punkt, der mich immer sehr merkwürdig berührt hat und meinen Bruder sicher noch merkwürdiger berührt haben wird: sie offenbarte es ihrem zukünftigen Ehemann nicht, nicht vor ihrer Eheschließung, daß sie von ihm schwanger war, von ihm ein Kind erwarte, und fragten wir meine Mutter später, warum nicht, dann sagte sie, sie sei sich nicht sicher gewesen, ob unser Vater da nicht doch vielleicht kalte Füße bekommen und von dieser Ehe wieder Abstand genommen hätte.

Das waren also die Grundlagen der Ehe meiner Eltern, und meine Mutter hatte in der ersten Zeit nach der Hochzeit erst mal damit zu tun, die diversen früheren Liebschaften meines Vaters abzuwimmeln, die, von seiner Ehe nichts wissend oder ihn genau kennend, in seiner Villa in Dahlem, in der dann auch meine Mutter wohnte, anriefen. Und diese Frau, meine Mutter, wunderte sich dann, als ihr Mann nach wenigen Jahren Ehe sein einstiges Lotterleben wiederaufnahm – fragte ich sie danach, antwortete sie, sie habe natürlich gehofft, die Ehe, die Familie würde ihren Mann, meinen Vater, ändern, ändern können, und das ist eine Hoffnung, die sicher viele Frauen hegen, die einen Mann wie meinen Vater heiraten, aber ihm einen Vorwurf daraus zu machen, daß er sich nicht änderte, sich durch die Ehe mit ihr nicht ändern ließ und auch als Familienvater nicht, dazu hatte sie doch eigentlich keinen Grund. Wenn, dann hätte sie sich selber einen Vorwurf machen müssen, den, einer Illusion nachgejagt zu sein, einer falschen Hoffnung. Nicht er nur betrog sie, auch sie hatte sich den schlimmsten, wenn auch sicher verzeihlichsten Betrug vorzuwerfen, den Selbstbetrug.

Namen

Meine Eltern nannten ihren erstgeborenen Sohn Frank, das war die Idee meiner Mutter, Väter halten sich aus so etwas ja meist raus, hielten sich früher jedenfalls meistens raus, überließen dies ihren Frauen, den Müttern ihrer Kinder. Und dann, ein bißchen mehr als zwei Jahre später, wurde meine Mutter wieder schwanger, und zu diesen Zeiten wußte man das ja vorher nicht, wird's ein Sohn oder ein Mädchen, wieder war es meiner Mutter überlassen, für beide geschlechtlichen Eventualitäten einen Namen zu finden. Ich weiß gar nicht, an was für einen Namen sie bei einer eventuellen Tochter gedacht hatte, für den möglichen Sohn aber hatte sie eine ganz schicke Idee: ihr erster Sohn hieß Frank, und frank, das heißt frei, und also sollte ihr zweiter Sohn Frei heißen – Frank und Frei, zwei Brüder. Ich weiß nicht, was ihr da zu Kopfe gestiegen war, ob sie denn nun meinte, es würden im Nachkriegsdeutschland frank und freie Zeiten anbrechen, aber im letzten Moment ließ sie von diesem formidablen Einfall wieder ab und nannte mich Florian – Florian, der Blühende, und vielleicht dachte sie auch da, im Jahre 1952 und also drei Jahre nach Gründung der DDR, in der sie nun mit meinem Vater lebte, aus West-Berlin bei Nacht und Nebel geflüchtet, es würde im neuen sozialistischen Staat blühende Landschaften geben. Aber Florian, das war natürlich für sie auch Florian Geyer und *Wir sind des Geyers schwarzer Haufen*, dieser adlige Anführer im Bauernkrieg, ein Rebell aus der frühsozialistischen Vorgeschichte. Und das wurde ich ja dann auch: ein Rebell, ein Rebell aber gegen die dann sehr realsozialistischen Verhältnisse der DDR, der sich meine Mutter ganz verschrieb, mehr Rebell also, als ihr dann lieb war. Und auch das mit dem Blühen erwies sich als so falsch nicht, auch wenn das in meiner Mutter Augen sicher mehr blühender Unsinn war, der bei mir dann aufblühte und die schlimmsten Blüten treiben sollte. Aber Namen sind Schicksal, mit den Namen ihrer Kinder spielen Eltern Schicksal. Und mein Schicksal war es, daß niemandem dieser Name Florian geläufig war, damals hieß keiner so, heute ist das anders, und auch ich habe ein bißchen wohl dazu beigetragen – aber das ist eine andere Geschichte, und die hat mit Wolf Biermann zu tun. Und eine andere Geschichte ist auch, daß sich da in meinen Kindertagen niemand so sicher war, ob Florian nun ein Jungs- oder ein Mädchenname ist, und eher wohl vermuteten die Leute das letztere, und irgendwas in mir und meinem Verhalten wird auch Anlaß dazu gegeben, sie in dieser Fehlannahme bestärkt haben.

Fortsetzung und Ende einer Ehegeschichte

Und dann, fast drei Jahre nach meiner Geburt, passierte es, meine Mutter wurde noch einmal schwanger, und sie hatte damit wohl gar nicht mehr gerechnet, noch einmal schwanger zu werden, war darauf gar nicht eingestellt und vorbereitet. Eine eheliche Versöhnungsschwangerschaft, man kennt das ja – obwohl hier wieder der *Sohn* in der Versöhnung ganz falsch ist. Die Hoffnungen der so geschwängerten Frauen, sie trügen dann ja auch meist, damit läßt sich eine zerrüttete Ehe nicht mehr reparieren, das treibt sie nur noch mehr in den Ruin. Diese ernüchternde Erkenntnis muß meiner Mutter so schnell gekommen sein, daß sie dann dieses Kind, die Frucht einer so plötzlichen und unerwarteten Vereinigung mit ihrem ihr längst abtrünnig gewordenen, mit ihrem auf Abwege geratenen Mann, bei der sie gar nicht hatte aufpassen können, wieder loswerden wollte. Wir sind im Jahre 1954, und auch in der DDR, die sich auf diesem Gebiete später als etwas fortschrittlicher erweisen sollte als das darin konservativere Westdeutschland, war es damals verboten, eine Abtreibung vornehmen zu lassen, aber Ausnahmen davon konnten natürlich gemacht werden, und für Privilegierte wie meine Eltern war man staatlicherseits grundsätzlich immer bereit, eine Ausnahme zu machen. Meine Mutter hatte also die Ärzte des Regierungskrankenhauses, das eigens dafür geschaffen worden war, im Namen der Regierung die Privilegierten des Regimes zu umsorgen und wieder gesund zu pflegen, hinter sich: die Konstitution der Mutter sei zu schwach, um ihr eine neuerliche Geburt zumuten zu können, so die Begründung. Die mein Vater natürlich für Kokolores hielt – *Kokolores*, ein Wort, das meinem Vater gefiel, das er gern benutzte, auch bei solchen Gelegenheiten. Für einen bloßen Vorwand, denn er wußte das doch ganz genau, warum seine Frau dieses Kind von ihm nun nicht mehr haben wollte. Das Einverständnis beider Eltern, von Vater und Mutter, war notwendig, gesetzlich vorgeschrieben, und mein Vater weigerte sich, sein Einverständnis für den Abbruch dieser Schwangerschaft zu geben, für eine Abtreibung. Punktum, und da war dann leider nichts zu machen. Nur, daß meine arme Mutter wegen ihrer zu schwachen Konstitution schon lange vor der bevorstehenden Geburt dieser Geburt im Regierungskrankenhaus entgegenliegen durfte. Ein Stockwerk über ihr lag ich, drei Jahre alt und schwer krank, aber das ist eine andere Geschichte – eine sehr wichtige Geschichte für mich. Und mein Leben. Mein Überleben.

Und dann geschah auch das noch, und ich weiß gar nicht, ob sich damit dann noch irgendwelche Hoffnungen für meine Mutter betreffs ihrer eigentlich schon gescheiterten Ehe verbanden: sie gebar ein Mädchen, und ein Mädchen, das hatte sich doch mein Vater gewünscht, auf ein Mädchen schon gehofft, als meine Mutter mit mir schwanger war. Und dann gebar sie dieses Mädchen auch noch am 11. März, und der 11. März, das ist der Geburtstag meines Vaters, sie gebar ihm dieses Mädchen also, als wär's ihr Geburtstaggeschenk für ihn. Und als solches nahm er es, als wär's das Geburtstagsgeschenk für ihn, und er liebte dieses Mädchen von Anbeginn, und er liebte es einfach so, ohne mit ihr dann irgend etwas vorzuhaben, ihr einen Auftrag für ihr Leben zu geben, den sie hätte erfüllen sollen, an dem sie, wie mein armer Bruder Frank, der meines Vaters Nachfolger werden sollte, möglichst in allem, dann aber auch hätte scheitern können – glückliche Schwester, und natürlich und was Wunder hat sie unseren Vater ganz anders erlebt, als ich das mußte und auch mein Bruder, der so wenig freie Frank.

Nach der Geburt meiner Schwester besiegelten sie das dann, das Scheitern ihrer Ehe, in einer offenen Aussprache, wie mein Vater meinte, der uns davon nach der Jahre später erst erfolgten Ehescheidung erzählte. Sie hätten sich darauf geeinigt, so unser Vater, die Ehe nach außen hin aufrechtzuerhalten und für uns auch, die Kinder, damit wir in einer Familie aufwachsen könnten. Die Fassade, die haben sie also zusammen errichtet. Und dann habe er ihr gesagt, und unsere Mutter habe dem nicht widersprochen: ansonsten gehe jeder seiner Wege. Und er sei ja dann seiner Wege gegangen, ob unsere Mutter das auch getan hätte, das wisse er nicht, das nehme er aber, so wie sie sich gegeben habe, geben würde, nicht an – darin sollte er sich geirrt haben. Er verstünde dies nicht, wie sie ihm nun daraus einen Vorwurf mache, daß er das ihr Angekündigte dann für sich auch wahr gemacht habe. Mit ein bißchen mehr Sensibilität aber hätte er es verstehen können – wenn ich nur die Szenen nehme, deren Zeuge ich war: wie er da immer wieder im Beisein meiner Mutter mit anderen Frauen flirtete, es kratzte ganz schön an der von ihnen gemeinsam errichteten Fassade, es war ein Skandal, eine Ungeheuerlichkeit, etwas, durch das sich meine Mutter bloßgestellt fühlen mußte, und deshalb, natürlich nicht nur deshalb, ich hatte schließlich ein paar mehr Gründe noch, war ich immer auf ihrer Seite. Auf der Seite der betrogenen, der desavouierten, der offen vor allen Leuten bloßgestellten Ehefrau, auf der Seite des bloßen Opfers, wie ich meinte. Was sie aber eben nicht war. Nicht nur war. Aber das wußte ich ja nicht, das ahnte ich nicht, das hätte ich mir im Traum nicht denken können.

Und dann beging sie ihren größten Fehler: sie reichte die Scheidung ein, und sie reichte sie in dem Moment ein, in dem Moment erst ein, als mein Vater all seiner Ämter, seines Einkommens auch verlustig gegangen war, aus der Partei herausgeflogen, als Staatsfeind gebrandmarkt – ihre Begründung für diesen so späten, viel zu späten Zeitpunkt: nun erst habe sie eine Chance gesehen, bei einem Ehescheidungsprozeß uns, ihre Kinder, zugesprochen zu bekommen, mein Vater hätte sich dagegen doch mit allen Mitteln gewehrt, und als wohlbestallter Professor und Multifunktionär wäre er trotz seines fortgesetzten Ehebruchs damit sicher durchgekommen. Daß sie damit ihrer geliebten DDR und deren Justiz ein erbärmliches Zeugnis ausstellte, das kam ihr gar nicht in den Sinn, aber wahrscheinlich hatte sie mit dieser Vermutung recht. Nur in einem Punkt war sie geschickt, in einem einzigen, und der betraf mich: sie machte da eine Unterscheidung, mich betreffend, indem sie sagte, ein früherer Scheidungsprozeß gegen den prominenten Herrn Professor Havemann wäre sicher auf eine Teilung der Kinder hinausgelaufen, mein Vater hätte meine beiden Geschwister beansprucht, mich aber ihr überlassen – genau das wäre gut vorstellbar, diesem Schuft zuzutrauen gewesen. Aber das war auch der einzigste Punkt, womit sie punkten konnte, bei mir punkten konnte, bei mir allein, nicht bei meinen Geschwistern, und sie wußte das doch auch ganz genau, daß sie bei uns dreien für eine Scheidung keinerlei Verständnis finden würde, finden könnte, nicht zu diesem Zeitpunkt. Und weil sie das wußte, so genau wußte und deshalb nur fürchten mußte, uns von ihren Scheidungsabsichten Mitteilung zu machen, beging sie auch diesen Fehler: sie überließ unserem Vater das Feld, und der nun aber, ganz anders als sie, agierte äußerst geschickt. Er kam, mit unserer Schwester unterm Arm, zu mir und meinem Bruder ins Zimmer, wohin er sonst nie kam, setzte sich und sagte folgenden großartigen Satz: »Eure Mutter will sich von uns scheiden lassen.« Vollkommener Unsinn natürlich, so gar nicht möglich und von ihr gewollt, aber wirkungsvoll, denn natürlich verstanden wir, was faktisch damit gemeint war, verstanden wir auch das, was uns unser Vater damit sagen wollte. Mein Bruder, meine Schwester, seine beiden von ihm geliebten Kinder, flüchteten sich auf seinen Schoß, auf seine beiden Knie, und für mich war natürlich wieder mal keines mehr frei. Und dann fingen sie zu heulen an, zu weinen, ich stand mit ein paar Metern Abstand dabei, das innige Trio vor mir, und versteinerte. Ich versteinerte. Ich versteinerte und erlebte es als einen erhabenen Augenblick, was mir geschah: der so klare Gedanke, daß damit nun meine Kindheit zu Ende sei. Und das war sie auch. Das war sie.

Eine Zeitungsnotiz

Zu den den wahren Sachverhalt entstellenden Berichten der West-Berliner Presse über den Ehescheidungsprozeß von Prof. Dr. Robert Havemann schreibt unser Gerichtsreporter:
Die von West-Berliner Zeitungen aufgestellten Behauptungen, daß »man« an die ehemalige Gattin Prof. Havemanns »mit der Forderung herangetreten sei, sich scheiden zu lassen«, sind völlig aus der Luft gegriffen. Frau Havemann hat das Scheidungsverfahren eingeleitet, weil, wie in beiden Instanzen bestätigt wurde, durch die Schuld Robert Havemanns die Ehe völlig zerrüttet wurde. Der Verklagte hatte wiederholt die eheliche Treue gebrochen und intime Beziehungen zu anderen Frauen unterhalten. Frau Havemann hatte über einen langen Zeitraum nicht nur keine gleichberechtigte Stellung in der Ehe, sondern erfuhr teilweise entwürdigende Behandlung.
Havemann betrachtete seine Frau lediglich als »Verwalterin des Hausstandes«. Die Entwürdigung der Familie durch Havemann ging so weit, daß er gegenüber seiner Frau und seinen Kindern die Forderung erhob, seine Geliebten als zur Familie gehörig zu betrachten. Er bezeichnete seinen zügellosen Lebenswandel als eine »neue Art des Zusammenlebens«, die völlig seiner Auffassung von »persönlicher Freiheit« entspricht.
Beide Parteien waren vor Gericht durch Rechtsanwälte vertreten. Der von Frau Havemann beantragten Ehescheidung wurde vom Gericht nach gründlicher Beratung und Prüfung des Sachverhalts stattgegeben. Die Ehe wurde geschieden. Die Erziehungsrechte für die gemeinsamen Kinder wurden Frau Havemann übertragen. Der Verklagte wurde zur Unterhaltszahlung verurteilt. Das Recht an der Ehewohnung erhielt die Klägerin. Die gesamten Kosten des Verfahrens wurden gemäß § 42 der Eheverfahrensordnung dem Verklagten auferlegt.

So stand es unter dem Titel *Entwürdigende Behandlung der Ehefrau* am 24. September 1966 in der *Berliner Zeitung*, und dies dürfte die einzigste Meldung von einer erfolgten Ehescheidung gewesen sein, die in der ganzen Geschichte der DDR jemals in einer Zeitung erschienen ist. So verleumderisch das natürlich war und auch wirken sollte, in etwa der Wahrheit entsprach es auch.

Die besorgte Raben-Stasi-Mutter

Ach ja, natürlich, ein Fehler blieb ihr noch, und natürlich beging sie auch den: sie ließ sich mit der Stasi ein – wie hätte sie auch nicht? Wie einem solchen Ansinnen ihrer Genossen anders als zustimmend begegnen können? Wo es doch um den Schutz ihrer Kinder ging. Sie für ihre Kinder nur das Beste wollte. In der DDR. Ihrem Staat. Ja, sie bespitzelte ihre Kinder. Um sie zu schützen. Nein, und das will ich fest- und dem Ministerium für Staatssicherheit zugute halten, auf ihren Mann, auf Robert Havemann, hatte man sie nicht angesetzt. Soweit ich das weiß, gab es keinen Rekrutierungsversuch, um Karin Havemann an dem Frontabschnitt Robert Havemann Spitzeldienste leisten zu lassen. Es gab, soviel ich weiß jedenfalls, noch nicht mal einen solchen Anwerbungsversuch, diese Mutter auf ihre Kinder anzusetzen. Sie ist von selber zur Stasi gerannt – nein, gerannt sicher nicht, sie hat sich nur weitervermitteln lassen. Sie wird als gute Genossin bei ihrer Partei um Hilfe gebeten haben. In der Sorge, der natürlich völlig berechtigten Sorge, ihre Kinderchen könnten völlig auf Abwege geraten. In ihrer völligen Hilflosigkeit. Ja, sicher auch Verzweiflung, und dann will ich auch die Furcht nicht ganz außer acht lassen, daß sie vielleicht Angst hatte, von ihrer Partei, ihrem Staate gar irgendwann zur Verantwortung gezogen zu werden, daß man ihr Versagen in ihrer Erziehung vorwerfen könnte. Also nicht nur, daß sie uns, ihre Kinder, vor Schlimmerem bewahren und schützen wollte, auch Selbstschutz. Sicher auch das. Auch wenn natürlich nur insgeheim und noch nicht mal sich selber zugegeben, wo sie doch eine gute Mutter sein wollte. Die meisten Mütter wollen das, auch die schlechten. Aber ich habe ihr keine Vorwürfe zu machen. Jetzt nicht mehr. Schon lange nicht mehr. Aber natürlich hätte ich sie ihr gemacht, die heftigsten Vorwürfe, damals, als sie sich dann wohl von ihrer Partei an Schwert und Schild dieser Partei, an die Stasi, weitervermitteln ließ. Ihre Kinder zu überwachen. Und was ich ihr natürlich auch heute noch vorzuhalten hätte, das ist, daß sie, sich mit der Stasi einlassend, das genau gewußt haben wird, welchen Vorwürfen sie sich von unserer Seite aus aussetzen würde, erführen wir davon. Sie hat es trotzdem getan. Das war kein Hinderungsgrund für sie. Das bleibt. Aber nur zu konstatieren, nicht mal mehr als Vorwurf. Und deshalb muß ich das auch nicht lesen, was sie dort in ihren Treffberichten über mich und meine Geschwister berichtet hat. Nein, das muß ich nicht. Es reicht das völlig aus, zu wissen, sie hat's getan. Wozu da noch Details. Mir reicht dies auch als überraschende Erklärung dafür aus, warum mich meine Mutter, besuchte sie mich dann als Rentnerin im Westen, niemals was gefragt hat, nicht wissen wollte, was ich so mache, mit wem ich verkehre, was aus meinen alten Freunden im Westen geworden sei. Ganz einfach: sie wollte lieber gar nichts zu berichten haben. Es wird sich nur eine Ansammlung von Nichtigkeiten in ihren Berichten finden lassen. Die wohl bis in das Jahr 1989 gingen. Aber ich hab das ja nicht gelesen. Wir sagten ihr dies nach der Wende dann auch so, als es ihren Stasi-Staat nicht mehr, dafür aber die Stasi-Akten zu lesen gab und wir davon erfuhren, auch sie wäre dabeigewesen: daß sie wissen müsse, daß wir darum nun wüßten, mit ihr darüber auch gar nicht weiter diskutieren wollten, von ihr deswegen keine Rechtfertigung, noch nicht mal eine Erklärung verlangten. In diesem Moment aber, und ich will ihr wenigstens das zugute halten, machte sie keinen Fehler, den Fehler nicht, ihre Stasiverbindungen abzustreiten, und auch den nicht, uns versichern zu wollen, sie hätte uns doch niemals schaden, uns nur schützen wollen. Sie schwieg, und das war sehr klug von ihr. Und der Rest war Schweigen, blieb Schweigen. Wir haben nie wieder darüber gesprochen. Bis zu ihrem Tod nicht. Sie liegt in Friedrichsfelde begraben, auf dem Sozialisten-Friedhof. Der aber in ihrem Teil einer für alle ist.

Ein Familienfoto

Es gibt zwei Varianten von diesem Foto der Familie Henselmann, das eine hier, das ich in meiner Sammlung von Fotos habe, ein anderes, ein mehr offizielles, das Henselmann auch mit in sein biographisches Buch *Drei Reisen nach Berlin* aufgenommen hat, auf dem zwar meine Tante Isi genauso strahlt, auf dem aber mein Onkel Hermann ernst und gefaßt in die Kamera blickt, ganz der Familienvater, von immerhin acht Kindern. Der grinsende Schlawiner Henselmann auf meinem Foto ist mir näher – ein Schlawiner, aber doch ein so sympathischer Mann. Ein als Schlawiner sympathischer Mann. Ein sympathischer Schlawiner, und dies war natürlich immer wieder eine aufregende Geschichte, eine Geschichte, die wir Kinder uns gern von unserer Mutter erzählen ließen, wie sich Onkel Hermann und Tante Isi kennengelernt hatten, im *Haus Vaterland*, beim Damentee in diesem großen Etablissement am Potsdamer Platz, das, wie so viele andere Stätten des einstigen Vergnügens, während des Krieges zu Schutt und Asche zerfallen ist, damals, und das muß im Jahre 1931 gewesen sein – heute und etwas älter und in Liebesdingen erfahrener geworden, frage ich mich, was er da wohl wollte, an diesem Nachmittag im *Haus Vaterland* bei den Damen, bei diesem nachmittäglich gepflegten Tanztee im *Haus Vaterland* am Potsdamer Platz, er, der linke Künstler, der junge Architekt, der Bauhäusler? Ist doch erstaunlich, daß er überhaupt in ein solches Etablissement hineinging – was wollte er also da? War er auf der Suche nach einer reichen Erbin, oder war's eine reife Dame, nach der dieser junge, mittellose Architekt ohne Aufträge Ausschau hielt, die ihn, gegen gewisse Gegenleistungen natürlich, ein bißchen durchfüttern würde in diesen schweren Zeiten der Weltwirtschaftskrise zu Beginn der 30er Jahre? Mein Onkel Hermann wird doch nicht etwa in seinen jungen Mannesjahren ein Gigolo gewesen sein, ein reifere Damen Beglücker? Auszuschließen wäre das für mich nicht. Nicht mehr. Es mußte halt jeder sehen, wie er durchkommt. War das noch während der schwersten Wirtschaftskrise, die die kapitalistische Wirtschaft je hervorgebracht hat, oder schon mehr an deren Ende, als es dann schon wieder Aussichten auf einen Aufschwung auch der Bautätigkeit in Deutschland gab? Muß ich direkt mal nachsehen, meine Tante befragen. Meine Tante Isi, denn sie war es ja, die er dort traf, mein Onkel, der junge Hermann Henselmann, ein sechzehnjähriges Mädchen, ein ganz junges Ding damals, und er, er war zehn Jahre älter, mit seinen 26 Jahren schon ein richtiger Mann. Aber natürlich war sie nicht allein dort, im *Haus Vaterland* zum nachmittäglichen Tanztee, diese junge, noch pubertierende Dame aus gutem Hause, denn das gehörte sich doch nicht, das war ein Ding der Unmöglichkeit, in diesem Alter dort allein hinzugehen. Ihre Mutter war bei ihr, Sibylle von Bamberg, die junge Witwe von damals Mitte Dreißig, die adlige Malerin, die diesen preußischen Staatsbeamten in der dritten Generation geheiratet hatte, der dann zum Abschluß seiner Karriere Finanzdirektor der Charité geworden war, und die Frage ist hier, wer nun wessen Anstandswauwau gewesen ist, die Tochter der ihrer Mama, die von einer Liebschaft zur nächsten wechselte, seitdem ihr Mann gestorben und mit einem feierlichen städtischen Begräbnis auf dem Dorotheenstädtischen

Friedhof zu Grabe getragen worden war, oder war sie es, die Mama, die ihre Tochter begleitete, um ihr dort den Kontakt zu Männern zu ermöglichen, der sonst, ohne gegen alle Konventionen zu verstoßen, doch im *Haus Vaterland* nicht möglich war – ich halte beides für möglich: daß Sibylle von Bamberg dort nach einem Liebhaber für sich oder nach einem für ihre Tochter aus war, denn für eine Mama, eine Witwe ist es sicher nicht leicht, den vorwurfsvollen Blicken ihrer Kinder zu begegnen, wenn sie wieder einen neuen Mann anschleppt, eine nächste Affaire beginnt, und es kann das doch durchaus von Vorteil sein, da wenigstens schon mal die älteste Tochter zur Komplizin zu haben. Aber wahrscheinlich war das alles viel harmloser, als ich's mir immer vorgestellt und zurechtgelegt habe, und ich werde dann also besser doch nicht bei meiner Tante Isi nachfragen – aus Furcht, enttäuscht zu werden, wieder mal die Banalität des Lebens siegen zu sehen.

Henselmann hatte Glück, das Glück seines Lebens, er lernte seine Isi kennen, dort im *Haus Vaterland*, die Liebe seines Lebens, und deren Mutter, eine verständnisvolle, reifere adlige Dame, die, weil selber Künstlerin, Verständnis für ihn hatte, für seine finanziell schwierige Lage auch, nicht von ihm verlangte, erst mal berufliche Erfolge aufzuweisen, wie das doch sonst damals in den gehobenen Kreisen üblich war und als unabdingbare Voraussetzung verlangt wurde. Sie holte ihn binnen kurzem zu sich in das Haus, das sie noch als Witwe des einstigen Finanzdirektors auf dem Gelände der Charité bewohnte, sie überließ dem jungen Architekten ohne Aufträge dort ein Zimmer und auch ihre sechzehnjährige Tochter – was will man mehr? Eine bewundernswerte Frau. Auch heute noch wäre sie es, aber bedenkt man die Zeiten, in denen sie dies alles zuließ, gegen jede Konvention, gegen Anstand und Sitte, wird sie noch einmal mehr bewundernswert. Und dann bekam Henselmann seinen ersten Auftrag, den, für ein reiches englisches Pärchen eine Villa am Genfer See zu bauen, und die bewundernswerte Mutter ließ ihre Tochter, die dann schon siebzehnjährige Isi, mit diesem Hallodri in die Schweiz fahren, sie dort mit ihrem Hermann die Zeit verbringen, während die von ihm entworfene Villa, die heute ein Baudenkmal ist, gebaut wurde. Das nennt man ja fast Kuppelei – wieso eigentlich *fast*? Das war Kuppelei.

Aber die Liebe mit so einem jungen Ding, sie hat natürlich auch ihre Krisen, ein so junges Mädchen fühlt sich natürlich von einem zehn Jahre älteren Mann auch eingeschnürt, begehrt auch gegen das Schicksal auf, diesen Mann zu lieben, so früh schon dessen Frau zu werden, und auch das hörten wir immer wieder gerne, was meine Mutter von einer dieser Krisen zu erzählen hatte. Von der Krise, bei der sie, meine Mutter, die ein Jahr Jüngere, von ihrer Schwester vorgeschickt wurde, um dem so viel älteren Galan klarzumachen, daß es mit dieser Liebe nicht weiterginge – was meine Mutter nur zu gerne übernahm, wollte sie das doch auch, diesen Eindringling Hermann Henselmann loswerden, der ihr die vertraute Schwester genommen hatte. Sie trafen sich zu dritt in einem Café am Litzensee, das es so immer noch gibt, und meine Mutter zählte das dann Hermann alles auf, was gegen ihn als Liebhaber sprach, das, was ihre Schwester ihr vorher eingetrichtert hatte. So unter anderem auch, daß er, der kleine Mann und begeisterte Wandervogel, krumme, o-beinige Beine habe, wohl von seinem vielen Wandern. Tante Isi saß schluchzend, in Tränen aufgelöst dabei, während sie ihre so viel kühlere Schwester reden ließ, und Onkel Hermann reagierte klug: er hörte sich das alles ganz ruhig an, argumentierte nicht gegen den ganzen Schwachsinn, den er da von meiner Mutter zu hören bekam, erregte sich auch nicht über die Dummheit seiner krummen o-beinigen Beine, und als meine Mutter geendigt hatte, gewiß, nun ihre Schwester wieder für sich zu haben und diesen Hermann Henselmann nie wiederzusehen, sagte er zu der in Tränen aufgelösten Isi: »Komm, wir gehen!« Und natürlich ging sie mit ihm, und meine Mutter blieb allein in dem Café zurück – die Schlußfolgerung meiner Mutter daraus: laß dich nicht mit einem Künstler ein, mit einem Bohemien. Nicht mit einem Bürgerlichen. Und das blieb sie ja dann auch: adelsstolz. Bei ihren diversen Verlobungen, bei ihrer ersten Ehe mit dem während des Krieges im Atlantik verbliebenen U-Boot-Kommandanten, alles *Vons*, und sie blieb es auch dann, als sie meinen Vater heiratete, einen Bürgerlichen, einen Havemann – der dann aber eben zum neuen Adel gehörte, zum wahren Adel, zu der Aristokratie der wenigen, die den Kampf, den Widerstand gegen die primitive Nazibande gewagt hatten.

Henselmann war links, war schon mal als Bauhäusler links, und die Nazis wollten dann auch die zwei Villen, die er in der Umgebung von Berlin noch im Bauhausstil hatte bauen können, als kulturbolschewistische Schande abreißen lassen – was aber von einem Richter, der sich dabei auf bürgerliche Eigentumsrechte berief, verhindert wurde und mit dem Hinweis auf das *Bürgerliche Gesetzbuch* auch verhindert werden konnte. Hermann Henselmann war also ganz klar Antinazi, und auch seine Frau, meine Tante Isi, war es natürlich mit ihm, und ebenso meine Mutter, auch sie sicher unter dem Einfluß von Hermann Henselmann, beide aber wohl auch als höhere Töchter, als Töchter aus alten aristokratischen Familien, auf diesen rohen Pöbel der Nazibande herabblickend. Sie waren Antinazi, aber sie waren es natürlich nicht aktiv und ohne sich deswegen irgendwie zu gefährden. Die Nazis waren das doch gar nicht wert. Man ignoriere sie, so gut es geht. Und es ging ja lange, lange gut, und wenn da so eine grölende Nazihorde vorbeimarschierte, bei den Henselmanns in Wilhelmshorst, einem Villenvorort von Berlin, dann schloß man die Fenster und drehte die Musik lauter, das störte die Gespräche der linken, der Antinazi-Künstler, die sich bei meinem Onkel versammelten, doch kaum. Nur an Bauaufträge war in diesen Zeiten nicht zu denken, nicht mehr, wo doch das Bauhaus verpönt war und es auch kein Privatmann mehr wagte, ein Haus im Bauhausstil errichten zu lassen – wovon werden sie gelebt haben? Womit wird der linke Henselmann in dieser Zeit seine rasch wachsende Familie ernährt haben? Eigentlich eine naheliegende Frage, eine Frage aber, auf die ich nie kam, die ich weder meinem Onkel Hermann noch auch meiner Mutter je stellte, eine Frage aber, auf die ich eines Tages dann doch ganz unverhofft eine Antwort bekommen sollte:

in einer großen Ausstellung, ein paar Jahre nach der Wiedervereinigung, in einer Ausstellung im Zeughaus, im Museum für deutsche Geschichte, in der es um die Kunst der totalitären Diktaturen des 20. Jahrhunderts ging, in einer Ausstellung, in der es dann natürlich auch eine Abteilung mit Naziarchitektur gab und ganz vorneweg natürlich Speer, Albert Speer, und Speer, Albert Speer, der interessierte mich doch ganz besonders, mit einem großen Theaterprojekt über ihn, über Speer, mit meinem *Projekt: SPEER*, war ich doch da schon ein paar Jahre zugange. Ich schaute mir das also sehr genau an, besonders diese Abteilung der Ausstellung, in der es neben dem Modell von Speers Großer, riesengroßer Halle auch seine Pläne zu besichtigen gab, aus denen sich ablesen ließ, was er und sein Auftraggeber Hitler mit Berlin vorgehabt hatten, diese Vergewaltigung Berlins, die Umgestaltung der Reichshauptstadt, inklusive ihrer Umbenennung in *Germania*. Und dort waren auch Beispiele aus den Wettbewerben zu sehen, die unter der Ägide Speers ausgeschrieben worden waren, um diese gigantischen Pläne mit Bauten zu füllen, denn alles bauen und selber entwerfen beziehungsweise von seinem großen Architekturbüro entwerfen lassen, das konnte auch ein Speer nicht. Es sollte da, nach dem Willen von Speer, etwas außerhalb des Zentrums, auf der Havelhöhe, eine neue Universität errichtet werden, im Grünen, aber natürlich nicht einem amerikanischen Campus gleichend, sondern pompös wie alles Nazimäßige, und da dann, bei einem der preisgekrönten Entwürfe für diese zu errichtende Naziuniversität, fand sich der Name Hermann Henselmann, verzeichnet als einer der Assistenten, die an diesem Entwurf mitgearbeitet hatten – so also war das. Und deshalb also war das nie ein Thema gewesen, womit Hermann Henselmann in diesen Jahren der Nazizeit seine Familie ernährt hat. Nicht jeder ist ein Held. Und ein Schlawiner ist es wohl schon mal gar nicht. Muß es nicht sein.

Onkel Hermann

Havemann ohne Henselmann? Nein, geht nicht. Gehört zusammen. Ist unauflöslich miteinander verbandelt. Nein, Havemann gibt es nur mit Henselmann, jedenfalls gäbe es mich nicht ohne diese Verbindung zwischen Have- und Henselmann. Henselmann, mein Onkel Hermann, einer der wichtigsten Einflüsse meines Lebens. Schon durch die Stalinallee, in der ich groß geworden bin und als deren Architekt er gelten muß, auch wenn er nur ein paar wenige Häuser davon entworfen hat. Das Haus am Strausberger Platz, in dem die Familie Havemann wohnte, in dem aber auch, eine Etage tiefer, die Familie Henselmann lebte. Jedenfalls meine Kindheit über. Und auch in Grünheide Alt-Buchhorst hatten sie doch ihr Wochenendhaus direkt neben dem der Familie Havemann. Henselmann war es, der dieses Grünheide Alt-Buchhorst für sich und seinen Clan entdeckt hatte, und zu diesem Clan gehörte auch Havemann, deshalb doch kaufte mein Vater das Grundstück neben dem der Familie Henselmann. Und es gab keinen Zaun zwischen den beiden Grundstücken, nur eine langgestreckte Fliederhecke mit mehreren Durchgängen, und es ging immer hin und her. Havemann und Henselmann, das gehörte zumindest in dieser Zeit, diesen langen Jahren zusammen. Auch wenn Henselmann dann irgendwann den Abstand suchte zu meinem Vater, die Familie vom Strausberger Platz weg und in ein Atelierhaus mit Garten in Pankow zog, zu den Bonzen hin. Otto Gottsche war dort der Nachbar, der Sekretär von Walter Ulbricht, und diese Nachbarschaft mit Otto Gottsche, sie sollte dann noch eine entscheidende Rolle in meinem Leben spielen, denn es war Onkel Hermann, der mich 1968 aus dem Gefängnis herausgeholt hat. Indem er sich an seinen Nachbarn, den Genossen Otto Gottsche, wandte, den Sekretär von Ulbricht, der, von Gottsche darauf aufmerksam gemacht, daß ich immer noch eingesperrt war, meine Entlassung anordnete. Das wäre eine Entscheidung ganz von oben, von Ulbricht gewesen, sagte mir Onkel Hermann am Tag meiner Entlassung, als mich meine Mutter ans Telefon rief, damit ich ihm meinen Dank dafür abstattete, daß er sich für mich eingesetzt hatte – was ich natürlich tat. Ohne in diesem Moment aber zu wissen, wie schwer ihm das gefallen war, was für ein Drama es im Hause Henselmann gegeben hatte, bis er sich dazu dann doch bereit erklärte. Er wollte das erst nicht, er lehnte dies strikt ab, seine Verbindungen dafür zu nutzen, mich aus dem Gefängnis zu holen. Ich sei nicht begabt, sagte er zu meiner Mutter und zu ihrer Schwester, meiner Tante Isi, die auf seine Weigerung hin in Tränen ausbrach, Tränen, die ihren Mann dann doch erweichten.

Ja, so war er, dieser Hermann Henselmann, mein Onkel, daß das für ihn ein Argument war, ob jemand weiter sitzen sollte oder sich für seine Entlassung aus dem Gefängnis einzusetzen war: ist er begabt oder nicht, ist er in seinen Augen begabt, oder ist er's nicht – das war schon ein scharfer Hund, dieser Henselmann, und deshalb einer der wenigen, die mir eine gewisse Hochachtung abnötigten. Natürlich war er auch das: ein Opportunist, der es sich nicht mit den Mächtigen verderben wollte. Aber Opportunisten, das sind sie doch wohl alle, die Architekten, und müssen es sein, wollen sie, daß die von ihnen entworfenen Gebäude auch gebaut werden, wollen sie einen Bauauftrag ergattern, nur, was dieser von ihrem Beruf her nötige Opportunismus bedeutet, unterliegt gewissen Wandlungen, und es macht dann schon einen Unterschied, ob der Bauherr ein reicher Privatmann mit einem Spleen für zum Beispiel moderne Architektur ist oder ein Adolf Hitler wie im Falle Speer, der sich mit genauen Vorstellungen in die Baupläne einmischt, oder, und vielleicht noch komplizierter, irgendeine Behörde mit ihren verschiedenen bürokratischen Zuständigkeiten oder wie jetzt grad die Deutsche Bahn, deren Chef in seiner Machtvollkommenheit meinte, er könne, trotz anderslautender Verträge mit dem betreffenden Architekten, mal eben die Bahnhofshalle verkürzen oder da unten im Berliner Hauptbahnhof eine andere Decke einbauen lassen. Das Verhältnis ist immer schwierig, das zwischen dem Bauherrn und seinem Baumeister, und mein Onkel hatte es direkt mit der obersten Spitze seines Staates zu tun, die entschied, ob gebaut wurde, was er ihr vorschlug. Oder auch nicht. Und was das, jedenfalls kulturell gesehen, für Kleingeister waren, mit denen es mein Onkel da zu tun hatte, das war ihm spätestens seit den Querelen um das Haus an der Weberwiese klar, den Vorläuferbau für die Stalinallee, die dann in genau dem Stil erbaut werden sollte und auch erbaut wurde, zu dem sie ihn genötigt hatten. Und mein Onkel kam doch vom Bauhaus her, war ein dezidierter Vertreter der architektonischen Moderne. Mit all ihren sozialen und weltverbesserischen Intentionen. Er war ein Opportunist, er hatte gute Gründe, ein Opportunist zu sein, und einer davon war schon mal, was man so gerne vergißt, daß es das Neue Bauen im Westen, im westlichen Teil Nachkriegsdeutschlands genauso schwer hatte. Und ein anderer war der, daß er sich als Linker mit den Sozialisten an der Spitze seines Staates, unabhängig von der Machart, dem Dekor, dem stalinistischen, dem Zuckerbäckerstil, den sie ihm aufnötigten, in den sozialen und weltverbesserischen Intentionen des Bauens einig wußte, daß er deshalb auf diese Banausen dann auch noch einzuwirken hoffen konnte. Die Stalinallee, für die mein Onkel dann so vehement Partei ergriffen hat und eingetreten ist, sie war, auch wenn es auf den ersten Blick sicher nicht danach aussieht, in ihrer Weise jedenfalls ein Projekt der Moderne, eine Straße, in der wesentliche Prinzipien modernen Bauens verwirklicht wurden. Die Einbeziehung des vielen Grüns, die gelockerte Struktur, die Aufgabe der Blockrandbebauung, und ohne ein bißchen an Sozialismus, an sozialdemokratischem Sozialismus wären auch im Westen die großen Projekte der Moderne nicht zu realisieren gewesen, die Siedlungen der 60er und 70er Jahre, im sozialdemokratischen West-Berlin das Märkische Viertel oder die Gropiusstadt, die ja einfach nicht nur so heißt und nach Walter Gropius benannt ist, dem Gründer und langjährigen Leiter des Bauhauses, sondern von ihm auch mitentworfen wurde. Nur ging das im Westen eben meist nur am Stadtrand, meist, denn das waren doch immerhin mal die stolzen, zum Glück dann nicht realisierten Pläne des West-Berliner und sozialdemokratisch beherrschten Senats, ganz Kreuzberg abzureißen, um es mit moderner Architektur zu verschandeln. Im Osten war das leichter, im Osten war die Macht des Staates größer, der sich mit einem Federstrich über den Privatbesitz an Grund und Boden hinwegsetzen konnte. Deshalb die Stalinallee. Als Stalinallee. Und natürlich war das auch eine große Bauaufgabe, eine Bauaufgabe, die doch einen Architekten wie meinen Onkel reizen mußte.

Nach dem Ende der Nazizeit, durch die er sich mehr oder minder redlich hindurchgeschummelt hatte, nach dem Ende des Krieges dann wurde mein Onkel Direktor der Kunsthochschule in Weimar, und für ihn als einen Linken war klar, daß das neue Bauen im neuen Deutschland von den Prinzipien und Errungenschaften des Bauhauses auszugehen habe – dies schon allein aus finanziellen Gründen. Der Wiederaufbau der Frankfurter Allee begann mit den Laubengang-Häusern von Hans Scharoun, dem damaligen Oberbaudirektor der Stadt, einem Freund meines Onkels, die bei den meisten Menschen Verwunderung, ja Befremden auslösen – solche Gebäude hätte man in der Stalinallee nicht vermutet. Der Wiederaufbau begann also ganz unspektakulär und im Sinne des modernen Bauens.

Für meinen Onkel, der dann an einem Wettbewerb für ein Hochhaus direkt hinter der Frankfurter Allee teilnahm, das Hochhaus an der Weberwiese, war es also völlig klar, daß sein Entwurf, sein Wettbewerbsbeitrag, einer sein würde, der diese Prinzipien modernen Bauens aufgreift. Zu seinem großen Erstaunen konnte er dann nach Abgabe seines Entwurfs im *Neuen Deutschland* einen Artikel unter der Überschrift »Über den Baustil, den politischen Stil und den Genossen Henselmann!« lesen – sein Autor Rudolf Hernstadt, ein mächtiger Mann, Mitglied des Politbüros der Partei, später infolge des 17. Juni 1953 geschaßt –, in dem ihm von der Partei aus klargemacht wurde, daß die moderne Architektur von den werktätigen Menschen nicht gemocht und abgelehnt würde, daß die Werktätigen auf würdevolleren Behausungen bestehen würden und dazu nach Jahrhunderten der Unterdrückung auch alles Recht besäßen, nun selber in Palästen zu wohnen. Weiterhin wurde meinem Onkel in diesem Artikel mitgeteilt, daß er es versäumt habe, sich an den sowjetischen Beispielen zu orientieren, daß es seine Aufgabe sei, unter Beachtung des sowjetischen Vorbildes zu einer Architektur-Sprache zu gelangen, die unsere nationalen Traditionen fortführe – was dies bedeutete, war klar: es bedeutete den Rückgriff auf den Klassizismus, es bedeutete den Rückgriff auf Schinkel. Für einen linken Architekten wie meinen Onkel natürlich besonders peinvoll deshalb, weil auch die Nazi-Architektur, im Gegensatz zur faschistischen in Italien, die von der Moderne ausging, eine klassizistische gewesen war, eine, die Schinkel als das große Vorbild hinstellte. Die am Frankfurter Tor dann von Henselmann verwirklichte Idee, durch zwei, eine Straße akzentuierende Türme so etwas wie eine Tor-Situation, das Bild eines Tores zu schaffen, wie er das ausgedrückt hätte, geht direkt auf Schinkel zurück, der dieses Konzept für die beiden Eckhäuser gegenüber dem Charlottenburger Schloß entwickelt hat. Die Gestalt der beiden Turmaufsätze ist direkt von dort übernommen, hier von meinem Onkel sozusagen zitiert worden.

Henselmann berichtet davon, daß er verzweifelt durch die damals noch weitgehend zerstörten Straßen Berlins geirrt sei, mit der für ihn schmerzlichen Frage befaßt, ob er diesem Ansinnen der Partei, der er sich zugehörig fühlte, nachkommen oder, seine Ehre wahrend, bei seinen Architektur-Grundsätzen bleiben solle. Dies hätte für ihn bedeutet, in den Westen gehen zu müssen, dies hätte bedeutet, auf einen großen Auftrag zu verzichten, auf den noch größere folgen könnten. Mein Onkel berichtet, daß er in seiner Verzweiflung zu Bert Brecht gegangen sei und daß Brecht ihm geraten habe, den Wünschen der Partei zu entsprechen. Es sei wichtiger, so Brecht, in Kontakt mit dem neuen Auftraggeber zu bleiben, daß der neue Auftraggeber ein Banause sei, der keinen Geschmack habe, sei klar, anderes dürfe nicht erwartet werden. Nur wer dem neuen Auftraggeber (ob das nun in den Augen Brechts das Proletariat selbst oder nur die Partei war, lassen wir dahingestellt) das hinbaue, was er haben wolle und verstehen könne, würde dann auf die Entwicklung des Bauens im Sozialismus Einfluß nehmen können. Mein Onkel behauptet, daß diese Äußerungen Brechts für ihn entscheidend gewesen seien und er Brecht gleich auch noch das Versprechen abgenommen habe, falls er den Wettbewerb gewinnen würde, zur Eröffnung des Hochhauses an der Weberwiese ein Gedicht zu schreiben. Das hat Brecht getan, und die Zeilen

Friede in unserem Lande
Friede in unserer Stadt
Daß sie den gut behause
Der sie gebaut hat

wurden in den schwarzen Marmor des Eingangs eingemeißelt, der pikanter- und eben bezeichnenderweise aus Karinhall stammte, dem Wohnsitz von Hermann Göring – inwieweit dies schon das Bild einer neuen Ordnung konterkariert, das in dem Gedicht Brechts beschworen wird, bleibe dahingestellt.

und was Neues hingebaut

Mein Onkel hat dann innerhalb einer Woche seinen Entwurf überarbeitet, hat ihn den Wünschen und Vorstellungen des neuen Auftraggebers angepaßt und mit diesem neuen Entwurf dann auch prompt den Wettbewerb gewonnen. Im Westen wurde er daraufhin von seinen Kollegen als Verräter an der modernen Architektur geschmäht, und er hat sich, sicher auch aufgrund dieser Schmähungen, dann zum eifrigsten und eloquentesten Verfechter und Propagandisten der Stalinallee gemacht. Dies ging so weit, daß die meisten Menschen dann annahmen, die gesamte Stalinallee sei von ihm entworfen worden, was so aber gar nicht stimmte. Der größte Teil der Gebäude wurde von dem völlig vergessenen Architekten Paulick entworfen, von meinem Onkel stammt nur der Strausberger Platz und das Frankfurter Tor.

Der Zukunft zugewandt

Er war ein Opportunist, natürlich war er das. Aber ganz so einfach darf man es sich mit diesem Opportunismus nicht machen, denn schließlich hat er diese *opportunities*, diese Gelegenheiten, genutzt, die sich aus seinem stalinistischen Mittun, seinen dadurch gegebenen Verbindungen zu seinem Bauherrn, der Partei- und Staatsspitze der DDR, ergaben. Er hat sie langsam, aber stetig in seinem Bemühen und am Ende doch auch erfolgreich vom Nutzen der modernen Architektur überzeugt. Er hat dabei all seinen Charme spielen lassen und seine Tricks angewendet – wenn er zu Ulbricht ging wegen einem neuen Bauprojekt, das er da natürlich schon, zumindest im ersten Entwurf, fertig hatte, kam er da ohne eine einzige Zeichnung an, ohne ein Modell oder Fotos von dem sicher längst vorhandenen Modell, und jeder würde wohl meinen, daß mit ihm eine solche Veranschaulichung des zu Bauenden bei einem so unkünstlerischen Menschen und Sturkopf ohne alle Vorstellungsgabe, wie Ulbricht das war, diesem obersten Oberentscheider, doch leichter hätte sein müssen. Aber Henselmann machte das anders, machte das sehr viel geschickter. Er hatte nur seinen dicken weichen Bleistift dabei, mit dem sich leicht ins Ungefähre etwas skizzieren läßt, und ein paar noch leere Blätter Papier. Und dann redete er mit Ulbricht, erst mal ganz ins Blaue hinein, was das denn so ungefähr für ein Gebäude werden solle, was da nun zu bauen sei. Und hatte er sich dann mit Ulbricht in diesem Ungefähr harmonisiert, fragte er ihn, wie er sich denn nun so ungefähr dieses Gebäude vorstelle, und Ulbricht, der wie alle diesen hohen Herrn meinte, von allem, aber auch allem eine Ahnung zu haben, schwadronierte frohgemut drauflos. Henselmann, obwohl es ihn in seiner Architektenseele dabei graute, hörte sich das ganz ruhig und interessiert an, so als hielte er die Vorstellungen seines Partei- und dann auch Staatsratsvorsitzenden für hoch bedeutsam, ja, genial. Und wenn Ulbricht fertig war, holte Henselmann seinen Bleistift raus und begann auf dem von ihm mitgebrachten Papier, wie er sagte, das mal so ungefähr zu skizzieren, was der Genosse Ulbricht da eben als seine Vorstellung entwickelt hatte, und natürlich zeichnete er da dann nicht Ulbrichts Vorstellung auf, sondern das, was er zu bauen vorhatte. Nicht ganz, denn Henselmann war auch so intelligent und gewitzt, daß er seinem Bauherrn und Auftraggeber die Illusion ließ, der habe nun die Möglichkeit, an dem Vorgeschlagenen noch seine Verbesserungen anzubringen, und Ulbricht hatte natürlich solche Verbesserungen vorzuschlagen, und mein Onkel zeichnete sie peu à peu in diese grobe Ideenskizze ein, und am Ende der Sitzung war er genau bei dem Entwurf angelangt, den er schon fertig im Kopf hatte – so machte er das, und wenn, dann war dieser Opportunist ein sehr gewitzter, ein trickreicher, ein auf seine Weise auch mutiger Opportunist.

Der Bauherr

Es gab da von Ulbricht einen schönen Witz, der das ganz gut illustriert, die Omnipotenz, das Omnipotenzgehabe dieses nahezu allmächtigen Staatenlenkers: Ulbricht fährt nach Dresden, um dort das Institut von Manfred von der Hochantenne zu besuchen, von Manfred von Ardenne, dem Erfinder, der bei den Nazis bei der Entwicklung des Fernsehens mit dabeigewesen war und deswegen im Volksmund der *von der Hochantenne* genannt wurde. Nachdem die Russen ihn bei Kriegsende, wie die Amis das mit ihrem Wernher von Braun ja auch gemacht haben, für ein paar Jahre in ihr Sowjet-Reich entführt hatten, war er in der DDR dann ein hochgeachteter und auch hochprivilegierter Wissenschaftler. Mit eigenem Institut in Dresden, wo er tun und lassen konnte, wozu er Spaß, woran er Interesse hatte. Ulbricht besucht ihn dort in seinem Institut, wird von Manfred von Ardenne herumgeführt und läßt sich alles zeigen und von den jungen Wissenschaftlern erklären, die bei ihren Instrumenten und Versuchsanordnungen Aufstellung genommen haben. Irgendwann aber unterbricht er, und er sagt: »Verstehe ich das richtig, also in den Stoffen, da sind die Moleküle drin, und in den Molekülen dann die Atome …« Das Ganze muß man sich natürlich in dem vielfach nachgemachten Sächsisch von Ulbricht erzählt vorstellen, und dann kommt die Pointe, und Ulbricht unterbricht nun sich selber, wendet sich an die ihn umringenden Koryphäen der Wissenschaft und fragt: »Könn'se mir folgen?«

Ein mutiger Feigling

Henselmann war ein Opportunist, na klar war er das, aber er war ein Opportunist, der etwas wagte, und mit einer Sache wagte er sich dann zu weit vor: als es dann Anfang der 60er Jahre um die weitere Bebauung Ost-Berlins ging, um die des eigentlichen und weitgehend vom Krieg zerstörten Zentrums, legte er in einem Wettbewerb einen grauslichen, in seiner Grauslichkeit aber so modernen Entwurf vor, daß er damit bei der Partei- und Staatsspitze nicht durchkam, die er doch erfolgreich in Richtung Moderne hin bearbeitet zu haben glaubte – zum Glück, kann man nur sagen. Was mein Onkel vorschlug, war schlimmer, sehr viel schlimmer als das, was dann an Schlimmem gebaut wurde. Sicher der größte Reinfall seines Lebens als Architekt. Man ließ ihn fallen daraufhin, er verlor seinen Posten als Chefarchitekt von Ost-Berlin. Man ließ ihn nicht gänzlich fallen, man überließ ihm ein extra für ihn erst geschaffenes Institut für Sonderbauten – mit einer Idee aber aus seinem Entwurf der Umgestaltung von Berlin, von Ost-Berlin, mit einem dieser Sonderbauten dann, kam er durch, mit der Idee für seinen Fernsehturm. Mit der Idee erst einmal, das zu machen, was noch nirgendwo sonst gemacht worden war: mit einem Fernsehturm, der bis dahin überall als eine bloße technische Einrichtung und Notwendigkeit galt, die möglichst außerhalb der Städte zu plazieren war, mitten hinein in das Zentrum zu gehen – er begründete das, ganz sozialistisch modern, mit der Wichtigkeit der Telekommunikation im sozialistischen Staat, und um diese Bedeutung abzusichern, ihr eine bildhafte Gestalt zu geben, wollte er am Fuße des zu bauenden Fernsehturms einen großen Marx-Kopf hinsetzen, der sicher so schrecklich geworden wäre wie der dann in Karl-Marx-Stadt, heute wieder Chemnitz, und hinter diesem Marx-Kopf sollte, in seinem Entwurf jedenfalls, auf einem kubischen und gänzlich geschlossenen Gebäude die der *Internationale* entnommene Losung *Völker, hört die Signale* geschrieben stehen – um Signale geht's ja schließlich auch bei einem Fernsehturm. Den später errichteten Bau am Fuße des dann wirklich gebauten Fernsehturms mit diesen spitzen, dreieckigen Dächern, einer der Architekturgreuel des 20. Jahrhunderts, den hat mein Onkel nicht zu verantworten, von ihm stammt nur die Idee mit der so prägnanten, einprägsamen Kugel, die ja eine so schlechte Idee nicht ist, was man schon daran sieht, daß der Fernsehturm zu einem Wahrzeichen Berlins geworden ist, dies auch nach der Wende blieb.

Auch dazu eine kleine Geschichte am Rande: der Berliner Volksmund, die berühmt-berüchtigte Berliner Schnauze, ist ja dann erst glücklich und der Berliner hat einen Bau auch dann erst angenommen, wenn dafür ein witziger und respektloser Name gefunden ist – so heißt das neu errichtete Kanzleramt in Berlin die *Waschmaschine*. Der Fernsehturm hatte bald zwei Spitznamen: der eine, der dann auch in der Propaganda aufgegriffen wurde, hieß *Telespargel*, der andere *Sankt Walter* und *Walter* natürlich wegen Walter Ulbricht, von dem alle wußten oder zumindest annehmen mußten, daß er das entschieden hatte, daß der Fernsehturm gebaut wurde, *Sankt* deshalb, weil sich an dieser Kugel, zum Erstaunen aller, als sie fertig installiert war, bei einer bestimmten Beleuchtung ein Kreuz zeigte, ein an der einen Turmseite dann wanderndes Kreuz, hervorgerufen durch die Sonnenstrahlen, die von den Metallplatten der Außenhaut der Kugel reflektiert werden. Es hat dann, und hier hört der Witz auf witzig zu sein, eine Untersuchung gegeben, ob das nicht vielleicht Sabotage gewesen ist, die im geheimen und konspirativ verfolgte Absicht derjenigen, die für die Gestaltung verantwortlich waren. Ließ sich aber nicht nachweisen, und so blieb das Kreuz und leuchtet bis zum heutigen Tage ganz harmlos auf, wenn die gute Sonne auf die Kugel trifft.

Bei seiner Idee für diesen Fernsehturm kam mein Onkel aber nicht so mit einer bloßen Ideenskizze durch, von der Ulbricht annehmen konnte, sie wäre eigentlich von ihm, nur Henselmann hätte sie mal eben aufgezeichnet – dafür ließ er sich was anderes einfallen: er ließ ein Modell bauen, das war klar, und dieses Modell schleppte er auch in die entscheidende Sitzung des Politbüros mit, aber er machte noch etwas anderes: er ließ das Modell seines Fernsehturms abfotografieren und das Foto des Modells in andere, dann großformatig vergrößerte Fotos der Gegend hineinmontieren, in der sein Fernsehturm mal stehen sollte, auf daß die Obergenossen eine Vorstellung davon bekämen, wie sein Fernsehturm von einer normalen Passantenperspektive aus gesehen aussehen würde. Aber wo seine Leute schon mal so schön am Montieren waren, kamen meinem Onkel Hermann dann noch ein paar schöne Zusatzideen, und die beste war die, daß er da ein hübsches Mannequin vom DDR-Modeinstitut aufmarschieren und dann fotografieren ließ, das einen lebhaften Eindruck davon vermitteln sollte, was für schöne neue und sozialistische Menschen beziehungsweise Frauen im neuen Zentrum der dann mit einem Fernsehturm erst richtig sozialistischen Hauptstadt herumlaufen würden. Diese Idee allerdings wäre ihm beinahe zum Verhängnis geworden, interessierten sich doch die Genossen vom Politbüro ganz besonders für sein hübsches

Mannequin im Vordergrund dieser Fotomontage, und er wurde mit der interessierten Frage bestürmt, ob er denn mit ihr was gehabt habe. Ulbricht, der prüde, saß mißmutig dabei und beendete dann mißmutig diesen Politbüro-Spuk, indem er Henselmann fragte, wiederum in seinem Sächsisch natürlich vorzustellen: »Nu, Hermann, meinst du, es wird gut aussehen?«, was Henselmann natürlich durch eifriges Nicken bejahte. Darauf Ulbricht, die Diskussion abschließend: »Nu, dann wird's gebaut.« So kam Berlin zu seinem Wahrzeichen.

Architekturanwärter

Ich sei nicht begabt, so Henselmann, so mein Onkel zu seiner Frau und meiner Mutter, und das war nicht einfach so mal eine Feststellung eben, dafür glaubte er sehr gute Gründe zu haben, und mal unabhängig von der Frage, ob ich denn nun begabt bin oder nicht, von seiner Warte aus hatte er sicher recht. Ich hatte ihn nämlich enttäuscht, furchtbar enttäuscht, meinen Onkel. Er war bei mir nicht durchgekommen mit dem, was er mit mir vorhatte, zu meinem Besten natürlich, und sich auch wirklich dafür einsetzend, denn das war nicht nur irgendein Gerede, daß er mir da bloß einen Floh ins Ohr gesetzt hatte, und das war's dann schon gewesen. Nein. Er wollte mich, dessen Begabung er glaubte erkannt zu haben, zu einem Architekten machen, zu seinem Schüler. Was mein Bruder für meinen Vater werden sollte, sein Nachfolger als Wissenschaftler, das sollte ich als Architekt dann für meinen Onkel werden, den Architekten – seine sieben Kinder zeigten keine entsprechende Begabung, also sollte ich das werden, ein Architekt, sein Nachfolger und Schüler. Und ich wollte ja auch. Wollte nur zu gerne und war glücklich, auch jemanden gefunden zu haben, der mich anerkennt und fördert. Also war ich bereit, Architekt zu werden. Also war ich nur zu gerne bereit, einmal in der Woche zu ihm in sein Architekturbüro am Frankfurter Tor zu gehen, oben im Turm, und ich war glücklich und zufrieden, dort in die gerade entstehenden Planungen einbezogen zu werden, ihr Entstehen verfolgen zu können. Henselmann nahm mich mit zum *Haus des Lehrers*, das in dieser Zeit am Alex nach seinem Entwurf hochgezogen wurde, wir durchwanderten die Baustelle, er erklärte mir alles ganz genau, und warum und wie und was ein Architekt alles zu wissen und zu beachten habe. Und dann gingen wir auch noch in die zum *Haus des Lehrers* gehörige Kongreßhalle, um uns in deren Rohbau umzusehen, und mit großem Spaß erzählte er mir, daß es da zwei verschiedene Bestuhlungen geben solle, eine für den normalen Kongreß- und Veranstaltungsbetrieb der Normalsterblichen, eine andere, natürlich sehr viel pompösere, für die Volkskammer, die auch darin tagen sollte, und für die mit weißem Hirschleder bezogenen Sessel dieser Sesselpupser hatte er sich etwas ganz Besonderes ausgedacht: den Sitzen sollte das Wappen der DDR eingeprägt werden, damit sie da dann mit ihren Ärschen drauf sitzen – so was gefiel Onkel Hermann. Und natürlich auch mir, der ich ihn so sehr bewunderte. Auch in seiner Fähigkeit, mit Leuten umzugehen, mit den Funktionären, seinen Mitarbeitern und den soviel raueren Gesellen vom Bau.

Und irgendwann sagte er mir, nachdem er mir wieder so einen Stapel amerikanischer Architekturzeitschriften in die Hand gedrückt hatte, um die mich sicher jeder angehende Architekt in der abgeschotteten DDR beneidet hätte, nun wäre es Zeit, daß ich mein erstes Haus entwürfe. Stimmt, natürlich – ich hatte es bis dahin merkwürdigerweise noch nicht getan, und also fragte ich ihn, was das denn für ein Haus sein solle, und Onkel Hermann antwortete: das Haus, in dem ich später mal leben wolle. Gut, das Haus, in dem ich später mal leben will – das war doch schon mal eine gute Idee, und seine Assistenten gaben mir dann alles Nötige mit, was ich für so einen Entwurf brauchen würde, eine Zeichenplatte, das Pergamentpapier, das Lineal mit dem 1:50-Maßstab, und ich lief also schwer bepackt von dannen. Und machte mich, zu Hause angekommen, natürlich sofort an die Arbeit. Wie man einen Grundriß zeichnet, das hatte ich doch schließlich im Büro Henselmann gelernt, wie Mauern, wie Fenster zeichnerisch darzustellen sind, wie man kenntlich macht, in welche Richtung eine Tür aufgehen soll. Alles das, ich konnte es. Kein Problem. Die Probleme kamen später, und während ich an einem Plan für dieses zukünftige Haus von mir zeichnete – ich verfiel richtig ins Sinnieren: wie würde ich leben wollen? Würde ich Arbeit und Privatleben trennen, getrennt haben wollen? Und würde ich denn allein leben? Oder eine Frau und vielleicht sogar Kinder haben? Und wenn ja: wie viele? Und wie wären die dann unterzubringen? Und mit Kindern im Haus dort auch zu arbeiten: wie sollte das gehen? Mit diesen für mich nicht zu beantwortenden, mich nur quälenden Fragen bekam ich es zu tun, mein entwerferischer Elan erlahmte, der angefangene Plan blieb unvollendet liegen. Ein paar Wochen später, ich war wieder in seinem Büro am Frankfurter Tor, fragte mich mein Onkel, was mit meinem ersten Haus sei, er wolle jetzt mal langsam den Entwurf dafür sehen. Ich hatte doch aber keinen Entwurf, noch nicht mal etwas, das ich ihm beim nächsten Mal hätte mitbringen und zeigen können, und auch keine Chance, bis dahin etwas fertigzukriegen. Ich stand also ganz schön wie doof da. Aber in einer solchen Situation weiß Havemann sich natürlich zu helfen. Dafür ist Havemann Havemann. Ich sagte ihm nichts von meinem Scheitern an dieser Aufgabe, nichts von den vielen Fragen, die ich mir gestellt hatte, ohne sie beantworten zu können, ich sagte etwas anderes: ich sagte, ich verstünde nicht, wie man Häuser und Wohnungen für Leute entwerfen könne, die man gar nicht kennt, um deren Bedürfnisse man nicht wisse. Mein Onkel schaute mich an, und dann warf er mich hinaus. Ich durfte sein Architekturbüro nie wieder betreten, und er wechselte dann auf Jahre hin auch nie wieder mit mir ein über das bloß Familiäre hinausgehendes Wort.

Wie gesagt: ein scharfer Hund, dieser Henselmann, mein Onkel, denn älter als 11, 12 war ich doch nicht in dieser Zeit, aber er hatte recht: aus einem Jungen, der das nicht versteht, wird nie ein Architekt werden können. Instinktiv hatte er recht, denn aus mir wurde dann ja auch kein Architekt, was ich ja immerhin auch ohne und gegen ihn, und um es ihm zu beweisen, doch noch hätte werden können. Mir fehlt dieser unbedingte, unbedenkliche Gestaltungswille, den man dafür braucht, das Machtgelüst des Architekten, der mit seinen Bauten eben nicht nur in eine Stadt, sondern auch mit jedem seiner Bauten in das Leben von Menschen eingreift. Mein Gestaltungswille ist begrenzt, beschränkt sich auf das, was innerhalb eines Rahmens Platz hat oder zwischen zwei Buchdeckeln, und auch auf das, was nach ein paar Stunden Aufführung dann wieder zu Ende ist. Aber ohne meinen Onkel, ohne meinen Traum, Architekt zu werden, hätte ich den *SPEER* nicht gemacht, mich nicht über 20 Jahre mit Albert Speer abgegeben, mit dessen Architektur, dessen Leben. Mir also hat es was gebracht.

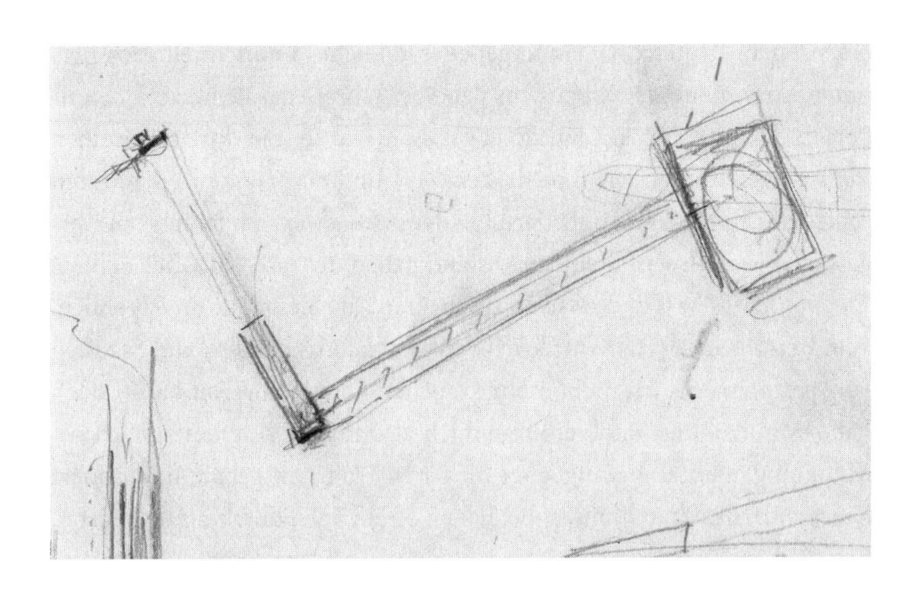

Die Ruine der Wiedervereinigung

Wer heute hier in Berlin in die Gegend am Potsdamer Platz geht und sich dort etwas umtut, wird es schwer haben, sich vorzustellen, wie es da vor gar nicht so vielen Jahren mal aussah, und selbst der, der dort früher so oft wie ich war, hat es schwer, sich den einstigen Zustand zu vergegenwärtigen, so stark sind die Veränderungen. Vom Ufer des Landwehrkanals aus gesehen, erstreckte sich ein *terrain vague*, wie meine Frau sagen würde, die Französin, eine graue Sandwüste bis hin zur Stresemannstraße, die in diesem Abschnitt dann aber gar nicht als Straße erkennbar oder gar befahrbar gewesen ist. Dort stand sie, die Berliner Mauer. Auf der rechten Seite dieses Areals, dieses wüsten, völlig ungestalten Geländes, die vom Gleisdreieck kommende U-Bahn-Trasse, die hier schräg in einen Tunnel hinunterführt, der dann unter dem Potsdamer Platz verschwindet, damals noch, und ungenutzt natürlich, in den Osten. Auf der linken Seite, ganz isoliert stehend, das Weinhaus *Huth*, das einzige Gebäude, das den Krieg, den Endkampf um Berlin überstanden hat, nun vollkommen eingebaut und in den neu erbauten Gebäudekomplex am Potsdamer Platz einbezogen. Weiter vorn ein ungeheuer häßliches und schnell auch heruntergekommenes Hochhaus aus den 60er Jahren, das heute verschwunden ist, für die Debis-Zentrale abgerissen wurde, die dort nun seinen Platz eingenommen hat – bemerkenswert und einprägsam allein durch seine dreistufige Höhengliederung. Bemerkenswert und nicht zu vergessen aber auch das in einem Abstand neben diesem Neubau errichtete Treppenhaus – was es dort so an Inschriften gab, bleibt mir unvergeßlich, zum Beispiel das: »Hier wurde ich von zwei alten Knackern vier Stunden lang gestoßen, bis ich nicht mehr krauchen konnte – Veronika, 14.« Ich habe es mir notiert und verbürge mich also für die Authentizität dieser Mitteilung, nicht unbedingt aber für deren Wahrheitsgehalt, und notiert habe ich mir das auf meinen vielfachen Streifzügen durch diese Gegend. Eine dementsprechend tote Gegend, und es war dann Edzard Reuter, der Sohn des einstigen West-Berliner Bürgermeisters Ernst Reuter, damals Chef von Daimler-Benz, der noch vor dem Fall der Mauer diesem Zustand ein Ende machen wollte, gegen den Widerstand seiner Stuttgarter Konzernzentrale, und er hat das dann ja auch, aber erst nach dem Fall der Mauer, realisieren können – wurde er aber, nachdem er seinen Posten bei Daimler-Benz verloren hatte, zur Einweihung des von ihm initiierten Debis-Gebäudekomplexes eingeladen? Wahrscheinlich nicht, denn wir befinden uns schließlich in Deutschland, und auch mein Onkel, von dem die Idee, der erste Entwurf für den Berliner Fernsehturm stammt, der ihn politisch durchgeboxt hat, die Ausführung aber hat anderen überlassen müssen, wurde ja nicht zu dessen Eröffnung eingeladen. So ist das doch in Deutschland, darin unterscheiden sich Ost und West nicht.

Aber es gab in den letzten Jahren vor dem Fall der Mauer auch noch einen ganz anderen Plan, dieses Gelände zu füllen, und ich würde schon behaupten wollen, daß das ein ganz großartiger Plan gewesen ist, ein dem Ort in seiner historischen Bedeutung als Schnittstelle zwischen Ost und West angemessener Plan, ein Plan, der es wert gewesen wäre, verwirklicht zu werden, der aber natürlich nicht verwirklicht, noch nicht einmal öffentlich zur Diskussion gestellt wurde, denn schließlich befinden wir uns in Deutschland. Es war dies der Plan eines gänzlich Unbekannten, der Plan eines unbekannten Malers, der einen Zyklus von Bildern malen wollte, eine Serie von Bildern, um genauer zu sein, denn wie ein Kreis hätte sich da nichts geschlossen, Bilder, in denen er das in eine bildhafte Gestalt bringen wollte, was für ihn Deutschland ausmachte, von seiner Geschichte her, seiner damaligen Gegenwart aber auch der Spaltung Deutschlands in Ost und West. Für diese Bilder dann sollte an diesem Ort, und zwar genau an diesem und auch passend zu diesem Ort, ein merkwürdiges Gebäude errichtet werden – kein Museum, eher einer Gedenkstätte gleichend. Der Plan sah einen schräg in den Boden führenden Schacht vor, analog zu dem der U-Bahn, ein bißchen schräg versetzt, passend und nicht passend zugleich, der in die eigentliche Galerie dieser Bilder hineingeführt hätte, deren Eingang gewesen wäre. Unten angekommen, hätte ein Besucher dann einen Schwenk nach links machen müssen, um durch eine kleine Öffnung in diese Galerie zu gelangen, die das eigentliche Kernstück der ganzen Anlage hätte werden sollen. Unterirdisch, die Bilder alle auf einer Seite, auf der anderen eine Reihe von Fensteröffnungen, von schmalen, nicht verglasten Fensteröffnungen, die den Eindruck einer Reihung von Pfeilern ergeben hätte. Von diesen Fenstern weg, wiederum schräg nach oben führend, eine Böschung, durch die diese langgestreckte Galerie der Bilder ihr Licht bekommen hätte. In der Nacht beleuchtet von Straßenlaternen, die, wiederum in einer langen Reihe oben und auf ebener Erde auf ihrem, allerdings nicht sichtbaren, weil in der Erde eingebuddelten Dach zu installieren gewesen wären. Ein Besucher, den es in diese Gegend verschlagen hätte, er hätte neben der in die Erde verlaufenden Rampe dann diese Straßenlaternen auf einer Brüstung gesehen, die verhindern sollte, daß da jemand auf der Fensterseite der Galerie herunterfällt – ein bißchen wie eine Mole hätte es ausgesehen, wie am Meer. Aber es gab dann noch in diesem Plan auf der linken Seite ein kubisches, nach außen völlig verschlossenes Gebäude, das wie ein alter Weltkriegsbunker ausgesehen hätte, nur von dieser Galerie aus, wiederum durch eine kleine Türöffnung, zu betreten. Oben offen, so daß man den Himmel darüber hätte sehen können, des Nachts die Sterne und an den vier Wänden riesengroße, sich jeweils aus vielen kleineren, aber immer noch großen Formaten zusammensetzende Bilder. So das eines schlafenden, schlummernden Gesichts, in das dann Hunderte von anderen Gesichtern eingefügt werden sollten, die Gesichter all der Personen, die in der deutschen Geschichte eine Rolle gespielt haben, so auch das Bild des Raumes, in dem man sich da dann befunden hätte, zusammengesetzt aus Bildflächen, als wären dies überdimensionierte Steine, und in jedem dieser Felder hätte dann ein für Deutschland wichtiges Wort gestanden – mehrere Bild- und Bedeutungsebenen also, die sich jeweils auf unterschiedliche Weise durchdringen.

Rohe Betonwände natürlich, unverputzt. Die Bilder fest und sicher in der Wand festgemacht, von Panzerglas geschützt. Und dann das Ganze dem Verfall preisgegeben, dem Vandalismus, die Bilder bald bedeckt von Graffiti, verschmiert von Sprüchen wie dem schon zitierten: »Hier wurde ich von zwei alten Knackern vier Stunden lang gestoßen, bis ich nicht mehr krauchen konnte – Veronika, 14.« Tag und Nacht zugänglich. Keine Wächter, kein Wachschutz, und die Polizei halte sich fern. Offen für jedermann. Ungeschützt und bald sicher ein Ort der Verwahrlosung, ein unheimlicher Ort dann, gemieden, nur nicht von zwielichtigen, von dunklen Gestalten. Ein gemiedener Ort, ein Tatort von Verbrechen vielleicht, ein deutscher Ort. Eine Ruine bald. Aber dafür hätte es die Wiedervereinigung nicht geben dürfen.

Das ungefähr war der Plan, von dem man sich aufgrund meiner Beschreibungen sicher nur eine sehr ungefähre Vorstellung wird machen können – dieser Plan, er war so gigantisch, so größenwahnsinnig, daß er natürlich für diesen Ort in Deutschland genau richtig gewesen wäre, aber nicht nur ein so vollkommen unbekannter Künstler hätte ihn natürlich niemals durchbekommen – desto energischer, wir befinden uns in Deutschland, mußte er natürlich verfolgt werden. Weil so völlig aussichtslos, und genau dies sagt man doch den Deutschen nach, daß sie eine Sache um ihrer selbst willen betreiben. Wer dieser Künstler war, dieser Deutsche mit seinem deutschen und deutsch natürlich wieder mal größenwahnsinnigen, niemals zu verwirklichenden Plan, das dürfte ja wohl klar sein, das war natürlich ich. Wer sonst? Ein Havemann. Und was für meinen Großvater sein Turm war, den Sieg der nationalsozialistischen Revolution zu preisen, das war für mich diese Ruine, diese künstliche und also romantische Ruine, den deutschen Nieder- und Untergang, die deutsche Zerrissenheit, das so schrecklich deutsche Wesen zu feiern. Kein Mensch wollte in dieser Zeit etwas von Deutschland wissen, keiner – wie alle solche Kein-Mensch-Aussagen so natürlich nicht stimmend, denn was weiß ich, was für andere Verrückte es in Deutschland zu dieser Zeit noch außer mir gegeben hat, bei wem sonst noch Deutschland im Kopfe herumspukte. Von meinem Spuk ist doch auch nichts, fast nichts nach außen gedrungen. Ein bißchen aber doch.

Illegal

Ich habe von diesem gigantischen Projekt mit der verrückten Ruine sogar mal eine Ausstellung gemacht – eine ganz kleine. Und unter dazu passend verrückten Umständen, unter Umständen, die es mir nicht erlaubten, sie sehen zu können. Eine Blind-Ausstellung sozusagen. Aber bei mir im Atelier habe ich diese vier Bilder natürlich gesehen, denn schließlich mußte ich sie doch malen. Aber als sie fertig waren, habe ich sie zerschnitten, genauer: zerrissen, natürlich exakt zerrissen, an einem Lineal entlang und nach einem vorher bestimmten Plan und Konzept, das schon das mit bestimmte, wie ich diese vier Bilder malte. So zerrissen, daß das Ganze dann nicht mehr als einen Stapel von im einzelnen vollkommen unverständlichen, mit Farben beschmierten Blättern im Din-A4-Format ergab. Ein Stapel, der ohne weiteres in eine Aktentasche paßte. Ach ja, eine Rolle war auch noch mit dabei, hatte ich doch für das eine Bild, das eines großartigen Masturbators, zwei Streifen einer Blümchentapete nebeneinandergeklebt, als Maluntergrund. Und dann lag der Plan natürlich mit bei, wie diese dafür numerierten Fetzen wieder zusammenzusetzen waren. Die ganze Ausstellung paßte, wie gesagt, in eine Aktentasche, und diese Aktentasche wurde, wie noch nicht gesagt, von einer vertrauenswürdigen Person von West nach Ost über die Grenze getragen. Dieser Transfer meiner Ausstellung durch die innerdeutsche Grenze konnte nur auf diese Weise erfolgen, in zerrissener Form, als Ganzes und als Bilder kenntlich hätte sie niemand rüberbekommen. Eine illegale Aktion also, eine wieder mal staatsfeindliche. Im Osten dann setzte mein alter Freund Scheib die Bilder, diese Papierfetzen, wieder nach meinem Plan zusammen, hängte sie bei sich in seinem Atelier in der Raumerstraße für ein Wochenende auf. Auch das war nicht legal, nicht ganz legal, denn natürlich mußten in diesem Ordnungsstaat DDR Ausstellungen eigentlich angemeldet und behördlich genehmigt werden, wo man laut Gesetz, an das sich aber niemand hielt, schon bei einer Party mit mehr als sechs Gästen im nächsten Polizeirevier hätte Bescheid sagen müssen. Aber sie anzumelden, das war natürlich mit einer Ausstellung von mir, dem Staatsfeind und Republikflüchtling, nicht möglich, auf eine Genehmigung dafür gar nicht zu hoffen. Das galt auch für die anderen Ausstellungen, diese ganze Serie von Ausstellungen, die Scheib in seinem Atelier veranstaltete, nach und nach von all seinen Freunden. Er wurde deshalb ja auch zur Stasi zitiert, die solche ungenehmigten Aktivitäten natürlich gar nicht gern sah. Aber gegen die sie zu dieser Zeit, nachdem ihr Staat die Akte von Helsinki unterschrieben hatte, nicht mehr offen vorzugehen wagte. Ihre Spitzel, die hatten sie überall, die ganze Ost-Berliner Kunstszene war davon durchseucht. Doch nützen tat ihnen das gar nichts mehr. Es raubte ihnen nur die Zeit für das eigentlich Wichtige. Scheib wurde vorgehalten, er hätte in seinem Atelier Ausstellungen West-Berliner Künstler veranstaltet, und mit diesem Plural war allein ich gemeint – entweder wußten sie's nicht besser, oder sie fürchteten bei einer genaueren Angabe ihre Informationsquelle zu gefährden. Scheib tat ganz ahnungslos, von wegen Ausstellungen, er habe doch nur seinen Freunden mal die Möglichkeit geben wollen, sich untereinander zu zeigen, woran sie grad arbeiten, und daß unter diesen seinen Freunden ein West-Berliner mit dabeigewesen sei, darauf ging er gar nicht erst ein. Und sie, die Genossen von der Sicherheit, nahmen es hin, seine fadenscheinigen Ausflüchte, sie hatten ja die große Keule aus der Hand legen müssen – mit so einem Unsinn haben sie sich beschäftigt, die für die Sicherheit ihres Staates Verantwortlichen, mit einer privat in einem Atelier veranstalteten Ausstellung, gegen deren Organisator sie dann doch nichts unternehmen konnten, und das Schlimmste dabei, es kam dann nach der Wende raus, nach dem Untergang und Ende der DDR: Erich Honecker, ihr Oberboß, hatte ihre Berichte gar nicht gelesen, hatte sich in den letzten Jahren geweigert, ihre alarmierenden Nachrichten vom inneren Zustand dieses Kleingartens DDR überhaupt zur Kenntnis zu nehmen.

Zweiter Versuch

So ganz also wollte ich doch von der Architektur nicht lassen – ein weiteres nicht verwirklichtes, nicht zu Ende gebrachtes Projekt. Aber wie denn auch? So verrückt bin ich doch nicht, so verrückt war ich auch damals nicht, daß ich dies angenommen hätte, ein solches Projekt würde sich realisieren lassen. Aber ich tat so, als würde ich dies für möglich, jedenfalls für nicht ganz ausgeschlossen halten. Ich malte an ein paar der Bilder herum, die ich für meine Ruine würde brauchen können, und ich, und dies war dann schon der Übergang zur Architektur, arbeitete daran, für diese Bilder, die natürlich große Bilder sein mußten, das geeignete Format zu finden. Und dieses Format, es mußte sich für viele, für alle Bilder meiner Serie eignen, groß sein, aber doch in einem Bezug zur menschlichen Größe groß sein – ich entwickelte das Format also aus meiner Körpergröße, aus den Bewegungen meines Armes, aus einem Ausfallschritt, der dann nach links und rechts von einer Mitte aus zu machen war, und auf diese sinnige Weise ergab sich mehr als ein Format bloß, von 1 Meter 90 in der Höhe zu 3,20 in der Breite, daraus ergaben sich dann auch sehr viele Linien und damit Proportionen, an denen entlang ich dann meine Bilder würde malen können. Vom Prinzip her etwas, das, früher jedenfalls einmal, wo man in der Kunst mehr von Gesetzen hielt, sich als Künstler auch an Gesetze zu halten bereit war, etwas ganz Übliches gewesen ist, auch in der Architektur und besonders in der Architektur – noch bei einem so modernen Neuerer wie Le Corbusier findet sich so etwas. Ebenso ergab sich daraus eine Höhe, in der diese Bilder anzubringen wären, ein Abstand, in dem sie voneinander würden hängen müssen, und ich probierte das dann auch gleich mal mit den großen Bögen aus Packpapier aus, auf denen ich mein Format und seine inneren Proportionen entwickelt hatte, indem ich sie in einem langen Gang der Hochschule, in der ich studierte, an die Wand hängte, und siehe da: es war gut, es funktionierte, meine Spekulation war aufgegangen.

Und genau in dieser Zeit, Mitte der 80er Jahre war das, kam mich mein Onkel Hermann aus dem Osten besuchen, in meinem Atelier, und ihm zeigte ich meine Entwürfe für diese Bilder, ihm zeigte ich auch das erste Bild, das ich schon in dem gefundenen Format begonnen hatte, eine große, schwach vom Licht beschienene breite Treppe, und auch das, wie ich auf mein Format gekommen war, zeigte ich ihm, wie ich es entwickelt hatte. Und ihm als Architekten gefiel das natürlich, mußte das natürlich gefallen, und er sagte mir, ich hätte kapiert, wozu eine Treppe da sei, welchen über die bloße Funktion hinausgehenden emotionalen Gehalt eine Treppe habe – ein größeres Lob von einem Architekten konnte es gar nicht geben. Und dann erzählte ich ihm gleich auch noch von meiner Ruine, und auch dieses Projekt mußte ihm doch als Architekten gefallen und gefiel ihm auch, und vielleicht dachte er sich: der Junge ist doch nicht so unbegabt. Und ein Architekt wird er mir auch noch ein bißchen. Er empfahl mir, mich mit meinem Projekt an den Professor Kleihues zu wenden, an Kleihues, den er natürlich kannte, an Kleihues, der die Internationale Bauausstellung in West-Berlin leitete, deren Projektierungen gerade begonnen hatten – Kleihues, so Henselmann, sei die richtige Adresse, Kleihues hätte sicher Sinn für mein Vorhaben und Spaß daran, Kleihues sei mit seiner Bauausstellung auch der einzige, der so ein Projekt durchdrücken und verwirklichen helfen könne. Also meldete ich mich bei Kleihues mit dem Hinweis, mein Onkel Hermann Henselmann hätte mir dies empfohlen, an, und Kleihues hörte mir auch zu, aber so richtig seinen Spaß an diesem verrückten Havemann und seinem noch verrückteren Projekt konnte er nicht finden. Kleihues wollte doch auch mit seiner Bauausstellung ganz etwas anderes, ja, das Gegenteil, nichts Pompöses, sondern die Wiederbelebung des immer noch halb brachliegenden Innenstadtteils von Berlin, der von der Kudamm-Perspektive aus ganz am Rande lag, dort hinten in Kreuzberg SO 36 an der Mauer, und er dachte sich diese Wiederbelebung italienisch im Stil, mit Stadtvillen, als wär's noch die Zeit für einen Palladio – mit Kleihues also, das konnte nichts werden, deshalb, weil ich natürlich eine Macke hatte, einem so verrückten Projekt nachjagte, von dem niemals auch nur in Frage kam, daß es verwirklicht werden könnte. In Deutschland jedenfalls nicht. Nichts Deutsches bitte in Deutschland.

Aber mein Onkel hatte bei seinem Besuch in meinem Atelier noch etwas bemerkt, nicht nur, daß sein Neffe doch ein bißchen begabter war, als von ihm angenommen, er hatte auch, und zwar sehr richtig, bemerkt, daß sein Flori in West-Berlin ganz schön einsam war, keine richtigen, zumindest nur sehr wenige Freunde hatte, die sich für ihn und seine Sachen interessierten, die ihn schätzten und förderten, die ihn intellektuell auch forderten. Henselmann war ein geselliger Mensch, ein Gesellschaftsmensch, war es wohl immer gewesen und hatte es in der DDR bleiben können, wo es unter Künstlern und Intellektuellen diese geselligkeitszerstörende Konkurrenz nicht gab, in dieser Provinz, wo jeder jeden kannte, und also hatte er eine Idee, und die Idee war die, mich, der ich ja sonst nicht in den Osten einreisen durfte, zu sich und seinen Gesellschaften, in seinen intellektuellen Salon einzuladen, und er nannte mir gleich auch all die berühmten Namen der Künstler, Schriftsteller und so weiter, die bei ihm verkehrten. Er war sich ganz sicher, daß er dafür eine Genehmigung bekommen würde, er, der bewährte Genosse Henselmann, ein Aushängeschild der DDR, er nötigte mir dafür nur die eine Bedingung ab, daß ich dann allein nur zu ihm kommen, mich unbedingt von meinem Vater fernhalten würde – auf diese Bedingung war leicht einzugehen, denn ich hatte ja keinerlei Kontakt mehr zu ihm und auch keinen Grund, den Kontakt zu meinem Vater wieder zu suchen. Also versuchte er das, versuchte er über seine Parteiverbindungen für meine Einreise in die DDR eine Genehmigung zu bekommen, eine Sondergenehmigung. Er versuchte es, schaffte es jedoch nicht. Bei einem Empfang quatschte er deswegen den Genossen Naumann an, den Berliner Bezirkschef der Partei, Mitglied des Politbüros, und er erzählte mir dann, nach dem Fehlschlag seiner Bemühungen, wie er dem Genossen Naumann von mir vorgeschwärmt habe, wie begabt ich wäre, wie allein aber auch im Lande des Klassenfeindes, und daß er mich gerne zu seinen Abendgesellschaften einladen würde, damit ich wieder in Kontakt mit gestandenen sozialistischen Persönlichkeiten des DDR-Kulturlebens komme. Und der Genosse Henselmann versicherte dem Genossen Naumann dann auch, und dafür würde er garantieren, daß ich während meiner Besuche bei ihm nicht in Kontakt mit meinem Vater käme, dem Staatsfeind Robert Havemann. Naumann habe sich dies alles sehr wohlwollend angehört und ihm dann gesagt: »Das machen wir so, Hermann.« Zwei Wochen darauf aber sei ein Mann zu ihm gekommen, der sich als Beauftragter für Sicherheitsfragen der Bezirksparteileitung Berlin ausgegeben habe, um ihm mitzuteilen, daß daraus nichts werden, daß ich keine Genehmigung zur Einreise in die wunderbare DDR bekommen könne. Mein Onkel gab zu, ganz schön konsterniert gewesen zu sein. Er habe dann diesem Sicherheitsbeauftragten gesagt, sie seien beide doch Genossen und er solle ihm jetzt mal von Genosse zu Genosse erklären, was die Gründe dafür wären. Und das machte der Genosse Sicherheitsbeauftragte dann auch, indem er sagte, ich wäre ein Staatsfeind, ich hätte mit der DDR feindlichen Kräften Kontakt. Bumm. Aus.

Einen Tag drauf rief er mich an, mein Onkel Hermann, er wolle sich mit mir treffen, wolle aber nicht in mein Atelier kommen – eine Begründung dafür? Aber ja doch: das sei ihm von Pankow aus zu weit. Gut. Ich solle dann und dann an der Bornholmer Brücke sein, am Grenzübergang, wir würden da dann in der Nähe schon ein Lokal finden. Natürlich war ich am nächsten Tag um die Mittagszeit pünktlich an der Bornholmer Brükke und sah meinen kleinen Onkel aus dem Osten durch den Grenzübergang kommen. Wir gingen zusammen gleich in die erste Kneipe hinein, eine typische Berliner Eckkneipe mit ein paar proletarischen, um diese Zeit schon angetrunkenen Gestalten. Wir setzten uns mitten hinein in dieses Lokal, tranken einen miserablen Kaffee, und dann ging es los, das Verhör. Gut, er erzählte mir vorher von seinem gescheiterten Versuch, mich einladen zu können, und dann aber fragte er mich aus, ganz gezielt und wohl von dem Sicherheitsbeauftragten der SED-Bezirksleitung instruiert, was für staats- und DDR-feindliche Kontakte ich so habe, und natürlich ging es dabei um Biermann, aber auch um Thomas Brasch und ein paar andere Abhauer. Sie wußten also gut Bescheid. Sie wußten aber natürlich nur sehr oberflächlich Bescheid und nichts davon, wie zerrüttet all diese Verhältnisse waren unter den ehemaligen Ostlern. Wir nahmen einen nach dem anderen durch, und Henselmann merkte sehr bald, daß all das mir von der Staatssicherheit an Staats- und DDR-Feindlichem Nachgesagte keine Substanz hatte – was kümmerte mich denn noch der Osten? Als es ihm klar wurde, wischte er das Thema mit einer Handbewegung von unserem Kneipentisch und sagte, ich müsse irgendwie vorankommen, er wolle mir dabei helfen, seine auch im Westen vielfältigen Kontakte dafür spielen lassen. Das war natürlich sehr nett, jedenfalls nett von ihm gemeint, und er zog auch gleich einen Brief aus seiner Tasche, einen Brief an Freimut Duve, den Herausgeber einer Buchreihe im Rowohlt-Verlag, und in diesem Brief, den er mir zu lesen gab, empfahl er mich Duve, den ich selber kannte, durch Biermann und auch durch meine Schwester, wärmstens und mit einem Buchprojekt – ach ja, auch davon hatte ich meinem Onkel doch erzählt, daß ich etwas über mein Leben, über Havemann schreiben würde, und mein Onkel kannte den Artikel, den ich über meinen Vater im *SPIEGEL* geschrieben hatte, hatte den gut gefunden und meinte also, daß auch aus diesem Buch sicher etwas Interessantes würde werden müssen. Sein Erstaunen war groß, als ich ihm sagte, das wäre sehr lieb von ihm, das mit diesem Brief an Duve, aber ich würde ihn kennen und müßte mich deshalb wohl selber an ihn wenden.

Das war die erste Irritation, auf die dann aber noch ein paar mehr folgten, ein paar sich für ihn sicher immer weiter steigernde Irritationen: er kenne doch Alfredo Rossi, den berühmten italienischen Architekten, der ein Bewunderer von ihm und der Stalinallee sei, in dessen Architekturklasse er auch schon ein paar Gastvorlesungen gehalten habe. Er würde also für mich den Kontakt mit Rossi aufnehmen, damit der mich zu seinem Assistenten mache, es wäre sowieso gut, wenn ich mal für ein paar Jahre aus Deutschland rauskäme, von West-Berlin weg, und gut verdienen würde ich da sicher auch. Ich sagte nein, das wolle ich nicht, ich wolle hier in Berlin bleiben, wegen meinem Projekt mit der Ruine. Ich sagte dann auch noch ein paar Mal mehr nein, bei ein paar anderen bekannten Architektennamen, die er mir nannte und bei denen er sich für mich verwenden wolle, so in Wien bei Hollein, Wien sei doch näher dran an Berlin. Ich sagte jedesmal nein, und seine Irritation stieg von Berühmtheit zu Berühmtheit, von einer Stellung zu der nächsten, die er mir verschaffen wollte, und ich wurde mit jedem seiner Hilfsangebote immer verstockter und faselte etwas davon, daß ich doch mein Projekt mit der Ruine weitermachen und fertigbringen müsse, und irgendwann platzte ihm dann der Kragen, und er sagte zu mir: das mit dieser Ruine, das sei doch sicher nur etwas, mit dem ich Aufmerksamkeit erringen, mich ins Gespräch bringen wolle, und als solches auch völlig legitim, das hätten in seinen 20er Jahren doch viele Künstler so gemacht, viele Architekten, die damit auch groß geworden seien und dann natürlich etwas anderes gebaut hätten, nichts von ihren ursprünglichen Visionen. Ich glaube doch wohl aber nicht ernsthaft, daß dies jemals gebaut werden würde, meine Ruine. Ich wußte natürlich, daß er recht hatte, so blöd war ich nicht, auch damals nicht. Ich sagte ihm aber, daß ich trotz der geringen Chancen auf eine Verwirklichung am Ende bei meinem Projekt bleiben, es weiter vorantreiben müsse, so weit, wie es nur gehe, wenigstens die Bilder müßte ich doch malen. Und da sah er, daß mir auf Erden nicht zu helfen war – ein Fall von unverbesserlicher, unüberwindbarer Renitenz. Er verabschiedete sich sehr abrupt und verschwand gen Osten.

Ein paar Tage später hatte ich einen anderen Ostler bei mir im Atelier zu Besuch, meinen alten Malerfreund Ronald Paris, den ich jahrelang nicht getroffen hatte und der sich meine Bilder ansehen wollte, von denen er schon so viel gehört hatte. Ich zeigte ihm die Bilder, und sie gefielen ihm, er bewunderte sie offensichtlich, und weil er sie bewunderte, erzählte ich ihm, daß ich vor einen paar wenigen Wochen schon einen anderen Bewunderer meiner Bilder aus dem Osten hier bei mir im Atelier gehabt hätte: Hermann Henselmann, meinen Onkel, den Paris natürlich gut kannte. Dann verabredeten wir, daß er in Kürze wieder zu mir kommen würde, da ich sein Portrait malen wollte, und als er zum Portraitmalen wieder bei mir im Atelier saß, erzählte er völlig konsterniert, er habe Henselmann bei einem Empfang in der westdeutschen Vertretung getroffen, sei freudig auf ihn zugegangen, um sich mit ihm über meine Bilder auszutauschen und in Henselmann, der sie auch gesehen hatte, jemanden zu haben, mit dem zusammen er von ihnen schwärmen könnte. Henselmann aber habe ganz kühl reagiert, ihn richtiggehend abblitzen lassen und ihn damit beschieden, so sehr begabt wäre ich nun doch nicht, von Malerei jedenfalls verstünde ich nichts, vielleicht könne aus mir mal ein ganz brauchbarer Bühnenbildner werden.

Das war also Henselmann, wie gesagt: ein scharfer Hund, und ein Muster ist da schon in seinem Verhalten mir gegenüber erkennbar, das Muster eines erst wohlwollenden Gottes, der dann aber sehr zornig wird, will seine Kreatur nicht so wie er, will diese Kreatur nicht seine Kreatur sein. Aber soll ich das einem armen Gott übelnehmen, daß er Gott spielen will? Nein. Und ich habe ihn ja dann auch immer wieder, wenn ich mal ausnahmsweise zum Geburtstag meines Großvaters in den Osten durfte, besucht. Wo er sich dann immer erst mal darauf verlegte, mich provozieren zu wollen. Ich ließ mich aber von ihm nicht provozieren, nicht von einem Gott, der keine Macht über mich hatte. Und ich ließ mich auch bei diesem Besuch bei ihm kurz vor der Wende, dem Ende seiner DDR, nicht provozieren, als er plötzlich davon zu schwadronieren anfing, das mit diesen Oppositionellen, den Dissidenten, das sei doch ganz einfach zu lösen, die Chinesen hätten es doch auf dem Platz des Himmlischen Friedens vorgemacht, da brauche man doch nur ein Maschinengewehr vor der Zionskirche aufstellen, und kommen sie da nach ihren Gesängen und verschwörerischen Reden heraus, dann hält man das MG da rein. Und wie man das macht, wie man ein solches MG bewegt und von links nach rechts schwenkt, damit seinem Geballer auch ja keiner entgeht, das demonstrierte er dann mit seinen vom Parkinson zittrigen Händen. Ein scharfer Hund, aber einer, der nur noch bellen konnte, nicht mehr zubeißen.

Doch eines muß noch erwähnt werden: daß mir mein Onkel Hermann dann noch ankündigte, mir seine Bücher, seine Bibliothek vererben zu wollen, er habe dies in seinem Testament so festgelegt – ich war, wie man sich sicher vorstellen kann, ganz schön erstaunt. Und ein paar seiner Bücher habe ich dann auch bekommen, die meisten aber sind doch besser und richtiger im Archiv der Akademie der Künste untergebracht, in dem auch seine sonstigen Sachen aufbewahrt werden, seine Entwürfe und Pläne.

Mein Traum von Minsk und Magdeburg

Der Traum, wie ich in dieser Stadt Minsk herumlief, die zu diesem Zeitpunkt noch nicht die Hauptstadt eines von Moskau unabhängigen Belorußlands war, sondern Hauptstadt nur der belorussischen Teilrepublik der großen Sowjetunion – wann war das, daß ich diesen Traum träumte, dessen Bilder mir immer wieder zurückkommen? Vor dem Ende der Sowjetunion, das ist klar. Aber nicht erst kurz vor Schluß. Lange davor war es, daß ich diesen Traum träumte. Ich war nie in Minsk. Ich war auch niemals in der Stadt Magdeburg und habe trotzdem, und das war ungefähr in der gleichen, der Minsker Zeit, von Magdeburg geträumt, von meinem Besuch in dieser Stadt Magdeburg, die ich doch gar nicht kenne – in der ich mich in meinem Traum ebenso gut wie auch in Minsk natürlich auskannte, bestens auskannte. Diese Träume von Minsk und Magdeburg, sie behandeln nicht jene von vielen Menschen als traumatisch erlebte Situation der Ankunft in einer fremden Stadt, in der man sich nicht auskennt, nicht zurechtfindet – umgekehrt: diese beiden Städte, sie waren mir in meinen Träumen vertraut, und sie waren es aufgrund eines für mich sofort erkennbaren Umstandes, geprägt nämlich von stalinistischer Architektur, von der Architektur der Straße, in der ich aufgewachsen war, von jener Straße im Osten Berlins, die mal diesen Namen trug, die zu seiner Architektur paßte: Stalinallee. Was natürlich gut war. Weil dieser Straßenname eben so genau paßte. Mit dem Namen übereinstimmte, mit dem dann diese Epoche politisch und ästhetisch benannt werden sollte. Das war meine Straße, die Stalinallee. Für mich war das kein Zufall, daß ich in der Stalinallee aufwuchs. Dort gehörte ich hin, dort wähnte ich mich im Mittelpunkt der Welt, genau an der Stelle, wo der Konflikt zwischen Ost und West, wo der Kalte Krieg ideologisch ausgefochten wurde. In dieser Magistrale des Sozialismus zeigten wir dem Westen, was der Sozialismus in seiner Überlegenheit zu leisten imstande war. Hier gehörte Havemann hin. Hierher gehörte Havemann so sehr hin, daß er sich um den Rest der Republik nicht kümmerte und zum Beispiel niemals auf die Idee gekommen wäre, die Stadt Magdeburg zu besuchen, wo es auch eine Stalinallee gab, eine Stalinallee, die dort vielleicht anders hieß und später mit der Entstalinisierung anders umbenannt wurde als meine Stalinallee – ich wußte das gar nicht, zu meinen DDR-Zeiten jedenfalls wußte ich es nicht, daß auch die Stadt Magdeburg mit einer Magistrale stalinistischer Bauten bebaut oder, wie man diese wahrscheinlich heute ausdrücken würde, verschandelt worden war. Ich sah diese stalinistischen Bauten erst sehr viel später und da dann nur vom Zug aus, von dem Transitzug aus, der mich aus West-Berlin, in dem ich dann lebte, gen Westen nach Westdeutschland transportierte oder von dort wieder zurück in mein West-Berlin. In Magdeburg, im Bahnhof von Magdeburg hielt dieser Zug immer, auf einem Nebengleis, unerreichbar für die DDR-Bürger, die auf den Bahnsteigen des Magdeburger Bahnhofs auf ihre Züge warteten und zu ihm mit Befremden herüberzublicken schienen. Bewacht von Soldaten mit Hunden, die an beiden Seiten des Zuges entlanggingen, in dem ich dann immer wie gebannt am Fenster stand, gebannt von der hell schimmernden Häuserzeile, die hinter einer Vielzahl von Gleisen zu erkennen war und in der ich meine Stalinallee wiedererkannte. Eine Variation auf meine Berliner, Ost-Berliner Stalinallee, die wiederzusehen mir verwehrt war – ich hatte keine Einreiseerlaubnis in die DDR, in den Ostteil Berlins.

Deshalb also Madgeburg, der Traum von Magdeburg, der wiederkehrende Traum von Magdeburgs Stalinallee – weshalb aber auch Minsk? Warum träumte ich von Minsk, warum? Was bedeutete mir Minsk? Minsk bedeutete mir viel, bedeutete dem jungen Stalinisten Havemann viel, und es bedeutete dann auch dem erwachenden kritischen Geist des einstigen

Stalinisten Havemann immer noch etwas, es bedeutete dann: die Langeweile von Minsk, und dies deshalb, weil Stefan Heym, der Freund meines Vaters, Minsk besucht hatte und, bei uns in Grünheide Alt-Buchhorst auf der Hollywoodschaukel sitzend, von diesem Besuch in Minsk erzählt hat, von der Langweile, der Öde dieser Stadt Minsk, in der nach ihrer Zerstörung durch die deutsche Wehrmacht im 2. Weltkrieg die stalinistische Version und Vision einer Retortenstadt der sozialistischen Zukunft in einer noch größeren, extremeren Reinheit verwirklicht worden war als etwa in Moskau. Und auch bei uns in Berlin, im demokratischen Sektor von Berlin, wo sich dies auf die Stalinallee beschränkte, in der ich aufgewachsen bin. Man könnte dies sicher irgendwo einmal nachlesen, wie Stefan Heym sein Minsker Erlebnis der Langeweile, der stalinistischen Öde in einem Artikel untergebracht hat, der, wenn mich die Erinnerung nicht täuschen will, in der DDR auch erschien und veröffentlicht wurde – in meiner Erinnerung geblieben ist, und auch davon erzählte Heym doch bei uns in Grünheide Alt-Buchhorst auf unserer Hollywoodschaukel, wie er, trickreich und verschlagen, in diesem Artikel davon gesprochen hatte, eine Höherentwicklung unserer dem Realismus, dem sozialistischen Realismus natürlich verpflichteten Kunst und Literatur wäre es, wenn in der DDR ein Bericht über die Langeweile von Minsk zum Beispiel erscheinen könnte. Diesen Bericht hat Heym meines Wissens nie geschrieben, mußte er auch nicht – allein der Titel reichte, war schon eine Sensation.

„Die Gründung der friedliebenden Deutschen Demokratischen Republik ist ein Wendepunkt in der Geschichte Europas" (Stalin)

Im Namen Stalins

Der kleine Stalinist Florian Havemann erinnert sich noch gut daran, wie dieser Stalinallee der Stalin ausgetrieben wurde: in einer Nacht-und-Nebel-Aktion, versteht sich, wurde das Stalin-Denkmal in der Mitte zwischen Frankfurter Tor und Strausberger Platz abgerissen – nur mit Ehrfurcht war ich als kleiner Junge da vorübergegangen, irritiert von den Hasen, die dort so total respektlos zu Füßen des großes Staatenlenkers herumhoppelten. Über Nacht auch wurden die Straßenschilder ausgetauscht, und mich beschlich auf meinem Weg zur Schule am Morgen danach ein unheimliches Gefühl: irgend etwas hatte sich verändert, doch ich wußte erst nicht was. Straßenschilder sind ja etwas, das man nach einer Weile, wenn man sie denn täglich sieht, nicht mehr bewußt wahrnimmt – doch dann merkte ich's: die Stalinallee hieß nicht mehr Stalinallee. Da stand nun der Name von Karl Marx – der mir so viel nicht bedeutete. Stalin war da sehr viel wichtiger. Sein Name wurde getilgt und dann nie wieder erwähnt. Die Entstalinisierung war in der DDR, anders kann man das wohl nicht nennen, selbst eine stalinistische Aktion in der Tradition der manipulierten Fotografien, der immer wieder umgeschriebenen Parteigeschichte – sie war eine, die die Schwäche des Regimes offenbarte. Und damit für mich eine Quelle der Verachtung gegenüber der Partei, die noch nicht mal mehr zu einer großen Verdammungsorgie fähig war – daß dies genauso stalinistisch gewesen wäre, das wußte ich damals aber noch nicht. Mehr, und ich muß das für mich selbstkritisch festhalten, mehr als die Widersprüche des Stalinismus selbst waren es also erst mal nicht, die mich an der Partei zweifeln ließen.

Ich komme von dieser Stalinallee nicht los, meine Kindheit spielte sich dort ab, dort bin ich groß geworden – nicht ganz zwar, denn es gab ja auch noch Grünheide Alt-Buchhorst und unser Wochenend- und Sommerhäuschen dort. Was aber nichts an der Stalinallee ändert und wie wichtig die Stalinallee für mein Leben ist. Die Stalinallee nur ergänzt. Und ich bin immer noch nicht mit meiner Stalinallee fertig: ich habe doch für mich auch immer meine Schule mit dabei, die hinter dieser Stalinallee lag, die alten Häuser dort, die Ruinen und Ruinengrundstücke, das alte Haus, das von alten und dann neuen, von stalinistischen Zeit erzählt. Und ich habe immer auch den Durchgang zur Stalinallee im Kopf und den Dessousladen zur rechten Hand von diesem Durchgang. Es gäbe da noch so viel von der Stalinallee zu erzählen, von meiner Stalinallee und auch von ihrer Umgebung, die wegen ihrem so scharfen Kontrast doch mit zur Stalinallee gehört. Die Ruinen ringsherum, und in einem dieser alten, halb im Krieg zerstörten Häuser dann unten, halb im Keller, Souterrain, wie

es in Berlin heißt, dieser kahle Kartoffelladen, in den ich immer zu gehen hatte, für die Familie Havemann Kartoffeln zu holen, auf Marken natürlich, denn auch Kartoffeln waren doch Mangelware, und dort in diesem Laden die alte Vettel, das Gespenst, das einem die Kartoffeln in das Netz einfüllte und mich jedesmal nur froh sein ließ, war ich aus ihrem Laden wieder heraus. Und noch einmal um die Ecke dann in einer Straße, die es nun gar nicht mehr gibt, zwischen zwei Ruinen geklemmt, diese Sammelstelle für Altpapier und Flaschen, für Altmetall auch, das dort abzugeben war und in der rohstoffarmen DDR so nötig gebraucht wurde – für alles gab es ein bißchen Geld, ein paar Pfennige, und diese Pfennige kamen uns Kindern sehr recht, mit diesen Pfennigen ließ sich in das Kino gehen, das es unten im Keller des Hauses gab, in dem wir wohnten, im *Haus des Kindes*, wie es mein Onkel genannt hatte, der Architekt dieses Hauses, und mein Onkel meinte, in einem *Haus des Kindes* müßte es das alles geben: ein Kaufhaus für Kindersachen, Kinderbekleidung und Kinderspielzeug auch, eine Abteilung mit Schreibwaren, und was Kinder so alles brauchen, wenn sie dann zur Schule gehen, und ganz oben in der 13. Etage mußte es auch das noch geben: ein Kindercafé, an dem sehr klar geschrieben stand: *Betreten von Erwachsenen nur in Begleitung von Kindern* – das war mein Onkel, und genauso sollte der Sozialismus doch sein. 25 Pfennig kostete die Kinokarte, und 25 Pfennig waren immer irgendwie aufzutreiben. Altpapier und Altmetall und leere Flaschen, das brachte immer den Grundstock, und dann schütteten wir noch die vielen Vasen bei uns in der Wohnung aus, und auch dort fielen immer eigentlich ein paar Pfennige heraus, und wenn das nicht reichte, gingen wir runter auf die Straße und paßten dort einen nett aussehenden Passanten ab und taten so, als hätten wir da grad was auf dem Boden verloren und würden es nicht wiederfinden, und dann fragten uns die netten Passanten, wonach wir suchten, oder wir quatschten sie an und erzählten ihnen die Mär von den verlorenen Pfennigen, die wir doch fürs Kino brauchten. Und hatten wir das Geld zusammen, dann hieß es unsere bewährte Taktik anwenden, daß sich einer von uns an der Kinokasse anstellte, die andern schon an der mit einer Kordel verschlossenen Treppe, an der es dann tief hinunter in den Keller mit dem Kinoraum ging, denn das war klar, wir wollten immer die ersten unten sein und die besten Plätze haben, die in der elften Reihe. Und dort dann haben wir all die Filme gesehen, die Kinderfilme, die es von der DEFA gab, und auch die vielen sowjetischen Produktionen, die Zeichentrick- und Märchenfilme von Mosfilm, das ganze Repertoire, und auch das alles gehört natürlich mit zur Stalinallee dazu und auch, daß es natürlich dieses Kino nicht mehr gibt und für 25 Pfennig auch für Kinder in kein Kino mehr hineinzukommen ist. Und auch das Kindercafé hat sich nicht halten können, und erst mal wurde nach der Wende oben an das Haus des Kindes eine riesige *Coca-Cola*-Reklame angebracht – die nun aber jetzt leider wieder verschwunden ist, wo sich die Denkmalschützer für dieses denkmalgeschützte Haus verwendet haben, und leider, weil es ein so gutes, so überdeutliches Zeichen für die neue, die Nachwendezeit gewesen ist.

DIE STALINALLEE. Am meisten erschreckt hat der Alexanderplatz die gebürtige Berlinerin: Alles so still und leer.

Und auch das gehört mit zur Stalinallee: wie abrupt sie direkt vor unserem *Haus des Kindes* endete – für mehr Stalinallee reichte das Geld erst einmal nicht, und dann, als wieder Geld da war, war Stalin nicht mehr da und seine pompöse Architektur mit den Palästen für Arbeiter und natürlich, nicht zu vergessen, Funktionäre, für die verdienten Funktionäre der deutschen Arbeiterklasse und auch solche ehrwürdigen, unbedingt mit einer Prachtwohnung zu ehrenden Vertreter der Intelligenz wie meinen Vater. Vor dem Haus, direkt davor: gähnende Leere bis zum Alexanderplatz, und aus der zweispurigen Prachtstraße wurde ein schmaler, notdürftig asphaltierter Weg, umsäumt von Holzmasten, an denen Funzellampen befestigt waren, die Stromleitungen hingen von einem Mast zum anderen. Links und rechts Schuttberge, abgeräumte Ruinengrundstücke, da und dort mal eine stehengebliebene und weiterhin benutzte Fabrik, und das auf mehrere Jahre hin, bis auch dort in diesem Areal der Sozialismus Einzug hielt, ein Sozialismus, der nun keiner stalinistischen Zuschnitts mehr sein wollte, sondern ein sehr viel modernerer, wenigstens in seiner Architektur. Die schrecklichsten Plattenbauten wurden da dann hochgezogen, die Straße dann noch einmal breiter, als wären wir in einem

Vorort von Berlin, das war das Ende, das Ende der Stalinallee, der ganze schöne und schrecklich schöne Stalinismus des Bauens wurde zur industriellen Plattenbauweise, und dem kleinen, hier schon so oft beschworenen Stalinisten Havemann war's ein Greuel. Aber die großen Kräne, die während der Bauzeit dieses Abschnitts der in einem Mal hochgezogenen Straße herumstanden, immerfort in Bewegung, die beeindruckten natürlich auch mich. Und dann auch der Bombenalarm, den es immer wieder gab, wenn dort im während des Krieges von Bomben zerwühlten Boden Blindgänger gefunden wurden, die nicht gezündet hatten, nicht explodiert waren und die es dann zu entschärfen galt. Das wurde groß mit Plakaten überall angekündigt, und dann fuhren die Polizeiautos durch die Straßen und um das weiträumig abgesperrte Gelände und verkündeten per Lautsprecher, daß niemand sein Haus verlassen dürfe und alle Fenster zu öffnen seien, um bei der immer möglichen Druckwelle nicht zu zerspringen, ging eine Bombe hoch bei dem Versuch, sie zu entschärfen, den Zünder aus ihr herauszumontieren, und das waren dann immer spannende Stunden des Wartens, bis dann doch die erlösende Entwarnung kam und zum Glück wieder nichts Schlimmes passiert war. Natürlich waren wir gegen den Krieg. Was denn sonst. Wer diese Stadt Berlin so gesehen hatte, so zerstört, mußte gegen den Krieg sein.

Ohne die Stalinallee sicher nicht *SPEER*, mein bisher größtes Theaterprojekt überhaupt – natürlich schon mal wegen meinem Onkel, wegen Hermann Henselmann, dem Erbauer der Stalinallee, der er zwar gar nicht war, für mich aber und viele andere auch wegen seines leidenschaftlichen Einsatzes für seine größten Architektursünden aber doch immer war. Und blieb. Wegen dem Architekten, den er aus mir hatte machen wollen. Und beides hat mit der Stalinallee zu tun. Aber auch wegen der Architektur der Stalinallee selber, in der ich groß geworden, durch die ich als kleiner Jungen gegangen bin. Ich weiß, mein Onkel würde sich dagegen verwahren, da eine Beziehung sehen zu wollen zwischen seiner Stalinallee und dem, was der Nazi Speer für Berlin geplant hatte, aber ich

sehe diese Beziehung, und wenn ich mir das vorstellen kann, was Albert Speer mit seinem Auftraggeber Hitler zusammen für Berlin, als Vergewaltigung von Berlin geplant hatte, dann wegen der Stalinallee, durch die ich als kleiner Junge gegangen, in der ich aufgewachsen, groß geworden bin. Und die Ähnlichkeiten liegen nicht nur im Dekor, in dem klassizistischen Überzug, den Speer seinen Bauten gegeben hat und dann auch Henselmann und so weiter in der Stalinallee, die Weite ist es, ganz bestimmend diese Weite, in der sich ein kleiner Junge verloren vorkommen mußte. Die Weite, die so klein macht. Der Wind, der durch die Stalinallee fegt und den es auch in Speers Berlin gegeben hätte. Das Asiatische dieser Weite. Aber es ist mehr noch, es ist dieser totale Gestaltungswille, der mir in der Stalinallee begegnet ist, den ich dann später in den Plänen Speers wiedergefunden habe. Und alles sozusagen aus einer Hand, einem einheitlichen Stilwillen unterzogen. Der auch die Lampen nicht ausläßt, die

Straßenlaternen. Die Bänke, die Bänke im Wind, die Bänke, auf die sich niemand setzte. Ein Wille, der meint, alles, aber auch alles nach seinem Willen ummodeln zu können, in der Stalinallee auch das zum Beispiel, was ein Laden sein soll. Paläste für Gemüse, Paläste für Bücher, und weder gab es Gemüse in der DDR, noch wurden genug Bücher gedruckt, um die riesengroße, sich über zwei Etagen hinziehende Karl-Marx-Buchhandlung in der Stalinallee zu füllen. Die Weite auch dort. Die Weite als Leere. Diese Leere dann als Feind städtischen Lebens. Unbelebt. Mal da und dort ein Mensch. In Speers Berlin wäre das genauso gewesen. Das Überdimensionierte. Stadt, die eigentlich keine Stadt ist, nicht städtisch sein will. Und es gibt noch etwas, das für mich die Stalinallee, in der ich meine Kindheit verbracht habe und groß geworden bin, mit Speers Berlin in Beziehung bringt: das Implantierte, das in eine Stadt Hineingesetzte, denn natürlich endete die Anstrengung Stalinallee sehr schnell, hinter den Gebäuden der großen breiten und sozialistischen Magistrale war dann meist sofort Schluß mit der Stalinallee, und auch Speer hätte sein Berlin in der Hauptsache in einem von ihm geplanten neuen Zentrum errichtet. Der Krieg hatte die Frankfurter Allee abgeräumt, hatte sie für die Stalinallee freigeräumt, Speer hätte Häuser dafür abräumen, ganze Häuserzeilen und Straßen dafür abreißen lassen müssen, und als auf Berlin die Bomben fielen, sagte Hitler zu Speer zynisch, daß diese Bomben ein Gutes ja hätten, sie würden Speer die Mühen des Abrisses ersparen. Die Anschlußstellen, wo die Stalinallee auf die übriggebliebenen Häuser und Straßen des alten, vormaligen Berlin trafen, sie waren spannend, architektonisch natürlich ein Desaster, da paßte nichts von den Dimensionen her zusammen, und man sehe sich Speers Pläne, die Fotos von seinem Modell der Welthauptstadt Germania, einmal genau an: genauso wäre es bei ihm auch geworden.

Die Schublade

Ich bin in dieser Straße groß geworden, in der Stalinallee aufgewachsen, sie und ein paar wenige, noch alte Straßen voller Ruinen waren mein Lebensraum. Von dort aus dann, und eigentlich sehr spät, und dies ohne meine Eltern, die gar nicht daran dachten, ihren Kindern die Stadt zu zeigen, in der sie lebten, mit meinem Bruder unternahm ich die ersten, die tastenden Streifzüge durch das andere Berlin, bei denen wir uns dann immer erst bei unserer Rückkehr in die eigentlich so unheimelige und unheimliche Stalinallee wieder heimisch fühlten. Abenteuer waren das. Daß es plötzlich in Richtung Prenzlauer Berg bergauf ging, die Stalinallee war platt, vollkommen platt, das war faszinierend, und fast glaubten wir, gar nicht mehr in Berlin zu sein, sondern in einer anderen Stadt.

Und ging man die Stalinallee in Richtung Westen weiter und dort an der Öde des Alexanderplatzes vorbei, dann wurde es plötzlich eng, die Straßen wurden schmal, die Häuser rückten zusammen, die Häuser wurden klein und niedriger, die Straßenbahn kreischte um die Ecke, und das war wieder eine vollkommen andere Welt. Erst die Münzstraße entlang und dann, die Stalinallee war gerade, vollkommen gerade, kamen Kurven, die Straßen wurden krumm, sie stießen nicht mehr ordentlich im rechten Winkel aufeinander, plötzlich fühlte man sich in eine Stadt von vor zweihundert Jahren versetzt. Das alte Berlin in ein paar Restbeständen. Die Sophienstraße. Die Gipsstraße, und natürlich kannten wir den Berliner Kinderspruch *Gips gibt's in der Gipsstraße*, aber daß es diese Gipsstraße wirklich gibt, das war eine Entdeckung. Hätte ich nie für möglich gehalten. Ich war so fasziniert von dieser anderen Welt, die sich da für mich auftat, daß ich mich gleich den Tag drauf, und diesmal ganz mutig alleine und ohne meinen Bruder, noch einmal in diese Gegend aufmachte. Noch einmal die Münzstraße lang, dann die Kurve und dann in die Sophienstraße hinein, und in der Sophienstraße packte mich die Neugier, mal in eines dieser so alten, kleinen Häuser dort hineinzugehen, ich kannte doch nur die Stalinallee mit ihren pompösen Hauseingängen. Eine schwere hölzerne Haustür stand offen. Ich ging hinein. In diese Durchfahrt zum Hinterhof, was ich doch so von meiner Stalinallee her auch nicht kannte. Dieser Hinterhof ganz eng und schmal, ein Handtuch fast, fast ohne Licht. Ich wagte da nur einen Blick hinein, mehr nicht. Und dann, auf der rechten Seite der Durchfahrt die Treppe, eine Wendeltreppe, und ich hatte doch noch nie eine richtige Wendeltreppe gesehen, war noch nie zuvor eine Wendeltreppe hochgestiegen. Mit klopfendem Herzen tat ich es. Die Treppe, die Treppe aus Holz, die Holztreppe knarrte, und ich war doch noch nie eine knarrende Treppe hochgestiegen. Jeder meiner Schritte war in dieser Stille laut zu hören. Ich versuchte, meine Schritte so leise zu setzen wie nur möglich, denn was hätte ich sagen sollen, käme da jemand aus einer dieser Türen heraus, was wollte ich in diesem Haus, was hatte ich hier zu suchen. In der dritten Etage blieb ich schwer atmend stehen. Und plötzlich war da nur noch Stille. Eine unheimliche Stille. Eine beklemmende. Dann aber von irgendwoher ein Geräusch. Vielleicht aus einer der Wohnungen, an deren Türen ich mich vorbeizuschleichen versucht hatte. Vielleicht direkt aus der Wohnung, vor deren Tür ich stand. Panik. Erschrecken, und ich rannte, so schnell ich nur konnte, die Treppe wieder herunter. Nur raus aus diesem Haus. Nur weg hier aus dieser Gegend. Schnell wieder nach Hause, in die Stalinallee zurück.

Am nächsten Morgen, mein Bruder war schon weg, auf seinem sehr viel weiteren Weg zur Schule, ich hatte noch eine Viertelstunde Zeit, bevor auch ich losgehen mußte, zu meiner Schule und die Stalinallee entlang, die vertraute, überfiel es mich plötzlich: die Erinnerung an die enge Sophienstraße, die Erinnerung an das Haus mit dem offenen Hauseingang, der Durchfahrt zum schmalen Hof, die Erinnerung an die Treppe und wie ich diese Treppe nach oben steige, die Erinnerung an meine Angst, dabei von irgend jemandem entdeckt und angesprochen zu werden, die Erinnerung an meine Panik wegen dieses sicher eigentlich völlig harmlosen Geräusches, die Erinnerung an meine atemlose Flucht. All das war wieder da, und ohne es zu wollen, getrieben von meinem Erlebnis, ohne hier nun etwas Literarisches vorzuhaben, mir vorgenommen zu haben, holte ich ein noch fast leeres Heft aus meiner Schublade, und ich schrieb dies in einem Zug durch auf, was mir am Tag zuvor widerfahren war, was ich erlebt, als so gefahr- und auch zugleich lustvoll erlebt hatte. Ich hatte nicht mehr als zehn Minuten dafür. Ich schrieb wie in einem Rausch diese zehn Minuten lang, und ich kam in dem, was ich schrieb, bis zum Ende, bis zu meiner panikartigen Flucht. Und dann, und es mußte nun alles ganz schnell gehen, legte ich dieses Heft wieder in die Schublade zurück. Ganz tief hinein in die Schublade. In ein Versteck. Niemand sollte das lesen. Niemand. Auch mein Bruder nicht, mit dem ich doch sonst so viel teilte. Der erste Schreiberguß. Als ob das so etwas wie Wichsen wäre. Unbedingt zu verheimlichen. Mein Eigenes.

Ein doppeltes Erlebnis, das Erlebnis dieser abenteuerlichen Treppe, das Erlebnis, dieses Erlebnis aufzuschreiben. Wie in einem Rausch aufzuschreiben. Ohne dies wäre ich nicht der Autor, der ich heute bin. Behaupte ich. Man schreibt ja vieles. Man lernt in der Schule schreiben, man schreibt Aufsätze, Schulaufsätze. Und so kann man auch ganze Bücher schreiben. Ohne das Erlebnis, zu schreiben, ohne beim Schreiben ein Erlebnis zu haben. Aber das ist etwas ganz anderes. Das hat mit dem eigenen Schreiben, dem Schreiben aus eigenem Antrieb nichts zu tun. Nicht bei mir. Behaupte ich. Daß ich nur wegen diesem ersten Schreiben ganz allein für mich ein Autor für die Schublade geworden bin. Behaupte ich. Jemand, für den das, was er geschrieben hat, mit Scham verbunden ist, mit exzessiven Schamgefühlen. Behaupte ich. Wegen dieser Scham, diesen so exzessiv erlebten Schamgefühlen dann aber auch der Drang die eigenen Sachen zu zeigen, dabei die Scham überwindend. Behaupte ich. Freiheit, ist die Scham überwunden. Behaupte ich. Eine Art von Exhibitionismus. Sicher. Und deshalb schreibe ich so, wie ich schreibe. Behaupte ich. Dessen bin ich mir sicher. Havemann eine Form des Exhibitionismus. Aus der Scham geboren. In einem Exzeß entstanden, die Veröffentlichung als Akt der Befreiung. Behaupte ich. Da bin ich mir ganz sicher, und ein Leser, und auch da bin ich mir ganz sicher, ein Leser, ein Leser hat nur etwas von dem, was er liest, wenn das Geschriebene mit einem Erlebnis verbunden ist, von einem Erlebnis ausgeht, wenn auch das Schreiben für den, der schreibt, ein Erlebnis ist. Ein Exzeß. Behaupte ich. Und Exzeß bedeutet: eine Entäußerung.

Das erste überhaupt, was ich für mich geschrieben habe, das erste. In dem es um mein Erleben ging, ich versteckte es in meiner Schublade, ich verheimlichte es vor anderen, niemand bekam es zu lesen – ich weiß gar nicht, wo dieser Zettel geblieben ist, ob ich ihn irgendwann dann doch mal vernichtet habe. Den Anfang setzt dieses Schreiben für die Schublade, und ohne dies ist wohl der Autor, der ich nun geworden bin, gar nicht zu erklären, dieser Autor, der so viel in seiner Schublade zu stecken, so viel für seine Schublade geschrieben hat. Zum Teil auch ganz bewußt für diese Schublade, die nun so voll ist: meine Politiker-Stücke, mit denen ich begann, nachdem ich drei Jahre schon Verfassungsrichter war und damit selber Teil der politischen Klasse, die ich in ihnen porträtieren wollte. All diese Geschichten, die ein Politiker-Leben heute ausmachen, die Situationen, in die Politiker sich begeben, das, was sie sich antun und anderen selber auch antun, diese Geschichten, die man mir als Außenseiter erzählt und anvertraut hatte, diese Geschichten auch, die ich wie jeder andere auch in der Zeitung lesen, mir aber aufgrund meiner eigenen Erfahrungen, dem Insider-Wissen um all das Fehlende ergänzen konnte, sie mußten für die Schublade geschrieben sein – schon wegen den Prozessen, die ich womöglich wegen ihnen bekommen hätte, Prozessen, die ich mir unmöglich finanziell hätte leisten können.

Speer, Albert Speer

Ich bin doch dieser Mann, der 20 Jahre seines Lebens mit einem Stück über Albert Speer zugebracht hat – mehr als 20 Jahre nun, aber 20 Jahre, das ist gut, das klingt gut, dabei bleibe ich. 20 Jahre, das paßt zu Speer, der 20 Jahre in Spandau im Kriegsverbrechergefängnis seine Strafe abgesessen hat. Zum Glück bin ich heute mehr als nur dieser Mann, der *SPEER* gemacht hat, ich habe ein paar Stücke mehr geschrieben, und mit meinem *SPEER* bin ich doch auch noch gar nicht fertig, und ich habe gar nicht die Absicht, damit fertig zu werden. Der *SPEER* kann ein Projekt bleiben, denn auch das paßt doch zu Speer, Albert Speer, der so viel Projekte gemacht hat, sie zum Glück dann auch nicht realisieren konnte. Auch daß mir dieses Stück viel zu groß geraten ist, paßt, paßt zu Speer, zu seinem Größenwahn. Und sein Größenwahn zu meinem Größenwahn. Mehrmals habe ich ihn aufgegeben, meinen *SPEER*, nicht wissend, wie ich mit diesem Stoff auf der Bühne zurechtkommen soll. Aber ihn ganz seinlassen, diesen *SPEER*, das konnte ich auch nicht. Ich bin immer wieder darauf zurückgekommen. Konnte davon nicht lassen. Das genau war doch mein Stoff.

Interessant diese Geschichte, die mir dieser Holländer erzählt hat – ein Musikmanager und Plattenproduzent, mit dem ich mich mal einen Nachmittag lang in Hamburg in der Zeit unterhalten habe, als ich meine Aufnahmen für die *Sympathie mit dem Teufel* gerade fertig hatte und nach einer Firma suchte, die sie veröffentlichen könne, und mit dem ich dann ganz schnell auf ein anderes Projekt von mir zu sprechen kam, auf den *SPEER*, und über Speer, Albert Speer, hat er mir dann diese, wie ich finde, interessante Geschichte erzählt: es sei in München gewesen, in den 70er Jahren, und er hatte es da geschafft, eine damals noch recht junge, später dann zu einem Weltstar aufgestiegene Sängerin zu lancieren, und in München nun einen ganz wichtigen Auftritt für sie, den entscheidenden Schritt auf der Karriereleiter, ein Konzert mit den Münchner Philharmonikern. Seine Arbeit sei getan gewesen und er habe da also auf einem guten Platz in diesem Konzertsaal gesessen, schöne Musik, eine großartige Künstlerin genießen wollen. Plötzlich aber, noch bevor die Musik losging, sei ihm dieser ältere Herr aufgefallen, der da eine Reihe vor ihm, direkt auf dem Platz vor ihm gesessen habe und in einem anregenden Gespräch mit seiner Nachbarin gewesen sei. Die Stimme dieses Mannes, sie sei ihm sofort bekannt vorgekommen, dann habe sich dieser Mann zur Seite gedreht, und dann auch noch ein Stück weiter nach hinten, um jemandem zuzuwinken, und da habe es nun keinen Zweifel mehr gegeben: Speer, Albert Speer. Seit ein paar Jahren schon, nach 20 Jahren Haft im

Kriegsverbrechergefängnis Berlin-Spandau, wieder frei, Bestsellerautor mit seinen im Ullstein-Verlag erschienenen *Erinnerungen* – er habe es nicht fassen können, so der Holländer, daß sich dieser Mann, so, als ob da überhaupt nichts bei wäre, unter Leute traute, in die Münchner Gesellschaft. Dann hätte die Musik begonnen, ob sie denn gut gewesen wäre an diesem Abend, seine Sängerin, er wisse es nicht, er sei die ganze Zeit mit diesem Mann eine Reihe vor ihm beschäftigt gewesen, mit Speer, mit Albert Speer, dem Rüstungsminister Hitlers, dem einstigen Herrn über Millionen von Zwangsarbeitern. Er habe an seine holländische Familie denken müssen, an die Drangsalierungen, die seine Familie während der deutschen Okkupation im 2. Weltkrieg habe erdulden müssen, daran, daß auch sein Vater zur Zwangsarbeit nach Deutschland verschleppt worden sei. Der Gedanke, daß dieser Mann da vor ihm moralisch kein Recht besitze, diese schöne Musik zu hören, sei ihm gekommen, dieser Gedanke habe immer stärker von ihm Besitz ergriffen. Seine Hände hätten zu zittern begonnen, er habe diesen Speer ermorden, von hinten erwürgen wollen, es sei ihm dies ganz leicht vorgekommen. Natürlich habe er daran gedacht, habe er sich dahin auch zu retten versucht, daß Speer wegen seiner Taten als Hitlers Rüstungsminister strafrechtlich zur Verantwortung gezogen worden sei, daß er abgeurteilt worden sei, seine Strafe abgesessen habe, und 20 Jahre, das wäre sicher kein Pappenstiel, und nun sei er ein freier Mann und könne in ein Konzert gehen wie jeder andere auch, diese Gedanken aber, so richtig sie gewesen wären, sie hätten ihn moralisch vernichtet. Und besonders dann der, daß diese Begegnung mit Speer rein zufällig sei, daß er ein paar Reihen weiter hinten sitzend gar nichts davon gemerkt hätte, mit diesem Speer im gleichen Konzert zu sitzen, der gleichen Musik zu lauschen, daß er doch anderes in seinem Leben zu tun habe, als sich an diesem Speer zu rächen, daß er nicht wegen diesem zufälligen Zusammentreffen für ein paar Jahre selber ins Gefängnis wandern wolle. Nach dem Konzert, so erzählte er weiter, habe es einen Empfang des Münchner Oberbürgermeisters gegeben, bei dem er neben seinem Schützling gestanden habe, und dort dann sei plötzlich dieser Speer noch einmal aufgetaucht und auch seiner Sängerin vorgestellt worden, der er auch artig Komplimente gemacht hätte. Auch er habe sich genötigt gesehen, Speer die Hand zu geben, sei da aber moralisch schon tot gewesen. Seine Sängerin, der er zugeflüstert habe, wer dieser Mann gewesen sei, dem sie da eben beide die Hand gegeben hätten, habe gar nicht gewußt, wer das denn war, dieser Speer, und es sei ihr auch völlig gleichgültig gewesen, als er es ihr dann sagte.

So die Geschichte, und als ich diesen Holländer dann fragte, ob ihm denn schon mal der Gedanke gekommen wäre, daß der Oberverbrecher und Nazi, daß das Schwein Hitler vielleicht dieselbe klassische Musik schön gefunden habe wie er selber nun, lachte er und sagte, natürlich habe auch er nach diesem Konzert daran denken müssen, und er habe sich entscheiden müssen, worauf er seinen Haß lenken solle, auf die Musik oder Hitler, er habe sich für Hitler entschieden – was aber nichts daran ändere, daß die Musik, die Kunst überhaupt amoralisch sei und deshalb eine zutiefst zweifelhafte Angelegenheit. Die Kunst ist nicht gut, noch nicht mal die richtig gute Kunst sei auch moralisch gut. Die größten Verbrecher hören schöne Musik, und sie läutere sie nicht, sie halte sie nicht von ihren Verbrechen ab.

Projekt: SPEER

Nehmen wir mal an, ich wäre ein Architekt und würde mich darum bewerben wollen, in der Stadt X eine etwas größere Sporthalle zu bauen – wie würde ich dies tun, wie würde meine Bewerbung darum aussehen? Natürlich lägen da meine Entwürfe dieser Halle mit dabei, meine Ideenskizzen, meine vielleicht schon detaillierter ausgearbeiteten Pläne, aber dies würde nicht reichen. Ich würde meinen Lebenslauf mit dazulegen, aus dem hervorgeht, daß ich in dem Ort Y bereits schon eine zwar etwas kleinere Sporthalle gebaut hätte oder wenigstens im Kaff Z eine Mehrzweckhalle, in der sich auch Volleyball spielen lasse. Ich würde also meine Eignung für das größere Bauprojekt mit anderen bereits erfolgreich realisierten Bauten begründen – mein Problem aber besteht darin, daß ich, um im Vergleich zu bleiben, eine Riesenhalle bauen will, ohne jemals zuvor eine kleine gebaut zu haben. Meine Eignung für dieses mein eigenes *Projekt: SPEER*, sie kann also von mir nicht durch andere Projekte begründet werden, mit denen ich bereits hervorgetreten wäre, sie müßte ganz anders begründet werden – wie ich glaube, durch meine ganz besondere Affinität zu diesem Mann Speer, zur Hauptfigur meines großen und viel zu großen Stückes, von dem ich doch deshalb nicht ernsthaft annehmen kann, es würde jemals das Licht einer Bühne erblicken. Und deshalb dann diese Idee, als ich nach dem Tod von Heiner Müller wegen meinem *SPEER* mit dem Berliner Ensemble verhandelte und bald merkte, daß dieses Projekt ein viel zu großes für die Kleingeister war, die zwar gern einen *SPEER* gehabt hätten, doch nicht das Format besaßen, sich für so etwas Gigantisches zu entscheiden: ein Ankündigungsstück zur Vorstellung des Projektes. Ausgehend davon, daß es sehr viele im Theaterpublikum von heute geben dürfte, die selber schon mal ein Projekt vorgestellt oder an einer Projektvorstellung teilgenommen oder wenigstens schon davon gehört haben, was das ist, eine Projektvorstellung. Meine Vorstellung dieses Projektes aber auf der Bühne, die Projektvorstellung selber als theatralische Veranstaltung, als Theatervorstellung – nicht durch einen Vortrag mit ein paar Modellen vielleicht und den vielen Skizzen für die Bühnenbilder, die ich gemacht habe, sondern selber schon als ein Stück, ein Theaterstück. Als ein Theaterstück, das auch dann auf der Bühne funktionieren muß, wenn aus dem *Projekt: SPEER* weiter nichts wird. Als ein Appetithäppchen, ein ganzer Happen natürlich, der Appetit auf mehr macht, auf mehr *SPEER*. Und gegen Ende ertöne der Ruf nach einem Diktator, nach einem diesmal netten Adolf Hitler, die Verwirklichung dieses Projektes zu ermöglichen – diesen irreführenden Moment müßte es geben, auch wenn das dann nur ein mutiger Theaterdirektor zu sein braucht, der sich für den großen *SPEER* entscheidet. Zum Schluß einer quasidemokratischen Entscheidung anheimgestellt, ob es zu dem Irrsinn *SPEER* komme, einer Entscheidung, an der dann das Publikum, die Kritik, die immer ein gewichtiges Wörtchen mitzureden hat, und natürlich sie, die Theaterleute, beteiligt sein werden, auf die es natürlich am meisten ankäme. Quasi demokratisch, wie man vielleicht sagen könnte, denn natürlich würde dabei nicht abgestimmt werden, keine Mehrheitsentscheidung zustande kommen. Und weil eine Projektvorstellung, also die Einführung des Autors in das Theater, wie man dies vielleicht etwas nebulös und aufgemotzt sagen könnte – es ist mein Projekt, das ich vorstellen will, ich muß also mit auf die Bühne, muß für mein Projekt auch geradestehen, die Dresche abbekommen, diesen *SPEER* verantworten, dem eine zu starke Affinität zwischen dem Autor und seinem Gegenstand vorgeworfen werden könnte. Aber nur durch sie, durch diese starke Affinität, ließe sich auch meine ja erst einmal zweifelhafte Eignung, dieses Projekt auch verwirklichen zu können, begründen. Natürlich hat das ein bißchen was von einem Zirkelschluß, einem aber hoffentlich, von dem eine gewisse magische Wirkung ausgeht. Ich werde also auf meinen Onkel Hermann verweisen müssen, auf den Architekten Hermann Henselmann, auf die Stalinallee, in der ich groß geworden bin. Und natürlich, es geht nicht anders, werde ich auch meinen Vater mit ins Spiel bringen müssen, den Havemann, den alle kennen. Und die Bezüge sind ja da, denn schließlich waren das Speers Leute, dem Rüstungsminister Albert Speer zugeordnete Leute, die Herren vom Heereswaffenamt, die, das Ende des Krieges voraussehend, das auch Speer voraussah, meinen Vater vor der Vollstreckung des über ihn verhängten Todesurteils bewahrten. Und zu psychologisieren gibt es auch etwas, und das macht doch immer Eindruck, das Psychologisieren: Speer als zweiter Sohn, ich als zweiter Sohn, wir beide als ungeliebte Söhne unserer Väter, als Söhne, für die kein Platz vorgesehen ist in der Welt. Und dann unser gemeinsames Problem: das Problem derjenigen, die offensichtlich irgendwie begabt sind, deren Begabung aber nicht festgelegt ist, die eine Aufgabe brauchen, um auf etwas festgelegt zu werden, sich gebraucht fühlen zu können, und sich deshalb immer in der Gefahr bewegen, mißbraucht zu werden. In der Gefahr auch, die eigene Begabung zu mißbrauchen, um irgendeines Erfolges willen. Um mitmachen, einen Beitrag leisten zu können – egal wozu. Hauptsache tätig sein. Sich verwirklichen, mit irgend etwas verwirklichen. Dafür die Seele verkaufen, sich mit dem Teufel zusammentun. Auch dagegen ließe sich doch der Vorwurf des Mißbrauchs erheben, daß ich, um meinen *SPEER* vorzustellen, wieder mal meinen Vater ins Spiel zu bringen vorhatte – bereit, alles zu mobilisieren, was für mich sprechen, mich Nobody und Außenseiter interessant machen könnte. Nein, die Kunst ist nicht gut, ist nicht moralisch sauber. Und ganz besonders ist sie es dann nicht, wenn der Künstler andere Leute braucht, die ihm die Verwirklichung seiner Ideen erst ermöglichen, Leute mit Geld, Leute mit der Verfügungsgewalt über Geldmittel. Aber umsonst, meine Anbiederungstaktik, mein Versuch, mich mit meinem Vater auch für *SPEER* interessant zu machen, vergeblich: auch dazu können sie sich dann beim BE nicht durchringen, mich mein *SPEER*-Projekt auch nur mal vorstellen zu lassen, der Öffentlichkeit zu präsentieren. Auch im Deutschen Theater nicht, wo sie erst meinen Mut so sehr bewundern, diese Feiglinge, auch bei Castorf nicht in der Volksbühne – aber lassen wir das, der Kampf um *SPEER* geht irgendwann weiter und in die nächste Runde. Zwanzig Jahre sind mir doch nicht genug.

»Was will denn nun der Sohn eines deutschen Kommunisten, der von den Nazis zum Tode verurteilt wurde, von dem Reichsminister außer Dienst Albert Speer?« So die Frage von Wolf Jobst Siedler, damals noch nicht Chef seines eigenen Verlages, sondern von Ullstein, nachdem wir uns beide zwei Stunden lang angeregt über Speer unterhalten hatten, dessen Bücher bei Ullstein erschienen waren, nachdem sich Siedler darum schon bemüht hatte, während Speer noch seine Strafe in Spandau absaß – gute Frage: »Was will denn nun der Sohn eines deutschen Kommunisten, der von den Nazis zum Tode verurteilt wurde, von dem Reichsminister außer Dienst Albert Speer?« Siedler sagte, daß Speer seinerseits sicher daran Interesse hätte, mich kennenzulernen, mit mir zu sprechen, Speer würde alles dafür tun, sich von seinem moralischen Makel reinzuwaschen, und er, Siedler würde für mich auch den Kontakt zu Speer vermitteln, aber: »Was will denn nun der Sohn eines deutschen Kommunisten, der von den Nazis zum Tode verurteilt wurde, von dem Reichsminister außer Dienst Albert Speer?« Eine gute Frage, und ich bin Siedler sehr dankbar, daß er sie mir so deutlich gestellt hat – und die Antwort: nichts, eigentlich nichts, und spätestens in diesem Moment nun, nachdem Siedler mir diese Frage so gestellt hatte, ganz klar: nichts, gar nichts. Auch wenn ich sicher ein paar Dinge mit diesem Reichsminister außer Dienst zu besprechen gehabt hätte, ihm Fragen zu stellen gewußt, ihn gern auch ein bißchen ausgehorcht hätte, es durfte nicht sein. So viel Moral also doch. Ich sagte Siedler, ich würde es mir überlegen, mich wieder bei ihm melden, wenn ich wisse, was ich von Speer wolle. Und ob überhaupt – Wieland Schmied hatte das vermittelt, diese Begegnung mit Siedler, der Kunsthistoriker, den ich durch meinen Freund Christos Joachimides kennengelernt hatte, der dann auch mitbekommen hatte, an was ich arbeitete, zu arbeiten begonnen hatte, an meinem *SPEER*. Er meinte, das müsse mich doch interessieren, mit Speer, der ja damals noch lebte, über mein Stück zu sprechen, den Kontakt könne er mir ohne Schwierigkeiten vermitteln. Ich hatte daran gar nicht gedacht, war auf diese Idee gar nicht gekommen. Man halte mir dies zugute. Auch daß ich mich natürlich nicht bei Siedler gemeldet, von der mir offerierten Möglichkeit keinen Gebrauch gemacht habe, Albert Speer zu treffen, den Reichsminister außer Dienst. Ich habe mich bei Siedler erst 20 Jahre später wieder gemeldet, als ich mit meinem Stück über Speer so weit war, daß es da etwas Vorzeigbares gab, und da war Speer schon ein paar Jahre tot – was Siedler zu meinem *SPEER* sagen würde, er, der diesen Mann doch gekannt hatte, ob das, was ich in meinem Stück gemacht hatte, irgend etwas mit dem Speer zu tun hat, so wie er ihn gekannt hat, das interessierte mich schon noch und besonders natürlich wegen der Musik. Denn zu meinem *SPEER* gehörte ja dann auch Musik, eine Musik, die ich selber komponiert habe, und diese Musik, sie kann sich ja am wenigsten auf das berufen, was man von Speer wissen kann, was historisch als abgesichert und verbürgt gelten kann. Es ist meine Musik, da gibt es kein Vertun, und es ist, jedenfalls für mich, eine schöne Musik, und damit etwas, das sich jenseits aller Moral bewegt, etwas aber, das die moralische Frage aufwirft, die Frage danach, warum einem Speer diese Musik geben, mich selbst in dieser Musik geben, ihm geben – die einzigste Antwort, die ich darauf habe, ist die, daß ich sie ja nicht ihm gegeben habe, nicht Albert Speer, diese Musik und meine ganze Kunst und Kunstfertigkeit, sondern meinem Stück, nicht Speer, sondern *SPEER*. Siedler war so klug, sich nicht zu dem zu äußern, was ich aus Speer gemacht habe, und zu meiner Musik äußerte er sich überhaupt nicht, er sagte nur, und er sagte es mit Erstaunen, ich würde in meinem Stück ja doch sehr genau dem folgen, was historisch verbürgt ist – ob dies nun als ein Lob gemeint war oder doch abwertend als ein Zeichen meines Mangels an künstlerischer Kraft, es war nicht aus ihm herauszubekommen. Jedenfalls nicht in diesem Gespräch, bei dem er so viel Distanz wahrte.

Fisch?

Nein, ich esse keine Fische. Ich esse auch kein Geflügel, keine Hühner, keine Hähnchen und Goldbroiler und auch keine Enten, und Schwäne esse ich auch nicht. Ich esse auch keine Innereien, Leber, Niere, Herz und so weiter und Hirn schon gar nicht. Und Schweinefüße mag ich auch nicht, kein Eisbein, keine gekochten Schweineköpfe, all das leckere Zeugs nicht. Aber Blutwurst, die esse ich, die Schlachteplatte ließe ich mir ausnahmsweise mal vorsetzen, zu Besuch in Bayern. Man darf's nicht so genau erkennen können, was es ist, das man da ißt. Bouletten sind gut, und davon habe ich an meinem Geburtstag früher als Kind acht Stück verdrückt. Aber die Fische, die Fische, die Fische – die Fische sind das Entscheidende. Die schreckliche Weihnachtsente, die gab es schließlich nur einmal im Jahr, und Hühnchen, die gab's bei uns zu Hause doch nicht so oft, und da bekam ich dann meine Extrawurst. Eine Bratwurst. Ja, eine Bratwurst, eine veritable Extrawurst im genauesten Wortsinn. Aber die Fische, die Fische – die Fische waren schlimm, denn mein Vater aß gern mal einen Karpfen blau, und so kamen sie immer mal wieder bei uns auf den Eßtisch, die armen schönen Tiere mit den vielen Gräten. Die vielen Gräten waren natürlich gut, weil ein Argument, eine Begründung für den kleinen Flori, an diesem Karpfen nicht mitessen zu wollen, den mein Vater vor sich auf der großen Platte zu liegen hatte, um ihn erst zu zerteilen und dann in Portionen zu verteilen und sich dabei natürlich das größte Stück zu nehmen – sollte er doch. In diesem Falle hatte ich nichts dagegen einzuwenden. Aber irgendwann wird man ja älter, und da halfen dann auch die Gräten nicht mehr, mit ihnen klarzukommen, es wurde ja väterlicherseits geradezu als Ausweis dafür genommen, daß man nun kein Baby mehr sei. Aber ich blieb standhaft auf meiner Anti-Fisch-Position. Ich war ja schließlich ein Rebell, und ein Rebell ißt nicht alles, was die anderen so essen. So fängt es doch schon mal an. Aber ein Rebell ist natürlich nur ein Rebell und Held, wenn er leiden muß und Leiden stoisch erträgt, und ich, ich mußte leiden, und das war ja dann wieder für mich der Beweis, ein Rebell zu sein, ein kleiner tapferer Held. Und ich wußte doch, was kommt, kam ein Karpfen auf den Tisch. Immer die gleiche Prozedur: mein Vater mit dem Karpfen vor sich, den Karpfen verteilend, auch mir ein Stück anbietend, eines mit nicht so vielen Gräten netterweise, sehr bald dann sein Angebot mit der Bemerkung garnierend, daß ich mir da was entgehen lasse, dieses Angebot ja wohl sowieso zwecklos sei. Und dann begann das Karpfenessen, das der anderen, und ich hatte mich in diesem Falle mit den Beilagen zu begnügen – keine Extrawurst an einem solchen Tage. Und während des Essens dann regelmäßig irgendwann die Bemerkung meines Vaters, daß Fisch gut für die Intelligenz sei, und das natürlich naturwissenschaftlich begründet, und oftmals blieb auch der Hinweis auf meinen Bruder nicht aus, der, natürlich neben meinem Vater an seinem Stammplatz des Stammhalters sitzend, seinen Karpfen, Papis Intelligenz-Karpfen, aß, und daß mein Bruder ein ganz intelligentes Kerlchen sei, das war ausgemacht, das war Familienkonsens, er mit seinen vielen Einsen, der zukünftige Wissenschaftler, das kleine Mathematik-Genie, der Junge mit den Preisen der jährlich stattfindenden Mathe-Olympiade. Ich dagegen, ich mit meinem Notendurchschnitt zwar auch immer unter Zwei und im Einserbereich, war dumm, alle wußten es, alle waren sich einig, und beim Karpfenessen lag das dann natürlich auch mit daran, daß ich mich der Intelligenzzufuhr durch den Karpfen verweigerte. Ein Rebell ist ja dumm, denn dumm ist es doch, gegen das aufzubegehren, das alle verstehen, die Vernünftigen auf dieser Welt, die intelligenten Karpfenesser. Von wegen Unfreiheit, Rebellion gegen die Unfreiheit, wo doch Freiheit die Einsicht in die Notwendigkeit sein soll. Hat Hegel gesagt. Von dem mein Vater wahrscheinlich so viel gar nicht gelesen haben dürfte, eine zähe Lektüre, aber diesen Spruch, den kannte er natürlich, und Dialektik eignet sich gut, einen Dummkopf wie mich dumm aussehen zu lassen. Auch meine Mutter, die ihren Hegel wohl noch weniger gelesen haben dürfte, machte sich dann später *die Freiheit als Einsicht in die Notwendigkeit* zu eigen, wenn es ihr darum ging, wieder mal die weise Politik der Partei- und Staatsführung gegen die unqualifizierten Angriffe eines dummen Rebellen wie mich zu verteidigen. Sie hätten doch glattweg diesen staatsfrommen Hegel-Spruch als Losung für den 1. Mai ausgeben können, zu tragen von den Mitgliedern der Akademie für Staat und Recht. Aber sie hatten ja ihren Marx und diese Wirklichkeit, die von den Philosophen bisher nur verschieden interpretiert wurde, wo es doch eigentlich darauf ankommt, sie zu verändern. Und die Welt verändern, das wollte doch auch ich, der kleine Rebell: zumindest kein Karpfenessen mehr, keine Fische aufs Tablett.

Aber damit war der Karpfen noch nicht vertilgt, das Programm der Verdummung eines Dummen noch nicht beendet, mein Vater hatte da noch einen Witz zu erzählen. Mein Vater war ja Witzeerzähler, ein begnadeter, ein bekannter Witzeerzähler, und wenn ich das wieder mal blasphemisch anmerken darf, seine Beiträge zum allgemeinen Gespräch in den Intellektuellenrunden bei ihm, sie bestanden ja meist und in der Hauptsache im Erzählen von Witzen, und besonders gern erzählte mein Vater Witze aus der Nazizeit, die ja auch eine ganz große Witzezeit gewesen ist, ähnlich wie die der ja dann auch untergegangenen DDR – bei der Wiedervereinigung hieß es so schön in der Überschrift einer Zeitung: »Ein einzigartiges Witzegebiet geht verloren«, und das gehörte ja schon mit zu dem

Besten, was von dieser DDR gesagt werden konnte. Also, aufgepaßt: ein Staat, in dem viele politische Witze erzählt werden, ist zum Untergang verurteilt. Die Naziwitze, die mein Vater in seinem Repertoire hatte, die waren erstaunlicherweise, und so erstaunlich dann wieder auch nicht, meistens sehr gut auch zu DDR-Zeiten verständlich, und also immer ein voller Erfolg für meinen Vater, dieser aber, den er dann regelmäßig beim Karpfenessen zum besten gab, gehörte nicht in diese Gattung und war einer, der schon spezifisch nationalsozialistisch und nur bei ausreichender Kenntnis dieser zwölf Jahre verständlich war, denn bei ihm ging's um den Antisemitismus: fährt ein SS-Mann mit der Bahn und sitzt da in einem Abteil allein mit einem Juden zusammen, und natürlich will er mit diesem Juden nichts zu tun haben und schon gar nicht reden, aber die Fahrt wird ihm langweilig (weil ja ein dummer SS-Mann nichts zu denken hat), und irgendwann platzt es aus ihm heraus, und er sagt zu dem Juden: »Eines muß man euch Juden ja lassen, Köpfchen habt ihr.« Darauf der Jude lächelnd: »Das liegt daran, weil wir Juden ja immer den Hering mit Kopf essen.« Und diese Auskunft erstaunt den SS-Mann doch, der sich in seinem dummen Kopf nicht vorstellen kann, wie man denn einen Hering mit Kopf essen und überhaupt runterkriegen könne. Mehr als ein gequältes *So, so* kriegt er also nicht raus und verfällt dann wieder in sein dummes Brüten. Eine halbe Stunde später, und die Fahrt ist immer noch so langweilig wie zuvor, holt doch der Jude mit einem Mal einen Hering aus seiner Tasche. Mit Kopf. Und der SS-Mann fragt: »Und den wollen Sie jetzt so essen, mit Kopf?« Darauf der Jude, er fahre zu einer wichtigen Geschäftsbesprechung, da müsse er fit sein. Und dann, der Jude schickt sich gerade an, den Hering zu verdrücken, mit Kopf, sagt der SS-Mann, so einen Hering mit Kopf zu essen, das würde er doch auch mal gerne probieren, ob ihm denn nicht der Jude seinen Hering verkaufen könne. Den mit Kopf. Mit Köpfchen. Und der Jude wiegt sein schlaues Köpfchen, wo er doch so dringend den Hering braucht für seine anstehenden schwierigen Geschäftsverhandlungen, läßt sich dann aber doch, einem SS-Mann sollte man doch besser nichts abschlagen, auf einen Handel ein, und wie die

Juden so sind, geborene Händler, treibt er den Preis für seinen Hering mit Kopf immer mehr in die Höhe und verkauft ihn dann also für 35 Mark an den SS-Mann. Und der SS-Mann verschlingt den Hering. Mit Kopf. Und sitzt dann da und wartet, daß sich bei ihm irgendeine Wirkung des Herings mit Kopf einstelle, eine Intelligenzzufuhr. Nach zehn Minuten wird er ungeduldig und sagt zu dem Juden: »Ich merke noch nichts.« Darauf der Jude beschwichtigend, so schnell gehe es nun nicht, weshalb er ja auch seinen Hering mit Kopf immer schon ein paar Stunden vorher esse, bevor es dann auf sein Köpfchen so sehr ankäme. Eine halbe Stunde später merkt der SS-Mann immer noch nichts, er ist so dumm wie zuvor. Dann aber, als dann eine Stunde vergangen ist, platzt es doch mit einemmal aus ihm heraus: daß das mit dem Hering mit Kopf ein einziger Betrug sei und eine Riesenfrechheit, ihm diesen Hering, den er auf dem Markt für 35 Pfennig hätte kaufen können, für 35 Mark anzudrehen, und darauf sagt der Jude: »Sehen Sie, es wirkt schon.«

Ein guter Witz, und ich hoffe, ich habe ihn gut erzählt. So oft wie ich ihn zu hören bekommen habe, sollte mir das doch möglich sein, ohne daß sich mein Vater für mich schämen müßte – bei jedem Karpfenessen mit dem nie ausbleibenden Hinweis, Fisch erhöhe die Intelligenz, bekam ich ihn zu hören, diesen Witz auf meine Kosten. Der dumme SS-Mann, das wäre doch ich gewesen, hätte ich eines Tages dann doch den familiären Karpfen gegessen, um nicht mehr ganz so dumm zu bleiben. Auf daß ich dann genauso, ob meiner Einfalt und noch einmal unter Beweis gestellten Dummheit, auszulachen gewesen wäre wie dieser dumme SS-Mann. Das war die Botschaft – jedenfalls die, die mich erreichte. Für meinen Vater, den Witzeerzähler, wahrscheinlich nur mal wieder eine Gelegenheit, diesen Klassewitz erzählen zu können. Mehr nicht. Für mich aber, für mich … Der dumme SS-Mann, das war ich. Und jetzt behaupte ich mal, und sei es auch eine Dummheit, daß mein Interesse dafür, was denn der Nazi so im Kopf gehabt haben möge, was ihn so an düsteren Gedanken angetrieben haben mag, genau daher rührt – Interesse klingt harmlos, viel zu harmlos. Faszination, das trifft es schon mal besser. Man bedenke hier: für meinen Vater existierte der Nazi doch gar nicht. War der Nazi eine Unperson. Was die Nazis etwa wollten und vorhatten, ihre ideologischen Hirngespinste auch, das war doch für meinen Vater gar kein Thema. Der Antisemitismus mit seiner Rassentheorie ausgemachter wissenschaftlicher Unsinn und mehr nicht. Lohnte sich nicht, ein weiteres Wort drüber zu verlieren. Was das für Leute gewesen waren, gegen die mein Vater Widerstand geleistet hatte, was für ein Regime: kein Thema. Verbrecher, das mußte reichen. Und eben Dummköpfe, und die Massen, die einem Herrn Hitler auf den Leim gegangen waren: eine Masse von Dummköpfen eben. Und das traf dann bei mir, einem Dummkopf, auf fruchtbaren Boden – oder anders ausgedrückt und wie Brecht das gesagt hat: »Der Schoß ist fruchtbar noch, aus dem das kroch.« Am Ende seines Hitler-Stückes *Arturo Ui* und mit diesem *Arturo Ui* wurde es dann noch schlimmer mit mir.

Arturo Ui:

Unaufhaltsam

Wir saßen am Mittagstisch zusammen, und es gab keinen Karpfen – aber egal, der Karpfen Schlauheit tut hier nichts mehr zur Sache –, und mein Vater, der eigentlich nie etwas von sich erzählte, aber immer und jeden Mittag zur Wohnungstür mit der Frage hereinkam: »Was gibt's Neues?«, wollte von uns Kindern wissen, was wir am Tag zuvor gemacht hatten – er kam ja nur zum Mittagessen für eine Stunde vorbei, und das war's dann schon, und am Abend war er nicht mehr zu sehen, weil draußen in seinem Häuschen in Alt-Buchhorst. Was hatten wir gemacht, was ihm zu erzählen? Mein Bruder und ich, wir waren am Abend zuvor im Theater gewesen. Wie so oft. Im Berliner Ensemble. Im Brecht-Theater, und hatten da den *Ui* gesehen, den *Arturo Ui*, Brechts Persiflage auf Hitler, verlegt in das Chicagoer Gangstermilieu. Zum ersten Mal von ich-weiß-nicht wie vielen Malen, die noch folgen sollten. Immer wieder. Vollkommen begeistert davon. Von der ganzen Aufführung. Von Schall als Hitler, als Ui. Und besonders diese letzte Szene, wo dann am Schluß diese fetzige Musik einsetzt, wenn Ui von seinen nächsten Eroberungsplänen spricht. Und der Moment davor, bevor er ganz leise in dieses 30er-Jahre-Mikrophon reinspricht, wie da dieser Givola-Goebbels mit seinem Hinkefuß diese Treppe zu dem Podest hochdonnert, auf dem Ui schon steht, wartend, daß seine Rede angekündigt werde, und Givola dann brüllt, so laut, daß das ganze Theater erzittert: »Ui spricht!« Und dann geht er wieder diese schmale scheppernde Metalltreppe herunter, fällt dabei fast hin und steht dann da am Fuße des Podestes mit versteinertem Gesicht. Und wartet. Wartet, wie wir Zuschauer warten, daß Ui sprechen werde, und dann legt er los, der Ui, ganz leise, zischelnd, fast versteht man ihn nicht, und das steigert sich dann in seiner Dämonie und bis zu einem Gebrüll, das das seines Propagandamauls G noch einmal übertrifft, und, wie gesagt, dann setzt auch noch diese Musik ein, und fast hätte ich hier eben gesagt: der Orgasmus.

Eine Meisterleistung von Schall, Ekkehard Schall. Virtuos. Sprechkunst auf dem höchsten Niveau. Es gibt eine Schallplattenaufnahme davon – man höre sie sich an. Es gibt eine Fernsehaufzeichnung von der ganzen Inszenierung – man schaue sie sich an. Eines der größten Theaterereignisse des 20. Jahrhunderts. Behaupte ich. Ein Riesenerfolg auch. Für mich die wichtigste, die großartigste Aufführung, die ich je gesehen habe. Die Initialzündung, ohne die ich wohl nie zum Theater gekommen wäre. Aber, wie Sartre das so schön sagt, über Flaubert und seine *Madame Bovary*: der Erfolg beruht auf einem Mißverständnis, und das Mißverständnis dieses *Ui* bei mir, es läßt sich ganz gut an dem vollständigen Titel dieses Stücks erkennen: *Der aufhaltsame Aufstieg des Arturo Ui*, so heißt es, der *aufhaltsame*, nicht der *unaufhaltsame* – was ich aber gesehen hatte, in dieser Aufführung des Berliner Ensembles mit Ekkehard Schall in der Haupt- und Titelrolle gesehen zu haben glaubte, das war ein Stück, das richtiger *Der unaufhaltsame Aufstieg von Arturo Ui* geheißen hätte – genau. Ein Mißverständnis? Nein, glaube ich nicht, glaube ich auch jetzt noch nicht. Nach so vielen Jahren nicht. Dieser Ui, den Schall spielte, er war nicht aufzuhalten. Aus dem Nichts kommend, der Gosse, war er doch allen überlegen. An Intelligenz, Unberechenbarkeit, rhetorisch sowieso. Als Demagoge. Und selbst da, wo er lächerlich wirkte, war er noch groß. Der kleine Herr Hitler überlebensgroß Arturo Ui. Die plötzliche Eleganz seiner Bewegungen, nachdem er wie leblos vor sich hingebrütet hatte. Wie er charmieren konnte, wenn es darauf ankam. Und dann dieser Salto, den Schall machte, nachdem er erst in einem weichen Art-deco-Sessel gestanden hatte, in der Lobby eines Hotels, mit der Weichheit dieses Sessels spielend, fast immer wieder strauchelnd – was für eine Körperbeherrschung, und dann dieser Abgang von dem Sessel: mit einem Salto. Und dann sofort weiterredend – so muß Theater sein. Für wen das Theater damit angefangen hat, der ist für das psychologische Spiel, den naturalistischen Seelenquark, die ganze hysterische Einfühlung natürlich nicht zu gewinnen. Virtuosität, und deshalb ein Pro-Hitler-Stück. Jedenfalls in dieser Aufführung, und es ist ein Wunder, daß sie das nicht gemerkt haben, die dann eben doch zu einfältigen Kulturfunktionäre der DDR. Diese Aufführung hätte verboten gehört. Nazipropaganda. Aber sie waren wohl blind, haben sich von dem Titel täuschen lassen. Von dem Antifaschisten Brecht.

Wir erzählten also, mein Bruder und ich, von unserem Vater danach befragt, was wir am Vortage gemacht hätten, von unserm Theaterbesuch, wir schwärmten, wir redeten uns wieder in die Begeisterung des Erlebten hinein, und dann kamen wir zu der letzten Szene, und plötzlich hielt es mich nicht mehr auf meinem Stuhl. Ich sprang auf. Ging den einen Schritt zur schmalen Seite des Eßtisches, genau meinem Vater gegenüber, zu dem leeren Platz dort, stieg auf den dort stehenden Stuhl und dann auf den Tisch, dabei soviel Lärm machend wie nur möglich, und dann brüllte ich los: »Ui spricht!« Und dann tat ich so, als würde ich wieder vom Tisch herunter und an meinem Platz gehen, den Abgang von Givola-Goebbels andeutend, um mich dann doch wieder umzudrehen, und nun war ich Hitler, war ich Ui, und begann langsam und leise zischelnd dessen Rede, da irgend etwas improvisierend. Mein Bruder erklärte es dann meinem Vater, was dieser Ui da ungefähr gesagt habe, und ich ergänzte das mit der Musik – für mich gehört Musik einfach zum Theater mit dazu, zum Schauspiel, nur um das mal hier festzuhalten. Und warum das für mich so ist, das ist ja wohl klar.

Wie ich dann da wieder vom Tisch runtergekommen bin, ich weiß es nicht mehr. Wie mein Vater auf diesen Auftritt seines Sohnes reagierte, keine Erinnerung daran. Das war eine Explosion. Und ich hatte mit mir selber, mit dem Nachhall dieser Detonation zu tun, mit den Brocken, die mir um die Ohren flogen, um meinen Dummkopf. Und ich habe immer noch damit zu tun. Es kracht immer noch, die Brocken fliegen noch, und einer dieser Brocken zum Beispiel ist dieses Stück über Speer, Albert Speer, das ich geschrieben, mit dem ich mich über zwanzig Jahre beschäftigt habe, und wen wundert es noch, wenn ich da immer in der Haupt- und Titelrolle dieses Speer Ekkehard Schall gesehen habe. Als alten Mann dann. Man versteht nun auch mein Glück, daß Schall bereit war, diesen Speer zu spielen. Und das dann auch noch in einem Appetithäppchen dieses viel zu großen Projekts, und um es der interessierten, zu interessierenden Öffentlichkeit vorzustellen, mit mir zusammen auf der Bühne. Beides zusammen, erst diese Aufführung im BE, dann mein eigener Auftritt am Tag drauf bei uns zu Hause auf dem Eßtisch, das ist es, was mich ins Theater gebracht hat, beides. Und nun könnte man es als die Geschichte eines Fehlers erzählen, meines Fehlers, nicht meines allein, aber entscheidend natürlich meines eigenen Fehlers: ich ließ mich auf die Vorstellung ein, Bühnenbildner zu werden. Ich konnte ja malen, zeichnen, war offensichtlich darin begabt, und dann war da doch diese traurige Geschichte gewesen mit meinem Onkel Hermann, dem Architekten, der mich zum Architekten hatte machen wollen, und Bühnenbild, das hatte doch was mit Architektur zu tun, mit Räumen, mit Bauten und Häusern als Kulissen, und das lag doch nahe, das eine mit dem anderen zu verknüpfen, die Zeichnerei mit dieser plötzlich erwachten Leidenschaft für das Theater, und das Bühnenbild zum *Ui*, das von Appens, das hatte mir doch auch so gefallen … Und dabei hätte ich Schauspieler werden sollen, wo das doch die Initialzündung für mich war, auf den familiären Eßtisch zu springen und den Hitler zu spielen, den Ui von Schall nachzumachen. Ich weiß natürlich nicht, ob ich jemals ein guter Schauspieler hätte werden können. Ich weiß ja noch nicht mal, ob ich ein guter Bühnenbildner wäre, das habe ich zwar studiert, dann aber eben bezeichnenderweise als Beruf nie ausgeübt. Und ich habe doch auch eine Schauspielausbildung gemacht, und jetzt lese ich meine Stücke vor und spiele sie fast ein bißchen dabei, und überhaupt gefällt mir der große, der öffentliche Auftritt, und ich vergesse das doch nie, daß es da heißt, eine Rolle zu spielen.

Ein paar wenige Wochen nach diesem Theaterdonner des *Ui*, wir waren wie jede Woche draußen im Häuschen, in Alt-Buchhorst, entdeckte ich dort, und zwar in der Toilette und dort dann hinter einem Vorhang versteckt, wo meine Mutter alte, nicht mehr getragene Anziehsachen aufgehängt hatte, einen alten Regenmantel. Farbe beige und wirklich etwas aus der Mode gekommen, aber genau die Art von Mantel, die Ekkehard Schall als Ui getragen hatte, in dieser letzten, mich so sehr begeisternden Szene, dasselbe Modell, wie ich sogar glaubte, und als ich ihn anzog, diesen Mantel, hing er an mir, einem 12jährigen Jungen, genauso schlapp herunter, wie ich's bei dem einstigen Hungerleider Ui auf der Bühne gesehen hatte – natürlich zog ich ihn an, diesen Mantel. Probierte ich ihn aus. Den Ui-Mantel, den Hitler-Mantel. Und ich schaute mich im Spiegel an. Und dann zog ich ihn wieder aus, diesen Mantel, und ging meinen Tuschkasten holen. Und mit dem Tuschkasten in der Hand ging ich wieder in die Toilette zurück, drehte diesmal aber den Schlüssel um. Und dann klatschte ich mir erst Wasser auf den Kopf und nahm einen Kamm und scheitelte mir das Haar und drückte mir dann meine zum Glück immer langen Haare, da ich so ungern zum Frisör ging, auf der einen Seite hitlermäßig in die Stirn und sah natürlich sofort eine Portion dümmer aus als sonst schon. Und dann öffnete ich den Tuschkasten, feuchtete ich meinen Pinsel an, tauchte ihn ins Schwarze und malte mir ein kleines ekliges Hitlerbärtchen unter die Nase. Obszön. Und im nächsten Moment hatte ich wieder den Hitlermantel an. Und dann, ganz vorsichtig, damit niemand mich beim Herauskommen aus dieser Toilette sehe, ich will keinen großen Auftritt, schleiche ich mich aus dem Haus, dem Holzhaus der Familie, und in den Garten. Meine Eltern sitzen auf der Terrasse beim Nachmittagskaffee, vielleicht war auch noch Besuch da, und da dann kommt plötzlich unverhofft und in einiger Entfernung eine merkwürdige Gestalt in ihr Bild. Und das bin dann ich. Als Adolf Hitler. Eine Provokation, ein Witz. Natürlich ein Witz, sonst hätte man mich doch gleich in die Besserungsanstalt abschieben müssen. Sohnimatz beliebt zu scherzen, will wieder mal ein bißchen Aufmerksamkeit erregen. Und dann ist da ja noch dieser *Arturo Ui*, von dem er so schwärmt. Der Kunstvorbehalt also, um das mal juristisch auszudrücken, jetzt, wo ich Verfassungsrichter bin. Aber man versuche sich das vorzustellen, sich klarzumachen: im Garten, auf dem Wochenendgrundstück des einstigen Nazi-Gegners und Widerstandskämpfers Robert Havemann, von den Nazis zum Tode verurteilt, läuft ein kleiner Hitler rum. Sein Sohn. Ich. Als Hitler. Und das in der DDR.

Der Büstenhalter

Alle großen Künstler sind feminin. Ich glaube nicht, daß es einen Künstler gibt, dessen dominierende Persönlichkeit maskulin ist. Das hat nichts mit Homosexualität zu tun, aber intellektuell muß ein Künstler feminine Fähigkeiten haben.
Orson Welles

Sie fragen, warum ich den süßen Fratz anders ins Bild gerückt, den Bildrahmen verschoben habe? Diese Frage beantworte ich Ihnen erst, wenn wir per du sind. Ach, wir sind schon per du? Sie meinen also, weil Sie sich von Havemann so sehr haben verführen lassen, daß Sie mir bis hierher gefolgt sind, sollten wir auf so einem vertrauten Fuße stehen, daß ich Ihnen jetzt das Du anbieten kann? Ich soll es tun? Weil ich älter bin oder vielleicht schon längst tot, wenn Sie sich Havemann zu Gemüte führen? Gut, dann spreche ich dich also mit du an: siehst du denn das nicht, daß sie einfach schlecht im Bild saß, daß ich das Format ändern, sie mehr in die Mitte rücken mußte, damit sie richtig gut zur Geltung kommt. Und dann schau dir diesen Stuhl an, auf der rechten Seite im Foto: dieser kleine dekorative Abschluß da, oder wie soll ich's nennen, stell ihn dir aus Messing vor, und wenn du genau hinguckst, siehst du, daß da ein klein bißchen was von der Rundung fehlte. Ich mußte es ergänzen, das Malerauge gebot es mir. Der dilettantische Anschnitt eines Amateurfotografen war einfach störend, denn auch der Stuhl ist wichtig, nicht nur das kesse Persönchen, das da auf ihm sitzt und posiert. Es gibt nicht viele von diesen Stühlen, das war eine Sonderfertigung, und ich kenne den Mann, der sie entworfen hat, der sie hat bauen lassen. Für das Kinderkaufhaus, das *Haus des Kindes*, unten im Foyer ein paar in dem kleinen Café, das es dort gab, und dann oben unterm Dach gab's ein paar mehr, in dem sehr viel größeren Café mit dem wunderbaren Überblick über die Stadt. Diese Stühle mit zu entwerfen, das gehörte für den Architekten dieses Hauses einfach mit dazu, mußte ja alles passend sein. Und da er die ersten Jahre auch in diesem Haus wohnte, dieser Architekt, standen diese Stühle dann auch bei ihm in der Wohnung, im Eßzimmer, und natürlich gab es auch einen Tisch dazu, zu dem diese Stühle paßten, das gehört doch alles zusammen – nein, das Foto ist nicht dort in der Wohnung, im Eßzimmer der Wohnung dieses Architekten aufgenommen worden, sondern eine Etage höher im 7. Stock. War ja mein Onkel, dieser Architekt, und also auch Möbel-Designer. Ja, der: Hermann Henselmann, und also hatten wir, hatte unsere Familie, die mit ihm im selben Haus wohnte, die gleiche Einrichtung des Eßzimmers, dieselben von Hermann Henselmann entworfenen Möbel – Sie ahnen also, wer da auf diesem Stuhl zu sehen ist? Du hast mich längst erkannt? Ja, ich bin es, Klein Flori ist es.

Aber versuchen wir doch, dies für einen Moment zu vergessen, und schauen wir uns das Foto näher an – was sehen wir da, wenn wir mal diesen Hermann-Henselmann-Stuhl außer acht lassen? Wahrscheinlich siehst du etwas anderes als ich. Muß doch so sein, denn ich sehe doch mich. Und für mich bedeutet dies Foto garantiert viel mehr als für jeden anderen und also auch mehr als für dich. Und deshalb kommt es darauf an, was ich sehe – ich kenne ja auch die Hintergründe, weiß, wie dieses Foto entstand, zu welcher Gelegenheit es mein Bruder gemacht hat. Also ich, ich sehe auf diesem Foto ein betörend schönes Wesen, ein weibliches Wesen, das ich hier erst mal nur ein *Wesen* nennen will, weil ich doch weiß, daß ich dieses Wesen bin, ich, männlichen Geschlechts. Aber schaut man sich unbefangen, ohne dieses Vorwissen das Foto an, dann sieht man da ein weibliches Wesen, das ich auch deshalb so merkwürdig unbestimmt ein *Wesen* nennen will, weil man's ja nicht so genau weiß, ist's ein Mädchen, ist's eine Frau. Das Gesicht ist das eines Mädchens, das Lächeln geradezu zauberhaft, würde ich doch meinen, das eines scheuen Mädchens von höchstens 13, 14 Jahren, eines Mädchens, das schon weiß, was ihre sexuellen Reize sind, aber noch nicht weiß, sie einzusetzen. Das Hütchen auf ihrem Kopf – sieht es nicht kokett aus, wie sie das trägt? Gut, ich übertreibe wieder mal ein bißchen und gebe mich einer ungehemmten Selbstverliebtheitsarie hin, wie sie peinlicher nicht sein kann. Aber ich vergesse doch dabei nicht den Grund, warum sich dieses Mädchen das dunkle runde Hütchen auf den Kopf gesetzt hat, das etwas altmodisch ausschaut, aber doch sehr schön zu ihren im Nacken kurzen Haaren paßt, ihren Hals herausstreicht und das Verlangen weckt, diesen Hals zu küssen – würde ich doch selbstverliebt meinen, und natürlich trägt sie diesen Hut, weil's halt ein Junge ist, der da posiert, und der Junge so lange, mädchenhaft lange Haare nicht hatte, und mit dem Hut auf dem Kopf sieht's doch aus, als hätte sich da ein Mädchen die mädchenhaft langen Haare hinten zusammen- und dann unter sein Hütchen gesteckt. Aber warum sagte ich, man wisse als Betrachter nicht so ganz sicher, ob's ein Mädchen ist oder eine Frau, eine natürlich junge Frau? Na, ganz einfach, aber das siehst du selber, hast es längst schon auf dem Foto entdeckt, die eigentliche Sensation: der BH, dieser weiße, mit etwas Spitze besetzte Büstenhalter, und dieser Büstenhalter, er ist offensichtlich ein bißchen zu groß für ein Mädchen dieses angenommenen Alters von 13, 14 Jahren, das doch nicht mehr als ein paar quellende Knospen haben dürfte, und wenn man dann da genauer hinschaut, entdeckt man, daß dieser BH ausgestopft ist. Da will also ein Mädchen, so würde man wohl als unbefangener Betrachter meinen, mehr Brust haben, als es schon hat, da träumt sich ein Mädchen, so würde man wohl annehmen, in die junge Frau hinein, die es einmal werden wird. Aber all dies stimmt ja nicht, denn dieses Mädchen auf dem Foto ist gar kein Mädchen, dieses Mädchen ist ein Junge, der sich als Mädchen verkleidet hat, ist ein Junge, der zu einer jungen Frau werden möchte, und dieser Junge auf dem Foto, wir wissen es doch beide, das bin ich, das weibliche Wesen auf diesem Foto, das ist niemand anders als ich selbst.

Ich habe dieses Foto, ohne danach zu suchen, da ich längst vergessen hatte, daß es existiert, in einem Fotoalbum gefunden, das meiner verstorbenen Mutter gehörte. Ich weiß nicht, wie alt ich da war, auf alle Fälle wohl doch keine 13, 14 schon, sondern etwas jünger – woran ich mich aber sehr genau erinnere, mich sofort auch beim Wiederfinden erinnerte, das war der Anlaß, bei dem dieses Foto von mir gemacht wurde. Ich hatte es mir in den Kopf gesetzt, zu einem Fasching in meiner Schule als Frau zu gehen, und es war ein Paar alte goldene Schuhe, und es war ein altmodisches Kleid von meiner Großmutter väterlicherseits, die den Anlaß dazu gaben und sicher auch so etwas wie eine Rechtfertigung für diese Verkleidung, denn durch diese Kleidungsstücke verwandelte ich mich nicht einfach in eine Frau, was wahrscheinlich auf großes Befremden und auch Ablehnung gestoßen wäre, sondern in eine Frau von Anno dazumal, und das mochte für einen Fasching hingehen. Mein Bruder Frank schwärmte Jahre später noch davon, was für eine schöne Frau ich abgegeben hätte – schade, daß es davon kein Foto mehr gibt, das mich vollends in eine weibliche Gestalt verwandelt zeigt, aber dieses eine Foto, das ich nun in meinen Havemann einfüge, das Foto von der Prozedur meiner Verwandlung in ein weibliches Wesen ist wenigstens auf mich gekommen. Es erstaunt mich im nachhinein, daß mich mein Bruder in diesem eindeutig den sexuellen Aspekt betonenden Zwischenstadium fotografiert hat, und es erstaunt mich noch mehr, daß meine Mutter dieses Foto in dem Album hatte, das sie sich immer mal wieder anschaute und ihren Besuchern auch zeigte. Die Frage, die sich mir dabei stellt, ist die, inwieweit dies sozusagen familienoffiziell war, daß ich diese Crossdressing-Tendenzen hatte und lieber ein Mädchen und weiblichen Geschlechts gewesen wäre. Dieser Junge da auf dem Foto, er trug ja nicht erst bei dieser Gelegenheit zum ersten Mal einen BH, er hatte sich einen solchen schon des öfteren mal heimlich bei seiner Mutter ausgeborgt. Und nicht nur einen BH, auch einen Unterrock, einen Hüfthalter und die dazugehörigen Strümpfe – natürlich in der größten Furcht, dabei entdeckt und überrascht zu werden. Aber er hatte es getan, hatte es gewagt, hatte es tun müssen, das Verlangen danach war einfach zu stark gewesen.

Nennen wir dieses Foto eine Quelle – nicht unbedingt das Foto als Foto, sondern das, was dieses Foto zeigt, und ohne das, was dieses Foto zeigt, hätte ich wohl nicht meine *Speedy* geschrieben, und in diesem Roman über einen Mann, der sich gern mittels weiblicher Unterwäsche verwandelt, verweiblicht erlebt. Man kann nur in sich aufnehmen, wofür man ein Organ besitzt – soll Goethe irgendwo sehr klug gesagt haben. Und nur deshalb, weil ich dieses Organ besitze, ging mir das doch auf, daß dieser Maler Rudolf Schlichter, von dem mein Roman erzählt, einer sein müßte, der sich gern mittels weiblicher Unterwäsche verweiblicht, daß seine ganze Geschichte nur dann zu verstehen sei, wenn ich dies anneh-me.

Wie weit gehen in der Entblößung, der Selbstentblößung? Wobei das natürlich paradox ist, daß es ein Akt dann größerer Selbstentblößung ist, eine weitergehende Selbstentblößung bedeutet, mich auch hier im Havemann mit einem Büstenhalter hinzusetzen, glücklich lächelnd, als würde ich mich auf einem Foto an einem Badestrand in der Badehose rumlaufen lassen oder gar hier eines der Fotos einfügen, das mich zusammen mit meinem Bruder nacki unter der Dusche im Garten zeigt – so ist das

aber, so paradox, weil geschlechtsspezifisch beziehungsweise gerade unspezifisch, verkehrte Welt. Ein Akt der Verweiblichung entblößender als nackt. Weil die Erotik ja doch im Kopfe stattfindet, das Anstößige im Denken Anstoß nimmt, überlassen wir es den Köpfen anderer, hier ihre Schlußfolgerungen aus diesem Büstenhalter zu ziehen, der keine Brüste zu halten hatte, denn alles, was ich da hatte, war Watte – wer ist hier eigentlich *wir*? Na, ganz einfach: wir zwei beide, der kleine Junge auf dem Foto und ich jetzt, der hier über ihn schreibt, getrennt durch Jahre, Epochen, durch politische, aber auch erotische Zeitalter, zusammengehalten durch eine grundsätzliche Seelenverwandtschaft. Drücken wir es nun gemeinsam so aus – nicht wie man Pubertätspickel ausdrückt, denn die hatte Klein Flori auf dem Foto, der da nicht Mann sein will, sondern etwas anderes und, wie ihm wohl schien, Besseres, noch vor sich, und ich nun als alter Knacker habe sie schon eine ganze Weile hinter mir – formulieren wir es indirekt, unspezifisch, unkonkret, jenseits des konkreten Büstenhalters, sublimieren wir es – genau: sublimieren, das ist das Wort, der Begriff, der haarscharf, aber genau danebengreift:
1. Versuch: ohne diesen Büstenhalter hätte ich *Speedy* nicht schreiben können.
2. Versuch: ohne die Erfahrung dieses Büstenhalters hätte ich den Maler Schlechter, den Mann dieser Speedy aus *Speedy,* nicht einen Büstenhalter anziehen lassen und mehr – mehr was? An Verweiblichung angedeihen lassen.
3. Versuch: ohne jemals diesen Büstenhalter oder überhaupt einen Büstenhalter am Leibe getragen, auf der männlichen Haut gespürt zu haben, wäre ich wohl nie darauf gekommen, daß das Verhalten des Ehemanns Schlechter in Beziehung zu seiner Ehefrau Speedy und ihren fortgesetzten Ehebrüchen durch einen Büstenhalter erklärt werden könnte respektive gewisse weibliche Tendenzen beziehungsweise einen eklatanten Mangel an Männlichkeit.

Drei Versuche, um die Sache herumzureden, denn Fiktion ist natürlich immer Fiktion, bloße Vorstellung, aber Vorstellungen kommen natürlich irgendwo her, und am besten immer noch aus dem eigenen Leben, der selber gemachten Erfahrung. Dieser Schlechter also meines Romans, er kann sich auf den Jungen hier im Büstenhalter berufen, auf ihn zurückführen. Ich bitte Sie, so etwas bleibt doch nicht ohne Folgen, verhübscht, verweiblicht sich ein Junge mittels Büstenhalter ins schöne Geschlecht hinein – ich bitte Sie. Aber wir sind ja längst per du, und also werde ich deutlicher: klar bleibt es nur dann nicht ohne Folgen, wenn dieser Büstenhalter nicht irgendwie, zwar geschlechtsspezifisch falsch und deshalb auszustopfen, psychologisch nicht gepaßt hätte. Zu diesem Jungen. Wenn er ein Versehen gewesen wäre, dieser Büstenhalter, und solche Versehen kommen ja vor im Leben, lassen sich dann aber gut verdrängen und, leichter noch, schlichtweg vergessen. Ein solcher Büstenhalter hat nur Folgen, wenn er selber schon Folge von etwas ist und deshalb dann eben kein Versehen, sondern Absicht, eine bei sich bietender Gelegenheit ergriffene Gelegenheit. Ein Junge in einem Büstenhalter steckt entweder im falschen Geschlecht, und solche Irrtümer der Natur sollen ja vorkommen, ein solcher Junge mit einem Büstenhalter muß jedenfalls unglücklich sein, unglücklich mit seinem, dem ihm eigenen Geschlecht, ein Junge, der lieber ein Mädchen wäre – wenigstens für ein paar Momente seines Lebens, wenigstens im Spiel, als Verkleidung zum Fasching, und dies vielleicht ganz ohne weitere Konsequenzen. Unglücklich im eigenen, daraus entstehender Neid auf das andere Geschlecht. Und natürlich war ich das als der Junge auf dem Foto mit dem Büstenhalter, wegen meinem Vater, das läßt sich doch nicht leugnen, weil so leicht doch psychologisch deuten. Dieser unglückliche Junge mußte doch darauf kommen, daß er, der vom Vater Ungeliebte, vielleicht vom Vater als Mädchen geliebt werden würde. So wie seine Schwester vom Vater geliebt wurde. So geliebt zu werden, wie sein Bruder, der Erstgeborene, vom Vater geliebt wurde, das fiel aus, dazu war dieser Bruder zu klug, unerreichbar klug und im Vorteil, er aber ein Idiot, ein vollkommener Nichtsnutz, für den der Vater nichts vorgesehen hatte in seiner Welt, keinen Platz auch in seinem Herzen – blieb die weibliche Variante: was wäre wenn? Wenn ich ein Mädchen wär? Ja, was dann?

Dieser Junge wird folgerichtig in imaginären Welten leben, der Grund, warum er dann Künstler wurde, er ist hier psychologisch schon gelegt, denn alle Kunst ist feminin, und deshalb mußte sie ihn anziehen, die Kunst, die feminine. Aber dieser Büstenhalter, er mußte doch irgendwann wieder ausgezogen werden, der Junge von der Frau, dem imaginierten Mädchen wieder zum Jungen werden, und auch das ist ein Grund für seine Kunst, wo doch die Kunst akzeptiert, daß andere Welten, Vorstellungswelten zwischen zwei Buchdeckeln existieren, innerhalb eines Rahmens, mit Anfang und Ende und damit also immer sehr viel und das meiste an Welt, Leben, Erleben außerhalb, davor und danach. Aber es erklärt nicht die für ihn so unbequeme, der Kunst völlig kontradiktorische Realitätssucht des Jungen, dafür reicht eine sexualisierte Psychologie nicht aus, dafür müßte es eine politische Psychologie und Generationengeschichte geben.

Ein Witz: Kommt ein Junge nach Hause und erzählt seiner Mutter, daß ihn seine Klassenkameraden damit hänseln würden, er habe einen Ödipus-Komplex – darauf sagt die Mutter abwehrend: »Ödipus, Schnödipus, Hauptsache, du hast deine Mami schön lieb.« Kommt ein anderer Junge nach Hause, zu seiner Mutter, kommt er von seinem Vater zurück, die Ehe seiner Eltern ist geschieden, schaut der pubertierende Knabe seine Mutter an und denkt daran, was ihm sein Vater gesagt hat: daß er einen hypertrophen Ödipus-Komplex habe – da wundert sich der Knabe: wie soll das angehen, wo dieser Vater doch nie zu Hause, und so lange er sich erinnern kann, nie mit seiner Mutter zusammen war, so zusammen war, daß er sich das auch nur hätte wünschen können, den Vater von der Seite seiner Mutter, an der er nie war, ihn aus ihrem Bett zu verdrängen, in dem er ihn nie hat liegen sehen. Wie hätte er können, den Platz des Vaters einnehmen zu wollen, wo er ihn doch immer hatte, als der Liebling seiner Mutter, ihr Beschützer. Wenn überhaupt etwas wünschen, dann hätte er sich doch wünschen müssen, daß seine Eltern zusammenkommen, einander nahe sind. Waren sie doch aber nicht, waren sie so sehr nicht, daß er sich dies noch nicht einmal wünschen konnte, hielt er doch diese Art von Ehe, von Beziehung zwischen Mann und Frau für normal. Aber hypertroph, krankhaft, übersteigert, das klang natürlich beeindruckend, so richtig wissenschaftlich attestiert. Und so wahnsinnig eingängig. In der Epoche des Ödipus-Komplexes. Die ja nun bei so vielen alleinerziehenden Müttern vorbei sein dürfte. Und irgendwelche Schwierigkeiten mit seinem Vater hatte der Junge ja – also alles klar: Ödipus, Schnödipus, ganz schnöde, ein einfacher, gar nicht weiter komplizierter Komplex. Abgetan. Fertig. Auf den Begriff gebracht – der Witz war nur, daß der Junge wußte, sein Vater, der Naturwissenschaftler, hatte sich gar nicht in der Seelenwissenschaft kundig gemacht, hatte seinen Freud gar nicht gelesen – nicht mal seinen Freud. Ein Ignorant. Ein ganz fröhlicher Wissenschaftler, der selber dem Glauben an die Wissenschaft erlegen, auf den Leim gegangen war und doch glaubte, diese magischen Beschwörungen vom hypertrophen Komplex würden auch auf seinen skeptischen Sohnimatz wirken können – wie naiv. Wie witzig eigentlich. Wie furchtbar lächerlich in seiner Selbstgewißheit. Wie grausam in seiner Ignoranz. Fertig werden, die Probleme abtun, sie schnell in einem Begriff einsperren. Entwertung, und diese Entwertung konnte den Sohn nur um seine Würde kämpfen lassen. Gegen die Psychologie.

Darunter

Man stelle sich einen junge Mann – aber warum eigentlich *man*? Stellt frau sich diesen jungen Mann vor, wird's doch viel spannender. Jedenfalls für diesen jungen Mann. Für diesen sehr einsamen jungen Mann, dann völlig allein lebenden jungen Mann, ohne Frau und alles lebenden. Und frau stelle sich auch einen jungen Mann vor, der viel Zeit hat, es mit seinem Studium dann doch nicht so genau nimmt. Endlich hat er diese Zeit für sich, für sich allein, zum ersten Mal in seinem Leben unbeobachtet, zum ersten Mal ungestört durch andere. Natürlich tut diese Einsamkeit auch weh, wirkt es wie ein Schmerz, so ganz und gar allein zu sein, und schließt er die Wohnungstür hinter sich, weiß er, niemand wird kommen, an seiner Tür klingeln, ihn in seiner Einsamkeit zu stören, aufzustöbern, ihn aus ihr herauszureißen. Es gibt Tage, da sieht ihn kein anderer Mensch, da setzt er sich den Blicken anderer nicht aus, Tage auch, da sehnt er sich nach dem Blick eines anderen Menschen, da fürchtet er, so allein und ungesehen, verrückt zu werden. Natürlich gibt es Tage, da sehnt sich dieser junge Mann nach der Frau, da glaubt er, es ohne Frau nicht aushalten zu können. Aber er weiß nicht, wie einer Frau sich nähern. Er kennt die Regeln nicht. Die Schritte nicht, die beim mitteleuropäischen Paarungsverhalten, der Prozedur der Annäherung zwischen den Geschlechtern, einzuhalten sind. Er weiß, daß es Frauen gibt, die nicht abgeneigt wären, ihm nahezukommen, daß er sich ihnen nähere, aber er weiß nicht, wie er sich diesen Frauen nähern sollte. Ohne plump dabei zu wirken, ohne daß diese Frauen gleich spürten, wie sehr nahe er ihnen gern kommen würde. Er ist ihnen in seiner Vorstellung schon so nahe, daß er gar keinen Weg findet, ihnen erst nahekommen zu können. Er schämt sich seiner vorauseilenden Begierden. Er läßt sich immer wieder sich ihm bietende Gelegenheiten entgehen, Frauen nahezukommen, die ihm nahekommen wollen, die bereit scheinen, ihn sich ihnen annähern zu lassen. Man wird sich in etwa die Sexualität dieses jungen Mannes vorstellen können, auch frau wird es, und auch dies ist etwas, was den jungen Mann hindert, sich einer Frau anzunähern, daß er glaubt, es müsse jeder Frau nur allzu bewußt sein, in welcher Weise er in seiner Einsamkeit sonst seine Sexualität lebt. Er schämt sich dessen, ein Wichser zu sein, aber ist er allein, genießt er es, genau dies zu sein, sein zu können, endlich vollkommen ungestört sein zu können. Die wunderschöne Regression kommt über ihn, frühere Zeiten und Zustände kehren für ihn zurück, die Zeit seiner als so leidvoll erfahrenen Pubertät, die Kindheit auch mit ihrer so unbestimmten, in alle möglichen Richtungen weisenden Sexualität. Das Polymorph-Perverse, wobei die Fixierung auf den Koitus fehlt. Der Trieb noch nicht wirkt. Das Verlangen aber schon da ist, nur noch kein Ziel hat. Manchmal fühlt er sich von seinem sexuellen Verlangen wie okkupiert und aufgefressen, unfähig für Tage an etwas anderes zu denken, unfähig, seinem Studium nachzugehen, sich eine Zukunft damit auch zu schaffen. Was soll denn jemals aus ihm werden können? Wie sich die Verbindungen schaffen, die er bräuchte, um als angehender Künstler voranzukommen? Er weiß es nicht, so asozial, wie er lebt, und immer mehr wird, weiß er es nicht und immer weniger. Er versinkt in seiner Einsamkeit, er versinkt in seiner Vergangenheit, er wird zu dem Jungen, der er war und doch auch nie sein konnte, niemals hatte glücklich sein können. Nun aber doch glücklich sein kann, für Momente glücklich. Für Momente eines Glücks, das dann sein sonstiges Elend überstrahlt, ihn seine verdammte Einsamkeit ertragen läßt, sie ihm erträglich macht. Man und ganz besonders frau stelle sich also einen jungen Mann vor, der immer weniger das ist, was einen jungen Mann seines Alters ausmacht. Das Alter der unbeschwerten Sexualkontakte. Der leichten Verliebtheit, die so leicht ins Bett führt. Die einen jungen Mann zum Mann werden läßt. Ihm passiert genau das Entgegengesetzte, er verliert seine Männlichkeit. Und dann passiert ihm etwas, das sein Schicksal zu besiegeln scheint. Etwas triumphiert da über ihn, das niemals über ihn in seiner Situation hätte triumphieren dürfen. *Triumph* triumphiert, und *Triumph*, das ist eine Firma, ein Firmenname, und diese Firma, sie stellt weibliche Unterwäsche her. Er findet einen Koffer in seiner Wohnung, einen Koffer, den eine Frau in seiner Wohnung zurückgelassen, vielleicht mit Absicht für ihn dort gelassen, wahrscheinlich aber bloß bei ihm vergessen hat – er war lange weggewesen, hatte seine Bude einer Frau in dieser Zeit überlassen und diese dann seine Bude noch einer anderen, und nun findet er die weibliche Hinterlassenschaft, diesen Koffer, und er öffnet diesen Koffer und findet in ihm *Triumph*, weibliche Unterwäsche der Marke *Triumph*. Er holt diese Wäsche aus dem Koffer heraus, ein Stück nach dem anderen: die Nylonstrümpfe, den dazugehörenden Strumpfhalter, ein leichtes Hemdchen mit Spaghettiträgern, einen Unterrock, und dann ist da dieser Büstenhalter, der ihn an einen anderen Büstenhalter erinnert, an den, den er dereinst zum Fasching getragen hat, als vielleicht 12jähriger Junge, damals, als er, in eine Frau verkleidet, zum Fasching in seiner Schule gehen wollte und auch gegangen ist. Es bleibt ihm nichts, als diesen BH anzuprobieren, zum Glück, zu seinem großen Pech und Unglück, wie man oder frau will, paßt ihm dieser Büstenhalter, der bei ihm keine Büste, keine Brüste zu halten hat. Aber da kann Aushilfe geschaffen werden, das ist nicht das Problem. Das Problem ist ein anderes. Das Problem ist, daß er, mit diesem Büstenhalter am Leibe, auch all die anderen schönen Wäschestücke anprobieren muß. Das Problem ist, daß ihm dies so ausnehmend gut gefällt, sich durch diese Dessous, die ihm alle einigermaßen passen, zu verweiblichen. Das Problem ist, daß er das wundersame Gefühl hat, plötzlich im richtigen Geschlecht zu stekken. Das Problem ist, daß er es beim einmaligen Aus- und Anprobieren dieser weiblichen Schönheit nicht belassen kann. Daß er bald davon wie besessen ist. Als ob dies ein Zwang sei, ein Zwang deshalb, weil er sich so verweiblicht plötzlich so frei fühlt. Als ob da in ihm etwas freigesetzt worden wäre, das immer in ihm geschlummert hat und nun aber erwacht ist. Der junge Mann, in seiner Männlichkeit schon eingeschränkt, entdeckt in sich die Frau. Nicht nur die Möglichkeit, sich äußerlich zu verweiblichen, auch das Weibliche in sich, und mit einem Mal glaubt er zu wissen, warum es ihm immer am Triebe mangelte. Am männlichen.

Andere sind anders, und mir ist vom Havemann geblieben, anders sein zu wollen, ein anderer. Andere haben andere Probleme, nicht meine. Und ich nicht die ihren. Andere haben auch weniger Probleme – ich sage nicht keine, und diese dann aber womöglich sehr viel heftiger. Mein Problem sind die zu vielen Probleme. Mein Problem ist der fehlende Leidensdruck wegen dem Zuviel an Problemen, sie alle aufarbeiten zu wollen, das gelänge doch sowieso nicht, das bliebe aussichtslos. Andere müssen das, müssen es wenigstens versuchen. Auf den Kern ihres Problems kommen und sich von dort aus wieder zu erneuern suchen. Ich muß es nicht. Ich ändere das Thema. Ich habe so viele Themen. Ich kann ausweichen. Ich streife den Kern meiner Probleme, des Problems, aus dem alle meine Probleme entstehen, aber ich streife es nur, ich wandele an meinen Abgründen entlang, ich überfliege sie, diese verlockenden Abgründe, ich schwimme leicht über meine Untiefen hinweg, ich habe damit kein Problem, sublimieren zu können. Und sollte es mir bei all dieser Verdrängung gelungen sein, sublim zu werden, um so besser. Nur Übung macht den Meister. Genie, das sei Reichtum an Problemen, soll Goethe (nun bin ich mir sicher) irgendwo (wo, das weiß ich immer noch nicht) gesagt haben, der reich an Problemen war und sich wohl selber für ein Genie hielt. Ich halte mich nicht. Ich bleibe in Bewegung, auf der Flucht vor mir selbst, von einem Fettnäpfchen zum anderen eilend, von einer Peinlichkeit zur nächsten, gejagt von meinen vielen Leidenschaften, unstet, immer in Gefahr, mich zu verzetteln. Aber ich kehre auch immer wieder zu meinen Themen zurück, ein Wanderer im Kreis. Mich zerkreisend, auf spiraligen Wegen. Ich bin ein Eierkopp. Bin räumlich vorzustellen, ein Kosmos, der von einem schwarzen Loch zusammengehalten wird. Auf den von außen Kräfte einwirken, Kräfte, die meine Gestalt verformen, nichts aber an meiner Substanz ändern. Ich bleibe mir furchtbar gleich. Ich bin immer anders, aber mir immer gleich. Weil ich mich dann wieder verändere. Natürlich wäre auch ich gern etwas, eine klar umrissene Gestalt, ein Mann, ein Problem und von mir aus auch das Problem, ein Mann zu sein, der kein Mann sein will. Aber ich lasse auch davon wieder ab. Ich komme wahrscheinlich irgendwann darauf zurück, aber ich kann auch anders. Ich bin nicht festgelegt, bin nur darauf festgelegt, nicht festgelegt zu sein, mich nicht festlegen zu können. Ich wäre gern definiert, aber das wäre finis, das Ende für mich, ich müßte den jeweils großen Rest in mir abtöten. Ich aber will leben. Als Mensch, als ein ganzer Mensch, als ein auch sexuell ganzer Mensch. Bleibt mir nur der Ausweg der Erotik. Bleibt immer noch die Kunst. Und bleibt auch nur die Kunst. Aber ich bin kein Künstler, bin jedenfalls kein Maler, kein Autor oder Komponist gar, ich male, ich schreibe, und ich habe Musik komponiert, und wahrscheinlich werde ich bald mal darauf wieder zurückkommen. Ich habe das Zuviel. Um das mich viele beneiden, und ich beneide die, die als Künstler näher bestimmt sind, die nur eines sind, Maler, Autor, Komponist, und das Theater nicht zu vergessen, in dem sich einiges davon vereinigen läßt. Ich beneide sicher auch die, die sexuell eindeutig bestimmt sind, aber ich beneide sie nicht allzu sehr, mehr rituell. Ich bin ein Projektemacher. Auf vielen Gebieten. Und ich habe viele Projekte, zu viele. Könnte man meinen. Ich werde also lange nicht fertig, aber ich werde fertig, erstaunlicherweise werde ich es doch. Jetzt ist die Zeit angebrochen, in der ich mit meinen Sachen fertig werde. Seit ein paar Jahren schon, die Übung machte den Meister. Das Anrennen gegen ein paar unlösbar scheinende Probleme, das Verbeißen in einige meiner Probleme, die Quälerei damit. Der Streit mit mir selber, wo doch ein Problem nichts anderes als eine Streitfrage ist. Manche lassen sich dann doch beantworten, manche Probleme lösen, die eigentlichen aber doch nicht. Aus denen läßt sich nur was machen, mit denen kann nur etwas angefangen werden. Was das Problem nicht löst, nicht aus der Welt schafft, es nur kein Problem mehr sein läßt, kein Problem mehr, weil nicht gelöst. Der Streit hat aufgehört. Der Antrieb bleibt, das Produktive. Das allem zugrunde liegende. Das Darunter.

Keulenwaden

Hatte ich schon die Keulenwaden erwähnt? Muß ich die Keulenwaden erwähnen, mich mit Keulenwaden vollkommen lächerlich machen? Aber irgendwer muß doch den Keulenwaden ein Loblied singen, und wer, wenn nicht ich. Der zeitweilige Anhänger von Keulenwaden. Der sicher einsame Bewunderer von Keulenwaden. Wie sich halt so Schönheitsideale bilden, Fetische, Obsessionen. Jeder hat da seine Geschichte zu erzählen. Hat jemand eine Geschichte zu erzählen, die Geschichte seines Lebens, erzähle er auch davon. Also erzähle ich meine Geschichte, die Geschichte mit den Keulenwaden – auch um nicht andere Geschichten erzählen zu müssen. Geschichten, die viel zu kompliziert wären, zu komplexbeladen. Also erzähle ich die Geschichte von den Keulenwaden. Sie hat auch den Vorteil, kurz zu sein. Die Geschichte mit den Keulenwaden, sie geht so: ich gehe, dies ist eine Geschichte im Gehen, eine En-passant-Geschichte, die Geschichte von den Keulenwaden einer zufälligen Passantin, weiter: ich gehe, und ich gehe nicht allein, wir gehen, mein Bruder und ich, mein ältester Bruder, der Utz, elf Jahre älter als ich, wir gehen, und mein Bruder Utz ist da schon ein junger Mann und damit überhaupt ein Mann, ein Mann mit Erfolgen bei der Weiblichkeit, mich kleinen Bubifax zutiefst beeindruckenden Erfolgen, denn natürlich liebe ich sie alle, seine Freundinnen, und weiche auch nicht von der Seite des jeweiligen Paares, immer an der Seite seiner Freundinnen, bei ihnen händchenhaltend, sicher furchtbar penetrant, aber Utz ist lieb, Utz schickt mich nicht weg. Diesmal aber sind wir allein, wir gehen zusammen, die Straße entlang, und natürlich ist diese Straße mal wieder die Stalinallee, wie immer bei mir die Stalinallee, aber eigentlich gehen wir die Stalinallee gar nicht entlang, sondern wollen sie nur überqueren, um auf den Mittelstreifen der breiten Straße zu kommen, wo es Parkplätze gibt, wo der kleine *Trabant* meiner Mutter steht, unserer Mutter, und Utz hat natürlich schon die Fahrerlaubnis, und ich weiß nun nicht mehr, wohin wir fahren wollten. Es spielt auch für die Geschichte mit den Keulenwaden keine Rolle, würde sie nur unnötig verlängern, entscheidend sind nur die Keulenwaden, die an uns vorbeilaufen, die Keulenwaden einer zufällig vorbeilaufenden Passantin, während wir ein paar Schritte den breiten Fußgängerweg der breiten Stalinallee entlanggehen und eigentlich auf den Mittelstreifen wollen, wo der *Trabant* unserer Mutter geparkt ist, den wir gleich besteigen werden, und auch dies alles könnte vielleicht bei dieser Geschichte weggelassen werden, aber nur vielleicht, denn das spielt schon eine gewisse Rolle, daß wir nur ein paar Schritte machen auf diesem breiten Fußgängerweg und eigentlich woandershin wollen, es spielt eine Rolle, weil wir deshalb nicht den zufällig vorbeilaufenden Keulenwaden hinterherlaufen, und wären wir ihnen nur etwas länger hinterhergelaufen, das Mißverständnis mit den Keulenwaden hätte sich gleich aufgeklärt, denn die Keulenwaden waren ein Mißverständnis, die ganze Geschichte mit den Keulenwaden beruht auf einem Mißverständnis. Auch der Sonnenuntergang spielt eine Rolle, der Sonnenuntergang, der die breite Stalinallee in ein kräftiges Rot taucht, die rote Sonne, die mich blendet, denn bei mehr Licht und weniger Blendung wäre es zu diesem Mißverständnis mit den Keulenwaden gar nicht gekommen, vielleicht nicht gekommen, wäre mir der Irrtum mit den Keulenwaden möglicherweise erspart geblieben. Mein Bruder pfiff, pfiff leise vor sich hin, und dies war immer für den kleinen, in allen die Weiblichkeit betreffenden Fragen so gänzlich unbedarften Knaben ein Zeichen dafür, daß nun höchste Aufmerksamkeit geboten war. Mein Bruder pfiff, und natürlich pfiff er wegen einer Frau, doch es war nicht so, daß er dieser Frau hinterherpfiff, jedenfalls machte er das nicht in Gegenwart seines kleinen Brüderchens, und er pfiff auch nicht wegen der Frau mit den Keulenwaden, die sich mir in mein Blickfeld schob, während er gerade pfiff, und dann hörte ich ihn sagen, leise, wie vor sich hin, das war nicht unbedingt für meine Ohren bestimmt, aber ich hörte es. »Mensch«, sagte er anerkennend, »hat die tolle Beine.« Mich traf's wie ein Schlag: die Erkenntnis, daß Frauen schöne Beine haben konnten, daß man an Frauen schöne Beine bemerken konnte. Ich hatte bis zu diesem Moment die Weiblichkeit immer als Ganzes wahrgenommen, ich hätte auch nicht sagen können, was für eine

Haarfarbe denn eine Frau habe oder ob ihre Brüste denn groß oder eher klein zu nennen wären. Keine Details. Hier nun aber erfuhr ich, daß Frauen schöne Beine haben können, und in dem Moment, wo ich dies erfuhr, en passant von meinem Bruder Utz erfuhr, der es gar nicht darauf anlegte, seinem so viel jüngeren Bruder in die offenbaren Geheimnisse der Weiblichkeit beziehungsweise des männlichen, detailversessenen Blicks auf die holde Weiblichkeit einzuweihen schoben sich, rein zufällig die Keulenwaden einer zufällig auch gerade vorbeikommenden Passantin in mein Bild, die Beine einer Frau, die mein Bruder aber gar nicht mit seinem Pfiff der Bewunderung für schöne Beine gemeint hatte. In diesem Moment der Erkenntnis, daß es für Männer schöne Frauenbeine gibt, dieser fatale Zufall der Keulenwaden, die meinen Weg kreuzten, meinen, denn mein Bruder wird sie mit seinem schon männlich-erwachsen selektiven Blick gar nicht wahrgenommen haben, diese Keulenwaden, die für ein paar Jahre mein Weltbild bestimmen sollten. So, sagte ich mir also, diese Keulenwaden da vor mir betrachtend, in mich aufsaugend, so also sehen schöne Beine aus. Schöne Frauenbeine haben Keulenwaden. Und damit wurde ich zum begeisterten Anhänger und Betrachter schöner Keulenwaden, so kam es dazu, daß ich für ein paar Jährchen meines Lebens enthusiastisch weiblichen Keulenwaden hinterherstarrte, hinterherlief, mich an Keulenwaden nicht satt sehen konnte, je keuliger, desto besser. Wegen der Plastizität. Der Ausgeformtheit einer Wade, wenn sie eine Keulenwade ist. So entstehen Schönheitsideale. Und damit ist dann meine Geschichte der Keulenwade doch zu Ende, die Geschichte eines Mißverständnisses, eines fatalen Irrtums in meiner Entwicklung zum Mann, diese Geschichte, die dann viel länger geworden ist, als ich's mir doch vorgenommen hatte – fast zu Ende, denn irgendwann war auch für mich der Moment der Aufklärung gekommen, daß auch ich lernte, was Männer so mögen und toll finden an den Frauen, der Moment also, wo die Keulenwaden alle Macht über mich verloren und aus mir dann doch nicht ein einsamer Sänger der Schönheit von Keulenwaden werden konnte. Aber, und dieses Aber muß jetzt noch kommen, Keulenwaden sind schön.

Psycho

Hast du eigentlich jemals daran gedacht, eine Psychoanalyse zu machen? Nein. Ich bin therapieresistent, sogar dem bloßen Gedanken gegenüber resistent, daß ich mich vielleicht und eventuell mal einer Psychotherapie unterziehen könnte. Oder gar noch einer Analyse. Ich bin ja gut und gerne wissenschaftsgläubig, und als Künstler bleibt mir doch auch nichts anderes, als an die Wissenschaft zu glauben, aber, ich merke es immer wieder, dieser Glaube beschränkt sich bei mir doch auf die Naturwissenschaften. Wenn da aus einer physikalischen Theorie eine Dampfmaschine bei rauskommt oder nun ein solcher Computer wie der, auf dem ich schreibe, dann glaube ich noch ein Stück weit mehr an die Wissenschaft, dann habe ich ja den Glaubensnachweis vor mir. Bei den Geisteswissenschaften aber, da gelingt es mir nicht, an ihre Ergebnisse, Theorien und Hypothesen zu glauben, da meine ich doch immer mitreden zu können, und wenn es um die Psyche geht, geht es immer auch um mich, und was mich betrifft, da bin ich Spezialist, in dieser Wissenschaft vom Ich und besonders meinem Ich, da kann ich nichts glauben. Etwas als Anregung vielleicht aufnehmen, das ja, mehr aber im besten Falle nicht – natürlich als Dilettant oder besser Amateur, weil's von der Liebe kommt und ohne Liebe und Amore nichts gedacht werden sollte, was Menschen, ihre Verhältnisse untereinander, ihr Innenleben betrifft. Und ich bin zu alt, zu alt dazu, daß mir eine Therapie meiner Psyche noch was nützen würde, zu alt auch deshalb, weil ich zu viele Theorien hab kommen und dann wieder verschwinden sehen. Ich werde mir doch nicht von irgendeiner windigen These das Leben verändern lassen wollen. Und ich leide wahrscheinlich auch nicht genug, und ohne den nötigen Leidensdruck fängt man doch ein solches Abenteuer nicht an mit einem Seelendoktor. Ich habe doch die Kunst, und so problembeladen ich sicher bin, solange ich mit meinen Problemen etwas anfangen kann, brauche ich keinen Psychoklempner. Genie, das ist Reichtum an Problemen – ich weiß, wer's gesagt hat, dieser Goethe, aber natürlich stimmt es auch umgekehrt, daß der,

der viele Probleme hat, Genie braucht, und das heißt mir hier nicht mehr als einen Schutzgeist, als einen Geist, der einen dann vor den schlimmsten Abgründen und Abstürzen schützt, und noch habe ich Grund, auf mein Genie zu bauen, ich habe ja auch viel dafür getan, mir einen solchen Geist, der mich vor dem Schlimmsten schützt, zu entwickeln. Warum das wieder aufgeben, auf einer Couch in Frage stellen? Höre ich von einem Künstler, einem Schriftsteller insbesondere, daß er sich einer Psychotherapie, einer Psychoanalyse unterzogen habe, dann zweifele ich sofort an dessen Kunst und Literatur – wenn die Kunst noch nicht mal dazu gut ist, den Seelenquark schmackhaft anzurühren, wozu soll sie dann sonst gut sein und mich interessieren?

Daß sich bestimmte Dinge in meinem Leben, wahrscheinlich sehr viele Dinge sogar, die immer noch mein Leben bestimmen, mich als Person prägen, auch von meiner Sexualität her, psychologisch erklären ließen, was ja dann wohl heißen soll: aus der Familiensituation, in die ich hineingeboren wurde, in der ich aufwuchs und mich behaupten mußte, das besagt doch nicht viel – vor allem ändert diese psychologische Erklärung nichts daran, daß diese Dinge bei mir so sind, wie sie sind. Mich interessieren sie natürlich schon, diese psychologischen Erklärungen, die spekulativ über meine Entwicklung anzustellen wären, aber nur in Maßen und nur dann, wenn sie aus wirklich intimer Kenntnis meiner Person kommen – was dann heißt: wenn ich sie selber anstelle. Mich interessieren diese Erklärungen als Erklärungen, weil ich mich selber verstehen will, weil ich wissen will, wie geworden ich bin, wie sehr von den Umständen gemacht, den Personen, mit denen ich es zu tun hatte, den Konstellationen, in denen ich mich bewegen mußte. Ich habe nichts dagegen, von andern Menschen gemacht, geformt worden zu sein, Einflüssen unterlegen gewesen zu sein, nichts dagegen, mein Leben von äußeren Umständen, einer bestimmten historischen Situation auch bestimmt zu wissen, ich bin kein Originalgenie und will es auch nicht sein, ich bin nicht vom Himmel gefallen, sondern aufgewachsen unter Menschen, groß geworden in problematischen Beziehungen. Mich interessieren diese psychologischen Erklärungen nicht, werden sie mit dem Ziel angestellt, mich zu therapieren, mich zu heilen – ich komme mir nicht vor wie ein Unheil für andere, ich wähne mich nicht krank, nicht dem Wahnsinn verfallen. Das Leid ja, aber der Leidensdruck ist nicht so stark, als daß ich mich von selber an die sogenannten Fachleute wenden würde, ich bin ein Selbsthelfer, ein Selbstheiler, und ich habe das Gegenmittel, um nicht zu sagen: Gegengift gegen das, was mir mein Leben so vergiftet hat, ich habe die Kunst, das Glück des Schaffenden, das hilft. Und reicht mir aus. Bisher – denn was weiß ich, was mir noch widerfährt.

Nach irgend etwas riechen und schmecken, ein Gesicht haben, eine Gestalt haben, einen ganz bestimmten Charakter, von Dingen in seiner eigenen Weise geprägt sein, eine Geschichte haben, eine Psychologie und dann natürlich auch Probleme, seine Probleme mit der Welt, den anderen Menschen, das wird doch wohl sein dürfen, Havemann sein sein dürfen. Ich. Florian Havemann. Und dann von mir aus auch nicht ganz normal und so, wie viele andere sind. Ich verurteile mich nicht, auch nicht zu einer Therapie. Ich beurteile mich noch nicht mal. Das sollen andere machen, die es nicht lassen können. Hier stehe ich wie Luther und kann nicht anders als Florian Havemann sein, und ich gestehe jedem anderen das Recht zu, anders zu sein. Ich will keine Stimme aus dem Konzert der Menschheit ausgeschlossen sehen, auch die schlimmen nicht, die nicht, die mit anderen nicht harmonisieren wollen, harmonisieren können. Das ist der künstlerische Standpunkt, nicht der des Gesetzes, nicht der erzieherische, ich weiß es. Ich weiß, daß Eltern nichts anderes bleibt, als ihre Kinder zu erziehen, ich weiß, daß dem Staat Gesetze nötig sind, der Gesellschaft das Sittengesetz, ich weiß aber auch, daß das Sittengesetz, die Gesetze des Staates nicht schon alles sind, nicht die ganze Wahrheit. Und der Künstler, er muß auf der ganzen Wahrheit bestehen, dazu ist er da, das ist seine Aufgabe, und auch wenn ihn der Staat nicht braucht, die Gesellschaft braucht ihn. Deshalb. Ich werde also nur den Staat verteidigen können, der die Freiheit der Kunst garantiert – der sich dies zumindest vornimmt. Ich werde also auch jeden Künstler verteidigen müssen, auch den, dessen Kunst mir gar nicht gefällt. Auch die Kunst, die ich nicht brauche. Und je mehr ich Künstler bin, desto weniger brauche ich die Kunst anderer, desto weniger verstehe ich sie, desto weniger bedeutet sie mir. Ich bin mit meiner eigenen Sache beschäftigt, das reicht. Muß reichen. Reicht mir vollkommen aus. Ich tauge nicht mehr als das, was ich früher einmal war, ungefragt oft, von einigen aber erwünscht: ein Kritiker von anderer Leute Kunst. Ich bin Richter, Verfassungsrichter, aber kein Kunstrichter mehr. Ich habe das Organ nicht mehr dafür. Das meiste interessiert mich schlichtweg nicht mehr. Ich gehe nicht ins Theater, in keine der wichtigen Ausstellungen, ich weiß doch gar nicht, was andere so schreiben, ich wäre nicht zu einem Schriftstellertreffen einzuladen, ich hätte meinen Kollegen nichts zu sagen. Ich gehöre zu keiner Szene dazu, ich habe keine Kumpels auf dem künstlerischen Gebiet, nicht mehr. Ich kann nur meine eigene Sache machen und sonst gar nichts. Ist es gut, ist es schlecht – ich weiß es nicht. Es ist mir egal. Darauf kommt es für mich nicht an. Egal auch, ob es originell ist. Ich liebe die Einflüsse, denen ich ausgesetzt war, ich liebe meine Probleme, die Dinge, an denen ich arbeite, weil ich mit ihnen nicht klarkomme. Ich schließe mich liebend gern dem an, was James Ensor gesagt hat, der belgische Maler: daß wir als Künstler nur so gut sind, wie wir lieben. Und also gelitten haben. Die Leidenschaft ist alles.

Eine Wunde

Eine Krankheit, die zur Wunde wird.
Eine Krankheit, die eine Wunde zur Folge hat.

Eine Verwundung, eine immer schwärende, nie ganz verheilende Wunde, eine Wunde, die immer wieder ganz leicht aufgerissen werden kann. Stellen Sie sich einen kleinen Jungen vor. Nein. Stellen Sie sich gleich zwei kleine Jungs vor, zwei Brüder. Wie alt? Stellen Sie sich den jüngeren der beiden in einem Alter von noch nicht einmal drei Jahren vor, den Älteren ein bißchen mehr als ein Jahr älter, also vier. Was ist mit den beiden? Stellen Sie sich vor, der jüngere von den beiden komme ins Krankenhaus, keine leichte Sache, eine Krankheit, wegen der er ein halbes Jahr dort bleiben muß. Und was dann? Stellen Sie sich vor, daß nach der Hälfte

dieses halben Jahres auch der ältere Bruder krank wird, eine ganz andere Krankheit, aber eine, wegen der auch er ins Krankenhaus muß, und dann stellen Sie sich die Freude, die Wiedersehensfreude der beiden vor, wenn der ältere zu dem jüngeren Bruder ins Zimmer gelegt wird. Sie haben sich in der Zwischenzeit, in diesem Vierteljahr nicht gesehen, die beiden Brüder? Nein, sie haben sich nicht gesehen. War die Krankheit des Jüngeren so ansteckend? War sie nicht, denn sonst hätte man ja wohl den älteren Bruder nicht zu ihm ins Zimmer gelassen. Und was dann?
Jetzt kommt's. Der Vater kommt. Und?
Der Vater kommt, er kommt zum ersten Mal ins Krankenhaus, er hat seinen jüngsten Sohn davor nicht ein einziges Mal besucht. Er kommt aber an dem Tag, wo der ältere der beiden Brüder ins Krankenhaus eingeliefert wird, sein erstgeborener Sohn. Und dann nimmt er seinen Erstgeborenen, holt ihn aus dem Krankenbett heraus, um ihn in ein anderes, ein seiner Meinung nach besseres Krankenhaus zu bringen. Der Jüngere bleibt allein zurück. Er wird seinen Vater, der ihn kaum begrüßt hat, dann auch nie wieder an seinem Krankenbett sehen. Bis zum Ende der Zeit nicht, die er dort in diesem nicht so guten Krankenhaus verbringen muß.
Ja. Und jetzt stellen Sie sich noch vor, daß das eine Krankheit ist, unter der dieser Jüngere leidet, von der der Vater annimmt, sie würde zu einem Gehirnschaden führen, zu einer womöglich dauerhaften Beeinträchtigung seiner Denkfähigkeit. Ja. Und jetzt stellen Sie sich vor, daß dieser Vater mein Vater ist, Robert Havemann.

Und nun noch ein paar Zugaben: auch meine Mutter hat mich fast ein Vierteljahr nicht im Krankenhaus besucht – die Ärzte, so rechtfertigte sie dies mir gegenüber später, hätten ihr gesagt, es würde mich zu sehr aufregen. Die erste überhaupt, die zu mir ins Krankenhaus kam, und dies aus eigenem Antrieb, wie sie mir erzählte, das war Tati, die Haushälterin der Familie Havemann, die aber damals noch nicht *Tati* hieß, später erst von mir so genannt wurde – dies, nachdem ich mit ihr noch ein weiteres halbes Jahr bei ihrer Familie, einem Onkel, einer Tante, die eine Bäckerei besaßen, in der mecklenburgischen Kleinstadt Gadebusch gewesen war und sie, nachdem ich schon dieses eine halbe Jahr im Krankenhaus ohne meine Familie zugebracht hatte, dort *Mami* genannt hatte. Was sie hingenommen hatte. Was meiner Mutter dann aber natürlich überhaupt nicht recht war, als ich zurückkam und sie ihre Haushälterin von mir *Mami* genannt werden hörte. Ich solle *Tante* zu der Frau sagen, die ich für meine Mami hielt. Ich war dreieinhalb, und vielleicht brachte ich es nicht fertig, mit diesem so viel komplizierteren Wort *Tante* klarzukommen, vielleicht aber auch vermischte ich *Tante* und *Mami*, als ich dann *Tati* zu ihr sagte. Und dabei blieb es dann, die ganze Familie nannte sie dann *Tati* – ihr Name: Frieda Großmann.

Da ich schon mal bei Namen und Namensgeschichten bin, hier gleich noch eine: *Baby* oder *das Baby* und wohl in der Hauptsache *das Baby* – so wurde ich in meiner Familie genannt, nicht mit meinem Namen, nicht *Florian* oder *Flori*, und dies bis in die Zeit hinein, wo ich dann aus dem Krankenhaus und mit Tati aus Gadebusch nach Hause zurückkam, dreieinhalb Jahre dann alt, und in der Zwischenzeit war ein anderes Kind geboren, ein neues Baby da, meine Schwester. Und da dann, so die Legende, habe mein Großvater gesagt, so ginge es nicht weiter, wer weiterhin *Baby* zu mir sage, müsse zehn Pfennig Strafe bezahlen, und erst dann hörte es auf. Und ich wurde bei meinem Namen, wurde *Flori* genannt – vielleicht auch daher verständlich, daß mir dieser Name, daß mir auch *Florian* immer irgendwie fremd und befremdlich klang, ich mich schwertat, mich mit ihm zu identifizieren. Natürlich noch einmal verstärkt dadurch, daß dies zu diesen Zeiten meiner Kindheit und Jugend ein sehr ungewöhnlicher Name war, ein Name, auf den ich immer wieder angesprochen wurde, weil so gut wie niemand ihn kannte. Und er klang weiblich, dieser Name *Florian* für die meisten Leute, er wurde von ihnen nicht sofort als Jungensname genommen, und daß mich dies noch einmal mehr irritieren mußte, das wird für den nachvollziehbar sein, der sich klarmacht, daß ich mich angesichts dieses kleinen Mädchens, meiner Schwester, der so von meinem Vater verhätschelten, süßen, allerliebsten kleinen Schönheit, um so mehr doch als Junge fühlen mußte, als Nicht-Mädchen. Und deshalb auch häßlich. Dieser Überzeugung war ich, dessen war ich mir gewiß: daß ich häßlich sei, ein häßlicher Junge. Mein Bruder dagegen war schön, ein schöner Junge, ich nicht recht vorzeigbar – glaubte ich. Glaubte ich, daß es für alle anderen so sei, für meine Familie, meinen Vater. Und *Flori* und *Florian*, das stieß mich immer darauf. Dieser mädchenhafte Name. Daß ich kein Mädchen war. Und natürlich nur zu gern eines gewesen wäre.

Noch eine weitere Zugabe: meine Mutter war schwanger in der Zeit, in der ich in diesem Krankenhaus lag, meine Schwester, sie wurde dort in dieser Zeit geboren. Meine Mutter lag schon Wochen vor der Geburt in dem Krankenhaus, wo auch ich war. Eine Etage unter mir, und ich wußte das. Man ließ mich nicht zu ihr. Ich lief laut mit meinen Pantoffeln klappernd über den Krankenhausflur, in der Hoffnung, meine Mutter könne mich so hören. Ich füge dies noch der Vollständigkeit halber an, daß mein Vater, der ja wohl sein kleines, neugeborenes Töchterchen in Augenschein genommen haben wird, auch bei dieser Gelegenheit nicht den Weg eine Etage höher zu mir fand, zu seinem kranken Sohn.

Und noch etwas: das Krankenhaus, von dem hier die Rede ist und von dem mein Vater glaubte, es wäre kein so gutes Krankenhaus, für seinen ältesten Sohn, meinen Bruder, jedenfalls nicht gut genug, es war dies das Regierungskrankenhaus der DDR, das Krankenhaus, in dem die Mitglieder der Regierung dieses Staates behandelt wurden und deren Familien und auch die so hochgestellter Leute wie mein Vater, die Mitglieder der Nomenklatura.

Dies sind meine beiden frühesten Kindheitserinnerungen: wie mein Vater zur Tür hereinkommt, mich nicht beachtet, meinen Bruder aus seinem Bett dem meinen gegenüber holt, ihn umarmt und küßt und mit ihm verschwindet. Dann die, wie ich mit meinen Pantoffeln über den Krankenhausflur laufe, dabei soviel Krach wie nur möglich mache und von einer Krankenschwester ermahnt werde, doch bitte ruhig zu sein. Es hilft nichts, daß das alles schon sehr lange zurückliegt. Der Schmerz vergeht nicht. Die Zeit heilt diese Wunde nicht. Und nun bin ich selber Vater, und ich verstehe meinen Vater immer weniger. Es gibt kein Verzeihen, keine Vergebung. Kann es nicht geben. Ich bin nie von meinem Vater darum gebeten worden. Und da wundern sich die Leute, daß dies sehr wohl ein etwas schwieriges Verhältnis genannt werden kann, das zwischen mir und meinem Vater, das auch zwischen meinem Vater und mir. Hätte ich einen allgemein als Ekel anerkannten Vater gehabt, alles wäre natürlich leichter für mich gewesen, leichter durch den Zuspruch, die Unterstützung anderer in meiner Auseinandersetzung mit ihm, leichter auch schon mal dadurch, mit meiner Wahrheit, meiner Wahrnehmung der Dinge nicht falschzuliegen. Mein Vater aber war ein bewunderter Mann, war ein Held, eine anerkannte Figur, jemand, zu dem viele aufblickten, und so stand ich mit meiner Wahrheit immer allein, gegen nahezu alle anderen. Ich bin dazu gezwungen worden, für meine Sicht der Dinge zu kämpfen, ihr eine Anerkennung zu verschaffen. Und natürlich hat auch dies mich geformt, nicht nur die so offensichtlich fehlende Liebe meines Vaters. Geformt in allem, in dem, wie ich bin. Ich habe es gelernt, damit zurechtzukommen, allein gegen alle zu stehen. Das macht mir nichts aus. Um so beglückender, bei jemandem Verständnis zu finden.

Ich habe ihn sehr geärgert, meinen Vater, über Jahre hinweg, und ich fing damit an, als ich vier war: ich nannte ihn einen Lügner. Meiner Mutter gefiel es, die wußte, daß ihr Mann ein Lügner ist, meine Mutter bewunderte mich dafür. Bis zum Schluß hat er sich über mich geärgert, hat er Grund dazu gehabt, sich über mich zu ärgern. Weil ich ihn als Lügner durchschaut hatte. Weil ich ihn als faul verachtete, als gedankenfaul und auf seine Weise dogmatisch. Mein Freund Thomas, der mich mit meinem Vater zusammen erlebt hatte, der meine Familie kannte, sagte mir einmal: natürlich könne ich mich als das Opfer meines Vaters, meiner Familie darstellen. Für die meisten müßte dies auch einsichtig sein, wenn sie von mir die dies illustrierenden Geschichten gehört haben. Aber wer wie er dies erlebt hat, wie ich meinem Vater, meiner Familie zugesetzt habe, wisse, daß dies so nicht stimme, daß es genau umgekehrt gewesen sei: mein Vater das Opfer meiner ständigen Attacken, meine Mutter von mir vollkommen in die Enge getrieben. Meine ganze Familie unter meiner moralischen Rigorosität leidend. Es ist nicht die ganze Wahrheit, aber die halbe ist es sicher.

Die Ungleichbehandlung, die dieser Mann seinen drei Kindern angedeihen ließ, die Zurücksetzung, mit der er mich bedachte, sie war so auffällig, sie muß so brutal und skandalös gewirkt haben, daß sich der Rest der Familie gegen ihn zusammenrottete, mein Großvater mit dabei, aber auch mein Onkel, meine Tante von der Familie Henselmann, mit denen wir in so enger Verbandelung lebten. Der Familienrat trat zusammen und bedeutete meinem Vater, daß es nicht anginge, wenn er von einer Reise seinem ältesten Sohn und seiner Tochter etwas mitbringe, ein Geschenk, mir aber nicht. Er wurde vehement zu einer wenigstens formalen Gleichbehandlung aufgefordert – auch wenn er mich nicht liebe. Mein Vater hielt sich daran, aber es war schon zu spät, es machte das nur noch schlimmer. Für ihn auch. Denn natürlich bemerkte ich diese Veränderung, und ich wußte, daß das, was ich an Zuwendung dann von ihm bekam, an minimaler Zuwendung, nicht echt war, nicht von Herzen kam, eine Lüge. Und seitdem war ich dem Lügner Robert Havemann auf der Spur. Als er uns, seinen Kindern, zum Beispiel sagte, daß er mit uns nach Prag fahren würde, sagte ich ihm, daß er ein Lügner wäre, wir würden nie nach Prag fahren. Und wir sind auch nie nach Prag gefahren. Ich war vier, und wie gesagt, meine Mutter bewunderte mich dafür, daß ich ihn einen Lügner nannte, daß ich dies wagte. Von meinem Vater nicht geliebt zu werden, dies zu spüren, wo ich doch deutlich vor Augen hatte, daß er meinen Bruder, meine kleine Schwester liebte, das war bitter, das war schmerzlich, das tat unglaublich weh, aber damit hätte ich mich vielleicht arrangieren und abfinden können, vielleicht, aber die Lüge seiner ihm aufgezwungenen Gleichbehandlung, das machte unser Verhältnis dann ganz grundsätzlich kaputt. Mißtrauen. Das Gefühl, in einem Gespinst von Lügen zu leben. In der Unwahrhaftigkeit. Es machte mich zum Rebellen. Zum Wahrheitssucher. Zu dem, der immer wissen wollte, was eigentlich Sache ist, Fakt. Die Realität des Sozialismus. Nicht das Ideal. Das so leicht zu haben ist und von einem Lügner im Munde geführt wurde. Und mein Vater war mir da nicht anders als die Partei. Die Partei, die ihn dann verstieß. Weil er anders gelogen hatte als sie. Als es die Parteilinie vorschrieb. Das Verlogene, es vereinte sie doch, diese Partei und meinen Vater. Die ganze Opposition, sie war für mich verlogen, zutiefst verlogen. Aus Angst, aus Feigheit vor der Realität.

In unserer großen Wohnung am Strausberger Platz gab es, abgehend von der geräumigen Diele, eine Abstellkammer, stickig und ohne Fenster, vollgestopft mit Sachen, und mein Traum, mein Halbwach- und Wachtraum war es, ich müßte in dieser Abstellkammer leben, mein Vater hätte es so entschieden. Das Essen, es würde mir von Tati, von unserer Haushälterin, dorthin gebracht. Ich hätte mich nicht zu zeigen, nicht aus meinem Asyl herauszukommen, wenn mein Vater da ist – ein Alptraum? Vielleicht beim ersten Mal, als ich ihn träumte. Dann immer mit einem süßen Schmerz verbunden, mit dem Gefühl, daß es so ehrlicher wäre, der Wahrheit näher. Und also dem zu bevorzugen, was ich an Lüge leben mußte.

Ich war eigentlich gut in der Schule, gehörte immer mit zu den Besten in meiner Klasse – andere Eltern wären stolz auf ein solches Kind gewesen. Meine nicht. Meine hielten es nicht der Erwähnung für wert. Mein

Bruder, der war gut, gut in der Schule, sehr gut, immer der Klassenbeste und was für ein kluger Junge, wie begabt. Aus ihm würde sicher mal ein großer Wissenschaftler werden. Aus mir nichts. Weil ich ein Depp war, ein Idiot, ein unvernünftiges Wesen. Renitent. Und dann diese Wutanfälle. Nicht zu bezähmen, und wahrscheinlich wird sich mein Vater gedacht haben, daß da was Bleibendes von meiner Krankheit geblieben sein mußte, ein Gehirnschaden, eine Art von geistiger Behinderung. Auch sehr viel später meinte er ja noch, ich bräuchte unbedingt eine psychologische Behandlung, mit mir stimme doch was nicht. Und ich höre es immer noch, ihr Lachen, das Lachen meines Vaters, meiner Mutter, als mein Bruder in unserm Garten zu ihnen, die auf der Terrasse beim Kaffee saßen, rannte, schreiend: »Flori ist der Vogel rausgeflogen.« Sie fanden's lustig, waren wohl auch der Meinung, daß es nur gut wäre, bei diesem Jungen, der offensichtlich einen Vogel hatte, würde der Vogel rausfliegen – was war geschehen? Ich sehe es noch vor mir, wie ich mit meinem Bruder oben an der Straße mit meterlangen Holzstöcken spiele, jungen Bäumen, die der Gärtner abgesägt hatte, und dann ruft mir mein Bruder zu: »Achtung!«, und im nächsten Moment sehe ich, wie der Baumstamm, den er mit seiner Hand eben noch in die Höhe gehalten hatte, auf mich herunterkommt, herunterfällt und mir genau auf der Stirn einschlägt. Die Narbe ist immer noch ein bißchen zu sehen. Und dann schießt mir ein Strahl Blut aus der Stirn. Und mein Bruder rennt weg und ruft meinen Eltern zu: »Flori ist der Vogel rausgeflogen.« Gut, das Lachen ist ihnen vergangen, als sie mich kommen sahen, blutend.

Es muß etwas gegeben haben, das mich am Leben erhalten hat. Meine Mutter? Nein, meine Mutter doch nicht, nicht meine Mutter. Zu allerletzt meine Mutter, diese kalte, herzlose, unnahbare Frau, die sich mit ihren Problemen herumschlagen mußte, mit dieser Ehe, die zu scheitern drohte, vielleicht schon gescheitert war. Es gibt ja Kinder, die sterben, kleine Kinder, wenn ihnen die Liebe fehlt. Einfach so. Man weiß nicht genau warum, die Ärzte rätseln. Und die Eltern aber, wenn sie ehrlich mit sich wären, sie wüßten die Antwort, und diese Antwort, sie wäre, daß sie ihr Kind nicht haben wollen, daß sie es ablehnen. Und das Kind zieht die Konsequenz draus. Und verschwindet. Ich nicht, ich bin nicht verschwunden, aber ich war krank, richtig krank und hatte dies vielleicht auch vor: zu verschwinden. Aber ich bin nicht verschwunden, nicht gestorben, ich muß irgend etwas gefunden haben, was mich am Leben erhielt, mich weiterleben ließ. Eine Kraft, einen Überlebenswillen. Ein trotzdem leben.

Die Widmung

Die Kunst ist das Bestreben, etwas wirklich zu machen, was nicht möglich ist.

Ich wüßte jetzt auf Anhieb nicht, und ich werde das sicher auch nach längerem Nachdenken nicht wissen, wie dieser Satz von der Kunst als dem Bestreben, etwas wirklich zu machen, was nicht möglich ist, auf ein Bild etwa wie das von Ingres der Krönung Napoleons anzuwenden wäre. Aber vielleicht würde es mir auch bei diesem Bild aufgehen, vertiefe ich mich erst einmal in es – was ich nun aber überhaupt nicht vorhabe, diese kalte Pracht widert mich nur an und bringt mich ganz schnell darauf, daß das mit dieser so allgemeinen, philosophischen Aussage halt so ist wie mit allen derartig allgemeinen philosophischen Aussagen, daß sie immer auch, nach allem greifend, hier der ganzen Kunst, ins Leere greifen und dieser Griff dann einen Begriff niemals ganz erfasse. Dazu hat es zu viele verschiedene Kunst und zu unterschiedliche künstlerische Bestrebungen gegeben und gibt es sie immer, als daß da ein noch so kluger Kopf sie alle kennen und erfassen könnte, und ist so ein kluger Kopf dann auch noch ein philosophischer Kopf, dann liebt er sowieso die eigene Weisheit mehr, als daß er alles wisse und wissen wolle. Philosophie, so könnte ich sagen und mich an einem ebenso allgemeinen wie falschen Satz versuchen, ist eine höhere Form der Ignoranz. Doch solche Sätze nun nicht ganz deshalb zu verwerfen, weil sie eben nicht für alles passen, was zum Beispiel eben Kunst ist, das habe ich trotz meiner Anti-Philosophie gelernt, und deshalb komme ich auf diesen Satz zurück, den mir mein Vater als eine Widmung in ein Buch geschrieben hat, ein Buch über den deutschen Expressionismus, das er mir, nachdem ich's mir immer mal wieder aus seinem Bücherschrank herausgeholt hatte, geschenkt hat, zu meinem Geburtstag, zu meinem 16. Geburtstag, zu dem am 12. Januar 1968, und ich komme natürlich auch auf diesen Satz zurück, weil es ein 68er-Satz für mich ist und 68 immer wichtig für mich bleibt. Das Jahr der entscheidenden Weichenstellungen für mich – ich habe bei der Eisenbahn gelernt, habe die Uniform der Deutschen Reichsbahn getragen: deshalb die Weichen, deshalb bedeuten mir Weichen schon etwas, und mehr als nur ein sprachliches Klischee. Aber Weichen sind auch Härten, Weichen zu stellen, stellen zu können, bedeutet Macht, und dieser Satz, er hat mich geprägt, durch ihn hat mich mein Vater als Künstler entscheidend geprägt. Ich habe mich in meinem künstlerischen Bestreben in diesem Satz wiedererkannt, dieser Satz hat mir das künstlerische Programm vorgegeben, und ich folge ihm bis zum heutigen Tag. Für mich stimmt das, daß die Kunst das Bestreben ist, etwas wirklich zu machen, das nicht möglich ist. Für mich ja. Und nur dadurch ist für mich die Kunst auch gerechtfertigt, die sonst doch nur eine Schwäche wäre, Feigheit vor dem, was wirklich ist. Etwas muß dabei herauskommen, das wirklich unmöglich ist, das es so nicht geben kann, nicht außerhalb der Kunst geben kann, in der Wirklichkeit nicht, die ich dann hier besser aber die Realität nennen würde. In der Wirklichkeit steckt das Werk, Wirklichkeit gibt es nur in einem Werk, und also müßte ich, würde ich mich noch einmal philosophisch versuchen, diesen Satz für mich abwandeln müssen, und er würde dann heißen: Die Kunst ist das Bestreben, etwas wirklich zu machen, etwas Wirklichkeit werden zu lassen, was so in der Realität gar nicht möglich ist. Wäre es möglich, in der Realität möglich, dann ändere man besser die Realität und mache es möglich, tut man es nicht, dann muß man sich der Feigheit bezichtigen lassen. Revolution oder Kunst, das ist hier die Frage, und ich, ich mußte diese Frage für mich mit der Kunst beantworten – aber erst, nachdem ich mich mit der Revolution versucht hatte, der Änderung realer Verhältnisse. Was ich als Künstler will, was ich in der Kunst will, das ist eine Unmöglichkeit, etwas, das nicht real werden kann.

Der Mensch kann auf den Lauf der Dinge bestimmend einwirken, weil der Lauf der Dinge noch nicht bestimmt ist. Deshalb sagt Lao-Tse: Man muß auf das einwirken, was noch nicht ist.
Das war der zweite Satz, den mir mein Vater als Widmung in dieses Buch hineingeschrieben hat, in sein 68er-Geburtstaggeschenk, und dieser Satz, er hat mit dem ersten überhaupt nichts zu tun, steht ihm völlig entgegen, und er spricht nicht den Künstler an, den mein Vater in mir sah, sondern den Weltveränderer in mir, den Revolutionär, der ich so gern 1968 gewesen wäre, den Möchtegern-Revolutionär, der ich nur war und sein konnte, den auch, der sich mit ihm in genau dieser Zeit so darüber herumstritt, wie auf den Lauf der Dinge bestimmend eingewirkt werden könne. Auch dies wieder so ein Satz, gegen den ich meine ganze Anti-Philosophie mobilisieren kann, denn natürlich ist der Verlauf vieler Dinge vorherbestimmt und war es auch schon zu Lao-Tses Zeiten, und auch das ist ein Versuch, auf den Lauf der Dinge bestimmend einzuwirken, schreibt ein Vater seinem Sohne einen solchen Satz als Widmung in ein Buch. Und das im Jahre 68, 1968. Ich könnte auch auf die philosophische Inkonsistenz dieser beiden direkt untereinander geschriebenen Sätze hinweisen und mich zu der Äußerung verleiten lassen, so wäre das bei meinem Vater in seinem Philosophieren immer gewesen, man schaue sich doch das mal an, was er da so alles von sich gegeben hat – wichtiger aber ist, wichtiger, weil bestimmend für mein Leben, den Verlauf meines Lebens, diese doppelte Botschaft: mache Kunst, verwirkliche in der Kunst, was unmöglich ist, und wirke bestimmend auf den Lauf der Dinge ein, mache möglich, was noch nicht wirklich ist, real – ein Widerspruch, sicher ein Gegensatz,

entweder – oder, und du mußt dich eigentlich entscheiden: was willst du machen, entweder das Unmögliche in der Kunst verwirklichen oder versuchen, etwas Mögliches real werden zu lassen? Aber ich habe mich nicht entschieden. Ich bin der doppelten, der zweifachen Direktive meines Vaters gefolgt. Ich bin ein Havemann. Ein Havemann geworden, ein Havemann geblieben. Und also weder das eine noch das andere geworden, weder Künstler noch Politiker. Ich bin überhaupt nichts geworden. Ich bin ein Dilettant geblieben. Ein Amateur, wenn man mir die Liebe, die Leidenschaft dabei zugute halten will. Ich mache das, und ich mache das und dann noch einmal etwas anderes. Ich bin nicht *bin*. Nicht der, der etwas ist. Ich mache nur. Und wenn die Philosophie eine Sache des Seins ist, eine Sache von Ist-Sätzen, dann geht sie vollkommen an mir vorbei, an meinem Leben, dann muß ich Anti-Philosoph sein – aber natürlich ist die Philosophie mehr und anderes auch als nur das, und es gibt den Pragmatismus, das Denken von dem aus, was Menschen machen. Nur den hat mir mein Vater nicht beigebracht. Und er hat mir auch nicht beigebracht, daß er mir durch seine Philosophie etwas beibringen wollte, durch eine solche Widmung gar den Lauf meines Lebens mitbestimmen wollte. Und bestimmt hat. Bestimmen konnte. Weil er mir doch da etwas gegeben hat. Zu denken gegeben hat. Und natürlich nicht nur mit dieser einen Widmung.

Meinem sehr geliebten Florian
12. 1. 68
Robert
Ja, da folgt ja noch was. Diese Widmung, sie brauchte doch noch einen Abschluß, der, der sie geschrieben hatte, wollte sich mit diesem Geschenk dem Beschenkten in Erinnerung bringen, auch den Anlaß dieses Geschenks unvergessen machen, und deshalb steht das da auch noch geschrieben, und auch das wieder, was meinem Vater zu diesem Zwecke zu schreiben einfiel, hat es in sich – für mich jedenfalls hat es das, und da steht einiges drin: daß ich *sein* wäre, daß er mich *liebe*, sogar *sehr liebe*,

und es steht darin, daß er für mich *Robert* sein will. In diesem Moment jedenfalls nicht mein Vater. Mehr als nur mein Vater oder wenigstens das, Robert, wenn nicht mein Vater – das kann man so oder so oder vielleicht noch einmal ganz anders sehen, als bloße antiautoritäre Attitüde in einer Zeit der antiautoritären Revolte, als den Versuch eines Älteren sich bei einem Jüngeren, dessen Zeit das ist, einzukratzen. Mein Vater hatte doch seinen Spaß dran, die Jimi-Hendrix-Platte aufzulegen, die mir gehörte, die ich mir aus dem Westen besorgt hatte, wenn Besuch da war, Leute seiner Generation, und diesen schrecklichen, von mir so geliebten Lärm so laut aufzudrehen, daß diese Besucher nur stöhnten und die Augen verdrehten, es dabei aber nicht wagten, um eine Reduzierung der Lautstärke zu bitten, weil: die Jugend hatte Oberwasser, die Jugend gerierte sich als Macht, und es war vielleicht doch intelligenter, da mitzutun, wie mein Vater es tat. Der ja auch der erste Erwachsene war, der sich Jeans anzog. Und damit unsere Un-Mode mitmachte. Ein Anpasser also – würde ich behaupten, auch wenn meinem Vater natürlich, der auf Äußerlichkeiten keinen Wert legte, nie Wert gelegt hatte, das Schlampige entgegenkam. Aber es kommt ja nicht darauf an, was ich hier jetzt im nachhinein behaupten will, sondern nur darauf, daß wir Jüngeren dies so gesehen haben, damals, daß uns mein Vater immer nicht so ganz glaubwürdig erschien in seinem sich jugendlich gebenden Gehabe. Daß wir auch den Verdacht nie ganz los wurden, dies wäre ein Trick von ihm, ein bloßes Mittel, um an unsere Freundinnen ranzukommen, an das für ihn so junge Gemüse, das er so appetitlich fand und gern vernaschte. Und der Tag kam natürlich, an dem auch für Robert Havemann der Lärm von Jimi Hendrix nur Lärm war, der ihm auf die Nerven ging – war ja niemand da, den er mit seiner angeblichen Begeisterung für diesen von uns so geliebten Lärm schockieren und verblüffen konnte. Keine Besucher da, nur seine beiden Söhne, die auch da ihren Jimi Hendrix wieder mal hören wollten, und das genau zur vollen Stunde, wo er, Robert Havemann, etwas ganz anderes hören wollte, seine Radionachrichten nämlich, und er hatte sie an diesem Tag schon mindestens dreimal gehört, und ich untertreibe da eher. Und diese volle Stunde dann war der Moment der Wahrheit, der lange vermuteten. Mein Bruder und ich, wir sahen uns an und grinsten.

Aber, und da komme ich eben nicht drum herum, es steht da noch etwas anderes, und jeder, der mich kennt, wird darauf insistieren, daß ich darüber bitte nicht hinweggehe: *Meinem sehr geliebten Florian* steht da am Ende dieser Widmung geschrieben, und ich bin doch der, der immer wieder behauptet, von seinem Vater nicht geliebt worden zu sein – ist dies also auch etwas, wo ich ihm nicht glaube, worin er mir unglaubhaft erscheint? Habe ich diese ganzen *Robert*-Anmerkungen nur gemacht, um ihn hier auch in diesem Punkte seiner Liebeserklärung an mich unglaubwürdig erscheinen zu lassen? Nein, das habe ich nicht, das will ich jedenfalls von mir nicht glauben. Und ich will auch meinem Vater glauben, will ihm glauben, daß er mich geliebt hat, mich jedenfalls in dem Moment, wo er seine Widmung in dieses Buch hineinschrieb, geliebt hat. Aber das war der Ausnahmemoment, das war eine Trotzdem-Liebe, nicht die ganz grundsätzliche und Von-vornherein-Liebe eines Vaters zu seinem Sohn. Es war die Liebe eines Mannes zu einem angehenden Künstler, zu mir als dem Künstler, den er in mir sah. Und wenn es die Liebe eines Vaters zu seinem Sohn war, dann war es die eines erstaunten Vaters, die des Erstaunens, daß aus diesem mißratenen Sohn vielleicht doch noch etwas werden könnte, die des Erstaunens auch, daß sich dieser Sohn, da, wo es schwierig wurde, da, wo es für den Sohn ein leichtes gewesen wäre, sich von ihm offen zu distanzieren, sich gegen ihn zu stellen, mit ihm solidarisierte, für ihn Partei ergriffen hatte. Die Scheidung meiner Eltern, und davon hatte er doch nach alle dem, was vorher war, ausgehen müssen, daß ich da dann an der Seite meiner Mutter stehe. Stand ich aber nicht. Ich fand es erbärmlich von meiner Mutter, sich in dem Moment erst von diesem Mann scheiden zu lassen, wo er öffentlich und politisch von der Partei- und Staatsmacht angegriffen wurde, in dem Moment auch, als er seinen letzten Job und damit das dicke Gehalt verlor.

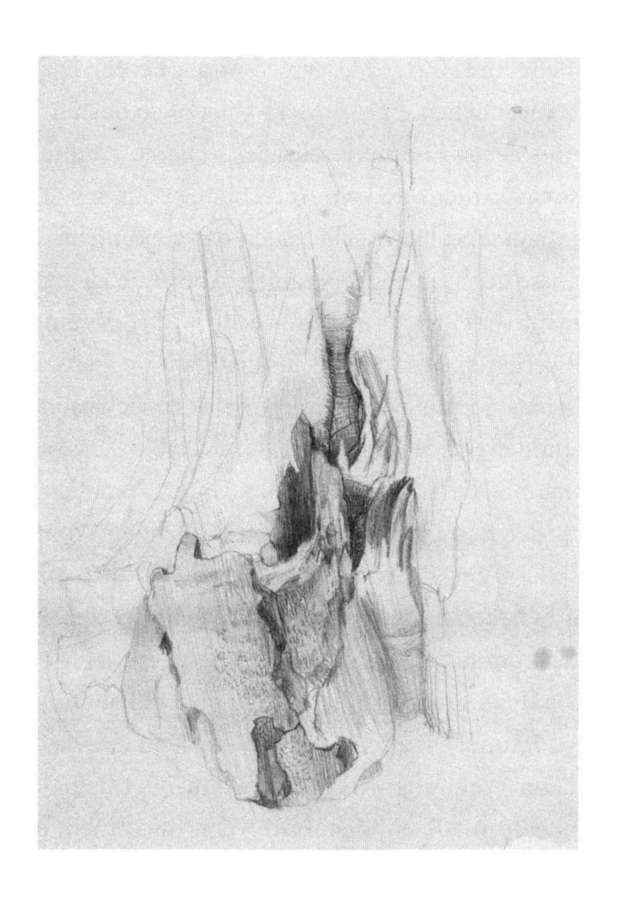

Mein erstes Atelier

Die Ehe meiner Eltern wurde im Jahre 1966 geschieden, sehr schnell und für meine Mutter dann problemlos, nachdem mein Vater seine letzte Stellung, die in der Akademie der Wissenschaften, und damit alles reguläre Einkommen verloren hatte. Wir Kinder, die wir natürlich unserer parteitreuen Mutter zugesprochen worden waren und nicht unserem aus der Partei ausgeschlossenen Vater, zogen mit ihr und unserer früheren Haushälterin, mit Tati, die sich nun bei der Deutschen Post verdingte, um bei uns bleiben zu können, in eine kleinere Wohnung ein paar Etagen höher im gleichen Haus am Strausberger Platz, die aber immerhin immer noch vier Zimmer hatte und eine große, ganz zentral gelegene Diele, die wir in den Eßraum umwandelten. Punkt. Mein Vater blieb noch unten in unserer alten und mit sieben Zimmern sehr viel größeren Wohnung – er hatte als Einzelperson natürlich nun kein Anrecht mehr auf so viel Wohnraum, mußte also da raus und hatte sicher auch das Geld nicht mehr, die für DDR-Verhältnisse hohe Miete zu bezahlen. Aber eine kleinere Wohnung für ihn war nicht so leicht zu finden – noch wollte er seinen Status als Berliner nicht verlieren. Wer einmal aus der Stadt weggezogen war, hatte kaum eine Chance, jemals wieder in die Stadt zurückziehen zu dürfen. Punkt. Wir befinden uns hier in der DDR, im Ostblock mit seiner staatlichen Zwangsraumbewirtschaftung. Punkt. Unser Vater also breitete sich in der riesigen, dabei immer noch wie leer wirkenden Wohnung aus. Er beließ uns Kindern unsere Wohnungsschlüssel, auf daß wir immer den Zugang zu ihr behalten und uns dorthin auch vor unserer schrecklichen Mutter flüchten könnten, und mir, mir schlug er vor, ich solle mir doch, solange er noch diese große, für ihn viel zu große Wohnung habe, in einem der leeren Räume ein Atelier einrichten. Punkt. Er hatte also nicht vor, dort in dieser Wohnung wirklich zu wohnen, er hatte ja sein Häuschen in Grünheide Alt-Buchhorst, und wenn mich nicht alles täuscht, dann hat er in dieser Zeit am Strausberger Platz auch nur ein paar wenige Male überhaupt übernachtet. Punkt. Aber trotzdem: das Atelier – vergessen wir den Rest und daß es ihm wohl leichtfiel, mir dieses wunderbare Angebot zu machen. Punkt. Nennen wir es die Liebe eines Vaters zu seinem Künstlersohn. Punkt. Auch ich muß doch mal auf den Punkt kommen, darf nicht immer so weitschweifig sein.

Ich besorgte mir einen hölzernen Campingtisch, nicht sehr geeignet für diesen Zweck, weil mit Latten statt einer durchgehenden Tischplatte, ich holte meine Farben wieder von oben aus der neuen in die alte Wohnung zurück, ich schleppte auch das antike Grammophon mit der Kurbel wieder nach unten und den Schellackplatten, das meinem Bruder und mir gehörte, ich richtete mich ein, und also konnte es losgehen. Mit der Kunst.

Dem Malen in einem eigenen Raum dafür, in einem Atelier. Punkt. Nein, so schlimm war es nicht, daß ich nun, wo ich richtig loslegen konnte, endlich genügend Platz hatte, nicht mehr wußte, was eigentlich malen oder zeichnen. Punkt. Ich dachte aber: jetzt, wo du dein eigenes Atelier hast, machst du etwas, was du noch nie gemacht hast, du machst dich nicht mehr von deinen Einfällen abhängig, von irgendwelchen, dich spontan überkommenden Bildideen, jetzt machst du das mal, wie das die richtigen Künstler machen, die alten Meister immer wieder gemacht haben, jetzt fertigst du mal eine Naturstudie an. Punkt. Anfertigen ist gut, wo ich mit dem Ding, das ich mir dann eifrig vornahm, nie fertig geworden bin. Punkt. Jeder mache sich nach besten Kräften lächerlich. Punkt. Ich stellte mir eine morsche, zerfaserte Wurzel auf den Tisch, die ich mal im Wald gefunden hatte, und begann sie zu zeichnen. Mit einem gut angespitzten harten Bleistift natürlich – natürlich, denn ich wollte in meinem Naturstudium genau sein. Aber ich schummelte bald und schaute so genau nicht mehr hin, denn wie so eine Wurzel geht, welche Oberflächenstrukturen sie aufweist, das war rasch herausgefunden, da etwas verblüffend genau Aussehendes hinzukriegen, das ging auch mit Tricks. So spannend ist die Natur nicht. Punkt. Oder man muß es so genau nehmen wollen, daß man sich an ihr die Zähne ausbeißt und scheitert in seinem Genauigkeitswahn. Wollte ich aber nicht, ich wollte ja etwas anfertigen und also irgendwann auch mal mit diesem stumpfsinnigen Wurzelstumpf fertig werden. Punkt. Wurde ich aber nie. Zu mehr als nur ein paar krampfhaft detailliert ausgefüllten Quadratzentimetern habe ich es nicht gebracht. Punkt. Man lege dann besser eine solche bloß angefangene Zeichnung wieder weg, vergrabe sie in einer Mappe. Punkt. Aber die alten Bach-Aufnahmen von der Schellackplatte zu hören war schön. Ein eigenes Atelier zu haben, schön. Punkt. Dabei belassen wir es. Machen wir nicht so viel Aufhebens von des Künstlers tristem Erdenwallen. Punkt. Merken wir nur noch an, daß ich dies später, sehr viel später dann noch einmal genauso hatte: unten am Kottbusser Damm mein Atelier, und oben in der Wohnung darüber lebte ich mit meiner Familie. Punkt. Und nennen wir dies zum Abschluß dieses ansonsten durchwachsenen Kapitels noch ideal – ideal, aber zu teuer auf Dauer.

Die Ohrfeige

Aber natürlich gefiel das der *Regierung* gar nicht, daß ich immer wieder da unten meine Nachmittage bei diesem regierungsfeindlichen Menschen in der Wohnung verbrachte – Atelier hin, Atelier her, und dann hatte meine Mutter doch auch gar nicht so gute Erinnerungen an Ateliers, in die man sich vor ihr zurückziehen kann, wenn sie nicht stören soll. Das war es doch, was sie immer wieder von ihrer Mutter, der Malerin, erzählte: daß sie, die junge Witwe, nach dem Tod ihres Mannes, des Vaters also meiner Mutter, immer diese Affairen hatte, mit wechselnden Männerbekanntschaften, und meine Mutter, ihre fünfzehnjährige Tochter, dabei nicht stören sollte und also mal da-, mal dorthin geschickt wurde über Nacht, entweder in die Wohnung oder ins Atelier – halten wir dieses persönliche Trauma der *Regierung* zugute. Wo wir sonst so viel Gutes über diese Frau nicht zu sagen haben, die nach der Scheidung von ihrem Mann, unserem Vater, allen Einfluß auf ihre Kinder verlor, und ich, der ich ihr immer am nächsten gewesen war, entglitt ihr vollkommen, und da war dieses Atelier ein paar Etagen tiefer in der Wohnung ihres geschiedenen Mannes, die sie natürlich nie mehr betrat, nachdem wir in den zehnten Stock gezogen waren, nur ein Punkt mehr des Ärgernisses, und der Ärger mit mir hörte ja auch nicht auf, als mein Vater dann doch nach einem halben Jahr vom Strausberger Platz weg und in die Berolinastraße, in eine kleine Zweizimmerwohnung dort umzog. Mit diesem Sohn war nicht zu reden, immer nur diese fruchtlosen Debatten und dann seine zu langen Haare, die laute Musik, die renitenten politischen Ansichten und daß er keine Gelegenheit ausließ, die Genossen von der Volkspolizei zu provozieren – meine Mutter war verzweifelt, und sie sah wohl auch die übelsten Dinge auf mich und dadurch auch auf sich zukommen, die offensichtlich als Erziehungsberechtigte versagt hatte, bei ihrer Erziehung im Sinne des sozialistischen Staates. Und dann malte und zeichnete dieser Sohn den ganzen Nachmittag und bis in den Abend hinein, als hätte er nicht zu lernen und seine verdammten schulischen Pflichten zu erfüllen. Und also mußte sie da doch mal nachsehen gehen und ihren Sohn an seine Aufgaben erinnern. Ein bißchen Erziehung mußte doch sein – sie hatte dies aber noch niemals zuvor getan, sich darum zu kümmern, ob ich denn auch meine Hausaufgaben ordentlich erledige, war ja auch nicht nötig, ich erledigte sie doch, ich war doch gut in der Schule, der Klassenbeste genau in dieser Zeit, als meine Mutter plötzlich darauf verfiel, ihrer Erziehungsaufgabe genau in diesem Punkte nachkommen zu wollen, ausgerechnet in diesem. Ich ließ es mir einen Tag gefallen, daß sie ohne alle Vorankündigung und Rücksicht darauf, daß sie mich stören würde, in mein Zimmer kam, wo ich am Schreibtisch saß, wie immer, wie immer malend, zeichnend natürlich. Sie stellte sich dann hinter mich und fing an, auf mich einzureden, ich solle hier nicht immer nur malen und zeichnen, ich solle gefälligst auch mal meine Hausaufgaben machen. Ich sagte ihr, und ich sagte es ihr ganz ruhig, was sie natürlich noch mehr ärgerte, sie habe sich doch bisher nie für meine Hausaufgaben interessiert, und außerdem, was sie überhaupt wolle, ich sei der Beste in meiner Klasse, und das ärgerte sie wahrscheinlich auch noch, daß ich dies von mir behaupten konnte. Ich drehte mich gar nicht um dabei zu ihr, die sich echauffierte und sich von einem Tag zum anderen immer mehr aufregte. Ich ließ es mir einen Tag gefallen und noch einen, und ich hätte es mir wohl auch noch den dritten Tag gefallen lassen, wenn sie da nicht in ihrer Verzweiflung auf mich einzuschlagen begonnen hätte. Völlig unkontrolliert und ungezielt in ihren Schlägen, die meinen Kopf, meine Schultern trafen, und mich schnell meine Hand hochheben ließen, auf daß ich ja nicht einen falschen Strich auf meiner Zeichnung mache, sie damit verderbe – nein, das war zuviel, das konnte ich so nicht durchlassen. Man wehre den Anfängen.

Und dann rauschte sie von dannen, und fast schon war sie aus meinem Zimmer heraus, als ich mich von meinem Platz erhoben hatte, und ich sagte ihr, sie solle noch einen Moment bleiben. Sie blieb auch stehen. Ich ging auf sie zu, ganz kalt. Es war Zeit für eine erzieherische Maßnahme, der Moment war gekommen, ihr eine Lektion zu erteilen, sie ein für alle Mal von weiteren Belästigungen erzieherischer Art abzubringen. Ich gab ihr eine Ohrfeige. Ich klebte ihr eine, wie mein Vater gesagt hätte. Zack! Herzlos. Rücksichtslos. Ohne alle Emotionen. Noch nicht mal Wut. Ich glaube, es muß weh getan haben. Ich meine, auch körperlich, denn ich schlug ja richtig zu. Meiner Mutter entglitten die Gesichtszüge. Sie war sprachlos. Sie sagte kein Wort. Sie schrie auch nicht. Sie verschwand einfach in ihr Zimmer und ward den ganzen Abend nicht mehr gesehen. Ich hörte sie durch die Wand heulen, die ganz Nacht durch, und ging nicht zu ihr. Aber meine Schwester ging zu ihr, und meiner Schwester jammerte sie etwas davon vor, daß ihr Sohn sie geschlagen, die Hand gegen seine eigene Mutter erhoben hatte, und daß ich dabei so kalt gewirkt habe, und das sei das Schlimmste, das Erschreckendste dabei gewesen. Damit war Schluß mit ihrer Erziehung, sie gab auf, und als sie dann, während ich im Gefängnis saß, zu allen Leuten, die es erfahren mußten, sagte, sie habe keinerlei erzieherischen Einfluß auf mich, da mußte ich ihr recht geben, den hatte sie nicht. Nicht mehr.

Das magische Dreieck

Dann aber, immer noch in meinem Atelier in der Wohnung meines Vaters, eine Idee: das Meer bei Nacht. Das ganze Bild fast nur der nächtlich dunkle Himmel, ein schwacher Lichtschein von einem Mond hinter Wolken und unten, unter dem tiefgelegten Horizont, das Meer, bleiern schwer und nächtlich träge, eine Welle, die sich müde am Ufersaum bricht. In Öl gemalt. Und nur in Schwarz und Weiß, das heißt in Grautönen – romantisch also, aber durch die radikale Begrenzung der Palette nicht ganz so schlimm romantisch. So hatte ich die Ostsee im Winter gesehen, als ich mit meinem Bruder in der bitteren Kälte dorthin getrampt war. Das wollte ich malen. Ich nahm mir einen Block dicken Papiers, das es vertrug, auch mit Ölfarbe bemalt zu werden, und ich wechselte damit auf den

Boden, ich wollte etwas Abstand haben können zu diesem Bild. Anmerkung dazu: ich habe auch späterhin viele meiner Bilder auf dem Fußboden gemalt, meine ganzen *SPEER*-Zeichnungen auf dem Boden hockend gezeichnet, und auch jetzt noch zieht es mich beim Malen auf den Boden. Weiter: ich fing rasch an, ich überlegte gar nicht groß. Ich machte auf der rechten Seite des Blattes einen Strich, legte mich sofort darauf fest, nicht das ganze Format mit meinem Bild zu füllen. Ich wollte es kompakt. Auf die Weite dieser Meereslandschaft kam es mir nicht an. Um den Himmel ging es über dem Meer, um das fahle Licht im Himmel, das Mondlicht eines Mondes, der nicht zu sehen sein sollte. Nicht ganz so romantisch, bitte sehr. Und dann malte ich los, und ich malte erst einmal alles schwarz, und begann dann zu differenzieren, bis ich den Himmel hatte, den Horizont und das Meer, die Andeutung einer Welle, einen schmalen Streifen des Ufers. Schön, es klappte, es ging voran. Nach ein paar Stunden Malen war ich fertig. Und es war spät geworden, der junge Künstler mußte ins Bett und am nächsten Tag wieder früh zur Schule.

Am nächsten Tag, direkt nach der Schule, ging ich in mein Atelier runter, mir mein Bild vom Meer ansehen. Schauen, was daran noch weiter zu machen wäre. Ich nahm es vom Boden auf, ich stellte es auf den Tisch und gegen die Wand, setzte mich davor und betrachtete mein Bild. Nicht schlecht, auf den ersten Blick nicht schlecht. Ich hätte besser nicht länger hinschauen sollen, denn je länger ich es mir anschaute, desto weniger gefiel es mir, und bald dann auch merkte ich, daß in dem Bild ein Fehler steckte, irgendein fataler Fehler, dessen Ursache ich aber erst nicht finden konnte. Was war es, das dieses Bild zusammenschrumpfen, es nahezu verschwinden ließ, je länger ich es mir anschaute. Dann hatte ich's: das von mir spontan gewählte Format war ein Quadrat – ich maß es nach: ja, genau ein Quadrat, und wenn es eine starke Form gibt, dann die eines Quadrates. Gegen diese Form kam doch mein bißchen diffuses Licht im Himmel nicht an, das Meer mit dem tiefgelegten Horizont nicht. Wenn es eine ebenso starke Form gibt, eine Form, die einem Quadrat widerstehen kann, dann den Kreis – aber halt, ein Kreis hätte nur der Mond selber sein können, und damit hätte die Romantik gesiegt, der ich mich nicht ganz ergeben wollte. Also etwas anderes: kein Kreis, die Mondscheibe doch nicht – aber was? Was anstelle eines Kreises? Ein Dreieck, denn auch ein Dreieck ist stark, kann einem Quadrat doch wohl standhalten. Ich hatte lange genug gerätselt, mich mit diesem Bild, das zu verschwinden drohte, abgequält, eine schnelle Lösung mußte her. Anmerkung: ich hätte das Bild ebensogut ganz leicht auch bis zu dem Rand dieses Blattes weitermalen und dann damit das quälende Quadrat des Formats loswerden können, ich kam aber nicht drauf. Weiter und kurz entschlossen die Rettungsaktion: ich malte ein dunkles, ein fast schwarzes Dreieck in mein Bild hinein, genau an die Stelle, wo eigentlich der romantische Mond, die hell leuchtende Mondscheibe hingehört hätte. Ein paar wenige Korrekturen in der direkten Umgebung dieses Dreiecks, und ich war fertig. Ich stellte mir wieder das Bild gegen die Wand: ja, so ging es, dieses Dreieck hatte die Kraft, gegen das Quadrat meines Formats anzukommen.

Ich war fertig, und da dann ging die Tür, die Wohnungstür, und mein Vater kam und er kam nicht allein, Wolf war bei ihm. Mein Vater sah, daß ich in meinem Atelier war, er sagte mir von der Diele aus *Hallo* und fragte wie immer: »Was gibt's Neues?«, ohne eigentlich auf diese Frage eine Antwort zu erwarten – diesmal aber hatte ich ihm etwas zu antworten, und also folgte ich ihm, folgte ich den beiden in das große Wohnzimmer und sagte meinem Vater, ich hätte da ein neues Bild gemalt, das ich ihm gern zeigen wolle. Er nickte interessiert, und ich ging das schwarze Dreieck über dem Meer holen, ich stellte es so auf, daß beide es gut sehen konnten, und setzte mich zu ihnen: was würden sie dazu wohl sagen? Mein Vater sagte etwas wie: sehr gut, stark, gefällt mir. Großes Lob. Wolf schwieg, und aufgefordert von meinem Vater, sich auch zu meinem Bild zu äußern, sagte er, er fände es zu religiös. Mein Vater protestierte sofort: wie bitte, religiös, wieso religiös, was ist daran religiös? Ich wußte sofort, daß Biermann recht hatte, er mußte es gar nicht mehr aussprechen, daß das Dreieck ein religiöses Symbol sei, eines für die Trinität, die Dreieinigkeit Gottes, des Vaters, des Sohnes und des Heiligen Geistes – verflucht noch mal: beim Malen war mir dies nicht einen Augenblick in den Sinn gekommen. Ich hatte der Romantik entgehen wollen und war beim religiösen Symbolismus gelandet. Und dann stritten sie sich, die Freunde, und zwar heftig, und mein Vater verteidigte mich und mein Bild, als einen mutigen Versuch, so etwas Abgelatschtes wie eine nächtliche Meereslandschaft doch noch malen zu können, und außerdem sei dieses Dreieck doch abstrakt, bloß als Form wahrzunehmen, ohne alle sonstige Bedeutung, ob er, Wolf, denn etwa ein realistisches Abbild wolle, die bloße Nachahmung dessen, was man doch sowieso und auch ohne dieses Bild kenne. Ein Bild sei doch dazu da, etwas zu zeigen, das es so gar nicht gibt, was aber als Möglichkeit existiert – wie sonst solle ein Bild einem die Augen öffnen für die Realität. Er fände das Bild klasse, äußerst gelungen. Einige der wenigen Momente, wo ich die beiden sich habe streiten sehen, denn natürlich beharrte Wolf auf seinem Einwand mit dem religiösen Symbol und sagte dann, wiederum vollkommen zu Recht, ich hätte da ja auch eine andere starke Form nehmen können, wenn ich sie denn im Bild brauche, zum Beispiel einen Kreis – fatal: genau an den Kreis hatte ich ja auch gedacht. Aber mein Vater polterte los: ein Kreis und wohl am liebsten noch ein heller, ein hell leuchtender Kreis, der Mond also, das wäre doch wohl das Langweiligste auf der Welt, was für ein romantischer Kitsch. Gut, sagte mein Vater, wenn, dann aber einen schwarzen Mond. Und Biermann sagte, etwas höhnisch: eine schwarze Sonne, die den Tag zur Nacht macht. Anmerkung: keine wörtliche Rede, das ist zu lange her. Weiter: sie stritten sich noch eine ganze Weile weiter, und ich wußte, daß mein blödes Bild mißlungen ist, religiöser Kitsch, symbolistischer Quatsch, daß es abstrakt so gar nicht gibt, immer die Bedeutungen dazwischenkommen, die besser dann gemeinten als nicht gemeinten, und ich konnte doch das Dreieck nicht meinen, ich Atheist nicht. Dann ging Biermann, die beiden schieden im Unfrieden voneinander, und als Biermann raus war, sagte mein Vater: er ist in manchen Dingen halt ein bißchen beschränkt. Anmerkung: keine wörtliche Rede. Und weiter: das war's, der Höhepunkt des Verständnisses, das ich jemals von meinem Vater bekommen habe. Und dies für so ein idiotisches Bild. Und noch einmal weiter und eine Zeit später dann: diese Widmung in dem Buch über den deutschen Expressionismus, das mir mein Vater dann schenkte, und diese Widmung, sie bezieht sich natürlich auf diese Diskussion mit Biermann, auf mein Bild mit dem ungewollt magischen Dreieck.

Väterlicher Liebesbrief

Lieber Flori, ich sitze hier in später Nacht und denke über unser Gespräch mit Wolf und Dein Bild nach. Ich war vom Tag mit seinen Ereignissen müde. Aber jetzt muß ich Dir sagen, daß ich glaube, daß Du recht hast mit Deinem Dreieck. Wolfs aggressive Kritik war sehr oberflächlich. Sie ging vom Mißverstehen aus, statt von der Bereitschaft, Verständnis zu suchen für das Unverständliche. Dein Dreieck ist eine Herausforderung, noch dazu keine, die sich vordrängt, sondern einfach da ist, ganz ohne jeden Hang zur Geltungssucht. Ich bin sehr glücklich, daß Du Dir das ausgedacht hast. Laß Dich nicht beirren. Wolf nimmt sich selbst zu ernst, nur damit beginnt immer die Oberflächlichkeit. Dein Bild ist ein Spiel und dadurch hat es die Kraft. Dein Robert 24. Januar 1967

Carmen

Wenn man nicht mehr weiterweiß, rufe man die Polizei zur Hilfe.
Zum letzten Mal gesehen habe ich meinen Vater 1971, im Frühsommer, Ende Juni, Anfang Juli vielleicht. Jedenfalls hatte ich gerade meine Facharbeiterprüfung hinter mir und auch das Abitur schon geschafft – was heißt hier jedenfalls? Sicher bin ich mir da gar nicht, und ich muß das also noch einmal zu rekonstruieren suchen, denn das ändert schon was an diesem Moment, wo ich meinen Vater zum letzten Mal gesehen habe, weil es das für mich verändern würde, was dieser kurze und knappe und beiderseitig sehr kalte Abschied zwischen mir und meinem Vater für mich bedeutet hat. Ich wußte, als ich meinem Vater ein *Wir gehen* zurief, daß ich ihn nie wiedersehen würde. Jedenfalls, und hier bleibt es bei die-

sem jedenfalls, ging ich davon aus, daß ich ihn nie wiedersehen würde, und dem war ja dann auch so. Ich habe ihn nie wiedergesehen. Bin ihm nicht noch einmal begegnet.

Wenn man nicht mehr weiterweiß, rufe man die Polizei zur Hilfe.
Aber auch mein Vater hätte wissen können, daß er mich zum letzten Mal gesehen haben wird, wenn ich sein Grundstück in Grünheide Alt-Buchhorst in der Burgwallstraße 7 verlassen habe, daß dies der Moment des Abschieds war, des endgültigen – ich glaube nicht, daß er mehr getan hat, als mir nur zuzunicken. Daß er mit einem Satz, einem Gruß auf mein *Wir gehen* reagiert hätte, es ist mir nicht erinnerlich. Wahrscheinlich war er in diesem Moment nur froh, mich los zu sein, wahrscheinlich auch, daß er sich weigerte, auch nur eine Sekunde darüber nachzudenken, was es für mich bedeutete, von ihm des Grundstücks verwiesen worden zu sein, und wir reden jetzt mal gar nicht psychologisch und davon, was dies für mein Leben bedeutete und für das Verhältnis zwischen Vater und Sohn Havemann, sondern ganz konkret, daß ich, sein Grundstück verlassend, gezwungen, sein Grundstück zu verlassen, nicht wußte wohin, wo ich die nächste Nacht verbringen würde. Ich wußte es in diesem Moment des Abschieds von meinem Vater nämlich nicht, er aber wußte, daß ich dies nicht wußte, denn ich hatte es ihm gesagt. Und wahrscheinlich hat er auch das so nicht geglaubt, für Spinnerei gehalten, als eine Art von Erpressung abgetan. Wie er auch das wahrscheinlich gar nicht an sich heranließ, daß wir uns, wenn ich nun sein Grundstück verließ, nie wiedersehen würden. Er hätte mir nur glauben müssen, seinen Sohn nicht als einen Spinner abtun. Für mich war es also der Moment des Abschieds von meinem Vater, für ihn aber wahrscheinlich nicht, und es ist also gar nicht mal Härte und Rücksichtslosigkeit, die ich ihm dabei vorwerfen könnte, sondern nur diese totale Ignoranz.

Wenn man nicht mehr weiterweiß, rufe man die Polizei zur Hilfe.
Es war diese Ketchup-Flasche, mit der alles seinen Anfang nahm, was

dann dazu führte, daß mein Vater sich nicht mehr anders zu helfen wußte, als mit der Polizei zu drohen, wenn ich nicht binnen der 24 Stunden, die auch demjenigen meist zugestanden werden, der aus einem Staate ausgewiesen wird, sein Grundstück verlassen haben würde. Und bezeichnenderweise nahm dies alles seinen Ausgang bei einer Ketchup-Flasche, das Katastrophenrequisit, wie es in der Theatersprache heißt, es war eine bloße Ketchup-Flasche – nicht etwa eine Waffe, mit der ich meinen Vater bedroht hätte. Was ja vorkommen soll, daß Söhne so etwas machen. Eigentlich völlig lächerlich, und gerade wegen seiner Lächerlichkeit so bezeichnend, wegen der Kleinlichkeit, die sich in diesem großen Geist offenbarte, fühlte er sich unter Druck gesetzt, mußte er eine für ihn nicht angenehme Situation aushalten, und wahrscheinlich war es das, was mein Vater so sehr an mir haßte, daß ich ihn immer wieder zu einer Art von Offenbarungseid zwang, wo er dann kleinlich dastand, lächerlich in seiner Kleinlichkeit, und natürlich mußte er das hassen, er, der sich so erhaben fühlte über all die Kleinbürger, die kleinen subalternen Beamten und Funktionäre, er, der seiner Partei Kleingeisterei vorgeworfen hatte, seine DDR als Kleingartenkolonie verachtete, als ein Land ohne Großzügigkeit. Von mir, seinem mißratenen Sohn, wurde er vorgeführt, entlarvt und dazu gebracht, selber kleinlich zu sein, so kleinlich und damit klein wie alle andern auch. Aber es war nicht nur das, was den Anlaß Ketchup-Flasche so bezeichnend macht, die Nichtigkeit dieses Auslösers. Der vollen Bedeutung dieser Ketchup-Flasche wird man erst dann gewahr, wenn man sich daran erinnert, sich bewußtmacht, daß es in diesem Land, wo die Ketchup-Szene spielte, keinen Ketchup zu kaufen gab – wurde im Konsum nicht angeboten und auch nicht in der HO, wurde in der ganzen DDR nicht produziert. Mußte man sich also aus dem Westen besorgen oder, und deshalb stimmt das nicht ganz, daß es in der DDR keinen Ketchup zu kaufen gab, nicht ganz, man ging in einen Intershop, wo es das doch alles gab, gegen Devisen versteht sich, wonach des DDR-Bürgers Herz an westlichen Konsumgütern verlangte, und dort gab es Ketchup. Und mein Vater hatte das Westgeld, sich im Intershop Ketchup zu kaufen, und wahrscheinlich hatte er die Ketchup-Flasche, die bei ihm zu jedem Frühstück, jedem Abendessen auf dem Tisch stand, genau da her, aus einem Intershop, und der Witz an dem Ganzen, er ist nun der, daß ich genau in dieses Land zu gehen beabsichtigte, wo es Ketchup-Flaschen in Hülle und Fülle und bis zum Überdruß in jedem Laden zu kaufen gab, in den Westen, wo niemand ein Aufhebens um eine Ketchup-Flasche machen würde, und wäre ich hier dabei, aus meinem Leben einen Roman zu machen oder das Drehbuch für eine Havemann-Saga zu schreiben, diese Ketchup-Flasche, sie käme mir als optisches Symbol des Westens in ihrer Buntheit, mit ihrer aufdringlichen Schrift gerade recht, und ich würde sie dann noch einmal an dem Tag ins Bild setzen, an dem ich von meinem Vater für immer Abschied nahm, während er, wieder diese unglückselige Ketchup-Flasche auf dem Tisch, beim Frühstück saß. Ich hatte es ihm am Tag zuvor offenbart, ihm wegen der in seinem Haus vermuteten Wanzen sicherheitshalber nur auf einen kleinen, dann von mir vernichteten Zettel geschrieben, daß ich beabsichtige, die DDR zu verlassen, illegal natürlich, daß ich abhauen wolle. Und er, mein Vater, er hatte darauf in zweierlei Weise reagiert: zum einen, indem er dies als Spinnerei abtat, als bloßen Versuch, mich trotz der durch diese Ketchup-Flasche ausgelösten Konflikte mit ihm weiterhin noch auf seinem Grundstück aufhalten zu können, nachdem er mich schon dazu aufgefordert hatte, es in kürzester Zeit zu verlassen, und er hat dann diese Zeit noch einmal auf eine 24-Stunden-Frist verkürzt und mit der Polizei gedroht, wenn ich nicht am nächsten Tag von seinem Grundstück verschwunden wäre – er hat dies also doch für möglich gehalten, daß es stimmt, was ich ihn hatte wissen lassen, das mit der von mir beabsichtigen Flucht in den Westen. Und will ich ihm hier ein bißchen Gerechtigkeit nicht versagen, dann sei dies also zu seinen Gunsten vorgebracht, daß er schlichtweg auch Angst gehabt haben könnte, Angst davor, wegen meiner Republikflucht, immerhin eine Straftat, in Schwierigkeiten zu kommen, und Schwierigkeiten mit der Polizei, mit der Staatssicherheit, die in meinem Falle dann zuständig sein würde und die die Untersuchung über meine Flucht ja dann auch führte, sie konnten meinem Vater nicht gelegen sein, und dies auch über das normale Maß des Normalbürgers hinaus, der möglichst niemals mit der Polizei irgend etwas zu tun haben und in Konflikt geraten will.

Wenn man nicht mehr weiterweiß, rufe man die Polizei zur Hilfe.
Aber nicht ich hatte nach dieser Ketchup-Flasche gegriffen, mir von diesem Ketchup etwas aufs Brot träufeln lassen, ich mochte gar keinen Ketchup, mir schmeckte das Zeug gar nicht. Ich hätte diese Ketchup-Flasche bis zum Sanktnimmerleinstag, bis zum Ende der DDR dort bei meinem Vater so unberührt auf dem Eßtisch stehen und vergammeln lassen. Doch ich war nicht allein, und es wäre vollkommen falsch, mich in dieser Situation allein zu denken. Ich war es nicht, war nicht allein, und mein Leben war in all seinen Umständen davon bestimmt, daß ich nicht allein war. Sondern mit Carmen zusammen. Mit meiner *derzeit Festen*, wie es in Biermanns Lied dann über meine Flucht hieß, *Enfant perdu*, mit meiner damals Festen, wie es nun heißen muß, wo diese Frau, die ich liebte, schon lange tot ist und ich es auch mit ihr nicht bis zu ihrem Tode ausgehalten habe. An dem Tag, an dem ich aus dem Gefängnis entlassen wurde, am 22. Dezember also des Jahres 1968, an dem Tag saß da bei mir in meinem Zimmer in der Wohnung meiner Mutter am Strausberger Platz ein Mädchen in der Ecke auf einem Stuhl, ein mir bis dahin unbekanntes Mädchen: Carmen. Meine Schwester, die mit dieser Carmen zusammen mein Kommen erwartet hatte, kam auf mich zugestürmt, sie umarmte mich, aber ich ließ sie an mir abprallen, ich erwiderte ihre Umarmung, ihre Küsse nicht, und ich habe anzunehmen, daß sie mir dies niemals vergessen wird. Warum? Angst. Angst vor unserer zu großen Nähe. Ich wendete mich statt dessen diesem Mädchen dort in der Ecke am Fenster zu, das mich mit ihren großen dunklen Augen ansah, auch sie auf ihre Weise erwartungsvoll, und ließ sie mir durch meine Schwester vorstellen: Carmen, Carmen Tetzner – meine Schwester hatte sie in der Zwischenzeit, während meiner Haft, in ihrer Schule kennengelernt, sich mit ihr angefreundet, auch deshalb, weil die meisten anderen ihrer Mitschüler

vorsichtig auf Distanz gegangen waren, als sie nicht bereit war, sich von ihren beiden inhaftierten Brüdern zu distanzieren. Carmen hatte in dieser Situation den Kontakt zu meiner Schwester gesucht, hatte ihr beigestanden, mit dem Druck klarzukommen, der auf sie ausgeübt wurde, der auf ihr wegen der Inhaftierung ihrer Brüder lastete. Beides war die DDR: die Distanzierung, die Abwendung von einem Menschen in politischen Schwierigkeiten und die unerwartete Solidarisierung sehr weniger, die den Mut hatten, deren Mut durch so etwas geradezu angestachelt wurde. Und zu diesen Menschen, diesen wenigen, gehörte Carmen. Carmen Tetzner.

Ich hatte Carmen bei Peewee wiedergetroffen – die Beziehung zu meiner Schwester, sie war recht bald zu Ende gegangen, ich wußte nicht warum. Wir hatten Carmen einmal auf der Karl-Marx-Allee getroffen, meine Schwester und ich, und dabei erst bekam ich mit, daß ihre Freundschaft beendet sein mußte. Ich hatte Carmen nach meiner Haftentlassung nur ein paar wenige Male dann noch wieder gesehen, ich war damit beschäftigt, mit meinem neuen Leben klarzukommen, mit der Lehre bei der Deutschen Reichsbahn, damit, daß ich dort in Bohnsdorf, in dieser Baracke, im Lehrlingswohnheim, leben mußte, und Carmen schien mir ganz mit in den Kreis um meinen Vater und Biermann zu gehören, zu dem ich in dieser Zeit Abstand hielt. Es waren also fast zwei Jahre vergangen, als ich sie bei Peewee in Rahnsdorf wiedersah. Und ich war sehr erstaunt darüber, sie dort anzutreffen. Peewee erzählte mir, sie habe Carmen, der sie vorher nur sehr selten begegnet war, ganz zufällig im Zug getroffen, sie sei ihr sozusagen entgegengefallen – was immer das bedeuten mochte. Peewee liebte diese etwas kryptische Redeweise. Sie habe sofort gespürt, daß Carmen etwas Schlimmes wiederfahren sein mußte, und auch instinktiv gewußt, daß dies etwas mit Biermann und meinem Vater zu tun gehabt haben mußte. Wie sich herausstellte, habe dies gestimmt. Sie habe daraufhin Carmen ein Zuhause geben wollen, habe sie bei sich in Rahnsdorf aufgenommen. Carmen müsse in Ruhla, um dort eine Lehre als Uhrmacherin zu absolvieren, leben, wie ich in einem Lehrlingswohnheim, der Kontakt zu ihrer Mutter sei so schlecht, daß sie am Wochenende nicht zu ihr könne, nicht zu ihr wolle. Carmen sei dann mit Uzkoreit zusammengekommen, sie, Peewee, glaube aber nicht, daß dies eine tiefergehende Geschichte wäre. Ich hörte all dies mit Erstaunen, fragte aber nicht weiter nach.

Also sah ich sie wieder, und sie gefiel mir, ich bewunderte ihre Stärke. Und sie mochte mich, das war sehr bald offensichtlich und konnte auch Uzkoreit nicht verborgen bleiben, mit dem sie zusammen war – Hans-Jürgen Uzkoreit, der mit mir zusammen vor dem Stadtgericht Berlin gestanden hatte und der nun bei Peewee untergekommen war. Wenn ich am Wochenende nach Rahnsdorf fuhr, und ich tat dies bald immer öfter, dann auch, um Carmen dort wiedersehen zu können. Peewee, die Psychologin, die ja dann später auch wirklich Psychologie studiert hat, zu einer Psychologin geworden ist, wußte es schnell. Und sie hatte nichts dagegen, sie hatte alles dafür. Dann an einem dieser Sonntage saßen wir in der größeren Runde beim Mittagessen zusammen: Carmen und Uzkoreit, Peewee und ich. Peewee hatte gekocht, und als sie den Topf auf den Tisch stellte, verbrannte ich mir die Hand an ihm. Carmen sprang von ihrem Platz neben mir auf, ging rasch in die Küche, um mir von dort eine Schale kalten Wassers zu holen – spätestens in diesem Moment wird Uzkoreit gewußt haben, daß er sie verloren hatte. Und wenn er es nicht von selber gespürt haben wird, dann wird er von Peewee darauf gestoßen worden sein, die es sofort brutal und deutlich auf den Punkt brachte, indem sie sagte, es bahne sich da wohl zwischen uns beiden etwas an. Ich mußte in die Stadt zurück und Carmen zu ihrem Zug nach Ruhla ins Internat, ins Lehrlingswohnheim der Uhrenfabrik. Wir gingen zusammen los, und es war klar, daß ich sie bis zum Bahnhof begleiten, auch ihre große, schwere Tasche tragen würde. Die Tasche war schwer, der Weg durch den Wald bis zum S-Bahnhof Rahnsdorf lang, Grund also, immer wieder anzuhalten, für einen Moment auszuruhen.

In der einsetzenden Dämmerung begannen wir uns zu küssen, und wir hörten damit nicht auf, bis wir zum Bahnhof Lichtenberg gekommen waren, von wo ihr Zug nach Ruhla abfahren sollte. Er stand schon dort bereit, als wir ankamen, dieser Zug, die Leute waren beim Einsteigen, die Abfahrt fahrplanmäßig in wenigen Minuten. Wir standen am Zug und küßten uns wieder, und als die Zeit gekommen war, wo Carmen in diesen Zug nach Ruhla hätte einsteigen müssen, die Zeit für unseren Abschied, sagte sie, sie würde nicht nach Ruhla in ihr Internat fahren, in das Lehrlingswohnheim der Ruhlaer Uhrenfabrik, niemals wieder, sie bliebe hier, sie bliebe bei mir.

Und damit legte sie ihr Schicksal in meine Hände, von nun an war ich für sie verantwortlich. Dieser Entschluß, er zeigte noch einmal ihre Stärke, die Stärke, die ich an ihr so bewundert, in die ich mich verliebt hatte, die ich liebte. Und mit diesem Entschluß verschwand sie, ihre Stärke. Für immer. Bis zu ihrem Tode. Und ich war für sie verantwortlich und bin deshalb auch für ihren Tod verantwortlich, mitverantwortlich. Daß sie nicht zu ihrer Mutter könne, das war klar, darüber mußte zwischen uns beiden nicht gesprochen werden, und also nahm ich sie mit zu mir. Mit zu meiner Mutter in die Wohnung. Mit in mein Bett. Wir schliefen zusammen in diesem plötzlich so schmalen Bett, wir schliefen miteinander, wir vereinigten uns. Sie weinte danach. Und am nächsten Morgen standen wir spät auf – daß ich an diesem Tage zu meiner Arbeit gehen würde: unmöglich, wir hatten ein paar Angelegenheiten zu regeln an diesem ersten Tag als Paar. Wir standen spät auf, und auf dem Frühstückstisch lag ein Zettel für mich, ein Zettel, den meine Mutter in der Frühe geschrieben hatte, und auf diesem Zettel stand, sie würde es mir verbieten, noch einmal eine Nacht mit Carmen zusammen in ihrer Wohnung zu verbringen, Carmen dürfe ihre Wohnung nicht mehr betreten. Wir aßen etwas, schwiegen dabei, und dann packte ich meine Sachen. Mir reichte eine Tasche. Ich warf noch einmal einen Blick in das Zimmer, in dem ich so lange gelebt hatte, ich wußte, ich würde es nie wieder sehen, nie wieder betreten. Wir verließen die Wohnung – wohin? Von dieser Frage *wohin?* war dann die ganze Zeit bis zu unserer Flucht in den Westen geprägt.

Wir fuhren mit dem Fahrstuhl nach unten, wollten gerade das Haus verlassen, da stand plötzlich Nina vor uns. Instinktsicher. Genau zum richtigen Zeitpunkt. Mit dem genauen Gespür dafür, daß sie mich nun verlieren könne. Noch hatte sie mich nicht verloren. Ganz noch nicht, und als sie mich mit Carmen aus der Tür kommen sah, wußte sie dies, wußte sie auch, was sie mir zu sagen hatte: daß sie mich liebe, daß nun alles gut werden würde, daß sie ihre Fehler bereue, daß sie wieder mit mir zusammensein wolle, mit mir allein, und daß für sie nun alles anders sei. Carmen war ein paar Schritte vorgegangen, sie ließ uns allein miteinander sprechen. Was in ihr vorgegangen sein mag in diesem Moment, ich weiß es nicht. War sie sich meiner sicher? Ich weiß es nicht. Aber sie hätte es sein können, und dies war gar keine Frage der Liebe, ich hatte eine Verpflichtung übernommen. Ich hatte mich um Carmen zu kümmern. Ich schickte Nina weg. Ich mußte es tun. Ich bereue nicht, es getan zu haben.

Ich weiß, daß das Kino ist und sich als Szene in der sechsteiligen Havemann-Saga sehr gut machen würde – würde ich wirklich das Drehbuch dafür schreiben, ich würde hier an dieser Stelle nun einen Schnitt machen und als nächstes Nina Hagen auf der Bühne zeigen, den Star Nina Hagen. Keine chronologische Vorgehensweise also gäbe es, Rückblenden mit Erinnerungen, aber auch Vorgriffe gäbe es bei mir in meinem Drehbuch, und deshalb wäre dies eine Erzählstruktur, die wohl doch nichts für Hollywood wäre, für amerikanische Finanziers und ihr Geld.

Ich schreibe dies jetzt einfach so hin, wie sie, die davon nicht loskam, mir dies mehrmals und unter Tränen erzählt hat. Ich habe mich niemals um den Wahrheitsgehalt dessen bemüht, was sie mir erzählte, niemals Nachforschungen darüber angestellt, ob dies denn wirklich so stimme, ich habe insbesondere nicht mit meiner Schwester darüber gesprochen, die bei dem Ganzen als ihre Freundin eine entscheidende Rolle gespielt hat, glaubt man dem, was Carmen zu erzählen wußte. Ich habe es geglaubt, habe es zumindest so für möglich gehalten, und einzig und allein darauf kommt es immer noch an, denn dies war es doch, was meine Vorstellung von der Vorgeschichte bestimmte, ihrer und damit dann auch unserer Vorgeschichte und der auch, die zu diesem Ketchup-Zwischenfall führte. Sie habe, so Carmen, meine Schwester in der Schule auf dem Hof kennengelernt, sie habe sich mit ihr angefreundet und sei dann sehr bald von meiner Schwester mit nach Grünheide Alt-Buchhorst ins Haus meines Vaters mitgenommen worden, habe durch sie auch Wolf Biermann kennengelernt. Sie habe all dies aufregend gefunden und sei von Biermann und meinem Vater sehr beeindruckt gewesen. Sie habe sich geschmeichelt gefühlt, als sich Biermann und mein Vater um sie bemühten, sich an ihr interessiert zeigten, an ihren Ansichten, ihren Erfahrungen und auch an ihrer Familiengeschichte. Sie habe sich besonders wegen dem Verständnis für ihre Familiengeschichte in diesem Kreis sehr wohl und angenommen gefühlt und erst nach eine Weile mitbekommen, daß das Interesse der beiden so viel älteren Männer an ihr ein vornehmlich sexuelles war. Sie habe nicht gewußt, wie sie darauf reagieren solle, sei gelähmt gewesen, habe die beiden nicht deutlich abgewiesen. Dann sei sie wieder einmal von meiner Schwester nach Grünheide Alt-Buchhorst ins Haus meines Vaters über das Wochenende mitgenommen worden. Mein Vater habe sich sehr um sie bemüht, ihr die ganze Zeit anzügliche Komplimente gemacht, er habe ihr Wein zu trinken gegeben. Sie sei müde geworden, habe schlafen gehen wollen, meine Schwester habe sie zu dem Bett im Arbeitszimmer meines Vaters gebracht, sie sei dann ins Bett gegangen.

Sie sei zur selben Zeit in der Schule in die Mangel genommen worden, man habe in einer ganzen Reihe von Sitzungen beim Direktor im Beisein ihrer Mutter auf sie einzuwirken versucht, ihre Beziehung zu den Staatsfeinden Havemann und Biermann abzubrechen, sich von ihnen zu distanzieren. Sie habe sich dem bis zuletzt verweigert, habe meinen Vater und Wolf Biermann die ganze Zeit verteidigt. Ihre Muter habe daraufhin die Erziehungsberechtigung über sie dem Jugendamt übertragen, sie sei der Schule verwiesen und nach Ruhla ins Uhrenwerk verfrachtet worden, um dort eine Lehre als Uhrmacherin zu beginnen. Sie sei dort in Ruhla wegen ihres fremdländischen Aussehens, ihrer wilden Locken von den Arbeitern als *Negerhure* beschimpft worden – reicht das?

Nein, es reicht nicht, es ist hier noch die Familiengeschichte Tetzner zu erzählen – ohne die bleibt es unverständlich. Carmens Vater, er war sechzehn, als die Nazis an die Macht kamen, sein Vater Kommunist, Funktionär der Kommunistischen Partei, der KPD, von den Nazis gleich mit der ersten Welle ins KZ gesteckt. Sein Sohn, Carmens Vater, Mitglied der Leitung des Kommunistischen Jugendverbandes in Sachsen, ebenso. Mit sechzehn Jahren. Im Konzentrationslager beschließen die Genossen, der Junge müsse raus, dürfe nicht im Lager bleiben, er gehe ihnen dort kaputt. Sie organisieren seine Flucht, die Flucht gelingt auch. Er hat die Adresse einer Frau in Leipzig, an die er sich wenden solle, die einer alten Genossin. Er schlägt sich nach Leipzig durch, findet die Frau, die ihn sofort aufnimmt, ihn in der Speisekammer versteckt – auch vor ihrem Mann, der die Seiten gewechselt hat, nun bei der SA ist. Der Mann merkt nichts. Er bleibt eine Zeit in dem Versteck, bis die Frau meint, es würde zu gefährlich für ihn. Sie packt den jungen Tetzner in einen großen Koffer und fährt mit ihm nach Prag, auf dem Leipziger Hauptbahnhof hilft ihr ein freundlicher SA-Mann den schweren Koffer zum Zug zu tragen. Von Prag aus geht der junge Tetzner nach Moskau, arbeitet dort in der Komintern – von seiner Tochter Carmen später auf den Namen Trotzki angesprochen, wird er mit Tränen reagieren und ihr dann erklären, es könne manchmal passieren, daß man von den eigenen Genossen zu Unrecht als Verräter verdächtigt wird. Der spanische Bürgerkrieg bricht aus, der junge Tetzner bittet, bei der Internationalen Brigade mitkämpfen zu dürfen – war das eine Flucht vor dem stalinistischen Terror? Er kämpft in Spanien in der Internationalen Brigade – als es in der DDR dann einen mehrteiligen Fernsehfilm über Hans Beimler gibt, den Leiter der deutschen Sektion der Internationalen Brigade, an dessen Ende sein Tod nur angedeutet bleibt, erklärt er seiner Tochter Carmen, daß Beimler von den eigenen Leuten umgebracht worden sei. Nach der Niederlage der republikanischen Seite wechselt er mit den Resten der Internationalen Brigade nach Frankreich, wird dort interniert. Ihm gelingt die Flucht aus dem Internierungslager. Er geht nicht nach Moskau zurück – verweigert er sich? Er bekommt von der Komintern aufgrund seiner Spanischkenntnisse den Auftrag, nach Südamerika zu gehen. Er ist erst in Argentinien, dann auch in Uruguay als Agent der Komintern tätig, wird mehrmals verhaftet, kommt aber immer wieder frei. In Argentinien lernt er eine junge Frau kennen, die Mutter von Carmen, die in einer der sechs reichsten Familien Argentiniens mit riesigen Ländereien in ihrem Besitz aufgewachsen und in einer streng katholischen Klosterschule erzogen worden ist. Die beiden lieben sich. Der junge, völlig mittellose Kommunist heiratet die katholische Tochter der reichen Familie. Sie bekommen eine Tochter, dann einen Sohn, der später als Matrose der DDR-Handelsschiffahrt arbeiten wird. Die Familie muß aus Argentinien fliehen, dem jungen Familienvater droht wieder mal die Verhaftung. Sie gehen nach Uruguay, dann nach Mexiko, sie leben davon, daß sie den geerbten Schmuck der Frau versetzen. Der Krieg ist aus, die DDR wird gegründet. Tetzner sieht seinen Platz in dem sozialistischen Teil Deutschlands. Die Familie beschließt, in die DDR zu gehen, die Überfahrt nach Europa kostet den letzten Schmuck. Tetzner wird mit seiner Familie in dem sächsisch-erzgebirgischen Bergarbeiterdorf, in dem er aufgewachsen ist und in das er als erstes zurückkehrt, um seinen Vater zu sehen, mit einer pompösen Feier auf dem Dorfplatz begrüßt. Nach der Feier nimmt ihn sein Vater zur Seite und erzählt ihm, wie es ihm nach seiner Entlassung aus dem KZ Ende der 30er Jahre in diesem Dorf ergangen ist, wie dieselben Leute, die seinen Sohn heute als Kommunisten feiern, damals die Straßenseite gewechselt haben, wenn sie ihn, den ehemaligen KZler, haben kommen sehen, er erklärt ihm, wer alles in der Partei war, der Nazi-Partei, und wer es nun wieder ist, in der SED, er erklärt ihm, daß die Partei von Nazis durchseucht sei. Am nächsten Tag kommen Funktionäre der Partei, um mit dem Heimkehrer Tetzner darüber zu sprechen, in welchen Funktionen er tätig sein könne. Tetzner lehnt ab, Tetzner erklärt, er sei jetzt fast dreißig, er habe nie einen ordentlichen Beruf erlernt, er wolle dies jetzt nachholen. Tetzner wird Lehrling, Tetzner erlernt den Beruf eines Rohrlegers. Tetzner arbeitet als Rohrleger in Karl-Marx-Stadt, dem umbenannten Chemnitz. Seine Frau muß arbeiten gehen, damit sie ihre dann auf vier Kinder anwachsende Familie ernähren können. Sie arbeitet in drei Schichten in einem Spinnereibetrieb, sie spricht kein Deutsch – sie wird es nie richtig lernen. Im Winter geht sie im Pelzmantel zur Arbeit, dem einzigen, was ihr von ihrem früheren Reichtum geblieben ist. Tetzner macht nach Feierabend eine Ausbildung als Rohrlegermeister. Er wird Meister, bekommt seine eigene Brigade. Dann sagt er seiner Partei, nun wolle er studieren, internationale Politik. Tetzner ist Anfang Vierzig, als er nach Berlin wechselt, um zu studieren. Er bekommt eine Wohnung in Berlin, die Familie soll ihm nachfolgen. Er wird krank, schwer krank. Seine Frau gibt ihre Arbeit in Karl-Marx-Stadt auf, eilt mit den Kindern nach Berlin, legt sich zu ihrem Mann ins Bett, auch sie krank. Die Genossin aus Leipzig, die ihn 33 in ihrer Speisekammer versteckt hielt, nunmehr eine alte Frau, taucht wieder auf, sie übernimmt die Pflege des kranken Ehepaars, kümmert sich ein Jahr lang um die vier Kinder. Tetzner wird wieder gesund, studiert weiter, auch seine Frau wird wieder gesund, bekommt eine Anstellung in der Botschaft des sozialistischen Kuba. Nach Beendigung seines Studiums arbeitet Tetzner im Außenministerium der DDR. Nach Feierabend geht er in das Selbstbedienungsrestaurant am Alex, um ein Bier zu trinken und mit den Arbeitern, die dort vorbeikommen, politisch zu diskutieren. Diese hitzigen Debatten setzen sich dann oft bis spät in die Nacht in der Wohnung der Familie Tetzner im Neubauviertel hinter der Karl-Marx-Allee fort. Tetzner verteidigt den Sozialismus. Die Arbeiter sagen, er habe ihnen nichts gebracht. Die Arbeiter sagen, wenn alle Funktionäre wären wie er, wäre der Sozialismus ein anderer, und Tetzner weiß, daß sie recht haben. Er wird nach Jugoslawien zu Geheimverhandlungen geschickt, die DDR will ihre Beziehungen zu dem einst als abtrünnig geltenden Land normalisieren. Während dieser anstrengenden Verhandlungen bricht Tetzner zusammen, er fällt einfach vornüber auf den Tisch. Tetzner ist tot. Das Leben eines deutschen Kommunisten.

Ja, es reicht. Weiter? Mehr davon? Die Mutter von Carmen, die noch junge Witwe, flüchtet sich in die Krankheit, die alte Frau aus Leipzig kommt zurück. Carmen muß mit ihrer Mutter im Ehebett schlafen, ihre Mutter hält es dort allein in den Nächten nicht aus. Ihre Mutter wird verrückt, sie redet unter Tränen jede Nacht auf ihre Tochter ein, als wäre sie ihr Mann, klammert sich an ihr fest. Der jüngste Sohn Roverto gerät auf die schiefe Bahn, er gründet eine Gang, die einzig und allein aus den Kindern von ausländischen Kommunisten besteht, die in der DDR leben. Seine Mutter weiß nichts davon – er wird später in einem Erziehungsheim landen. Die älteste Tochter, dicklich und unglücklich in der Liebe, wird eine stramme Parteifunktionärin, mit der Carmen bei der geringsten kritischen Bemerkung über die DDR in heftigste Konflikte gerät. Sie wird mich vom ersten Moment an als Staatsfeind hassen, als sie mich kennenlernt – später wird sie einen Iraner treffen, ihre große Liebe, der in West-Berlin studiert, die DDR wird ihm verwehren, sie zu heiraten, mit ihr in Ost-Berlin zusammenzuleben. Dieser Iraner wird mich nach dem Tod von Carmen im Westen besuchen, er will wissen, wie man aus der DDR abhauen kann, er wird dann seiner Geliebten, der Schwester von Carmen, zur Flucht verhelfen. Auch die Mutter von Carmen wird in den Westen kommen, erst immer wieder zu Besuch, nach der Flucht ihrer ältesten Tochter für immer. Und zuletzt wird auch der jüngste Sohn Roverto von seiner Erziehungsanstalt in den Westen wechseln können. Ich werde die Mutter von Carmen zum letzten Mal bei der Einäscherung ihrer Tochter treffen. Sie wird im Krematorium schluchzend neben mir sitzen, meine Hand halten und mir anschließend in einem Restaurant begeistert von einer internationalen Frauenkonferenz in Ost-Berlin erzählen, an der sie als Betreuerin der lateinamerikanischen Gäste hat teilnehmen dürfen, bei der sie Angela Davis hat erleben können.

Nun reicht es. Nein, noch eine Geschichte, die in diesen Zusammenhang gehört: der Junge hieß Miguel und gehörte mit zu diesem Kreis von Kindern kommunistischer Exilanten in der DDR, aus dem sich auch die Gang von Roverto, von Carmens Bruder, rekrutierte.

Vertrauliche Dienstsache, Auszug aus einem IM-Bericht vom 13. April 1970: Geschwärzt lang *fragt* Geschwärzt kurz, *wie es geht.* Geschwärzt lang *geht es normal.* Geschwärzt lang *fragt, wann* Geschwärzt kurz *wieder einmal rauskommen will.* Geschwärzt kurz *will in Bälde wieder einmal rauskommen.* Geschwärzt lang *fragt weiter, ob es etwas Wichtiges gibt.* Geschwärzt kurz *erklärt, es gibt nichts Wichtiges, außer, daß dieser Achtgro-*

schenjunge der Stasi, der Miguel, hochinteressante Pläne ausposaunt. Geschwärzt lang *bemerkt, das hat er gestern auch noch gehört.* Geschwärzt lang *war ja deswegen ganz besorgt.* Geschwärzt kurz *stellt fest, der Miguel will ihn vergiften.* Geschwärzt lang *muß darüber lachen, das ist doch ein Vollidiot.* Geschwärzt lang *fragt, was für einen Beruf dessen Vater hat.* Geschwärzt kurz *berichtet, dessen Vater ist beim Internationalen Radio der DDR der Chef* (handschriftliche Randnotiz dazu: *sofort aufklären*, Zusatz unten: *Vater beim BBI verantw. für Leserpost aus Lateinamerika*). *Wie der mit Nachnamen heißt, weiß* Geschwärzt kurz *nicht* Geschwärzt lang *stellt fest, nach dem, was der Junge gesagt hat, nimmt er an, daß der einfach ein Spinner ist. So etwas ist doch irgendwie krankhaft.* Geschwärzt kurz *erwidert, das ist eine Voraussetzung, um sich mit all seiner Bekloppheit* (Rechtschreibfehler im Original) *zu engagieren. Das ist eine elegante Lösung, die auch nicht so neu ist in der Arbeiterbewegung. Der soll aber daran denken, daß die Vergifter auch vergiftet werden.*
Handschriftlicher Zusatz unter dem maschinengeschriebenen Text: *Carmo, Alfredo-Miguel, 9. 5. 1952 Rio de Janeiro, Schüler, Berlin 2, Köpenickerstr. 110, erfaßt für die KD Mitte / wird bearb. im OP-Vorgang.*

Um wen wird es sich bei diesen beiden Geschwärzten handeln? Folge ich dieser Frau Vogel, dann ist dies ganz klar, und *Geschwärzt kurz*, der von *Geschwärzt lang* gefragt wird, wann er wieder mal rauskommen wolle, nach Grünheide Alt-Buchhorst, wie dann anzunehmen wäre, das muß dann Wolf sein, Wolf Biermann, und *Geschwärzt lang* niemand anderes als mein Vater, Robert Havemann. Und: folge ich Frau Vogel in ihrer Vermutung? Ja, ich tue es. Ich höre die beiden da richtig miteinander reden, *Spinner* und *krankhaft*, das klingt sehr nach meinem Vater, und Wolf tat ja immer auch so, als kenne er sich in der Geschichte der deutschen Arbeiterbewegung aus. Diese Wendung, daß die *Vergifter* auch *vergiftet* werden würden, das ist ein typischer Biermann, das, was er unter Dialektik verstand.

Aber es geht noch weiter, und in einem Zusatzbericht der Stasi vom darauffolgenden Mai heißt es:
Während der Feierlichkeiten zum 20. Jahrestag der DDR wurde Carmo, Alberto-Miguel wegen Staatsverleumdung durch die VP festgenommen. Es wurde gegen ihn ein Ermittlungsverfahren ohne Haft eingeleitet. In der Folgezeit bildete Carmo, Alberto-Miguel eine Gruppe negativer Jugendlicher, die sich aus Ober- und Berufsschülern zusammensetzte. Diese Gruppe befaßt sich vorwiegend mit revisionistischer Literatur, z.B. Mao-Literatur, Literatur von Ernst Fischer, von Havemann u.a. (Anmerkung von mir: die Charakterisierung maoistischer Schriften als revisionistisch ist natürlich witzig und bezeichnend, wo es doch Revisionismus war, was Mao seinen sowjetischen Genossen vorwarf und ihren Gefolgsleuten.) *Diese Gruppe feierte gemeinsam Partys, auf denen Lieder, Gedichte und Balladen von Biermann gesungen und vorgetragen wurden, dabei wird das Lied: »Die Stasi mein Freund und Eckermann« vorrangig behandelt.*
Über den Vater heißt es: *Er liegt für die XX/7/I ein*, und dies dürfte ja wohl bedeuten, daß dieser Mann für das Ministerium für Staatssicherheit tätig war.

Worin ich Frau Vogel nicht folge, das ist ihre Vorstellung, mein Vater und Wolf Biermann hätten diesen Miguel bei der Stasi denunzieren wollen, indem sie am Telefon so über ihn sprachen – wobei ich aber wie sie davon ausgehe, die beiden hätten im Bewußtsein dessen über ihn am Telefon gesprochen, daß sie abgehört werden. Sie werden ihn, diesen *krankhaften Spinner*, den sie nicht verstanden, so meine Vermutung, auf diese Weise loszuwerden versucht haben. Sie werden sich gedacht haben, dies sei eine *elegante Lösung*, ihn bei seinem angenommenen Auftraggeber, bei der Stasi, zu verdächtigen, ein Agent provocateur zu sein, auf daß die Stasi ihn dann, weil verbrannt, zurückziehe – eine bewährte Methode, auch innerhalb der Arbeiterbewegung. Der herbe Witz ist nur, die Tragik des ganzen Vorgangs, daß dieser junge Mann in seiner *Bekloppttheit* (von mir nun orthographisch richtig geschrieben) so bekloppt war, sich in seiner Gruppe *negativer Jugendlicher* mit der *revisionistischen* Literatur von Havemann zu befassen, daß er sich auf den Partys mit seinen Kumpels nicht zu schade war, Biermann-Lieder zu singen und, ausgerechnet auch das noch, die *Stasi-Ballade* – er, der offensichtlich von den beiden, von Havemann und Biermann, verdächtigt wurde, bei der Stasi zu sein. Und er war's nicht, er wurde von der Stasi selber bespitzelt, war von ihr als *operativer Vorgang* erfaßt.

Warum erzähle ich diese Geschichte? Warum erzähle ich sie hier in diesem Zusammenhang? Doch nicht etwa, weil ich meine, sie würde die Glaubwürdigkeit dieser anderen, meiner Carmen-Geschichte, der von Carmens Carmen-Geschichte verstärken? Das tut sie zwar vielleicht auch, und weil dem so ist, fällt es mir ja auf und stellt sich mir auch überhaupt erst die Frage, warum ich hier von Alberto-Miguel Carmo erzähle, den ich doch selber gar nicht gekannt habe, aber das ist es nicht – diese Carmen-Geschichte von meinem Vater, sie muß für mich nicht glaubwürdiger werden, als sie es damals war, als sie mir davon erzählte, glaubwürdig durch ihren Schmerz. Mehr brauche ich auch jetzt noch nicht, und sie für andere, für irgendwelche Leser glaubwürdiger erscheinen zu lassen, darauf kommt es mir nicht an. Der Wahrheitsgehalt spielt nicht die entscheidende Rolle, und ich werde auch keine dahingehenden Nachforschungen betreiben, werde insbesondere meine Schwester nicht befragen – wozu auch? Worauf es allein ankommt, das ist, daß ich Carmen diese Geschichte geglaubt habe, als sie sie mir erzählte, daß sie mir damals glaubwürdig erschien. Und das genügt. Das genügt auch dafür, diese Geschichte hier zu erzählen, ohne Absicherung, ohne sie auf ihren Wahrheitsgehalt überprüft zu haben. Das genügt, weil sie auf mich wirkte, diese Geschichte, weil sie mir Carmen erklärte. Ihren Zusammenbruch. Weil diese Geschichte mich ihr noch einmal mehr verpflichtete. Aber warum erzähle ich hier und dann auch noch in diesem Zusammenhang die Geschichte von Alberto-Miguel Carmo? Weil auch das eine Geschichte war, die mir Carmen erzählt hat, weil es die Welt war, in der sie lebte. Weil auch ich sie durch diese Geschichten verstehen lernte. In ihrer Verzweiflung.

Und deshalb erzähle ich sie hier auch noch einmal richtig und von Anfang an, die Geschichte der Familie: der Vater, ein brasilianischer Kommunist, ein Salon-Kommunist sicher erst einmal nur, denn er wuchs ja in einer reichen Familie auf, gehörte mit zu den oberen Zehntausend in dieser Millionenstadt Rio de Janeiro – aber der internationale Bürgerkrieg des 20. Jahrhunderts zwang ihn, wie so viele andere auch, in die Schützengräben, die Komintern beorderte ihn an einen ihrer unsichtbaren Frontabschnitte, und also landete er irgendwann einmal im Gefängnis. Vor sich eine langjährige Haftstrafe, vielleicht ein Todesurteil wegen Hochverrats. Eines Tages aber meldet sich der Schweizer Botschafter in Brasilien zum Besuch in diesem Gefängnis an, er will diesen Carmo sprechen. Man läßt ihn herein, führt ihn zu der Zelle des Carmo, der Schweizer Botschafter nimmt Carmo am Arm und verläßt mit ihm die Zelle, dann das Gefängnis – am Arm des Schweizer Botschafters befindet er sich sozusagen auf exterritorialem, wenn nicht sogar schon auf dem Gebiet der Schweiz. Der Botschafter fährt mit Carmo zum Flughafen, fliegt mit ihm nach Europa. Einer aus der Oberklassenfamilie von Carmo hatte das organisiert, sein Bruder, wenn ich mich daran richtig erinnere, Minister in der Regierung Vargas, des diktatorisch regierenden Präsidenten – lateinamerikanische Verhältnisse. Carmo geht in die DDR, die ihn gerne aufnimmt, Carmo läßt seine Familie aus Brasilien nachkommen, alles glühende Kommunisten, die glauben, die DDR sei auf dem Wege zu ihrem Kommunismus. Der Sohn, Alberto-Miguel, ein Zweihundertfünfzigprozentiger, verprügelt jeden in seiner Schule, der es wagt, sich abfällig und kritisch über die DDR zu äußern. Im Unterschied zu seinem Vater aber, der weiterhin im Geiste der Leserpost, die er für den Rundfunk der DDR beantwortet, in Lateinamerika bleibt, lebt sein Sohn wirklich in der DDR. Und er erkennt, daß diese DDR nichts mit dem Kommunismus zu tun hat, an den er glaubt. Er fängt in seiner Schule zu stänkern an, wird mit derselben

Leidenschaft zum Kritiker der DDR, wie er sie zuvor verteidigt hat. Er fängt mit seinem Vater Streit an, wegen der DDR, die der Vater leidenschaftlich verteidigt, der Sohn leidenschaftlich angreift. Es kommt zu Szenen, die sich so sehr steigern, daß sie sich verprügeln. Der Sohn wird am 7. Oktober 1969, am Feiertag zur Gründung der DDR, verhaftet, dann aber wieder entlassen. Ein Ermittlungsverfahren wird gegen ihn eingeleitet. Der Vater rastet aus, als er davon erfährt. Er schreibt Briefe an Walter Ulbricht, in denen er die DDR als Diktatur und Polizeistaat anprangert. Der Sohn will weg aus der DDR, er darf in den Westen. Er kommt bei dieser Frau Vogel unter, einer Pastorin, hält es aber in West-Berlin nicht aus, fährt jeden Tag in den Osten, nach Ost-Berlin, wo er wieder mit seinen alten Kumpels zusammen ist. Er muß wie jeder Besucher der DDR an der Grenze 25 Mark Eintrittsgeld bezahlen. Er hat dieses Geld natürlich nicht. Der DFD, der Demokratische Frauenbund Deutschlands, der DDR, wie es hier nun genauer heißen muß, damit die Absurdität auch wirklich klar wird, übernimmt diese Kosten, bezahlt ihm seinen Eintritt in die DDR aus seinem Devisenfonds. Ich weiß nicht, wie lange das so ging. Ewig nicht. Das alles weiß ich von Carmen, den Rest von Frau Vogel, der Pastorin, die sich um ihn gekümmert hat: Miguel verläßt Berlin, Ost- und West-Berlin, zieht nach Bayern, gründet eine Familie, wird Vater, und irgendwann ist er gestorben.

Wenn man nicht mehr weiterweiß, rufe man die Polizei zur Hilfe.
Erhebe sich moralisch über meinen Vater, wer sich moralisch über ihn erheben mag, verurteile ihn, wer meint, dies tun zu können – ich konnte es so einfach nicht, ich mußte mir die Mühe machen, diese Geschichte, die Carmen mir erzählt hat und an deren Wahrheitsgehalt ich keinen Grund hatte zu zweifeln, in ihre Bestandteile aufzulösen, mußte meines Vaters Leidenschaft für das junge Gemüse, die Reize junger Frauen und Mädchen und auch das Inzestuöse dabei von dem trennen, daß er Carmen, nachdem sie seinem Drängen nicht nachgegeben hatte, so mir nichts, dir nichts rausgeworfen hat, ohne Rücksicht darauf, was

dies für sie bedeutet, unter den politischen Umständen auch bedeuten mußte. Was mich damals schon, als ich diese Geschichte zum ersten Mal von Carmen hörte, erstaunte und was mich immer noch staunen macht, denke ich heute daran, das ist, wie unvorsichtig er war, wie wenig er bei dieser Sache auf seine gefährdete Situation zu achten schien – man stelle sich einmal vor, Carmen hätte in ihrer Not die Polizei zu Hilfe gerufen, hätte eine Anzeige gegen meinen Vater erstattet. Gab es irgend etwas, das ihn sicher machte, sicher machen konnte, daß ihm dies nicht passieren, daß ihm auch in diesem Falle nicht groß etwas passieren würde, daß er da keinen Prozeß an den Hals bekäme, der ihn moralisch diskreditierte, ihn damit auch politisch erledigte? Ihn dahin brächte, wo einige mächtige Leute in der DDR ihn sowieso haben wollten: hinter Gitter, ins Gefängnis. Was für eine bessere Gelegenheit hätte es geben können, diesen Mann ein für allemal zur Strecke zu bringen? Ein Monster, ein Sex-Monster, ein Kinderschänder, ein Mann, der permanent junge Frauen belästigt, dabei auch vor minderjährigen Mädchen nicht haltmacht – man legt sich ja vieles zurecht und zu seinen Gunsten aus, um sich für sich selber aus der Gefahr herauszureden, in der man steckt, und dieses Gerede von meinem Vater, die Russen würden ihn schützen, es war das wohl so etwas, so ein Pfeifen im dunklen Wald, aber ich kann mir das nicht vorstellen, daß es da irgend etwas gegeben haben könnte, von dem mein Vater annehmen konnte, es würde ihn auch im Falle solcher Verdächtigungen vor einem Strafverfahren bewahren, ich kann es einfach nicht. Bei Stalin wird es so etwas gegeben haben, für seinen engsten Kreis, für die Mächtigen des weiten Reiches, des Sowjetlandes, das kann ich mir vorstellen, und es scheint ja mittlerweile auch erwiesen, daß dem so war, daß zum Beispiel dieser Oberbonze Kaganowitsch, Mitglied von Stalins Politbüro, ein passionierter Jäger von Jungfernhäutchen kleiner Mädchen gewesen ist – aber doch nicht in der kleinen DDR, in dieser Kleingartenanlage, in diesem Kleinbürger-Sozialismus. Und wenn es diese Nachsicht der obersten Partei- und Staatsführung in einigen Fällen auch in der DDR gegeben haben sollte, auch wenn ich mir das bei solchen Chefs wie Ulbricht und Honecker schwer vorstellen kann, so hätte doch mein Vater keinen Grund zu der Annahme gehabt, er würde in den Genuß dieser Nachsicht kommen. Oder hatten sie ihm früher schon Geschichten durchgehen lassen? Strafrechtlich relevante Geschichten – so viel Phantasie habe ich dann doch nicht, mir eine ganz andere DDR vorzustellen als die, die ich erlebt habe.

Bleibt im Falle meines Vaters die Leidenschaft, die Leidenschaft für das junge Gemüse, das ich hier nur deshalb *junges Gemüse* nenne, weil mein Vater das junge Gemüse *junges Gemüse* genannt hat – ich will dies nicht als Indiz überbewerten, ich will hier überhaupt keine nachgeschobene, sich nur auf vage Indizien stützende Untersuchung darüber anstellen, wie es wohl gewesen sein mag. Entscheidend ist hier nur, jedenfalls für mich, daß ich die Unvorsichtigkeit meines Vaters mit einer Leidenschaft erklärte, mit einer Leidenschaft, die so stark sein mußte, daß ihm die Gefahr, in die sie ihn brache, dann egal war. Eine Leidenschaft, eine heftige Leidenschaft, der dann die möglichen Folgen egal sind, muß als Erklärung gelten gelassen werden – entschuldigt sie aber auch einen Menschen? Nein, das tut sie, genaugenommen, natürlich nicht, aber so genau nehme ich es nicht, so genau muß ich es nur als Verfassungsrichter nehmen. Mein Vater hat geweint, als Carmen sich weigerte, zu ihm ins Bett zu kommen, er hat geweint, er ist nicht gewalttätig geworden. Wie tief auch dieser Schmerz gewesen sein mag, wie sehr er auch aus verletzter Eitelkeit herrühren mochte, Schmerz ist Schmerz. Und damit nicht reduzierbar. Für eine aristokratische Gesinnung natürlich nur. Für eine elende Kreatur wie mich, die auch schon Schmerzen erlitten hat, die sich für andere auf verletzte Eitelkeit, auf hochmütigen Stolz reduzieren ließen. Daß Leidenschaften so stark sein können, daß sie einen unvorsichtig werden, die Gefahr nicht mehr scheuen lassen, in die sie einen bringen, das ist etwas, das für mich zählt. Natürlich gibt es darin dann dieses selbstzerstörerische Moment, und mein Vater, ich werde es nicht vergessen, ihm auch zugute halten, mein Vater hat den Widerstandskampf gegen die Nazis gewagt, wohl wissend, daß ihn dieser Kampf in die Todeszelle bringen kann. Wer in diesem Heroismus die Bereitschaft zur Selbstzerstörung übersehen will, der ist in meinen Augen naiv. Ohne Leidenschaften ist dies nicht getan, ohne Leidenschaft wagt man so etwas nicht – klar, aber auch klar, daß Leidenschaften, so sie denn stark genug sind, immer die Bereitschaft zur Selbstzerstörung mit einschließen. Wer nur leben will, heil durchkommen, der versteht das nicht, und sein Unverständnis sagt nur über ihn selber etwas aus, nicht aber über das, was er da nicht versteht, nicht verstehen kann. Bliebe natürlich noch eine andere Möglichkeit, die nämlich, daß die Geschichte, so wie Carmen mir sie erzählt hat, gar nicht wahr ist, daß sie mir da nur etwas erzählt hat, von dem sie vielleicht annehmen konnte, ich würde es glauben, es hielte mich bei ihr fest, indem es mich von meiner Familie, meinem Vater entferne und auch von meiner Schwester – entscheidend an dieser logisch nicht ganz auszuschließenden Möglichkeit ist, daß sie mir jetzt erst mit dem Abstand so vieler Jahre überhaupt einfällt. Entscheidend bleibt, daß ich diese Geschichte glaubte. Daß ich sehr viele Gründe hatte, sie ihr zu glauben. Daß ich sehr viele andere Geschichten mit meinem Vater erlebt hatte, die mir Grund genug gaben, auch diese Geschichte zu glauben. Ich will sie jetzt nicht alle aufzählen, sie erzählen, diese anderen Geschichten. Jetzt nicht und vielleicht nie. Ich will bei Carmen und mir bleiben. Und wie sie mir ihre Geschichte erzählt hat. Winselnd. Heulend. Unter Tränen. Und wieder ist es der Schmerz, der für mich zählt. Der damals schon für mich entscheidend war. Ihre Anklage, die sich gegen diesen Mann richtete, der mein Vater war, ihre Anklage, die sich aber gegen diesen Mann richtete, der sie hinausgeworfen hatte. Und damit nicht nur aus seinem Haus, sondern auch aus dem Kreis von Menschen, in dem sie sich wohl und aufgehoben gefühlt hatte. Ihre Anklage, die sich gegen meinen Vater richtete, aber nicht nur allein gegen ihn, sondern auch gegen diejenigen, die danach jeglichen Verkehr mit ihr abbrachen, gegen Biermann zum Beispiel. Gegen meine Schwester auch. Ihre Anklage, die sich aber gegen mehr als nur diese Menschen richtete, die so oder so in diese ganze Geschichte verwickelt waren, die sich gegen die Menschen überhaupt richtete. Gegen die Menschen, die sich gegenseitig solche Dinge antun. Gegen die Menschheit also. Und das verstand ich. Wenn es um Vorwürfe gegen die Menschheit geht, bin ich immer mit dabei. Weil es selbstzerstörerisch ist. Ich deshalb doch auch meinen Vater verstehen mußte. Auch Carmen ihn auf ihre Weise verstand, in diesem einen Punkte ja. Mit ihr zusammenzusein, es bedeutete, ganz intim und vertraut mit dieser Möglichkeit zur eigenen Zerstörung zu leben. Sie hatte sie in sich, ich hatte sie in mir, die Selbstzerstörung. Ohne dies bleibt unverständlich, was uns geschah, was wir in dieser Zeit bis zu unserer Flucht in den Westen, unserer Flucht aus dem Osten, wie es richtiger heißen müßte, durchlebten, ohne dies bleibt auch die Flucht selber unverständlich. Bei ihr war es stärker als bei mir, das Selbstzerstörerische, und weil es bei ihr stärker war als bei mir, war ich für sie verantwortlich. Verantwortlich dafür, daß sie überlebt.

Wenn man nicht mehr weiterweiß, rufe man die Polizei zur Hilfe.
Es war Carmen, die nach der vermaledeiten Ketchup-Flasche gegriffen hat, die von meiner Schwester zu jedem gemeinsamen Frühstück und Abendessen auf den Tisch gestellt worden war. Keiner hatte sie in diesen zwei Wochen berührt, in denen wir zusammen mit meinem Vater und an seinem Tische hatten essen können. Sie stand da immer mitten auf dem Tisch, blieb aber unberührt. Ich sehe es noch vor mir, wie Carmen ihre Hand nach der Ketchup-Flasche ausstreckte, sehe es genau, und ich wußte es auch in dem Moment schon, als sie ihre Hand nach dieser Flasche ausstreckte, daß dies Folgen haben würde, daß sie damit etwas tat, das meinem Vater gegen den Strich geht. Ich hielt den Atem an, auch meine Schwester hielt den Atem an, mein Vater hielt den Atem an, und dann, als Carmen sich unschuldig etwas von diesem blöden Ketchup auf ihr Brot träufeln ließ, donnerte er los: was das für eine Unverschämtheit von ihr wäre, sich einfach, ohne ihn zu fragen, ihn um Erlaubnis zu bitten, diese Ketchup-Flasche zu nehmen, die er sich aus dem Westen besorgt habe – oder war's doch der Intershop und dann nur, aber was heißt hier

nur, das Westgeld, das sie ihn gekostet hatte. Robert Havemann, ein deutscher Kommunist. Carmen stand vom Tisch auf, ich folgte ihr, mit dem gemeinsamen Essen war es damit vorbei. Carmen und ich, wir lebten in dem Holzhaus, das meiner Mutter bei der Scheidung zugesprochen worden war, meine Schwester bei unserem Vater in dessen Steinhaus, wir lebten von den 80 Mark, die ich monatlich als Lehrling bekam. Es gibt viele Variationen, in denen man Kartoffeln zubereiten kann. Carmen verließ das Haus nicht, wenn ich tagsüber den langen Weg nach Schöneweide machte, zu meiner Berufsschule, sie wollte meinem Vater nicht begegnen müssen, von ihm nicht gesehen werden. Und da erst, in dieser Zeit erst erzählte sie mir wirklich und ausführlich ihre Geschichte, die ich bis dahin nur in Andeutungen kannte, die Geschichte, die sie mit meinem Vater erlebt hatte. Und meiner Schwester. Und was für eine reife Persönlichkeit ich schon damals war, das sieht man daran, daß ich nicht zu meinem Vater rüber in sein Haus gegangen bin und ihn verprügelt habe. Oder gar mehr.

Zur Ergänzung

Aber das alles ist natürlich nur mal wieder meine Sichtweise, und ich zitiere deshalb in diesem Falle aus einer mir vorliegenden Quelle, die eine andere Sicht auf jene für mein Leben so wichtigen Ereignisse ermöglicht – das Ganze also mal von einer anderen Perspektive aus gesehen, der einer anderen Beteiligten in diesem Drama.

Was sind denn das für Pläne, von denen meine Schwester in ihrem Brief schreibt? Ein Maurer soll kommen, um an der Terrasse zu bauen, der, wohlgemerkt, vor dem Steinhaus unseres Vaters – ich wüßte nicht, wie Carmen und ich dabei hätten stören können. Eine Frau wird kommen, für unseren kranken Vater den Haushalt zu führen, damit meine Schwester auch nicht so an das Haus gebunden ist – auch dafür werden wir wohl schwerlich störend gewesen sein können. Aber da ist dann noch dieser Maler, der bald kommen wird und wohl das Holzhäuschen streichen sollte, in dem Carmen und ich untergekommen waren und das zu diesem Zeitpunkt übrigens noch unserer Mutter gehörte, das obendrein seit Jahren nicht renoviert worden war und dessen Renovierung sehr gut auch noch ein bißchen warten konnte, da es ja einen Plan gar nicht gab, wer da in diesem Holzhäuschen, das da noch, wohlgemerkt, Karin Havemann gehörte, hätte wohnen sollen, und irgendeinen Bedarf dafür, daß da jemand wohne, den gab es nicht – nur ich und Carmen waren bedürftig. Niemand sonst. Und was ist das mit den unerträglichen Kopfschmerzen, die mich plagen, die manchmal so schlimm sind, daß ich nicht mehr laufen kann, mich irgendwo anlehnen muß? Ja, meine Schwester hatte recht: mir ging's hundsmiserabel, eine ganz schlimme Migräne war es, mit der ich auf den Druck reagierte, dem ich ausgesetzt war, und dies, während ich mich auf mein Abitur, meine Facharbeiterprüfung vorbereiten mußte, und das ist natürlich genau die Situation, in der man einen Menschen dazu zwinge, sich wieder einen anderen Platz suchen zu müssen.

Und wer ist diese Giese, von der im Brief meiner Schwester die Rede ist? Eine Freundin von Biermann war das, eine Frau, die auch ich durch Biermann in der Zeit unserer Freundschaft kennengelernt hatte, und die Giese, die Wolf vom Berliner Arbeiter-und-Studenten-Theater her kannte, dem von Wolf gegründeten BAT, sie war eine Heimerzieherin, und wenn mich nicht alles täuscht, leitete sie ein solches Heim, das eines von jugendlichen Ausreißern und Waisenkindern war, und merkwürdig ist das schon, sicher nicht anders denn als ein Fall von möglichem Amtsmißbrauch zu werten, wenn diese Giese, wie dem Brief meiner Schwester zu entnehmen ist, die Akten von Carmen Tetzner einsieht, die Akten, die es von Carmen beim Jugendamt gab, dem sie von ihrer Mutter überantwortet worden war. Bei der Giese, in deren Wohnung immer auch ein paar ihrer Schutzbefohlenen anzutreffen waren, die da wohl auch lebten, Jungs in der Regel, und ich äußere hier keinen Verdacht, nicht den, den ich damals jedenfalls hatte, bei dieser Giese habe ich auch eine Katja kennengelernt, eine Arbeitskollegin von ihr, die dort auch mit ihr zusammenlebte, und diese Katja, sie heißt heute Katja Havemann und ist als seine letzte Ehefrau die Witwe meines Vaters. Die Giese, sie hatte sich, sehr freundlich, wie ich fand, in den schweren Konflikten, die es zwischen Nina Hagen, die ich liebte, die mich liebte, und ihrer Mutter, Eva-Maria Hagen, gab, der Frau von Wolf Biermann, immer wieder bei ihrem Freund Wolf dafür eingesetzt, daß Eva nicht wahrmachte, was sie ihrer Tochter Nina angedroht hatte, sie in ein Heim zu stecken nämlich, und das mit der Kompetenz einer Heimerzieherin, warnend davor, daß Nina in einem Heim kaputtgehen, kaputtgemacht werden würde. Diese Giese nun, sie lud mich zu sich ein, in dieser immer noch schlimmen Zeit für mich, in der ich mit Carmen dann, nachdem wir von meinem Vater aus Grünheide Alt-Buchhorst herausgeschmissen worden waren, bei Inge Hunzinger unterkam. Ich ging an einem Vormittag zu ihr, den ich frei hatte, und das große Thema war erst das meiner Migräne, einer Migräne, die mir da schon recht sicher von einem Arzt attestiert worden war. Es müsse sich garantiert um eine Hirnhautentzündung handeln, so die Diagnose der Giese, einer Heimerzieherin, sie habe da schon für mich einen Platz in einem Krankenhaus organisiert, um dort einer eingehenden Untersuchung unterzogen und dann operiert zu werden. Während sie mir dies einzureden versuchte, daß das, was mich plagte, nur eine Hirnhautentzündung sein könne, kam sie mir immer näher, und dann kniete sie, eine Frau von Mitte Dreißig, vor mir auf dem Boden und kam mir auch da dann noch einmal näher, legte mir ihre Hände auf meine Beine, meine Oberschenkel, umfaßte mich, und dann hatte ich bald auch ihren Kopf auf meinem Schoß. Und dabei redete sie in einem fort auf mich ein und wechselte dann auch das Thema, und nun war es nicht mehr meine angeblich so sichere Hirnhautentzündung, über die sie sprach, sondern Carmen, und daß Carmen, die sie gar nicht kannte, außer aus ihrer Akte, wie ich nun weiß, doch gar nicht zu mir passen würde, ich hätte doch eine viel bessere und klügere Frau verdient, nicht so ein dummes, unfähiges Ding – was für eine Szene! Die aber noch nicht ganz zu Ende ist, denn die Giese hatte mir noch eine wichtige Frage zu stellen: sie erzählte mir, daß sie nun mehrmals mit Wolf Biermann bei meinem Vater, den sie vorher gar nicht kannte, draußen in Grünheide Alt-Buchhorst gewesen wäre, und mein Vater hätte ihr gegenüber, und dies von Anfang an und von Mal zu Mal nun immer stärker, so anzügliche Bemerkungen gemacht, er wolle ganz offensichtlich mit ihr ins Bett – was dann passieren würde, verweigerte sie sich dem Begehren meines Vaters, das wollte sie von mir wissen, das war ihre Frage an mich. Ganz einfach, sagte ich ihr, und sie wußte, daß ich dabei aus Erfahrung sprach, verweigere sie sich meinem Vater, dann würde er sie rausschmeißen, und die Konsequenz davon wäre die, daß sie auch ihre Freundschaft zu Wolf Biermann vergessen könne. Die Giese nickte, während ich dies sagte: genauso sähe sie dies auch, sie hätte dafür nur eine Bestätigung durch mich haben wollen. Ich fragte sie, was sie nun also tun, wie sie sich meinem Vater gegenüber verhalten wolle, ihre Antwort blieb erst unbestimmt: sie habe da schon eine Idee, und also drang ich weiter in sie und fragte sie, was denn das für eine Idee wäre, und dann sagte sie es mir: mein Vater wäre doch scharf auf möglichst junge Frauen, sie würde also bei ihrem nächsten Besuch in Grünheide Alt-Buchhorst dort nicht alleine aufkreuzen, sie würde die Katja mitnehmen, ihre Freundin Katja. Die sehr viel Jüngere als sie. Und genauso machte sie das dann, sie nahm Katja zu meinem Vater nach

Grünheide Alt-Buchhorst mit, auf diese Weise lernte mein Vater Katja Grafe kennen, die junge Frau von damals 22 Jahren, die er dann bald heiraten sollte, die nun seine Witwe ist.

Aber diese Szene bei der Giese ist damit noch nicht ganz zu Ende, denn plötzlich faßte sie mir an den Kopf und strich mir meine Haare zurück, und dann sagte sie, mit Entsetzen in ihrer Stimme, meine Stirn habe sich verändert, es seien da ganz deutlich links und rechts zwei Erhöhungen, Ausbuchtungen auf meiner Stirn zu sehen, das müsse der Tumor sein – in dem Moment erhob ich mich von meinem Platz und stieß sie dabei auch unsanft zurück, sie fiel vor mir auf den Boden. Ich verließ ihre Wohnung und hatte plötzlich keine Kopfschmerzen mehr. Und sie kamen auch nicht mehr wieder, diese schlimmen Kopfschmerzen, die mich für Tage und manchmal Wochen aufs Bett geworfen hatten, diese Kopfschmerzen, die mich kein Licht ertragen ließen, sie kamen nie wieder. Die Migräne war weg, ich war geheilt, und das verdanke ich also der Giese.

…h unbeschreiblich weiblich"

…über die Rock-Sängerin Nina Hagen

Nina Nagen

So falsch geschrieben, als ob sie ein Nagetier wäre und nicht von dem germanischen Recken her ihren Namen hätte, habe ich ihn in Peru in der Zeitung gelesen, in einem Bericht über das große Rockfestival in Rio damals im Jahre 1985 – womit ich eigentlich nur zum Ausdruck bringen wollte, daß ich einige berühmte Leute kenne, Nina aber die berühmteste von all diesen Menschen ist, mit denen ich es in meinem Leben zu tun hatte. Havemann, Biermann – doch eher lokale Größen, deutsche Provinz, und Einar Schleef kennt nur die theaterinteressierte Öffentlichkeit, und Thomas Brasch dürfte vielleicht bald vergessen sein. Aber dicht auf Nina folgt doch mein Onkel Hermann, Hermann Henselmann, der Architekt, und der ist zumindest in der Welt der Architektur weltberühmt.

Aber spielt das irgendeine Rolle für mich, was Nina betrifft und mich dann ganz am Rande nur etwas angeht: ihr Ruhm? Ich kannte sie vorher, ich liebte sie vor ihrem Ruhm, aber, und jetzt kommt das Entscheidende, ich liebte sie dann auch wieder, als sie berühmt geworden war, trotz ihres Ruhmes und auch wegen ihrem Ruhm beziehungsweise der Art, wie sie mit ihm lebte und lebt, und, und hier wage ich eine Prophezeiung, ich werde sie auch dann noch lieben, wenn sie vergessen sein, allen Leuten mit ihrem Getue nur noch auf die Nerven gehen wird – denn das kann ihr ja passieren, und wenn es ihr passiert, wird sie nicht verstehen, was ihr da passiert ist, und das ist es ja, was an ihrem Ruhm so sympathisch ist, was sie in ihrer Berühmtheit so faszinierend macht.

Der geliebte Lärm

Wir hatten ja die Zeit für solche Nebenaktivitäten, so viel Arbeit gab's doch nicht zu tun, und von uns Lehrlingen bei der Deutschen Reichsbahn, wohin es mich nach meiner 68er Haft und vorzeitigen Haftentlassung dann verschlagen hatte, erwartete man das auch nicht, daß wir da den ganzen Tag durchrackern. Und auch die erwachsenen Kollegen nahmen sich die Zeit für ein Schwätzchen hier, ein Schwätzchen da. Man ging die Sache mit der Arbeit doch sozialistisch gelassen an. *Das geht seinen sozialistischen Gang*, das war doch ein geflügeltes Wort und hieß: es schleicht dahin, wir haben ja den Fünfjahresplan. Auch die Kollegen hatten ihre Nebenaktivitäten und konnten da dann sehr kreativ werden, wenn es darum ging, für die Brigade-Ecke einen Aschenbecher zu basteln, und wenn so etwas anstand, dann kam auch in sie Leben, da wurde dann diskutiert und beraten, und man hätte diese wunderlichen Gebilde mal sammeln und repräsentativ ausstellen sollen. Das wäre die ehrlichste Ausstellung über die sozialistische Produktion und Arbeitsweise gewesen. Die alte stalinistische Tonnenideologie lebte in diesen Aschenbechern fort, die nicht schwer genug, nicht groß genug sein konnten, wahre Panzer. Da hätte man einen erschlagen mit können. Und überhaupt diese Ecken, die es im RAW-Schöneweide überall gab, in der großen Halle, gut abgeschirmt, damit man nicht gleich vom Meister gesehen wurde, vom Brigadier, der natürlich aber genau wußte, wo seine Schäfchen, seine Kollegen hockten, der aber so tat, als wisse er's nicht. Denn das hätte ihm ja nur Unannehmlichkeiten bereitet, ihn in die unangenehme Lage gebracht, da einschreiten zu müssen. Das gute Arbeitsklima war doch allen heilig, und das gute Arbeitsklima hieß: das So-wenig-wie-möglich-arbeiten-Klima. Da steckten alle unter einer Decke, die Arbeiter beschissen den Meister, der Meister beschiß den Abteilungsleiter, der Abteilungsleiter den Genossen Betriebsdirektor und der die Planungsbehörden vom Ministerium, das Ministerium den Genossen Ministerpräsidenten und der seinen Parteivorsitzenden, den Generalsekretär, und der, der fühlte sich beschissen, die ganze DDR ein einziger Beschiß und Betrug. Ein Luftschloß, aber eben doch kein Schloß, sondern unter russischem Einfluß also ein Potemkinsches Dorf. Bei mir auf der *Bühne 3 Hauptschütz*, so wundersam hieß diese stählerne Empore entlang der Pfeiler, die das Dach der großen Werkhalle trugen, und man entnimmt das dieser Zahl 3 ganz richtig, daß es von diesen Bühnen gleich mehrere gab, und auch, daß dort am Hauptschütz gearbeitet wurde, aber, was ein Hauptschütz, nicht Hauptgeschütz, ist, das sei nicht verraten, bleibe ein Betriebsgeheimnis, wer so ein Buch liest, kommt sowieso aus höheren Sphären und muß das nicht wissen, auf meiner Bühne 3 also, da gab's sogar diesen einen Kollegen, der überhaupt nicht arbeitete, den ich nie habe arbeiten, auch nur einen Handschlag machen sehen. Dafür war er schon beim Frühstück besoffen. Und als junger Spund, dem auch das wenige Arbeiten zuviel war, interessierte ich mich natürlich dafür, wie diese wundersame und geduldete Arbeitsverweigerung zu erklären war.

Mein Kollege erzählte es mir, nachdem wir lange genug in der Wanne mit dem *Tri*, mit diesem scharfen Reinigungsmittel, gewühlt hatten und selber davon ganz benebelt und benommen waren: sie hätten den Mann von der Volksarmee übernehmen müssen, er wäre Politoffizier gewesen, hätte auch da schon zu oft und zu tief in die Flasche geguckt, über das normale und bei der Armee des Volkes übliche Maß hinaus, und also mußten sie ihn irgendwann leider doch entlassen. Und dann wäre er zu ihnen gekommen, man hätte ihn ja schließlich irgendwo unterbringen müssen. Aber was sollte man bloß mit ihm anfangen, arbeiten, das konnte er ja nicht. Doch er hätte sich dann bald anderweitig nützlich gemacht, und deshalb könne ihm jetzt halt keiner mehr – wie anderweitig nützlich gemacht? Auch das wollte ich doch wissen, mein Kollege aber wollte es mir erst nicht berichten. Dann aber zeigte er in Richtung Meisterbüro, ich sähe doch da diesen kleinen Wimpel stehen. Ja, ich sah den Wimpel, und ich wußte auch, was dieser Wimpel zu bedeuten hatte: daß ich die Ehre hatte in einer *Brigade der sozialistischen Arbeit* meine Arbeitszeit zu verbringen – diesen Wimpel, sagte mein Kollege, den verdanken wir unserem Kollegen Säufer. Wie das? Es gäbe doch immer diese Belästigung durch den Wettbewerb um diesen idiotischen Titel *Brigade der sozialistischen Arbeit*, und der Meister hätte irgendwann, Druck von oben, keinen Ausweg gesehen und sie für diesen verdammten Wettbewerb angemeldet. Und man müsse dann da auch ein Brigadetagebuch führen, und natürlich hätten sie's nicht geführt – wie auch, es wäre da ja gar nichts einzutragen gewesen, und das hätte dann der ehemalige Politoffizier übernommen, das genau wäre doch sein Metier bei der Armee gewesen, der hätte doch gewußt, was da so an ideologischem Quatsch drinstehen müsse. Der hat das dann alles erfunden, irgendwelche Diskussionen, die wir geführt haben sollen, Theaterbesuche und alles das, was zu einem richtigen sozialistischen Brigadeleben dazugehört. Seitdem könne ihm keiner was, sie hätte doch schließlich den Wettbewerb gewonnen und alle auch eine Prämie eingesteckt.

So war das, nur ein Horror, das war es auch – schon wegen der mörderischen Arbeitszeiten. Im RAW ging es morgens um Viertel nach sechs los, und das war schon schlimm genug, aber noch schlimmer war es in dieser Außenstelle in Grünau, wo die S-Bahnzüge einer Zwischeninspektion unterzogen wurden. Da mußte man um halb sechs schon auf dem S-Bahnhof Grünau sein, von wo aus dann ein Sonderzug in den Betrieb fuhr – wirklich ein Sonderzug, die beiden S-Bahn-Wagen, die den Führer und seine Kamarilla zur Zeit der Olympiade in den neu und extra für die Olympiade 36 errichteten S-Bahnhof gebracht hatte, wahrscheinlich nur ein einziges Mal, aber der Propaganda reichte das natürlich: wie volksverbunden, fährt mit der S-Bahn, unser Adolf. Schaffte man diesen Sonderzug nicht, dann hieß es eine halbe Stunde durch den Wald traben, also mußte ich am Strausberger Platz um vier in der Früh aufstehen, wollte ich noch frühstücken, und zumindest das wollte ich doch. Arbeit aber gab es dort in Grünau nur bis zur Mittagszeit, danach wurde es ganz still in der Halle, alle verkrochen sich in den S-Bahn-Zügen, ein Nickerchen zu halten, und unser Lehrmeister, alle wußten es, ging in der für ihn allein reservierten Ecke seinen sexuellen Aktivitäten nach mit den Frauen von der Reinigungsbrigade. Also war das geradezu eine Notwendigkeit, für uns junge jedenfalls, daß man da dann noch etwas unternahm, sonst wäre die verdammte Arbeitszeit ja nie vorübergegangen. Wir unternahmen einiges, und ein besonderer Spaß, jedenfalls in Grünau, das war das Lichtbogenziehen. Nicht ganz ungefährlich, und das ging so: man schaltete die S-Bahn ein, und dann zog man diese beweglichen Gummikabel, in denen immerhin 800 Volt flossen und durch die die Züge, für die es ja in der Halle keine Stromschiene geben konnte, von der Decke aus mit Strom versorgt wurden, ganz langsam von einem Dorn am Stromabnehmer ab. So einen halben Meter hell gleißend durch die Luft fließenden Strom, den schaffte man dabei schon, und da waren dann diese anderen Nebenaktivitäten, auf die wir verfielen, dann doch besser, weil nicht ganz so selbstmörderisch gefährlich.

Es kratzt so schön, es klingt so dumpf, so schrill, und dann diese vielen mitschwingenden Obertöne. Das Geräusch, wie musikalisch es doch sein kann. Wieviel Musik da drin steckt. Boing. Wumm, und dann ein paar harte metallische Schläge. Man nehme einen schweren Hammer. Oder einen ganz leichten Schraubenzieher. Metall auf Metall. Oder man wickele einen alten verölten Lappen um eine Stahlstange, und plötzlich klingt es wieder anders. Und dann Boing schlage man gegen das Chassis eines S-Bahn-Wagens, und im nächsten Moment gegen den dumpf klingenden Kasten, in dem das Hauptschütz untergebracht ist. Wie hohl das dann klingt. Und wie leicht die Arbeitszeit vergeht, kriecht man da nicht nur im Dreck unter einem S-Bahn-Wagen herum, sondern läßt ihn klingen, und macht man sich dann auf die Entdeckungsreise durch so eine Fabrikhalle, dann vergeht die Zeit wie im Fluge, die Langeweile kommt nicht auf, die einem am stärksten doch den langen Arbeitstag verleidet. Und am besten noch, wenn man dies nicht allein und für sich allein tut, sondern auch darin Kumpels findet, eine ganze Bande von Lehrlingen anstecken kann. Und mir gelang es, ich brachte eine ganze Schar eifriger Klangsucher hinter mich, brachte alle meine Freunde und Kumpels dort auf den Geräuschetrip, und dann, sehr rasch, hatte ich diese Idee für eine Big Band – nein, *Die einstürzenden Neubauten* mehr als fast zwanzig Jahre später, mich haben sie nicht erstaunt. Das hatten wir doch alles schon gemacht, Lärm in Musik zu verwandeln, industriell, die Romantik einer Fabrik, wir hatten sie für uns selber entdeckt. Gleich dann auch die Idee, den *Woyzeck* aufzuführen, das Stück von Georg Büchner, das auch bei uns in der Berufsschule der Deutschen Reichsbahn Unterrichtsstoff war, das also alle Lehrlinge, meine Mitschüler dort, kannten, untermalt mit einer solchen Musik klingenden Krachs, eingebettet in diesen geliebten Lärm – daß Büchners *Woyzeck* nach Musik verlangt, *Woyzeck* ohne Musik nicht zu haben ist, weil doch sonst die Überhöhung, die Romantik dieses angeblich so realistischen Stücks nicht herauskommt, das nur Leute für realistisch halten können, die sich da unten nicht auskennen, wo dieses Stück spielt, das wußte ich doch, und dazu brauchte ich Alban Berg nicht, von dessen Oper *Wozzeck* mir Thomas Brasch bis dahin nur diesen einen Marsch vorgespielt hatte, wenn der schneidige Offizier die Szene betritt. Dieser Marsch aber war gut und mußte doch von uns irgendwie in einer rohen, verprimitivisierten Fassung zu spielen sein, auf unseren Krachmacher-Instrumenten plus ein paar wenigen normalen, die ich mir dann bald mit dazudachte. Ein kleines Plakat war schnell gemalt, mit dem Aufruf, sich wegen *Woyzeck* zu treffen, und es kamen dann auch erstaunlich viele Lehrlinge zusammen, *Woyzeck* traf den Nerv dieser Jugend, und es gab unter den vielen Jungs auch eine Marie, eine herbe proletarische Schönheit mit einem Gesicht, in das Verletzung und Anklage schon eingeschrieben waren, ein Mädchen, das den ehrenwerten Beruf eines Maschinenschlossers erlernte. Aber erst mal war doch die Big Band zu gründen, war mit der Musik zu beginnen, mit dem Krach, der zu Musik wird. Und dies konnte natürlich nur außerhalb des Reichsbahnausbesserungswerkes Schöneweide geschehen, da ich doch nun auch richtige Musiker mit richtigen Instrumenten mit dazunehmen wollte – wobei von *richtig* dabei zu sprechen natürlich falsch ist. Auf diese Mischung kam es mir dann an, diese Kombination aus unseren Metallstücken und klingenden Kisten, und dazu ein Baß, eine Gitarre, eine Schießbude von Schlagzeug, Bläser wenn möglich, aber Blasinstrumente, das waren für mich auch diese Tröten und Fanfaren, diese Schalmeien mit ihren wenigen Tönen, die meine Kollegen auf der Strecke einsetzten, wenn da Arbeiten zu erledigen sind und vor herannahenden Zügen gewarnt werden muß – und das hatten wir doch schon mal, auf der Strecke gearbeitet, hinterm S-Bahnhof Schönhauser Allee, dicke Kabel verlegt, und das im Winter bei Schnee und wirklich Eis. Was ich mir vorstellte, das war also ein Eisenbahnerorchester, ein Eisenbahnerorchester aber der eigenen Art, und am liebsten hätte ich uns da in unseren Reichsbahneruniformen spielen gesehen, aber schon mal wegen der von mir angestrebten Erweiterung um *richtige* Musiker von außerhalb war dies nicht gut möglich, das hätte ein uneinheitliches Bild gegeben, also mußte das eine Big Band sein, gekleidet in Arbeitsanzüge, in Blaumänner, im Proletenlook.

Wir mußten uns also bei mir treffen, um diese Big Band zu gründen, in meinem Zimmer in der Wohnung am Strausberger Platz, am Sonntagnachmittag, und es waren zwölf Jugendliche, um das mal im Jargon der Aufsichtsbehörden vom Jugendamt zu formulieren, die ich eingeladen hatte, die kommen wollten und dann ja auch kamen, vier davon hatte mein Mitlehrling Peter Zimmermann gewonnen, das waren die Jungs aus seiner Band, mit denen er Jimi-Hendrix-Sachen nachspielte, und auch das war ja eine Form von Lärm, musikalischem Lärm. Ich saß in meinem Zimmer, ich wartete, daß sie kommen, auf daß die Big Band gegründet werden könne, und während ich so wartete, hörte ich plötzlich Gesang, einen eigenartigen, noch nie gehörten Gesang, überdrehte Koloraturen, ein bißchen schräg mit willkürlich gesetzten falschen Tönen, opernhaft und ordinär wie aus der Gosse, der gesungene Traum von der großen Oper, begleitet von einem Klavier, das dazu nicht passen wollte, so ordentlich und harmlos klassisch, und dieser Gesang, er kam aus dem Zimmer meiner Schwester, und es war Nina, die da so sang – die Welt kennt Nina Hagen, die Welt kennt sie nun, diese Art von Gesang, die sie weltberühmt gemacht hat. An diesem Sonntagnachmittag war er zum ersten Mal zu hören, und Nina sang so, so schräg und verrückt und aufgedreht, für mich, um sich damit für meine schräge, verrückte Big Band zu bewerben, als Sängerin, denn natürlich hatte ich allen von meinen Plänen erzählt, auch meiner Schwester, von der bevorstehenden Gründung dieses Eisenbahnorchesters, und meine Schwester war es, die da am Klavier saß, von Nina dazu aufgefordert, irgendwas zu spielen, zu dem sie singen könnte – nein, ich hatte davor nicht einen Moment daran gedacht, Nina in mein Projekt mit einzubeziehen, sie zu meiner Sängerin zu machen. Wie hätte ich auch, hatte ich sie bis dahin doch nur ganz harmlos und mit schamhaft ordentlicher Stimme Bob-Dylan-Lieder zur Gitarre singen gehört. Aber Nina wollte unbedingt bei dieser Big Band mit dabeisein, denn Nina war in mich verliebt, unglücklich in mich verliebt, der sie kaum beachtete, das unglückliche Mädchen, der man ihr Unglück so sehr ansah. Mit diesem Gesang aber, dem schrägen, aufgedrehten, dem verrückten, bekam sie mich. Endlich. Ich ging ins Zimmer meiner Schwester hinüber, Nina hörte zu singen auf, erstarrte erwartungsvoll, und betont lässig und sicher von oben herab sagte ich zu ihr: »Du kannst bei meiner Big Band mitmachen.« Und das machte sie dann auch. Nur wurde natürlich aus dieser Big Band nichts, konnte aus ihr nichts werden, auch aus *Woyzeck* nicht. Ein Probenraum war schwer, war auf Dauer nicht zu finden, betriebsfremden Personen das Betreten des Werksgeländes der Deutschen Reichsbahn strikt untersagt, wo wir in der Kantine der Lehrwerkstatt doch gut hätten proben können. Aber es war nicht nur das, es war auch so, daß ich, der ein Ideengeber sein wollte, aber kein Chef, den Fehler zum ersten Mal machte, den ich später dann noch mehrmals machen sollte: ich, der Nicht-Musiker, hätte die Führung, die Leitung dieser Big Band übernehmen müssen, ich tat es nicht, und also, da kein anderer dies an meiner Stelle übernahm, konnte aus dieser Big Band nichts werden – doch so ganz stimmt das nicht, denn es wurde ja doch was draus: der Welterfolg von Nina Hagen. Und später dann auch noch ein bißchen mehr. Meine eigene Musik.

Die Idylle

Nach dem ich's mir mit meinem Bruder und seiner Kommune verdorben hatte, war wieder die Frage, wo am Samstag hingehen, wollte ich nicht schmerzlich meine Einsamkeit spüren. Zu Thomas? Nein, der hatte mich verraten, der wollte sich auf seine Weise auch in die DDR eingliedern. Blieb eigentlich nur Wolf, Wolf Biermann, mit dem ich nach meiner Haftentlassung fast keinen Kontakt mehr gehabt hatte. Ja, bei Wolf würde am Samstagabend etwas los sein: Leute aus dem Westen sicher, für die er eines seiner Privatkonzerte abzog – gut, das konnte in Kauf genommen werden, und vielleicht hatte er ja auch ein paar neue Lieder geschrieben, die ich noch nicht kannte. Dies also trieb mich zu Wolf Biermann, die Samstagabend-Langeweile, die Furcht vor der verdammten Einsamkeit – schon eigenartig, wenn man bedenkt, daß dies nun die Grundlage für eine kurze Freundschaft mit ihm war. Mein Bruder Wolf, nun aber, ohne meinen, unseren Vater konnte es eine Freundschaft werden, die Familienbindung war nicht mehr da, nicht mehr bestimmend. So wie ich ihn ausnutzte, mir den Samstagabend zu vertreiben, so nutzte auch er mich aus. Indem er mit mir angab, gegenüber seinen Besuchern aus dem Westen mit mir und meiner Haftzeit angab, mich als tapferen jungen Helden hinstellte, der nun für seinen Mut mit der Fabrik bezahlte – irgendeine Nachfrage, wie das denn nun sei in der sozialistischen Produktion, die gab es natürlich nicht. Weder von den West-Intellektuellen noch von Wolfs Seite. Und auch darüber, wie er sich am 21. August 1968 verhalten hatte, wurde nie gesprochen, wir beide übergingen es mit gnädigem Schweigen. Es gab ja diese Westler, die um 12 Uhr wieder über die Grenze in die Freiheit entschwunden sein mußten, über die wir uns austauschen, über deren bloß so kopfgesteuertes Linkssein wir uns auch lustig machen konnten, wenn sie dann weg waren. Das beförderte die Freundschaft, unsere nicht ganz ehrliche, nicht ganz saubere Freundschaft. Die dann schleichend, aber doch recht rasch einen zusätzlichen Aspekt gewann, den, daß ich Wolf jeweils sagte, welches seiner Lieder er als nächstes singen sollte. Ich rückte in die Position eines Programmgestalters seiner Privatkonzerte auf, ich übernahm, in diesem Teil jedenfalls, die Rolle meines Vaters bei ihm. Weil er das ja braucht, ohne jemanden nicht auskommt, der ihm sagt, was er machen soll. Das dürfte bis zum heutigen Tag so sein, nach allem, was ich so höre. Mein Programm, wie sollte es auch anders gewesen sein, war natürlich das Anti-Programm, das Dagegen-Programm: ich beobachtete die Reaktionen seiner linken, westlichen Zuhörer, andere gab es ja fast nie, ich achtete sehr darauf, was sie dann für Kommentare abgaben, und dann sagte ich Wolf, sing doch mal das, und dieses *das* war dann immer ein Lied, von dem ich annahm, es könnte seinen west-linken Zuhörern gegen den Strich gehen. Wir waren da bald gut aufeinander eingespielt, auch Wolf gefiel meine jeweilige Auswahl, auch er hatte dann seinen Spaß dran, diesen Leuten immer eine Nase voraus zu sein, sie zu provozieren, gegen ihre Klischeevorstellungen anzusingen.

Und bei Wolf traf ich Nina wieder, nachdem das mit unserer Big Band nichts geworden war – so oft war sie da gar nicht an diesen Samstagen bei ihm, aber sie gehörte doch mit zu seinem Clan. Über Eva, ihre Mutter, Wolfs Frau immer noch in dieser Zeit. Dann kam der Sommer, der Sommer im Jahre 1970, und Eva, vielleicht von Wolf darauf gebracht, lud mich ein, mit ihnen, inklusive Nina, an die Ostsee zu kommen, nach Lütow auf der Insel Usedom, wo sie seit ein paar Jahren schon unterm Dach bei einem Fischer eine kleine Ferienwohnung hatte. Ich hätte sonst nur zu meinem Vater nach Grünheide Alt-Buchhorst gekonnt, die Ostsee war auf alle Fälle besser, und meiner Freundschaft mit Wolf konnte dies doch auch nur guttun. Also fuhr ich mit. Mit Eva in ihrem schicken weißen *Skoda-Sport*, dem Auto einer einstmals erfolgreichen, nun alternden Filmschauspielerin, die sich früher sehr enger Beziehungen zu denen da ganz oben im Staate, der Partei, hatte erfreuen können. Eingeladen nach Wandlitz, ins Bonzenparadies. Nina hatte mir davon erzählt, von dem Kommunismus, der da schon ausgebrochen war. Nina saß während unserer Fahrt an die Ostsee auf dem schmalen Rücksitz, und schaute ich mich nach ihr um, dann lächelte sie mich immer so wundersam und natürlich auch wunderschön an. Sie wird da schon ihre Pläne mit mir gehabt haben. Ich war 18, sie im März 15 geworden, ich war in Liebesdingen völlig unbedarft, sie erfahren – was mir sehr wohl bekannt war. Zu meinem Erstaunen wollte sie dann, als wir in Lütow angekommen waren, nicht in ihrem kleinen Zimmerchen schlafen, sondern mit mir im notdürftig für Gäste eingerichteten Dachboden. Die erste Woche waren wir dort nicht allein, denn Wolf hatte da noch jemanden mitgebracht, einen Tschechen – keine Ahnung, keine Erinnerung mehr daran, woher er den kannte. Aber so ganz ließ sich Nina nicht von ihm stören, sie rückte schon in der ersten Nacht ganz nahe an mich heran, begann mich zu küssen. Und mit dieser wunderbaren Knutscherei verbrachten wir dann diese eine Woche die Stunden vor dem Einschlafen, dem armen Tschechen wird es nicht verborgen geblieben sein. Endlich war die Liebe da, die Liebe zwischen uns, von der Nina so lange, von Anfang an schon geträumt hatte. Und sie war heftig, diese Liebe. Von beiden Seiten aus. Dann fuhr der Tscheche weg, und wir hatten die erste Nacht für uns allein unterm Dachboden.

Wie das bei vielen männlichen Jungfrauen so ist, dieser Aspekt der Liebe verwirrte mich – ich drücke mich doch diskret genug aus? Nina reagierte enttäuscht, so viel Erfahrung hatte sie also doch nicht. Wolf redete mit ihr, nachdem sie sich von mir zurückgezogen hatte, sich verzweifelt im kleinen Salon und Eßzimmer in den Sessel dort kauernd – ich verdanke es Wolf, daß sie dann mitten in der Nacht doch wieder zurückkam. Und von dem Moment an waren wir dann zwei Paare dort: Wolf und Eva, Nina und ich, und die Idylle begann.

Aber es gab natürlich Zwischenfälle, Zwischenfälle wie den, als wir eines Morgens am Frühstückstisch mit den Nachbarn, dem Fischer und seiner Frau, zusammensaßen und der dann von den hysterischen Weibern zu reden angefangen hatte. »Eva ist nicht hysterisch, Eva ist historisch.« So Wolf. Aber nicht nur Wolf, auch Nina und ich natürlich, die wir verliebt dabeisaßen, mußten daran denken, daß es da mit am Tische eine hysterische Frau gab, eine Frau, die mehrfach überzeugende Proben ihrer Hysterie abgeliefert hatte, beeindruckende Beispiele dieser Kunst, anderen Leuten mächtig auf die Nerven zu gehen. Kein Tag in dieser sommerlichen Idylle war doch vergangen, an dem wir nicht einen großen Auftritt der Filmschauspielerin Eva-Maria Hagen erlebt hatten. Ich glaube nicht, daß Wolf groß überlegt haben wird, was er da dann sagte, ein spontaner Einfall, es drängte sich ihm einfach auf. Und auch die Folgen wird er nicht bedacht haben, denn schwupps hatte er das Frühstücksei von Eva an der Nase und im Schnauzbart, und dann lachte sie ihr hysterisches Lachen, während alle anderen erstarrten. Aber dann tat sie es als Witz ab, und alle waren froh und versuchten mit ihr über ihren hysterischen Witz zu lachen.

Und in dieser Ferien- und Liebesidylle lasen Wolf und ich ein Buch zusammen, ein gar nicht idyllisches, zu diesem Liebesglück gar nicht passendes: *Der Monopolsozialismus*, geschrieben von Kuron und Modzelewski, zwei Polen, und Jacek Kuron, den wird man doch hoffentlich kennen, denn Kuron, der war doch später immerhin Minister, und wichtiger noch: Kuron, das ist der eigentliche Erfinder der Solidarność – aber das war später, da hatte er dieses Buch schon geschrieben, und wegen diesem Buch dann noch einmal, nachdem er das 68 schon einmal mußte, als Anführer der Warschauer Studentenunruhen, im Gefängnis gesessen. Danach erst gab es die ersten großen Streiks der polnischen Werftarbeiter, die den Intellektuellen Kuron die Chance sehen ließen, eine unabhängige Gewerkschaft zu gründen. Bei den Streiks von 1971 hatten die Arbeiter in ihren Städten zu demonstrieren versucht, waren dabei von der Polizei attackiert und brutal auseinandergetrieben worden, woraus Kuron den genialen Schluß zog, daß die Arbeiter, wenn sie zu streiken beginnen, in ihren Fabriken bleiben, ihre Fabriken besetzen müssen. Er hat sich dann mit Wałesa zusammengetan, einem der Führer der spontanen Streiks von 71, und dieser wiederum war so genial, zu erkennen, daß dieser Intellektuelle mit seiner Idee, seinem Streikkonzept recht haben könnte. In diesem Buch aber, das Wolf und ich im Sommer 1970 lasen, gab es noch nicht einmal die Andeutung davon, nichts, was auf diese zukünftige Entwicklung schließen ließ. *Der Monopolsozialismus*, ganz nach dem Muster des *Kommunistischen Manifests* aufgebaut, das war der Versuch, die Verhältnisse, die sich in den sozialistischen Staaten herausgebildet hatten, mit marxistischen Begriffen zu analysieren, ein interessanter, ein in sich schlüssig erscheinender Versuch, der nur, wie sich zeigen sollte, völlig überflüssig war, über den die Geschichte und auch Jacek Kuron dann sehr schnell hinweg- und hinausgegangen ist, zu Recht wohl vergessen. Aber, daß Wolf und mich dieses Buch interessieren mußte, das war ja klar, und besonders mich begeisterte es: das war das Buch, auf das ich immer gewartet hatte – endlich mal eine Analyse des real existierenden Sozialismus, nicht mehr nur dieser leicht zu erhebende, letztlich nichtssagende Vorwurf, daß das, was wir da vor uns hatten, wohl nicht mit den Vorstellungen von diesem Dr. Marx übereinstimmen dürfte. Nebbich. Und es war für mich deshalb so wichtig, weil es die Lage der Arbeiterklasse im Sozialismus zum Thema hatte, damit auch meine Lage, die meiner Kollegen von der Deutschen Reichsbahn, die von Thomas in seinem Transformatorenwerk Oberspree. Nicht allerdings die Lage von Wolf Biermann, nicht auch die meines Vaters. Zum ersten Mal ergab sich hier die Möglichkeit, aber nur anhand eines im Westen veröffentlichten Buches war dies möglich, wenigstens mit Biermann über meine Erfahrung im Betrieb zu sprechen. Zum ersten Mal wollte er davon etwas hören, plötzlich war ich Fachmann, wußte ich etwas besser als er, der sonst immer das große Wort führte. Wir lasen das Buch zusammen, lasen es uns in den wichtigsten Passagen auch gegenseitig vor, so lang war es ja nicht, das *Kommunistische Manifest* war doch das Vorbild. Und es war auch so aufgebaut wie das *Kommunistische Manifest* und endete also damit, daß eine neue, natürlich unter den gegebenen Umständen von Anfang an illegal agierende kommunistische Partei aufgebaut werden solle. Werden müsse – nix da mehr mit Party-Opposition, vorbei die schönen Zeiten der wohlmeinenden Meinungen. Nicht, daß ich glaubte, eine solche kommunistische Partei, eine illegal agierende, sei mit diesem intellektuellen Oppositionellen der so harmlosen DDR-Opposition aufzubauen, und auch ich hatte das, jedenfalls in dieser sommerlichen Liebesidylle nicht, nicht unbedingt vor, aber auch diese neu zu gründende kommunistische Partei war natürlich etwas, das mir Oppositionellem auch in der Opposition zupaß kam, auf daß dann mal diese ewige Party ihre gute Laune verliere. Ich fragte also Wolf, mit ihm zusammen am Ende dieses Buches angekommen, was er denn von dieser Idee einer zu gründenden kommunistischen Partei halte – jedenfalls wollte ich ihm diese Frage stellen, war es diese Frage, die ich ihm stellen wollte, und ich hatte mit ihm dafür extra einen Spaziergang gemacht, über die Felder bei Lütow, denn das mußten die Wanzen nicht unbedingt mit, mußte die Stasi nicht gleich zu hören bekommen, schon Versuch und Vorbereitung der Gründung einer illegalen Organisation wäre ja ein Strafbestand gewesen. Mit Wolf spazierengehend, mußte ich keine Vorsicht walten lassen, konnte ich mich deutlich ausdrücken, mußte ich es in meiner Frage an ihn nicht bei Andeutungen belassen, und ich glaube immer noch, daß ich sie mit der nötigen Klarheit gestellt habe, diese Frage nach der kommunistischen Partei – was antwortete Wolf? Er fing an, davon zu erzählen, wie glücklich und froh er damals gewesen sei, als er Kandidat der Partei geworden war, er meinte die SED, mit welchem Stolz er sich das Parteiabzeichen ans Jackett gesteckt hätte – ich war doch etwas konsterniert, dies zu hören und auch das dann noch, daß er jederzeit wieder in die Partei gehen würde, nähme sie ihn wieder auf, und nähme sie ihn wieder auf, dann sei das ja auch nicht mehr die gleiche Partei, dann habe sie sich verändert. Das war offensichtlich ein Mißverständnis. Ein Mißverständnis, das aber nicht mehr aufgeklärt werden mußte. Die Idylle also hatte schon Risse.

Aber es gab auch diese Sache, die mich in dieser Zeit mit Wolf so nahe zusammenbrachte, die Sache mit dem Notizbüchlein, mit dem verlorenen Notizbüchlein. Biermann, ein Dichter, hatte doch immer ein Notizbüchlein dabei, und auch ich, der ich jetzt seit ein paar Jahren schreibe, trage doch immer ein solches mit mir herum. Und in dieses Buch schrieb er auch immer wieder etwas hinein, wenn wir im Garten saßen, bei unseren Spaziergängen, und auch am Strand, an diesem FKK-Strand, an dem wir uns tagsüber immer aufhielten, die zwei Paare, Wolf und Eva, Nina und ich. Ich vertrag ja die Sonne nicht so gut, heute weniger denn je, ich hatte also, ansonsten pflichtgemäß nackend, meistens ein Oberhemd an, ein Oberhemd mit einer Brusttasche, und immer, wenn Wolf das Buch nicht gerade brauchte, steckte er es mir dort hinein. So auch an diesem einen Tage, an dem Nina dann bei unserem Rückweg zum Auto vor mir her- und wegzurennen begann, mich hinter sich her lockend, um dann mit mir, der ich ihr natürlich folgte, hinter einem Busch eine wilde Knutscherei zu beginnen. Ich überspringe das Weitere und komme dazu, wie ich, in Ninas Armen liegend, plötzlich mitten in der Nacht von Wolf geweckt werde – in Panik: er vermisse sein Notizbüchlein, er hätte es mir doch gegeben. Ich schaue in der Tasche meines Hemdes nach: kein Notizbüchlein. Darauf Wolf: er sei sich sicher, daß er mich nach unserer Rückkehr nicht danach gefragt habe. Seine schnelle und auch richtige Schlußfolgerung: ich müsse es verloren haben. Ich wußte sofort auch, wann und wo dies passiert sein könnte: bei meiner Knutscherei mit Nina hinter diesem Busch. Die Panik von Wolf steigerte sich: wenn jemand dieses Buch finde und der Polizei übergebe und damit dann der Stasi, sei er verloren – keine Ahnung, was er da staatsgefährdendes notiert haben wird. Ich fragte es ihn nicht, war sofort bereit, mit ihm, und das mitten in der Nacht, zu dieser Stelle zurückzufahren, wo ich seine gefährlichen Notizen nur verloren haben konnte. Natürlich kam Nina, die Mitschuldige, mit, das war ja klar. Aber die Nacht war nicht klar, und es war sehr, sehr dunkel, und die winzige Taschenlampe mit dem Schummerlicht, die wir nur hatten, brachte auch nicht viel. Wir fanden zwar den Busch, der mich und Nina so glücklich gesehen hatte, hatten aber das Glück nicht, Wolfs Notizbüchlein dort zu finden. Seine Panik steigerte sich noch einmal: das Buch wäre also sicher schon gefunden worden, läge längst bei der Stasi auf dem Tisch, er müsse jederzeit mit seiner Verhaftung rechnen. Er war nur schwer zu beruhigen und darauf zu vertrösten, daß ich mit ihm gleich ganz früh am nächsten Morgen noch einmal zu dieser Stelle fahren würde. Er wird kein Auge zugetan haben in dieser Nacht. Er weckte mich bei den ersten Sonnenstrahlen, wir fuhren schweigend die zwanzig Kilometer bis zu diesem Parkplatz in der Nähe des schicksalsträchtigen Busches. Wir liefen schweigend den Weg entlang, und bei dem Busch angekommen, lag es da unschuldig in der Morgensonne, Wolfs Notizbüchlein. Keine Verhaftung, kein Prozeß, keine langjährige Gefängnisstrafe. Wir umarmten uns. Genauer: da ich so viel größer bin als der kleine Herr Biermann, legte ich also meine Arme um seine Schultern, er schmiegte sich an mich. Mein Brüderchen. Danach gingen wir zum Strand und warfen uns in die morgendlich noch einmal kälteren Fluten, nackend versteht sich, rannten am Meer entlang, die Idylle hatte uns wieder.

Aber nicht für lange, unsere Freundschaft endete schnell, und das sollte stärkste Auswirkungen auf die Liebe zwischen Nina und mir haben, dramatische. Und warum endete sie, diese Freundschaft zwischen Wolf und mir? Weil ich ihm, und das im ersten Moment gar nicht mal in provokatorischer Absicht, gesagt hatte, mein Eindruck wäre, käme ich zu ihm, käme ich zu einem reichen Mann – und das ärgerte ihn? Oh, ja, das ärgerte ihn, dadurch fühlte er sich provoziert. Aber Biermann ein reicher Mann? Was sollte das bedeuten? Für Ost-Verhältnisse ging es ihm gut, sehr gut sogar. Das stimmt. Besonders, weil er seine Westkontakte hatte, seine Mutter brachte ihm doch alles über die Grenze, selbst den Käse. Käse, den es im Osten so nicht zu kaufen gab. Der verfolgte Dichter hatte ein Auto. Mit seinem Westgeld bezahlt. Auf seine sicher sehr spezielle Weise ein Privilegierter. Auch an all die Bücher aus dem Westen ranzukommen, auf die wir anderen Oppositionellen scharf waren, für ihn kein Problem. Er hatte sich eingerichtet, in den Verhältnissen eingerichtet. Es ging ihm gut, sehr gut, zu gut – fand ich, zu gut jedenfalls dafür, als daß er noch Verständnis für die vielen Leute hätte aufbringen können, denen es sehr viel schlechter in der DDR ging. Verständnis für meine Leute, für die Proleten. Wenn ich ihm von deren Leben erzählte, wollte er das nicht hören, das interessierte ihn nicht. Als ich ihm dies dann gut marxistisch, *das Sein bestimmt das Bewußtsein*, vorhielt, reagierte er mit Abwehr: ich als Sohn eines bürgerlichen Intellektuellen hätte diese Erfahrung, in der Fabrik schuften zu müssen, sicher nötig, er aber brauche dies nicht, er komme aus kleinen, aus proletarischen Verhältnissen. Er habe das sozusagen mit der Muttermilch aufgesogen, was Armut bedeute. Als ich ihm daraufhin sagte, das würden unsere Oberen doch genauso glauben, daß ihnen ihre einstige proletarische Herkunft immer noch etwas nützt, sie davor schützt, ihre Klassenbrüder zu vergessen, reagierte er mit mehr als Abwehr: er warf mich raus, er beendete unsere Freundschaft. Und er erzählte überall herum, der Flori wäre vollkommen übergeschnappt – eine Hetzkampagne, so nannte ich's damals, was vielleicht ein bißchen übertrieben war. Aber wer Biermann kennt, wer verfolgt, was dieser Mann so macht, wie er gegen ihm mißliebige Leute vorgeht, mit welchen Begriffen er dabei hantiert, wie er lospoltern kann, der wird's für nicht ganz so übertrieben halten.

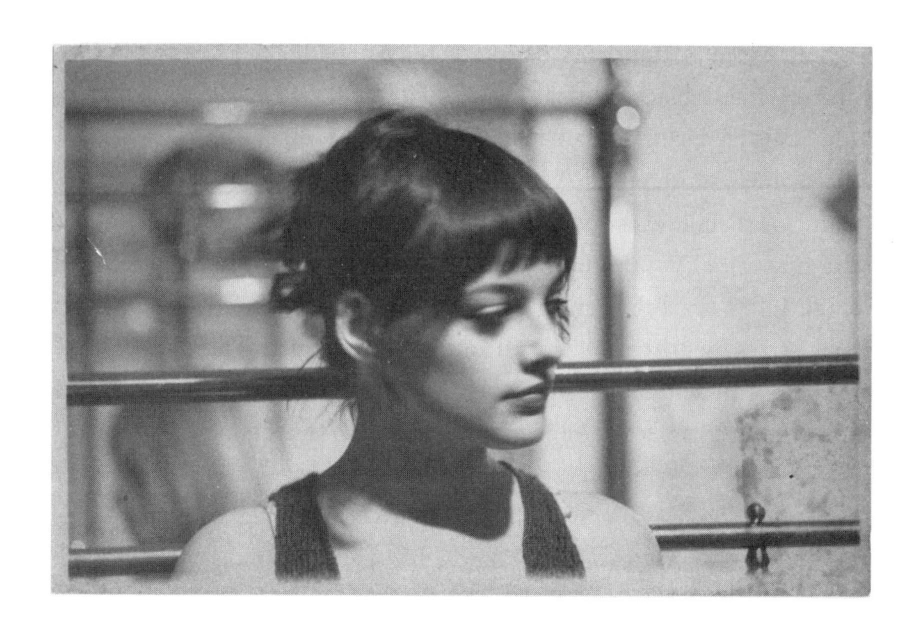

Das Drama

Ich war mit ihr durch die novembergrauen Straßen geirrt. Sie hatte mir das alles erzählt, unter Tränen, unter Flüchen, Verfluchungen ihrer Mutter, und es war dabei doch ganz egal, Haß, blanker Haß auf ihre Mutter, Eva-Maria Hagen. Nichts mehr von der Sentimentalität, dem Bedauern, zu dem sie sonst immer bei den Konflikten mit ihr Zuflucht suchte. Haß, Ablehnung, die totale Verzweiflung, ausgeliefert zu sein. die sich über die ihrer Tochter aufregt. So ihre Tochter, so Nina.

was regt die sich auf, wenn auch ich Liebe haben will. Und dann nichts anderes auch als Verachtung gegenüber ihrem Stiefvater, dem großartigen Wolf Biermann, der nun so tat, als wäre das allein eine Angelegenheit zwischen Mutter und Tochter. Er will mich doch auch nur loswerden. Das ist ihm zuviel Durcheinander, zuviel Aufregung mit mir. Die hysterischen Anfälle von Eva, die reichen ihm, und nun macht auch noch die Tochter Zicken – keine wörtliche Rede, nur der Furor, mit dem Nina sprach, sich erregte. Diese verbale Entgleisung, dieser Exzeß von Haß und Verzweiflung – von mir verschärft? Nein. Ich habe ein paar der sicher in meiner Erinnerung aufbewahrten Verbalinjurien und ordinären Beschimpfungen weggelassen.

Ich wußte, was ich zu tun hatte, wußte, daß ich etwas zu tun hatte: es mußte mit allen Mitteln verhindert werden, Ich mußte es zu verhindern suchen, ich. Und es blieb nicht viel Zeit, ich mußte es jetzt versuchen, jetzt gleich. Also gingen wir zurück in die Wilhelm-Pieck-Straße, in die Hagensche Wohnung, in der Nina ihr Zimmer hatte – wie lange noch dort ihren Platz? Wir kamen in die Wohnung rein, und ich ging, ohne mich durch irgend etwas aufhalten zu lassen, ohne auch nur meinen Mantel auszuziehen, den schweren, langen und dunkelblauen Wintermantel meiner Reichsbahner-Uniform, in den Salon hinein – wie ich hier mal das große Zimmer von Eva-Maria Hagen nennen will, obwohl ich doch heute sehr viel besser weiß, wie ein wirklich bürgerlicher Salon aussieht. Ich wußte, wer dort alles versammelt sein würde beim Sonntagsnachmittagskaffee: Ninas Mutter natürlich, Eva, von der das alles ausging, der nun von mir aus der Welt zu schaffen war, Wolf, Wolf Biermann, der dies zu- und geschehen ließ, der Mann, den ich so lange kannte, mit dem ich bis vor kurzem auch so etwas wie befreundet gewesen war, der die Liebe zwischen Nina und mir anfangs doch auch befördert hatte – auf sie beide kam es an. Ich wußte aber von Nina auch, wer da sonst noch beim Kaffee zu erwarten war: Emma, die Mutter von Biermann, die aus Hamburg zu Besuch war, und Jürgen Böttcher, der Freund von Wolf, der Maler und Filmemacher, der auch die Anfänge von unserer Liebe mitbekommen hatte, in diesem Sommer in Lütow an der Ostsee, und seine Frau Dopsy. Aber auch meine Schwester war da, die Freundin auch von Nina, die früher jedenfalls mal ihre gute und vertraute Freundin gewesen war, und meine Schwester sagte die ganze Zeit nicht ein einziges Wort, sie schaute nur zu, diese Szene beobachtend. Ich weiß nicht, was ich da für eine Rede gehalten habe, ich erinnere mich an sie nur wie an einen Rausch. Ich werde schweres Geschütz aufgefahren haben, Eva und sicher auch Wolf die schwersten Vorwürfe gemacht haben: wie sie Nina so etwas antun könnten, daß sie doch wüßten, in welche Schwierigkeiten sie Nina , daß dies unverantwortlich sei, und sicher warf ich den beiden, den angeblich Oppositionellen, vor, daß sie Nina wegen den Problemen, die sie mit ihr hätten, Ich war in Rage, redete mich in Rage, duldete keinen Widerspruch, bügelte alles nieder, alle Einwände und natürlich auch den von Eva, daß sie schließlich die Erziehungsberechtigte sei – so jedenfalls, sagte ich, würde sie allen erzieherischen Einfluß auf ihre Tochter verlieren.

Nina hockte dabei neben mir auf dem Fußboden, in Tränen aufgelöst. Man bot mir keinen Stuhl an, geschweige denn eine Tasse Kaffee, ich blieb in meinem Mantel an der Tür stehen. Ein Eindringling, ein Störenfried. Es muß das wie eine Szene bei Tschechow gewesen sein. Ich mit meinem Eisenbahnermantel, Nina heulend, und Papa und Mama, die Herrschaften, bei Plätzchen und Kuchen, am Sonntagnachmittag, und die Kerzen waren angesteckt, das Licht war so weich und so warm. Ich hätte da eine

Bombe reinwerfen mögen. Ich war die Bombe. Aggressiv, geladen, explodierend in meiner verzweifelten Wut. Ich erreichte nichts, nicht mehr als die Zusage, daß sie sich die ganze Sache noch einmal durch den Kopf gehen lassen würden. Wenigstens das. Aber ich war noch nicht am Ende, diese Szene brauchte noch ein Ende, ich einen effektvollen Abgang, und also machte ich meine Runde, ging ich von einem zum anderen der dort Versammelten, um mich zu verabschieden. Ich wollte sie alle zwingen, sich irgendwie zu mir und damit zu Nina und zu dem zu verhalten, worum es in dieser Auseinandersetzung gegangen war. Ich ging als erstes zu dem mir am nächsten sitzenden Jürgen Böttcher, reichte ihm die Hand. Er mit seiner schiefen langen Nase schaute mich schräg von unten an und flüsterte mir zu, ich solle ihn doch mal in den nächsten Tagen besuchen kommen – was ich dann auch tat, um mir seine Beschwerden über seinen Freund Wolf anzuhören, wie sehr er sich von dem unter Druck gesetzt fühle, politisch. Was für ein Feigling! Die nächste, das war Dopsy, seine Frau, auch sie reichte mir die Hand, versuchte sich an einem Lächeln – geschenkt! Dann war Emma dran, und Emma sagte zu mir: »Besser dich!« Genauso wird sie ihren Sohn erzogen haben, ihren Wolf, mit: *Besser dich!*, und er, er hatte sich gebessert, er lag, mit halb aufgerichtetem Oberkörper, in weichen Kissen auf dem Sofa und weigerte sich, mir die Hand zu geben, hielt die Arme wie ein verstockter Junge verschränkt – erbärmlich! Ein Würstchen! Und mit dem war ich befreundet gewesen. Eva gab mir zwar die Hand, schaute mich dabei aber nicht an, schaute dabei auf Wolf, und vielleicht erwartete sie, daß er mich nun endlich hinauswerfen würde. Und als letztes ging ich dann zu meiner Schwester und sagte ihr: »Du kommst mit!«, was sie dann auch folgsam tat, schweigend mit mir die Friedrichstraße entlangstapfend, zu keiner Stellungnahme zu bewegen – aber egal, sie war wenigstens mit mir gekommen. Nina brachte uns zur Wohnungstür, sie küßte mich zum Abschied, sie weinte immer noch, sie war sich sicher, daß mein ganzer Auftritt keinen Sinn gehabt, ihre Lage sicher nur noch verschlimmert hat. Aber sie liebte mich, ihren Helden und Beschützer.

Es gab ja noch so eine hochdramatische Szene mit Nina und mir in diesem dunkelblauen, fast schwarzen Reichsbahnuniformmantel, den ich so gern trug, der im Winter auch so schön warm war und sicher auch eine gute Kostümierung abgab auf dem Kostümfest, wo sich diese Szene dann abspielte, diese Eifersuchtsszene – so zu interpretieren, als Eifersucht zu sehen, wie ich mich dabei verhielt, war das sicher schon, aber so ganz trifft es das doch nicht. Ich hatte nichts gegen diesen anderen, der Nina liebte, gegen diesen Kai Illieff, gegen ihn selber nichts, wie auch, wo ich ihn doch darin verstehen mußte, Nina zu lieben, die ich liebte. Auch ich liebte, und er war doch da zuerst gewesen, nicht ich. Ich hatte eigentlich auch nichts dagegen, daß Nina diesen Kai liebte, für mich war Nina nicht die Frau, die man für sich ganz alleine haben konnte. Sie haben zu wollen, das wäre ganz falsch gewesen, sie haben zu wollen, das hätte bedeutet, sie, die nicht zu haben war, nicht wirklich zu lieben. Mit ihr zusammensein, Zeit mit ihr zu verbringen, das ging, das hieß, sie zu lieben. Für Momente glücklich mit ihr zu sein. Was ich nicht mochte bei ihr, das war ihre Unzuverlässigkeit, diese Lügerei, und wahrscheinlich hätte ich auch das lieben müssen, um sie wirklich zu lieben, ganz und gar zu lieben. Sosehr ich sie liebte, sosehr ich auch bereit war, wegen dieser Liebe zu leiden, so weit ging sie doch nicht, diese Liebe, daß ich mich nicht furchtbar aufregen konnte, wenn sie mich belog, mir etwas vormachte. So an diesem Samstag irgendwann im Februar des Jahres 1971 wohl, Faschingszeit, und Nina war mittags mit dem Zug aus Annaberg gekommen, aus ihrem Internat, in dem sie leben mußte, ich hatte sie vom Bahnhof abgeholt, und da schon hatte sie mir von diesem Fasching, diesem Kostümfest in Weißensee, erzählt in der Kunstschule, von dem sie durch Kai wußte. Mir war nicht nach Fasching und Kostümfest zumute, ich wollte Nina an diesem Tag für mich haben – nicht für immer, an diesem Tag aber ja. Ich brauchte sie, hatte ihr zu viele Briefe ins ferne Annaberg schreiben müssen, die Zeit ohne sie und uns zu überbrücken. Nina aber, das war klar, wollte zu diesem Fasching, zum jährlichen Kostümfest in der Kunstschule Weißensee, sie versuchte, mich zu überreden, mit ihr dort hinzugehen, aber ich wollte partout nicht. Mir war nicht nach Feiern, mir war nach uns, uns beiden allein. So ungefähr um vier, die winterlich frühe Dämmerung setzte gerade ein, machte sich Nina aus meiner Umarmung los, sie wolle Zigaretten holen gehen. Ich ließ sie gehen, ging nicht mit ihr, bestand nicht darauf, mit ihr gehen zu wollen. Ich dachte, in fünf Minuten ist sie wieder da. Als diese fünf Minuten um waren, war sie aber nicht wieder zurück, und sie war es auch nach einer Viertelstunde nicht, nicht nach einer Stunde und auch nicht nach zweien. Die Ahnung, daß sie zu Kai gegangen sein müsse, kam mir dann bald. Verdammtes Luder. Oh, ich war wütend, mächtig wütend. Und natürlich verzweifelt. Aber ich hatte doch Freunde, Freunde, deren Rat und Hilfe ich in dieser Situation brauchen konnte. Ich rief bei Hannes an, ich rief bei Kerscheck an, die beide mit mir zusammen bei der Reichsbahn lernten. Ich bat sie zu mir, sie kamen auch. Kerscheck hatte natürlich keine Ahnung, was man denn in einem solchen Falle mit seiner Liebsten mache, Hannes aber war erfahrener in diesen Dingen, sehr erfahren. So erfahren, daß er froh war und mir jeweils glücklich davon berichtete, wenn ein weibliches Wesen mal nicht etwas von ihm wollte, er sich nur mal mit einem Mädchen, einer Frau unterhalten konnte. Hannes hatte das mit seinen sechzehn Jahren schon hinter sich, das mit dem Sex, Er war als Elfjähriger von seiner Lehrerin verführt, von ihr dann an andere Lehrerinnen weitergereicht worden, zusammen mit seinem besten Freund damals, einem dann blassen, ausgemergelten Jüngling, als ich ihn durch Hannes kennenlernte. Hannes, der in Liebesdingen Erfahrene, sagte zu mir, als wir den Fall Nina Hagen berieten, mir bliebe nur eines, dorthin zu gehen, wo ich sie vermutete, und das hieß, es war mittlerweile neun Uhr abends, in die Kunstschule, und bei diesem blöden Faschings- und Kostümfest sie dort dann mitzunehmen. Ich solle sie aber nicht zur Rede stellen, keine Erklärung von ihr verlangen, sie einfach mitnehmen. So Hannes, der sofort auch anbot, mit mir mitzukommen, falls es Trouble gebe mit meinem Nebenbuhler, mit diesem Kai. Auch der in Liebesdingen so unbedarfte, aber treue Kerscheck war bereit, mich zu begleiten. Also zogen wir unsere Reichsbahnuniformmäntel an, gingen auf die nächtliche Stalin- beziehungsweise Karl-Marx-Allee runter, erwischten dort auch ein Taxi, das uns bis nach Weißensee zur Kunstschule dort brachte. Eine lange Fahrt, die wir schweigend verbrachten. Und dann gingen wir da rein, three man in black, nicht weniger kostümiert, hätte man meinen können, als die dort so sehr Anwesenden und Fasching Feiernden. Es war dunkel in diesen Räumen, ich kannte mich dort nicht aus, war vorher noch nie in dieser Kunstschule in Weißensee gewesen – war es auch danach nie wieder. Im letzten großen Raum fanden wir sie, Nina, neben Kai auf einem treppenartigen Podest sitzend, vielleicht war's der Aktsaal. Die Musik war laut, irgend etwas zu sagen wäre gar nicht möglich gewesen. Ich nahm Nina bei der Hand, zog sie zu mir hoch, meine beiden Begleiter und Beschützer hielten sich ein paar Meter im Hintergrund. Bereit, diesen Kai wieder auf seinen Platz zurückzuexpedieren, falls er sich regte und einmischte. Aber er blieb sitzen, gab keinen Mucks von sich. Wir fuhren wieder in einem Taxi zurück, zum Strausberger Platz, in die Wohnung meiner Mutter, in mein Zimmer. Hannes und Kerscheck verabschiedeten sich vor der Haustür. Und dann weinte Nina. Und ich weinte, wir weinten zusammen die ganze Nacht. Ich glaubte, sie würde sich schuldig fühlen, und vielleicht fühlte sie sich auch schuldig, aber irgendwas geändert hat das natürlich nicht.

Und geändert hat auch das nichts, wie sie eines Tages zu mir kam, um mir unter Tränen zu erzählen, sie wäre schwanger, und das von mir. Wahrscheinlich wird sie das gleiche Kai auch erzählt haben. Daß sie von ihm schwanger wäre. Der Gedanke war natürlich sofort da, aber das war mir egal, ob ich nun der Vater bin oder es erst noch werden würde. Denn dazu war ich sofort entschlossen. Ich würde mit Thomas reden, der sowieso fast nur noch bei Sanda wohnte in der Schillingstraße, Thomas würde mir seine Wohnung überlassen, da war ich mir sicher, und dort dann würde ich mit Nina und dem Kind, unserem Kind, dann leben. Sie war so froh, das zu hören, sie würde sich doch so sehr ein Kind wünschen – wie alt war Nina da? Sechzehn. Wieder irrten wir durch die kalten Berliner Straßen, als zukünftige Eltern, als Paar – ach ja, wir würden heiraten müssen, um überhaupt zusammenleben zu können. Kein Problem, auch dazu war ich entschlossen. Wir hatten alles durchgesprochen, danach gingen wir zu ihr, in der Wohnungstür empfängt uns Eva, ihre Mutter, teilt Nina mit, daß sie in der Charité einen Termin in der kommenden Woche für die Abtreibung gemacht hätte. Nina nickte. Stumm, aber sie nickte. In ihrem Zimmer dann das große Heulen, die Wut auf ihre blöde Mutter, ████████ So wurde ich dann also doch nicht Vater, jedenfalls damals nicht. Es hätte mich umgebracht, aber ich war bereit, bereit, mir immer nur noch mehr aufzuladen, für andere dazusein. Das Selbstzerstörungsprogramm bei mir, es war eingeschaltet, es lief.

Aber es lief auch bei Nina, das Selbstzerstörungsprogramm, bei ihr natürlich dann auch als Farce, als Selbstmordkomödie. ████████
████████████████████████████████
████████████████████████████████
████████████████████████████████
████████████████████████████████
████████████████████████████████
████████████████████████████████
████████████████████████████████
████████████████████████████████
████████████████████████████████
████████████████████████████████
████████████████████████████████
████████████████████████████████
████████████████████████████████

Ich wußte also, was mit Nina los war, als sie sich im gleichen Stil von Carmen und mir ins Bad verabschiedete, in dieser Woche, die sie unbedingt mit uns beiden, die wir da schon ein Paar waren und nur darauf warteten, in den Westen zu verschwinden, unbedingt hatte verbringen wollen. Immer noch in dem Glauben, mit mir wieder zusammenkommen, mich Carmen abspenstig machen zu können. Ich schickte Carmen ein paar Minuten später zu Nina ins Bad hinterher, deren Tür sie natürlich nicht abgeschlossen hatte. Als die beiden zurückkamen, hatte Nina an den Handgelenken verbundene Arme,

Danach erst gab sie es auf. Mich auf.

Fluchtpunkt Polen

Aber natürlich nicht ganz und nicht für immer, und als ich dann im Westen war, ging es noch einmal richtig los. Natürlich bin ich schuld dran, mit schuld, ich wußte doch, wie man Menschen abwimmelt, wie brutal ich da sein mußte, ich hatte es doch mit meiner Mutter, meinem Vater, meiner Familie durchexerziert. Bei Nina tat ich es nicht, bei Nina konnte ich es nicht. Meine Liebe zu ihr war zu stark, war immer noch da, und das trotz Carmen. Mit der ich mich übernommen hatte, die Verpflichtungen, die ich ihr gegenüber eingegangen war, ich merkte das doch immer mehr, immer schmerzlicher, daß ich sie nicht würde einhalten können. Daß das über meine Kräfte ging. Über die Kraft meiner Liebe zu ihr, und dann war da Nina, die mich vom Osten her lockte, mir diese vielen Liebesbriefe schrieb. Ich hatte die Liebe zu ihr in mir unterdrückt, und nun kehrte sie mit Macht zurück. Und alles waren das natürlich nur Gespenster: sie im Osten, ich im Westen, dazwischen die Mauer und für mich kein Zurück – oder doch? Das versuchte Nina mir in ihren Briefen einzureden:

daß ich in den Osten zurückkommen solle, zu ihr, daß ich keine Angst davor haben solle, haben müsse, es würde alles gutgehen, ich käme sicher nicht ins Gefängnis, und wenn, dann würde sie auf mich warten. Ein Hirngespinst natürlich, aber ich lehnte es ihr gegenüber nicht klar genug ab. Ich sagte ihr nicht: daraus wird nichts.

Liebst du mich noch? Ich hab soviel Scheiße gemacht, mein Lieber. Ich hab bißchen viel in deiner Scheißangelegenheit unternommen; ich habe mit einem, na, einem Herrn geschlafen; ich befasse mich mit dem Ausrasten ganz allgemein; ich habe mich ziemlich oft besoffen ... aber: ich hab dich lieb. Ich habe dich lieb, Flori, Mensch werd doch selig in deinem Scheiß-Westen, mach Schluß mit mir, bloß das meine ich nicht so, das sage ich, weil ich die Nase voll hab, weil ich dich jetzt verdammt noch mal bei mir haben will, weil ich will, daß du der glücklichste Flori aller Zeiten wirst ... und ich will doch auch froh sein – ich will dich!

Natürlich wäre ich das gern gewesen, *der glücklichste Flori aller Zeiten*, und das mit ihr, und wahrscheinlich werde ich dem nicht nur nicht widersprochen haben, wenn sie mir, am Telefon von Ost nach West, immer wieder sagte, daß ich doch zurückkommen solle, sie brauche mich doch so sehr, daß ich doch sicher auch ohne große Probleme wieder in den Osten zurückkönne. Wahrscheinlich werde ich sogar so schwach gewesen sein, daß ich ihr dies bei einem unserer Telefongespräche auch mal in Aussicht gestellt habe. Nur um sie nicht zu enttäuschen, sie in ihrer Verzweiflung zu trösten – wirklich *nur*? Habe ich denn nie daran gedacht, wieder in den Osten zurückzugehen, zu Nina? Natürlich habe ich daran gedacht, ich liebte sie doch, und im Westen, da kam ich doch so gar nicht klar. Daran gedacht, das habe ich, aber doch nicht wirklich ernsthaft, nicht wirklich wirklich, und irgend etwas unternommen, das mir die Rückkehr ermöglicht hätte, das habe ich doch schon gar nicht. Ich liebte sie, aber ich glaubte nicht an ihre Liebe, nicht daran, daß sie von Dauer sein würde, sein könnte. Als ferne Liebe ja, wunderbar, eine

Phantasterei, ein Traum. Ihr Traum von der großen Liebe, und ich wußte doch, wie sehr sie diesen Traum nötig hatte, als Traum. Wie verzweifelt sie war, wie allein in ihrer Verzweiflung, wie verloren. In dieser Liebe zu mir nahm nicht nur ihr Traum von der großen Liebe, nahm auch diese Verzweiflung in ihr eine Gestalt an. Sie im Osten, ich im Westen, damit hatte ihre Verzweiflung einen Grund, einen Anlaß. Damit hatte es auch einen Grund, daß sie von der Liebe träumte, der großen Liebe nur träumen konnte, die sie doch aber gar nicht hätte leben können. Ich wußte es doch, hatte es doch mit ihr erlebt, daß sie dies gar nicht konnte. Nur davon träumen konnte. Und auch deswegen liebte ich sie doch, wegen ihrer Verzweiflung, wegen ihrem Traum von der Liebe, für die sie nicht geschaffen, zu der sie gar nicht fähig war. Arme Nina.

Und dann, plötzlich und ganz unerwartet, bekam ich einen Brief aus Polen von ihr: sie habe sich wieder furchtbar mit ihrer Mutter gestritten, habe ihre Mutter dann auch beklaut, und so sei ihr nichts anderes übriggeblieben, als nach Polen abzuhauen – unklar in diesem Brief blieb, ob sie ihre Mutter nicht vielleicht deshalb beklaut hatte, um Geld für die Fahrt nach Polen zu haben, auch dies mußte ich für möglich halten. Sehr klar war ihre Aufforderung an mich, sie von Polen aus in den Westen zu holen – sie käme sonst in den Jugendwerkhof, in den Knast. Keine Erinnerung daran, was ich ihr antwortete, ob ich ihr nun sagte, sie solle nach Ost-Berlin zurückgehen, so schlimm würde es schon nicht werden – glaube ich nicht, daß ich das getan habe. Ich liebte sie zu sehr, liebte sie in ihrer Verzweiflung, das Apokalyptische der Liebe, es nahm mich gefangen. Und ich liebte ihre Briefe – den hier am meisten:

Mein herzensallerliebster Flori!
Nun sitze ich auf dein Telegramm hin gottverlassen in der nächtlichen Kälte von Gdansk und weiß nicht ob ich die Straßenbahn benutze, die Füße bevorzuge, meinen Weg geradeaus fortsetzte, den Weg nach links fortsetze … Um 14.00 Uhr bin ich von Warschau losgetrampt (ich kann nicht mal

sagen, was für, ach doch MONTAG ist heute) und um 23.00 Uhr war ich hier. Unterwegs die Leute haben mich mit Essen vollgestopft und ich bin so unglücklich dir nicht mal 'n Telegramm schicken zu können. Falls irgendwas ist und falls du mich endlich erlösen willst mein Märchenprinz Florian mit der langen Nase, dann weißt du jetzt daß ich jeden (Milizauto hält, sie steigen aus – ich kucke und sie gehen in eine wunderbare Richtung (von mir weg ... ich habe große Angst Flo!) Also ... ich hoffe ja (neues Milizauto) daß ich morgen irgendwie ne Penne, eine Wohne also kriegen kann. (Straßenbahn zum Bahnhof!)

Jetzt bin ich liegend auf einer Gdansker Bank. Um mich herum schnarchen die Polen und Zigeuner. Übrigens Zigeuner: In Warschau haben mir irgendwelche besonders schlauen Köpfe die Gitarre geklaut. Aber weißte, ich sage: Lieber Flo – mach mich fromm, daß ich in den Himmel komm. Ich hab mich sehr geärgert – aber jetzt will ich nur noch schlafen ... ich hab dich so lieb, falls also was ist – (und ich kein Quartier finden sollte!) ich bin dann 1. des nachts im Hauptbahnhof zu finden und tags sagen wir mittags von 1 – 2. Ein Polizist geht reihum und weckt alle Leute auf (nur die Kinder nicht der gute!) Ich hoffe sehr daß ich irgendwie bald bei dir bin – sieh mal – ich kenne hier keinen, kenne die Stadt nicht, ach Flori, Flori – laß mir wieder eine Sonne scheinen! und ich liebe dich so doll und denke die ganze Zeit über an dich und an alles und was das »Kascha« im Telegramm bedeutet, das sagst du zum ersten Mal, und ich sage mir, daß das sehr lieb ist und warte so sehr auf irgendwiewas, und wenn du mich nicht bei dir haben willst – stürze ich mich Kopf über Fuß vom Baikal! Ach, mein Klingelbäumchen –

ich träume von dir, weißt du das? Ich hab dir interessantes zu berichten. Geld für'n Telegramm hab ich nicht – ich habe 15 Zloti! Schnubbeldibubbeldibumm. Ein halbes Kümmelbrot im Koffer – bumm – zwei Konservenbüchsen Pastete (geklaut) im ebenfalls Koffer und Zigaretten in der Mantillentasche. Schon wieder Polizei, diesmal mit Maschinengewehr. Sie machen Stichproben äh Ausweiskontrollen. Bei mir nicht. Ich bin zu hüpsch. Nina Hagen.

Er geht vorbei. Und ich liebe dich. Und bin müde zum Sterben – Mensch Flori – will bloß daß ich bei dir bin – du weißt hoffentlich, bei der Abteilung »Geburten« wurden Florian Havemann und Cnatternina Hagen für die Ehe bestimmt. Und für die große Liebe (oder nur für die große Liebe?) Auch gut, aber bei dir bitte. Halb eins. Hier kann man nicht rauchen. Ich könnte mir nicht vorstellen, eine Nutte zu sein! Ich freu mich immer irgendwelchen geilglotzenden Männern die Zunge »Bäh!« rausstrecken zu können und ihn sehen lassen wie wenig mich sein beschissener Pümmel interessiert. Oh Gott, ich erschrecke dich mit meinen Redensarten bestimmt, aber Flori – ich bin doch dein wohlriechendes Schnuckiputzli aus Polen! Djenkuje bardo, oh!, proschte bardso – pani wesch skoko jest godina – zo pani morit? Die Leute pennen wieder. Und bald kommt der Milizionär wieder her. (Ich hab dich lieb, aber das wirst du inzwischen wissen) Das mit der Gitarre ist'n starkes Stück – Flori – ob ich bald irgendwie .... ich hab so große Sehnsucht an deinem Hals zu würgen und dir in den Po zu kneifen – (ich scherze und lache über meinen eigenen blöden Witze) Aber das ist wohl besser als drüber zu weinen. Ich weine nicht. Ich weine nur an deinem Grab. Oh Gott, Flori verzeih mir, aber ich bin heute so verkichert, und muß eben mich abreagieren. Eine Oma kommt hereingehumpelt – sie geht auch schlafen. Und eine Zigeunerin gibt ihrem Baby die Brust (wie im Film!). und nur ich habs gesehen und ich werde jetzt bischen schlafen.
Flori – du weißt ja das alles was immer so am Schluß kommt, das mit den Küssen und so –
deine Kascha

Geschrieben auf vier linierten, offensichtlich aus einem Heft herausgerissenen Blättern – ich habe einen ganzen Stapel von diesen Briefen, es kam ja auch fast jeden Tag einer aus dem fernen Polen. Oft ohne, wenn, dann immer mit einer neuen, einer anderen Adresse. Irgendwelche jungen Leute, bei denen sie untergekommen war, eine Penne gefunden hatte. Und dann auch Briefe mit irgendwelchen Liebesgeschichten drin, von Jurek, und von dem und dann wieder einem anderen. Und dann auch das plötzlich: wie gut es ihr ginge, sie würde in einer Band singen. Und in jedem dieser Briefe die Erwartung, ich würde sie dort aus ihrem Polen herausholen, heraus und in den Westen holen können. Wie sollte das gehen? Ich hatte keine Idee, traf mich aber mit dem Chef eines West-Berliner Fluchthilfeunternehmens. Der sehr viel Geld von mir wollte, aber am Geld wäre es nicht gescheitert, von mir aus nicht. Als er dann aber hörte, die junge Frau, die er aus dem Osten herausholen solle, befände sich in Polen und hätte dort keine feste Adresse, winkte er ab: er brauche mindestens einen Vorlauf von einem halben Jahr, und dieser Mensch müsse auch erreichbar sein, damit da ein Kontakt sicher aufzunehmen sei, wenn alles organisiert ist, so eine Fluchtmöglichkeit, die lasse sich auch immer nur für kurze Zeit und nicht auf Dauer offenhalten. Nichts anderes hatte ich vermutet, keine Hilfe möglich. Aus der Traum vom Westen. Ich weiß nicht mal mehr, ob ich dann eine Adresse hatte, an die ich ihr schreiben, ihr dies mitteilen konnte. Mit ihren Briefen ging das noch ne ganze Weile weiter, mit diesen Liebeserklärungen, die mich glücklich machten und unglücklich zur gleichen Zeit, wußte ich doch, dieser Flori, an den sie denkt und in ihrer Verzweiflung schreibt, das bin gar nicht ich. Der Märchenprinz. Eine gigantische Projektionsfläche. Und trotzdem liebte ich sie doch auch dafür. Liebte ich die Nina, die einen Märchenprinzen brauchte. Der ich nicht war.

Dann aber nach einer etwas längeren Pause kam eine Postkarte von Nina, wieder mit den grünen, so sehr vertrauten Walter-Ulbricht-Briefmarken:
Mein lieber Flo, ich bin aus Polen wieder zurück. Nun werde ich eine Arbeit bekommen und bei Eva wohnen. Wir haben uns sehr lieb. Ich hab dich so lieb. Merk dir das. Das Wetter ist sehr schön, aber schon ein bißchen kalt. Und weil ich dich lieb habe sehne ich dich zu mir. Deine
NINA-KASCHA

Das polnische Abenteuer war also zu Ende.

Der 28. Februar 1978

Naturträne

Offenes Fenster präsentiert,
Spatzenwolken
himmelflattern.
Wind bläst,
meine Nase friert
und ein paar Auspuffrohre
knattern.

Ach, da geht
die Sonne unter:
rot mit gold,
so muß das sein.
Seh ich auf die
Straße runter,
fällt mir mein
Bekannter ein.

Dieser *Bekannte*, da würde ich schon sagen, daß das genial ist – vielleicht nicht, wenn man das so liest, wo man dann gerne mehr über diesen Bekannten wissen würde, aber singt Nina dieses Lied, dann wird klar, was das für ein Bekannter ist: der Mann, den sie liebt, geliebt hat, immer noch liebt, aber unglücklich liebt, der Mann, der sie verschmäht hat – ich war damit nicht gemeint, nur um das festzuhalten, bedauerlicherweise nicht, denn den Anlaß für ein so wunderbares Lied hätte ich schon gern abgegeben. Und ich hätte mich da gern auch einen *Bekannten* nennen lassen, so schmerzlich dies gewesen wäre, aber da steckt ja eine Wahrheit drin, die, daß die Menschen, die wir lieben, nur Bekannte von uns sind. Stünde da am Ende dieses Textes: *da fällt mir mein Liebster ein*, das Lied wäre verloren gewesen, der reinste Kitsch, und deshalb nenne ich das genial, genial in meinem Sinne, im ursprünglichen Sinne des Wortes, wie ich behaupten will: daß da ein Schutzgeist wirkte, ein Geist, der Nina davor bewahrte, in den bloßen Kitsch abzugleiten. Vom Text her durchaus epigonal, im Sinne von nachgeahmt, nicht ganz echt, echt empfunden, eine Parodie, aber eine Parodie auf ein einst echt empfundenes Gefühl, Selbstverscheißerung. Epigonal aber auch noch mal deshalb, weil Wolf Biermann solche ähnlichen Texte geschrieben hatte. Für seinen Freund Horst Hussel, den Illustrator, der diese Poeme ja dann auch ganz putzig illustriert und mit kleinen Federzeichnungen versehen hat. Hommage an ein Kleinbürgertum, das es gar nicht mehr gab, so vielleicht nie gegeben hat. Auch bei Biermann also schon epigonal, absichtlich epigonal, also parodistisch. Aber als Indiz schon ernstzunehmen, auch ernst gemeint: dieser Zug ins Skurrile, als Abkehr von der DDR-Realität, das hat es bei vielen Künstlern gegeben, auch ich bin ja eine Weile auf diesem Zug mitgefahren, auf dieser Lokomotive, die mir mein Freund Pansch zum Einsteigen und Aufspringen hingestellt hatte. Die Welt der Vorort-Gefühle, der sentimentalen Kleingartenanlage des ungelebten Lebens. Biermann hatte ein paar dieser biederen Kleinbürgergefühle auch vertont, putzig, verniedlichend – aus dieser merkwürdigen Ecke kam also dieses Lied, aus einem nahezu unerklärlichen Raritätenkabinett, die absolute Spezialnummer. Daß das irgend jemand verstehen oder nachvollziehen könne, war nicht zu erwarten, aber es war dieses Lied, mit dem Nina zum Star wurde, bei ihrem ersten Konzert im Westen, 1978 in West-Berlin, im *Quartier Latin*, in diesem runtergekommenen Schuppen und Bumslokal in der Potsdamer Straße, in dem heute der *Wintergarten* residiert, es war das Lied, mit dem sie den Durchbruch schaffte. In den Zeitungen geschrieben haben sie über ihre anderen Lieder, über die Lieder, die einfacher einzuordnen, in ihren Aussagen simpler waren, und auch auf der Platte kommt dieses Lied so gut nicht rüber, wirkt es so stark nicht – auch übrigens, weil es da den Fehler eines völlig überflüssigen Gitarrensolos gibt. Das Stück muß man live erleben, im Konzert, weil da erst glaubwürdig wird, was dann geschieht, wenn Nina mit ihrem parodistischen Text durch ist und dann einfach nur lossingt, ohne Worte, die pure, sich immer weiter steigernde Emotion. Mit einem Mal wird dieses feige, kleinbürgerlich nur angedeutete, lächerlich erscheinende Liebesleiden ganz groß und mit einem Mal auch echt, und dann, wenn es echt durchlitten scheint, macht sie eine Opernarie draus, die wieder nur falsch und aufgesetzt wirkt, die man in ihrer Stimmgewalt keiner Rocksängerin aber jemals zugetraut hatte – was im Publikum atemlose Verblüffung auslöste, doch sofort ging es weiter, und in eine Parodie des Operngesangs hinein, in schräge, überdrehte Töne, in Kiekser und am Ende in Hühnergegacker. Mit Biermann und seinen Kleinbürger-Liedchen hatte das nichts mehr zu tun, der harmlose Spaß, dieses sich über Leute lustig Machen, zu denen zu gehören Biermann nicht annahm, es war weg. Das war Nina, die Kleinbürgerin Nina, die Kitschdrüse Nina, die Nina mit der Liebessehnsucht, die zur Liebe, zum echten Gefühl unfähige Nina, ihr Leiden daran, ihr echtes Leiden, und dann die Verscheißerung dieses Leidens, das Lächerlichmachen dieses Leidens, ein Mini-Drama und ganz große Kunst. Daß mir das gefallen mußte, das war klar für mich, und um in meine Big Band hineinzukommen, hatte sie zum ersten Mal so gesungen, um so wunderbarer für mich, dies dann zu erleben, wie sie es damit schaffte, all diese Leute zu begeistern, sie völlig zu verzaubern, sie in ihren Bann zu schlagen. *A star is born*, das sagt man so, und ich hatte das Glück, dabeizusein, wie ein Star geboren wurde, ich war bei dieser Geburt dabei. Thomas stand neben mir, wir sahen uns beide an, als Nina fertig war, der Beifall aufrauschte und kein Ende nehmen wollte nach diesem Lied, und wir wußten es beide: damit hatte sie es geschafft.

Thomas, mein Freund Thomas Brasch, der Dichter, er war einer der ersten gewesen, wenn nicht der erste überhaupt, der dieses Lied von Nina gehört hatte. Sie hatte es für ihn mit ein paar anderen eigenen Liedern auf ein Tonband gesungen, in der Zeit, in der sie schon mit dem *Du hast den Farbfilm vergessen*, dessen Text und Musik ja nicht von ihr selber waren, ihren ersten Hit hatte, im Osten noch. Thomas hatte mir dieses Tonband, auf dem es auch ein Lied über mein Abhauen, meine Flucht in den Westen gab, bei einem meiner seltenen, mir für wenige Wochen nur möglichen Besuche im Osten vorgespielt. Thomas, der Dichter mit den hochgeschraubten dichterischen Ansprüchen, fand diese Lieder mehr kurios als wirklich gut, mir gefielen sie sofort. Das war Nina, für mich waren diese Lieder Nina, die Nina, die ich kannte, endlich hatte sie ihren Ausdruck gefunden. Ganz simpel und musikalisch wirklich anspruchslos von ihr auf der Gitarre begleitet – eine Band war ihr also auch dafür zu wünschen, nur eben nicht unbedingt eine Rockband, eine bloße Gitarrengruppe, wie man im Osten sagte und in der Zeitung schrieb, um die musikalische Beschränktheit dieser Art von Musik zu denunzieren. Ganz zu Recht übrigens. Ein Klavier hätte dazugepaßt, eine Orgel, Bläser bis hin zu meinem Lieblingsblasinstrument, der Oboe, eine Geige – nicht so das Übliche jedenfalls, eine Besetzung, so ungewöhnlich wie ihre Lieder, die doch in das Popmusik-, das Rock-Schema nicht paßten. Leider wurde daraus nichts, in diesem Punkte hörte sie auf mich nicht, aber daß ihre Lieder etwas seien, daß sie aus diesen Liedern etwas machen solle, das ließ sie sich von mir sagen, immerhin das. Von sich alleine aus wußte sie das nicht, sie glaubte gar nicht, daß diese Lieder etwas wert sein könnten. Sie hatte noch nicht mal deren Texte mit in den Westen gebracht.

Wir sahen uns erst ein paar Monate später, nachdem sie dem ausgebürgerten Biermann in den Westen gefolgt war. Ich war in dieser Zeit in Stuttgart im Theater, fuhr über die freien Weihnachtstage nach Berlin und traf sie wieder, auf einer Party. Wir gingen zusammen von dieser Party weg, sie kam mit zu mir in meine Wohnung in der Sonnenallee, wir lebten dort noch einmal für eine einzige Woche als Liebespaar zusammen. Und in dieser Woche fragte sie mich, was sie denn jetzt nur machen solle, als Sängerin. Den Vertrag mit CBS, den Biermann ihr besorgt hatte, den hatte sie schon unterschrieben und mit einem ersten Produzenten, der sie in Richtung Popmusik mit englischen Texten drängen wollte, bereits gesprochen. Und dabei das Gefühl gehabt, daß das nicht ihr eigenes Ding sein würde. Was aber sonst? Ich sagte ihr, sie habe doch da diese Lieder gemacht, die sie Thomas gegeben habe, auf dem Tonband, das wäre es, was sie machen solle, womit sie weitermachen solle. Sie reagierte skeptisch: »Meinst du?« Daraufhin sagte ich ihr, wir sollten uns doch mal zusammen diese Texte durchsehen und dann die nehmen, die auch im Westen funktionieren könnten. Aber sie hatte diese Texte ja gar nicht mit dabei – was tun also? Nina sagte, sie würde versuchen, sie für mich noch mal aus dem Gedächtnis aufzuschreiben, und das tat sie dann in dieser gemeinsam verbrachten Woche. Ich gab ihr Papier und einen Federhalter, und sie setzte sich an meinen runden Tisch und schrieb, und wenn sie eine Strophe fertig, ein Lied aus dem Gedächtnis heraus rekonstruiert hatte, las sie mir das vor, und ich gab meinen intellektuellen Sermon dazu ab. Nina schaute mich an, so als ob sie gar nicht verstünde, was ich meinte und ihr überhaupt hatte sagen wollen, dann stoppte sie mich, beugte sich wieder über ihr Papier und machte etwas aus dem, was ich ihr gesagt hatte, machte daraus ihre eigene Sache – ein einziger Genuß, das zu erleben. Wie sie mein Zeug in ihre Welt umsetzte, in ihre Worte. Die dann immer besser waren als alles, was ich ihr gesagt hatte. Fast die ganze erste Platte dann, die sie machte, war voll dieser Lieder, die ich mit ihr durchgegangen war, und da bin ich richtig stolz drauf. Darauf kann ich auch stolz sein.

Aber bis zu dieser ersten Platte dann, bis zu ihrem Konzert auch im *Quartier Latin* war es noch ein weiter Weg, Nina verschliß noch ein paar mehr Produzenten, die ihr von CBS geschickt worden waren, Nina mußte noch nach London, den beginnenden Punk dort kennenlernen, ein paar Drogen schlucken, den Vorschuß verbrauchen, den sie von CBS bekommen hatte – sie waren fast dabei, es mit dieser unberechenbaren Käthe aufzugeben. Daß sich Nina dann mit dieser linken West-Berliner Rockband *Lokomotive Kreuzberg* zusammentat, das war die letzte Chance, die sie ihr gaben. Ihr Manager bei CBS erzählte es mir jedenfalls so bei einer Geburtstagsfeier von Nina in einer obskuren Schöneberger Freak-Kneipe. Sie sollten es nicht bereuen.

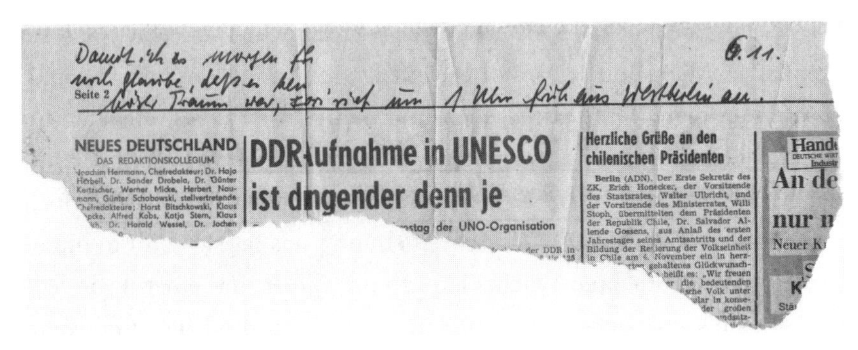

Seite 2

NEUES DEUTSCHLAND

DAS REDAKTIONSKOLLEGIUM

Joachim Herrmann, Chefredakteur; Dr. Hajo Herbell, Dr. Sander Drobela, Dr. Günter Kertzscher, Werner Micke, Herbert Naumann, Günter Schobowski, stellvertretende Chefredakteure; Horst Bitschkowski, Klaus Höpcke, Alfred Kobs, Katja Stern, Klaus ... Dr. Harald Wessel, Dr. Jochen

DDR-Aufnahme in UNESCO ist dringender denn je

... stag der UNO-Organisation

... der DDR in

Herzliche Grüße an den chilenischen Präsidenten

Berlin (ADN). Der Erste Sekretär des ZK, Erich Honecker, der Vorsitzende des Staatsrates, Walter Ulbricht, und der Vorsitzende des Ministerrates, Willi Stoph, übermittelten dem Präsidenten der Republik Chile, Dr. Salvador Allende Gossens, aus Anlaß des ersten Jahrestages seines Amtsantritts und der Bildung der Regierung der Volkseinheit in Chile am 4. November ein in herz... gehaltenes Glückwunsch... heißt es: „Wir freuen ... die bedeutenden ...sche Volk unter ...ular in konse... der großen ...undsatz-

Hande...

An de...

nur n...

Neuer K...

Absage

In einem mit meinem Namen versehenen Kuvert fand sich im Nachlaß meiner Mutter dieser Zeitungsausschnitt, Zeitungsausriß. Und es fand sich auch, in einer von ihr selber gefertigten Abschrift mit der Schreibmaschine, dieser Brief, den ich ihr geschrieben hatte – ohne Datum, wie meine überkorrekte Mutter am oberen Rand vermerkte, handschriftlich von ihr dazu: Poststempel 1. 11. 72.

Liebe Karin, ich habe deine Karte bekommen und lange hin und her überlegt. Das, was du schreibst, zeigt die ganze scheiß-beschissene Art dieser ganzen beschissen-langweiligen Havemann-Familie. Zeigt die große Meisterschaft im Verdrängen, im Übertünchen von Rissen und Abgründen. Deine Karte hört sich so an, als wäre nichts passiert, aber es ist doch eine ganze Menge geschehen. Nämlich: du hast Carmen, die ich liebte und liebe, den Aufenthalt in unserer Wohnung verboten; du hast damit nicht nur sie, sondern auch mich rausgeschmissen; du hast uns damit durch die Stadt umherirren lassen, etwas, was uns beinahe kaputt gemacht hat; ich hatte nicht die geringste Lust, mit dir Kontakt zu haben; du hast diesen Kontakt auch nicht gesucht; ich wollte mit Familienbeziehungen nichts zu tun haben; ich hatte ein Leben, von dem du dann nun überhaupt nichts wußtest; ich bin in den Westen abgehauen; bei meinen beiden Anrufen warst du kalt, abweisend und uninteressiert; gegenüber Inge hast du dich beim Abholen meiner Sachen sehr unfreundlich benommen; du hast mir nun fast ein Jahr nicht geschrieben; ich habe dir nicht geschrieben; du weißt nicht, wie ich jetzt lebe, dich interessiert nicht, wie ich jetzt lebe; du hast von Babo vielleicht gehört, daß ich gesagt habe, ich hätte ja noch keinen Brief nicht beantwortet; zwei Gesetze sind in Kraft getreten, das eine macht mich zum anerkannten Bundesbürger, das zweite macht das Abhauen straffrei … und dann deine Karte, in der es das alles nicht mehr gibt. Außerdem: wie solche Leute wie wir von »natürlich« sprechen können, verstehe ich nicht. Nichts ist daran natürlich, daß du mir aus Gotha schreiben wolltest, oder daß T. U. mich besonders herzlich grüßt. Und: dein Kuß geht ins Leere, er ist nicht gedacht für einen lebenden Menschen, von dem du etwas wissen willst, du küßt die Erinnerung. Aber die Erinnerung schreibt keine Antwortkarten. Ich versuche zu verstehen: vielleicht ist das alles, was geschehen ist, Nichts. Nichts in Bezug auf deine Liebe. Diese Liebe ist aber nicht die lebendige, die brüllt und zuhören kann. Es ist die dreimal zugeschüttete, verwelkte Liebe, eine, die mich verraten hat und ignoriert hat und erziehen wollte. Eine Mutterliebe, deren letztes Zucken die Eifersucht gegen Nina und Carmen war, der nun alles genommen ist, außer die Erinnerung. Der Regen geht schwer, der Sonntag ist lang, die Einsamkeit ist stark und die Beschäftigung füllt nicht aus und … Ich weiß, aber warum da dieser Riesenabstand zwischen den lastenden Erinnerungen und der Leichtigkeit deiner Karte? Es ist immer dasselbe und so furchtbar. Bei mir ist das aber anders, ich habe das Gegenstück zu deiner Mutterliebe, die Sohnesliebe, nicht und für mich ist eine ganze Menge geschehen. Meine Sohnesliebe zu dir, du weißt, wie stark sie war, ist vor langer Zeit gestorben. An dem Tag, an dem meine Kinderzeit zu Ende ging. Eines Tages nämlich kam Robert mit ernstem Gesicht in unser Zimmer (das tat er sonst nie), brachte Bille mit und sagte, daß du dich scheiden lassen willst. Daß Robert dabei zwei Tricks benutzte, die Suggestion, daß du dich von uns scheiden lassen willst, und den der Ehrlichkeitsmasche, die allen Makel von ihm abwaschen sollte, ist hier nicht wichtig. Wichtig ist, daß Bille und Fränki geweint haben und ich nicht. Ich war ganz kalt und abgetötet, meine Kindheit war gestorben, ich war ein erwachsener Mann, auf mich allein gestellt in dieser Welt. Dann war Haß, Wut und sehr viel später Mit-

leid mit dir. Mitleid mit dir wegen deiner Einsamkeit, diesem mörderischen Ehemann, deinen Zukunftsaussichten, deiner Haßliebe zu Tati, deinen Söhnen, deiner Enkelkinderverbindung zu Frank und Utz, deinem nächtlichen Husten, deinem kaputten Herzen und nochmal deiner Einsamkeit. Nicht zu vergessen deine heuchlerische, alles verstehende Tochter. Manchmal, z. B. Silvester 1970/71 dachte ich, daß eine richtige Beziehung möglich ist.
Nichts ändert sich an meiner Wut über deine dreimal beschissene Karte (hinweggehend, uninteressiert u. vortäuschend).
Wenn alles, was ich geschrieben habe, an dir vorbeigeht, dann ist das nicht gut.
Ich grüße dich, Flori

Richtig brutal, was? Das tut weh, das tut auch mir jetzt weh, wenn ich es wiederlese. Aber das sollte auch weh tun. Ihr weh tun, meiner Mutter weh tun. Aber leid, leid tut mir dieser Brief auch heute noch nicht. Dieser Brief mußte geschrieben werden. Aber er reichte noch nicht, ein weiterer Brief der gleichen Sorte war noch nötig, sie davon abzubringen, mit mir den Kontakt zu suchen.

14. Dez. 72
Liebe Karin
Gestern kam dein Brief und ich will dir antworten.
Eines hast du richtig erkannt, nämlich, daß ich zu den Familienleuten alle Beziehungen abbrechen wollte. Ich wollte Beziehungen zwischen Familienleuten abbrechen. Andere Beziehungen gab es schon vorher nicht mehr, und das aus unterschiedlichen Gründen. Ich will auch jetzt keine Beziehungen, Familienbeziehungen nicht, weil sie so langweilig, so öde sind; für andere Beziehungen gibt es keine Grundlage.
In einem hast du völlig geirrt und auch meinen Brief so gelesen, nämlich, daß mir die Beziehung in einer Art wichtig ist, wie sie dir wichtig ist. Für mich ist das anders, für mich gibt es keine Beziehung zwischen uns. Wir haben nichts miteinander zu tun. Das ist alles Vergangenheit, die Beziehungen

sind schon alle beendet. Deshalb gibt es für mich keinen quälenden Zustand der Irrtümer und Verhärtung, deshalb habe ich keine Anklage geschrieben, deshalb habe ich deine Kühle nicht beklagt (ich habe sie bemerkt). Ich denke fast nie an dich und die anderen. Am meisten denke ich noch an Fränki, der ist politisch interessant für mich. Wenn ich etwas von euch höre, vervollständigt sich mein Bild; weiter nichts. Ich empfinde es als lästig, aus dieser Familie zu kommen, die so interessant für Leute ist, und für mich so öde. Und das alles ist keine Leistung von mir, es verlangt nicht die geringste Anstrengung oder Quälerei. Es hat früh angefangen, 1966, und lang genug aufgehört, 1970. Mehr gibt es nicht zu sagen. Ich werde nicht anrufen, nicht schreiben, nicht kommen. Wenn ich alt bin und in der Vergangenheit lebe – dann vielleicht.
Flori

Das reichte dann, aber ein paar Jahre später, gar nicht mal so lange später, 1976, meine Mutter war 60 und damit Rentnerin geworden, durfte sie als Rentnerin in den Westen fahren, besuchte sie mich, und ich, ich verweigerte mich dem nicht. Sie sagte mir, für mich wäre es wohl richtig gewesen und besser, in den Westen zu gehen, ein Künstler müsse etwas von der Welt sehen können – auf der Grundlage dieses Zugeständnisses war es möglich, daß sie mich von da an immer wieder besuchte. Ohne eine solche Erklärung wäre es auch da noch nicht möglich gewesen, für mich nicht. Sie war sehr stolz darauf, als ich im Lande Brandenburg zum Verfassungsrichter gewählt wurde. Sie verstand es nicht, daß ich auch als Verfassungsrichter noch meinen Reinigungsjob behielt, nicht versuchte, eine andere, meinen Fähigkeiten angemessenere Arbeit zu finden. Ohne jemals von mir danach gefragt worden zu sein, unterstützte sie mich und meine Familie finanziell. Sie mochte meine Frau, sie mochte meine Kinder. Zu ihrer Beerdigung spielte ich, auf ihren ausdrücklichen Wunsch hin, die Orgel, ein Stück von mir. Immerhin hatte ich das ja in meinem Brief für möglich gehalten, daß ich älter werde, so alt, daß ich in der Vergangenheit lebe – tue ich das jetzt? Nein, ich behaupte mich, Havemann hat noch etwas vor.

Eine weitere Absage

Nein, ich erwarte keine Nachsicht, es stünde mir, der ich selbst so wenig, so selten nur nachsichtig war, nicht zu, darum auch nur zu bitten. Eine brutale Mimose ziehe sich warm an. Wer so austeilt, muß einstecken lernen. Wer Stein des Anstoßes sein will, darf sich nicht wundern, wenn er sich stößt. Der Unerbittliche kann nicht bitten, der Erbarmungslose kein Erbarmen erflehen. Der Schuldige sich nicht selber entschuldigen. Der Sprücheklopfer sich keine Erlösung erhoffen.

Brief meines Vaters, mit der Hand geschrieben:
Freitag 7. Jan. 72
Lieber Flori, daß meine Gedanken viel bei Dir sind, das sind natürlich blöde Ressentiments. Aber ich denke eben darüber nach, wie ich Dir vielleicht doch etwas helfen kann. Betrachte bitten meinen ersten Brief nicht als reine Feindseligkeit. Aber ich bin doch sehr betroffen, daß Du nicht die Kraft hattest, es hier auszuhalten. Denn – glaub es mir – das Neue, die Zukunft, das, wofür man sterben kann, das ist – trotz allem – hier! Wenn ich Dir das sage, als ein alter Kerl von 62 Jahren, Dir jungem Burschen, ist das wie eine Verdrehung der Proportionen.
Flori, stelle Dich wirklich auf die eigenen Beine. Laß Dich nicht aushalten. Hab Mut! Selbstvertrauen. Du bist ein begabter Junge. Aber es gibt drüben viel Konkurrenz. Du kannst nur bestehen, wenn Dein Kopf klar ist. Du mußt wissen, was Du willst und weder andere noch Dich selbst betrügen.
Ich denke, ich werde Dir hin und wieder schreiben.
Aber bedenke, es geht mir ziemlich gut.
Wünsch Dir Gutes
Dein Robert

Das mit den *Ressentiments*, das ist natürlich gut, eine echte Freudsche Fehlleistung würde ich meinen, aber auch ich mußte zur Sicherheit noch mal in meinem etymologischen Wörterbuch nachsehen, so sehr war ich geneigt hier *Sentiment* zu lesen oder, wie es dem Sprachgebrauch meines Vaters näher gewesen wäre: *Sentimentalität*. Bedeutet *sentimental* mit übermäßiger Empfindsamkeit, so *Ressentiment* das genaue Gegenteil, die gefühlsmäßige Ablehnung. Also noch einmal und ohne das Fremdwort: daß die Gedanken meines Vaters viel bei mir waren, das war seiner gefühlsmäßigen Ablehnung mir gegenüber geschuldet – ja, so macht das auch mit der *Feindseligkeit* Sinn, die meiner sensiblen Seele wohl auch nach meines Vaters Empfindung beim Lesen dieses anderen von ihm erwähnten Briefes entgegengeschlagen sein wird, die ich doch aber bitte nun nicht als *reine* Feindseligkeit empfinden solle. Gut, nicht als *reine*, aber als Feindseligkeit immerhin, und selig sind die, die da Seligkeit haben. Auch Feindseligkeit. Und selig sein heißt ja glücklich sein. Und mühselig und trübselig, das kommt von Mühsal und Trübsal und hat also sprachlich mit dem Glück wenig zu tun. Mein Vater wird also glücklich gewesen sein in seiner Feindschaft gegen mich – man ahnt, daß dieser erste Brief, den mein Vater in seinem zweiten erwähnt, gepfeffert gewesen sein muß, in seinen Vorwürfen gegen mich. Und er war es auch. Und er war mit der Schreibmaschine geschrieben, ein bemerkenswerter Unterschied. Für den, der meinen Vater ein bißchen kannte, und ich, ich kannte meinen Vater doch genug, um zu wissen, daß der mit der Schreibmaschine getippte Brief von ihm am hellichten Tage geschrieben sein mußte, der handschriftliche aber zu einer späteren Stunde und also zu einer Tageszeit, wo er dann schon ein paar Gläschen Cognac intus hatte. Man hat doch schließlich seine festen Gewohnheiten, wer ein so geregeltes und geruhsames Leben hat, wie mein Vater es führte, der hat feste Gewohnheiten. Man kann auch als Trinker sehr geordnet leben. Der Exzeß kann zur Regel werden, und also hatte ich aus diesem Wechsel von der Schreibmaschine zum handgeschriebenen Brief nur diesen einen Schluß zu ziehen: daß es meinem Vater jetzt mit mir auch so ging, wie es ihm dereinst mit meinem Bruder gegangen war – hatte ich doch oft genug erlebt: am Tage die Beschimpfungen, die reinste Feindseligkeit, das Ressentiment, und am Abend dann, wenn der Cognac seine Wirkung tat, die Sentimentalität. Ritualisiert. Wie von selber ablaufend. Ein immer wiederkehrender psychologischer Ablauf, psycho-logisch. Vielen Dank, davor wollte ich mich doch bewahren, in diesen Ablauf nicht auch noch einbezogen sein. Auch wenn da noch eine andere Logik zu entdecken war: daß er meinen Bruder liebte, das war ja klar, wenn auch seine Liebe an Bedingungen geknüpft war, an Bedingungen, die mein Bruder nicht mehr erfüllte, nicht mehr einzulösen versprach – deshalb die Beschimpfungen, aus der Enttäuschung heraus, deshalb aber auch die Sentimentalität, wegen der Liebe und aber auch deswegen, weil diese Liebe zu meinem Bruder an Bedingungen geknüpft war, an Bedingungen, die er zwar nun nicht mehr erfüllte, auf deren Erfüllung aber mein Vater dereinst gehofft hatte. Was bedeutete das nun für mich, daß ich hier nun den gleichen Ablauf entdecken konnte, ihn in zwei Briefen dokumentiert sah? Es bedeutete, daß mich mein Vater liebte, lieben mußte. Irgendwie doch lieben mußte – aber wie? Wie einen Feind? Im Wechsel von Haß und Liebe, Liebe und Haß, wobei dann der Haß durchaus das erste, das grundlegende Gefühl sein mochte. Bedeutete es auch, daß mein Vater an mich Ansprüche gestellt hatte, die ich dann nicht erfüllte, daß er auch für mich irgend etwas vorgesehen hatte? Genauso wie bei meinem Bruder, für meinen Bruder? Nicht, daß ich dies gewußt hätte, mitbekommen hätte. Ich dachte doch immer, er könne einfach mit mir nichts anfangen, habe keinen Auftrag für mich. Auch, wenn ich's gern anders gehabt hätte, bedeutete es doch auch, frei zu sein, meine Sache machen zu können. Aber da ist dieser bemerkenswerte Satz in seinem Brief, der Satz, in dem mein Vater davon spricht, wie betroffen er doch davon wäre, daß ich nicht die Kraft gehabt hätte, es in der DDR auszuhalten – diesen Auftrag also hatte ich doch von ihm: es in der DDR auszuhalten, koste es, was es wolle. Und er setzte den Preis ja sehr hoch an: als etwas, wofür man sterben könne – für den es sich, seiner Auffassung nach, wohl auch zu sterben lohne. Interessant diese Assoziation in seinem Brief: daß ich's dort hätte aushalten sollen, wo man sterben kann. Genau das wollte ich nicht, sterben, für das Neue, die Zukunft, an die ich nicht mehr glauben konnte, zu sterben. Ich wollte leben und in der DDR nicht irre werden, an der DDR nicht irre werden. Er selber war vorsichtig genug, seine Opposition so zu dosieren, daß man ihn nicht umbringt. Und auch mich hatte diese DDR nicht umbringen wollen, diese Zeiten waren doch längst vorbei. Hatte das mein Vater nicht mitbekommen? Lebte er noch in alten stalinistischen Zeiten? Wo er doch gerade als staatlich anerkannter und mit einer Rente vom Staate bedachter Staatsfeind der Beweis dafür war, daß diese Zeiten von Stalins hartem Besen vorbei waren – merkwürdig, und es berührt mich noch heute und löst Betroffenheit in mir aus, daß dies alles für mich anders sein sollte: war das meines Vaters Auftrag an mich, daß ich für das Neue, die Zukunft sterbe? Merkwürdig auch dieser letzte Satz in dem Brief meines Vaters: ich solle bedenken, daß es ihm ziemlich gut ginge – zu lesen und verstehen wohl nur mit dem Satz davor, als eine Einschränkung des Satzes davor, in dem er mir mitteilt, mir hin und wieder schreiben zu wollen. Das konnte doch wohl nur bedeuten, daß ich ein paar Beschimpfungen und Proben seiner reinen Feindseligkeit mehr zu erwarten hatte. Auch dafür wirklich kein Bedarf.

Aber es ging ja noch weiter, nachdem ich so dumm war, meinen Vater in einem sicher impertinenten Antwortbrief auf das mir bekannte Schema seines Wechsels von den Vorwürfen zu den Selbstvorwürfen hinzuweisen – in seiner Antwort vom 10. Februar 72 auf diesen Brief heißt es:
Lieber Flori, ich muß immer wieder darüber nachdenken, woher es kommt, daß Du diese feindselige Einstellung mir gegenüber nicht los wirst. Ich gebe zu, mein letzter Brief war nicht gerade dazu angetan, Dir das zu erleichtern. Darum schrieb ich ja meinen zweiten Brief. Aber sage mir doch wirklich einmal, was ich Dir und Fränki »angetan« habe, wie Du es in Deinem Brief ausdrücklich behauptest. Womit habe ich Dich so tief verletzt? Ich weiß es nicht, und das ist wahrscheinlich die erste Hürde, die wir überwinden müßten. Du mußt es mir ganz einfach und ungeniert sagen.
Du mußt es lernen, von mir loszukommen. Ich hatte dem schwedischen Journalisten auch von Dir erzählt, ihn aber ausdrücklich gebeten, von Dir

und Deiner Flucht nichts zu berichten. Er hat sich nicht daran gehalten. Oder hättest Du lieber, ich würde öffentlich sagen, was ich Dir dazu gesagt habe? Nein, lieber Flori, ich möchte gern, daß wir es fertig bringen, Ordnung und Freundlichkeit in unsere persönlichen Beziehungen zu bringen. Meinst Du nicht auch, daß da von uns beiden einiges zu tun ist, damit wir es halbwegs anständig schaffen!
Warum drohst Du mir, wobei ich noch nicht einmal weiß oder mir auch nur ausdenken kann, wie Du mir was für einen »Glorienschein vom Kopfe reißen« willst. Flori, Du weißt genau, daß ich weiter publizieren und Bücher schreiben werde. Ich bin sehr dafür, daß Du Dich politisch äußerst, auch gegen mich, wenn Du das unbedingt für wichtig hältst. Aber solche Äußerungen müssen gerade in Deinem Fall möglichst frei sein von persönlichen Ressentiments. Sonst erreichst Du womöglich das Gegenteil von dem, was Du willst.

Ungeniert – das ist gut, ungeniert auch er: wie er nun die *Ressentiments*, die eben noch seine waren, mir zuschiebt, seine *Feindseligkeit* zu meiner *feindseligen Einstellung ihm gegenüber* wird. So früh also habe ich ihm das schon angekündigt, was ich dann erst 1978, und damit sechs Jahre später, in meinem *SPIEGEL*-Artikel über ihn getan habe: meinem Vater den Glorienschein vom Kopfe zu reißen – auch unter dem konnte er sich nichts vorstellen. Ebenso wie er nicht wußte, womit er mich verletzt haben könnte. Nein, diese Hürde war nicht zu überwinden. Das war ihm nicht einfach mal so zu sagen. Ordnung war in diese Beziehung nicht zu bringen und Freundlichkeit schon gar nicht. Auch halbwegs nicht. Alles oder nichts. Keine Antwort also, keine weitere Reaktion von meiner Seite, das hätte doch unendlich so weitergehen können. Wobei die Unfähigkeit auf beiden Seiten lag. Ich beschönige mich nicht. Ich habe kein Erbarmen mit mir. Ich sehe die Kläglichkeit, die auch die meine war. Ich sehe auch die ausgestreckte Hand meines Vaters, die ich nicht ergriffen, die ich zurückgewiesen habe. Da hatte er recht, daß ich lernen mußte, von ihm loszukommen.

Kein Fortschritt

Aber ich habe noch einen Brief von meinem Vater, geschrieben ein paar Jahre später, 1980, nach diesem *SPIEGEL*-Artikel also, nachdem dann aber auch ein Buch von mir im MÄRZ-Verlag erschienen war: *Die Auszüge aus den Tafeln des Schicksals* – auf der ersten Seite die Widmung: »Die Arbeit, die ich mir gemacht habe, war meinem Vater gewidmet – jetzt, die Fotos, den Malern dieser Welt.« Ein Buch in einem etwas obskuren Verlag, dem eines Pleitiers, diese *Auszüge* die Dokumentation eines ebenso obskuren Theaterabends, den ich mit den Texten von Velimir Chlebnikov, einem obendrein noch obskuren russischen Futuristen, inszeniert hatte. Und das doch nur in meiner Kunsthochschule. Nahezu unbeachtet. Ich hatte meinem Vater ja nur die Arbeit gewidmet, die Arbeit an dieser Inszenierung, ich nahm es damit übermäßig genau, so genau, daß ich es nicht für nötig befand, ihm dieses Buch zuzuschicken. Nein, das war nicht nett. Ich war nicht nett. Aber mein Vater besorgte sich das Buch, und dann hörte ich, daß er damit überall herumlief, allen Leuten mein Buch zeigte. Stolz darauf, daß es sein ungeratener Sohn zu einem Buch gebracht hatte. Als sei ich damit plötzlich für ihn zu einem Menschen geworden. Satisfaktionsfähig. Wahrscheinlich wird es ihm da gedämmert haben, daß ich, der dafür nicht Vorgesehene, das seiner Kinder sein werde, das einzige seiner Kinder, den es, wie ihn selber, nicht nur in die Öffentlichkeit drängt, der von dieser Öffentlichkeit dann auch noch als Havemann wahrgenommen wird – was aber nahezu ein Irrtum war, das Buch lag schwer wie Blei in den Regalen, der MÄRZ-Verlag ging kurz darauf zum zweiten Mal Pleite.

Lieber Flori, ich denke oft an Dich und doch fällt es mir schwer, Dir zu schreiben. Dir wird es wohl ähnlich gehen. Aber da einer anfangen muß, habe ich mir gesagt, dann will ich es eben versuchen. Ich habe Dein Buch gelesen und betrachtet und ich würde mich gern darüber mit Dir unterhalten. Ich versuche, mir so eine Aufführung vorzustellen. Es muß sehr merkwürdig sein, eine so einfache Tätigkeit wie die Fortbewegung dazu zu verwenden, Gedanken erscheinen zu lassen. Ich hätte mir sehr gewünscht, daß die Bilder technisch photographisch besser gewesen wären. So sind sie optisch reizlos, was doch über die Reizlosigkeit des Ganzen hinwegtäuscht. Aber das mußt Du mir mal genauer erklären. Denn Du wirst vielleicht finden, daß ich Dich total mißverstehe. Aber solche Mißverständnisse kann man versuchen zu beseitigen. Obs gelingt, weiß man bei keinem Versuch vorher. Aber versuchs doch mal mit mir. Erzähl mir auch was von Deinem Leben, was Du arbeitest, von Deinen Plänen. Irgendwie müssen wir doch anfangen, uns wieder kennenzulernen.
Schreib mir auch, wie Du wohnst und lebst und wer Deine Freunde sind. Worüber streitet Ihr Euch? Was sind die Freuden?
Mit sehr freundlichen Grüßen
Dein Robert

Der Berufene sieht den Reiz im Reizlosen – wenn das kein echter Lao-Tse ist, dann schiebe ich's dem Hausphilosophen meines Vaters einfach unter. Aber sie waren ja auch nicht meinem Vater gewidmet, diese Fotos. Nur den Malern dieser Welt – die sich aber natürlich für sie auch nicht interessierten. Witzig, daß meinem Vater in seinen Brief wieder so eine verquere Formulierung gelingt wie die von der Reizlosigkeit des Ganzen, über die die optisch reizlosen Fotos hinwegtäuschen – wie nur kann denn etwas Reizloses über Reizlosigkeit hinwegtäuschen? Mißverständnisse kann man natürlich zu beseitigen versuchen, nicht aber, wenn einer gar nichts versteht. Total mißversteht. Aber, was rede ich da, den Versuch, den Versuch zumindest hätte ich doch machen müssen. Ob's gelingt, das weiß man doch vorher nicht. Doch ich wollte nicht. Nein, auch darauf keine Antwort. Von mir nicht. Ich wollte das nicht, nur wegen einem Buch von meinem Vater anerkannt werden. Das reizte mich nicht. Und so berufen war ich nicht, auch im Reizlosen noch einen Reiz entdecken zu können. Grausamkeit eines verlorenen Sohnes, der nicht wieder nach Hause zu Papi zurückwill. Kein Verzeihen, keine Vergebung, keine Versöhnung will und Verväterung. Keinen Neuanfang.

Nein, das lasse ich mir nicht entgehen, so gemein bin ich doch. Ich erwarte keine Nachsicht, aber wer hier meint, ich sei doch nur ganz schön grausam gewesen, die ausgestreckte Hand meines Vaters nicht anzunehmen, die Versöhnung nicht gewollt zu haben, wer mir nicht abnehmen will, daß mein instinktives Mißtrauen gegen diesen Mann durch seinen Brief über mein Buch nur wieder neue Nahrung bekommen konnte, der lese auch diesen Auszug, den aus einer Akte der Staatssicherheit – ein abgehörtes Telefongespräch wird das gewesen sein, das hier von einem Stasi-Knecht protokolliert und zusammengefaßt wurde:

Quelle HA XX AP 58 41 192
A 675/680 11. O6. 1980

Kleiner Fortschritt

Mein Onkel Hermann war da intelligenter bei dieser Gelegenheit – ein Künstler, ein Berufener:

Außerordentl. intelligentes Buch, überdurchschnittlich begabter Autor. Als Kumpel, der sich in F. Alter hineinversetzt, gelesen, wirkt das Buch auf ihn als in einer bedrohlichen Aggressionsphase geschrieben, aus der er herauskommen muß. Er muß zu einem inneren Ausgleich kommen, eine innere Ausgeglichenheit, für die er Geduld aufwenden muß. Das Buch ist sehr aufrichtig und sehr anregend, H. ist tief beeindruckt, Fl. darf aber nicht die Flucht nach hinten antreten. Er hat den Marschallplan im Tornister, muß ihn aber rausholen und auch eine Armee haben und eine Anschauung … Fl. bemüht sich um eine echte linke Position, versucht zu erkennen, daß bestimmte Bezüge rational und emotional zusammenhängen.

So 1980 in einer *Kurzrezension (telef.)*, wie meine Mutter dies nannte, die dies Statement für mich notiert, in Henselmanns Auftrage auch übermittelt hat.

Tod und Verderben

Ich hätte vielleicht doch nicht diese Briefe hier mit hineinnehmen sollen, diese so scharfen Absagen von mir an meine Familie, meinen verzweifelten Versuch, mich von meiner Familie loszusagen, noch einmal alle Bindungen zu ihr zu kappen, nachdem dafür meine Flucht in den Westen allein nicht ausgereicht hatte – ich war abgehauen in der Meinung, meine Familie, meine Freunde und Bekannten nie wiederzusehen, mit ihnen nie wieder etwas zu tun haben zu müssen. Aber die Politik ist Schicksal, die Politik machte mir einen Strich durch diese Rechnung, der Grundlagenvertrag zwischen den beiden deutschen Teilstaaten, er betraf dann auch mich, er machte mich zu einem auch von der DDR anerkannten Westdeutschen, die DDR, das war so zwischen Ost und West vereinbart, amnestierte alle die, die bis zu einem bestimmten Stichtag abgehauen waren, ich hatte das Glück, das Pech, kurz vor diesem Stichtag geflohen zu sein, plötzlich konnte ich besuchsweise in die DDR, nach Ost-Berlin zurück. Wenn auch nur für eine kurze Zeit, denn dann erstellten sie sich doch eine Liste mit all denjenigen, die sie partout nicht reinlassen wollten, und auf dieser Liste stand ich natürlich. Aber trotzdem war dadurch alles anders geworden, eine gewisse Entspannung trat ein, politisch infolge der vom Westen, von Willy Brandt erfolgreich betriebenen Entspannungspolitik, eine Entspannung auch in Beziehung zu meiner im Osten verbliebenen Familie, meinen Freunden dort – nur in mir doch nicht, nur für mich doch nicht, das machte für mich doch diese ganze Situation nur schlimmer. Die klaren Frontstellungen waren weg. Deshalb doch auch diese furchtbar harten Briefe und Absagen, durch die ich für mich diese klaren Frontstellungen wiederherstellen wollte. Was bedeutete, mich ins Unrecht zu setzen. Was nun aber auch bedeutet, daß ich über diese Zeit nicht schreiben mag, an die ich bezeichnenderweise auch sehr viel weniger Erinnerungen habe. Es hieße das, mich noch einmal mit Carmen beschäftigen zu müssen, mit unserer Liebe und ihrem schrecklichen Ende im Westen, mit ihrem Tod, für den ich mich mitverantwortlich fühle, ohne im direkten Sinne verantwortlich zu sein – ich merke das: ich will da nicht so richtig ran. Das sind Dinge, die mir unangenehm sind, zu schmerzlich auch. Aber auch der Autor scheut sich, da dann noch einmal wieder ein großes Faß aufmachen zu müssen. Das kostet Kraft, Erfindungskraft auch, wo ich mir doch immer erst Zugänge schaffen muß, von denen aus ich in ein Thema hineinkommen kann, so auch hineinkommen kann, daß ich nicht dem Zwang erliege, alles erzählen zu müssen. Ich will nicht alles erzählen, ich kann auch nicht alles erzählen. Ich will nur das erzählen, was ich auch erzählen kann. Das, von dem ich weiß, wie ich's erzählen kann.

Der Schmerz überwältigt mich, das Schuldgefühl. Schuld durch Unterlassen. Ganz klar für einen anderen Menschen Gefahren zu sehen und es darauf beruhen zu lassen, nichts wirklich dagegen unternehmen, daß diese Gefahren nicht eintreten, nicht Wirklichkeit werden. Sich da raushalten, aus Dingen raushalten, die nur unangenehm sind, die Ärger bedeuten würden, noch mehr Ärger. Sich einer Intervention enthalten, die möglich wäre, möglich, aber nicht sehr aussichtsreich, die wahrscheinlich gar nichts bringen würde, aller Voraussicht nach den Lauf der Dinge nicht aufhalten würde. Sehenden Auges einen anderen Menschen ins Unglück rennen lassen, das drohende Unglück sehen, aber auch froh sein, daß sich dieser Mensch auf seinem Weg ins Unglück von einem selber entfernt. Die Verantwortung los sein wollen, die man zwar übernommen hat, dann aber, wie sich herausstellte, doch nicht mit der nötigen Konsequenz hat tragen können. Alles eine Frage der Kraft, und so groß die Kraft auch gewesen sein mochte, die man für einen anderen Menschen aufgebracht hat, dann doch erleben zu müssen, daß diese Kraft begrenzt ist. Sich selber retten wollen und dabei einen anderen aufgeben. Um sich selber retten zu können, einen anderen Menschen aufgeben müssen. Schuldig zu werden, ohne von anderen aber als schuldig angesehen zu werden. Sich vor anderen rechtfertigen können, sich nur nicht vor sich selber rechtfertigen können. Das Versagen. Das eigene Versagen spüren. Das eigene Versagen natürlich abtun. Um davon nicht erdrückt zu werden. Um überleben zu können. Um wieder Kraft für sich finden zu können, für das eigene Weiterleben. Kein Erbarmen haben, auch kein Erbarmen mit sich selber. Nur gute und damit um so erbärmlichere Gründe haben, warum man tut, was man tut, und noch mehr für das, was man nicht tut und unterläßt. Schuld durch Unterlassen, und das ist schlimmste Schuld. Über Dinge hinweggehen und sich selber dafür verfluchen, daß man über sie hinweggegangen ist. Ausflüchte suchen, Ausflüchte natürlich finden. Ausflüchte aber, die das Ganze nur noch schlimmer machen. Untreue, wo bedingungslose Treue nötig gewesen wäre. Kläglich versagen, weil zur bedingungslosen Treue doch nicht fähig. Sich der Treulosigkeit anklagen, aber auch in dieser Anklage noch die Untreue finden, die widerliche Selbstbezogenheit. Sich eben doch nicht für einen anderen Menschen völlig aufgeben können. Sich selber vorwerfen, sich nicht für einen anderen Menschen völlig aufgeben zu können. Immer wieder bei alledem auf sich selber kommen zu müssen. Alles das wäre nur das Leben gewesen, das Leben in seinem Elend, das Leben, das weitergeht und von dem als das Beste zu sagen bleibt, daß es halt weitergeht – wenn da nicht der Tod wäre. Wenn Carmen nicht gestorben wäre.

Die Drogen. Was kenne ich mich mit Drogen aus, überhaupt nicht. Nicht mit den Drogen, die chemische Substanzen sind, die ein Mensch zu sich nehmen kann. Ich kenne nur andere Drogen. Andere Räusche. Andere Abhängigkeiten damit auch. Völlig unabhängig davon, ob ich denn nun meine Süchte für die besseren, weil produktiveren halten will, ich verstehe die Sucht. Die Sucht nach dem Rausch. Völlig unabhängig davon, daß ich die Sucht nach dem Rausch verstehe, von den chemischen Drogen verstehe ich nichts. Mit ihnen will ich nichts zu tun haben. Instinktiv nicht. Auch mit dem Alkohol will ich nichts zu tun haben. Sicher auch in Abwehr des Alkoholikers, mit dem ich von früh auf konfrontiert war, und es ist mir für mein Leben ganz egal dabei, daß da wieder Leute aufheulen werden, wenn ich von meinem Vater als einem Alkoholiker spreche. Für mich war er einer. Punkt. Egal, ob er das vielleicht in harmloser Weise war, mir hat es gereicht. Ich komme um meine Verachtung für Menschen nicht drum herum, die zum Alkohol Zuflucht nehmen müssen, zu chemischen Drogen. Hier tut sich für mich eine Grenze auf. Eine Grenze jedoch, die eine innere Suchtgrenze ist, denn ich verstehe die Sucht, ich verstehe den Impuls, den schrecklichen Realitäten entfliehen zu wollen, entfliehen zu müssen. Und diese schrecklichen Realitäten, sie müssen noch nicht mal besonders schrecklich sein. Man entfliehe ihnen vielleicht sogar besonders dann, wenn sie gar nicht so schrecklich sind. Denn richtig schrecklich, das wäre ja noch was, etwas, das dann selber wie eine Droge wirken kann. Die Zivilisation ist gut, je zivilisierter, je besser, aber der Preis der Zivilisation ist hoch. Auch das eine Knechtschaft, der man entfliehen möchte, entfliehen muß, um überleben zu können. In den Rausch entfliehen. Ich verstehe, verstehe aber den Alkohol nicht, die chemischen Drogen nicht. Wie erbärmlich, zu solchen Mitteln greifen zu müssen. Nur habe ich kein Erbarmen mit Menschen, die zu solchen Mitteln greifen müssen. Nein, ich verurteile diese Menschen nicht, verurteile sie nicht von dem Standpunkt derjenigen aus, die keine Räusche nötig haben. Ich halte mich nur von diesen Menschen fern, gehe auf Abstand zu ihnen. Will mich weder mit ihren Nöten und Qualen beschäftigen müssen noch etwas von ihren Räuschen wissen, den Höhepunkten, die sie in ihren Räuschen erleben können. Ich will's noch nicht mal ausprobiert haben, was man bei diesen Räuschen erleben kann. Mir ist das völlig egal, von diesen Leuten, die sich mit solchen Drogen auskennen, womöglich für einen Feigling gehalten zu werden. Ihre Verachtung gegen meine.

Carmen hat sich also mit den Drogen eingelassen. Ich verstehe, warum sie dies getan hat, ich verstehe nicht, daß sie dies getan hat. Ich sehe mich mitschuldig daran, daß sie's getan hat. Ich habe sie nicht davon abzuhalten vermocht. Ich konnte ihr keinen anderen Rausch bieten, der sie von den Drogen hätte abhalten können. Wer sich mit den Drogen einläßt, marschiert auf den Tod zu. Manche überleben es. Was aber nichts daran ändert, daß sie sich auf den Todestrip begeben haben. Ich konnte Carmen nichts bieten, was sie am Leben hätte halten können. Die Verwundung bei ihr war tiefer, sie war nicht mit der Flucht aus dem Osten zu heilen. Wenn ich das geglaubt, gehofft hatte, dann war das ein Irrtum, ein fataler Irrtum. Ich hatte für Carmen die Verantwortung im Osten übernommen, hatte sie, wie sich herausstellte, auch nur für den Osten übernommen. Dafür, daß sie im Osten überlebt, den Osten überleben kann. Verantwortung für das Leben eines anderen Menschen zu übernehmen heißt, bereit zu sein, sich selber, sein eigenes Leben aufzugeben. Natürlich ist das paradox. Völlig schizophren, ein Widerspruch in sich selber. Als ich die Verantwortung für das Leben von Carmen übernahm, wußte ich das nicht, daß ich diese Verantwortung nur als eine begrenzte übernommen hatte, ich wußte es erst, als wir diese Grenze zwischen Ost und West überschritten hatten. Ich wußte das auch nicht sofort, ich wußte es erst, als ich im Westen angekommen war, im Westen leben wollte. Leben wollte. Überleben wollte. Und in dieser Frau hatte ich den Tod an meiner Seite. Diese Frau zum Leben erwecken, ich konnte es nicht. Ich hatte genug mit mir zu tun. Mit meinem Überleben. Ich gab sie auf, ich löste mich aus meiner Verantwortung für sie, für ihr Weiterleben. Ich verriet sie an das Leben. Ich war froh, nur froh, als sie bei mir auszog, ihr eigenes Leben zu führen begann, und ich wußte natürlich nur zu gut, daß ich mich damit selber betrog, daß ich ihren Selbstbetrug dabei mitmachte. Ich wußte, daß dort, wohin sie zog, die Drogen auf sie warteten, wußte, daß dort Menschen mit Drogen auf sie warteten, daß diese Menschen nur darauf warteten, daß sie sich von mir löse. Und ich ließ sie ziehen. Das habe ich mir zum Vorwurf zu machen, und ich habe den Menschen, die mit den Drogen auf Carmen warteten, keinen Vorwurf zu machen. Ich nicht. Die genauen Umstände ihres Todes, sie spielen keine Rolle, sie haben mich nichts anzugehen. Die mögliche Mitschuld anderer an ihrem Tod, ich habe sie diesen anderen nicht vorzuwerfen. Zwei Wochen bevor sie dann tot war, besuchte ich sie, in dem Gefühl, aus der Ahnung heraus, sie in größter Gefahr zu wissen. Ich ließ mich von ihr beruhigen. Und wußte dabei, daß ich mich nur zu gern von ihr in meinen schlimmen Ahnungen beruhigen lassen wollte. Ich insistierte nicht, ich nahm sie nicht mit mir, nahm sie diesen Leuten mit den Drogen nicht weg. Ich hätte es tun können. Ich hätte es wenigstens versuchen können. Ich hätte es wenigstens versuchen müssen. Ich liebte sie, liebte sie noch immer, aber meine Liebe war nicht stark genug. Ich hasse die Liebe dafür, daß sie nicht stark genug sein kann. Entweder – oder wäre mir lieber, entweder lieben oder nicht lieben. Daß auch die Liebe schuldig werden kann, das werfe ich der Liebe vor. Ein Grund mit, warum ich so lange dann ohne die Liebe auszukommen suchte, mich von der Liebe fernzuhalten versuchte. Das auch sehr lange schaffte. Ich wollte nicht noch einmal mich in Liebe schuldig machen.

Ein paar Tage nach Carmens Tod kam Gavroche zu mir, ein anderes Opfer der Drogen, ein anderes Opfer derjenigen, die auch auf Carmen mit den Drogen gewartet hatten. Gavroche, der zweimal über die Mauer geklettert war, Gavroche, der große Held, den sie auch mit den Drogen kleingekriegt hatten, Gavroche, der in Carmen unglücklich verliebt gewesen war, den auch Carmen dann mit in den Irrsinn, den Wahnsinn getrieben hatte. Sie fingen ihn mit der Polizei ein, als er sich nackt auf den Altar einer Kirche stellte, sperrten ihn in *Bonnys Ranch*, in die Bonhoeffer-Klinik, in das West-Berliner Irrenhaus, pumpten ihn mit Medikamenten voll, stellten ihn mit diesen anderen, von Ärzten verschriebenen Drogen ruhig. Ich habe ihn ja dort besucht, habe ihn gesehen, den Halbtoten. Gavroche kam zu mir, in der festen Absicht, wie er meinte, die Hauptverantwortliche für Carmens Tod, die, wie er sicher glaubte, Hauptverantwortliche dafür, daß Carmen nun tot war, umzubringen. Peewee. Ja, Peewee. Die auch ihn, Gavroche, seiner Meinung nach, auf dem Gewissen hatte. Wenn sie denn ein Gewissen hatte. Alles das, was er sich vorstellte, wie und unter welchen Umständen Carmen zu Tode gekommen war, entsprach genau dem, was ich davon wußte, von verschiedenen Seiten aus über diese Nacht gehört hatte, in der Carmen starb. Aber er stellte sich nicht nur das so genau vor, auch, wie er zu diesen Leuten geht und Peewee umbringt. Aus Rache. Aus Rache für den Tod von Carmen, aus Rache für den Wahnsinn, in den er sich durch Peewee und die Leute um sie herum getrieben gefühlt hatte, als dem einzigsten Ausweg, der ihm blieb. Gavroche war aber nicht allein bei mir, er hatte eine mir vollkommen unbekannte Frau bei sich. Die die ganze Zeit nur dabeisaß, zuhörte, mich genau beobachtete und dann aber plötzlich zu Gavroche sagte, ob er das denn nicht merken würde, daß ich ihn davon abhalten wolle, Peewee umzubringen. Genau das hatte ich versucht, sie hatte es erfaßt. Ich brüllte sie an, was sie sich hier einmische, ob sie etwa wolle, daß Gavroche in sein Verderben renne. Sie lachte, sie lachte mich aus. Was ich nur für ein Einfaltspinsel sei. Ja, sie wolle das sehen, sie wolle mit dabeisein, wenn Gavroche diese Peewee, die ihr doch nichts bedeute, die sie gar nicht kenne, umbringe, sie wolle einen Menschen sterben sehen. In dem Moment erwachte Gavroche, er stand auf, er ging, gefolgt von dieser Frau, die weiter auf ihn einzureden versuchte. Ich wußte nicht, was er jetzt machen wird. Wußte es nicht sicher. Ließ ihn aber ziehen. Ein paar Wochen später war er wieder in *Bonnys Ranch*, noch einmal vollgepumpt mit Medikamenten. Peewee traf ich bei der Beerdigung von Carmen wieder, der professionelle Grabredner erzählte ihre Version von Carmens Leben und Sterben.

Gavroche

Aber ja doch, beruhigen Sie sich. Werden Sie mir nur nicht nervös, weil Sie da jetzt wieder so eine schöne Geschichte vermuten, eine der schrecklichen, auf die Sie so gierig sind – Sie vermuten ganz richtig: das mit diesem Gavroche, der zweimal über die Mauer geklettert ist (in Wahrheit ist er es noch viel öfter), das ist wirklich eine tolle Geschichte, eine Geschichte aus dem Tollhaus des Ost-West-Konfliktes, und deshalb werde ich Sie ihnen auch nicht vorenthalten. Alles muß raus, das ist der Ausverkauf, damit dann irgendwann mal Schluß ist mit der Vergangenheit und Havemann weiterleben kann. Also, Sie sind doch gebildet und belesen – nehme ich an, denn nur, wer liest und zu den Lesern zählt, wird mir bis hierher gefolgt sein. Wenn Sie gebildet sind und belesen, dann sagt Ihnen der Name Victor Hugo etwas, und wenn Sie Victor Hugo kennen, dann sollten Sie eigentlich auch Gavroche kennen, denn Gavroche, der kleine Pariser Junge, der sich so durchschlägt, das ist doch eine Figur von Victor Hugo, eine Nebenfigur zwar, aber eine aus seinem Hauptwerk, dem

Roman *Les Misérables*, zu deutsch *Die Elenden* (aber so miserabel werden Ihre Französischkenntnisse ja nicht sein, daß Sie dies nicht von alleine wüßten) – ein dicker Wälzer, zugegeben, und ich gebe Ihnen auch gern zu, daß ich den gar nicht gelesen habe. Aber trotzdem kenne ich seinen Gavroche, den von Victor Hugo, denn meinen Gavroche, den kenne ich sowieso, und in echt (wie man heutzutage sagen würde) aus dem Leben, doch auch er hat es schon in die Literatur geschafft, Peter Schneider hat über ihn eine Erzählung geschrieben: *Der Mauerspringer* – die nun aber müssen Sie nicht kennen. Jeder im Osten kannte Gavroche – nein, nicht meinen, den von Victor Hugo. Jeder kannte ihn, jeder, der in der DDR zur Schule gegangen ist, weil wir doch da im Deutschunterricht ein schmales Heftchen zu lesen bekamen mit einem Ausschnitt aus dem Mammutwerk von Hugo (den wir übrigens nicht französisch aussprachen), aus seinen *Misérables*, einen Ausschnitt mit der Geschichte von Gavroche. Und von diesem tapferen kleinen Jungen hat Gavroche seinen Namen, mein Gavroche. Aber nicht ich habe ihm diesen Namen gegeben, sondern Peewee, meine Freundin Peewee Hunzinger, die gern solche Umbenennungen von Menschen vornahm, ihnen damit eine andere Identität verpassend, sich auf diese Weise ihrer bemächtigend. Und der arme Gavroche hieß ja auch (in echt, wie man heute unter Jugendlichen sagen würde) ganz schrecklich: Sturmo W. – wie kann man sein Kind nur Sturmo nennen?

Also, dieser Sturmo (denn zu diesem Zeitpunkt seiner Geschichte hieß er noch so) beschließt eines Tages, die DDR zu verlassen, aus ihr abzuhauen, zusammen mit einem guten Kumpel, einem Mitschüler von ihm. Und beide kennen da auch einen leichten und eleganten Weg, aus der DDR wegzukommen – der jetzt aber wieder überhaupt nicht leicht und auf die elegante Weise zu beschreiben ist, denn dazu müssen wir in die Geographie des Ost-West-Konfliktes einsteigen, in eine Spezialität, von der Sie noch nie gehört haben werden, um die auch nur die wenigsten wissen. Eine ungefähre Vorstellung aber von dem, was mal West-Berlin war, die brauchen Sie, und dann müssen Sie sich klarmachen, daß die Berliner Stadtgrenzen, als sie in den 20er Jahren des vorigen Jahrhunderts bei der Bildung von Groß-Berlin gezogen wurden, natürlich nicht schon im Hinblick darauf gezogen werden konnten, daß diese Stadt einmal in Ost- und West-Berlin geteilt würde – so etwas konnte sich doch kein Mensch vorstellen, das war jenseits, außerhalb allen Vorstellungsvermögens. Sie ahnen, was dies bedeutete, als es darum ging, diese Stadt nach dem Krieg zu teilen: daß es da ein paar Ecken gab, wo ein Stück von dem, was dann West-Berlin werden sollte, merkwürdig ins Berliner Umland hinausragte, so in der Exklave Steinstücken, die durch einen beiderseitig von der Mauer umsäumten Weg nur zu erreichen war, daß da auch umgekehrt das Berliner Umland an einigen Stellen bis nach West-Berlin hineinging – richtig bedeutsam aber wurde diese Grenzziehung erst mit dem Bau der Mauer 1961, denn vorher konnte man ja doch ohne Probleme zwischen Ost und West, West und Ost hin und her wechseln. Sturmo W. nun hatte mit seinen Eltern in so einem Gebiet gelebt, das im Süden, ganz in der Nähe von Glienicke, vom Glienicker Schloß, das Sie vielleicht kennen werden (wenn nicht, sollten Sie sich's ansehen, das ist interessant, ein klassizistisch vorweggenommenes Disneyland), nach West-Berlin hineinreichte. Die sonst üblichen Grenzanlagen gab es dort nicht, war alles viel zu eng, die Mauer stand direkt bei den Leuten im Garten, aber da die DDR natürlich darauf bedacht sein mußte, daß sie nicht plötzlich faschistisch vom Westen aus überfallen wurde (Sie wissen doch, wie die Mauer im Osten von Staats wegen genannt wurde: Antifaschistischer Schutzwall), sperrten die Grenztruppen dieses kleine Gebiet so ab, daß da niemand einfach so hineinkam, die Leute, die da lebten, bekamen alle einen besonderen Stempel in ihren Ausweis. Alles gesiebte Familien sicher, staatstreu, nicht im Verdacht, daß sie mal eben über Nacht über die Mauer klettern würden. Da nun hatte Sturmo W. jahrelang gelebt, er lebte zwar dort nicht mehr, als er auf diesen strafbaren Gedanken kam, in den Westen zu wollen, zusammen mit seinem Kumpel, aber erinnerte sich natürlich daran, wie nah da die Mauer stand, wie wenig in diesem

Gebiet von den Grenztruppen zu überwachen, und er hatte noch diesen besonderen Stempel in seinem Ausweis, der zwar nicht mehr gültig war, den er aber wieder gültig machte, indem er das Datum veränderte, was so schwer nicht war. Auch sein Kumpel hatte dort gelebt, hatte also den gleichen Stempel, und nachdem sie auch den ein bißchen verfälscht und verbessert hatten, spazierten sie beide, ohne Probleme den Posten passierend, in dieses besondere Gebiet des Ost-West-Konfliktes hinein. Und verdrückten sich dann da, warteten in einem Versteck auf die Nacht. Als es dunkel war, entwendeten sie (auch das eine Straftat) aus einem Garten eine Teppichklopfstange, legten sie an die Mauer an, klettern an ihr hoch. Oben auf der Mauer sitzend, zogen sie diese Teppichklopfstange zu sich hoch, ließen sie auf der Westseite der Mauer herunter und sich dann an ihr herabgleiten. Sie waren im Westen. In einem dunklen Wald. Es war mitten in der Nacht, und in der Ferne sahen sie Licht. Sie gingen auf das Licht zu, klopften an dem Haus und gerieten in eine Party, die dort im Gange war. Wurden mit großem Hallo von den Partygästen begrüßt und gefeiert, nachdem sie ihre Fluchtgeschichte erzählt hatten. Jemand rief bei der Polizei an, ein Streifenwagen kam vorbei, auch die Polizisten gratulierten den beiden zu ihrer gelungenen Flucht in den freien Westen und sagten ihnen, sie sollten doch am Montag nach Marienfelde ins Aufnahmelager gehen – was die beiden Ostler erstaunte, die anderes von ihrer Volkspolizei gewohnt waren und davon ausgingen, die Polizei würde sie gleich mitnehmen, wenigstens um ein Protokoll in dieser Sache anzufertigen. War aber nicht.

Der nächste Tag war ein Sonntag, und für diesen Tag hatten die beiden Flüchtlinge etwas vor: ein paar versprengte und von 68 übriggebliebene Linke, das hatten sie gehört, würden sich in einem Lokal treffen, sie hatten die Adresse. Und fuhren da hin, setzten sich mit dazu und hörten sich den Quark an, den Linke in dieser Zeit so erzählten – was die beiden Sozialisten aus dem Osten doch sehr befremdete. Aber es befremdete sie noch etwas anderes, und dies vielleicht die beiden Jungs aus dem Osten sogar noch etwas mehr: sie kamen an einem Sexshop vorbei und sahen ein paar kleine West-Berliner Jungs vor diesem Sexshop spielen, ohne sich überhaupt um ihn zu kümmern – um das nun in seiner Wirkung zu verstehen, muß man wissen, wie prüde und puritanisch dieses Staatswesen DDR war. Am Abend dieses Sonntags jedenfalls waren sich die beiden, die es da in den Westen verschlagen hatte, einig, daß sie wieder in ihren Osten zurückwollen. Sie fuhren also wieder zu ihrer Mauerstelle, fanden auch ihre Teppichklopfstange im Wald wieder, stiegen wieder, nun aber von der anderen Seite, an ihr auf die Mauer und ließen sich an ihr auf der Ostseite herabgleiten, und am Montag meldeten sie sich nicht im Aufnahmelager Mariendorf, sondern saßen wieder hübsch ordentlich in ihrer Schulklasse – keiner wollte ihnen glauben, daß sie übers Wochenende im Westen gewesen waren.

Schöne Geschichte, aber noch nicht zu Ende: ein paar Monate drauf unterhalten sie sich im Politbüro der SED darüber, was für eine schöne DDR sie doch haben, und das Mitglied des Politbüros, der Genosse Mückenberger, erzählt bei dieser Gelegenheit stolz davon, daß sein Neffe (und das war der Kumpel von Sturmo W.) für ein Wochenende im Westen gewesen sei und er es beim Klassenfeind so schrecklich gefunden habe, daß er gleich wieder in die so viel bessere DDR zurückgekehrt sei. Erich Mielke, als Minister für Staatssicherheit Mitglied dieses erlauchten Gremiums, merkte auf, und am nächsten Tag wurden die beiden Flüchtlinge und Rückkehrer werbewirksam (damit auch diese Schüler dort merken, in was für einer schönen DDR sie leben) in ihrer Schule verhaftet. Richtig verhaftet und nicht mal nur befragt, wie sie's denn geschafft hätten, die unüberwindliche Mauer zu überwinden – daß sie auf diese Weise eine Sicherheitslücke hätten schließen wollen, verständlich wäre es, aber nein, die beiden sollten richtig einen Prozeß wegen Republikflucht bekommen. Der Genosse und Onkel Mückenberger verhinderte es (wenn auch sicher mit Mühen), die beiden kamen doch nach ein paar Wochen U-Haft frei. Aber ein paar dieser Wochen konnten einem schon die ganze

DDR verleiden, und ein Jahr später also hatte Sturmo W. endgültig die Schnauze voll von der schönen DDR: er beschließt, noch mal sein Glück zu versuchen, und zwar, aus Bequemlichkeit und in richtiger Einschätzung der Fähig- beziehungsweise Unfähigkeit von Mielkes Leuten, auf dem gleichen Wege. Er frischt den Stempel in seinem Ausweis wieder auf (noch nicht mal den hatten sie ihm weggenommen), kommt ohne Probleme in den Sperrbezirk hinein (an den Kontrollen hatte sich nichts geändert), er läßt es wieder Nacht werden, und wieder ist es eine Teppichklopfstange (wahrscheinlich sogar dieselbe wie ein Jahr zuvor), mit der er über die Mauer und in den Westen kommt, und diesmal dann blieb er im Westen – das nennt man Chuzpe, frech muß man dafür schon sein, und deshalb nannte ihn Peewee ja auch Gavroche. Und später dann, als er seinen Jagdschein weghatte, nachdem sie ihn aus *Bonnys Ranch* als zwar ein bißchen verrückt, aber harmlos entlassen hatten, machte er das mit einer gewissen Regelmäßigkeit, jedes halbe Jahr, daß er vom Westen aus über die Mauer kletterte. Die Grenzer im Osten, sie kannten ihren Gavroche schon, und am Abend war er wieder von seinem Ausflug in die Gefilde des Ost-West-Konfliktes zurück.

– auch ich hatte davon in der Zeitung gelesen, davon, daß da irgendein österreichischer Komponist den dritten, von Alban Berg nur skizzierten Akt unter Zuhilfenahme dieser Skizzen zu Ende geschrieben habe, daß es davon dann demnächst die mit Spannung erwartete Uraufführung geben würde in der vielversprechenden Regie von Chéreau, aber daß ich da hingehen könne, daran hatte ich nicht einen Moment gedacht. Wie sollte ich da auch jemals reinkommen, eine Karte bekommen können, die dazu sicher auch noch unbezahlbar war? Und überhaupt: was sollte ich bei *Lulu*, das war doch mein Theater nicht?

Ich war dann auch da, bei dieser Pariser Premiere der vervollständigten Fassung von Alban Bergs *Lulu* in der Regie von Patrice Chéreau. Zusammen mit Christos, die Karten hatten wir von Michael Marschall von Biberstein, dem Direktor damals des Pariser Goethe-Instituts, und auch unser damaliger Bundeskanzler Helmut Schmidt war da, zusammen mit Raymond Barre in der Regierungsloge. Auch Robert Wilson war da. Und begrüßte mich freundlich. Luc Bondy zusammen mit seinem Papa, zufällig direkt neben uns sitzend. Und der deutsche Schriftsteller Peter Handke schlich einsam durch das Foyer in der Pause. Und vor mir und Christos stand Rubinstein bei der Garderobe in der Reihe. Auch der. Und auch Iolas war da, die Schwuchtel, die alte Tunte, der griechische Millionär, der Galerist und Sammler, den ich bei meiner Reise nach Athen durch Christos kennengelernt hatte. Die Crème de la crème. Und ich war dabei. Und langweilte mich.

Eines Tages kam mein früherer Nebenbuhler zu mir, Kai, der Bulgare, mit dem ich mir Nina hatte teilen müssen. Dagegen hatte ich zwar was, niemals aber etwas gegen ihn. Wie auch: er liebte Nina, ich liebte Nina, ich mußte ihn also doch verstehen. Aber er kam nicht wegen Nina zu mir, wozu auch, Nina war ein Schlagersternchen im Osten geworden,

Die Modistin

Das Kuddelmuddel

Ich hatte das Geld genommen, die 7 Tausend Mark, die mir mein *SPIEGEL*-Artikel über meinen Vater an Honorar eingebracht hatte, und ich wiederhole hier: 7 Tausend und nicht die 50 Tausend, von denen ich dann später bei meiner Rückkehr hörte, daß Biermann sie verbreitet habe, um mich zu diskreditieren, und ich war mit diesem Geld in der Tasche von Hamburg aus mit dem Schiff nach London gefahren, ohne irgendwelche Pläne, wann ich zurückkommen würde, und es gab auch einen Anlaß für diese Reise, und dieser Anlaß, er bestand in der ersten großen Ausstellung, die mein Freund Christos Joachimides machen konnte, nachdem er jahrelang so rumgekrepelt und sich nur mit Mühe über Wasser gehalten hatte: *A New Spirit in Painting*, und auch diese Möglichkeit hatte er nur deshalb bekommen, weil sein Freund, der kleine Mister Rosenthal, zum Ausstellungsdirektor der Royal Academy of Arts geworden und da dann auch noch eine lang geplante Ausstellung ausgefallen war – aber egal, endlich hatte Christos seine Chance, und er nahm sie wahr. Ich wollte diese Ausstellung sehen, ich hatte ihm bei der Vorbereitung geholfen, auch bei seinem Text für den Katalog, ich wollte die letzten spannenden Tage vor der Eröffnung miterleben und hatte also einen guten Anlaß, und ich wußte auch, zu wem ich gehen würde, bei wem ich unterzukommen hoffen könnte, und dies auch, wenn ich ganz unangemeldet dort dann vor der Tür stünde:

Also verließ ich sie, fuhr mit meiner kleinen Tasche zur Royal Academy, und Christos besorgte mir per Telefon einen neuen Schlafplatz bei einem alten Freund von ihm, der im Londoner Goethe-Institut arbeitete, und dieser Schlafplatz, er stellte sich als eine kleine separate Wohnung heraus – alles war also bestens.

Und es wurde heiter, mehr als heiter auf dieser Party: Aber da war dann noch, Norman begleitend, dieser junge Amerikaner, blond und unbedarft und ungeheuer schwul aussehend, den Norman anschwärmte, der ihn aber hinhielt,

So amüsant also geht der Abend dahin, bis ich mit einem Mal dort ein Mädchen in der Ecke stehen sehe. »Wer ist das?« frage ich Christos, »kennst du sie?« Ja, er kannte sie, kannte ihre Mutter, auf die er mich aufmerksam macht: eine häßliche Frau von vielleicht fünfzig Jahren, die Witwe von diesem belgischen Konzept-Künstler, den er schon ausgestellt habe, Marcel Broodthaers, die Tochter, sie heiße Mary Puck, sei gerade sechzehn geworden. Ich gehe zu ihr, sage: »You are Mary Puck?«, und sie antwortet: »Yes, I am Mary Puck«, und fünf Minuten später stehen wir in der Ecke des Raumes mit dem Büfett und küssen uns – man nennt es wohl Liebe, Liebe auf den ersten Blick. Und eine halbe Stunde später hokken wir unter dem Büfett, und ich habe meine Hände unter ihrer Bluse, unter ihrem Rock.

Mary Puck zieht mich wieder zu sich, und es geht weiter mit uns und der Liebe, und wäre dann nicht ihre Mutter gekommen, wir hätten wohl unter diesem Tisch miteinander geschlafen. Ihre Mutter beschwört mich, Mary Puck in Ruhe zu lassen, sie sei noch so jung, und ließe ich jetzt von ihr ab, dann würde sie mich für den nächsten Tag zu sich nach Hause einladen, zu einer kleinen Party mit engen Freunden. Das ist der Deal, und ich Idiot lasse mich darauf ein.

Diese Party bei der Witwe Broodthaers, sie brachte natürlich nichts. Die Mutter von Mary Puck hatte einen Tag Zeit gehabt, ihre Tochter vor einem mittellosen Künstler zu warnen, der jungen Mädchen auf die Pelle rückt – auch wenn ich, im Unterschied zu ihrem Mann, der sich dann zu Tode gesoffen und nur ein paar wenige Werke hinterlassen hat, die in Geld umzusetzen waren, und mit dem ihr als junges Ding etwas Vergleichbares widerfahren war, keinen Alkohol anzurühren schien. Das war zumindest positiv, und die Witwe Broodthaers war auch nicht so dumm, mich ihrer Tochter gegenüber etwa nur negativ darzustellen, sie zeigte Verständnis, sie meinte durchaus, daß man sich in mich verlieben könne, aber ... und dieses Aber, es wird natürlich dann nur noch gewichtiger, wenn eine Mutter ihrer Tochter das eigene bittere Schicksal ersparen will – woher ich das alles weiß? Nicht von ihr, nicht von Mary Puck selber, sondern von James Lee, James Lee Byars, dem Freund der Familie, mit dem ich am selben Abend noch in einem russischen Londoner Restaurant mit Christos dann zusammensaß – auch James Lee zeigte Verständnis, Verständnis für mich, der ich mich in Mary Puck verliebt hatte, Verständnis auch für Mary Puck, der dasselbe passiert war, Verständnis aber auch für ihre Mutter, für die Frau seines verstorbenen Freundes. Aber es war nicht nur das: die Geschichte gefiel ihm, dem romantischen Vagabunden, der aus einer anderen, längst vergangenen Zeit zu kommen schien. Dem Mann mit dem goldenen Zylinder, seinem Markenzeichen, dem Mann, der als Künstler mehr ein Gerücht war denn durch seine Werke präsent. Ja, diese Geschichte, sie war so unglaublich romantisch. Eine Liebe wie ein Blitz aus heiterem Himmel. Eine Liebe, die alles um sich herum zu vergessen schien. Und da saß ich nun mit diesen beiden älteren Herren, und sie delektierten sich an meiner Verliebtheit, versprachen zu helfen, lächelten aber dabei – war ich unglücklich? Nein, ich war glücklich. Ich würde sie wiedersehen, sie allein wiedersehen. Mary Puck hatte mir zugeflüstert, wann und wo ich sie am nächsten Tag treffen könne: um die Mittagszeit, at 2 p.m. bei ihrer Schule, im Zentrum von London, Nähe Oxford Street – was wollte ich mehr? Und natürlich verriet ich dies James Lee Byars nicht, ich war doch nicht blöd.

Sah sie schön aus, diese Mary Puck? Ja, sie sah schön aus. Aber war sie denn auch hübsch? Ich weiß es nicht. Nach landläufigen Begriffen vielleicht nicht, aber sie war schön, sehr schön sogar. Besonders in ihrer Schuluniform.

Ich war neulich mit meiner Tochter Caroline und mit meiner Schwester im Museum, in der Alten Nationalgalerie hier in Berlin mit den vielen Menzel-Bildern, die mich wieder begeisterten und für die ich dann bei meiner Schwester, bei Caroline Begeisterung wecken konnte, und wenn eine solche dem Realismus verpflichtete Kunst wie die Menzels zu etwas da ist (und nicht einfach nur da, weil sie gemalt worden ist), dann doch dazu, einem die Augen zu öffnen für die Realität um einen herum, auf daß man da dann selber anfange, Bilder zu sehen, für die einem dann nur noch ein Menzel fehlt, sie zu malen. Wir hatten uns unten also den Menzel angeschaut und eigentlich nur diesen, alles andere war blaß geblieben, und gingen die Treppe hoch, die zweite dann bis unters Dach, wo die Eindrücke dann noch einmal blasser wurden – Nazarener, mehr sage ich nicht. Menzel hatte alle anderen Maler umgebracht. Aber er, er lebte, und als wir zu dritt in dem sonntäglichen Gewühle diese Treppe hochgingen, stand dort an das breite Marmorgeländer gelehnt eine Frau – nein, nicht Mary Puck. Irgendeine Frau, eine Frau, die ich nicht kenne, nie zuvor gesehen hatte, nie wieder sehen werde. Eine Japanerin, eine japanische Touristin. Ja, sie war schön, auch beim Näherkommen schön, aber darum geht es nicht. Es geht um das Bild, das sie abgab: es geht um ihre schwarzen Haare, um ihren schwarzen, eng anliegenden, ihre schlanke Gestalt deutlich sichtbar machenden Pullover – ganz graphisch umrissen, im stärksten Kontrast zu dem sie umgebenden Raum. Alles Weiß, in Weiß changierend. Diffuses Licht, farbig wirkendes Licht. Graue, beschattete Flächen, in denen es dann aber wieder hellere Lichtflecken gab, Reflexe. Diese ganze Riege der Licht- und Weiß-und-Grau-Maler, die ich so liebe und wegen ihrer Kunst bewundere, da, wo für die meisten Augen nichts ist, eine ganze Welt sichtbar zu machen, James Ensor und der andere James, der amerikanische, James Abbot McNeill Whistler, und dann auch noch dieser andere Amerikaner Andrew Wyeth, die drei, sie hätten alle an diesem Bild mitmalen können und malten bei mir im Geiste daran mit, und von mir wäre dann nur diese gewagte Komposition gewesen, die Diagonale des Treppengeländers, die mit der schwarzen Gestalt der sich zurücklehnenden Japanerin mit den erhobenen und dann auch noch angewinkelten Armen so gut zusammenpassen würde – ich hätte meinen Fotoapparat mit dabeihaben sollen, hätte es wenigstens in einem Schnappschuß festhalten sollen. Auch sie, die japanische Touristin, fotografierte, und deshalb hätte vielleicht sogar ein Foto genügt und wäre ein Foto möglicherweise sogar passender und hätte auch das Foto schon ein Bild ergeben, ein Bild der heutigen Zeit, ein Bild der Durchdringung der Kulturen. Und nun kommt das Problem: ihre schöne, ihre angespannte Körperhaltung, in der dies Gestalt annahm, daß sie als Japanerin irgendein Detail unserer europäischen Kultur auf fotografische Weise mit nach Hause nehmen wollte, sie ergab sich daraus, daß sie eine Digitalkamera benutzte, und diese Digitalkamera, wie man das mit Digitalkameras so macht, in Augenhöhe einen halben Meter von sich entfernt hielt. Wo ist hier das Problem? Man versetze sich zwanzig Jahre zurück und erinnere sich, wie anders die Menschen vor zwanzig Jahren aussahen, wenn sie fotografierten, wie anders sie dastanden, die Kamera ans Auge gedrückt, und geht man dann noch einmal sechzig, siebzig Jahre zurück, zu den Anfangszeiten der Fotografie, dann kommt man zur großen Plattenkamera und zu dem Mann, der unter einem schwarzen Tuch steckt, um ein Foto machen zu können, und damit ist man fast schon bei dem Problem, das ich meine, dem Problem nämlich der so rasanten technischen Entwicklung, der fortwährenden Veränderung der Apparate, mit denen wir hantieren, und es ist doch da gar kein Ende abzusehen dieser Entwicklung. Und dies bedeutet, daß wir in zwanzig, dreißig Jahren vielleicht schon wieder ganz anders dastehen, ganz andere Körperhaltungen einnehmen, wenn wir ein Foto machen, und daß man dann möglicherweise gar nicht verstehen könnte, was diese Frau dort auf dem Bilde macht, das ich so gerne gemalt gesehen hätte. Und ein Bild muß doch ein bißchen dauern können. Bilder sind für eine Ewigkeit gemalt. Es gibt aber keine Ewigkeit mehr. Punkt. Aus. Vorbei.

Ich sagte damals zu Christos bei der Eröffnung seiner Ausstellung *A New Spirit in Painting*, durch die er ja zeigen wollte, die totgesagte Malerei, sie lebe doch, und in der er deshalb auch die großen Herren der Vergangenheit mit dabeihatte, Leute wie Picasso, Bacon, Helion oder Lucian Freud, Maler, die nicht aufgehört hatten zu malen, es fehle einer, ein ganz wichtiger Maler der Gegenwart fehle in seiner Ausstellung, jemand, der immer noch wichtige und interessante Bilder male: Dalí, Salvador Dalí, und natürlich rümpfte Christos in seinem kunstbeflissenen Dünkel die Nase, als ich den Namen Dalí nannte und in seinen seriösen, seriös gemeinten Zusammenhängen zu erwähnen wagte – Bernd Koberling aber, als Landschaftsmaler in der Nachfolge von Romantik und Expressionismus völlig unverdächtig, auch nur im entferntesten zur surrealistischen Schule zu zählen, stimmte mir am nächsten Tag, als wir beide zusammen durch die Räume der Royal Academy gingen, zu. Dalí fehlte, und ich komme hier auf Dalí wegen dieser Japanerin mit ihrer Digitalkamera, von der es wohl kein Bild mit einer gewissen Ewigkeitsgarantie geben kann, und weil Dalí doch diese Telefonhörer gemalt hat, in mehreren seiner Bilder, und von diesen Telefonhörern werden im Handyzeitalter nur noch die wenigsten wissen, was für Geräte dies eigentlich waren. Mein Vater hat als Kind die Entwicklung des Radios miterlebt, und ein Radio, das war am Anfang erst mal ein obskurer Wunderkasten mit ein paar merkwürdigen Schaltern und Drehknöpfen dran, der nur funktionierte, wenn man sich da eine Antenne durchs Zimmer spannte, und ich bin noch im Trolleybus gefahren in meiner Kindheit und Jugend – so schnell geht das mit der technischen Entwicklung, den technologischen Veränderungen. Wer nach mir geboren ist, wird wohl kaum mehr wissen, was das überhaupt war, so ein Trolleybus, außer er reist mal nach Athen oder Belgrad, wo sie immer noch in Gebrauch sind, und bezeichnenderweise kommt mein Computer mit dem *Trolleybus* nicht klar, das Wort kennt er nicht, das unterstreicht er mir rot als einen Fehler, mit dem *Handyzeitalter* aber hat er keine Schwierigkeiten. Doch manchmal kehren bei dieser rasanten Entwicklung auch Dinge wieder zurück, Dinge, mit deren Rückkehr niemand mehr gerechnet haben dürfte: so, seit es in der U-Bahn diese Mattscheiben gibt, diese Monitore, die an der Decke befestigt sind und von denen wir U-Bahn-Fahrer schon am frühen Morgen belästigt werden – alle (natürlich nicht alle) schauen nach oben, starren auf diese Nachrichten dort, die Schlagzeilen, die Werbung, wie gebannt, und diese aufgeschlagenen, nach oben wie beim Gebet gerichteten Blicke, man kennt sie aus der religiösen Malerei früherer Zeiten, und hatte sie doch wohl ein paar aufklärerische Jahrhunderte nicht mehr gesehen.

Vor ein paar Wochen las ich in der Zeitung, daß die letzten der berühmten Londoner Busse aus dem Verkehr genommen wurden, und ich, entsetzt darüber, über die Dummheit der Londoner Stadtverwaltung, mußte meinen Kindern, die in Berlin aufwachsen und diese Londoner Busse nicht kennen, die hinten offen waren und bei denen man dann während der Fahrt schon abspringen oder auch, wenn sie langsam im Londoner Verkehrsgewühle dahinschlichen, aufspringen konnte, umständlich erklären, was es mit ihnen auf sich hatte – verdammter Fortschritt! Hier von mir verdammt, weil ohne diese Londoner Busse doch auch meine Geschichte mit Mary Puck nicht weitergeht. Sie hatte Nein gesagt, immer wieder nur No, als ich neben ihr herlief, die Oxford Street entlang, und ich hatte auf diesen Metern ihr *No, No, No* zu akzeptieren versucht, war schon dabei, aufzugeben, doch als sie dann in ihren Bus stieg und der Bus schon anfuhr, sagte ihr ganzer Körper, sagte ihr Gesichtsausdruck *Ja, yes, come with me*, und dann, als ich den Ansatz machte, diesem Bus hinterherzurennen, nickte sie, und also tat ich das, was damals möglich war, heute auch in London nicht mehr, ich sprang hinten auf den Bus auf. Sie hielt mich fest, wir küßten uns – eine Geschichte aus grauer Vorzeit.

Und dann gingen wir nach oben, in die obere Etage des Londoner Doppelstockbusses, setzten uns hin, händchenhaltend, uns küssend. Und nach ein paar Stationen stiegen wir wieder aus und irrten durch die Straßen, händchenhaltend, uns küssend. So lange, bis es dunkel wurde. Die

Leute blickten uns nach, aber was gingen uns die Leute an – nichts gingen sie uns an. Wir hätten ewig so gehen können, aber wir konnten nicht ewig so gehen, und das ist ein Fehler, etwas, das in der Welt ganz falsch eingerichtet ist. Doch es war auch mein Fehler, daß ich aus diesem Mangel in der Welt Schlußfolgerungen zog, die Schlußfolgerung nämlich, mit ihr in meine Bude, meine Absteige, gehen zu wollen, nördlich vom Hydepark, und wir, ohne daß ich unsere Schritte dorthin gelenkt hatte, wir liefen, händchenhaltend, uns küssend, auf den südöstlichen Eingang des Hydeparks zu, und also nahm ich Mary Puck bei der Hand und ging mit ihr in den Hydepark hinein und dort dann mit ihr den breiten, diagonal den Hydepark durchquerenden Weg entlang, von dem auch sie wußte, wohin er uns führen würde, zu der kleinen Wohnung, in der ich untergekommen war, zu meiner Absteige. Wir wechselten kein Wort, wir gingen, wir gingen zügigen Schrittes. Alles schien klar zu sein, die Entscheidung gefallen. Dann aber kreuzte unseren Weg ein ebenso breiter Weg, und dieser Weg, ich wußte es, und Mary Puck wußte es wohl auch, er führte zur Speaker's Corner, zum Marble Arch, und damit zu der Stelle zurück, wo sie, von ihrer Schule kommend, immer in ihren Bus einstieg, um nach Hause zu fahren. Zu ihrer Mutter. An dieser Wegkreuzung blieb sie abrupt stehen. Und es half nichts, ich bekam sie keinen Schritt weiter in meine Richtung, in die Richtung, von der ich einen Moment zuvor geglaubt hatte, es wäre unsere gemeinsame Richtung. Und dort standen wir dann, an dieser Wegkreuzung in der Mitte des Hydeparks – ich weiß nicht wie lange. Sehr lange. Eine Ewigkeit lang. Über uns der bronzene Himmel, der typische Londoner Stadthimmel, von ferne und von allen Seiten herkommend der Straßenlärm. Und dann fing es auch noch zu regnen an, und die Regentropfen vermischten sich auf dem Gesicht von Mary Puck mit ihren Tränen, und wir küßten uns noch immer. Eine Ewigkeit lang. Und dann sagte sie, nachdem diese Ewigkeit um war, diesen einen kurzen Satz, zwei Worte nur: »My mother«, und dieser Satz, er bedeutete die Trennung, das Aus. Ich ließ sie los, und sie entschwand langsam in der Dunkelheit. Ich habe sie sehr viele Jahre später, wieder in

London, wieder bei einer Ausstellung meines Freundes Christos Joachimides, dann noch einmal gesehen: eine junge Frau, schick und teuer gekleidet, Assistentin in der Galerie von Mary Boon in New York. Es fiel ihr schwer, sich überhaupt an mich zu erinnern.

Er

Nennen wir ihn gefährdet. In Gefahr, sich im Liebes-Kuddelmuddel zu verlieren. Aber auch durch solche Dinge wie Keulenwaden gefährdet. Durch Büstenhalter. Nennen wir ihn ganz schön kompliziert, um nicht zu sagen: komplexbeladen. Auch durch Keulenwaden und BHs kompliziert. Nennen wir ihn, um das Beste draus zu machen, eine komplexe Persönlichkeit. Nennen wir ihn so, weil er doch schaffte, was draus zu machen, aus sich und seinen Problemen. Hat er reichlich von. Keinen Mangel an Problemen. Das nicht und also Antrieb genug, um etwas aus sich zu machen. Natürlich renkt sich manches auch ein mit der Zeit. Anderes aber wird schlimmer. Sprechen wir von ihm als einem Kindskopf. Nennen wir ihn in vielem kindisch. Aber nennen wir, ihm wohlwollend, seine ewige Kindlichkeit auch einen Gewinn. Daß er sich da etwas bewahrt hat. Einen Zugang zu sich selber. Sprechen wir ihm auf alle Fälle ab, jemals richtig erwachsen geworden zu sein, aber werten wir dies, ihm doch wohlwollend, nicht unbedingt als Manko, so richtig erwachsen zu werden, das muß nicht unbedingt ein lohnendes Ziel sein. Nennen wir ihn unangepaßt, sagen wir, er paßt nicht so ganz in diese Welt, und da diese Welt schlecht ist, muß das nicht so schlecht sein, nicht ganz in die Welt zu passen. Nennen wir ihn ruhig ein kluges Köpfchen, aber übersehen wir dabei nicht, daß es immer wieder Momente gibt, da versteht er die Welt nicht mehr. Und die Menschen schon gar nicht. Momente, wo ihm klar wird, es gibt da ein ganz grundsätzliches Mißverhältnis zwischen ihm und dem Rest der Menschheit. Ein Mißverständnis, das auch dann vorliegt, wenn andere ihn gut finden, gar das loben, was er so macht und hervorbringt. Reden wir von einem Menschen, der mehr das ist, was er macht, als daß er was ist. Reden wir von einem Menschen, der zwar lebt, aber doch ein anderes Leben will. Der weiß, daß es dieses andere Leben nur in der Vorstellung gibt, und für ihn in der Kunst. Billigen wir ihm zu, einigermaßen begabt zu sein, halten wir aber fest, daß seine Begabungen so bestimmt nicht sind. Er könnte das machen, aber auch etwas anderes. Er macht auch zuviel. Wir sprechen von einem Menschen, der der Festlegung entgehen will. Wir sprechen von einem Menschen, der mal abgehauen ist. Wir sprechen aber auch von einem Menschen, der sich in Kämpfe verbeißt, die er nicht gewinnen kann, von einem Menschen, der vieles versucht hat, bei vielem gescheitert ist. Sprechen wir von seiner Erfolglosigkeit. Von seiner bisherigen Erfolglosigkeit, die ihn noch hochmütiger, aber auch ganz bescheiden hat werden lassen. Sprechen wir davon, daß er sehr von sich überzeugt ist, halten wir ihm aber zugute, daß es das einzige ist, wovon er überzeugt sein kann. Das, was er selber ist. Halten wir ihm zugute, daß er um beides weiß: etwas Besonderes zu sein, damit aber gar nichts Besonderes zu sein. Nennen wir ihn widersprüchlich, ein Bündel von Widersprüchen, halten wir ihm aber zugute, daß ihn diese Widersprüche produktiv machen. Aber sagen wir es klar, daß er nicht fertig ist. Daß man nicht weiß, was aus ihm noch werden wird. Sprechen wir von einem Havemann. Und dann stellen wir etwas Erstaunliches fest: daß so ein Mensch wie er, so ein komplizierter und widersprüchlicher, aus lauter Gegensätzen zusammengesetzter Mensch, so ein verquerer, auch sexuell verquerer Mensch jemals hätte heiraten, eine Frau finden können, die ihn heiraten will, niemand hätte dies gedacht. Daß er Vater werden könnte. Ein Vater, der nicht davonrennt. Ein Vater, der seine Kinder liebt. Der seine Frau auch dann liebt, wenn es schwierig wird. Keiner seiner Freunde, nicht einer seiner näheren oder ferneren Bekannten, keiner auch aus seiner Familie hätte es je angenommen. Keiner. Ein Mann, der für Überraschungen gut ist. Wenigstens darin gut.

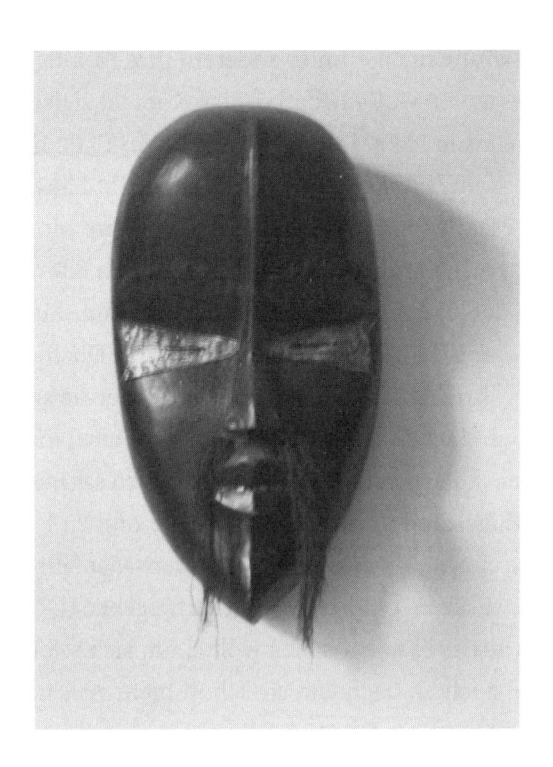

Die Maske

Er sagte, er fahre. Heute abend noch. Er sagte, er müsse sich schützen, diese Liebe für sich beenden, sie bringe ihn um. Er sagte, er habe noch etwas Geld, Geld, das er für einen etwas längeren Aufenthalt in Paris zusammengeborgt habe, um mit ihr sein zu können, dieses Geld, das brauche er nun nicht mehr, er werde sich von diesem Geld eine Maske kaufen. Eine afrikanische Maske, die er am Tag zuvor in einem kleinen Laden, ganz in der Nähe des Centre Pompidou gesehen habe. Cote d'Ivoire, von der Elfenbeinküste also. Bat er sie, mitzukommen, ihn zu diesem Laden zu begleiten, um ihm, der nur ein paar wenige Worte Französisch sprach, beim Kauf zu helfen? Oder hing sie doch wie eine Klette an ihm, nachdem sie ihm, der nur wegen ihr nach Paris, von ihr gerufen den weiten Weg nach Paris gekommen war, vor einer halben Stunde erklärt hatte, es ginge nicht, sie könne nicht – unter anderem ihre Familie betrügen, ihre Eltern, die nichts davon wüßten, daß sie den Kontakt zwischen ihnen beiden wieder zugelassen habe. Ihre Liebe müsse ein Ende haben, und das, nachdem sie es zwei Tage so gut miteinander gehabt hatten, so glücklich zusammen gewesen waren, in diesem Hotel am Gare Montparnasse. Sie war nur nach Paris gekommen, aus Nantes von ihren Eltern, um ihm dies selber zu sagen, daß es ein Ende haben müsse mit ihrer Liebe, daß sie ihn nicht mehr liebe, er sie endlich in Ruhe lassen solle. Doch dann hatten sie sich geliebt, und ihre Liebe war nicht zu Ende. Aber sie sollte, sie mußte zu Ende sein, diese Liebe, und sie war, im Auftrag auch ihrer Familie, ihrer Eltern, nur nach Paris gefahren, um ihm dies zu sagen. Und auch dies schon war ein Zugeständnis an diese Liebe, die nun zu Ende sein sollte, daß ihre Familie einsah, sie müsse es ihm selber sagen, ins Gesicht sagen, nur dann auch würde er es glauben und Ruhe geben. Doch nun war er es, der von sich aus ein Ende machen wollte, um sich selber zu schützen. Zum ersten Mal auch er, nachdem sie schon mehrmals mit dieser Liebe ein Ende gemacht hatte, und also ging sie mit ihm in diesen Laden zu der afrikanischen Maske. Er kaufte die Maske, ließ sie sich nur in ein dünnes Seidenpapier einpacken, er würde schon einen mehr sicheren Platz in seiner Tasche zwischen den Pullovern finden. So teuer war sie nicht, aber sie verschlang nahezu all sein Geld, das Geld, das er sich geborgt hatte. Er hatte noch ein paar Stunden Zeit bis zur Abfahrt seines Zuges. Er ging in ein Café, er achtete ihrer nicht dabei, sie ging einfach neben ihm her, sie wich nicht von ihm. Sie setzten sich einander gegenüber an einen kleinen Tisch, nicht mehr wie sonst immer neben- und eng aneinandergeschmiegt auf eine Bank an der Wand. Zwischen ihnen auf dem kleinen Tisch lag, das Seidenpapier öffnete sich bald, die Maske. Er legte seine Hand auf die Maske, er stützte sich auf die Maske, und dann begann er zu reden. Und er redete auf sie ein, ohne sie noch einmal gewinnen zu wollen. Aber er redete nicht von sich, auch nicht über ihre Liebe und was sie für ihn bedeutet habe, nicht von ihrer Familie, die von Anfang an gegen diese Liebe gewesen war, sie bekämpft hatte. Keine Anklage mehr, nichts.

Er wollte nur noch von ihr loskommen, von dieser Frau, von dieser Liebe, die ihn fast umgebracht hatte. Und so redete er. Er sprach darüber, was aus ihr werden würde ohne diese Liebe. Er sprach von ihrem zukünftigen Unglück, von dem Verrat an sich selbst, den sie beginge, von der französischen Provinzbourgeoisie, in die sie nun wieder zurückginge, obwohl sie ihr doch habe entfliehen wollen. Er sprach voller Bitterkeit, und sie wußte, daß er mit allem recht hatte, was er sagte. Die Tränen liefen ihr die Wangen herunter, während er sprach, aber er rührte sich nicht, sie zu trösten. Es war das Ende. Der Moment des Abschieds war gekommen. Keine Rücksichten mehr. Und seine Hand faßte nicht nach der ihren, die nur wenige Zentimeter von seiner entfernt in ihrer Verzweiflung, ihrem Schmerz vor ihm auf dem Tisch lag. Und egal, ob das jetzt Kitsch ist, ihm schien es so, als schreie ihre Hand in verzweifeltem Schmerz nach seiner Berührung, seiner Liebkosung. Er berührte die Maske. Er fühlte das glatte Ebenholz unter seinen Fingern. Er fuhr mit seinen Fingern dem Blech an den Augenlöchern der Maske nach, er strich über das Stroh ihres Bartes. Er fragte sie immer wieder nach der Uhrzeit, die Zeit lief, sein Zug würde bald abfahren, und er hatte noch den Weg zum Bahnhof vor sich und dann die ganze Zeit im Zug zurück nach Berlin, die Nacht. Er hatte seine Tasche schon dabei. Und dann sagte sie, er solle mit ihr zurück in das Hotel gehen. Und in dem Moment brach sie zusammen, alles das, wozu sie entschlossen gewesen war, galt nicht mehr. Sie verließen das Café, sie konnte sich fast nicht mehr auf den Beinen halten. Er winkte ein Taxi, und nun sind die beiden seit über 18 Jahren verheiratet, haben drei Kinder zusammen.

Die Maske hängt bei mir im Atelier an der Wand.

Es war ein grauer, trüber Novembertag, nicht mehr lange hin, nur noch knapp eine Woche bis zur Eröffnung dieser Ausstellung der deutschen Kunst des 20. Jahrhunderts, *German Art of the XXth Century* in der Royal Academy in London, und Christos Joachimides, mein Freund, dessen

Idee diese Ausstellung gewesen war, dem ich wie immer bei der Vorbereitung geholfen hatte, bei der Auswahl der Bilder, dem quälenden Schreiben eines Textes für den Katalog, natürlich, wie immer, ohne einen Pfennig oder gar eine müde Mark dafür zu sehen, er hatte mich also gebeten, nach London zu kommen, für diese eine und letzte Woche vor der Eröffnung, um ihm beim Hängen der Bilder zu helfen – wenigstens den Flug und das Hotel bezahlte er beziehungsweise natürlich die Royal Academy und also eigentlich Norman Rosenthal, der Ausstellungsdirektor der durch ihn nicht mehr ganz so akademischen Academy. Norman war zwar auch mit dabei, mit bei den Machern dieser Ausstellung, und der so viel seriösere Professor Schmied, Wieland Schmid, war es auch als Experte für den neusachlichen Teil der deutschen Kunst des 20. Jahrhunderts, aber eigentlich war das natürlich die Ausstellung von Christos, sein Versuch, zu bestimmen, was als Höhepunkte der deutschen Kunst dieser Zeit zu gelten habe, und dies, noch bevor das 20. Jahrhundert zu Ende war. Er wird es Wieland Schmied, seinem Kompagnon, gar nicht gesagt haben, daß er da noch seinen Freund Flori zum Hängen der Bilder erwarte, aber Schmied kannte mich und ließ mich gewähren, ja, er stand bewundernd und rätselnd dabei, als ich die Angestellten der Royal Academy mit ihren weißen Handschuhen dirigierte und sagte, den Beckmann da hin, den Corinth daneben – ich gebe zu, daß das Spaß machte, nicht nur das Dirigieren und Leute durch die Gegend Scheuchen, immer freundlich dabei natürlich, auch das, der deutschen Kunst wenigstens ein bißchen den Stempel aufdrücken zu können durch eine stimmige Hängung. Ich weiß gar nicht mehr, wodurch das Christos klargeworden war und bei welcher Gelegenheit, wahrscheinlich bei seiner großen Berliner *Zeitgeist*-Ausstellung, daß sein Freund Flori, der begabte Hund und Nichtsnutz, auch das konnte, Bilder hängen, Bilder so hängen, daß sie alle zur Geltung kommen, daß sich da so etwas wie ein Rhythmus im Raum ergibt von Formen und Formaten – nicht von Inhalten, nicht von dem, was Kunsthistoriker wie der Professor Wieland Schmied jedenfalls für Bildinhalte halten würden. Ich ging rein instinktiv dabei vor, nur vom Gefühl her und schaute mir die Bilder dabei auch niemals genau an, die ich zu hängen hatte, schaute jedenfalls nicht auf die Bildthemen, und dieses rein gefühlsmäßige Vorgehen, das war es, was die ganze Sache für mich so spannend und berauschend machte. Als Wieland Schmied dann zu mir sagte, er verstehe nun, warum ich diesen Corinth neben jenen Beckmann gehängt hätte beziehungsweise hätte erst mal hatte stellen lassen von den dienstbaren royal-akademischen Helfern, die auch nicht wußten, mit wem sie da zu tun hatten und warum nun plötzlich dieser junge Spund das Kommando übernommen hatte, mußte ich lachen: ich hatte das gar nicht bemerkt, daß da auf dem Bild von Corinth ein Fenster gemalt war, und zwar auf der linken Bildseite, und bei Beckmann gab es auch ein Fenster und, wie passend, genau rechts im Bild, das eine sich öffnend zur Außenwelt, das andere das Draußen in einen Innenraum hereinholend – er hatte recht, der Herr Professor, und von diesem Moment an war ich von ihm anerkannt.

Es war dies ein grauer, ein trüber Novembertag, und nur der große Saal war erleuchtet, als ich dann nach einem Rundgang durch den einen nur vom spärlichen Oberlicht erhellten Seitengang mit den vielen kleineren Ausstellungsräumen zu dem Ort zurückkehren wollte, wo ich gerade die Bilder verteilt und angeordnet hatte, um die Wirkung, die das machte, zu überprüfen, um meine Hängung mit einem frischen Blick zu sehen, sie notfalls noch einmal zu korrigieren. Ich betrat den letzten Raum davor, ich war sicher innerlich angespannt und gleichzeitig innerlich auch so leer wie nur möglich, und da dann sah ich sie stehen: eine junge Frau in der dunklen Uniform der Security Guards, gelehnt an den Rahmen des Durchgangs, der zu *meinem* Saal führte, interessiert von ihrem Raum, von dem Raum, wo sie schon ein paar Bilder, ein paar der mit Höchstsummen versicherten Inkunabeln deutscher Kunst des 20. Jahrhunderts, zu bewachen hatte, in den erleuchteten großen Mittelsaal herüberschauend. Schlank, kurze Haare, sehr kurze Haare – war sie schön? Hätte man mich in diesem Moment angehalten und mir diese Frage gestellt, ich hätte sie nicht zu beantworten gewußt. Ich hätte etwas anderes zu sagen gehabt:

daß ich diese Frau liebe. Ja, liebe. Nicht, daß ich mich Hals über Kopf in sie verliebt hätte – keine Verliebtheit, nichts, was einer Verliebtheit geglichen hätte. Liebe. Liebe auf den ersten Blick. Und ich wußte, daß diese Frau unglücklich ist. Ich wußte es, weil ich sie liebte. Und ich wußte, daß ich diese Frau glücklich machen, sie von ihrem Unglück befreien könnte. Keine Ahnung, woher ich das wußte. Ich wußte es. Die Liebe wußte es. Nicht, daß ich anhielt, wie vom Blitz der Liebe getroffen stoppen mußte. Ich ging weiter, und mein Weg führte mich geradewegs auf sie zu. Nur noch ein paar wenige Meter, und auf diesen wenigen Metern mußte ich mich entscheiden. Dafür entscheiden, diese unglückliche Frau glücklich zu machen oder es sein zu lassen. Ich wußte, daß das furchtbar schwierig werden würde. Die Liebe wußte es. Daß es schmerzhaft sein würde, verdammt weh tun würde, aber ich, der ich sie glücklich machen konnte, war verpflichtet, sie glücklich zu machen. Man nenne es Schicksal. Oder was auch immer. Also Liebe.

Das ist jetzt 18, bald 19 Jahre her, und ich bin mit dieser Frau verheiratet, habe drei Kinder mit ihr.

Ich sprach sie, die ich natürlich für eine Engländerin hielt, was sie aber gar nicht war, sondern eine Französin, die in England Englisch lernen wollte, auf englisch an – ich weiß gar nicht mehr, was ich zu ihr gesagt habe, und auch sie erinnert sich nicht daran. Weil sie furchtbar müde war und mich in ihrer Müdigkeit gar nicht richtig wahrgenommen hat. Erst danach, als sie zu ihren Kolleginnen und Kollegen von der Wachmannschaft, und besonders dabei zu ihren Kolleginnen, zurückgekehrt war, in das kleine Kabuff, wo sie ihre Pause machen durften, merkte sie, daß sie da von jemandem angequatscht worden war, den sie sich vielleicht etwas näher hätte ansehen sollen. Der King hat dich angesprochen, so ihre neidischen Kolleginnen, der King, der einzige junge Mann weit und breit and good looking and so nice, so charming – der King eben, und der *King*, das war ich, das war der Spitzname, den sie mir gegeben hatten.

Entblößung

Am dritten Tag unserer Bekanntschaft, um nicht hier schon von unserer Liebe zu sprechen, denn noch war diese Liebe etwas einseitig meine Liebe und ich dabei, sie in mich verliebt zu machen, am dritten Tag hatte ich sie so weit, daß sie sich bereit erklärte, sich von mir in ihrer Pause zu einer Tasse Kaffee einladen zu lassen, in die Kantine, in die auch der Öffentlichkeit zugängliche Cafeteria der Royal Academy, und wer jetzt denkt: erst mal nur dahin und nicht in ein Café außerhalb, wo wir dann allein hätten sein können, unbeobachtet, verkennt, daß auch das ein entscheidender Schritt war, den sie da wagte, sich mit mir nun zusammen vor ihren Kollegen von der Museums-Sicherheit zu zeigen, besonders den Kolleginnen, für die ich der King war und die sie dort doch mit mir sehen konnten. Ich holte sie zur verabredeten Zeit an ihrem Platz ab, an dem sie ein paar Stunden Stehen schon hinter sich hatte, und führte sie in den Keller hinunter der Royal Academy, und dort dann, das war klar und hatte seinen Grund nicht nur darin, daß ich sie schließlich eingeladen hatte, sondern auch in diesen mehreren Stunden des Stehens, die sie hinter sich hatte, brachte ich sie zu einem an einer Ecke für uns freien Tisch, ließ sie sich dort hinsetzen, ihre geplagten Beine auszuruhen. Sie sollte keine weitere Minute noch stehen und mit mir zusammen etwa da noch am Tresen anstehen müssen, wo ich dann den Kaffee für uns holen ging. Es dauerte dann einige Zeit, ich hatte zu warten, bis ich mit den beiden Tassen Kaffee in den Händen zu ihr an den Tisch zurückkehrte. Ich stellte die beiden Tassen auf dem Tisch ab, zum Glück tat ich dies, und dann, sie anschauend, die Frau, die ich liebte, und wahrscheinlich sagte ich da auch irgend etwas zu ihr in diesem Moment oder stellte ihr eine Frage, wollte ich mich hinsetzen, zu ihr setzen, so von ihr gefangengenommen aber, drehte ich mich nicht noch einmal um, mich des Stuhles zu versichern, auf den ich mich setzen wollte, und wo genau er stand. Ich setzte mich, ich glaubte jedenfalls mich hinzusetzen, und pardautz, da landete ich mit meinem Hintern auf dem Boden. So war das. So peinlich. Und weh tat es auch. Ich hörte sie kurz und laut auflachen, erhob mich, so rasch es nur ging, zog den Stuhl zu mir heran, der in einem ganz schönen Abstand zu der Stelle zu finden war, wo ich ihn vermutet hatte, setzte mich hin und redete weiter und so, als wäre gar nichts passiert, als hätte ich mich nicht eben furchtbar lächerlich gemacht.

Am fünften Tag, und ich entscheide das jetzt nicht mehr, ob an diesem fünften Tag immer noch von unserer Bekanntschaft oder schon unserer Liebe zu sprechen wäre, am fünften Tag hatte ich sie so weit, daß ich es wagte, es mit einiger Aussicht auf Erfolg wagen zu können glaubte, sie in ein Restaurant zum Essen einzuladen. Sie nahm die Einladung an, wir verabredeten uns für den Nachmittag nach ihrem Dienstschluß, und ich hatte nur noch drei Tage Zeit, bis ich nach Berlin zurückfahren mußte, der Flug war fest gebucht, das Hotelzimmer nur noch für drei Nächte von der Royal Academy of Arts für mich bezahlt. Ich holte sie um fünf Uhr dort ab, nachdem ich erst noch kurz in diesem Hotel gewesen war, in meinem Zimmer etwas Ordnung zu machen. Sie kam mir in Zivil entgegen, ohne ihre Uniform, in einem dunkelroten, gemusterten weiten Rock, und es wäre eine Lüge, verhehlte ich, daß ich etwas enttäuscht war, in ihrer Uniform hatte sie mir besser gefallen, ihre Uniform paßte auch besser zu ihren so kurz geschnittenen Haaren. Es war zwar schon im Oktober, das Wetter aber noch angenehm warm, wir gingen die Picadilly Street entlang, und das erste, was meine Liebste wollte, das war in Covent Garden ein Bier trinken nach ihrer Arbeit in der trockenen Luft der Royal Academy. Gut, wenn sie das so wollte, ich trinke ja kein Bier, aber mit ihr würde ich auch das tun. Ich war nie in Covent Garden gewesen, aber sie, sie wußte den Weg und auch, daß es dort im Freien Bier zu trinken gäbe. Wir kamen da nach einem 20minütigen Fußmarsch an, in Covent Garden, das sich als ein großer Platz mit in London so seltenen Bäumen erwies und vielen Gartentischen, und natürlich war es das erste, daß ich meine Liebste zu einem dieser Tische brachte, damit sie sich nach dem viele Stunden lang Stehen hinsetzen und ihre sicher furchtbar müden Beine ausruhen konnte. Und ich, ich ging uns in diesem Selfservice- und Gartenlokal das Bier holen. Wieder hatte ich eine Weile anzustehen, wieder hatte ich meinen Blick nur für sie, als ich dann mit unseren zwei Bieren in der Hand zu ihr an den Tisch zurückkam. Wieder hatte ich insoweit Glück, als ich die Biergläser zuerst auf den Tisch stellte, bevor ich mich dann hinsetzen, zu ihr setzen wollte. Wieder hatte ich das Pech, den Stuhl zu verfehlen, auf den ich mich setzen wollte, und noch einmal, pardautz, landete ich auf dem Boden, und da hätte sie's doch eigentlich wissen müssen, daß ich sehr in sie verliebt war – doch eigentlich und genau aber genommen war ich das nicht: in sie verliebt, die Silbe, die Vorsilbe *ver-* ist falsch, denn ich liebte sie, ich bewegte mich, wenn auch so ungeschickt, als wäre ich verliebt, nicht in einem Davor der Liebe, ich war nicht eine Sekunde in sie verliebt gewesen, das war Liebe auf den ersten Blick und bei diesem ersten Blick schon Liebe.

Lachte sie wieder über mich, als sie mich da so, ungeschickt läßt grüßen, als wäre ich ein verliebter Charlie Chaplin, dem derartige Malheurs ja fortwährend passieren, noch einmal auf den Boden fallen sah? Keine Erinnerung mehr daran, da müßte ich sie direkt mal nach fragen. Aber egal, denn eine halbe Stunde später hatte ich sie in einem griechischen Lokal, irgendwo in Soho. Es war voll dort, es war eng, und es war auch teuer. Es war so eng, daß wir uns an unserem kleinen Tisch gegenübersitzen mußten, sie auf der bequemeren Bank, die ich ihr natürlich nach ihrem langen Stehen überlassen hatte, ich auf dem Stuhl ihr gegenüber, und als erstes, denn für eine Französin gehört dies schließlich mit zum Essen dazu, wollte sie eine Vorspeise bestellen, in diesem griechischen Lokal also Tarama essen, ich nun aber esse doch keinen Fisch und nichts da, was irgendwie fischig ist und von einem Fisch herstammt. Aber wenn meine Liebste das so will, dann esse ich natürlich auch mit ihr so etwas Fischiges wie Tarama, und ich war so verliebt, liebte sie so sehr, daß mir dieser Tarama sogar mundete, ich ihn jedenfalls ohne Schwierigkeiten runterbekam. Neben uns am Tisch ein Ehepaar, auf die Fünfzig zugehend und drauf und dran, wie wir später von dem Mann erfuhren, noch in Soho in ein Musical zu gehen, und wir erfuhren es, weil dieser Mann lieber weiter bei uns geblieben wäre und uns frisch Verliebten länger zugesehen hätte. Seiner Frau, typische englische Middle-class, war das peinlich, wie sehr sich ihr Mann für uns beide interessierte, und noch einmal peinlicher war ihr der Moment, wo uns ihr Mann dann noch einen Drink spendierte, damit wir auf uns anstoßen könnten. Allright – in diesem Lokal kein Sturz auf den Fußboden, der blieb mir erspart, nicht aber die saftige Rechnung, die mich vollends ruinierte. Aber was tut man nicht alles für die Liebe, und draußen dann, nachdem diese Rechnung bezahlt war und wir, etwas verloren nun, die Straßen von Soho entlangspazierten, sagte ich ihr, damit wäre all das Geld futsch, das mir meine Schwester für diese Reise mitgegeben, geschenkt habe, und da wunderte sie sich doch sehr, die junge Frau, die in mir jemanden vermutete, für den Geld keine Rolle spielt, und daß sie dies so vermutete, vermuten mußte, daran war ich doch selber schuld, denn bei einem unserer vielen Gespräche in den vorangegangenen Tagen, wenn ich ihr bei ihrem Wachestehen in Uniform für eine Weile Beistand geleistet hatte, hatte ich ihr das doch genauso erzählt, daß ich aus einer Familie käme, für die Geld nie ein Thema gewesen wäre – was ja auch stimmte, nur war klar, daß sie aus einer solchen Mitteilung völlig falsche Schlußfolgerungen würde ziehen müssen. Zum Beispiel die, daß Geld immer noch kein Thema für mich wäre – was wiederum ja auch nicht falsch war, ich hatte zwar keines, legte es aber auch gar nicht darauf an, welches zu haben, geschweige denn durch eine ordentliche oder auch unordentliche und dann künstlerische Arbeit welches zu verdienen.

Ich fragte sie, wo sie wohne, und fragte sie dann, ob wir zu ihr gehen könnten – nein, ausgeschlossen, ihre Reaktion war Entsetzen, blankes Entsetzen. Gut, wenn das ausgeschlossen war, so sehr ausgeschlossen, dann mußte für mich auch ausgeschlossen sein, sie danach zu fragen, warum wir nicht zu ihr könnten. Ich fragte sie also nicht, und ohne ihr dies zu sagen, schlug ich den Weg in Richtung Hotel ein, und das war ein langer Weg, und irgendwann auf diesem langen Weg, nachdem wir dann Soho längst hinter uns gelassen hatten und an der Royal Academy vorbeigekommen waren, fragte sie mich doch, wohin wir gingen, wohin ich mit ihr ginge. Ich antwortete: in mein Hotel, und sie nahm es schweigend hin, ohne dagegen zu protestieren, und das war doch sehr, sehr mutig von ihr. Und also liebte sie mich, war sie wenigstens schon in mich verliebt. Und auf diesem langen Weg dann, gar nicht mehr so weit vom Hotel entfernt, kamen wir an einem Dessousgeschäft vorüber, Lingerie, und bei einem Dessousgeschäft, da kann ich nicht anders, da muß ich hingucken, und das kommt sicher noch von der Stalinallee her, von dem kleinen Jungen, der ich mal war und den ich ganz nie in meinem Leben losgeworden bin. Sie bemerkte es, daß ich in die Schaufensterauslagen dieses Dessousladens schaute, aber, ich war mir dessen, so ertappt, wie ich mich fühlte, natürlich nicht ganz sicher, auch sie hatte sich diese Unterwäsche in der Auslage des Schaufensters angesehen. Unsere Blicke trafen sich, wir lächelten uns an. Und gingen weiter. Zum Hotel.

Es kostete keine Mühe, dort in diesem Hotel mit ihr als Begleitung am Tresen mit den Zimmerschlüsseln vorbeizukommen, wir fuhren im engen Fahrstuhl nach oben, ich öffnete die Zimmertür, wir gingen in das furchtbar kleine Zimmerchen hinein, in dem es nur Platz für ein Bett gab und einen schmalen Gang daneben, und damit also einzig das Bett nur als Platz für uns. Es war furchtbar heiß und stickig in dem kleinen Raum, und mein erster, ganz spontaner Impuls war es, mir den nun viel zu warmen Pullover auszuziehen. In dem Moment, wo ich es tun wollte, schaute sie mich an, und sie bemerkte es, daß ich ihn mir ausziehen wollte, diesen plötzlich viel zu warmen Pullover. Und also hielt ich inne und tat so, als hätte ich ihn mir nur glattziehen wollen, und auch das bemerkte sie natürlich, und spätestens in diesem Moment dachten wir beide an das gleiche, und das war mir peinlich, mächtig peinlich sogar, denn wenn ich eins nicht wollte, dann das, vor ihr, der dreizehn Jahre Jüngeren, die mich mit meinen 35 Jahren sicher für einen erfahrenen Mann hielt, auch noch als abgebrühter Verführer dazustehen. Denn das bin ich nicht, das war ich nicht und werde ich nie sein. Ich bin ein ganz schüchterner, verschämter Mann und war es auch in diesem Moment, mit ihr in diesem Hotelzimmer, in dem es nur Platz für uns auf dem Bett gab und dann im Bett, und also ging ich mir, statt mir den Pullover auszuziehen, ein Glas Wasser aus dem kleinen Bad holen, in dem wir uns dann am nächsten Morgen zusammen unter die Dusche quetschten.

So viel dazu und nicht mehr. Am nächsten Tag hatte ich eine Einladung zu Norman Rosenthal in die Wohnung, zu einem gemeinsamen Essen mit Christos und dem Professor Schmied, die zusammen für die Ausstellung der deutschen Kunst des 20. Jahrhunderts verantwortlich zeichneten, und natürlich forderte ich meine Liebste auf, dorthin mit mir zu kommen, sie aber lehnte dies vehement ab. Gut, dann nicht, und wenn sie nicht mitkommen wollte, dann würde auch ich dieser Einladung nicht Folge leisten – als ich ihr das so sagte, erstaunte sie das doch sehr. Und also gingen wir wieder essen, nun aber bei einem sehr viel billigeren Griechen, und diesmal war sie es, die bezahlen mußte, ich hatte kein Geld mehr – und damit soll Schluß sein? Mehr nicht erzählen? Noch ein bißchen, ja? Bis zu

Harrod's – it was a sunday afternoon, und Harrod's, das große Londoner Luxuskaufhaus, geschlossen, und es spielt hier auch inhaltlich gar keine Rolle, nur als Wegmarke, weil wir da dann auf unserm langen, von heftigen Knutschereien immer wieder unterbrochenen Rückweg ins Hotel vorbeikamen, bei Harrod's, und Harrod's wäre jetzt nicht weiter der Erwähnung wert, wenn es sich mir nicht so unauslöschlich als Hintergrund eingeprägt hätte, denn genau da bei Harrod's war es, daß sich meine Liebste und spätere Frau und Immer-noch-und-hoffentlich-für-immer-Frau anschickte, einen gewichtigen Satz auszusprechen, den auszusprechen ihr offensichtliche Mühe kostete und die stärkste Überwindung. Sie setzte mehrmals dazu an, kam mehrmals über das erste Wort nicht hinaus, über das *I*, das englische Ich, und ich in meiner Liebe zu ihr ahnte natürlich schon, was sie mir über sich sagen wollte, daß sie mich liebe, und wie ein *Ich liebe dich* auf englisch heißt, das muß ich jetzt einem Leser nicht übersetzen, dazu haben wir doch alle zu viele Popsongs gehört, als daß dies nötig wäre. Und dann, endlich, schien sie sich zu diesem Bekenntnis durchgerungen zu haben, sie begann entschlossen noch einmal mit ihrem *I*, dann aber, schon während des Satzes und im allerletzten Moment, nahm sie schnell doch einen anderen Weg und sagte: »I like you very much.« *Ich mag dich sehr*, und das mußte, der Genauigkeit wegen, jetzt doch in der deutschen Übersetzung aufgeschrieben werden. Ich fing unwillkürlich an zu lachen, als sie mir ihr *Ich mag dich sehr* sagte, statt des *Ich liebe dich*, das sie eigentlich hatte sagen wollen, ich lachte sie regelrecht aus, dort bei Harrod's, und wo wir jetzt schon so weit sind, bis zu Harrod's gelangt sind, erzähle ich auch noch eine kleine Ecke weiter, es sind ja nur noch ein paar wenige Meter bis zur eigentlichen Wahrheit. Wie gesagt: ein paar Meter nur hinter Harrod's dann ein kleiner Park, ein paar Büsche, eine Rasenfläche in der Mitte, drum herum vier, fünf Bänke, und in diesen Park hinein gingen wir, dort auf eine dieser Bänke setzten wir uns, und dort dann ging die Knutscherei weiter, dann aber erfolgte eine Explosion, ja, eine Explosion, anders läßt sich das gar nicht nennen, eine Explosion des *I love you* – eine halbe Stunde lang, und ich übertreibe hier nicht, ungefähr eine halbe Stunde lang, denn natürlich hatte ich dabei die Zeit nicht, auf die Uhr zu schauen, und ich habe doch auch gar keine Armbanduhr, hatte auch damals schon keine, eine wunderbare Unendlichkeit also lang, immer wieder *I love you*. Es platzte aus ihr heraus, dieses *I love you*, mein Lachen über ihren Versuch, mit dem *I like you* doch noch die Notbremse zu ziehen, war der Büchsenöffner, öffnete die Schleusen, das Wehr, und dann floß es nur so aus ihr heraus, das *I love you*, in Kaskaden, eine Orgie, ein Rausch des *I love you*, und diese Liebe, sie hält immer noch an.

Und das sollte jetzt nicht erzählt werden? Weil es nur sie und mich und unsere Kinder etwas angeht – wie aber sollte ich von mir erzählen und damit von Havemann ohne dieses *I love you*, wo ich doch ohne es gar nicht mehr zu denken bin. Ich bin ein verheirateter Mann, bitte sehr. Und daß ich jemals heiraten würde, niemand, der mich bis dahin kannte, hätte es wohl gedacht, daß ich, ich noch mal Vater werden würde, der Vater dreier Kinder, niemand hätte es auch nur für möglich gehalten. Bei meiner Vorgeschichte. Meiner Familie und bei dem, als was ich die Ehe durch die meiner Eltern kennengelernt hatte. Wie abschreckend, und wenn ich etwas als Kind schon und als sichere Gewißheit vor mir hergetragen hatte, dann, daß ich niemals heiraten würde. Und wie sollte ein solcher Kindskopf wie ich jemals Vater werden können? Ausgeschlossen. Eben nicht. Und Künstler, Künstler taugen doch für die Ehe nicht, das ist doch allgemein bekannt. Aber es gibt immer auch Ausnahmen. Natürlich gibt es sie, und wie konnte ein Mann, der so allein war, so einsam, einsam und allein bleiben wollen? Es mußte doch nur die Richtige kommen, mir die Richtige über den Weg laufen, das Schicksal richtig heftig zuschlagen, die Liebe. Natürlich hätte auch ich mich zieren können, die Notbremse ziehen, an dieser Frau und Gelegenheit des Glücks vorbeilaufen können, und daß es schwierig werden würde mit ihr, ich hatte es ihr doch gleich auf den ersten, schon liebenden Blick angesehen, und es wurde dann ja auch furchtbar schwierig. Aber es ging um das Leben. Um nicht mehr und nicht weniger. Um alles.

Frau Speedy Schlichter Kurt Weinhold

Frau Speedy Schlichter

6. November 2006: am Montagmorgen ist da am Winterfeldplatz schon immer ein Antiquariat geöffnet, wenn ich die Kinder zur Schule bringe, und also gehe ich dann da öfter mal vorbei, um in den vor den Laden herausgestellten Kartons bei den billigen Büchern nachzuschauen, ob mich denn eines von ihnen interessieren könnte – so auch am 6. November 2006. Es gab da aber bis auf ein Buch von Rudolf Augstein über Friedrich den Großen, das ich mir beinahe gekauft hätte (aber eben nur beinahe), nichts bei den Taschenbüchern, bei denen ich in meinem Geiz eigentlich immer nur nachsehe. Doch dann, ich wollte schon weitergehen, lagen da auf einem kleinen Tischchen vom Scherz-Verlag herausgegebene *Facsimile Querschnitte* mehrerer deutscher Illustrierter, obenauf eine der typisch westdeutschen 50er-, 60er-Jahre-Illustrierten *Quick*, die meine

Aufmerksamkeit als *pic-hunter*, als Bilder- und Fotovorlagen-Jäger, erregten. Ganz unten in diesem kleinen Stapel dann ein Band mit Illustrationen der 1896 in München gegründeten *Jugend*, den ich mir durchblätterte. Weiter hinten in diesem Buch das Bild einer halbbekleideten jungen Frau, die mit lasziv übereinandergeschlagenen Beinen auf mehreren bequemen Kissen ruht und den Betrachter mit großen Augen anzublicken scheint, deren Blick aber seitwärts ins Nichts geht – ich erkannte in ihr auf den ersten Blick Speedy, dachte, ein mir unbekanntes Bild von Rudolf Schlichter vor mir zu haben. Unter dem Bild stand dann auch als Titel *Frau Speedy Schlichter*, gemalt jedoch ist dieses Bild nicht von ihrem Mann, sondern von einem mir unbekannten Kurt Weinhold – ich habe das Buch ohne Zögern gekauft, ich mußte es tun. Eine unglaublich geile Person, die Speedy auf diesem Bild – ob es gut ist, entzieht sich meiner Beurteilung, da es sich nur um eine Schwarzweißabbildung handelt. Aber die Frau auf dem Bild, sie ist gut, sie ist unheimlich stark. Ihr verloren wirkender Gesichtsausdruck, die Trägheit ihrer Gestalt bei angespannten Händen, Speedys faszinierend kleine Brüste, das Tuch, das sie um den Hals geschlungen hat und das ihre beiden entblößten Brüste noch einmal mehr hervorhebt, diese merkwürdigen hot pants, die sie trägt, sportlich mit einem schmalen Gürtel um die Taille, die gar nicht mal so schlanken Oberschenkel, die hochhackigen Pumps an ihren Füßen – keine Knöpfschuhe aber, die für ihren Mann Rudolf Schlichter so wichtig waren, von denen er besessen war, Knöpfschuhe und natürlich auch Stiefel, Rudolf Schlichters sexuell-erotische Obsession.

Die Frau auf dem Bild: ein richtig geiles Persönchen, eine Speedy, die so wirkt, als wäre sie in Erinnerungen an Männer versunken, mit denen sie es getrieben hat. Welch starke Wirkung von dieser Frau auf Männer ausgegangen sein muß, das Bild läßt es erahnen. Dieses Bild von ihr aber, es ist nicht von ihrem Mann, dem Maler Rudolf Schlichter, der so viele Bilder von ihr, von seiner Speedy, gemalt hat, gemalt, sondern von einem mir erst einmal unbekannten Kurt Weinhold – nicht, daß dies mich irritiert, überhaupt nicht, eine stärkere Bestätigung kann es für mich gar nicht geben. Eine Bestätigung dessen, was ich in dem Roman über Schlichter, der bei mir dann *Schlechter* heißt, und seine Frau geschrieben habe, eine Bestätigung der Episode, die ich meinem Schlechter angedichtet habe, der Episode, wo ich ihn dann auf die Idee kommen lasse, seine Frau auch von einem anderen Maler malen zu lassen. Bei mir ist das ein gewisser Pascin, ein französischer, ein eigentlich bulgarischer Maler, der in Paris seinen großen Erfolg hatte, dort ein richtiger Modemaler war, ein Maler, von dem Rudolf Schlichter offensichtlich beeinflußt worden ist und via Schlichter dann auch George Grosz, der Freund von Schlichter, beeinflußt wurde. Auch mein Schlechter hat seine Frau Speedy von einem anderen Maler in so einer lasziven Pose malen lassen wollen wie auf dem Bild von diesem Kurt Weinhold, aber mehr noch: er hat seine Frau auch in dieser von mir erdichteten, erfundenen Pascin-Episode diesem Pascin ins Bett treiben, ins Bett legen wollen, und natürlich frage ich mich, ich kann nicht anders, ob dies bei Kurt Weinhold vielleicht auch der Fall gewesen sein könnte. Und natürlich hätte ich gern, daß es so gewesen ist.

Wer ist dieser Kurt Weinhold? Ich muß da mal in meiner Bibliothek, meinem Bücherregal mit den vielen Kunstbüchern nachsehen. Und dort finde ich ihn auch, diesen Kurt Weinhold: in dem bei Taschen herausgegebenen Buch *Neue Sachlichkeit* finde ich ein eher mißlungenes Bild eines nackten Mannes mit einem Radio, dem sehr frühen Modell eines Radios, noch mit Kopfhörern, und auch wenn es mir mißlungen scheint und gar nicht gut gemalt, interessant ist dieses Bild, ist diese Kombination eines angefetteten, aufgeschwemmten, gar nicht mehr jungen Mannes mit einem solchen technischen Gerät. Heute kann man sich eine solche Gestalt gut vor einem Fernseher sitzend vorstellen und hätte dann ein Bild der Verwahrlosung, das Bild eines Mannes aus der Unterschicht, der mit seinem Leben nichts anzufangen weiß, mit der vielen Zeit, die er als Arbeitsloser hat. Doch ich finde in diesem Buch mehr noch als nur dieses eine Bild von Kurt Weinhold, ich finde hinten im informativen Anhang auch ein paar biographische Angaben, und darin dann schon mal die interessante Information, daß er, als einstmals Linker, 1932 zum Katholizismus konvertiert sei – wie Rudolf Schlichter also, aber, und ich schaue da sicherheitshalber noch einmal in meinem Schlichter-Katalog nach, bei dem geschah dies schon etwas früher, 1927, als er seine katholische Frau Speedy kennenlernte. Und wo ich schon einmal bei den Jahreszahlen bin, schaue ich auch noch einmal nach, wann dieses Bild *Frau Speedy Schlichter* von Kurt Weinhold gemalt worden ist – steht so aber nicht in dem Buch, das ich mir gekauft habe. Entnehmen läßt sich ihm aber, daß das Bild von Speedy in einer Ausgabe der *Jugend* aus dem Jahre 1930 abgebildet worden ist, und jetzt wird es noch einmal mehr spannend, wo doch der genauere Zeitvergleich ergibt, daß Rudolf Schlichter und seine Speedy im Dezember 1929 geheiratet haben, nachdem sie sich zwei Jahre zuvor kennengelernt hatten. Das paßt doch wunderbar, paßt genau zur Pascin-Episode meines *Speedy*-Romans und bestätigt sie, denn bei mir ist es doch das Hochzeitsgeschenk, das dieser Schlechter seiner Frau macht, sie von einem anderen Maler malen zu lassen.

Einspruch, Euer Ehren, und das sind wohl dann schon Ehren, die ich mir aufgrund meiner Richtertätigkeit anmaße und auf mein Privatleben als Autor übertragen will – nur daß dieser ehrenhafte Richter hier nun auf der Anklagebank sitzt.

Ich habe doch nie einen Roman schreiben wollen – stimmt so nicht, jedenfalls nicht ganz, und *nicht ganz* ist auch eine Lüge, die Halbwahrheit sogar die schlimmere Lüge.

Weiter!

Ich habe *Speedy* wider Willen geschrieben, hatte es aufgegeben, weiter daran zu schreiben, war froh, als mir die ersten hundert geschriebenen Seiten bei einem Computer-Crash verlorengegangen waren – stimmt schon ein bißchen mehr, kommt der Wahrheit näher, aber manipuliert ist das immer noch.

Speedy ist doch mein erster Roman überhaupt – glatte Lüge! Jetzt ver-

sucht er's auch noch auf die Tour. Je frecher wohl, je größer die Aussicht, damit durchzukommen. Ich habe Sie nicht ausreden lassen, ach so, bitte, bringen Sie Ihre Aussage zu Ende! *Speedy* ist der erste Roman überhaupt, den ich fertiggeschrieben habe, das andere nur Versuche, und ein Roman ist doch erst dann ein Roman, wenn er fertig ist. Die Theorie mit dem Roman, der nur als fertiger Roman Roman ist, die untersuchen wir noch, uns interessieren Ihre anderen Romanversuche, die unfertigen: was ist mit denen? Wie viele gibt es davon? Ich bitte um Ausschluß der Öffentlichkeit. Weil Sie die nicht veröffentlichen wollen? Weil überhaupt nicht absehbar ist, ob ich mit denen überhaupt jemals fertig werde und weil ich doch erst weiß und wissen kann, ob sie denn für eine Veröffentlichung taugen, ich sie auch veröffentlichen will, wenn sich abzeichnet, daß sie fertig werden. Es handelt sich um Schweinkram? Um erotische Literatur, ja, aber das würde ich schon behaupten, daß der Roman heutzutage erotisch sein muß, daß diese Gattung zur Erotik tendiert. Also reden wir nicht drum herum: Sex.
Nein, ich habe bei *Speedy* nicht auf diese Verbindung Nazis und Sex spekuliert, auf die man ja durchaus auch gewinnbringend spekulieren kann, und ich meine jetzt nicht nur, was die Auflagenhöhe betrifft, auch den literarischen Gewinn – Nebelkerzen! Halb wahr, halb nicht wahr. Wahrheit und Lüge zu einem Brei vermischt. Aber als Verteidigungslinie doch wohl zu akzeptieren, denn schließlich hat man mir genau das vorgeworfen, daß ich auf eine rein spekulative Weise, in moralisch nicht zu rechtfertigender Weise Nazis und Sex zusammengemixt hätte, ja, wahrscheinlich sogar auf einen Skandal ausgewesen sei. Stimmt doch auch. Nicht ganz, denn schließlich ist das doch Anti-Nazi-Sex, um den es dabei geht. Die innere Sex-Emigration. Ein Paar, das sich durch Erotik der Zumutungen des Naziregimes zu erwehren sucht.
Bedenken Sie auch, in welch verzweifelter Lage ich mich befand, als ich *Speedy* zu schreiben begann. Das merkt man dem Buch wohl an, daß sein Autor weiß, was Verzweiflung ist. Ich konnte ganz leicht meine Verzweiflung, meine als Künstler und Autor in so aussichtsloser Lage mit

der identifizieren, die der Held meines Buches, der so wenig zum Helden geschaffen war, dort bei den Nazis im Knast empfunden haben muß. Und ich konnte dann auch seinen Versuch nachvollziehen, sich opportunistisch als Maler mit einem Bild den Nazis andienen zu wollen. *Speedy*, ist das dein Versuch, dich den Gegebenheiten anzudienen, anzupassen? Weil das doch zieht, Nazis und Sex, gut vermischt und verrührt, auch im Ausland, wo an der deutschen Kunst und Literatur doch nur das interessiert, was sich mit dem Nazi-Kram abgibt und beschmutzt. Nein, das ist komplizierter. Es ist immer alles komplizierter. Aber das sind 800 Seiten, die ich geschrieben habe, das sind zwei Jahre, die ich mit *Speedy* verbracht habe, und dann hatte ich den ganzen Anfang verloren und habe nach fast einem Jahr wieder damit angefangen, mir das Geschriebene rekonstruiert, ich mußte, ich hatte keine freie Wahl, und auf einen Punkt läßt sich *Speedy* deshalb nicht bringen, auch von meinen Motiven her, diesen Roman zu schreiben. Und ab einem Punkt ist es doch die Sache selbst, nicht mehr das Warum, warum man sie angefangen hat, die Lust am Gestalten, die Furcht, diesen Stoff, den man da vor sich sieht, nicht bewältigen zu können, die Hoffnung, die einen antreibt, daß man es doch schaffen könnte, die Leidenschaft, die Liebe zu den Figuren, die man sich selber erschaffen hat, der Wunsch, mit ihrer Geschichte zu Ende zu kommen.

Genau solche Selbstbefragungen, Selbstverhöre, innere Dialoge mit verteilten Rollen, ein Interview sogar, das habe ich als ein immer mal wiederkehrendes Element in *Speedy* und deshalb auch hier noch einmal, wo ich im Havemann über den Havemann schreibe, der dieses Machwerk über Frau Speedy Schlichter beziehungsweise Schlechter verfaßt hat – das ist eine angemessene Form für einen einsamen Mann, der nicht allein ist, denn allein ist man ja nicht, wenn man schreibt. Der Schlechter meines Romans hatte seine Speedy zum Schreiben drüber, und auch ich hatte sie für die zwei Jahre, in denen ich an meiner *Speedy* geschrieben habe, und ich hatte ihn, Schlechter, meinen Helden, meinen so wenig heldenhaften

Helden, und ich mochte sie beide sehr, als Paar. Nur leider geht ja so eine Affaire zu dritt irgendwann zu Ende, der Gedanke, während ich noch schrieb, diese Welt, die ich mir da erschaffen hatte, mit ihren Menschen wieder verlassen zu müssen, er erschreckte mich, was aber nicht heißt, daß *Speedy* deshalb so lang geworden ist, weil ich von diesem Weltchen nicht lassen, nicht Abschied nehmen wollte. Die Geschichte, die ich in diesem Roman schreibe, sie ließe sich in zwei Sätzen erzählen, und, so würde ich sagen, das muß auch so sein, will man nicht, daß sich ein so umfangreiches Gebilde auflöst wie zum Beispiel mein geliebter *Tristram Shandy*, ohne den ich meine *Speedy* sicher so nicht hätte schreiben können, denn dieser Roman, er hätte ja auch ebensogut *Das Leben und die Ansichten von Rudolf Schlechter* heißen können – aber nein, er mußte *Speedy* heißen, weil dieser Mann ohne seine Frau nicht zu denken ist, sich selber nicht mehr denken kann. Das Umständliche, die komplizierte Art, wie diese einfache Geschichte erzählt ist, es kommt natürlich bei mir vom *Tristram Shandy* her, der mich so früh schon und für immer in meinem Denken beeinflußt hat, es kommt aber auch daher, daß dieser Mann, mein Protagonist Schlechter, der sicher mehr erlebt hat als die meisten Menschen, so viel dann wieder doch nicht erlebt hat, jedenfalls sehr viel weniger, als er gern erlebt hätte, besonders sexuell. Das Umständliche, es kommt ebenso aber auch davon, daß diese Geschichte, die in zwei Sätzen zu erzählen wäre, in diesen zwei Sätzen nicht verständlich wäre, daß sie nur durch die besonderen Umstände verständlich wird.

Grünheide Alt-Buchhorst

Ich habe diese Geschichte von Frau Speedy Schlichter und ihrem in meinem Roman *Schlechter* genannten Mann nach Grünheide Alt-Buchhorst verlagert. Das Ehepaar Schlichter, das es gegeben hat, ist von Berlin sehr viel weiter weggegangen, nach Süddeutschland, wo dieser Maler Rudolf Schlichter ja herkam, in die schwäbische Provinz. Bei mir weichen sie nur dem Moloch Berlin an den Stadtrand aus, nach Grünheide Alt-Buchhorst, sieben Kilometer hinter Erkner, das noch mit der S-Bahn von Berlin aus zu erreichen ist. Und natürlich kann ich das rechtfertigen, diese Abweichung von der historischen Wahrheit, der mir gegebenen Faktenlage, rechtfertigen damit, daß man als Schriftsteller nur über das schreibe, was man wirklich kennt, wo man sich gut genug auskennt, und ich, ich kenne die schwäbische Provinz nicht. Ich kenne Grünheide Alt-Buchhorst. Und Grünheide Alt-Buchhorst kenne ich gut. Nicht-Berlin, und mehr brauchte ich doch in meinem Roman nicht als Nicht-Berlin, und Nicht-Berlin, das ist für mich Grünheide Alt-Buchhorst. Aber wie immer bei *Speedy* ist dies nicht die ganze Wahrheit. Weil es bei *Speedy* hinter der Wahrheit immer noch eine andere Wahrheit gibt, weil *Speedy* ein Versteckspiel ist. Und *Speedy* ist ein Versteckspiel, weil in *Speedy* ein Paar Verstecken spielt und vor dem Nazi Verstecken spielen muß. Und deshalb auch der Autor mit *Speedy* ein bißchen Verstecken spielen darf, und deshalb hier nur so viel erst einmal sagen will, daß für ihn Grünheide Alt-Buchhorst nicht allein nur als ein ihm bekanntes, gut bekanntes Nicht-Berlin gut genug sein mußte, sondern sich ihm auch deshalb anbot, als Handlungsort aufdrängte, weil Grünheide Alt-Buchhorst ein so sehr sexualisierter Ort ist, ein Ort der Erotik. Mein Grünheide Alt-Buchhorst ist es.

Daß dieser Ort Grünheide Alt-Buchhorst so sehr, so fest mit meinem Vater assoziiert ist, das verstehe ich zwar, das kann ich nachvollziehen und sogar begrüßen, weil's doch genau auf den Punkt bringt, den einer Adresse, welche Position mein Vater in der DDR hat einnehmen wollen, den im Abseits mit Blick auf den See, aber ärgern tut's mich trotzdem doch. Ärgern, weil das doch auch mir gehört, weil das auch mein Ort ist, ein so wichtiger in meinem Leben. Ich bin nicht nur in der Stalinallee aufgewachsen, ich bin auch dort aufgewachsen, in Grünheide Alt-Buchhorst – ein Kontrastprogramm? Sicher ein Kontrastprogramm: die Stalinallee, das ist der Staat, und zum Staat gehört die Schule, gehört die Polizei und gehört auch meine Mutter, die wir Kinder irgendwann *die Regierung* nannten. Die Stalinallee, das ist der Fortschritt in seiner sozialistischen und also stalinistischen Ausprägung, die Stalinallee, das sind die Aufmärsche, die großen Volksfeste, die Zusammenrottungen am 7. Oktober, dem Staatsfeiertag der DDR. Die Stalinallee, das ist das stalinistisch über Nacht entsorgte Stalindenkmal, die Umbenennung auf den Namen des Mannes, der sich die Hände noch nicht schmutzig machen konnte am Sozialismus. Die Stalinallee, das ist mein Onkel Hermann Henselmann, den alle für den Erbauer, den Architekten dieser Prachtstraße hielten, und die Stalinallee, das ist natürlich auch der 17. Juni, der

Aufstand seiner wirklichen Erbauer, der Bauarbeiter, und die Stalinallee, das sind auch die Ruinen um sie herum, das ist die freie Fläche, das Ruinenfeld bis zum Alex, beginnend vor unserm Haus am Strausberger Platz, und wie diese Lücke dann geschlossen wurde, die Ruinen verschwinden und durch diese häßlichen Plattenbauten ersetzt wurden – wie also der großartige Stalinismus mit seinem Traum von Größe zum mickrigen real existierenden Sozialismus der piefigen DDR wird. Grünheide dagegen, Alt-Buchhorst, das ist die Gegenwelt des Privaten. Das ist der Wald, der See, das sind die Jahreszeiten, die langen Sommer, das ist der Schnee im Winter, die Farben des Herbstes. Der Körper. Das ist Sex, Erotik. Das ist das Paar aus dem Milchladen, dem ich so gerne in *Speedy* ein Denkmal gesetzt hätte – meine erste Begegnung mit dem Perversen überhaupt. Alle meine sexuellen Träume, wenn sie sich denn verorten lassen, spielen dort. Frau Busse habe ich dorthin verfrachtet, meine erste Lehrerin und später meine Russischlehrerin aus der Oberschule. Meine Schwester gehört für mich dorthin, in ihrer Pubertät. Und dann die Frauen, die in Unterwäsche im Wald herumsitzen, und nicht umsonst habe ich *Speedy* dort spielen lassen, meinen erotischen Roman über den Maler Rudolf Schlichter und seine Frau Speedy, die beide doch eigentlich woandershin gehören, ins Süddeutsche, wo dieser Schlichter herkam, wohin er sich dann auch wieder zurückzog, als er's im Moloch Berlin am Ende der wüsten 20er Jahre nicht mehr aushielt.

Ein Paar

Sie hatte blonde Haare, sehr blonde Haare, sicher blondiert, nachblondiert, aber das wußte Klein Flori ja damals noch nicht, daß man Haare auch färben, einem Blond zu noch mehr Blond verhelfen kann. Sie war groß, für eine Frau sehr groß und in ihrer Größe imposant. Und sie war groß, weil ihr Mann dagegen so klein war. Sie war schlank, ihr Mann etwas rundlich, ganz weich in seinen Formen. Ihre Haare waren blond, ihre Haare waren lang, ihre Haare hingen ihr, kühn gewellt, bis auf die Schultern herab, die Haare ihres Mannes waren gelockt, richtige Kräusel, und er hatte so viele davon auf seinem Kopf, daß ich mich heute frage, ob er diesen gekräuselten Locken nicht nachgeholfen haben wird. Aber damals natürlich wäre ich auf eine solche Idee nie gekommen, daß man glatte Haare auch kräuseln kann, daß man Locken noch lockiger machen kann, und daß Mann das kann, auch ein Mann das kann, auf diese Idee wäre ich schon gar nicht gekommen. Seine Haare waren rot, richtig rot, und auch dies doch wäre mir damals niemals auch nur im Traume eingefallen, daß sich ein Mann, auch ein Mann, daß sich dieser Mann seine roten, rötlichen Haare noch etwas aufgerötet haben könnte, aber so wird's wohl gewesen sein. Ich habe nie wieder bei einem Mann so rote Haare gesehen. Und das Rot seiner lockigen, gekräuselten Haare, es wirkte sicher noch röter und auffällig röter dadurch, daß er immer mit einem blendend weißen Kittel im Laden stand, so weiß, als wäre er ein Chirurg, und war doch nur ein Verkäufer. Sie hatten beide den Laden am oberen Ende der Dorfstraße übernommen, den ganz kleinen Laden in der Nähe der Bushaltestelle, den Laden, der ein paar Jahre leergestanden hatte, und dort verkauften sie allein nur Milch und Butter, und die Butter natürlich unverpackt vom großen Batzen, von einem Block, von dem erst die verlangte Menge mit einer Holzkelle abgetrennt werden mußte, und nachzuwiegen war dann auch noch, und die Milch gab's mit einer Schöpfkelle aus dem großen Milchkanister, der bei ihnen hinterm Ladentresen auf dem Boden stand, und in eine Blechmilchkanne hinein, die mitzubringen war – so war das, und das ist lange her, und doch will mich das heute wundern, daß die beiden mit einem Lädchen überleben konnten, in dem es nur Milch und Butter zu kaufen gab, und das war's schon. Das war's natürlich noch lange nicht, denn dann hätten die beiden doch nicht diesen bleibenden Eindruck bei mir hinterlassen, mir eine ganze Welt offenbart.

Ich war es, der bei uns in der Familie immer solche Sachen wie Milch, Butter, Kartoffeln und Schrippen holen geschickt wurde – jedenfalls erinnere ich mich nur daran, daß dies zu meinen Aufgaben gehörte, und ich erinnere mich umgekehrt nicht daran, daß meine Geschwister irgendwelche anderen, vergleichbaren Aufgaben gehabt hätten, aber das muß so nicht stimmen. Aber das stimmt, daß ich eines Tages wieder in diesen kleinen Milch- und Butterladen in Grünheide Alt-Buchhorst ging, für meine Familie dort Milch und Butter oder Milch oder Butter zu kaufen. Und auch das stimmt, daß er alleine in dem Laden war, der Mann mit den roten, gekräuselten Locken und dem blendend weißen Kittel, jedenfalls erinnere ich mich an seine imposante Frau dabei nicht. Und das stimmt wirklich, denn es traf mich wie ein Schock, und ich werde es nie vergessen, werde mich mein ganzes Leben daran erinnern: wie ich da reinkomme, in den Laden reinkomme und dem Mann hinterm Ladentresen meine Milchkanne reiche, damit er sie fülle, oder nach einem von ihm dann abzuwiegenden Pfund Butter frage, sehe ich: der Mann hat rotlackierte Fingernägel. Der Mann mit den roten Haaren, der Mann im weißen Kittel, und wie ich mich nun zu erinnern meine, seine Haut war so blaß, seine etwas dicklichen Finger, sie wirken in meiner Erinnerung nun mit einemmal so weibisch zart, und er hatte diese rotlackierten Fingernägel. Er hatte sich die Fingernägel rot lackiert. Nur ein einziges Mal habe ich ihn mit diesen rotangepinselten Fingernägeln gesehen, aber ich erinnere mich an sie, als wär's gestern. Ein Schock, eine Welt tat sich für mich auf. Eine Welt, in der ein Mann sich die Fingernägel rot lackiert, rot, als wäre er eine Frau. Ich war mit meinem BH nicht allein in dieser Welt.

Die beiden hatten sich bei Richters einquartiert, an der Ecke, am Beginn der Burgwallstraße, lange blieben sie nicht in Grünheide Alt-Buchhorst, lange blieben sie wahrscheinlich nirgendwo. Wegen seiner rotzulackierenden Fingernägel. Und sie hatten einen Hund, einen auffälligen, einen riesigen, braun-weiß gescheckten Bernhardiner. Und immer war sie es, die den Hund, die diesen beeindruckenden Bernhardiner an der Leine führte, sie, die große imposante Frau mit den unheimlich blonden Haaren, und jetzt sehe ich in meiner Erinnerung auch ihren enormen Vorbau, sie, nicht er, führte das Riesenvieh, und der Bernhardiner gehorchte ihr aufs Wort. Stromerte auch nicht irgendwie hundemäßig im Gelände herum, blieb immer an ihrer Seite. Jedenfalls in meiner Erinnerung, und in meiner Erinnerung ist sie ganz stark, diese Verbindung zwischen Frau und Hund, und in meiner Erinnerung sehe ich diese Verbindung zwischen ihr und ihrem Hund als eine sexuelle. Es gibt nichts, was es nicht gibt. Aber natürlich hätte ich mir das, was es zwischen dieser Frau und ihrem Hund vielleicht gegeben haben mag, niemals auch nur in meinen wüstesten Träumen ausmalen können. Nur daß sie anders waren, die beiden, als Paar vollkommen schräg, das habe ich gesehen. Damals. Und erahnt, daß ihre Andersartigkeit etwas Sexuelles hat, haben muß. Und hätte ich damals schon einen Begriff von Erotik gehabt, dann hätte ich wahrscheinlich nicht nur geahnt, daß die beiden nicht nur sexuell anders waren, anders als alles, was ich an Sexuellem bis dahin gesehen hatte in meiner kleinen Welt, sondern, daß sie eigentlich gar nicht sexuell waren, nicht sexuell, sondern erotisch. Irgendeiner perversen Leidenschaft anhängend – lassen wir die einschlägigen Fachbegriffe weg.

Am Kottbusser Damm

Paris ist wichtig, die Stadt Nantes nun, wo meine Frau herkommt, La Bigno, wo ihre Familie, in weiblicher Linie über Jahrhunderte vererbt, ein Landhaus besitzt – ein *chateau*, wie es auf der Landkarte heißt und wie ich zu meiner Verblüffung eines Tages feststellen konnte. London war es, war wichtig für mich, wegen Margret, wegen Erich Fried, aber auch als Stadt, und in London bin ich doch Agnès begegnet. Peru, in das mich der Rechtsanwalt Balzer für drei Monate verschleppte, bleibt es, bleibt auch auf Dauer wichtig für mich, als eine Gegenwelt. Als eine Gegenwelt, in der ich mich so wohl gefühlt habe. Aber es sind diese drei Orte, die Stalinallee, Grünheide und das Gefängnis, die für mich, für mein Leben wirklich wichtig sind, entscheidend – nein, nicht drei, drei Orte, eigentlich sind es doch vier, wenn ich den mitzähle, wo ich jetzt meine Adresse habe, und ich sollte dies tun, sollte den Kottbusser Damm mit zu diesen Orten zählen. Ich behaupte seit ein paar Jahren, der Kottbusser Damm sei eine gute Adresse – schon mal deshalb eine gute Adresse, weil sie eine Adresse ist, etwas, das die Leute sich merken können, das ihnen bekannt ist, und da sich mit dieser Adresse für sie auch noch etwas verbindet. Und ein Künstler, jemand, der in der Öffentlichkeit steht, sollte eine Adresse haben. So wie mein Vater sein Grünheide hatte. Oder Thomas Brasch am Ende seines Lebens das *Ganymed* beziehungsweise seine Wohnung über dem *Ganymed*. Ein paar Meter vom Berliner Ensemble entfernt, wo dann sein Arbeitgeber residierte. CP, Claus *Payman*, Zahlemann. Und er war dort überm *Ganymed* klugerweise schon eingezogen, bevor CP von Wien nach Berlin wechselte. Und Heiner Müller im Plattenbau, im Salvador-Allende-Viertel, auch das eine Adresse: die Platte, wo sich die DDR von ihrer schäbigsten Seite zeigte, und das, weil sie doch glaubte, sie habe da was Tolles hingestellt und das Wohnungsproblem gelöst, daß sich erst später, nach dem Ende der DDR, lösen ließ, durch den massenhaften Abzug, Umzug der Leute in den Westen, zur Arbeit hin – dort einzuziehen in den 80er Jahren, das war natürlich ein Statement von Müller, ein Bekenntnis zum Material, seinem *Material*. Und so habe ich meinen Kottbusser Damm, von dem ich nicht lassen kann und will. Dort habe ich mich festgesetzt, dort habe ich mich behauptet, und ich behaupte mal, daß ich nicht Verfassungsrichter geworden wäre ohne diese Adresse – in Friedenau wohnend, bei den Beamten, den Witwen, wäre ich's nicht geworden. Den Kottbusser Damm konnten sie nicht nur leicht finden, die Journalisten, der bot auch reizvolle Motive zu filmen für die Fernsehleute, und ohne eine gleichzeitige Medienkampagne wird ein Außenseiter wie ich nicht in so ein Amt gewählt. Der Kottbusser Damm garantierte, daß dieser Spinner Havemann, dieser abgehobene Künstler das Leben, die Probleme direkt vor seiner Haustür hat – vielleicht nicht die des Landes Brandenburg, aber Probleme, soziale Probleme, und es machte den glaubhaft, der seinen Lebensunterhalt als Reinigungskraft bestritt. Eine Adresse, wenn sie denn eine Adresse ist, ein Ort, der sich mit dem, der dort lebt, wohnt, arbeitet, assoziieren kann, bedeutet natürlich etwas und wird nur zu einem solchen Ort, einer solchen Adresse, wenn er denn etwas bedeutet. Sich nach Grünheide Alt-Buchhorst zurückzuziehen bedeutet etwas: den Rückzug von Robert Havemann, und nur, wer in einem Haus lebt, kann dann unter Hausarrest gestellt werden. Das *Ganymed* von Thomas Brasch, es bedeutet etwas, und bei ihm ist das ja wohl mehr als klar, was es bedeutet: daß dieser Mann vorhatte, sich zu Tode zu saufen. Mit dem Geld des öffentlich subventionierten BE ein paar wenige Meter weiter. Asozial auf höchstem Niveau. Und Müller in seinem Plattenbau bedeutet etwas: ein Bekenntnis zu seiner DDR grad in ihrer Schäbigkeit, erbärmlich selbst in den Privilegien, die sie einem dann doch von ihr anerkannten Dichter gewährte.

Eine gute Adresse – ich behaupte das, meine Frau lächelt darüber, nur manchmal nicht mehr sehr nachsichtig. Und sie hat ja auch recht damit, für Kinder ist das nichts. Für einen Künstler aber ja. Deshalb wohnen wir hier als Familie ja auch nicht mehr, deshalb auch habe ich mein Atelier, meine Arbeitsräume dort behalten. Der unendliche Lärm, zu keiner

Tages- oder Nachtzeit wirklich Ruhe, immer was los, und für jemanden wie mich also, der sich konzentrieren muß, aber auch so gut auf seine Sache konzentrieren kann, genau der richtige Ort. Das rauschende Leben, wenn ich auf die Straße schaue. Eine Straße, die sich alle paar Jahre verwandelt, neue Geschäfte, Restaurants, alle fünfzig Meter nun ein Internetcafé, und dann unsere *ausländischen Mitbürger*, um das auch ja politisch korrekt auszudrücken – die Neuköllner Ureinwohner sprechen da, sehr viel weniger fein, von *Türkenpack* und *Kanaken*, und was das Pack betrifft, das ist schon auffällig, wieviel mehr die Nebenstraßen auf der Neuköllner Seite des Kottbusser Damms verdreckt sind als die, die nach Kreuzberg gehen. Alte fleckige Matratzen, einfach aufs Trottoir geworfen, die ausrangierten Fernsehgeräte an den armen Bäumen abgestellt – man nennt dies wohl Ghettobildung, wenn den Menschen die Umgebung egal ist, in der sie wohnen, wenn sie ihre Wohngegend selber zerstören. Man schaue sich die Grünflächen, die Parks an: übersät mit Müll. Man schaue sich auch die dicken Autos an, die da herumstehen und mit denen sich, wie es scheint, besonders gern arbeitslose Jungmänner bewegen, die das wohl ganz besonders nötig haben, mit ihren laut knatternden Spielzeugautos ein bißchen wenigstens an Aufmerksamkeit auf sich zu ziehen. Testosteronverseuchte Riesenbabys, die alles Schwule natürlich abgrundtief hassen, das Feminine im Mann, und die doch nur in der Clique rumhängen, unter Jungs, die sich bei der Begrüßung abknutschen – nicht ungefährlich. Wandelnde Zeitbomben, auf ihre Ehre versessen – was mir als Adelssproß natürlich nicht fremd ist, wenn auch mein Ehrbegriff beinhaltet, daß man sich über Schwächere nicht hermacht, sondern sie in Schutz nehme. Ich habe da schon Szenen erlebt, neulich erst, als ich mich als *Schwuchtel* beschimpfen lassen mußte, weil ich da einem ganz hübsch und harmlos aufgetakelten Transi beisprang, den es in diese wüste, zivilisationsmüde Gegend verschlagen hatte. Ein ganz besonderes Erlebnis, das ist auch, wie sie die halbe Nacht lang, hat da irgendwo eine türkische Fußball- oder Sonst-was-Mannschaft gesiegt, in einem Autokorso den Kottbusser Damm hoch- und wieder runterfahren, ihre Mädels fahnenschwenkend halb auf dem Dach. Und dann habe ich noch diesen besonderen Vertreter sieghafter Männlichkeit direkt bei mir im Haus gegenüber auf der anderen Seite der Straße, der bei solchen Gelegenheiten mit seiner Pistole in den als Ziel schwer zu verfehlenden Nachthimmel schießt – ich rief mal, als unsere Kinder deshalb nicht schlafen konnten, bei der Polizei an, erkundigte mich dort, ob es denn noch den Paragraphen gibt, der nächtliche Ruhestörung untersagt. Es gibt ihn noch, fürwahr, und also bat ich die deutsche Polizei, dann doch bitte diesen Paragraphen auch gegen meinen Pistolenschützen durchzusetzen. Erstaunlicherweise kamen sie dann auch, mit einem ganzen Mannschaftswagen, der Ballermann war natürlich verschwunden, in das Haus hinein, das traute sich die gutausgerüstete Mannschaft aber nicht, und am Ende war ich es, gegen den sie sich wandten: man müsse das doch verstehen, daß sie ihren Sieg feiern wollten – wahrscheinlich sahen sie in mir noch den Rassisten, einen fremdenfeindlichen Neonazi. Und das mir, der gern in dieser Gegend lebt, der das fremdländische Flair genießt auf dieser Straße am Ende der deutschen Leitkultur. Männer mit langen Bärten, mit bis in die Kniekehlen hängenden Hosen, so als wären sie eben aus einem orientalischen Basar herausgekommen. Und dann die schwarz Verhüllten, die den Kottbusser Damm auf Mohammeds Spuren entlangpilgern, das ist schon *strange*, um nicht zu sagen: *befremdend*, wenn man von einer Frau nur die Augen zu sehen bekommt. Ich höre, daß sie ihre Frauen nicht von unzüchtigen Männerblicken belästigt haben wollen – nur wundert es mich natürlich, wie sie darauf kommen, irgendein männliches Wesen könne sich gerade für diese wandelnden Tonnen mit unzüchtigen Blicken interessieren. Und im Gegensatz dazu, ein paar Häuser von mir, die Sprachenschule, vor der in den Pausen, leichtbekleidet im Sommer, die hübschesten Mädchen aus aller Herren Länder auf der Straße stehen – das ist Babylon.

Gefangen

Hier am Kottbusser Damm will ich bleiben, und hier auch immer wieder auf diese drei Orte zurückkommen, die mich geprägt haben: die Stalinallee und Grünheide Alt-Buchhorst und als drittes: das Gefängnis. Ja, das Gefängnis, das ist der dritte für mich und mein Leben, mein Werk auch so wichtige, so entscheidende Ort, und natürlich sind das erst mal die beiden Gefängnisse, in denen ich gesessen habe: das in Hohenschönhausen von der Stasi, das Geheimste vom Geheimen, und dann das in Luckau, dieses Gefängnis, das so harmlos Jugendhaus genannte. Aber das Gefängnis, das sind für mich auch andere Gefängnisse, alle Gefängnisse dieser Welt – ich übertreibe. Ich übertreibe aber nicht ohne Grund, habe ich doch meine Haft nicht der DDR im besonderen angelastet, sondern gleich der ganzen Menschheit, der nichts Besseres eingefallen ist, als Menschen wegzusperren, die ihr, aus welchen Gründen auch immer, jeweils nicht passen. Das Gefängnis, das ist die Barnimritze für mich, an der ich so oft vorbeigegangen bin mit einem faszinierten Schauder, das Frauengefängnis in der Barnimstraße, das in der ich-weiß-nicht-wievielten, der DDR-Umgestaltung von Berlin dann abgerissen wurde. Das ist Hoheneck, ein anderes Frauengefängnis, das, wo Tutu gesessen hat, aus dem herauszuholen ich ihr dann helfen konnte. Das ist Brandenburg, das Gefängnis in Brandenburg, der Stadt Brandenburg, die für mich als kleiner Junge nur ein Anhängsel zu dem Gefängnis dort war, in dem mein Vater gesessen hat und wo er eigentlich unter das Fallbeil sollte. Ich war nie dort, in diesem Gefängnis, hatte aber immer eine klare Vorstellung davon, und heute, als Verfassungsrichter ebendieses Landes Brandenburg, habe ich es immer wieder mit Verfassungsbeschwerden von Menschen zu tun, Männern, die dort einsitzen. Das Gefängnis, das ist aber auch für mich das Gefängnis, das ich in Peru, in Lima, besucht habe. Das ist auch das aus jenem Bericht, den ich im Anhang eines alten Buches über die Französische Revolution gefunden habe, der von dem Mann, der es sogar geschafft hat, aus der Bastille zu fliehen. Und ich habe das Spandauer Kriegsverbrechergefängnis aufgesucht, das in keinem West-Berliner Stadtplan verzeichnet war, als allein nur Hess dort noch saß. Mein *SPEER* spielt zur Hälfte dort. Aber auch *ROSA*, mein Stück über Rosa Luxemburg, hat zwei Gefängnisszenen, und als ich die Möglichkeit bekam, mit Schülern der Rosa-Luxemburg-Schule etwas aus diesem Stück aufzuführen, spielte dieser ganze Abend – wo wohl? – natürlich im Gefängnis. Und dann aber auch meine Beschäftigung mit Charly Manson, der so gut wie sein ganzes Leben im Gefängnis verbracht hat – außer die kurze Zeit mit seiner *family* von Mördern. Und nun auch *Speedy*, der Roman über Rudolf Schlichter, der im Gefängnis spielt – ich komme vom Gefängnis nicht los. Havemann kommt vom Gefängnis nicht los, Havemann, das ist das Gefängnis. Vater und Sohn haben gesessen.

Warum komme ich vom Gefängnis nicht los? Ist das wirklich eine Frage. Ich war sechzehn, als ich für vier Monate im Gefängnis war. Das reicht doch wohl fürs ganze Leben. Aber es gibt andere, und ich habe sie kennengelernt, im Luckauer Gefängnis kennengelernt, die sitzen so eine kurze Zeit und auch ein paar Jährchen mehr auf der linken Arschbacke ab – haben sie mir so gesagt, diese Jungs, die dann schon eine stolze Knastkarriere hinter sich hatten, angefangen vom Erziehungsheim über die Jugendwerkhöfe der verschiedenen, immer härter werdenden Stufen bis in dieses Jugendgefängnis in Luckau, das sich so schön ein Jugendhaus nannte. So genannt wurde. Von Erziehern mit Wachpersonal. Dort aber, in Luckau und damit unter Menschen, meinesgleichen, straffällig gewordenen Jugendlichen war ich nur einen Monat. Aber ein Monat dort, das reichte. Die andern drei der vier im Gefängnis verbrachten Monate war ich bei der Stasi in Hohenschönhausen, und davon fast zwei Monate alleine in der Zelle, und das war hart. War das Härteste überhaupt. Zehn Jahre später erst, von 68 an gerechnet also Ende der 70er Jahre, hatte ich das Gefühl, jetzt steckt es mir nicht mehr im Körper drin, im Gebaren, das Gefängnis. Zehn Jahre, aber los war ich das Gefängnis damit noch nicht. Ich bin es doch immer noch nicht los – warum nicht? Warum diese vielen Stücke, die im Gefängnis spielen, in denen es Gefängnisszenen gibt, und dann auch der Manson, der ewige Häftling, warum jetzt *Speedy*, wo wieder meine Hauptfigur im Gefängnis sitzt? Warum?

Weil über das Gefängnis nicht zu erzählen ist, nicht zu berichten. Weil von dem Gefängnis zu berichten, vom Gefängnis zu erzählen nicht heißt, irgend etwas von der Gefängniserfahrung vermitteln zu können. Das bleibt im Faktischen, im Anekdotischen hängen, und dann, wenn ich fertig bin mit meinem Bericht, meiner Gefängnisgeschichte, dann stellt mir derjenige, dem ich das alles erzählt habe, eine Frage, die deutlich zeigt, er hat nichts kapiert, ich habe es wieder nicht vermitteln können, was das Gefängnis ist, was es für mich bedeutet hat und immer noch bedeutet. Deshalb immer wieder der Versuch, das Gefängnis in einem Stück oder jetzt in diesem Roman Gestalt annehmen zu lassen, meine Gefängniserfahrung. Die kleine Zelle braucht mehr Raum. Und es muß Zeit vergehen. Die Zeit ist wichtig. Die Zeit, die vergeht und nicht vergehen will im Gefängnis. Und deshalb auch sind das lange Stücke, auch deshalb. Deshalb *Speedy* ein 800-Seiten-Roman. Da ist nichts zu kürzen. Man muß schon Zeit damit verbringen. Nur dann besteht Hoffnung auf das Gefängnis, auf ein bißchen Ahnung, was Gefängnis bedeutet, auch für den, der nicht im Gefängnis gesessen hat. Nur dann. Aber ich weiß das nicht, ob mir das je gelungen ist, mir jemals gelingen wird, einen Theaterzuschauer, einen Leser ins Gefängnis zu versetzen. Ich kann es nicht wissen, und deshalb, auch deshalb mache ich mit dem Gefängnis immer weiter, komme ich vom Gefängnis nicht los. Ist das ein Fluch? Auch das. Sicher. Sicher auch das. Aber eben nicht nur, denn ich bin es ja, und ich verfluche mich nicht. Das Gefängnis verhärtet, das Gefängnis ist ein Härtetest und ich, ich habe das Gefängnis überstanden. Habe den Härtetest Gefängnis bestanden. Wer mich verstehen will, muß das Gefängnis verstehen. Und also lebe ich auch unverstanden, ich muß das nicht: ganz verständlich sein. Ich nicht.

Zur Mahnung

Der PDS-Mann, der mich bei der winterlich kalten Demonstration gegen den bevorstehenden Irak-Krieg ansprach, sagte zu mir: »Haben wir uns nicht neulich bei Karl und Rosa gesehen?«
Er schien sich da ganz sicher, aber ich war nicht bei Karl und Rosa, bei dieser immer noch und auch nach der Wende noch in der Januarkälte stattfindenden Demonstration zum Sozialistenfriedhof in Lichtenberg, wo noch ein paar mehr Sozialisten liegen, Sozialisten wie Walter Ulbricht und Otto Grotewohl, und wo nun auch meine Mutter begraben liegt.
»Nein«, sagte ich zu dem PDS-Mann, »wir haben uns da garantiert nicht bei Karl und Rosa gesehen, weil ich nämlich nicht zu Karl und Rosa hingehe.«
Das erstaunte den PDS-Mann: »Aber du hast doch dieses Stück über Rosa Luxemburg geschrieben.«
Ob er's denn gelesen hätte, fragte ich den PDS-Mann, in der sicheren Gewißheit, er habe nicht. Hatte er auch nicht, wie denn auch, wo das Stück doch gar nicht veröffentlicht, gedruckt ist – aber, und nun erstaunte er mich: er war mal bei einer Lesung von mir dabei, wo ich aus dem Stück,

zusammen mit ein paar Schauspielern von der Berliner Volksbühne vorgelesen habe, im Prater, an einem 3. Oktober und zum Tag der Deutschen Einheit. Ob es ihm denn gefallen habe, mein Stück *ROSA*, fragte ich den PDS-Mann, und er antwortete: ja, es habe ihm gefallen, und deshalb hätte er sich gedacht, ich würde an diesem Gedenktag im Januar mit zu Karl und Rosa gehen, wo mir doch Rosa Luxemburg so viel bedeute.
Ich sagte ihm, ich ginge vielleicht grad deshalb nicht zum Grab von Rosa Luxemburg, weil sie mir so viel bedeute – jedenfalls nicht an diesem Tag, denn wenn ich mit meiner Familie das Grab meiner Mutter besuche, machen wir eigentlich immer einen Abstecher zu Rosa. Aber das sagte ich dem PDS-Mann nicht, weil es ihn nur verwirrt hätte, ich sagte statt dessen, daß mir, wie er doch in meinem Stück sehen könne, Rosa Luxemburg viel zu lebendig wäre – was solle ich da an ihrem Grab und mit diesen vielen Hunderttausend, denen Rosa Luxemburg wahrscheinlich ganz anders lebendig sein dürfte, ich würde mich nicht in diesem Punkte mit seiner Partei gemein machen wollen. Und außerdem sagte ich ihm, ich ginge an diesem Tag nicht nur nicht zu Rosa, ich ginge auch nicht zu Karl und hätte also zwei Gründe, an diesem Gedenkmarsch nicht teilzunehmen. Das erstaunte den PDS-Mann noch einmal: ob ich denn gegen Karl Liebknecht etwas hätte? So seine empört klingende Frage, auf die ich antwortete: »Nein, wie sollte ich, ich habe doch im gleichen Gefängnis gesessen wie er.« Vielleicht erinnere er sich noch daran, sagte ich ihm, an dieses Foto, das es in unseren DDR-Geschichtsbüchern gegeben habe, auf dem die Zelle zu sehen gewesen wäre, in der Karl Liebknecht während seiner Haftzeit im 1. Weltkrieg gesessen hat, in Luckau – auf diesem Foto, wenn er sich an es erinnere, seien um eine Büste von Karl Liebknecht so kleine Jungs postiert gewesen, alle dunkel gekleidet, so merkwürdig dunkel gekleidet, nicht in Pionieruniform, wie man es doch wohl eigentlich vermuten würde. Und Mädchen wären doch auch nicht dabeigewesen – ob ihm dies nicht vielleicht mal aufgefallen wäre? Er schaute mich mit großen Augen an, der PDS-Mann, und schien sich vielleicht sogar an dieses Foto zu erinnern. Ja, sagte ich, das waren Jungs, die dort in diesem

Gefängnis inhaftiert waren, in dieser uralten preußischen Strafanstalt, die sich zu DDR-Zeiten ein Jugendhaus nannte, und genau dort, sagte ich, habe ich auch gesessen, 68, wegen staatsfeindlicher Hetze. Und deshalb, sagte ich, könnte ich das gar nicht, zusammen mit irgendwelchen alten Genossen zu Karl und Rosa zum Gedenken gehen, ich würde da an etwas anderes denken müssen als die, die womöglich mit zu meinen Bewachern gezählt haben – ob er das denn verstehe?

Ich glaube, er verstand's, denn dieser PDS-Mann ist ja ein guter, ein sympathischer Mann und sicher einer, der zu DDR-Zeiten wie jeder anständige, einigermaßen anständige Sozialist Schwierigkeiten mit seiner Partei hatte, sein Parteiverfahren. Mir blieb es erspart, Karl Liebknechts in seiner Zelle dort in Luckau gedenken zu müssen, so lange war ich da nicht drin, den Januar habe ich dort nicht mehr erlebt, den Monat, in dem seiner Ermordung gedacht wird, meine Erziehungsmaßnahme von ein bis maximal drei Jahren, sie endete schon nach einem Monat dort, ich wurde am Tag vor Weihnachten entlassen. *Havemann, der Blitzentlasser*, so riefen sie mir hinterher, meine Mitgefangenen dort in Luckau, keinen erstaunte es, daß ich gegen alle Regeln und ohne irgendeine rechtliche, gesetzliche Grundlage vorzeitig entlassen wurde. Alle hatten damit gerechnet, daß es so kommen würde, auch die Gefängnisleitung, nur ich nicht, ich hatte mich auf das Maximum einzustellen versucht, auf drei Jahre dort in Luckau. Auf das ja, auf drei Jahre dort, aber was dieses *dort* bedeuten mochte, ich hatte keine Ahnung davon, und keiner wußte mir eine Auskunft zu geben, weder mein Vernehmer im Stasi-Knast Hohenschönhausen noch mein Anwalt, der Dr. Cheim, der meiner Mutter im Zentralkomitee der SED für die Verteidigung ihres inhaftierten Sohnes empfohlen worden war, ein guter Anwalt übrigens, einer, der mich gut verteidigt hat – in diesem Punkte aber traute ich ihm nicht ganz, daß er nicht wisse, was ein Jugendhaus, was Luckau bedeute. Ich glaubte es dem Stasimann eher, meinem Vernehmer, diesem Bürokraten, der es in seinem Vernehmungszimmer noch nie mit einem Jugendlichen von 16 Jahren zu tun gehabt hatte, Cheim aber als Anwalt, der hätte es doch wissen müssen, er hätte sich, falls er dort nie gewesen war, in Luckau, im Jugendhaus Luckau, doch bei seinen Anwaltskollegen auch erkundigen können, und ich wurde also nicht ganz den Verdacht los, er wolle es mir nicht sagen, mir lieber vorenthalten, was mich dort erwartete. Am Tag des Transports vom Stasi-Knast in Berlin Hohenschönhausen nach Luckau glaubte ich, mir Luckau als einen Ort vorstellen zu müssen, wo ich in erster Linie hart würde arbeiten müssen, in einem Großbetrieb wahrscheinlich, die *Schwarze Pumpe* war doch nicht weit, und ungefähr wußte ich doch, wo die Stadt Luckau liegt, in der Nähe von Cottbus und Lübbenau, in dem Braunkohlengebiet der DDR also, und irgend so etwas stellte ich mir vor wie Erziehung durch Arbeit, und da dann in einem Heim leben zu müssen, in einer Baracke vielleicht sogar, sicher mit einem Zaun drum herum und auch bewacht, ein Gefängnis aber, eine Strafvollzugsanstalt, einen richtigen Knast, das stellte ich mir nicht unter Luckau vor, unter einem Jugendhaus, und man möge mir dies als einen Rest auch von Romantik durchgehen lassen, einer Romantik jedoch, die, und das werden sicher die wenigsten verstehen können, den GULAG romantisierte, das stalinistische Arbeitslager, Sibirien.

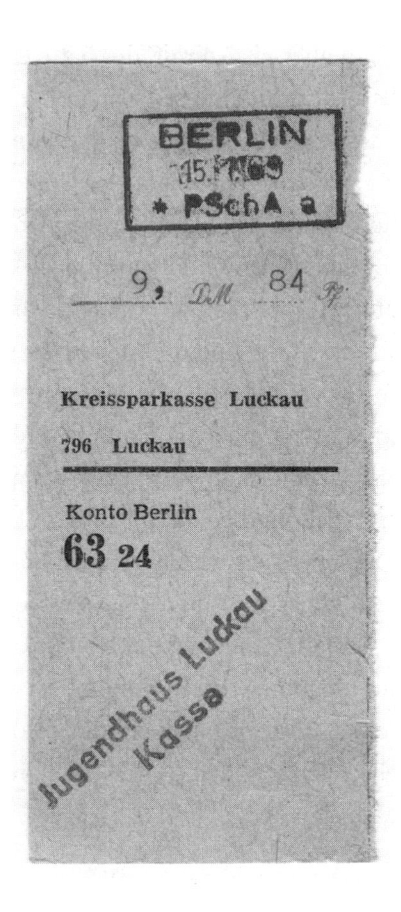
BERLIN
* PSchA a
9, DM 84 Pf
Kreissparkasse Luckau
796 Luckau
Konto Berlin
63 24
Jugendhaus Luckau
Kasse

Luckau

Der Transport nach Luckau erfolgte in einem Kleintransporter, in einem *Barkas*, und das schon irritierte mich, als ich da dann wieder in einen dieser *Barkas*-Transporter einsteigen sollte, die ich schon kannte, mit denen ich schon mehrmals innerhalb von Berlin hin und her gefahren worden war, von einem Knast zum anderen, von Hohenschönhausen, dem Geheimsten vom Geheimen, zur Stasi-Zentrale in der Magdalenenstraße und auch für den zwei Tage dauernden Prozeß im Stadtgericht Berlin, ganz in der Nähe vom Alexanderplatz, direkt neben der S-Bahn-Trasse.

In diesen *Barkas* einsteigen zu müssen, bedeutete, in einem winzig kleinen Holzverschlag sitzen zu müssen, so klein, daß meine Knie gegen die Vorderwand stießen, ohne Fenster natürlich, ohne alles Licht, auf einer harten schmalen Holzfläche – ein einziger Horror, die reinste Klaustrophobie. Und damit sollte es bis nach Luckau gehen – wie weit war dieses Luckau nur von Berlin entfernt? Ich kannte mich doch so gut nicht in der DDR aus. Ich nicht. Wir waren bald auf der Autobahn, das merkte ich. Wir fuhren und fuhren, und dann mit einem Mal stoppte der Wagen – meine Stasileute wollten doch nicht etwa auf einem Rastplatz eine Pause machen? Aber von der Autobahn abgefahren, das waren wir doch gar nicht. Dann hörte ich ihre Stimmen und dann auch noch ein paar Stimmen mehr, und natürlich fragte ich mich, was da los sei, und natürlich kam mir der Gedanke auch an diese Lösung: auf der Flucht erschossen, ich kannte doch die Geschichte von Karl Liebknecht, und so war es doch immer in Hohenschönhausen gewesen, daß ich dort daran denken mußte, an diesem völlig rechtsfreien Ort einfach abgeknallt zu werden, hinter jeder Ecke im Gefängnisflur hätten sie mit einer MP stehen können und mich erwarten – natürlich war mir das klar, daß sie doch wohl so blöd nicht sein würden, mich kleine Laus aus dem Wege schaffen zu wollen, aber dessen sicher sein, daß sie so blöd nicht sind, das konnte ich auch nicht. Dann aber hörte ich durch die dünnen Wände meines Holzverschlages einen dieser Stasileute telefonieren, und dem, was ich da erhaschen konnte, entnahm ich, daß ein Auto mit Motorschaden auf der Autobahn liegengeblieben war und sie nun Hilfe organisierten – merkwürdig, daß sie dies taten, sich auf diese Weise da irgendeinem Autofahrer als Leute zu erkennen zu geben, die ein Telefon in ihrem *Barkas* hatten, denn so was hatte doch in der DDR damals nur die Polizei. *Die Polizei, dein Freund und Helfer* – die Geheimpolizei etwa auch?

Ich weiß nicht, wie lange wir da so rumstanden, mir schien es eine Ewigkeit, aber dann ging es doch endlich weiter mit unserer Fahrt nach Luckau. Ich merkte, daß wir nach einer Weile Fahrt dann richtig von der

Autobahn herunterfuhren, merkte, daß es um viele Ecken und Kurven ging, bis der Wagen dann doch sehr plötzlich anhielt. Wir mußten angekommen sein, in Luckau, im Jugendhaus Luckau, und dann dauerte es wieder eine Weile, bis sich da ein Tor für den *Barkas* öffnete, der sich nun noch einmal in Bewegung setzte, da dann aber nur ein paar wenige Meter weiter fuhr. Stopp. Und jetzt, dachte ich, komme ich endlich aus meinem klaustrophobischen Holzverschlag heraus und kann wieder das Tageslicht sehen. Aber nein, nichts dergleichen geschah. Meine Stasileute stiegen aus ihrem, unserem *Barkas* aus, so viel konnte ich hören, und wieder hörte ich auch ein paar fremde Stimmen. Dann aber geschah nichts. Wieder für Stunden nichts – so schien es mir wenigstens, daß dies Stunden sein mußten, die da vergingen, aber ich hatte sicher jegliches Zeitgefühl längst verloren, und es war ein realsozialistisches Nirvana, in das ich da in der Dunkelheit versank. Aufgeschreckt immer wieder mal von einer dumpfen Sirene, einem Hupen, von einem Hupen, das ich doch kannte. Von den Kränen her kannte, die direkt vor unserem Haus am Strausberger Platz dann den Abschnitt der Stalin- beziehungsweise Karl-Marx-Allee bis zum Alex mit Plattenbauten hochgezogen hatten und die jedesmal, wenn sie sich in Bewegung setzten, dieses Hupen zur Warnung verlauten ließen – ich müßte mich auf einer Baustelle befinden. Auf einer Baustelle des Sozialismus. *Schwarze Pumpe*. Braunkohle. Meine Vermutung, daß die mir bevorstehende erzieherische Maßnahme eine der Umerziehung durch harte Arbeit sein mußte, bestätigte sich, nichts anderes konnte doch dieses Hupen bedeuten.

Plötzlich, mich aus meinem Nichts herausreißend, wurde die mit einem simplen Haken abgesperrte Tür zu meinem Holzverschlag geöffnet, ich taumelte aus dem *Barkas* heraus, das Licht blendete mich. Ich wurde ganz schnell und ohne daß ich mich hätte umsehen können, in ein Gebäude hineingeführt. Eine Treppe hoch, die Treppe in einem alten Gebäude hoch, so viel erkannte ich, und da dann am unteren Treppenabsatz hing eine Wandzeitung, und auf dieser Wandzeitung stand etwas vom

Wettbewerb der sozialistischen Arbeit und welche Brigade die beste sei, und wieder dachte ich, mich auf einer Baustelle des Sozialismus zu befinden. Aber ich dachte es nur noch ein paar kurze Momente, bis zu dem Moment, wo ich in einen großen Raum hineingeführt wurde und mir dort ein Mann entgegentrat, der sich mir als der Direktor des Jugendhauses Luckau vorstellte, und hinter ihm, durch die Fenster seines Direktorenzimmers, sah ich es dann: das Jugendhaus Luckau. Ein Gefängnis, ein ganz normaler Knast. Der große Gefängnishof, umgeben von alten Klinkergebäuden, Mauern überall, genau das, was man sich unter einem Gefängnis vorstellt, und als ich dann nach der eigentlich freundlichen Begrüßung durch diesen Direktor in das Gefängnis hineingeführt wurde, von zwei Wärtern nun, sah ich auch, wo ich im Dunkeln meines *Barkas* so lange gestanden hatte: in der Schleuse zwischen dem Draußen und dem eigentlichen Drinnen, auf beiden Seiten schwere Stahltore, und als ich durch das dann geführt wurde, das ins Innere des Gefängnisses führte, hörte ich auch das dumpfe Hupen wieder, durch das ich mich auf einer Großbaustelle des Sozialismus und neben einem Kran geglaubt hatte: mit diesem Hupen ging dieses Stahltor auf. Und jetzt auch wußte ich, wer da im sozialistischen Wettbewerb stand, nicht wir, die Häftlinge, die durch Arbeit zu Erziehenden, sondern das sozialistische Wachpersonal eines ganz realsozialistischen Gefängnisses. Ich war angekommen.

Ich wurde erst in eine leere Zelle gesteckt. Mußte in dieser leeren Zelle warten und konnte von dieser Zelle aus durch ein vergittertes Fenster auf den Gefängnishof schauen. In der Mitte des Gefängnishofes ein Wärter, ein Aufseher, um ihn im Kreis herumlaufend ein paar wenige Häftlinge. Kinder. Ich werde den einen kleinen Jungen nicht vergessen, der mich weinen machte. Später erfuhr ich, daß diese Jungs, die ich da ihre Runden drehen gesehen hatte, ihre Tage im Karzer verbrachten, weil sie irgendwie negativ aufgefallen waren, sich irgendwelche Verstöße gegen die Anstaltsordnung zuschulden hatten kommen lassen. Ich habe diese Karzer dann auch gesehen, nicht aber, weil ich mir irgendwelche Verstöße gegen die Anstaltsordnung zuschulden kommen ließ, sondern umgekehrt als besonders disziplinierter Häftling, denn das war ein Privileg, ein Vertrauensbeweis und wohl auch eine Warnung zugleich, wenn man da von einem der Wärter aufgefordert wurde, ihn in den Karzer zu begleiten, in das Gefängnis im Gefängnis, im Keller des einen Zellentraktes, wo die besonders Schlimmen ihre besondere Strafe erlitten, um den dorthin verbannten die Essensration zu bringen. Zellen waren das, in denen es nicht mehr als eine Pritsche gab, die tagsüber an die Wand hochgeschlagen, an der Wand festgekettet war, einen Hocker, keinen Tisch und den obligaten Kübel natürlich. Klein waren diese Zellen, sehr klein, und wenn man da hereinkam, gab es ein Gitter mit vom Boden bis zur Decke reichenden Stangen, die diese kleine Zelle noch einmal mehr verkleinerten. Und es gab noch eine zweite Gitterwand am Fenster, vor der sehr hoch oben gelegenen Fensteröffnung, in einem Abstand von vielleicht knapp einem Meter, und in diesen schmalen Raum, in dem man vielleicht mal gerade vier Schritte von der Mauer links bis zur Mauer rechts machen konnte, wurden sie den Tag über eingesperrt, die besonders schlimmen Delinquenten. Das war das Jugendhaus Luckau. Nur die Wasserzellen, von denen sich die Häftlinge untereinander erzählten, wurden nicht mehr benutzt, die Zellen, in denen man, laut den Gerüchten, den Tag über bis zum Hals im kalten Wasser stehen mußte – der Fortschritt, auch dort an diesem Ort der Fortschritt. Die Humanisierung des Strafvollzuges – vielleicht versteht man, warum ich vom ganzen Humanismus so viel nicht halten kann, der nicht das Grausame, Inhumane des Strafens selber sehen will. Aber egal, ob mir da noch einer folgen kann.

Nach dieser Zeit in der Zelle mit dem vergitterten Fenster zum Gefängnishof, die mir wie mehrere Stunden vorkam, wurde ich in ein Arztzimmer gebracht, zur Eingangsuntersuchung, durch einen Arzt, der aber kein Gefängnisarzt war, sondern erst aus seinem Krankenhaus herbeigeholt werden mußte. Für mich. Von diesem Arzt erfuhr ich, daß dieser Dienstag, an dem ich nach Luckau gebracht worden war, mit einem

Sondertransport, wie er das nannte, nicht der übliche Tag für Neueinlieferungen war, die für alle anderen sonst am Freitag und mit der Bahn erfolgten, wie ich später von meinen Mithäftlingen hörte, die mir von den erstaunten Blicken der sonstigen Eisenbahnpassagiere erzählten, wenn sie die Jungs mit ihren Handschellen zu Gesicht bekamen, schon in ihrer Häftlingskleidung. Dies erklärte, warum ich diese vielen Stunden in meinem Holzverschlag im *Barkas* hatte warten müssen: ich war völlig außerhalb der Reihe gekommen, hatte durch mein Kommen den üblichen Gefängnisalltag durcheinandergebracht, alles mußte erst extra für mich organisiert werden. Entsprechend dann das Hallo, als ich nach der ärztlichen Untersuchung über den Gefängnishof in die Effektenkammer geführt wurde, um dort meine Sachen abzugeben – noch hatte ich die Sachen an, in denen ich verhaftet worden war: die Jeans, damals im Osten eine Seltenheit, den amerikanischen Militärparka, noch eine größere Seltenheit im Osten, der Traum aller Jugendlichen. Und in diesen Sachen wurde ich über den Gefängnishof geführt, über den Gefängnishof, der in diesem Moment voll von Häftlingen war. Die mich anstarrten, wie ein Wunder, wie eine Erscheinung anstarrten. Die aber sofort wußten, wer da zu ihnen ins Jugendhaus Luckau kam, wer dies nur sein konnte, denn sie hatten mich doch schon erwartet. Von meinem Prozeß wegen staatsfeindlicher Hetze, von meiner Strafe der Einweisung in ein Jugendhaus, und es gab doch nur dieses eine, das Jugendhaus Luckau, hatten sie in der Zeitung gelesen. Und sie hatten sich diese Meldung aus der Zeitung ausgeschnitten, sie zeigten sie mir, als ich dann einer der Ihren war.

Ich war ein Star dort in Luckau. Für zwei Wochen war ich dort der Star. Dann aber wurde ein 14jähriger Junge eingeliefert, winzig klein, der den größten Lastwagen *weggefahren* hatte, wie sie das nannten, den Diebstahl eines Autos. Die Polizei hatte ihn gestellt, als sie da einen Laster auf sich zurasen sah, in dem sie keinen Fahrer erkennen konnten. Er war im Stehen gefahren, mit dem einen Fuß auf dem Gaspedal, dem anderen auf der Bremse, sich am Lenkrad festhaltend, durch das hindurch er auf die

Straße sah. Die Polizei staunte nicht schlecht, als sie ihn dann doch gestoppt hatten, und das war natürlich schon eine tolle Geschichte, dieser Junge sofort der Held, der neue Held in Luckau, der, der mich ablöste, und er, er war einer von ihnen, nicht so ein komischer Politischer, den irgendwelche Maßnahmen der Regierung aufregten. Was ging sie die Regierung an und ob es Sozialismus gab oder nicht. Jeden Montag beim morgendlichen Appell und bevor die neuverhängten Karzerstrafen verkündet wurden, wurden da, wir mußten strammstehen dabei, zwei Fahnen hochgezogen, die der sozialistischen DDR und die blaue des sozialistischen Jugendverbandes, die der Freien Deutschen Jugend, und diese Jugend dort in Luckau wußte ja, wie frei ihre Jugend war. Sie wußten es besser als ich, der ich angesichts der blauen FDJ-Fahne auf die glorreiche Idee verfiel, dort im Jugendhaus Luckau eine FDJ-Gruppe installieren zu wollen – erst fanden sie das witzig, diese verrückte Idee von mir, und freuten sich mit mir, als die damit begründete Absage kam, im Gefängnis seien alle politischen Organisationen verboten. Dann aber entdeckten sie doch, es bei mir mit einem Spinner zu tun zu haben, sie entdeckten es während der Arbeit, denn arbeiten mußten wir ja dort doch auch, wenn auch nur ein bißchen, sie entdeckten es, als sie mir den Kitt klauten, mit dem ich die Fenster der Werkstatt reparieren sollte, in die wir tagsüber eingesperrt waren, sie entdeckten es, als ich, der ich doch meinen Auftrag zu erledigen hatte, mit einemmal etwas von Volkseigentum sagte, an dem sie sich vergreifen würden. Damit hatte ich mich verraten. Das Gelächter war groß, und diese Geschichte machte innerhalb von ein paar wenigen Stunden die Runde im Jugendhaus Luckau und erledigte mich in ihren Augen. Ein Sozialist in Luckau, im Jugendhaus Luckau, und ich hatte mich schon vorher verdächtig gemacht, dadurch verdächtig gemacht, daß ich freiwillig den über Nacht vollgeschissenen und vollgepinkelten Kübel wegbrachte, denn das war doch etwas, das in ihrer Gefängnisordnung nur die Letzten der Letzten zu tun hatten, die auch von ihnen Verachteten, die, die wegen irgendwelcher Sexualdelikte einsaßen. Hätte ich länger dort bleiben müssen als diesen einen Monat vor meiner Blitzentlassung, es wäre die Hölle für mich geworden. Walter Ulbricht hat mich gerettet.

Das hörte ich immer wieder von ihnen, daß sie doch ihre Haftstrafe auf der linken Arschbacke absitzen würden – ich hielt es erst für einen Spruch, für einen Versuch, taff zu erscheinen und stark und stärker, als sie eigentlich waren. Aber es ging dann noch weiter: daß es doch völlig egal wäre, ob sie jetzt sitzen oder erst in einem halben Jahr in den Knast kommen würden, in den Knast kämen sie sowieso, früher oder später. Bis Mitte Dreißig würden sie garantiert die meiste Zeit im Gefängnis verbringen. Müssen. Das wäre einfach so. Ihr Schicksal. Sie wären schließlich kriminell und nicht etwa zufällig auf die schiefe Bahn geraten. Und dann erzählten sie mir ihre Geschichte, die Geschichte ihrer erst Heim-, dann Jugendwerkhof- und nun Knastkarriere, und diese Geschichte, die ich da zu hören bekam, sie war in Variationen und geringfügigen Abweichungen immer die gleiche: die von kleinen Jungs aus meist zerrütteten Familien, mal war der Vater Alkoholiker, mal die Mutter, mal beide oder es gab sie erst gar nicht, Vater und Mutter oder einen der beiden Elternteile nicht, die von kleinen Jungs, die dann in der Schule nicht mitkamen, die darauf mit Renitenz reagierten, damit, daß sie Blödsinn zu machen anfingen, die von kleinen Jungs, mit denen Elternhaus und Schule nicht fertig wurden, die sich dann in die Kumpellage mit anderen Jungs und ihresgleichen retteten, dann gab es immer diese Jugendbanden, von denen sie zu erzählen und auch zu schwärmen wußten, und wie sie in diesen Banden von den dort immer auch zu findenden Älteren zu noch mehr und dann irgendwann auch zu kriminellem Blödsinn angehalten worden waren, wie man sich in diesen Banden beweisen mußte. Und dann, die meisten schon mit 8, 9 Jahren, waren sie in ihr erstes Heim gekommen, in ein Erziehungsheim, das natürlich keinerlei erzieherischen Effekt bei ihnen hatte, nur die Wirkung, ihm entfliehen zu wollen. Und durch eine solche Flucht dann, bei der sie natürlich nach ein paar Tagen von der Polizei aufgegriffen und geschnappt worden waren, kamen sie dann in das verschärftere Erziehungsheim und dann, nach ihrer Flucht auch von dort, in den Jugendwerkhof, und dort dann gab es verschiedene Stufen, von dem noch insoweit harmlosen, daß man da noch ab und an mal Ausgang hatte, bis hin zum geschlossenen Jugendwerkhof, der sich so viel dann nicht mehr von Luckau, dem Jungendhaus in Luckau, unterschied, nur daß es in Luckau keinerlei Chance mehr für eine Flucht gab. Sie erzählten mir dies, ohne daß es sie irgendwie aufzuregen schien, ohne alle Anklage, wie von etwas, das unvermeidbar für sie als Entwicklung gewesen sei. Schicksal. Und sie schienen dabei sogar Verständnis dafür zu haben, daß sie nach ihren diversen Fluchten in immer schlimmere Verwahranstalten gekommen waren. Untereinander erzählten sie sich diese Geschichten nicht – wozu auch, denn dazu glichen sich ihre Geschichten viel zu sehr. Nur die Namen der Orte, in denen sie ihre Kindheit, ihre beginnende Jugend verbracht hatten, fielen manchmal, aber es gab da dann immer jemanden, der abwinkte und Bescheid wußte, irgendwann vorher oder nachher selber an diesem Ort des Schreckens gewesen war. Aus der Vielzahl dieser Ortsnamen ergab sich das Bild für mich, als wäre die ganze DDR, und ohne daß ich dies geahnt, geschweige denn gewußt hätte, mit einem Netz von solchen Erziehungsheimen überzogen der unterschiedlichen Abstufungen des Grauens. Untereinander erzählten sie ganz andere Geschichten, die Geschichten von ihren Fluchten, und gar nicht mal groß davon, wie es ihnen jeweils gelungen war, abzuhauen, sondern immer eigentlich nur von ihren wenigen Tagen draußen, und was sie dort dann erlebt hatten, und auch diese Geschichten glichen sich: wie sie hatten stehlen müssen, um was zum Essen zu haben, wo und wie sie die Nächte verbracht hatten, wie sie mehrmals Polizeistreifen entgangen waren, wie sie dann meist, um weiter wegkommen zu können von ihren Heimen, Autos geknackt hätten, mit diesen Autos so weit gefahren wären, wie deren Sprit reichte. Und sie erzählten von ihren Begegnungen mit Mädchen in diesen Tagen, und sie erzählten fast alle und zu meiner großen Verwunderung davon, daß ihnen erwachsene Frauen, meist verheiratete Frauen, Hausfrauen bei ihrer Flucht dann geholfen hätten.

Indem sie ihnen zu essen gaben, auch neue Klamotten, indem sie den Jungs erlaubten, sich bei ihnen zu waschen, sie bei ihnen manchmal auch übernachten ließen, im Schuppen, ohne daß ihre Männer es merkten. Sie erzählten davon, womit sie für diese Hilfe der Frauen zu zahlen hatten, mit Sex, mit Zärtlichkeiten, deren sie wohl auch selber so sehr bedurften. Vielleicht waren das Mutterinstinkte, die diese Jungs auf der Flucht bei den Frauen auslösten, auf die sie trafen, vielleicht war es mehr und doch etwas anderes: die Bewunderung von Kleinbürgerinnen mit angepaßten Ehemännern für den Desperado. Mehr als kurze Begegnungen waren das jeweils nicht, von denen sie zu erzählen hatten, so vorsichtig waren diese Frauen doch, sie ganz schnell wieder wegzuschicken. Das Bild, das sich aus diesen Geschichten ergab, war das, daß ihr Leben nur aus diesen wenigen Tagen in Freiheit und auf der Flucht bestand, alles andere zählte nicht. War es nicht wert, berichtet zu werden.

Und dann gab es da Heinz, der eine Woche nach mir in Luckau eingeliefert wurde, Heinz, mit dem ich mich anfreundete, Heinz, der innerhalb seiner ersten Woche dort in Luckau allen bekannt war, bei allen Wärtern auch, der schon bei seinem ersten Fahnenappell nach einer Woche vor den versammelten Häftlingen gerügt und verwarnt wurde. Weil er sich unmöglich benahm, ein Rüpel, der bei jeder Gelegenheit rummotzte und durch freche Bemerkungen auffiel. Weil er sich auch in dem Unterricht, den es im Jugendhaus Luckau im Unterschied zum normalen Männerknast gab, denn schließlich sollte das dort ja eine erzieherische Maßnahme sein, ganz besonders blöd stellte. Der dies aber doch offensichtlich, und wenn man sich nur ein bißchen mit ihm unterhielt, gar nicht war, blöd und dumm, der vielmehr ein intelligentes Kerlchen zu sein schien, auf seine Art jedenfalls. Heinz war wegen seiner asozialen Lebensweise, wie es hieß, nach Luckau gekommen, und worin denn nun diese seine asoziale Lebensweise bestanden hatte, das erfuhr ich bald von ihm, und er lächelte dabei, als er mir das erzählte, lächelte, aber nicht prahlerisch, nur so, als hätte er schon zuviel vom Leben gesehen, als daß er noch irgend etwas ernst nehmen könnte. Heinz kam aus Dresden, und er hatte davon gelebt, als 16jähriger, von reiferen Frauen durchgefüttert zu werden. Als Gegenleistung sozusagen für seine Liebesdienste. Bei meist wiederum verheirateten Frauen. Es gäbe da, so erzählte er mir, in Dresden mehrere Cafés, in die brauche man sich als Junge nur zu setzen, es verginge dann keine halbe Stunde, bis man von einer der einsamen Damen dort angesprochen und von ihr mit nach Hause in die Wohnung genommen würde. Sie wären da eine ganze Gruppe von Jungs in Dresden, die sich alle untereinander und von diesen Cafés her kennten, die sich auf die gleiche Weise durchgeschlagen hätten, und sie hätten da dann auch ihren Oberanführer gehabt, dessen Schützlinge sie waren, bei dem sie immer auch mal für eine Nacht hatten unterkommen können, einen versoffenen Filmregisseur von der DEFA, der die wunderbare Parole ausgegeben habe: *Geld, das durch ehrliche Arbeit verdient wird, stinkt* – ich kannte diese DDR nicht, in der Heinz gelebt hatte, ich nicht. Aber sie entsetzte mich nicht, diese Welt, die mit dem Sozialismus so überhaupt nichts zu tun hatte, sie faszinierte mich. Sie faszinierte mich so sehr, daß mir Heinz dann sagte, auch ich, ich sähe doch gut aus und hätte das gewisse Etwas, das reiferen Frauen gefällt, würde sicher in seinen Dresdner Cafés Erfolg haben, und auch in Berlin gäbe es sie sicher, diese Cafés, in denen es um das gleiche ginge, ich müsse mich da nur mal nach meiner Entlassung ein bißchen umtun. Aber, so sagte er, mich dann grinsend anschauend, vielleicht würde ich doch diesen Erfolg bei den reifen Frauen nicht haben können, und als ich fragte, warum nicht, antwortete er: weil du auf ältere, auf reife Frauen aus bist, diese Frauen aber schlecht behandelt werden wollen. Auch von ihm, einem Jungen von 16 Jahren. Weil sie sich selber für ihren Trieb verachten, dafür, daß sie auf kleine Jungs scharf sind – er hatte wirklich einiges von der Welt gesehen, einiges mehr erlebt als ich. Aber das war auch nicht so schwer.

In der Woche meiner Entlassung, zwei Tage davor, sagte ich zu Heinz, ich würde nicht verstehen, warum er sich denn so auffällig verhalte, alle

Wärter hätten ihn doch schon auf dem Kieker, auf diese Weise müsse er dann noch drei Jahre hier in Luckau verbringen. Als ich ihm das gesagt hatte, schaute mich Heinz mitleidig an. Ich wäre sicher zwar intelligent und gebildet, sagte er, ansonsten aber ganz schön dumm, er, natürlich nach mir, der garantiert hier bald rauskäme, wäre der erste, der entlassen würde, nach einem Jahr, dem Mindestmaß, wäre er garantiert draußen – wie das? Ich verstand es nicht. Heinz mußte es mir erklären, und er erklärte es so: alle kennen mich hier, alle Wärter haben nach ein paar wenigen Wochen schon ein Auge auf mich, ich gelte als Rüpel, als ein ganz schlimmer, und ich stelle mich in dieser lächerlich leichten Schule wie ein Idiot an, so ist das, und nach ein paar Monaten bessere ich mich, werde ich zahm, verwandeln sich auch meine schlechten Leistungen in gute, und weil ich vorher so anders war, fällt es ihnen auf, und sie denken in ihrer grenzenlosen Einfalt, ein erzieherischer Erfolg würde sich bei mir einstellen, und ich muß dann immer nur noch halb so artig und gut in der Schule sein wie der, den sie für den Besten halten, wie der, der sich bei ihnen einzukratzen versucht – der, den sie dann lieben, das bin ich. Mit dieser Methode sei er auch aus dem Heim ganz schnell wieder herausgekommen, in das er schon mal eingewiesen gewesen war: erst habe er in allen Fächern eine dicke Fünf gehabt, nach einem halben Jahr überall eine Eins – so mache man das. Das war Heinz. Und ich war baff.

Es gab das da wirklich in diesem Jugendknast, im Jugendhaus Luckau, eine Schule, denn mit irgendeinem bißchen an Zukunftsaussichten sollten die doch dort wieder herauskommen, die für sich keine andere Aussicht sahen als die weiterer Knastaufenthalte – das war der sozialistische Staat seiner Jugend doch schließlich schuldig. Einen Beruf sollten sie dort lernen können, einen Beruf mußten die erlernen, denen doch alle Berufe völlig egal waren, die, die sich selber überhaupt nicht als einer ordentlichen Arbeit nachgehend vorstellen konnten. Wenn man da eingeliefert wurde in Luckau, kam man erst in das Gebäude auf der linken Seite des Gefängnishofes, in die Aufnahmestation, in einen klassischen Gefängnisbau mit einem von unten bis oben unters Glasdach reichenden Schacht und dort in eine Drei-Mann- beziehungsweise Drei-Jungen-Zelle, und das für eine Woche, nach der es dann auf die andere Seite des Hofes ging, in ein früheres Kloster mit 16er Zellen, drei Betten übereinander. Und in dieser ersten Woche in der Aufnahmestation wollten sie das herausfinden, wer sich für welchen der von ihnen angebotenen Berufe eigne. Dafür mußten wir drei Tage feilen, irgendwelche Formteile entgraten, die ins Gefängnis geliefert und von dort nach unserer Arbeitsleistung wieder abgeholt wurden. Und an zwei Tagen dieser ersten Woche dort also gab es diese Schule, wo sie sich ein bißchen darüber orientieren wollten, wie dumm und ungebildet die waren, deren Läuterung und Erziehung sie übernommen hatte. Ich aber blieb nicht eine, ich blieb drei Wochen in der Aufnahmestation. Weil sie nicht wußten, welchen ihrer primitiven Berufe sie mir zumuten sollten. Weil sie wohl auch in der Gefängnisleitung davon ausgingen, ich würde so lange nicht bei ihnen, ihnen erhalten, ihrer Verantwortung zugeteilt bleiben. Und in diesen drei Wochen meiner Zeit in der Aufnahmestation geschahen ein paar merkwürdige Dinge.

Die erste dieser Merkwürdigkeiten passierte gleich noch am Tag meiner Einlieferung: ich hatte nach all diesen Stunden des Wartens endlich die Aufnahmeprozedur hinter mir, hatte meine Gefängniskleidung bekommen, und mir war dann auch eine Zelle zugewiesen worden, eine Zelle, in der noch ein Platz frei war. Ich hatte meine wenigen Sachen in einem Regal zu verstauen und war dabei ganz alleine in dieser Zelle, die Zellentür stand offen, und auch draußen war keiner meiner Mithäftlinge zu sehen – wo sie um diese Zeit, es war mittlerweile nach sechs Uhr am Abend, sein konnten, davon hatte ich nicht die geringste Ahnung. Ich stellte mich in die offene Tür dieser Zelle, in der ich nun für eine Woche hausen sollte, mir den Ort noch einmal näher anzusehen, in den es mich verschlagen hatte, und das sah schon imposant aus, dieser Gefängnisbau mit dem Schacht in der Mitte, den vielen Treppen, den weißgestrichenen Gittern überall. Aus der Wachstube direkt meiner Zelle gegenüber kam, wie ich da so stand, sichtlich wohl verloren und meiner selbst gar nicht sicher, ein Wärter auf mich zu, ein alter Mann, ein erstaunlich alter Mann sogar, so alt, wie ich mir einen Wärter niemals auch nur vorgestellt hatte. Er kam auf mich zu, und wahrscheinlich hätte ich da strammstehen und meine Gefängnisnummer nennen müssen, die ich ja auch noch an diesem Tage meiner Einbürgerung bekommen hatte, aber ich blieb an den Rahmen meiner Zellentür gelehnt stehen, und er, dieser alte Wärter, monierte es nicht. Er stellte sich vor mich, sprach mich an: ich sei doch dieser Neuzugang heute, dieser Florian Havemann. Ich nickte, bestätigte es. Mein Vater sei doch Robert Havemann. Ich nickte und bestätigte auch dies. Der, der bei den Nazis im Gefängnis gesessen habe. Ja, der. Lange Pause, und dann sagte der alte Wärter: auch er habe wie mein Vater bei den Nazis als Widerstandskämpfer im Gefängnis gesessen. Ich weiß nicht mehr, ob ich darauf in irgendeiner Weise reagiert habe, sichtbar reagiert habe, ich lauerte, was jetzt wohl kommen würde. Seine Genossen, sagte der alte Wärter, hätten ihn aufgrund seiner eigenen Gefängniserfahrung nach dem Krieg hierhergeschickt, damit es in einem sozialistischen Gefängnis etwas anders zuginge, besonders einem für Jugendliche. Aha. Die Frage, ob es ihm denn gelungen wäre, daß es in diesem Jugendgefängnis etwas anders zuginge, ich stellte sie ihm nicht. Ich wartete ab: was wollte er von mir? Wozu sagte er mir das? »Sie werden es hier sehr schwer haben«, sagte er, und davon ging ja auch ich aus. Aber er meinte es ein bißchen anders, als ich das glaubte, daß ich es schwer haben werde. Er sagte, ich würde es mit meinen Mithäftlingen schwer haben, und dies war natürlich etwas, das mich hellhörig werden ließ, denn daran hatte ich noch gar nicht gedacht, noch gar nicht denken können. Ich solle mit ihm kommen, sagte der alte Wärter, er ging voraus, ich folgte ihm, und wir näherten uns einer offenen Tür am Ende des schmalen Ganges, aus dem ich vorher schon für mich nicht einzuordnenden Lärm gehört hatte. Vor dieser Tür stoppte er und gab mir den Weg frei, um in den Raum eintreten zu können, in dem, in einem Halbdunkel, die Rücken von Häftlingen zu sehen waren

– da also waren sie. Keiner schaute sich zu uns um, keiner hatte unser Kommen bemerkt, ein Fernseher lief, und alle schauten wie gebannt auf den Bildschirm, und nun kommt es, was in seiner merkwürdigen Merkwürdigkeit ganz unglaubwürdig wirken muß: auf der Mattscheibe war Goebbels zu sehen, dieser berühmte Filmausschnitt aus seiner Rede im Sportpalast im Jahre 1944, und genau in dem Moment meines Eintretens kam Goebbels zu seiner berühmten Frage: »Wollt ihr den totalen Krieg?« Das Publikum raste, die alte Wochenschau zeigte es, und mit diesem Publikum des Jahres 1944 raste die Häftlingsmeute vor mir. Ich drehte mich zu dem alten Wärter um, der hinter mir stand, und da wiederholte er ihn noch einmal, seinen Satz von vorhin, daß ich es hier schwer haben würde, mit meinen Mithäftlingen schwer, und er flüsterte ihn mir nun ins Ohr, diesen Satz. Ich habe diesen Mann dann während meiner vier Wochen in Luckau nie wieder gesehen – vielleicht hatte er Urlaub, vielleicht aber war er auch nur dazu eingeteilt gewesen, um mir dies zu vermitteln, daß ich's schwer haben würde, schwer mit meinen Mithäftlingen.

Die zweite merkwürdige Merkwürdigkeit passierte ungefähr in der Mitte meiner Zeit dort in Luckau – natürlich gab es das auch dort, auch wenn ich daran natürlich vorher nicht einen Moment gedacht hatte, einen Offizier, der für Sicherheitsfragen zuständig war, einen Stasi-Mann also. Und der nun wollte ein Gespräch mit mir führen, mit dem Sicherheitsrisiko Florian Havemann, und er hatte, wie er mir sagte, extra seinen Urlaub unterbrochen, um dieses Gespräch mit mir zu führen. Er hatte sich auch auf unser Gespräch vorbereitet, wie er mir sagte, er hatte mein Tagebuch gelesen – das Tagebuch, das seine Genossen von der Staatssicherheit bei der Durchsuchung meines Zimmers in unserer Wohnung am Strausberger Platz als Beweismaterial konfisziert hatten, das Tagebuch, das dann auch dem Gericht vorgelegt worden war, über das das Stadtgericht Berlin unter dem Vorsitz von Frau Klabuhn aber nicht entschieden hatte und das folglich, ich hörte erst in diesem Moment und durch ihn davon, durch den Sicherheitsoffizier des Luckauer Gefängnisses, nun mit bei meinen Sachen in der Effektenkammer gelandet war. Dort hatte er es sich besorgt, und zu unserem Gespräch dann brachte er es mit, dieses Tagebuch. Er legte es auf den Tisch, und dann schlug er die Seite auf, in die er sich ein Merkzeichen gesteckt hatte. Es würde ihm um diese Eintragungen gehen, sagte er, die ich während einer Reise mit meinem Bruder an die Ostsee vor etwas mehr als einem Jahr gemacht hätte – ich schaute ihn sicher verwundert und erstaunt an: was konnte es da Sicherheitsrelevantes geben? Hatte ich da etwa von irgendwelchen staatsfeindlichen Gesprächen berichtet? Oder noch staatsfeindlichere Pläne festgehalten? Nein, das war es nicht, worüber er mit mir sprechen wollte. Er würde mir da einen ganz bestimmten Satz vorlesen wollen, sagte er, und dann las er ihn mir vor, diesen Satz, den er sich mit einem Bleistift unterstrichen hatte, und dieser Satz, den ich so gar nicht in Erinnerung hatte und auch ohne diesen Sicherheitsoffizier niemals erinnern könnte, er ging so: »Wir aßen eine langweilige Bockwurst.« Ja, wirklich, ich habe mir das nicht ausgedacht: es war dieser Satz mit der langweiligen Bockwurst, über den er mit mir sprechen wollte, der Sicherheitsbeauftragte des Jugendhauses in Luckau. Im ersten Moment dachte ich noch, ich hätte mich durch diesen Satz in seinen Stasi-Augen einer staatsfeindlichen Verunglimpfung der sozialistischen Bockwurstindustrie schuldig gemacht, aber nein, überhaupt nicht: er war begeistert von diesem Satz, von meiner Formulierung mit der langweiligen Bockwurst. Als er das gelesen habe, so sagte er mir, sei ihm erst bewußt geworden, daß eine Bockwurst langweilig sein kann, nicht nur, daß sie einem vielleicht mal grade nicht so schmeckt, daß sie eventuell auch nicht mehr heiß genug ist, sondern eben langweilig. Er habe dieses Adjektiv *langweilig* bisher noch nie mit einer Bockwurst in Verbindung gebracht, aber ich hätte vollkommen recht, eine Bockwurst sei langweilig, daß sie langweilig sei, wäre das Wichtigste, was von einer Bockwurst zu sagen wäre. Ich war baff, vollkommen geplättet. Hier nun im Gefängnis von einem Staatssicherheitsmann wegen meiner langweiligen Bockwurst gepriesen zu werden. In diesem Moment spürte ich dies zum ersten Mal, welche Macht doch Literatur haben kann, auch das, was ich schreibe, en passant schreibe, ohne es wirklich zu bemerken, schreibe, was für eine Wirkung das haben kann auf andere, selbst auf einen so literaturfernen Stasi-Mann. Um mehr ging es dann in diesem Gespräch eigentlich nicht, um mehr als um die langweilige Bockwurst, aber auch dieser Vertreter der Sicherheitsinteressen sagte mir dann noch das gleiche, was mir schon der alte Widerstandskämpfer-Wärter am Tag meiner Einlieferung gesagt hatte: daß ich es sicher schwer haben dürfte, mit meinen geistig unterbemittelten Mithäftlingen klarzukommen, wo ich doch selbst einen wie ihn mit meiner langweiligen Bockwurst hätte verblüffen können. Ich wäre hier am falschen Ort, sagte er, und dann zum Abschluß, er würde sich in Berlin für meine Freilassung einsetzen – wird er das getan haben? Wird er denen in Berlin, bei der Stasi in Berlin mit meiner bewundernswert langweiligen Bockwurst gekommen sein?

Dieses mein Tagebuch betreffend, gab es dann noch ein kleines Nachspiel am Tage meiner plötzlichen Entlassung: ich wurde wie an meinem ersten Tag wieder in das Zimmer des Gefängnisdirektors geführt, der mich wieder freundlich begrüßte, ein mir nicht unbekannter Herr saß mit am großen Beratungstisch, einer der beiden Staatsanwälte, mit denen ich es bei meinem Prozeß ungefähr zwei Monate zuvor zu tun gehabt hatte. Er war geschickt worden, aus Berlin nach Luckau geschickt worden, um mich ganz plötzlich noch vor dem bevorstehenden Weihnachtsfest aus dem Knast zu holen, im Auftrag von ganz oben, vom Genossen Walter Ulbricht persönlich. Nachdem mir meine Entlassung eröffnet worden war, ging es dann noch um meine Effekten, um mein persönliches Eigentum, das mir, bis auf dieses Tagebuch, schon ausgehändigt worden war. Dieses Tagebuch, sagte der Gefängnisdirektor, hätte zu den dem Gericht vorgelegten Beweismaterialien gehört, über dieses Tagebuch und was mit ihm geschehen solle, sei aber nicht vom Gericht entschieden worden. Wenn dem so wäre, sagte ich zu dem Gefängnisdirektor, dann solle er es mir doch jetzt geben, dies sei ausgeschlossen, so meldete sich der Herr

Staatsanwalt zu Wort, sich zum ersten Mal in das Gespräch mischend. Wenn das ausgeschlossen sei, sagte ich, nun zu dem Herrn Staatsanwalt, dann solle man mein Tagebuch doch dem Ministerium für Staatssicherheit übergeben, dort würde es sicher für spätere Zeiten aufbewahrt werden. Der Gefängnisdirektor konnte sich ein Grinsen nicht verkneifen, als ich dies so sagte, und also sagte ich, mich wieder an ihn wendend, vor dem mein Tagebuch auf dem Tisch lag, er könne es doch auch seinem Sicherheitsbeauftragten geben, dem habe es doch so gut gefallen. Der Herr Staatsanwalt schaute irritiert, der Gefängnisdirektor, der wohl genau wußte, daß es die langweilige Bockwurst gewesen war, die es seinem Sicherheitsbeauftragten so sehr angetan hatte, grinste noch einmal mehr und sagte dann, die Debatte abschließend: »Wir werden eine Lösung für Ihr Tagebuch finden.« OK, ich gab mich gnädig – nur wüßte ich jetzt natürlich gern, wo dieses Tagebuch geblieben ist.

Aber das stimmt so nicht, daß ich nur zweimal bei dem Direktor des Gefängnisses in dem Raum mit dem großen Beratungstisch war – beinahe hätte ich diese merkwürdige Merkwürdigkeit vergessen: eines Abends wurde ich aus meiner Zelle gerufen und durch das innere schwere Stahltor zum Direktor gebracht, und dort dann, an seinem Beratungstisch, auf der anderen Seite und damit weit entfernt von mir, saßen mir mein ältester Bruder, mein Halbbruder Utz, und seine Frau Lesja gegenüber – sie hatten wissen wollen, was das überhaupt ist, so ein Jugendhaus, das Jugendhaus, in dem ich eingesperrt war. Sie waren, zusammen mit meinem Vater, der draußen im Auto auf ihre Rückkehr wartete, was sie mir natürlich bei unserem Gespräch im Direktorenzimmer nicht erzählen konnten, nach Luckau gefahren, und dort sahen sie es dann, es war ja leicht schon von außen zu erkennen, daß das Jugendhaus Luckau nichts anderes war als ein ganz gewöhnliches Gefängnis. Ein Gefängnis für Jugendliche, für jugendliche Straftäter. Und dann, so war Utz, so war er, mein ältester Bruder, hatte er sich entschlossen, da einfach mal an der Pforte, am Gefängnistor zu klingeln. Er wolle seinen Bruder Florian Havemann besuchen, der hier doch einsitzen würde. Sie waren so baff, denn etwas Derartiges hatte es noch nie gegeben, daß sie dem Direktor Bescheid sagen gingen. Und der Direktor, er ließ meinen Bruder Utz mit seiner Frau in das Gefängnis herein, er empfing sie in seinem Arbeitszimmer, und er ließ dann auch mich aus der Zelle holen. Und also saßen wir uns für eine Viertelstunde am großen Beratungstisch gegenüber, zu reden gab es nicht viel, der Direktor saß dabei, aber mein Bruder hatte mich gesehen, und er wußte nun, wo ich war. Meine Mutter, der er davon berichtete, glaubte es nicht, tat es erst als Übertreibung ab, dann aber kam sie selber, natürlich erst zum offiziellen Besuchstag, und sah, wo ihr Sohn gelandet war, und dann erst wurde sie aktiv, bemühte sie sich darum, mich, dem sie ein bißchen an sozialistischer Erziehung gegönnt hatte, doch noch aus dem Knast herauszuholen.

Die nächste der merkwürdigen Merkwürdigkeiten, die mir in Luckau passierte, zog sich über die drei Wochen hin, die ich dort in der Aufnahmestation verbrachte: es gab da diesen Leiter der Aufnahmestation, denn überall muß ja für eine Hierarchie gesorgt sein, für eine Befehlskette, einen Leutnant, der da aber auch richtig Wachdienst hatte – ein Zyniker, der, beim Abendessen in der großen Halle neben uns stehend, solche Sachen sagte wie die, es gäbe wohl heute mal wieder diese Wurst für 5 Mark der ganze Waggon. Seine Spezialität war es, den Neuankömmlingen ein bißchen Disziplin beizubringen, und das Spielchen, das er dabei am liebsten spielte, war das Antretenlassen, zum Essenfassen Antretenlassen. Damit konnte es ihm nicht schnell genug gehen, und lautlos mußte es auch geschehen, und also schickte er die hungrige Bande immer wieder in die Zellen zurück, denn Üben, Üben, Üben, Übung macht auch den guten Häftling, und ließ uns dann wieder in einer Reihe antreten, bis zu achtmal hintereinander, und natürlich befriedigte ihn auch das letzte, unser achtes Bemühen dann nicht ganz, aber er war ja gnädig. Wie gesagt, meine Zelle lag der Wachstube direkt gegenüber, vor der er dann also lässig stand, der Herr Leutnant, der uns Disziplin beibringen wollte, an ihm war die Reihe auszurichten, in der wir uns aufzustellen hatten, und das bedeutete, daß ich bei der ganzen Prozedur immer nur einen einzigen Schritt aus meiner Zelle heraus und wieder zurück zu treten hatte, während die anderen immer ein paar Meter, einige eine ganz schöne Entfernung zurückzulegen hatten, natürlich im Laufschritt. Denn es mußte ja schnell gehen. Disziplin und Schnelligkeit in der Befolgung der uns erteilten Befehle, beides war entscheidend. Und daß dieses ganze Spielchen von mir nur ein Vor- und Zurücktreten verlangte, auch er, der Herr Leutnant, bemerkte es am zweiten Abend. Und als er es bemerkt hatte, grinste er mich an. Und dieses Grinsen, es kam jeden Abend wieder, die drei Wochen für mich in seiner Aufnahmestation lang. Und damit schien ihm sein Spielchen noch mehr Spaß zu machen, so, als wäre dies unser gemeinsames Spielchen, ein Spaß für uns beide, die anderen rennen zu sehen. Und wenn er sich dann doch gnädig mit dem ungenügenden Bemühen der ihm Ausgelieferten zufriedengab, tat er es mit einem Blick zu mir, der so aussah, als wolle er mit mir eine Übereinstimmung darüber erzielen, daß wir dieses Spielchens nun überdrüssig geworden seien. So war das.

Ein Zyniker, aber nicht zynisch genug, wie sich herausstellen sollte, als wir dann doch einmal heftig aneinandergerieten: wie gesagt, es gab da eine Schule in diesem Jugendknast, eine Berufsschule, und auch eine Schule braucht einen Direktor, auch im Knast, gibt es denn in einem Knast eine Schule, und dieser Direktor der Berufsschule im Luckauer Jugendhaus, das war schon eine sehr merkwürdige Figur, die in diese Reihe der Merkwürdigkeiten hineingehört: ein kleiner Mann mit Halbglatze und einem gepflegten Bärtchen, die Wangen immer ordentlich ausrasiert, ganz Zwangscharakter also. Und er trug einen weißen Kittel, einen blendend weißen Kittel, der zu einem Oberarzt gepaßt hätte, in diesem Gefängnis aber sehr fremd und unpassend wirkte, jeden Tag einen neuen, frisch gebügelten, ein Zwangscharakter also. Und dann hatte er Stiefel an, hochreichende schwarze, jeden Tag frisch gewichste und polierte Stiefel, und dabei mußte er keine Stiefel tragen, er bekleidete keinerlei militärischen Rang, er trug diese Stiefel zu seinem eigenen Vergnügen, ein Zwangscharakter also. Er war intelligent, jedenfalls nicht dumm, fühlte sich sicher allen anderen, dem ganzen stumpfsinnigen Wachpersonal weit überlegen. Und nachdem er mich in seinem Unterricht gehabt hatte, denn er war es, der in dieser einen Woche in der Aufnahmestation, in der herauszubekommen war, welcher Berufsausbildung die jeweiligen Neuankömmlinge zuzuordnen wären, allein den Unterricht bestritt, machte er sich den Spaß, diesen sonderbaren, alle anderen offensichtlich an Intelligenz überragenden Häftling Florian Havemann in seiner Zelle zu besuchen. Um ein bißchen über dies und das philosophisch zu parlieren. Zum eigenen Zeitvertreib, wie ich nur annehmen konnte, vielleicht aber auch, um mir den Aufenthalt in seinem Gefängnis etwas angenehmer zu machen. Und bei einem dieser nachmittäglichen Gespräche dann setzte sich mein Leutnant mit dazu. In einem gewissen Abstand, als wolle er sich in unser Gespräch nicht mischen, uns bei unserem hochtrabenden Palaver nicht unterbrechen. Wir ließen uns auch durch seine Anwesenheit nicht stören, und unsere intellektuelle Spiegelfechterei ging also lustig weiter. In einem Nebensatz, nur als Hinweis von mir gemeint auf etwas, das ja wohl allgemein bekannt sei, sagte ich, der Zusammenhang ist völlig egal, man könne ja schließlich nicht zweimal in den gleichen Fluß steigen. In dem Moment, wo ich diesen altgriechisch-philosophischen Allgemeinplatz von mir gegeben hatte, mischte sich mein Leutnant ein: wie ich dies meinen würde, das wäre doch vollkommener Unsinn, natürlich könne man zweimal und nicht nur zweimal, sondern immer wieder in den gleichen Fluß steigen – herrlich, er war drauf reingefallen. Es lebe die Philosophie, wenn sie denn dazu taugt, einen Gefängnis-Leutnant in Verwirrung zu stürzen. Höflich, und sicher furchtbar überheblich lächelnd, stürzte ich mich auf den Kleingeist, dem still vor sich hingrinsenden Herrn Schuldirektor zur Freude, erklärte ich dem Leutnant, was es mit dem Fluß auf sich habe, in den auch er nur ein einziges Mal steigen könne. Er ging wütend davon, ich hatte einen Feind gewonnen, ihn mir doch noch zum Feind gemacht, und der Herr Direktor sagte zu mir, man solle doch besser solche Leute intellektuell nicht überfordern.

Zu diesen merkwürdigen Merkwürdigkeiten gehört auch, was an diesen Tagen in der Berufsschule und bei dem Unterricht dieses Direktors passierte: immer das gleiche nämlich, in jeder seiner Unterrichtstunden und in all den unterschiedlichen Fächern, die der Mann da unterrichtete, und auch mit den in diesen drei Wochen in der Aufnahmestation wechselnden Häftlingen immer wieder der gleiche Vorgang: der Herr Direktor stellte eine Frage, und in dem Moment, wo er seine Frage gestellt hatte, schnellten alle Hände hoch – so eifrige Schüler habe ich nirgendwo sonst jemals gesehen. Er ging dann von vorne links die Reihen durch, jeder dufte seine – natürlich falsche – Antwort loswerden. Mich, der ich irgendwo mittendrin saß, überging er dabei, und nachdem er beim letzten hinten rechts angekommen war, nahm er mich ran: »Havemann, erklären Sie's!« Und ich erklärte es dann. Richtig. Was sonst? Das waren doch ganz einfache Fragen. Grundwissen. Und dann passierte es, mit schöner Regelmäßigkeit passierte es: ein Sturm der Entrüstung brach los – daß sie dies nicht wissen könnten, das wäre ja klar, sie seien ungebildet und blöd und würden ja auch deshalb ganz zu Recht hier im Gefängnis sitzen, wie man denn aber einen wie mich hier einsperren könne, ich gehörte doch auf eine Schule, ich müsse Abitur machen und studieren. Das war richtig ein Getobe mit den heftigsten, in emotionaler Erregung vorgebrachten Vorwürfen, mit der sonst so heiligen Disziplin war es aus in diesen Momenten, und das Verrückte war, daß der Herr Direktor die Meute gewähren ließ, daß er dem Toben nicht Einhalt gebot, nach keinem Wärter rief. Irgendwann hob er die Arme, es kehrte langsam wieder Ruhe ein, denn das wollten sie doch hören, was dieser Vertreter der Staatsmacht zum Fall Havemann zu sagen hatte. Und dann sagte er etwas, und er sagte immer nur eines und immer das gleiche: er habe mich nicht eingesperrt, er sei nicht verantwortlich dafür, und nach einer kurzen, rhetorischen Kunstpause fügte er dann dem noch hinzu: er würde sich in Berlin für meine Entlassung einsetzen.

Ich weiß natürlich nicht, ob sie das wirklich gemacht haben, sich für mich einzusetzen, in Berlin einzusetzen, bei der Stasi, dieser Sicherheitsmann in seiner Begeisterung für meine langweilige Bockwurst und dieser Direktor der Schule dort im Jugendhaus Luckau, der mich in seinem Knast nicht eingesperrt hätte, aber das ausschließen, das einfach nur als Gerede abtun will ich nicht. Ich mußte dann also nach meinen drei Wochen, nach der für mich zweimal verlängerten Zeit in der Aufnahmestation, doch auf die andere Seite des Hofes wechseln, in das ehemalige und schon im 19. Jahrhundert umfunktionierte Klostergebäude mit seinen 16er-Zellen – für eine Woche, aber daß ich dort nur eine einzige Woche bleiben mußte, das wußte ich natürlich nicht, ich ging von maximal drei Jahren, minus drei Wochen Aufnahmestation aus. Und nach dem ersten Tag dort, am Abend endlich im Bette liegend, wußte ich nicht, wie ich eine so lange Zeit dort durchhalten sollte. In der Aufnahmestation war es doch im Vergleich, und nur solche Vergleiche zählen im Gefängnis, eine geradezu angenehme Zeit gewesen. Die nun für immer vorbei war. Und auch in Hohenschönhausen bei der Stasi die U-Haft, das war doch leicht gewesen, im Vergleich zu dem, was mir nun bevorstand. Was ich aber irgendwie doch durchhalten mußte. Ich wußte nur nicht wie. Wie das schaffen?

Für welchen Beruf sie sich dann entschieden hatten, den ich bei ihnen in Luckau erlernen sollte, ich weiß es nicht mehr, ich erinnere mich nur vage an eine Werkstatt mit alten großen Maschinen, in der ich, die Fenster kittend, meinen ersten Tag dort verbrachte. Meine Erinnerung setzt erst dann richtig ein, als wir das Abendbrot mit der Wurst, der ganze Waggon für 5 Mark, wohlgemerkt der DDR, schon hinter uns hatten: danach, die winterlich frühe Dämmerung, es war im Dezember, setzte schon ein, ging es hinaus in den Gefängnishof, und erst konnten wir uns dort dann frei bewegen. Dies aber nicht lange, denn das war den Wachen ein viel zu großes Gewusel und Durcheinander. Also hieß es in den 16er-Gruppen pro Zelle antreten, zu denen jeder eingeteilt war, und dann kam der Befehl, als Kolonne im Kreis zu laufen, den Gefängnishof zu umrunden. Noch konnten wir da miteinander reden, und die Reihen gerieten schnell auch in Unordnung, denn natürlich wollte jeder seinen Kumpels nahe sein. Und also kam wieder der Befehl, noch einmal anzutreten, und dann hieß es Marschieren. Marschieren, das hatten sie uns beigebracht, schon in der Aufnahmestation, aber da waren es kleine Kolonnen gewesen, nun zählten wir zu Hunderten. Die schöne Sonne, in meiner Erinnerung verschleiert im Himmelsgrau, senkte sich herab, während wir marschierten. Immer im Kreis herum und nun schweigend, mit dem Verbot, miteinander zu reden. Das grelle Licht der hohen Lampen wurde eingeschaltet und beleuchtete unser Elend, und dann aber genügte ihnen auch das nicht, wie wir marschierten. Das war ihnen einfach nicht ordentlich marschiert genug, und also hieß es wieder in der Reihe antreten, und dann kam der Befehl, und sie standen mit ihren Hunden in der Mitte des Hofes, daß wir uns im Laufschritt, so nannten sie das: *im Laufschritt*, zu bewegen hätten, und also umkreisten wir den Gefängnishof im Laufschritt, und dieser Laufschritt, er war ihnen mit ihren Hunden dann bald nicht mehr schnell genug. Die letzten Runden, bevor dann der erlösende Befehl kam: *Ab in die Zellen!*, hetzten sie uns im Kreis herum, und so ging das jeden Tag, jeden Abend, die ganze Woche lang, die ich zum Glück nur im eigentlichen, im richtigen Strafvollzug verbringen mußte. Eine Erziehungsmaßnahme – ich könne noch froh sein, erklärten mir meine Mitgefangenen am ersten Abend, daß ich nicht gleich das erlebt hätte, was sie schon x-mal hatten durchmachen müssen: daß sich die Wachen an der Tür zum Zellengebäude links und rechts wie zum Spießrutenlauf aufstellten und mit ihren Gummiknüppeln zuschlugen. Wer Glück hatte, bekam keinen dieser Schläge auf den Kopf, wer dabei Glück hatte, den erwischte es nur an den Schultern und auf dem Rücken.

Nachdem dieses abendliche Ritual im Gefängnishof überstanden war, ging es hoch in die Zellen und dann sehr bald auch ins Bett, aber ein bißchen Zeit gab es da dann doch und auch die Möglichkeit, mit denen zusammenzukommen, die ich von der Aufnahmestation her kannte, auch wenn sie in anderen Zellen steckten, die Möglichkeit, mit Heinz zu reden. Der Einschluß dann, er erfolgte erst um acht. Für ungefähr eine Stunde, mehr aber nicht am Tag, waren wir ein bißchen uns selber überlassen, und diese Zeit, aber nur diese Zeit, war eine gute, und sie war auch eine, in der es erstaunlich friedlich zuging. Nicht das, was ich erwartet hatte, an Kabbeleien und Streitereien unter den Häftlingen, keine Gerangel, keine Machtkämpfe. So als bräuchten sie das alle mal, eine Pause, einen Moment der Ruhe, einen Moment des vertrauten Kontakts untereinander. Das abendliche Ritual der Gemeinheit der Wärter, die Grausamkeit, mit der sie alles Eigenleben unter ihren Gefangenen zu unterdrücken versucht hatten, schmiedete uns zusammen, so kam es mir vor, und das war, bei allem Haß, der dabei hochkam, ein Gemeinschaftserlebnis, das Erlebnis eines Zusammenhalts, den ich so bisher nicht gekannt hatte. Aber diese Jungs, die ihr ganzes Leben, fast ihr ganzes Leben in Heimen und eingesperrt und unter Aufsicht verbracht hatten, brauchten auch noch etwas anderes: ein bißchen Zärtlichkeit doch auch – natürlich verwunderte mich das und berührte es auch meine Scham, was ich da dann fast jeden dieser Abende in den Ecken unserer Zelle sich abspielen sah: die Jungs, die dort engumschlungen auf den Betten lagen, sich küssend auch, und der eine hatte die Hand in der Hose des anderen. Ich war erstaunt, daß man dies zuließ, diese Schwulitäten, daß in dieser Zeit kein Wärter auftauchte, ich war aber noch mehr erstaunt, daß die Jungs dies untereinander tolerierten, die Jungs, die sich über die paar wenigen Sexualstraftäter so sehr aufregen konnten, die es unter uns doch auch gab. Und nach dem Einschluß, in der Dunkelheit ging es dann auch heimlich weiter, und ich sah, wie sie da von einem Bett zum anderen krochen – ich war davon ausgeschlossen, noch war ich davon ausgeschlossen, aber ich hoffte doch, eines Tages nicht mehr davon ausgeschlossen zu sein. Wie anders sollte das auszuhalten sein, vielleicht sogar für maximal drei lange Jahre dort?

Und einen Verehrer, den hatte ich doch schon, vom ersten Tage in Luckau an. Den Koch, und damit einen der ganz wenigen erwachsenen Häftlinge, die es dort in Luckau gab. Den Koch, der auch das Essen ausgab, der dann immer, wenn es Fleisch gab oder mal eine langweilige Bratwurst, schon einen Extra-Teller für mich vorbereitet und griffbereit an der Essensausgabe zu stehen hatte, mit dem größten Stück Fleisch für mich, der dicksten Wurst. Er liebe mich, stand auf dem Zettel, den er nach zwei Wochen Schmachten neben meinen Teller auf den Tresen legte. Den ich sofort und rasch und erstaunlich geistesgegenwärtig in meiner Tasche verschwinden ließ – eine heikle Operation, so eine Übergabe eines Kassibers, das hätte uns beide in Schwierigkeiten bringen können. Ich las ihn dann später erst in der Zelle und so, daß die beiden, mit denen ich die Zelle teilte, davon nichts mitbekamen. Und berührte mich das, was ich da auf seinem Zettel lesen konnte? Berührte mich das, von einem Mann geliebt zu werden? Die Liebeserklärung dieses Mannes zu lesen? Natürlich berührte es mich. Dort, im Gefängnis mußte es mich berühren. Und auch, was dort weiter stand: ich solle bitte nicht so von ihm denken, daß er wegen etwas Sexuellem im Gefängnis sei, weil er schwul sei, nein, er sei Leiter einer Gaststätte gewesen, und irgendwann, er wisse gar nicht wie, habe sich da ein Loch in der Kasse aufgetan, das er nicht mehr stopfen konnte, und er sei dann wegen Veruntreuung belangt worden. Ganz kurze Momente waren das nur der Begegnung, nur dann, wenn er mir meinen Teller reichte, konnten wir uns nahe sein und in die Augen schauen. Und dann, während ich aß, spürte ich seine Blicke, und ich setzte mich so in diesem kahlen Essensraum mit seinen vielleicht fünfzig Tischen, daß er mich von der Essensausgabe aus sehen konnte – was wird dieser arme Mann gelitten haben.

Aber der Tag meiner Erlösung kam. Nach einer Woche in der 16er-Zelle, inklusive dem Abendritual auf dem Gefängnishof, nach einem Monat Luckau, nach vier Monaten Knast insgesamt, und die Erlösung kam in Gestalt eines Wärters, der mich aus dem Unterricht in dieser lächerlichen Berufsschule herausholte – ich solle meinen Sachen auf dem Tisch liegenlassen. Sagte er, und die anderen schrieen: *Havemann, der Blitzentlasser*. Sie hatten es doch alle geahnt, waren sich doch vollkommen sicher gewesen, daß ich so lange bei ihnen nicht bleiben würde. Ich aber wollte es nicht glauben. Wollte es nicht annehmen. Wollte doch nicht enttäuscht werden. Dann wurde ich von dem Wärter über den Hof geführt, in die Effektenkammer, und da war ich mir schon ein bißchen sicherer. Daß der Tag meiner Entlassung aus dem Gefängnis nun gekommen sei. Ich durfte die Gefängnisklamotten aus- und meine Privatkleidung wieder anziehen, die Jeans, den Parka. Und dann führte man mich wieder über den Hof und durch das innere Tor, und in der Schleuse stand ein *Barkas*, wieder ein *Barkas*, diesmal aber einer mit Fenstern. Ich mußte mich da reinsetzen. Und dann saß ich da und wartete. Und wieder hatte ich lange zu warten. Und dann kamen sie zu zweit, einer, der den *Barkas* zu fahren, der andere, der mich zu bewachen hatte. Und als sie zu mir in den Wagen hereinstiegen, sagten sie, sie würden mit mir nun zum Krankenhaus fahren, und sie sagten, bei jedem Fluchtversuch würde scharf geschossen. Und damit war für mich meine Entlassung aus dem Gefängnis erst einmal beendet. Ich hatte doch dem Arzt gegenüber bei der Untersuchung am Tag meiner Einlieferung wieder von meinen Rükkenschmerzen geklagt, und er, ein freundlicher Mann, hatte mir gesagt, um meinen Rücken zu untersuchen, müsse er mich mal in sein Krankenhaus holen, das könne er in der Krankenstation des Gefängnisses nicht – von wegen: *Havemann, der Blitzentlasser*. Nichts mit Entlassung, zu dieser Untersuchung nur im Krankenhaus würde ich gebracht. Und dies änderte meine Stimmung. Plötzliche Gelassenheit. Der Entschluß, diesen kurzen Ausflug nach draußen zu genießen. Zum ersten und zum einzigen Mal in meinem Leben, denn ich bin doch dorthin nie zurückgekehrt, sah ich Luckau, die Stadt Luckau. Eigentlich eine schöne Stadt. Und dann hielten wir vor einem Krankenhaus, und ich wurde, eskortiert von meinen zwei Wärtern, in das Krankenhaus hineingeführt. Durch die Leute da durch, ganz normales Publikum. Die Blicke werde ich nie vergessen. Die Verachtung in diesen Blicken. Wir mußten einen Moment auf dem Flur warten, dann wurden wir zu dem Arzt hereingerufen, den ich schon kannte. Er untersuchte mich, nicht aber den Rücken. Und dann sagte er, zu mir oder zu den Gefängniswärtern, das sei gar nicht leicht gewesen, so auf die Schnelle meine Entlassungsuntersuchung dazwischenzuschieben. Ich muß erstaunt reagiert haben, denn der Arzt sagte: »Ach, er weiß es noch gar nicht.« Und da wußte ich es. Sie hatten doch recht gehabt, meine Mitgefangenen: *Havemann, der Blitzentlasser.*

In einem *Wolga* ging es zurück nach Berlin. Im Dienstwagen des Herrn Staatsanwalts. Mit Chauffeur natürlich. Der mich überaus freundlich begrüßte – wahrscheinlich war er froh, wegen mir mal eine längere Tour machen zu können, nicht immer nur innerhalb Berlins rumkurven zu müssen. Noch einmal hieß es dann warten, bevor die Fahrt endlich losgehen konnte, der Herr Staatsanwalt verschwand für eine halbe Stunde – sein Fahrer erklärte mir warum: es war zwei Tage vor Weihnachten, und der vielbeschäftigte Ehemann und Familienvater hatte wegen seinem unermüdlichen Abwehrkampf gegen Staatsfeinde wie mich die Zeit noch nicht gefunden, für Frau und Kinder ein paar Weihnachtsgeschenke zu kaufen. In Luckau, ausgerechnet in Luckau, wollte er das nachholen, dieser Ausflug in der Provinz kam also auch dem Herrn Staatsanwalt entgegen. Gut, dann warteten wir also. Nach so viel Warten. Als er endlich zu seinem auf dem Marktplatz geparkten Dienst-*Wolga* zurückkam, setzte er sich nach vorne, neben seinen Fahrer, und wenn er das sonst so nicht machte, bei dieser Fahrt machte er es, denn schließlich wollte er doch hinten nicht bei mir sitzen. Und sich womöglich noch mit mir unterhalten müssen. Er wird seinen Job gehaßt haben. Den für ihn demütigenden Auftrag, den er zu erfüllen hatte. Auf Weisung von ganz oben. Von Walter

Ulbricht selber. Wir fuhren los, endlich, und während der Fahrt dann zurück nach Berlin glaubte ich, mich für das wappnen zu müssen, was nun auf mich zukommen würde. Mich auf die Wiederbegegnung mit meiner Familie auch vorbereiten zu müssen. Die mit meinen Freunden. Wenn es denn da überhaupt noch jemanden geben sollte, der mit mir weiterhin befreundet sein wollte. Daß ich mich irgendwie schützen müsse, glaubte ich. Unnahbar wirken. Und ich wollte doch auch nichts erzählen müssen. Vom Gefängnis, und wie es war. Ich fürchtete den Zusammenbruch. Glaubte mir eine Rolle zurechtlegen zu müssen, und da dann streifte mich doch eine Idee, die vollkommen verrückt war, die mich wegen ihrer Verrücktheit schmunzeln machte: so zu tun, als stimme da irgendwas mit meinem Gefängnisaufenthalt nicht, durch Andeutungen den Verdacht aufkommen zu lassen, vielleicht gar nicht wirklich in einem Gefängnis gewesen, sondern in dieser Zeit zum Stasi-Spitzel ausgebildet worden zu sein – das wäre es gewesen, damit hätte ich dann meine Ruhe gehabt, und ich kannte doch meine Leute von der großartigen DDR-Opposition, darauf wären sie sofort reingefallen. Der alte Widerspruchsgeist meldete sich zurück, nachdem ich in den vier Monaten Gefängnis nur irgendwie durchzukommen versucht hatte, und das war schon mal gut. Auch ohne den selber hervorgerufen Stasi-Verdacht.

In Berlin, im Gebäude der Generalstaatsanwaltschaft der DDR angekommen, hieß es noch einmal warten, denn noch wurde über mich in einer eilig zusammengerufenen Runde beraten, über meine Zukunft. Dann endlich wurde ich hereingerufen, damit man mir die Ergebnisse dieser Beratungen verkünde. Meine Mutter war dabei, der Staatsanwalt, der mich aus Luckau hatte abholen müssen, dann der oberste Chef aller Staatsanwälte, der Generalstaatsanwalt der DDR, der Herr Erben, der Genosse Erben, ein Mann von der Stasi, der mir auch als Vertreter des Ministeriums für Staatssicherheit vorgestellt wurde, ein Kriminaler, den ich in einer solchen Runde nicht vermutet hätte, und dann der Direktor der Berufsschule der Deutschen Reichsbahn in Berlin-Schöneweide

– dort, in dieser Berufsschule, so verkündete mir der Genosse Erben, würde ich eine Lehre machen müssen, machen können, je nachdem, wie man dies sehen wollte, ich sah das Müssen, die Staatsmacht sicher das Können. In dem Lehrlingswohnheim des RAW-Schöneweide, des Berliner Reichsbahnausbesserungswerkes, in Bohnsdorf gelegen, am Rande der Stadt, und natürlich nicht bei meiner Mutter, die doch immer wieder und übrigens ganz zu Recht betont hatte, keinerlei erzieherischen Einfluß auf mich zu haben, würde ich wohnen müssen, und diesmal war es wohl auch für die Staatsmacht ein mir auferlegtes Müssen, daß ich mich dort in Bohnsdorf aufzuhalten hätte, mit etwas Abstand wenigstens von meinen bisherigen Berliner Oppositionskreisen. Dann, und auch das verkündete mir der Genosse Erben ganz offen, war festgelegt worden, daß diese Berufsschule alle drei Monate über mich und mein Verhalten einen Bericht zu schreiben habe, einen Bericht, der drei Stellen zugänglich gemacht würde, der Stasi natürlich, aber auch der Volkspolizei, deshalb der Kriminale, und ihm selber, dem Genossen Erben, denn, so wurde mir das angedeutet, und mehr als nur angedeutet, ich sei zwar aus dem Gefängnis entlassen, könne aber jederzeit dorthin auch wieder zurückverfrachtet werden, halte ich mich nicht an die mir gemachten Auflagen. Die Drohung mit dem Gefängnis war also da – daß es für meine Entlassung keinerlei rechtliche, keine Grundlage von den Gesetzen her des Unrechtsstaates DDR gab, das wurde mir später erst klar. Der Chef selber hatte das so verfügt. Sich dabei über Recht und Gesetz hinweggesetzt – was immer das bedeuten mochte, und für mich bedeutete es dann, daß ich mit Erreichen meines 18. Lebensjahres und damit meiner Volljährigkeit nicht mehr nach Bohnsdorf zurückkehrte, in das Lehrlingswohnheim. In diese Holzbaracke auf freiem Feld. Was hingenommen wurde.

Die Besprechung schien zu Ende, der Genosse Erben schaute noch einmal in die Runde und fragte, ob es sonst noch etwas gebe, und in dem Moment erst meldete sich der Direktor der RAW-Berufsschule zu Wort: in seiner Schule, sagte er, gebe es neben der Lehrlingsausbildung auch ein paar Klassen, in denen zusätzlich zum Facharbeiterbrief auch das Abitur gemacht werden könne, und er habe es mit seinem Lehrerkollektiv möglich gemacht, daß ich in eine solche Klasse komme – er trug dies ganz sachlich vor, als eine bloße Information, aber die Runde erstarrte, denn allen war das doch klar, daß ich aus meiner erweiterten, mit dem Abitur abschließenden Oberschule herausgeschmissen worden war und was dies bedeutete: daß ich damit von allen mit der Hochschulreife abschließenden Einrichtungen der DDR ausgeschlossen war, daß mir da nach ein paar Jahren nur noch die Möglichkeit geblieben wäre, beim Ministerium für Volksbildung, bei Margot Honecker also, den Antrag darauf zu stellen, man möge mir die Gnade des Abiturs gewähren. Klar war, daß dieser Direktor meiner Berufsschule bei der Beratung der Herrschaften beziehungsweise Genossen untereinander, der ohne mich, von diesem Abitur, das er mir möglich gemacht hatte, deshalb kein Wort gesagt haben wird, weil damit die Sache nämlich sofort gestorben gewesen wäre. Der Genosse Erben schaute konsterniert, und mehr als ein *So, so* bekam er nicht heraus, und so, so also konnte ich doch in der DDR mein Abitur machen. Am nächsten Tag, am Tag nach meiner Entlassung aus dem Gefängnis, ging ich in meine alte Schule, in die Schule, die den Staatsfeind Florian Havemann rausgeschmissen hatte, den Spaß machte ich mir, das mußte sein. Immerhin waren es zwei meiner Mitschüler gewesen, die sich dem verweigert hatten, eine Resolution zu unterschreiben, die sich von mir distanzierte, und nur das zählt, den Opportunisten mache ich keine Vorwürfe, ich nicht. Auch den nicht, daß sie es waren, die mir von den mehrfachen großen Versammlungen der gesamten Lehrer- und Schülerschaft erzählten, die extra dazu einberufen worden waren, mal so richtig und im alten stalinistischen Stil gegen den Staatsfeind Florian Havemann zu hetzen. Ich ließ mir auch das nicht nehmen, dann auch noch den Direktor der Schule aufzusuchen, den Mann, mit dem ich zwei Jahre im Clinch gelegen, den ich sicher durch meine Unbotmäßigkeit zum Wahnsinn getrieben haben muß, und er dann, der Direktor, stellte mir die Frage, die ich ihm natürlich nur zu gerne beantwortete, die Frage danach, was ich denn nun machen werde. Daß ich bei der Reichsbahn eine Lehre mache, das nahm er hin, als ich ihm aber sagte, ich wäre dort in einer Abiturklasse, konnte er es nicht fassen. Das sei vom Gesetz her vollkommen unmöglich, sagte er, und er schrie es fast in seiner Erregung. Das wäre aber so festgelegt, entgegnete ich ihm grinsend, mir diesen kleinen Triumph doch gönnend. Da würde er sich beim Ministerium erkundigen, fauchte er, und ich sagte ihm: »Dann erkundigen Sie sich mal schön« und ging.

on über die ... amnesty international in der DDR

STASI-GEFÄNGNIS IN HOHENSCHÖNHAUSEN: ai-Briefe erreichten die Opfer nicht. Foto: P/F/H

... ihr ausreisen, weil er vermeintliche | Anja Mihr gelegentlich ...

Hohenschönhausen

Am farbigen Abglanz haben wir das Leben.
Goethe, FAUST, Der Tragödie Zweiter Teil

Das war etwas anderes, Hohenschönhausen, die drei Monate Untersuchungshaft bei der Stasi in Berlin-Hohenschönhausen, in ihrem Geheimsten vom Geheimen, in dem Knast, der auf dem Berliner Stadtplan nicht eingezeichnet war, im Lager X, wie dieses Objekt unter Knastrologen hieß. Drei Monate dort in Hohenschönhausen: die erste Woche in einer schmalen und dunklen Ein-Mann-Zelle, dann fast zwei Monate in einer größeren und auch nicht ganz so düsteren Zwei-Mann-Zelle und in ihr nicht mehr allein, am Abend des ersten meiner beiden Prozeßtage in eine andere Zelle gesteckt, zum Glück aber auch die eine mit zwei Pritschen und damit etwas mehr Platz, dort aber bis zu meinem Abtransport nach Luckau und also einen ganzen Monat allein und in Einzelhaft. In der ersten Woche so viele Verhöre, Vernehmungen, wie sie dies bei der Stasi genannt haben wollten, daß ich mich nur mit Mühe aufrecht halten kann, werde ich wieder in mein schmales, dunkles Loch zurückgebracht. Wo es nur ein paar wenige Meter in einem schmalen Streifen zwischen Pritsche und Wand zu gehen gibt, einen harten Hocker, ein kleines Tischchen zum dran Essen. Keine Liegeerlaubnis in dieser ersten Woche, starke, von Tag zu Tag schlimmer werdende Rückenschmerzen. Am Ende dieser Woche werde ich deswegen von einem Arzt untersucht, der sie mir aber nicht erteilt, die Liegeerlaubnis, um die ich ihn bat. Ich bekomme sie erst in der zweiten Zelle und nachdem ich mich in dem Brief, den ich an meine Mutter schreiben durfte, darüber beschwert hatte. Am Tag auch auf der Pritsche liegen zu können verändert alles: ich schlafe und schlafe, ich träume, flüchte mich in Träume, in Tagträumereien, die mich so sehr beschäftigen, daß ich die Zelle, das Gefängnis und auch das vergessen kann, weswegen ich eingesperrt bin. Und ich bekomme in der zweiten Zelle dann gleich auch noch ein anderes Privileg, das der Leseerlaubnis, und ich lese und lese und lese viel, dicke Wälzer, den ganzen Dostojewski und flüchte mich in seine Welt der Spieler und Idioten, der kriminellen Karamasows und kann auch da bald das Gelesene nicht mehr von meinen Träumereien unterscheiden, die selber erlebte Realität von der in den Büchern, Flucht in imaginäre Welten, ich habe niemals wieder in meinem Leben so viel, so intensiv gelesen. Einmal die Woche fährt ein Wagen vor der Zelle vor, deren Tür dann geöffnet wird, damit wir uns ein paar der auf ihm liegenden Bücher aussuchen können, und merkwürdig, neben den Russen, den dicken Romanen, gibt es da dann immer auch Reisebücher, Bücher über ferne und fremde Weltgegenden, in die kein DDR-Bürger sonst hinkam, und zum ersten und auch einzigen Male in meinem Leben lese ich Reisebeschreibungen, ganz triviale, nicht welche in der Qualität von Heine und Sterne. Auch das natürlich eine Fluchtmöglichkeit. Die sie einem anbieten, erstaunlicherweise anbieten. Mein Bruder, der im selben Gefängnis sitzt, sich aus derselben Gefängnisbibliothek bedient, wird das *Kapital* von Marx zu lesen verlangen und von Lenin *Staat und Revolution*, beide Bücher aber haben sie nicht. Die wichtigste Veränderung aber ist natürlich die, nicht mehr allein sein zu müssen, und auch darin habe ich Glück, denn ich verstehe mich mit diesem Mann, mit dem ich fast zwei Monate in einer Zelle verbringen darf, wir mögen uns sofort. Auch das, was für mich eine Hafterleichterung war, kann eine ganz andere Wirkung haben. Mein Freund Thomas Brasch, der in demselben Gefängnis sitzt, eine Etage über mir, wird an dem Mann, mit dem er seine Zeit in einer Zelle verbringen muß, fast wahnsinnig werden, an dessen Macken und penetranten Eigenarten und auch wegen dem Gedanken, dieser Mann, von dem er sich ausgehorcht fühlt, könne ein Spitzel sein – daß auch meiner dies sein könnte, auf diese Idee komme ich gar nicht.

Dieser Mann, zu dem ich in die Zelle gesteckt werde, er ist 27, und er ist ein Spion. Er gibt das auch ganz offen zu, ein Spion zu sein, für den amerikanischen Geheimdienst, den CIA, als DDR-Bürger gearbeitet zu haben. Ich bin erst als guter Sozialist schockiert, als treuer DDR-Bürger: wie kann man einen solchen Verrat an seinem Lande begehen? Aber der Mann ist freundlich, und wir mögen uns doch beide, mochten uns sofort und auf den ersten Blick, und also lerne ich seine Gründe verstehen: er habe nichts gegen die DDR, sagt er, und schon gar nichts gegen den Sozialismus, aber seine große Leidenschaft sei nun mal die Fliegerei, er habe Pilot werden wollen, habe dies aber in der DDR nicht werden können. Weil er Brillenträger sei, weil seine Augen dafür nicht gut genug seien. So sei das festgelegt, im Westen aber könne er auch als Brillenträger eine Ausbildung als Pilot machen, im Westen sei dies nur eine Frage von Geld. Ein Freund von ihm, der in den Westen abgehauen sei, habe von seinem Dilemma gewußt, habe ihm einen Agenten der CIA vorbeigeschickt, mit dem Angebot: er solle für sie ein paar Jahre arbeiten, solle sich auf fünf Jahre hin zur Nationalen Volksarmee der DDR verpflichten, nach diesen fünf Jahren würden sie ihn aus der DDR herausholen, und er hätte dann durch seine Spionagetätigkeit so viel verdient, daß er damit die Pilotenausbildung bezahlen könne, die er so gerne machen wollte. Die Leute von der Stasi, denen gegenüber er ja alles sofort zugegeben habe, hätten ihm dies auch bestätigt, daß die CIA da korrekt sei, was die Bezahlung betrifft, und auch dies versicherten sie ihm, daß sich, ihrer Erfahrung gemäß, die CIA auch an diese Zusage gehalten hätte, ihn nach fünf Jahren Arbeit für sie aus der DDR herauszuholen. Er hatte eine langjährige Haftstrafe zu erwarten, konnte aber auf einen Agentenaustausch hoffen. Er hatte den Stasi-Leuten ein Angebot gemacht, das einer Wiedergutmachung: er sehe das ja ein, daß er als Spion der DDR Schaden zugefügt habe, er habe doch aber politisch eigentlich nichts gegen die DDR und den Sozialismus, es sei doch nun auch vollkommen sinnlos, wenn er als gutausgebildeter Soldat Jahre im Gefängnis sitzen würde, er sei also bereit, nach Vietnam zu gehen, um dort an der Seite des Vietkong gegen die Amis zu kämpfen, denen er gedient habe. Sie hatten ihn ausgelacht, als er das, was er doch ernst meinte, vorschlug, hatten ihm gesagt, er würde in Vietnam doch nur nach einer Gelegenheit suchen, die Seite zu wechseln und zu den Amerikanern überzulaufen. Nein, das wolle er nicht, er sei auch bereit, in Nordvietnam als Militärberater tätig zu sein, aber auch das wollten sie nicht, sich darauf einlassen, wohl auch deshalb nicht, weil es das ja offiziell nie gegeben hat, irgendwelche aus den anderen sozialistischen Ländern kommende Militärberater. Er fand das kleinlich. Und dumm. Sah sich um Jahre gebracht. Den Piloten hatte er abgeschrieben.

Ich will von ihm wissen, worin denn nun seine Agententätigkeit bestanden habe und wie ich mir das überhaupt vorzustellen habe, seinen Kontakt während dieser Zeit mit dem amerikanischen Geheimdienst. Er erzählt mir von toten Briefkästen und wie er der CIA jeweils signalisiert habe, daß es da was in seinem toten Briefkasten für sie gebe. Er erzählt mir davon, daß er auf einem Militärflughafen beim Bodenpersonal gearbeitet habe, und auch davon, was er für die CIA dort herausfinden sollte:

wie stark und dick die Rollbahn dort sei – wozu sie dies bei der CIA wissen wollten, frage ich, und seine Antwort ist die, daß sie wissen wollten, mit welchen Flugzeugen sie dort im Falle eines Krieges landen können. Und er erzählt mir, er sei sich sicher, daß es auf seinem Flughafen noch ein paar mehr Spione der CIA gegeben haben müsse, mit dem gleichen Auftrag wie seinem – ich frage ihn, warum das, und er antwortet, daß ein solcher Geheimdienst sicher auf Nummer Sicher gehen wolle, daß ein Geheimdienst doch seinen eigenen Leuten niemals traue, er hätte denen doch sonst irgendwas berichten können. Ob das denn alles gewesen wäre, frage ich ihn erstaunt, ich könne mir nicht vorstellen, daß er mehrere Jahre dafür gebraucht habe, die Dicke der Rollbahn seines Flughafens herauszubekommen. Nein, natürlich nicht, antwortet er, die CIA hätte noch alle möglichen anderen technischen Angaben von ihm wissen wollen, über die Anzahl der Flugzeuge, der verschiedenen auf seinem Flugplatz stationierten Flugzeugtypen, die Größe der Hangars und solche Sachen, und darüber hinaus habe er Einschätzungen über andere Soldaten abgeben müssen, über Piloten, über das Bodenpersonal, die höheren Dienstränge, denn das Wichtigste, auch im Kriege, das seien die Menschen. Er habe, erzählt er, dabei manchmal das Gefühl gehabt, daß die CIA ihn nach der Einschätzung von Leuten gefragt habe, die wie er selber als Spione tätig waren, ob sie irgendwie verdächtig wären, sich verdächtig gemacht hätten – ein Grund, sie dann als Agenten abzuschalten. Er erzählt mir das alles, und ich höre ihm begierig zu, auch dies nun so etwas wie eine Fluchtmöglichkeit, die Flucht in eine mir bis dahin vollkommen verschlossene Welt. Aber natürlich bleibe ich als guter Sozialist und treuer Bürger des Staates, der mich der staatsfeindlichen Hetze anklagt, lange Zeit skeptisch. Für mich bleibt das Verrat. So lange, bis er mir sagt, er sehe seine Spionagetätigkeit als Beitrag zum Frieden – wie das? Ich bin erst vollkommen erstaunt, ihn so reden zu hören. Ganz einfach, sagt er, das Gefährlichste in diesem Konflikt zwischen den beiden Machtblöcken, zwischen Ost und West, sei, wenn die eine Seite die andere in ihrer Kampfkraft falsch ein- und unterschätze. Militärisch, sagte er, seien Ost und West sicher ungefähr gleich stark, es wäre nur gut und würde den Frieden sichern, einen Krieg verhindern, wüßten die Militärs dies auch. Das überzeugt mich, und ich bin mit einem Mal dafür, daß es Spionage gibt. Von beiden Seiten aus, denn dafür, daß wir unsere Kundschafter haben, unsere Sorges, dafür war ich doch vorher schon.

Ja, wir mögen uns beide. Der 16jährige Junge und der Spion, ein erwachsener Mann, und auch von seinen Freundinnen erzählt er mir, seinen Liebesgeschichten, ich höre fasziniert zu, und ich amüsiere mich, wenn er seiner Macke frönt, sich Annoncen auszudenken: wenn er dann doch noch, denn auszuschließen ist dies für ihn ja nicht, in den Westen komme, wolle er eine Anzeige aufgeben, des Inhalts, daß er, ein junger Mann im besten Mannesalter, eine reifere Frau und Dame suche, die ihn finanziell unterstütze und von ihm als Gegenleistung dafür beschlafen werde. Er feilt stundenlang und immer wieder an dem Text dieser Annonce, die deutlich genug werden muß, damit eine in Frage kommende Dame versteht, worin denn der Deal besteht, den er anzubieten hat, der aber doch auch so diskret formuliert werden müsse, daß sich eine Dame durch seine Annonce nicht auf ordinäre Weise angemacht fühle – vielleicht kommt das daher, meine bis zum heutigen Tage andauernde Faszination durch Kontaktanzeigen aller Art. Wahrscheinlich wird das mit diesen Annoncen seine Fluchtmöglichkeit gewesen sein. Aber es gibt noch andere und gemeinsame Fluchten aus dem Gefängnisalltag: am Sonntagvormittag liegen wir auf unseren Pritschen, auch er hat Liegeerlaubnis, und malen uns irgendwelche Menüs aus, den schönsten Sonntagsbraten, das köstlichste Gemüse als Beilage dazu, bevor wir dann schweigend den Fraß in uns hineinstopfen, den sie uns vorsetzen. Und wir erzählen uns Witze, alle Witze, die wir kennen, auch die politischen, für deren Erzählen man in der DDR auch ins Gefängnis kommen konnte. Wir lachen und lachen, ich lache mit ihm so viel, wie ich nie zuvor mit irgend jemandem gelacht habe, lachen konnte. Wir lachen so viel, daß eines Sonntagnachmittags einer der Wärter, einer der freundlichen, die Klappe an unserer Zellentür öffnet und sagt: es sei zwar sehr schön, daß wir an einem solchen Ort noch lachen könnten, aber so viel Lärm dürften wir doch nicht machen, sonst kriege er Ärger. Also lachen wir noch mehr, beißen dabei aber in unsere Kissen, wenn unser Lachen zu laut zu werden droht.

Die Verhöre, die Vernehmungen gehen weiter in dieser Zeit, aber ich habe nun einen anderen, meinen dritten Vernehmer, einen, mit dem ich mich sehr viel besser verstehe, einen, der sehr viel freundlicher zu mir ist. Der mir als erstes schon mal einen Kaffee anbietet. Der mir von sich zu Hause Äpfel mitbringt, wofür er von mir im Gegenzug für seine Kinder Bonbons bekommt, denn nun habe ich auch die Möglichkeit, mir von dem Geld, das ich bei meiner Verhaftung in der Tasche hatte, etwas kaufen zu können. Wie gesagt: Bonbons, und ich kaufe mir auch Schokolade, denn das tut den Nerven gut, und an jedem Sonntagnachmittag paffe ich in der plötzlich dann doch sehr engen und bald vollgequalmten Zelle eine Zigarre. Und dann fragt mich dieser nette und freundliche Vernehmer, ob ich, von dessen künstlerischen Leidenschaften er weiß, ob ich nicht vielleicht in den langen Stunden, in denen er das Protokoll des Verhörs, seiner Vernehmung, anfertigen muß, etwas zeichnen wolle, um nicht ganz aus der Übung zu kommen. Natürlich nehme ich dieses Angebot nur zu gerne an, bekomme von ihm Papier und Bleistift und zeichne also, während er am Protokoll schreibt. Die Entscheidung ist sofort klar, nichts von dem zeichnen und im Bild festhalten zu wollen, was ich im Gefängnis zu sehen bekomme. Flucht in Fluchtwelten. Ich zeichne Burgen und irgendwelche Südseeinseln. Die Entscheidung ist sofort auch die, nichts zeichnen zu wollen, das an den Rand meiner zeichnerischen Fähigkeiten geht oder als Herausforderung an mich darüber hinaus, ich will nur Spaß haben und zeichne so frei und entspannt vor mich hin wie nie zuvor und wohl auch niemals danach in meinem ganzen Leben. Und später dann, in meiner dritten Zelle, bekomme ich auch dieses Privileg: ich darf meine Zeichnungen vom Vernehmerzimmer mit in die Zelle nehmen, einen Stapel Papier auch und einen Bleistift. Ich zeichne in der Zelle, weiter nur meine Phantasiewelten, ich breite meine Zeichnungen auf der zweiten, der leeren Pritsche meiner Zelle aus.

Die Untersuchung schreitet voran, die Untersuchung kommt dann auch zu ihrem Abschluß, die Verhöre, Vernehmungen werden weniger, ich kann weniger zeichnen, weniger Musik hören, dafür aber mehr schlafen, lesen und träumen. Dann kommt der Prozeß, und nach dem Prozeß komme ich wieder in Einzelhaft, schon am Abend nach dem ersten der zwei Prozeßtage werde ich in meine dritte Zelle gesteckt – wahrscheinlich, damit ich meinem bisherigen Zellengenossen nicht erzählen kann, wie es bei der Gerichtsverhandlung war. Zum Glück aber nicht wieder in eine so enge Zelle wie am Anfang mit nur einer Pritsche und einer Wand vor mir. Aber nun wird es richtig hart, denn nun gibt es fast keine Verhöre, Vernehmungen mehr, und ich stecke Tage für mich allein in der Zelle. Und komme aus ihr nur einmal am Tage für die Viertelstunde hinaus, die sie bei der Stasi eine Freistunde nannten. Und dabei geht es nicht etwa auf einen Gefängnishof hinaus, sondern wieder in eine nur um weniges größere Zelle, in eine Zelle, die sich von der, in der ich meine sonstige Zeit verbringe, nur dadurch unterscheidet, daß man über ihr den Himmel sehen kann. Nur den Himmel, den Himmel, eingerahmt von hohen, grau verputzten Mauern. Und oben führt an der einen Seite ein Steg entlang, und dort geht ein Wachposten auf und ab und schaut zu mir herunter. Aber es gibt immerhin den Himmel, und der Himmel kann so blau sein, so schön, und Wolken gibt es, so verschiedene, daß sich alle Gefühle in ihnen wiederfinden lassen. Und es gibt das graue Himmelsgrau, und das sind dann Tage, in denen ich lieber in meiner Zelle geblieben wäre. Dann aber, wenn der Himmel grau ist und es vielleicht sogar regnet, gibt es immer noch etwas anderes, es gibt ein paar kleine Gräser in den Ecken und dort, wo die Mauern den zementierten Boden berühren, und die Gräser, die es in diesen Winkeln gibt und sicher gar nicht geben soll, sie sind grün. Ja, sie sind grün, und wer weiß denn sonst, was grüne Gräser sind. Nur der, der gesessen hat, weiß es. Nur der, der gesessen hat, weiß, was das bedeutet, eine Tür von selber öffnen zu können. Nur der, der gesessen hat, weiß auch das wirklich, wie sich das anhört, die fernen Geräusche einer Straßenbahn. Die um die Ecke biegt. Oder Kindergeschrei, das herüberweht. Nur der, der gesessen hat, weiß auch, was Spatzen sind. Spatzen, die sich für kurze Momente in einer solchen Freigangzelle niederlassen, bevor sie weiterfliegen.

Und dann kommt der Tag, wo es mich ganz schlimm erwischt. So schlimm, daß darüber fast gar nicht zu reden ist. Ich sage nur: Glasbausteine. Und Glasbausteine, das bedeutet, daß es in diesem Knast in Hohenschönhausen statt Zellenfenstern mit Gitterstäben vor den Fenstern Glasbausteine gab. Glasbausteine, Licht in die Zellen hereinzulassen, gedämpftes Licht natürlich, Glasbausteine, um zu verhindern, daß man dort aus der Zelle herausschauen konnte. Hohenschönhausen, das war das Geheimste vom Geheimen, und keiner der Häftlinge dort sollte sehen können, was da außerhalb seiner Zelle vor sich ging, keiner sollte wissen, wer da noch gefangen ist. Deshalb die Glasbausteine. Alles hat seine rationale Begründung. Auch das Schlimmste, das Gemeinste. Aber auch an Glasbausteine gewöhnt man sich. Auch daran. Doch hier stocke ich. Ich weiß nicht, wie weitererzählen. Weil es zu schmerzhaft ist. Und zu banal. Das doch auch. Meine dritte Zelle in Hohenschönhausen, sie war so gelegen, daß dort am Nachmittag, schien draußen die Sonne, für vielleicht eine Stunde, nicht mehr, nur eine Stunde und schnell wandernd, ein paar Sonnenstrahlen durch diese Glasbausteine hindurchdrangen. Bis zu mir in meine Zelle. Als Lichtflecken. Lag ich auf der Pritsche, beschienen diese abgedämpften Lichtstrahlen meine Hände. Dann an diesem einen Tag, dem Tag des größten Schmerzes, der Rettung auch, an diesem Tag, von dem ich stockend nur berichten kann, an diesem Tag schaute ich mir meine vom schwachen und dann sehr rasch noch schwächer werdenden Licht beschienenen Hände an. Pures Gold. Mir kamen die Tränen. Und jetzt stocke ich wieder. Nicht, weil ich mich meiner Tränen schäme. Wenn, dann schäme ich mich für uns alle. Für die Menschheit, die Gefängnisse zuläßt. Gefängnisse baut. Menschen in Gefängnisse steckt. Ich mußte meine Hände in die Höhe strecken, von mir wegstrecken, damit sie ihr Gold nicht verloren, die Wärme der Sonne. So schnell bewegte sich dieser Lichtfleck in meiner Zelle. Ich war ein Sonnenanbeter geworden. Ein bißchen später hatte ich den Lichtfleck neben mir an der Wand. Und ich drehte mich zur Seite, zur Wand mit dem Lichtfleck, dessen Wandern ich beobachten konnte. Am farbigen Abglanz hatte ich das Leben. Und ich hatte es wirklich. Das Leben. Das ein Überleben war. Die Lichtflekken an der Zellenwand, das, was von der Sonne durch die Glasbausteine bis zu mir hindurchdrang, das war das Leben. Und ich stocke noch einmal. Stocke, wenn ich daran denke, wie das Licht vor meinen Augen erlosch. Stocke wegen meiner Tränen. Für die ich mich nicht schäme. Ich nicht. Das hatte doch mit Politik nichts mehr zu tun. Mit dem Sozialismus nicht. Um die DDR ging es dabei nicht, nicht um die Stasi, die mich gefangenhielt, in diese Zelle gesteckt hatte. Der ich die Sonne verdankte. Die Rettung durch Sonnenlicht. Um das Leben ging es. Mein Leben. Und wieder stocke ich und weiß nicht weiter. Und will auch gar nicht weiterwissen. Und weiter auch nicht schreiben.

Liebe Mami! Dein Flori

27. August 68: Die Tatsachen werden Dir einigermaßen bekannt sein. Und wie ich so voraussehe, wird es wahrscheinlich auch zu einem kleinen Prozeß kommen. Und deshalb steht nun die Frage, wie das mit einem Rechtsanwalt als Verteidiger ist. Denn ich glaube, daß diese Leute mehr Ahnung haben, wie das alles vor sich geht, als ich. Ich hätte auch schon von hier aus einem Rechtsanwalt meine Vollmacht übermitteln können, aber ich habe das unterlassen, da es sich ja mehr-oder-weniger um Dein Geld handelt, das der Anwalt nachher bekommt. Ich fände es jedenfalls auch sehr gut, wenn Papi sich mit den Leuten in Verbindung setzen würde. Denn daß unsere politi-

schen Ansichten ein bißchen auseinandergehen, ist uns ja wohl beiden klar. Außerdem ist meine Situation hier nicht gerade schön, schon rein örtlich gesehen. Heute sprach ich mit dem Untersuchungsrichter, einem sehr netten, älteren Herren, der 6 Jahre KZ hinter sich hat und sehr verständig war, und der sagte mir, daß ich eventuell wegen meiner Jugendlichkeit straffrei ausgehen könnte. Es ist möglich, daß dieser Mann als Richter in dem Prozeß fungieren wird. Über die Punkte, deretwegen ich hier angeklagt werde, darf ich nichts weiter sagen. Ich hoffe jedenfalls Euch alle in nicht allzu ferner Zukunft (so rund 30-40 Jahre!) wiederzusehen.

10. September 1968: Heute hab ich Deinen Brief erhalten und war zuerst leicht erstaunt da Du kein Wort über einen Rechtsanwalt geschrieben hast. Aber wie mir gesagt wurde, ist es möglich, daß Du meinen Brief, der darauf Bezug nimmt, am 4. 8. noch nicht hattest. Aber nun zu dem, was Du schreibst. Abgesehen davon, daß ich sehr wenig über die weitere Entwicklung in der ČSSR weiß, stehe ich genauso wie am 21. August zu meiner Tat, und ich kann sie auch nicht als strafbar bezeichnen. Ich sehe das nicht so!! Und ganz im Gegensatz: die äußeren Bedingungen hier sind unwahrscheinlich wichtig. Sie animieren nicht dazu, meine Anschauungen in einer für unseren Staat, die Organe hier und auch für Dich positiven Richtung zu verändern. Sie können nur Haß produzieren. Je länger man hier ist, um so stärker wird dieser sein. Wenn man mich nun auch noch zu irgendeiner Strafe verdonnert, dann können alle Leute bestimmt Jahre warten, ehe ich zu einer positiven Einschätzung kommen kann. Es heißt, es geht um Erziehung, aber bei mir würde man nur das radikale Gegenteil damit erreichen. Du wirst sagen, so war das bei dir ja immer. Bitte sehr! Aber Du hast noch nicht Tage und sogar schon fast 3 Wochen lang hinter Gittern verbracht. Früher hab ich immer Gitter als Symbol für Gefängnis gesehen, aber so was kriegt man in der Zelle gar nicht zu sehen (wie human), weil nämlich die Fenster aus solchen Glasbausteinen bestehen, durch die man erst gar nicht durchgucken kann. Was mich in den ersten Tagen immer unwahrscheinlich erschreckt hat, das sind die Gucklöcher, wo irgendein Auge alle

5 Minuten durchlinst, daß einem davon übel werden kann. Und abends, wo man so draußen die schöne Dämmerung erahnen kann, oder bei der Freistunde, wo man ein bißchen Sonne, blauen Himmel und Unkraut sehen kann, da könnte ich explodieren vor Wut und ewig gegen die Tür bullern und rufen: FREIHEIT/FREIHEIT. Das Essen ist überraschend gut. Ich hatte es mir jedenfalls schlechter vorgestellt. Eine Hauptbeschäftigung hier ist es, sich mit seinem Knastbruder über große Diners (und gedeckte Tische) zu unterhalten. Ich glaube, wenn ich hier allein in der Zelle wäre, würde ich schon längst irre geworden sein. Aber nichts gegen das MfS, es soll sich hier alles schon zum Guten gewandelt haben, so im Laufe der Jahre. Aber eins lernt man hier zu schätzen: das Leben außerhalb dieser Art von Gebäude, was mich doch ehrlich gesagt manchmal angestunken hat: solche nie endenden langweiligen Schulstunden, die Hitze in meinem Zimmer (im Sommer jedenfalls) oder wenn man beim Trampen nicht wegkommt; es gibt ja tausend solcher Sachen. Der Tag, an dem ich mal wieder rauskomme, wird bestimmt der schönste Tag in meinem Leben sein. Alles werde ich in einer Art von Ekstase anschauen: jede Blume, jeden Baum, jeden Menschen. Wann wird das bloß sein???????? Ich hoffe, Du wirst Dich vor Gericht für mich ein wenig einsetzen, denn es wäre die größte Idiotie, wenn ich für 1, 2 Jahre in einem Jugendwerkhof verschwinden würde. Aber auch gute Seiten hat mein Aufenthalt hier: Stell Dir vor, ich treibe hier regelmäßig jeden Abend Sport! Außerdem versuche ich möglichst viel zu lesen, wobei man auch ein wenig vergessen kann. So habe ich mich auf Dostojewski geworfen und habe den »Spieler« gelesen (was ein ganz großartiges Buch ist). Jetzt bin ich gerade bei seinem »Idioten« angelangt. Ein sehr dickes Buch; einfach groß. Der Idiot ist die Personifizierung des Hippies, mit all den Problemen und Widersprüchlichkeiten, die sich auch heute aus solch einer Haltung ergeben. Nun mach's gut, Dein Brief hat mich sehr gefreut. Du schreibst: »Wir sollten mal einen längeren Waldspaziergang machen.« Die bloße Vorstellung davon ist für mich nicht ohne Schmerz.

2. Oktober 68: In den letzten Tagen bin ich mächtig sauer geworden, denn es erscheint mir als die größte Idiotie, daß ich überhaupt noch hier bin. Rechte Erklärungen dafür werden mir dafür auch nicht gegeben. Man wird hier drin in seinen Ansprüchen auf Freiheit sehr bescheiden. Das Leben draußen empfindet man als das reinste Paradies. Du irrst, wenn Du sagst, die äußeren Umstände sind unwichtig. Grad die sind es, die mich so ärgern. Ich habe mir die herrlichsten und irrsinnigsten Bilder ausgedacht, aber sie hier in die Wirklichkeit umzusetzen, ist unmöglich, und später werde ich wahrscheinlich keine Lust mehr dazu haben. Heute bin ich schon sechs Wochen hier, und meine Haare werden länger. Ich weiß gar nicht, was ich Dir noch schreiben könnte, denn mein Gehirn ist vollkommen leergefegt. Nur ein Gedanke geistert in mir rum: Möglichst schnell hier raus.

14. Oktober 68: Dein Besuch hat mich sehr gefreut, obwohl er mir leider keinerlei Hoffnung auf eine Beendigung meines »Kuraufenthaltes« hier drin gemacht hat. Aber wie sollte er auch! Da Du Dich ja beschwert hast, daß ich Dir zu wenig schreibe und Fränkis Briefe so in den Himmel gehoben hast, will ich Dir über ein paar Skurrilitäten, die man sich angewöhnt, schreiben: So habe ich von meinem Zimmerkumpel ein vollkommen blödsinniges österreichisches Schunkellied, das man so in Alpenvereinen grölt, gelernt. Das heißt »Edelweiß«, und wir singen es immer zu irgendwelchen festlichen Anlässen, wie z.B. reiche Abendmahle, Fritz Teufel 7 Monate im Knast usw. Dann sagen wir jeden Abend, bevor wir unsere lieben Äuglein schließen, folgenden irrsinnigen Spruch:
Gut Nacht Ihr lieben Sorgen
Leckt uns am Arsch bis morgen.
Außerdem produzieren wir unsere Phantasie an den eigenartigsten Sachen, die wir uns dann genauestens ausmalen, so z.B. unsere geplanten Auftritte als »Knästelsingers« oder die Beteiligung vom internationalen »Knastland« an den Olympischen Spielen in Mexiko. Sehr dumm ist, daß unsere Zelle am Ende des Ganges liegt und wir jedes Mal bei der Bücherausgabe die lakonische Antwort »Weltliteratur haben wir nicht« erhalten, weshalb ich

Dir nichts über schöne Bücher, die ich lese, schreiben kann. Obwohl das Mittagessen über meinen Erwartungen liegt, hat es doch viele Nachteile, z.B. ist es oft schon kalt, Saucen und Suppen sind auch nicht gerade eine Spezialität des Hauses, Pudding wird mit Wasser gekocht, was nicht besonders gut schmeckt, und Tee gibt's auch sehr selten. Ein richtig gedeckter Tisch, eigentlich eine ganz normale Sache, gehört zu den Traumvorstellungen. Wir haben uns angewöhnt, immer das Gegenteil von dem zu sagen, was wir meinen. Gibt es z.B. beim Mittagessen sehr wenig Fleisch, so ergötzen wir uns an Bemerkungen wie: Das viele Fleisch hängt mir schon zum Halse raus. Wie Du weißt, hab ich ja draußen ab und an mal, um eine ruhige Minute zu würdigen, eine Pfeife gepafft oder eine Zigarre geschmokt. Und da hab ich mir nun hier eine Schachtel Brasil-Extra (eine richtige Unternehmer-Zigarre und deshalb auch teuer: das Stück 80 Pf) besorgt und blase den Rauch durch die Gegend, was sehr erheiternd ist. Übrigens war Deine Frage, was ich denn überhaupt machen würde, wenn ich bis zum Gerichtstermin rauskommen würde, sehr dumm. Wenn man hier ein paar Wochen drin war, kann man sich gar nicht retten vor Plänen, die verwirklicht werden müßten.

Der Staatsfeind

Ich habe dieses Buch ja, dieses schmale Bändchen, in meiner Bibliothek zu stehen, das *Strafgesetzbuch der Deutschen Demokratischen Republik*, in dem sich nachlesen läßt, nach welchen Paragraphen ich verurteilt wurde, welche Paragraphen bei mir als damals Jugendlichem dann auch noch Anwendung finden mußten. So im 4. Kapitel *Besonderheiten der strafrechtlichen Verantwortlichkeit Jugendlicher* der Paragraph, der die Grundlage bildete für das bemerkenswerte psychologische Gutachten, das auch für mich zu erstellen war:

§ 66
Die persönliche Voraussetzung für die strafrechtliche Verantwortlichkeit eines Jugendlichen (Schuldfähigkeit) ist in jedem Verfahren ausdrücklich festzustellen. Sie liegt vor, wenn der Jugendliche auf Grund des Entwicklungsstandes seiner Persönlichkeit fähig war, sich bei seiner Entscheidung zur Tat von den hierfür geltenden Regeln des gesellschaftlichen Zusammenlebens leiten zu lassen.

Und hier findet sich auch die Strafe, die ich bekommen habe, die Strafe, die, wie man gleich lesen wird, nicht als Strafe, sondern als eine besondere Erziehungsmaßnahme gemeint war:

§ 75
Einweisung in ein Jugendhaus
(1) Einweisung in ein Jugendhaus kann angewandt werden, wenn das verletzte Gesetz Freiheitsstrafe androht, es die Schwere der Tat erfordert, die Persönlichkeit des Jugendlichen eine erhebliche soziale Fehlentwicklung offenbart und bisherige Maßnahmen der staatlichen oder gesellschaftlichen Erziehung erfolglos waren, so daß eine längere nachdrückliche erzieherische mit Freiheitsentzug verbundene Einwirkung erforderlich ist.
(2) Die Erziehung im Jugendhaus durch besonders geeignete Erzieher soll gewährleisten, daß die soziale Fehlhaltung des Jugendlichen überwunden wird. Er ist deshalb durch Schulbildung, berufliche Qualifizierung, staatsbürgerliche Erziehung sowie kulturelle und sportliche Betätigung zu befähigen, sich künftig im gesellschaftlichen und persönlichen Leben verantwortungsbewußt zu verhalten.
(3) Der Aufenthalt in einem Jugendhaus beträgt mindestens ein Jahr und höchstens drei Jahre. Die Dauer ist vom Erziehungserfolg abhängig. Das Gericht beschließt nach Ablauf von mindestens einem Jahr die Beendigung des Aufenthalts im Jugendhaus, wenn der Erziehungserfolg eingetreten ist. Die Entlassung muß spätestens mit der Vollendung des zwanzigsten Lebensjahres erfolgen.

(4) Die Eintragung der Einweisung ins Jugendhaus ins Strafregister und deren Wirkung werden besonders geregelt. Das Gericht kann im Urteil festlegen, daß keine Eintragung ins Strafregister erfolgt.

Suche ich nach der staatsfeindlichen Hetze, die mir vorgeworfen wurde, dann muß ich in den *Besonderen Teil* hinein, wo die Verbrechen in ihren Paragraphen aufgeführt werden, deren man sich in diesem schönen Lande schuldig machen konnte. Das 1. Kapitel behandelt die *Verbrechen gegen die Souveränität der Deutschen Demokratischen Republik, den Frieden, die Menschlichkeit und die Menschenrechte*, und dazu gehören dann so anheimelnde Dinge wie die Planung und Durchführung eines Aggressionskrieges, die Vorbereitung und Durchführung von Aggressionsakten, die Anwerbung für imperialistische Kriegdienste, die Teilnahme an Unterdrückungshandlungen, Kriegshetze und -propaganda, Verbrechen gegen die Menschlichkeit, faschistische Propaganda, Völker- und Rassenhetze, Kriegsverbrechen und als Besonderheit die völkerrechtswidrige Verfolgung von Bürgern der Deutschen Demokratischen Republik – noch nicht aber die staatsfeindliche Hetze, für die ich in das 2. Kapitel hineinmuß, das der *Verbrechen gegen die Deutsche Demokratische Republik*, und da geht's dann los mit Hochverrat und Spionage, mit Terror und Diversion, und dann kommt der § 104 der Sabotage, und mit dem 105er des staatsfeindlichen Menschenhandels komme ich meinem § 106 der staatsfeindliche Hetze immer näher, der da im Wortlaut heißt:

(1) Wer mit dem Ziel, die sozialistische Staats- und Gesellschaftsordnung der Deutschen Demokratischen Republik zu schädigen oder gegen sie aufzuwiegeln,
1. Schriften, Gegenstände oder Symbole, die die staatlichen, politischen, ökonomischen oder andere gesellschaftliche Verhältnisse der Deutschen Demokratischen Republik diskriminieren, einführt, herstellt, verbreitet oder anbringt;
2. Verbrechen gegen den Staat androht oder dazu auffordert, Widerstand

gegen die sozialistische Staats- und Gesellschaftsordnung der Deutschen Demokratischen Republik zu leisten;
3. Repräsentanten oder andere Bürger der Deutschen Demokratischen Republik oder die Tätigkeit staatlicher oder gesellschaftlicher Organe diskriminiert;
4. den Faschismus oder Militarismus verherrlicht,
wird mit Freiheitsstrafe von einem bis zu fünf Jahren bestraft.
(2) Wer zur Durchführung des Verbrechens Publikationsorgane oder Einrichtungen benutzt, die einen Kampf gegen die Deutsche Demokratische Republik führen, oder das Verbrechen im Auftrage derartiger Einrichtungen oder planmäßig durchführt, wird mit Freiheitsstrafe von zwei bis zu zehn Jahren bestraft.
(3) Im Fall des Absatzes 1 Ziffer 3 ist der Versuch, in allen anderen Fällen sind Vorbereitung und Versuch strafbar.

Das ist also die Gesellschaft, in der ich mich durch meine Fahne und die paar wenigen Flugblätter begeben habe, in die von Hochverrätern und Spionen, von Terroristen und Diversanten, von Saboteuren und Menschenhändlern – mit denen dann allerdings nur der staatsfeindliche Menschenhandel gemeint ist, nicht der staatliche Menschenhandel, den die DDR dann selber mit dem Ausverkauf von Häftlingen nach dem Westen betrieben hat, denn der war ja staatserhaltend, und dies nicht nur, weil er Unruhestifter außer Landes beförderte, sondern darüber hinaus auch noch Devisen einbrachte, von denen sich zum Beispiel auch mal für die zurückbleibende Bevölkerung Bananen kaufen ließen. Darin also endete, gipfelte sie, meine Entwicklung, meine Fehl- und also wohl Doch-ganz-richtig-Entwicklung: in einem Verbrechen. In einem Verbrechen gegen den Staat, den ich als den meinen verstand, mit dem ich mich zutiefst verbunden gefühlt, ja, identifiziert, an dessen sozialistische Zukunft ich geglaubt hatte – was ist da passiert? Mit mir und der DDR?

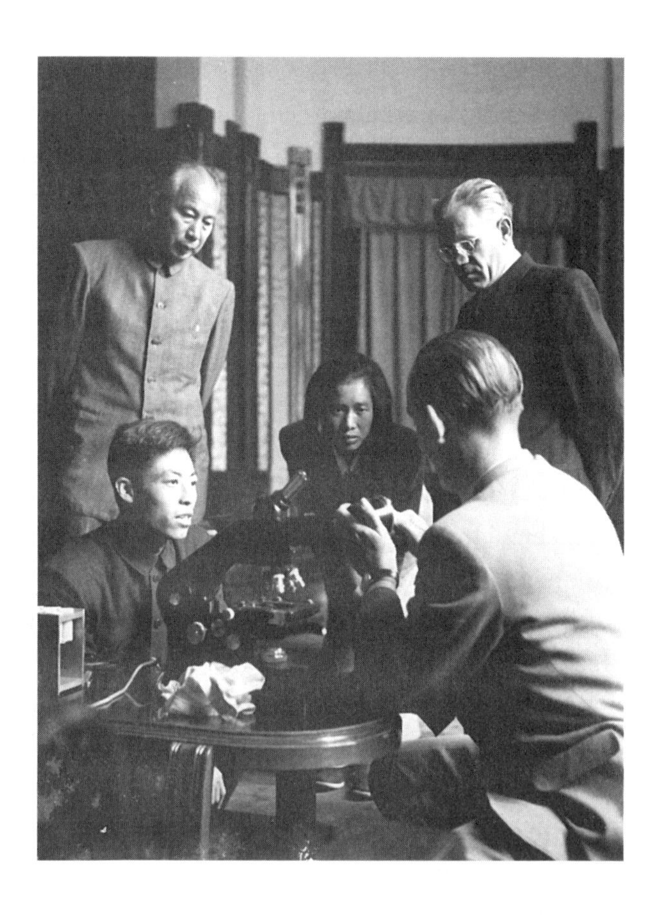

Hunger

Schauen Sie sich den knienden jungen Mann an, wie wißbegierig er ist. Und jetzt sehen Sie sich diese Frau an, diese junge Chinesin im Zentrum der Fotografie – sehen Sie auch bei ihr diesen Hunger, das Verlangen nach Wissen? 1950 ist das Foto aufgenommen worden, kurz nach dem Sieg der Kommunisten. Sehen Sie vorne rechts meinen Vater, den Mann mit den wissenschaftlichen Instrumenten, die er mitgebracht hat nach China. Er zeigt, er erklärt, er wird sich großartig gefühlt haben. Sehen Sie sich auch hinten links den Mann im feinen Mao-Anzug an, den Mann der Partei, der vielleicht schon den Langen Marsch mitgemacht hat. Er will, daß die jungen Menschen was lernen. Das ist es, was ich meine, wenn ich von dem Abenteuer Bildung spreche, an dem wir teilnehmen durften, von Peking also bis Ost-Berlin. Deshalb im ganzen Osten diese Hochachtung vor dem Lehrerberuf. Die Anerkennung von Autorität, die auf Wissen beruht. Und damit haben sie sich dann von der Partei ihre eigenen Kritiker, ihre zukünftigen Opponenten herangezogen. Weil sie dann doch politisch Opportunisten haben wollten, keine Forscher und Wahrheitssucher. Nachplapperer. Natürlich waren wir in Ost-Berlin und im Herzen Europas nicht mehr frisch genug, nicht mehr ganz so wissensdurstig. Der Hunger nach Wissen war zwar da, aber bei uns doch nicht mehr ganz so stark. Aber Appetit hatten auch wir noch, der Appetit war geweckt, und hätten sie uns mehr zu fressen gegeben, sie hätten uns wohl auf Dauer an sich binden können, an die Sache des Sozialismus. Doch man muß weiter nach Osten gehen, will man verstehen, was dieser Sozialismus gewesen ist, die Kleingartenanlage DDR zeigt es nur in Ansätzen – nur war ich nie weiter im Osten, und also bleibt auch dies eine Behauptung bloß. Im Westen aber dann der Schock, und den habe ich wirklich erlebt: diese Ignoranz, dieses Desinteresse. Dieser Überdruß, dieses Zuviel – all die Bücher, die wir im Osten gern gelesen hätten, wir kannten doch unsere eigene Geschichte nicht, nicht die des Sozialismus, sie waren doch da, sie lagen in den Buchläden, waren in der Bibliothek zu finden, man hätte sich da durchfressen können, aber keiner las sie. Ich übertreibe natürlich, aber ich übertreibe, weil der Schock so stark war. Das Gefühl des eigenen Ungenügens, Unwissens, das war es, was uns im Osten nie losgelassen hatte – was wir alles nicht wußten und doch hätten wissen müssen. Was sie uns dann doch vorenthalten hatten, nachdem sie erst mal den Appetit bei uns geweckt hatten. Welch ein Widerspruch: uns erst diesen Floh des Humanismus ins Ohr zu setzen, den Traum von der allseits gebildeten Persönlichkeit, und dann die Verbote, die Giftschränke mit der nur den wenigsten zugänglichen Literatur. Die Reglementierung, daß sie uns kleinhalten wollten, uns nicht vertrauten. Aber auch ich habe doch dann im Westen nicht all das gelesen, was ich hätte lesen können, eben noch im

Osten unbedingt hätte lesen wollen. Der Antrieb war weg. Der Hunger. Zuviel, zuviel.

Ich bin ja doch so gern zur Schule gegangen – fast ist einem das peinlich, sich heutzutage noch dazu zu bekennen, wo alle unter Schule etwas zu verstehen gelernt haben, das zumindest ein Problem darstellt. Ich bin so gern zur Schule gegangen, daß ich nicht früh genug schon da sein konnte. Und ich war nicht allein damit. Nicht nur, daß es meinen beiden Geschwistern genauso ging, wir standen da immer in einer langen Schlange von Schülern zusammen, die es kaum erwarten konnten, endlich ins Schulgebäude eingelassen zu werden. Da wurde dann immer auch heftig diskutiert, da wurden die politischen Ereignisse kommentiert. Ich erinnere mich genau, wie wir über die Ermordung von Kennedy geredet haben, über den Sputnik, der ersten Weltraumflug, den von Juri Gagarin – alles drei für uns Beweise für die Überlegenheit des Sozialismus. Bauten wir Papierflugzeuge, und es gab dann wieder eines, das nicht so richtig fliegen wollte oder rasch abschmierte, so war's für uns ein Amerikaner. Ließ man uns endlich in die Schule hinein, dann ging es darum, als erster im Klassenraum zu sein, denn schließlich wollte doch jeder bei Unterrichtsbeginn seine Sachen ausgepackt auf der Bank haben. *Seid bereit!* Das war die Begrüßung dann durch die Lehrerin. Unser *Immer bereit!*, es war nicht nur die verlangte Antwort, wir meinten das auch so. Ich habe sie sehr geliebt, meine erste Lehrerin, die Frau Busse, ich habe sie vom ersten Moment an geliebt. Ich kam ja, wegen einem Keuchhusten, den wir drei Geschwister im Sommer vor meiner Einschulung gehabt hatten, drei Wochen später erst in die Schule, und natürlich war ich voller Spannung, was mich dort erwartete. Frau Busse ließ mich neben sich vor der Klasse stehen, sagte ihren Schülern, ich wäre der Flori, von dem sie ihnen schon erzählt hätte, und dann begann das Gerufe, alle die, die allein in einer Bank saßen, wollten mich zum Nachbarn haben. Ich fühlte mich gewollt und angenommen, aufgenommen in diesen Klassenverband, wie ich mich noch nirgendwo sonst gewollt gefühlt hatte. In meiner Familie doch nicht. Und dann war ich, der ich mich für einen minderbemittelten Dummkopf hielt, auch wider mein Erwarten gut in der Schule. Nicht der Beste in der Klasse natürlich wie mein Bruder, der immer seine Spitzenposition behauptete, und nach ihm kam dann lange erst mal niemand, der ihm Konkurrenz hätte sein können. Ich hatte es besser, in meiner Klasse gab es eine starke Spitzengruppe, viele Mädchen dabei, und wer von uns der Klassenbeste war, das änderte sich von Jahr zu Jahr, blieb bei der Zeugnisausgabe, die von Frau Busse feierlich zelebriert wurde, bis zum letzten Moment spannend. Jeder gab sein Bestes, an Konkurrenz aber in dieser Spitzengruppe kann ich mich nicht erinnern, doch vielleicht verspürte ich sie auch nur nicht. Die Präsenz im Unterricht, die Mitarbeit, wie dies hieß, das war das Wichtigste, und Frau Busse hatte uns voll im Griff, hielt uns in Atem, und wenn es gut lief, und es lief sehr oft sehr gut, dann hatte sie das genau im Gespür, wer von uns, unsere Arme waren ja alle oben, die genau richtige Antwort geben würde, und manchmal war es so, daß sie ihre Sätze gar nicht zu unterbrechen hatte, sondern unsere Wortmeldungen wie paßgenau da hineinpaßten. Ein einziger Genuß. Für alle, würde ich sagen, so jedenfalls habe ich's empfunden, vielleicht aber war's für die nicht so guten Schüler eine fortwährende Blamage. Glaube ich aber nicht, will ich nicht glauben, denn hochmotiviert erinnere ich die ganze Klasse, und daß die guten Schülern den schlechteren halfen, das war doch eine Selbstverständlichkeit. Da galt das Pionierehrenwort, und natürlich waren wir das alle, Jung-Pioniere erst, dann Thälmann-Pioniere, und das blaue Halstuch tragen zu müssen, nichts, was uns gequält hätte, zuwider gewesen wäre.

Frau Busse unterrichtete erst einmal alles, alle Fächer, und so auch Sport, und in Sport war ich immer eine Niete. Viel zu schwer und ungelenk, körperlich richtig ungeschickt, wie ein nasser Sack hing ich an der Kletterstange und kam sie nicht hoch. Aber ich bemühte mich doch, schon um meine verehrte, geliebte Frau Busse nicht zu enttäuschen – nur daß sie das nicht verstand, wie sehr mich Höhenängste plagten, darauf auch keine Rücksicht zu nehmen schien, das schmerzte mich. Nicht, daß ich deshalb an ihrer Kompetenz als Pädagogin gezweifelt hätte, überhaupt nicht, ich zweifelte, verzweifelte an mir. Aber dafür hatte ich ja den Ausgleich, daß ich so gut malen, so gut zeichnen konnte – was von allen anerkannt wurde, besonders auch von dem Zeichenlehrer, dem Herrn Priewe, den wir dann bekamen, einem Mann, der nebenbei Gedichte schrieb, seine Gedichte auch veröffentlichte. Ein Riese, eine lange Bohnenstange, ein Mann mit einem ungeheuer langen Hals auch, dessen Adamsapfel uns alle beeindruckte. Wir waren für heutige Verhältnisse wahnsinnig diszipliniert, aber für Herrn Priewe nicht genug, und wenn er sich erregte, begann sein Adamsapfel zu zucken – sehr beeindruckend. Süß von ihm war, daß er meiner Mutter extra einen Brief schrieb, als er mir auf einem Halbjahreszeugnis in Zeichnen eine Zwei geben mußte, weil ich da eine Arbeit nicht fertig gemacht, mich mit ihr ehrgeizig völlig übernommen hatte – er entschuldigte sich bei meiner Mutter dafür. Süß auch, daß er an die Redaktion der *Berliner Zeitung* einen Brief schrieb, weil ich mich irgendwann weigerte, an dem jährlich ausgeschriebenen Zeichenwettbewerb dieser Zeitung teilzunehmen, nachdem ich dies bis dahin immer getan hatte. Meine Weigerung kam daher, daß ich die von mir eingeschickte Zeichnung beim letzten Mal nicht zurückbekommen hatte, und Priewe schrieb, nachdem ich ihm dies erzählt hatte, in seinem Brief an die Redaktion, er könne dies wohl verstehen, daß man meine Arbeit unberücksichtigt gelassen habe, da man sie einem Jungen meines Alters wohl nicht zugetraut hätte, er könne aber versichern, daß ich sehr wohl so begabt sei – man nenne dies Sozialismus. Für mich war es das, ein Zeichen dafür, daß im Sozialismus alle Begabungen gefördert wurden, ein Zeichen dafür, wie wichtig wir waren, wir Kinder, die Zukunft des Sozialismus.

Um so schwerwiegender dann der Einbruch, als wir in der fünften Klasse einen Physiklehrer bekamen, frisch von der Universität, der weder seinen Stoff vermitteln noch Disziplin in der Klasse halten konnte. Ein doppelter

Einbruch, dachte ich doch bis dahin, alle Lehrer müßten so gut sein wie meine Frau Busse und ihre Nachfolgerinnen, die Frau Schuster, die Frau Witt – aber dem war nicht so, und diese Enttäuschung, sie machte mich wütend, und bis zum heutigen Tag ist das so, daß mich unfähige Lehrer furchtbar ärgern können. Ein Einbruch für mich aber auch deshalb, weil sich meine bisher so lernwillige Klasse bei diesem Lehrer in einen undisziplinierten Sauhaufen verwandelte – hätte ich so nie für möglich gehalten. Ich dachte, das sei uns so eingegeben, das mit der Disziplin, mit dem Hunger nach Wissen. Ich tat mich mit ein paar der guten Mitschüler zusammen, die ebenso wie ich darunter litten, was wir da in diesem Physikunterricht erleben mußten, und dann sorgten wir für Ruhe in der Klasse. Sicher mit dem Hinweis auf unsere Pionierehre und den Sozialismus, die Gesellschaft, der wir so viel schuldig wären, für die wir doch lernen müßten. Ohne Ideologie werden wir nicht ausgekommen sein, ohne eine solche Ideologie gibt es auch das Abenteuer Bildung nicht, nur Streber natürlich und die japanischen Selbstmorde von Schülern, die Angst haben durch die Prüfung zu fallen. Angst hatten wir nicht, Angst vor der Schule nicht, Angst nicht in der Schule, nur diese Hochachtung vor den Lehrern. Die aber dann leider immer mehr schwand, die ich dann in der erweiterten Oberschule, wo ich das Abitur machen durfte, dann überhaupt nicht mehr hatte. Nur noch in diesem einen Ausnahmefall meines Kunstlehrers, des Herrn Schwarz. Und die Schuld daran hatte, daß sie, je älter wir wurden, immer mehr ideologisches Wohlverhalten forderten, daß wir das einfach nachplapperten, was sie uns vorbeteten. Dazu aber hatten sie uns in den ersten Jahren doch nicht erzogen.

Sie nannten ihn *Picasso*, diesen Kunstlehrer in meiner erweiterten Oberschule, und natürlich war das verächtlich gemeint, der Mann galt als Verrückter – das Verwunderliche war nur, daß dieser Herr Schwarz, und er sagte mir, so wäre es immer gewesen, nach dem ersten Jahr in dieser für uns neuen Schule der beliebteste, der am meisten geachtete aller Lehrer wurde. Ich liebte ihn von Anfang an und er auch mich, aber, so sagte er mir immer wieder, er würde seinen Kunstunterricht nicht für jemanden wie mich machen, der in besonderem Maße begabt sei, sondern für die anderen, die dies nicht sind, von denen auch kein Interesse für Kunst zu erwarten sei. Seine Aufgabe sah er darin, auch diesen Schülern einen Zugang zur Kunst zu eröffnen, und natürlich begründete er dies wiederum sozialistisch mit dem Slogan von der allseits entwickelten Persönlichkeit, also eigentlich gut humanistisch, und er griff dabei auf den wirklich sehr gut auch dafür geeigneten Grundkurs des Bauhauses zurück: Punkt, Linie, Fläche, Struktur – Gestaltung statt Abbild, wo doch ein nicht weiter künstlerisch Begabter genau daran regelmäßig scheitert, am Abbild der viel zu komplizierten Wirklichkeit. Aber ein paar Punkte und Kreisflächen so auf einem Blatt zu verteilen, daß sie eine Beziehung untereinander eingehen, das kann auch der, der am Abbild scheitert. Irgendwann begriffen dies auch meine Mitschüler, daß dieser Mann, der sie erst immer nur beschimpfte, sie auch damit lächerlich machte, daß er ihnen sagte, sie sollten doch endlich aus ihrem Kinderwagen rauskommen, nur das Beste für sie wollte, auch ihnen eine Chance geben. So eine Kinderzeichnung anzufertigen, das hatten sie in den acht Jahren Schule davor gelernt, und Schwarz machte ihnen klar, brutal klar, daß sie sich damit auf einem Niveau bewegten, das doch gar nicht mehr ihrem Alter entsprach, ihren intellektuellen Fähigkeiten. Und wenn ihnen das dann klargeworden war, dann liebten sie ihn. Wie sie keinen Lehrer sonst liebten. Aber Schwarz kombinierte diesen Bauhaus-Grundkurs, der ja wiederum für angehende Künstler gedacht war, mit etwas anderem, damit, daß er da immer, und in jeder seiner Stunden andere, Reproduktionen aufstellte, von Bildern aller Zeiten, Kunstepochen und Stile, und ging es ihm um die Punkte, dann waren das Bilder, in denen Punkte für den Bildaufbau entscheidend waren, und das öffnete ihnen, die vorher immer nur den sogenannten Bildinhalt gesehen hatten, das Bildthema, die gezeigte Anekdote, die Augen, plötzlich verstanden sie, worauf es bei Bildern ankommt. Er hatte eine riesige Sammlung dieser Reproduktionen und sich in den Kopf gesetzt, daß sie alle ordentlich auf Pappen aufgezogen zu sein hatten – auch, damit er sie dann leicht in seinem Unterrichtsraum aufstellen konnte, aber eben nicht nur: er wollte auch das, daß diese Reproduktionen von seinen Schülern auf die Pappen aufgezogen werden, und er wollte dies deshalb, damit sie sich diese Bilder, während sie dies taten, dann wenigstens einmal ganz intensiv anschauten. In jeder größeren Pause versammelten sich also die Interessierten, und das waren nicht wenige, bei Schwarz, um seine Reproduktionen auf Pappen aufzukleben – auch ich ging natürlich zu ihm, zu mir aber sagte er einmal, ich bräuchte das doch nicht, ich solle die anderen machen lassen, die, die sich sonst keine Bilder ansehen würden. Er nahm mich beiseite und in sein Hinterzimmer mit, und dort palaverten wir dann, über die Kunst, den Sozialismus und die allseits zu entwickelnde Persönlichkeit, und einmal, wir schauten zusammen auf den Schulhof hinunter, sagte er mir, sein Ziel wäre es, all diesen Schülern da unten, die wissenschaftlich-technisch ausgerichtet waren, wenigstens einmal in ihrem Leben eine Begegnung mit der Kunst zu ermöglichen.

Schwarz war der oberste Kunsterzieher im Bezirk Friedrichshain, und in dieser Funktion hatte er die jährlich stattfindende Ausstellung abzunehmen, in der die verschiedenen Schulen seines Bezirkes die besten Ergebnisse ihres Kunstunterrichts vorstellten, und einmal nahm er mich dazu mit. Die Ausstellung war schon aufgebaut, und all die Kunstlehrer standen bei ihren Kojen, und wir schauten uns das alles an, Schwarz und ich, erst, indem wir uns einen ungefähren Überblick verschafften, dann an die einzelnen Kojen herantretend, und bei der ersten schon fragte mich Schwarz, was ich von dieser Präsentation halten würde, und ich, ich hatte natürlich bei jeder dann einiges an Kritik vorzubringen. Schwarz hörte sich das an, was ich zu sagen hatte, und sagte diesen Lehrern dann, ich hätte da sicher vollkommen recht, sie sollten das meinen Vorschlägen entsprechend ändern. Diese Lehrer reagierten natürlich vollkommen schokkiert, sich von diesem jungen Spund, diesem vierzehnjährigen Bubifax kritisieren lassen zu müssen, und dann auch noch meinen Vorschlägen folgend Änderungen vornehmen zu müssen. Das machte Schwarz richtig

Spaß, und als wir die ganze Ausstellung durch waren, flüsterte er mir zu: »Denen haben wir's aber gegeben.« Für mich war das eine sozialistische Form der Begabtenförderung. Weil's um die Sache ging. Und also auch mal ein Knabe von vierzehn Jahren recht haben kann. Aber ungebrochen war das auch mit Schwarz schon nicht mehr, mein Vertrauen in die sozialistische Pädagogik, weil die Gegenkräfte, die bloß auf ihre Autorität bedachten, ja schon sehr präsent waren, und so leicht ließen sie sich nicht immer überwinden wie bei dieser Ausstellungsgeschichte – bei der Sache mit diesem Plakat, das ich im Auftrag von meinem Herrn Schwarz für das Treppenhaus der Schule gemacht habe, war das dann schon sehr viel schwieriger: Johnny Heartfield zu Ehren, dem deutschen Erfinder der Fotomontage, der eigentlich Herzfeld hieß und dazu noch den schönen deutschen Vornamen Helmut trug, der aber beim Beginn des 1. Weltkrieges so deutsch nicht mehr sein wollte und sich diesen englischen Künstlernamen zulegte, um die deutschen Patrioten in ihrem nationalen Wahn zu ärgern. Und damit ließ sich dann noch einmal fünfzig Jahre später meine Schuldirektion ärgern. Ich schrieb unter mein Plakat, das nicht mein erstes war und das, wie alle andern bisher auch, meinen Namen tragen sollte: *produced by Florian Havemann* – passend zu Johnny Heartfield, wie ich meinte. Die Direktion meinte dies nicht, und ihr war Johnny Heartfield, gegen den sie als linken Künstler und Nationalpreisträger der DDR nichts einwenden konnten, vollkommen egal. Schwarz war erregt und aufgebracht, als er mir erzählte, er wäre wegen meinem Heartfield-Plakat zur Direktion zitiert worden, die von ihm, und also mir dann, die Entfernung entweder des ganzen Plakats oder des *produced by* verlangte. Er habe denen gesagt, so Schwarz voller Wut, daß er mit Hilfe von künstlerisch interessierten Schülern seit zehn Jahren diesen Schaukasten im Treppenhaus gestalte und noch nie eine einzige Bemerkung darüber von seiten der Direktion gehört habe, kein Lob, keinen Dank, kein gar nichts. Daß sie dieses kleine *produced by* entdeckt hätten, das erst würde ihm zeigen, daß sie sich diese Schautafeln wenigstens ansähen – so Schwarz voller Hohn, doch natürlich blieben sie bei ihrer Forderung und ließen sich nicht umstimmen. Und also bearbeitete mich Schwarz dahingehend, das inkriminierte *produced by* zu entfernen, und seine Argumentation war dabei die, daß Heartfield wichtiger sei, daß es wichtiger sei, meine Mitschüler würden wenigstens einmal in ihrem Leben etwas von Heartfield gesehen haben, als mein *produced by* – wie gesagt: ich mochte den Mann sehr, aber auf mein *produced by* wollte ich doch auch nicht verzichten. Ich war auf Krawall eingestellt, wollte dann lieber meinen Johnny Heartfield aus dem Schaukasten herausnehmen und den zum Protest einen Monat lang leer lassen. Dann aber fiel mir doch etwas Besseres ein: ich schnitt mir einen schmalen Papierstreifen zurecht, nahm extra dafür sehr dünnes und durchscheinendes Papier und überklebte mein *produced by* damit, und dies dann in sehr auffälliger Weise. Das Plakat blieb hängen, die Direktion meldete sich nicht wieder, Schwarz lachte, und vor dem Schaukasten bildeten sich in jeder Pause Trauben von Schülern, die herausbekommen wollten, was da überklebt und also verboten worden war, und die dies natürlich auch herausbekamen. Und schon war ich ein Held – so einfach war das damals. Nur der Hunger verging einem dabei, das große Kotzen kam einem. Die Wut, daß sie doch nur Anpasser wollten und Schleimscheißer.

Lächeln, Grinsen

Was grinst er denn so? So frech? Er grinst seinen Bruder an. Seinen Bruder, der ihn gebeten hat, sich doch mal vor ihren gemeinsamen Schrank in dem Zimmer zu stellen, in dem sie beide zusammen lebten, damit er mal seinen neuen Fotoapparat ausprobieren kann. Den, den er gerade zu Weihnachten geschenkt bekommen hat. Von Papi, von unserem Vater. Weihnachten 1960, so steht es hinten auf diesem Foto, und also weiß ich genau, wie alt ich da war: acht Jahre, und da ich im Januar geboren bin, werde ich bald neun, und auch das läßt sich genau ausrechnen, in welche Klasse ich da ging: in die zweite. Noch geht es mir gut, geht es mir blendend in der Schule und mit meiner Lehrerin Frau Busse. Die ich so sehr liebte, für die ich sogar in den Nähunterricht ging, der für Jungs freiwillig war – aber das ist vielleicht schon ein anderes Thema. Frech war ich, frech von Anfang an, eine Grinsbacke. Ein bißchen vorlaut wahrscheinlich, aber doch weil so eifrig bemüht, so sehr bei der Sache.

Und ich lächelte doch sowieso immer, das Lächeln war mir angeboren, meine nach oben in die Höhe weisenden Mundwinkel, dafür konnte ich doch nichts. Aber es irritierte die Leute, mein ewiges Lächeln, es regte die Leute auf, es brachte die Leute zur Weißglut. Auf der Straße, in der U-Bahn und dann natürlich auch in der Schule von meinen Lehrern wurde ich darauf angesprochen: was es denn da jetzt zu lächeln gebe? Daß sie das irritierte, das irritierte mich dann, der ich doch gar nicht wußte, daß ich lächelte, immer zu lächeln schien. Und sicher auch oft grinste, und wenn ich dann wirklich lächelte, wohl mehr grinste, als daß ich lächelte. Und irgendwann, es konnte nicht ausbleiben, lächelte ich dann wirklich über diese Leute, die mein Lächeln störte und die es dann noch einmal mehr ärgerte. Mein Grinsen über sie. Ich lächelte, als ich 1968 vor Gericht stand, ich lächelte bei der Urteilsverkündigung, und selbst meine Mutter, die mich doch kannte und kennen mußte, sagte, mein Verhalten dabei sei unmöglich gewesen, mein Grinsen eine einzige Provokation, und wahrscheinlich hatte sie zumindest in diesem einen Punkte recht: daß aus meinem Lächeln bei diesem Anlaß ein Grinsen geworden war. Sehr viel später dann, es ist dies erst wenige Jahre her, nachdem ich einem *SPIEGEL*-Mann, der über mich wegen meiner Kandidatur für den Bundestag schreiben wollte und sehr gut vorbereitet war, sehr viel über mich schon wußte, einen gut Teil meiner schlimmen und schrecklichen Geschichten erzählt hatte, da sagte der dann, daß er sich über mein Lächeln wundere, bei all dem, was ich erlebt hätte, daß er nicht umhinkönne, die Heiterkeit zu bewundern, mit der ich ihm all dieses erzähle, und ich entnehme dem, daß sich mein Grinsen zum Glück wieder in das ursprüngliche Lächeln zurückverwandelt hat – hoffentlich täusche ich mich da nicht, hoffentlich auch gelingt es mir hier, schreibend zu lächeln, mein Lächeln für den Leser erahnbar zu machen. Aber manchmal grinse ich sicher auch jetzt noch und auch, während ich schreibe und mich über ein paar Leute lustig mache. Das ist immerhin besser, als sie zu hassen.

Immer wieder: er ist überheblich, eingebildet, hält sich offensichtlich für etwas Besseres, ordnet sich nicht in das Kollektiv ein – mein ganzes Schulleben geht das so durch, durch alle Zeugnisse, und dann auch bei der Lehre, und da gab es dann diese irrwitzige Auseinandersetzung mit einem der Lehrmeister dort in Lichtenberg, in diesem kleineren Werk, wo wir Lehrlinge die S-Bahnen überholten und auf ihre weitere Fahrtüchtigkeit hin überprüften, und dieser Lehrmeister, ein ganz kleiner Mann, ein Winzling, wenn er vor mir stand, der ich so in die Höhe geschossen war, er warf mir dann während eines hitzigen Streits vor, ich würde von oben auf ihn herabschauen – was nun mal stimmte, bei dem Größenunterschied zwischen uns stimmte und doch gar nicht anders sein konnte. Und das sagte ich ihm dann auch, wieder von oben herab, daß ich schließlich nichts dafür könne, so groß und lang geworden zu sein. Er schaute mich an, fassungslos und entgeistert, und dann drehte er sich um, ging davon und ließ mich fortan in Ruhe. Und ich hatte einen weiteren Grund, überheblich zu sein.

Aber erst mal liest sich das doch alles ganz prächtig in meinen Zeugnissen, Lob, Lob, Lob, und auch im Halbjahrszeugnis der 2. Klasse heißt es erst: »F. verfügt über eine schnelle Auffassungsgabe und über eine rege ästhetische Phantasie.« Dann aber folgt da der erste Hinweis auf spätere Fehlentwicklungen: »Im Vergleich zum ersten Schuljahr hat F. in seinem Verhalten während des Unterrichts, gegenüber seinen Klassenkameraden und in seiner Ordnung nachgelassen.« Im Halbjahreszeugnis der 3. Klasse wird klarer, was mir vorzuwerfen ist: »Gelegentlich fühlt er sich etwas zu selbstsicher und merkt nicht, wie er durch unpassende Bemerkungen den Unterricht stört, um sich bei seinen Mitschülern beliebt zu machen. Seine selbstsichere Haltung, die wahrscheinlich auf einer Überschätzung seiner Person beruht, führt vielfach zu einer nachlässigen Haltung.« Die Bemerkung mit den unpassenden Bemerkungen bleibt auch im Ganzjahreszeugnis stehen, auch wenn es da erst einmal sehr lobend heißt: »Florian lernt eifrig und durchdenkt gern besondere Probleme.«

In der 4. Klasse wird es dann jedoch noch schlimmer mit mir, und Frau Busse, die von mir so geliebte und verehrte Lehrerin, schreibt: »Er sollte sich auch bemühen, den nachlässigen und überheblichen Gesprächston gegenüber seinen Lehrern zugunsten eines bescheidenen und sachlichen Verhaltens einzutauschen.« Aber gut, das war nur das Halbjahreszeugnis, und am Ende des Schuljahres heißt es dann: »Florian war um ein bescheidenes und höfliches Betragen bemüht.« Wenigstens das. Im 5. Schuljahr dann wechselt die Lehrerin, Frau Witt wird meine Klassenlehrerin – vor der muß ich erst mächtig Schiß gehabt haben, denn sie schreibt mir in mein Zeugnis: »Er ist höflich und bescheiden.« In ihrem nächsten, dem Halbjahreszeugnis der 6. Klasse heißt es dann aber schon wieder: »In seinem Verhalten ist er jedoch unbescheidener geworden«, und am Ende des Schuljahres: »In der letzten Zeit neigt er leicht zum Widerspruch.« Dann aber ist Frau Witt krank, und für ein halbes Jahr haben wir eine Aushilfslehrerin, und sie scheint ganz von mir begeistert: »Florian ist ein sehr begabter und intelligenter Schüler. Sein Verhalten ist stets einwandfrei.« Das war es sicher auch, wo mir diese Frau, die ein Holzbein hatte, so viel an Hochachtung abnötigte – eine kluge Frau: das ging natürlich sofort in der ganzen Schule herum, das Gewisper: die hat ein Holzbein. Sie kam dann in unsere Klasse, und das erste, was sie sagte, nachdem sie uns guten Tag gewünscht hatte, war, daß sie ein Holzbein habe, und da senkten sich unsere Köpfe schuldbewußt und blamiert, und wir wurden wieder zu den eifrigen und disziplinierten Schüler, und nach Schulschluß wartete immer eine ganze Traube von uns, ihr die Tasche zur U-Bahn zu tragen – was sie, die ihre Tasche sicher selber tragen konnte, geschehen ließ. Eine kluge Frau. Aber dann kommt Frau Witt zurück, und es geht wieder los, und im Halbjahreszeugnis der 8. Klasse schreibt sie: »Mitunter tritt er zu selbstsicher auf. Er muß lernen, sich in die Gemeinschaft einzuordnen«, und es ist wieder meine Selbstsicherheit im Auftreten, die mir zum Vorwurf gemacht wird. Das Abschlußzeugnis dieser 8. Klasse jedoch ist wieder sehr gut: »Florian ist der leistungsstärkste Schüler der Klasse«, aber dann kommt ein Satz, der ganz nett und freundlich und da noch positiv formuliert Schlimmes ahnen läßt: »Politischen Problemen steht er aufgeschlossen und kritisch gegenüber.« Kritisch, ein bißchen kritisch ist erlaubt, wenn man noch dabei aufgeschlossen den politischen Problemen gegenüber bleibt, das heißt gegenüber dem, was Schule, Partei und Staat einem zu sagen haben. Dann wechsele ich die Schule, ich komme zur Georg-Friedrich-Händel-Oberschule, um in ihr mein Abitur zu machen, und auch in meinem ersten Zeugnis dort steht erst mal: »Florian gehört zu den leistungsmäßig besten Schülern der Klasse.« Dann aber geht es wieder los, und nun wird es politischer: »Seine Stellung im Klassenkollektiv wird durch seine individualistische Einstellung und noch mehr durch sein passives Verhalten gegenüber bestimmten gesellschaftlichen Forderungen geprägt, so daß er nicht fördernd in Erscheinung tritt.« Und in der gleichen Kombination heißt es dann auch im Halbjahreszeugnis der 10. Klasse, und da sind wir schon im Schuljahr 1967/68 angelangt: »Florian konnte in diesem Schuljahr seine Leistungen weiter verbessern. In der gesellschaftlichen Arbeit dagegen läßt er jegliche Einsatzbereitschaft vermissen.« Und am Ende des Schuljahres, das Zeugnis ist am 2. Juli ausgestellt, es sind nur noch ein bißchen mehr als anderthalb Monate bis zu meiner Straftat am 21. August, steht: »Florian nutzte in diesem Schuljahr seine geistigen Anlagen zu wenig. Seine Arbeitsweise ließ ein echtes Streben nach Leistungsverbesserung vermissen. Besonders unangenehm fiel das fehlende Bemühen im Sportunterricht auf. Lediglich auf künstlerischem Gebiet, das sein besonderes Interesse findet, arbeitet er gewissenhaft. Für die Erfüllung gesellschaftlicher Aufgaben interessierte er sich kaum.«

Aber dann nach dem August 1968, ich sitze bei der Stasi in U-Haft, werden sie befragt, meine Lehrer, meine Mitschüler, und es gibt da eine Beurteilung über den Schüler Florian Havemann, die von meinem Klassenlehrer und dem Direktor der Schule unterschrieben ist, und die liest sich dann so:

Beurteilung über Florian Havemann
Florian Havemann besucht seit dem 1. 9. 1966 die Erweiterte Oberschule. Durch seine guten geistigen Anlagen gehörte er immer zur Leistungsspitze der Klasse, ohne sich dafür allerdings besonders anzustrengen. Im 2. Halbjahr der 10. Klasse wurden seine Leistungen merklich schlechter. Alles, was ihn nicht interessiert, wird von ihm als Belastung empfunden und abgelehnt. Besonders deutlich kommt dies im Sportunterricht zum Ausdruck, wo er auch die geringste Einsatzbereitschaft vermissen läßt. Ganz anders verhält er sich dagegen im Fach Zeichnen, was seinen Interessen entspricht. Hier arbeitet er gewissenhaft und schöpferisch. Er erledigt auch Arbeiten, die gesellschaftlich für die Schule wesentlich sind. Seine Freizeit verbringt er zu Hause auch meist mit künstlerischer Betätigung. Gemäß seiner übersteigerten individualistischen Grundhaltung ist er in keinem Zirkel für Volkskunstschaffen, vielmehr arbeitet er für sich allein. Während der Unterrichtstage für die Berufsausbildung arbeitet er in den Werkstätten der Berliner Theater. Auch hier wird ihm künstlerisches Geschick bestätigt. Arbeiten, die in dieser Richtung liegen, werden von ihm gewissenhaft und mit Geschick erledigt. Wenn es sich aber einmal um rein manuelle Tätigkeit handelt, zeigt er nur noch geringes Interesse. Zu seinen Klassenkameraden hat er sich nie um einen besonderen Kontakt bemüht. Im Klassenkollektiv steht er ziemlich isoliert. Er ist zwar Mitglied der FDJ, blieb aber fast allen gesellschaftlichen Veranstaltungen fern. Seine Begründungen lauten dann: kein Interesse, keine Lust, Termin vergessen u.a. Sein Fehlen während der gemeinsamen Truppenparade der NVA und der Roten Armee im Vorjahr begründete er damit, daß er Panzer nicht leiden könne. Seinen Lehrern gegenüber tritt Florian meist sehr höflich auf, solange sie seine Eigenarten respektieren. Wenn man dagegen versucht, Forderungen durchzusetzen, die seiner Mentalität widersprechen, so kann er sehr unangenehm reagieren, da er, wie er in einem Gespräch zum Ausdruck brachte, jede Autorität ablehnt. Bei einem Gespräch, in dem ich ihm vorhielt, ob ihm nicht die Tatsache, daß seine Verhaltensnormen stark von denen unserer sozialistischen Gesellschaft abweichen, zu denken gäbe, meinte er, daß ja die Normen der Gesell-

schaft falsch sein könnten. Seine Einstellung zur Gesellschaft ist am besten zu veranschaulichen mit individualistisch, oppositionell und anarchistisch. Wenn er Erscheinungen seiner Umwelt kritisiert, so trägt diese Kritik keine helfenden, sondern verächtlichmachende Züge. Während er z.B. monierte, daß die Hilfe der sozialistischen Staaten für das um seine Freiheit kämpfende vietnamesische Volk zu gering wäre, bemühte er sich selbst überhaupt nicht, Solidaritätsabzeichen, von denen die Klasse 300 Stück zum Verkauf übernommen hatte, auch mit umzusetzen, obwohl zur gleichen Zeit seine Mutter für ihre Mitarbeiter welche suchte. Nach der Scheidung der Ehe der Eltern wurde der Mutter das alleinige Erziehungsrecht zugesprochen. Sie hat aber, wahrscheinlich dadurch, daß sie versucht, als Mitglied der SED einen klaren politischen Standpunkt gegenüber Florian durchzusetzen, kaum noch erzieherischen Einfluß. Florian hält vielmehr engen Kontakt zu seinem Vater, durch den vermutlich sein politisches Denken und Handeln beeinflußt wird. Nur so ist Florians Haltung zur Entwicklung in der ČSSR zu erklären. Bereits am 13. 5. 1968 brachte er gegenüber der Kollegin Rambaum (Fachlehrerin für Geschichte und Staatsbürgerkunde) seine Sympathie für die antisozialistische Entwicklung in der ČSSR zum Ausdruck. Seine offene Solidarisierung für die Konterrevolutionäre in den Tagen um den 21. 8. ist als Ergebnis einer längeren Entwicklung anzusehen. Eine Rückkehr Florians in den Klassenverband halte ich nicht für angezeigt. Sein derzeitiger politischer Standpunkt läßt ihn für ein Studium ungeeignet erscheinen. Sollte ihm der Besuch einer Erweiterten Oberschule weiterhin gestattet werden, so halte ich es für nötig, ihn den negativen Einflüssen, die in seiner Berliner Umgebung existieren, zu entziehen, und ihn in einem Internat in einem festen Kollektiv zu erziehen.
20. 9. 68
Hohlweg Direktor
Göhlert Klassenleiter

Betrug

Na, altes Haus – wie geht's?

Keine Ahnung, ob diese Redewendung noch angewendet wird, diese Begrüßungsformel irgendwo bei irgendwelchen Leuten, welchen Alters auch immer, noch im Schwange ist. In meiner Schulzeit, im Ost-Berlin der späten 50er Jahre, begrüßten sich so gute Freunde, und ein zusätzliches Zeichen des Vertrauens war dann dabei noch der Schlag auf die Schulter. Natürlich wäre das interessant, der Veränderung der Sitten und Gebräuche auf einer solchen Ebene nachzugehen, der von Schulkindern, die auf diesem Gebiete so erfinderisch sind, so kreativ, wie man später zu sagen lernte. Und interessant auch, dem möglichen Zusammenhang hinterherzuspekulieren zwischen den jeweiligen Lebensbedingungen und solchen Formeln, solchen Elementen eines sich fortwährend im Kleinen wandelnden Verhaltenskodex – das wäre dann mehr als nur Philologie und sicher eine schwierige Wissenschaft, zu der ich hier nur den Beitrag leisten kann, darauf hinzuweisen, daß wir, die wir uns damals mit *Na, altes Haus – wie geht's?* begrüßten, von alten Häusern umgeben waren, von alten und auch alt wirkenden, nämlich halb verfallenen, nie restaurierten, und von Ruinen auch, von Häusern, deren oberste Stockwerke nicht mehr benutzbar waren, von Mieskasernen, denen der Seitenflügel zerbombt war, denen das Vorderhaus fehlte, und dazu dann im Kontrast inmitten dieser Ruinenlandschaft, die Stalinallee, die neu erbaute, nach dem Krieg erbaute, die Prachtstraße, in der ich mit meiner Familie wohnte, in der auch viele, aber nicht alle meiner Schulfreunde ihr Zuhause hatten. Die Schule, auch sie, wenn auch nicht so prächtig, ein Neubau, lag in einer Seitenstraße zwischen solchen alten Häusern, zwischen Ruinen, der Weg zu ihr, die Abkürzung, die wir gefunden hatten, führte über Ruinengrundstücke und dann zwischen den Brandmauern hindurch zweier Häuser, die, arg demoliert, stehengeblieben waren – der vergangene Krieg war immer präsent.

Und was es hier zu erzählen gibt, das ist die Geschichte, wie ich zu diesem *alten Haus* wurde, nicht nur für meine Freunde, die mich dann um so mehr und mit einem ironischen Unterton mit der Frage *Na, altes Haus – wie geht's?* begrüßten, sondern für meine ganze Schule, und das ging dann so weit, daß mir immer wieder irgendwelche Mitschüler, die ich nur vom Sehen her kannte, von der andern Straßenseite *Ein altes Haus erzählt* zuriefen. Es war das ein Aufsatzthema gewesen, ich weiß gar nicht mehr genau in welcher Klassenstufe, und ich schrieb ja gerne Aufsätze, war bekannt für meine guten Aufsätze, daß wir da, als wären wir irgendein Gegenstand, von der Warte eines solchen von uns frei gewählten Gegenstandes her, etwas schreiben, und ein *altes Haus* ließ man als einen solchen Gegenstand auch gelten – nur hatte ich dieses Thema gar nicht gewählt, sondern das andere, das uns auch freigestellt war: daß wir etwas über unser Hobby schreiben. Ich hatte nur ein Hobby, zu malen, zu zeichnen, aber für mich war das doch kein Hobby, war das viel mehr als ein Hobby, eine echte Passion, das, was ich als meine Berufung ansah, zu meinem Berufe machen wollte – darüber zu schreiben, das fiel mir nicht ein, darüber als ein Hobby zu schreiben, das ging mir vollkommen gegen den Strich. Schon das Wort *Hobby* war mir ein Greuel, und deshalb hieß das bei mir in meinem Aufsatz auch konsequent nur *Steckenpferd*, das, worüber ich dann schrieb: über meine Pfennigsammlung nämlich. Ja, ich sammelte Pfennige. Pfennige fanden sich überall, Pfennige hatte man immer wieder in der Tasche und wußte mit ihnen nicht so recht etwas anzufangen, also steckte ich sie in ein Glas, und das war natürlich wiederum ein besonderes Glas, ein Glas mit einer politischen Nebenbedeutung, die ich aber sicher in meinem Aufsatz dann doch nicht erwähnt habe: in ein Nescafé-Glas nämlich, das meine Oma Inge für meinen Vater, den Kaffeetrinker, aus dem Westen mitgebracht hatte, denn Nescafé, das gab es natürlich im Osten damals nicht, wo es schon nicht immer ganz leicht war, überhaupt Kaffee zu bekommen, der dann auch noch unglaublich teuer war. Mein Steckenpferd, so behauptete ich in meinem Aufsatz, sei es, Pfennige zu sammeln, was natürlich vollkommen aufgebauscht war und mir dazu diente, mich über die Hobbys lustig zu machen, die zu einer allseits entwickelten Persönlichkeit mit dazugehören sollten, ihr über das Berufsleben hinaus noch zusätzlichen Lebenssinn zu verschaffen. Pfennige zu sammeln, das war natürlich völlig sinnlos, und genau deshalb erklärte ich das Sammeln von Pfennigen ja zu meinem Steckenpferd. Aber ich hätte auch dies wahrscheinlich nicht getan, wenn mir nicht von Anfang an die Schlußpointe klar gewesen wäre, mit der mein Aufsatz enden sollte: mit der Frage nämlich, die sich jeder Leser stellen mußte, was denn mit dieser Pfennigsammlung anzufangen wäre – meine Antwort war, daß ich vorhätte, dieses Glas mit meinen Pfennigen eines Tages, wenn es denn ganz gefüllt wäre, von dem Fenster meines Zimmers aus im siebenten Stock auf die Straße hin zu entleeren, um auf diese Weise die Münzen, die ich bisher dem allgemeinen Geldverkehr entzogen hatte, diesem wieder zuzuführen. Eine Provokation natürlich, und sie hatte dann auch den gewünschten Effekt: ich bekam den als Hausaufgabe geschriebenen Aufsatz mit dem Hinweis zurück, ich hätte das Thema verfehlt. Aber ich bekam keine Zensur dafür, nicht die Fünf, die wohl jeder andere bekommen hätte, denn wie auch meine Lehrerin sehr wohl bemerkt hatte und mir gegenüber auch bekannte, war dieser Aufsatz ja nicht schlecht geschrieben – ich sollte also netterweise eine zweite Chance bekommen.

So viel noch zum Schulsystem der DDR – aber, nein, es geht noch weiter, jetzt fängt es erst richtig an, denn natürlich verweigerte ich mich als Rebell mit allzu vielen Gründen diesem gutgemeinten Ansinnen, und damit ging der häusliche Trouble los: meine Mutter zeterte, ob ich mir denn unbedingt eine Fünf, vielleicht sogar einen Tadel einhandeln wolle. Nicht ungeschickt, wie sie in diesem Falle vorging, wo es wiederum ihr Ziel war, mich zu einem guten Opportunisten zu erziehen: die Ablehnung meines Aufsatzes, so meine Mutter, zeuge natürlich davon, was für ein Kleingeist meine Lehrerin wäre, aber daran ließe sich nichts ändern, der Weg zum Sozialismus und damit dem Ende aller Kleingeisterei sei schwierig und könne eben leider nur mit solchen an und für sich doch bemühten Menschen gegangen werden, und immerhin habe doch meine Lehrerin erkannt, daß mein Pfennig-Aufsatz gut geschrieben sei, und sie sei auch nicht so stur, mir nicht doch noch eine zweite Chance zu eröffnen. Ich wollte aber natürlich trotzdem nicht, und meine Mutter kam dann mit der großartigen Idee, ich könne doch den Aufsatz, den mein Bruder zwei Jahre zuvor und bei einer anderen Lehrerin der gleichen Schule zu dem Thema *Ein altes Haus erzählt* geschrieben und für den er natürlich seine gewohnte Eins bekommen hatte, einfach abschreiben – das war ein bemerkenswertes Zugeständnis, durch das sich meine Mutter mir zur Komplizin machte, zur Komplizin eines von ihr selber vorgeschlagenen Betrugs. Den Schein zu wahren war ihr wichtiger als die preußisch-sozialistische Geradlinigkeit und Ehrlichkeit, zu der wir offiziell erzogen werden sollten. Die Anpassung an die Gegebenheiten, der Opportunismus, der auf einem Betrug beruhte, das reichte ihr aus – man könnte sagen: in realistischer Einschätzung dessen, worauf es in diesem Staate wirklich ankam, jenseits aller Propaganda.

Ich ließ mich darauf ein, ich schrieb also den Aufsatz meines Bruders *Ein altes Haus erzählt* ab, und natürlich tat ich es mit Widerwillen und im letzten Moment vor dem mir zugestandenen Abgabetermin – daß ich bei meinem Betrug erwischt werden könnte, das kam mir nicht in den Sinn, und ich wurde es ja auch nicht, aber an das, was darauf folgte, hatte ich auch nicht gedacht und meine Mutter ebensowenig: ein paar Tage später bekamen wir unsere Aufsätze zurück, und das war immer eine feierliche Sache, die an diesem Tage zu einer noch feierlicheren wurde, da mich meine Lehrerin den von mir geschriebenen beziehungsweise betrügerisch abgeschriebenen Aufsatz vorlesen ließ – nach ihrer Meinung sei er nämlich so großartig und gut geschrieben, daß ihn alle meine Mitschüler zu Gehör bekommen sollten, um sich an ihm ein Beispiel zu nehmen. Und nicht nur das: sie kündigte auch an, meinen Aufsatz in allen anderen Klassen, in denen sie unterrichtete, zu verlesen – meine Mutter geriet natürlich in Panik, als sie dies von mir hörte, die Angst ergriff sie, mein Aufsatz beziehungsweise der von meinem Bruder könne zum Thema im Lehrerzimmer werden, der ganze Betrug dadurch auffliegen, daß sich die Lehrerin meines Bruders an das erinnerte, was der schon mal als Aufsatz abgegeben hatte. Ich gebe zu, ich genoß die Panik meiner Mutter, ihre Angst, denn schließlich war das alles ja ihre großartige Idee gewesen. Ich hätte den Skandal nicht gescheut und mich mit ihr, mit meiner Mutter, herausgeredet, der guten Genossin, die alle in der Schule kannten, die dort über die Jahre hinweg immer Mitglied des Elternbeirates gewesen war.

Der Geisterschreiber

Mit ausdrücklicher Erlaubnis meines Bruders abgeschrieben am 30. November 1964 und hier mit seiner ausdrücklichen Erlaubnis auch veröffentlicht:

Ein altes Haus erzählt

»Ich bin ein altes Haus und soll meine Geschichte erzählen. Eigentlich ist sie nicht besonders interessant. Ich bin das Haus Nummer 4 in der Stehergasse in Berlin. Wenn Häuser einen Ausweis hätten, sähe meiner so aus: Name: Fritz Mietskaserne, Größe: nicht besonders, Augenfarbe: fensterglasklar, bes. Kennz.: 5 Höfe (jetzt nur noch zwei), geboren: 7. April 1889 im Büro des Architekten Johann Wohnhaus.

Ehrlich gesagt: Ich fand mich nie besonders schön, die engen Treppen, die dunklen Höfe und die schmalen Fenster. Das war wohl auch der Grund, weshalb in mir nur Arbeiter wohnten. Die reichen Kapitalisten und Millionäre konnten die hohen Mieten für die schönen Häuser bezahlen, aber ein armer Arbeiter nicht.

Der Krieg kam und mit ihm die Bomben. Krachend stürzten einige Häuser

neben mir zusammen. Andere gingen in Flammen auf. Ich stand furchtbare Ängste aus. Ich hatte einigermaßen Glück. Von meinen fünf Höfen blieben zwei stehen. Viele Fensterscheiben gingen kaputt und Putz bröckelte ab.
Nach dem Krieg wurde ich notdürftig ausgebessert. Als ich dann nach einem halben Jahr wieder mal mein Inneres betrachtete, sah ich erstaunt, daß in manchen Zimmern vier bis fünf Menschen lebten. Da wurde mir klar: Das sind die Leute, die vorher in den anderen im Krieg zerbombten Häusern wohnten. Das kann doch nicht so weitergehen, dachte ich mir. Da müssen doch neue Häuser gebaut werden! Und richtig, ich hatte mich nicht geirrt. Nach ein paar Jahren wurden neben mir Baugruben ausgehoben und Fundamente gelegt. Die Häuser wuchsen und wuchsen und wurden immer schöner. Ich war neugierig, wer wohl die glücklichen Bewohner werden. Ach, bestimmt nur reiche Herrschaften, die die hohe Miete bezahlen können. Aber merkwürdig, warum gingen die »Herrschaften«, die einzogen, nachdem das Haus fertig war, jeden Tag so früh zur Arbeit? Danach fragte ich einen Jungen, der an mir vorüberging. Er antwortete lachend: »Da wohnen doch Arbeiter!« »Was?« fragte ich, »können die überhaupt die Miete bezahlen? Wie hoch ist sie denn?« »Nur 69 DM.« Das muß jedenfalls ein besserer Staat sein als der von früher, der für so schöne Häuser so niedrige Mieten verlangt, dachte ich mir.
Als ich eines Morgens aufwachte, bekam ich einen Schreck. Arbeiter fingen an, mich abzureißen. »Warum reißt ihr mich ab?« fragte ich entsetzt. Jetzt wurde mir klar, warum seit einiger Zeit die Leute aus mir auszogen. Ein Arbeiter antwortete: »Ja, ja, Alterchen, wir reißen dich ab, damit an deiner Stelle neue Häuser entstehen. Keine mit fünf engen Höfen, mit dunklen Wohnungen, sondern welche mit Grünanlagen, großen Fenstern und hellen Zimmern …«
Hier endet die Geschichte des alten Hauses. Es wird aber erzählt, daß es nicht traurig war, sondern froh dem Neuen Platz machte.

Inhalt: 1, Ausdruck: 1, eine fleißige und gutdurchdachte Arbeit! Was will man mehr.

Aber es kam nicht raus, ich wurde nur zu einer Berühmtheit in meiner Schule – mein erster literarischer Erfolg, er kam betrügerisch zustande. Der besondere Witz bei der ganzen Sache war nun der, daß das sentimentales, romantisches Zeug war, was mein Bruder da in seinem *Ein altes Haus erzählt* verzapft hatte, mein Aufsatz aber dagegen sich gerade über alles romantische Getue lustig gemacht hatte, über die Sentimentalität Erwachsener, die durch ihre Hobbys doch noch ein bißchen Kind und kindlich bleiben wollten – auch deshalb ja meine konsequente Vermeidung des neumodischen Wortes *Hobby*, deshalb das lächerliche, zu belächelnde *Steckenpferd*. Aber nicht nur, wie ich gern zugebe, wo ich doch hier schon den Betrug zugegeben habe, denn mein Pfennig-Aufsatz, er war so originell ja nicht, und ich wäre sicher auf das *Steckenpferd* ohne den *Tristam Shandy* nie gekommen, den von Lawrence Sterne, meiner Lieblingslektüre damals, von dem ich nicht nur die Ironie gelernt hatte, sondern auch welchen Spaß es macht, die Dinge, die so komplex und kompliziert sind, noch ein bißchen mehr dadurch zu verkomplizieren, daß man sich die unendliche Mühe macht, sie in ihrer Komplexität auch darzustellen. Stilistisch bin ich davon sicher noch bis zum heutigen Tage geprägt, die vielen Vereinfacher unter den Schriftstellern des 20. Jahrhunderts sind mir immer suspekt geblieben. Nicht nur die Ironie, auch dieses Verlangen nach Komplexität, das ist es wohl, woran sich die Geister geschieden haben: wer glaubte und glauben wollte, an was auch immer, an welche der Ideologien dieses Jahrhunderts auch immer, mußte sein Heil in der Vereinfachung suchen, mußte die Welt auch furchtbar ernst nehmen. Ironie und Komplexität, das sind die Gegenstrategien, der Versuch, sich gegen den totalitären Anspruch irgendwelcher Idee zu wehren, die meinen, die Welt zu erklären und zu wissen, wie sie denn eingerichtet werden sollte. Natürlich ist das instinktiv, keine bewußte Wahl, an welcher dieser beiden konträren Geistesrichtungen man sich orientiert, und ich würde auch sagen, daß diese Entscheidung sehr früh fällt. In meinem Falle mit 11, 12 Jahren, und es war dies, wie ich später feststellen mußte, eine sehr einsame Entscheidung, eine Entscheidung, die mich nicht nur in Gegensatz zum Sozialismus im DDR-Format brachte, sondern auch zu den großen Geistern dieses Sozialismus, zu den allgemein anerkannten, den auch von den Unzufriedenen, den Oppositionellen anerkannten, Leuten wie Brecht etwa oder Müller, Heiner Müller und Volker Braun in der dann nachfolgenden Generation, und mehr noch, und für mich sicher viel entscheidender, auch in einen Gegensatz zu den Menschen, die meine Freunde werden sollten – stilistisch war das nie meine Welt, die von Thomas Brasch, die von Schleef. Aber man braucht ja doch lange, um so etwas herauszufinden und sich darüber klarzu-werden.

Der Nebel

Der Nebel entsteht durch die enfilierte Naunosion von irreversiblen Plasmodien Hartmann'scher Hystolyten. Neuere Nebelforscher bezeichnen diesen axiblen Vorgang auch als Camulus hyethos. Die Nebeltropfen gleichen in ihrer Form den Hoffmannstropfen, die ja wohl in aller Welt bekannt sind. Der bekannte englische Nebelforscher Lord Miller of Blackpool stellte die allgemein anerkannte Theorie auf, daß Dampf und Rauch mit dem Nebel eng verwandt sind. Die Ursache dieser Tatsache wurde bis heute nicht sixtiiert.
Im Mittelalter soll der Nebel nicht so dicht gewesen sein. Aus der grauen Vorzeit dagegen wird von langanhaltenden, dichten und sehr grauen Nebeln berichtet, was ja der Name »graue Vorzeit« sagt. Von den Germanen erzählt man in diesem Zusammenhang von unglaublichen Sitten und Gebräuchen: Konnte ein Gericht kein Urteil fällen, so mußte der Angeklagte bei dichtestem Nebel hochgehaltene Stecknadelköpfe in 10 m Entfernung zählen. Gab er die falsche Zahl an, so war er schuldig.
Piraten haben neblige Tage für ihre Gaunerstücke erkoren, Astronomen, Automobil-, Velozipedfahrer etc. betiteln nebliges Wetter mit Hunds- oder Sauwetter. Nebellampen-, Nebelhorn- und Nebelbrillenfabrikanten haben solche Worte noch nie über ihre Lippen gebracht. Sie leben vom Nebel.

Es gibt Frühnebel, Novembernebel, Hochnebel, Bergnebel, nässenden Nebel, den Andromedanebel und den Orionnebel. Für nässenden Nebel ist noch keine Gummihose erfunden worden, und zwar aus technischen Gründen. Eine Abart des Nebels ist der »strichweise Nebel«, der aber nur im Wetterbericht vorkommt. Besonders berüchtigt ist der Londoner Nebel. Er ist so dicht, daß einmal ein 5-Meilen-Sprinter drei Stunden nach dem Start in Nordschottland vollkommen erschöpft aufgefunden wurde. Er war wegen des Nebels weit über das Ziel hinausgeschossen.
Die Nebelhöhlen sind nur ein Druckfehler, es sollte Nebenhöhlen heißen. Zu beachten ist aber, daß selbige öfters entzündet sind. Bei starkem Nebel kann man sogenannte Nebelschnüre spannen, um seine Behausung wiederzufinden. Diese Erfindung aus dem 17. Jahrhundert ist bis heute leider unbekannt geblieben.
Ein weiteres, sehr wirksames Mittel gegen den Nebel ist die Selbstbenebelung mit Alkohol. Da bekanntlich minus mal minus plus ergibt, merkt man dann vom eigentlichen Nebel gar nichts mehr. Dabei denken wir an die treffenden Worte des Dichters:
Nebel am Abend,
erquickend und labend.

Schade, daß sich mein Steckenpferd-Aufsatz nicht mehr finden läßt, aber dafür habe ich den längst verschollen geglaubten *Nebel* gefunden in dem, was vom Nachlaß meiner Mutter, die diesen Aufsatz mit der Schreibmaschine und dem Zusatz *Florian Havemann (12)* abgetippt hat, auf mich gekommen ist – natürlich ist das geklaut. Aber gut geklaut ist schon halb gewonnen. Eine Fingerübung, mehr nicht. Aber man muß doch üben dürfen, man beginnt nicht eines Tages zu schreiben, nur weil man's in der Schule gelernt, und hat's dann schon. Ein Irrtum vieler Leute. Ein Irrtum. Man beginne wie ein junger Komponist mit Variationen. Mit Variationen auf die Werke bewunderter Meister, und das, was ich hier, im Nebel stochernd, variiere, das ist *Der Regen*, und so weit ist doch der Regen nicht vom Nebel entfernt. Der Meister, dem ich hier, im Nebel stochernd, huldige, es ist der berühmte Krawallin – was, Sie kennen Krawallin nicht? Sie sollten unbedingt Krawallin kennen, und Sie sollten ihn nicht nur auf seinen zerkratzten Schellackplattenaufnahmen hören oder auf den wenigen, ebenso zerkratzten Zelluloidmetern bewundern, die von ihm überliefert sind, Sie sollten ihn auch lesen, denn erst beim Lesen wird richtig klar, was das für ein Meister ist der Pointe, des verschrobenen, nie ganz oder immer erst ein bißchen später zündenden Humors. Ich erinnere mich an das: kommt ein Mann in einen Schallplattenladen, will eine Schallplatte kaufen, fragt ihn die Verkäuferin, was für eine Schallplatte er denn wolle, antwortet der Mann: eine ganz gewöhnliche, schwarz und rund, mit einem Loch in der Mitte und Schall drauf. Und so geht das dann seitenweise, und jetzt werden Sie ihn doch erkannt haben, den Karl Valentin, der bei uns in der Familie Havemann nur *Krawallin* hieß, *Krawallin*, weil meine kleine Schwester seinen Namen noch nicht richtig aussprechen konnte und ihn deshalb viel richtiger als *Krawallin* aussprach, richtiger, weil zu dem Krawall passend, zu dem begeisterten Lärmen und Toben, zu unserem markerschütternden Gelächter, das er bei uns auslöste, las mein Vater am Sonntagnachmittag aus dem *Großen Karl Valentin Buch* vor, das dankenswerterweise im Piper-Verlag erschienen war und das mein Vater von Piper, Klaus Piper, zugeschickt bekommen hatte, von seinem Jugendfreund.

Schreiben und Lesen

Auf Lawrence Sterne und seinen *Tristram Shandy*, auf *Das Leben und die Ansichten von Tristram Shandy, Gentleman* bin ich durch dessen Buch *Die empfindsame Reise durch Frankreich* gekommen, wo im Nachwort erwähnt wurde, daß der Mann auch noch diesen Roman geschrieben habe, diesen *Tristram Shandy*, und auf *Die empfindsame Reise* wiederum bin ich durch die *Harzreise* von Heine gestoßen, in dessen Nachwort wiederum Sternes Buch als Heines großes Vorbild genannt worden war, und die *Harzreise*, das war für mich lange das Buch überhaupt, das Buch, das mich zu der provozierenden Äußerung brachte, man müsse nur ein einziges Buch gelesen haben, dies aber richtig. Ich bin dann natürlich selber von diesem Lektüre-Programm abgewichen – auch darin, daß ich den *Tristram Shandy*, dieses Unding von einem Buch, nie zu Ende gelesen habe, den Stil zu verstehen, das reichte mir, und ich würde auch heute noch sagen, daß das vollkommen ausreicht, denn Stil, Stil, das ist ja mehr als nur ein literarisches Verfahren, Stil, das bedeutet ein bestimmtes Verhältnis zur Welt, in einem Stil kommt ein solches zum Ausdruck, und das ist es, was allein zählt. Was mich anzieht oder abstößt, womit ich mich identifizieren kann, wovon ich dann beeinflußt werde. Die Story, die in einem Roman erzählt wird, das, worum es in einem Gedicht, in einem Theaterstück genau geht, das bleibt zweitrangig. Nur deshalb kann man ja auch wie ich von einer Reisebeschreibung wie der *Harzreise* so sehr beeinflußt sein – es mag zwar Leute geben, die dann meinen selber den Harz durchwandern zu müssen, sich in Schierke und Elend umschauen zu müssen, aber zu denen gehöre ich nicht, das wäre mir nie eingefallen. Es war allein das Verfahren, das in all den drei Büchern angewendet wird, das mich interessierte: das Spiel, das in ihnen gespielt wird, der Unernst, mit dem es gespielt wird, die Auseinandersetzung mit der Romantik, die Zersetzung des Romantischen, des Idealischen, und ich hatte es doch mit einer ganzen Schule sozialistischer Romantik zu tun, deren ich mich erwehren mußte. Mit Ideen, die für wirklich genommen wurden, und entsprach die Wirklichkeit ihnen so offensichtlich nicht, wie dies in unserer wunderbaren DDR der Fall war, dann sprach dies doch nicht etwa gegen die Ideen und ihren fehlenden Wirklichkeitssinn, ihre Realitätstauglichkeit, sondern gegen die erlebte Wirklichkeit und für einen oppositionellen Sozialisten gegen den real existierenden Sozialismus – gegen den auch ich zwar etwas hatte, den ich aber doch nicht von irgendwelchen offensichtlich falschen Vorstellungen her kritisieren wollte. Was war das für ein Einwand, daß diese DDR, der ganze schöne und schreckliche Sozialismus nicht den Vorstellungen glich, die wir vom Sozialismus hatten? Meiner Meinung nach, für mein Gefühl sicher erst mal, ein schwacher Einwand – wichtiger schien mir, wissen zu wollen, in was für einer Gesellschaft wir denn nun leben, was in ihr überhaupt zu verändern sei, und später wurde dies für mich immer zu der Frage, ob denn da eigentlich überhaupt noch etwas zu verändern wäre.

Ich hatte diese romantische Schule des Sozialismus nicht nur in meinem Vater direkt vor mir, ich hatte sie noch einmal mehr romantisch in meinem Bruder mir gegenüber, den zu verscheißern und zu veräppeln mir über Jahre hinweg zur liebsten Übung wurde. Das Blumenkind, der junge Mann mit der Blockflöte und dem kleinen Köfferchen – natürlich war auch er, abgerissen, aller Äußerlichkeiten nicht achtend, verdreckt und mit langen Haaren, ein Ärgernis für alle DDR-Kleinbürger und die Funktionäre, die doch nichts anderes waren als von einem kleinbürgerlichen Zuschnitt und Habitus, aber er war es auch für mich, ein Ärgernis, und ich war es sicher auch für ihn: ein Störenfried, ein Lästermaul, dem nichts heilig war. Aber wir mochten uns, wir liebten uns – nur ging das natürlich auf Dauer in dem Kleingarten DDR nicht zusammen, und es wurde dann auch ganz, ganz schrecklich.

Mein Bruder

Eine Beerdigung erster Klasse

Zwei Brüder, wie sie nicht verschiedener sein können. Und trotzdem lieben sie sich und stehen auch am Grab ihres Vaters zusammen, finden sie sich genau in dem Moment im Menschengewühl zusammen. Beide dort nicht so richtig gewollt, mißtrauisch beäugt beide. Der eine, weil er in die Partei gegangen ist, die diesen Vater verfolgte – ihn weitestgehend aber doch in Ruhe ließ, wie ich nun wieder ketzerisch anmerken will. Der andere, weil er aus dem Land des Vaters weggegangen ist, den Sozialismus des Vaters verraten hat – ganz zu Recht, was ich auch hier anzumerken nicht vergessen will. Beide umgeben von den Anhängern ihres Vaters, von seinen Bewunderern. Der eine Bruder im letzten Moment, in dessen letzten Lebenstagen noch mit dem Vater wieder versöhnt, und der, wie es hier doch auch heißen sollte, auch wieder mit ihm vervätert. Der andere nicht ans Totenbett gerufen, der andere, der dies auch nicht von sich aus versucht hat, noch einmal seinen Vater besuchen zu dürfen, unversöhnt, unvervätert. Der eine Bruder in dem Land lebend der Angepaßten, in einem Staat, der ordentliche Bürger haben wollte und keine Gammler. Der andere dort lebend, wo jeder nach seiner Fasson, seinem Haarschnitt und Outfit selig werden kann, in der freien Welt, in einer durch 68 von vielen Zwängen befreiten Welt. Der eine Bruder, der aus dem Land der Ordentlichen, der Parteigänger auch dieser Ordnung, sieht aus wie Rasputin, der andere Bruder, der aus der freien und legeren Welt des Westens, wie ein junger Börsenmanager. Der eine der Brüder verfügt über ein geregeltes Einkommen, der andere schlängelt sich so durch, studiert noch offiziell, bekommt ein kleines Stipendium, hat irgendwelche Jobs, sich ein Zubrot zu verschaffen, wird von mehreren Frauen finanziell unterstützt. Die Zukunft des einen scheint vorherbestimmt, die des anderen völlig ungewiß. Der eine ist Wissenschaftler, der andere Künstler.

Mein Bruder und ich im Jahre 1982. Die alte Rollenverteilung: mein Bruder der Romantiker, ich der skeptisch-zynische Realist. Und ich trage Nelli, die Tochter meiner Schwester, auf dem Arm, so wie ich später dann auch meine Kinder getragen habe: so daß sie was sehen können von der Welt. Sie sollte kommen, meine Schwester sollte es, mein Vater, unser Vater erwartete sie sehnsüchtig, wollte sie noch einmal sehen, bevor er starb. Aber er schafft es nicht mehr, hält es nicht bis zu ihrer Ankunft durch. Er schaltet das Atemgerät selber ab. Meine Schwester kommt kurze Zeit darauf. Sie sieht ihn noch, ich nicht. Weder lebend noch tot. Ich sehe nur den Sarg und muß mir die Rede von einem Pfarrer anhören, der die Frechheit und Taktlosigkeit besitzt, bei der Trauerfeier für einen Atheisten seinen Gott zu erwähnen: Rainer Eppelmann. Der Friedhof voller Menschen, die zum Teil von weit her gekommen sind, und nicht alle haben es bis nach Grünheide geschafft, von der Staatssicherheit daran gehindert. Um das Grab herum westliche Journalisten, die Fotoapparate klicken. Einer von ihnen macht dieses Foto. Später höre ich, daß diese Journalisten im Westen herumerzählten, ich hätte auf dem Grab meines Vaters getanzt, froh darüber, daß er endlich tot ist – Saubande. Havemann eine Republik, eine öffentliche Angelegenheit. Selbst in den persönlichsten Momenten.

Bis zum Ende und darüber hinaus

In den lähmenden 80er Jahren dann, den Jahren vor dem kläglichen Ende des Sozialismus, begann auch für meinen Bruder das große Leiden an seiner Partei. Und mit Gorbatschow und der Abwehr seiner Partei, die nun nicht mehr von der Sowjetunion das Siegen lernen wollte, gegen alle Perestroika-Bestrebungen auch in der DDR, wurde es stärker, dieses Leiden, wuchs es sich zur lähmenden Verzweiflung aus. Wir sahen uns selten in diesen Jahren, denn ich durfte nur ausnahmsweise mal in die DDR, und wenn wir uns sahen, dann quälte ich ihn wieder, mit so Sachen wie: wir würden beide noch das Ende seiner DDR erleben und in ein paar Jahren wisse niemand mehr so richtig, was das überhaupt gewesen sei, der Sozialismus auf deutschem Boden, die DDR nur noch eine Fußnote wert in der deutschen Geschichte, ungefähr so wichtig wie die im Gefolge von Napoleons Großer Armee installierte Mainzer Republik – also unwichtig. Und als dann die Wende endlich kam, flackerte bei meinem Bruder und in seinen Kreisen noch einmal die Hoffnung auf, jetzt wäre ein besserer, der richtige und wahre und auch demokratische Sozialismus möglich, und wieder ärgerte ich ihn, indem ich rumtönte: die Wende würde in nichts anderem als der Wiedervereinigung enden – so von mir drei Tage nach der Maueröffnung prophezeit, in einer Zeit also, als das DDR-Völkchen noch *Wir sind das Volk* rief und noch nicht *Wir sind ein Volk*, aber das war ja klar, mußte doch für jeden klar sein, der sich ein bißchen auskennt in der Welt und der Geschichte, darauf bin ich nicht sonderlich stolz.

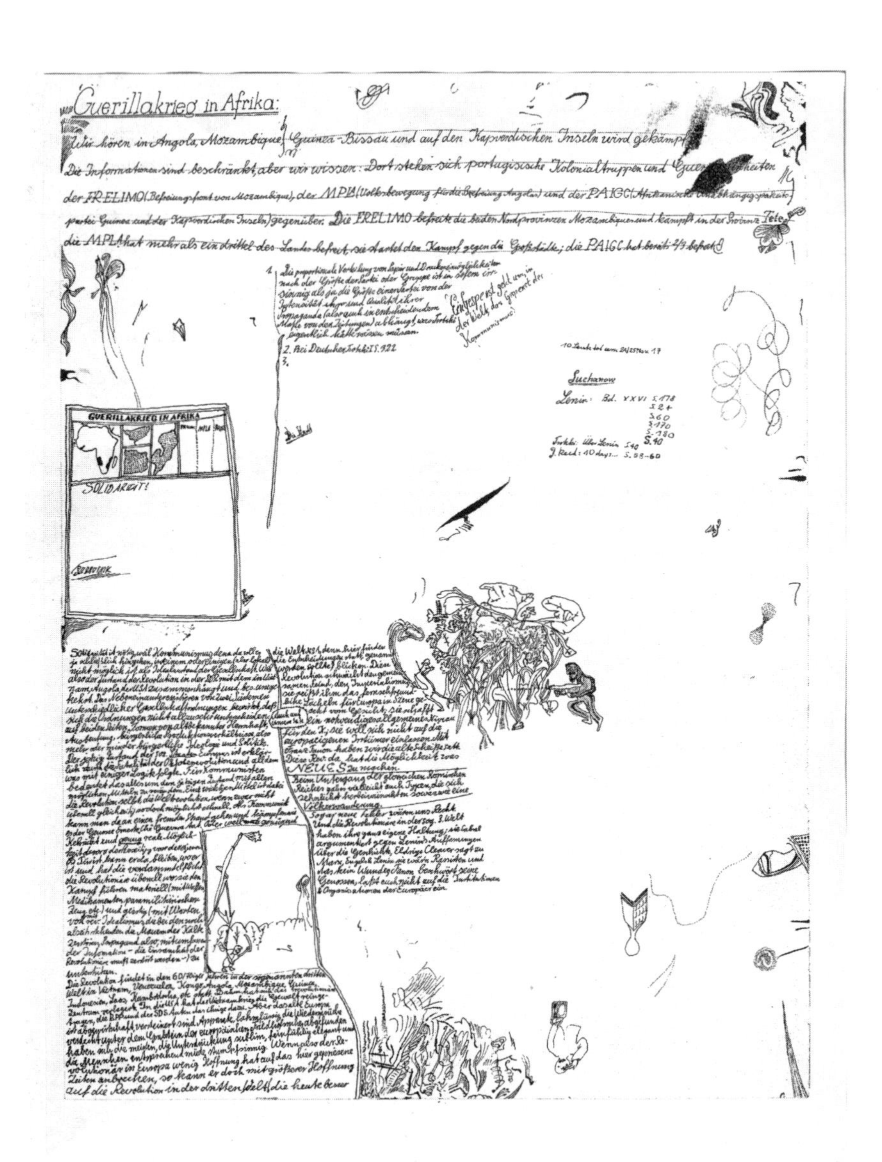
Guerillakrieg in Afrika:
Wir hören in Angola, Mozambique, Guinea-Bissau und auf den Kapverdischen Inseln wird gekämpft
Die Informationen sind beschränkt, aber wir wissen: Dort stehen sich portugisische Kolonialtruppen und
der FRELIMO (Befreiungsfront von Mozambique), der MPLA (Volksbewegung für die Befreiung Angolas) und der PAIGC
parteí Guinea und der Kapverdischen Inseln) gegenüber. Die FRELIMO befreite die beiden Nordprovinzen Mozambiques und kämpft in der Provinz Tete
die MPLA hat mehr als ein drittel des Landes befreit, sie startet den Kampf gegen die Großstädte; die PAIGC hat bereits 2/3 befreit
GUERILLAKRIEG IN AFRIKA
SOLIDARITÄT!
Suchanow

Selbstbezichtigung

Florian Havemann bereitet die Weltrevolution vor. Oder anders formuliert: auch Florian Havemann hat sich mal nach Kräften lächerlich gemacht – nicht nur sein Brüderchen, und der mit seinem Kommunestatut, seinem grünen Büchlein der Revolution im Kleinen und Großen. Man übe Gerechtigkeit, übe sich in Gerechtigkeit, gestatte der Selbstgerechtigkeit den glatten Durchmarsch nicht. Die Ähnlichkeiten sind frappant, die sich in diesem Dokument revolutionärer Idiotie finden lassen, mit dem, was mein Bruder sich so an revolutionären Träumereien geleistet hat. Die Ähnlichkeiten sind überdeutlich, die Unterschiede aber auch – jedenfalls für mich, der sie gerne betonen will.

Halten wir uns eine Weile erst einmal bei den Unterschieden auf: der eine der Gebrüder Havemann glaubt, für die rev. Entwicklung doch ein erst leeres, dann mit rev. Ereignissen beziehungsweise deren Eintrag zu füllendes Buch Zeit haben zu müssen, der andere meint, dies an einem Nachmittag, auf einem einzigen Blatt erledigen zu können. Und er wird dabei sicher genauso viel seiner rev. kostbaren Zeit auf die Form verwendet haben, auf seine kleinen, ordentlich nebeneinandergesetzten Pünktchen zum Beispiel im Kartenteil, wie auf den rev. Inhalt – diese Form ist nicht rev., in keinster Weise Avantgarde, sondern verspielt und irgendwie auch ganz unrev. nett und harmlos, ein bißchen nostalgisch, als ginge es zurück in die alte Zeit der Federhalter, Federkiele, der Tintenfässer. Da war der andere der Gebrüder Havemann mit seinem Kontorbuch der Revolution schon ein kleines Stück weiter, wenn auch noch nicht auf dem damals aktuellen Stand der Bürokratie angelangt, auf dem der bürokratisch angelegten Akten. [illegible] Schauen wir uns diese Schreibschrift aber etwas näher an, dann sehen wir auch da eine Schrift, die die Persönlichkeit des Schreibenden negiert. Das ist doch wie gemalt, wie extra ordentlich hingeschrieben, eine Schreibschrift, die nicht wirklich echt ist, sondern ganz und gar von dem Gerät bestimmt wird, von der Feder, mit der er schreibt, von der Feder, mit der er auf seinem Papier gar nicht rasch schreiben kann. Man betrachte doch nur einmal näher diese Zeilen: *Ein Gespenst geht um, in der Welt, das Gespenst des Kommunismus* – das sieht aus, als hätte es eine alte Omi mit zittriger Schrift geschrieben. Und dann ist diese Schreibschrift so ähnlich klein wie die Druckschrift des anderen Havemann, und klein läßt sich nur ordentlich schreiben. Man betrachte zum Beispiel die winzig klein geschriebene Zeile *10 Leute tot am 25/26. Nov 17*, die sich auf die großartigen Ereignisse der Oktoberrevolution, auf den die Welt erschütternden Sturm des Winterpalais bezieht. Man beachte auch das auch bei diesem der Gebrüder Havemann vorkommende magische Wort *SUBBOTNIK*, in Versalien geschrieben – so groß also sind die Unterschiede doch nicht. Wenn, dann besteht der Hauptunterschied in der graphischen Gestaltung des Blattes, in den dekorativen Zierleisten, in den eingefügten Schnörkeln, den zum Teil schwer zu deutenden kleinen Zeichnungen, von denen die eine wohl einen Dschungel darstellen soll, in den ein unschwer an seinem rev. Barte erkennbarer Revolutionär mit einer MP hineinballert. Und dann gibt es da am unteren Rand des Blattes jene für einen Uneingeweihten sicher vollkommen unverständlichen, keine klare Gestalt annehmenden Striche, die sich von einem Eingeweihten aber unschwer als das deuten lassen, was sie bedeuten, nämlich nichts – da hat dieser Havemann doch bloß seine leicht verdreckende Feder mit der so schnell trocken werdenden Ausziehtusche abgestrichen. Dreht man dieses Blatt um, dann entdeckt man neben diesen Strichen, auf dem Kopfe stehend, eine männliche Halbfigur, die eine Laterne in der Hand hält, die Laterne eines Streckenwärters, und damit wenigstens, in diesem einen Detail, sind wir in der Welt, die die Welt des Havemann war, der sich hier so revolutionär versuchte, in der Welt der Eisenbahn, und bei der Eisenbahn, der Berliner S-Bahn, um genau zu sein, arbeitete ich doch, erlernte ich den Beruf eines Elektrikers.

Ein Witz, der unter Eisenbahnern erzählt wurde: gehen zwei Streckenwärter des Nachts eine Eisenbahnstrecke entlang. Sie stoppen, denn da liegt etwas auf den Schienen. Sie leuchten mit ihren Streckenwärterlaternen und entdecken einen abgerissenen Arm. Sie nehmen den Arm und werfen ihn ins Dunkel neben den Gleisen. Sie gehen weiter und finden ein Bein, und wieder beleuchten sie das Bein und werfen es neben die Gleise. Dann gehen sie weiter, und mit einemmal finden sie einen ganzen Rumpf auf den Schienen liegen, einen Rumpf mit abgetrennten Gliedmaßen und in einer Eisenbahneruniform. Sagte der eine Streckenwärter zu dem anderen: »Egon wird doch wohl nicht etwa was passiert sein.«

Kommen wir nun zu den nicht wegzudiskutierenden, nicht zu relativierenden Übereinstimmungen zwischen den Gebrüdern Havemann: bei meinem Bruder und mir diese gleiche Ausrichtung auf die Befreiungsbewegungen in der sogenannten Dritten Welt, in die der revolutionäre Weltgeist von Europa weg ausgewandert schien. Die Hoffnung, daß von daher die Veränderung komme, ein revolutionärer Wind, der dann auch wieder die Metropolen erfasse, die versteinerten Verhältnisse auch im sozialistischen Block, unsere kleine DDR durcheinanderzuwirbeln vermöge. Originell ist das nicht. Noch nicht mal das. Allgemeiner linker Zeitgeist damals. Im Westen grassierend unter Linken. Hoffnung für Gescheiterte. Sehnsucht nach Gewalt, nach der gewaltsamen Veränderung. Gewalt hat sehr viel mit Harmonie zu tun. Hat Charlie Manson gesagt, der Mörder. Weil man die Intelligenz nicht erreichen könne, greife man zur Gewalt. Hat Charlie Manson gesagt, der kleine Kriminelle mit den großen Ambitionen. Hätte Andreas Baader so sicher nicht gesagt, der deutsche Kleinkriminelle mit den großen revolutionären Ambitionen. Baader konnte nur das: revolutionär rumschwafeln. War nicht intelligent genug, die Gründe für seine Gewalt zu erkennen, geschweige denn, sie formulieren zu können. War Charlie Manson besser. Der dumme maispflückende Junge, der ewige Knastrologe. Und auch mir weit voraus. Die Intelligenz nicht erreichen zu können, das ist eine weitaus intelligentere Begründung für Gewalt. Von Schwachen, von Gescheiterten. Von Möchtegern-Revolutionären. Zuviel Bildung verhindert da die Klarheit. Die eigene Gewalttätigkeit mit irgendwelchen Kämpfen irgendwo und irgendwelcher Leute zu legitimieren, dazu muß man immerhin die Zeitung gelesen haben. Sich um geistige Arbeit bemühen können. Ein paar angelesene Fakten exzerpieren können. Jeder lege sich die Welt so zurecht, wie er sie braucht. Nur die Welt braucht's in den seltensten Fällen.

Solidarität ist nötig, weil Kommunismus, denn da soll es schließlich hingehen, in einem oder einigen (also lokal) nicht möglich ist, als Idealzustand der Gesellschaft. Weil also der Zustand der Revolution in der DDR mit den in Vietnam, Angola, der USA zusammenhängt. Das Nebeneinanderexistieren von zwei Süstemen unterschiedlicher Gesellschaftsordnungen bewirkt, daß sich die Ordnungen nicht allzusehr unterscheiden: auf beiden Seiten Formen von altbekannter Herrschaft, Ausbeutung, bürgerliche Produktionsverhältnisse, also mehr oder minder bürgerliche Ideologie und Politik. Der jetzige Zustand der soz. Staaten Europas ist erklärbar durch die Fatalität der Oktoberrevolution und all dem was mit einiger Logik folgt. Für Kommunisten bedeutet das alles um den jetzigen Zustand mit allen möglichen Mitteln zu verändern. Ein wichtiges Mittel ist dabei die Revolution selbst, die Weltrevolution, wenn zwar nicht überall gleichzeitig so jedoch möglichst schnell. Als Kommunist kann man da an einen fremden Strand gehen und kämpfen wie es der Genosse Ernesto »Che« Guevara tat. Oder weil genügend Kehricht und genug reale Möglichkeit der Beseitigung vor der eigenen Haustür ist kann er da bleiben, wo er ist und hat die verdammte Pflicht die Revolutionäre überall wo sie den Kampf führen materiell (mit Waffen, Medikamenten, paramilitärischem Zeug etc.) und geistig (mit Worten voll mit rev. Idealismus, die bei den noch abseits stehenden die Mauern der Kälte zerstören, Propaganda also, mit umfassender Information – die Einsamkeit der Revolutionäre muß zerstört werden) zu unterstützen.
Die Revolution findet in den 60/70er Jahren in der sogenannten dritten Welt in Vietnam, Venezuela, Kongo, Angola, Mozambique, Guinea, Indonesien,

Laos, Kambodscha etc. statt. Dahin hat sich das revolutionäre Zentrum verlagert. In die USA hat der Vietnamkrieg die Gewalt reingetragen, die BPP und der SDS taten das ihrige dazu. Aber das alte Europa ist abgewirtschaftet, versteinert sind Apparate, lahmfüßig, die Widersprüche verdeckt, unter dem Grabstein der europäischen Friedhofsruhe, abgefunden haben sich die meisten, die Unterdrückung ist sublim, feinfühlig, elegant und die Menschen entsprechend müde, stumpfsinnig. Wenn also der Revolutionär in Europa wenig Hoffnung hat auf daß hier gepriesene Zeiten anbrechen, so kann er doch mit größerer Hoffnung auf die Revolution in der dritten Welt (die heute besser die Welt No 1, denn hier finden die Entscheidungen statt, genannt werden sollte) blicken. Diese Revolution schwächt den gemeinsamen Feind, den Imperialismus, sie reißt ihm das fernsehfreundliche Lächeln für Europa in Szene gesetzt vom Gesicht; sie schafft ein notwendiges allgemeines Niveau für den K., sie will sich nicht auf europäische Irrtümer einlassen. Mit Franz Fanon haben wir die alte Scheiße satt. Die Rev. da, hat die Möglichkeit was NEUES zu machen.

Als Einschub:
Beim Untergang des glorreichen Römischen Reiches gab es vielleicht auch Typen, die sich sehnlichst herbeiwünschten sowas wie eine Völkerwanderung.

Die historischen Dimensionen können nicht groß genug gedacht sein. Will man sich gehörig lächerlich machen. Peinlich, peinlich – ein Dokument geistiger Umnachtung. Bis hin zu den vielen Rechtschreib- und Grammatikfehlern. Die dabei nicht ausbleiben können. Hier schreibt einer unter Streß. Überfordert sich jemand, und dieser jemand, das bin ich selber mit vielleicht 17 Jahren. Hier schreibe ich so total an der Realität vorbei, daß jeder Satz von Voraussetzungen ausgeht, die so gar nicht stimmen, die so grundsätzlich anzuzweifeln sind, daß sich ein Argumentieren und Dagegenhalten gar nicht lohnt. Aber ich war 17 und ein 17jähriger Fanatiker, und ich komme nicht drum herum, einem Mann wie Heiner

Müller zu attestieren, daß er ähnlichen Irrsinn bis an sein Lebensende verbrochen hat, in seinen vielen Ist-Sätzen – natürlich besser formuliert aber vom ganzen Gestus her der unbewiesenen, durch nichts hergeleiteten Behauptungen. Im Fluge. Die große Über- und Weltsicht. Und wie der Ostler Heiner Müller, so auch ich kleiner revolutionärer, revolutionssüchtiger Wicht: der zum Scheitern verurteilte Versuch, den Westen zu denken, revolutionär zu denken. Völlig abseitig. Ohne die Erfahrung des Westens. Zum Glück kam ich um einige Erfahrungen und Desillusionen reicher dorthin, in den Westen, sonst hätte ich mich wohl der damals noch *Baader-Meinhof-Bande* genannten Roten Armee Fraktion angeschlossen, die sich genau dies auf ihre Flugblätter zur Rechtfertigung schrieb, den Kampf in der dritten Welt in die Metropolen tragen zu wollen. Auch Müller interessierte in dieser Zeit nur das wirklich am Westen, deshalb doch auch seine im Hamburger Schauspielhaus mit Staatsknete aufgeführte Bearbeitung von Brechts *Fatzer* – die Geschichte von Leuten, die mit ihrer Revolution zu früh kommen. Und deshalb zum Terror greifen, greifen müssen. War aber nicht zu früh, der Terror der RAF war nur, weil zu spät, weil 68 nicht das gebracht hatte, was sich einige Hitzköpfe von 68 erwartet hatten. Blind für das, was 68 alles gebracht hat an Veränderungen, gravierenden Veränderungen.

Kurzer Auftritt: Heiner Müller

Wir schreiben das Jahr 1969, und noch einmal sage ich *wir*, und dieses *wir*, das sind nun zumindest Heiner Müller und ich in diesem Falle, die wir uns beide in diesem Jahr einmal begegnet sind, und es war dies ein wichtiges Jahr, jedenfalls für mich, denn ich war nach meiner vorzeitigen Gefängnisentlassung in die Produktion gesteckt worden zur Bewährung, war in die herrschende Klasse hinabgestoßen worden, wie wir damals zynisch sagten, war mit einemmal mit den DDR-Realitäten konfrontiert, mit der der einfachen Leute, der Proleten, für die der Kommunismus jedenfalls noch nicht ausgebrochen war, die es dem Regime aber auch nicht vorwarfen, weil er ihnen so gar nichts bedeutete, unser Kommunismus. Und dann war auch dieses Jahr bald um, war es Weihnachten geworden, und ich mochte nicht am christlichen Fest teilnehmen und an den unchristlichen Weihnachten meiner vielfach geteilten Familie schon gar nicht, und als ich in meinem Reichsbahnausbesserungswerk hörte, daß da Leute gesucht würden für den Heiligabend, um bei der S-Bahn die Fahrkarten abzuknipsen, meldete ich mich freiwillig, und so saß ich dann da nun am 24. mit meiner dunkelblauen Reichsbahneruniform in einem kleinen Schalterhäuschen unten im S-Bahnhof Alexanderplatz, zu meinen Füßen eine Heizröhre, die mir wenigstens die Beine etwas wärmte. Der Bahnhof war fast die ganze Zeit leer, kein Mensch unterwegs in diesen Stunden unterm Weihnachtsbaum, das kalte Neonlicht, es beleuchtete die meiste Zeit nur mich und meinen Fahrkartenknipser. Und nachdem ich dort schon ein paar Stunden abgesessen hatte von meiner 8-Stunden-Schicht, sah ich, schon von ferne schon, einen Mann in den Bahnhof hineinkommen, eine kleine, schmächtige Gestalt, und ich erkannte ihn sofort: Heiner Müller war's, von dem ich damals wenig kannte, fast nichts gelesen hatte – aber ich hatte die Besson-Aufführung von *Ödipus Tyrann* gesehen mit Fred Düren in der Hauptrolle im Deutschen Theater, sogar mehrmals schon, für die Heiner Müller, der Geheimtipp Müller, der halb verbotene, halb erlaubte, der verfemte und doch geduldete Müller die Übersetzung gemacht hatte. Und ich war ihm ein paar wenige Male auf irgendwelchen Ost-Berliner Dissidentenpartys begegnet, hatte ihn ein paarmal auch bei meinem Freund Thomas Brasch gesehen. Ich kannte ihn also, und er kannte mich, und als er mich da dann in diesem Fahrkartenschalter sitzen sah, reagierte er gar nicht weiter groß erstaunt, und ich mußte ihm das auch gar nicht groß erklären, daß mir so weihnachtlich nicht zumute war. Müller schien es ganz ähnlich zu gehen, und also blieb er bei mir am Schalter stehen, und dort dann redeten wir zum ersten Mal allein und ausführlich und richtig auch nur dieses eine Mal miteinander. Wir redeten stundenlang. Wir redeten über alles, was oppositionelle Sozialisten, sozialistische Oppositionelle damals in dieser Zeit nach 68 zu bereden hatten, und noch über ein bißchen mehr. Wir redeten über den Einmarsch in Prag, über Stalin, Ulbricht und Mao und über die Breschnew-Doktrin, wir redeten über den Westen, über Dutschke, und dieses *mehr*, über das wir im Unterschied zu den anderen Dissidenten, zu denen wir gehörten, auch noch redeten, das waren die Geschichten aus der Produktion, die uns beide beschäftigten – ihn, der schließlich auch sehr viel älter war, länger schon, mich, den so viel Jüngeren, seitdem ich bei der Reichsbahn dem deutschen Proletariat in seiner DDR-Fassung begegnet war. Und wenn sich Müller von vornherein von den pompösen Intellektuellen unterschied, den sozialistischen Großdenkern und Dichtern, zu denen er vielleicht aber doch auch gern gehört hätte, dann wegen dieser Kenntnis der da unten, wegen seines Interesses für sie, die für alle anderen nicht einen einzigen Gedanken wert waren. Man konnte sich Müller gut im Blaumann vorstellen, im Arbeitsanzug, den kleinen, schmächtigen Mann mit der hohen Stirn und der großen, übergroßen dicken Brille: als Transportarbeiter zum Beispiel, der die Werkstücke von einer Abteilung zur anderen karrt und hier und dort ein Schwätzchen hält, mit den Fräsern und Bohrern, den Drehern und Schleifern, tiefsinnige, etwas verschrobene Sentenzen von sich gebend – solche philosophischen Köpfe, die gab es ja als schräge und doch allseits beliebte Typen in fast jedem größeren volkseigenen Betrieb.

Das war Müller, und später sagte er dann Sachen wie die in einem Gespräch mit einem Journalisten und mit einer dicken Zigarre im Maul, als ein Bettler vorüberkam und ihn vergebens anbettelte: ein Kommunist würde keine Almosen geben, für einen Kommunisten käme die individuelle Lösung nicht in Frage, und als er sich so äußerte, da war er doch längst kein Kommunist mehr, er tat nur noch so und war nur ein geiziger, plötzlich doch reich gewordener Mann, der nichts abgeben wollte. Der ganze Kommunismus, das war doch da längst nur Material für ihn,

Spielmaterial. Aber davon war noch nichts zu erahnen, damals 1969, als er bei mir am Fahrkartenschalter stand, um mir und sich wohl auch die Weihnachtszeit zu vertreiben, und er ging ja da auch nicht weg, er blieb bis zum Schluß meiner Schicht, vier lange Stunden lang, und irgendwann wurde klar: der kleine Mann da vor mir, er war vollkommen allein auf der Welt, er hatte niemanden, zu dem er an einem solchen Abend hätte hingehen können, niemanden, der ihn erwartet hätte, keine Frau, kein niemand. Und wahrscheinlich war seine Wohnung kalt und ungeheizt – Thomas Brasch hatte mir mal davon erzählt, daß Müller ohne Geld und Einkommen an der Heizung sparte und manchmal auch bei Bekannten, bei seinen Schriftstellerkollegen, um ein paar Briketts bettelte. Und er stand da bei mir und hatte nichts zu tun, und mein Eindruck aus unserem Gespräch war damals schon der, daß er sich ausgeschrieben, nichts mehr zu sagen hatte. Es gab keine Projekte, von denen er erzählen konnte, als ich ihn danach fragte. Ein Mann ohne Frau, ohne Familie, ohne Arbeit, ohne etwas zu tun – ich hielt mich an meinem Fahrkartenknipser fest, wärmte mich in meinem dicken, warmen Uniformmantel, er aber stand da mit seiner dünnen Lederjoppe im Wind des S-Bahnhofes, und er hatte die ganze Zeit über eine Einkaufstasche in der Hand, ließ sie nicht los, stellte sie nicht auf dem Boden ab – wahrscheinlich wollte er sie vor mir nicht klirren lassen, die Wodkaflasche.

Erste US-Atombombe: Wenig geholfen

Ein Kind des Kalten Krieges

In Albert Speers Spandauer Tagebuch, dem seiner 20jährigen Haftzeit als verurteilter Kriegsverbrecher, gibt es einen Eintrag, der mich sofort beim ersten Lesen fasziniert und direkt angesprochen hat, und zwar am Ende des Buches, auf einer der letzten Seiten, ganz kurz vor seiner Entlassung aus der Haft nach diesen 20 Jahren, die er bis zum letzten Tag abgesessen hat: Speer träumt, was ihm in ein paar wenigen Tagen bevorsteht, wie er nach Hause kommt, und zwar, um hier genau zu sein, in das Haus seiner Eltern in Heidelberg, in das Haus also, in dem er seine Jugend verbracht hat, das er mit Beginn seines Studiums verlassen hat – er hat dieses Haus dann von seinen Eltern geerbt, in diesem Haus ist seine Familie nach dem Krieg untergekommen. Rückkehr und doppelte Rückkehr für Speer, weil nicht nur Rückkehr nach Hause, nachdem er so lange fort war, sondern ebenso auch Rückkehr an einen Ort, den er vor 35 Jahren verlassen hat. Und wie dies so in Träumen ist, diese Rückkehr im Traum, sie gestaltet sich natürlich ganz anders, als sie dann stattfand, anders als Speer sie sich auch vorstellen mußte: er kommt ganz allein dort an, von niemandem begleitet (dabei wird ihn natürlich, wie lange schon verabredet, seine Frau im Gefängnis in Berlin abholen), von niemandem auch erwartet, und dann öffnet er die Gartentür, und alles ist, wie es früher war, das Haus am Hang über Heidelberg, der Garten, die alten Bäume, alles ganz vertraut. Aber das Haus wird dann vor seinen Augen verbrennen, noch bevor er es betreten haben wird, und natürlich könnte man dies so deuten, daß hier die Angst des Häftlings vor der Entlassung nach einer so langen Zeit im Gefängnis zum Ausdruck komme, die Furcht vor dem, was ihn nun erwartet, die Furcht davor, in dieser Welt da draußen nicht mehr zurechtzukommen, aber es ist doch nicht nur dieses Haus, das Haus seiner Eltern, das Haus, in dem nun seine Familie lebt, seine Frau, seine Kinder, das Haus, in dem auch er nun leben wird, das da plötzlich in Flammen aufgeht, vor seinen Augen vernichtet und zerstört wird, und zwar genau in dem Moment, wo er dorthin zurückkehren will, dieser Traum geht weit darüber hinaus: als ein Weltuntergangsszenario. Lavamassen wälzen sich die Hänge des Neckar herab, überall brennt es, nichts bleibt übrig, Zerstörung total. Das Inferno. Ascheregen. Das Ende. Das Ende der Welt, und als ich diesen Traum las, wußte ich, daß wir Zeitgenossen sind, Speer und ich, daß er nicht nur eine Figur der Geschichte ist, der deutschen Vergangenheit, daß er in der gleichen Welt lebt wie ich auch, in der Welt des Kalten Krieges, der in jedem Moment ein heißer hätte werden können, in der Welt des jederzeit möglichen Atomtods – denn natürlich ist das nichts anderes als die Bombe, der Beginn des Welt-, des Nuklearkrieges, wovon Speer hier träumt, und er träumt ihn sich als Naturkatastrophe, weil dieser letzte Krieg für uns so unvorstellbar war. Als etwas völlig Neuartiges, niemals Erlebtes, als etwas, von dem uns die Erfahrung, und sei es die übermittelte, fehlte. Auch ich habe dieses Ende, diesen Atomtod, den Nuklearkrieg, immer wieder geträumt, immer wieder anders auch geträumt und bin dabei erwacht, erschreckt aus dem Schlaf auf- und hochgeschreckt, und dies sicher auch deshalb, weil man den eigenen Tod doch nicht träumen kann. Dieser Traum, den nicht nur Speer und ich, den viele Menschen geträumt haben werden, jeder auf seine Weise, er gehört in eine Epoche, gehört zu dieser Epoche des Kalten Krieges, in der ich aufgewachsen bin, deren Ende ich dann aber auch erlebt habe – dank Gorbatschow.

Atompilz über Hiroschima 1945: „Der Sieger wird dem Verlierer befehlen"

Ich begebe mich auf ein Terrain, wo es mit dem Formulieren schwierig wird, wo einem die Worte versagen, wo jeder Satz, jede Aussage auch immer etwas Falsches hat, sich der Über- oder Untertreibung schuldig macht und manchmal sogar beides in einem. Auf den Punkt zu bringen ist dies nicht, was bleibt, gleicht Gestammel. Was einem übrigbleibt, ist Gestammel, noch sind wir weit davon entfernt, hier Klarheit zu haben. Noch sind wir auch davon weit entfernt, hier Klarheit haben zu wollen. Es ist vorbei, wir haben es hinter uns. Verdrängen wir, was es war, was wir nun hinter uns haben. Wie weit wir zu gehen bereit waren. Wir, und dieses *wir*, es ist falsch, denn es waren ja nicht wir alle daran beteiligt, wir alle aber haben es geduldet, haben uns durch Duldung schuldig gemacht. Wir haben andere machen lassen, ein Verbrechen vorbereiten lassen, das das größte Verbrechen gewesen wäre, das größtmögliche überhaupt. Das auch das größte Verbrechen war, das jemals vorbereitet wurde. Wir haben es vorbereitet, und sosehr dieses *wir* nicht stimmt, so sehr stimmt es doch auch, es hätte die Menschheit betroffen, es war ein Verbrechen an der Menschheit, das da vorbereitet wurde, das die Menschheit hat vorbereiten lassen, dessen sich die Menschheit mitschuldig gemacht hat. Bereit, bis zum Extrem zu gehen der Selbstvernichtung, des x-fachen Overkills. Die Menschheit definiert sich durch ihre Extreme. Und die Menschheit hatte ein Extrem gerade hinter sich und war bereit, noch extremer zu werden. Bis zu einem Extrem, das alles bisher Dagewesene in den Schatten stellt, als geradezu harmlos erscheinen läßt.

Man setzt sich von denen ab, die die Juden umbringen wollten, die Millionen Juden umgebracht haben und alle Juden umbringen wollten. Man distanziert sich davon, erkennt darin das größte jemals von Menschen begangene Verbrechen, und ganz unabhängig davon zu denken, ob dies denn so stimmt und was dieses Verbrechen über die Anzahl seiner Opfer hinaus so einzigartig macht oder vielleicht doch nicht macht – während man dies tut, in Ost und West, sich über das Verbrechen der Nazis an den Juden klarzuwerden versucht, dann eine Nach-Auschwitz-Identität der Menschheit zu finden versucht, die von beidem ausgeht, daß Auschwitz menschenmöglich war, daß es Auschwitz nie wieder geben darf usw. (und ich füge dieses *usw.* absichtlich so brutal ein, mich unterbrechend), währenddessen, in der Zeit, in der all dies geschieht, aber bereitet man ein noch größeres Verbrechen vor, mit einer Systematik und auch Ausdauer, die die der Nazis weit übertrifft, das läuft über Jahrzehnte hinweg, bindet ungeheure Ressourcen, in den Budgets dieses Unternehmens tauchen Zahlen auf, die sich jenseits des Vorstellbaren bewegen, mit der Vorbereitung dieses größten, dieses ultimativen Verbrechens sind Tausende, Hunderttausende von Menschen beschäftigt, über Jahrzehnte lang, die intelligentesten Leute, die besten Wissenschaftler, Politiker aller Couleurs, Zeitungen schreiben darüber, Publizisten setzen sich dafür ein, daß die Vorbereitungen für dieses Verbrechen weitergehen, finden Begründungen dafür, propagieren es, fordern eine Steigerung nach der anderen, auf daß man sich noch besser auf dieses Verbrechen vorbereite, ja, die Vorbereitung auf dieses Verbrechen trägt selber verbrecherische Züge, durch die Millionen, die dies verschlingt, Millionen, mit denen der Hunger in der Welt hätte bekämpft werden können, aber auch dadurch, daß man bereit ist, ganze Landstriche, riesige Flächen zu opfern, zu verseuchen, unbewohnbar zu machen. Man probt das Verbrechen, es zu proben be-

deutet, Menschen zu gefährden, bedeutet sicher auch, daß überall auf der Erde, schon bevor man das Verbrechen begeht, zu dem man bereit ist, Menschen sterben, indem sie an Krebs erkranken, und auch hier wieder muß ein brutales *usw.* stehen, denn das, worum es hier geht, es übersteigt, was ein einzelner, was ich als ein einzelner erfassen kann und formulieren. Wir trennen dies bei dem Verbrechen, für das Auschwitz als Chiffre steht, nicht, die Vorbereitung, die so systematische Vorbereitung auf dieses Verbrechen und seine Ausführung, wir trennen, wie auch ich glaube, das ganz zu Recht nicht voneinander, wir können dies aber auch bei dem noch viel größeren Verbrechen nicht tun, was dann auf Auschwitz noch folgte, bei dem Verbrechen, das nach Auschwitz vorbereitet wurde, mit einer vergleichbaren, einer noch viel entschiedeneren Systematik und Entschlossenheit – dies zu tun, nur weil dieses Verbrechen dann doch nicht aus- und zu Ende geführt wurde, das ließe sich nicht rechtfertigen. Die Entschlossenheit war da, nichts hätte das Verbrechen aufhalten können, niemand die, die den Knopf hätten drücken müssen und ihn gedrückt hätten. Es ist nicht dazu gekommen, aber die Bereitschaft, es dazu kommen zu lassen, war da, alles war geplant und bis auf die Bedienungsanleitung fertig, und es hätte dazu kommen können, und wir haben in einer Welt gelebt, in der es zu diesem größten aller Verbrechen hätte kommen können, selbst dann, wenn keiner es dann unbedingt gewollt hätte, aber natürlich bleibt, über das Wunder hinaus, daß es zu diesem Verbrechen nicht kam, die Frage zu beantworten übrig: warum nicht, warum kam es doch noch nicht dazu?

Das Prinzip der Selektion, der Auswahl, einer Auswahl, die immer das bei dieser Auswahl nicht Gewählte negiert, in welcher Weise auch immer, bis zur Vernichtung negiert, es auszulöschen bereit ist, dafür steht Auschwitz, steht die systematisch betriebene Vernichtung der Juden, und es sieht alles danach aus, als kämen wir um dieses Prinzip nicht herum, als Menschheit nicht herum. Wir üben es auch jeden Tag. Jeder übt es, hat es, ohne es vielleicht zu bemerken, geübt, tausendfach geübt. Man könnte es als der Menschheit eigen bezeichnen, als etwas, das die Menschheit mit ausmacht. Auch in so etwas wie der Kultur. Keine Kultur ohne Selektion. Es kann hier nur darum gehen, wie weit wir in der Selektion gehen, bis in welches Extrem wir bereit sind, dieses Prinzip zu verfolgen. Die Nazis waren bereit, bis ins Extrem zu gehen in der Selektion, und deshalb faßt sich dies auch alles, wozu die Nazis bereit waren, in dieser Selektion zusammen, die sie an der Rampe von Auschwitz vorgenommen haben. Deshalb kann es nach Auschwitz auch nur noch eine Zivilisation geben, wenn wir niemals wieder in unserer Selektion bis zur Vernichtung gehen dessen, was wir ausselektiert haben. Das ist eine Grundbedingung, und alles, was auch nur den Anschein macht, über diese Grenze hinauszugehen, gefährdet die Zivilisation und damit die Menschheit in ihrem Fortbestand. Die nur als eine zivilisierte fortbestehen kann. Aber, und dieses Aber muß kommen, dieses Aber ist unumgänglich, auch wenn es ein Aber ist, das den Vernichtungswillen der Nazis relativiert, wir waren nicht nur bereit, bis in dieses Extrem der Selektion zu gehen, wir waren zu mehr bereit und zu etwas anderem als nur einem Mehr, und natürlich gellt auch mir hier dieses *nur* in den Ohren, wir waren zur Selbstvernichtung bereit. Die Menschheit bereit, sich selber umzubringen. Und das ist etwas anderes als die Selektion. Eine Selektion hätte es dabei

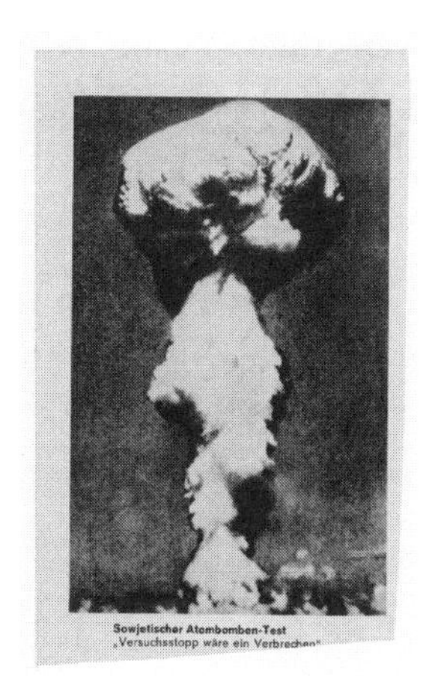

Sowjetischer Atombomben-Test
„Versuchsstopp wäre ein Verbrechen"

nicht gegeben. Wäre nicht mehr möglich gewesen. Die zur Vernichtung des Selektierten bereite Menschheit erscheint harmlos angesichts der zur Selbstvernichtung bereiten Menschheit. Das eine nur als Vorübung des noch viel Extremeren. Auf einer Skala des Extremen, zu dem die Menschheit in ihrer Geschichte bereit war, wäre das eine Verbrechen, das nicht nur vorbereitet, sondern auch ausgeführt wurde, immer als im Vergleich harmloser einzustufen als das Verbrechen, das nur geplant wurde – ich weiß, daß ich hier stottere und stammele und einen Gedanken zu formulieren suche, den ich nicht fassen kann, der mein Fassungs- und auch Formulierungsvermögen übersteigt. Ich weiß, daß ich hier Hierarchien des Schlimmen aufzubauen suche und dabei das Absolute relativiere, als Absolutes also nicht gelten lasse. Ich weiß, daß ich hier auf etwas zusteuere, für das es keine Gewißheit geben kann, auf den Gedanken nämlich, daß die Menschheit in der Selektion bis zur Vernichtung zu gehen bereit war, zur Vernichtung des Herausselektierten, zur eigenen Selbstvernichtung aber nicht. Jörg Schröder hat das so formuliert: daß die Hand verdorren würde, die den Knopf drücken wollte, der den Dritten Weltkrieg zur Vernichtung der Menschheit in Gang setzt – diesen Optimismus hatte ich nicht, hatte ich nie, an dieser tröstlichen Gewißheit fehlte es mir. Aber dieser Mensch kam, der den Knopf abmontiert hat, der die Selbstvernichtung der Menschheit unweigerlich in Gang gesetzt hätte. Dieser Mensch heißt Michael Sergejewitsch Gorbatschow. Wenn ein Mensch Geschichte gemacht hat, Menschheitsgeschichte, dann er, dann Gorbatschow. Er war es, der den Kalten Krieg beendet hat, er. Und mit dem Kalten Krieg hat er auch den Dritten, den letzten Weltkrieg beendet. Der vorbereitet war, bis ins Detail vorbereitet. Er war es, der die Menschheit davor bewahrt hat, sich selber auszulöschen, er. Und natürlich war Gorbatschow für die Menschheit Gorbatschow und nicht für sich allein dieser Mensch, der das Selbstvernichtungsprogramm ausgeschaltet hat. Aber er hat es getan. Gorbatschow. Er hätte es auch nicht tun müssen. Und ein anderer hätte genau den Dritten Weltkrieg in Gang setzen können, den er nicht in Gang gesetzt hat. Ein Adolf Hitler hätte es vielleicht getan. Angesichts der drohenden Niederlage in diesem Kalten Krieg. Und natürlich drängt sich hier der Gedanke auf, daß es ein Sozialist war, der den Kalten Krieg und mit dem Kalten den Dritten, den ultimativen Weltkrieg beendet hat. Das war doch nicht Ronald Reagan. Der hat nur mitgemacht. Aber das hat er. Das bleibt. Das ist vielleicht das Beste, was sich vom Sozialismus sagen läßt, der einen Stalin, einen Pol Pot auch hervor- und an die Macht gebracht hat: daß er auch diesen Gorbatschow hervorgebracht hat. Was dann hieße, daß in diesem Sozialismus etwas war, das gut war. Daß also der Sozialismus in seinem Kern gut war. Gut gemeint, das sicher sowieso. Aber, wie sich zeigte, mehr als nur gut gemeint. Wirklich gut. Und deshalb ist dies für mich auch die größte Blamage, der eigentlich kritische Punkt, daß es in dieser sich nun demokratisch verstehenden sozialistischen Partei, der PDS, die sich jetzt in Linkspartei umbenannt hat, immer noch Leute gibt, daß dort solche Menschen geduldet werden, die sich gegen Michael Sergejewitsch Gorbatschow stellen. Gegen den besten Sozialisten, den es je gegeben hat. Auf den sie stolz sein müßten. Egal, was es sonst noch über diesen Mann zu sagen geben mag, dem wir das Überleben verdanken.

Aber das sind wohl Dimensionen, die zu groß gedacht sein müßten, größer, als es Kleingeistern möglich ist. Was Gorbatschow nur um so grö-

ßer macht. Keiner muß ihm dankbar sein. Keiner muß es. Was ihn nur noch um so größer macht. Nur ein ganz Großer konnte es tun, das, was wohl nicht anders gedacht werden kann, als daß hier jemand war, der die Menschheit vor sich selber gerettet hat. Einmal hat es diese Größe schon gegeben. Etwas Besseres läßt sich nicht nur über den Sozialismus, läßt sich über die Menschheit nicht aussagen. Ohne die Kleingeister, die in ihrer maßlosen Beschränktheit die Selbstvernichtung der Menschheit und damit auch die eigene vorbereitet und organisiert haben, hätte es diese Größe Gorbatschow nicht geben müssen. Und wir wüßten nicht, daß es sie geben kann. Viel zu viele wissen das gar nicht, daß es diese Größe gegeben hat. Was Gorbatschow nur noch größer macht. Von unserer Zeit wird er bleiben. Er, Gorbatschow. Und man wird mich nur zitieren, weil hier ein Havemann war, der Gorbatschow gehuldigt hat, der trotz der geringen historischen Distanz ahnte, was für ein Großer dieser Gorbatschow war. Überlebt die Menschheit, wessen ich mir überhaupt nicht sicher bin, dann wird von Gorbatschow die Rede sein als dem Ersten, dem sie ihr Überleben verdankt. Und die Amerikaner mit ihrem Traum von Supermann werden als Blinde dastehen, die den Supermann nicht sehen wollten, den es so anders, so überhaupt nicht Supermann, gegeben hat. So sehr Gorbatschow. Mir egal, wenn ich hier etwas tue, das auch lächerlich wirken kann: einem anderen Menschen zu huldigen, einem ganz Großen. Egal, ob das altmodisch ist. Oder wieder aristokratisch.

Propaganda

Auf der ersten Seite dieses kleinen Malblocks im Format 14,3 x 10,1 cm, dessen Pappumschlag sich leider über die Jahre nicht erhalten hat, ein, ich betone das, denn auf den folgenden Seiten wird es sich ändern und militärischer werden, ein ziviles Flugzeug, eine kleine, zweimotorige Propellermaschine mit der schwarz-rot-gelben Fahne der DDR am Heckruder – damals noch ohne das später obligatorisch werdende Emblem aus Hammer, Zirkel, Ährenkranz, das Zusammenwirken von Intelligenz, Arbeiterklasse und Bauern symbolisierend. Von diesen DDR-Fahnen wird es in meinem Block, ich habe das nachgezählt, noch weitere 24 geben, den mehrmaligen Versuch auf einer Seite auch, sie richtig im Winde flattern zu lassen, und dies dann ebenso in Farbe vor einem blauen Himmelshintergrund. Auf der Seite 2 lerne ich Zahlenschreiben, die Zahlen so schreiben, wie ich sie in Büchern und Zeitungen gedruckt gesehen hatte, in Dick und Dünn und mit Serifen – ohne aber zu wissen, wodurch diese Verdickungen beim Schreiben eigentlich entstehen oder wie auch die Serifen. Ich schreibe, damit die Seite fast füllend, die Zahlen von 1 bis 30 auf diese Weise durch. Oben darüber geklemmt, ein Zeichen dafür, daß ich dies erst nachträglich und nachdem ich die Zahlen wie gedruckt schreiben gelernt hatte, eingefügt habe, die Zahl 1958 – damit läßt sich zeitlich genau bestimmen, wann ich diesen Rollblock vollgezeichnet habe:

im Jahre 1958. Aber ganz reicht dies nicht als zeitliche Bestimmung aus, denn im Jahre 1958 wurde ich eingeschult, und also muß hier die Frage beantwortet werden: vor oder erst nach der Einschulung? Vorher. Dessen bin ich mir sicher, und es gibt auch ein Foto, das mich im Sommer vor meiner etwas verspäteten Einschulung, denn wir drei Geschwister Havemann hatten alle Keuchhusten und sollten uns davon noch an der Ostsee erholen, in einem Strandkorb über diesen Malblock gebeugt zeigt. Ich kannte die Zahlen schon, und ich wußte auch, wie man sie so schreibt, als wären sie gedruckt. Dieses unterstrichene *1958* findet sich dann, fast eisern und konsequent durchgehalten, auf den meisten der von mir vollgezeichneten Seiten und also auch auf der Doppelseite, die mir hier als Beweis für den kleinen Kalten Krieger Florian Havemann herhalten muß – interessanterweise nicht auf den zeichnerisch interessanteren Seiten, auf denen hatte es Klein Flori wohl nicht nötig, mit seinen Spezialfertigkeiten anzugeben. Auf der dritten Seite ein erster Hubschrauber, davon wird es dann noch, neben den vielen Flugzeugen, ein paar mehr geben, und bei einer dieser Hubschrauber-Seiten gelingt es mir sogar, den Eindruck zu vermitteln, als landete da gerade einer dieser Hubschrauber. Es gibt eine über die Doppelseite reichende Zeichnung von detailliert ausgeführten Lastkähnen, die von einem Dampfer gezogen werden, es gibt auch, wiederum über eine Doppelseite reichend, einen Lastwagen mit Anhänger, der gerade aus einer Tankstelle herausfährt, mit einem Taxi dazu, und das in einer Tiefenstaffelung, die für Kinder dieses Alters schon eine gewisse Schwierigkeit darstellt, es gibt auch ein pompöses Motorboot, eine Übersteigerung dessen, was ich auf den drei Seen um Grünheide Alt-Buchhorst herum gesehen haben werde, auf denen wir mit unserem merkwürdigen Schiff, dem *Kuddeldaddeldu*, herumkurvten, vorne und hinten wiederum mit DDR-Fahnen versehen, und es gibt die amüsante Zeichnung einer grinsenden männlichen Gestalt mit viel zu kurzen Armen, die vor einem nur im Ausschnitt dargestellten Doppelstockbus steht, vor einem der alten mit einem Eingang noch ohne verschließbare Tür, die mich so faszinierten. Aber es geht ja hier nicht um Kunst, nicht um mich als kleinen und damals noch angehenden Künstler, es geht um den Kalten Krieg, und deshalb ist der Rest der Zeichnungen interessanter, zeitdiagnostisch interessanter, wie Karl Heinz Bohrer dies wohl nennen würde.

Die Flugzeuge also werden von Zivil- und Passagierflugzeugen zu Militärmaschinen, und es tauchen da Jagdflugzeuge auf und auch ein paar *Fliegende Festungen*, von denen ich durch meine Mutter und in ihren Kriegserzählungen gehört hatte und die ich mir nun, ohne jemals eine Abbildung gesehen zu haben, vorzustellen versuche. Und ich erfinde noch mehr an Kriegsgerät, an fahrbarem Kriegsgerät, zu Wasser, zu Lande und nicht nur in der Luft – die zum Beweis für den Kalten Krieg eingefügte linke der beiden Doppelseiten zeigt Beispiele davon, witzigerweise meist gar nicht so militärisch anmutende Militärfahrzeuge. Und dabei war ich doch da schon mit meinem Vater auf der Militärparade zum 1. Mai gewesen und hatte mit ihm auf der Tribüne gesessen, die Stärke der Nationalen Volksarmee zu bewundern. Vielleicht aber, ich würde dies nicht ganz ausschließen, sind das umgebaute, militärisch aufgerüstete Zivilfahrzeuge, die mir da vorschwebten, Teil der allgemeinen Mobilmachung. Dann, die rechte der Doppelseite zeigt es beispielhaft, gibt es da Waffen über Waffen, Pistolen, Maschinengewehre, Kanonen und links auch ein Gerät, das wohl als Granatwerfer zu deuten ist. Und es gibt Soldaten, behelmte, zum Teil auch völlig verrückt behelmte Soldaten, und merkwürdigerweise rauchen sie alle, sind sie alle mächtig am Qualmen, wie zum Beispiel auch dieser an einem Hang liegende, gerade mit seinem MG schießende Soldat, der eine Pfeife raucht und der durch das *USA*, man beachte das verdrehte *S*, als Ami gekennzeichnet ist, als ein Feind also. Denn auf welche Seite ich gehöre, das läßt sich ja nicht übersehen, das große *DDR* zeigt es.

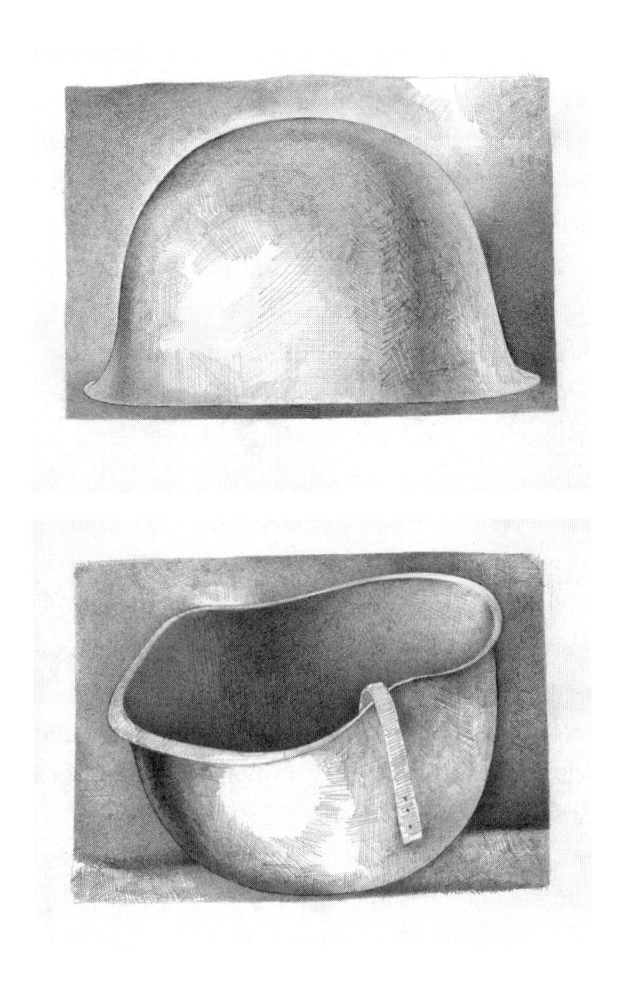

Der Offiziersbühnenbildner

Ja, es stimmt, ich wollte das wirklich, wollte wahrhaftig Soldat werden, in dieser Zeit, als kleiner Junge wollte ich es, ich wollte es sogar noch später mal. Und deshalb kann ich mich ja mit einem Mann wie Schönbohm, dem Innenminister des Landes Brandenburg und früheren General, der Bundeswehr allerdings, auch in angenehmer Weise unterhalten. Meine linken Freunde verstehen es nicht. Müssen auch nicht alles verstehen. Ja, ich wollte dies sogar später noch einmal, Soldat werden,

Offizier dann aber, nicht nur als kleiner Junge, als kleiner Kalter Krieger, was dann vielleicht noch zu verzeihen, zu erklären wäre. Ich wollte es mit vierzehn, fünfzehn, und da, in einem solchen Alter, muß das dann schon als Jugendsünde gelten. Gelten dürfen. Ich fühlte mich als Künstler gescheitert, das einstmals so zeichnerisch begabte Wunderkind, es war mir abhanden gekommen. Enfant perdu, und die Frage war, was fange ich nun noch mit dem mir verbleibenden Rest meines Lebens an. Mit dem Rest, in dem ich immer noch stecke und mich wohl fühle und in dem dann noch ein Künstler zum Vorschein kam. Für irgend etwas begabt sah ich mich nicht mehr – was blieb also? Ein verkorkstes Leben, als Künstler gescheitert, und also blieb mir, einem Kind des Kalten Krieges, doch nur das: Soldat werden, Offizier werden. Mich in der Nationalen Volksarmee hochdienen. Ohne allen Ehrgeiz allerdings. Einfach als Laufbahn, die nicht ausbleibt. Da muß man sich doch gar nicht groß anstrengen. So viele Dummköpfe gab es doch nicht, die zu dieser Dummheit bereit waren, eine Offizierslaufbahn einzuschlagen. Ich sah mich als einen solchen Dummkopf, und einen stärkeren Moment der mitleidslosen und zynischen Selbstverachtung als den, in dem ich daran dachte, Offizier zu werden, nur noch Offizier werden zu können, habe ich nie wieder erlebt. Das war der Tiefpunkt. Aber er war es doch nicht, ich konnte noch tiefer sinken, nun aber mit Heiterkeit gepaart – erst aber mit noch mehr an Selbstverachtung, denn ich war ja dazu auch noch feige. Ich sagte das niemandem, ich vertraute niemandem meinen Gedanken daran, Offizier werden zu wollen, an – niemandem, weder meinen Freunden noch meiner Familie erzählte ich auch nur ein einziges Wort davon. Ich wäre vollkommen unten durch gewesen. Ein Dummkopf, denn nur ein Dummkopf konnte doch daran denken, Offizier werden zu wollen. Und daß mit mir was nicht stimmte, das meinten doch eh alle schon. Aber die Frage stellte sich in diesem Alter, sie wurde einem doch von allen Seiten gestellt mit vierzehn, fünfzehn Jahren, was man denn werden wolle, welchen Beruf ergreifen. Ich mußte eine Antwort auf diese mich bedrängende Frage finden, mußte da etwas sagen können, wenn man mich fragt.

Daß ich Offizier werden wolle, das konnte ich nicht sagen. Aus Feigheit nicht. Und daß ich, der Mutige, mich bei einer Feigheit hatte erwischen lassen müssen, das machte es noch unmöglicher. Also sagte ich, als mir wieder diese Frage nach der beruflichen Zukunft gestellt wurde, ich wolle Bühnenbildner werden. Das war die Antwort, die man von mir erwartete. Schließlich hatte ich mehrere Jahre im Kulturhaus der Jungpioniere einen Zirkel für Bühnenbild besucht. Und ich hatte mir auch das schon organisiert, als eine Extrawurst für mich, daß ich, anders als die anderen meines Alters, die neben dem Abitur in dieser Zeit noch einen Facharbeiter machen mußten, in den Dekorationswerkstätten der Berliner Staatstheater ein Praktikum machen konnte. Aber Bühnenbild, das war doch in meinen Augen nun das letzte, was man machen konnte, was ich machen konnte. Außer Offizier zu werden, schlimmer als Offizier zu werden. Weil einfach zu einfach. Was war da schon dabei: Bühnenbilder würde auch ich noch machen können. Nichts einfacher als das. Irgendwo in der Provinz, in einem Provinztheater würde ich schon unterkommen. Mit dem Bühnenbildner, der ich dann werden wollte, war erst wirklich der Tiefpunkt erreicht, nicht mit dem Offizier der Nationalen Volksarmee. Später habe ich das dann doch studiert, Bühnenbild, im Westen und bei Achim Freyer, aber auch da noch aus dem Gefühl heraus, nichts Besseres zu wissen, was ich mit meiner wieder zurückgekehrten Begabung anfangen könne. Ich habe Bühnenbild studiert, niemals aber als Bühnenbildner in einem Theater gearbeitet. War mir zu dumm, und nachdem ich dann schon am Ende meines ersten Studienjahres Freyers Assistent wurde, in Stuttgart bei *Faust*, bei seinem und Peymanns *Faust*, da kam ich nach Berlin mit der Überzeugung zurück, daß das einfach viel zu einfach sei, das mit dem Bühnenbild. Was auf den deutschen Bühnen als Bühnenbild verlangt wurde, womit man als Bühnenbildner im deutschen Theaterbetrieb Erfolg haben würde, das war so klar und so einfach, daß ich das niemals werden wollte, ein Bühnenbildner. Ich ließ mich also auf Jahre auf etwas Schwierigeres ein: ich malte Bilder. Und Bilder malen, das ist schwer, wirklich schwer.

Die Mauer

In der Zeitung steht am 28. April 2006, Hans Modrow habe der Bundesrepublik eine Mitschuld an der innerdeutschen Grenze zugewiesen, die Verantwortung für die Toten an der Mauer trügen beide Seiten – daraufhin geht plötzlich ein Sturm der Entrüstung los: Modrow sei ein Ewiggestriger, der versuche, sich seine Biographie schönzureden, tönt der Fraktionsvorsitzende der SPD im Berliner Abgeordnetenhaus und verlangt von der Linkspartei eine klare Distanzierung. Wie bitte? Was bin dann ich? Ein noch viel schlimmer Gestriger? Ich habe die Mauer immer verteidigt, schon als sie gebaut wurde, und ich habe damit auch nicht aufgehört, dies zu tun, als sie zum Glück wieder abgerissen wurde. Nur, meine Biographie schönreden, das tue ich damit nicht, das könnte man mir, im Unterschied zu Modrow, wohl auch nicht vorwerfen, und ich kann mir deshalb vielleicht im Unterschied zu dem einstigen SED-Funktionär Modrow auch eine so dissidentisch vom Mainstream aller gängigen Ansichten abweichende Meinung leisten – vielleicht. Vielleicht aber auch mache ich mich durch eine solche verquer liegende Auffassung wieder mal gründlich unmöglich. Jedenfalls leicht verständlich war das nie, für den Westler, sondern im höchsten Maße befremdlich, wenn ich mich, als ein Abhauer, als einer, der die innerdeutsche Grenze illegal überschritten, sie ausgetrickst hatte, so über die Mauer äußerte, sie verteidigte. Als ob das eine so unbedingt mit dem anderen zu tun haben müßte – für schlichte Gemüter gibt es nur Schwarz und Weiß, kein Leben dazwischen. Ich sehe da eigentlich kein Problem: ich kann doch auch ein Gesetz anerkennen, nicht allein nur als existent und gesetzt, sondern auch als gesellschaftlich nötig und sinnvoll, und trotzdem gegen das Gesetz verstoßen, wenn ich denn Gründe habe, dagegen zu verstoßen. Ich muß dann nur bereit sein, den Preis dafür zu zahlen – im Falle des illegalen Grenzübertritts, der sogenannten Republikflucht, bestand dieser angedrohte Preis in ein paar Jahren Knast, und es kam also nur darauf an, sich möglichst nicht erwischen zu lassen. Außer man war so dumm, so einfallslos, den direkten Weg über die Mauer nehmen zu wollen – da mußte man natürlich damit rechnen, erschossen zu werden. Das war dann der Preis für diese Dummheit, diese Einfallslosigkeit, den man, falls man Pech hatte, zu zahlen bereit sein mußte. Aber selbst dieser Weg direkt über die Mauer konnte in späterer Zeit auf intelligente Weise genommen werden: man näherte sich ihr in unlauterer Absicht, erkennbar in dem Bestreben, sie überwinden zu wollen, machte dies aber so, daß man dabei von den zur Grenzsicherung abgestellten Soldaten bemerkt wurde, ließ sich ordnungsgemäß verhaften, wanderte ins Gefängnis und wurde nach einer Weile vom Westen gegen harte Devisen ausgekauft und war damit dort, wo man hinwollte, im Westen, und wenn man das vorher gut organisiert hatte, dann ließ sich diese Gefängniszeit auch noch verkürzen – aber in Kauf nehmen mußte man natürlich auch etwas dabei: einen Gefängnisaufenthalt. Mir ist das schon klar, daß ich's mit solch unziemlichen Betrachtungen noch schlimmer treibe als der viel harmlosere Modrow: ich verunglimpfe die Mauertoten, so könnte man mir vorwerfen, ich tue sie als dumm und einfallslos ab – ich will meine Verantwortung dafür nicht mildern, und ich will dies auch nicht damit tun, wenn ich sage, daß eine solche Art der Betrachtung allgemeiner Konsens unter denjenigen gewesen ist, die wie ich illegal die DDR verlassen haben, ohne dabei ihr Leben aufs Spiel zu setzen. Mich wegen dieser DDR totschießen lassen? Nein, so schlimm war die DDR nicht, und ich habe nicht eine einzige Fluchtgeschichte gehört, zu der dann ja immer auch gehörte, in welcher Situation sich derjenige befand, der da fliehen, aus der DDR abhauen wollte, wo ich sagen würde, es bestand keine andere Möglichkeit, als über die Mauer zu klettern und sich dabei in die Gefahr zu begeben, totgeschossen zu werden. Wirklich nicht. Aber, und es gibt immer ein Aber, in den DDR-Zeitungen stand das nicht, in der *Aktuellen Kamera* des DDR-Fernsehens wurde es nicht bekanntgegeben, daß da wieder mal jemand an der Mauer, beim Versuch, die Grenze in verbotener Weise zu überschreiten, erschossen worden war, und es gab auch kein Schild an der Mauer, wo zu lesen stand: *Vorsicht, es wird scharf geschossen*, und insofern trifft die verdammte Bande, die diesen Staat regieren zu können glaubte, indem sie ihre Bevölkerung uninformiert hielt, schon noch eine besondere Schuld an diesen Toten, und damit auch den früheren Funktionär der Staatspartei SED, den Genossen Modrow. Aber auch dieses ganz berechtigte *aber* muß damit relativiert werden, daß diese DDR-Oberen mit einiger Sicherheit davon ausgehen konnten, ihre dummgehaltene Bevölkerung würde dieses Informationsdefizit über das West-Fernsehen ausgleichen – erzähle mir doch keiner, daß es da irgendeinen DDR-Bürger gegeben haben sollte, der nicht darüber Bescheid wußte, was einem beim Abhauen über die Mauer drohte. Sogar im sogenannten *Tal der Ahnungslosen*, in Dresden, wo man kein West-Fernsehen empfangen konnte, wird das doch wohl jeder gewußt haben. So groß war die DDR doch nicht.

Von September 2004 bis Oktober 2005, also in der Zeitspanne eines Jahres, sollen, nach allerdings mexikanischen Angaben, 473 Menschen bei dem Versuch, die Grenze zu den USA illegal zu überwinden, gestorben sein – vor Freude? Oder weil sie nicht aufgepaßt haben und von diesem hohen Zaun da heruntergefallen sind in der dunklen Nacht? Man entschuldige diesen Zynismus, denn natürlich stirbt man bei einem illegalen Grenzübertritt nicht im Überschwang der Gefühle, man entschuldige meinen Zynismus damit, daß mich das doch schon ärgert und aufregt, wie sie sich auf der Titelseite der Zeitung, die ich täglich lese, in einem Leitartikel über die relativierenden Äußerungen eines Vertreters der *verlogenen Elite von gestern* aufregen, wie es über Modrow heißt, und auf der Seite 7, im Auslandsteil des Berliner *Tagesspiegels* heißt es dann plötzlich *gestorben* – und nicht *erschossen* wie bei der Mauer immer, der innerdeutschen Grenze. Aber es stimmt dies natürlich auch, daß viele schon auf ihrem Weg durch die Wüste zur mexikanisch-amerikanischen Grenze zu Tode kommen, verhungern, verdursten, von ihren Helfern, denen sie all ihr Geld gegeben haben, im Stich gelassen – es muß da schreckliche Geschichten geben, aber geschossen wird dann auch noch. Modrow, so wird ihm vorgeworfen, relativiere, doch daß die Meldung von Seite 7 auch etwas an den Mauertoten relativieren könnte, das fällt ihnen gar nicht auf, den Herren Zeitungsschreibern und Konformisten, denn das ist es doch, was sie immer ausgeblendet haben, die Gewalt, die auch demokratische Staaten bereit sind anzuwenden, wenn es nicht anders geht, wenn ihnen nichts anderes mehr einfällt. Nur keinen Vergleich. Mit nichts und gar nichts. Natürlich besteht da ein Unterschied zwischen der Mauer und diesem Grenzzaun, der die USA von dem südlichen Rest Amerikas abtrennt, und der Unterschied ist sicher der, daß nicht die schießen, denen die Leute weglaufen wollen, sondern die der anderen Seite, zu denen die Leute hinwollen. Die Gemeinsamkeit besteht darin, daß die schießen, die diese Sperranlagen gebaut haben, die Mauer- und Grenzzaunbauer. Aber es besteht natürlich auch noch ein weiterer Unterschied, der der Zahlen: an der Berliner Mauer sind in den 28 Jahren, die sie stand, ca. 190 Menschen gestorben – man weiß das wohl so genau nicht. Insgesamt, so sagt die Statistik, das jedenfalls gilt als amtlich bestätigt, sind bei ihrer Flucht von Ost nach West in der Zeit zwischen 1961 und 1989 1065 Menschen umgekommen, und auch dieses *umgekommen* steht hier nicht euphemistisch für *erschossen worden*, denn hier sind ja auch alle die mit erfaßt, die bei der Flucht über die Ostsee ertrunken sind, und auch die, die von anderen sozialistischen Ländern aus den Eisernen Vorhang zu durchbrechen versucht haben und deren Tod also auf das Konto dieser Bruderstaaten der DDR geht. Nun noch einmal diese andere Zahl, die der 473 Menschen, die, nach den mexikanischen Angaben, in einem Jahr bei dem Versuch umgekommen sind, die Grenze zu den USA zu überwinden – wie nennt man das? Eine Zahl mit einer anderen in Beziehung zu setzen, sie also zu relativieren – aber wir sollten fair sein, wir Relativierer, und auch das mit in unsere Rechnung mit hineinnehmen, daß wir es bei der DDR-Bevölkerung mit lediglich 16 Millionen zu tun hatten, auf die wir die etwas mehr als tausend Toten beziehen müssen, deren Flucht mit dem Tod endete, die USA sich aber ein paar lateinamerikanischen Millionen mehr gegenübersehen, deren sie sich mit ihren Grenzanlagen zu erwehren versuchen. Mit der Gleichsetzung der Verantwortung beider Seiten, also des diktatorischen DDR-Regimes und des demokratischen Rechtsstaates Bundesrepublik, schlage Modrow Erkenntnissen und Erfahrungen ins Gesicht, die zur moralischen Erbschaft der Nachkriegsgeschichte gehören, so tönt es im Leitartikeljargon, und ich will jetzt gar nicht darauf hinweisen, daß die sich aus dieser Erbschaft erwachsenden moralischen Ansprüche ja dann auch an unsere US-amerikanischen Freunde und ihre Grenzsicherung gestellt werden müßten – als Relativierer bin ich nicht ganz so moralisch und will den Hinweis darauf, daß es da einen Systemunterschied zwischen Ost und West gegeben habe, deshalb auch aufnehmen: diesen Systemunterschied gibt es zwischen den USA und dem großen südlichen Rest des amerikanischen Kontinents so nicht, und trotzdem *sterben* da Leute an dieser Grenze, werden da Leute umgebracht, die diese Grenze illegal überwinden wollen. Zwischen Ost und West gab es immerhin einen Krieg, einen zum Glück nur kalten und in der Hauptsache ideologischen, einen Krieg aber auch, der damit ausgefochten wurde, sich gegenseitig zu Tode zu rüsten – gemeine Frage: sollte da etwa auch so etwas wie ein Krieg auszumachen sein zwischen den USA und ihrem amerikanischen Hinterhof? Aber das ist natürlich die Frage eines Relativierers, sie ficht doch die moralische Gewißheit nicht an der moralisch so Gewissen. Und damit in meinen Augen Einfältigen.

Clay an der Mauer 1962
Zum Abschied eine fromme Lüge

Fortsetzung des Kalten Krieges

Und wenn ich mit meiner Oma Inge in den Westen fuhr, nach Charlottenburg, an den Lietzensee zu ihrer Schwester, der adligen Dame mit ihrer riesigen Wohnung, dann kam ich von dort immer mit der gestärkten Gewißheit zurück, daß der Westen den Krieg will, den Krieg gegen uns vorbereitet. Wir kamen auf unserem Weg an der Ecke des Kaiserdamms an einem Spielzeugladen vorbei, und natürlich interessierte den kleinen Jungen, was es da so an Spielzeug im Schaufenster dieses westlichen Spielzeugladens zu sehen gab, all die wunderbaren kleinen Autos, die Wikinger-Modelle, die ich so gerne gehabt hätte, von denen mir meine Oma ja auch immer wieder welche mitbrachte. Aber es gab da mehr und anderes noch zu sehen, ebenso gut gemacht, in allen Details im Kleinen nachgeahmt, und das waren Panzer, Armeelastwagen, Kanonen – Kriegsspielzeug also, und Kriegsspielzeug, das gab es doch im Osten nicht, in keinem Laden zu kaufen. Um so mehr nun hätte ich diese Panzer, Armeelastwagen und Kanonen haben wollen können, wollte ich aber nicht. Niemals habe ich meine Oma gebeten, mir so etwas zu kaufen. Ich fand's abstoßend, fand's obszön, sah darin die Kriegsvorbereitung, daß man schon kleine Kinder, kleine Jungs wie mich natürlich in erster Linie und damit die zukünftigen Soldaten und Panzerfahrer und Kanoniere, auf den Krieg vorbereite, ihnen Kriegsbegeisterung einimpfe. Für mich ein untrügliches Zeichen dafür, daß der Westen den Krieg vorbereitet, den Krieg gegen den Osten, gegen uns, und ich sah diese Panzer auf mich zurollen, diese Kanonen mich und meine DDR beschießen, sah die Soldaten von diesen Lastwagen abspringen, die meine Leute, mich, meine Familie, meinen Vater, der doch aus dem Westen geflohen war, fliehen mußte, weil er für den Frieden war und gegen die Atombombe, unterjochen, uns alle in ein Lager abführen, meinen Vater gleich mal an die Wand stellen würden, erhielten sie den Befehl dazu. Und dann ging ich nach Hause zurück, in den Osten, meine DDR, und beugte mich über meinen kleinen Malblock und zeichnete Kampfflugzeuge, Militärfahrzeuge, Waffen und meine eigenen Kanonen, und niemals auch nur wäre es mir in den Sinn gekommen, daß ich mich damit selber auch auf den Krieg vorbereitete.

Es gibt wohl nichts, was mich stärker mit der DDR verbunden hat, und ich meine dabei die DDR und nicht unbedingt den Sozialismus, an den ich glaubte, innerhalb dessen ich groß wurde, ich meine die Tatsache, daß dieser Staat, mein Staat, von so vielen anderen Staaten dieser Erde nicht anerkannt wurde, als nicht existent betrachtet wurde. Daß es ihn gab, meinen Staat, die Deutsche Demokratische Republik, dessen war ich mir ja bewußt, ich lebte doch in diesem Staat, ich ärgerte ihn später, und ich erlitt ihn sicher auch, aber auch dann, als ich in Opposition zu der Regierung dieses Staates geriet, von dieser Regierung als Staatsfeind betrachtet wurde, von ihm wegen staatsfeindlicher Hetze angeklagt und verurteilt wurde, war das mein Staat und ein sehr existenter Staat. Ihn nicht als existierende Realität anzuerkennen, seine staatliche Existenz zu ignorieren, das betraf mich mit, als einen Bürger dieses Staates DDR. Auch ich war damit nicht anerkannt, auch ich nicht. Meine Existenz ignoriert. Und das war mehr für mich als einfach nur Ignoranz, daß man andernorts eine Realität nicht wahrhaben wollte, das war in meinem Verständnis aggressiv, ein aggressiver Akt. Die geistige Vorbereitung, die Voraussetzung auch dafür, diesen Staat vernichten, ihn auslöschen zu wollen. Und damit mich. Die Nichtanerkennung der DDR, das war schon Krieg. Ein kalter Krieg. Ein kalter Krieg aber, der immer auch zu einem heißen, zu einem Vernichtungskrieg werden konnte. Ich fühlte mich bedroht, vom Westen bedroht. Daß man sich auf der anderen Seite auch von meiner DDR bedroht fühlen konnte, von der Roten Armee und den sowjetischen Raketen, das war mir schon klar, daß auch dies so sein mochte, für mich aber ging die Bedrohung ganz klar von dieser anderen Seite aus, vom Westen. Der Westen hatte damit angefangen, wir wehrten uns nur. Und wir hatten alles Recht der Welt, uns zu wehren. Und allen Grund dazu. Alles, was mir mein Vater, was mir meine Eltern, was man mir in der Schule erzählte, lief darauf hinaus, daß wir uns wehren müssen. Die Mauer, in meinem Verständnis war das die harmloseste Weise, in der wir uns des Westens erwehrten, der ständigen Einmischung in unsere eigenen Angelegenheiten. Bis hierhin und nicht weiter. Daß auch wir damit nicht mehr nach West-Berlin fahren, meine Oma besuchen konnten, daß damit Familien auseinandergerissen wurden, ich registrierte es zwar, aber als unumgänglich. Diese Härte mußte hingenommen werden. Und ich war stolz auf mein Land, daß es diese Härte, diesen Verteidigungswillen aufbrachte, sich des Westens durch den Bau der Mauer zu erwehren. Und hätte man mir gesagt, wäre es so in der Zeitung zu lesen gewesen, daß die Mauer ein Zeichen unserer Schwäche ist, ich wäre noch einmal mehr für die Mauer gewesen, noch stolzer darauf, daß wir die Kraft gehabt hatten, sie zu bauen. Trotz unserer Schwäche. Und also doch stark. Aber sie waren so dumm, dies zu verschweigen, daß sie die Mauer aus Schwäche gebaut hatten, nach den ersten Wochen, in denen es noch propagandistisch darum gegangen war, die Errichtung der Mauer zu rechtfertigen, kein Wort mehr über diese Mauer. Und das Wort *Mauer*, es durfte nicht erwähnt werden, wir sollten das, was alle Welt eine Mauer nannte, den *antifaschistischen Schutzwall* nennen – wie lächerlich, wie feige. Dieses Ausblenden der Realität, was für eine Schwäche, was für eine Steigerung unserer Schwäche. Vollkommen unnötig, wie ich glaubte. Noch nicht wissend, daß genau dies meine DDR ausmachte: die Angst der Oberen, die Furcht vor der eigenen Bevölkerung und damit vor der Realität. Ich dachte doch, alle wären Sozialisten, wie wir das waren. Wir Havemänner und alle die Leute, mit denen meine Eltern verkehrten. Und hätte man mir dies gesagt, daß dem mitnichten so ist, daß wir die Mehrheit der Bevölkerung gegen uns haben, ich wäre in meinem sozialistischen Wahn auch mit diesem Aspekt der Mauer einverstanden gewesen, daß wir damit unsere eigenen Leute einsperrten. Aber sie waren so dumm, noch nicht mal die überzeugten Sozialisten, solche Leute wie mich und meine Freunde, ins Vertrauen zu ziehen, sie vertrauten niemandem. Und deshalb auch mußte es mit der DDR zu Ende gehen und genau in dem Moment zu Ende gehen, wo dann die Mauer fiel. Ohne die Mauer konnte es keine DDR geben. Ohne die Mauer konnte diese DDR nur noch abgewickelt werden. Aber vergessen wir das nicht: daß wir hier in Deutschland fast 50 Jahre die Russen zu Gast hatten, sowjetische Besatzungssoldaten, das verdanken wir Deutschen schließlich unserm Adolf Hitler, der hat sie doch zu uns eingeladen. Darüber haben wir uns also nicht zu beschweren. Und also auch der Westdeutsche nicht über die Sowjetische Besatzungszone, die 40 Jahre DDR und also auch die Mauer nicht. Wir können nur froh sein, daß er friedlich wieder abgezogen ist, der Russe – dank Gorbatschow.

Irrtum, Genosse Biermann, völlig falsch, von wegen: »Die DDR auf Dauer braucht weder Knast noch Mauer.« Wie Biermann dies in dem Lied über meine Flucht geschrieben hat, mit dem Reimlexikon vor sich, in dem er sich so gerne sachkundig machte. Die DDR brauchte den Knast wie jeder ordentliche Staat, und sie brauchte den Knast auch für die politischen Abweichler, wie jede Diktatur zumindest – auch wenn sie nicht jeden Abweichler dann gleich auch in den Knast gesteckt hat. Meinen Vater nicht und auch Wolf Biermann nicht. Die DDR brauchte die Mauer, unbedingt, das war die Bedingung für ihre Existenz, und das ist schon verrückt, daß ein Biermann dies im Jahre 1971, zehn Jahre nach Errichtung dieser Mauer, noch nicht kapiert hatte. Aber vielleicht verständlich. Verständlich, wenn man bedenkt, daß die Schwierigkeiten Biermanns mit seinem Staat DDR wegen der Mauer begannen – nicht aber deswegen etwa, weil er gegen die Mauer war, sondern umgekehrt deswegen, weil er für sie war und dies auch ganz offen ausdrücken und zur Sprache bringen wollte. Nur darin bestand der Dissens zwischen dem jungen Sozialisten Wolf Biermann und seinem sozialistischen Staat. Biermann, ganz der vorgegebenen Parteilinie des Bitterfelder Weges folgend: *Greif zur Feder, Kumpel!*, auf daß es eine proletarische Kultur und Kunst gebe, hatte das Berliner Arbeiter-und-Studenten-Theater, das BAT, gegründet, und was er mit diesem Theater als erstes aufführen wollte, das war sein Stück *Berliner Brautgang*, sein Stück zur Verteidigung des Baus der Mauer. Ein Stück, in dem das Wort *Mauer* natürlich vorkam, in dem die Mauer *Mauer* genannt wurde, und als sie dann kamen, die Verantwortlichen von der Berliner Parteileitung, sein Stück abzunehmen und zu genehmigen, mußten sie ihm dann leider mitteilen, daß das zwar alles schön und gut und zumindest gut gemeint sei vom jungen Genossen Biermann, daß das Wort *Mauer* aber niemals fallen dürfe, daß eine Verteidigung der Mauer nicht angezeigt sei, nicht der Parteilinie entspreche. Das war der Konflikt, in seinem Kern. Auch der, in den ich und all die anderen jungen Mitstreiter für den Sozialismus hineingerieten: daß die Partei zu schwach war, offen und offensiv die eigene Linie und Politik zu vertreten. Wir waren die besseren Sozialisten. Glaubten wir.

Ich psychologisiere das jetzt mal, ich psychologisiere es, weil es mich so sehr beschäftigte, so sehr prägte, diese Nichtanerkennung der DDR, ihr Kampf dann auch um die staatliche Anerkennung, weil ich mich in diesem Punkte so sehr mit meinem Staat identifizierte und sich natürlich hier die Frage nach dem Warum stellt – ich weiß das natürlich nicht, ob die Identifikation mit der DDR in diesem Punkte bei mir ausgeprägter war als bei anderen DDR-Bürgern, stärker zumindest bei meinesgleichen, und meinesgleichen heißt hier: bei uns jungen und überzeugten Sozialisten, bei den sozialistisch Erzogenen. Das ist etwas, das man nicht wissen kann, ich nehme es aber an. Nehme an, daß besonders die Nichtanerkennung der DDR mir eine auch psychologische Identifikation mit meiner DDR ermöglichte, eine ganz besonders starke und eine im höchsten Maße merkwürdige: merkwürdig, weil doch durch meinen Vater hervorgerufen, durch meinen Vater, den ich doch auch nur mit dieser DDR identifizieren konnte, der sich mit ihr auch identifizierte, der dann auch als Oppositioneller und bis zum Schluß, bis an sein Lebensende von der DDR als dem besseren deutschen Staat sprach, der diesen Staat auch noch dann besser fand, als der ihn aus seiner Arbeit herausgeschmissen hatte, ihn von der Staatssicherheit bespitzeln ließ. Die DDR, das war sein Land, diesen Staat hatte er mit aufgebaut, und auch mein Vater wird dies so empfunden haben, daß das eine Ungeheuerlichkeit ist, wenn seine DDR in ihrer staatlichen Existenz nicht anerkannt wird. Nicht aber, daß er dies mir vermittelt hätte, ich die Identifikation mit der DDR in diesem Punkte ihrer Nichtanerkennung von ihm übernommen hätte, mich auch mit meinem Vater dabei identifizierend. Nein, viel komplizierter, verwirrender. Psychologischer also. Psychologisch, weil auch ich mich nicht anerkannt fühlte, nicht in meiner bloßen Existenz anerkannt, von meinem Vater nicht. Von ihm nur wider Willen, widerwillig akzeptiert. Wenn ich genug Lärm machte, Ärger und dann auch Witze, Witze, die ihm gefielen. Witze, bei denen er es klüger fand, daß er mitlachte, wenn die anderen lachten, Witze auch auf seine Kosten. Nein, die DDR machte keine Witze, sie war vielleicht ein Witz, einer aber auf unsere Kosten. Aber ihre bloße Existenz war ein Ärgernis, es sollte sie nicht geben. Wie es auch mich nicht geben sollte. Für meinen Vater nicht. Ein Störenfried. Ich. Störend auch die DDR. Und deshalb gut und mein Land, meine DDR.

Flucht

Meine Fluchtgeschichte – wollen Sie die jetzt hören? Gut, ich erzähle sie, ich erzähle sie gerne. Ich hatte das nicht organisiert, das mit der Flucht, hatte nichts dazu getan, einen sicheren Fluchtweg zu finden. Das war Peewee, meine Freundin Rosita Hunzinger, die, als sie mit mir und wegen dem gleichen Delikt der staatsfeindlichen Hetze 1968 im Stasi-Knast saß, zu der Schlußfolgerung kam, nun sei es genug mit der DDR – ich fand das damals noch gar nicht und war doch ganz erstaunt, zu hören, als ich aus dem Knast wieder rauskam, daß mein Vater, genau der, der mir später wegen meiner Flucht in den Westen Verrat am Sozialismus vorwerfen sollte, während unserer Zeit im Knast im Westen sondiert hatte, ob es nicht eine Möglichkeit für mich und meinen Bruder gäbe, vom Westen ausgekauft zu werden. Es soll dann wohl auch ein entsprechendes Angebot an die DDR-Behörden gegeben haben, die Erklärung, jede Summe für die beiden inhaftierten Havemann-Söhne zu zahlen – das wird später in dieser Fluchtgeschichte noch eine Rolle spielen, in dem Moment nämlich, wo es ans Bezahlen ging und ich auf die wunderbare Idee kam, dies könne doch der westdeutsche Staat tun, der schon mal bereit war, für mich jede geforderte Summe zu zahlen, und nun ging es nur um ein paar wenige tausend Mark. Denn diese Flucht, die eine sichere sein sollte, eine, bei der zumindest das Leben nicht aufs Spiel gesetzt werden sollte, sie kostete natürlich Geld, der Fluchthelfer war zu bezahlen. Und gerade daß diese Flucht zu bezahlen war, machte sie zu einer halbwegs sicheren Sache, denn bezahlt werden konnte ja nur im nachhinein, bei einer erfolgreich durchgeführten Flucht. Außer man hatte das Pech, an eine dieser professionellen Fluchthelferorganisationen zu geraten, von denen es einige gab, die erfolgreich von Stasi-Spitzeln durchsetzt war, denen ein wirtschaftlicher Schaden der Firma, für die sie im Westen arbeiteten, im Ausnahmefall dann egal war – aber Peewee war natürlich vorsichtig, und sie brauchte deshalb auch drei lange und weitere DDR-Jahre, um sich einen Fluchtweg zu organisieren, den sie für sicher hielt. Die Liebe ist immer gut, die Liebe bietet die sicherste Gewähr, nicht an jemanden zu geraten, der einen der Polizei ausliefert, und Peewee hatte sich also mit einem sensiblen Westler zusammengetan, einem West-Intellektuellen, einem Dauerstudenten, mit diesem Manfred Neber, und Neber hatte sich an einen alten Schulfreund erinnert, von dem er wußte, daß er das früher mal für ein paar Jahre betrieben hatte, Fluchthilfe, und mit ihm also nahm Neber den Kontakt wieder auf, und dieser einstige Fluchthelfer war auch bereit, für Peewee, für uns, noch einmal in sein früheres Metier zurückzukehren, und er war es dann, der nach einem sicheren Fluchtweg vom Westen aus suchte, die Flucht organisierte.

Der Weg, den er fand, war folgender: ein bißchen Geographie muß dabei sein für die nachfolgenden Generationen, die sich in der Landschaft des einstmals geteilten Deutschlands nicht mehr so gut auskennen werden, für die es schwierig sein wird, sich diese Insel West-Berlin vorzustellen, die von der DDR umgeben und eingemauert war – die Bewohner dieser von ihrem Umland abgeschnittenen Stadt West-Berlin, sie mußten sie natürlich verlassen und auch wieder in ihre Exklave der freien Welt zurückkehren können, sie konnten dies mit dem Flugzeug tun, die DDR überfliegend, sie konnten dies aber auch auf den zwischen den Alliierten des Krieges gegen Hitler vereinbarten Transitwegen: auf einer Landstraße damals noch nach Nordwesten in Richtung Hamburg, auf drei der in der Nazizeit erbauten Autobahnen, auf der, die via Magdeburg über Helmstedt nach Hannover führt, und auf der sich am Schkeuditzer Kreuz hinter Halle und Leipzig teilenden Autobahn, entweder in Richtung Nürnberg oder Frankfurt am Main. Und es gab da die parallel geführten Eisenbahnlinien, die für die DDR den Vorteil hatten, daß die auf ihnen fahrenden Transitzüge gut abgeschirmt werden konnten. Die Stadt West-Berlin mußte aber ebenso versorgt werden, nahezu alles, was in dieser eingeschlossenen Stadt an Versorgungsgütern gebraucht wurde, es mußte auf diesen Transitwegen erst dorthin gebracht werden, mittels Güterzügen oder Lastwagen – in einem Personenwagen nun, obwohl auch das Leute erfolgreich gemacht haben, war nicht so leicht sich verstecken. Daß der Kofferraum eines Personenwagens in der Regel nicht mehr von den DDR-Grenzern kontrolliert wurde, außer im Verdachtsfalle, kam erst später, nach dem Transitabkommen, das zwischen Ost und West im Jahr nach meiner Flucht geschlossen wurde. Die Züge fuhren durch, die Züge wurden bei jedem notwendigen Halt bewacht, blieben also nur die Lastwagen übrig, die zwischen West-Berlin und dem Bundesgebiet hin- und herfuhren, Lastwagen, die natürlich kontrolliert wurden – aber eben nicht alle mit der gleichen Intensität. Und einen solchen, den die DDR-Grenzer nicht so genau kontrollierten, den fand dieser Fluchthelfer: einen Tankwagen, der Bitumen nach West-Berlin transportierte, Bitumen, ein damals neues, in der DDR noch nahezu unbekanntes Material, Straßen zu asphaltieren, und auch dieser Umstand, daß es Bitumen in der DDR noch nicht gab, spielte eine entscheidende Rolle in diesem Fluchtplan: der leer aus West-Berlin zurückfahrende Tankwagen wurde auch deshalb nicht so genau kontrolliert, weil die DDR-Behörden davon ausgingen, die in dem Tank verbleibenden Restbestände an Bitumen würden dort Dämpfe zur Folge haben, in denen man nicht überleben könne – dies aber war falsch. Dies machte unsere Flucht möglich. Es galt für den Fluchthelfer nur, einen Fahrer ausfindig zu machen, der bereit war, das Risiko einzugehen, bei der ganzen Aktion doch erwischt zu werden und dafür notfalls ins Gefängnis zu gehen – und also ging es um Geld. Der Mann, den der Fluchthelfer fand, er wollte nicht viel, er wollte achttausend Mark pro erfolgreich in den Westen geschmuggelte Person.

Peewee und mit ihr Uzkoreit verschwanden in diesem Tankwagen Ende August 1971 gen Westen, ich hatte mit Carmen und einer weiteren Freundin von Peewee, mit Christiane von Steinäcker, bis zum November zu warten – auf welchem Wege sie abgehauen waren, das durfte die Stasi natürlich nicht erfahren, der Mann mit seinem Tankwagen mußte zur Sicherheit, damit die Stasi ihm gegenüber keinen Verdacht schöpfte, ein paarmal, ohne dann intensiver kontrolliert zu werden, den Transitweg benutzen. Aber auch wir drei, die wir auf unseren Fluchttermin warteten, wußten nicht, auf welchem Wege Peewee und Uzkoreit abgehauen waren, welchen Fluchtweg wir dann selber benutzen würden – ich habe dies Peewee auch nicht gefragt, das war Vertrauenssache. Mehr als eine halbe Stunde habe ich mit ihr auch nicht über die Flucht gesprochen – wir gingen in den Wald dazu, und als mich Peewee zu diesem für uns ungewöhnlichen Spaziergang aufforderte, ahnte ich schon ungefähr, um was es gehen würde. Sie sagte, ich wisse ja, daß sie in den Westen wolle, sie sagte, daß sie nun einen sicheren Fluchtweg habe, daß dieser Fluchtweg aber nicht nur ein einziges Mal benutzt werden könne. Sie sagte, sie wisse zwar, daß ich nie daran gedacht hätte, in den Westen abzuhauen, sie wolle mir aber die Möglichkeit geben, dies zu tun – warum, darüber mußte zwischen uns nicht gesprochen werden: meine Lage im Osten war vollkommen aussichtslos, und dann war da Carmen, für die dies noch einmal mehr galt. Peewee sagte, wenn ich dies für mich nicht von vornherein ausschlösse, abzuhauen, solle ich mit Carmen einen ebensolchen Spaziergang machen, sie müsse heute noch Bescheid wissen, ob auch wir diesen Fluchtweg benutzen wollten.

Ich hatte eine halbe Stunde, mich zu entscheiden – ich hätte diese halbe Stunde aber nicht gebraucht, es gab nichts zu entscheiden. Jede sich uns bietende Möglichkeit, unsere Situation zu verändern, mußte genutzt werden. Ich war dies Carmen schuldig. Und wir mußten dann auch beide gar nicht groß bei unserem anschließenden Waldspaziergang darüber diskutieren. Die Entscheidung, sie fiel von selbst. Ich habe später, vielleicht für viele etwas kokett, gesagt, hätte Peewee mir die Möglichkeit eröffnet, daß wir nach China gehen, ich wäre nach China gegangen. China ist weit weg. Aber, so habe ich dann immer gesagt, ich wäre auch nach Leipzig gegangen, wenn Peewee dort eine Wohnung für uns gefunden hätte, irgendeine Überlebensmöglichkeit – nur weg, nur raus aus den aussichtslosen Verhältnissen, in denen ich mit Carmen steckte. In den Westen wollte ich nicht. Und ich bin das auch nicht: in den Westen abgehauen. Ich bin aus dem Osten abgehauen. Und das ist etwas anderes. Und genaugenommen bin ich nur aus der Situation geflohen, in der ich mich mit Carmen und wegen Carmen befand.

Und dann, nachdem Peewee und Uzkoreit weg waren, geschah etwas höchst Merkwürdiges und auch Beunruhigendes, es geschah nämlich nichts: weder ich noch Carmen, und auch diese Christiane nicht, wurden von der Stasi zum Verhör einbestellt und von ihr nach dem Fluchtweg von Peewee und Uzkoreit befragt. Alle andern aber wurden befragt: sie nahmen sich die alte Liste vor all derjenigen, die 68 mit Peewee und auch Uzkoreit zusammen angeklagt und im Gefängnis gewesen waren, und auch Peewees Freundin Christiane hatte in dieser Zeit gesessen, und wenn sie sich denn von der Stasi aus in irgendeiner Weise darum gekümmert hatten, mit wem Peewee weiterhin Kontakt gehabt hatte, dann wären sie erst recht auf mich gekommen und Christiane, dann wären sie auch auf Carmen gekommen – genau wir drei aber blieben ausgespart. Und dies war alarmierend und hätte eigentlich schon ein Grund sein müssen, unsere Flucht abzublasen. Aber wir verdrängten das, verdrängten die Gefahr. In klaren Momenten hielt ich beides für möglich: daß sie uns in flagranti erwischen wollten, bei der Flucht hopsnehmen, und auch, daß sie uns würden ziehen lassen, daß sie nur froh wären, diesen Havemann los zu sein, daß sie sich den Wirbel auch würden ersparen wollen, den ein Prozeß gegen einen Havemann wegen Republikflucht im Westen zur Folge haben würde. Ich hielt die zweite Variante sogar für wahrscheinlicher, aber das Risiko war natürlich da. Bei der Flucht erwischt zu werden, das hätte uns alle drei ein paar Jahre Knast gekostet, mich womöglich sieben Jahre, denn da wäre noch Gruppenbildung mit dazugekommen, denn eine Gruppe braucht ja ihren Anführer, und dieser Anführer, das wäre ich gewesen, und dafür gab es noch einmal einen Aufschlag. Mit dieser Aussicht lösten sich eigentlich die Gründe, die mich dazu veranlaßt hatten, für Carmen und mich die Möglichkeit einer Republikflucht zu nutzen, in Luft auf: sie war der Grund, die Verantwortung, die ich für Carmen übernommen hatte, war der Grund, und nun die Flucht nicht abzublasen bedeutete, mich ihr gegenüber, die das Gefängnis nicht überstanden hätte, unverantwortlich zu verhalten. Aber es gab kein Zurück mehr. Nur nicht darüber nachdenken. Alles lief auf einen Punkt zu, verengte sich auf diesen einen Punkt der Flucht. Kein anderer Ausweg mehr da – die Folge für mich: Migräne, heftige Kopfschmerzen.

Der Kontakt mit dem Kurier, der mir den Tag der Flucht, den Ort und die Zeit auch mitteilen sollte, von wo aus und wann genau es losgehen solle, erfolgte, mir war gar nicht wohl dabei, gegen alle Regeln der Konspiration, wie ich sie von meinem Vater gelernt hatte, auf dem Alex, im größten Menschengewühle – wäre mir die Stasi hinterhergewesen, sie hätte alles schön beobachten können, dieser Kurier, er wäre ihr auf dem Präsentierteller serviert worden, sie hätten ihn dann nur an der Grenze abpassen und ausquetschen müssen. Von ihm erst erfuhr ich auch, wie die Flucht vonstatten gehen sollte, Peewee hatte es mir nicht gesagt, ich hatte sie danach nicht gefragt. Ihre Versicherung, daß es ein sicherer Fluchtweg sei, mußte reichen. Wir sollten an einem Rastplatz auf der Autobahn in Richtung Magdeburg und dann weiter nach Helmstedt in Richtung Westen am

11. November abends um 10 Uhr einen Tankwagen erwarten, einen besonders langgestreckten. Der Fahrer würde aussteigen, seinen Tanklaster umrunden, und dann, aber auch dann erst sollte ich ihn ansprechen. Der Rastplatz, in der Nähe der Stadt Burg, auf dem wir uns einfinden sollten, war mit einer genauen Kilometerangabe bezeichnet und mußte auf der Landkarte zu finden sein, und wir fanden ihn auch schnell. Dann war, wir hatten noch eine Woche Zeit, eine Fahrverbindung herauszufinden, bis nach Burg, das war leicht, aber von Burg bis zu diesem Rastplatz war der Weg zu lang, zu Fuß dahin zu kommen ausgeschlossen. Also hieß es, von Berlin aus einen Bus herauszusuchen, der uns von Burg etwas näher an den Ort heranbringen würde, an dem wir uns einzufinden hatten. Auch dies erwies sich als möglich, der letzte dieser Busse von Burg aus fuhr dort aber schon gegen vier am Nachmittag ab, wir hatten damit genug Zeit für den dann immer noch zu Fuß zurückzulegenden Weg von einigen Kilometern, würden aber so früh an diesem Rastplatz ankommen, daß wir dort dann noch Stunden würden warten müssen. Aber es ging nicht anders. Wir fuhren am 11. November gegen Mittag in Berlin mit der Bahn los. Es war richtig voll im Zug, Plätze für uns drei schwer zu finden. Ich hatte mir das *Neue Deutschland* gekauft, zum letzten Mal in meinem Leben, wie ich glaubte. Auf der ersten Seite war ein Foto, und natürlich gab es auf diesem Foto Erich Honecker zu sehen, den Generalsekretär der Sozialistischen Einheitspartei Deutschlands und Staatsratsvorsitzenden der DDR. Das Foto zeigte Erich Honecker umgeben von einer bemerkenswert und DDR-untypisch lockeren Runde, aber gleich ihm ebenso grauer und gesichtsloser Herren. Die Unterschrift besagte, daß Erich HO-Honecker am Vortage eine amerikanische Wirtschaftsdelegation empfangen habe, eine Reihe von amerikanischen Industriebossen und Geschäftsleuten, among them, ich las die Namen nach, unter ihnen ein Mister Levi Strauss junior – dieser Name war eine Botschaft, eine Botschaft Erich Honeckers an sein Volk: es würde also demnächst in der DDR noch ein paar mehr Jeans der Marke *Levi's* zu kaufen geben. Ein paar mehr, weil es am Alexanderplatz in Berlin und dort im großen *Centrum*-Warenhaus in den

vergangenen Wochen schon die heißbegehrten Jeans der Marke *Levi's* zu kaufen gegeben hatte – wie passend: während der Zugfahrt erzählte einer der Mitreisenden, ein biederer Provinzler, wie es ihm gelungen war, ein Paar dieser umkämpften Hosen zu ergattern. Wozu dann noch in der DDR bleiben, sagte ich mir, wenn es nun auch die lange Zeit verbotenen und einstmals von der Partei des Genossen Honecker bekämpften Jeans im Warenhaus zu kaufen geben würde, dann kannst du doch gleich in den Westen gehen. Genau dies hatte ich vor, an diesem Tage noch.

Wir stiegen in Burg aus, erwischten auch den Bus, den wir uns rausgesucht hatten, auch er voller Leute, die sich gewundert haben dürften, wie es wohl kommt, daß da drei jüngere Menschen irgendwo bei einer Station mitten in der Pampa aussteigen. Ein Dorf war nicht zu sehen. Wir hatten die Karte dabei, und das Sicherste schien uns, erst einmal bis zur Autobahn zu laufen und dann an ihr entlang bis zu dem uns bezeichneten Rastplatz. Das war ein Fehler, der Weg wurde länger dadurch, und dann hieß es, Kilometer an der Autobahn entlangzulaufen, zum Teil in einem Graben voller Büsche, dann auch am Fuße einer Böschung für die erhöht gelegene Autobahn, und was wir ganz übersehen hatten, das war ein kleines Flüßchen, das zu überqueren war und wegen dem wir hoch auf die Autobahn mußten, um uns dort dann auf der Brücke bei entgegenkommendem Verkehr entlangdrücken zu müssen. Aber wir erreichten den Parkplatz, erreichten ihn bei einbrechender Dunkelheit. Und dann hieß es warten, für Stunden warten, und die Zeit, wir hatten uns im Gebüsch versteckt, sie wurde lang, sehr lang, und kalt wurde es auch, empfindlich kalt sogar, es war November. Äußerlich waren wir ruhig, aber die Spannung stieg natürlich, je näher wir dem Zeitpunkt kamen, wo unser Tankwagen auf den Rastplatz fahren sollte. Dann, es war 10 vor 10, zehn Minuten vor der uns genannten Zeit, wir sahen es vom Gebüsch aus, fuhr ein Tankwagen in den Rastplatz ein. Er war lang, ungewöhnlich lang. Das mußte er also sein. Aber nichts geschah, der Fahrer des Wagens stieg nicht aus, das verabredete Zeichen blieb aus – was tun? Ich ging langsam in Richtung Tankwagen. Wie sich herausstellte, wir hatten es uns vorher nicht näher angesehen, gab es dort, wohl den Rastplatz einzufassen, eine Steinmauer, die auf der Seite zum Wald aufgeschüttet war. Ich kam also bei dem Tanklaster genau in Höhe des Fahrerhäuschens an. Für den Fahrer muß ich wie aus dem Nichts gekommen sein. Er schaute mich erstaunt an, kurbelte auch das Fenster an meiner Seite herunter: was ich von ihm wolle? Ob er mich vielleicht ein Stück mitnehmen könne? Seine Antwort: Nein, er wolle sich ein bißchen zum Pennen hinlegen. Ich bedankte mich, wünschte ihm einen guten Schlaf. Ich ging in das Gebüsch zu den beiden Frauen zurück, dann sahen wir, wie der Tankwagen einen Moment später wieder wegfuhr.

In dem Moment hätten wir unser Fluchtunternehmen abbrechen müssen. Die Gefahr, daß dieser Mann an der Grenze Bescheid sagte, ihm wäre da etwas Eigenartiges passiert, und daß daraufhin alle ihm nachfolgenden Tanklastzüge genauestens kontrolliert werden würden, war viel zu groß. Aber wir diskutierten dies nicht einmal. Dann, ein paar wenige Minuten später, es war genau 10 Uhr, fährt ein zweiter, ebenso langgestreckter Tankwagen in den Rastplatz ein. Er hält an, der Fahrer entsteigt seinem Fahrerhäuschen, macht seine Runde um den Wagen – das ist er. Wir kommen aus unserem Gebüsch herausgerannt, der Fahrer klettert eilig vor uns den Sattelschlepper mit dem langen Tank hoch, öffnet die hintere Luke, gibt mir eine Taschenlampe, wir klettern hinunter, auf dem Boden Ölschlieren, hinten am Ende ein Holzbalken, eingepaßt und eingeklemmt in das Rund der Stahlwände. Unser Sitzplatz für den Weg in den Westen. Schon im nächsten Moment geht es los. Und das war ein Gerumpel und Geschleudere da hinten in diesem Tank, wie ich es mir nicht vorgestellt hatte. Und dann der Weg, den wir bis zur Grenze zurückzulegen hatten, er war viel, viel länger als von mir erwartet. Dann stoppt der Tanker, hält aber nur kurz – ist das schon die Grenze? Nein, nur die erste Barriere, bevor es in den eigentlichen Grenzbereich hineinging, aber ein DDR-Bürger kannte sich doch mit seiner Staatsgrenze nicht aus. Der Wagen fährt ein Stück, hält wieder an. Nun sind Stimmen zu hören, auch Hundegebell. Das erst muß die Grenzkontrolle sein. Zu hören ist auch der Fahrer, dessen Stimme ich erkenne, mit dem ich bei unserem Einsteigen ein paar wenige Worte gewechselt hatte. Dann schwere Schritte, Soldatenstiefel, die die Leiter zum Tank hochklettern. Die erste, die vordere der beiden Luken wird geöffnet, und in dem Moment schaltet Carmen, der ich sie übergeben hatte, die Taschenlampe ein. Ich entreiße sie ihr. Eine Laterne wird herabgelassen. Liegt kurz im Ölschlamm auf dem Boden. Dann wird sie wieder hochgezogen. Dann Schritte, die sich der zweiten, der hinteren Luke nähern. Durch die wir zu sehen gewesen wären. Die Stimme des Fahrers: »Wollen Sie hinten auch noch nachsehen?« Eine unbekannte Stimme, die des Grenzers, antwortet: »Nein.«

Dann setzt sich der Tankwagen wieder in Bewegung, rumpelnd – das genau mußte die Stelle sein, wo der Osten endet, der Westen beginnt. Wir fahren ein paar wenige hundert Meter, dann wieder Stopp. Jemand erklimmt die Leiter, Schritte, die sich unserer, der hinteren Luke nähern. Die Luke wird geöffnet, der Fahrer ruft zu uns herunter: »Wir sind da, sind im Westen.« Wir rühren uns nicht, geben keinen Laut von uns. Das war mir von dem Kurier eingeschärft worden: keinerlei Reaktion, wenn jemand nach euch ruft, euch sagt, ihr seid im Westen, das kann ein Trick sein, so haben sie schon viele aus ihren Verstecken geholt. Ihr reagiert erst, wenn jemand direkt vor euch steht. Entweder ist es ein Grenzer, und die ganze Sache ist gescheitert, oder der Fluchthelfer. Der Fahrer ruft in eine andere Richtung, wohl von dem Tank oben herunter: »Sie melden sich nicht – meinst du, sie sind überhaupt noch da?« Dann ein Moment der vollkommenen Stille. Dann wieder Schritte. Dann klettert jemand durch die Luke zu uns herunter, der Fluchthelfer. Die Flucht ist geglückt. Wir folgen ihm aus dem Tank heraus, sind völlig verdreckt, voller Öl. Der Fluchthelfer hat neue Anziehsachen für uns. Wir ziehen uns um, er schmeißt unser Zeug, das nicht mehr zu gebrauchen ist, in einen Mülleimer. Der Tanker steht mit laufendem Motor neben der Autobahn. Es ist dunkel, aber gar nicht so weit von der Grenze entfernt, die Lichter sind deutlich zu erkennen. Wir verabschieden uns von dem Fahrer, danken ihm und werden ihn nie wiedersehen. Wir steigen in das Auto des Fluchthelfers ein, in einen großen *Citroën DS 21*, und fahren los – wohin? Keine Ahnung.

Wir rasen durch die Nacht. Die Flucht ist geglückt. Äußerlich ruhig, aber doch aufgeregt wie nach einem überstandenen Abenteuer – wenn es das ist, was Kriminelle nach einem gelungenen Coup empfinden, dann verstehe ich, daß man rückfällig werden kann. Hinten schlafen die beiden Frauen, die ich mir aufgeladen habe. Neben mir am Steuer der Fluchthelfer, ein Mann, dem ich zum ersten Mal begegne. Sympathisch, undurchsichtig, scheint vom Schmuggel mit Kunst zu leben, war als Student nach dem Mauerbau in der Fluchthelferszene engagiert, hat aber aufgehört und diese unsere Flucht eben nur für uns organisiert und ist nur noch einmal unseretwegen in diese bizarre Welt des Ost-West-Konfliktes zurückgekehrt, von der er wunderbare und schlimme Geschichten zu erzählen weiß. Er verlangt auch kein Geld, nur der Fahrer des Tanklastwagens muß bezahlt werden, und das wird später, natürlich verdeckt, als Starthilfe getarnt, der Minister Franke vom Innerdeutschen Ministerium übernehmen. Und plötzlich sagt dieser Mann: »Ich war früher mal für die Stasi tätig.« Und für wen jetzt? CIA, MI 5, BND? Oder doch immer noch für die Staatssicherheit? Wohin fahren wir eigentlich? Die Ortsnamen sagen mir nichts, mir fehlt alle Orientierung. Vielleicht zurück nach Berlin, in die Magdalenenstraße, zur Stasizentrale – die ganze Zeit vor der Flucht hatte ich dieses Gefühl gehabt, es sei unverantwortlich, die Sache doch durchzuziehen, obwohl so viele Indizien dafür sprachen, daß sie Bescheid wissen mußten. Andere hatten den Fluchtweg gefunden, ich nur eine halbe Stunde Zeit gehabt, mich zu entscheiden. Und dann drei Monate zu warten. Und keine Zweifel, denn alles andere konnte nur besser sein als diese kleine DDR, an der ich irre geworden wäre – auch China, doch der Westen lag näher. Noch einmal rechne ich es durch, wie sich das Strafmaß für mich summiert: Republikflucht, Gruppenbildung, und einer muß der Chef der Bande sein, und das bin natürlich ich – macht sieben Jahre. Und ich habe doch schon einmal vier Monate gesessen. Doch dann kommt die Abfahrt nach Bremen, und der Spuk ist vorbei.

Das waren dann schon wüste Geschichten, die er mir in den Tagen nach der Flucht erzählte, die wir bei seinem Bruder in der Nähe von Bremen verbrachten, damit die Stasi dies nicht rekonstruieren könne, in welchem Tankwagen wir über die Grenze gekommen waren, Geschichten von seiner Zeit als Fluchthelfer, Geschichten aus der Zeit nach dem Mauerbau 1961. Nicht nur die Stasi war doch an den Fluchtwegen interessiert, auch der amerikanische Geheimdienst, die CIA, war es – ich verstand erst nicht ganz warum. Seine Erklärung dafür: um sie an die Stasi zu verraten natürlich, verstand ich im ersten Moment noch weniger. Seine Erklärung dafür dann: weil dem Westen doch nur daran gelegen sein mußte, würden da von dem ostdeutschen Unrechtsregime die eigenen Leute bei ihrer Flucht hopsgenommen oder gar an der Mauer erschossen. So etwas ließ sich propagandistisch ausschlachten, und für so viele Flüchtlinge war doch im goldenen Westen gar nicht Platz, und sie kosteten erst mal nur Geld, und außerdem mußte ein Geheimdienst doch auch damit rechnen, daß der Osten seine Spione und Agenten, besonders seine Langzeitagenten, auf einem solchen Wege in den Westen schickt, mit der so unverdächtigen Legende einer Flucht versehen. Das leuchtete ein, auch mir ein, und so wunderte es mich dann nicht, ein paar Wochen später, nachdem meine Flucht in den Westen bekanntgeworden war, im RIAS, dem amerikanischen Propagandasender, einen Kommentar zu hören, in dem davon die Rede war, daß es doch höchst merkwürdig wäre, daß jemandem wie mir, der doch als Sohn von Robert Havemann und wegen seiner eigenen 68er Straftat unter der genauen Beobachtung der Stasi gestanden haben wird, die Flucht in den Westen gelungen sei, und der Kommentar endete dann mit der Versicherung, man würde schon ein Auge auf mich haben. Und das hatten sie wohl auch, mich unter Beobachtung, wie sich herausstellte, denn ein Jahr nach unserer Flucht war Carmen wegen ihrem Bruder Roverto, der unbedingt in den Westen und zu ihr wollte, beim BND, beim Bundesnachrichtendienst, und dort dann holten sie unser Dossier heraus und stellten ihr Fragen, die dies ganz klar offenbarten, wie gut sie über uns Bescheid wußten. Die CIA hätte jedenfalls nach dem Mauerbau 1961, so der Fluchthelfer, die Leute massiv unter Druck gesetzt, ihren jeweiligen Fluchtweg zu verraten. Wenn man nach Mariendorf ins Aufnahmelager komme, und dies sei immer noch so, werde einem als Flüchtling als erstes ein Laufzettel ausgehändigt, mit all den Stellen, die man aufzusuchen habe, und die allererste, das wäre, und dies sei heute auch noch nicht anders, immer die CIA, der amerikanische Geheimdienst, und wenn man sich da nicht kooperationswillig zeigte, dann konnte es einem passieren, daß sie diesen Laufzettel am Abend nach ihren vergeblichen Verhören zerrissen haben, was dann bedeutete, daß man am nächsten Tag wieder von vorne mit der ganzen Aufnahmeprozedur beginnen mußte, was auch bedeutete, daß man an diesem Abend im Aufnahmelager Mariendorf nichts zu essen bekam, weil ohne Laufzettel, ohne den dafür nötigen Laufzettel. Es habe aber noch Schlimmeres gegeben, so der Fluchthelfer, Sachen wie die, daß die CIA Flüchtlinge nach mehreren vergeblichen Verhören in ein Auto gesetzt und dann an die Grenze gefahren hätte, sie damit bedrohend, sie wieder zurück in den Osten zu schicken, wenn sie ihren Fluchtweg nicht verrieten. Als ich das hörte, wurde mir klar, warum er mit der Fluchthilfe aufgehört hatte – es habe ihn angewidert, bei diesem Spiel der Geheimdienste im Kalten Krieg mitzuspielen, so sagte er, der Schmuggel von Kunstgegenständen aus Indien, den er jetzt betreibe, womit er jetzt sein Geld verdiene, sei dagegen eine saubere Sache. Er würde diese Kunstwerke ja auch damit retten, daß er sie aus Indien, wo sich keiner groß um sie kümmere, heraushole, um sie dann an Museen in ganz Europa und den USA zu verkaufen, seine Sachen wären in den besten Häusern plaziert. Ich sah ein paar *seiner Sachen*, wie er das nannte, in der Absteige, die er über der Einfahrt zu einer Garage in Berlin-Schöneberg gemietet hatte, wo er sie immer für ein paar Jahre zwischenlagerte, bevor er sie weiterverkaufte – ein Loch voller Schätze. Mittendrin eine Duschkabine, in der Ecke auf dem Boden eine Matratze. Mehr hatte er nicht.

Ich war also gewarnt, vor der CIA gewarnt, als ich mich dann nach Mariendorf begab, um dort die Aufnahmeprozedur zu durchlaufen, die doch auch ich wie jeder andere hinter mich bringen mußte, um dann überhaupt einen West-Berliner Personalausweis zu bekommen. Ich war noch einmal mehr durch Peewee gewarnt worden und durch Uzkoreit, die mir davon erzählten, daß sie nach ihrer Flucht, gemeinsam und voneinander getrennt, von der CIA für zwei Tage in die Mangel genommen worden waren, auf daß sie ihren Fluchtweg verrieten. Sie hätten dies nicht getan, so versicherten sie mir beide, und ich sah keinen Grund, daran bei ihnen, die beide die Stasi hinter sich hatten, zu zweifeln. Ich war also gewappnet und darauf vorbereitet, mich ebenso zwei Tage mit diesen amerikanischen Geheimdienstleuten abgeben und abquälen zu müssen, als wir zu dritt dann nach Mariendorf ins Aufnahmelager fuhren. Das mit dem Laufzettel stimmte, das auch, daß die erste Stelle die CIA war, zu der man hinmußte. Wir kamen da rein, ich nannte meinen Namen, man forderte uns noch nicht mal dazu auf, daß wir uns hinsetzen. Der CIA-Mann sagte, er wolle uns nur einen Rat geben, den, niemandem unseren Fluchtweg zu verraten, und damit waren wir schon entlassen – wie war dies zu erklären? Hatten Peewee und Uzkoreit doch den Fluchtweg verraten? Und die CIA dann gleich mal auf der anderen Seite Bescheid gegeben, bei der Stasi? War das die Erklärung dafür, daß uns niemand nach der Flucht von den beiden behelligt hatte, daß wir drei, die wir den beiden doch am nächsten standen, von der Stasi nicht zum Verhör geladen worden waren? Eine mögliche Erklärung. Durchaus. Aber ich nahm doch etwas anderes an: daß auch die CIA so klug war, damit zu rechnen, ich würde mich, fragten sie auch mich nach dem Fluchtweg, an die Presse wenden und als Havemann bei ihr sicher auch Gehör finden können.

Das hatte dann noch ein lustiges Nachspiel: denn nachdem wir die CIA hinter uns gebracht und auch beim englischen und französischen Geheimdienst gewesen waren, alles drei Geheimdienste der vier Mächte, die Berlin nach dem Krieg unter sich aufgeteilt hatten, ging es zum BND – auch beim Bundesnachrichtendienst mußte man vorstellig werden, als dem letzten der Geheimdienste, und der Mann, der uns dort entgegentrat, das war genau der hemdsärmlige Typ, den ich bei der Stasi doch auch als Vernehmer kennengelernt hatte, der Mann, der Druck machen soll, und er wollte das schon in seiner ersten Frage, nachdem er unsere Personalien aufgenommen hatte, wissen, auf welche Weise wir denn aus der DDR geflohen, wie wir über die Grenze gekommen seien. Ich antwortete ihm, es täte mir leid, aber dies dürfe ich ihm nicht sagen. Er reagierte schroff: wie bitte, ich wäre verpflichtet, ihm dies zu sagen, er wäre hier der Vertreter des Staates, in dem wir nun leben wollten, und wieso eigentlich, ich dürfe dies nicht. Es wäre mir dies geraten, ja, direkt verboten worden, antwortete ich grinsend. Wie ich hier darauf käme, überhaupt von Verraten zu sprechen? Das empörte ihn richtig, und dann wollte er natürlich wissen, wer mir einen so unsinnigen Rat gegeben, mir dies sogar, wie ich behauptete, verboten habe. Ihre Kollegen von der CIA, antwortete ich, und natürlich war das ein Spaß, bei ihm da die Kinnlade herunterfallen zu sehen, die Pointe saß. Er verschwand ganz plötzlich in einem Nebenraum, wo wir ihn telefonieren hören konnten. Er kam dann ganz arschfreundlich und kriecherisch zurück, und damit war auch diese Geheimdienstepisode beendet.

Begrüßungsschock

»Sag mal, welches Sternzeichen hast du eigentlich?« Eine der ersten Fragen, die mir im Westen gestellt wurden. Die mir im Westen von Westlern gestellt wurden. Wo war ich hier gelandet? Im Mittelalter? Beim Aberglauben? Und das waren Leute, die sich links nannten, sich links wähnten, die zu linken Demonstrationen gingen, und der Mann hatte einen kleinen linken Buchladen im Europa-Center. Es war unfaßbar. Ich war so konsterniert, daß ich antwortete, das wisse ich zwar nicht, aber ich sei am 12. Januar geboren, falls ihnen das weiterhelfe, und auf diese Weise lernte ich dann, daß ich Steinbock sei. Aha, wenn sie denn meinten. Dann bin ich eben Steinbock. Das besagte ja nichts weiter, sagte mir jedenfalls nichts. Reinster Zufall, daß ich ungefähr wußte, was das überhaupt ist: ein Sternzeichen – ein Mann war da mal zu uns gekommen, irgendwas Adliges, wenn's beliebt, entfernte Verwandtschaft vielleicht. Ein weitgereister Mann, sympathisch, witzig, zynisch, und als wir ihn dann fragten, womit er denn sein Geld verdiene, antwortete er, er sei beim *stern* für die Sterne verantwortlich – den *stern* kannten wir, der es ebenso wie der *SPIEGEL* oder *konkret* bis zu uns in den Osten schaffte, wir wußten auch, was Sterne sind, und im ersten Moment dachte ich, der gute Mann stelle in dieser Illustrierten die jeweiligen Ergebnisse der neuesten astronomischen Forschung vor. Dieser Irrtum aber klärte sich rasch auf, diese *Sterne* waren nur einer seiner Witze, sein Ressort waren die Sternzeichen, die Horoskope – wie konnte sich ein Mann wie er, der doch ganz vernünftig und bei Trost schien, mit Horoskopen abgeben, mit einem solchen Unsinn? Nicht zu glauben, daß er an die Macht der Sterne glaubte. Das mußte der Westen sein, die Dekadenz des Westens, eine Verfallserscheinung. Die Mystifizierung, weil sie dort keine Zukunft mehr hatten, der Fortschritt nicht mehr auf ihrer Seite marschierte. Als Indiz war das natürlich interessant, und so wollten wir mehr wissen, wissen auch, wie man so ein Horoskop überhaupt erstellt. Der gute Mann lachte, als wir ihm diese Frage stellten: ob wir das wirklich wissen wollten, wie er seine wöchentlich im *stern* veröffentlichten Horoskope erstelle. Wir wollten natürlich. Er erzählte es uns in aller Ausführlichkeit, und das ging dann so: er setze sich in sein komfortables Büro, lasse seine Sekretärin kommen und sage ihr, sie solle sich doch bitte den *stern* vom … herausholen, und das Datum, was er ihr da nannte, es lag mindestens zehn, fünfzehn Jahre zurück, auf daß dieser Betrug niemandem auffalle. Die Aufgabe dann seiner Sekretärin die, das schon einmal abgedruckte Horoskop noch einmal abtippen und nach Hamburg zur Redaktion des *stern* schicken – so mache er seine Horoskope, genau so, sagte er lachend. Ob wir mehr wissen wollten? Nein, wollten wir nicht. Denn das war ja lustig. Blieb der Vorwurf der Volksverdummung, und den konterte er damit, daß er sagte, die Leute, die seine Horoskope läsen, die würden sich das doch sowieso nur merken, wenn es da reinst zufällig irgendwas gäbe, das sie mit ihren Erlebnissen der Woche in Beziehung bringen könnten. Das bleibe doch folgenlos, ein Teil der Unterhaltung, mehr nicht – mein Eindruck, im Westen angekommen, war ein anderer. Wenn sogar Linke so etwas für ernst und wichtig nahmen. West-68er. Was hatte ich mit diesen Leuten zu tun? Nichts.

1968 usw.

Das ist natürlich ein Thema für mich, muß es sein, weil es ja nicht nur die DDR gegeben hat, die offizielle, und auch nicht nur die DDR-Opposition meines Vaters und seiner Leute, sondern auch die unsere, die meiner Generation, die der Ost-68er also – als ein solcher jedenfalls habe ich mich immer begriffen, als zu der zahlenmäßig sehr kleinen Gruppe von Leuten gehörend, die man die Ost-68er nennen könnte. Vielleicht waren das insgesamt 200 Menschen, mehr nicht. Man kannte nicht alle, man kannte aber die meisten, kannte sie wenigstens vom Sehen und Hören, kannte sie von ihren Spitznamen her. Diesen maximal 200 Leuten, die sich gut und gerne in einem mittelgroßen Kulturhaus hätten versammeln können, war es aufgrund der im Vergleich mit dem Westen unfreien Bedingungen in der DDR niemals möglich, zusammenzukommen und dann ihre Sache, ihre Ziele und ihre Probleme zu diskutieren, geschweige denn, in all diesen Fragen zu einer Einigkeit und Stärke zu gelangen. Das Medium dieser Ost-68er, das Medium ihres Austausches blieb das Gespräch, das allerdings dafür oft sehr intensive Gespräch in kleinen Grüppchen, die wohl nur informelle Gesprächskreise genannt werden können, das Medium größerer Zusammenkünfte war die Party. Diese kleine Gruppe versuchte alles zu sein, alles zu machen – alles das, was auch anderswo zu 68 dazugehörte: sie versuchte eine andere Kunst und Kultur, eine andere Art des Lebens und dann auch der Kindererziehung auszuprobieren, sie versuchte sich in der sexuellen Befreiung, in anderen Geschlechterverhältnissen, sie versuchte sich in anderen Räuschen, und sie versuchte auch, eine andere Art von Politik zu denken und zu praktizieren. Das war natürlich alles ein bißchen ville und zuviel für eine so kleine Gruppe, die dabei noch durch die Umstände, die politischen Verhältnisse behindert war. Zumal hier im Geiste von 68 keine Rollenaufteilung untereinander möglich war, wie sich dies sonst in Provinzen beobachten läßt, die aber doch den Ehrgeiz haben, am großen Spiel der großen Welt in ihrer kleinen Weise, mit ihren geringen Ressourcen teilzuhaben – Claude Lévi-Strauss hat das in seinem Buch von den *Traurigen Tropen* wunderbar für das Rio de Janeiro der 30er Jahre des vorigen Jahrhunderts beschrieben. 68 ging es um den ganzen Menschen, und also mußte jeder einzelne von uns alles sein. Kein Wunder, daß bei all diesen so ins Grundsätzliche gehenden Bemühungen erst einmal wenig herausgekommen ist – erst einmal, denn es ist ja dann, wie sich im Verlaufe der folgenden Jahre erwies, sehr, sehr viel herausgekommen. Diese kleine, so intensiv auf sich und ihre geistigen und moralischen Probleme bezogene Gruppe war eine Brutstätte von Begabungen, ein Talentschuppen, wie es das nur ganz selten gibt. Selbst Leute, die ich für blasse Randfiguren hielt, haben dann später Bücher geschrieben, für die sie Preise bekamen, gefeiert wurden. Zu dieser Gruppe gehörten Thomas Brasch, Katharina Thalbach, Nina Hagen, Barbara Honigmann, Toni Krahl, Reinhard Stangl, Hans Scheib, zu ihr gehörte auch, als ein sehr Junger, Thomas Heise, zu ihr gehörten ein paar mehr, die später dann erfolgreiche Wissenschaftler, Dramaturgen, Redakteure und auch Künstler wurden, die nicht so bekannt geworden sind. Diese Gruppe besaß auch eine große Anziehungskraft auf Leute, die nicht direkt zu ihr gehörten – ich spreche dabei von Einar Schleef, Heiner Müller, BK Tragelehn, Matthias Langhoff und auch von Wolf Biermann. Und diese Gruppe zog für eine Zeit lang alles an, was an unzufriedenen Leuten, was an künstlerischem und geistigem Potential in Ost-Berlin existierte. Bemerkenswert ist, daß diese Gruppe keine Politiker im engeren Sinn hervorgebracht hat. Dies war natürlich sehr stark den Umständen geschuldet, die eine freie politische Tätigkeit nicht zuließen – der einzige, der hier zu nennen wäre, das ist Poppe, bei uns *Popow* genannt, der in der Wende eine Rolle spielte und später Menschenrechtsbeauftragter im Außenministerium des wiedervereinigten Deutschlands wurde, bei Joschka Fischer. Es war aber nicht nur den politischen Umständen geschuldet, sondern auch unserem Verständnis dessen, was 68 bedeutet – wenn man für das westliche 68 im nachhinein feststellen kann, daß in der Hauptsache das Wirkung gezeitigt hat, was man den kulturrevolutionären Teil dieser Bewegung nennen kann, so war dies für uns grad die Hauptsache, und zwar von Anfang an. Wir verfolgten, so gut es uns möglich war, die Entwicklung des westlichen 68, die der Stundentenbewegung, es gab auch einiges an direkten persönlichen Kontakten, so waren Leute wie Langhans, Teufel und Kunzelmann von der Kommune 1 bei unseren Partys, später dann auch Rudi Dutschke. Für uns waren diese Leute, mit denen wir uns verbunden fühlten, aber nur Teil einer Bewegung, die viel mehr mit einschloß. Bob Dylan und Jimi Hendrix waren da mindestens ebenso wichtig, wenn nicht sogar wichtiger. Diese Musik stellte eine Verbindung her, die bis in die Provinz reichte, zu einer viel größeren Gruppe, zu den sogenannten Beat-Fans, die damals vom Staat verfolgt wurden und unter denen es wohl die einzige wirklich funktionierende illegale Organisation damals gab, den Plattenclub.

Ich habe mich oft gefragt, ob unser Ost-68 nur als Ausläufer, als Dependance des westlichen 68 zu gelten hat, ich habe mich auch gefragt, ob unser 68 nur zufällig mit dem westlichen 68 zusammenfiel und wir unser eigenes, originäres 68 vollzogen haben, das mit dem westlichen nicht viel

zu tun hatte, oder ob hier wirklich gemeinsame Anliegen existierten, parallel wirkende Ursachen und Motive.
Die Bedingungen unseres Handelns waren völlig andere: wenn ich dabei nur an die Flugblätter denke, von denen mich vielleicht 15, noch nicht mal verteilte, wegen staatsfeindlicher Hetze ins Gefängnis brachten, und mich dann an den Kulturschock erinnere, den ich erlitt, als ich zum ersten Mal in West-Berlin in die Mensa der TU ging und dort auf den Tischen Hunderte der verschiedensten Flugblätter rumliegen sah, die niemand las und die niemanden zu interessieren schienen.
Das Medium unseres Wirkens war ein anderes: es gab keinen *Club Voltaire*, keine Zeitschriften wie das *Kursbuch* oder das von den Haugs herausgegebene *Argument*, noch nicht einmal unsere eigene Samisdat, die uns bei der Selbstverständigung hätte helfen können – schon das allein hätte einen für mehrere Jahre ins Gefängnis gebracht.
Auch waren die Anlässe, politisch zu werden, ganz andere: war es im Westen der Krieg der Amerikaner in Vietnam oder die Notstandsgesetze, eine Hochschulpolitik, die Protest hervorrufen mußte, so gab es für jeden von uns im Osten diese vielen kleinen Anlässe, diese Zumutungen, irgendwelchen Dingen zustimmen zu müssen, mit denen kein vernünftiger Mensch einverstanden sein konnte, so daß es dabei erst mal nicht eigentlich um den Unterschied politischer Auffassungen ging, sondern darum, ob man die eigene Integrität zu wahren und den Preis dafür zu zahlen bereit war, den dies kostete.
Die faschistische Vergangenheit bedeutete für uns etwas anderes: unsere Eltern gehörten zu den Widerstandskämpfern, den Opfern auch der Nazis, sie hatten im Gefängnis, im KZ gesessen, waren im Exil gewesen – wir hatten unseren Eltern ihre Vergangenheit nicht vorzuwerfen, was uns beschäftigte, war etwas anderes, war die Frage, was von dem in der DDR geblieben war, was unsere Eltern einst gewollt hatten, ob uns das, was unsere Eltern als Verpflichtung vermittelt hatten, nun nicht in einen dem ihren gegen die Nazis gerichteten analogen Widerstand zwang. Trotz aller Konflikte zwischen uns und unseren Eltern, auch den in der

DDR etablierten und unangefochtenen, für uns waren auch sie Genossen, Gegner, aber nicht Feinde, gemeinsam wollten wir den Sozialismus, nur über den Sozialismus waren wir uns nicht mit ihnen einig.
Die Zuspitzung hatte einen ganz anderen Charakter: es gab keinen Terror, niemand von uns dachte daran, zur Gewalt zu greifen, eine Guerilla aufbauen zu wollen, niemand dachte wirklich an illegale Aktionen, an Aktionen, bei denen die Regeln der Illegalität und Konspiration zu beachten gewesen wären. Die Zuspitzung war mit ein paar Flugblättern und an Wände geschriebenen Losungen erreicht, in der Folge des 21. August, mehr war nicht.

Als ich im Jahre 1971 in den Westen ging und dort auf die Reste von 68 und damit auf Leute traf, mit denen ich sehr wenig anfangen konnte (umgekehrt war das genauso), war das für mich eine wichtige Frage, herauszufinden, was denn dieses 68, zu dem ich mich in meiner kleinen DDR-Opposition bis dahin gezählt hatte, überhaupt gewesen sei. Mit den 68ern selbst war darüber wenig zu reden, ihre Selbstreflexion war gering, ich traf sie in einer Phase der Depression, der unfruchtbaren Sektiererei an, damit beschäftigt, mit dem Gang einiger ihrer Genossen in die Illegalität und dem Problem des Terrors klarzukommen. Ich war also froh, in den Jahren danach ab und an auf einige für mich erhellende Äußerungen zu stoßen – so bei Henry Kissinger und Norbert Elias. Von Kissinger gibt es nur ein paar kurze Äußerungen in seinem zweibändigen autobiographischen Buch *The White House Years*, das ich sowieso jedem politisch Denkenden zur Lektüre empfehlen würde. Wer etwas über amerikanische Außenpolitik erfahren möchte, der sollte dieses Buch lesen, und dies besonders deshalb, weil Kissinger zu einem der kritischen Betrachter dieser Politik gehörte, die er, insgesamt wahrscheinlich erfolglos, zu verändern suchte. Von Norbert Elias erschien dann im Zuge der eigentlichen Entdeckung dieses Denkers eine umfangreichere Studie, die sich mit 68 beschäftigt und als Teil eines Buches über die Deutschen veröffentlicht wurde. Für Norbert Elias lag das Hauptinteresse dabei (und das schon wird vielleicht manchen guten alten 68er ärgern) auf dem Problem der Entstehung des westdeutschen Terrorismus, und er brachte diesen (und auch das dürfte manchen 68er ärgern) mit dem rechtsradikalen Terrorismus der 20er Jahre in Beziehung. Die zentrale Frage, die sich einem unbefangenen Betrachter nämlich in bezug auf 68 stellte, ist ganz grundsätzlich erst mal die: wie kam es denn, daß Studenten plötzlich links wurden? Das bedarf schon einer Erklärung, denn Studenten waren in Deutschland lange Zeit rechts, überwiegend rechts, und man denke nur an die Rolle der studentischen Corps mit ihren Duellen, den Schmissen, den Besäufnissen, man denke an die radikal nazistische Studentenschaft, die von selbst darauf gekommen ist, diese Bücherverbrennungen zu veranstalten, die für uns so stark das Bild dieser geistesfeindlichen Epoche prägen. 68 ließ sich sagen: der Geist steht links, aber es wäre ein Irrtum zu glauben, er täte dies logischerweise immer. Norbert Elias bietet dafür, warum dies 68 anders war und wie es in dieser Zeit zu einer Renaissance des Marxismus kommen konnte, interessante Erklärungen – ich kann also hier auch seine Studie nur empfehlen. Auch den West-68ern, denen das gegen den Strich gehen wird, sich überhaupt mit einem Denker wie Norbert Elias beschäftigen zu müssen, der ihnen 68 als Vertreter der bürgerlichen Liberalen entgegenstand. Die Ablehnung, sich mit einem Gedanken von Henry Kissinger einzulassen, wird natürlich sicher eine noch vehementere sein, denn daß der in dieser Zeit auf der Seite der Gegner stand und eine Politik betrieb, die wir wohl alle abgelehnt haben, die 68er in Ost und West, das dürfte klar sein. Henry Kissinger zu verdächtigen, daß seine Äußerungen zu 68 interessegeleitete sein müßten, daß sie nur dazu dasein könnten, sich vor seinen Kritikern zu rechtfertigen, das ist sicher etwas, das jeder von uns nachvollziehen kann. Trotzdem glaube ich, daß wir es hier mit einem kulturellen Unterschied zwischen West- und Ost-Intellektuellen zu tun haben. Wir, die wir in einer Welt der Verbote, der Zensur von Büchern groß geworden sind, wollen uns nicht selber solche Verbote auferlegen. Das Interesse, uns mit den Gedanken unserer Gegner zu beschäftigen und auch bei ihnen nach Anregungen zu suchen, scheint mir bei Ost-Intellektuellen stärker. Man denke nur an Heiner Müller und seine Faszination durch Carl Schmitt, denke an die Wirkung, die Nietzsche dann auf viele im Osten gehabt hat. Vielleicht spielt dabei schon die Überraschung eine Rolle, erkennen zu müssen, erkennen zu können, daß auch auf der andern Seite gedacht wurde.

Henry Kissinger und Norbert Elias, das sind natürlich sehr verschiedene Leute, und wahrscheinlich wird sie bisher noch keiner so zusammengebracht haben, wie ich dies tue. Was sie beide vereint, das ist, daß sie beide die akademische Welt zwar gut kannten, zu ihr aber eben nur als Außenseiter gehörten – dies wiederum aus sehr, sehr unterschiedlichen Gründen. Eine solche Zwitterstellung, in Vertrautheit bei gleichzeitiger Distanz, hat ja manchmal den Vorteil, daß man Dinge sehr viel klarer sieht als die direkt Beteiligten. Beide, Kissinger und Elias, kommen in verblüffender Weise zu dem gleichen Befund, wenn sie über 68 sprechen, sie benutzen sogar fast gleichlautende Formulierungen – auch wenn für sie jeweils sicher anders akzentuiert. Beide sprechen davon, daß diese Generation, die da 68 als eine Generation aufbegehrte, für sich als Generation nach einem Sinn suchte. Kissinger, von Hause aus Historiker, konstatiert dies, seine Erklärungen dafür, warum dem so sei, sind sehr viel politischer und verweisen auf einen geschichtlichen Zusammenhang, sie gehen vielleicht auch nicht so tief. Der Erklärungsansatz des Soziologen Norbert Elias ist, wie sollte es anders sein, ein soziologischer, und ich vermute, daß uns seine Thesen darüber, daß in unserer Art von Gesellschaft immer wieder junge Generationen dazu gebracht werden, nach dem Sinn ihrer Existenz suchen zu müssen, sehr viel bedeuten könnten, wenn wir die gegenwärtige Gesellschaft und deren Entwicklungen betrachten, und besonders auch, wenn wir danach Ausschau halten, welche Kräfte sich für Veränderungen engagieren könnten.

An einer Stelle in seinem Erinnerungsbuch *The White House Years* schreibt Kissinger über seinen Präsidenten Richard Nixon, ich zitiere: »Er hatte kein Gefühl für die metaphysische Verzweiflung derer, die vor sich ein

Leben in materiellem Überfluß sahen, das aber in einer geistigen Wüste geführt werden mußte.« An anderer Stelle heißt es: »Es geht darum, dem Leben einer Generation einen Sinn zu geben, einer jüngeren Generation in Staaten, die zunehmend von Bürokratien und von der Technologie beherrscht werden.« Und mal ganz unabhängig davon, ob westliche Alt-68er solche Formulierungen für treffend und gar zutreffend, ob überhaupt für diskussionswürdig halten würden, will ich sie hier zum Ausgangspunkt meiner Betrachtungen über uns Ost-68er machen, die wir mit ihnen natürlich so nicht gemeint waren und auch nicht gemeint sein konnten. Ich glaube schon, daß sich da einiges auf uns übertragen läßt. Auch wir, die wir in der DDR groß geworden waren, die wir also nicht an den heroischen Kämpfen beteiligt gewesen waren, die der Gründung dieses Staates vorausgingen, die wir auch nicht zu der Gründergeneration dieser DDR gehörten, sahen vor uns ein Leben in einem Staat, der zunehmend und im Vergleich zu den Anfangsjahren immer stärker von einer Bürokratie geprägt war, die den Bewegungsspielraum aller, nicht nur der ihr direkt Unterworfenen, auch den der politischen Akteure, immer mehr einengte. Wir sahen ein Leben vor uns, das von der Technik, von technischen Notwendigkeiten bestimmt sein würde, und daß uns dies nicht behagte, nicht behagen konnte, jedenfalls keinerlei Begeisterung mehr in uns wekken konnte, das weist vielleicht schon darauf hin, daß diese Epoche des Fortschrittsglaubens, in der wir groß geworden waren, zu Ende ging – ich erinnere nur an das Buch, das alle DDR-Jugendlichen zu ihrer Jugendweihe bekamen, erinnere an *Weltall, Erde, Mensch*, wo uns in Bildern, die man von heute aus nur belächeln kann, für alle Probleme der Menschheit eine technische Lösung vorgestellt wurde. *Sowjetmacht plus Elektrifizierung gleich Kommunismus*, das war eine Losung, die vielleicht auch uns begeistert hätte, aber eine elektrifizierte DDR, bei der nur nach einem feststehenden Plan irgendwelche Schalter umzustellen waren, das war natürlich nichts, das einen begeistern konnte, und auch die Phase, die Leute wie Volker Braun und Heiner Müller noch in ihren Bann ziehen konnte, die Phase *Schwarze Pumpe*, Schwedt, Stalin-, dann Eisenhüttenstadt, wo dem

Bau von irgendwelchen Industrieanlagen etwas Heroisches anhaftete, war bereits vorbei. Auch wenn wir, anders als unsere Altersgenossen im Westen, noch kein Leben in materiellem Überfluß vor uns sehen konnten, sahen wir nicht, daß diese Gesellschaft, in die wir hineingeboren, in der wir groß geworden waren, ein anderes Ziel denn den bloßen materiellen Wohlstand hatte. Auch vor uns lag eine geistige Wüste, denn das, was uns als Sozialismus hingestellt wurde, das war nichts, was uns als junge Sozialisten in irgendeiner Weise begeistern oder motivieren konnte. Diese kleinbürgerlich geordnete Wüste aber, der alles Weite und Großartige fehlte, die sich da um uns immer mehr ausbreitete, sie lebte noch, lebte in uns, die wir die Frage stellten, ob denn dies etwa der Sozialismus sei – der, den wir uns vorgestellt hatten, war es jedenfalls nicht, und wir konnten uns auch nicht vorstellen, daß die Begründer der sozialistischen Bewegung, daß Marx, Engels und Lenin einen solchen geisttötenden Sozialismus gemeint haben konnten, der die Produktivität der Menschen mehr einzuengen schien, als daß er sie befreite. Und um noch einmal Kissingers Formulierung aufzugreifen, wir konnten auch nicht davon ausgehen, daß unsere Oberen die metaphysische Verzweiflung verstehen oder wenigstens nachvollziehen konnten, die von uns Besitz ergriffen hatte – diese Verzweiflung, die zwar von dem bißchen Sozialismus-Erfahrung, das in der DDR nur möglich war, aus-, aber doch weit über sie hinausging.

Mein Freund Thomas Brasch hatte kurze Zeit nach der Biermann-Ausbürgerung ein längeres Gespräch mit Erich Honecker, bei dem es darum ging, ob auch er die DDR verlassen könne, verlassen solle. In diesem Gespräch sagte Erich Honecker, nachdem sie eine Weile diskutiert und Thomas von seinen DDR-Erfahrungen erzählt hatte, den bezeichnenden Satz: es ginge ihm, Honecker, doch genauso wie Thomas Brasch, auch er habe sich den Sozialismus ganz anders vorgestellt – das Verständnis wäre also doch dagewesen. Nur gab es keine Möglichkeit des Gespräches, der öffentlichen Debatte über diese Frage, und es konnte sie in dieser DDR auch nicht geben.

Wenn wir von den Ost-68ern reden, dann sprechen wir von Kindern, den Söhnen und Töchtern der höheren DDR-Nomenklatura, sprechen wir von dieser eigenartigen DDR-Aristokratie, diesem sozialistischen Adel, den es gegeben hat. Es war unsere Existenz, die keinen Sinn zu haben schien. Was uns fehlte, das war eine Aufgabe, die den Ehrgeiz befriedigt hätte, der durch die Taten, durch das heroische Beispiel unserer Eltern geweckt worden war. Es war für uns, so überraschend dies auch klingen mag, in dieser DDR-Gesellschaft eigentlich gar kein Platz vorgesehen – jedenfalls nicht als Kinder unserer Eltern, und insoweit stellt sich die Frage, ob der Vergleich mit einer Aristokratie stimmig ist. Man könnte dies nun als etwas Positives werten, daß diese Leute, die die DDR beherrschten, nicht darauf hinarbeiteten, ihren Kindern, ihren direkten leiblichen Nachfahren dereinst den Laden, d.h. die Macht, zu übergeben, trotzdem würde ich sagen, daß sich darin, daß es ihnen nicht gelang, diese Gruppe, zu der ich gehörte, in das System zu integrieren, schon das Ende des Sozialismus abzeichnete.

68, das war für uns ein Aufbruch, die Sozialismus-Frage stellte sich neu, und wir suchten nach neuen Wegen, wie man als Sozialist in der DDR politisch aktiv sein konnte, ohne daß dies von der Partei gesteuert wurde. 68 bedeutete aber auch das ganz schnelle Ende all dieser Versuche und Hoffnungen. Das Ende wird durch ein uns allen geläufiges Datum markiert, durch den 21. August, den Tag des Einmarsches in die ČSSR. Wie auch immer man die Prager Entwicklung im einzelnen gesehen haben mochte, und dies hing natürlich auch sehr stark von den Informationen ab, die einem zugänglich waren, in dem Moment des Einmarsches war klar, das hier etwas Entscheidendes geschehen, daß hier eine Chance für den Sozialismus zerstört worden war – wie sich herausstellen sollte: die letzte, die er hatte. Aber dies mußte in dem Moment noch nicht klar sein.

Der 21. August war das Ende für das bißchen Ost-68, das es gegeben hatte, nicht deshalb, weil in dem Moment klar war, daß hier der Sozialismus, den doch auch wir wollten, um seine letzte Chance gebracht war oder weil sich da eine Repressionswelle abzeichnete, die uns um alle Wirkungsmöglichkeiten bringen würde – diese Repressionswelle hat es in der DDR nicht gegeben. Sondern für die Ost-68er bedeutete der 21. August das Ende ihres bißchen an Bewegung, weil ein paar wenige dieser Leute (zu denen auch ich gehörte) meinten, dieser Einmarsch sei ein Ereignis, das uns zu einer Reaktion, einer eindeutigen Stellungnahme zwinge. Wir meinten, hier sei es mit einer bloßen Meinung, einer lediglich unter uns Gleichgesinnten ausgetauschten Meinung nicht mehr getan. Wir waren uns in dieser Einschätzung so sicher, daß wir noch nicht einmal mehr glaubten, mit den anderen darüber diskutieren zu müssen, wir gingen fraglos davon aus, daß alle anderen Ost-68er genauso denken und also auch dementsprechend handeln würden, wie wir es dann taten – ein folgenschwerer Irrtum. Wir meinten noch nicht mal, daß unser Protest ein organisierter sein müsse – was uns vielleicht doch einen Einfluß auf die ängstlich Zögernden hätte verschaffen können. Daß wir nur so wenige waren, zerstörte die Ost-68er-Bewegung, daß es in dieser kleinen Gruppe dann noch eine radikale Minderheit gab, sprengte sie. Der moralische Vorwurf, der von uns noch nicht einmal ausgesprochen wurde, ausgesprochen werden mußte, die anderen hätten versagt, aus bloßer Feigheit versagt, zerstörte den inneren Zusammenhalt. Die meisten Menschen, die zu dieser Gruppe gehörten, habe ich, nachdem ich aus dem Gefängnis zurückgekommen war, nie wiedergesehen. Das, was wir getan hatten, beendete unser 68 aber auch deshalb, weil es sich bei dem, was wir taten, um eine bloße Reaktion handelte, um etwas, zu dem wir uns gezwungen fühlten – 68 sollte doch für uns im Osten genau das Gegenteil bedeuten: die Aussicht, aus dem bloßen Reagieren herauszukommen, die Aussicht, selber aktiv zu werden und damit auch ein Stück an Freiheit zu gewinnen.

Soweit ich dies damals mitbekommen habe, hatte es in der ČSSR erst den Versuch gegeben, wirtschaftliche Reformen durchzuführen, die in etwa dem ähnelten, was in der DDR *NÖSPEL* sein wollte, als das *Neue*

Ökonomische System der Planung und Leitung propagiert wurde – mit der Begründung, daß in der DDR vergleichbare Reformen durchgeführt worden wären, unterstützte Walter Ulbricht auf einer Pressekonferenz mit Alexander Dubček in Karlovi Vary zwei Wochen vor dem längst geplanten Einmarsch den Weg der tschechoslowakischen Genossen – ich habe dies an dem Tag des Einmarsches als besonders perfide empfunden. Bei diesen Reformen, die in der ČSSR von Prof. Ota Šik, in der DDR von Leuten wie Erich Apel und Günter Mittag vorangetrieben wurden und die wohl in dem sowjetischen Ökonomen Liebermann ihren Spiritus rector besaßen, ging es mit verschiedenen Akzentuierungen überall um das gleiche: es ging um die Zurückdrängung der bis dahin allmächtigen, zentralen Planungsbürokratie mit ihrer Tonnen-Ideologie, es ging darum, den einzelnen Betrieben mehr Entscheidungsfreiheit zu geben, sie auf einen von ihnen zu erzielenden Gewinn zu orientieren, es ging, als notwendige Voraussetzung für dies alles, um eine Industriepreisreform, durch die wenigstens im Warenverkehr der Betriebe untereinander erkennbar werden sollte, welche wirklichen Herstellungskosten ein Industrieprodukt besitzt. Und es ging darum, durch materielle Anreize für den einzelnen Arbeiter eine Erhöhung der Arbeitsproduktivität zu erreichen und auf diese Weise den nicht erklärten, niemals von irgend jemandem auch organisierten Bummelstreik der Arbeiterklasse zu durchbrechen, den es so wohl nicht nur in der DDR gegeben hat. Diese Intentionen erklären vielleicht, warum die Reformbestrebungen nicht nur im Partei- und Staatsapparat, der um seine Macht fürchtete, auf Widerstand stießen, sondern auch von den Arbeitern mit größter Skepsis betrachtet wurden. Wollte man hier einmal eine Klassenanalyse versuchen, so würde sie wahrscheinlich darauf hinauslaufen, daß diese Reformbestrebungen von einer Art von Mittelschicht getragen wurden, die sich auch in den sozialistischen Gesellschaften herausgebildet hatte, einer Mittelschicht, zu der die Leiter der Betriebe, der Genossenschaften, die technische Intelligenz, der gesamte Managementbereich bis hin zu Teilen der mittleren Ebene der Partei- und Staatsbürokratie gehörten. Zu dieser Mittelschicht gehörten aber auch alle anderen Teile der Intelligenz, zu ihr gehörten die Studenten, die Hochschulprofessoren, die Schriftsteller und Künstler, die Theaterleute und Filmemacher. Innerhalb dieses Teils der neu entstandenen Mittelschicht nahm die Auseinandersetzung um die anstehenden Veränderungen die Form eines Kampfes gegen den Dogmatismus an. Was eigentlich jeder, der zu diesem Teil der Intelligenz gehörte, wollen mußte, außer er hatte sich in der Vergangenheit zu stark mit der Politik der kleinen Führungsschicht der Partei verbunden, das war eine Lockerung des Zugriffs der Partei auf alle Bereiche des geistigen Lebens, das war irgendeine Form der Liberalisierung des Systems.

In der DDR hatte Walter Ulbricht diese Reformbestrebungen, die von einer breiten Strömung innerhalb der Partei getragen wurden, die sich aber natürlich niemals organisieren konnte, erst unterstützt, dann aber, als er meinte, hier stelle sich die Machtfrage, hatte er die zwei Fraktionen der Mittelschicht mit ihren unterschiedlichen Intentionen und Interessen auseinanderdividiert. Das berühmt-berüchtigte 11. Plenum der Partei, auf dem Leute wie Stefan Heym, Manfred Bieler, Heiner Müller, Wolf Biermann und auch mein Vater auf das schärfste angegriffen und auf der auch fast alle aktuellen Produktionen der DEFA kritisiert wurden, brachte dann die Entscheidung: keinerlei politische Reformen, keine Veränderung der Kulturpolitik, Beschränkung allein auf die ökonomischen Reformen. Diese Entscheidung sollte sich ein paar Jahre später für alle die bitter rächen, die sich, weil nur Ökonomen, auf diese Unterscheidung eingelassen hatten, dann nämlich, als es Erich Honecker, im Verein mit dem großen Opportunisten Günter Mittag, möglich war, all diese Reformen wieder zu kassieren, ohne dabei auf einen Widerstand der Mittelschicht zu stoßen, die um ihre Wortführer gebracht worden war, der keinerlei Mitspracherechte zugestanden worden waren. In der ČSSR waren diejenigen in der Partei, die Reformen wollten, einen anderen Weg gegangen, nachdem die Bestrebungen von Ota Šik und seinen Leuten erst einmal auf den Widerstand der Bürokratie gestoßen waren und auch nicht, wie erhofft und erwartet, die Unterstützung der Arbeiter gefunden hatten. Sie begannen mit politischen Reformen – warum dies dort, im Unterschied zur DDR, möglich war, lassen wir mal einen Moment unbeachtet. Diese politischen Veränderungen führten zu einer noch nie dagewesenen Übereinstimmung zwischen Partei und Bevölkerung, diese Veränderungen setzten aber auch eine Dynamik, eine Entwicklung frei, von der niemand hätte sagen können, wohin sie geführt hätte, wäre sie nicht durch den Einmarsch der Warschauer-Pakt-Staaten am 21. August 1968 beendet worden. Worüber wir hier also zu reden haben, das ist das nie, in keinem der sozialistischen Staaten gelöste Problem des Verhältnisses zwischen politischen und wirtschaftlichen Reformen. Wirtschaftliche Reformen ohne politische, das konnte es nicht geben. Politische Reformen aber stellten sofort die Machtfrage – auch wenn sich das in der ČSSR im ersten Moment nicht so darstellte und es in der Hauptsache um die Frage zu gehen schien, wer im sozialistischen Lager die Macht und das Sagen hat. Hier schaffte dann die sogenannte Breschnew-Doktrin von der eingeschränkten Souveränität der sozialistischen Staaten Klarheit. Daß Reformen in Angriff genommen werden mußten, schon allein wegen der Veränderungen, die es durch die Industrialisierung selber bewirkt hatte, wollte das System überleben und sich weiter entwickeln, das wurde immer wieder Gruppen im Machtapparat der sozialistischen Staaten bewußt. Reformen aber durchzuführen, das erwies sich als nicht möglich. An diesem Widerspruch sind diese Regimes untergegangen, dieser Widerspruch hat sicher auch dazu geführt, daß diese Parteien so schwach wurden, innerlich bereits zersetzt waren, als die Massen gegen sie aufbegehrten, Ende der 80er Jahre.

Wogegen auch wir Ost-68er aufbegehrten, das war die Allmacht der Partei, die kleinkarierte Ordnungswut ihrer Funktionäre, wogegen wir aufbegehrten, das war die ökonomische Ineffizienz eines Wirtschaftssystems, das von sich behauptete, das rationalste überhaupt zu sein, wogegen wir aufbegehrten, das war der Dogmatismus, der nicht sehen wollte, daß es neue Probleme in einer Welt gab, die sich veränderte, wogegen wir aufbegehrten, das war das Phantasielose der Politik einer Partei, die nicht zu begreifen schien, daß der Kunst, dem Gedanken Freiheit gegeben sein muß, soll sich eine Gesellschaft entwickeln können. Natürlich war das, was wir wollten, wonach wir verlangten, mehr Freiheit, aber es war dies eine Freiheit, die auf dem Staatseigentum an Produktionsmitteln basierte, eine Freiheit, die durch eine Demokratisierung des Sozialismus aus diesem Staatseigentum ein wirklich gesellschaftliches Eigentum werden lassen wollte. Das Konzept eines demokratischen Sozialismus, es war auch das unsere – ein anderes Alternativkonzept denn dieses, das den Sozialismus weiterentwickeln wollte, konnte es wohl nicht geben. Wir reden jetzt mal nicht davon, ob dies ein in sich klares Konzept war (meiner Meinung nach war es das nicht), wir reden auch nicht davon, ob dies Konzept bei einer nur etwas anders verlaufenden Entwicklung hätte verwirklicht werden können (was ich nicht glaube), wir reden jetzt mal nur davon, was dieses Konzept für eine Partei wie die PDS bedeutete, für die ehemalige SED und Staatspartei der DDR, die sich nach der Wende in eine Partei des demokratischen Sozialismus umbenannte. Dieser demokratische Sozialismus, den wir erhofften, war, genaugenommen, ein demokratisierter Sozialismus, es ging um die Entwicklung einer Demokratie auf der Basis des Sozialismus, auf der Basis bereits vollzogener sozialistischer Umwälzungen. Das hat es nicht geben sollen, und der Moment, wo es galt, den Sozialismus aufzugeben, der nicht in der Lage war, eine solche Demokratie in sich herauszubilden, dieser Moment, in der das auch Sozialisten zu tun bereit waren, hat dann eigentlich das Urteil der Geschichte über dieses Konzept gesprochen – so möchte man meinen. Ich verstehe dies auch vollkommen, daß sich Sozialisten in diesem historischen Moment für die Demokratie entschieden haben, verstehe die von vielen gezogene Schlußfolgerung, daß dieser Sozialismus an einem Mangel an Demokratie zugrunde gegangen sei. Trotzdem jedoch empfinde ich die Übernahme des Begriffs vom demokratischen Sozialismus durch die ehemalige SED als eine Art von Etikettenschwindel – nicht, daß ich dabei etwa mit anderen ehemaligen DDR-Oppositionellen irgendwelche Urheberrechte beanspruchen möchte. Darum geht es nicht. Was mich beunruhigt, ist, daß sich die Sozialisten wieder mal selber etwas in die Tasche schwindeln, die eigentlich leer ist und die auch ein solcher Begriff nicht füllen kann. War schon nicht wirklich klar, was ein demokratisierter Sozialismus sein könne, so dürfte, nach allem, was ich so zu hören bekomme, noch unklarer sein, was denn demokratischer Sozialismus in einer Welt wie der sein soll, in der wir jetzt leben, in einer Welt, die wir jedenfalls problemlos als eine kapitalistische bezeichnen können. Ich könnte nur davor warnen, Ziele zu propagieren, die überhaupt nicht zu erreichen oder die in sich so unklar sind, daß sie nichts wirklich Bestimmtes mehr meinen. Und ich würde auch deshalb vor solchen Zielen warnen, weil sie so hochgesteckt sind, daß da die Realpolitiker, die es überall gibt, auch auf seiten der Linken gibt, mit einer durch nichts zu kontrollierenden, durch keinerlei Kriterien zu beurteilenden Realpolitik unter dieser hochgelegten Latte durchmarschieren können. So mir nichts, dir nichts. Deshalb sind doch gerade diese Leute der Linken, diese realpolitischen Linken so sehr für den demokratischen Sozialismus. Weil er sie nicht weiter stört, sie nicht bei ihrer Realpolitik stört.

Aus unserem 68, dem Ost-68, das dann eben doch nicht das 68 wurde, das wir paar 68er uns gewünscht hatten, sondern das des Prager Frühlings und seiner Zerschlagung, waren drei Schlußfolgerungen zu ziehen: die erste war die, zu sagen, die Entwicklung, die zum Prager Frühling geführt hatte, sie war von der Partei ausgegangen, außerhalb dieser Staatsparteien gibt es kein politisches Leben, wollen wir etwas verändern, dann müssen wir in die Partei gehen – dies war die Schlußfolgerung, die mein Bruder gezogen hat, und er war damit nicht allein. Und was immer ich von dieser Schlußfolgerung damals gehalten habe: daß es da viele Leute gab, die unter einer solchen Voraussetzung in die Partei gegangen sind, das hat mit dazu beigetragen, daß sich diese Partei beim Ende der DDR einigermaßen anständig verhalten hat und in zivilisierter Weise die Macht abzugeben bereit war. Die zweite Schlußfolgerung, sie legte nicht das Augenmerk auf die Partei, die diese Entwicklung des Prager Frühlings hervorgebracht hatte, sie versuchte die Folgerung aus der Zerschlagung des Prager Frühlings zu ziehen, die Folgerung daraus, daß die Entscheidung zur Intervention in der Tschechoslowakei in Moskau gefallen war: die Schlußfolgerung war die, man müsse darauf warten, daß eine vergleichbare Entwicklung in der Sowjetunion selber in Gang komme, ansonsten würde sie sich immer von einer solchen Veränderung bedroht sehen, ansonsten kämen imperiale Ängste zum Zuge – das war die Schlußfolgerung, die mein Vater gezogen hat, die gedankliche Vorwegnahme von Gorbatschow also und seiner Perestroika. Daß ein Prager Frühling in Moskau das Ende des Sozialismus einleiten würde, mein Vater hätte es sicher nicht für möglich gehalten, er hätte geglaubt, jetzt erst geht es mit dem Sozialismus richtig los. Zum Glück für ihn, daß er da dann schon tot war und diese Enttäuschung nicht erleben mußte. Die dritte der Schlußfolgerungen nun war die, die ich gezogen habe und mit mir dann auch noch ein paar andere, und dies war eine Schlußfolgerung, die sich auf keinerlei rationale Analyse berufen konnte, es war eine rein gefühlsmäßige: die, daß mit der Zerschlagung des Prager Frühlings dieser Sozialismus seine letzte Chance vertan habe, daß es sich nun nicht mehr lohne, sich für ihn einzusetzen, für ihn zu kämpfen, daß demzufolge auch die Opposition nicht mehr lohne. Die Gefahr auf sich zu nehmen, noch einmal als Abweichler ins Gefängnis gehen zu müssen, machte keinen Sinn mehr, diese Schlußfolgerung also führte unweigerlich in den Westen. Als Honecker an die Macht kam und eine andere Sozialpolitik einleitete, als er es mit einer anderen, sehr viel liberaleren Kulturpolitik versuchte, schien die erste Schlußfolgerung richtig, nicht die meine. Als dann Gorbatschow kam, die zweite und wieder nicht die meine, und trotzdem erwies sich am Ende genau diese als die richtige – nur, daß ich darauf nicht stolz sein konnte. Daß sich die beiden anderen Schlußfolgerungen als richtig, als richtiger erwiesen hätten, das wäre mir lieber gewesen.

Am Wachturm vorbei

All Along the Watchtower – dieser Song, von Bob Dylan geschrieben, von Bob Dylan zuerst auch gesungen und aufgenommen, dann von Jimi Hendrix gespielt, das war es doch. Natürlich verstanden wir den Text nicht so richtig und hörten aus diesem *watchtower* ganz andere Wachtürme mit heraus. Nicht gemeinte, und doch hatten wir's ganz richtig verstanden. Eine Fehl-, eine Überinterpretation, wie alles, was aus dem Westen als 68 zu uns kam, von uns nur überinterpretiert werden konnte, als eine Verheißung. Wir kamen aus den Schützengräben heraus des Kalten Krieges, auf der anderen Seiten taten sie es auch, und siehe da: sie waren jung wie wir, auch sie wollten nur noch Frieden, sich nicht mehr verheizen lassen in der Schlacht ihrer Eltern. *Give Peace a Chance*. Genau. *All You Need Is Love*, und genau das hatte uns doch gefehlt in einer Welt des tödlichen Hasses. Die große Verbrüderung, Verschwisterung. Was sollte das uns noch bedeuten, die alten Klischees von der Rollenverteilung zwischen den Geschlechtern. Die Mädchen waren doch stark. Sie wollten das nicht mehr, daß wir vor unseren Vätern sterben. Leben, um nicht weniger als das Leben ging es, um das Leben im Schatten des Atomtodes. Der Schatten mußte verschwinden. Alles schien möglich. Wenn wir nur wollten.

Ich sage das ja immer wieder, wenn es um 68 geht, und auch mein Freund Thomas Brasch hat das nicht anders gemacht, daß dabei als westlicher Einfluß nicht nur der politische der Studentenbewegung, sondern mindestens genauso der kulturelle wichtig war, also Rudi Dutschke und Jimi Hendrix. Natürlich gab es auch für uns mehr noch als nur Jimi Hendrix, es gab auch für uns die *Beatles*, die *Rolling Stones*, es gab Bob Dylan. Die *Beatles* wurden interessant, künstlerisch interessant in dem Moment, wo sie eklektizistisch wurden von ihrem Stil her, wo sie immer mehr von den früheren Formen der populären Musik, mit denen sie, auch durch ihre Eltern, aufgewachsen waren, für sich mobilisieren konnten, den Jahrmarkt, die Schlager der 20er, 30er Jahre, und dann noch einmal interessanter durch das Konzept des Konzeptalbums, bei dem der einzelne Song in einem dramaturgischen Ablauf eine andere Dimension bekam. *Sgt. Pepper* – jeder, der das Erscheinen dieser Platte erlebt hat, wie sehr sie auch Nicht-*Beatles*-Fans in den Bann schlug, wird sich daran erinnern können. Die *Rolling Stones* folgten dem nach, und auch sie hatten ihre beste Zeit, ihre interessanteste dann, als sie nicht mehr die Rhythm-&-Blues-Band waren, als die sie angefangen hatten. Die *Stones* kultivierten die dunkle Seite, das Dämonische, das spielerisch, das absichtsvoll Böse: *Sympathy For The Devil* – für Künstler natürlich sowieso immer interessant, diese Sympathien für das Böse, für zwei junge Männer, für Thomas Brasch und mich, die wir in diesem 68er Jahr noch mit dem Gesetz in Konflikt kommen sollten, auch aus außerkünstlerischen Gründen. Von Bob Dylan, der damals noch gar nicht ins Deutsche übersetzt vorlag, verstanden wir wenig, von seinen Texten jedenfalls, was wir verstanden, war, daß es bei ihm um den Text ging – ein Poet, der zur Gitarre gegriffen hatte, durch den schlagartig klar wurde, daß nur so Poesie, will sie nicht harmlos poetisch bleiben, in der Gegenwart präsentiert werden kann, auf die gleichzeitig ursprünglichste, archaischste Weise. In dieser Kombination natürlich für den Dichter Brasch, meinen Freund Thomas, interessant, für mich als seinen Freund auch, dem die gedruckte Poesie ein Greuel war, etwas Ungenießbares. Alles das, Bob Dylan, die *Rolling Stones*, die *Beatles*, interessant für uns auch in Beziehung zum Theater – daß sich das Theater, auf das wir beide fixiert waren, aus diesen Ansätzen erneuern lassen müßte, schien klar. Daß dies nicht geschehen ist, daß wir dies nicht versucht haben, ich bedauere es noch immer. Aber die eigentliche Sensation, das war doch dann erst Jimi Hendrix – er kommt ja dann auch deshalb immer wieder bei Thomas Brasch vor, in seinen Gedichten. Ich finde das heute nicht mehr alles gut, was Jimi Hendrix gemacht hat, fand auch damals schon nicht alles gleich gut, die Gefahr einer ins Leere laufenden Virtuosität war sehr rasch deutlich, und es gab diese Mätzchen in seiner Show, die ich von Anfang überflüssig, gar peinlich fand: daß er seine Gitarre auch mal mit der Zunge spielte, seine Gitarre am Ende des Konzerts anzündete – lächerlich, albern, und wir hatten das Glück, das nur unter diesem Aspekt ein Glück war, daß wir diesen Unsinn nie live erleben mußten, nur mal davon hörten, daß er so etwas mache. Mich tangierte das nur, störte mich etwas zwar, nahm doch aber diesem Künstler nichts von seiner Bedeutung. Ein Künstler – natürlich ein Künstler, für mich war das ein Künstler, für Thomas auch, zum Befremden vieler auch aus unserer Generation, die diesen Begriff vom Künstler so nicht hatten. Ein innovativer Künstler, und das war es, was diese so stark wirkende Sensation von Jimi Hendrix ausmachte. Ein Erfinder. Ein Mann mit neuen Ideen. Jemand, der endlich aus diesem neuen Instrument, der elektronisch verstärkten Gitarre, das herausholte, was in ihm steckte. All diese Möglichkeiten, die bei denen, die sie bis dahin gespielt hatten, nur angedeutet geblieben waren. Sofort auch einsichtig, ein künstlerisches Programm, daß er seine Gruppe *Jimi Hendrix Experience* nannte, in ihr eine Zusammenfassung der Erfahrungen versuchte, die mit diesem modernsten aller Instrumente gemacht worden waren, für den die elektronisch verstärkte Gitarre mehr war als nur eine Gitarre, die man wegen ihrer elektronischen Verstärkung dann lauter spielen konnte. Bei Jimi Hendrix hörte der Lärm auf des Geschrammels, das bis dahin so sehr die Rockmusik geprägt, sie auch uninteressant gemacht hatte, er machte ganz anderen Lärm, Lärm, der zu Musik wurde, Musik, die zu Lärm wurde, mit diesem Übergang spielte. Mit der Verzerrung, dem unsauberen Ton. Mit den Effekten – natürlich in der Gefahr, daß dies zur bloßen Effekthascherei wird. Avantgardistisch, und er hätte seine Band auch *Jimi Hendrix Experiment* nennen können. Ich hatte Ravi Shankar gehört, den indischen Sitarspieler, die Ähnlichkeiten mit dem, was Jimi Hendrix auf der E-Gitarre machte, waren mir sofort deutlich, auch im Verhältnis zu den begleitenden Trommeln, zum Schlagzeug. Bei den *Beatles*, den *Rolling Stones* schrien die Mädchen, flippten die Fans aus, bei Jimi Hendrix war die Ekstase, der Rausch in seiner Musik selbst, in der Entfesselung der von ihm gespielten und bis an ihre Grenzen ausgenutzten E-Gitarre, und ich würde sagen, es war genau das, was sein Auftauchen zu einer solchen Sensation machte. Es war der Sound, der sich bei ihm fortwährend verwandelnde Klang, dieser Reichtum an Klangfarben und damit Emotionen, die Extreme, die er mit seinem Spiel berührte, sie immer wieder in etwas originär Musikalisches verwandelnd, das Ekstatische, das bei ihm nicht Sache der Show blieb, sondern im musikalischen Material selber erlebbar wurde. Wirklich eine Zusammenfassung des bis dahin Entdeckten und dann auch noch mehr, der Vorstoß in eine andere Dimension. Man kann sich die Wirkung nicht stark genug vorstellen. Auch die, die davon ausging, daß eine solche extreme, extrem auch anspruchsvolle Musik in den Hitparaden zu hören war, daß Jimi Hendrix so populär werden konnte, ein solcher Star – die Grenze zwischen der großen Kunst und dem, was bis dahin Entertainment, Unterhaltung, Musik der Unterschichten gewesen war, sie schien nicht mehr zu existieren. Für die Sozialisten, die wir waren, eine Verheißung also. Eine neue Kultur zeichnete sich ab, in der es diese Trennung zwischen hoch und niedrig nicht mehr geben würde. Sein Erstickungstod dann in der eigenen Kotze ein echter Schock – wir hätten das zu gern gewußt, was dieser große Künstler noch an Musik hätte machen können.

Auch die *Beatles* waren natürlich sozialistisch – schade, daß keiner mein Lachen sehen kann, während ich dies schreibe, denn natürlich ist das in seiner Zuspitzung vollkommen lächerlich, aber so dachte ich, so dachten wir, und verständlich wird dies nur dann, wenn man sich dabei immer klarmacht, daß wir an einen anderen Sozialismus dabei dachten. An einen *Beatles*-Sozialismus, falls sich irgend jemand darunter etwas vorstellen kann. Aber auch der erwies sich ja dann als mehr erträumt denn wirklich wahr, die *Fab Four* zerstritten sich, dieses Kollektiv, in dem es keinen Führer, keinen Brigadier und Chef gegeben hatte, in dem jeder als eigenständige Persönlichkeit mit seinen Macken, Fähigkeiten und Vorlieben erkennbar gewesen war, im Zusammenwirken aber aller vier erst diese Produktivität entfalten konnte – das war doch ein Bild, ein Vorbild auch dessen, wie ein Kollektiv sein sollte, welchen Sinn das machte, in einer Gemeinschaft aufzugehen. Wir wollten das doch nicht, Einzelgänger sein, individualistisch, auch wenn uns das immer vorgeworfen wurde, der große Traum, das war die Gemeinschaft, die Gruppe, das Zusammenwirken, Zusammenarbeiten in der Gruppe, und es war doch auch mehr als nur ein Traum, wir erlebten das doch auch, lebten es selber, in Ansätzen wenigstens, beglückenden Ansätzen, ich mit Thomas, er mit mir, und dann waren da meine drei Malerfreunde, Stangl, Scheib und Strehlau – keine Konkurrenz untereinander, man half sich, man fetzte sich hart, kritisierte sich scharf, lobte aber genauso auch, wenn etwas gut war, gelang. Das war er doch schon, der Sozialismus, ein Künstler-Sozialismus, aber so sollte er doch werden können, der ganze Sozialismus, die große Produktivität, die Überwindung der Vereinzelung – ein Irrtum natürlich, zu glauben, dieser Ausnahme-Sozialismus könnte zum Regel-Sozialismus werden. Was für eine Enttäuschung also, als die vier *Beatles* dann übereinander herfielen, das war mehr für uns, als daß sich da halt eine Band zerstritt, künstlerisch auseinanderging – von heute aus schwer nachzuvollziehen, ich weiß, und auch ich muß darüber lachen. Aber so muß man sich dieses 68 wohl vorstellen: daß da eine ganze Generation von einer anderen Welt träumte, diesen Traum für einen kurzen Moment auch zu leben schien – was für eine Verheißung. Was für ein Einbruch auch, als bei einem Konzert der *Rolling Stones*, diesem free concert in Altamont, wo niemand kommunistisch fürs Zuhören bezahlen mußte, als ausgerechnet da dann einer, und dann auch noch ein Schwarzer, von *Hells Angels*, von primitiven Motorrad-Rockern, die dort eigentlich für Ruhe, Sicherheit und Ordnung sorgen sollten, angegriffen, erstochen wurde, ein paar wenige Meter von der Bühne entfernt. Auch wir konnten es also nicht, und deshalb auch war Charlie Manson so wichtig, seine *family* und Mörderbande. Natürlich wußten wir im Osten von alledem wenig, welche Rolle auch da schon die Kommerzialisierung spielte, und träumten deshalb noch einmal mehr und ungestört durch reale Erfahrungen von einer sozialistische Generation, der wir uns zugehörig glaubten. Wie sehr das, was uns als Anti-Mode erschien, selbst nur Mode war, Moden unterworfen war und als Mode Anpassungsdruck bedeutete, davon bekamen wir doch wenig mit und konnten also wunderbar davon träumen, daß mit unserer Generation ein anderer Sozialismus begann, der einer wirklich neuen Linken, die doch mit Stalins hartem Besen nichts mehr zu tun hatte. Die Kommerzialisierung setzte sich durch, irgendwann bekamen auch wir das mit, und als ich dann im Westen war, wurde ich damit brutal konfrontiert – was für ein Schock, was für eine Ernüchterung. »Money, money, money, always funny in a rich man's world« – eine schwedische, von vornherein kommerzielle Popgruppe brachte es auf den Punkt. Es läßt sich ja auch eine ganz andere Geschichte von unserem 68 schreiben, die einer erfolgreichen Erschließung neuer Käuferschichten, eine Geschichte, die dann im Markenwahn der heutigen Jugend endet. Eine Kulturrevolution, aber eine unter kapitalistischen Verhältnissen.

Die Wege im Park waren mit einer Einfassung versehen, das Betreten des Rasens verboten, am Sonntag, dem freien Tag, hatte man sich fein und ordentlich anzuziehen, der Staat machte auch im Sonntagsstaat Staat, die Familie, das war die kleinste Zelle des Staates und also ein Gefängnis. Aber die Autorität der Autoritäten war gebrochen, war in Frage gestellt, die Generation vor uns hatte eine Welt geschaffen, in der sie sich selber nicht mehr zurechtfand. Was sie zu sagen und auch zu bieten hatte, es paßte nicht mehr in die Zeit. Eine neue Zeit war da, unsere Zeit brach an. Den Älteren fehlte die Geschmeidigkeit, die geistige Beweglichkeit, sich den neuen Verhältnissen anzupassen, sie steckten, wir sahen es überdeutlich und mitleidslos, in ihren Körperpanzern fest und wußten nicht mehr weiter, sie hatten abgewirtschaftet. Besonders die Männer, die Männer mit ihren Zwängen, ihrem zwanghaften Gebaren, ihrem Ordnungswahn. Das Soldatische war absurd geworden, die Haltung, die ganze Akkuratesse, der blinde Gehorsam. Die Arbeitsmaschine taugte nicht mehr, das Roboterhafte des Arbeitsmannes, es war obsolet geworden, eine Behinderung. Die Männlichkeit geriet in eine Krise. Das Männerbild zerbröckelte. Die Vorbilder wankten. Die alten Helden hatten ausgedient. Sie hatten gedient, wir wollten nicht mehr dienen. Sie hatten geackert bis zum Umfallen, wir wollten nicht mehr malochen wie sie. Sie waren marschiert, wir wollten tanzen – auch deshalb doch dieser Aufstand gegen den Vietnamkrieg der Amerikaner, weil da noch einmal junge Männer zu Soldaten, zu Kampfmaschinen gemacht werden sollten. Wir wollten nicht mehr kämpfen. Deshalb doch war das so genial, den Polizisten, die gegen uns in San Francisco Aufstellung bezogen hatten, Blumen zu überreichen. Auch sie mußten befreit werden. Die sexuellen Verbote mußten weg, die Tabuisierung. Die Sinne sollten zu ihrem Recht kommen. Deshalb war das doch so wichtig, daß die Haare länger wurden, daß junge Männer sich wie Frauen kleideten, ihre Gefühle rausließen. Mit hohen Stimmen sangen. Ohne richtige Ausbildung, ohne staatlich anerkanntes Zertifikat anfingen, ihre Musik zu machen. Und Weiße sich von Schwarzen in Bewegung bringen ließen. Wir uns dann doch auf den Rasen setzten. Der

Anstand flötenging und zu tanzen anfing. Die abgehobene Hochkultur, das folgenlose Sublimieren, der ganze bürgerliche Scheiß – alles, was existiert, ist wert, daß es zugrunde geht, und seien es Werte auch. Den Götzen, den sie anbeteten, ihren Konsum, in den sie sich gerettet hatten – alles leeres Zeug. Ersatzbefriedigung. Dagegen der Taumel, der Rausch, unsere Ekstase. Die Dämonen, die nicht ausbleiben konnten. Zivilisation ist gut, Zivilisation aber hat auch einen hohen Preis. Wir wollten ihn nicht mehr zahlen. Eine Lockerungsübung, eine folgenreiche, eine sehr erfolgreiche, wie sich zeigte. Viele der Zwänge, mit denen ich noch aufgewachsen bin, sind weg, es gibt andere, aber diese gibt es nicht mehr. Und das ist gut so – der Berliner Bürgermeister Klaus Wowereit hat es treffend gesagt, als er sich zu seiner Homosexualität bekannte. Auch dieser Paragraph ist abgeschafft, der einst sogar einvernehmliche sexuelle Kontakte unter erwachsenen Männern mit Zuchthaus bedrohte. Das kann nicht hoch genug veranschlagt werden. Die Todesstrafe, das Recht des Staates, Menschen umzubringen, es gilt nicht mehr. Ich weiß das doch noch, in was für Auseinandersetzungen ich in der Schule hineingeriet, auch mit meinen Mitschülern, als ich mich gegen die Todesstrafe aussprach, sogar gegen die für Naziverbrecher. Und es war gut, hier standhaft geblieben zu sein. Das lasse ich mir von niemandem abhandeln – wie sollte ich auch sonst Verfassungsrichter sein.

Dutschke 1979: „Isolierter Einzelkämpfer"

Dr. Rutschke

Ich betone das *Dr.*, betone den Doktortitel, das Akademische dieses Linken. Dieses 68ers. Der dann doch irgendwann, nachdem 68 lange vorbei war, seine Doktorarbeit vorgelegt hat. Über Lenin. Aber nicht in Berlin, nicht in Deutschland. In Århus, in der kleinen, beschaulichen dänischen Stadt Århus. Ich rede von Dutschke, von Rudi Dutschke. Von Dutschke, den ich hier für mich wenigstens noch einmal so nennen will, wie Thomas Brasch und ich ihn immer für uns genannt haben: *Dr. Rutschke*. Ein bißchen Camouflage mußte sein, ein bißchen Versteckspiel beim Telefonieren zwischen Ost und West, West-Berlin und Ost-Berlin. Die Stasi hörte doch mit, und sie mußten das ja nicht auf dem Serviertablett geliefert bekommen, die Stasi-Ohren, Stasi-Abhör-Ohren, was wir uns beide am Telefon über Rudi Dutschke zu erzählen hatten, was es da zwischen Thomas und Rudi und dann auch zwischen Rudi und mir für eine Verbindung gab. Sicher vollkommen überflüssig und zwecklos, aber einen kleinen Spaß mußte man doch haben, ein bißchen Verwirrung stiften in den Stasi-Abhörprotokollen. Ich war ein 68er, ein Ost-68er, Thomas war ein 68er, einer der wenigen Ost-68er wie ich, und Rudi Dutschke war ein 68er, der 68er schlechthin. Im Westen. Aber aus dem Osten kommend, ein Abhauer. Wie ich, wenn auch früher als ich, sehr viel früher. Klar, daß es hier eine Verbindung gab. Eine zwischen Thomas Brasch, Rudi Dutschke und mir, und zwischen mir und ihm noch einmal mehr, weil wir beide aus dem Osten in den Westen abgehauen waren. Andere, die dabei eine Rolle spielen sollten, waren das nicht, 68er. Biermann war keiner, auch wenn die 68er im Westen seine größten Fans waren, Biermann nicht. Und weil sie das waren, Biermanns Fans, wollten sie, die 68er im Westen, jedenfalls dann, als ich im Westen war, von mir, einem 68er aus dem Osten, nichts mehr wissen. Weil Biermann da ein Lied über mich geschrieben hatte, über meine Flucht in den Westen. Sie als Verrat am Sozialismus geißelnd. Ich hatte meinen Frontabschnitt im Kampf für den Sozialismus verlassen, war auf die andere Seite ausgebüchst. So konnte man das sehen, mich als *Enfant perdu*, als verlorenen Sohn. Und sie, die 68er im Westen, wollten das gerne so sehen. Hatte ja schließlich auch eine schöne, eine eingängige Melodie, dieses Biermann-Lied. Wenigstens das. Einer seiner größten Hits. Im Westen. Und wohl, wie ich sehr rasch annahm, weil das ihr Problem war, der Verrat, weil sie das alle mal noch werden würden: Verräter an ihrer linken Sache. Die meisten jedenfalls. Fast alle. So gut, so schlecht wie alle. *Der kleine Flori Have* – ein nahezu klassischer Fall von Sündenbock, nur daß ich die Sünde auf mich nahm, mir die Sünde aufgeladen werden konnte, der Verrat, den zu begehen ihnen noch bevorstand.

Die Verbindung zu den Leuten, zu denen ich im Westen eigentlich gehört hätte, sie kam also nicht zustande – dank Biermann, und ich sage hier ohne alle Ironie dank. Es wäre doch nichts draus geworden, aus der West-Linken und mir, hätte daraus nichts werden können. Weil ich für eine bloß akademische Linke nicht zu haben war, weil ich eine andere Schule durchlaufen hatte, dem Proletariat ja begegnet war, dem angeblich revolutionären Subjekt, den Erlösern der Menschheit. Im Osten, wo dieses Proletariat, die angeblich herrschende Klasse, in die ich, in die auch Thomas Brasch, in die wir nach unserer 68er Straftat zur Bewährung hinabgestoßen worden waren, doppelt zynisch war, dreifach desillusioniert, und dann im Westen noch einmal die gleichen Leute, die Proleten als Leser der *BILD*-Zeitung. Im Osten meine Arbeitskollegen hatten mir das gesagt: wir kennen alles, wir haben unterm Kapitalismus gearbeitet, wir haben beim Nazi gearbeitet, wir arbeiten nun in der DDR, das Plakat hat sich geändert, das ist alles, die Arbeit nicht. Und im Westen meine Arbeitskollegen hatten mir gesagt: was arbeitest du wie wir, geh studieren, wir kommen aus der Mühle nicht raus, du aber kannst es – ich bin also, wie ich stolz behaupten kann, einer der wenigen, die vom Proletariat zum Studium delegiert worden sind. Aber lassen wir diese Scherze.

Ich war also sehr allein im Westen. Doch es gab Ausnahmen, auch im Westen unter den Linken Ausnahmen, einige wenige, die trotz des mir vorgeworfenen Verrats am Sozialismus den Kontakt mit mir nicht scheuten. Erich Fried. Natürlich Erich Fried. Der gute Mensch aus London. Aber Erich Fried war kein 68er, war viel mehr als ein 68er, war ein Linker aus der Zeit noch vor dem Krieg. Er hatte genug vom Stalinismus mitbekommen. Und eben Rudi Dutschke. Auch Rudi Dutschke. Und auch Dutschke so ein guter Mensch. Angefeindet, so verhasst, wohl auch deshalb, weil ein guter Mensch. Weil sich über die guten Menschen, sind sie Linke, alle andern noch mehr ärgern. Ich habe das Glück gehabt, ein paar wenige, ein paar der wenigen richtig guten Menschen kennenzulernen. Gute Menschen, die Linke waren. Ohne das hätte ich mein Stück *ROSA*, das über Rosa Luxemburg, doch gar nicht schreiben können. Ohne Erich Fried und Rudi Dutschke nicht. Das Stück sei also Erich Fried und Rudi Dutschke gewidmet.

Die Verbindung zu Dutschke, sie kam über Thomas zustande, sie kam, genaugenommen, über Wolf Biermann zustande – Dutschke war für ein Jahr aus seinem Århus nach West-Berlin gekommen, um sich da und von dort aus mal ein bißchen umzuschauen und umzutun, was aus seiner Linken inzwischen geworden war, und um herauszufinden, ob es sich nach seinen Jahren im Exil wieder für ihn lohne, bei der Linken in Deutschland mitzumischen. Und Dutschke war noch nach etwas anderem auf der Suche, nach seinen ostdeutschen Wurzeln. Deshalb ging er zu Biermann. Dort traf er auf Thomas Brasch. Und als er mitbekam, daß Thomas drei Jahre im Betrieb hinter sich hatte, im KWO, im Kabelwerk Oberspree, interessierte ihn dieser Ostler natürlich sofort sehr viel mehr als dieser Liedermacher in seinem Gehäuse. Und Thomas erzählte Dutschke natürlich von mir, seinem besten Freund, nun im Westen. Dutschke kannte das Biermann-Lied über mich, natürlich kannte er es, alle Linken im Westen kannten es, und Dutschke wollte diesen Geschmähten dann natürlich auch kennenlernen. Im Westen. Den, der wie er aus dem Osten in den Westen abgehauen war. Und dabei doch irgendwie links geblieben war. Kein Renegat. Auf meine Weise dann eben doch kein Verräter. Wir verabredeten uns am Telefon, und das war schon witzig, mit Rudi Dutschke, der da gerade bei Thomas in der Wilhelm-Pieck-Straße zu Besuch war, von West nach Ost am Telefon zu sprechen. Wir verabredeten uns gleich für den nächsten Tag, Dutschke wollte wissen, wo, und ich schlug ihm das *Café am Steinplatz* vor, meiner Kunstschule, an der ich nun doch und vom Proletariat delegiert studierte, direkt gegenüber. Und nachdem wir uns beide verabredet hatten, ich sprach noch ein bißchen mit Thomas, fiel mir ein, daß ich gar nicht so genau wisse, wie Rudi Dutschke eigentlich aussieht. So viele Fotos von ihm hatte ich 68 doch gar nicht gesehen, und anzunehmen war, daß er sich nach dem auf ihn verübten Attentat, nach dieser langen Rekonvaleszenz verändert haben könnte. Im Westen war Dutschke in dieser Zeit tot, nicht mehr vorhanden, sein Bild in keiner Zeitung, und also fragte ich Thomas, wie ich denn Dutschke bei unserm Treffen überhaupt würde erkennen können. Thomas lachte und sagte, den Dutschke, den würde ich schon erkennen, und Dutschke, der unser Telefongespräch mithörte, rief, er würde ein *ND*, ein *Neues Deutschland* als Erkennungszeichen bei sich haben, und das war ja dann wieder witzig.

Also wartete ich am folgenden Tag im *Café am Steinplatz* auf Rudi Dutschke, wir waren für 11 Uhr verabredet. Ich war pünktlich, wie immer pünktlich, und setzte mich so, in den Vorgarten des Cafés, daß ich ihn garantiert würde kommen sehen. Aber kein Dutschke kam, und jeder Mittdreißiger, der nicht aussah wie einer der Banker von der Börse in der gleichen Straße, der Hardenbergstraße, wollte mir wie Rudi Dutschke vorkommen. Keiner aber war Rudi Dutschke. Alle gingen an mir vorüber, keiner hatte das *Neue Deutschland* unterm Arm. Ich wartete fast eine Stunde, und dann war selbst mir das Warten genug, ich mußte schließlich studieren, ein bißchen wenigstens studieren. Aber bevor ich mich zum Studium in meiner Kunstschule auf der anderen Seite der Straße begab, schaute ich, ohne mir eigentlich noch irgendwelche Hoffnungen zu machen, in das ganz kleine und namenlose Café hinein, das es da auch noch an der Ecke gab, in dieses um die Mittagszeit immer von Studenten überschwemmte kleine Café, und da saß er, Rudi Dutschke, das *Neue Deutschland* vor sich auf dem Tisch, auf mich wartend, und natürlich erkannte ich ihn sofort und auf den ersten Blick. Genauso kannte ich ihn doch von den Fotos her. Keinerlei Veränderung. Ganz der alte. Rudi Dutschke, wie ihn jeder kennt. Mit seiner graugrün verwaschenen Parkajacke, der Baskenmütze auf dem Kopf, das Urbild eines Berufsrevolutionärs aus den 68er Zeiten. Weder hatte ich ihm noch hatte er mir Vorwürfe zu machen – nur ein paar Meter voneinander entfernt hatten wir aufeinander gewartet, und wir hatten beide lange gewartet. Und schon damit gehörten wir zusammen. Da war sofort so etwas wie Liebe zwischen uns, eine ganz große Vertrautheit. Das große Gequatsche begann, und irgendwann waren wir es leid, für unser Gequatsche in diesem Café für unseren Kaffee bezahlen zu müssen, also gingen wir zu mir, zu mir in meine Hinterhauswohnung in der Sonnenallee im fernen Neukölln. Auf dem Weg die ganze Zeit quatschend, zu Hause bei mir weiterquatschend, und mein Eindruck war, daß der Rudi eigentlich von unserem Ortswechsel, der Fahrt mit der U-Bahn, der Straße in Neukölln und auch von meiner Hinterhauswohnung überhaupt nichts mitbekam. Ein Blinder. Nur in seinen Gedanken. Unglaublich begierig, von mir alles zu erfahren, was ich ihm über den Osten, die Opposition, meinen Vater und Biermann, das Gefängnis und die Fabrik zu erzählen hatte. Irgendwann aber unterbrach er mich, mitten in unserm Gespräch, mittendrin in meinem Redefluß, und er unterbrach mit der Frage, ob ich denn einen Kassettenrecorder besäße. Ich verstand die Frage gar nicht. Ich war vollkommen konsterniert: wozu wollte Dutschke einen Kassettenrecorder? Wollte er mir vielleicht irgend etwas vorspielen? Eine Musik, wie wir das doch immer im Osten gemacht hatten, jedesmal, wenn wir uns gegenseitig besuchten, uns unsere neuesten Errungenschaften vorspielend – Dutschke und Musik? Nein, das paßte nicht zusammen. Ich sagte ihm, ich hätte so was nicht, besäße keinen Kassettenrecorder – aber wozu wolle er einen Kassettenrecorder? Dann könnten wir jetzt unser Gespräch aufnehmen, antwortete Rudi, er halte dies für höchst bedeutsam, was und worüber wir jetzt miteinander redeten. Ich sagte ihm, dies überließen wir besser doch der Stasi oder einem anderen Geheimdienst, unser Gespräch mitzuschneiden. Wir könnten ein Buch daraus machen, sagte Dutschke, und diese Idee befremdete mich noch mehr – wozu ein Buch, ein Buch von zwei Leuten, von denen niemand etwas wissen will?

Wir haben dieses Buch nicht gemacht, und auch Rudi, den ich dann ein Jahr lang immer wieder in der elenden Bude besuchte, in der er bei einem alten Kumpel von früher untergekommen war, mit Frau und Kind, besaß natürlich keinen Kassettenrecorder. Er war so arm wie ich. Die Liebe dauerte an, aber das Problem bei Dutschke war, daß er nur Stuß erzählte, linken, dummen 68er-Stuß. Und doch eigentlich aber etwas anderes sagen, etwas anderes formulieren wollte. Wie deutlich zu spüren war. Eine einzige, dann auf Dauer sehr bedrückende Quälerei. Und mich liebte er wohl auch deshalb, weil meine Sprache und das, was ich von meinen Erfahrungen im Osten und im Westen zu erzählen hatte, so gar nichts mit den linken Klischees zu tun hatte. Die er für sich aber immer wieder reproduzierte, mit denen er dann unsere Gespräche dann auch zusammenfasste, zusammenzufassen versuchte. Natürlich vergebens, was er auch spürte. Was ihn zur Verzweiflung brachte und mich dazu, daß sich mein Interesse an ihm immer mehr verlagerte – nicht das, was er sagte, interessierte mich, sondern wie es kam, daß bei seinen verzweifelten Sprechversuchen immer nur dieser linke Stuß herauskam. Ich wollte das herausfinden, was Rudi hinderte, wie ein normaler Mensch zu reden, warum er immer wieder in diesen linken Jargon verfiel. Als ob wir da in seiner Küche oder bei mir in der Hinterhauswohnung auf einem Podium säßen, bei einer linken Polit-Veranstaltung. Warum mußte er, wie unter Zwang, überall die Weltrevolution wittern? Ihn direkt danach zu fragen war natürlich sinnlos, diese Ebene der Reflektion besaß er gar nicht. Ein paarmal machte ich mich über ihn und seine krampfhaften revolutionären Aussichten, die er überall sehen wollte, lustig, ich ging ihn scharf an, ich provozierte ihn, aber das brachte auch nichts, das machte ihn nur furchtbar traurig. Und warum einen guten Menschen traurig machen? Einen so guten Menschen, bei dem doch deutlich zu spüren war, daß er mehr war, mehr dachte und anderes in sich aufnehmen konnte, als nur diesen linken Stuß, den er von sich gab. Es war furchtbar. Wirklich dann bald nur noch eine einzige Quälerei. Aber ich bekam es nicht heraus, was nur mit ihm los war. Erich Fried dann erklärte mir es: Rudi hatte in der Folge des Attentats auf ihn nahezu sein gesamtes Sprachvermögen verloren. Er war, nach dem langen Aufenthalt im Krankenhaus, nahezu stumm nach England gekommen, und Erich hatte das dann organisiert, daß sich ein paar Leute in Cambridge um ihn kümmerten, Leute, bei denen er auch wohnen konnte, Deutsche, Linke natürlich. Und dort dann habe er langsam wieder sprechen gelernt, mit Hilfe eines Therapeuten. Aber es wären dann diese deutschen Linken in Cambridge gewesen, mit denen er natürlich am meisten geredet hätte, sie hätten ihn sprachlich wieder sozialisiert. Als Linke, im linken Jargon. Sie hätten den Rudi Dutschke sprachlich wiederhergestellt, den sie kannten, von den Podien, von seinen Reden her. Rudi, sagte Erich Fried, und dies sei furchtbar traurig, könne nur noch das: links daherreden, ihm fehlten alle anderen Sprachschichten, selbst die der Alltagssprache, auch die seiner Jugend, und damit alles, was es ihm ermögliche, neue Gedanken sprachlich auszudrücken. Erich erklärte sich dann Rudis Hinwendung zu Leuten wie Thomas Brasch und mir auch damit, daß er durch uns hoffe, wieder in eine lebendige Beziehung zu seiner Jugend im Osten zu kommen. Nur wenn ihm dies gelänge, so sagte Erich, hätte er eine Chance, das, was er jetzt denken würde, jemals zum Ausdruck bringen zu können. Erich, der Gute, beschwor mich dann geradezu, den Kontakt zu Rudi von mir aus nicht abzubrechen, auch wenn es sicher furchtbar schwer mit ihm auszuhalten sei.

Eine Party im Hause Brasch

Und dann, 1977, war auch Thomas im Westen, die Gelegenheit nach der Biermann-Ausbürgerung für sich nutzend. Und er hatte sich in West-Berlin niedergelassen, hatte diese große Wohnung in der Droysenstraße beim Kudamm um die Ecke, lebte dort mit seinen beiden Frauen, der früheren und der aktuellen, mit Sanda Weigl und Kathy Thalbach. Und er hatte schon seine Fühler ausgestreckt, in die Literaten-, die Theaterwelt, er hatte da wohl auch schon diesen bequemen Beratervertrag mit dem Schiller-Theater, sein Buch bei Suhrkamp war entweder schon raus, oder dies stand kurz bevor. Und dann hatte er Geburtstag, und also war eine große Party angesagt, eine Ankomm-Party. Er hatte auch mich eingeladen, seinen Freund Flori und dazu noch ein paar mehr ehemalige Ostler und also Abhauer. Meine alte Freundin Barbara Panse, die Theaterwissenschaftlerin, die kurz vor ihrem Absprung in lateinamerikanische Gefilde stand, nach Peru. Und vielleicht hatte er die auch nur wegen Tutu eingeladen, wegen Tutu, die immer nur mit ihrer Freundin Barbara Panse zu haben war – beide aber ganz still an diesem Abend, ausnahmsweise nicht auf Provokationskurs. Eingeschüchtert vielleicht von den sonstigen Gästen mit den berühmten, damals berühmten Namen. Aber auch Nina Hagen war da, und Nina und Tutu, auch die beiden gehörten zusammen, und auch Nina war an diesem Abend ganz ruhig, so angenehm ruhig, wie ich sie selten erlebt habe, im Westen jedenfalls. Gerade dabei, mit einer Band, die sie endlich gefunden hatte, ernsthaft zu proben, die letzte Chance, die CBS ihr noch gegeben hatte – ihr großer Erfolg, ihr Durchbruch, daß sie auch im Westen dann ein Star wurde, das stand kurz bevor, aber in diesem Moment war das noch völlig offen, ob sie denn überhaupt würde Erfolg haben können. Und Heiner Müller war gekommen, aus dem Osten – er durfte das, er hatte ein Visum, ein Dauervisum, und Müller war damals noch nicht die bekannte Größe, die er später werden sollte, mehr ein Ost- und West-Geheimtip, noch nicht durchgesetzt. Anders als die Westler, die Thomas auf seine Party hatte locken können. Robert van Ackeren zum Beispiel, und van Ackeren in schwarzer Lederkluft, schwul, würde ich sagen, drei Meilen gegen den Wind, mit einer kleinen ledernen Schirmmütze auf der Halbglatze, der Mann, der gerade den Film *Die flambierte Frau* gemacht hatte, diesen Erfolgsfilm mit Frau Landgrebe – die aber hatte er leider nicht mit. Schade. Neben van Akkeren Romy Haag und Romy Haag mit Begleitung, mit ihrem Gefolge natürlich, und natürlich war das ein transvestitisches Gefolge, die blonde Daisy und noch so eine Schöne der Nacht. Und dann war dieser fette Ami bei ihr/ihm, bei Romy Haag, der in ihren Shows mitspielte und glaubhaft behauptete, in Amiland selber ein paar sehr erfolgreiche Shows herausgebracht zu haben, am Broadway in New York City. Dann Luc Bondy, auch er in Begleitung natürlich und natürlich in Begleitung einer Schauspielerin, der Theaterregisseur, damals an der Berliner Schaubühne beschäftigt, dessen Chef er später noch werden sollte, der Mann, der Thomas immer fragte, was für ein Stück er denn als nächstes machen sollte, sich von Thomas gleich ein Konzept dafür liefern ließ und natürlich selber niemals ein Stück von Thomas inszeniert hat, auch als Chef der Schaubühne nicht dafür sorgte, daß dort Thomas Brasch gespielt wurde. Wolfgang Storch natürlich, Storch, der unvermeidliche Herr Storch, den jeder kannte, der jeden kannte, der überall mitzumischen versuchte – solche Leute gehören einfach dazu. Dann der Irre, der Büchernarr und Bücherwurm, der bibliophile Besitzer der Heinrich-Heine-Buchhandlung am Bahnhof Zoo, der dort alle aus dem Osten kommenden Autoren in Empfang nahm, die aus dem gesamten Ostblock, und von dem es dann später hieß, er sei bei der Stasi gewesen – an diesem Abend erwischte ich ihn, als ich auf die Toilette mußte, wie er am langen Bücherregal von Thomas stand, ganz seiner eigentlichen Leidenschaft hingegeben, den Büchern.

Eine illustre Gesellschaft – wer all diese Leute zu seiner Party bekam, hatte es geschafft. Und dann als letzter tauchte Rudi dort auf, Rudi Dutschke mit seiner Baskenmütze, seiner verwaschenen Parkajacke, und es dauerte eine ganze Weile, bis er die dann auszog und seine Mütze ablegte. Thomas stellte ihm alle seine Gäste vor, Thomas führte ihn auch all seinen Gästen vor. Und Dutschke wußte natürlich nicht, wie sich in einer solchen Gesellschaft bewegen – was sollte er sich mit Romy Haag unterhalten? Worüber? Über die Rolle der Befreiung von biologisch festgelegten Geschlechterrollen im allgemeinen Befreiungskampf der Menschheit? Und was mit einem solchen Schnösel wie Bondy, der in der Schweiz mit einem goldenen Löffel im Mündchen großgeworden, dem fils à papa, dem die erste Regie, und gleich an einem großen Haus, im Münchner Residenztheater, schon im zarten Knabenalter von 22 Jahren ermöglicht worden war? Und auch mit Heiner Müller kam kein Gespräch zustande, denn der kleine Heiner war zynisch, war nur zynisch, und wenn Rudi, der Menschenfreund, etwas nicht verstand, dann einen Zynismus, der nur Zynismus war und mehr nicht. Der ganze schreckliche Kommunismus Material – das war Müller, und nichts für Rudi. Also hielt er sich an mich, den er kannte, an mich, der nicht nur zynisch war. Thomas war beschäftigt, Thomas hatte noch ein paar connections zu machen, Thomas fiel als Gesprächspartner für Rudi aus. Also blieb nur ich. Und er saß vor mir, über den Tisch gebeugt, voller Enthusiasmus wie immer, um uns das Partygeschehen, und wollte mit mir wieder über die Weltrevolution reden. Über seine These, daß, wenn man genau hinschaute, alle Revolutionen, die es im 20. Jahrhundert gegeben hatte, in irgendeiner Weise, und in welcher Weise jeweils, das exemplifizierte er mir dann ausführlich, mit der nationalen Frage verbunden gewesen waren. Woraus Rudi den kühnen Schluß zog, auch in Deutschland müsse die Revolutionsfrage mit der nationalen Frage verbunden werden, mit der Wiedervereinigung also, und das von Links, der Sozialismus sei nur mit einer nationalen Revolution zu bekommen. Und das in Deutschland. Diese These, sie mußte damals natürlich vollkommen absurd erscheinen, sie hatte aber, wie sich später zeigte, einiges für sich – nur daß diese Revolution, die zur Wiedervereinigung führte, der Abschaffung des Sozialismus galt. Rudi Dutschke, ein Berufsrevolutionär, ein Mann, der nur eines wollte, Revolution machen, fast egal, welche – eigentlich eine vollkommen lächerliche Figur, eine Hinterzimmer-Figur, er hatte nur Glück gehabt, das Glück, als ewiger Revoluzzer für diesen einen historischen Moment, den von 68, genau richtig gewesen zu sein, genau an der richtigen Stelle auch, und die 68er werden seinen Enthusiasmus gespürt haben, den ja, aber seinen Reden so genau nicht zugehört haben. War eigentlich egal, was er sagte, wie er's sagte, darauf kam es an. Das hochtheoretische Gebäude und dann der direkte Vorschlag für die nächste Aktion. Nur war diese Zeit längst vorbei, Partytime war angesagt, und Rudi merkte es nicht. Konnte es nicht bemerken. Rudi war Berufsrevolutionär und war es auch auf dieser Geburtstagsparty von Thomas Brasch. Und dann, der Morgen dämmerte schon, die meisten der illustren Gäste schon gegangen, um uns herum lagen die Partyleichen, und der betrunkene Herr Müller mit seiner Zigarre in der einen, dem Whiskyglas in der anderen Hand versuchte mit meiner alten Freundin Barbara Panse anzubändeln. Und da dann, und wieder beugte er sich zu mir über den niedrigen Wohnzimmertisch voller Gläser und überquellender Aschenbecher, wollte mir Rudi doch erklären, daß das deutsche Proletariat seine historische Aufgabe nicht erfüllt habe. Ich liebte Rudi, den armen Rudi, und ich war nüchtern, ich hatte keinen Tropfen Alkohol getrunken, aber das nun war mir zuviel. Nicht jetzt und nicht hier. Hier nichts von der historischen Mission der Arbeiterklasse. Von der Aufgabe, die das deutsche Proletariat nicht erfüllt hatte. Too much. Irgendwo mußte Schluß sein. Schluß damit, und also wurde ich ausfallend, und ich sagte Rudi, ich blaffte ihn richtig an, das mit dieser historischen Aufgabe des Proletariats, des deutschen Proleten, die dieser nicht erfüllt habe, das sei doch völliger Unsinn, diese Aufgabe hätte die deutsche Arbeiterklasse nie gehabt, nie gehabt, weil nie angenommen. Und ganz zu Recht nicht angenommen, weil ihr diese Aufgabe nur von solchen Leuten wie ihm gegeben und zugedacht worden war. Von einem Dr. Rutschke – ich betonte das *Doktor*, und ich sprach diesen akademischen Titel voller Verachtung aus, wie ein Schimpfwort, und ich nannte ihn in diesem Moment *Rutschke*, nannte ihn so, wie er für mich und Thomas in unseren Gesprächen hieß. In diesem Moment muß er es wohl kapiert haben, daß auch ich für die Weltrevolution verloren war. Auch ich. Und Rudi, Rudi Dutschke war ein guter Mensch, war doch ein guter Mensch, und also schaute er mich ganz, ganz traurig an. Auf dieser Party. Am frühen Morgen, im Zigaretten- und Zigarrenqualm, umgeben von leeren Schnapsflaschen und ein paar noch übrigen, bis zum Rand mit Schnaps gefüllten Schnapsleichen. Und da erst wird er es gemerkt haben, wo er sich eigentlich befand. Er ging ganz rasch, und ich habe ihn nur noch ein paar wenige Male wiedergesehen und immer nur mit diesem traurigen Blick.

Thomas Brasch

Nächtlicher Telefonanruf, bei schon beginnender Morgendämmerung: die Stimme von Thomas – ohne sich zu melden, ohne *Hallo* zu sagen, ohne sich auch wirklich zu vergewissern, daß er mich am Apparat hat. »Ich wünsche dir«, sagt er, »daß du mal soviel Geld verdienst, daß du aus Verzweiflung darüber, daß du nicht mehr weißt, was du damit anfangen sollst, dir die Küche mit Hundert-Mark-Scheinen tapezierst.« Was für eine Kette von *daß, daß, daß* – hat er das wirklich so gesagt, der Dichter? Er wird doch an diesem Wunsch für mich vorher sprachlich gefeilt haben und an der Art auch, wie er mir dies sagt, damit es dann eher doch wie eine Verwünschung klingt – spontan war das jedenfalls nicht, daß er da mal eben zum Telefon gegriffen hatte, spontan auch trotz seines Suffs nicht, denn das war er offensichtlich: besoffen oder er hatte Kokain intus. »Warum«, fragte ich ihn, »warum wünschst du mir das?« Also nicht, daß ich da irgend etwas dagegen gehabt hätte, sehr viel Geld zu haben, und auf alle Fälle ein paar Hundert-Mark-Scheine mehr im Monat als die, mit denen ich und meine junge Frau zurechtkommen mußten. Nichts auch gegen so viel Geld, daß mir nicht mehr einfallen würde, was damit anfangen, denn das wäre in meinem Falle dann sehr, sehr viel Geld, wo ich doch so viel damit anzufangen wüßte: mir ein Theater zu finanzieren, um meine Stücke aufzuführen, Musik zu machen, richtig mit einem Orchester, einem Orchester, das ich dann mal eben aus eigener Tasche bezahle, und Ausstellungen zu machen, bei denen es nicht darum geht, Bilder verkaufen zu müssen, damit man sie öffentlich zeigen kann – ich glaube nicht, daß ich nicht wüßte, was mit sehr viel Geld anzufangen wäre, und so gesehen mochte diese Verwünschung durch meinen Freund Thomas Brasch vielleicht doch etwas anderes, nämlich Positives bedeuten: daß es mir möglich sein sollte, alle meine künstlerischen Pläne verwirklichen zu können, soviel an Geld dabei jeweils zu verdienen, daß ich damit irgendwann auch meine Projekte selber finanzieren könnte. Oder es bedeutete, daß er mir wünschte, ich würde eines Tages so dumm werden, daß mir nichts mehr einfiele, was man mit Geld Interessantes anfangen kann. Oder es bedeutete gar nichts weiter, und es ging ihm nur um das, was er mir auf meine Frage, warum er mir denn soviel Geld und eine Tapete aus Hundert-Mark-Scheinen in der Küche wünsche, antwortete: »Damit du endlich deine Reinheit verlierst.«

Es gab noch ein paar mehr dieser nächtlichen Telefonanrufe in dieser Zeit, und der erste davon erfolgte, nachdem wir uns viele Jahre nicht mehr gesehen, nicht mehr gesprochen hatten – ich lag mit meiner Frau im Bett, als es gegen vier Uhr in der Früh klingelte, und sosehr mich das Klingeln des Telefons auch aus dem Schlaf hatte hochschrecken lassen, die Stimme von Thomas erkannte ich sofort, diese so unverwechselbare und schöne Stimme: er sagte, ohne mich erst zu fragen, wie es mir ginge, ohne sich natürlich auch für diese nächtliche Ruhestörung zu entschuldigen, Sanda und Peewee hätten ihre Stasi-Akten gelesen und darin Äußerungen von mir über ihn aus der Zeit schon im Westen gefunden. Womit sich dann der Zeitpunkt dieses Anrufes von Thomas recht gut datieren läßt: das Gesetz, das es Betroffenen ermöglichte, ihre Stasi-Akten zu lesen, war vor kurzem in Kraft getreten, und die ersten hatten schon gelesen – ich nicht, und ich hatte das auch nicht vor: instinktive Abwehr dagegen, mich mit diesem Dreck, diesem Gift zu befassen. Nun aber sollte es in den Akten der Stasi von mir Äußerungen über Thomas geben, und dies konnte in der aufkommenden Hysterie nur bedeuten, daß ich damit rechnen mußte, der Tätigkeit für die Stasi bezichtigt zu werden, gar ein *IM* gewesen zu sein. Der von vielen ähnlich, ob nun zu Recht oder Unrecht Verdächtigten in dieser Zeit immer wieder in Abwandlungen wiederholte Standardsatz, er lautete: ich habe keine Verpflichtungserklärung für die Stasi unterschrieben, ich habe niemandem wissentlich geschadet, ich muß ohne mein Wissen abgeschöpft worden sein – auch ich hätte ihn sagen, hätte mich guten Gewissens dieser Formulierung bedienen können, aber ich tat es nicht, ich stellte Thomas statt dessen eine Frage: warum machen sie das, was bezwecken Sanda und Peewee damit, dir dies zu erzählen? Und das war eine sehr gute Frage, denn sie brachte Thomas dazu, mir zu sagen: dies wäre ganz einfach, er wolle seine Stasi-Akte nicht lesen, und Sanda und Peewee würden ihn dazu kriegen wollen, diesen Dreck doch zu lesen, und sie würden dabei darauf spekulieren, daß ihn dies doch wohl interessieren müsse, was sein Freund Flori so alles über ihn gesagt habe – damit war die Sache eigentlich erledigt, der Stasi-Verdacht gegen mich ausgeräumt, und Thomas sagte, er wolle auch das nicht in einer solchen Akte lesen, was ich über ihn denken würde, wenn, dann wolle er es von mir selber erfahren. Wir waren uns also einig in unserer Abwehr gegen diesen Stasi-Dreck, und wir waren uns dann auch sehr schnell einig darüber, wie es wohl dazu gekommen sein könnte, daß sich da in irgendwelchen Stasi-Akten irgendwelche Äußerungen von mir über ihn finden ließen: denn davon war ja wohl auszugehen, daß die Stasi darüber informiert sein wollte, was diese Abhauer und ehemaligen DDR-Bürger im Westen so trieben und ob von ihnen vielleicht eine Gefahr ausginge.

Daß dem nicht so war, das werden sie wahrscheinlich recht bald mitbekommen haben, und also war auch davon dann auszugehen, daß das sehr sporadische Berichte gewesen sein dürften, einmal im Jahr eingeholte Informationen, die ihnen vollkommen ausreichten. Und es war ebenso davon auszugehen, daß sie mindestens einen unter diesen Abhauern ausfindig gemacht haben werden, der, im Westen nicht klarkommend, im Westen gestrauchelt, bereit gewesen sein wird, sich für gutes Geld mal unter diesen Leuten ab und an umzuhorchen, und an solche seltenen Besuche erinnere ich mich doch, von Leuten aus diesem Kreis, die mich nach diesem und jenem und immer auch nach Thomas befragten, und ich, ich erzählte, ich hatte keinen Grund, es nicht zu tun. Ich mochte das doch sowieso nicht, diese Geheimniskrämerei, zu der auch Thomas mich immer wieder in seinen Theaterangelegenheiten verpflichten wollte. Ich erzählte immer alles weiter, und er wußte das natürlich ganz genau, und es war dann also bei diesem nächtlichen Telefongespräch ein leichtes, daß wir uns darauf einigten, wie es zu solchen in Stasi-Akten festgehaltenen Äußerungen von mir über ihn gekommen sein mußte – so what? Was ging uns beide das an?

Aber Thomas hat sie dann irgendwann doch gelesen, seine Stasi-Akte, und er setzte mich davon auch in Kenntnis, tat dies aber auf sehr merkwürdige Weise, und zwar, indem er mir einen Passus vorlas, der nur aus dieser Akte stammen konnte und in dem in schönstem Beamtendeutsch festgehalten war, was mein Bruder Frank an irgendeinem Tag getan habe – so, sagte mir Thomas, nachdem er mit den wenigen Sätzen fertig war, so würde er auch gern schreiben können, so lapidar, und wahrscheinlich war dies sogar wahr. Seine Stasi-Akte war auch meine Stasi-Akte, und auch die meines Bruders, die unseres ganzen Kreises, den die Stasi netterweise den *Diskussionsclub* getauft hatte.

Natürlich schmiedete das uns zusammen, daß wir beide 68 im Gefängnis gesessen hatten, die Gefängniserfahrung dann, die so schwer anderen zu vermitteln war, aber erst mal auch, daß wir beide, und dies ganz unabhängig voneinander, der sicheren, ja, der instinktiven Überzeugung gewesen waren, dieser Einmarsch in die Tschechoslowakei fordere von uns eine Reaktion. Thomas und ich, wir hatten darüber vorher nie gesprochen, jedenfalls erinnere ich mich nicht daran, und es gab dann auch am 21. August selber keine Absprache zwischen uns, keinerlei Kontakt auch. Thomas war mit Sanda und Peewee an der Ostsee, in Ahrenshoop, im Haus der Mutter Hunzinger, und nachdem sie dort am Morgen des 21. die Nachrichten gehört hatten, drängte Thomas sofort zum Aufbruch, er wollte in Berlin sein, sein Plan war es, Flugblätter zu machen, Flugblätter, um gegen den Einmarsch zu protestieren. Und die schrieben sie dann auch eifrig, in Berlin zurück, und per Hand, und also nicht gerade konspirativ, denn das wird Thomas doch klar gewesen sein, daß sich eine Handschrift für Kriminologen leicht nachweisen, seinem Schreiber zuordnen läßt. Sie schrieben ihre Flugblätter am Abend des 21., sie schrieben sie auch noch am folgenden 22., und wohl in der Nacht noch gingen sie los, die ersten ihrer Flugblätter in Briefkästen zu verteilen. Ich weiß gar nicht, auf wieviel Flugblätter sie es gebracht haben, diese insgesamt fünf Leute: Thomas, Sanda, Peewee und Erika Bertolt, die Freundin von Peewee, die Liebschaft meines Bruders, die am zweiten Tag mit dazu stieß, und auch Vladi, der Bruder von Sanda, den sie dann von der Stasi als Täter ignorierten, nur als Zeugen vernahmen – eine ganz besonders perfide Gemeinheit. Die Wohnung der Familie Weigl, der Tatort, verwandelte sich in eine Werkstatt zur Serienproduktion von Flugblättern. Und Thomas kamen dann Zweifel, ob das denn richtig sei, was sie da täten, Thomas wollte da raus aus diesem Wirrwarr sich immer mehr in ihre Sache hineinsteigernder Fanatiker, wollte mit einem vernünftigen Menschen reden, mit mir. Wir haben später öfters darüber rumgerätselt, woher er das wohl erfahren haben könnte, daß ich mir am Abend des 22. vorgenommen hatte, ins Kino zu gehen, ins *Kosmos* in der Stalinallee, mir dort irgendeinen Hollywood-Schinken anzusehen – merkwürdige Idee auch von mir, gedacht wahrscheinlich von mir, um mich nicht verrückt zu machen, ich erwartete ja meine Verhaftung. Nach Hause zurück, zu meiner Mutter konnte ich nicht, die hätte sofort die Polizei gerufen, ich trieb mich also rum an diesem 22., war dann zu meinem Bruder Utz gegangen, wo ich von der Verhaftung meines Bruders Frank erfuhr, auch von der von Uzkoreit. Die Schlinge zog sich also zusammen. Und Utz hatte die Idee, daß ich erst mal nach Gotha verschwinden solle, zu meiner Großtante dort, die heiße Zeit, die nun bevorstand, zu überdauern, mich aus der Gefahrenzone zu bringen. Er wollte mich in der Nacht zum 23. mit seinem Auto außerhalb Berlins verfrachten, damit ich nicht auf dem wahrscheinlich überwachten Ostbahnhof in den Zug steigen müßte. Ich vergesse ihm das nie, ich vergesse es ihm besonders deshalb nicht, weil er es ein Jahr lang, das ganze Jahr 68 lang, versucht hatte, mich von irgendwelchen Dummheiten abzuhalten, mir die Vorteile des Opportunismus nahezubringen. Nun hatte ich die schlimmste aller Dummheiten gemacht, und er hielt zu mir. Während ich bei ihm in seiner Wohnung war, kam ein Anruf meiner Mutter, die ihn fragte, ob er wisse, wo ich sei, die ihn dann, als er dies wahrheitswidrig verneint hatte, ich stand ja neben ihm, zu sich in die Wohnung am Strausberger Platz beorderte, wo sie mit der Stasi zusammensaß. Utz ging zu meiner Mutter und ihrer Stasi in die Wohnung, und ich hatte noch ein paar Stunden Zeit, bis ich aus Berlin in Richtung Gotha verschwinden würde. Und in dieser Situation kam ich auf die irrsinnige Idee, ins Kino gehen zu wollen, mir einen Hollywood-Schmarren ansehen zu wollen. Ich kam da aber nie an, in diesem Kino, vor dem Thomas mich vergeblich erwartete. Ich wurde auf dem Weg dorthin, in der Templiner Straße, um das genau zu machen, verhaftet, einer Vernehmung zugeführt, wie es im Stasi-Deutsch hieß. Und ich Idiot hatte sie gesehen, die beiden Stasi-Leute, die mich dann hopsnahmen, ich schaute bei meinem Bruder Utz zum Fenster raus, da liefen eilig zwei auffällige Gestalten die ruhige Zionskirchstraße entlang, direkt vor mir am Fenster im Hochparterre vorbei, mich merkwürdig anschauend. Und Utz saß zur selben Zeit bei meiner Mutter der Stasi gegenüber und behauptete, keinerlei Ahnung zu haben, wo ich mich aufhalten könne. Da warteten sie schon einen Hauseingang weiter auf mich, und als ich mich dann auf meinen dummen Weg ins Kino *Kosmos* machte, kamen sie mir hinterhergelaufen. Ich merkte es nicht, merkte nur, wie mich die Leute, die mir auf der Straße entgegenkamen, die aus den Fenstern lehnten, so merkwürdig anschauten, sie sahen ja schon die wohl doch überraschten Stasi-Leute mir hinterherlaufen. Ich war mir zu fein, mich umzudrehen und nachzusehen, was diese Leute so zu starren hatten.

Thomas verschwand, nachdem er vergeblich auf mich am *Kosmos* gewartet hatte, nachdem dann auch schon Peewee und Erie, die Freundin meines Bruders, irgendwo geschnappt sein mußten, da sie ja nicht vom Flugblattverteilen in die Flugblattwerkstatt zurückkehrten, zusammen mit seiner Freundin Sanda versteckte er sich auf dem Wochenendgrundstück, in einer kleinen Laube eines Bekannten von ihm, in der Nähe von Strausberg. Eine Woche lang hielt er sich dort versteckt, bei jedem Auto, das um die Ecke bog, glaubend, jetzt kommen sie ihn holen. Und Sanda machte Urlaub, sonnte sich im Garten, und das machte ihn noch mehr verrückt, und nach dieser einen Woche dann fuhr er mit Sanda in die Stadt und zu seinem Vater, dem stellvertretenden Kulturminister Horst Brasch. Natürlich war ihm klar, daß sein Vater die Genossen von der Staatssicherheit holen würde. Genau dies sollte er doch auch, ihn von dem Horror erlösen, da, ohne etwas tun zu können, auf die Verhaftung warten zu müssen. Aber der Vater sollte sich dabei doch auch schuldig machen, sollte seinen Sohn an die Stasi verraten müssen. Der Vater spielte auch mit, spielte die ihm von Thomas zugedachte Rolle, er spielte sie in geradezu klassischer Vollendung: erst gab es die heftige Auseinandersetzung zwischen Vater und Sohn, die nicht ausbleiben konnte, dann wollte der Vater Zigaretten holen gehen, und von einer Telefonzelle aus rief er seine Genossen von der Stasi an. Die Familie als kleinste Zelle des Staates.

Der Vater von Thomas war übrigens nicht blöd, ganz im Unterschied zu dem von Erika Bertolt, dem Direktor des Instituts für Marxismus und

Leninismus beim ZK der SED, der alle Schuld und Verantwortung für die Entwicklung und damit Straftat seiner Tochter ablehnte und deshalb dann seinen hohen Posten verlor – Horst Brasch, der stellvertretende Kulturminister der DDR, er übernahm die Verantwortung für seinen Sohn Thomas, der als 23jähriger schon mehrere Jahre nicht mehr bei ihm gewohnt, sein eigenes Leben geführt hatte, er bezichtigte sich selbstkritisch, seinen erzieherischen Pflichten nicht nachgekommen zu sein. Und wurde dafür belohnt, wurde dafür damit belohnt, daß sie ihn nach Moskau auf die Parteihochschule schickten, an den Ort, wo man für höhere Weihen vorbereitet wurde. Aber er hatte ja auch schon Übung darin, der Genosse Horst Brasch, Übung in diesen Rückzügen und Rücktritten, die ihm von der obersten Parteiführung jeweils nahegelegt wurden. Honecker hielt die Hand über ihn. Sie kannten sich von der FDJ her, Vater Brasch und Erich Honecker. Horst Brasch hatte zu denen gehört, die diese Freie Deutsche Jugend gegründet hatten, in London, im Exil, und wer sich ein bißchen mit dem Stalinismus auskennt, wundert sich nicht: natürlich konnte ein Westemigrant wie Horst Brasch niemals Chef werden der FDJ dann in der DDR, ein Mann wie Honecker mußte das machen, der fast die ganze Nazizeit über im Gefängnis gesessen hatte, die westliche Freiheit und Demokratie nicht kannte. Horst Brasch hatte in der zweiten Reihe bleiben müssen. Und dann, als Stalin seinen Berija losschickte, im sozialistischen Lager für Ordnung und stalinistische Verhältnisse zu sorgen, es überall in den anderen sozialistischen Staaten gegen die unsicheren Kantonisten ging, gegen die Westemigranten, die nicht durch die Moskauer Mühle der Säuberungen gegangen waren, da schickten Honecker und Ulbricht ihren Horst Brasch in die Pampa, auf irgendeinen kleinen Funktionärsposten in der Provinz, damit er dort überwintere. Zu seiner Sicherheit, denn sie hatten doch noch was mit ihm vor, wollten auf den guten Genossen Brasch nicht verzichten. Und ein paar Jahre später holten sie ihn wieder in die Zentrale zurück und machten ihn, den früheren Stellvertreter des Jugendverbandes, zum stellvertretenden Vorsitzenden der Nationalen Front, der Organisation, in der sie ihre Blockparteien zusammenfaßten und kontrollierten. Aber auch da mußte er nach ein paar Jahren wieder gehen, seinen Posten räumen, weil er einen plötzlichen, sehr plötzlichen Schwenk der offiziellen Parteilinie nicht mitbekommen hatte, gar nicht hatte mitbekommen können, so plötzlich war Ulbricht das nationale Getue, das Umwerben der bürgerlichen Kräfte über. In einem Interview mit Westjournalisten soll Ulbricht, jedenfalls hat mir Thomas das so erzählt, diesen überraschenden Positionswechsel vollzogen haben, ohne alle Vorankündigung, woraufhin diese gemeinen Westjournalisten zum Genossen Brasch liefen, um ihm die gleichen Fragen zu stellen, ihn, der die alte Parteilinie der Zusammenarbeit mit allen progressiven Kräften vertrat, ins Messer laufen zu lassen. Der nächste Karriereknick also. Und wieder verschwand Horst Brasch in der Versenkung, wieder tauchte er nach einer Schamfrist aus ihr hervor und wurde zum stellvertretenden Kulturminister ernannt. Ein richtiger Parteisoldat, ein Stehaufmännchen der Weltrevolution. Ein Jude, ein erst zum Katholizismus konvertierter Jude, von Jesuiten erzogen, in einer Nacht dann vom Glauben an den Kommunismus überzeugt. Ich habe ihn nie kennengelernt. Kenne das alles nur vom Hörensagen, von Thomas. Auch die vielen Geschichten, die Horst Brasch dann seinem Sohn Thomas erzählte, erzählt haben soll, die Geschichten, in die er dann in Moskau auf der Parteischule eingeweiht wurde. Diese Anekdoten aus der Geheim- und Kriminalgeschichte des Kommunismus, wer wen und wie erschossen hat. Aus Moskau zurück, schickten sie ihren Genossen Brasch in die weite Welt, für seine Partei den Kontakt zu den Befreiungsbewegungen überall zu halten und herzustellen. Auf Geheimmissionen. Der Besuch in Laos beeindruckte ihn, der bei der Pathet Lao beeindruckte ihn so sehr, daß er Thomas davon erzählte: die von uns bewunderten Vietnamesen, so die Guerilla-Kämpfer der Pathet Lao, das wären Imperialisten, die würden ganz Indochina für sich beanspruchen. Von wegen internationale Solidarität.

Wir hatten den gleichen Vernehmer bei der Stasi, Thomas und ich, und das kam auch zeitlich genau hin: nach einer Woche bekam ich einen anderen, eine Woche nach mir und dem 21. August wurde Thomas verhaftet. Deshalb dieser Wechsel, und als wir nach unserer Haftentlassung unsere Erlebnisse austauschten, kamen wir bald drauf, daß wir es mit dem gleichen Vernehmer zu tun gehabt haben mußten. Alles stimmte, stimmte überein, das, wie wir beide dessen Vernehmerzimmer beschrieben, der lange Tisch, den es so bei meinen beiden anderen Vernehmern nicht gegeben hatte, der Blick aus dem Fenster, der Fabrikschornstein, der da in der Ferne zu sehen war, und dann diese ironische Art von diesem Mann, aber die Gewißheit, daß wir denselben meinten, daß wir uns in der Identifizierung dieses Vernehmers nicht getäuscht hatten, die bekamen wir dann doch ganz unverhofft: wir sahen ihn unten im Hotel *Berolina* sitzen, in der Lobby, diesen Stasi-Mann, in einem weichen Sessel, unseren Vernehmer, der da sicher nicht privat herumsaß, sondern im Spitzelauftrag, und natürlich war ihm das peinlich, von uns an diesem Ort gesehen zu werden, und sicher irritierend auch das für ihn, daß wir beide ihn, nachdem wir uns zugenickt hatten, er ist es, genau der, freundlich dann begrüßten, mit Handschlag, wenn ich mich recht erinnere, und ich erinnere mich richtig – war er damit enttarnt? Sicher nicht, aber die Ironie jedenfalls, sie verging ihm doch in dieser Situation. Sein Lächeln, es wirkte so wunderbar gequält, und wir, wir hatten unsern Spaß dran. Ja, das sind die kleinen Freuden, die einem ein Spitzelstaat bereithalten kann, die Triumphe, die wohl so nur in einem totalitären Regime möglich sind – tut mir leid, Thomas, daß ich dies hier mit erwähne und nicht nur wie in einem Aktenvermerk den Fakt allein mitteile. Ich bin so lapidar nicht veranlagt, bei mir bleibt nichts uninterpretiert und ohne Kommentar einfach so stehen. Mein Ideal ist das nicht, wie ein Stasi-Beamter schreiben zu können.

Ob ich noch sitzen würde, ob sein Freund Flori noch im Knast bleiben müsse, fragte Thomas diesen Vernehmer, nachdem er mitbekommen hatte, daß Sanda, daß auch Erika Bertolt aus der Untersuchungshaft entlassen worden war, der Vernehmer bejahte es, sagte zu Thomas, dies geschähe auf höhere Weisung, auch sie von der Stasi verstünden es nicht, ich sei doch erst 16. Dagegen zu protestieren also zwecklos, die Frontlinie gar nicht so klar. Gut war dann die Zeugenaussage von Thomas zu mir, gut, weil ein Zeichen seiner Freundschaft, gut, weil sie zeigte, daß er wirklich etwas verstanden hatte von mir: mein Problem wäre, daß ich mir nicht sicher sei, nicht sicher sein könne, ob denn die Menschen, die mit mir etwas zu tun haben wollten, und auch die, die nichts mit mir zu tun haben wollten, dies wegen mir selber wollten oder wegen meinem Vater – das sei mein Problem, und Thomas hatte es erfaßt, und ganz ausgestanden ist dieses Problem ja immer noch nicht für mich. Ich bin nicht allein Havemann.

War das eine Telefonfreundschaft, wie es ja auch Brieffreundschaften gibt? Könnte man fast meinen, aber war es nicht. In den Zeiten, in denen unsere Freundschaft intakt war, lebendig, war sie es nicht, eine Verbindung per Telefon – überhaupt nicht. Im Osten doch nicht, wo doch sowieso nicht jeder ein Telefon besaß, und Thomas jedenfalls nicht, als ich ihn kennenlernte. Und im Osten redete man doch auch nicht am Telefon, im Osten gab es doch die Stasi, und wenn es sie auch nicht überall gab, und damals vielleicht sogar sehr viel weniger, als wir dies annahmen, weniger auch als in späteren Zeiten, wo die langsam untergehende DDR ihren Sicherheitsapparat immer mehr aufblähte, in der Telefonleitung vermutete man sie. Und also verabredete man sich höchstens per Telefon, aber das war's dann auch schon. Und meistens machte man noch nicht mal das, man ging einfach unangemeldet zu dem hin, den man von seinen Freunden sehen wollte. So war das. Heute wird das keiner mehr verstehen. Im Handy-Zeitalter nicht mehr. Und wer so zentral wohnte, wie wir am Strausberger Platz, der bekam immer Besuch, unangemeldeten Besuch. Fast täglich, aber es hatte auch niemand etwas dagegen, wenn man ihm sagte, es ginge nicht, man hätte keine Zeit. Niemand war deswegen böse, niemand enttäuscht. Dann eben ein andermal.

Nachdem ich ihn kennengelernt hatte, besuchte ich Thomas so gut wie täglich. Meine Schule am Frankfurter Tor, sie lag bei ihm um die Ecke in der Boxhagener Straße. Hinterhaus dritter Stock, und ich konnte sicher sein, ihn dort anzutreffen. Er ging nicht irgendeiner Arbeit nach, er studierte nicht – ich weiß gar nicht so genau, wovon er damals gelebt haben mag. Ich weiß es eigentlich gar nicht. Wahrscheinlich wußte ich es, sicher wird er es mir erzählt haben, aber ich habe es vergessen. Es war ja auch nicht so wichtig. Unsere Gespräche waren wichtig. So wichtig, daß wir sie besser allein führten. Und also schickte Thomas seine damalige Freundin weg, Bettina Wegener – die ich nie mochte, nicht erst dann, als sie Jahre später zur Sängerin geworden war, zu einer unerträglichen Kitschdrüse. Schön war sie auch nicht. Wirklich nicht. Aber sie verschwand ja auch, wenn ich um die Mittagszeit kam, nach meiner Schule, die beiden noch am Frühstückstisch antreffend. Und das Bett war auch noch nicht gemacht. Aber das störte alles nicht. Es gab ja zu reden. Unendlich viel zu bereden. Wir hatten den ganzen Sozialismus durchzunehmen, hatten über unser erstes gemeinsames Projekt zu reden: den *Me-Ti* von Brecht auf die Bühne zu bringen, dieses Buch so zu bearbeiten, daß man es wie ein Stück aufführen könne, und in diesem *Buch der Wandlungen*, so der Untertitel, steckte er ja drin, unser Sozialismus, jedenfalls so viel, daß man anhand dieses Buches über ihn reden konnte, sich von ihm entfernend, über unsere DDR austauschen konnte. Und das taten wir, und natürlich redeten wir über alle möglichen Schriftsteller und diverse andere Bücher, und wir redeten über das, was Thomas damals schon so geschrieben hatte. So viel war es nicht. Erste Versuche.

Wie hatten wir uns kennengelernt? Ist das so wichtig? Ist so wichtig nicht, von den Details her, wie und wo und wer das vermittelt, uns beide zusammengebracht hat – wichtig ist nur, daß das Leute vermittelt haben, andere uns zusammengebracht haben. In der sicheren Meinung, wir sollten uns kennenlernen, wir würden sicher zusammenpassen. Was ja dann auch stimmte. Ein Gipfeltreffen, diplomatisch vorbereitet – wenn man es so übertreiben will, und wir wollten es ja oft so übertreiben. So furchtbar unseres Wertes bewußt, zwei Großmächte, die sich zusammentun, ein Bündnis schließen – gegen wen? Gegen die Langeweile der anderen alle. Für was? Für die dritte Sache, für zwei, drei dritte Sachen. Für den Sozialismus erstens, und damit die Zukunft der Menschheit, und zweitens natürlich für das Theater, das ja auch der Anlaß gewesen war, der uns zusammenbrachte, der Grund, weshalb man uns miteinander verkuppelt hatte. Für das Theater, das uns aber gemeinsam nur als unser Theater etwas anging, als das von uns erst zu schaffende. Und was noch? Was drittens? Drittens, wenn auch hier aller guten Dinge drei sein sollen, dann dieser Punkt, der später noch dazukam: dem Proleten einen Platz zu verschaffen, den Arbeiter in die Kunst hineinzubringen. Nicht den romantischen Traum von der Klasse, die Arbeiter, wie wir sie dann kennengelernt, so anders kennengelernt hatten, nach 68 beide in unseren Betrieben jeweils, Thomas im TRO, ich im RAW – ich lasse es bei den Kürzeln, den Chiffren, die kein Intellektueller versteht. Und wie stand's dann mit der Bündnistreue zwischen diesen beiden Großmächten Thomas Brasch und Florian Havemann? Schlecht. Schlecht bestellt. Arbeiten wir's von 1 bis 3 durch: den Verrat am Sozialismus, ich beging ihn, indem ich abhaute, zumindest als erster von uns beiden, und sicher auch radikaler als Thomas, der sich das *Einverstanden EH* von Erich Honecker für seinen Wechsel in der Westen holte. Der dafür aber dann im Westen etwas vom Anarchismus faselte, dessen Anhänger er wäre – wie kann man nur? Und gleichzeitig Aufträge von Staatstheatern erfüllen. Zweitens haben wir nie zusammen am Theater gearbeitet, und hier gebe ich Thomas, dem Verräter Brasch, die Schuld. Und den Verhältnissen. Und dann noch einmal Thomas, der ja mit mir dieses Ost-West-Theater hätte machen können, das West-Berliner Ensemble. An dem wir beide zusammen laboriert haben. Aus dem nichts wurde, weil Thomas es nicht wagte, lieber auf Nummer Sicher gehen wollte, was hieß, mit den anerkannten Größen ins gemachte Bett. Schon richtig, daß er mich, unter den gegebenen Verhältnissen, besonders nach diesem Artikel im *SPIEGEL*, durch den ich mich unmöglich gemacht hatte beim linken Zeitgeist und damit im Theater, da nicht, oder nur unter großem, entschiedenem Einsatz mit hätte hineinbringen können. Was aber nichts an dem Verrat ändert, der ja mehr als nur ein Verrat an mir war, ein Verrat nämlich an uns beiden, und damit und schlimmer noch und folgenreicher für ihn ein Verrat an sich selbst. Und was ist drittens, und dann gar nicht mehr gut, mit den Proleten, den Arbeitern und der Kunst? Kompliziert, weil Thomas ja über Arbeiter geschrieben hat, ich nicht, ich nie, fast nie. In *ROSA* ein bißchen, in meinem Stück über Rosa Luxemburg, und auch da mehr indirekt. Thomas hat diesen Versuch gemacht, den Arbeiter nicht als Gestalt, die Arbeiter also, Arbeiter, wie er sie kennengelernt hat, wie auch ich sie kennengelernt habe, in seine Kunst einzubringen, und das nun, ausgerechnet das nun, empfand ich als den größten Verrat. Weil das ja eine Kunst war für Nicht-Arbeiter. Weil er sich damit bei Intellektuellen einen proletarischen Nimbus verschaffen wollte und auch verschafft hat. Als roher, ungehobelter Geselle, als angeblich proletarische Urkraft. Bei Leuten, die alles falsch verstehen mußten. Nur falsch verstehen konnten. Es gibt Erfahrungen, die man nicht vermitteln kann, die falsch werden, vermittelt man sie an die Falschen.

Er wollte da raus, aus dem TRO, dem Transformatorenwerk Oberspree in Schöneweide, und es hatte Thomas ja auch am schlimmsten getroffen, nach 68 und dem Gefängnis zur Bewährung in die herrschende Klasse hinabgestoßen, wie wir sagten, im Dreischichtbetrieb als Fräser angelernt an der Maschine stehend, da war doch mein Reichsbahnausbesserungswerk harmlos dagegen, die Lehre als Schienenfahrzeugelektriker, die ich da machen durfte, und dazu auch noch das Abitur, ich verstehe es ja, verstand es auch damals. Daß er da rauswollte, daß er dies nicht ewig durchhalten konnte. Sanda wird da nachgeholfen haben, Sanda Weigl, seine Geliebte in der Zeit, meine gute Freundin auch, aufgrund ihrer Familienverbindungen zu Helene Weigel, jedenfalls bekam er, immer noch unter Bewährung stehend, eine Anstellung im Brecht-Archiv. Und er besorgte sich eine andere Wohnung, plazierte sich in der Wilhelm-Pieck-, heute Torstraße, und damit genau in der Mitte zwischen dem Berliner Ensemble und der Volksbühne von Benno Besson, und, in Ost-Berlin gab es ja keinen Ort, wo man sich treffen konnte, machte aus seiner Wohnung eine Kneipe, einen solchen Treffpunkt. Für die Schauspieler und Regisseure dieser beiden Theater, für junge aufstrebende Schriftsteller auch. Lothar Trolle zum Beispiel, der später dann, schon nach meinem Abgang in den Westen, so jemanden wie Schleef dort mit anschleppte, den Provinzler. Eines war klar, auch mir sofort vollkommen klar: wenn, dann würde es Thomas nur alleine schaffen, sich in diese Kunst- und Theaterwelt Ost-Berlins einzuklinken, als eben noch wegen staatsfeindlicher Hetze Verurteilter, als jemand auf Bewährung, mit mir zusammen niemals. Mit einem Havemann dabei doch nicht. Havemann ging nicht. Also kappte er das mit mir, unsere Beziehung, unsere Freundschaft. Brutal, weil so tuend, als wäre nichts – was ich nur hätte? An seinen Gefühlen mir gegenüber habe sich doch gar nichts geändert. Als ob es auf Gefühle angekommen wäre, wo wir doch zusammen etwas machen wollten, unsere Freundschaft nur Sinn machte, nur eine Freundschaft sein konnte, wenn wir etwas zusammen machten, Theater. Das war der erste Verrat. Auf den noch viele folgen sollten. Die sich dann so oder so zuordnen lassen.

Kleine Anekdote dazu gefällig: Helene Weigel fragte Thomas, als sie ihn ins Brecht-Archiv holte, was er denn verdienen wolle. Thomas, der so eine Frage noch nie gehört hatte, antwortete, er käme mit 350 Mark im Monat aus. Daraufhin sagte Helene Weigel, dann bekäme er bei ihr 400 Mark. Als er dann ein paar Tage später zu seiner Arbeit im Brecht-Archiv erschien, fragten ihn seine neuen Kollegen interessiert, was er denn so verdienen würde, und sie lachten ihn aus, als er ihnen von seinen 400 Mark erzählte. Er hätte 900 verlangen müssen und dann von Helene Weigel 800 bekommen. So war das, und Thomas zog daraus die Schlußfolgerung, von nun an nicht mehr an seinem Arbeitsplatz im Brecht-Archiv zu erscheinen, und wie sich herausstellte, hatte damit sowieso niemand gerechnet, daß er da seine Stunden absitzen, ernsthaft über Brecht und den Film, das war sein Thema, forschen würde – noch eine Anekdote? Einmal in der Woche mußte er bei Helene Weigel antanzen, die ihn im Bett liegend empfing und ihm eine Brecht-Anekdote nach der anderen erzählte.

Solche Sachen erzählte sie Thomas, und natürlich unter der strengsten Maßgabe, sie niemandem weiterzuerzählen oder sie gar aufzuschreiben, in der sicheren Gewißheit aber natürlich, daß er genau dies tun würde. Mir jedenfalls hat er ein paar dieser Storys brühwarm berichtet, ich hoffe doch, daß er sie auch aufgeschrieben hat, daß sie sich irgendwo in seinen Sachen finden lassen werden, im Archiv der Akademie der Künste nun.

Ich besuchte ihn erst wieder, als ich mich entschlossen hatte, in den Westen zu gehen, abzuhauen. Ich besuchte alle, die ich gekannt hatte, die mir wichtig gewesen waren. Um mich, die dies aber natürlich nicht wissen durften, von ihnen zu verabschieden. Für immer. Und mit Thomas war es dann so, als hätte es diesen Bruch in unserer Freundschaft nicht gegeben, seinen Verrat nicht. Ein Gipfeltreffen, und Thomas formulierte das auch so, nachdem wir die ganze Welt durchgegangen waren, daß wir das ja nun alles geklärt hätten, die Angelegenheiten dieser Welt, daß sich diese Welt nur leider und zu ihrem Schaden nach uns nicht richten würde. Das gefiel mir, das war die Ebene, auf der wir uns treffen konnten. Also beließ ich es nicht bei diesem einen Abschiedsbesuch und ging wieder öfter zu ihm. Zusammen mit Carmen, und dann zum allerletzten Mal aber wieder alleine, und da sagte ich ihm, in der Meinung, daß es in seiner Wohnung doch Wanzen geben könne, ich wolle mit ihm einen Spaziergang machen – was wir sonst nie machten. Thomas wußte, daß es also irgend etwas sehr, sehr Wichtiges geben müsse, und auf der Straße erklärte ich ihm, daß ich abhauen wolle. Er fragte gar nicht, warum und wieso. Er verstand es. Und dann sagte ich ihm, wir sollten ein Kodewort miteinander verabreden, für den Fall, daß auch er in den Westen wolle. Er solle nur jemanden mit dem Kodewort zu mir schicken, ich würde seine Flucht dann organisieren. Wir verabredeten ein Kodewort und umarmten uns – was wir so sonst auch nie taten.

Aber dann begann Erich Honecker, eine andere Politik zu probieren, Entspannung mit dem Westen, Sozialleistungen für die Arbeiter, mehr Liberalität in der Kultur, und Thomas schrieb mir diesen Brief:

Berlin, am 17. Oktober 72
Dear Flori, ich bin heute um 9 Uhr aufgestanden, habe gefrühstückt und im »Neuen Deutschland« noch einmal gelesen, was ich schon gestern gehört habe: daß du ab heute kein DDR-Bürger mehr bist, sondern auch von hier aus ein Westdeutscher. Sanda kam um zehn Uhr, weil sie eine große Pause zwischen den Vorlesungen hatte und fragte mich natürlich, ob du jetzt kommen kannst. Um halb elf kam der Brief von dir, in dem du über deine Arbeit und meine Arbeit und dein Malen und mein Schreiben schreibst. Sanda ging um 12 Uhr und ich war plötzlich müde und legte mich hin. Dann Traum: zuerst sitzen eine Menge Leute bei mir in meiner Wohnung, die ich nicht kenne und ich gehe mit einem Mädchen durch eine landwirtschaftliche Gegend, um einen Platz zu suchen, an dem wir uns paaren können, oder wie Shakespeare sagt, das Tier mit den zwei Rücken spielen. Wir finden nichts, nur dieses Mädchen, das mit mir in eine Klasse ging und jetzt beim »Sonntag« ist, redet dauernd davon, daß Müller und Mucke neue Stücke geschrieben haben. Ich gehe nach Hause in die Wilhelm Pieckstraße. Die Wohnung ist fast leer. Vor dem Fenster pfeift es. Ich sehe raus und du stehst vor der Tür. Ich ziehe den Hausschlüssel aus der Tasche und werfe

ihn dir runter. Im gleichen Augenblick denke ich, daß du sauer darüber sein wirst, daß ich dir die Haustür nicht selber öffne. Ich sehe von oben, du hast eine MickJaggerFrisur und renne zur Wohnungstür. Du kommst gerade die Treppe herauf und hast kurze Haare und ein riesiges DreckigeBettwäsche-Paket auf dem Rücken wie ein Weihnachtsmann. Ich fange an zu heulen, du bist auf meinem Treppenabsatz aber trotzdem kleiner als ich. Ich wache auf.

Du kannst dir nicht vorstellen, aber wahrscheinlich kannst du es, wie mir heute zumute ist nach der Amnestie und der Erklärung der DDR, die palästinensischen Studenten, die im Westen ausgewiesen wurden, hier aufzunehmen, nach diesem Beschluß von gestern, nach der Enteignung dieser Exquisitbourgeois mit dem roten Fähnchen aus dem Fenster, nach der Diskussion in »Sinn und Form« über die unfruchtbare Zeit in der Literatur, die jetzt vergehen soll mit der Reglementierung, nach der Auseinandersetzung in »Theater der Zeit« über Müllers Macbeth und der ständigen Bemühung, die Arbeiter in den Mittelpunkt dieser Gesellschaft zu kriegen etc. Es klingt vielleicht alles wieder zu euphorisch, aber es geht mir auch ungeheuer gut. Wie tief dieses Land in mir steckt merke ich immer wieder und jetzt stärker als oft vorher, wie sehr die Dinge, die dieses Land angehen meine Laune und Arbeitsstimmung beeinflussen, wußte ich nicht. Es ist durch die Aufträge für die Platte und für das Theater und für die Bücher und für die Beatleute auch das vielleicht infantile und vielleicht sogar gefährliche aber produktive Gefühl, daß welche die Hand nach dem Stück Papier ausstrecken, das ich aus der Schreibmaschine ziehe. Du weißt, was das bedeutet und wie viel es bessert an der Qualität und der Größe, wenn man weiß, Fremde werden es sich anhören, ansehen u.s.w.

Flori, du mußt bewußter und unromantischer dein Problem zeichnen, das vielleicht unser Problem ist: Die DDR, vielleicht kannst du sie aus der Entfernung besser sehen als ich, die Revolutionsromantik mit ihren Clownshaltungen, die Sehnsucht nach der »Weite« und der Zwang der in der DDR in die Tiefe führt und das Land zu einer Art Vater macht und seine Bürger zu Leuten mit einem Ödipusk., besonders, wenn sie die DDR verlassen haben.

Du mußt zeichnen Flori, zeichnen, zeichnen, alles andere muß mit großer Härte behandelt werden, auch wenn es geliebt werden will. Flori, schreib schnell und entschuldige den euphorischen Klang meiner heutigen Stimme. Der Brief ist mehr gerufen als geschrieben. Ich grüße dich Thomas

Noch so ein Brief aus dieser Zeit:

Dear Flori, natürlich bist du ein Reaktionär. Manchmal ist es nicht mehr mitanzusehen, wie sehr du auf den Dingen beharrst, die nun mal so sind, wie du sie vorgefunden oder eingerichtet hast. Aber du hast mich und ich habe dich und Reaktion und Revolution wohnen in einer Brust. Die Westwarze bist du und die Ostwarze bin ich. Das tut weh. Es hat natürlich noch mit anderem zu tun, mit Freundschaft aus Mangel und Freundschaft aus Überfluß nämlich. Vlad Joachim früher Vladimir Weigl und die meisten anderen Existenzen, die mir bekannt sind (fast alle Mädchen sind darunter) brauchen Freundschaft aus Mangel. Aus ihrem Gefühl, daß da ein Loch in ihnen ist, das sie auffüllen müssen, wenn es nicht schmerzen soll. Deshalb halten sie sich an Leute wie dich und mich. Wir haben nämlich einen Überfluß, den wir in der Kunst (noch?) nicht unterbringen können und deshalb abgeben müssen, damit er uns nicht schmerzt. Diese Kollegen springen in dem Augenblick ab, wenn ihnen eine Frauenhand durchs Haar streicht und alle ihre Komplexe beruhigt. Aber dann werden wir unsere Produktion nicht mehr los und sind erheblich sauer auf den verlorenengegangenen Markt. Das trifft natürlich erst einmal auf Maskuline zu, aber wie ist es bei den Frauen. Wahrscheinlich wollen sie es so einrichten, daß wir unseren ganzen Überfluß bei ihnen absetzen, ob sie nun Bedarf daran haben oder nicht. Sie wollen nicht, daß wir woanders auch noch abgeben. Sie bieten uns ihren ganzen Körper und den Kopf als Absatzgebiet und die Inflation läßt nicht lange auf sich warten, die Konjunktur war schon, die Krise kommt. Der Krieg. Der Tod.
So brauchst du Freundschaft auf jeden Fall aus Überfluß, du mußt deine Produktion an Gefühlen und Gedanken absetzen können, beim Malen ist

es nur indirekt. Es ist bei mir so. Daher rühren also unsre Schwierigkeiten. Du hast zuviel und ich habe zuviel, die Leute mit zuwenig reichen uns nicht, aber wie können zwei mit zuviel miteinander? Was mir einfällt: Es ist kein Zufall, daß diese Mädchen meist dunkelhaarig, klein und hilfsbedürftig aussehen, diese Mädchen, mit denen du dich ausstattest, mit denen ich mich ausstatte. Die großen aufblickenden Augen sind natürlich die beschissene Illusion, die wir uns leisten, mit denen wir unser Selbstbewußtsein aufbessern wollen. Das ist doch ein Markt. Der schreit doch nach uns. Aber wenn er schreit und keine Fabrik ist, die stark produziert und zärtliche Dinge schickt und kräftige eigene Gedanken, gellen mir die Schreie bald in den Ohren und ich will sie nicht mehr hören und sie hallen in meinem Kopf wie einer Turnhalle. Großer Gott, der du auf den Künsten hockst und die Langeweile mit der rechten und die Eitelkeit mit der linken Faust über mein Haupt schwenkst. Laß mich den Blick von den Mädchen reißen, laß mich das innere Auge aus meiner Hirnhaut reißen und gib mir den Weg frei zur Arbeit. Gib den Weg frei zu meinem leichtfüßigen Lauf durch die hellen Städte der Kunst, oder gib mir die Kraft, dieses Leben zu nehmen, wie es mir dargeboten wird auf verrosteter Schale und nimm mir die Lust am Ruhm und am Spiegel. Und so tu es auch meinem Freund Florian, der in West-Berlin hockt, in dessen Hals sich die gleiche Krankheit verbissen hat wie in den meinen. Erbarme dich unserer, zwei Brüder sind wir und stöhnen unter deinen mächtigen Schlägen im gleichen Takt. Warum, großer Gott aber, warst du kein Gerechter, als du ihn über die Grenze gehen ließest, warum hast du uns gestraft mit seiner Tat. Du wußtest doch, Gott, der diesen Namen nicht verdient, weil du in unseren Leibern wohnst, in Florians und in meinem, du wußtest doch und Florian wußte es und ich wußte es auch, daß dieser Westen, dieser abgelebte Polyp die schimmernde Hölle ist. Warum mußtest du uns auf diese Probe stellen, auf diese Probe ohne Sinn, du wußtest doch, daß wir sie bestehen werden und nie zuvor hast du uns in Proben geworfen, deren Ausgang so sicher war. Oder meintest du diese Sicherheit mache uns sicher, zu sicher und leichtfertig. War das der Sinn deiner Aufgabe? Wir sind nicht leichtfertig geworden und sicher nicht. Keinen

Brief hast du mich schreiben sehen nach West-Berlin mit leichter Gebärde, mit lässiger Hand. Du hast mich in den Nächten unruhig gesehen und hast die Stiche gespürt in meiner Brust und den Druck, der nicht von mir ging, wenn die Stimme meines Bruders Florian am Telefon zu schwer wurde oder zu leicht, wenn meine Stimme am Telefon zu schrill wurde oder zu dumpf. Hast du wirklich geglaubt, ich werde meinen einzigen Bruder und mich und unsere Brüderlichkeit mit flinker Zunge verraten, mit falscher Freundlichkeit oder spitzem Hohn. Hast du geglaubt, ich werde meine Liebe töten mit einem Lügenlob oder einem Lügentadel. Du weißt doch, daß wir wissen, daß wir nicht wissen, was wir tun.
Meine Haare sind auch lang, Flori. Auf der Schultern und bei mir war ein Fotograf, der mich für ein Buch abgebildet hat als romantischer Dichter. Ich hatte eine Not mit der Haltung, in die er mich pressen wollte. Er ist Sieger geblieben. Wenn das Buch erschienen ist, schicke ich es dir. Warum schickst du mir nicht die Texte von Jimi. Wenn du über den seelischen Dingen meine primitiven materiellen Bedürfnisse, meine Ohren für Platten und mein Auge für Bücher vergißt, hackst du mich in der Mitte. Flori. Es ist keine Zeit für Angst, es ist nicht die Zeit für Befürchtungen um unsere Freundschaft. Wenn wir anders werden, bleiben es doch wir, die sich ändern.

Wie sollte man da nicht schwach werden. Aber, wie der Dichter sagt: *Was ich habe, will ich nicht verlieren* oder noch schlimmer: *Wie es ist, bleibt es nicht* – deshalb also auch dieser Brief, den ich bei mir zu Hause habe, dessen Rechte jedoch, wie die der beiden vorangegangenen Briefe, nicht mir, sondern Annette Maennel gehören, seiner Erbin, die mir aber erlaubt hat, sie zu veröffentlichen. Selbstverständlich. Um so mehr mein Dank, denn das Selbstverständliche ist so selbstverständlich nicht, wenn es um Rechte geht und Erben mitzureden haben.

Berlin, am 14. 3. 73
dear flori, deine vorwürfe treffen mich nicht. ich wickle keine korrespondenz über dritte personen ab, sondern ich führe einfach keine korrespon-

denz. es geht nicht nur um briefe an dich, sondern um briefe überhaupt, um tagebuch und so weiter. ich sehe im augenblick auch keinen sinn darin, mitteilungen über mich zu verbreiten oder mich mit mir selbst zu verständigen. wenn ich es heute doch tue, dann, weil ich ein mißverständnis bei dir beseitigen will. wenn ich arbeite (und das mache ich zur Zeit) scheinen mir sachen wie briefe und gespräche über die angeblich großen gegenstände unserer zeit völlig blödsinnig. vielmehr habe ich lust, diese meinungen und ihre gegenteile irgendwelchen leuten in geschichten oder in einem stück zu geben. dann kann ich sie wenigstens ernst nehmen.
wahrscheinlich tut die ddr ein gutes werk, dich nicht mehr hineinzulassen. sie zwingt dich, mit dem westen auf irgendeine art fertig zu werden, ohne dir deine situation zu erleichtern (oder zu erschweren), indem sie dich als nicht abgehauen betrachtet. es wäre auf dauer auch ein krampf, herzukommen und wegzugehen, an den problemen hier teilzunehmen wie ein taucher am leben der fische. natürlich ein taucher, der sich vom fisch zum mensch qualifiziert hat und hin und wieder sentimentale kopfsprünge in seine einstige heimat vollführt. die luft geht ihm auch aus.
deine versuche der identifizierung mit deiner situation erscheinen mir hier aus der entfernung ungeheuer borniert. was bist du anderes nach deiner bestandenen aufnahmeprüfung als ein West-Berliner student. einer zwar, der aus der ddr gegangen ist, aber das sind doch schließlich leider nicht so wenig. deine bemühungen, dir einen extraordinary status zurechtzulegen erschweren dir die ganze sache zusätzlich. dein blick von außen auf die sachen ist auf die dauer unproduktiv. ich weiß auch nicht genau, warum du die kennedygeschichte malen sollst, statt die florian-havemann-geschichte. die letztere kennst du erstens besser, sie kann von dir zweitens ehrlicher erzählt werden und ist drittens vielleicht für dich ganz nützlich ohne sentiment wiederzugeben, um dir selbst zu helfen. natürlich ist sie weniger attraktiv, aber damit mußt du dich abfinden wie ich mich damit abfinden muß, daß ich nun mal nicht ganz so historisch relevant bin (für andere) wie ernesto guevara. ich finde es ein wenig dünn, wenn ich zwischen deinen zeilen herauslese, daß es dir so sehr um etwas besonderes zu tun ist, weni-

ger um etwas ehrliches. es sieht doch sehr danach aus, als betreibst du die kunst noch immer zur steigerung deines selbstgefühls. anders kann ich mir nicht erklären, daß du von West-Berlin aus, nach deiner arbeit in der akademie der künste, zensuren nach amerika verteilen willst. natürlich ist eine ideologie dafür zu finden, aber der kennedystoff ist mir zur zeit zu stark mode, als daß es nicht verdächtig wäre. daß du früher darauf gekommen bist, bedeutet nicht mehr als den besseren riecher. noch einmal in eigener sache zu deiner identifizierung: du »fühlst« dich nicht als weststudent. okay, praktisch sieht es für mich so aus, daß ich in zukunft darauf verzichte, dich darum zu bitten, dich für irgendwelche bücher oder platten für mich zu ersuchen. wenn ich sehe, daß du mir den kott tatsächlich mit leeren seiten schickst, nachdem du einen tausch versprochen hattest, daß du den elliot abtust und sagst ich soll ihn mir aus dem kopf schlagen, weil er 50 M kostet, daß es um jede platte ein gekrampfe und eine inszenierung von der größe stanislawskis gibt, vergeht mir der appetit. ich weiß: im westen ist alles teuer, aber ich habe auch gesehen, daß carmen eine andere haltung hat, ich habe ihre freundlichkeit und das verständnis bemerkt – also scheint das problem doch nicht so umwerfend zu sein. um es mal im klartext zu sagen: sanda bekommt zweihundert mark stipendium und ich habe im letzten jahr im durchschnitt 350 mark verdient. Du kennst die platten- und bücherpreise bei uns und weißt, daß es sich um mark- und pfennigunterschiede handelt. du weißt auch, daß die segnung des westens sich bei mir in 200 schallplatten und 500 büchern erschöpft. den krampf, der da entstanden ist, kann ich mir nur mit zwei dingen erklären:
1. deine seelischen probleme, die identifizierung als westmensch betreffend und die abneigung also, dich als onkel von drüben zu präsentieren oder
2. dein geiz, den ich entweder nie bemerkt habe oder der aus deiner armut kommt oder aus deinem prinzipiellen desinteresse kommt.
um es noch einmal im zusammenhang zu sagen: für dich ist ein ausdruck meines interesses für dich meine bemühung um deine seelische situation. für mich war bisher der ausdruck für dein interesse wesentlich materieller art, nämlich, deine bemühungen, mich in sachen, die ich brauche und de-

rer du habhaft werden kannst, zu unterstützen. allerdings gebe ich es jetzt auf. du bekommst es jedesmal entweder in den falschen hals oder spielst die beleidigte leberwurst. okay, wir lassen das thema platten und bücher für die nächsten 50 jahre unter den tisch fallen. mir verursachts nur noch magenschmerzen.
das folgende in klammern: mir fällt ein, daß du nicht verstehen könntest, was ich mit der platten- und büchertragödie gemeint habe. Ich habe gemeint, daß du, obwohl du mein bedürfnis seit jahren kennst und meinen geschmack, nicht auf die idee gekommen bist, mir mal zu schreiben, was es in buch- und plattenläden gibt, was neues kommt, was altes ich nicht kenne, daß du mir einen herrn beefhard oder beefsteak andrehen willst, zu dem du meine meinung kennen müßtest, daß du dich bitten ließest bis mir die suppe zum hals herauskam, daß du die letzte möglichkeit auf dauer überhaupt nicht wahrgenommen hast, daß du nicht einmal darauf eingegangen bist, daß du nicht begriffen hast, daß bei mir die sache eben anders liegt: nämlich, ich habe kein interesse daran, für meine probleme verständnis zu finden, sondern daran, mich auf eine sachlichkeit zu einigen, die in deinem fall von mir aus unter anderem produkte künstlerischer arbeit (platten, bücher) heißt – das unterscheidet uns eben und wäre nicht tragisch, wenn du es begreifen und akzeptieren würdet. ich finde es eben einen scharfen hit, wenn du mir schreibst, daß du eine bloodsweatandtearsplatte für mich gekauft hast, sie mir aber nicht schickst, weil ich eine chicago will. es wäre so: ich schreibe oder rede mit dir über das thema kunst, weil du mich darum gebeten hast. ich wollte zwar mit dir über politik reden, aber es gibt nur eine meinung am tag. zwei kommen meinem gemütskostüm zu teuer. ökonomie bleibt ökonomie – geistige produktion ist auch eine investition hahahaha. dies waren meine grabesworte zum thema bücher und platten.

Das folgende auch von mir nur in Klammern: meine Segnungen des Westens bestanden zu jenem Zeitpunkt in einer etwa 10 Bücher umfassenden Bibliothek, aus einer Plattensammlung mit vielleicht sechs oder sieben Positionen – OK? Etwas Musik zu hören brauchte auch ich, und wenn Thomas eine Platte von *Chicago* haben wollte, die er ja dann auch von mir bekam, dann wollte ich mir wenigstens die von *Blood, Sweat and Tears* anhören können, die er nicht haben wollte – ist das verständlich? Dann wollte er was Neues haben, den Captain Beefheart aber, den ich für mich entdeckt hatte, den wollte er nicht – ohne ihn zu kennen. Und dann das Buch von Jan Kott, *Shakespeare heute*: Thomas wollte es, ich besorgte es ihm, war aber so dumm, es vorher selber noch durchlesen zu wollen, bevor ich es ihm dann schicke. Es fanden sich an die zwanzig leere Seiten darin, ein Fehler des Verlages, der Umtausch wurde mir abgelehnt, ich hatte den Kassenbon nicht mehr. Und ich war wirklich arm, da hatte er recht, ich war ja mit nichts im Westen angekommen. Ohne eine Tasse, ohne eine Matratze, ohne einen Tisch, ohne alles, und ich mußte als Elektriker arbeiten gehen, um mich irgendwie wenigstens notdürftig einzurichten. Und Thomas hatte mit dem Vorwurf recht, daß ich nicht so in Platten- und Bücherläden ging, um mal herauszufinden, was es für ihn Neues geben könnte, oder an Altem, das er noch nicht kennt. Was sollte ich mich da hinstellen und mir Sachen anschauen, die ich mir nicht kaufen kann, auch für ihn nicht kaufen konnte. Aber es war mehr noch: dieses Mehr und Viel-zuviel in den Platten- und Bücherläden, vor dem ich stand, nicht wissend, was daran wirklich interessant sein könnte. Im Osten las man die gleichen Sachen, im Osten empfahl man sich gegenseitig die Bücher, die man interessant gefunden hatte, und der bezeichnende Witz war, daß ich den Chlebnikov, mit dessen Texten ich dann später beim Ende meines Studiums einen Abend inszenierte, von Thomas empfohlen bekam, aus dem Osten. Und das jetzt nur noch einmal mehr in Klammern: er hat sich diese Aufführung von mir, *Die Auszüge aus den Tafeln des Schicksals*, noch nicht einmal angesehen – aber er interessierte sich ja nur für meine seelischen Probleme, hahahaha. Damit wäre das Thema beendet, und beendet war damit auch unsere Freundschaft. Vorerst. Keine Briefe mehr, Funkstille – ach ja, er hatte sich bei mir noch mehrere Paar Jeans bestellt, er wollte welche zur Sicherheit auf Lager, und ich hatte immer nur die eine, die ich gerade trug, und da war's dann auch mir zuviel. Und dann dieser herbe Witz, daß er mir vorwarf, mich mit der Ermordung von John F. Kennedy zu beschäftigen, weil's nicht meine eigene Geschichte wäre, er schrieb in dieser Zeit an einer *Bauernoper*, einem Text über den Bauernkrieg, an einer Eulenspiegelplatte, an einer Geschichte über den Mann, der den Fotoapparat erfunden hatte, ein Kinderbuch sollte das werden – OK, und jetzt erzähle ich doch noch meine Geschichte, die Florian-Havemann-, die Havemann-Geschichte.

Aber so wie es ist, bleibt es nicht, und ich hörte das also von Thomas, er erzählte es mir, als wir dann doch wieder zu telefonieren begannen, daß er über meine Flucht in den Westen eine Erzählung geschrieben habe: *Vor den Vätern sterben die Söhne* – ob er's denn lieber gehabt hätte, man hätte mich an der Mauer erschossen, fragte ich ihn. Nein, das nicht, aber ich müßte es doch verstehen, für eine Erzählung brauche man es deutlicher. Ob er denn etwa meine, ich hätte jemals so blöd sein können, mich bei meiner Flucht in den Westen in eine solche Gefahr zu begeben, daß man mich dann abknallen könne. Nein, das auch nicht, aber ... Also war ich's gar nicht, von dem und dessen Flucht diese Geschichte handelte – von wem aber dann? Er nannte seinen Flori *Robert*, und das ärgerte mich dann doch, und er behauptete, dieser *Robert*, er wäre auch eine Mischung aus meinem Bruder und mir, nur war von meinem Bruder so gar nichts in dieser Geschichte zu entdecken, als ich sie dann las. Nichts stimmte. Nichts. Es gab sich so ungeschminkt realistisch, und nichts war daran real erlebt. Alles Kino. Ein polnischer Film aus den 60er Jahren. Und das Motorrad, mit dem wir in der kleinen DDR beziehungsweise in seiner DDR-Geschichte rumkurvten, war ein Moped, zu einem Motorrad reichte es doch gar nicht bei Thomas. Aber ein Moped, das war natürlich nicht so amerikanisch, nicht so wie bei James Dean. Ein Moped wäre italienisch gewesen, aber darauf stand Thomas nicht so, so neorealistisch war er nicht. Also mußte es ein Motorrad sein und kein Moped. Aber die Fahrt gab's, die in seiner Erzählung vorkommt, die mit mir bei Thomas hinten drauf, auf seinem Moped, als seine Braut, festgeklammert an seinem Rücken, seinen Schultern. Nein, nicht im Anschluß an den Film *Die Spur der Steine*, den wir zwar beide gesehen haben, aber nicht in ein und derselben Vorstellung, und da kannten wir uns doch schon lange, daß wir uns erst dort in einer der wenigen, von Tumulten begleiteten Vorstellungen des Films im Kino *International* kennengelernt haben, das bleibt der dichterischen Freiheit überlassen. Aber diese Fahrt auf seinem Moped, ich hinten drauf, und Thomas gab Gas und holte aus dem Kasten raus, was rauszuholen war, ich werde sie nicht vergessen, ich fühlte mich so eins mit ihm, ihm so nah. Natürlich ging's die Stalinallee runter, von mir zu ihm, vom Strausberger Platz zum Frankfurter Tor und dann in die Boxhagener Straße rein, wo Thomas seine Bude hatte, seine immerhin doch zwei kleinen Zimmer im Hinterhaus. Ein Liebespaar, aber ich war minderjährig und Thomas nicht schwul – ein Fehler. Gefiel er mir als Mann? Ich glaube nicht, aber als seine Geliebte hätte ich mir gefallen. Er konnte charmant sein zu Frauen. Konnte. Werbend konnte er es, auf Freiers Füßen – soweit ich dies als Mann beurteilen kann. Bei mir blieb ihm nur die Sentimentalität, das Nachtrauern, den verpaßten Möglichkeiten hinterher, den unmöglichen Möglichkeiten, den möglichen Unmöglichkeiten. Und dann diese Geschichte in unserer angeblichen Geschichte, *Vor den Vätern sterben die Söhne*, die mit dieser jungen Frau, der Krankenschwester, die wir kennenlernen, mit der wir beide schlafen, gemeinsam die Nacht verbringen – was war das? Was sollte das? Zu schön, um wahr zu sein. Hätte ich gerne gemacht. Aber wären wir doch viel zu feige zu gewesen. Beide, und nicht nur ich. Auch er, und er vielleicht noch viel mehr. Und, daß er sich in seiner Geschichte so proletarisch drapierte, er, der Schriftsteller Thomas Brasch – ich kann nur sagen: ich mag keine Literatur, von so nahem besehen, mag ich sie nicht. Zu Literatur werden, nein, darauf bin ich nicht scharf. Das geht gegen das erbärmliche Leben. Aber erbarmungslos. *Vor den Vätern sterben* mitnichten *die Söhne* – das ist das Signum unserer Epoche: daß wir Söhne, obwohl von unseren Vätern in die Schlacht geschickt, überleben … können. Weil desertieren. Weil uns innerlich abmelden. Weil vom Fronturlaub nie zurückkehren, die Flucht ergreifen. Weil es eine Schlacht der Ideen war, ein Kalter Krieg der Propaganda nur, weil beide Seiten nicht mit Raketen schmeißen durften, richtig kämpfen nur auf die Gefahr hin des eigenen Untergangs hätten können. Weil sich alles entspannte, anstatt auf Tod und Verderben loszumarschieren. Tut mir leid, mein Freund, daß das so ganz falsch war, so ganz und gar erdichtet werden mußte, das mit dem Tod von diesem Robert an der Ost-West-Grenze, tut mir leid, daß ich immer noch lebe und mein Vater schon lange tot ist, 25 Jahre nun. Entschuldige, Thomas, daß ich niemals so dumm gewesen wäre, mich an der Grenze totschießen zu lassen. Und auch Thomas hat ihn überlebt, seinen Vater. Auch dieser Sohn starb nach seinem Vater. Im Alter dann von 56 Jahren, 2001, und nun, 2007, bin auch ich schon 55, und bald also fange ich an, meinen älteren Freund nicht nur wie bisher und seit sechs Jahren schon zu überleben, sondern auch noch länger zu leben als er. Und meine Zeit fängt jetzt vielleicht erst an, ich habe doch noch etwas vor.

Dann schickte er mir jemanden mit dem verabredeten Kodewort, mit der Aufforderung, wir sollten uns in Polen treffen, wo ich ja hin durfte, in Warschau. Nun wollte auch Thomas also in den Westen, die schönen Honecker-Zeiten mußten also zu Ende sein, der Berliner Frühling vorbei. Ich überlegte schon, wie ich ihm einen Fluchtweg organisieren könne, erfuhr dann aber von ihm, daß er sich das alles schon selber ausgedacht hatte, wie er in den Westen will. Ein bißchen kompliziert, und nicht heimlich, still und leise, wie ich das gemacht hatte, illegal. Thomas wollte offiziell die DDR verlassen dürfen, und er wollte auch nicht im Westen unbemerkt ankommen, er wollte einen Auftritt haben, erwartet werden. Er habe das schon alles organisiert, erzählte er mir, und ich glaubte es ihm auch, obwohl er sicher furchtbar übertrieb, er habe mit dem ZDF gesprochen, mit denen verabredet, daß er für *Das kleine Fernsehspiel* sein *Vor den Vätern sterben die Söhne* verfilme, und zwar heimlich und illegal, und zwar in Polen, das ZDF würde das Filmmaterial nach Polen schaffen und auch einen Kameramann stellen – interessant, interessant, ein gewagtes Spiel. Aber warum erzählte er mir das? Was hatte ich bei diesem merkwürdigen Fluchtunternehmen zu tun? Er wolle, daß Kathy die weibliche Hauptrolle spiele – wer sonst? Natürlich Katharina Thalbach, die er für eine so großartige Schauspielerin hielt. Die es vielleicht auch sein mochte, ich hatte sie schließlich nie spielen gesehen. Er wolle, daß sein Bruder die Rolle des Ich-Erzählers übernehme, Klaus, also seine eigene Figur in dieser Erzählung – gut, auch das mochte naheliegend sein, aber auch Klaus hatte ich nie spielen gesehen. Habe ich niemals spielen gesehen, er hat sich ja umgebracht. Erst zu Tode gesoffen und dann den Rest gegeben, und also sterben manche Söhne doch vor ihren Vätern. Und auch vor ihren sehr viel älteren Brüdern. Blieb nur noch Robert, und als wir dann zu diesem Robert kamen, ahnte ich schon, was Thomas vorhatte: ich sollte das selber spielen, sollte den spielen, der ich nicht war. Weil am Leben. Der ich, wenn's nach Thomas und seiner Geschichte gegangen wäre, diesen Robert nie hätte spielen können. Weil tot, weil an der Mauer dumm erschossen. Nun gut, wenn er das wollte, wenn er meinte, das würde was, wenn er meinte, mit Florian Havemann und einem damit noch einmal mehr illegal gedrehten Ost-Film würde er einen stärkeren Auftritt im Westen haben – was tut man nicht alles für einen Freund. Die einzigste Sorge bereitete mir die Bett-Szene. Die mit Kathy und Klaus. Mit Sanda und Thomas, das wäre was anderes gewesen. Ein wenigstens vor der Kamera gelebter Traum.

In Warschau in unserem Hotel direkt gegenüber vom Kulturpalast bekamen wir, schon als wir in unser Zimmer gingen, das erste, sehr eindeutige Angebot: ob wir Nutten wollten, fragte uns, radebrechend und mit den Händen ringend, eine alte Frau, die Reinemachefrau, die mit dem Putzlappen auf uns zu kam – nein, wollten wir nicht, wir wollten keine Nutten, wir hatten zu reden. Und hatten doch auch das Geld nicht für Nutten. Am nächsten Tag dann, vor unserer Abreise, saßen zwei Schöne neben uns am Tisch im Restaurant des Hotels. Und die eine, die war wirklich sehr schön. Und wozu sie da waren, das war auch klar. Und es war nicht Sex, den sie zu verkaufen hatten, es war die Liebe, der Anschein von Liebe. Die Schöne, die richtig Schöne, sie saß direkt neben Thomas und mir, wir schauten sie an, wir redeten über sie und ihre Schönheit, und sie, sie lächelte uns an, lächelte ganz besonders mich an, und Thomas sagte ihr, auf englisch wohl, daß sie ganz besonders seinem Freund hier, also mir, gefalle. Was ja stimmte. Und also lächelte sie mich noch mehr an. Dann aber tauchte vom Tisch gegenüber ein kleiner Italiener auf, mit den nötigen Devisen wohl in der Tasche, stellte sich vor den Tisch der beiden Schönen und bat meine Schöne um den nächsten Tanz, eine kleine Kapelle spielte, ein schmieriger Sänger sang seine Schnulzen. Meine Schöne schaute mich an, schaute dann den kleinen Italiener an, und schüttelte den Kopf. Woraufhin der den Rückzug antrat. Woraufhin ich mich von meinem Platz erhob, die Hand der Schönen ergriff und mit ihr auf die Tanzfläche stolperte. Woraufhin sich der Italiener noch einmal auf den Weg machte, um sich wenigstens die zweite, die nicht ganz so schöne Schöne zum Tanzen abzuholen. Und so tanzten wir dann aneinander vorbei. Und Thomas sah uns zu dabei. Und schrieb vielleicht schon an einer neuen, zusätzlichen Szene für seinen Film. Und die einzigste spannende Frage wäre die gewesen, was denn sein Flori Robert dann machen würde, wenn's ans Bezahlen ginge für die Liebe. Oder ob er das Bezahlen weglassen würde. Unser Zug fuhr bald, und so hätte er sich da wirklich was erfinden müssen – Scheiß-Literatur.

Aber dann kam ihm die Biermann-Ausweisung in die Quere oder genau zupaß, je nachdem, wie man's sehen will, jedenfalls schien es sicherer und aussichtsreicher, diese Gelegenheit zu nutzen, um in den Westen zu kommen, als auf das ZDF zu spekulieren und einen illegal in Polen gedrehten Film, auch wenn der die bessere Eintrittskarte gewesen wäre. Doch sein Problem war das natürlich, daß er als einer von vielen in der Folge der Biermann-Ausbürgerung in den Westen gekommen war. Er versuchte sich, so gut es ging, davon abzusetzen, er gab keine politischen Statements ab, bezeichnete sich weiterhin als DDR-Bürger, der nur, um im Westen besser arbeiten zu können, zeitweilig seine Republik verlassen habe, er behielt auch seinen DDR-Paß. Ob das nur Attitüde war oder er das wirklich für sich als Möglichkeit offenhielt, ich habe es nie herausgefunden, Teil eines Deals war diese Sprachregelung jedenfalls, und an die hielt er sich. Als Sohn von Horst Brasch hatte er das Privileg, seine Ausreise ganz oben zu regeln, mit Erich Honecker direkt. An einem Samstag früh um acht mußte er da bei Honecker im Haus des Zentralkomitees antreten, nicht leicht für einen versoffenen Dichter. Aber er war nicht mal der erste, der an diesem Samstag einen Termin hatte, das Ehepaar Küchenmeister kam da schon aus Honeckers Büro heraus, und der erklärte Thomas dann, daß er an diesem Samstag für Weihnachten vorarbeiten müsse – das nenne man Regieren auf sozialistisch. Dieser Mann, den Helmut Schmidt einen Filialleiter genannt hat, dazu geeignet, eine Filiale zu leiten, er war ja der oberste Boß eines staatskapitalistischen Betriebes, DDR genannt, und, was er denn so zu regieren habe, das zeigte er Thomas dann auch im Verlaufe ihres Gespräches: er hatte Kataloge westlicher Firmen auf seinem Schreibtisch zu liegen, und die Frage, die nur er entscheiden konnte, war die, für welche dieser Spezialmaschinen die Firma DDR ihre Devisen ausgeben solle. Um so mehr wird er das Gespräch mit einem Dichter genossen haben, die Möglichkeit einer ganz und gar persönlichen Entscheidung. Thomas erzählte ihm von seinem *Vor den Vätern sterben die Söhne* und daß dies Buch im Westen beim Rotbuch Verlag erscheinen solle, sagte zu Honecker dann, noch einmal ins Gefängnis wolle er nicht, das kenne er schon, ob ihm Honecker denn garantieren könne, daß ihm deswegen nichts passiert. Das konnte Honecker nicht, so leid es ihm tat, denn wenn es nach ihm ginge, so Honecker, dann würde es gar keine Gefängnisse geben, er habe doch selber gesessen, und politische Häftlinge, die gäbe es schon gar nicht, aber es ginge nicht nach ihm. Und dann sagte Honecker den wunderbaren Satz, daß er sich den Sozialismus doch auch anders vorgestellt hätte, und auf diese bemerkenswerte Weise näherten sie sich beide der Schlußfolgerung, daß es wohl besser wäre, für beide Seiten, Thomas würde in den Westen gehen.

Ich sah ihn in Stuttgart wieder, wo ich für ein halbes Jahr wegen *Faust* war, als Bühnenbildassistent von Achim Freyer. Thomas hatte ein paar kurze Szenen im Gepäck, über einen kleinen und ausgemusterten DDR-Funktionär, für den sie keine Verwendung mehr hatten und der nun, nachdem er sich sein Leben lang auf den sozialistischen Großbaustellen herumgetrieben hatte, an einer kleinen Laube baute und die Welt nicht mehr verstand – nicht schlecht. Von wegen: nicht schlecht – sehr gut, aber ob sich mehr daraus machen ließe, sich diese drei kurzen Szenen zu einem ganzen Stück aufblasen ließen, daran hatte ich doch sofort meine Zweifel. Den Auftrag, dies zu tun, den bekam er von Peymann, vom Stuttgarter Theater und dafür sofort gleich auch mal Geld, und als ich nach meiner Assistentenzeit in Berlin zurück war, schrieb er an diesem Stück, das nun *Rotter* heißen und diesem Mann auch noch eine Nazi-Vergangenheit verschaffen sollte. Die Geschichte eines Werkzeuges, sagte Thomas, der solche Formulierungen liebte, eines Werkzeuges, das dann irgendwann als nicht mehr brauchbar weggeworfen wird. Er bat mich um Hilfe, natürlich war ich bereit, ihm zu helfen. Ich zog zu ihm in die Droysenstraße deswegen. Thomas fragte mich Sachen wie: er hätte den Rotter auf einem Provinzbahnhof, wo er sich, um nach Berlin zu gehen, von seiner Familie, seiner Liebsten auch verabschiedet – wie er dies szenisch klarmachen solle, daß das nur ein Provinzbahnhof sei? Ganz einfach, sagte ich ihm, er solle da immer wieder Züge durchfahren lassen, die nicht halten. So konkret war meine Hilfe, aber wir diskutierten natürlich auch den ganzen Stoff, die Dramaturgie, die ein solches Stück haben müßte, und landeten bald bei Shakespeare, dem Thomas unbedingt nacheifern wollte, den ich aber als Vorbild vehement ablehnte. Man könne doch nicht die Geschichte eines Werkzeuges erzählen, eines Mannes also, der von anderen benutzt wird, sich von anderen benutzen läßt, und dabei die Dramaturgie verwenden, die für Könige gepaßt habe, für die großen Einzelnen, die glorreich untergehen. Aber es war nichts zu machen, er kam von seinem Vorbild nicht los, von seinem blöden Shakespeare. Der dumme Ehrgeiz, der ihm dann eigentlich immer alles vermasselt hat, ihn dazu brachte, seine eigentlich interessanten Stoffe, je mehr er an ihnen herumlaborierte, dann kaputtzumachen. Ich kam ihm mit Speer, mit Albert Speer, den man ja wohl ein Werkzeug nennen konnte, sagte ihm, das sei doch viel konkreter, genauer und nicht bloß ausgedacht, so wie sein überfrachteter *Rotter* – ohne *Rotter* also und daß Thomas meinen Speer-Vorschlag nicht aufgriff, hätte ich meinen *SPEER* nie gemacht.

Rotter und Lackner, zwei Prototypen des Deutschseins: der schwache, schwärmerische, sich erst in der Masse und im Kollektiv heimisch fühlende Streber; und der genialische, mindestens geniespielende Verweigerer. Rotter, der in Politik und Macht jene Rauschzustände sucht, die ihm in seinem dahinkümmernden Sexualleben verweigert sind. Und Lackner, der sein (angeblich rauschhaftes) Sinnenleben zum Vorwand nimmt, Politik und Macht zu ignorieren. Zwei feindliche Brüder – doch es ist kein heroischer Zweikampf, den Brasch vorführt, sondern ein recht erbärmlicher. Am Ende sehen beide Figuren (und beide ideologischen Positionen) gleichermaßen demoliert aus. In einer »undeutlichen Gegend«, zuletzt in einem Tunnel endet das Stück. Rotter wird von zwei »Filosofen« höhnisch interpretiert, dann von zwei Clowns massakriert – man weiß nicht, welche Mißhandlung schlimmer ist. Die letzte Szene heißt »Tod«. Rotter und Lackner, clochardhaft heruntergekommen, in einem nun zertrümmerten Bühnenbild, ewig verfeindet, ewig verbündet. »Geh nicht weg« – sagt Rotter. »Wen hab ich außer dir.« Und Lackner: »Wir hatten Fieber. Das war unsere Zeit. Jetzt kommt Papier. Das zählt nicht mehr.«

So Benjamin Henrichs in der *ZEIT* – diese Szenen zwischen seinem Rotter und seinem Lackner, die hat Thomas erst danach geschrieben, nachdem er mit meinen Vorschlägen nichts mehr anfangen konnte, sie als viel zu radikal abgelehnt, mich wieder aus seiner Wohnung und dem Projekt herausgedrängt hatte. Ich sah sie erst in der Stuttgarter Uraufführung und dachte mir meinen Teil – von wegen: »Jetzt kommt Papier.« Papier war doch vorher schon.

Noch waren wir mit dem Theater nicht fertig, und da war ja auch noch Schleef, und ich stand zwischen den beiden, die sich um mich beeifersüchtigten, und meine Idee war also, daß wir uns zusammentun sollten, wir drei, und mit Kathy Thalbach und ein paar West-Schauspielern, die ich kannte, ein West-Berliner Ensemble gründen sollten. Und Heiner Müller wollte da sofort auch mitmachen – wunderbar also. Ich redete mit Kirsten Dene, ich redete mit Ignaz Kirchner, mit Branko Samarovski, alle waren interessiert, und Thomas redete mit dem damaligen Kritikerpapst, mit diesem Henning Rischbieter von *theater heute*, und Rischbieter sagte, angetrunken wie immer, mit einem Brasch-Theater, das wird nichts – wir hatten zwar gar kein Brasch-Theater gewollt, aber damit war für Thomas die Sache gestorben, und er erklärte mir am Tag drauf mit noch schwerem Kopf, daß ihn Theater eigentlich nicht interessiere, er wolle lieber Filme machen, und Kathy, die wie immer dabeisaß, assistierte, und Frau Thalbach, die Schauspielerin, sagte, der Film hätte auch den Vorteil, daß man da das blöde Publikum nicht zu sehen brauche – was war dazu zu sagen? Ich liebe Publikum. Gut, dann also das Kino, und Thomas schrieb also das Drehbuch für seinen *Engel aus Eisen*, die Gladkow-Geschichte, die er mir von vorne nach hinten und kreuz und quer und im Detail und hochtheoretisch schon so oft erzählt und mit mir durchdiskutiert hatte. Und als er fertig war, lud er mich zum samstäglichen Kartenspielen ein, um mir eigentlich aber sein Drehbuch zu zeigen. Ich las nur die Anfangssequenz und brach in lautes Gelächter aus: der sperrige Stoff, der wegen seiner Sperrigkeit so reizvolle Stoff, hatte einen sentimentalen Anfang bekommen, einen Mitnehmer-Beginn, die große Einladung zu *Mach dir ein paar spannende Stunden, geh ins Kino* – was für ein Desaster. Natürlich strich Thomas diesen Anfang, nachdem ich so über ihn gelacht hatte, aber der Abend wurde dann ein ganz schlimmer: mit Kathy, die wie eine Ehefrau reagierte, deren Mann ganz ungehörig kritisiert worden war, was dann wiederum Thomas furchtbar peinlich war, und seinem Offenbarungseid am Ende, nachdem ihm keine künstlerischen Gründe mehr zur Verteidigung seines Entertainment-Anfangs einfielen: der Film würde zehn Millionen kosten, da könne er nicht so schroff und abweisend sein, wie es vielleicht diese Geschichte erfordere – nun denn: was war dazu zu sagen? Gar nichts mehr. Ich zog mich zurück, ich malte.

Es gibt ja nun sehr viele unterschiedliche Arten von Künstlern, und es gibt diese Unterschiede zwischen ihnen auch in diesem einen Punkt, den ich vielleicht so punktgenau doch nicht treffen kann, weil wiederum zu komplex in seinen Erscheinungsformen: da sind die einen, die alles vorzeigen, vorzeigen wollen, vorzeigen müssen, was sie gemacht haben, alle Welt soll es sehen, lesen, zu Gehör bekommen, es muß ausgestellt, gedruckt, aufgeführt werden, und am liebsten ist es ihnen, wenn man ihnen die Sachen schon dann aus der Hand reißt, wenn sie noch gar nicht ganz mit ihnen fertig sind. Und bei ihnen kann man dann auch schon mal sehen, lesen, hören, wenn sie grad mit einem Projekt angefangen haben, wenn sie mittendrin stecken in ihrem Produktionsprozeß, man wird von ihnen um seine Meinung gefragt, sie wollen diskutieren, wollen Rat und Vorschläge hören, sie machen einen zu ihrem Mitarbeiter, und ist man willig, hat man ihnen etwas zu sagen, besitzt man Einfühlungsvermögen und Kunstverstand wie ich, dann ist man bei ihnen gefragt, ist man bereit, die eigenen Kenntnisse einem anderen bereitzustellen, sie auch von einem anderen nutzen zu lassen, dann ist man bei ihnen gern gesehen – dies jedoch nur bis zu einem gewissen Punkt, und es ist dies dann nicht der, wo sie das alles ihnen Gesagte hinter sich lassen müssen, es ist dies der, wo sie mit ihrer Sache nach außen treten: dann muß es nur ihre sein, ihre allein, und eigentlich, ich habe nur lange Zeit gebraucht, es zu lernen, ist dies auch kein Wunder, paßt es genau zu ihren Intentionen. Wer sich da dann von ihnen mißbraucht fühlt, mißachtet in seinem Beitrag, der ist selber schuld und muß sehen, wie er damit klarkommt. Das alles muß nicht plump sein und als bloße Angeberei daherkommen, muß nicht dem Gorilla gleichen, der sich auf die Brust schlägt – natürlich gibt es diese, fast schon pathologischen Fälle von Eitelkeit, und ich habe ein paar dieser Exemplare auch kennengelernt, den Maler Markus Lüpertz zum Beispiel, der sich bezeichnenderweise mit einem anderen Großkotz ähnlichen Kalibers so blendend gut verstand: mit unserem Ex-Kanzler Gerhard Schröder. Ich weiß nicht, wie das mit Brecht war, aber Thomas entwickelte einiges an Charme dabei, und dies machte es dann für mich auch so schwierig, ihm zu widerstehen, mich nicht von ihm ausnutzen zu lassen. Und es gibt diese anderen Künstler, zu denen ich mich zählen muß, diejenigen, die mit ihren Sachen hinterm Berg halten, die sie noch nicht einmal dann vorzeigen und weggeben, wenn sie längst mit ihnen fertig sind. Und dies nicht unbedingt, weil ich mir ihrer unsicher, von ihrer Qualität nicht überzeugt bin – auch wenn das natürlich eine Rolle spielt, dieses Gefühl des Ungenügens, die Überzeugung, das man das alles eigentlich noch viel besser machen könnte, daß man sich nur auf einer Vorstufe zu dem Eigentlichen bewege. Aber das machen die andern doch auch nur, und wenn sie klug sind, dann wissen sie, daß ihnen das alles nichts nützt, die Zustimmung, der Beifall, der Eindruck, den sie mit ihren Sachen machen können. Ob sich ein Kunstwerk halten kann, das ist damit doch nicht entschieden, das entscheidet auch kein Kritiker, kein Zeitungsschreiber, und sollte es sie mal gegeben haben, irgendwelche objektiven Kunstmaßstäbe, so sind sie längst obsolet geworden. Es ist mir das jedenfalls längst egal, wenn auch nicht ganz gleichgültig geworden, ob das nun jemandem gefällt, was ich mache – gleichgültig nicht, weil ja dann nur derjenige zählt, dem das etwas bedeutet, was ich gemacht habe, für den ich es also gemacht habe, nicht aber all die anderen, denen es nichts sagt. Sind es fünf Leute: schön, sind es mehr: genauso schön. Einer reicht, und dieser eine, das muß auf alle Fälle ich sein, ich selber. Ich kann mich über meine Einsamkeit als Künstler nicht beklagen, und ich tue es auch nicht – ich habe mir aber die Frage zu stellen, wie ich nur darauf komme, mit meinen Voraussetzungen ins Theater zu gehören. Und ich habe mich zu fragen, woher das denn nun kommt bei mir, diese Zurückhaltung, die eigene Kunst betreffend: sicher aus einem ganz ursprünglichen Gefühl der Scham, und es ist dies ja bis zum heutigen Tage mit Gefühlen der Scham verbunden, wenn ich meine Sachen zeige, vorführe, anderen gebe, und verrückterweise sind es gerade diese Schamgefühle, die mich ins Theater ziehen, auf die Bühne, das Podium, denn gerade für den, der diese Scham empfindet, bedeutet es dann doch etwas, sie überwinden zu können. Glück bedeutet es, Freiheit bedeutet es – interessant, daß Thomas da ganz anders war, daß er den öffentlichen Auftritt scheute, daß er niemals selber auf die Bühne wollte, daß er da dann unbeholfen wirkte, unsicher. Schleef war mir darin viel näher – auch er ein so schamhafter Mensch.

Klar, daß solchen Leuten wie Thomas der Ruhm des Tages gehört – sollen sie ihn haben, das stört mich doch nicht. Klar auch, daß solche Künstler wie ich Zeit brauchen, daß sie möglichst auch alt werden sollten, um ihre vielen angefangenen Projekte auch fertig zu kriegen – es gibt ja ein paar sehr berühmte Namen, die mit in diese Gruppe von Künstlern gehören, zu der ich mich zählen muß, Namen, die ich hier, wiederum aus Gründen der Schamhaftigkeit, gar nicht erwähnen will, Namen, die außer Konkurrenz laufen, und auch das ist ja etwas, das für die anderen immer mit dazu gehört: das Konkurrenzdenken. Für Thomas war es immer dieser Botho Strauß – für mich vollkommen unverständlich, denn was hatte er mit diesem westdeutschen Bubi zu tun, wie konnte er annehmen, im Westdeutschland dieses westdeutschen Bubis den gleichen Erfolg haben zu können. Aber auch jemand wie Günter Grass war ihm wichtig, und natürlich, die Hierarchien mußten unbedingt beachtet werden, war er es, der zu Günter Grass ging, niemals umgekehrt. Vollkommen lächerlich. Und deshalb war das ja auch für ihn so ein wichtiger, für unser Verhältnis entscheidender Schritt, daß Thomas zu mir ins Atelier kam an diesem Tag, der damit endete, daß er sich mir, nachdem er meine Sachen gesehen, er mir seinen ersten Film, den *Engel aus Eisen* vorgeführt hatte, hierarchisch unterstellte. Mich als den größeren Künstler von uns beiden anerkannte. Nötig wäre das für mich nicht gewesen. Irgendeine Genugtuung verschaffte es mir nicht. Besonders deshalb nicht, weil er danach dann, immer mit der Geste, ich sei der größere Künstler und hätte sicher eine rettende Idee, anfing, mich ganz gezielt auszunutzen.

Noch ein wichtiger Anruf, für unser Verhältnis wichtig – dieser aber zu normalen Zeiten, gegen 12 Uhr Mittag, denn schließlich wollte er was von mir, und zwar ganz gezielt: er würde mir jetzt mal den Anfang eines Theaterstücks erzählen, den ersten Akt, und also erzählte er, und ich hörte zu, und wie meist bei Thomas war die Idee, der Ansatz, gut und stark und vielversprechend – irgendeine Dschungel-Geschichte mit einem Europäer, der auf der Veranda seines Hauses am Rande der grünen Hölle sitzt und nicht weiterweiß. Weiter aber wußte auch Thomas nicht mit seinem Stück, und er sagte zu mir: »Erzähl mir den zweiten Akt, ich muß das Stück nächste Woche in Hamburg beim Theater abgeben.« Und ich Idiot erzählte ihm den zweiten Akt, und wie sein Stück weitergehen könnte, und während ich ihm dies erzählte, rumorte es bei mir im Hinterkopf: der Anruf von Thomas kam aus Zürich, und zwar zur teuersten Telefonierzeit, und er mußte, gemessen an meinen monatlichen Einkünften, ein Vermögen kosten. Und dann auch das, daß Thomas mir gesagt hatte, und dies damals vor gar nicht mal so langer Zeit, er würde nur zu denken anfangen, an einem Stück zu arbeiten beginnen, wenn ihm der Scheck des Theaters vorläge, für das er es schreiben solle – das ist zwar ein schwacher Trost, aber das wenigstens kann ich mir zugute halten, daß ich mich nach diesem Telefongespräch geweigert habe, für Thomas zu denken. Bei seiner nächsten Anfrage sagte ich ihm, ich wäre gern bereit, mit ihm an einem Stoff zu arbeiten, aber nur, wenn es einen Vertrag für mich dabei gäbe, entweder zwischen uns beiden direkt oder mit dem Theater, für das das Stück bestimmt sei – damit war die Sache ausgestanden, das unglückliche Kapitel unser Zusammenarbeit ein für allemal beendet.

Was für ein Verräter – also mein Freund, denn nur der Freund kann einen verraten. Einen erst verraten, dann sentimental werden. So sind die Deutschen. Ich mag sie nicht besonders, soll aber selber einer sein. Laut Thomas der Über-Deutsche, ein arisches Genie – das hat er mir doch wirklich gesagt. Aber damit nicht genug, es kam noch schlimmer: er habe über uns beide nachgedacht, sagte er mir, und das war in der Clausewitzstraße, in seiner dritten West-Berliner Wohnung, immer noch in Kudamm-Nähe, nachdem er aus der Schweiz zurückgekehrt war, über unser so schwieriges Verhältnis, und er sei nun zu dem Schluß gekommen, daß es eigentlich ganz einfach zu erklären wäre – da war ich natürlich gespannt, was an diesem so schwierigen Verhältnis so einfach zu erklären sein sollte. »Du bist das arische Genie«, sagte Thomas, und er sagte es, ohne mit der Wimper zu zucken, aber ich zuckte, als ich's hörte, »und ich bin der jüdische Blutsauger, der dir deine Ideen aussaugt und sie verhökert, sie auf den Markt bringt, Geld aus ihnen macht, wozu du niemals imstande wärest.« OK, und ich sage das absichtlich so amerikanisch, so wenig arisch genial und undeutsch wie nur möglich. Er nahm sich einen ganzen Tag lang Zeit, mir das Einfache zu erklären, ging mit mir unsere ganze Geschichte durch, um mich in ihr als das arisch-unfähige Genie und ihn als den direkt dem *Stürmer* entsprungenen Juden aufzuzeigen, der sich blutsaugerisch an mich herangemacht hatte, meine Ideen verwertete – Schluß machen, irgendwo muß doch Schluß zu machen sein. Too much – es muß doch auch Grenzen geben. Damit war sie für mich erreicht, ich beendete diese Freundschaft – anders interpretiert und viel einfacher erklärt: das arische Genie schüttelte den jüdischen Blutsauger ab. Er hätte mir die Augen nicht öffnen dürfen. Vergiftet. Die Freundschaft vergiftet. Ich war verblüfft, wie glatt das für mich ging, nachdem ich mich so lange mit dieser Freundschaft abgequält hatte, ging es nun ganz leicht. Wir hätten uns nie wiedersehen müssen.

Und dann dieser nächtliche, frühmorgendliche Anruf von Thomas: der *Brunke*-Anruf, der *Mädchenmörder-Brunke*-Notruf: er werde mir jetzt etwas vorlesen, mir vorher nicht sagen, um was es sich handelt, ich solle nur zuhören, und also las er, also hörte ich ihm zu, gleichzeitig darum bemüht, aufzuwachen, mir eine Decke gegen die Kälte zu holen und herauszufinden, was das denn nun wäre, was er mir da so ohne Punkt und Komma vorlas. Dann fiel der Name *Brunke*, und den Namen kannte ich von ihm, von dieser *Brunke*-Geschichte hatte er mir vor Jahren schon mal erzählt: ein junger Mann wird verhaftet, weil er zwei Mädchen umgebracht haben soll, er gibt diese Morde auch zu, behauptet aber, daß diese zwei Mädchen von ihm umgebracht werden wollten, und er behauptet, daß auch er sich habe umbringen wollen, dazu dann aber nicht mehr die Kraft gehabt hätte – so ungefähr. Thomas las vielleicht zwanzig Minuten, und es war dies ein eher poetischer Text, bei dem ich mich fragte, wie er, in diesem Stil schreibend, dann noch zu seiner Geschichte kommen wolle. Plötzlich brach er ab, sagte, das müsse genügen, ich solle ihm nun sagen, wie ich's fände. Ich antwortete ihm, ich fände es gar nicht, es gäbe da sehr vieles in seinem Text, das ich früher sicher heftig kritisiert hätte, nun aber als seine Eigenart hinnähme, ich sei nicht mehr sein Kritiker. Er schien irritiert, als ich ihm dies so sagte, mächtig enttäuscht auch. Und eigentlich hätte er da auflegen können und vielleicht auch besser aufgelegt, unser Gespräch beendet. Aber er redete weiter, von sich natürlich, und ohne mir eine einzige Frage danach zu stellen, was ich mache, wie ich nun leben würde. Er redete über Politik und wie sehr ihn die ganze Wiedervereinigung anwidern würde, daß er sich deshalb auch aus allen öffentlichen Debatten heraushalten würde, und er sagte, daß das doch schließlich etwas gewesen sei, die DDR und der sicher von vornherein vergebliche Versuch, auf deutschem Boden einen sozialistischen Staat aufzubauen, gegen den Widerstand der eigenen Bevölkerung, das ganze Nazipack und gegen die Verlockungen des Westens, und wie er da so redete, es erstaunte mich doch: daß er so sehr innerlich noch mit dieser Scheiß-DDR verbandelt war, mit dem Land unserer Väter. Irgendwann kam er auf seinen *Mädchenmörder Brunke* zurück, und da dann sagte ich ihm, mein Eindruck sei, daß ihn diese *Brunke*-Geschichte eigentlich gar nicht wirklich interessiere, und damit hatte ich's getroffen. »Genau so ist es«, sagte Thomas, »sie interessiert mich eigentlich nicht, diese Geschichte.« Er könne und wolle nur nicht über das schreiben, was ihn interessiere, ihn die ganze Zeit beschäftige, über den Untergang des Sozialismus, und genau deshalb habe er mich doch angerufen, damit ich ihm dies sage – kein anderer würde ihm dies sagen, keiner würde es wagen, ihm dies zu sagen, er wäre doch von lauter Feiglingen umgeben, selbst Heiner Müller halte sich bedeckt, nur mir und meinem unerbittlichen Urteil könne er vertrauen, ich sei für ihn der alleinige und oberste Kunstrichter. Und dann: er müsse den Roman morgen bei Suhrkamp abgeben, morgen sei der letzte Termin und deshalb habe er mich noch einmal anrufen müssen, im letzten Moment, wo es ihm noch möglich wäre, die ganze Sache zu stoppen, und dies würde er nun tun.

Und das tat er dann auch, und hätte er nur das getan, es wäre wahrscheinlich besser für ihn gewesen, aber er versuchte, seinen Roman zu retten, er versuchte die *Brunke*-Geschichte, die ihn nicht interessierte, interessant zu machen, indem er sie in die eines Architekten einbaute, der nach der Wiedervereinigung ein altes Haus, das früher mal seiner Familie gehört hatte, zurückerstattet bekommt, in dessen Keller er dann das Manuskript, die Aufzeichnungen über einen längst vergessenen Mädchenmörder Brunke findet, wodurch er dann so in Beschlag genommen wird, daß er seine eigentlichen Pläne, auf dem Grundstück, das nun ihm gehört, ein völlig verrücktes Haus zu bauen, das Haus seiner architektonischen Träume, aufgibt, aufgeben muß, und so weiter, und es änderten sich diese verzweifelten Rettungsversuche von Thomas dann bei jedem seiner über Wochen hin erfolgenden Anrufe bei mir, so daß ich hier gar nicht dafür einstehen kann, dies alles korrekt wiedergegeben zu haben. Irgendwann mußte ich ihm sagen, daß er offensichtlich keine Architekten kenne, daß er gar nicht wisse, wie solche Leute überhaupt denken. Doch auch dies vermochte ihn nicht zu stoppen, und so beging ich die Dummheit, ihm einen langen, ausführlichen Brief zu schreiben, in dem ich ihm den Vorschlag machte, er solle all das, was er über Brunke etcetera geschrieben habe, so wie es ist, zusammenfassen, inklusive der ätzenden Selbstkritiken, die er geschrieben haben wollte, dies alles zusammen ergäbe dann ein vielleicht doch interessantes Buch – ich sei auch bereit, ihm dabei zu helfen, dieses ganze Material zu arrangieren. Bei Suhrkamp erschien dann irgendwann ein schmales Bändchen, das ihm vom Verlag abgenötigt worden war, wie Thomas sagte, nahezu unverständlich für denjenigen, der den Stoff nicht kennt, und als ich Thomas dann ein paar Jahre später wiedertraf, redete er von einem Tausend-Seiten-*Brunke*, den er auf eigene Kappe und seinen Vorstellungen gemäß herausbringen wolle. Und er sprach von dem Brief, dem ich ihm wegen *Brunke* geschrieben hatte, und daß ich natürlich vollkommen recht mit meinem Vorschlag gehabt hätte, daß er ihn damals aber ebenso natürlich nicht annehmen konnte, diesen meinen Vorschlag, und als ich ihn da groß und erstaunt ansah, sagte er, dies sei ihm schon deshalb nicht möglich gewesen, weil mein handschriftlicher Brief so schön geschrieben gewesen sei, richtig wie gemalt, und das natürlich, um ihn fertigzumachen, ihm klarzumachen, was für ein Wurm er doch sei.

Danach dann wieder Jahre nichts, kein Kontakt, noch nicht mal seine nächtlichen Anrufe, nichts, dann aber doch ein unerwarteter Anruf von ihm – vollkommen sentimental und gleichzeitig gegen diese Sentimentalität ankämpfend, wo er doch wußte, wie sehr ich alle Sentimentalität hasse: er wäre so stolz auf mich, er würde mich lieben, mich für meinen Mut bewundern. Was war der Anlaß? Er hatte in der Zeitung davon gelesen, daß ich, von der PDS vorgeschlagen, für das Amt eines brandenburgischen Verfassungsrichters kandidiere, und Thomas war stolz darauf, daß ich dies machte, er liebte mich dafür, bewunderte meinen Mut, und ich, der kurz mal daran gedacht hatte, wie er wohl reagieren würde, erführe er davon, ich hatte geglaubt, daß mich deswegen seine Verachtung treffen würde, daß er damit endlich den Grund habe, sich vollends von mir loszusagen. Doch ich hatte mich geirrt, hatte mich in ihm geirrt. Aber auch er wohl war dabei einem Irrtum erlegen, wie sich herausstellte, als ich die Gelegenheit nutzte und ein paar Tage später ins *Ganymed* ging, in dieses Restaurant am Schiffbauerdamm, direkt um die Ecke vom BE, vom Berliner Ensemble – ich hatte im *stern* gelesen, daß er dort in diesem Restaurant, über dem er wohnte, residieren würde, und ich traf ihn da auch erwartungsgemäß an. Stark gealtert, erschreckend alt geworden, vom Alkohol, vom Kokainkonsum gezeichnet, und wie sich in unserm Gespräch ergab und aus dem erahnen ließ, was er zu meiner Kandidatur für dieses Amt sagte, glaubte er, es wäre dies, meine Bereitschaft, von der PDS dafür vorgeschlagen, zu kandidieren, ein Akt der Solidarität mit dieser so angefeindeten Partei, ein Bekenntnis auch zu der Idee des Sozialismus, und seine Bewunderung für mich dabei, sie rührte offensichtlich daher, daß er sich dies nicht traute, ein solches Bekenntnis öffentlich abzulegen, daß er meinte, sich dergleichen nicht leisten zu können – er war irritiert, als ich ihm sagte, ich täte dies als Staatsbürger und aus einer grundsätzlichen Loyalität heraus gegenüber dem Staat, in dem ich lebe, gegenüber der Bundesrepublik Deutschland. Ich, sein Freund Flori: ein loyaler Staatsbürger – Thomas konnte es nicht fassen, und als ich ihm sagte, ich hätte mich ebenso von der CDU vorschlagen lassen, konnte er es noch weniger fassen. Und er ging ganz sicher davon aus, daß ich niemals zum Verfassungsrichter gewählt werden würde, und war dann vollkommen irritiert, als ich ihm sagte, daß ich dies jedenfalls nicht ausschließen würde, daß ich schließlich auch einiges dafür tun würde, um dann gewählt zu werden, daß das Ganze kein Spiel für mich sei, kein Kamikazeunternehmen, seine Irritation steigerte sich noch einmal mehr. Und später dann, nach meiner Wahl zum Verfassungsrichter des Landes Brandenburg, wenn wir uns da dann begegneten, kam er immer wieder darauf zurück, daß er es schlichtweg nicht für möglich gehalten habe, ich könne gewählt werden. Er verstand die Welt nicht mehr. Und mich verstand er schon gar nicht: sein Freund Flori ein Verfassungsrichter – wie sollte das zusammengehen?

Eine Sentimentalität, die sich unter Härte verbirgt, mit Härte tarnt, eine Härte auch, die sich von mir als Sentimentalität durchschaut fühlte. Man könnte es auch Kitsch nennen und den schlimmsten Kitsch überhaupt, Intellektuellen-Kitsch nämlich. Oder schlechten Stil – wenn man denn das, was Witold Gombrowicz, der sich als Pole so gut mit schlechtem Stil auskannte, annehmen will, das, was er schlechten Stil genannt hat:

wenn ein einsamer Mensch so schreibt, als würde alle Welt begierig darauf warten, was er zu sagen habe. Wenn sich ein kleines schwächliches Männchen großtut, ohne sich dabei als kleines schwächliches Männchen erkennen zu geben. Und das ist nicht nur Thomas für mich, das ist, noch einmal schlimmer, Müller. Schlechter Stil, Kitsch, Selbstverkitschung in Brutalität. Das Opfer, das sich als Täter suggeriert. Nicht, daß ich dies von Anfang gespürt oder gar schon gleich sicher gewußt hätte, aber sie war mir gleich von Anfang an suspekt, diese Beziehung zu Müller, zu Heiner Müller, diese Beziehung zwischen Thomas und Müller, die sich nach dem Gefängnis anbahnte und von mir natürlich auch als die eines konkurrierenden Einflusses wahrgenommen wurde. Aber auch als Generationenkonflikt, und ich wollte das nicht, daß mein Freund Thomas unter den Einfluß eines Mannes gerät, der nicht unserer Generation angehört, derjenigen, die man auch die 68er des Ostens nennen kann. Aber er geriet unter diesen Einfluß, geriet immer stärker in das Fahrwasser Müllers, und sicher gab es sehr viele Gründe dafür, den des Altersunterschieds zwischen Thomas und mir, den es dann eben doch gab, obwohl er mir zuerst gar nicht aufgefallen war, und dann den seines Männlichkeitswahns. Müller, das bedeutete für mich, Stalinist in einer Epoche des nachstalinistischen Sozialismus zu sein, Stalinist zu sein, obwohl man selbst als ein Mann wie Müller Opfer ebendieses Stalinismus gewesen wäre, Stalinist zu sein wegen der Härte und Brutalität des Stalinismus, wegen seinem Heroismus, seinem eisernen Willen zur Umgestaltung der Welt. Müller, das bedeutete sentimentaler Stalinismus, verromantisierter Stalinismus, Stalinismus als Waffe gegen die poststalinistische Verweichlichung, gegen die wachsende Macht der Technokratie im Sozialismus, gegen die Kleinbürgerlichkeit, Kleinkariertheit der Machthaber, mit denen wir es zu tun hatten. Bei Thomas noch einmal ergänzt um die Romantisierung der Arbeiter in ihrer geistigen Beschränktheit, der Brutalität, die ihnen das Fabriksystem aufzwingt, ergänzt auch um die wunderbare praktische Solidarität, zu der Arbeiter immer wieder fähig sind – er hat doch ernsthaft davon gesprochen, auch noch nach der Wende, daß der Sozialismus in der DDR der Versuch gewesen sei, Arbeitern Macht zu geben, er hat sich allem Anschein nach mit diesem Versuch identifiziert, mit denen auch, die ihn angeblich unternommen haben sollen, mit Leuten vom Schlage eines Erich Honecker. Das Scheitern dieses Sozialismus, es war auch sein Scheitern, das Scheitern seiner Hoffnungen – eine mich verblüffende Position. Ich dachte, wir wären längst darüber hinaus. Aber da war seine Sentimentalität, eine Sentimentalität, die sich unter einer zur Schau getragenen Härte verbarg – ich hatte sie als Schwäche wahrgenommen, nicht als das, was meinen Freund ganz wesentlich ausmachte. Verblüffend eigentlich, daß Thomas einen solchen Charme entwickeln konnte. Verblüffend aber wiederum auch nicht, denn radikale Außenseiterpositionen haben oft eine starke Anziehungskraft. Verblüffend mehr noch, daß ein Mann wie Müller einen solchen Einfluß auf Intellektuelle, erst im Osten, dann auch im Westen gewinnen konnte. Erklärlich vielleicht dadurch, daß einer Opposition im Osten sonst nur Havemann blieb, oder schlimmer noch, intellektuell noch anspruchsloser, die Kirche. Erklärlich für den Westen wahrscheinlich dadurch, daß auch dort der Sozialismus tausend Tode sterben mußte und einen Müllerschen dann also auch sterben konnte, den, der sich noch einmal an der früheren Grausamkeit berauschen wollte, am Terror. Überhaupt nicht verblüffend aber, daß eine solche Position wie die von Müller, die von Thomas dann auch, zu einem Versiegen der künstlerischen Produktivität führt. Auch die stirbt. Sie stirbt vielleicht sogar einen schönen Tod. Aber sie stirbt ab, sie läuft wie bei Thomas dann leer, sie bringt keine Werke mehr zustande. Nicht ohne tieferen Grund wohl war es ein Selbstmörder, ein verhinderter Selbstmörder dann allerdings, der es nur fertigbringt, zwei lebensuntaugliche Mädchen und dann sich selber aber nicht mehr umzubringen, mit dem sich Thomas am Ende, und ohne zu einem Ergebnis zu kommen, beschäftigt und abgemüht hat.

Und was ist mit mir bei alledem? Ich weiß es nicht. Niemand verlange von mir die gleiche Klarheit über mich selber, wie sie mir bei meinem mir wichtigsten Freund möglich ist, und dies doch auch jetzt erst mit dem Abstand zu ihm, dem Abstand auch so vieler Jahre. Ich bin abgehauen. Vielleicht ist es das, was hier zu antworten wäre, ich habe nicht wie Thomas über meinen Weggang aus der DDR mit Erich Honecker parliert. Ich bin einfach abgehauen. Aus dem Osten, und von mir aus auch vor mir selber, vor den ungelösten Problemen meiner persönlichen Existenz. Und ich war ein Nichts dabei, kein Künstler. Dazu bin ich sehr viel später erst geworden. Im Westen. Als eine Marginalie. Nicht marginalisiert. Nicht an den Rand gedrängt, sondern von diesem Rand aus, dem der Asozialität, von dem aus man besser sehen kann, was eine Gesellschaft zusammenhält – kann. Nicht muß. Es gibt viele Möglichkeiten in der Asozialität zu ertrinken. Das Trinken zum Beispiel. Ich trinke nicht. Keinen Alkohol, da wird mir übel. Oder ich schlafe ein. Ich aber wollte wach sein, wach bleiben. Offen. Kein Havemann. Und bin doch einer. Weil Havemann zwar gesellig ist, aber doch einiges an Einsamkeit erträgt. Und in meinem Falle Havemann hieß dies, mich noch einmal neu erschaffen zu müssen. Und dabei natürlich doch nicht aus meiner Havemann-Haut herauszukommen, mich dabei als Havemann erkennen zu müssen. Aber als Künstler.

Nach seiner telefonischen Liebeserklärung an den Verfassungsrichter-Kandidaten ging ich also zu Thomas ins *Ganymed*, und dann nahm er mich in seine Wohnung darüber mit, in seine Höhle und Hölle – er wollte mit mir allein reden, ohne seine weiblichen Bewunderer dabeizuhaben, ohne immer wieder von irgendwelchen Leuten angesprochen zu werden. Ich hatte noch nie eine solche Wohnung gesehen. Man hätte sie als Beispiel für Verwahrlosung ins Museum bringen können. Man lief da auf Schallplatten herum, auf ungeschützten CDs, man lief auf Gedichten herum, die überall verstreut lagen, wohl von ihm einfach irgendwann vom zu vollen Tisch geschoben. Überall leere und halbleere Flaschen. Dunkle Flecken im Teppichboden. Speisereste. Dreckige Teller. Zeitungen, Bücher. Und ich, ich hatte meinen Anzug an. Ich mußte mir erst einen Stuhl leerräumen, damit ich mich irgendwo setzen konnte. Ich lehnte die Flasche ab, die Thomas mir reichte und die er dann in sich hineinsoff. Und als ich saß, gab ich eine Erklärung ab. Ich sagte ihm, daß es für mich sicher das Schmerzhafteste und Bitterste gewesen sei, mich von ihm zu lösen und erkennen zu müssen, daß wir niemals tun würden, würden tun können, was wir vorgehabt hätten, so lange wie wir uns kennen: zusammenzuarbeiten. Aber, so sagte ich, erst in dem Moment, wo mir klargeworden ist, daß er nicht mehr für mich schreibe, habe ich selber zu schreiben angefangen, und völlig egal, ob es gut sei oder nicht, ob es ihm gefalle oder auch nicht, es sei meins. Thomas schaute mich an, nachdem ich mit meiner Erklärung fertig war, und dann sagte er: »Wenn du wüßtest, was es bedeutet, nicht mehr für dich schreiben zu können.«

»Wenn ich schreibe«, sagte Thomas, und das war dann wohl seine Gegenerklärung, »dann stehen immer zwei Leute hinter mir und schauen mir über die Schulter, der eine, das ist Shakespeare, der andere, das bist du. Und habe ich dann eine Zeile geschrieben, schaue ich mich um, schaue ich links und rechts zu euch hoch, und wenn nur einer von euch beiden bedenklich den Kopf wiegt, ein bißchen den Mund verzieht, dann streiche ich wieder weg, was ich geschrieben habe.« Wirklich, das war offensichtlich ernst gemeint, kein Bonmot, mir zu schmeicheln – und wie geht es einem, wenn man so etwas gesagt bekommt? Ich weiß nicht, wie es dem Kollegen Shakespeare dabei geht, mit dem ich keinen Kontakt pflege, ich kann nur von mir sprechen, und mir, mir ging es gar nicht gut dabei, mir war das peinlich, peinlich für Thomas, und damit peinigend für mich. Und mir ist dies auch jetzt noch schrecklich peinlich, wo ich diese erschreckende Äußerung meines Freundes hier aufschreibe – peinlich auch deshalb, weil es mir so überhaupt nichts ausmacht, mit Shakespeare gleichgestellt zu werden, mit diesem Shakespeare, den ich als Dichter gar nicht so hoch schätze und von dem ich doch weiß, daß er für viele als der Größte gilt. Und es ist peinlich, in dem Moment peinlich, wo ich anderen berichte, mit einem Shakespeare in einer Zensurbehörde zusammengewirkt zu haben, und dies hier nun auch noch aufschreibe, weil ich doch weiß, daß dies für die vielen, die Shakespeare so hoch schätzen, wie eine Anmaßung wirken muß, geradezu blasphemisch. Und mir ist es egal, mir macht es nichts aus, mich so erhöht zu sehen. Mir macht es nichts aus, weil ich mich damit gar nicht erhöht sehe, mir tut nur mein Freund leid in seinem Shakespeare/Havemann-Wahn – ich möchte das nicht, so sehr sein Kunstrichter und Zensor gewesen zu sein, und er tut mir leid, mich mit zu seinem Kunstrichter gehabt zu haben, er tut mir leid darin, daß er nicht einfach seine Sache machen konnte, daß er Zeilen wegstreichen mußte, nur weil er glaubte, sie könnten mir und diesem Shakespeare nicht gefallen. Er tut mir wirklich leid. Wir hätten uns niemals begegnen sollen. Wir hätten uns niemals begegnen sollen, weil mir das nicht gefiel, was Thomas schrieb, nur im Ausnahmefall gefiel, und etwas Schrecklicheres kann einem Dichter doch gar nicht passieren, da einen Freund zu haben, einen allzu intimen Kenner seines Werkes, seiner Intentionen und Stoffe, dem das nicht gefällt, was er schreibt, was er aus seinen Stoffen macht, mit ihnen anfängt. Mir gefiel der Mann nicht, der in alldem zum Ausdruck kam, sich offenbarte, was er schrieb, und hier von *Mann* zu reden und nicht vom Menschen Thomas Brasch, das tue ich ganz bewußt: nein, dieser Mann, der mein Freund war, er gefiel mir nicht, er gefiel mir ganz besonders als Mann nicht. Er widerte mich an, dieser Mann, und ich verstand ihn nicht, konnte ihn nicht verstehen. Ich ignorierte ihn, diesen Mann, ich ließ ihn auflaufen, ins Leere laufen, und ich glaubte lange, so tun zu können, als gäbe es diesen Mann Thomas Brasch für mich nicht, als wäre der seine Privatangelegenheit – sollte er doch seine Weibergeschichten haben. Was gingen sie mich an? Ein Künstler ist feminin, und ein Künstler ist nur so gut, wie er als Künstler feminin ist. Die Intelligenz, zu erfassen, was in einem Stoff steckt, sie mag ja männlich sein, aber aus diesem mit männlich analytischer Intelligenz erfaßten Stoff dann etwas zu machen, ihm Gestalt zu geben, das fordert dann den ganzen Mann, den Mann auch mit seiner femininen Seite. Bei Thomas aber kam genau dann der Mann als Mann in all seiner widerlichen und männlichen Beschränktheit zutage, wenn er aus seinen Stoffen etwas zu machen anfing, und je mehr er an ihnen machte und arbeitete, um so schlimmer wurde es, desto mehr war es der Mann Thomas Brasch, der sich darin dann offenbarte. Und, wie ich meine, machte er dann alles kaputt. Aus Ehrgeiz. Aus Größenwahn. In seinem Shakespeare/Havemann-Wahn, wie ich nun weiß.

Frage ich Theaterleute, die wenigen Theaterleute, die ich etwas fragen und auch noch nach Thomas Brasch fragen kann, welches der Stücke von Thomas ihnen denn noch interessant erscheine, welches sie selber gern inszenieren, welches sie in das Repertoire des Theaters aufnehmen würden, über das sie bestimmen, dann kommt von diesen zwar wenigen, aber so verschiedenen Leuten immer die gleiche Antwort: *Lieber Georg* – dieses Stück über Georg Heym, den expressionistischen Dichter mit dem Vater-Problem. Höre ich dies, dann muß ich mich immer erst erinnern, daß es auch dieses Stück gibt und nicht nur *Rotter* und *Mercedes* und *Lovely Rita*, die Stücke, die für mich wichtig sind. Und das Verrückte ist doch dabei, daß ich wohl den größten Einfluß auf den *Lieben Georg* gehabt habe, und noch verrückter ist, daß ich dieses Stück, auf das ich einen so entscheidenden Einfluß hatte, eigentlich nie richtig gelesen habe, in der gedruckten Endfassung überhaupt nicht, und auf der Bühne gesehen habe ich es auch nicht, die von Manfred Karge und Matthias Langhoff inszenierte Uraufführung in Bochum fand ohne mich statt – wie das? Wie kann ich Einfluß auf ein Stück gehabt haben, das ich gar nicht wirklich gelesen habe? Wie soll das gehen? Er hatte mir das Stück wieder ganz am Anfang, im ersten Entwurfsstadium gezeigt. Noch war da nichts getippt und für ihn an Szenen abzuschreiben gewesen. Notierte Einfälle, bei denen er mal von Heym in der dritten Person sprach, mal in der Ich-Form, Ideen für Szenen, dazwischengestreut Gedichte, aus denen er vielleicht Monologe machen wollte, Ansätze von Dialogen, theoretische Überlegungen, und dieses ganze Konglomerat, da noch mit der Hand geschrieben, schwer leserlich also, übergab er mir als einen Packen von Karteikarten – ich schaute sie mir nur durch, während Thomas mir von diesem

Stoff erzählte, davon, was er mit Georg Heym, dem Dichter, vorhabe, der beim Schlittschuhlaufen auf dem Wannsee im Eis eingebrochen, dann ertrunken war, und er erzählte mir auch von den beiden Regisseuren, für die er das Stück schrieb, dessen Uraufführung schon terminiert war, von Karge und Langhoff, und daß sie sowieso sein Stück kaputtmachen, seine Form zerstören würden, daß ihnen dafür doch jeder Sinn abginge, was für uns beide so wichtig sei. Die Karteikarten durchblätternd, auf denen dieses unordentliche Dichterleben wiederauferstand, mir den Unmut von Thomas anhörend, der davon ausging, sein Stück würde nie eine Uraufführung, würde es nur als Karge-Langhoff-Fassung erleben, sagte ich ihm, er solle das Stück so lassen, es Karge und Langhoff so überlassen, wie es jetzt sei – sollen die doch dann ihre Sache draus machen. »Das machen sie sowieso«, sagte Thomas, und ich antwortete, dann solle er es ihnen in einer Form geben, wo sie's auch müßten, ihre Sache daraus machen. Und dieses eine Mal folgte er meinem Rat, und ohne daß sein Ehrgeiz zum Zuge kam, der ihm sonst immer alles kaputtmachte – deshalb vielleicht die Frische, von der alle sprechen, die von *Lieber Georg* schwärmen. Georg Heym hat mal, unter einem Pseudonym natürlich, eine Kritik für eine Zeitung geschrieben, eine Kritik über einen Abend, an dem der Dichter Georg Heym seine Gedichte vorgetragen hat, und natürlich war das dann eine den Dichter Georg Heym lobende Kritik – Thomas hatte mir vor langer Zeit davon erzählt, hatte mir diese Lobeshymne des Dichters Georg Heym auf sich selbst auch vorgelesen, wir beide fanden das toll, und also schlug ich Thomas vor, er solle als Teil seines Stückes eine ebensolche Lobeshymne schreiben, eine auf sein Stück *Lieber Georg*, und wenn er sich dabei noch einen Spaß machen wolle, dann solle er davon so schreiben, daß das Stück ganz toll wäre, es von der Regie aber wieder mal kaputtgemacht worden wäre. In diesem Punkte folgte Thomas meinem Rat nicht, und leider auch nicht in diesem: er solle, sagte ich ihm, sein Stück auch so veröffentlichen, auf Karteikarten gedruckt, in einer kleinen Schachtel, der man sie dann entnehmen müsse – das hätte gepaßt, als Kontrast zu diesem Dichter, der sich verzweifelt der preußischen Karteikartenordnung der wilhelminischen Zeit hatte entgegenstellen wollen. *Lovely Rita* nennt keiner, das ich immer noch für das interessanteste Stück von Thomas halten würde, und dies hat natürlich Gründe, daß keiner *Lovely Rita* nennt, Gründe, die in dem Stück selber liegen, und auch darin, daß seine Uraufführung ein Debakel war – schuld war wieder mal der Ehrgeiz von Thomas, der sich auf einen damals bekannten, heute nahezu vergessenen Regisseur einließ, auf Nils-Peter Rudolph, bei dem jedem hätte klar sein können, daß er mit diesem Stück nichts wird anfangen können. Rudolph hatte Botho Strauß inszeniert, mit großem Erfolg, und das war seine Welt, die der westdeutschen Provinz, des provinziellen Westdeutschland. Botho Strauß, der natürlich in diesem Westdeutschland Erfolg haben mußte, das war für Thomas die große Konkurrenz, so sah er das jedenfalls – deshalb also Nils-Peter Rudolph, von dem doch auch Thomas von Anfang an ahnte, er würde als Regisseur nicht der richtige für sein Stück sein. Und genauso kam es dann auch, so, wie es kommen mußte, die Uraufführung wurde ein Desaster. Nichts stimmte, die Bühne war viel zu klein und dann auch noch vollgestopft mit irgendwelchem Krimskram, die Schauspielerinnen dieser kriminellen Frauenbande, die Platz gebraucht hätten, die körperlich hätten agieren müssen, hatten ihn nicht, Sprechtheater, Text statt Action, und Kathy fiel von ihrer Spielweise her völlig aus dem Ganzen heraus, noch nicht einmal, daß sich da ein interessanter Kontrast zwischen ihr und den anderen, anders agierenden Figuren ergeben hätte – nein, da konnte ich nicht klatschen bei der Premiere. Thomas hat es mir immer wieder vorgehalten, bis zum Schluß, Jahre später kam er noch darauf zurück. Und Sanda war deswegen am Tag danach bei mir in der Sonnenallee, zum ersten und einzigen Mal überhaupt, daß sie mich dort besuchte, um mir wegen meinem Nicht-Klatschen die Leviten zu lesen: ich hätte doch neben Thomas gesessen, und alle hätten es gesehen, daß ich, sein bester Freund, nicht geklatscht hätte, alle, und dies wäre eine Affront, ein Vertrauensbruch, etwas, das man unter Freunden nicht tue – fast war es rührend, diese kleine Person in ihrem masochistischen Furor zu sehen. Aber nur fast.

Doch wie gesagt, die Gründe dafür, daß aus *Lovely Rita* nichts werden konnte, nicht das, was Thomas, was auch ich mir von diesem Stück versprach, sie liegen auch in dem Stück selbst, und das beginnt schon mal mit dem Titel: *Lovely Rita* – ein *Beatles*-Song, ein Lied von *Sergeant Pepper*, und wahrscheinlich war es diese Platte, die Thomas während er an diesen Szenen schrieb, die ganze Zeit gehört hatte. Das Problem war nur, daß dieser *Beatles*-Song im Stück nicht vorkam, daß keinerlei Bezug zu diesem Popsong hergestellt wurde. Der Titel war nur draußen drangeklebt, mehr nicht. Aber es war nicht nur das: *Lovely Rita* erklärte sich nicht nur daraus, daß Thomas diese *Beatles*-Platte als musikalisches Stimulans gehört hatte, während er schrieb,

Aber er hatte doch seine Kathy Thalbach, und Kathy, im Unterschied zu ihrer Vorgängerin Sanda Weigl, konnte sehr eifersüchtig sein, und mit Kathy hatte Thomas sich doch zusammengetan, mit ihr zusammen, einem Star des Ost-Berliner Theaters, wollte er Erfolg haben, und also erzählte er Kathy, er würde dieses Stück für sie schreiben, und deshalb dann schrieb er diese Szenen am Anfang mit dazu, die eine Schauspielerin in ihrer Garderobe zeigen, vor der Vorstellung, deshalb dann auch dieses Ende, wo diese Schauspielerin von einem Regisseur für den Film entdeckt wird. Aber irgendwie miteinander vermittelt sind diese beiden Ebenen im Stück nicht, die der Rita-Szenen mit den Kathy-Szenen, was hier Realität, was Spiel ist, man weiß es nicht. Aber ich denke schon, daß man dies bei einer Aufführung hätte klären können – jedenfalls glaubte ich es damals, heute würde ich das Stück gehörig umschreiben.

Einen Berührungspunkt, den gibt es schon, einen Berührungspunkt zwischen der lovely Rita der Szenen, die dieser Figur zuzuordnen sind, und denen, wo es um die Schauspielerei geht – nur daß die Schauspielerin, die dann die Rita spielen sollte, daß Kathy Thalbach so überhaupt nicht zu dieser Figur paßte. Kathy, jedenfalls damals, so, wie sie damals aussah, sprach primitive sexuelle Gelüste an, gerierte sich auch als Sex-Symbol – natürlich im DDR-Format. Große Titten, weit aufgerissene Augen, Schmollmund, nur halt etwas zu klein geraten und nicht schlank genug, um als Pin-up-Girl durchzugehen.

Und ich würde schon sagen, daß eine solche Figur auch auf der Bühne interessant ist –

Und auch die Frauen in *Lovely Rita*, im Stück von Thomas, die Frauen, mit denen sich Rita dann zu einer kriminellen Bande zusammentut, sind ja von ihr fasziniert, machen sie deshalb zu ihrer Anführerin und werden natürlich von ihr verraten. Wie also wäre das Stück so, daß es funktioniert und aufgeht, auf die Bühne zu bringen, wie notfalls umzuschreiben? Es gibt da ein Missing Link, etwas, das diese Welt der Schauspielerin am Anfang mit der Rita der folgenden Szenen verbindet. Und es ist bezeichnend, daß genau dort etwas fehlt, bezeichnend für Thomas. Stellen wir uns eine Schauspielerin vor, eine eher unscheinbare Person, eine der Schauspielerinnen, die erst dann, wenn sie auf der Bühne sind, zu einer bemerkenswerten Person werden, zu einer begehrenswerten und begehrten Frau auch. Stellen wir uns vor, diese Schauspielerin wäre deshalb Schauspielerin geworden, weil in ihr ein Abgrund an Langeweile gähnt – sie würde also gähnend, angeödet und gelangweilt von ihrem Leben in ihrer Garderobe sitzen müssen, wenn ich mir diese vielleicht etwas vordergründige Regieanweisung erlauben darf. Und was dann geschehe, es spiele sich also nicht in der Realität, sondern in der Vorstellung dieser Schauspielerin ab. Ein Traum. Ein Traum auch, daß sie am Ende für den Film entdeckt wird. Aber erst einmal, und das ist der entscheidende Punkt, träumt sie sich in eine andere Zeit hinein, in die wüste Nachkriegszeit, in eine Zeit also, die vielleicht nicht so langweilig war wie die DDR der späten 60er Jahre, und damit komme ich zu Thomas zurück und dem, was in seinem Stück fehlt: eine Eloge darauf, was das doch für eine tolle Zeit gewesen sei, die nach dem Kriege mit dem ganzen Elend, wo man ums Überleben kämpfen, die moralische Zwangsjacke zivilisierten Verhaltens abstreifen mußte, um irgendwie durchzukommen, und mit dem Russen im Land, dem asiatischen Terror. Genau dies aber fehlt, und es ist bezeichnend für Thomas, denn darüber doch hat er sich nie Klarheit verschafft, daß er der eigenen Gegenwart eine Vergangenheit vorzog, in der es wüster zuging, weniger zivilisiert, roher und damit auch unmoralischer und also nicht so langweilig. Es ist dieser sentimentale Moment, die Romantik in ihm, worüber er sich keine Klarheit verschafft hat, verschaffen konnte. Weil er doch ein wilder Kerl sein wollte. Ein toller Mann. Ein Frauenheld. Und nicht jemand, der sich offensichtlich langweilt. Und vielleicht selber ein Langweiler ist, der nur von wilderen Zeiten träumt. wäre das sicher niemals gewesen, zurück in die Nachkriegszeit, aber der Traum von *Lovely Rita*, der könnte es sein, auf der Bühne, der Traum einer Schauspielerin. Und auch der Traum einer *meter maid*, einer kleinen unscheinbaren Politesse, wie sie von den *Beatles* angesungen wird, und also könnte auch dieser Song für das Stück richtig sein, er müßte nur gespielt werden. Und er müßte natürlich übersetzt und zum Ausgangspunkt gemacht werden der Phantasie. Und eine kleine Politesse müßte in dem Stück auftreten. Also schreiben wir es um, das Stück, und käme ein Theater und gäbe mir den Auftrag dazu, ich würde es wohl machen.

Am Ende des Stücks sagt dieser Regisseur, der die von der Polizei geschnappte Rita für einen Film haben will, sie habe das Gesicht einer Generation – was halt so Filmregisseure für Unsinn sagen und wohl auch magisch glauben wollen, damit es dann irgendwann so auch in der Zeitung steht, in der Illustrierten. Als Satz in einem Stück natürlich sehr viel leichter hinzunehmen als im sogenannten echten Leben, auch wenn ich mir doch in dieser Szene einen ironischen Kommentar zu dieser magischen Beschwörung wünschte, der zum Beispiel darin bestehen könnte, daß sich einer der anwesenden Polypen begeistert dieser Meinung anschließt, wobei sich dann aber herausstellt, er meint eine ganz andere von Ritas Frauenbande. Das eigentliche Problem aber dieses Satzes beginnt damit, daß es Thomas selber ist, der hier spricht, der Filmregisseur in spe, daß er mit diesem Satz die von ihm für die Rolle der Rita vorgesehene Katharina Thalbach lancieren wollte – Kathy, das Gesicht einer Generation? Genau das eben nicht. Jedenfalls nicht das Gesicht unserer Generation, sondern ein 50er/60er-Jahre-Gesicht, das Gesicht einer Generation davor. Die Monroe vom Prenzlauer Berg. Großer Vorbau, Glubschaugen und Berliner Kodderschnauze, die zukünftige Ulknudel. Und deshalb paßte das ja auch so gut zusammen, daß dieser Rudolph, nachdem er mit Kathy nicht klargekommen war, mit ihrer Art zu probieren, und dann auch gemerkt hatte, wie wenig ihm doch diese *Lovely Rita* sagte, nachdem Thomas' Stück deswegen auf die Studio-Bühne des Schiller-Theaters abgeschoben worden war, auf der Hauptbühne dann als große Produktion ein Stück über Marilyn Monroe inszenierte, das Gerlind Reinshagen geschrieben hatte.

Thomas hat für sein erstes Gedicht einen Preis bekommen – irgend etwas über den Frieden, und ich weiß auch nicht genau, wie alt er da war, als er sein erstes, gleich preisgekröntes Gedicht geschrieben hat. Vierzehn, fünfzehn vielleicht. Um ein zweites Gedicht schreiben zu können, so hat er mir das jedenfalls erzählt, brauchte er dann ein Stimulans, das der Musik, und auch das weiß ich nicht, was das für eine Musik war, mit der er sich damals stimulierte. Ich habe das nur bei *Rotter* erlebt, während er dieses Stück schrieb: da hatte er die ganze Zeit Platten von Cat Stevens zu laufen und ich sagte ihm deshalb, daß ich, sollte ich die Möglichkeit bekommen, seinen *Rotter* zu inszenieren, das ganze Stück hindurch die Musik von Cat Stevens spielen lassen würde, diesen Kitsch. Dieses süßliche Gedudel. Denn nur zusammen mit diesem Kitsch, mit dieser Sentimentalität ergebe sich das wahre, weil vollständige Bild von *Rotter*, und natürlich traf ihn das, und es sollte ihn auch treffen, daß ich dies so sagte: eine ganze Dimension ist da ausgespart, die gepriesene Härte des Stücks, seine Unerbittlichkeit, sie ist nur die eine Seite, die andere ist der Kitsch, der sentimentale Kitsch. Und damit ist es dann auch die Härte, die Unerbittlichkeit, auch sie ist Kitsch, weil nicht die ganze dichterische Wahrheit.

Thomas hat für sein erstes Gedicht einen Preis bekommen, und er wollte dies sein ganzes Leben lang, für seine Sachen einen Preis bekommen, und auch deshalb hat er für seinen Film *Engel aus Eisen* den bayerischen Filmpreis angenommen, aus der Hand von Franz Josef Strauß, dem damaligen bayerischen Ministerpräsidenten. Der Preis, den er haben wollte, mußte dann nicht mehr direkt ein Preis sein, aber irgendeine Gratifikation mußte es sein: Geld, Ansehen und Weiber. Er schrieb zumindest darum: um Frauen mit dem zu beeindrucken, was er schrieb, um Frauen ins Bett zu kriegen. Er schrieb also als Mann, auch deshalb als Mann. Und er hat für sein zweites Gedicht das Stimulans der Musik gebraucht, und aus der Musik wurde irgendwann Alkohol, und aus dem Alkohol dann das Kokain. Ohne Stimulans ging es nicht, und es war also nicht der Stoff, der ihn stimulierte, der Stoff, aus dem Kunst werden kann, der Rausch, er war nicht der Schaffensrausch. Und deshalb wirkt das alles so gequält, und deshalb bekam er dann auch nicht mehr seine Sachen zusammen, konnte er ihnen keine Gestalt mehr geben. Das, was ihn zum Schaffen antrieb, verhinderte es. Das, was von ihm aus den späteren Jahren vorliegt, ist das Ergebnis eines immer sehr schnell einsetzenden Zerstörungsprozesses. Ist das Ergebnis einer Selbstzerstörung. Und daran ist Herr *Paymann* nicht schuld. Oder Herr *Ungeld*. Und auch ich nicht. Und Shakespeare nicht. Und noch nicht mal er selber ist daran schuld. Niemand ist schuld. Auch die Verhältnisse nicht. Die DDR nicht. Sein Vater nicht. Und auch nicht der Westen. Die Schuldfrage, sie stellt sich nicht. Es ist einfach so, und mehr ist dazu auch nicht zu sagen.

Schade um einen deutschen Dichter – noch nicht einmal schade um einen deutschen Dichter.

Es gab da diese Geschichte, die Thomas mir erzählt hatte, diese Geschichte von Charlotte Salomon, und ich wollte ihn dazu bringen, daß er sie aufschreibt, daß er ein Theaterstück daraus macht, ein Stück für das Uraufführungstheater, das Friedrich, Fritz *The Cat* Kurz und ich vorhatten, das wir mit der Gelddruckmaschine *3Groschenoper* finanzieren wollten. Ich sah mich Klavier spielen bei diesem Stück, das unbedingt Musik gebraucht hätte, und natürlich die des bürgerlichen Salons, ein dann allerdings mißbrauchtes Klavier. Für Räusche verwendet. Ich weiß gar nicht, ob diese Geschichte wirklich wahr war, ob er sie sich nicht wenigstens zur Hälfte ausgedacht hatte und sie auch deshalb nicht aufschreiben wollte, weil er fürchtete, dies würde dann rauskommen. Oder war es das, daß es natürlich eine jüdische Geschichte war und alles, was jüdisch über das Klischee hinausgeht, auf vermintes Gelände gerät? Denn immerhin feige, das war er ja auch, mein Freund Thomas – diese Geschichte aber, sie hätte nur ohne Feigheit, ohne Rücksicht auf alle Verluste erzählt und auf die Bühne gebracht werden können. Er erzählte sie so: es gebe da doch dieses gemalte Tagebuch von dieser Charlotte Salomon, das erst vor ein paar wenigen Jahren veröffentlicht worden sei – ich kannte es nicht, als er mir davon zum ersten Mal erzählte, er zeigte es mir, und warum es ihm gefallen mußte, das war natürlich sofort klar. Wegen der dilettantischen und doch auch irgendwie modernen Malweise. Wegen dem Erzählen von Geschichten in Bildern. In bildhaften Situationen. In interpretierbaren Situationen. So dachte er sich Bilder, solche Bilder hätte er selber gern gemalt. Wenn er denn Maler gewesen wäre. Charlotte Salomon, aufgewachsen in Berlin, in einer gutbürgerlichen, assimilierten jüdischen Familie, deswegen das Klavier, mit ihren Eltern aus Deutschland ausgewandert, vor den Nazis nach Frankreich geflohen. Erst nach Paris, dann vor dem Einmarsch der deutschen Truppen nach Südfrankreich ausweichend. Ihr Geliebter bleibt in Paris, und dann fährt sie eines Tages aus dem relativ sicheren, von den Deutschen nicht besetzten Gebiet Frankreichs nach Paris, wird dort verhaftet, endet in Auschwitz. Und die Frage, die sich Thomas stellte und die er sich wohl nur als Jude zu stellen wagen konnte, war die: warum? Warum macht eine junge Frau das? Warum begibt sie sich in eine solche Gefahr? Warum fährt sie in den nahezu sicheren Tod? Aus Liebe? Thomas erzählte weiter, er habe durch einen Schweizer Bekannten die Möglichkeit bekommen, die einzige noch Überlebende der Familie Salomon zu besuchen, eine alte in der Schweiz lebende Dame – eine Tante von Charlotte, wenn ich mich richtig erinnere, auf alle Fälle diejenige, die den Schatz der Tagebücher so lange gehütet, ihn dann aber doch zur Veröffentlichung freigegeben hatte. Er habe sie also besucht, diese alte Dame, die ihn nur wegen seiner jüdischen Herkunft überhaupt vorgelassen hätte. Er habe mit ihr in ihrem bürgerlichen Salon gesessen, und sie habe ihn gefragt, was er denn von ihr wissen wolle. Und dann habe er ihr gesagt, er hätte sich das Tagebuch ihrer Nichte Charlotte (wenn es denn ihre Nichte war) genau angesehen und da dann ganz am Ende (er nannte ihr die betreffenden Tage) eine Lücke entdeckt, eine Lükke, die den meisten sicher gar nicht auffiele. In diesen fehlenden Tagen sei etwas passiert, etwas ganz Entscheidendes, er wolle wissen, was. Die alte Dame sei bleich geworden, als er ihr dies sagte, so Thomas, und habe ihn sofort rausgeschmissen. Ein paar wenige Tage später habe sie ihn wieder zu sich gerufen, aber allein, ohne die Begleitung seines Schweizer Bekannten, und dann habe sie ihm gesagt, er müsse ein Hellseher sein. Es stimme, an diesen Tagen sei, wie von ihm ganz richtig bemerkt, etwas passiert: Charlotte habe ihren Großvater, der mit in ihrer Familie gelebt und sie jahrelang, schon als junges Mädchen, sexuell mißbraucht habe, ermordet. Sie sei deshalb nach Paris gefahren. In den sicheren Tod. Weil sie über sich selbst das Todesurteil wegen diesem Mord gesprochen habe. Sie habe den Tod gesucht, sie habe ihn gefunden. Das die Geschichte, und ich erzähle sie hier so, wie ich sie in Erinnerung habe. Ich prüfe dies nicht nach. Vielleicht hat Thomas sie ja doch mal notiert, und in seinem Nachlaß im Archiv der Akademie der Künste ließe sich das dann finden. Das sollen andere machen. Bleibt noch anzumerken, daß ihn diese Tante zum Stillschweigen verpflichtet habe, so Thomas, solange sie lebe jedenfalls. Ob sie noch lebte, als er mir diese Geschichte erzählte (und sicher nicht nur mir), das war nicht deutlich aus ihm herauszukriegen. Aber er erzählte sie, und er wußte natürlich auch, daß das ein Stoff ist – wenn er für etwas Gespür hatte, dann für Stoffe. Schade, daß aus der Gelddruckmaschine *3Groschenoper* nichts wurde und damit dann auch nichts aus dem Uraufführungstheater, denn ein Stück, das diese Geschichte erzählt, sie auf die Bühne bringt, das hätte ich ihm dann abgenötigt. Dafür hätten wir Geld lockergemacht, Kurz und ich. Und ich hätte es auch für Thomas zu Ende geschrieben.

Also doch schade um einen deutschen Dichter – wegen Charlotte Salomon.

Was ihn mit Peymann verband, ich verstand es nicht, Peymann inszenierte doch seine Stücke nicht, ließ auch, bis auf *Rotter* und *Lieber Georg*, niemand anderen die Stücke von Thomas in den von ihm geleiteten Theatern inszenieren – mir blieb nur, das Geld zu vermuten, das er von seinem *Mister Payman* für seine Übersetzungsaufträge bekam, aber daß er sich darauf überhaupt eingelassen hatte, Übersetzungen zu machen, mit Übersetzungen sein Geld verdienen zu wollen, das verstand ich doch genausowenig. Aber es war mehr, mehr als das Geld nur, die Abhängigkeit, in die sich Thomas Peymann gegenüber begeben hatte, was die beiden miteinander verband. Es war Zuneigung, es war Liebe, sie mochten sich offensichtlich, und es war Haß, eine Frotzelei, an der sie beide ihren Spaß hatten, daß sie sich gegenseitig beschimpfen konnten, und hört man Peymann über Thomas Brasch sprechen, dann muß er einem sympathisch sein – mir jedenfalls ist er es, was immer sonst auch noch zwischen ihm und mir stehen mag, und das ist ja nicht wenig. Und es gab da diese Geschichten, die die beiden miteinander verbanden, diese Geschichten, die Thomas mir dann nach und nach auch erzählte. Peymann hätte ihn eines Abends angerufen, und das wäre lange, lange hergewesen, in einer Zeit, wo sie sich nur sehr wenig erst kannten, und dieser Telefonanruf, er habe Stunden gedauert. Peymann, so erzählte es mir Thomas, hätte ihm erzählt, daß er sich hatte umbringen wollen, wegen einer Schauspielerin (was sonst, der Mann ist Intendant), daß er sich da bereits auf die Gleise gelegt habe in seiner Verzweiflung, die einer viel befahrenen Strecke, daß er entschlossen gewesen sei, sich von einem Zug überrollen zu lassen, daß er dann aber doch wieder aufgestanden sei, und beides gefiel Thomas, der immer eine große Zuneigung, Verständnis auch für Selbstmörder gehabt hat und auch einem Mann die Feigheit, es dann doch nicht zu tun, nicht verargen konnte. Auch bei mir stieg Peymann gleich, als ich diese Geschichte hörte, die ich ihm so gar nicht zugetraut hatte – wenn es denn eine wahre Geschichte war und nicht nur eine, die Thomas sich ausgedacht hatte. Aber warum hätte er. Seine Geschichten waren doch meistens wahr und nicht nur gute, guterzählte Geschichten. Ich fragte Thomas, was er meine, warum Peymann ausgerechnet ihn angerufen hätte, und Thomas antwortete, das wisse er nicht, er habe mit Peymann auch nie wieder ein Wort darüber geredet – wahrscheinlich war genau dies der Grund, daß Peymann bei Thomas davon ausgehen konnte, er würde da nicht groß psychologisch ein Gewese drum machen, will sich einer umbringen. Thomas machte genau das Richtige, glaube ich seiner Peymann-Geschichte, er forderte Peymann auf weiterzureden, nachdem er mit seiner Selbstmordgeschichte fertig war, irgendwas, nur reden, damit er nicht noch einmal zur selbstmörderischen Tat schreite, und Peymann redete, und redete stundenlang, und Thomas sagte mir, er habe da gar nicht mehr zugehört, habe den Telefonhörer beiseite gelegt, Peymann habe dies gar nicht bemerkt. Ja, so was verbindet, so eine Wenn-sie-denn-wahr-ist-Geschichte – und auch diese andere Geschichte, diese Geschichte verbindet, die Thomas mir dann auch noch erzählte: er habe für Peymann, dann schon Intendant des Wiener Burgtheaters, *Richard den Dritten* übersetzt und sich an diesem berühmten ersten Monolog von Richard, mit dem das Stück beginnt, abgeplagt, genau darin hätte sein größter Ehrgeiz gelegen, diesen Monolog, den jeder Theatergänger in der Schlegel/Tieckschen Übersetzung kenne, anders zu übersetzen, genauer, näher am Shakespeare dran, und sein Vater hätte darüber doch mal während seines englischen Exils geschrieben (gut, das ist natürlich ein Grund), und er glaube, daß ihm dieser Monolog nach einem halben Jahr Ackerei gelungen sei. Zur Premiere nach Wien sei er natürlich nicht gefahren, aber er wäre so dumm gewesen, in die Aufführung beim Berliner Theatertreffen zu gehen, Peymann habe ihm die Karte besorgt, und er habe da dann in der ersten Reihe gesessen und mitanhören müssen, daß dieser Gert Voss als Richard der Dritte statt des von ihm übersetzten Monologs die Schlegel/Tieck-Übersetzung gesprochen habe. Er sei fast geplatzt vor Wut, sei dann in die *Paris Bar* gegangen, wo Peymann auf ihn gewartet habe, der nie in seine Vorstellungen ginge, und Peymann habe ihn mit großen Augen angesehen, erwartungsvoll und auch erstaunt darüber, daß er schon, ohne die Aufführung bis zu ihrem Ende abzusitzen, gekommen sei. Er habe zu Peymann gesagt, es sei ihm eines klargeworden, wer im Theater die Macht habe, und das sei nicht er, dessen Text dort gesprochen würde, sondern Peymann, der Intendant. Aber, so habe er ihm gesagt, auch er besitze Macht, Macht zum Beispiel über Frauen. Und dann habe er die Frau angeschaut, die Peymann neben sich zu stehen hatte (eine Schauspielerin natürlich, was sonst, seine damalige Geliebte), und gesagt, wenn er der nun sage, sie solle mit ihm mit auf die Toilette kommen, dann würde sie es tun. Peymann habe darauf völlig konsterniert reagiert: warum?, und wieso er davon ausginge, daß seine Freundin mit ihm kommen würde? Darauf will Thomas geantwortet haben: einfach, weil er besser aussehe. Und dann habe es eine Pause gegeben, und nach dieser Pause habe er diese Frau aufgefordert, mit ihm auf die Toilette zu kommen, und sie sei mit ihm gegangen. Ich fragte ihn, was er mit dieser Frau dann in der Toilette gemacht habe – die

Antwort von Thomas: nichts, sie hätten beide nur darüber gerätselt, ob Peymann nun die Tür kaputtschlage oder den Schwanz einziehen und verschwinden würde. Die Freundin von Peymann habe letzteres vermutet und damit auch recht behalten – so was verbindet natürlich, richtige Männer verbindet es. So eine Geschichte, wenn sie denn eine wahre Geschichte ist. Aber damit waren die schönen Peymann-Geschichten von Thomas noch nicht zu Ende, er hatte noch eine zu erzählen, noch so eine vielleicht nur schöne und doch nicht ganz wahre Geschichte: ein paar Jahre später, Jahre, in denen es keinen Kontakt zwischen ihnen beiden gegeben habe, hätte Peymann von ihm eine *Macbeth*-Übersetzung haben wollen, trotz dieser Episode in der *Paris Bar*, er habe also für Peymann, und gegen gutes Geld natürlich, den *Macbeth* übersetzt, und dann sei Peymann zu ihm nach Berlin gekommen, um mit ihm diese Übersetzung durchzugehen, und dies müsse man Peymann lassen, darin sei er immer sehr genau gewesen. Sie hätten da also intensiv an dem Text gearbeitet, und plötzlich aber, mittendrin, habe Peymann gesagt, es solle da, wo es bei Thomas *solle* hieß, *könne* heißen. Er habe dies Peymann dann klarzumachen versucht, warum es an dieser Stelle nur *solle* heißen könne und nicht *könne*, von der ganzen Situation her, Peymann aber habe dies nicht einsehen wollen. Er habe Peymann daraufhin den *Macbeth* von Shakespeare in der englischen Urfassung gezeigt, und dort hätte es ganz klar und eindeutig gestanden: *should* und nicht *could* – Peymann aber habe nur einen kurzen Blick darauf geworfen und dann gesagt, bei ihm aber solle es nicht *solle*, sondern *könne* heißen. Darauf sei ihm klargeworden, daß es bei dieser ganzen Debatte gar nicht um die Worte gegangen sei, sondern um Macht, Peymann habe einfach seine Macht demonstrieren wollen. Er habe da zu Peymann gesagt, er würde jetzt mal für eine halbe Stunde ums Karree gehen, um sich darüber klarzuwerden, ob er ein Opportunist sei. Und das habe er dann auch gemacht, beschworen von Peymann, sich ja nicht zu betrinken – ich fragte Thomas, was denn nun bei seiner Selbsterforschung herausgekommen wäre. Thomas lachte und sagte, daß ich dies doch längst wisse, er brauche Geld.

Ja, so was verbindet natürlich zwei Männer – wobei ich jetzt gar nicht noch einmal hinzufügen muß, mich zu diesen Männern nicht zu zählen. Wobei ich jetzt aber wahrscheinlich doch erklären müßte, warum ich bereit war, mich mit diesen beiden Männern einzulassen, als Peymann dann von der Wiener Burg an das Berliner Ensemble wechselte – das war allein die Idee von Thomas: er schrieb an Peymann einen Brief, noch nach Wien, in dem stand, wenn er denn hier in unserem Berlin eine Chance haben wolle, dann müsse er sich mit den beiden Leuten verbinden, die einzig und allein von dieser Stadt etwas verstünden, und der eine dieser beiden, das war natürlich Thomas, der andere, das sollte ich sein. Ausgerechnet ich. Der Verfassungsrichter, der Autor von Stücken, die niemand spielen wollte. Ich fand's einfach süß von Thomas. Rührend naiv. Und durchtrieben natürlich auch, denn sein Vorschlag an Peymann ging ja noch weiter und näherte sich damit dem, was Thomas eigentlich beschäftigte: Peymann solle da Havemann und Brasch eine Stückefabrik machen lassen, ein dem Berliner Ensemble zugeordnetes Theaterlaboratorium, und das nun, und damit waren wir beim Kern des ganzen Unterfangens, es sollte seinen Platz in der Wohnung von Thomas finden, beim BE um die Ecke, wie praktisch, und daß Peymann dann für die Wohnung von Thomas die Miete übernehme, das war ja wohl klar – für Thomas.

Und dann unser eigentlich letztes Gespräch: wiederum im *Ganymed*, an einem der vor das Lokal gestellten Tische, und Thomas erzählte mir, daß er also Peymann getroffen habe, mit ihm hier vor ein paar wenigen Tagen am gleichen Tische zusammengesessen habe – der Brief von Thomas an ihn, er sei nur kurz Thema gewesen, und Peymann hätte auch gesagt, was von dem Havemann, also mir und meinem Stück über Rosa Luxemburg zu halten wäre, das wisse er noch nicht. Und dann habe ihm Peymann gesagt, er würde seine Sprache schätzen, seine Sprachgewalt, seine dichterischen Fähigkeiten, seine Shakespeare-Übersetzungen, aber Thomas wisse dies doch, daß er mit seinen Stücken nichts anfangen könne, nie habe etwas anfangen können – was dann also klipp und klar bedeutete, daß er gar nicht daran dachte, im BE unter seiner Direktion ein Stück von Thomas Brasch aufzuführen. Der Kommentar von Thomas dazu erschreckte mich in seiner Resignation und Schwäche: er habe sich den Peymann wohl zu rosig zurechtgemalt – so etwas hätte er früher nie gesagt, nie zugegeben. Und dann: Peymann habe ihn gebeten, ihn aufgefordert, Shakespeares *Richard der Zweite* zu übersetzen, er habe ihm einen hübschen Batzen Geld dafür geboten, und damit also den wunden Punkt bei ihm getroffen – wir müßten doch schließlich alle Geld verdienen mit unserer Kunst. Und während er dies sagte, trafen sich unsere Blicke, und Thomas wußte genau, was ich in diesem Moment dachte: daß ich mich noch nie in meinem Leben davon abhängig gemacht hatte, mit meiner Kunst Geld zu verdienen, daß ich lieber putzen gegangen bin, als mich diesen Zwängen zu unterwerfen, und natürlich haßte er mich in diesem Moment seines Offenbarungseides wieder, aber es war für mich auch in seinem Blick so etwas wie Scham zu verspüren, die Schmach, bei einer Schwäche ertappt worden zu sein – auch wenn Thomas nicht kurz darauf gestorben wäre, wäre dies unser letztes Gespräch gewesen, wenn nicht für immer, so doch wieder für Jahre.

Er muß in unendlichen finanziellen Schwierigkeiten gesteckt haben, in einer Schuldenfalle, aus der kein Herauskommen mehr für ihn war – auch Thomas gehörte zu denjenigen, die da meinen, sie müßten, weil keiner geregelten Arbeit nachgehend, dann auch keine Steuern an den Staat abführen, aber das Finanzamt kam ihm dann doch irgendwann mal auf die Schliche. Er hat mir da dann wüste Geschichten erzählt von einer jungen Frau, an die er sich gezielt herangemacht habe, weil ihr Daddy Banker war, und er hat ohne Ende über Unseld geflucht, seinen Verleger, den er dann nur noch *Ungeld* nannte, weil der ihm nicht aus der finanziellen Patsche heraushelfen wollte und ihm dann nur einen Kredit von ein paar zehntausend Mark gewährte, und das mit einem Zinssatz von horrenden 8% – ob's stimmt, ich weiß es natürlich nicht, ich bin auch nicht der Freund, mit dem man gut über Geld und Geldsorgen reden kann. Jedenfalls von Peymann redete er in diesen Money-Dingen gut, er nannte ihn *Payman*, von *to pay*, gleich bezahlen, weil er bezahlte, wenigstens das. Das Finanzamt soll ihm mächtig zugesetzt und ihn dann dazu aufgefordert haben, seine Einnahmen mit den Ausgaben stärker in Korrelation zu bringen, so daß er sich durch diese Bürokraten genötigt sah, eine regelrechte Liste dessen aufzustellen, was er denn so ausgebe, und da dann, shocking sicher für die armen Beamtenseelen, schrieb er, daß er 5 Tausend Mark im Monat für Huren und Koks brauche.

Wir waren miteinander verabredet, wollten uns, wo sonst, in seinem *Ganymed* treffen, auf dem Weg dorthin, direkt nachdem ich den Bahnhof Friedrichstraße verlassen hatte, dachte ich plötzlich, daß wir doch vielleicht niemals alt zusammen werden, so alt und alt genug, daß von unserer Freundschaft nur die Freundschaft übrigbleibt, ich dachte daran, daß Thomas zu den Männern gehören könnte, die Ende Fünfzig, Anfang Sechzig sterben, denn das ist ja so ein Alter, wo der Tod einige Männer hinwegrafft. Plötzlich war mir klar: Thomas könne zu ihnen gehören, und noch ganz unter dem Eindruck dieses Gedankens, als wir uns dann draußen vor seinem *Ganymed* gegenübersaßen, sagte ich ihm das. Daß ich daran gedacht hätte, er könne mir bald wegsterben. Eigentlich war unser Verhältnis nicht so, nicht mehr so, daß wir über solche Dinge sprachen, über etwas so Persönliches. Er kannte meine Familie nicht, hatte mich nie als Vater sehen, nie meine Frau kennenlernen wollen. Aber ich stand so unter dem Eindruck dieses Gedankens an seinen Tod, seinen für mich zu frühen Tod, der ich doch immer darauf gehofft hatte, daß das alles, was uns an unserer Freundschaft hinderte, wegfallen könne, wenn wir richtig alt seien, daß ich es ihm sagen mußte, darüber sprechen mußte. Thomas schaute mich mit einer unendlichen Traurigkeit an, und dann sagte er, er habe am Tag zuvor eine Herzattacke gehabt, wahrscheinlich einen Infarkt, sei bei sich oben in der Wohnung zusammengebrochen. Ich fragte ihn, was denn der Arzt dazu gesagt habe, seine Antwort: er wäre gar nicht beim Arzt gewesen. Nun war unser Verhältnis nicht so, und war es sicher niemals, daß ich ihm da hätte sagen können, er solle zum Arzt gehen, sich unbedingt in ärztliche Behandlung begeben. Mein Gedanke: er ist alt genug, um zu wissen, was er tut oder nicht tut. Wir redeten also über etwas anderes und wieder über gemeinsame Theaterpläne, dann aber am Ende unseres Gespräches sagte er, er danke mir, daß ich ihm davon erzählt hätte, davon, daß ich daran gedacht habe, er könne bald sterben – er hatte mir noch nie für irgend etwas gedankt, nun dankte er. Ich wehrte es nicht ab. Dann sagte er, sich schon von seinem Platz erhebend, seine unvermeidliche Zigarette dabei ausdrückend, er würde jetzt zum Arzt gehen. Und das machte er, und der Arzt behielt ihn natürlich sofort da, wies ihn in ein Krankenhaus ein. Einen Tag später unterzogen sie ihn einer ausführlichen Untersuchung, wollten sie mit einer Sonde in sein Herz hinein. Irgend etwas lief schief dabei, er starb ihnen fast auf dem Operationstisch. Sie schnitten ihm die ganze Brust auf, ich habe später die Narbe gesehen. Vom Bauch unten bis zum Jochbein – wie schmächtig er geworden war. Ein Männchen. Ein Jahr später war er tot.

Doch, einmal noch habe ich ihn wiedergesehen, und dies, nachdem ich mir mit Fritz *The Cat* Kurz Peymanns Inszenierung von *Richard dem Zweiten* angeschaut hatte, in der Übersetzung von Thomas, wofür er uns beiden die Karten besorgt hatte – die Inszenierung, so Thomas zu mir am Telefon, wäre gar nicht so schlecht, was bei ihm hieß, daß er sie eigentlich gut fand, ich solle sie mir unbedingt ansehen, und dies tat ich dann also auch, zusammen mit Kurz, und wir beide, wir wähnten uns in ein Provinztheater versetzt. Und als wir danach ins *Ganymed* kamen, wo Thomas natürlich wie immer und fast jeden Abend herumsaß und residierte, bedurfte es für ihn nur eines Blickes, um in meinem Gesicht zu erkennen, was ich von der von ihm gepriesenen Inszenierung hielt: nämlich gar nichts. Es war gar nicht nötig, noch darüber zu sprechen. »Wenn man die Welt nicht ändern kann«, sagte Thomas wie so oft, »wechsele man das Thema.« Und das Thema war dann Kokain und die Dummheit des Fußballtrainers Daum, der geglaubt hatte, seinen Kokainkonsum leugnen zu können, und zu diesem gerade aktuellen Thema hatte ich nichts beizutragen. Kurz aber wohl, und so saß ich dann nur dabei, als sich die beiden über die Dummheit dieses Fußballers lustig machten, trank eine Tasse Kaffee und verschwand.

Und dann noch diese Beerdigung, diese Toten- und Gedenkrede von Raddatz, dem einstigen Feuilleton-Chef der *ZEIT*: Thomas Brasch, so Raddatz rücksichtslos, Thomas Brasch, wäre *Haut* gewesen – *Haut*, nicht Haut und Knochen am Ende, sondern *Haut*, und nicht etwa, wie für einige andere Anwesende, ein Freund, ein Mann, ein Liebster oder vielleicht sogar ein Dichter. *Haut*, und Raddatz mußte es uns sagen, die wir also diesen Mann doch nicht gekannt hatten, und er erwähnte sie nicht etwa nur einmal, seine großartig dichterisch-kitschige Metapher von der Haut, die Thomas Brasch gewesen sei, er wiederholte sie so oft, daß ich kurz davor stand, einen meiner berühmten und von Thomas so sehr gefürchteten Zwischenrufe zu machen. Es lag mir auf der Zunge, bei der nächsten *Haut*, die Thomas gewesen sein sollte, laut *Und Vorhaut* dazwischenzurufen, aber ich unterließ es – Thomas hätte es ja schließlich nicht mehr hören können. Also war er tot.

GEZETT

Thomas Brasch, Aufnahme vom Februar dieses Jahres.

Freunde

Hat Havemann Freunde? Ja, Havemann hat Freunde. Aber hat Havemann auch wirklich Freunde, Freunde, auf die sich Havemann verlassen kann, mit denen Havemann auf Dauer vertrauensvoll auskommen und zusammenleben kann? Nein, solche Freunde hat Havemann nicht, kann Havemann nicht haben. Die Zeiten sind nicht danach, daß für Havemann etwas wirklich von Dauer sein kann, und dann sind auch Havemanns Leidenschaften viel zu stark, als daß sich mit einem Havemann ohne Streit leben ließe. Also hat Havemann gar keine Freunde. Doch Havemann hat Freunde, aber diese Freundschaften gleichen mehr der Liebe mit ihren Unwägbarkeiten, ihren Verletzungen, ihrem Glück aber auch. Und diese Freundschaften, sie können auch lange andauern, aber niemals etwas Konstantes sein, nichts, worauf sich Havemann wirklich als sicher verlassen könnte. Das sind immer nur Freundschaften, auf die eventuell zurückzukommen ist, die sich wieder erneuern, wieder beleben lassen, Freundschaften, die da sind und zugleich auch nicht da sind. Ewig und prekär.

Hat Havemann Freunde? Havemann hat Freunde. Daran will ich glauben, daran mich festhalten, daß Havemann zur Freundschaft fähig ist, Havemann Freunde haben kann, Menschen, denen sich Havemann anvertraut, Menschen, denen Havemann nah sein kann. Mein Großvater hatte diesen Freund Heise, diesen Maler, der sich umgebracht hat und dessen hinterbliebene Geliebte er dann so sehr tröstete, daß sie seine Frau wurde. Und er hatte später Edmund Kesting zum Freund, diesen bemerkenswerten Fotografen, der auch Maler war. Und er wird sicher in seinem langen Leben noch ein paar mehr Freunde gehabt haben, von denen ich nur nichts weiß. Und mein Vater, mein Vater ist doch ohne Freunde gar nicht zu denken. Dieser Großcurth, mit dem er die Widerstandsgruppe *Europäische Union* gegründet hat, war sicher ein Freund von ihm, ein enger Freund, ein echter Vertrauter. Und nach dem Krieg dann war Sandberg, der Karikaturist und Begründer des *Eulenspiegel*, bei ihm noch *Ulenspiegel* genannt, sicher ein richtiger Freund. Auch Stefan Heym, der Schriftsteller. Und dann natürlich Wolf Biermann, der Dichter, der Liedermacher. Und auch seine wichtigsten Assistenten in der Humboldt-Uni, dem chemisch-physikalischen Institut dort, deren Direktor er war, Haberditzel, Pietsch und Schiller, wären da wohl zu nennen, mit denen er auch privat so viel Zeit verbracht hat. Und Werner Tzschoppe, der Parteisekretär der Universität. Und Bunge vielleicht auch, Hans Bunge, der Leiter des Brecht-Archivs. Aber Freundschaften halten nicht unbedingt ewig, und die meines Vaters, sie hielten dem politischen Druck nicht stand und konnten auch die Veränderungen nicht verkraften, die sich in meinem Vater aufgrund dieses Druckes vollzogen. Es blieb ihm nur Wolf Biermann, der so viel jüngere Wolf Biermann, und das Verhältnis zwischen den beiden, es war auch mehr als nur Freundschaft: ein Vater-Sohn-Verhältnis. Doch auch diese ganz besondere, ganz spezielle Freundschaft geriet dann in eine schwere Krise, und von ihr blieb später nur ein notdürftig wieder gekittetes Zerwürfnis, und ich würde meinen, daß es ein entscheidendes Stück weit auch politisches Kalkül von meinem Vater gewesen ist, es mit Biermann nicht zum Bruch kommen zu lassen. Havemann, das bedeutet, Freunde zu haben, und auch ich habe und hatte Freunde, Freunde, die sehr wichtig für mich waren, ohne die ich eigentlich gar nicht zu denken bin – wer mich kennenlernt, wird immer auch von diesen Freunden von mir erfahren: von Thomas Brasch also, von Einar Schleef und diesen drei jungen Künstlern, die ich im Alter von 11 Jahren kennenlernte, von Stangl, Scheib und Manni Strehlau. Thomas ist tot, und Schleef ist tot, mit Stangl und Scheib bin ich immer noch befreundet, die ich beide auch als Künstler schätze. Mit Strehlau, das ist eine andere Geschichte – sie gehört in das traurige 68er Kapitel. Und ich glaube, ich bin gerade dabei, ein paar neue Freunde zu gewinnen: Daniel Küchenmeister, Holger Keller, Helge Meves, Olaf Miemiec, Thomas Wieczorek, die Leute, mit denen ich diese *Zeitschrift für unfertige Gedanken* mache.

Havemann hat Freunde. Aber stimmt das denn wirklich, oder bilde ich mir das nur ein, weil ich gerne Freunde hätte? Habe ich denn wirklich Freunde, Freunde gehabt? Oder waren diese Freundschaften nicht doch etwas anderes? Wenn ich das mit Schleef eine Liebesgeschichte nenne, eine letztlich unglückliche – was war das dann mit Thomas? War das denn eine Freundschaft? Mein Freund Thomas. Habe ich immer so gesagt. Aber? Wer mich über Thomas reden hört, über unsere Beziehung, wird das vielleicht gar nicht verstehen, was daran eine Freundschaft gewesen sein soll. Eine enge Bindung, das ja. Ein Voneinander-dann-doch-nicht-Loskommen. Auch wenn ich für mich die Sache mit ihm beendet glaubte, in dem Moment, wo er sich wieder bei mir meldete, war sie sofort wieder lebendig. Und auch mit Schleef wohl hätte ich das nie ganz ausgeschlossen, daß wir noch einmal zusammenkommen. Sofort und bis zu unseren letzten Begegnungen bei Thomas und mir auch dieser unerfüllbare Traum davon, zusammenzuarbeiten. Was war das mit ihm? War das nicht auch eine Liebesgeschichte? Eine dann auch wiederum unglückliche Liebe? Thomas spricht in diesem einen Brief an mich von uns beiden als zwei Brüdern – vielleicht trifft es das eher. Es hat ja auch so früh begonnen. Und so lange gedauert. Da gab es zuviel, was uns miteinander verband. Zuviel Trennendes aber auch. Ein Kampf, das war es auch. Wir konnten uns gegenseitig verletzen, wir haben es getan. Auch das verbindet. Er wird so negativ über mich gesprochen haben wie ich über ihn, davon ging ich jedenfalls die meiste Zeit aus. Richtig gegeneinander gehetzt haben wir, und hätte man mir das vorgehalten, hätte ich doch immer gesagt, daß das mein Freund ist, über den ich so spreche. Treue? Trotz alledem auch das, auch Treue. Hätte er mich gerufen, meine Hilfe gebraucht – aber ich habe dann ja auch meine Hilfe verweigert. Habe ihn vorsichtshalber fast nie um seine Hilfe gebeten. Also auch Untreue, eine Geschichte des Verrats. Aber wir gehörten zusammen. Und was sonst ist Freundschaft? Im Moment weiß ich's gar nicht mehr und würde das doch eine Freundschaft nennen wollen, und warum soll es nicht auch, wie es die unglückliche Liebe gibt, nicht ebenso auch die unglückliche

Freundschaft geben. Vielleicht aber auch weiß ich diesen Unterschied gar nicht zu machen, den zwischen Liebe und Freundschaft, und nenne es nur eine Freundschaft, was mich mit Thomas verband, weil ich zu feige bin, es eine Liebe zu nennen. Bei Schleef bin ich da mutiger – weil's da klarer war? Weil er viel emotionaler war und nicht so sentimental wie Thomas, der dem ungelebten Leben hinterhertrauerte. Den verschenkten Möglichkeiten. Der ihm unmöglichen Liebe zu mir. Bei Schleef gab es ganz klar diese sexuelle Komponente, die auch Thema zwischen uns war. Wenn auch in völlig idiotischer Weise. Und bei Thomas? Natürlich hätte er den 12-, 13jährigen Flori unsittlich berühren können, mich in sein Bett nehmen, und vielleicht wäre es das dann gewesen. Alles klar, aber er, der Ältere hätte es tun müssen. Doch das war doch überhaupt seine Sache nicht. Ein Frauenmann. Ein Fraueneroberer. Gefiel er mir denn, ich meine, als Mann? Darauf wäre es nicht angekommen. Bei meiner Weiblichkeit nicht. Keine Homosexualität, Homoerotik, das aber ja. Ins Geistige verlagert. Wenn man nur wüßte, wer man ist. Wenn ich's nicht behaupten müßte, es zu wissen. Wenn ich mich nicht behaupten müßte. Weil ich nicht einfach bin und sein kann. Ein Mensch im fortwährenden Entwurfsstadium. Die teilweise bis ins Detail ausgearbeitete Skizze eines Menschen, der große Rest verliert sich im Ungefähr. Und dann drehe ich die Seite um und definiere mich wieder neu.

Havemann hat Freunde, und diese Freunde, das müssen nicht nur Männer sein, Havemann hat auch Freundinnen, Frauen, die Freunde für Havemann sind. Mein Vater hatte die alte Frank, mein Vater hatte die Tochter der alten Frank, Ingeborg Hunzinger, und ich wiederum war mit deren Tochter befreundet, mit Peewee. Natürlich war das Freundschaft, eine enge Freundschaft sogar – wie sonst hätte ich ihr, hätte sie mir vertrauen können, als es um unsere Flucht in den Westen ging. Was auch immer daraus wurde, davon rücke ich nicht ab. Und ich hatte Sanda Weigl, die meine Freundin war, ich hatte die Panse, mit der mich dann auch im Westen noch so viel verband. Ich hatte Irene Klokemann, hatte

Katharina Voigt, die mir so viel geholfen hat, ich hatte Uli, und diese Freundschaften, sie sind auch nicht zu Ende, sind auch dann nicht zu Ende, wenn wir uns lange nicht sehen. Und auch Nina, die mich liebte, die ich liebte, wurde dann meine Freundin, ██████████ ██████████████████████████ ██████████ Nein, ich mache diese strikte Trennung nicht, die zwischen Liebe und Freundschaft, und genau das macht es vielleicht so schwer. Für mich, für die, mit denen ich, die mit mir befreundet sind. Weil das dann als Freundschaft eine sehende Liebe ist, keine blinde. Und wir sind alle untreue Schufte, sind alle Egoisten, wir sind uneigennützig in unserer Freundschaft und benutzen uns gegenseitig auch, wir sind gut, und wir sind schlecht, wir kennen uns zu gut, als daß wir uns auf Dauer etwas vormachen könnten. Freundschaft nur als Trotzdem-Freundschaft. Eine Treue, die die Untreue mit einschließt. Menschen, die miteinander können und auch nicht miteinander können. Die sich nah sind und doch besser Abstand zueinander halten. Die Verletzungsgefahr ist zu groß. Milde und Nachsicht helfen da wenig. Und dann vergessen wir doch nicht den Überdruß, wenn man sich zu gut kennt und weiß, wie wenig sich Menschen ändern können. Selbst dann ändern, wenn sie sich ändern.

Früh- und Spätentwickler

Am 13. Dezember 2006, auf dem Weg zum U-Bahnhof Nollendorfplatz, kommt mir ein Mann meines Alters entgegen, ein bißchen versoffen und verkatert aussehend, mit Bart und hochgezogenen Schultern. Als er mich sieht, sagt er, mehr für sich, aber so, daß ich es hören kann: »Der Idiot lebt ja immer noch.« Und dann nach einer kurzen Pause, als er direkt neben mir ist, fügt er dem noch hinzu, als wolle er sicher sein, daß ich wisse, mit diesem *Idioten* gemeint zu sein: »Dieser Havemann.«

Ich bin auf dem Weg von der Schule meiner Kinder, aber nicht am Morgen wie so oft, wenn ich sie in ihre Schule bringe, sondern es ist mittags um eins, und der Idiot, der ich bin, war wieder mal für ein paar Stunden ehrenamtlich für den Verein tätig, der den Hort für diese Schule betreibt und organisiert, in die meine Kinder gehen. Es muß da jemand Neues eingestellt werden, eine Erzieherin, und ich habe mit die Auswahl zu treffen, und ich hasse das, wissend, was es für all diejenigen bedeutet, die wir nicht einstellen, noch nicht mal zu einem Vorstellungsgespräch einladen werden: eine weitere sich für sie zerschlagende Hoffnung auf eine Arbeit, einen Job, ihr Fortkommen, für ihr Leben. Dieser Havemann aber lebt, immer noch, und irgendwie kommt er durch, und manchmal kann er es selber nicht glauben, so lange durchgehalten zu haben. Diese vielen Jahre als Reinigungskraft waren hart, das Richteramt, das ist leicht, leicht, auch wenn es da diese bitteren Momente gibt der völligen Machtlosigkeit bei Verfassungsbeschwerden von Menschen, denen es richtig schlechtgeht, oft auch durch eigenes Verschulden, Mitverschulden zumindest. Aber das ändert ja nichts daran, daß auch ihnen geholfen werden müßte. Havemann lebt, lebt noch, der Idiot, aber die Zeit seines Richteramtes geht irgendwann und in absehbarer Zeit zu Ende, und: was dann? Wird er sich dann selber irgendwo bewerben müssen und vielleicht noch nicht mal zu einem Vorstellungsgespräch eingeladen werden?

Ich bin auf dem Weg zu einer Galerie in der Nähe der Friedrichstraße, und in der Nähe der Friedrichstraße, das ist für eine Galerie schon mal eine gute Adresse, und diese Galerie hat auch einen Namen, nicht nur eine gute Adresse, die bloß Geld kostet. Ich will mich in dieser Galerie mit meinem Freund Stangl treffen, dem Maler, ich Idiot will nämlich über meinen Freund Stangl etwas schreiben, eine Rezension, eine Ausstellungsbesprechung, etwas, das drüber noch hinausgeht, einen Essay über seine Malerei, seine Bilder, und natürlich habe ich keinen Auftrag dazu, werde ich damit kein Geld verdienen, ich will ja für die von mir mitherausgegebene *Zeitschrift für unfertige Gedanken* schreiben, bei der kein Geld zu verdienen ist, für die zu schreiben nur Zeit kostet. Aber ich will es machen, ich habe es vor. Weil das mein Freund ist – was aber nicht Grund genug wäre, habe ich doch ein paar Freunde, über die ich auch was schreiben könnte, aber nichts schreibe. Havemann hat Freunde. Havemann ist ohne Freunde nicht zu denken. Und Stangl ist mein Freund schon seit ewig, ich glaube, ich muß 11, 12 gewesen sein, als ich ihn kennenlernte, damals im Kulturhaus der Jungpioniere im Theater der Freundschaft unterm Dach, im Zeichenzirkel dort, und schreiben will ich über ihn nun, weil ich gut finde, was er macht, seit ein paar Jahren schon richtig gut finde, was er malt, und ich scheue mich nicht, dies zu sagen, ihn für einen der besten Maler überhaupt halte, die wir in Deutschland haben – aber als Kategorie interessiert mich das natürlich gar nicht, jedenfalls nur insoweit, als ich sicher bin, daß es irgendwann eine Umwertung der Prioritäten geben wird, eine Sicht auf die Kunst der Gegenwart, bei der dann mein Freund Stangl als einer der besten Maler dieser Zeit gelten wird. Und natürlich ist das schön, einen Freund zu haben, dessen Kunst man schätzt, und für mich ist dies besonders schön, weil ich in Thomas Brasch und Einar Schleef Freunde hatte, bei denen das nicht so war, und man kann doch mit einem Künstler nicht gut befreundet sein, dessen Werk man nicht wirklich schätzt. Auch diese Künstler können es nicht, mit jemanden wie mir auf Dauer befreundet sein, wenn ich ihre Kunst nicht schätze, nicht liebe, nicht wirklich gut finde.

Wir wollen uns in dieser Galerie treffen, wo er ausstellt, weil ich für meinen Artikel über ihn ein paar Bilder brauche und es ja gerade der große Vorteil des Internet ist, in dem dieser *Unfertige Gedanke* erscheint und mit ein paar wenigen Mausklicks aufzurufen ist, daß man da Platz hat, Platz auch für die Bilder, über die ich schreiben will. Ich war bei der Vernissage, und nun will ich von der Galerie die Bilder haben, und Stangl muß dabeisein, dies mit der Galeristin zu besprechen, deshalb treffen wir uns, deshalb haben wir uns dort verabredet. Aber wie das so ist, natürlich gibt es mit dieser Frau ein darüber hinausgehendes Gespräch, nachdem das so schnell und problemlos mit den Bildern geklärt ist, und Stangl erzählt ihr dann davon, wie lange und woher wir uns beide kennen, und plötzlich, wie das so ist bei Menschen, die sich so lange kennen, sind die alten Zeiten wieder da. Wir vier: Manni, Scheib, Stangl und ich und wie wir als kleine Jungs die Ost-Berliner Kunstszene aufgemischt haben, bei jeder Ausstellungseröffnung dabei, bei jeder öffentlichen Diskussion, wo es um Kunst ging, dumme, provokante Fragen stellend, die die Kulturfunktionäre zur Weißglut brachten, und dann immer wieder unsere unmöglichen Eintragungen in die Gästebücher, die bei den großen Ausstellungen immer auslagen. Stadtbekannt, und dem Leiter dieses Kulturhauses, Rolf Bräuer, wurde darüber immer Meldung erstattet, wie wir uns wieder in der letzten Woche hervorgetan hatten, und er nahm uns ins Gebet und lächelte dabei, denn es gefiel ihm doch, daß wir uns einmischten, den ganzen langweiligen Laden aufmischten, der Parteiauftrag aber lautete, daß er sich verdammt noch mal um uns vier zu kümmern, uns von weiteren Provokationen abzuhalten habe. Aber natürlich ließen wir uns nicht abhalten, jede Rück- war eine Erfolgsmeldung, ein Ansporn für weiteren Unsinn.

Darüber reden wir, in der Galerie sitzend, und ich erinnere Stangl an diese eine Diskussion nach dem kulturpolitisch für die DDR so wichtigen 11. Plenum der Partei im Kulturhaus der Bauarbeiter an der Karl-Marx-Allee, die ich hier wieder bei ihrem wahren Namen und also Stalinallee nennen muß, denn genau hinter das Stalindenkmal war es doch gebaut worden, dieses Kulturhaus der Bauarbeiter, das natürlich niemals ein Kulturhaus für Bauarbeiter gewesen ist, von Bauarbeitern nur erbaut wurde – das hatte in der Zeitung gestanden, im *Neuen Deutschland*, daß es da diese Diskussion geben würde über Entwicklungen in der Kunst, und eine Diskussion war das eigentlich nicht und eine eigentlich öffentliche schon gar nicht, sondern eine allein für Funktionäre gedachte Veranstaltung, eine Veranstaltung, bei der subalterne Kulturfunktionäre auf den neuesten Stand dessen gebracht werden sollten, was nach dem 11. Plenum der SED erlaubt ist, gerade noch geduldet wird oder bekämpft zu werden hat auf dem Gebiete der Kunst. Aber niemand verwehrte diesen vier Jungs den Eintritt – vielleicht sahen die Genossen Funktionäre in uns Abgesandte der Pionierorganisation Ernst Thälmann, die ebenso wie sie über die neuesten Entwicklungen unterrichtet werden sollten, der ideologische Kampf muß auch auf die Jugend sich erstrecken, überall ist feindlichen

Einwirkungen vorzubeugen. Wir saßen da erst ganz artig da in einer der hinteren Reihen und hörten uns diesen ganzen Schwachsinn an, dann aber gab es ein paar Dias zu sehen und den angeödeten Funktionären zu zeigen, die schon auf ihre Uhren schauten und endlich nach Hause kommen wollten, und im Schutze der Dunkelheit dann fingen wir an, unsere blöden, provozierenden Zwischenrufe zu machen, wenn da diese großartigen Bilder von Walter Womacka zu sehen waren, ihrem parteifrommen Lieblingsmaler, oder von Willi Sitte, der ihnen eher schwer im Magen lag, den sie aber duldeten. Und danach dann begann die Diskussion, eine Fragerunde, die Funktionäre sollten Nachfragen stellen dürfen, damit dann noch alle Unklarheiten beseitigt werden könnten, sich auch zeige, ob sie auch ja alles gut verstanden hatten und im Sinne der Partei, die immer wieder ihre Linie änderte, kolportieren und nach außen tragen konnten, und da dann meldeten wir vier kleinen Jungs uns mit unqualifizierten Äußerungen zu Wort, was dann erst die Diskussion verlängerte, sie dann aber doch für das Gros der Funktionäre abkürzte, denn natürlich wurde sie wegen unserer Provokationen dann sehr plötzlich und vorzeitig abgebrochen. Und danach dann erwarteten sie uns schon im Foyer, und es waren ihrer vier Funktionäre, die sich bereit gefunden hatte, sich diese vier aufmüpfigen Jungs vorzuknöpfen, für jeden von uns einer. Und das waren dann zwei Reihen, wir vier nebeneinander und vor uns diese vier eifrigen Funktionäre im ideologischen Sondereinsatz, die unaufhörlich auf uns einredeten, denen wir eifrig Kontra gaben, und dann muß ich den, der vor mir stand, einen älteren Genossen mit nicht ganz so guten Nerven, derart geärgert und aufgebracht haben, daß er mir an den Kragen ging, mich am Schlafittchen festhielt und mich nach meinem Namen fragte und in welche Schule ich ginge, er wolle Meldung über mich erstatten. Ich nannte ihm meinem Namen, und als er den Namen Havemann hörte, ließ er sofort ab von mir, wich er entgeistert, entsetzt vor mir zurück. Als wäre ich verseucht, als wäre ich ein Unberührbarer, und das im doppelten Sinne des Wortes: jemand, dem man besser nicht begegnet und zu nahe komme, jemand aber auch gegen den man nichts machen, nichts unternehmen kann. Plötzliche Stille, die drei anderen Genossen schauten ihren Mitstreiter an der ideologischen Front fragend an, und der, der wiederholte nur »Havemann«, und damit war alles klar, die Debatte mit uns vieren beendet, und wir konnten von dannen ziehen. Aber natürlich hatte Rolf Bräuer dann am Mittwoch drauf, als wir bei ihm antanzten, den genauen Bericht darüber, und diesmal grinste auch er nicht.

Darüber sprechen wir, Stangl und ich, in dieser Galerie neben seinen Bildern sitzend, und dann erzähle ich ihm, was mir eben grad auf meinem Weg zu ihm und in seine Galerie passiert ist: »Der Idiot lebt ja immer noch. Dieser Havemann.« Und Stangl sagt: »Siehst du, es hört nicht auf.« Und dann sagt er, daß es erst richtig wieder losgehen würde, wenn ich mein Havemann-Buch fertig habe, in dem Havemann lebt und immer noch am Leben ist. Ja, das ist Havemann. Unumstritten, von niemandem angefeindet, kein Ärgernis, das ist nicht Havemann. Und deshalb muß ich hier die Ehre meines Vaters retten, der nur noch ein Monument ist, ein Denkmal seiner selbst, allseits geachtet. Weil das nicht Havemann ist. Weil Havemann nur gut ist, wenn Havemann lebt und lebendig ist und also ein Ärgernis. Umstritten. Und auch angefeindet. Nur so war doch auch mein Vater gut und ein Havemann. Und jeder Tag, den er dann trotz seiner schweren Krankheit am Ende seines Lebens lebte, ein Ärgernis für die Partei, den Staat, die verdammte DDR, die ihn nur zu gern unter der Erde gehabt hätte. Und also machte es Sinn für ihn, noch einen Tag zu leben. Und auch ich habe noch viel vor.

Woran ich Stangl nicht erinnerte, das war jener denkwürdige Moment unserer Viererfreundschaft, wo sie am Nachmittag zu mir gekommen waren, um mich für den Weihnachtsmarkt abzuholen, den Rummel um die Sporthalle in der Karl-Marx- beziehungsweise Stalinallee, in der es dann immer auch einen Stand unseres Kulturhauses der Jungpioniere gab, wo Kinder etwas für ihre Eltern basteln konnten und wo wir als fleißige Helfer erwartet wurden – einen Tag zuvor hatte es im *Neuen Deutschland* einen Artikel gegeben, in dem behauptet worden war, Professor Havemann beabsichtige, seine Lehrtätigkeit nach West-Berlin zu verlegen. Das war der Wink mit dem Zaunpfahl, genauso hätten sie's gern gehabt, daß er weggeht, in den Westen geht und sie ihn auf diese Weise los sind. Dieser dreckige, verleumderische Artikel im *Neuen Deutschland*, er war natürlich schon als Vorbereitung auf das bevorstehende 11. Plenum gedacht, auf daß man sich langsam auf diesen Havemann einschieße, ihn zum Abschuß durch die Partei freigebe. Und meine drei Freunde hatten ihn gelesen, diesen Artikel, und wenn sie ihn nicht von selber gelesen und ihre Schlußfolgerungen ganz allein gezogen haben werden, dann werden es ihre jeweiligen Eltern gewesen sein, die sie darauf aufmerksam gemacht und ihnen die entsprechende und unumgängliche Schlußfolgerung daraus beigebracht haben – der Vater von Scheib war bei der Stasi, die Väter von Manni Strehlau und Stangl waren beide kleine Parteifunktionäre, und diese Leute, die studierten das Zentralorgan des Zentralkomitees ihrer Partei. Und so kamen sie zu mir, die drei, um mir zu sagen, daß sie von nun an jedweden Kontakt mit mir einstellen müssten, und natürlich stellten sie es als eifrige Anhänger des Sozialismus so hin, als wären sie ganz allein darauf gekommen, daß mein Vater ein Verräter sei, und mit einem Verräter, so erklärten sie mir, auch mit dem Sohn eines Verräters an der Sache des Sozialismus könnten sie keinen Umgang haben, und wahrscheinlich meinten sie dann auch noch, ich, als ihr Freund, müsse dies verstehen. Aber noch gingen sie mit mir zusammen los, zum Weihnachtsmarkt und zu dem Stand dort unseres Kulturhauses der Jungpioniere, zu Rolf Bräuer, der uns und unsere Hilfe erwartete beim Basteln mit den Kindern, die für Mami und Papi ein Weihnachtsgeschenk brauchten. Wir hatten zehn Minuten Weg zusammen, wir gingen schweigend, und natürlich mußte ich daran denken, daß dies der letzte Weg sein würde, den ich zusammen mit meinen drei Freunden zurücklege. Dann kamen wir bei Rolf Bräuer an, der uns sofort ansah, daß da irgend etwas mit uns passiert sein mußte, der uns sofort danach auch fragte. Und dann, als er von mir hörte, daß mir Manni, Scheib und Stangl eben grad die Freundschaft aufgekündigt hätten und warum, wegen meinem Vater und weil mein Vater ein Verräter sei, da polterte er los, da brüllte er sie an, was sie doch für Pfeifen wären, was ich, ihr Freund, denn mit den Schwierigkeiten meines Vaters und der Partei zu tun hätte, daß sie aber schöne Sozialisten seien, so feige und selber Verräter, Verräter an ihrer Freundschaft zu mir. Und da wurden sie dann ganz still, meine drei Freunde, mucksmäuschenstill und hörten zu, und danach dann waren sie alle wie befreit, erlöst, und von einem Ende unserer Freundschaft war nie wieder die Rede. Das verdanken wir Rolf Bräuer, daß wir immer noch miteinander befreundet sind, Stangl und ich.

Aber das stimmt ja so nicht, daß wir noch immer, immer noch miteinander befreundet sind – wir sind es ja wieder, und ohne daß es da eine Kontinuität in unserer Freundschaft gab und hätte geben können, und auch darüber sprachen wir an diesem Tage nicht in seiner Galerie. Weil zu schmerzlich, zu bitter? Weil er deswegen mir gegenüber von einem schlechten Gewissen geplagt sei, wie mir das einige Leute beizubringen versuchen, die ihn kennen, mich kennen, uns beide ganz gut kennen? Spare man denn Dinge besser aus, die bei einem anderen, besonders einem Menschen, den man doch mag und liebt, wunde Punkte, das schlechte Gewissen ansprechen und damit dann das belasten, was nun möglich ist an Freundschaft und Liebe? Aus Vorsicht, aus Rücksichtnahme? Um den anderen nicht zu verletzen, ihn nicht an die unangenehmen, die peinlichen und peinvollen Momente der Vergangenheit zu erinnern? Vielleicht. Und weil Freundschaft etwas so Wichtiges ist. Besonders eine Freundschaft, die schon so lange andauert, die trotz Krisen immer noch andauert. Für mich ist das ein Wert, Freundschaft ein Wert. Aber bei Stangl und mir geht es um mehr als um eine Krise unserer Freundschaft, die es ja dann auch noch gegeben hat, bei uns beiden geht es um eine mehrjährige Unterbrechung dieser Freundschaft und auch darum, daß man das dann erst mal gar nicht weiß und wissen kann, daß diese Freundschaft doch eine Fortsetzung haben wird. Denn erst mal doch war diese Freundschaft zwischen Stangl und mir zu Ende. Und es war ein Wunder, daß sie dann wieder beginnen konnte, ein Wunder, das er und ich der Frau verdanken, die er dann geheiratet hat, mit der er auch eine nun schon erwachsene Tochter hat – Gabriele war das, Gabriele Kronenberg, die unsere Freundschaft mehr als nur repariert, sie wiederhergestellt und ermöglicht hat. Der wir unsere Freundschaft jetzt also verdanken.

Auch darüber sprachen wir also nicht bei unserem Treffen, in seiner Galerie und neben seinen Bildern sitzend: daß er zwar drei Wochen vor dem Einmarsch 1968 der Warschauer-Pakt-Truppen in die Tschechoslowakei zusammen mit Manni bei mir am Strausberger Platz war, wo wir genau über diesen bevorstehenden Einmarsch gesprochen haben, darüber nicht, daß ich ihn dann aber nach meiner Entlassung aus dem Gefängnis nicht mehr wiedergesehen habe – er kam nicht zu mir, er besuchte mich nicht, und natürlich müßte ich mir hier vorhalten lassen, dies von mir aus ja auch nicht getan zu haben. Ja, ich habe es nicht getan, habe in dieser Zeit keinen Versuch unternommen, unsere Freundschaft am Leben zu halten, aber, und ich drücke es so allgemein mit einem *man* aus, man kann das nicht. Wenn man im Gefängnis gesessen hat, aus dem Gefängnis entlassen worden ist, kann man dies nicht. Es sind die anderen, die Freunde, die einen dann aufsuchen müssen, den Kontakt wiederherstellen. Das ist ganz ungerecht verteilt. Nicht der, der weg war, kehre zu seinen Freunden zurück, sie müssen es tun, und tun sie es nicht, ist die Freundschaft zu Ende. Man muß das dann akzeptieren. In einem Staat wie der DDR mußte man das, wenn man politisch in diesem Staate DDR und wegen staatsfeindlicher Hetze im Gefängnis gewesen war, mußte man das hinnehmen, daß es Freunde gibt, die man danach nicht mehr wiedersieht. Daß es Freundschaften gibt, die damit enden. Weil es einigen Mut erforderte, den aufzusuchen, der politisch im Gefängnis war. Und Mut ist von niemanden zu fordern. Besonders nicht darf derjenige, der politisch Mut bewiesen hatte, dies von anderen, weniger mutigen fordern. Weil Mut nicht zu fordern ist. Auch dann nicht, wenn der Mut, den es verlangt hätte, mich nach meiner Entlassung aus dem Gefängnis zu besuchen, so groß gar nicht gewesen sein dürfte. Aber Stangl wollte studieren, Malerei studieren, und alles, was nach einer Solidarisierung mit einem verurteilten Staatsfeind ausgesehen hätte, hätte dann seinen Studienplatz gefährden können. Und mit Florian Havemann immer noch befreundet zu sein, es wäre den Genossen von der Staatssicherheit sicher nicht verborgen geblieben, und da dann mit auf einer Liste zu stehen, es wäre garantiert nicht förderlich gewesen. Opportunismus ist niemandem vorzuwerfen. Ängstlichkeit nicht. Und ein Maler muß malen, ein junger angehender Maler auch Malerei studieren. Und ich war es doch auch selber, der sich durch seine politischen, seine staatsfeindlichen Aktivitäten von dem Maler Reinhard Stangl entfernt hatte. Das war ja doch eine Absage an die Kunst, an unsere bis dahin gemeinsame Sache. Ohne daß einem die ganze Kunst nicht so wichtig ist, geht man dieses Risiko nicht ein, das einer Verhaftung und Verurteilung wegen staatsfeindlichen politischen Aktivitäten – aber was heißt hier *Risiko*, wo doch klar war, daß mich meine staatsfeindliche politische Aktivität ins Gefängnis bringen würde. Daß sie das auch sollte. Das muß ein Maler nicht verstehen, das muß ein Maler schon gar nicht mitmachen, damit muß ein Maler sich nicht auch noch solidarisieren. Was soll das, sich so politisch zu engagieren, sich zum Opfer darzubringen? Wo es doch für einen Maler wichtigere Dinge gibt, das nächtliche Licht der Straße, eine nackte Frau, die zu malen ist und zu preisen in ihrer vergänglichen Schönheit. Man stelle sich einen Maler als einen glücklichen Menschen vor. Ob er nun den Erfolg hat, den er sich wünscht, oder nicht, die Anerkennung findet, von der er vielleicht auch glaubt, sie stünde ihm zu – des Künstlers allzu banales Erdenwallen, das ist es doch nicht, wovon eines Malers Glück abhängt. Von einem Rot, einem Blau, einer gelungenen Form hängt es ab. Vom Bild. Vom geglückten Bild. Ich aber, ich bin doch kein Maler. Ich habe nur ein paar Bilder gemalt, das ist alles, das macht mich noch nicht zu einem Maler. Ich bin mehr als nur ein Maler, ich bin weniger als ein Maler. Ich bin viel weniger als ein Maler, weil ich mehr bin als ein Maler.

Wie soll ich einem Maler vorwerfen, Maler zu sein? Und noch weniger kann ich es einem Maler vorwerfen, Maler zu sein, wenn mir doch seine Bilder gefallen, wenn sie mir etwas bedeuten. Aber auch dann, gefielen sie mir nicht, könnte ich es nicht. Mir muß das nichts bedeuten, was andere so machen, um so größer das Glück, bedeutet es mir etwas, was ein Freund von mir macht. Genausogut ließe sich also doch sagen, ich hätte damals 68 durch meine dummen politisch-staatsfeindlichen Aktivitäten die Freundschaft zu dem Maler Reinhard Stangl aufgekündigt. Weil man mit einem Maler doch nur befreundet sein kann, wenn man die Malerei für das Wichtigste auf der Welt hält und dazu auch noch seine Malerei gut findet. Ich finde Stangls Malerei gut, seine Bilder gut, ich halte ihn sogar für einen der besten, wenn nicht den besten Maler überhaupt, den wir derzeit in Deutschland haben, halte doch aber die Malerei für so wichtig nicht. Und deshalb ist das nun eine alte, eine langjährige Freundschaft, eine, die Krisen hat überwinden können, die sogar nach einer jahrelangen Unterbrechung die Kraft hatte, sich zu erneuern, aber es ist dies auch eine sehr eingeschränkte Freundschaft. Die Freundschaft zwischen einem Maler und einem Nicht-Maler, die Freundschaft zwischen einem Glücklichen und einem Unglücklichen, und ich weiß das doch nun, daß das Unglück eines Unglücklichen für die anderen, für die, die diesen Unglücklichen kennen, ihm auch nahe sind, etwas Bedrückendes hat. Etwas, das dann Abstand schafft.

Wir sahen uns erst 1980 wieder, als Stangl, legal und mit Ausreisegenehmigung und mit seinen ganzen Sachen im Gepäck, mit seinen Bildern, in den Westen kam. Wir sahen uns wieder, und unsere Freundschaft begann wieder, aber es war auch klar, daß er mich brauchte, mich, der da schon neun Jahre im Westen war. Mich, der sich also im Westen sehr viel besser auskannte. Auch in der Kunstwelt auskannte. Aber er hätte das nicht annehmen müssen, was ich ihm da sagte, denn das war gar nicht schön. Weil ich ihm, als er mir seine Bilder zeigte, sagte, das wäre alles Ost-Provinz, er müsse noch einmal von vorne anfangen. Er war immerhin dreißig, als ich ihm dies sagte, und es fange ein Maler mit dreißig noch einmal von vorne an. Er aber tat es. Und das war bewundernswert. Und ich hatte ihm auch noch ein paar sehr unangenehme Dinge über diese Kunstwelt im Westen zu vermitteln, in die er doch hineinzukommen hoffte. Dinge, die einen davon abhalten können, da überhaupt in diese Kunstwelt hineinkommen zu wollen. Dinge, die mich ganz sicher mit davon abgehalten haben, vielleicht doch noch ein Maler zu werden, Dinge aber, die ihn, den Maler Reinhard Stangl, nicht abhalten konnten, doch noch in diese westliche Welt der Kunst hineinkommen zu wollen. Aber er hörte sich das an, was ich ihm zu sagen hatte, und es ließ ihn dies vorsichtig sein, was ich ihm zu sagen hatte, und damit tat er genau das für ihn Richtige. Nur so konnte er Maler sein, im Westen Maler sein, sich anpassend an die ihm gegebenen Verhältnisse, dabei aber nach einem eigenen Platz suchend, und ich würde sagen, daß er ihn gefunden hat. Ich würde aber auch sagen, daß er ihn nur hat finden können, weil er dann anfing, gute Bilder zu malen. Und daß der Platz, den er gefunden hat, der für ihn richtige ist, zeigt sich an den Bildern, die er heute malt, zeigt sich an seiner ungebrochenen Produktivität als Maler. Und darauf allein kommt es doch bei einem Künstler an, daß die Produktivität nicht versiegt, die Produkte nicht verflachen, wenn sich ein Erfolg einstellt. Besonders bei einem Maler, wo das so leicht geschieht, daß die Bilder verflachen und dekorativ werden, stellt sich ein gewisser Erfolg ein. Weil ein Maler doch verkaufen muß, seine Bilder verkaufen, und so ein einzelnes Bild kann nicht billig sein, die Masse macht es da nicht. Weil es ein Maler, ob er das nun will oder nicht, mit Leuten zu tun kriegt, die Geld haben, Geld für Bilder. Weil es da um den Privatbesitz geht, um das Privateigentum an Kunstwerken. Erst einmal darum, die öffentlichen Sammlungen, die Museen kommen später, und sie kommen nur, wenn es Privatleute gibt, die die Bilder eines Malers gekauft haben. Ausnahmen gibt es immer, aber Ausnahmen bestätigen nur die schlechte Regel. Und die Regel ist, daß ein Maler, ein Künstler ungefähr, wenn nicht mehr, die Hälfte seiner Zeit mit dem Verkauf seiner Bilder zubringen muß und allem, was damit zusammenhängt. Und deshalb hasse ich die Kunstwelt. Und bin kein Maler. Auch deshalb nicht.

Aber Stangl meinte, und wahrscheinlich war auch dies für ihn unumgänglich, daß er sich von mir und meinem zersetzenden Rat frei machen müsse, dem er nur insoweit folgen konnte, daß er vorsichtig wurde, vorsichtig bei seinem Versuch, doch noch in die Kunstwelt hineinzukommen. Er entfernte sich von mir, ich ließ ihn ziehen, unsere Freundschaft löste sich wieder auf. Dann aber sah ich, daß er gute Bilder malte, zu malen anfing, und ohne das hätte sie sich nicht wieder erneuern können, unsere Freundschaft. Weil man mit einem Künstler auf Dauer nur befreundet sein kann, wenn man schätzt, was er macht. So ist das. Und ich konnte mit meinem Freund Thomas Brasch doch genau deshalb auf Dauer nicht, glücklich nicht befreundet sein, weil ich nicht schätzte, was er schrieb, weil es mir so furchtbar fremd war und zum Teil auch zuwider in seinem Männlichkeitswahn und Macho-Ton. Reden wir gar nicht von Schleef, von dem ich nie etwas gesehen habe. Weil er das gar nicht wollte, daß ich seine Sachen sehe, seine Inszenierungen. Womit er instinktiv recht hatte. Weil ich seine Sachen gar nicht sehen wollte, seine Inszenierungen, wenn er das nicht wollte, daß ich sie sehe. Instinktiv nicht wollte. Das geht nicht, daß man da mit im Publikum sitzt bei der Inszenierung eines Freundes, und der hat einen nicht eingeladen. Bei Stangl ist das anders, der will, daß ich seine Sachen sehe. Der will auch immer wieder meinen Rat. Und er folgt ihm auch, er nimmt ihn auf, macht ihn sich zu eigen, und dabei kommt dann etwas heraus, das nur er so malen kann. Und malt, und das ist ein großes Glück. Das Glück einer Freundschaft zwischen einem Maler und einem Nicht-Maler.

Zeichnung von Hans-Jürgen Scheib, 27. 3. 66

Manni

Doch wir waren nicht allein, Stangl und ich, als wir im Sommer 1968 über den zu erwartenden, von mir sicher prophezeiten Einmarsch der Warschauer-Pakt-Truppen in die Tschechoslowakei redeten und diskutierten, Manni war dabei, Manfred Strehlau, unser gemeinsamer Freund, und es ist nicht ohne Bedeutung, daß sich in meiner Erinnerung an dieses Treffen bei mir am Strausberger Platz der Maler Reinhard Stangl nicht an der teilweise sehr hitzig geführten Diskussion beteiligte, Manni aber ja. Und Manni habe ich ja auch nach meiner Entlassung aus dem Gefängnis bezeichnenderweise wiedergesehen, Manni habe ich sogar selber aufgesucht. Und das will schon etwas bedeuten. Und es hat einen ganz einfachen Grund, denn auch Manni hatte gesessen, politisch wie ich, und aus dem Gefängnis entlassen wurde er in den gleichen Tagen wie ich, kurz vor Weihnachten 68. Und er hatte wegen mir gesessen. Ja, wegen mir. Und natürlich wegen seiner grenzenlosen Naivität. In unserer Diskussion drei Wochen vor dem Einmarsch hatte er es als eine völlig irreale Annahme abgelehnt, daß es zu einem solchen Einmarsch käme, überhaupt noch kommen könne, die stalinistischen Zeiten seien doch vorbei. Und dann kam der Einmarsch, und er wird völlig unter Schock gewesen sein, unfähig, darauf zu reagieren. Und dann wurde sein Freund Flori, der ihm genau diesen Einmarsch prophezeit hatte, inhaftiert. Weil er wie Manni doch auch diesen Einmarsch für eine Katastrophe hielt, das Schlimmste, was an Schaden dem Sozialismus zugefügt werden konnte. An den wir beide doch glaubten, den wir beide wollten. Sicher einen anderen, einen Sozialismus, den es gar nicht geben konnte. Aber auch Manni hatte das, echte politische Leidenschaften und nicht nur eine Meinung. Eine abweichende wie so viele, wie auch Stangl. Und er fand das eine ganz schlimme Sache, daß sein Freund Flori wegen seinen politischen Leidenschaften für den Sozialismus, wenn auch einen anderen Sozialismus, von Sozialisten eingesperrt wurde. Wegen einer abweichenden Meinung, die aber nicht nur Meinung geblieben war. Wie bei so vielen, wie auch bei Stangl. Und also setzte er sich in seinem sozialistischen Eifer hin und schrieb eine Resolution, eine Resolution, in der er die Freilassung seines Freundes Flori forderte. Wie naiv, wie rührend naiv. Damals jedenfalls, später hat es eine solche Resolution ja dann auch in der DDR gegeben, die politisch etwas bewirkte. Wenn auch nicht das in ihr Geforderte, die Zurücknahme der Ausbürgerung von Wolf Biermann. Eine Resolution, die Leute dann auch bereit waren zu unterschreiben. Eine Resolution, die ihre Verfasser dann auch nicht ins Gefängnis brachte. Anders bei Manni 1968. Er bekam nur ein paar ganz wenige Unterschriften zusammen, und er versuchte das erst auch gar nicht, die Unterschriften von irgendwelchen prominenten Künstlern und Geistesgrößen der kleinen DDR für seine Resolution mit der Forderung einer Freilassung von Florian Havemann aus dem Gefängnis zu bekommen. Wird er Stangl gefragt haben, unseren gemeinsamen Freund, da mit zu unterschreiben? Oder Scheib, der doch auch mit zu unserer Bande gehörte? Manni, der gute Sozialist, ging zu den einfachen Leuten, er ging von Haus zu Haus, von Tür zu Tür bei sich in Pankow, und natürlich holte er sich eine Abfuhr nach der anderen. Die Leute waren doch nicht blöd. Und naiv schon gar nicht. Und keine sozialistischen Idealisten und Eiferer wie Manfred Strehlau. Einer von diesen Leuten, bei denen er anklingelte, wird dann der Stasi Bescheid gesagt haben, und die holte ihn dann ab. Sie steckten ihn gleich bei ihm um die Ecke in Pankow in der Kissingenstraße in den Knast, in die Untersuchungshaftanstalt dort hinter dem Pankower Gericht, die Ehre von Hohenschönhausen, sie wurde ihm nicht zuteil. Und sein Knast dort war wohl härter als meiner in Hohenschönhausen bei der Stasi.

Und dann, die Untersuchung meiner Straftat neigte sich dem Ende zu, der Prozeß stand bevor, wurden mir, so war das üblich, die Zeugenaussagen zur Kenntnis- und auch Stellungnahme vorgelegt, die die Stasi in meinem Falle eingeholt hatte, darunter auch die von Manfred Strehlau, und ich staunte nicht schlecht, was ich da zu lesen bekam. Es gab keine Zeugenaussage sonst dieser Art: Mannis Zeugenaussage glich einer Verdammung von mir, und sie enthielt ganz simple faktische Unwahrheiten, die irrsinnigsten Verdrehungen. So behauptete Manni, ich hätte ihn, den arglosen jungen Sozialisten und Arbeitersohn, ganz gezielt und ganz geschickt in meinen Dunstkreis zu ziehen versucht. Und damit dem Einfluß meines Vaters ausgesetzt, dem von Wolf Biermann auch, dem der Staatsfeinde Havemann und Biermann. Er behauptete, ich hätte ihn nach Grünheide Alt-Buchhorst gelockt, damit er dort dem schädlichen Einfluß von Havemann und Biermann erliege. Und er behauptete, bei uns in Grünheide Alt-Buchhorst hätte es in dem Sommer, den er dort als mein Gast verbracht hatte, immer wieder Spanferkel gegeben, und natürlich hätten ihn, das aus einfachen Verhältnissen stammende Proletarierkind, diese Spanferkelessen beeindruckt. Und ich hätte ihn, der so wenig Geld durch seine Arbeit bei den Dekorationswerkstätten der Berliner Theater verdiente, doch auch vorher schon dadurch einzukaufen versucht, daß ich ihn an den Tagen, wo ich dort, neben meiner Oberschule, arbeitete und lernte, zum Essen eingeladen hätte und auch das Bier für ihn bezahlte. Das mit dem Spanferkel, das machte mich lachen, als ich es in seiner Zeugenaussage las. Ich habe noch nie in meinem Leben Spanferkel gegessen, auf dem Grundstück der Familie Havemann in Grünheide Alt-Buchhorst hat niemals ein Spanferkelessen stattgefunden. Was mich traf, mich verletzte, das war die Sache mit der Currywurst, dem Bier, die ich ihm beide wirklich jedesmal spendiert hatte, an dem einen Tag in der Woche, an dem auch ich dort in den Dekorationswerkstätten der Berliner Theater arbeitete. Manni, der nicht so gut in der Schule gewesen war, dessen Begabung sich auf das Bildnerische beschränkte, der also nicht zur erweiterten Oberschule zugelassen worden war, auf der man in der DDR das Abitur machte, er mußte dort jeden Tag acht Stunden arbeiten, einen anderen Weg als den, um doch noch in Weißensee, in der Kunstschule, angenommen zu werden, zum Studium der Bildhauerei, gab es für ihn nicht, und ich, der ich schon vor ihm dort arbeitete, aber eben nur nebenbei und einen Tag in der Woche, hatte ihm nicht nur diesen Weg empfohlen, ich hatte ihn auch der Direktion dieser Dekorationswerkstätten empfohlen, und er, er verdiente dort, als Praktikant und bei acht Stunden Arbeit täglich, genauso viel wie ich für meinen einen Tag bekam. Und das war doch auch klar, daß ihn seine Eltern finanziell nicht unterstützten, unterstützen konnten und er jede Mark brauchte, wo das doch soviel Geld kostet, das ganze Material, ohne das keine Kunst zu machen ist. Und also war das völlig klar und zwischen uns beiden nie ein Thema gewesen, daß ich ihn in der Mittagspause zu einer Currywurst einlade, zum Glas Bier – warum erzählte, verdrehte er das so? Warum? Für seine Zeugenaussage gab es für mich nur eine Erklärung: Manni Strehlau mußte in seinem sozialistischen Fanatismus zu dem Schluß gekommen sein, daß der Einmarsch in die Tschechoslowakei doch notwendig gewesen sei, zur

Rettung des Sozialismus, daß also alle diejenigen, die gegen diesen Einmarsch protestiert hatten, Gegner des Sozialismus waren und als Gegner des Sozialismus bekämpft werden mußten. Mit allen Mitteln, auch denen der Diffamierung. Anders konnte ich mir das bei dem Hitzkopf Manni Strehlau, bei meinem Freund, und er war doch mein engster Freund in der Zeit vor meiner Inhaftierung gewesen, nicht erklären. Anders nicht.

Nach meiner Entlassung aus dem Gefängnis hörte ich, er habe auch über andere derartige sie diffamierende Zeugenaussagen gemacht. Ich verteidigte ihn, verteidigte ihn auf der Linie, die mir als einzige Erklärung für sein Verhalten eingefallen war. Als einen Fanatiker. Einen Überzeugungstäter, und daß er das war, das hatte er doch mit seiner naiven und vollkommen aussichtslosen Resolution für meine Freilassung aus dem Gefängnis bewiesen. Man schaute mich mitleidig lächelnd an, als ich meinen Freund so verteidigte. Auch ich sei wohl naiv. Das wäre doch wohl klar, Manni habe einfach dem Druck nicht standgehalten, habe es mit der Angst zu tun bekommen. Gegen die anderen und auch mich, seinen besten Freund, auszusagen, damit habe er sich das zu erkaufen gesucht, daß man ihn wieder rausläßt, daß mit dieser ganzen Knastgeschichte nicht seine ganze Zukunft vermasselt ist, und er habe doch Erfolg damit gehabt, er sei doch, so wie ich, vor Weihnachten aus der Haft entlassen worden, und anders als bei mir, ohne daß da in den Westzeitungen ein Hahn nach ihm gekräht hätte. Nein, das konnte nicht sein, ich wies diese Erklärungen empört zurück: nicht mein Freund Manni. Aber ich mußte es wissen, mußte mir Klarheit darüber verschaffen. Ich mußte also zu ihm, mußte ihn besuchen, und das Merkwürdige war schon mal, daß seine Eltern, bei denen er wohnte, in der Zwischenzeit umgezogen waren, in eine größere Wohnung, in eine Wohnung, in der auch Manni, der in der früheren in der Abstellkammer gehaust hatte, um wenigstens einen kleinen Bereich für sich zu haben, endlich ein größeres Zimmer hatte, ein Zimmer, in dem er freier seiner Kunst nachgehen konnte, endlich mehr Platz. Und diese neue Wohnung, und das war schon verrückt, verrückt und bedrückend auch, sie lag nur ein paar wenige hundert Meter von dem Knast entfernt, in dem er drei Monate gesessen hatte. Und etwas anderes noch hatte sich verändert: die Familie Strehlau hatte plötzlich ein Telefon, und also rief ich ihn vorher dort an, um ihm zu sagen, daß ich zu ihm kommen wolle, und verabredete mich mit ihm. Er hatte also Zeit, sich auf mein Kommen vorzubereiten, sie hatten also Zeit, auch sie, seine Eltern, und das war alles abgesprochen, wie sie mich empfangen wollten, die Eltern hatten Manni ganz klar die Grenzen gezeigt, die er nicht überschreiten durfte, wollte er nicht in neuerliche Schwierigkeiten kommen, womöglich sogar zurück in den Knast. Wer sprach, nachdem ich ins Wohnzimmer geführt worden war, und nur dorthin durfte ich, nicht in sein Zimmer, das war der Vater, Manni saß stumm dabei, als mir sein Vater erklärte, daß sein Sohn von nun an keinen Kontakt mehr mit mir haben dürfe, daß sich Manni dazu verpflichtet habe, sich von mir und meinen zersetzenden Einflüssen fernzuhalten, dies sei eine der Bedingungen gewesen, unter denen er aus der Haft entlassen worden wäre. Er habe sich strikt daran zu halten. Ich ließ den Vater reden, argumentierte mit ihm nicht herum, ich ließ aber Manni nicht so einfach davonkommen, meinen Freund nicht. Ich fragte ihn, nachdem sein Vater mit seiner Erklärung fertig war, ob er das auch so sähe, das mit dem zersetzenden Einfluß, der von mir auf ihn ausginge, und ich fragte ihn, ob er sich denn daran halten wolle, an diese Auflage, mich nicht zu sehen. Und dann sagte ich ihm, ich könne mir dies eigentlich nicht vorstellen, daß er, nur weil er unsere Freundschaft aufrechterhielte, wieder ins Gefängnis käme, und wenn doch, dann würde ich dies tun, was er für mich versucht hatte, mich für seine Freilassung einsetzen, und ich würde es über die Westmedien tun und also wohl mehr Erfolg haben können als er – ich weiß, das war schlimm, das war gemein von mir. Aber es war die Freundschaft. Unsere Freundschaft. Er schaute mich feindselig an, voller Haß und Ablehnung, und bestätigte alles, was sein Vater gesagt hatte, auch er wolle den Kontakt mit mir nicht mehr. Ob er mir wenigstens erklären wolle, als mein Freund, als der Freund, der er für mich gewesen war, was denn seinen

Sinneswandel bewirkt habe, ich hätte ihn doch zu verteidigen versucht, ich würde darüber gerne Gewißheit haben, so fragte ich ihn, er aber blieb stumm. Also war es Zeit zu gehen, meines Bleibens dort war nicht mehr, die Freundschaft zu Ende. Aber sie war es noch nicht ganz: im Flur auf einem Tisch lag ein Stapel Bücher bereit, Bücher, die ich ihm geborgt hatte, die er hatte lesen wollen, und nun wollte er sie mir zurückgeben, auf daß es da also nichts mehr gebe, was uns noch in irgendeiner Weise miteinander verbände. Alles war vorbereitet, aus dem Ende ein wirkliches Ende zu machen, doch bei der Bücherübergabe waren wir einen ganz kurzen Moment allein, nur einen ganz kurzen Moment, denn sein Vater folgte uns auf den Flur, um auch da alles unter Kontrolle behalten zu können. Und in diesem einen kurzen Moment, den wir allein hatten, flüsterte mir Manni zu: »Es war Feigheit.« Und in diesem Moment war sie wirklich zu Ende, unsere Freundschaft. Und Manni? Was wurde aus ihm? Manni hat danach zu trinken angefangen.

Zufällige Wiederbegegnung

West-Frankreich, in der Bretagne, am Atlantik – von meiner Familie gezwungen, Urlaub zu machen. Ich, der ich nicht zum Urlaubmachen tauge, hineingezwungen in die Welt der Urlauber. Une monde artificielle, eine Plastik-Welt – nur das Wasser ist echt, die Gezeiten spielen nicht, sondern folgen ihren eigenen Regeln. Und dann die geliebten Kinder mit ihren unendlichen Konsumwünschen – natürlich völlig harmlos im Vergleich zu anderen, wo es uns doch an dem Geld fehlt, all diese Wünsche zu erfüllen, und wir als Eltern so oft schon nein gesagt haben. Aber diese Wünsche, was Süßes, sie führen uns am Sonntagabend in den Port de Crouesty, den Höhepunkt an Tourismus in der ganzen Gegend dort. Ein Segelboot neben dem anderen – wenn man wüßte, wieviel Millionen da in diesem Hafen vor sich hindümpeln. Ich möchte es nicht wissen. Ich empfinde mehr und mehr den Reichtum der Reichen als obszön. Aber am schlimmsten wohl ist der Reichtum der nicht ganz Reichen, derjenigen, bei denen es zwar zu einem Haus am Meer, aber nur zu einem reicht, das so aussieht, als wäre es in einem Arbeitsgang in Beton hingegossen mit seinen ruralen Versatzstücken. Meine Frau sagt, sie wäre sehr froh, hätten wir für unsere Kinder ein solches Haus wie das, wo wir bei ihrer Schwester plus Familie untergekommen sind, ich sage: nein, ich wäre überhaupt nicht froh darüber – schließlich hätten wir doch auch noch eine gewisse Verpflichtung gegenüber der ästhetischen Erziehung unserer Kinder. Eine gewisse, mehr gewiß nicht. Mehr als ein verzweifeltes Erwehren gegen die geschmacklichen Scheußlichkeiten, die auf die Kinder von allen Seiten einstürmen, wird dies sowieso nicht sein können. Immer wieder nein sagen, Wünsche ablehnen, darauf hinweisen, wir haben das Geld nicht, und dann stellt sich heraus, Mama hat ihnen Süßigkeiten versprochen, und dieses Versprechen, es führt uns also am Sonntagabend in den Hafen von Crouesty, wo natürlich bis spät in die Nacht noch alle Läden offen und Touristen- und Kinderwünsche zu befriedigen sind. Aber nur ganz wenig, so das Versprechen, das die Kinder geben müssen, bevor wir aus dem Auto aussteigen, das nicht uns, sondern den Großeltern gehört. Ein bißchen laufen wenigstens, und unsere Kinder laufen ja, schließlich haben wir sonst kein Auto – bis zum andern Ende des Hafens, und dort dann: eine Maison de Presse, zugehängt mit allem Möglichen an Plastikscheußlichkeiten, Kinderherzen zu ködern, Eltern zur Verzweiflung zu bringen, und natürlich gibt es dort auch Süßigkeiten en masse. Ich folge mißmutig, warte draußen vor dem Laden, entdecke ein Gestell mit ausländischen Zeitungen, englischen, italienischen, und da sind dann auch ein paar deutsche. Die *BILD*-Zeitung mit dem Opernsänger Peter Hoffmann auf der Titelseite, der seinen *Rolls-Royce* los und verarmt sein soll. Die *Frankfurter Allgemeine* mit einem Kommentar zum Fall Röttger, der mir herzlich egal ist, und natürlich geht es in der Headline um den Krieg, den ewigen, den israelisch-arabischen in einer weiteren Wendung, über den man sich schon gar nicht mehr aufregen kann. Und dann darunter, etwas versteckt, die schon in Deutschland mit ihren 3€ so teure *ZEIT*, und auch sie mit dem Krieg auf der Frontpage, und ich schwanke: soll ich die billigere, aber dafür aktuellere *FAZ* kaufen oder doch die etwas grundsätzlichere, dafür aber so viel teurere *ZEIT*? Ich bin im Urlaub, zwangsbeurlaubt, und damit fern vom politischen Tagesgeschehen – also die *ZEIT*, und damit bin es wieder ich, für den am Ende das meiste Geld in diesem Halsabschneiderladen ausgegeben wird.

Dann, endlich schlafen alle, der Blick in die deutsche Zeitung, in die *ZEIT*, und dort dann, weiter hinten, nachdem der ewige Krieg durchgelesen ist und auch, was unser früherer deutscher Außenminister Joschka Fischer zu diesem Krieg, dem ganzen so komplizierten und vielschichtigen Nahost-Konflikt Moderates zu sagen hat, ein Artikel über *Stasi-Rentner*, so der Titel, und ihre derzeitigen Aktivitäten. Und dann ein Foto: Hauptmann a. D. Lothar Wötzel – seinen Namen kannte ich natürlich nicht, aber kein Zweifel, das ist er, mein zweiter Vernehmer im Stasi-Knast Hohenschönhausen 1968. Natürlich gealtert, aber dick und untersetzt war er schon damals. Kein Zweifel, denn so wie er da breitbeinig auf dem Foto posiert, genauso hat er sich damals drohend vor mir aufgebaut. Kein Zweifel, denn genau so ein kurzärmliges Hemd trug er damals auch, im Sommer 68, im August. Damals türkis, heute grau. Seine Arme braun gebrannt, seine Haare dort blond wie ein Pelz über der braunen Haut, ich erinnere mich. Ein Schlägertyp, richtig mit Muckis, mit dem ich dann auch prompt aneinandergeraten bin. Er drohte mir Schläge an, und ich, ich sah mich schon mit blutender Nase auf der Tischkante – hätte ich mich gewehrt? Ich glaube nicht, und da steht er nun, auf diesem Foto in der *ZEIT*, die ich beinahe nicht gekauft hätte. Weil zu teuer und im Ausland dann noch einmal teurer – was für eine Wiederbegegnung, Oberst Wötzel, Hauptmann Wötzel?

Ich hatte das zweifelhafte Vergnügen, mit dem Herrn Wötzel nur drei Tage zu verbringen, dann zogen sie ihn zurück, da wir nach so kurzer

Zeit schon so heftig aneinandergeraten waren, und in der *ZEIT* nun lese ich, daß er das Vernehmen von Untersuchungsgefangenen nur für eine kurze Zeit gemacht habe, habe machen dürfen, wie es wohl richtiger hieße. Seine Chefs hätten die Vernehmungsprotokolle beanstandet, es sei ihm nicht gelungen, die Aussagen ins bürokratische Stasi-Deutsch zu übersetzen. »Bin ich nicht mit klargekommen. Geb ich ganz offen zu«, so Wötzel, und das ist doch schon mal eine schöne Aussage, dieser Satz, der sich, wenn man ihn isoliert, so anhört, als sei er psychisch nicht damit klargekommen, Gefangene zu verhören, zu vernehmen, wie sie bei der Stasi vornehm bürokratisch sagten, wo's doch nur an seinen intellektuellen Fähigkeiten lag, den mangelnden. Er wurde dann in eine andere Abteilung versetzt und durfte dort Gutes tun und an der Kriegsverbrecher-Kartei arbeiten, was natürlich schon mal sehr viel besser aussieht, ihn moralisch nicht so belastet. Sein Wunsch aber, so steht es in der *ZEIT*, sei dies nicht gewesen, es wäre auch einer Degradierung gleichgekommen – so hat eben jeder sein Schicksal, auch der Hauptmann a.D. Wötzel: der Unfähige durfte den Kampf gegen die Nazibande fortsetzen, den mein Vater in einer Zeit geführt hat, als das noch keinen Posten, kein Gehalt einbrachte und keinen Pensionsanspruch auch noch im wiedervereinigten Deutschland, sondern nur die Aussicht auf ein Todesurteil. Am Ende endet alles in Bürokratie, und vielleicht versteht man das ja nun, wenn ich nach dieser Wiedervereinigung eine Rehabilitierung wegen meiner Straftat zu DDR-Zeiten ablehnte, mit der dann auch noch mal eine finanzielle Entschädigung verbunden gewesen wäre von ein paar hundert Mark, und das mit der für die meisten unverständlichen Begründung, Bürokraten wären's gewesen, die mich in Haft gehalten, die mich verurteilt hätten, ich wolle nun nicht auch noch von Bürokraten in einem bloß bürokratischen Verwaltungsakt rehabilitiert werden. Das Geld hätte ich eigentlich gebrauchen können, denn ich habe ja ein Schloß, bei dem langsam die Decke einfällt, der Keller vermodert.

Was hatte mich mit diesem Wötzel so aneinandergeraten lassen? Der 7. Oktober, der Staatsfeiertag der DDR, der des Jahres 1967, wo ich dann von der Polizei in meiner Kostümierung zusammen mit meinen Freunden weggefangen wurde, eine Nacht im Polizeipräsidium in der Keibelstraße deswegen verbringen mußte – beinahe hätte ich geschrieben: *verbringen durfte*, aber diese Ironie wäre hier jedenfalls fehl am Platze gewesen, denn, wenn mich etwas in Rage brachte, dann war es das, was ich dort in dieser Nacht, in den Gängen des Polizeipräsidiums erlebt hatte, und Wötzel, der mich zu meiner Vorgeschichte verhörte, wie aus dem Jungpionier ein Staatsfeind wurde, und also auch zu diesem Punkt, dem Vorspiel meiner jetzigen Inhaftierung, er war so dumm, so verhörtechnisch unerfahren, wie ich nun weiß, sich während dieses Verhörs auf die Seite der Volkspolizei zu stellen, und also rastete ich aus. Wie ich immer ausrastete, wenn es um diese Nacht in der Keibelstraße ging, wie ich auch bei einem langen Gespräch in meiner Schule ausgerastet war, wo mir der Direktor, mein Klassenlehrer, im Verein mit den Elternvertretern all meine bisherigen Sünden vorhielt – um mich doch noch wieder auf den rechten Weg des Opportunismus und Sozialismus zu bringen natürlich. Und auch da war diese Nacht zur Sprache gekommen, die Schule hatte natürlich Mitteilung über mein Fehlverhalten erhalten, ich hatte einen Tag auch gefehlt. Hatte mich doch ausschlafen müssen. Der Tag war entschuldigt, mein Verhalten aber war es nicht, war nicht zu entschuldigen – war es wirklich nicht, denn ich war ja aus eigener Schuld von der Volkspolizei weggefangen und in Gewahrsam genommen worden. Genau das wollten wir doch: provozieren. Nicht unbedingt, daß wir hops genommen werden, aber provozieren wollten wir: daß endlich der erwartete, ersehnte Krawall losginge.

1, 2, 3, 4, 5, 6, 7, 8, 9, 10 – Scheiße!

Ich habe mal darüber geschrieben, 1983, einen Artikel für die *taz*, und zwar genau unter diesem Titel *1, 2, 3, 4, 5, 6, 7, 8, 9, 10 – Scheiße!* Und Jörg Schröder hat diesen Artikel, den ich meinem Freund Stangl gewidmet hatte, weil der ja mit dabei war, dankenswerterweise 1984 noch mal in seinem MÄRZ-Verlagsreader *MAMMUT* (bei Schröder ist immer alles groß geschrieben) abgedruckt, und die *taz* selber dann auch noch mal 1989, im Frühjahr dieses dann ganz andere Dinge interessant und aktuell machenden Jahres: *Aktuelle Ewigkeitswerte aus zehn Jahren tageszeitung* – so der Untertitel, was mich der Aufgabe enthebt, im Chaos meiner Papiere nachzuwühlen, ob ich diesen Text noch irgendwo finde – hier ist er, denn ich finde ihn doch immer noch gut:

Ich will mal eine Geschichte aus dem Osten erzählen, denn aus dem Osten komme ich her. Die DDR, die Deutsche Demokratische Republik, wurde am 7. Oktober 1949 gegründet. Jedes Jahr wird am 7. Oktober der Tag der Republik gefeiert. Nun schon zum 34. Mal. Ich bin schon lange nicht mehr dabei, aber früher, zu meiner Zeit, war das so: Morgens immer auf dem Marx-

Engels-Platz Parade der Volksarmee und dann stundenlang Demonstration, das heißt Vorbeimarsch von uns Werktätigen der Hauptstadt an einer Tribüne, von der die Partei- und Regierungsspitze zu uns herunterwinkte, und wir winkten zurück. Danach mit müden Füßen nach Hause. Und am Nachmittag bis in den Abend hinein Volksfest. Sowie ich diese Ost-Worte gebrauche, fühle ich mich zurückversetzt in meine sozialistische Kindheit. Seid bereit. Immer bereit. Jungpionier Havemann meldet sich zur Stelle. Die Stelle ist Berlin, Ost-Berlin, unser Berlin, die Hauptstadt der DDR, Stalinallee, später Karl-Marx-Allee genannt, dort wohnten wir, meine Familie, und dort auch waren die Buden und Bühnen aufgebaut für das Volksfest. Einen großartigen Überblick hatten wir von unserer Wohnung aus, eben Privilegierte. Unter uns Menschengewimmel an den Buden und in den Buden Würstchen mit Kartoffelsalat, Erbseneintopf, Süßigkeiten, Bastelarbeiten für die Kinder, Volkskunst und vor den Bühnen Menschentrauben und auf den Bühnen Volksmusik, Volkslieder, Volkstänze, Trachtengruppen von anderen Völkern auch wegen der Völkerfreundschaft: unsere sorbischen Landsleute, aus den sozialistischen Bruderstaaten welche und besonders, na klar, vom Großen Bruder Sowjetunion. Immer wieder russische Volkstanzgruppen, aber auch Ensembles aus Kirgisien, Kasachstan, Sibirien, der ganze weite Osten. Klein-Flori war begeistert, und als einmal bei einem furiosen Solo ein russischer Tänzer in der Uniform der Roten Armee die Bühnenbretter durchbrach, bis zum Oberschenkel im Bühnenboden versinkend, aber sofort wieder hochspringend und weitertanzend, als ob nichts gewesen wäre, da stand für Jahre mein Traumberuf fest. Ich hielt aber meinen Traum geheim, denn – ich weiß nicht wie – in meiner Begeisterung fühlte ich mich allein. Meinen Eltern verriet ich mich nicht. Sie waren so distanziert, distinguiert, eben Privilegierte. Sie wollten mit dieser primitiven Volksbelustigung nichts zu tun haben. Das Volk auf den Bühnen, das gefiel mir. Das Volk davor gefiel mir gar nicht, es war so dumpf, so reserviert. Das Volk war zwar auf der Straße, es war ja mal was los, aber ich hatte nicht den Eindruck, als ob das Volk mit dem, was da los war, etwas anfangen konnte. Gut: die Würstchen fressen. Nur spät am Abend, wenn die schmierigen Schlagersänger kamen, geriet die Masse in Bewegung – kein Volk, Masse war's, nur wußte ich das damals noch nicht. Aber wem erzähle ich das?

Dem Westler erzähle ich das – nicht vergessen. Alle Jahre wieder. Am 7. Oktober 1965, da war's, da war ich mit meinen Freunden auf dem Volksfest unterwegs. Eine kleine Gruppe im allgemeinen Trubel. Wir kannten uns vom Zeichenzirkel her im Zentralen Kulturhaus der Jungpioniere German Titow, und oft zogen wir so rum, etwas zu erleben, etwas zu zeichnen. Ich war 13, die anderen ein, zwei Jahre älter. Wir waren alle schon von der Beat-Welle erfaßt, die aus dem Westen zu uns herüberschwappte. Ich, der ich nie zum Friseur gehen mochte, war mir einfach unangenehm, wurde eines Tages von meinen Klassenkameraden wegen meiner etwas längeren Haare zum Beatle erklärt. Wußte gar nicht, was das ist, ein Beatle. Ein Fan war ich, lange bevor ich die ersten Takte dieser Beatmusik gehört hatte. Ich muß gestehen, daß ich, als ich diese Musik dann zum ersten Mal hörte, enttäuscht war. War mir zu schlagermäßig. Und dann die Rolling Stones erst, ich war geradezu entsetzt – ich hatte doch schon richtigen Blues gehört, Negermusik, die Volksmusik der amerikanischen Neger. Aber ich war so dumm, so schwach, meine Enttäuschung zu überwinden und mich dieser Mode anzupassen. Vielleicht weil sie unter dem Motto Rebellion daherkam. Ich frage mich manchmal, wie viele sich, wie ich, nur angepaßt haben. Ich weiß nicht, wie es mit meinen Freunden gewesen ist, aber sie stellten sich als überzeugte Fans dar. Und so fanmäßig angehaucht, unzufrieden liefen wir auf dem Volksfest herum. Auf der Bühne wieder russische Volkstanzgruppen, aber meine Helden waren jetzt andere: Fans, ältere, die wir in der Menge trafen, mit richtig langen Haaren, Pilzköpfe – die Beatlesfans. Innenrolle – die Verehrer von Brian Jones. Außenrolle – ich weiß nicht mehr. Wir bestaunten diese noch nie mit eigenen Augen erblickten Frisuren. Frisch gewaschene Mähnen, vor der Polizei versteckte – hieß es doch, daß die Polizei Langhaarige aufgriff und ihnen die Haarpracht einfach abschnitt. Im Betrieb, in der Schule versteckte Haare – da wurden Techniken des Einrollens entwickelt, einfach toll, ein ungeheurer Aufwand auch – und nun zum Fest-

tag offen getragen, nicht nur heimlich zu Hause enthüllt. Als führten sie ihre Haartollen spazieren, so sah es aus, nein, verschärfter: das war schon eine Demonstration von Haaren. Und dann noch die Klamotten: Nietenhosen, Nietenjacken, Parka – alles aus'm Westen und hinten drauf geschrieben: THE RATTLES, THE ROLLING STONES, THE BEATLES, THE WHO. Talking about my generation, na etwas älter waren sie doch. Ich kann gar nicht sagen, wie sehr wir diese Fans begafften. Sie waren augenblicklich unsere Helden geworden. Welch eine Geschmacksverirrung! Von den schmucken Russen mit den straffen Uniformen, den geschorenen Haaren und den klaren Gesichtern zu den gammeligen Fans mit den verhangenen Köppen und den hängenden Jeans. Es war aber etwas an ihnen, was mein privilegiertes Interesse erregte: nicht distinguiert, sondern begeistert, fanatisch. Vielleicht waren die ja Volk. Wir behaupteten immer den entsetzten Funktionären und Lehrern gegenüber, daß der Beat in England Volksmusik sei. Irrtum: nur eine andere Art Schlager war's. Kein Volk, Masse war's. Erregt vom Anblick dieser neuen Helden, hasteten wir auf dem Volksfest rum, immer auf der Suche nach anderen Exemplaren dieser Gattung, als wir das Gerücht aufschnappten: die Atlantiks treten auf. Ich hatte sie schon gehört, die Atlantiks, eine der ersten DDR-Beat-Gruppen. Lausig, aber wem machte das damals etwas aus. Wir waren alle aufs äußerste erregt, denn eine Beat-Gruppe hatte auf einem Volksfest noch nicht gespielt, nur am Stadtrand, in irgendwelchen Klubhäusern. Von einer Bühne zur anderen zogen wir, nur Rumtata schallte uns entgegen, keine Beatklänge. Plötzlich hieß es, die Atlantiks spielen nicht draußen, sondern in der Sporthalle. Wir also hin zur Sporthalle in der Karl-Marx-Allee. Wir kommen rein: keine Beat-Gruppe, sondern eine Gymnastikgruppe. Wir uns also hingesetzt und gewartet. Die Atlantiks kommen sicher noch. Die Sporthalle fast leer, und wir freuten uns, die ersten zu sein. Wir warteten, und die Zeit verging mit Keulenschwingen und Grätsche, und langsam sackte unsere ganze Erregung auf die Matte: hier würde doch nie ein Beat-Konzert stattfinden. Als die nächste Sportgruppe angesagt wurde, verließen wir den Ort unserer falschen Hoffnungen. Draußen standen wir rum, wußten nichts zu tun, wußten nicht wo-

hin, und da geschah es vor unseren Augen: Es waren so 15, 20 Fans, die sich plötzlich unterhakten und losmarschierten, und dabei riefen sie. Sie zählten jeden Schritt: 1, 2, 3. Es klang wie ein harmloses Spiel, und ich wartete darauf, daß sie riefen: Und vor, zurück, zur Seite, ran – aber nein, sie zählten weiter 5, 6, 7, 8. Endlos schien es und die ganze Zählerei ohne Ziel, aber da – 9, 10, Scheiße! riefen sie, und das allerdings war politisch. Und dann wieder von vorn: 1, 2, 3, 4, 5, 6, 7, 8, 9, 10, Scheiße! Ich weiß nicht wie lange es dauerte, wenige Minuten, und aus dieser Reihe von ein paar Fans waren Hunderte geworden, ein richtiger Demonstrationszug. Sie marschierten und brüllten immer wieder ihre schlichte und doch treffende Losung. Etwas anderes fiel ihnen nicht ein, so ganz unerfahren im Demonstrieren, wie sie waren … und als sie ganz schnell das Ende der Buden und Bühnen mit der Menschenmenge dazu erreicht hatten, vor sich nur noch die unendlich leere Karl-Marx-Allee, bogen doch diese Trottel in eine Seitenstraße ein, anstatt einfach auf der anderen Straßenseite zurückzulaufen. Wie ein Spuk, so schnell waren sie unseren Blicken wieder entzogen, und unser kleiner Trupp, die wir dem Entstehen dieser Demonstration wie einem Wunder zugesehen hatten, hastete nun durch die Menge, uns an dem fernen Gebrüll orientierend, das aus der Parallelstraße herüberschallte, in der Hoffnung, die Demonstration würde wieder zum Ort des Geschehens zurückkehren. Und am Strausberger Platz tauchten sie wieder auf, so viele waren es doch nicht. Und immer noch brüllten sie: 1, 2, 3, 4, 5, 6, 7, 8, 9, 10, Scheiße! Es war so heroisch und dumm im gleichen Moment, daß wir ganz gebannt nur schauten und uns nicht einreihten. Dann sahen wir sie schon von fern, die Polizei. Volkspolizei war aufmarschiert am Hotel Berolina. 1, 2, 3, 4, 5, 6, 7, 8, 9, 10, Scheiße! brüllend liefen die Fans in die Knüppel der Polizei. Und wir verdrückten uns schnell, gingen nach Hause. Dieses Volksfest war ja nun beendet. Es soll noch eine richtige Straßenschlacht stattgefunden haben, mit umgeworfenen Polizeiautos, Verletzten auf beiden Seiten, Hunderten von Verhafteten, die alle die Nacht in der Keibelstraße, im Polizeipräsidium verbringen mußten. In den Tagen danach waren viele Jugendliche zu sehen mit auffällig kurzgeschnittenen Haaren, hoch ausra-

sierten Köpfen. Doch Haare wachsen nach. Aber warum denke ich an diese alte Story zurück?

Weil mir die Masse im Kopf herumgeht. Im Jahr drauf wie unter Wiederholungszwang: unser kleiner Trupp wieder unterwegs. Viele Fans, die Haare wieder lang, aber keine Polizisten zu sehen. Kein Anlaß, mit dem Rabatz anzufangen. An eine Beatmusik überhaupt nicht zu denken. Keiner wußte, wie, womit anfangen. Dieser Anfang im zweiten Jahr konnte kein spontaner mehr sein. Es war eine unerträgliche Spannung in allen Bewegungen, und unser Trupp streunte so rum auf dem Volksfest in der Hoffnung, den Anfang nicht zu verpassen, selbst nach einem Anlaß suchend. Wir verfielen auf Dummheiten, von denen wir dachten, sie würden provozieren. Blöde Zwischenrufe, Anrempeleien, Pfiffe, unmotiviertes Geklatsche, an Häusern hochschauen, als ob da etwas wäre … einmal warf mein Freund Strehlau ein kleines Papierbällchen in den großen Trichter einer Tuba, und die Blasmusik erstarb. Dann schütteten wir vom Fenster meines Zimmers Wasser auf die Menge, die da unten einem Boxkampf zusah. Vergebens alles. Verzweifelt grinsend kostümierten wir uns mit allem möglichen alten Plunder und liefen so auf die Straße. Zylinderhüte, Frack und Gehrock, alte Regen- und Sonnenschirme – eine Kleinbürger-Masche, die Jahre später als Nostalgie modern werden sollte. Hinter uns ein Schwanz von Kindern, an allen Bühnen vorbei, die Zuschauermenge drehte sich nach uns um, wir stahlen den Volkskünstlern die Schau. Es gelang uns, eine Runde zu drehen, dann wurden wir von Volkspolizisten angesprochen. Wir wurden in einen Hauseingang geführt, der in eine Polizeistation verwandelt war. Durch den Hauseingang nach hinten in die Seitenstraße: alles voller Polizeilastwagen. Nicht nur wir, nicht nur die Fans erwarteten für diesen Abend eine Schlacht, auch die Volkspolizei, bestens vorbereitet. Wir wurden ins Präsidium gebracht. Ein langer Flur, ganz leer. Das sollte sich bald ändern. Eine halbe Stunde später füllte sich der Flur mit Fans. Die Schlacht hatte begonnen. Wir waren nur etwas voreilig gewesen oder anders ausgedrückt: intellektuelle Avantgarde. Wie ich hörte, hatte der Minister für Staatssicherheit, Erich Mielke, leicht angeheitert aus dem Bonzenrestaurant Moskau kommend, einige davor herumlungernde Fans angesprochen – ganz nett und aufgeschlossen. Wollte wohl mal heraushören, was so dran ist an den Berichten, die auf seinen Schreibtisch kommen. Die Reaktion der Fans: Quatsch uns nicht an, Opa. Verpiß dich, Glatzkopp – denn wer in der DDR weiß schon, wie Mielke aussieht. Ja, wenn's Ulbricht gewesen wäre, der Spitzbart. Stasi-Mielke ist durchgedreht und hat Befehl zum Abräumen gegeben. Die Veranstaltungen wurden abgebrochen, und von beiden Enden der Karl-Marx-Allee bewegten sich Sprengwagen der Straßenreinigung – der Dreck muß weg – auf die Menge zu, die nur zur Seite ausweichen konnte, in die Seitenstraßen und Hauseingänge, wo die Polizei nur auszusortieren brauchte. Es müssen ne Menge Verhaftete gewesen sein. Wir verbrachten die Nacht in den Fluren des Präsidiums, stehend, frei stehend, manche 24 Stunden lang. Hinter uns, auf und ab gehend, Vopos. Neben mir wurde einer zusammengeschlagen, der nicht mehr stehen konnte. Mir wurde ganz schlecht davon. Für fünf Minuten durfte ich mich ins Büro setzen. Im Radio die Übertragung eines Konzerts des italienischen Opernsängers Mario del Monaco – das war das West-Bonbon, das die Staats- und Parteiführung der Opernfans sich und der Bevölkerung spendiert hatte. Kulturkampf. Kultur gegen Mode. Die Haare wurden uns geschnitten. Auch mir, obwohl meine gar nicht lang waren. Der Vopo gab sich richtig Mühe, sein Nebenmann fauchte ihn an: Ritsch, ratsch, runter det Zeug. Mein Genosse Volkspolizist flüsterte mir ins Ohr: er sei gar nicht einverstanden, aber er müsse nun mal. Wir wurden in die Verbrecherkartei aufgenommen mit Fotos und Fingerabdrücken, als ich unterschrieb, sagte der Kriminalist: Ihre Unterschrift zeugt von Intelligenz, was wollten Sie denn mal werden? Wir wurden verhört, man warf uns vor, wir hätten die DDR zu Grabe tragen wollen – von wegen Frack und Zylinder. Das waren richtig Menschen, die sich über unseren jugendlichen Leichtsinn Gedanken machten. Aber warum erzähle ich das?

Weil es zur Geschichte dieses Bürgerkriegs dazugehört. 1968, am 7. Oktober, war Ruhe. Zwei Wochen vorher waren die Armeen von fünf sozialisti-

schen Bruderstaaten in die Tschechoslowakei einmarschiert, auch unsere Volksarmee – da traute sich wohl keiner. Aber ich weiß nichts Genaues, ich saß in Untersuchungshaft wegen staatsfeindlicher Hetze. Und 1969? 20 Jahre DDR. Im RIAS war es einmal gesagt worden und dann im Eiltempo durch die ganze Republik Flüsterpropaganda: Die Rolling Stones spielen am 7. Oktober auf dem Springer-Hochhaus an der Mauer. Danach weder ein Dementi noch eine Bestätigung, nichts mehr. Nur Gerüchte. Reiner Blödsinn war's, und es kamen die Fans aus allen Enden der DDR. In den stillen Straßen an der Mauer, abseits des Volksfestes, wurden sie schon erwartet, von Polizei und Armee. Sicherheitshalber waren riesige Schallkanonen aufgefahren worden. Aber von den Rolling Stones kein Laut. Die Fans wurden in einen Straßentunnel hineingetrieben und weggefangen zu Tausenden. Es soll einen Toten gegeben haben. Die Legende sagt, er sei von seinem eigenen wehrpflichtigen Bruder erschossen worden. Ich weiß das alles nur vom Hörensagen. Ich saß zu Hause. War mir alles zu dumm. Ich hatte mir eine Schallplatte aufgelegt mit afrikanischem Negergetrommel gegen den Lärm draußen. Aber worauf will ich eigentlich hinaus?

Ich habe letzte Woche im Radio einen neuen Hit von den Rolling Stones gehört. Der Sender hieß Radio DDR. Und auf dem Volksfest zum 7. Oktober spielen die Puhdys, Karat … Die Masse hat gesiegt.

Ministerium für Staatssicherheit in Ost-Berlin: „Sie wollen Panik und Angst erzeugen“

Der Intelligente

Ja, und deshalb also gerieten wir aneinander, dieser Oberst Wötzel und ich, der Heißspund, der Provokateur, der selber so leicht zu provozieren und in Rage zu bringen war, und ich dachte danach, in meiner Zelle zurück: Na, das kann ja heiter werden – nicht, daß ich das wirklich dachte, ich befürchtete Schlimmstes, aber das war so eine Formulierung, die mein Vater immer wieder gebrauchte, und die konnte hier in diesem Falle nur helfen. An was für einen Typen war ich denn da nur geraten? Das erst war wohl die Stasi-Wirklichkeit, nicht jener erste Vernehmer, mit dem ich nach meiner Verhaftung und dann eine Woche lang zu tun gehabt hatte, ein Intellektueller, jedenfalls für Stasi-Maßstäbe, und mit dem hatte es doch richtig Spaß gemacht – ein Katz- und Mausspiel, bei dem nicht nur die Katze, sondern auch ich Maus ihren Spaß dran hatte, und das verwirrte die Katze, und sie wußte nicht, wie die Maus richtig in die Fänge kriegen, das führte doch zu nichts, die Vernehmungen verliefen doch im Kreis, und deshalb dann, so erklärte ich es mir jedenfalls, dieser Wechsel zu einem Brutalen, zu Wötzel, und schaue ich mir nun noch mal die *ZEIT* an und ihren *Stasi-Rentner*-Artikel, so kommt mir doch plötzlich auch dieser andere Stasi-Rentner auf dem anderen Foto bekannt vor, der Oberstleutnant a. D. Wolfgang Schmidt – war er das, mein erster Vernehmer? Könnte sein. Wenn nur mein Personengedächtnis besser wäre. Ist ja auch schon etwas länger her. 38 Jahre. Ein großes Problem, sagt dieser Schmidt laut *ZEIT*, sei die »latente Intelligenzfeindlichkeit« in der Stasi und der SED gewesen – das alte DDR-Wort von der Intelligenz als sozialer Schicht, im Westen und also heute überall im wiedervereinigten Deutschland würde man sagen: Intellektuellenfeindlichkeit, aber die Intelligenz trifft es eigentlich besser, ging es dabei doch wirklich um eine Schicht, um ein soziales und nicht nur individuelles Phänomen. »Die war der Sargnagel der DDR: Leute, die intelligent sind, müssen sich doch auch mal äußern dürfen.« So Schmidt, und er sagt auch, die SED hätte sich die Anliegen der Oppositionellen anhören sollen, anstatt sie der Stasi zu überlassen, und das hört sich doch wirklich verdächtig an: ein Stasi-Mann, der für den Dialog mit der Intelligenz eintritt, der intellektuellen Opposition – wenigstens im nachhinein dafür eintritt. Und es nährt meinen Verdacht: das muß er gewesen sein, mein erster Vernehmer, der Oberstleutnant a.D. Wolfgang Schmidt – wird wohl selber in der intelligenzfeindlichen Stasi wegen seiner Intelligenz seine Schwierigkeiten gehabt haben. Das Problem war ja, daß auch seine Intelligenz nichts nützte, um mit so einem wie mir klarzukommen. Er war mir sofort bei der ersten Vernehmung nach der Verhaftung in die Falle getappt: seine Frage war, was ich denn am Vortage, am 21. August gemacht hätte, ich solle ihm das chronologisch schildern, und also begann ich mit meinem späten Aufwachen, Aufstehen, es war ja Ferienzeit, und daß ich da dann in den Nachrichten von dem Einmarsch der Bruderstaaten (ich benutzte den offiziellen Terminus) in die Tschechoslowakei gehört hätte (ich ließ Schnaffi, der mit seinem Tonbandgerät zu mir in die Wohnung gekommen war, um mir eine geballte Ladung der Neuigkeiten vorzuspielen, außen vor, denn

Schnaffi war schließlich bei der Armee, der NVA). Daß ich mich dann, so sagte ich ganz offen, spontan (was nicht ganz stimmte, wenn auch die Fahne eine spontane Idee war) dazu entschlossen hätte, eine tschechische Fahne aus dem Fenster zu hängen – dies zu leugnen, wäre vollkommener Quatsch gewesen, wo ich doch von unten, von der anderen Seite der Karl-Marx-Allee aus beobachtet hatte, wie Polizisten diese Fahne nach ungefähr 20 Minuten Hängen wieder zum Fenster hereinholten, und als dann nach Stunden dieses Verhör doch einmal zu Ende war, sah ich sie wieder, meine Fahne, wie sie von zwei Stasi-Beamten (so schwer war sie doch aber gar nicht) über den Flur getragen wurde. So weit, so gut – der Vernehmer nickte zufrieden: wenigstens das nicht, kein Leugnen in dieser Sache. Aber dann beging er seinen Fehler: er fragte mich nach dem Warum, warum ich denn diese tschechische Fahne aus meinem Fenster gehängt hätte. Ich hatte mir das gar nicht vorher zurechtgelegt, ich sagte es spontan: um meine Solidarität mit dem tschechoslowakischen Volk zu bekunden, und er verstand das schon ganz richtig, wie dies gemeint war, dieser Vernehmer, aber jetzt erst kam ich mit einer Wendung, bei der er dann völlig hilflos war: ich berief mich auf das *Neue Deutschland* vom Vortage, auf die Erklärung des Zentralkomitees der SED, seiner Partei, die doch zu ebendieser Solidarität mit dem von den westlichen Imperialisten bedrängten tschechoslowakischen Brudervolk aufgerufen, den Einmarsch nach Prag als einen Akt brüderlicher Hilfe dargestellt hatte. Man wende die Lüge gegen den Lügner. Wenn er so mächtig ist, einen einzusperren. Das konnte er ja nun nicht, dieser intelligente Stasi-Mann, mich nach dieser Erklärung nun der Lüge verdächtigen, hätte er doch damit seiner eigenen Partei- und Staatsführung eine Lüge unterstellt. Das war die Falle, die ich ihm aufgestellt hatte, und er tappte da hinein und kam eine Woche lang nicht mehr aus ihr heraus. Und das gefiel mir natürlich, ihn da so zappeln zu sehen. Das einzige, auf das er dann in seiner Not kam, war die drängend gestellte Frage, warum ich denn, wenn diese tschechische Fahne kein Protest sein sollte, sondern meine Solidaritätsbekundung, nicht einfach in einen Laden gegangen wäre, um mir dort dann eine solche tschechische Fahne zu kaufen, anstatt sie selber zu malen – gute Frage, damit war er der Sache auf der Spur, aber ich war damals mit meinen 16 Jahren ein kluges Köpfchen und hatte auch dafür eine intelligente Antwort bereit: ich wüßte gar nicht, daß es so was gebe, sagte ich, einen Laden, wo man Fahnen kaufen kann, ich hätte noch nie einen gesehen, und auch er, der Stasi-Vernehmer, hatte sicher noch nie so einen Laden gesehen und wußte also wieder nicht, was mir entgegnen, und wußte es auch nicht, als ich dann noch sagte, ich sei doch durch diese überraschenden Ereignisse ganz aufgebracht gewesen (was er dann wieder richtig verstehen konnte), hätte doch geglaubt, daß nach dem letzten Treffen zwischen Dubček und Breschnew die Gefahr vorüber wäre (was er wieder sehr gut richtig verstehen konnte), und dies dann noch einmal mehr nach dem Treffen von Ulbricht mit Dubček in Karlovy Vary (das war ihr schwacher Punkt, ich wußte es, weil sich doch Ulbricht da ganz auf die Seite der tschechischen Genossen gestellt, den Prager Frühling, die eingeleiteten Reformen begrüßt hatte), und es hätte mich dann doch ganz schön entsetzt, am 21. August in der Zeitung zu lesen, wie groß die Gefahr für den Sozialismus gewesen sei, der man nun diesen Riegel habe vorschieben müssen – wie gesagt (wie immer wieder von mir frech behauptet), das sei eine ganz spontane Aktion gewesen, diese Solidaritätsbekundung, und ich verstünde gar nicht, wie man mir dies überhaupt vorwerfen könne.

Herrlich – ich erzählte das genaue Gegenteil von der Wahrheit, log ihm glatt ins Gesicht und dann ins Protokoll. Ich log, und er wußte, daß ich lüge. Und ich wußte genau, daß er wußte, das ich ihn belog, und log dann einfach frech weiter. Und er konnte das Lügengespinst nicht zerreißen, denn hier war ein bißchen mehr als nur meine Aussage ihm gegenüber auf Lügen aufgebaut. Daß diese Armeen des Warschauer Paktes in die ČSSR einmarschiert waren, weil von der Partei- und Regierungsspitze gerufen – eine Lüge. Daß sie gekommen waren, dem tschechoslowakischen Brudervolk zu Hilfe zu eilen, um die Konterrevolution abzuwehren – eine

Lüge. Daß es überhaupt so etwas wie eine Konterrevolution gäbe – eine Lüge. Hätte er mir gesagt, ihre zum Fenster herausgehängte Fahne bedeutete das doch gar nicht, was ich ihm gegenüber behaupte, ein Zeichen für meine Solidarität mit den tschechischen Genossen, eine Unterstützung des Einmarsches, dann hätte er damit zugegeben, daß dieser militärische Eingriff mitnichten etwas mit Solidarität zu tun hatte, daß alles, was in der Zeitung stand, das, was die Partei behauptete, bloße Propaganda sei, und zwar eine sehr durchsichtige, eine dumme, dummdreiste Lüge. Ich hatte das Lügen also von seiner Partei gelernt. Die ganze DDR hatte es, der Mensch im Sozialismus. Und genau das doch widerte mich so an, nun aber, einmal log auch ich, und das ganz bewußt, ganz gezielt, um Zeit zu gewinnen, vielleicht sogar da noch am Abend irgendwann doch noch das Stasi-Vernehmungszimmer verlassen zu können. Und es machte mir Spaß, dieses Spiel mit der offensichtlichen Lüge zu spielen, zu sehen, wie sich dieser Vernehmer darin verfängt, und keinen Ausweg sieht, nicht mich zu etwas anderem zu überführen weiß.

Auch dieses Spielchen spielte ich wirklich mit ihm, das mit dem dann wieder Nachhausegehen: ich war ungefähr abends um 7 Uhr verhaftet worden, Zeit also für das Abendessen, und die Vernehmung zog sich hin, und mehrmals bot mir dieser Mann, mein erster Vernehmer, an, mir doch etwas zu essen zu bestellen, ich müsse doch Hunger haben. Ich aber lehnte ab, höflich dankend und mit dem Hinweis ab, ich wolle nicht den Abend unnötig in die Länge ziehen, und schließlich nicht allzu spät nach Hause kommen. Ja, und dann, es war mittlerweile gegen 11, dachte ich doch, die Vernehmung wäre zu Ende, ich hätte all seine Fragen beantwortet, und damit wäre dann doch wohl Schluß für heute, aber nein, und daran hatte ich bis dahin nicht eine Sekunde gedacht, das mußte ja jetzt noch alles protokolliert und aufgeschrieben werden, denn schließlich war doch auch die Stasi in erster Linie mal ein bürokratisches Gebilde – woran ich aber vorher nie gedachte hatte, was mir aber erst in dem Moment klar wurde, als mir der Vernehmer erklärte, er habe vorerst keine weiteren Fragen an mich, ich erhob mich schon, um zu gehen, er müsse jetzt aber noch ein Protokoll schreiben. Ob er mich denn dazu bräuchte, fragte ich ihn, erstaunt, irritiert, denn dies ging mir doch nicht sofort ein. Aber ja, sagte er, und diesmal war er es, der grinste, ich müsse dieses Protokoll ja dann noch gegenlesen und durch meine Unterschrift in seiner Korrektheit bestätigen. Aha, also gut, ich lehnte mich wieder in meinem Sessel zurück, sagte aber, ich hoffe, das würde nicht allzu lange dauern, damit ich dann noch eine U-Bahn bekäme, um nach Hause zu fahren. Aber es dauerte und dauerte, und der Mann schrieb Seite um Seite, und mich verwunderte das doch, daß das soviel gewesen sein sollte, was er mich gefragt, was ich ihm an Lügengeschichten aufgetischt hatte. Es muß nach 12 gewesen sein, als er endlich mit seinem Protokoll fertig war, ich hatte in der Zwischenzeit jede Ecke dieses Vernehmerzimmers, den Bodenbelag und die Muster auf der alten, braun gewordenen Tapete studiert. Er war fertig und reichte mir das Protokoll mit der Versicherung, ich solle ihm sagen, wenn ich etwas falsch wiedergegeben fände, er würde dies dann korrigieren. Das war natürlich gut, denn nun war es an mir, ihm seine nächtliche Zeit zu stehlen. Ich fand dies und jenes nicht exakt genug formuliert, meine Lügen nicht in der nötigen Genauigkeit wiedergegeben, und nun war es wieder an mir zu grinsen, denn das waren ja noch mal zwei Seiten, die er nun mit meinen Verbesserungen und Richtigstellungen vollzuschreiben hatte. Es mochte dann halb 1 geworden sein, als ich endlich mit meiner Quälerei Schluß machte. Und da dann erhob ich mich wieder von meinem Platz und so, als ob ich jetzt gehen wolle, und er sagte mir, und nun grinste er wieder, es wären da noch ein paar Fragen offen geblieben, die er morgen mit mir durchgehen wolle, es sei am besten, denn schließlich wäre es ja auch sehr spät geworden, ich würde die Nacht gleich hier bei ihnen verbringen, damit wir am nächsten Tag unsere Vernehmung fortsetzen könnten. Wenn er meine, daß dies praktischer sei, antwortete ich – ob ich da noch grinste, ich weiß es nicht. Er meinte, daß das sicher praktischer sei, mir den Weg nach Hause und am morgigen Tag noch einmal hierher zurück erspare, und außerdem könne er doch, wie fürsorglich, einen so jungen Menschen wie mich so spät nicht mehr auf die Straße schicken. Gut, wenn er das so meine, dann war auch ich damit einverstanden. Er griff zum Telefonhörer, und im nächsten Moment schon hatten wir den Uniformierten in der doppelten und gepolsterten Tür zu stehen, der mich zu meinem nächtlichen Unterbringungsort zu bringen hatte. Auf dem Gang, und das war schon Timing und wie im Film, kamen mir die beiden Stasi-Leute entgegen, die schwer an meiner Malpappe mit der tschechischen Fahne zu schleppen hatten. Der Vernehmer wünschte mir noch eine gute Nacht, ich wünschte zurück, und dann ging es um ein paar Ecken rum, durch mehrere vergitterte Türen, und plötzlich befand ich mich in einem richtigen Knast, einen alten Gefängnisbau mit einem von unten nach oben durchgehenden Schacht, dann wurde für mich eine Zellentür geöffnet, und damit war das Spiel aus, das Ende aller Witzeleien gekommen. Die Zellentür schloß sich hinter mir, ich war in Haft.

Der Nette

Sie hatten es erst mit diesem Intelligenten versucht, sie hatten es dann mit dem Brutalo versucht, beides vergeblich, also versuchten sie es nun mit einem Netten, und der Nette war am nächsten Tag, nachdem ich doch, mit sehr unguten Gefühlen und einer weiteren scharfen Auseinandersetzung mit dem Brutalo entgegensehend, dem Läufer vom Zellentrakt in den Vernehmerflügel gefolgt war, um dort dann in ein anderes Zimmer zu einem anderen Vernehmer geführt zu werden, erst mal so nett, mir einen Kaffee anzubieten. Und er blieb auch nett, die ganzen Wochen über, die fast zwei Monate lang, die ich mit ihm verbrachte. Ich bekam immer meinen Kaffee, bei jeder Vernehmung. Er brachte mir Äpfel von sich zu Hause mit, damit ich mal ein paar Vitamine bekomme, und ich revanchierte mich mit ein paar Bonbons für seine Kinder (er hatte mir von ihnen erzählt), die ich mir von meinem Geld dann bestellen durfte – ob er sie seinen Kindern gegeben hat, diese Bonbons? Er nahm sie jedenfalls lächelnd entgegen. Und dann bekam ich von ihm (ohne darum gebeten zu haben) die Erlaubnis, in der Zeit, wo er seine Protokolle schreiben mußte, zeichnen zu dürfen, und später dann, nach meiner Verurteilung durfte ich dies sogar in meiner Zelle, damit es nicht so schwer für mich wäre, dort einfach nur warten und ausharren zu müssen, bis es dann in den Strafvollzug ging. Und eines schönen Tages sagte er mir sogar, ich würde doch sicher hier im Gefängnis Musik vermissen (womit er natürlich genau ins Schwarze getroffen hatte, die Stille war schlimm), und fragte dann, was ich denn so am liebsten hören würde, und ich antwortete: Jimi Hendrix (der ihm kein Begriff zu sein schien), und er sagte: »Mal sehen, was sich da machen läßt«, und siehe da, am nächsten Tag hatte er ein Tonbandgerät in seinem Vernehmerzimmer (genau dasselbe Modell wie Schnaffis), und er schaltete es ein, und Eric Burdon war da zu hören: *Winds of Change* – ob es das ungefähr wäre, fragte er, und als ich nickte, sagte er, daß er das Band dann später laufen lassen würde nach der Vernehmung, und es war nicht etwa so, daß er mir in den folgenden Stunden, in denen ich natürlich zu Eric Burdon kommen wollte, besonders unangenehme Fragen stellte, überhaupt nicht. Und dann, während er dann am Protokoll schrieb, ließ er den Eric Burdon laufen, und ich hörte sie zum erste Mal, Burdons Fassung des *Rolling-Stones*-Songs *Paint it Black* – ja, mal es schwarz, so schwarz, wie es ist. Und laß ihn doch auch pfeifen, den Wind der Veränderung. Wahrscheinlich werden sie dieses Tonband bei irgendeinem Fan beschlagnahmt haben, das ich mir nun anhören konnte. Die technische Qualität der Aufnahme war jedenfalls nicht berauschend.

Aber der Höhepunkt dieser Nettigkeit und sich steigernden Vertrautheit, das war dann dieses Wochenende, das wir gemeinsam verbrachten, der Vernehmer und ich, der nette Vernehmer, und ich kann mir das nun auch jetzt noch nicht als hinterhältig, als perfide Taktik vorstellen. Denn zu holen gab es da für ihn schon nichts mehr, die Untersuchung war längst abgeschlossen, der Prozeß schon vorüber, er hätte mich gar nicht mehr zu sich kommen lassen müssen, und er tat es ja auch immer weniger, war sicher schon mit einem anderen Fall beschäftigt. Und daß er mich dann an diesem Wochenende ausgehorcht hätte, anderweitig ausgehorcht hätte, um mehr zum Beispiel über meinen Vater zu erfahren, dem war nicht so, und mich für das MfS zu rekrutieren versucht, das hat er auch nicht, also muß es reine Menschenfreundlichkeit gewesen sein. Nichts anderes als das, was er mir sagte: er wisse, daß die Wochenenden in Haft besonders schwer seien, er habe an dem kommenden Wochenende Bereitschaftsdienst, müsse also auch hier sein, wenn ich wolle, würde er mich zu sich holen lassen – er habe aber zu tun, müsse an seinen Akten arbeiten, doch wir könnten ja einen Kaffee zusammen trinken. Ich könnte auch ein bißchen zeichnen, und er würde das Tonbandgerät dahaben. Wenn das ein Bestechungsversuch war, dann war ihm a) nicht zu widerstehen, b) mußte ich rauskriegen, ob es da etwas gäbe, was er von mir wollte. Aber er wollte nichts von mir, er wollte nur nett und freundlich zu mir sein, zu seinem 16jährigen Gefangenen. Er arbeitete an seinen Akten, ich zeichnete, das Tonbandgerät lief, wir tranken Kaffee zusammen. Das war's schon – nicht ganz natürlich, denn am Sonntagnachmittag dann, wieder zusammen Kaffee trinkend, fingen wir an, miteinander zu reden. Nicht auf ein Protokoll hin, keine Vernehmung, wie zwei Menschen, die sich etwas kennen, aber noch nie eigentlich wirklich richtig miteinander geredet haben, ohne daß es dabei ein Ziel gäbe. Es ergab sich so, und ich hatte nicht den Eindruck, daß er sich dieses Gespräch mit mir vorgenommen hatte, es ergab sich, während wir unseren Sonntagsnachmittagskaffee zusammen tranken. Erst war ich es, der redete, erzählte, von sich erzählte, ohne von ihm durch Nachfragen unterbrochen zu werden, die etwas herausbekommen wollten. Verstehen, das ja, mich verstehen, das wollte er, und nur solche Fragen stellte er mir, als ich ihm dann von meiner DDR erzählte, von der DDR, wie ich sie kannte und erlebt hatte. Und ich erzählte ihm auch, wie sich das für mich darstellte, aus meiner Perspektive, was mit meinem Vater in den letzten Jahren passiert war, als wie ungerecht ich das alles empfand, welche Verleumdungen es gegen ihn gegeben habe, wie sehr mich dies alles an der DDR und ihrem Sozialismus hatte zweifeln lassen, und auch daran, ob denn der Stalinismus wirklich überwunden sei. Er hörte sich das alles ganz ruhig an, er verteidigte seine DDR nicht, und das war verblüffend, war im höchsten Maße erstaunlich, ich hatte bis dahin nur Vertreter dieses Staates kennengelernt, die bei all dem, was ich zu sagen hatte, sofort eine Gegenposition eingenommen, auch noch den größten DDR-Unsinn verteidigt hätten. Aber noch mehr verblüfft war ich dann, als ich fertig war und er nun zu reden begann, über sich zu reden anfing, und darüber, wie er zur Stasi gekommen wäre. Wie man ihn, der irgendwo in der tiefsten Provinz aufgewachsen wäre, vom MfS angesprochen hätte, als Arbeiterkind, als noch jugendlichen Sozialisten, wie man ihn davon überzeugt hätte, daß dieser Staat, seine DDR, sein Sozialismus geschützt werden müßte, auch durch einen Geheimdienst geschützt – jeder Staat habe seinen Geheimdienst, sagte er, auch die DDR brauche einen Geheimdienst, und fast sagte er es flehentlich, um mein Verständnis werbend, dies müsse doch auch ich einsehen. Bisher, sagte er, habe er es nur mit Spionen zu tun gehabt, noch niemals mit jemandem wie mir. Mit jemandem, der sich als Sozialisten bezeichne, mit jemandem, von dem er auch nichts anderes annehmen könne, als daß er ein Sozialist sei. Mit jemandem, in dem er nicht wirklich einen Feind sehen könne. Und dann sagte er, ob ich's nun glaubte oder nicht, sie wären hier alle übereinstimmend der Auffassung, daß ich längst aus der Haft hätte entlassen werden sollen, aber es gebe andere, höhere Stellen, die dies verhindert hätten, immer noch verhindern würden, an ihnen, an der Stasi läge es nicht. Er rechtfertigte sich, er glaubte, sich vor mir rechtfertigen zu müssen, es drängte ihn dazu, sich mir gegenüber zu rechtfertigen – alles Grau in Grau, keine Schwarzweißmalerei möglich.

Vernehmergeschick

Ich hatte bis zu diesem Tage, bis zu dem Moment, wo ich dann zu diesem Netten ins Vernehmerzimmer geführt wurde, stur und standhaft nur die Fahne zugegeben, meine Straftat, die dann vom Gericht noch nicht mal als Straftat gewertet werden sollte, und von der Stasi in ihrer Expertise, ihrer strafrechtlichen Bewertung übrigens auch nicht. Von den Flugblättern, an denen ich mitgetippt hatte, kein Wort, und das natürlich aus Prinzip nicht, denn da waren ja andere mitbeteiligt, Uzkoreit und Juliana Grigerowa. Aber schon der Intelligente hatte das beiläufig erwähnt, daß die Bulgarin Juliana Grigerowa nach Bulgarien zurück verfrachtet worden sei und Uzkoreit aus der U-Haft entlassen. Die beiden mußten das also zugegeben haben, diese Flugblätter, an denen ich nur mitgetippt hatte, davon war auszugehen – aber meine Beteiligung daran deshalb schon zugeben, von alleine von diesen Flugblättern erzählen? Nein, und das Verrückte, in unserem harmlosen Falle jedenfalls Verrückte, war ja, verrückt, weil es sie also Tage kostete, daß sie einem keine Vorhalte machen wollten, einem nicht sagten: wir wissen dies oder das, geben Sie es zu – man sollte das von selber zugeben, und wenn es an diesem mühseligen Verfahren etwas Rationales gab, dann nur das, daß sie auf diese Weise mehr noch zu erfahren hofften, als sie schon wußten. Für mich aber galt: man belastet niemanden anderen, und also ging es da nicht weiter, ich gab die Flugblätter nicht zu. Bis zu dem Tag, als ich auf den Netten traf. Aber ich gab es ihm gegenüber nicht deshalb zu, weil er so nett war und so freundlich und mich etwa mit seinem für mich bestellten Kaffee hätte bestechen können. Ich gab es zu, weil er nicht nur nett, sondern der eigentlich intelligente war. Er stellte mir eine Frage, und er stellte sie mir ganz allgemein und erst einmal unverfänglich: auf welche Weise sich denn die Gedichte und Lieder von Wolf Biermann in der DDR verbreiten ließen, in der sie nicht veröffentlicht wurden. Wir gingen das dann ganz allgemein durch, welche Möglichkeiten es da so gäbe, und er fragte auch nicht, ob ich denn die Gedichte und Lieder Biermanns auf die von mir nacheinander aufgezählten Weisen verbreitet hätte. Nur Flugblätter, daß man Biermanns Texte schließlich auch auf Flugblättern verbreiten könne, das blieb von mir noch ausgespart, aber es war ja klar, daß es ihm um diese Flugblätter ging, die ich noch nicht zugegeben hatte. Als ich mit meiner Auflistung durch war, fragte er mich, ob es da nicht vielleicht noch eine weitere Möglichkeit gebe, die ich außer acht gelassen hätte, und ich antwortete: nicht, daß ich wüßte. Aber, da das ja klar war, daß es nur noch diese eine Möglichkeit, die von Flugblättern gab, war diese Frage so zu verstehen, als wolle er mir damit zu verstehen geben, sie wüßten um die Flugblätter mit dem Gedicht von Biermann drauf, an dessen Herstellung ich mich beteiligt hatte. An dieser Stelle angelangt, war er dann so nett und intelligent, nicht direkt weiterzufragen, er fragte mich nach den Liedern und Gedichten von Biermann, wie sie mir gefielen, welche besonders wichtig für mich wären, und auch diese Fragen waren ihm ja zu beantworten. Ich nannte ihm meine Favoriten, meine Biermann-Hits, und auch die, die mir, weil eher vertonte Leitartikel und politische Statements, nicht so gefielen, und da dann fragte er mich nach Biermanns Gedicht *In Prag ist Pariser Kommune*, nach dem Gedicht also, das Uzkoreit und Juliana auf ihrem Flugblatt zu stehen haben wollten, das ich, um ihnen bei der Herstellung ihrer, nicht meiner Flugblätter zu helfen, mit abgetippt hatte. Diese ganz gezielte Nachfrage nach *In Prag ist Pariser Kommune*, sie konnte nur bedeuten, das sie von den Flugblättern wußten, daß er mir dies auch mitteilen wollte, sie wüßten von ihnen. Ich sagte ihm, daß dieses Gedicht für mich ein Beispiel für das wäre, was ich an einigen Texten Biermanns nicht möge, für mich habe das mit Lyrik nichts zu tun, diesem Gedicht fehle es an einer poetischen Idee. Ob wir denn am 21. August über dieses Biermann-Gedicht diskutiert hätten, wollte er als nächstes wissen, und daß er diese Frage so stellte, es brachte uns den Flugblättern ein Stück näher, und sollte es wohl auch. Ich beantwortete dies mit einem Ja, sagte ihm dabei, daß ich's auch da noch, obwohl nun politisch vielleicht passend, abgelehnt hätte. Als uninteressante Lyrik – wenn man sich politisch äußern wolle, dann solle man dies direkt tun. Er fragte, ob insbesondere Juliana Grigerowa und Uzkoreit da anderer Auffassung gewesen wären als ich, und die Nennung genau dieser beiden Namen, sie brachte uns den Flugblättern mit dem Gedicht von Biermann drauf noch ein Stück näher. Ich wußte also, sie wissen, daß es da eine Verbindung für mich gibt zwischen diesen beiden und Biermanns *In Prag ist Pariser Kommune*, und ich wußte auch, daß er mich dies wissen lassen wollte. Wir waren also den Flugblättern ganz nahe, und ein Vertun konnte es nun nicht mehr für mich geben, nur die Gewißheit, sie wüßten längst um sie. Und dann sagte er, er wolle noch einmal auf seine Frage von vorhin zurückkommen, wie denn die Gedichte und Lieder Wolf Biermanns in der DDR zu verbreiten wären, er glaube doch, daß ich da eine Möglichkeit noch nicht genannt hätte. Und also sagte ich ihm, man könne Biermann-Texte auch auf ein Flugblatt schreiben. Genau dies, sagte er, hätte ihm noch gefehlt. Ob ich denn darum wisse, daß Leute dies schon getan hätten. Ich wußte, und er ließ sich den Triumph nicht anmerken, als ich ihm dann von den Flugblättern erzählte, an deren Herstellung ich mich beteiligt hatte. Und in seinem Protokoll der Vernehmung ließ er, wenn mich da die Erinnerung nicht trügt, den ganzen Umweg weg, den er mit mir hatte machen müssen, damit ich endlich doch auch diese verdammten Flugblätter zugebe. Sie nannten das *Hetzschriften,* nicht Flugblätter – man korrigiere dies bitte im Ungeiste immer selber.

Ein letztes Zusammensein

Nach zwei Monaten U-Haft, zwei Monaten in Hohenschönhausen, fast drei Wochen davon allein in der Zelle, nein, sogar vier, wenn ich die erste, die schlimme Woche dazurechne, in der ich aber soviel verhört wurde, daß ich in diesem schmalen, dunkelgrauen Schlauch nicht verrückt wurde, stand also die große Veränderung an, der Strafvollzug, der Abtransport in das Jugendhaus Luckau, die ein bis maximal drei Jahre, die mir dort bevorstanden – der Vernehmer, von mir mehrmals danach gefragt, was ich mir denn unter diesem Jugendhaus vorzustellen habe, inwieweit sich dies von einem normalen Knast unterscheide, behauptete zumindest, davon keine Ahnung zu haben, er hätte ja schließlich noch niemals zuvor ein so junges Gegenüber gehabt. Und es stand noch ein Sprecher an, der Besuch meiner Mutter, die mich und meinen Bruder als einzige von der ganzen Familie Havemann besuchen durfte, direkt am Tag, bevor es losgehen sollte ins Unbekannte. Natürlich hatten wir beide, mein Bruder und ich, wir hätten uns ja währenddessen absprechen können, bei diesen Sprechern, wie dies genannt wurde, niemals mit unserer Mutter zusammensitzen dürfen. Erst war er dran oder erst ich und dann mein Bruder, und währenddessen mußte der andere in einer Zelle warten – nicht in der, in der wir sowieso eingesperrt waren, nein, denn diese Sprecher, sie fanden ja nicht in Hohenschönhausen statt, sondern in der Stasizentrale in der Magdalenenstraße, in dem alten Knastbau dort von der Jahrhundertwende noch. Hohenschönhausen war geheim, war das Geheimste vom Geheimen, war noch nicht mal auf dem Ost-Berliner Stadtplan verzeichnet, und Hohenschönhausen, der Name besagte mir nichts, dort war ich niemals zuvor gewesen, im Nordosten der Stadt kannte ich mich nicht aus. Selbst der Anwalt durfte dort nicht hinein, auch ihn traf ich nur in der Magdalenenstraße, und dorthin wurden wir, mein Bruder und ich, dann, wenn uns unsere Mutter besuchen konnte, transportiert, und *transportiert* ist hier das richtige Wort, da wir dazu in so einem *Barkas*-Transporter mit den engen Zellen aus Sperrholz hineingesteckt wurden. Und daß wir da immer beide zusammen drin saßen, mein Bruder und ich, jeder in so einer kleinen Zelle, das war klar, das ergab sich nicht nur aus dem, was meine Mutter sagte, das spürte man auch nicht nur, das ergab sich auch aus der komplizierten Ein- und dann wieder Ausstiegsprozedur, bei der wir uns ja nicht begegnen durften. Das nun stand wieder bevor, am Nachmittag dieses letzten Tages in Berlin, und ich sagte zu meinem Vernehmer, der mich am Vormittag holen ließ, ob man denn dies nicht anders regeln könne, ausnahmsweise, der Prozeß liege doch nun hinter uns, wir seien beide verurteilt, irgendwelche Absprachen zu treffen sei doch nicht mehr möglich, und ich würde meinen Bruder vielleicht erst in drei Jahren wiedersehen, ob sich da nicht also was machen ließe, damit wir diesen Besuch unserer Mutter zusammen absolvieren könnten – mein Vernehmer, der Nette, sagte, er werde sehen, ob er da was machen könne. Und dann kam der Nachmittag, und schon als ich in den *Barkas* einstieg, und noch einmal mehr, als ich im Hof des Gefängnisses in der Magdalenenstraße wieder ausstieg, hatte ich das Gefühl, hier stimmt doch was nicht, du bist doch allein ohne deinen Bruder gefahren. Ich wurde nach oben in das Besucherzimmer geführt, mein Vernehmer, der bei diesen Treffen, außer dem mit dem Anwalt, immer dabeisaß, dabei sein mußte, kam mir entgegen, ich schaute ihn an und fragte: »Und wo ist mein Bruder?« Er antwortete, ich solle das Kommen meiner Mutter abwarten, und er sagte es mit so einem merkwürdigen Glanz in den Augen, den ich nicht zu deuten wußte. Also setzte ich mich an den kleinen Tisch mit den beiden 50er-Jahre-Sesseln, er nahm an dem leeren Schreibtisch Platz wie sonst auch immer, und ich wartete, wir warteten. Auf meine Mutter. Wir warteten schweigend, und ich glaube nicht, daß ich in dieser Zeit irgendwas gedacht, irgendwelche Spekulationen auch darüber angestellt hätte, was das denn nun wieder zu bedeuten habe. Ich saß einfach da und sah zum vergitterten Fenster hinaus. Und dann ging die Tür auf, diese doppelte, inwendig gepolsterte Tür, und meine Mutter kam herein, und meine Mutter sah gar nicht mich, meine Mutter sah den Vernehmer an, mit großen Augen. Erwartungsvoll, als würde der jetzt nun irgend etwas verkünden. Und mein Vernehmer sah meine Mutter an, mit ebenso großen, erwartungsvollen Augen, er stand von seinem Platz auf, lief ihr entgegen, als würde sie jetzt gleich etwas Bedeutungsvolles sagen, und dann standen sie da beide und merkten, daß sie beide nichts zu sagen hatten, daß sie beide erwartet hatten, der andere würde die frohe Botschaft bringen. War aber nicht. Der Vernehmer, vollkommen verwirrt, sagte, er würde sich erkundigen gehen, verschwand aus dem Besucherzimmer und ließ mich und meine

Mutter, gegen alle Vorschriften sicher, alleine dort zurück. Meine Mutter ganz atemlos: mein Bruder sei heute Mittag aus der Haft entlassen, auch Peewee und Thomas, die beiden anderen von uns sieben, die noch gesessen hatten, seien raus, und sie sei hierher mit der sicheren Erwartung gekommen, mich abholen, mich mit nach Hause nehmen zu können. Ich war innerlich ganz ruhig, als ich das hörte, ich spreizte die Hand neben meinem Gesicht, wie ich das immer noch tue, will ich meiner Skepsis ohne Worte Ausdruck verleihen. Meine Mutter war mit ihrer Erklärung gerade fertig, da kam der Vernehmer zurück, blaß, fahrig, die Schultern hebend, er sagte, die andern drei seien entlassen, ihre Strafe sei zur Bewährung ausgesetzt worden, bei mir ginge dies nicht, ich wäre ja nicht zu einer Strafe verurteilt worden, das Jugendhaus sei etwas anderes als der Strafvollzug, sei als Erziehungsmaßnahme gedacht, ich müsse morgen dorthin. Ich blieb auch da ganz ruhig, eiskalt, wie Adolf Hitler gesagt hätte, von dem das ja ein Lieblingsausdruck gewesen sein soll. Ich war froh, daß die andern drei raus waren, mein Bruder, Thomas und Peewee – kein Neid, ich war froh für sie, und das war dann schon alles, wozu ich an Gefühlsregung fähig war. Selbstschutz sicher. Ich versuchte sogar, Scherze zu machen, und wer hier bedripst war, das waren meine Mutter und mein Vernehmer, die sich etwas anderes erwartet hatten.

Er bestellte einen Kaffee für uns, und ein Kaffee war natürlich gut in dieser Situation, wo ich mir doch eins und eins zusammenzählen konnte, und genau wußte, daß meine Mutter nicht ganz schuldlos an meiner jetzigen Situation war, hatte sie doch in ihren Aussagen, auch vor Gericht, mehrmals betont, keinerlei erzieherischen Einfluß mehr auf mich zu haben, und das war nicht nur die ängstliche Abwehr einer guten Parteigenossin, die fürchten mußte, für die Taten ihres Sohnes zur Verantwortung gezogen zu werden, sondern schlichtweg auch die Wahrheit. Ich saß also da, und es rumorte in mir, und ich wußte eigentlich nicht, worüber ich mich nun noch mit dieser mir so fremden Frau, die meine Mutter war, unterhalten sollte. Wir hatten nichts zu bereden. Die Dämmerung kam, und es wurde immer bedrückender, der graue November, der Vernehmer schaltete das Licht ein. Kurz darauf aber ging plötzlich das Licht wieder aus – Stromausfall. Wir saßen im Dustern. Der Vernehmer verschwand, und kam ein paar Minuten später mit einer Kerze zurück, und damit konnte dann die Vorweihnachtszeit beginnen. Der Vernehmer stellte die Kerze auf den kleinen Tisch zwischen meine Mutter und mich und setzte sich wieder an seinen Schreibtisch, und da sagte ich zu ihm, er solle sich doch mit zu uns an den Tisch setzen, es wäre dies doch auch der Moment unseres Abschieds, ich ginge nicht davon aus, ihn jemals wiederzusehen. Und er kam, kam zu unserem Tisch, nahm seinen Stuhl mit und den Kaffee, den er auch für sich bestellt hatte, und stellte seine Tasse auf den immer voller werdenden kleinen Tisch. Und so saßen wir dann die nächste Stunde, sicher wider alle Vorschriften, zu dritt an diesem Tisch. Bei Kerzenschein und Kaffee, wie heimisch und heimelig – wie unheimlich. Und das Thema war, was denn das nun sein würde, wie ich's mir vorzustellen hätte, dieses Jugendhaus in Luckau, in das ich am nächsten Tag transportiert werden würde. Meine Mutter meinte, ich müsse dort sicher arbeiten, und dies täte mir vielleicht auch ganz gut, ich solle mir das wie ein Lehrlingswohnheim vorstellen – wußte er da schon mehr, der Vernehmer, hatte er nachgefragt? Er zuckte wieder hilflos mit den Achseln, bestätigte vage die Vorstellungen meiner Mutter. So müsse es wohl sein, dieses Jugendhaus, und so ungefähr stellte ich mir das ja auch vor – welch ein Irrtum.

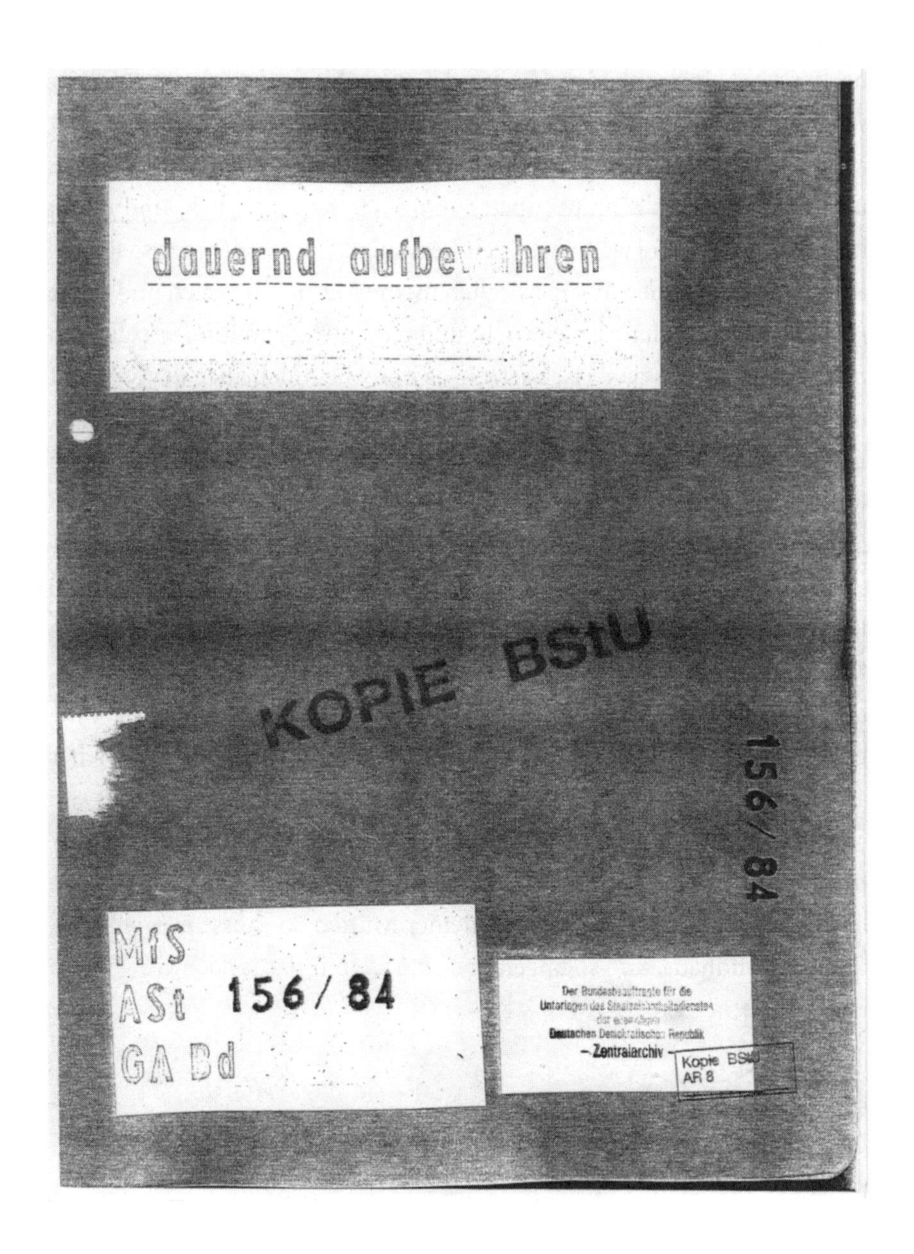
dauernd aufbewahren
KOPIE BStU
156/84
MfS
ASt 156/84
GA Bd
Der Bundesbeauftragte für die
– Zentralarchiv –
Kopie BStU
AR 8

Akten

Ich muß das doch machen. Muß mir das ansehen. Muß in die Behörde. In eine der wenigen Behörden, die das Wort *Behörde* in ihrem Namen trägt. Muß in die Behörde, die deren Mitarbeiter nur *die Behörde* nennen. Weil sie eine so einzigartige Behörde ist, daß niemandem ein passender Name für sie einfallen wollte. Die Behörde, die man dann erst nach ihrem ersten Chef benannte, die *Gauck-Behörde*, die nun, nach ihrer zweiten Chefin benannt, die *Birthler-Behörde* heißt. Aber natürlich hat auch diese Behörde einen offiziellen Namen, sie hieß *Der*, und heißt nun *Die Bundesbeauftragte für die Unterlagen des Staatssicherheitsdienstes der ehemaligen Deutschen Demokratischen Republik*, und diese Behörde, sie hat natürlich als eine anständige Behörde auch eine Abkürzung *BStU* – wobei dieses *St* sicher die Stasi meint. Aber ein Monster bleibt ein Monster, auch wenn man es denn abkürzt. Und ich muß da hin, in dieses Monster, mich in den Rachen dieses Monsters stürzen. Muß dort meine Stasi-Akte lesen. Ich muß, und wollte es doch nie tun. Instinktiv nicht. Und natürlich mußte man sich da dann, wenn man diese Akten nicht lesen wollte, die Verdächtigung gefallen lassen, in den Akten wohl üble Dinge zu vermuten. Und nicht nur über andere Leute und was andere Leute Übles über einen dort in den Akten zu Protokoll gegeben haben könnten. Man will wissen, wer einen als *IM*, als inoffizieller Mitarbeiter, bespitzelt hat, oder man will es nicht wissen, so einfach ist das. Und ich wollte es nicht wissen. Wozu auch? Und mit welcher Rechtfertigung auch? Arme Hunde als arme Hunde, Schweine als Schweine kenntlich gemacht zu bekommen, und sind ihre Namen geschwärzt, womöglich noch einen Antrag zu stellen, ihren Klarnamen genannt zu bekommen – was hätte ich davon? Ist zu lange her. Viel zu lange. Und dann war doch auch mein Vater bei der Stasi. Und meine Mutter ebenso und mit der Maßgabe, ihre eigenen Kinder zu bespitzeln – wie soll ich mich da noch über andere Spitzel aufregen? Und überhaupt kann ich doch nur froh sein, daß man mich von seiten der Stasi nie selber gefragt hat – leicht zu sagen, ich hätte nein gesagt, hätte dankend abgelehnt. Leicht zu sagen, daß die Stasi schon ihre Gründe gehabt haben wird, einen wie mich nicht zu fragen, und daß dies in meinem Falle fast eine Ehre sei. Die Ehre, nicht für würdig, für nicht tauglich befunden worden zu sein, Spitzeldienste zu verrichten – stimmt, ich nehme diese Ehre für mich in Anspruch. Ich kann es. Ich kann aber nicht denjenigen, denen diese Ehre nicht zugestanden wurde, von dieser so wenig ehrenhaften Gesellschaft, dem Ministerium für Staatssicherheit der ehemaligen Deutschen Demokratischen Republik, deshalb irgendwelche Vorwürfe machen – wie könnte ich? Ja, wie käme ich denn dazu? Auch das schon mal eine Frage der Ehre, und diese Ehre diktiert mir, zu sagen, ich kann es nicht, kann keine Vorwürfe gegen eventuelle *IMs* erheben, die mich womöglich bespitzelt haben, weil ich es doch war, der sie durch mein aufmüpfiges Verhalten in die unangenehme Lage gebracht hat, daß sie dann wegen mir von der Stasi angesprochen und verpflichtet wurden, über mich zu berichten. Ich war doch fein raus, nachdem ich meinen Kopf so weit rausgesteckt hatte. Ich bin schuld, bin zumindest mit schuld, daß man sie belästigte, und: kann ich das verlangen, daß alle so mutig sind, bei einem solchen unsittlichen Ansinnen zu widerstehen? Ich kann es nicht. Ich nicht.

Aber warum gehe ich mir dann doch die Akten anschauen? Schleef ist schuld, Schleef und Thomas Brasch sind schuld, meine Freunde, die sich irgendwann nicht anders zu helfen wußten, als die Schwierigkeit unserer so schwierigen Freundschaften damit zu erklären, daß ich bei der Stasi gewesen sein müßte, die anderen gegenüber unsere Schwierigkeiten so erklärten – wenn hier von Schuld gesprochen werden kann, daß ich mir nun doch meine Stasi-Akte ansehe, dann ist es ihre, dann sind sie daran schuld, meine beiden Freunde. Schaue ich mir also meine Akten an, dann ist dies der letzte Freundschaftsdienst, den ich ihnen erweisen kann. Aber einen solchen Dienst muß man doch nicht seinen Freunden auch noch erweisen, selbst ich nicht. Warum gehe ich mir die Akten anschauen? Muß ich's denn wirklich? Nein, muß ich nicht. Es wäre nur idiotisch, es nicht zu tun, nun, nachdem mir diese Birthler-Behörde einen Persilschein verpaßt hat, niemals auch nur etwas mit dem Ministerium für Staatssicherheit der ehemaligen Deutschen Demokratischen Republik zu tun gehabt zu haben, außer als deren Opfer – als das ich mich aber nicht fühle. Ich war Täter, und so fühle ich mich auch. Als Täter. Als jemand, mit dem sich die Stasi rumärgern mußte. Das ist eine komfortable Lage, eine Lage, in der es eigentlich kein Muß gibt, kein solches Muß, sich das ansehen zu müssen, was die Stasi in ihrem Ärger über mich in ihren Akten festgehalten hat. Aber es wäre idiotisch, dies nicht zu tun, nachdem mir dies diese Frau Birthler so freundlich nahegelegt, für mich dann schon behördenintern vorgesorgt hat, daß ich diese Akte lese. Ich muß es nur noch machen. Da hingehen und lesen. Ich habe auch schon eine Sachberaterin, eine Frau Krauße, die mich ganz nett anruft, um mir zu sagen, alles wäre für mich vorbereitet, mein Vorgang sei bei ihr behördenintern schon bekannt und aufgearbeitet, es habe schon mehrere Anfragen von verschiedenen Seite gegeben, und das ist natürlich interessant zu hören, denn ich habe ja von diesen Anfragen nie etwas gehört, auch öffentlich ist davon nie etwas laut geworden, und der Grund dafür, er dürfte klar sein: es hat sich halt nichts finden lassen, was gegen mich verwendet werden konnte – aber es gab Leute, die gerne etwas gefunden hätten, das gegen mich verwendet werden kann. Wer das war, das darf mir die gute Frau Krauße natürlich nicht sagen, aber sie sagt dann doch etwas, sie spricht von dem Zusammenhang, in dem da Leute gerne etwas über mich in den Stasi-Akten erfahren wollten, etwas Kompromittierendes natürlich, was sonst, und sie nennt den Namen Biermanns als den Zusammenhang, in dem da Leute bei mir in den Akten haben nachsehen wollen, und auch das ist natürlich interessant, wenn auch so verwunderlich nicht. Und dann fragt mich Frau Krauße, ob ich denn auch die Tonbänder hören wolle – welche Tonbänder? Die Tonbandmitschnitte von meinem Prozeß 68 – ist ja interessant: davon gibt es also Tonaufnahmen. Gut, das hätte ich mir eigentlich denken können. Sie, so sagt Frau Krauße, habe sich diese Tonbänder schon mal vor einigen Jahren angehört und gemeint, eigentlich müsse man die in jeder deutschen Schule vorspielen, denn wie das möglich gewesen sei, sogar vor Gericht noch, und das als ein Jugendlicher von 16 Jahren, in der DDR Widerstand zu leisten, das würde man auf diesen Tonbändern hören – wie schmeichelhaft von Frau Krauße, der Behördenmitarbeiterin. Also ist es die Eitelkeit, die mich in die Behörde treibt, weil ich mir schmeicheln will, den schmeichelhaften Auftritt eines 16jährigen anhören will, des 16jährigen, der ich einmal war – wirklich Eitelkeit? Aber das wäre doch interessant, sich selber zuzuhören, die eigene Stimme zu hören, die von damals, die des 16jährigen, der ich einmal war, zu hören, wie ich der geballten Staatsmacht in Gestalt zweier Herren Staatsanwälte und der Oberrichterin Frau Klabuhn Paroli geboten habe – wenn da nur nicht sofort auch der Zweifel wäre, ob mir dies denn auch wirklich gelungen ist. Doch auch dieser Zweifel lockte mich da hin, in die Behörde und an das Tonbandgerät, und machte es noch einmal mehr idiotisch, von dieser sich bietenden Gelegenheit keinen Gebrauch zu machen, einmal in die eigene Vergangenheit einzutauchen. Und idiotisch, das kann ich mir nicht leisten. Ich muß also. Muß mir das anhören, muß meine Stasi-Akte lesen – aber was ist das für ein Muß? Ein idiotisches Muß. Ein Wollenmüssen.

Aber natürlich gehe ich nicht in die Birthler-Behörde, ich habe gar nicht die Zeit dazu. Ich lebe in der Gegenwart, und ich muß meinen Roman fertig schreiben, und dieses *muß* ist ein sehr viel angenehmeres Muß. Also gehe ich da nicht hin und lasse *Die Bundesbeauftragte für die Unterlagen des Staatssicherheitsdienstes der ehemaligen Deutschen Demokratischen Republik* ein ganzes Jahr lang *Die Bundesbeauftragte für die Unterlagen des Staatssicherheitsdienstes der ehemaligen Deutschen Demokratischen Republik* sein, so lange, bis mir Frau Krauße einen netten Brief schreibt, in dem sie mir behördenmäßig korrekt mitteilt, sie würde jetzt meinen Vorgang, die für mich und meine Lektüre vorbereitete Stasi-Akte, nachdem sie ein Jahr bei ihr rumgelegen hätte, wieder ins Archiv zurückgeben. Nein, das nun doch nicht, und ich ertappe mich dabei, dieser mir doch völlig unbekannten Frau Kraußе, mit der ich bis dahin nur zweimal am Telefon gesprochen habe, diese sich dann als unnötig erweisende Arbeit nicht gemacht haben zu wollen – nur, weil ich die Zeit nicht fand. Und obwohl ich doch gesagt hatte, ich wolle, wolle lesen, wolle auch diese Tonbandaufnahmen hören. Ist mir peinlich. Man verhalte sich zu Kassiererinnen und Kellnern korrekt und also auch einer Frau Krauße gegenüber. Besonders, wenn man Verfassungsrichter ist und einem ein solches inkorrektes Verhalten als Hochmut ausgelegt werden könnte. Als Mißbrauch. Als Ignoranz gegenüber der Mühe, die sich ein subalterner Beamter gemacht hat. Hier Frau Krauße. Also rufe ich sie an, ich muß. Und dann muß ich mit ihr einen Termin verabreden, wann ich mir denn nun meine Stasi-Akte ansehen will. Und auch das Tonband hören. Hören will. Will und nicht mehr muß. Der Termin, der verabredete Termin, an dem ich will und nur noch wollend muß, ist der 23. August 2006, 9 Uhr, und natürlich werde ich pünktlich da sein. Das nun bin ich Frau Krauße schuldig.

Die Behörde

22. August 2006: Havemann lebt. Natürlich, ich lebe ja. Ich schreibe, und während ich hier schreibe, lebt Havemann. Solange ich schreibe, lebt Havemann. Und ich schreibe auch deshalb, weil Havemann lebt. Da draußen. In der Zeitung. Überall Anregungen, ich muß gar nichts mühselig aus mir herausholen, herausdoktern – was ich aber sowieso nur müßte um meines Seelenheils willen. Um das ich nicht besorgt bin, nicht mehr. Ich schreibe nicht, weil ich muß. Weil ich kann. Weil mir Havemann zufliegt. Und morgen, am 23. August 2006, gehe ich mir meine Stasi-Akte ansehen. Nicht, weil ich dies müßte. Ist mir nahegelegt worden. Und mein Freund Schleef ist schuld, seine Verdächtigungen, ich müßte doch wohl bei der Firma gewesen sein. Der Persilschein bei der Birthler-Behörde

war leicht besorgt, man kannte dort meine Akte schon. Es hatte schon mehrere Nachfragen gegeben – von wem wohl? Und warum habe ich nie was davon gehört? Ganz einfach, weil das Ergebnis negativ war, sich nicht gegen mich verwenden ließ. Von einer Nachfrage weiß ich, sie erfolgt per Gesetz: wer im Lande Brandenburg Verfassungsrichter wird, der wird durchleuchtet. Und die Expertise bekommt dann der Präsident des Verfassungsgerichts – in meinem Fall war das Macke, Dr. Macke, und Macke ließ das irgendwann mal ganz nebenbei verlauten, daß er diese Expertisen ungeöffnet in ihrem Umschlag gelassen und in seinen Safe gelegt hätte. Das interessiere ihn nicht. Gewählt ist gewählt. So muß es sein. Genau so. Weil man ja schließlich nicht jeden Unsinn mitmachen muß. Aber ich jetzt mache den Unsinn doch mit und schaue mir meine Stasi-Akte an. Nun, nachdem die Hysterie vorüber ist. Bin ich gespannt? Nein, das nicht. Erwarte ich Überraschungen? Das auch nicht. Ich weiß ja ungefähr, was da drinstehen wird. Uzkoreit hat es mir erzählt. Mein Mitangeklagter damals 68, heute Professor in Saarbrücken. Informatiker. Er hat seine, unsere Akte gleich lesen wollen, als es vom Gesetz her möglich wurde, und er rief mich an, weil er von mir wissen wollte, wie man's macht, wie man sich anmeldet und einen Termin bekommt – konnte ich ihm nicht sagen, und Uzkoreit war ganz schön erstaunt, daß ich meine Akte noch nicht gelesen hatte und auch nicht lesen wollte. Und nachdem er gelesen hatte, rief er mich an und sagte, auch wenn du nicht lesen willst, sage ich dir jetzt, was in dieser Akte drinsteht. Nämlich nichts, so gut wie nichts. Außer natürlich die Sache mit den Müttern. Meine Mutter – das wußte ich da schon, aber auch seine. Sicher gut gemeint. Um ihre Kinder zu schützen. Das nennt man Mutterliebe auf DDRisch. Es kratzt mich nicht. Sie tut mir nur leid, meine Mutter. Nehmen wir es als ein Anzeichen für den totalitären Staat, den sie wollten, daß man die Einheit der Familie auflöst, die Mutter gegen die Kinder aufhetzt. Oder umgekehrt. Nur gab es bei Havemann nicht mehr so viel an Familie aufzulösen. Havemann, das ist Familie, Familie aber in Auflösung. Mein Vater gegen seinen Vater. Mein Großvater gegen seinen Sohn, und das setzt sich dann fort. Und ich hoffe, was meine eigenen Kinder betrifft, daß das mal aufhört mit Havemann. Aber auch mit mir werden sie sich auseinanderzusetzen haben, meine Kinder. Weil ich Havemann bin und mich nicht verstecke, keiner ordentlichen Arbeit nachgehe, wie sonst ein normaler Mensch. Weil ich schreibe. Und meine Kinder in der Schule lesen lernen.

Ebendieser Uzkoreit am 24. August 1968 und damit nach drei Tagen in der Untersuchungshaft: »Zu Beginn der Vernehmung möchte ich meine bisher gemachten Aussagen ergänzen, sowie darüber hinaus ein Geständnis ablegen, was ich bisher verweigerte. Ich habe mich zu diesem Entschluß durchgerungen, weil ich einsehe, daß es für mich besser ist, an der Wahrheitsfindung mitzuhelfen, und bisher aus meinem moralischen Standpunkt bzw. Grundsätzen so verhalten, mit denen ich inzwischen gebrochen habe.« Das ging aber schnell, so schnell, daß sein Vernehmer wohl gar nicht richtig mitschreiben konnte und da am Ende nur ein einziger Wortsalat bei dieser Ankündigung zu lesen ist. Wie schnell man doch mit seinen moralischen Grundsätzen brechen kann – so grundsätzlich werden sie also nicht gewesen sein, diese Grundsätze. Man hätte es doch eleganter formulieren können: daß ja alles weitere Leugnen wohl nichts nütze. Aber wahrscheinlich hatte er doch recht, der Uzkoreit, sich gleich ganz und gar geschlagen zu geben, denn nach einer Woche dann wurde er aus der U-Haft entlassen, wurde ihm von der Stasi eine günstige Sozialprognose mit auf den Weg gegeben, und er durfte erst mal bis zum Prozeß arbeiten gehen – doch wollen wir ihn nicht schlecht machen, wo er doch beim Prozeß dann, als es positiv vom Herrn Staatsanwalt vermerkt wurde, daß er mit dem Blauhemd der FDJ zur Verhandlung gekommen sei, darauf hinwies, sein Hemd sei zwar blau, aber kein Blauhemd. Und dann wehrte er sich auch gegen die Unterstellung, in seinen politischen, in seinen feindlichen Einstellungen, *feindlich*, das war das Wort, allein nur von meinem Bruder und mir und über uns dann von Havemann und Biermann beeinflußt und damit eigentlich ein Opfer zu sein: nein, sagte Uzkoreit, und ich rechnete es ihm hoch an, darauf sei er schon von alleine gekommen, aufgrund eigener Erfahrungen, daß es an der DDR einiges zu kritisieren gäbe.

Entschuldigung

Falsche Beschuldigung: der Staatssicherheits-Mann Wötzel, ich versichere es hiermit, ist mir, entgegen meinen französischen Urlaubsvermutungen, völlig unbekannt. Mein Personengedächtnis ist ja schlecht. Ist doch bekanntermaßen so schlecht – wie konnte ich da überhaupt auf die wahnwitzige Idee verfallen, nach (jetzt muß ich direkt mal nachrechnen, wie lange das her ist, 68, 1968, verdammt lange, 38 Jahre, wenn das richtig gerechnet ist vom Jahre 2006 aus) so langer Zeit diesen zweiten Vernehmer, mit dem ich nur zwei, drei Tage das zweifelhafte Vergnügen hatte, wiedererkennen zu können. Auf einem Foto von heute, auf dem Foto eines um 38 Jahre gealterten Mannes. Aberwitzig und gar nicht komisch, und auch der Hauptmann Schmidt auf dem anderen Foto in der *ZEIT* ist natürlich in keinster Weise mit meinem ersten Vernehmer identisch, dem Intelligenzler unter den Stasi-Anti-Intelligenzlern. Die Namen derjenigen Vernehmer, mit denen ich es in Hohenschönhausen zu tun hatte, heißen: Thiemig, Brunner und Eichhorst – ich habe natürlich nach diesen Namen in den Akten gesucht. Ihre Unterschriften unter die Protokolle ihrer Vernehmungen waren nicht zu entziffern, aber auf dem Deckblatt meiner Untersuchungsakte fanden sie sich dann doch. Als Bearbeiter des Falles verzeichnet: Thiemig, Brunner und Eichhorst – die Dreizahl stimmt, also müssen sie damit gemeint sein, meine Vernehmer. Untereinander aufgeführt, Thiemig zuerst, also war der Brunner das muskelbeladene Ekelpaket, mit dem ich mich anlegte. Und Eichhorst dann der Nette.

Bln 65-68

Sieht er nicht süß aus, der gefährliche Gangster? Das sind sie, die drei Fotos aus der Verbecherkartei der Stasi: en face, im Profil und von schräg – ja, ein Verbrecher und dieser Unterschied wurde doch gemacht, der zwischen Verbrechen und Vergehen, und die jugendlichen Delinquenten, denen ich dann im Jugendhaus Luckau begegnete, die mal eben ein Auto weggefahren hatten, bis kein Benzin mehr im Tank war, die einer Omi was über die Rübe gegeben hatten, um an lumpige 20 Ostmark ranzukommen, oder sich untereinander krankenhausreif und so sehr verprügelt hatten, daß sie sich der schweren Körperverletzung schuldig gemacht hatten, galten nicht als Verbrecher, das waren alles nur Vergehen. Ich aber mit meinem Paragraphen 106 der staatsfeindlichen Hetze war ein Verbrecher – der einzige übrigens im ganzen Jugendknast und dementsprechend angesehen. Mein Stern sank dann aber nach drei Wochen schon, als da so ein kleiner Bubifax von knapp 14 Jahren in Luckau auftauchte, der den größten Laster der DDR-Weltgeschichte gekapert und *weggefahren* hatte, wie sie sagten. *Weggefahren*, das war ihr knastinterner Terminus, die Wörter *Diebstahl* oder *Raub* fielen nicht, und als der Polizei dann dieser große Brummi entgegenkam, ohne daß sie da einen Fahrer sehen konnten, setzten sie dem Geisterlastwagen nach und stoppten ihn, und als sie die Fahrertür aufmachten, sahen sie das kleine Kerlchen dort, mit dem einen Fuß auf dem Gaspedal, dem andern auf der Bremse stehend und die Straße vor sich, die hatte er durch das Lenkrad im Blick, der kleine Held des Straßenverkehrs – dagegen verblaßte mein Verbrechen dann doch etwas, denn das, das war doch mehr ihre Welt als meine staatsfeindliche Hetze. Aber das habe ich doch schon mal hier erzählt – ich leide offensichtlich unter Wiederholungszwang.

Der Verbrecher

En face, im Profil und schräg von der Seite, das sind die drei Fotos für das Verbrecheralbum von mir, aufgenommen am 23. August 1968 bei meiner Einlieferung in das Stasi-Gefängnis Hohenschönhausen, das eigentliche Verbrecherfoto aber, das ist wohl das, das meine Schwester ein paar Monate nach meiner Haftentlassung im Frühjahr 69 aufgenommen hat, in Grünheide Alt-Buchhorst, in unserm Garten dort, im Hintergrund: das Haus meines Vaters. Die drei Fotos für die Stasi-Kartei, für das Verbrecheralbum, sie zeigen noch den Florian Havemann, der ich vor meiner Festnahme gewesen war, dieses Privatfoto ein dreiviertel Jahr später zeigt, was das Gefängnis mit diesem Florian Havemann angerichtet hat: aus dem als Verbrecher verurteilten ist ein Verbrecher geworden – diesem jungen Mann nun ist alles, ist vieles zuzutrauen: daß er eine Bombe bastelt, seinen Vater umbringt oder sonst eine Straftat begeht, und dieser junge Mann hat dann ja auch noch eine Straftat begangen, eine zwar, für die er von vielen geschmäht, für die er aber nicht strafrechtlich belangt wurde: er ist in den Westen abgehauen, hat sich der Republikflucht schuldig gemacht, und natürlich könnte man sagen, er habe sich durch diese Straftat dann, die ultimative, die in seiner DDR möglich war, vor dem Begehen weiterer Straftaten schützen, sich selber wieder resozialisieren wollen. Kann man so sagen, und ich sage das auch so, aber das ändert natürlich nichts daran, daß auch diese mich sicher rettende Tat eine Straftat war und von mir in dem Bewußtsein begangen wurde, eine Straftat zu sein. Mir war's egal, für einen Straftäter gehalten zu werden – stimmt das so? Nein, mir war das nicht egal, ich wollte noch eine weitere Straftat begehen, ich wußte, daß ich da in diesem Land und in meinem Leben noch eine Straftat offen hatte, zu begehen hatte, ich wußte, daß das unumgänglich für mich sein würde, nicht zu vermeiden – ich wußte nur nicht, was das für eine Straftat sein würde, sein sollte, die ich noch begehe. Meinen Vater umbringen? Nein, so wichtig war mir doch mein Vater nicht. Eine Bombe basteln, eine Bombe legen, eine Bombe zur Explosion bringen? Das schon eher, und da das neu errichtete Interhotel am Alex von meinem Fenster aus am Strausberger Platz in Schutt und Asche versinken zu sehen, das hätte mir wohl schon gefallen, aber dabei hätten Menschen draufgehen, Menschen sterben können, und also war ich doch kein Terrorist. Nur ein moralischer Terrorist, und als Thomas Brasch mir dann Jahre später sagte, alle wären doch nur froh gewesen, mich endlich los zu sein, mich und meinen moralischen Rigorismus, als ich aus dem Osten verschwand, in den Westen abhaute, ich solle mich da nicht von den Vorwürfen in die Irre führen lassen, von wegen Verrat am Sozialismus, mußte ich's verstehen, für möglich halten, daß es genauso gewesen sein könnte. Ich muß ein unerträglicher Typ gewesen sein – was für ein finsterer Geselle, man sieht es auf dem Foto. Abhauen, einfach abhauen, das Weite suchen, der DDR den Rücken kehren, in der ich entweder als Täter ein Wiederholungstäter oder verrückt geworden wäre, das war die Lösung. Die Lösung auch deshalb, weil es bedeutete, noch einmal eine Straftat zu begehen, die offene Rechnung zu begleichen.

Das Gutachten

Psychologische Hauptberatungsstelle Abteilung Forensische Psychologie
An den Herrn Generalstaatsanwalt der Deutschen Demokratischen Republik z.Hd. Herrn Staatsanwalt Wagner
Sehr geehrter Herr Staatsanwalt!
Pflichtgemäß erstatte ich Ihnen ein psychologisches Fachgutachten über den Jugendlichen
Florian Havemann
geb. am 12. Jan. 1952,
zur Zeit in Untersuchungshaft.
Das Gutachten bemüht sich um die Beantwortung der Frage nach dem Vorliegen der Schuldfähigkeit des Jugendlichen gemäß § 66 StGB.
Es stützt sich auf das Studium der schriftlich niedergelegten wesentlichen Ermittlungsergebnisse, auf darüber hinausgehende Informationen zur Persönlichkeit und zur Familiensituation des Jugendlichen durch das Untersuchungsorgan, auf eine psychologische Untersuchung des Havemann vom 20. 9. 1968 und auf eine Exploration der Kindesmutter, die alleinige Trägerin des Erziehungsrechtes ist, vom 20. 9. 1968. Die Exploration der Mutter wurde mit einem Hausbesuch verbunden, wodurch der Gutachter auch Einsicht in Schulhefte, Zeichnungen und andere Gegenstände nehmen konnte, die zum persönlichen Besitz des Florian Havemann gehören.

A. Vorgeschichte und Familiensituation
Havemann kommt aus einer relativ großen Familie.
geschwärzt
Das zweite gemeinsame Kind der Havemanns ist Florian, der eine völlig andere Begabung und Gemütsverfassung als der 2 Jahre ältere Bruder zeigt. Er ist malerisch interessiert und offenbar auch in dieser Richtung hochbegabt. Die Mutter gibt an, daß ihre Mutter Malerin war und auch eine Verwandte ersten Grades des Robert Havemann eine begabte Malerin sein soll. Florian gibt selbst an, er bewundere zwar die Mathematik, könne auch dem Unterricht in diesem Fach gut folgen, sehe jedoch das einzig Wahre in der Kunst, deren Produkte er als mindestens genauso wertvolle Produktionsgüter der Gesellschaft wie Maschinen darstellt.
geschwärzt
Zur Entwicklung des Florian Havemann ist zu bemerken, daß er kein ausgesprochen gewünschtes Kind war. Obgleich die Mutter sich vor der Niederkunft sehr auf den Jungen freute, stand sie bereits seinerzeit sehr unter dem Einfluß ihres Ehemannes, dessen Sympathien sich ganz und gar auf den damals zweijährigen Frank konzentrierten. Er lehnte Florian vom ersten Lebenstag an ab und machte aus dieser Einstellung auch gar kein Hehl.
geschwärzt
Anders war sein Verhältnis zu Florian. Als Florian beispielsweise mit 2 ½ Jahren wegen einer Hilus-Tbc in das Regierungskrankenhaus eingeliefert werden mußte, besuchte er den Jungen nicht ein einziges Mal. Frank, der zur gleichen Zeit im Krankenhaus war, lag einen Tag mit im Zimmer des Florian und wurde selbst dann vom Vater rührend umsorgt. Nachdem der Junge auf Wunsch des Vaters in ein anderes Krankenhaus verlegt worden war, wobei der Vater den dortigen Ärzten eine notwendig zu unternehmende Operation nicht zutraute, ließ sich der Vater niemals mehr bei Florian sehen, was bereits seinerzeit zu heftigen Verstimmungen und Depravationen des gesamten Gemütslebens des Kindes führte. Der Junge reagierte nach seiner Entlassung aus dem Krankenhaus mit relativ heftigen Aggressionszuständen. Er biß Menschen und biß auch in Gegenstände, womit er

offenbar bestimmte Aggressionen abreagierte. Seine hauptsächliche Bezugsperson war die recht sachlich wirkende Mutter, die beispielsweise berichtet, daß sie den Jungen im Krankenhaus deshalb nicht mehr besuchen konnte, weil er nach Beendigung der Besuchszeit stundenlang gräßlich schrie und sowohl das Kind als auch sie selbst nach solchen Besuchen und den damit verbundenen Trennungen in schwere Depravationen des Gemütszustandes verfielen.

Die Aggressionen des Florian entwickelten sich bis zu seinem 5. Lebensjahr zu regelrechten Wutanfällen. Offenbar hatten jedoch die Affektzustände des Kindes einen reinen Appell-Charakter, was die Mutter sehr sauber beobachtet. Sie gibt unter anderem an, daß der Junge bei seinen Wutanfällen ständig die Reaktionen der Mitmenschen beobachtete, d. h., daß er gewissermaßen die Effekte seines Aggressionsschreiens registrierte und dann ruhiger wurde, wenn er entweder sein Ziel erreicht hatte oder zumindest die Aufmerksamkeit der Mitmenschen gewaltsam auf sich gerichtet hatte. Florian hatte von früher Kindheit an eine ausgesprochene Konkurrenzhaltung gegenüber seinem Bruder. Vor allem bemühte er sich mit allen ihm zu Gebote stehenden Mitteln, die Sympathien des Vaters zu gewinnen. Da die Mutter merkte, daß Florian im Grunde vernachlässigt wurde, bat sie alle Verwandten und Bekannten bei eventuellen Besuchen, sich Florian mit besonderer Herzlichkeit zuzuwenden, um dieses Defizit an väterlicher Zuwendung wettzumachen.

Alle übrigen Daten der frühkindlichen Entwicklung liegen innerhalb der Norm. Schwangerschaft und Geburt waren völlig unauffällig. Laufen, Sprechen, Sauberwerden traten zu den üblichen Zeiten ein. Die Entwicklung des Knaben erfuhr lediglich einen gewissen Rückschlag um den Zeitpunkt seiner Einschulung, weil Florian zu dieser Zeit sich mit einem Keuchhusten infizierte und daraufhin einige Wochen zu spät eingeschult wurde. In den folgenden Jahren stellte sich heraus, daß sich zwischen den beiden Brüdern immer stärkere charakterliche Diskrepanzen ergaben; während der ältere Bruder Frank sich in naturwissenschaftlicher Richtung entwickelte, wurden bei Florian musische Interessen immer deutlicher. Bereits mit 5 Jahren

malte er ein Walzwerk – eine erstaunliche Leistung für dieses Lebensalter. In den ganzen folgenden Jahren hatte Florian nie echte Freunde. Jede freie Stunde benutzte er, um zu zeichnen, wobei er es zu erstaunlichen Leistungen brachte. Einige zeichnerische Produkte aus der frühen und mittleren Schulzeit hat die Mutter heute noch in ihrer Wohnung ausgehängt, obgleich sie Florian inzwischen als künstlerisch wertlos ablehnt. Es zeigte sich, daß die Bindungen zwischen Mutter und Sohn immer stärker wurden, und bis zu seinem 14. Lebensjahr war die wesentlichste Bezugsperson des Jungen seine Mutter. Florian ergriff immer Partei für sie, wenn es zu familiären Auseinandersetzungen kam, die durch geschwärzt *bedingt waren. Ganz abgesehen davon, daß* geschwärzt *war, litt Florian unter diesen Verhaltensweisen seines Vaters sehr stark und verurteilte sie.*
Er wurde von Jahr zu Jahr in der Schule schwieriger und zeigte gegenüber den Lehrern bald unzumutbare Verhaltensweisen. Eine Begebenheit berichtet die Mutter, die typisch für das jetzige Wesen des Florian ist. Er erhielt von einer alten Lehrerin den Auftrag, eine Arbeit abzuschreiben und sie zu einem vorher ausgemachten Zeitpunkt im Lehrerzimmer abzugeben. Florian erschien 20 Minuten eher und verlangte, von der Lehrerin empfangen zu werden. Durch den stellvertretenden Schuldirektor, der sich in die Auseinandersetzung einmischte, darauf hingewiesen, daß er schon bis zum vereinbarten Zeitpunkt warten müsse, antwortete Florian mit überlegener Ruhe, seine Zeit sei ihm schon kostbarer, als daß er sie mit Warten vor dem Lehrerzimmer verbringe. Er wandte sich anschließend mit der Frage an den stellvertretenden Schuldirektor, wohin er seine Beschwerde über ihn zu richten habe, da er entschlossen sei, dieses Verhalten öffentlich anzuprangern. Vom stellvertretenden Schuldirektor gutmeinend darauf aufmerksam gemacht, er solle sich doch nicht lächerlich machen, antwortete Florian, er habe das ganze Gegenteil vor; er würde sich keinesfalls lächerlich machen, wolle aber die Schulleitung öffentlich lächerlich machen.
Das alles trug er in zynischer Ruhe und Sachlichkeit vor, so daß die Lehrer vor einem schier unlösbaren Erziehungsproblem standen. Er habe von äußeren Verhaltensmerkmalen her keinen Anhaltspunkt für flegelhaftes Ver-

halten gezeigt, provozierte jedoch vom Inhalt seiner Argumentation her die Lehrer gröblichst.
Die Mutter gibt sicher ganz richtig an, daß die Pädagogen mit großem Einfühlungsvermögen das Verhalten des Florian jahrelang tolerierten. Wörtlich sagte sie: »Hätten die Lehrer nicht die komplizierte Situation der Familie gekannt, in der sich die Kinder seit den Komplikationen, die durch den Vater verursacht wurden, befanden, hätten im Grunde beide Jungen längst von der Erweiterten Oberschule entlassen werden müssen.«
Mit den Auseinandersetzungen, die seitens verschiedenster Gremien mit dem Vater geführt werden mußten, wandten sich die Kinder zunehmend von der Mutter ab. Der Vater tat alles nur Erdenkliche, um die Sympathie der Kinder ausschließlich auf sich zu richten. So verließ er beispielsweise sein Häuschen in Grünheide dann demonstrativ, wenn die Mutter mit den Kindern dort ankam, schrieb jedoch bald schmalzige Briefe an seine Kinder, in denen er bedauerte, daß er sie nun leider habe nicht länger um sich haben können. Er belastete in seiner Argumentation um das Unrecht, das ihm durch die verschiedensten Stellen widerfahren sei, nunmehr auch zunehmend die Mutter. So sagte er beispielsweise den Kindern, seine Scheidung sei rechtlich nicht in Ordnung, und falls es eines Tages zu seiner Rehabilitation komme, werde er auch das Scheidungsurteil aufheben lassen. Die Kinder gerieten so mehr und mehr in den Glauben, als sei die Mutter in ihrem Entschluß, sich von Havemann scheiden zu lassen, durch äußere Einflüsse gekommen. Diese Haltung der Kinder konnte die Mutter auch durch intensive Gespräche nicht beseitigen. Frank geriet als erster in eine völlig ablehnende Haltung gegenüber der Mutter und setzte die ideellen und auch die politischen Überzeugungen seines Vaters als Ideal. Florian tat ihm diesen Schritt vor etwa zwei Jahren nach und machte aus seiner fast feindlichen Haltung gegenüber der Mutter keinen Hehl. Er wirft ihr vor, sie habe seinen Vater mitten im politischen Konflikt verlassen, wobei der Vater durch und durch im Recht sei.
längere Stelle geschwärzt
Die Kinder tun heute in der Familie, was sie wollen. Der Vater zog sie ganz

in seinen Lebenskreis, machte sie mit solchen Persönlichkeiten bekannt, die ihn bewundern oder seine politischen Auffassungen teilen, und entzog ihnen somit sukzessiv alle Möglichkeiten, sich sozial in ihrer Umgebung einfügen zu können. Es muß der Eindruck entstehen, daß der Vater die Kinder als Sachwalter seiner Interessen betrachtet und – aus welchem Grunde auch immer – sie zunehmend in schwere Konflikte mit ihrer sozialen und gesellschaftlichen Umwelt führte, die letzten Endes die Ursache der heutigen kriminellen Handlungen beider Söhne sind. So berichtet die Mutter beispielsweise vom 21. August 1968, daß die Söhne nach Bekanntwerden der Maßnahmen der Staaten des Warschauer Vertrages lange versuchten, den Vater in Grünheide zu erreichen, was ihnen aber nicht gelang, weil er dort nicht anwesend war. Sie griffen dann zu spontanen Maßnahmen, deretwegen sie sich heute zu verantworten haben.
Zu Florian muß noch bemerkt werden, daß er seit Jahren alle anarchistischen Tendenzen feiert und provokant gegen alle Autorität auftritt. Konnte er beispielsweise vom Fenster der Wohnung der Familie Havemann am Strausberger Platz aus beobachten, daß der Eingang der Milchbar in der Karl-Marx-Allee durch Angehörige der VP bewacht wurde, begab er sich eigens zu dem Zweck an diese Stelle, um die VP-Angehörigen gröblichst zu provozieren.
Heute hat Florian neben einer ausgesprochenen Märtyrer-Moral auch noch ein auf der Grundlage hypertrophen Selbstwertgefühls errichtetes »Sendungsbewußtsein« entwickelt. Er fühlt sich zweifellos als Weltverbesserer und als Zensor wesentlicher Entscheidungen staatlicher Organe. Er begründet seinen Anspruch, so auftreten zu können, vor allem damit, daß die kollektive Weisheit der Partei und Regierung sich während der Zeit des Stalinismus nicht bewährt habe.
B. Zur strafrechtlichen Bewertung anstehende Delikte
Am 21. 8. 1963 malte Havemann auf Pappe die Fahne der ČSSR und hängte sie zum Fenster seiner Wohnung hinaus. Er beobachtete die Reaktion der Mitbürger und war eigentlich unzufrieden damit, daß von der Fahne nur wenig Kenntnis genommen wurde. Deshalb unternahm er einen zweiten

Schritt: Er fertigte bzw. beteiligte sich an der Anfertigung von Hetzflugblättern gegen die Maßnahmen der Teilnehmerstaaten des Warschauer Vertrages und benutzte zu diesem Zweck ein Gedicht von Wolfgang Biermann, zu dem er nach eigenen Angaben und auch nach Angaben der Mutter nach wie vor ein gutes Verhältnis hat.
Endlich stellte sich bei der Aufklärung aller Tatumstände der hier bereits erwähnten Delikte heraus, daß Havemann im Besitz eines Revolvers war. Er machte sich deshalb des illegalen Waffenbesitzes schuldig.
C. Konstitutionsbiologischer Befund
Havemann ist ein großwüchsiger, langaufgeschossener Jugendlicher, der sich mitten in der zweiten puberalen Phase befindet. Die sekundären Geschlechtsmerkmale zeigen keinen durchgängig einheitlichen Reifegrad. Penis und Skrotum sind matur, wogegen das Entwicklungsmerkmal »körperlicher Gesamtstatus«, Pigmentierung und Bartwuchs relativ retardiert sind. Es handelt sich hierbei zweifellos um keine pathologischen Auffälligkeiten, sondern diese unterschiedliche Verteilung der Reifegrade der sekundären Geschlechtsmerkmale läßt lediglich den Schluß zu, daß der Jugendliche trotz relativer Körperhöhe zur Population der 16jährigen gehört, d. h., daß er also nicht ausgesprochen propulsiert ist. Konstitutionsbiologische Fehler und Stigmen fanden sich nicht. Es ergibt sich auch kein Hinweis auf degenerative Merkmale oder sonstige pathokonstitutionelle Zeichen.
D. Psychologischer Befund
Havemann ist ein geistig weit über sein Lebensalter hinaus entwickelter Jugendlicher, der alle Mittel der sozialen Kommunikation in fast raffinierter Weise beherrscht. Je provokanter seine Bemerkungen in der politischen Diskussion werden, um so mehr hält er sich in der Lautstärke zurück. Die provokantesten Gesprächselemente trägt er oft mit naivem Lächeln und ausgesprochen leiser Stimme vor, wobei er seine Bemerkungen durch ein differenziertes Mienenspiel und auch durch differenzierte Feinmotorik geschickt untermalt. Daß es sich bei der Regulierung der Stimme um ein doch recht deutliches demonstratives Merkmal handelt, zeigt sich, wenn man auf das Verhalten des Havemann mit einer Handbewegung, einem Wort oder

auch nur einer mimischen Äußerung kritisch eingeht. Er wird unverzüglich lauter und paßt sich auch in einer kritischen Situation wieder binnen kürzester Zeitspanne optimal an. Aus dem gesamten Verhalten wird deutlich, daß der Jugendliche in der politischen Diskussion erfahren und vor allem in der kritischen Auseinandersetzung mit allgemein verbindlichen gesellschaftlichen Normen gut geschult ist.
Havemann ist ein hochbegabter, geistig stark differenzierter, einfühlsamer und sozial in ausgezeichneter weise kontaktfähiger Jugendlicher, der auch komplizierte soziale Situationen souverän beherrscht. Da er über ein hohes Maß an Geltungsstreben und Eigendurchsetzungstendenzen verfügt, jene Wesensmerkmale jedoch durch ausgesprochene Gentleman-Manieren gut zu überdecken versteht, gewinnt er in der Diskussion sofort an Anziehungskraft. Havemann zeigt ein deutlich übersteigertes Selbstwertgefühl. Obgleich er sich gern in Diskussionen begibt, anerkennt er weder Autoritäten noch logische Argumente Dritter. Die Diskussion ist ihm eigentlich wenig mehr, als Mittel zur Selbstdarstellung und als eine Art Forum, seine Gedanken anderen Menschen vorzutragen und jene für seine Gedanken zu gewinnen. Dringt man tiefer in die Mentalität des Jungen ein, stellt sich bald heraus, daß er über eine Art »Sendungsbewußtsein« verfügt und sich selbst als Prophet einer zukünftigen positiven Entwicklung betrachtet. Er stellt sich mit dieser Haltung über jegliche andere Meinungen und zeigt auch nicht die geringste Bereitschaft, von seinem Standpunkt nur einen Zentimeter abzuweichen. Wörtlich sagt er in der Diskussion, er könne sich beim besten Willen dem Argument des Gutachters nicht anschließen, ein »Stäubchen im Weltgetriebe« zu sein. Es sei durch nichts bewiesen, daß seine Auffassung weniger wahr als die führender Gremien von Partei und Regierung sei. Die Diskussion mit dem Jugendlichen wird vor allem deshalb erschwert, weil er immer dann, wenn man auf seine Schuld bei den jetzt zur Diskussion stehenden Delikten zu sprechen kommt, mit solchen Argumenten operiert, die zum Grundbestand von Prinzipien sozialistischer Weltauffassung gehören. So antwortet er beispielsweise, danach befragt, wie die menschliche Gesellschaft aussehe, wenn jeder so spontan handele wie er, damit, auf diese

Weise käme eine echte Demokratie zustande, wobei er Demokratie im Sinne von Anarchie auffaßt und für jedes Individuum die Freiheit fordert, sich anarchistisch verhalten zu dürfen. Die reine Wahrheit könne nur gefunden werden, wenn alle Gruppen von Menschen ihre Meinung offen äußern könnten, wobei – so blendete er lächelnd ein – er beim besten Willen nicht glauben könne, daß ein sozialistischer Staat jene elementaren Freiheiten jedes Bürgers auf freie Meinungsäußerung einschränken könne und wolle. In diesem Sinn entwickelt er eine Art »apostolisches Selbstbewußtsein« und sieht seine Aufgabe darin, Sachwalter der Demokratie und der Freiheit auch für andere Bürger zu sein. Er gibt freimütig zu, er habe die Fahne deshalb aus dem Fenster gehängt, um andere Menschen zum Nachdenken zu bringen und sie mutig zu machen, mit ihm ihre konträre Meinung zu den eingeleiteten Maßnahmen zu äußern. Danach befragt, wie er mit dieser Absicht, andere Menschen zur freien Meinungsäußerung zu ermuntern, aber seine Flugblattaktion erklärt, die ja nicht Menschen zur freien Meinungsäußerung bringt, sondern zielbewußt zu einem oppositionellen Standpunkt führen sollte, sagt er, auch das sei ein elementares Recht jedes Menschen, jeden möglichen Dritten für seine Ideen zu gewinnen und ihn von seinem Standpunkt zu überzeugen.

Havemann zeigt des weiteren ein hohes Maß an Vorstellungskraft und Phantasie. Seine Phantasie drückt sich in der ganzen Vielfalt von Zeichnungen und Graphiken aus, die er in den letzten Jahren anfertigte. Nach dem Konflikt, in den sein Vater geraten war, fertigte er nur noch schwarze Bilder an und kam später immer wieder auf das Motiv, am Rande von Verbrüderung und Liebe einen einsamen alten Mann darzustellen, der von dieser Harmonie bzw. Liebe ausgeschlossen ist. Sowohl durch seine Worte wie durch seine Zeichnungen beweist Havemann, wie sehr er die Ideen seines Vaters in sich aufgenommen hat und sie zu verteidigen bereit ist. Seine ganze Vorstellungskraft zeigt sich auch in den Schulheften, die gelegentlich bereits symbolische Darstellungen auf dem Umschlag enthalten.

Ein weiterer wesentlicher Charakterzug des Havemann ist das überaus gesteigerte Selbstwertgefühl. Er fühlt sich klüger als andere, begabter als viele bildende Künstler, klarer denkend und edlere Ziele vertretend als die meisten Menschen. Auf der Grundlage dieses übersteigerten Selbstwertgefühls reduzierte sich die soziale Anpassung in erheblichem Maße. Er akzeptiert weder Mutter noch Lehrer als Partner, sondern sieht sich durch deren Forderungen, Barrieren, Lob oder Tadel unbotmäßig reglementiert. Er kennt seine Begabung, weiß um seine soziale Kontaktfähigkeit und feierte sich selbst in einem Maße, wie es bei jungen Menschen nur vorhanden sein kann, wenn er systematisch zu einer Überbewertung seiner eigenen Persönlichkeit hingeführt wird. Er hat weder ein Gefühl für Blamage noch für Mißerfolge. An sein Verhalten und Denken gerichtete Tadel tut er mit einer souveränen Handbewegung ab, d. h., er absorbiert sie regelrecht und sagt im nächsten Satz, für wie unbedeutend er solche Eingriffe halte. In der Folge dieser Übersteigerung des Selbstwertgefühls verlor er jegliche Kritikfähigkeit an sich selbst. Prinzipiell ist jegliche Kritik an seiner Persönlichkeit von böser Absicht, nach seiner Auffassung meist von Dummheit und Überblicksarmut getragen, weil er sich als originelle Persönlichkeit fühlt, der andere Menschen nicht annährend gewachsen sind. Hierin eifert er offenbar dem Leitbild seines Vaters nach,

Interessant ist die Darstellung folgenden Sachverhaltes. Der Gutachter wies Florian darauf hin, daß jeder Mensch sich geeignete Ventile suchen müsse, in gewisser Zeit sozialer Gespanntheit und sozialer Belastung den »Überdruck« abzulassen, um nicht zu affektabhängigen Kurzschlußhandlungen zu kommen. Insbesondere jeder junge Mensch bedürfte hierzu zweierlei:

1. der Bereitschaft, sich helfen zu lassen,

2. solcher Menschen, die befähigt sind, ihm mit Rat und Tat zur Seite zu stehen.

Daraufhin sagte Florian, er akzeptiere dies voll und ganz. Jener Partner, den der Gutachter ihm empfehle, sei seit jeher sein Bruder Frank gewesen. Es habe Zeiten gegeben, wo sie sich beide mitten ins Gesicht gespuckt hätten, sich später abgewaschen hätten und dann anschließend beide herrlich entspannt gewesen seien. Beide hätten auf diese Weise ihre Affekte abreagiert, und sicher fehle ihm sein Bruder Frank jetzt sehr. Nach solchen Sze-

nen hätten sie sich beide umarmt und seien miteinander völlig ausgesöhnt gewesen.

Würde man nicht die gesamte Persönlichkeit des Havemann und diese Verhaltensweisen auf dem Hintergrund des exzentrischen Verhaltens einzuordnen wissen, könnte man bei alleiniger Kenntnis solchen Verhaltens auf den Gedanken kommen, es handele sich um pathocharakterologische Erscheinungen. Jene sind jedoch durch das Gesamtverhalten mit Sicherheit auszuschließen. Die beschriebene Verhaltensweisen wurzeln allein in dem Bestreben nach Originalität und Individualismus und decken sich mit vielen anderen Verhaltensweisen des Jugendlichen.

Havemann zeigt deutlich ausgeprägte Züge des Geltungsstrebens, das sich umsetzt in einen unbändigen Freiheitsdrang und in ausgesprochen anarchistische Tendenzen. Es handelt sich hierbei nicht um Merkmale eines womöglichen Entwicklungsverzuges, sondern viel eher um Symptome einer relativ ausgereiften individuellen Ideologie. Das Verhalten des Havemann ist gegenwärtig selbstverständlich durch das Entwicklungsgeschehen besonders kompliziert, entspricht jedoch bereits bestimmten festen Grundlinien, die Bestandteile des Wesens der Persönlichkeit sind.

Der Intellekt des Jugendlichen ist ohne jegliche Auffälligkeiten. Er verfügt über eine hervorragende Kombinationsfähigkeit, vermag zügig und schnell zu abstrahieren und kommt auch blitzschnell zu transpositorischen Denkleistungen (Übertragung von einmal erkannten Lösungsprinzipien auf strukturgleiche Aufgaben). Havemann hat ein sehr gutes Gedächtnis. Er gehört intellektuell zweifellos zum oberen Bereich der Norm.

E. Zusammenfassung

Der heute 16jährige Florian Havemann ist ein körperlich altersgerecht entwickelter Jugendlicher von ausgesprochenem Großwuchs, schlanker Gestalt und befriedigendem Allgemein- und Ernährungszustand.

Psychisch ist die Persönlichkeit durch ein Streben nach Profiliertheit, Individualismus und Originalität gekennzeichnet. Da die Kinder durch den Vater ein Leben lang als besondere Begabungen erkannt und auch öffentlich bewertet wurden, steigerte sich das Selbstwerterleben des Florian systematisch.

Heute findet sich bei dem Jugendlichen ein ausgesprochen hypertrophes Selbstwerterleben. Der Jugendliche entwickelte hohe Ansprüche auf Geltung und Wirkung, zeigt ein doch immerhin erhebliches Geltungsstreben und demonstrative Tendenzen, die er allerdings gegenüber dem unbefangenen Gesprächspartner geschickt chiffriert. Es steht ganz außer Zweifel, daß die Persönlichkeit des Havemann frei ist von allen pathopsychischen Auffälligkeiten. Es fanden sich keine Anzeichen einer möglichen Retardation und auch keine Symptome einer gestörten Intelligenz. Im Gegenteil ist der Jugendliche ausgezeichnet begabt und zudem intellektuell hervorragend geschult.

F. Strafrechtliche Diskussion

Es steht ganz außer Zweifel, daß die Bedingungen des § 66 StGB bei Florian Havemann durchgängig als erfüllt anzusehen sind. Die Schuldfähigkeit des Jugendlichen ist sowohl für den allgemeinen wie speziellen Fall uneingeschränkt gegeben. Der Jugendliche war in der Lage, bei seiner Entscheidung zur Tat von den hierfür geltenden gesellschaftlichen Normen und Regeln auszugehen. Er erkennt auch in vollem Umfang die hinter den Strafrechtsnormen stehenden gesellschaftlichen Normen und wäre durchaus in der Lage, sein Handeln gesellschaftsgemäß zu gestalten, wenn er hierfür die notwendige Bereitschaft aufbrächte.

G. Schlußbemerkungen

Bei der Beurteilung der Persönlichkeit des Havemann und seiner speziellen strafbaren Handlungen sollte man trotz des uneingeschränkten Vorliegens der Schuldfähigkeit jedoch folgende Fakten einbeziehen:

1.Der Jugendliche unterlag mit Sicherheit einer langjährigen, gegen die verbindlichen gesellschaftlichen Normen ausgerichteten Erziehung. Er wurde in den vergangenen Jahren, obgleich er sich inmitten stürmischer pubertärer Entwicklung befand, vorwiegend mit Persönlichkeiten bekanntgemacht, die ihn zu einer prinzipiell oppositionellen Einstellung stimulierten. Da sich jene Einflüsse mit den mit der Pubertät zusammenhängenden radikalistischen Tendenzen trafen, war der Jugendliche besonders empfänglich für solche Einflüsse und unterlag ihnen sicher in stärkerem Maße, als dies geschehen wäre, wenn er bereits eine ausgereifte Persönlichkeit gewesen wäre.

2. Zwischen Florian und seinem älteren Bruder Frank besteht seit seinen ersten Lebensjahren eine Konkurrenzhaltung hinsichtlich des Erwerbs größerer Sympathien des Vaters. Wenn Florian heute besonders energisch für den Vater Partei ergreift, was er bis vor wenigen Jahren nicht tat, hängt das sicher auch damit zusammen, endlich bei dem Vater jenes Ansehen zu finden, das er jahrelang etwas vermißte.
3. Die Bewußtseinsbildung des Jugendlichen wurde durch den Scheidungskonflikt der Eltern erheblich erschwert, weil sich menschliches Mißverstehen der Eltern häufig auf politisch unterschiedliche Standpunkte reduzierte. Anstelle der Kritik am Verhalten des Vaters in sittlich-moralischer Hinsicht trat das dem Jungen besonders gut eingehenden Argument politischer Meinungsverschiedenheiten zwischen der Eltern. Ganz offenbar unterlag Florian der Faszination des logischen Arguments des Vaters stärker als den mehr emotiven Erklärungen der Mutter.
Eingedenk der Tatsache, daß Jugendliche oft spontan Partei für den Schwächeren ergreifen und in diesem Fall der gegenüber der Gesellschaft schwächer wirkende Vater noch für beide Söhne leuchtendes Idol ist, sind auch hieraus bestimmte, heute habituell gewordene Motivgrundlagen des Jugendlichen mit erklärlich.
4. Der Jugendliche befindet sich jetzt inmitten der Generationsablösung. Notwendigerweise konfrontieren sich Jungen in dieser Zeit am stärksten mit jenen Erziehungspartnern, die zu ihrer unmittelbaren Umgebung gehören. Das hängt einfach damit zusammen, daß Jugendliche Autorität gern ablehnen, sich gegen Barrieren und Forderungen aufbäumen, die ihnen aber notwendigerweise im täglichen Leben gestellt werden müssen, dieses mit affektiv-emotivem Aufbegehren jedoch logisch zu versachlichen suchen. Da die Mutter, die als Trägerin des Erziehungsrechtes natürlicherweise die stärkeren Forderungen an Florian richten mußte, wird sie notwendigerweise auch stärker abgelehnt als der weiter in der Ferne sitzende Vater, dem es im Grunde leichtfällt, die Verhaltensweise seiner Söhne zu rechtfertigen, weil er unter ihnen nur gering leidet.
Unter dem Aspekt der bei Florian besonders exzessiv verlaufenden Gene-

rationenablösung sind sehr viele moralisch-ethische und politische Grundhaltungen vom Vater her notwendigerweise mehr beeinflußt als von der Mutter.
Dr. habil. R. Werner, Direktor

Ich muß zugeben, daß mich dieses Gutachten damals verblüffte, als man es mir, noch vor dem Prozeß, vorlegte, und auch heute, es wiederlesend, ist das nicht anders. Für denjenigen, der keine vergleichbaren Akten kennt und die über ihn vielleicht existierenden nicht hat lesen können oder auch, wie ich ja bisher, sie nicht hat lesen wollen, mag sich auch bei diesem Gutachten der Eindruck einstellen, es handle sich dabei um eine bürokratisch-herzlose Sache, für mich aber sieht das ganz anders aus. In diesem Gutachten, und allein nur in ihm, begegne ich einem wirklichen Menschen, einer Person, und in meinem Falle also mir selber. Dem 16jährigen Jugendlichen, der ich damals war. Ja, ich erkenne mich da wieder. Es ist von mir die Rede. In der ganzen Akte nur hier, nur in diesem psychologischen Gutachten. Ein Portrait des Künstlers als junger Mann – ja, ein Portrait, weil dieser junge Mann, dieser 16jährige jugendliche Delinquent ja in diesem Gutachten nicht nur psychologisiert wird und psychologisch erklärt, sondern auch beschrieben wird. In seinem Verhalten, seinem Gebaren, in seiner Art zu reden und zu diskutieren. Ja, ich erkenne mich wieder, das bin ich, so war ich. Und das erstaunte mich damals schon, als ich am Ende der gegen mich angestrengten strafrechtlichen Untersuchung mit diesem Gutachten konfrontiert wurde. Auch damals schon fühlte ich mich erkannt, in diesem Gutachten beschrieben, ganz treffend sogar charakterisiert, und das auch noch durchaus schmeichelhaft. Heute kann man das ja geradezu als eine Lobpreisung lesen. Kann man – man kann auch anders, das ist ja klar, man kann darin eine psychologische Erklärung meiner Person und Entwicklung finden, mit der man mich dann abtun kann. Als notorischen Querulanten. Als bloßes Opfer meiner Familienverhältnisse. Das wäre sicher leicht, so leicht, daß mir dann abgeraten worden ist, dieses Gutachten überhaupt in meinen Havemann mit hineinzunehmen. Wer mich auf diesen einen Punkt bringen will, der tue es. Der tut es sowieso. Bekomme er also Futter. Ein bißchen vergiftet dadurch, daß dieses Gutachten schließlich im Auftrage eines repressiven Staates erstellt, von einem Vertreter, einem Büttel dieses Staates geschrieben wurde. Wer sich hier trotzdem gemein machen will, der tue es. Nur zu, ich habe nichts dagegen.

Dieses Gutachten damals im Gefängnis zu lesen, das erstaunte mich, ja, verblüffte mich richtig, weil ich das diesem Gutachter gar nicht zugetraut hätte, so etwas über mich zu schreiben, so viel auch von mir zu wissen, mich so gut doch auch erfaßt und verstanden zu haben. Dieser Nachmittag, den ich mit diesem Herrn Gutachter verbracht hatte, er ließ dergleichen in keinster Weise vermuten. Bis auf diese eine körperliche Untersuchung, die er am Ende vornahm und bei der ich dann zum ersten Mal das Gefühl hatte, es mit einem Arzt zu tun zu haben, verbrachten wir die ganze Zeit damit, miteinander zu diskutieren. Heftig und konfrontativ – wie sonst? Der Mann wird doch nicht etwa erwartet haben, daß ich mich einsichtig und reumütig gebe. Ausgeschlossen. Ich doch nicht. Er sagte mir das schon während unserer Diskussion und nachdem ich ihn wieder einmal mit meiner Polemik in die Enge getrieben hatte, ich müsse rhetorisch geschult sein. Er schrieb das dann ja auch in sein Gutachten hinein: »Aus dem gesamten Verhalten wird deutlich, daß der Jugendliche in der politischen Diskussion erfahren und vor allem in der kritischen Auseinandersetzung mit allgemein verbindlichen gesellschaftlichen Normen gut geschult ist.« Damit hätte ich dann als besonders gefährlich gelten können, aber es ist ja auch von meinen Gentleman-Manieren zu lesen und davon, daß ich in der Diskussion sofort an Anziehungskraft gewinnen würde. Er war offensichtlich von mir beeindruckt, und in seinem Gutachten stand das dann auch drin. Und das erstaunte mich dann schon. Damit hatte ich nicht gerechnet. Wirklich nicht. Ich dachte, er würde mich nur fertigmachen wollen. Das tat er aber nicht. Jedenfalls habe ich das damals so nicht gelesen, und auch heute noch sehe ich's nicht anders.

Ich gebe es ja zu, ich fühle mich geschmeichelt, aber eben nicht nur – diese Wiederbegegnung mit mir, mit dem, der ich damals als 16jähriger war, sie hat auch etwas Peinliches. Peinlich ist das mit dem *Sendungsbewußtsein*, dem zwar in Anführungsstrichelchen gesetzten, dann aber doch noch einmal durch das peinliche Adjektiv *apostolisch* verschärften. Und dann auch noch das mit der *Märtyrer-Moral* – ist mir peinlich. Weil's ja stimmt. Weil ich's gerne verdrängt habe. Daß ich bereit war, mich zu opfern. Für den Sozialismus. Natürlich, so wie ich ihn verstand und haben wollte. Ich wußte, daß ich für meine Fahne ins Gefängnis gehe, aber ich war bereit, für diese Fahne ins Gefängnis zu gehen. Dafür, ein Zeichen gesetzt zu haben. Ein Zeichen dafür, nicht mit den sogenannten *Maßnahmen* einverstanden zu sein. Das ist schon richtig wiedergegeben, daß ich mit dieser Fahne andere zur, wie es in dem Gutachten heißt, freien Meinungsäußerung auffordern wollte. Zu einem meinem vergleichbaren Widerstand. Dafür war ich bereit, das Opfer Gefängnis zu bringen. Eine Frage der Ehre. Sicherlich auch das. Für einen so von der Ehre Besessenen wie mich. Gar nicht lustig. Und sonderlich intelligent doch auch nicht. Die mir immer wieder zugestandene Intelligenz nur im Dienste dieser Sache. Ein Fanatiker. Opferbereit. Ich verstehe doch die Terroristen, kann mich in diese Mentalität einfühlen, es war ja mal die meine. Auch zu diesem Opfer bereit, mich für meinen Vater zu opfern. Auch für ihn. Ihn nun, meinen Vater, mit dem ich mich das ganze Jahr davor so heftig gestritten hatte, der meine Fahne als Idiotie abtun mußte, zu verteidigen. Kein Wort darüber gegenüber der Stasi, gegenüber diesem Genossen Psychologen, kein einziges Wort auch der Distanzierung von meinem Vater dann auch vor Gericht. Treue, absolute Treue. Das war eine Sache der Ehre, das ging doch die nichts an. Das war intern und sollte intern bleiben. Ich hätte das doch bewiesen, wie sehr ich die Ideen meines Vaters in mich aufgenommen habe und bereit sei, sie zu verteidigen – so steht's in dem Gutachten. Ein bißchen exculpiert mich das ja vielleicht. Um so schlimmer, werden die sagen, die mich als Verräter und Nestbeschmutzer sehen, daß ich mich später an diese Treue nicht mehr gebunden fühlte. Womit sie dann vielleicht sogar recht haben. Oder nicht. Nicht wissen, was Treue eigentlich ist. Treue nicht unbedingt zur Sache, Treue aber gegenüber den Menschen, zu denen man dazugehört. Treue dann aber zu dem, was diese Menschen sind, nicht Treue zu dem, was sie gern sein wollen. Das ist ja ein Unterschied, oft ein Unterschied. Ein schmerzhafter. Schmerzhaft für die, die einen Menschen lieben, der etwas anderes zu sein glaubt und etwas anderes zu sein vorgibt, als er ist.

Das Stäubchen im Weltgetriebe

Das, was mir dieser Psychologe attestiert hat, als wäre es ein bißchen wie eine Geisteskrankheit, ein *Weltverbesserer* zu sein, das, was Wolf Biermann dann Jahrzehnte später immer noch in mir erkennen zu können glaubte und in seiner Aussage in dem Strafverfahren gegen mich einen *Menschheitsretter* nannte, damals, 68, war ich's, war ich es zweifellos. Ich sähe meine Aufgabe darin, Sachwalter der Demokratie und der Freiheit auch für andere Bürger zu sein. Ein Streiter zu sein für das elementare Recht jedes Menschen auf freie Meinungsäußerung – hört sich ja nicht schlecht an, damit kann man irgendwann Verfassungsrichter in einem demokratisch verfaßten Staat werden. Überbewertung der eigenen Persönlichkeit. Übersteigerung des Selbstwertgefühls, Verlust jeglicher Kritikfähigkeit an sich selbst – das nun aber hört sich gar nicht so gut an, damit kann man dann nur noch Künstler werden. Sich als originelle Persönlichkeit fühlen, der andere Menschen nicht annährend gewachsen wären – wie elitär, zum Glück nur, daß ich damit offenbar dem Leitbild meines Vaters nacheifere. Jeglicher Kritik an der eigenen Persönlichkeit böse Absicht zu unterstellen, sie als von Dummheit und Überblicksarmut getragen abzutun – damit läßt sich vielleicht als erfolgloser Künstler ganz gut durchkommen. Aber jetzt wird's ernst: weder ein Gefühl für Blamage noch für Mißerfolge zu haben – nein, damit kann ich auch jetzt noch nicht so richtig dienen. Auch wenn ich doch als Künstler und Autor ganz bescheiden geworden bin. Jedenfalls keine Ansprüche an andere, nur an mich selber habe. Aber selbst das eigentlich nicht mehr, wo ich doch nur das noch mache, was ich kann. Die große Quälerei, sie ist zu Ende. Doch auch das ist natürlich unbescheiden, vielleicht die größte Unbescheidenheit der Welt. Ob das, was ich mache, dann noch jemand anderem gefällt, für andere wichtig ist und anderen etwas bedeutet, mir eventuell vielleicht auch noch Erfolg verschafft – egal. Natürlich nicht egal, wenn dem so ist, ein großes Glück, eines, das ich immer wieder erlebe. Aber auch ohne das könnte ich ja nicht anders. Eine völlige Umkehrung des einstmals übersteigerten Selbstwertgefühls: weil das nicht unbedingt für irgend jemanden sonst von Wert sein muß, was ich mache, ich aber nichts anderes machen kann, als ich mache, stellt es den einzigen Wert dar, den ich selbst schaffen kann. Stäubchen im Weltgetriebe zu sein bedeutet, als dieses Stäubchen wichtig sein. Weil das Weltgetriebe ja nur aus Stäubchen besteht. Selbstwertgefühl also eines Stäubchens. Das Gefühl der eigenen Unwichtigkeit, es muß von uns besungen werden – wer hat das so oder so ähnlich gesagt? Velimir Chlebnikov, der Russe, der Futurist. Siehe: *Die Auszüge aus den Tafeln des Schicksals* – mein Stück mit Chlebnikovs Texten. Ich betone das *besungen werden* – wozu sind wir sonst Künstler.

Dieses Gutachten über mich Stäubchen im Weltgetriebe, es wurde vor Gericht verlesen, auch das zu meiner Überraschung – wenn auch nicht ganz, nicht vollständig, nur die, dann immerhin auch noch etwas mehr als drei Seiten lange Zusammenfassung. Das, was man heutzutage als Lobeshymnen auf mich lesen kann, es fehlte also, und das Stäubchen bedauerte es. Wenn auch nicht nur, denn diese Zusammenfassung, sie sprach nur davon, daß der damals 16jährige Florian Havemann ein körperlich altersgerecht entwickelter Jugendlicher sei. Das zu hören, daß meine sekundären Geschlechtsmerkmale keinen durchgängig einheitlichen Reifegrad zeigen würden, daß mein Bartwuchs, wie jeder beim Prozeß doch sehen konnte, denn schließlich hatte ich mich doch noch nie rasiert, rasieren müssen, relativ retardiert wäre, es blieb mir also erspart. Aber auch da wieder doch gemischte Gefühle: daß die Worte *Penis* und *Skrotum*, zu deutsch: der Hodensack, vor einem Gericht und in einem politischen Prozeß wegen staatsfeindlicher Hetze dann doch nicht vorkamen, ich fand's auch schade – ich habe ja auch keinen Sinn für die Blamage, und was *matur* bedeutet, das wußte ich doch damals nicht: Maturität gleich Reife. Um so lieber hätte ich's wahrscheinlich verlesen gehört, wo doch alle Welt zweifelte, ob dieses Stäubchen in seinem Getriebe überhaupt einen Sexualtrieb besitzt. Die geschlechtliche Reife nach eingehender Begutachtung bestätigt zu bekommen, das hätte mir sicher gutgetan.

Daß von dem Inhalt unserer stundenlangen Diskussion in diesem Gutachten dann so gut wie nichts eigentlich vorkommt, das allerdings erstaunte mich bei meiner damaligen Lektüre nicht – umgekehrt wäre es erstaunlich gewesen, denn ich glaube wirklich, daß es mir da immer wieder gelungen ist, diesen Direktor der Psychologischen Beratungsstelle beim Magistrat von Groß-Berlin, dem zumindest der Abteilung für forensische Psychologie, ganz schön in die Enge zu treiben. Daß das, was er mir gegenüber vertrete, auf einen faschistischen Staat hinauslaufe, das war es, aus dem er sich dann nur dadurch herauszuhelfen wußte, indem er das Thema wechselte, vergeblich, denn wir endeten immer wieder an der gleichen Stelle – ein absurder Vorwurf natürlich, denn wie er mir gegenüber argumentierte, was er von mir einforderte, das lief ja nicht auf irgendeinen faschistischen Staat hinaus, das war alles sehr real die DDR mit ihrem real existierenden Sozialismus. Nur ohne Maske, ohne die übliche ideologische Verbrämung – auf die ich mich aber in einer merkwürdigen Verdrehung und auf die für die DDR-Opposition von links typischen Weise bezog. Halb Trick und bloß rhetorische Figur und damit ein Spiel, das mir Spaß machte, im ganzen aber doch daran glaubend, immer noch glaubend, glauben wollend. Die eine Stelle in seinem Gutachten zeigt das ganz gut, was für eine Spiegelfechterei wir da beide betrieben: »Die Diskussion mit dem Jugendlichen wird vor allem deshalb erschwert, weil er immer dann, wenn man auf seine Schuld bei den jetzt zur Diskussion stehenden Delikten zu sprechen kommt, mit solchen Argumenten operiert, die zum Grundbestand von Prinzipien sozialistischer Weltauffassung gehören.«

Verrückt

Faschistisch – das war natürlich das Schlimmste, was ich ihm zum Vorwurf machen konnte, und es ist eigentlich erstaunlich, daß er, der Vertreter der Staatsmacht, der sich antifaschistisch legitimierenden DDR, da nicht explodierte, sondern sich das doch alles eigentlich recht ruhig anhörte. Vielleicht waren's ja meine Gentleman-Manieren, die ihn dabei irritierten, die zynische Ruhe und Sachlichkeit, mit der ich meine sicher auch ihn von ihrem Inhalt her aufs gröblichste provozierenden Argumente vortrug. Nicht nur meine Lehrer standen da vor einem schier unlösbaren Erziehungsproblem, auch er hatte ein Problem mit mir, wußte nicht, wie mit diesem frechen Kerlchen umgehen, daß sich so umgänglich gab. Aber er kam noch drauf, wie er mir in diesem Punkte, von wegen faschistisch, begegnen, was er mir da entgegnen konnte bei diesem Vorwurf, den ich bis dahin so erfolgreich gegen ihn erhoben hatte. Er sagte, ich solle doch mal über einen Umstand nachdenken: gesetzt den Fall, er nähme dies mit mir mal für einen Moment an, ich hätte damit recht, daß die überwiegende Mehrzahl der DDR-Bürger so wie ich gegen diese Maßnahmen, gegen die Invasion der Warschauer-Pakt-Staaten in die Tschechoslowakei sei – im Unterschied zu mir aber und ein paar ganz wenigen anderen, vielleicht einer Handvoll, vielleicht aber auch von 30, 40 mehr in einem Land mit 16 Millionen Einwohnern, hätte die Mehrzahl, die überwiegende Mehrzahl, die erdrückende Mehrzahl aller anderen in ihren Betrieben, ihren Arbeitsstätten, Partei- und Gewerkschaftsgruppen und wo auch immer sonst garantiert eine Resolution unterschrieben, die diesen von ihnen, wie ich glaube und auch er das für einen Momente mal annehmen wolle, eigentlich abgelehnten Einmarsch unterstütze. Damit hatte er natürlich recht, das war sicher anzunehmen, dem war nichts zu entgegnen – außer ich hätte da dann gesagt: da haben wir ihn also schon, den Faschismus. Aber ich sagte nichts, erwiderte diesmal nichts, denn mich interessierte das schon, worauf er denn nun damit hinauswollte, und das war doch auch etwas, das mich selber beschäftigte: daß wir nur zu siebent waren, daß von all den Leuten, die ich als Oppositionelle kannte und von denen ich einen Protest vergleichbar dem meinen erwartet hatte, nur ein Fähnlein von sieben Aufrechten ihre Fahne nicht opportunistisch in den Wind gehängt hatte und nicht wie ich die tschechoslowakische Fahne dann aus dem Fenster. Oder Flugblätter geschrieben hatten. Oder wie mein Bruder und Uzkoreit mit weißer Farbe losgezogen waren, um den Namen *Dubček* an Häuserwände zu pinseln. In diesem Punkte war meine Einschätzung ganz falsch gewesen, hatten mich meine so sicheren Erwartungen völlig getäuscht – was waren die zu ziehenden Schlußfolgerungen daraus?

Ich glaube, er merkte das, daß er zum ersten Mal in unserer ganzen Diskussion einen Treffer bei mir erzielt hatte. Er sagte dann zweierlei, und beides hatte es in sich: er sprach zuerst von dieser Opfer-Mentalität, die er bei mir festgestellt zu haben glaubte, von meiner Bereitschaft, für meine politischen Überzeugung auch ins Gefängnis zu gehen, und ihm war da schwer zu widersprechen, und, sagte er, ich solle mir doch mal klar machen, für was für Leute, für wessen Freiheit ich mich da aufopfere, für die von Menschen, die ich doch wohl nur für feige, angepaßte Opportunisten halten könnte – das saß, das traf es, und ich würde auch sagen, daß dieser treffende Hinweis mir dabei sehr geholfen hat, von dieser Opfer-Mentalität loszukommen, die mir nun so peinlich ist, so peinlich, daß ich sie am liebsten verdrängt hätte. Aber das war nur das erste, er hatte noch etwas anderes in seinem psychologisch geschulten Direktoren-Köpfchen: er sagte, daß aus der Tatsache, daß ich im Unterschied zu all den anderen, die dies nicht getan hätten, gegen den von ihnen womöglich abgelehnten Einmarsch nach Prag zu protestieren, also in sehr ungewöhnlicher Weise reagiert hätte, abweichend von der Mehrheit, und sich also die Frage stelle, welche anderen, nun nicht mehr im Politischen, sondern im Persönlichen, im Psychologischen zu suchenden Gründe mich zu meinem Protest veranlaßt hätten. Normal, sagte er, normal wäre doch wohl die Reaktionsweise der überwiegenden Mehrzahl aller, trotz abweichender politischer Meinung, den Maßnahmen der Regierung zuzustimmen. Und damit hatte er natürlich recht. Und also auch damit, daß meine Reaktionsweise *unnormal* genannt werden könnte. Und da ich ja wohl mit meiner ganzen Person hinter dem stehen würde, was ich getan hatte, und sogar bereit wäre, dafür ins Gefängnis zu gehen, so sagte er, könne man da dann vielleicht auch die Schlußfolgerung ziehen, ich sei nicht ganz normal. Ob er damit meinen würde, erwiderte ich, ich sei eigentlich ein Fall für ihn, für den Psychiater? So ganz hatte mich also auch in diesem Moment die Geistesgegenwart nicht verlassen. Seine Antwort war ein Lachen, erst ein Lachen, dann eine Prophezeiung: er sagte, er wäre sich sicher, daß ich in ein paar wenigen Jahren bei ihm vorsprechen würde. Zack! Noch ein Treffer. Aber ich lachte und sagte ihm lachend, daß ich ihm danken würde, denn damit wäre ja eines klar, daß ich genau dies nicht machen würde, nie bei ihm oder seinesgleichen jemals um Hilfe zu bitten. Und das habe ich ja dann auch nicht gemacht, und aus dem Osten weggegangen bin ich aus genau dem von diesem Mann prophezeiten Grund, weil ich sonst irre geworden wäre an dieser DDR. Nur der Westen war noch der Ausweg.

Damit war von ihm das angedacht, das gedanklich vorweggenommen worden, von diesem Psychologen, was dann ein paar wenige Jahre später in der Sowjetunion ja praktiziert wurde: die Psychatrisierung der Dissidenten – mit dem Unterschied allerdings, halten wir ihm den auch zugute, daß er da nicht bei mir mit der Zwangsjacke vorbeikommen wollte, sondern meinte, so jemand wie ich würde freiwillig um seine Hilfe bitten. Mit dem Unterschied auch, daß sie das, meines Wissens nach, in der kleinen, so viel überschaubareren DDR nie betrieben haben, ihre Oppositionellen ins Irrenhaus zu stecken.

Noch einmal anders: der 21. August

So berichtet die Mutter beispielsweise vom 21. August 1968, daß die Söhne nach Bekanntwerden der Maßnahmen der Staaten des Warschauer Vertrages lange versuchten, den Vater in Grünheide zu erreichen, was ihnen aber nicht gelang, weil er dort nicht anwesend war. Sie griffen dann zu spontanen Maßnahmen, deretwegen sie sich heute zu verantworten haben.
So Dr. habil R. Werner, der Direktor der Psychologischen Hauptberatungsstelle beim Magistrat von Groß-Berlin, Abteilung Forensische Psychologie, in seinem Gutachten über mich – das mit den *Maßnahmen*, das ist natürlich gut, ein wunderbarer, DDR-typischer Euphemismus für den Einmarsch von fremden Truppen in ein souveränes Land. Aber da auch mir *Maßnahmen*, wenn auch spontane, zugebilligt werden, *Maßnahmen*, die ich in Reaktion auf die *Maßnahmen* der Staaten des Warschauer Paktes ergriffen habe, will ich mich darüber nicht aufregen. Da fühlt man sich doch ernst genommen.
Gegen die einzelnen Schriftstücke habe ich im allgemeinen nichts einzuwenden, aber einige Fakten, die teilweise unrichtig oder gar falsch dargestellt wurden, will ich berichtigen. Auf Seite 8 des Berichtes berichtet meine Mutter, daß wir Söhne nach Bekanntwerden der Maßnahmen am 21.August lange versuchten, unseren Vater in Grünheide zu erreichen, was uns aber nicht gelang, und griffen dann zu den spontanen Maßnahmen, deretwegen wir uns heute zu verantworten haben. Auch das stimmt nicht. Ich

griff sofort, nachdem ich durch Frank SCHNEIDER von den Maßnahmen in Kenntnis gesetzt wurde, zu den spontanen Maßnahmen, ohne vorher zu versuchen, mit meinem Vater zu sprechen, was ich auch gar nicht gekonnt hätte, da meine Mutter das Telefon in ihrem Zimmer eingeschlossen hatte. Auch danach versuchte ich nichts dergleichen, hörte aber von meinem Bruder Frank am Abend des 21. 8. 1968, daß dieser dieses mehrfach versucht hatte.

So schreibe ich als einleitende Bemerkung in einer Stellungnahme vom 28. September 1968 – das mit den *Maßnahmen*, das muß mir also schon damals gefallen haben. Bei mir wimmelt es ja geradezu von *Maßnahmen*, und mein Deutschlehrer hätte mir dies sicher als Ausdrucksfehler im Aufsatz angestrichen. Auch so etwas wie die nachgeschobene Wendung, daß ich meinen Vater gar nicht hätte erreichen können, da meine Mutter das Telefon eingeschlossen hatte, liebte ich damals also schon – heute wimmelt es bei mir von so was, wenn ich schreibe. Man bleibt sich treu als Havemann. Aber ich bin ja hier nicht angetreten, Stilkritik zu üben oder meinen für viele sicher schlechten Stil zu verteidigen, der zumindest allem entgegensteht, was einem so in der Schule von Deutschlehrern beigebracht wird. Ich bin immer noch beim Berichtigen der Fakten, und diesmal auch beim Beleuchten der Hintergründe, die ich damals ausgespart habe, zum Teil auch aufgrund meiner Haft gar nicht kannte. Denn diese Hintergründe sind interessant und auch für Havemann wichtig. Es stimmt, daß es mein Bruder und meine Schwester mehrmals an diesem Tage versucht haben, und zwar mit wachsender Verzweiflung, meinen Vater in Grünheide Alt-Buchhorst zu erreichen. Sie haben das gleiche auch bei Wolf Biermann versucht und auch ihn nicht erreicht, sie sind dann bei der Wohnung von Biermann vorbeigegangen, bevor sie sich mit mir und den anderen Missetätern in der Kneipe mit dem schönen Namen *118*, das war die Hausnummer, schräg gegenüber von Biermanns Wohnung in der Chausseestraße 131 trafen – mächtig aufgeregt deswegen und in der sicheren Gewißheit, die beiden müßten verhaftet worden sein. Das klang durchaus plausibel und konnte so angenommen werden

– dem war aber nicht so: weder unser Vater noch Wolf Biermann wurden an diesem 21. August verhaftet. Biermann hatte sich den Bart abrasiert, um sich unkenntlich zu machen, und sich dann versteckt – was aber war mit meinem, mit unserem Vater?

Ich muß hier zugeben, daß mich die Aussicht, meinen Vater vielleicht verhaftet zu wissen, in diesem Moment, ganz im Unterschied zu meinen beiden Geschwistern, nicht sonderlich bekümmerte – ich wußte doch, daß ich wegen meiner tschechischen Fahne ins Gefängnis kommen würde, und dies schreckte mich nicht. Wie hätte es da nun noch etwas ganz Schreckliches für mich sein sollen, wenn auch mein Vater an diesem Tag ins Gefängnis kommt. Und ich hätte doch meinen Vater auch dann nicht an diesem Tag kontaktiert, wenn mir dies möglich gewesen wäre, wenn meine Mutter nicht das Telefon in ihr Zimmer eingeschlossen hätte. Mein Vater, wir hatten doch ein Jahr lang mit ihm über so etwas vergebens und immer streitlustiger diskutiert, war gegen solcherart *spontane Maßnahmen*, wie ich sie an diesem, von mir schon erwarteten Tag vorhatte, er hielt dergleichen für vollkommen idiotisch, er meinte, es würde als Opposition ausreichen, wenn er sich alle halbe Jahre mal mit einem Statement in den Westmedien zu Wort meldet. Wir aber wollten selber Opposition machen, wollten anders Opposition machen, wollten selber aktiv werden und mit unserer Generation unser Ding durchziehen. Wir sollten doch erst mal die Schule zu Ende bringen, so mein Vater, und dann ordentlich studieren, so wie er das gemacht hatte, Karriere machen, dann hätte das dann Gewicht, wenn wir uns in oppositioneller Weise politisch einmischen würden – das übliche bürgerliche, bildungsbürgerliche Programm also, die engagierten 68er im Westen werden von ihren Vätern nichts anderes zu hören bekommen haben. Damit war der Mann für uns politisch erledigt, unser Vater nicht mehr das Oberhaupt der Opposition – wozu ihn also am 21. August anrufen? Um mir das noch einmal anzuhören, von ihm vor jeglichen *spontanen Maßnahmen* gewarnt zu werden? Nein, das mußte nicht sein. Das mußte ich mir nicht antun. Und mehr und anderes hätte er mir nicht gesagt? Doch, er hätte noch gesagt, daß er schon eine Erklärung vorbereite, in der er im Namen der Opposition gegen den Einmarsch in die Tschechoslowakei protestiere – im Namen der Opposition? Nein, das hätte doch mein Vater so nicht gesagt, er hätte doch wieder nur für sich gesprochen, denn die Opposition, das war ja er. Allein er. Und also waren diese *spontanen Maßnahmen*, die ich am 21. August ergriff, Opposition auch gegen diese Opposition meines Vaters – nur habe ich das während meiner Haft niemals erwähnt. Man nenne es Loyalität – für mich etwas ganz Wichtiges. Es gibt ein paar ganz wenige Stellen in den Vernehmungsprotokollen, wo ich das andeutungsweise habe durchklingen lassen, daß ich und mein Bruder das ganze Jahr 68 heftigst mit unserem Vater gestritten haben, darum, was Opposition sei – mehr nicht, und sicher nur für den überhaupt als solche erkennbar, der um diese Hintergründe weiß. Das ging doch die Stasi nichts an. Und auch vor Gericht beim Prozeß dann war dies alles kein Thema für mich – aber ich sollte es noch bereuen, tat doch mein Vater, unser Vater, nach unserer Verhaftung wegen diesen *spontanen Maßnahmen* so, als hätten wir da ganz in seinem Sinne gehandelt, als seine Adepten und Gefolgsleute. Und das hat mich geärgert, mächtig sogar. Politisch benutzt zu werden. Noch einmal politisch benutzt zu werden, nachdem das Strafverfahren gegen uns schon vom Politbüro-Mitglied Paul Verner dazu benutzt worden war, einen Prozeß gegen Havemann und Biermann vorzubereiten, als die eigentlichen Drahtzieher, die Verderber der Jugend.

Denn das war ja klar, wurde im Verlaufe des Prozesses klar, und es wurde noch einmal mehr klar in der Meldung von unserer Verurteilung, die im *Neuen Deutschland*, dem Zentralorgan des Zentralkomitees der Sozialistischen Einheitspartei Deutschlands, erschien und in allen Bezirkszeitungen der Staatspartei nachgedruckt wurde und in der am Ende auch von den angeblichen Hintermännern, von Bier- und Havemann die Rede war als den eigentlich Schuldigen, unter deren Einfluß wir gestanden hätten. Dazu bedurfte es dann gar nicht der Bestätigung durch das, was

Thomas Brasch von seinem Vater, dem wegen ihm und seinen *spontanen Maßnahmen* am 21. August 1968 zurückgetretenen und also dann ehemaligen stellvertretenden Kulturminister der DDR Horst Brasch, hörte: diese Geschichte mit Ulbricht, der, eine ganz andere Lösung wollend, die unserer sofortigen Entlassung aus der Haft, seinen im Politbüro damals für Sicherheitsfragen zuständigen Adlatus Paul Verner beauftragt hatte, diese Geschichte in Ordnung zu bringen. Paule Verner aber hatte mit meinem Vater noch eine Rechnung offen und gehörte zu denen in der Partei, denen das schwer auf die Nerven ging, diesen Havemann da als staatlich anerkannten Staatsfeind auf seiner und der Partei Nase herumtanzen zu sehen. Was mir aber nicht klar war und mir auch während des Prozesses nicht klar wurde, das war, daß meinem Vater gegenüber in dieser Situation loyal zu sein eigentlich bedeutet hätte, diesen Dissens unter uns Dissidenten kenntlich zu machen und von diesen Streitereien mit unserem Vater zu berichten, von seinen Warnungen vor einem solchen seiner Meinung nach vollkommen idiotischen Weg der direkt oppositionellen Aktion – das hätte ihn doch entlastet, daß noch nicht mal er mehr Einfluß auf uns hatte, damit wäre ich dem Eindruck entgegengetreten, wir hätten als seine Gefolgsleute und sozusagen in seinem Auftrag gehandelt, wären von ihm zu unseren *spontanen Maßnahmen* verleitet worden. Aber auch Havemann ist nicht immer so gut, so wachsam und spontan, wie Havemann sein sollte.

Was aber war nun mit meinem, unserem Vater am 21. August 1968? Warum hatten ihn meine Geschwister nicht telefonisch erreichen können? War er wirklich abwesend, jedenfalls nicht in Grünheide Alt-Buchhorst, nicht in seinem Hause dort? Doch. Er war es. Er war nur sehr beschäftigt, anderweitig beschäftigt und so sehr beschäftigt, daß er das bei ihm klingelnde Telefon nicht abhob, nicht abheben konnte und wollte, um nicht in seinem so viel wichtigeren Tun gestört zu werden, und er hatte an diesem Tag auch das Radio nicht laufen, der 21. August, er ging an ihm unbemerkt vorüber.

In dem Bericht heißt es auf Seite 6: »So verließ er (mein Vater Robert HAVEMANN) beispielsweise sein Häuschen in Grünheide dann demonstrativ, wenn die Mutter mit den Kindern ankam.« Das stellt eine grobe Verzerrung der Wirklichkeit dar. Meine Mutter verlangte in einem Vermögenteilungsprozeß von meinem Vater eine große Summe Geld, die er nicht besaß. Das Gericht entschied nach dem Vorschlag meines Vaters, und meiner Mutter wurde das Holzhaus auf dem Grundstück meines Vaters zugesprochen. Meine Mutter wollte aber Geld und hatte deshalb vor, bei Gericht Berufung einzulegen. Mein Bruder Ullrich und mein Vater bewogen meine Mutter, davon abzusehen, und es kam zu einem schriftlichen Vertrag, durch den sich mein Vater verpflichtete, alle 14 Tage am Wochenende das Grundstück zu verlassen, weil meine Mutter unbedingt nicht mit ihm zusammenkommen wollte.

So steht es in meiner Stellungnahme vom 28. September 1968 zu verschiedenen, mir vorgelegten Schriftstücken, darunter auch diesem psychologischen Gutachten des Dr. habil R. Werner, aus dem ich hier zitiere – aber, und deshalb war das gut, da noch einmal in dem Gutachten selber nachzuschauen, denn dieser Satz, den ich zitiere, geht noch weiter: »... schrieb jedoch bald schmalzige Briefe an seine Kinder, in denen er bedauerte, daß er sie nun leider habe nicht länger um sich haben können.« Das mit den *schmalzigen Briefen*, das ist O-Ton meine Mutter. Hier spricht die Preußin, die ihre Gefühle nicht zeigen kann und der das peinlich ist, bei anderen Menschen Gefühlen zu begegnen. Aber natürlich muß man meiner Mutter das auch zugestehen, daß sie sich über die *schmalzigen Briefe* meines Vaters geärgert hat, denn es wird schon so gewesen sein, daß er, der emotional Familienpolitik machen konnte und auch erfolgreich machte, da extra *schmalzige Briefe* an uns, seine drei Kinder, geschrieben haben wird, er hat es da ja auch immer auf dramatische Szenen ankommen lassen, die meine Mutter zur Weißglut getrieben, ihr das Wochenende alle 14 Tage in Grünheide Alt-Buchhorst von vornherein schon verdorben haben dürften, für das ihr von meinem Vater vertraglich zugesichert wurde, er würde dort dann nicht dasein: er setzte sich demonstrativ dann erst in sein Auto, wenn wir ankamen, und so gab es da dann regelmäßig bewegende Begrüßungs- gleich Abschiedsszenen zwischen unserem Vater und uns Kindern, bei denen meine Mutter, die diesem Kerl, diesem Scheusal, von dem sie sich doch endlich hatte scheiden lassen und den sie nie wiedersehen wollte, hilflos dabeistehen mußte. So ein Scheidungskrieg wird mit vielen Mitteln geführt, so ein Scheidungskrieg ist ja meist auch nicht mit der Scheidung selber abgeschlossen, und der zwischen meinen beiden Eltern, er war erst dann zu Ende, als sich meine Mutter, nachdem sie es erst aufgegeben hatte, ihren 14tägigen, ihr vertraglich zugesicherten Wochenendaufenthalt in ihrem Holzhäuschen auf dem Grundstück meines Vaters wahrzunehmen, und nachdem sie versucht hatte, für dieses Häuschen einen Käufer zu finden, dazu bereit erklärte, dieses Haus meinem Vater zu verkaufen, der dann doch wieder zu Geld gekommen war – natürlich gab es niemanden, der dieses Häuschen kaufen wollte, nachdem er es besichtigt und von meinem Vater gehört hatte, unter welch strikten Auflagen von ihm als dem Grundstücksbesitzer es nur zu benutzen wäre, und natürlich gab es einen Interessenten, dem dies alles völlig egal war, das Ministerium für Staatssicherheit, das nur zu gerne, unter welchen Auflagen auch immer, direkt auf dem Grundstück ihres die staatliche Sicherheit so gefährlich gefährdenden Lieblingsfeindes gesessen hätte. Gregor Gysi, zu der Zeit dann der Anwalt meines Vaters, vermutete dies sofort, daß diese ganze Idee mit dem Hausverkauf nicht die meiner Mutter gewesen ist, sondern eine, die ihr von der Stasi nahegelegt wurde. Wir wissen heute, daß das so stimmte, mein Vater aber war da arglos, er vermutete nur wieder die Geldgier seiner einstigen Ehefrau, meiner Mutter. Gysi verhinderte dies dann, daß mein Vater die Stasi direkt auf seinem Grundstück zu sitzen hatte, er vermittelte, daß meine Mutter dann ihr Holzhäuschen an meinen Vater verkaufte, und wer nun von den Verdächtigungen nicht lassen will, Gregor Gysi wäre ein *IM*, ein inoffizieller Mitarbeiter der Stasi gewesen, wer diesen Leuten dann auch noch eine überragende Intelligenz zubilligen will, der sehe in dieser ganzen Operation den geschickten und ja dann auch erfolgreichen Versuch, dem *IM* Gregor eine Vertrauensstellung bei meinem Vater, seinem Mandanten, zu verschaffen.

Wenn es denn dann nur so gewesen wäre, daß wir unseren Vater alle 14 Tage am Wochenende in Grünheide Alt-Buchhorst hätten sehen können – dem war aber nicht so. In der Regel ja, aber auch von dieser Regel gab es Ausnahmen. Mysteriöse Ausnahmen. Sehr mysteriöse sogar – aber natürlich hatten wir drei Kinder unsere Erklärung für diese Ausnahmen sehr schnell fertig, uns genügten ein paar Andeutungen für ihre Gründe, und wir wußten Bescheid, meinten Bescheid zu wissen, wie es hier schon einmal vorsichtshalber heißen muß. Es mußte da, so unsere Erklärung, ein geheimes Treffen geben, ein sogar vor uns geheimzuhaltendes der Opposition, oder vielleicht auch traf sich da mein Vater sogar mit irgendwelchen sowjetischen Emissären, seine Rehabilitierung vorzubereiten, oder daß er demnächst dann Staatsratsvorsitzender werde. Jedenfalls ging es immer wieder mal nicht, vielleicht alle drei Monate nicht, daß wir, zu ihm raus nach Grünheide Alt-Buchhorst gefahren, dann bei unserm Vater das Wochenende über bei ihm bleiben konnten. Das war schade, aber ließ sich nicht vermeiden, leider nicht, und auch, daß wir extra den weiten Weg von der Stadt mit der S-Bahn nach Erkner und von Erkner mit dem so selten fahrenden Bus bis nach Grünheide Alt-Buchhorst zu unserem Vater hatten machen müssen, um dann von ihm gleich wieder woandershin verfrachtet zu werden, meist zu Inge Hunzinger nach Rahnsdorf, ging nicht anders, wir sahen es ein, denn unsere Mutter, sie durfte natürlich nichts von diesen geheimen Geheimtreffen mitbekommen, nichts davon, daß wir an diesen Ausnahmewochenenden nicht bei unserem Vater bleiben, bleiben konnten – natürlich nicht, unsere Mutter, das war die Regierung. So nannten wir sie: *die Regierung* – nicht anders mehr als *die Regierung*. Aber das ist ja bekannt.

Was, wie bitte, was soll denn das nun? Das mit diesen sowjetischen Emissären, von denen wir annahmen, unser Vater würde sich vielleicht mit ihnen treffen, um mit ihrer Hilfe seine Rehabilitierung vorzubereiten oder gar, daß er demnächst dann Staatsratsvorsitzender werde – wie denn komme ich auf so etwas? Ein Hirngespinst? Sicher, aber eben nicht meines. Nicht meinem Hirn entsprungen. Das werde ich nie vergessen, wie wir drei Kinder an einem Nachmittag am Strausberger Platz in der nun nach der Scheidung halbleeren Wohnung mit unserem Vater zusammensaßen, der Rest der Familie, wir, seine Kinder waren mit unserer Mutter weiter nach oben im selben Haus und im zehnten Stock dort in eine kleinere Wohnung gezogen, und natürlich gingen wir, so oft wir nur konnten, runter zu ihm und in die alte vertraute Wohnung, und ich hatte doch für das halbe Jahr, bevor er dann eine andere, dann sehr viel kleinere Neubauwohnung zugewiesen bekam, sogar mein Atelier dort unten, und es war wunderbar und hätte von uns aus immer so bleiben können. Wir saßen also mit unserem Vater zusammen, der immer wieder in dieser Zeit nach seinem Rausschmiß aus der Partei und auch dem aus seiner letzten Arbeitsstelle in der Akademie der Wissenschaften davon gesprochen hatte, die Russen würden ihn schützen, und insofern waren wir vorbereitet, ein bißchen jedenfalls auf das vorbereitet, was uns unser Vater an diesem Nachmittag erzählte: wir müßten uns das in etwa so vorstellen, begann er, daß wir hier wieder zusammensitzen und es dann, für uns ganz unerwartet, an der Wohnungstür klingeln würde. Vielleicht wäre es einer von uns dreien, der dann die Tür aufmachen ginge, und vor der Tür würden dann ein paar kräftige Männer stehen, die Russisch sprächen, auf russisch Einlaß verlangten, und jeder von ihnen hätte eine große, dicke Platte unterm Arm – ich stellte sie mir weiß vor, diese Platte, um deren Bestimmung ich da aber noch gar nicht wußte. Diese Männer würden dann in die Wohnung kommen, und hier vor uns in seinem Wohnzimmer, so unser Vater, diese (für mich weißen) Platten zu einem kleinen Gehäuse zusammenbauen – wir werden ihn alle mit großen, erwartungsvollen Augen angeblickt haben, als er dies sagte: was für ein Gehäuse? Wozu? Abhörsicher, so unsere Vater – ach ja, die Stasi, die Wanzen überall. Und dann, was dann? Dann kommt der sowjetische Botschafter,

Viktor Abrassimow, und bittet ihn, unseren Vater, in diese kleine abhörsichere Kabine hinein, um ihm dort zu erklären, daß sich die sowjetische Führung dazu entschlossen habe, Walter Ulbricht abzulösen, und um ihn dann zu fragen, ob er bereit wäre, den Posten des Staatsratsvorsitzenden zu übernehmen. So müßten wir uns das vorstellen. So in etwa würde es passieren. Aber es passierte nicht. Doch für möglich gehalten, daß es eines Tages passiere, das haben wir, ich jedenfalls ja.

Wir waren da sogar richtig stolz drauf, unsern kleinen Beitrag dazu leisten zu können, daß diese wichtigen Geheimtreffen geheim bleiben konnten – oh, wir waren ja so dumm, so einfältig, so sehr unserem Vater treu, so voller Vertrauen zu ihm, und natürlich war es besser, wir Kinder wüßten nicht alles, nichts jedenfalls von dem wirklich Gefährlichen, denn Kinder sind Kinder, und faßt man sie in einem dunklen Verlies etwas hart an, dann geben sie womöglich doch Dinge preis, die sie niemals hätten preisgeben und verraten wollen. Unser Vater wußte das natürlich, was das war und nur sein konnte, was wir drei Kinder uns da zusammenreimten, warum wir an diesen Wochenenden doch nicht bei ihm bleiben konnten, er war doch nicht blöd, und auf unsere kindliche Bereitschaft zur Konspiration war Verlaß – nein, ich habe hier keinerlei Zweifel, keinen Zweifel daran, daß dies meinem Vater vollkommen klar war, warum wir so bereitwillig unser geliebtes Grünheide Alt-Buchhorst verlassen, auf das ersehnte Wochenende dort und mit ihm verzichtet haben. Ich habe keinen Zweifel daran, daß er uns ganz bewußt mit seinem Geraune, seiner Geheimniskrämerei an der gutwilligen Nase herumführte, daß er uns belog, ohne uns aber direkt zu belügen, denn alles blieb doch im Vagen und wurde nicht ausgesprochen – mußte ja auch nicht, wir verstanden doch auch so. Und ich glaube noch nicht mal, daß er in diese Lüge mehr so hineingeraten war, ohne die direkte Absicht dazu, und dann nicht mehr wußte, wie, ohne das Gesicht gegenüber uns, seinen Kindern, zu verlieren, da wieder aus ihr herauszukommen wäre, und daß er sich damit dann auch deshalb abgefunden hatte, bei dieser Lüge ohne Lüge zu bleiben, weil es für ihn so einfacher war – nein, das war Absicht, das war überlegt und von ihm so gewollt, und ich habe keinerlei Zweifel daran, habe keinen Grund, daran zu zweifeln, und ich habe diesen Grund nicht, weil dann doch irgendwann die ganze Wahrheit herauskam, der Moment kam, wo er sich offenbaren, erklären und diese zwei Jahre lang gepflegte Lüge zugeben mußte. Ja, mußte. Dazu gezwungen von mir und meinem Bruder. Und zwar, ich weiß das Datum noch, am 19. August 1968, und man beachte: es sind nur noch zwei Tage bis zum historisch wichtigen 21. August, bis zum Tag des Einmarsches in die Tschechoslowakei, bis zum Tag unserer so *spontanen Maßnahmen*.

Was ich nicht mehr so genau weiß, das ist, wie es rauskam, durch wen, daß er uns zwei Jahre lang belogen, uns etwas vorgemacht und suggeriert hatte, was nicht der Wahrheit entsprach – wahrscheinlich durch Inge Hunzinger, die in die ganze Sache eingeweiht, die dabei die Komplizin unseres Vaters gewesen war. Oder durch Peewee, ihre Tochter, unsere Freundin. Ja, wahrscheinlich durch Peewee. Jedenfalls war es plötzlich im Sommer 68 als innerfamiliäres Gerücht da, daß unser Vater zu all seinen ganz offenen betriebenen Weibergeschichten auch noch eine heimliche Geliebte habe, eine, die er vor uns verheimlichte. Und damit war klar, daß das alles nur Theater gewesen war, das geheimnisumwobene Geraune, daß wir auf eine Suggestion hereingefallen waren, die von irgendwelchen Geheimtreffen der Opposition, die es gar nicht gab, und niemals gegeben hatte. Lug und Trug, Vorspiegelung falscher Tatsachen, und wir waren darauf hereingefallen. Nein, unser Vater war nicht danach zu fragen, ihn deswegen zur Rede zu stellen, welchen Zweck sollte das haben – er hätte es doch gar nicht zugegeben. Von einem Lügner war doch die Wahrheit nicht zu erwarten, und es war auch eines klar: das war meine Stunde, denn für mich war das doch mein Vater schon immer, ein Lügner, und also wiegelte ich meine Geschwister gegen unseren Vater auf, als er plötzlich im Sommer 68, mitten während unserer natürlich wieder in Grünheide Alt-Buchhorst und bei ihm und mit ihm verbrachten Ferien in seinem gewohnt raunenden Tonfall davon zu reden anfing, es ginge leider nicht anders, wir müßten auch in dieser Zeit mal wieder aus unserem Feriendomizil verschwinden – ich weiß nicht, ob er da schon spürte, daß er diesmal damit nicht durchkommen würde, mit seiner Lüge ohne Lüge. Die Abwehrfront, die ich aufzubauen versuchte, sie kam nicht in der Vollständigkeit zustande, wie ich sie mir gewünscht hätte: meine Schwester nahm am Morgen des Tages, für den er uns zum Verschwinden aufgefordert hatte, nahm am 19. August den Bus nach Erkner, ich aber blieb mit meinem Bruder zurück. Wir setzten uns an den Eßtisch im Holzhäuschen, das damals immer noch unserer Mutter gehörte, und warteten, warteten darauf, was nun geschehen würde. Und dann, meine Schwester war eine halbe Stunde zuvor abgefahren, kam er zu uns beiden ins Holzhäuschen herüber, und das war schon mal etwas, das unser Vater seit Jahren nicht mehr gemacht hatte. Er setzte sich zu uns an den Tisch, und dann bat er uns, doch zu fahren – gebeten hatte er uns deswegen vorher noch nie. Und er erklärte uns, daß er ein immer noch andauerndes Verhältnis mit seiner früheren Sekretärin aus der Akademie der Wissenschaften habe, daß sie verheiratet sei und nicht wolle, daß dieses Verhältnis mit ihm bekannt würde. Und dann fing er an zu jammern, daß er doch gar nichts dabei fände, wenn wir, seine Kinder, um dieses Verhältnis wüßten, daß er sie und uns doch auch gerne bei sich zusammen haben würde, es nur gut fände, wenn wir sie kennen würden, aber sie wolle nicht, sie habe dies immer wieder verweigert, und er liebe doch diese Frau, und es tue ihm so leid, daß er uns zwei Jahre lang etwas habe vormachen müssen. Der große Oberoppositionelle Robert Havemann schrumpfte vor uns zu einem kleinen, triebgesteuerten Männchen zusammen, das ganz und gar unter der Fuchtel einer Frau stand, die ihn alle drei Monate mal ranließ und ansonsten bei ihrem Ehemann blieb – ich gebe zu, daß ich diesen Moment genossen habe. Sehr sogar. Und wenn man so etwas Schönes mit seinem Vater erlebt hat, da kann man sich dann doch wohl auch gnädig zeigen und lieb und nett zu seinem Papi sein. Mein Bruder und ich, wir nickten uns zu, sehr zufrieden mit uns, und dann fuhren wir ab – der nächste Bus jedoch, er fuhr erst in zwei Stunden, und also mußte uns unser Papi mit dem Auto nach Erkner zur S-Bahn bringen.

Was also war mit meinem Vater am 21. August los? Warum hatten ihn meine Geschwister nicht telefonisch erreichen können? Nix da mit verhaftet. Er war mit dieser Frau im Bett, er hatte also Besseres zu tun, als sich um die große Weltpolitik und die kleine DDR an diesem Tag zu kümmern, um das Schicksal seines Sozialismus. Und das ist doch wirklich eine schöne Geschichte, und sie mußte deshalb hier erzählt werden. Ein echter Havemann. Und natürlich gibt es deshalb in meinem *Speedy*-Roman diese Szene, wo mein Held Schlechter vom 30. Januar, dem Tag der Machtergreifung Adolf Hitlers, 1933 nichts mitbekommt, weil er in diesen für die Geschichte Deutschlands so wichtigen Stunden anderweitig, nämlich sexuell gefordert war. Irgendwoher muß man doch seine Ideen haben, seine Einfälle.

Fast

Reicht das jetzt nicht? Das ist doch alles ewig her. Kehre in die Gegenwart zurück. Lebe. Noch hast du eine Zeit vor dir. Deine Zeit. Denke an deine Kinder, an deine Frau. Da liegt doch Staub drauf auf diesen Akten. Willst du ewig ein Ostler bleiben? Du weißt doch, wer du bist. Dazu brauchst du doch kein psychologisches Gutachten. Du mußt mal langsam anfangen, dir Gedanken darüber zu machen, was aus dir noch werden kann, wenn deine zehn Jahre Verfassungsgericht um sind, wie du dann deine Kinder ernähren kannst. Du willst doch nicht etwa noch mal in die Politik zurück? Du willst von ihr nicht lassen, aber du hast doch noch vieles andere, von dem du nicht lassen willst. Was ist mit dem Theater? Einen Versuch mußt du noch machen. Was mit deinen Bildern? Mach doch mal endlich eine Ausstellung. Denk an deinen Roman. Er muß raus, er muß veröffentlicht werden. Die Stasi ist doch nicht wichtig. Die Akten. Was du aus all dem gemacht hast, aus deiner Familie, aus Havemann, das ist es doch, worauf es allein ankommt. Du bist Havemann. Keiner wird es dir mehr streitig machen können. Vielleicht werden sie Havemann in dir wieder hassen, aber das ist doch gut, das ist Havemann. Zeit für ein neues Abenteuer, mein Lieber. Wo ist dein Mut geblieben? Wo deine Kraft? Du mußt zu einem Ende kommen, damit du endlich wieder etwas Neues anfangen kannst. Bring deinen Havemann zum Abschluß. Du hast alles gesagt. Fast alles. Mehr als du wolltest. Merkst du denn nicht, daß du den anderen damit langsam auf die Nerven gehst? Mach Schluß. Hast du Angst davor, was danach kommen könnte? Daß du dann festgelegt bist? Auf Havemann? Du bist doch Havemann. Du kommst an dir nicht vorbei. Du willst noch nicht aufhören? Willst nicht fertig werden? Ach, du willst ein Mann der Projekte bleiben, ein Unvollendeter, ein Unfertiger. Gut, das Tonband von deinem Prozeß, das darfst du dir noch anhören, aber dann muß Schluß sein. Nur das noch. Keine Anmerkungen mehr. Nur wenn's absolut nötig ist. Denk an deinen Vertrag, du hast einen Abgabetermin. Ja, du hast wieder mal ein Versprechen verkauft. Nun mußt du es einlösen. Sonst bist du erledigt.

Der Prozeß

24. August 2006 – der zweite Tag in der Birthler-Behörde: nun aber keine Akten mehr, nichts Schriftliches an Dokumenten, statt dessen ein Tondokument, der Mitschnitt des Prozesses 68. Der sich erstaunlicherweise erhalten hat, auf den mich meine Frau Krauße netterweise hinwies, den sie also wieder für mich rausgesucht hatte – bin ich gespannt, das zu hören? Natürlich bin ich gespannt, und natürlich habe ich auch Angst, meine Stimme zu hören, die von früher, und dann auch die Angst, daß mich meine Erinnerungen an diese Gerichtsverhandlungen zu sehr täuschen könnten, ich also, den Tonbandmitschnitt hörend, enttäuscht sein werde, von mir enttäuscht. Zehn Stunden an Aufnahmen, der Prozeß ging ja über zwei Tage – unmöglich, sich das alles anzuhören. Und dann auf einem kleinen Kassettenrecorder, also in einer Kopie und womöglich in der Kopie einer Kopie. Ein paar der Kassetten sind von so schlechter technischer Qualität, daß sie beim besten Willen nicht anzuhören sind – worüber ich aber nicht unbedingt traurig bin, denn ich will das hinter mich bringen, mit dieser ganzen Sache doch auch fertig werden. Nur die leider im Rauschen untergehende Zeugenaussage meiner Mutter, die hätte mich schon noch interessiert – wie sie darauf reagiert, was wir, mein Bruder und ich, über unser Verhältnis zu ihr sagen. Mit welcher Schroffheit wir über sie sprechen, mit welch verblüffender Klarheit der Ablehnung, von meinem Bruder in der gleichen Deutlichkeit, ja, deutlicher noch als von mir – und sie saß dabei, saß mit im Zuschauerraum und mußte sich das anhören. Aber auch ihre Zeugenaussage war nicht ohne, in meiner Erinnerung jedenfalls, die ich nun doch nicht auf ihre Richtigkeit überprüfen kann. Kalt und distanziert, aber mit einem gewissen Zittern in der Stimme, dem der leidgeprüften Mutter. Ganz klar noch einmal von ihr formuliert, daß sie keinerlei erzieherischen Einfluß auf uns gehabt habe – was ja so auch stimmte und durch das, was wir über unser Verhältnis zu ihr ausgesagt hatten, nur bestätigt wurde. Nicht ein Moment, wo sie für uns, für ihre Söhne Partei ergriff, uns verteidigte, um Verständnis für

uns warb. Ihre Partei, das war die Partei. Nicht anders zu erwarten, aber doch gruselig. Was für eine Familie. Diese Havemanns. Zerrüttet, zerbrochen unter dem politischen Druck – kein Zusammenhalt gegen ... Und alle Beteiligten haben auf ihre Weise dazu beigetragen. Auch ich. Aber das noch einmal aus dem Munde meiner Mutter zu hören, wie sie sich von mir, von uns, von meinem Bruder und mir, distanziert, es blieb mir erspart, aus technischen Gründen.

Das einzige, was sie wirklich interessiert, die Frage, auf die sie immer wieder zurückkommen, auf der sie unermüdlich herumreiten während der Befragungen, der Vernehmungen bei der Stasi und auch dann im Prozeß, ist die nach den Einflüssen, und wenn mich etwas ärgert, dann das: daß wir da nicht in der Lage sind, Paroli zu bieten, mein Bruder Fränki nicht, Uzkoreit nicht und ich auch nicht – auch wenn ich mich während des Prozesses ein paarmal auf die eigenen Erfahrungen berufe, auf das, was ich in der DDR erlebt habe. Aber ich dringe damit nicht durch, ich

beharre nicht wenigstens darauf, daß die eigenen Erfahrungen genauso wichtig gewesen sind wie das, was es an Einflüssen gegeben hat, durch die sich meine Entwicklung bis zu dieser Straftat erklären ließe. Ich nicht, wir alle drei machen da keine gute Figur, wirklich nicht, und was besonders ärgerlich ist, wir alle drei berufen uns auch noch auf diesen Einfluß, die Beeinflussung durch unseren Vater, durch Robert Havemann, als bestimmend – nicht, daß es diesen Einfluß nicht gegeben hätte, aber er war eben nur das eine, das andere war die DDR selber, die erlebte Realität dieses real existierenden Sozialismus, und genau darauf hätte man sie natürlich stoßen müssen, die Herren Vernehmer von der Staatssicherheit, die Staatsanwälte und Frau Klabuhn, die Richterin. Genau das lag ja jenseits ihres geistigen Horizonts, sich vorzustellen, daß diese Gesellschaft selber Widersprüche hervorbringt, die in ihr lebenden Menschen in Widersprüche verwickelt, einen dann auch in Widerspruch zur Politik des Staates und der Staatspartei bringen kann. Sie konnten sich da nur Einflüsse von außen vorstellen, an denen das gelegen haben muß, Einflüsse aus dem Westen natürlich, und in unserem Falle dann den Einfluß meines Vaters, der für sie in seinen politischen Positionen, in dem auch, was ihm in der DDR widerfahren war, gar nicht mehr als jemand begriffen wurde, der mit den DDR-Verhältnissen etwas zu tun hatte, von ihnen bestimmt wurde. In diesem Punkte haben wir nicht opponiert, und das ärgert mich nun, aber es ärgert mich nicht nur, beschämt mich auch, ich werte es auch als Zeichen der Schwäche der Opposition, zu der wir gehörten, der sozialistischen. Die Widersprüche, in die wir uns da als Angeklagte verwickeln lassen, die lassen uns gar nicht gut aussehen. Nach den vielen Treuebekenntnissen zur DDR, zum Sozialismus, die wir immer wieder vor dem Gericht ablegen, wirkt das, was wir gegen die Verhältnisse einzuwenden haben, wirklich nicht sehr überzeugend, nicht sehr stark. Uzkoreit spricht klarer, spricht es sehr viel klarer aus, aus welchen Intentionen heraus wir unsere Straftaten begangen habe, distanziert sich dann im nachhinein aber von ihnen, mein Bruder versinkt heillos in den ideologischen Untiefen, und ich, ich kann mir wenigstens zugute halten, daß ich mich immer wieder auf mein Gefühl berufe, auf gefühlsmäßige Reaktionen – aber unsere Befangenheit ist überdeutlich, von einem Angriff auf den Staat, den DDR-Sozialismus kann keine Rede sein. Die Angeklagten verwandeln sich nicht in Ankläger, sie rechtfertigen sich, sie erklären und verteidigen sich. Und sie wehren sich nur schwach, und es ärgert mich, dies auf diesem Tonbandmitschnitt von unserem Prozeß anhören zu müssen, das ist schlimm, das ist peinlich. Helden waren wir da nicht. Wirklich nicht. Nur die DDR, die noch ein bißchen piefiger war als wir und geistig noch ein Stück weit beschränkter, hat uns zu Helden gemacht. Da bleibt wenig, worauf man als Havemann stolz sein könnte.

Wie dumm, wie klug

Ein bißchen aber natürlich doch stolz, ich will mich nicht lumpen lassen, die Selbstbeweihräucherung nicht scheuen. Einen schönen Scherz zumindest habe ich mir da erlaubt während der Verhandlung – gut, er ist mir von der Staatsanwaltschaft geradezu aufgedrängt worden, aber ich habe die Gelegenheit immerhin ergriffen, geistesgegenwärtig wenigstens in diesem Moment. Die Tatsachen der Tat, diese geringfügigen Störungen der sozialistischen Ordnung, die sie uns als staatsfeindliche Hetze anerkannten, sie waren doch, da von uns geständig auch zugegeben, in einer halben Stunde schon abgehakt, der Prozeß aber sollte doch zwei Tage dauern, um unsere Gefährlichkeit schon mal damit zu beweisen, es mußte dann also sehr ausführlich um die Hintergründe, die Motive gehen, darum, diesen jungen Straftätern eine folgerichtige Entwicklung bis hin zu dieser Straftat der staatsfeindlichen Hetze nachzuweisen – auf daß wir da etwa nicht als unbedarfte Naivlinge vor Gericht stünden, mit denen Nachsicht zu üben sei. Sie wollten uns richtig gefährlich, staatsgefährdend, und also konnte es in meinem Falle nicht ausbleiben, daß diese Nacht zur Sprache kommen mußte, die ich im Jahr zuvor am 7. Oktober, dem Tag der Republik, dem Tag, an dem die DDR ihre Gründung feierte, bei der Polizei, im Polizeipräsidium in der Keibelstraße, ganz in der Nähe vom Alex, verbracht hatte – ein doch wohl eindeutiges Indiz für meine Fehlentwicklung. Aber es war ja nicht eigentlich diese Nacht selber, die die Staatsanwaltschaft gegen mich vorzubringen hatte, diese Nacht und was ich dort an Polizeiterror erlebt hatte, das war mein Thema, das Thema des Herrn Staatsanwalts war das, was mich in diesen Polizeigewahrsam gebracht hatte: diese Geschichte, wie ich mit ein paar guten Freunden, Stangl war dabei, Scheib und Manni Strehlau auch, in durchaus provokatorischer Absicht lustig verkleidet, ich mit Frack und Zylinder, über das Volksfest auf der Karl-Marx-Allee gezogen war – um, wie man mir bei der Volkspolizei im nächtlichen Verhör vorwarf, die DDR zu Grabe zu tragen. Auf den Gedanken mußte man erst mal kommen. Und es ist interessant, daß diese Polizisten auf einen solchen Gedanken kamen, der mir, der ich doch die DDR fälschlich für eine auf Ewigkeit angelegte Angelegenheit hielt, nie gekommen wäre. Ich war gerne bereit, auch vor Gericht zu diesem Vorfall Stellung zu nehmen, dessen Geringfügigkeit mir im Vergleich zu dem, was ich dann bei der Polizei erlebt hatte, als Argument doch gerade recht kam – als Argument dafür, daß es sehr wohl Gründe dafür geben könnte, Gründe, die in der eigenen Erfahrung liegen, der DDR und ihrer angeblich sozialistischen Ordnung kritisch gegenüberzustehen, und insofern gehörte auch für mich diese Geschichte mit zur Vorgeschichte meiner Straftat. Und ich hatte da etwas zu erzählen, ein paar Dinge, von denen ich wußte, daß sie Eindruck machen, daß sie nicht einfach vom Tisch zu wischen sein würden, auch von einem Richtertisch nicht, und also erzählte ich, erzählte ich ausführlich, und es verwandelte sich der Angeklagte Havemann wenigstens in diesem einen Moment in einen Ankläger, und das nun konnte der Herr Ankläger, der dazu bestellte Genosse Staatsanwalt, natürlich nicht auf seinem Staate sitzen lassen, und also erhob er sich von seinem Platze, nachdem ich seiner Meinung nach lange genug geredet und anklagende Reden gehalten hatte, um mir noch eine Frage zu stellen, und diese Frage sollte eine lustige Frage sein, und es sollte dies eine lustige Frage sein, weil ich die ganze Verhandlung bis dahin nicht recht ernst genommen zu haben schien, weil ich immer versucht hatte, ein bißchen ironisch zu antworten, weil ich Witzchen gemacht hatte, dumme, kleine Witzchen – ganz harmlos und nichts, was mir als Mißachtung des Hohen Gerichts hätte ausgelegt werden können. Die Frage des Staatsanwaltes lautete, was denn nun wohl meiner Meinung nach der Unterschied zwischen Himmelfahrt sei und dem 7. Oktober, dem Tag der Republik, und was der Herr Staatsanwalt meinte, worin denn dieser Unterschied bestehe, das war mir natürlich klar und auch, daß er meinte, am Himmelfahrtstag könne man vielleicht mit Frack und Zylinder verkleidet herumziehen, nicht aber am Feiertag der Gründung unserer wunderbar ernsten DDR – mir war klar, worauf er hinauswollte, und allen anderen im Gerichtssaal dürfte ebenso klar gewesen sein, worauf er, der eifrige Verteidiger seines Staates hinauswollte, und also war für mich klar, daß er von einem Havemann nicht die Antwort bekommen durfte, die er erwartete. Aber nur das war klar, mein Kopf aber vollkommen leer, keine andere Antwort parat – nur die, die der Vertreter der Staatsmacht hören wollte, aber von mir doch nicht zu hören bekommen sollte. Ein Loch, ein Moment geistiger Leere. Gleichzeitig höchster Anspannung. Ich zögerte mit meiner Antwort, solange es nur ging, es war mucksmäuschenstill im Saal, und ich begann mit meiner Antwort, ohne zu wissen, was ich sagen würde, würde sagen können. »Der Unterschied«, sagte ich, »der Unterschied zwischen dem 7. Oktober und Himmelfahrt«, sagte ich, um noch etwas Zeit zu gewinnen, »besteht darin, daß Himmelfahrt kein staatlicher Feiertag mehr ist.« Großes Gelächter im Zuschauerraum, auf der Richterbank beugte man sich tief in die Akten, die Beisitzerin hielt sich ein Papier vors Gesicht. Der Herr Staatsanwalt setzte sich so schnell wieder hin, wie er aufgestanden war. Ich hatte also die richtige Antwort gefunden, die richtige, weil so nicht erwartete – aber versteht das denn überhaupt noch einer, was daran nun lustig gewesen sein soll?

Kein staatlicher Feiertag *mehr* – sie hatten ihn vor kurzem erst abgeschafft, als staatlichen Feiertag abgeschafft, den Himmelfahrtstag, und dies war, wie jeder im Saale wußte, auf großen Unmut in der Bevölkerung gestoßen, besonders bei der männlichen natürlich, die sich um ihre traditionelle Sauftour im Kremserwagen am Vatertag gebracht sah. Dafür hatten sie staatlicherseits in der DDR ein untrügliches Gespür, wie sie sich bei den Leuten unbeliebt machen konnten – na, denn also Prost! Trinken wir auf das sozialistische Heldenleben! Wie einfach das doch damals war, die Herrschaften mal so richtig zu ärgern, sie lächerlich zu machen. Mit einer dummdreisten Antwort auf eine dumme Frage. Zum Glück ist mir da was passend Unpassendes eingefallen – eine Sache der Ehre bei diesem Thema, das mich so aufregte. Dabei hätte er das wissen können, der Herr Staatsanwalt, bei etwas besserer Zusammenarbeit, einem Mehr an

Informationsaustausch zwischen den Behörden hätte er es von der Stasi wissen können, daß diese Nacht im Polizeipräsidium ein Thema war, das bei mir mit stärksten Emotionen verbunden, das geeignet war, bei mir eine Explosion auszulösen – an dieser Stelle ihrer Untersuchungen über meine Vergangenheit und Vorgeschichte als Täter hatten sie bei der Stasi den Vernehmer zu wechseln beschlossen, so sehr war ich doch mit diesem bulligen, untersetzten Schlägertypen aneinandergeraten, den sie mir nach einer Woche mit ihrem Intellektuellen dort vorgesetzt hatten und der so dumm war, mir gegenüber seine Kumpels von der Volkspolizei in Schutz zu nehmen, der mir dann sogar selber Schläge angedroht, sich vor mir schon aufgebaut hatte, so sehr war auch er von mir provoziert worden.

Ich spiele den Dummen. Wie klug. Aber das ist natürlich schon eine Interpretation. Eine zu meinen Gunsten. Natürlich. Nicht anders zu erwarten. Habe ich vielleicht doch ein bißchen ein Gefühl für Blamage? Denn vielleicht war ich ja der Dumme, als der ich auf diesem Tonbandmitschnitt zu hören bin, dem vom Prozeß. Ein bloß 16jähriger Jugendlicher, der nicht formulieren kann, der nur halbe Sätze zusammenbekommt, Sätze, die sich im Ungefähren verlieren. Unartikuliert auch von der Aussprache her. Rhetorik gleich Null. Keine einzige spritzige, witzige Bemerkung, nicht eine wirklich gelungene Replik – doch halt, mach dich nicht schlechter, als du damals warst. Diese Erwiderung auf die Frage des Herrn Staatsanwalts, was denn der Unterschied sei zwischen Himmelfahrt und dem 7. Oktober, dem Staatsfeiertag der DDR also, die war schon gut, und ich hatte sie auch exakt in Erinnerung, da ist nichts dran in jahrelanger anschließender Erinnerungsarbeit verbessert. Aber merkwürdig, das nun in diesem Mitschnitt zu hören, sozusagen verobjektiviert, nicht aus dem eigenen Erleben heraus erinnert: das geht Zack, Zack, und schon ist's vorbei, der Staatsanwalt stellt seine Frage, und im nächsten Moment schon, direkt anschließend scheint's, gebe ich meine Antwort, und dann kommt das Lachen des Publikums, der dort in den Gerichtssaal abgeordneten Stasi-Leute. Und vom ZK hatten sie auch welche abkommandiert, den Zuschauersaal zu füllen, wie ich einer Notiz in der Akte entnehmen kann – alle Achtung. Dieser Abgrund aber, der sich da für mich auftat, dieses Gefühl von mir, jetzt bist du gefordert, nun darfst du nicht versagen – nichts davon zu spüren. Natürlich nicht. Diese kleine Ewigkeit der totalen inneren Leere, sie dauert, auf dem Tonband, noch nicht mal zwei, drei Sekunden. Wenn's hochkommt. Was dann doch gegen das Theater sprechen würde. Für den Roman. Für den Roman als die literarische Form mit der größten möglichen Komplexität, inklusive des inneren Erlebens, der Subjektivität. Und wir erleben ja alles subjektiv, selbst das Geschehen, das wir beobachten.

Erst höre ich nur diesen Dummen, der sich nicht artikulieren, nicht klar formulieren kann, das Gefühl der Blamage stellt sich ein, da keine sonderlich gute Figur abgegeben zu haben vor Gericht, dann aber, ich absorbiere das, ich will das wegwischen, den peinlichen Eindruck eines Mißerfolgs, vielleicht, wer weiß, kehrt die Erinnerung zurück, die an das eigene Erleben damals vor den Schranken des Gerichts, bei meiner Aussage dort. Vom Objektiven, als Tonspur Verobjektivierten und da Blamablen zum inneren Erleben der Situation. Diese Fragen, wie sie auf mich zukommen, die Fragen der beiden sich beim Fragen abwechselnden Staatsanwälte, die Fragen von Frau Klabuhn, der Richterin, die so deutlich formuliert, mit einer so klaren und schneidenden, so unglaublich frisch und jung wirkenden Stimme, an die ich mich aber so nicht erinnere, die ich als schon alte, häßliche Frau in Erinnerung habe – Fragen, die immer eigentlich vollkommen an der Sache vorbeigehen. An ihrer Sache nicht, nicht an der, die sie verfolgen, herausbringen wollen, vorbei aber an mir, an meinem Leben, meiner DDR-Erfahrung, und da stehe ich nun und muß auf diese so falschen Fragen antworten. Ich muß, ich bin der Angeklagte. Ich müßte eigentlich nicht, denn das Urteil, es stand doch sicher schon vorher fest. Ist mir zwar klar, aber ich spiele mit, ich verhalte mich wie ein ordentlicher Angeklagter. Ich antworte, wenn ich gefragt werde, und ärgere mich heute darüber. Die Fragen sind falsch, sie gehen an mir vorbei, sie drängen mich in eine Richtung, die so für mich gar nicht stimmt, die Fragen sind eine Zumutung – wie auf diese idiotischen Fragen antworten, wie auf sie reagieren?

Der Prozeß war doch eine Farce, das wußte ich doch. Wenigstens das war mir vollkommen klar. Ihr Sozialismus garantiert auch nicht meiner. Mein sozialistischer Staat würde doch das elementare Recht auf freie Meinungsäußerung zulassen, niemanden, der eine Fahne zum Fenster heraushängt, ein paar Flugblätter schreibt, wegen staatsfeindlicher Hetze anklagen. Mein sozialistischer Staat wäre aber auch keiner gewesen, der in einen anderen sozialistischen Staat mit seiner Armee einmarschiert – was also war von diesen Vertretern einer solchen Staatsmacht zu erwarten? Nichts. Daß sie diese Staatsmacht vertreten. Mich zu einer Gefängnisstrafe verurteilen werden. Alles klar. Warum dann aber war ich nicht renitent? Warum rechtfertige ich mich? Warum greife ich nicht an? Verwandele ich mich nicht in einen Ankläger dieses Staates? Halte keine staatsfeindlichen Hetzreden?

Das einzige, was mir dann einfällt, wie ich auf die Idiotie ihrer Fragen reagieren kann, das ist, den Dummen, den Idioten zu spielen. Den, der nicht versteht, worauf sie hinauswollen. Den, der nur ausweichend antwortet. Der zurückfragt, der ihre Fragen richtig zu stellen versucht, mit ihnen über ihre Fragen diskutiert. Der deshalb auf dem Tonbandmitschnitt ein bißchen behämmert wirkt, ein bißchen schwer von Kapee. Wenigstens auf diese Taktik komme ich dann, auf eine Taktik, die das fortsetzt und in Taktik verwandelt, was mir bei ihren ersten Fragen passiert ist: daß ich nicht wußte, wie antworten. Ich lasse sie ins Leere laufen. Sie formulieren lang und breit und ihre eigentlich für jeden anständigen DDR-Bürger verständlichen und also idiotischen Fragen und bekommen von mir nur ein ausweichendes Gewäsch zur Antwort. Einen Satz ohne richtiges Ende. Nicht eine Erklärung, die von A nach B führt, einen Gedanken entwickelt. Aber auch nichts, durch das ich mich wirklich verteidigen würde. Geschweige denn in einen Ankläger verwandeln. Ich weiche nur aus, ich spiele den Dummen, den Einfaltspinsel – ja, den Pinsel, ich mache auf Künstler. Der Dumme verwandelt sich, je weiter sich das Verhör dahinschleppt, immer mehr in einen Künstler. In einen jungen unbedarften Künstler, der nur vom Gefühl ausgeht, alles das, was er sehr bewußt und gezielt doch getan hat, als spontan hinstellt. Ohne groß zu überlegen, gehandelt haben will. Dessen Opposition daher rührt, daß ihm dies oder das und jenes auch noch nicht so gefällt. Ich sehe das zwar ein, daß der Sozialismus bewaffnet sein muß und eine Volksarmee braucht, aber das mit den Waffen, das gefällt mir nicht so, und Kriegspielen, das mag ich auch nicht. Jedenfalls solange nicht, wie's kein Muß ist, sondern als freiwillig hingestellt wird. Nur nicht festlegen. Ich bin ja Künstler. Und einen Künstler fragen sie dann, was er denn gegen die Kulturpolitik einzuwenden hätte der DDR – sie fragen den jungen, den angehenden Künstler nicht, ob er gegen diese Kulturpolitik etwas einzuwenden hätte, davon gehen sie doch aus, und auch das ist eigentlich nett und kommt mir jedenfalls zupaß, eine Erklärung weniger, muß ich nicht erst klar eine Antiposition beziehen. Ich antworte, daß ich dies nicht akzeptieren könne, daß so ein schlechter Maler wie Walter Womacka bei uns in der DDR so groß herausgestellt würde. Und mehr sage ich eigentlich nicht, mehr hätte ich wahrscheinlich gar nicht zu sagen gewußt. Jedenfalls nicht in dieser Situation vor den Schranken eines Gerichts, mit dem doch wohl nicht über Kunst zu diskutieren ist. Wozu ich als Künstler ja dann auch noch inspiriert sein müßte. Aber ich muß auch mehr nicht sagen, denn nun erhebt sich der Herr Staatsanwalt, empört darüber, was sich dieser junge Schnösel denn da einbildet, den hochgeachteten Walter Womacka zu kritisieren – was aber schon viel zu hoch gegriffen ist, denn eine Kritik war das ja nicht, nur eine genuschelte Mißfallensäußerung darüber, daß dieser Maler als so großartig angesehen wird. Immer mehr Menschen, auch aus dem westlichen Ausland, erklärt der Herr Staatsanwalt, ob er's mir erklärt, dem dummen jungen Künstler, oder das einfach nur nicht auf seinem Kulturstaat DDR sitzenlassen will, ich entscheide das jetzt nicht, immer mehr Menschen kämen wegen der Kunst in die DDR, und das nicht nur wegen den in unserem Lande angesammelten und gepflegten Kunstschätzen vergangener Zeiten, auch, und das solle ich mir gesagt sein lassen, wegen der Kunst, die in unserem Lande geschaffen wird, von Walter Womacka zum Beispiel, es wäre ja wohl eine ungeheure Anmaßung von mir, sich gegen einen so verdienten Künstler des Volkes zu wenden – nein, das mit dem *Volk*, das läßt er doch weg, das habe ich jetzt nur im Eifer des nachträglichen Gefechtes mit dazugedichtet. Er hat natürlich vollkommen recht, daß das eine Anmaßung ist von mir, aber so sind junge Künstler nun mal, so hätte ich ihm sagen können, und auch, daß dieser Walter Womacka doch von mir aus malen könne, was und wie schlecht er wolle, ich hätte doch nur was dagegen, ihn als nachzueiferndes Vorbild hingestellt zu bekommen. Aber das sage ich nicht, diese sehr viel bessere Replik fällt mir nicht ein, ich murmele nur, und fast ist es auf dem Tonband gar nicht zu hören, nach des Herrn Staatsanwalts langer und ausführlicher Suada, daß mir die Bilder von Walter Womacka halt nicht so gefallen würden. Gefallen, beziehungsweise nicht gefallen. Nicht so gefallen. Und dann ein Loch, mehr kommt nicht, und damit ist dann das Thema Kulturpolitik abgehakt, und die ganze ja sehr wohl zu begründende Opposition gegen die fatale DDR-Kulturpolitik auf ein bloßes Nicht-Gefallen eines Staatskünstlers reduziert. Verwunderlich nur, daß sie immer wieder, auch während des Prozesses, von meiner überragenden Intelligenz sprechen. Daß nicht einer sagt, mit dieser Intelligenz, die man bei mir angenommen habe, sei es so weit ja nun wohl doch nicht her. Das kommt nicht.

Sie kommen mir nur auf die Schliche, und irgendwann, nachdem ich wieder einmal eine Frage des Herrn Staatsanwalts korrigieren zu können, korrigieren zu müssen glaubte, herrscht mich Frau Klabuhn, die Eiskalte, an, die Fragen würden sie hier stellen, und ich hätte sie so zu beantworten, wie sie mir gestellt werden – und was erwidere ich darauf? Eigentlich nichts. Nicht, daß ich diesen Moment nutzen würde, ihnen mal Bescheid zu sagen, wie idiotisch ihre Fragen wären, wie weit sie an der DDR-Realität vorbeigehen würden. Wieder nur so ein ausweichendes Gemurmel, daß man das doch so gar nicht beantworten könne – was sie mir durchgehen läßt, die Frau Oberrichterin Klabuhn, und auf die mir gestellte Frage antworten, das muß ich dann auch nicht mehr. Also doch kein Mißerfolg? Aber für Mißerfolge habe ich ja schließlich auch kein Gespür. Ist mir psychologischerseits attestiert worden. Kann ich nichts für. Der doch mehr heldenhafte Auftritt, den ich auf diesem Tonband zu hören gewünscht hätte, er war dann wenigstens das doch: der eines Dummen, eines bloßen Künstlers, eines dann doch, geschickt würde ich aber nicht sagen, die Zumutung einer idiotischen Gerichtsverhandlung unterlaufenden. Wenigstens bin ich ihnen nicht wie mein Bruder in die ideologische Falle gelaufen. Aber wirklich Taktik würde ich das nicht nennen, auch wenn ich's mir natürlich gern so zurechtbiegen täte, das war ja bloß improvisiert, und für eine Taktik braucht's ja erst mal eine Strategie. Daß man sich etwas vornimmt, das man erreichen will. Nicht, daß ich wüßte und dies dann auch im nachhinein behaupten könnte, ich hätte mir da vor dem Prozeß etwas zurechtgelegt, irgend etwas vorgenommen. Nichts hatte ich vorbereitet. Nichts. Mir noch nicht mal für das letzte Wort, das einem Angeklagten auch vor einem DDR-Gericht zugestanden wurde, eine Rede vorbereitet. Was ich da dann sagte, es war geradezu lächerlich: daß ich mir für die Zukunft vornehmen wolle, nicht mehr so spontan, sondern überlegter zu handeln. Vollkommen absurd. Und das sage ich, der ich mir wohl als einziger von meinen Mitangeklagten das schon vorher vorgenommen hatte, bei dem zu erwartenden Einmarsch in die Tschechoslowakei etwas zu unternehmen. In der Gewißheit, daß sie dann zu- und zurückschlagen würden. Es müßten.

Von wegen Unrechtsstaat DDR: wenn ich meinen Prozeß nehme, den von meinem Bruder und mir und unserem Mitangeklagten Uzkoreit damals 68 vor dem Stadtgericht Berlin, Ost-Berlin, wenn ich mir den Tonbandmitschnitt von der Hauptverhandlung anhöre – was war das? Ein rechtsstaatliches Verfahren? Gar nicht so leicht zu beantworten, auch für den juristischen Laien nicht, der nun seit sieben Jahren schon Verfassungsrichter im Lande Brandenburg ist. Also erst mal hört sich das so willkürlich gar nicht an: es gibt kein Freislersches Gebrüll, die Angeklagten können ausreden, und auch ihre Ausflüchte werden ihnen nicht groß vorgehalten, werden hingenommen, und überhaupt gibt es Momente, wo die Vorsitzende Richterin Frau Klabuhn sich einiges bieten läßt. Da werden Ansichten geäußert, die so nie in einer DDR-Zeitung standen und stehen durften, Ansichten, die schon allein einen politisch in der DDR in Schwierigkeiten gebracht hätten, die Frau Oberrichterin Klabuhn spricht sie zum Teil sogar selber aus, und das, ohne sich davon sofort zu distanzieren. Sie ist nicht nett, nein, und sie stößt auch manchmal in einem unangenehmen Ton nach und führt sich immer wieder als die Vertreterin der Staatsmacht auf, die über alles Bescheid weiß. Aber die drei Angeklagten kommen ungehindert zu Wort und werden auch in ihrem Schlußwort nicht abgeschnitten, können sich da nach ihrem Gusto äußern. Wir nutzen nur diese Gelegenheit nicht. Und auch die Plädoyers der Verteidiger werden nicht unterbrochen, auch das unendlich ausführliche und ideologisch und politisch argumentierende von Götz Berger nicht. Es ist für meinen Anwalt Hans-Gerhard Cheim möglich, sehr genau zwischen den objektiven Tatbeständen und den Intentionen des Angeklagten bei seinen Taten zu unterscheiden, er kann da andere Paragraphen mit heranziehen, kann juristische Abwägungen vornehmen, die Schwere der Schuld, die Erheblichkeit des Strafbestandes erwägen, sogar die Strafwürdigkeit eines gegen mich erhobenen Vorwurfs rundweg ablehnen, und das Gericht folgt ihm dann auch noch darin – was will man mehr? Alles das, was so in einem normalen rechtsstaatlichen Verfahren geschieht, geschieht hier auch, ist auch unter den Umständen des sogenannten Unrechtsstaates DDR möglich – bleibt die Frage nach dem, was dort an Taten angeklagt wird, bleibt der Paragraph, nach dem wir verurteilt werden, der der staatsfeindlichen Hetze, der jedwede freie Meinungsäußerung unmöglich macht, unter Strafe stellt. Wegen der tschechoslowakischen Fahne nicht, es sind dann nur die 15 Flugblätter, wegen denen ich verurteilt werde. Aber auch der Paragraph 106 der staatsfeindlichen Hetze steht im Gesetzbuch der DDR, und er ist so klar und auch so weit gefaßt, daß man wissen kann, was einen erwartet, wenn man ihm zuwiderhandelt, und was durch ihn unter Strafe gestellt wird – auch darin, in dem Verfahren selbst jedenfalls, keine offensichtliche Willkür. Wir werden nach Recht und Gesetz verurteilt, und es stellt sich also, genaugenommen, nur die Frage nach dem Recht, dem Gesetz, und ob dies als Unrecht gelten muß. Auch in einem Rechtsstaat ist nicht jede Meinungsäußerung erlaubt, darf man nicht ungestraft neonazistisches Gedankengut verbreiten oder zum Beispiel den Holocaust leugnen und damit also gegen Dinge verstoßen, die zur Staatsraison gehören. Wo ist also der Unterschied? Wo beginnt der Unrechtsstaat? Wo genau hört die Rechtsstaatlichkeit auf?

Der Staatsanwaltschaft gefiel das gar nicht, das Urteil gegen mich, dieser Freispruch in der Sache mit der tschechoslowakischen Fahne – der dann zwar an der Höhe meiner Strafe nichts änderte, die ja keine Strafe war, sondern als eine erzieherische Maßnahme gelten sollte. Einweisung in ein Jugendhaus, etwas anderes gab es ja in meinem Falle nicht, nur das. Ich mußte lachen bei der Urteilsverkündigung, als mir da dieser Freispruch verkündet wurde, der wegen der tschechoslowakischen Fahne, wegen meinem eigentlichen Ding also, und dann kam gleich anschließend die Verurteilung wegen den paar Flugblättern, die ich doch blöd fand, die zu schreiben, abzutippen ich doch nur geholfen hatte. Verurteilt also wegen einem Freundschaftsdienst, und das gefällt mir noch immer.

Ich hätte mich unmöglich bei der Urteilsverkündigung benommen, so meine Mutter nach meiner Freilassung. Mein Grinsen wäre ein Skandal gewesen, sie hätte sich so für mich geschämt, und vielleicht hat dieses mein Grinsen ja auch die Herrn Staatsanwälte so sehr empört, daß sie daran dachten, sich dazu gedrängt fühlten, in Revision gehen zu wollen. An anderen Gerichten der DDR, so erzählte es mir mein Anwalt, der Herr Cheim, wären andere Leute wegen der gleichen Sache, wegen dem Heraushängen der tschechoslowakischen Fahne, verurteilt worden, er aber, Cheim, hatte das vor dem Stadtgericht Berlin glattweg abgelehnt, daß das Heraushängen einer tschechoslowakischen Fahne, der eines befreundeten Landes, eines Landes, das wie die DDR zum Warschauer Pakt gehörte, überhaupt eine Straftat sein könne. Die tschechoslowakische Fahne hänge doch schließlich vor der Botschaft dieses Landes in Berlin, und käme jetzt ein hoher Repräsentant des tschechoslowakischen Staates zu Besuch in die DDR, die tschechoslowakische Fahne hinge überall aus, würde schon am Flugplatz feierlich gehißt. Der Unterschied in den Motiven dabei könne hier nicht durchschlagen, so Cheim, und das Gericht war ihm darin gefolgt. Aber auch die Stasi hatte das doch in ihrer die Untersuchungen gegen mich abschließenden Expertise so gesehen – was auf alle Fälle wohl doch bedeutete, daß unsere Vorstellung von diesem Staate DDR als einem völlig monolithischen Block so nicht stimmte. Und vielleicht auch das nicht ganz, was ich so sicher angenommen hatte: daß das Urteil in unserem Prozeß schon vorher feststand. Sie hätten dann aber doch, Cheim berichtete es mir lachend, davon wieder Abstand genommen, die verärgerten Genossen von der Generalstaatsanwaltschaft der DDR, wegen meinem Freispruch in Sachen Fahne in die Revision zu gehen, sie haben davon Abstand genommen, so Cheim, als ihnen klar wurde, daß ich dann als 16jähriger Knabe vor dem Obersten Gericht der DDR gestanden hätte. Wegen einer tschechoslowakischen Fahne. Schade.

Ein heimlicher Mitschnitt

Dann bin ich endlich mit dem Prozeß durch, habe ich diese zehn Stunden in den Ausschnitten durchgehört, die mich interessieren. Müde und erschöpft, greife ich dann aber doch noch zu den beiden Kassetten, die mir die Sachbearbeiterin, meine Frau Kraußе, dort auch noch aus dem Archiv mitgebracht hat. Mein Vater wäre darauf zu hören, so sagt mir diese Frau, die heimliche Tonbandaufnahme der Vernehmung meines Vaters zu unserem Fall, zu dem seiner beiden Söhne. Das Protokoll dieser Vernehmung, das habe ich in den Akten gefunden, das habe ich schon am Vortage gelesen, und natürlich ist das etwas, das mich interessiert, interessieren muß, was aus so einem Verhör wird, wenn es sich in ein Protokoll verwandelt, und interessieren muß mich dies schon wegen meiner eigenen vielen Vernehmungen, von dem ich nur noch diese Protokolle habe und meine doch sehr vagen Erinnerungen daran. Und dann ist da die Stimme meines Vaters, und natürlich will ich sie wiederhören, und ich will auch hören, wie er sich in dieser Situation einer Vernehmung, eines Verhöres verhält, was er da für eine Figur abgibt, er, der soviel ältere und auch erfahrenere Mann, für den das nicht die erste Vernehmung, das erste Verhör in seinem Leben war. Also ist das klar, daß ich mir auch diese Kassette noch anhören muß, trotz meiner Müdigkeit, meiner Erschöpfung, und also stülpe ich mir noch einmal die Kopfhörer über und schiebe die Kassette in das Gerät, und es ist dann wirklich faszinierend, was es da zu hören gibt – faszinierend, weil da so wenig passiert, weil es zwischen den kurzen Wortwechseln ewig lange Pausen gibt. Der Stasi-Vernehmer sagt etwas, stellt eine Frage an meinen Vater, der antwortet sofort, spricht auch oft schon los, bevor der Stasi-Mann zu Ende ist, beantwortet eilfertig dessen Frage, unterbricht ihn in seinen Bemerkungen, und dann folgt eine minutenlange Stille – offensichtlich notiert sich der Vertreter der Staatsmacht, was ihm mein Vater gesagt hat, in diesen langen Pausen, und das ist etwas, das ich von meinen Vernehmungen ganz vergessen hatte: wie zähflüssig das alles ablief, daß da eigentlich gar kein

Gespräch ablief, sondern zwei Leute damit beschäftigt waren, ein Protokoll zu erstellen, das danach dann noch einmal mühselig aufgeschrieben und im Stasi-Deutsch formuliert werden mußte. Eigentlich völlig idiotisch, wo doch ein direktes Gespräch viel mehr ergeben würde, wegen der dann entstehenden Spontaneität zwischen zwei Menschen, die sicher auch den Befragten dazu bringen würde, viel mehr von sich preiszugeben an Informationen. Als würde hier nur etwas abgearbeitet, den Eindruck macht es, als würden die vom Vernehmer gestellten Fragen alle schon vorher feststehen, und wenn das Verhörtechnik ist, dann doch wohl eine sehr wenig effiziente. Und noch einmal mehr idiotisch wird es durch den Mitschnitt, den heimlichen: das, was davon für ein Protokoll verwertbar und auch von dem Befragten dann zu unterschreiben ist, das ließe sich doch nicht nur ebensogut, sondern sehr viel besser einem solchen Mitschnitt entnehmen. Und warum muß ein solches Protokoll gleich auch anschließend an die Vernehmung fertiggestellt werden? Das könnte man doch genausogut mit der Verzögerung von ein paar Tagen einem Befragten vorlegen, und man müßte dabei noch nicht einmal offenbaren, die Vernehmung ohne das Wissen des Befragten mitgeschnitten zu haben, ein paar Notizen kann sich doch der Vernehmer bei der Vernehmung machen, die dann als der Ausgangspunkt für das nachgereichte Protokoll gelten – nicht, daß ich anderen Polizisten und Geheimdiensten hier einen Hinweis geben wollte, wie eine Vernehmung, ein Verhör effizienter zu führen sei unter Verwendung moderner technischer Mittel, aber mich beschäftigt das schon, die Gründe, warum dies zumindest damals von der Stasi so idiotisch eigentlich gehandhabt wurde. War das einfach nur Gewohnheitssache? Weil man das schließlich schon immer so gemacht hat, weil so Polizeiarbeit auszusehen hat – vielleicht, und das ist ja etwas, das man immer wieder auch auf den unterschiedlichsten Gebieten findet, daß Konventionen eingehalten werden, die schon längst durch neue technische Entwicklungen überholt sind.

Worum geht es bei dieser Befragung meines Vaters, bei seiner Zeugenvernehmung? Nein, nicht allgemein um uns, seine Söhne, und was uns zu dieser Straftat der staatsfeindlichen Hetze verleitet haben könnte. Um das nur am Rande. Sie haben einen konkreten Anlaß, Robert Havemann zu befragen, zur Vernehmung zu bestellen, sie haben nämlich bei ihm eine Hausdurchsuchung gemacht. Auch bei ihm, aber nicht, um da mal die Gelegenheit zu nutzen, bei ihrem Staatsfeind Nummer 1 zu schnüffeln und vielleicht etwas gegen ihn Verwendbares zu finden. Nein, sie suchen etwas, sie suchen einen Koffer. Ein kleines Köfferchen. Das Köfferchen, mit dem mein Bruder immer durch die Gegend lief, wo er seine Sachen drin verstaut hatte, seine jeweils aktuelle Literatur, sein Schreibzeug, die Flöte, die Blockflöte, auf der er immer wieder mal zu spielen beliebte. ■

■■

■■■ Sie suchen dieses Köfferchen, sie suchen nach ihm, weil sie in diesem Köfferchen Beweismaterial zu finden hoffen. Die Flugblätter, an denen ich so dumm und freundschaftlich mitgeschrieben hatte. Ich weiß nicht, wer ihnen das gesagt hatte, war's Uzkoreit, war's mein Bruder selber, daß diese Flugblätter, die nicht verteilten, ihren Platz in seinem Köfferchen gefunden hätten. Daß er sein Köfferchen dann unserer Schwester übergeben hätte, bevor er loszog, um mit Uzkoreit *Dubček* an ein paar Häuserwände zu pinseln, das kann ihnen sicher wohl nur mein Bruder erzählt haben. Und unsere Schwester, sie hatte das Köfferchen nicht mehr, sie hatte es nach Grünheide Alt-Buchhorst gebracht, zu unserem Vater, dem Oberhaupt der DDR-Opposition, dem einstmaligen Widerstandskämpfer gegen die Nazis, der immer so wunderbar von der Illegalität zu erzählen wußte und wie man sich da verhalte – aber woher wußten sie das, daß dieses Köfferchen voller Beweismittel bei unserem Vater gelandet war? Wußten sie's von unserer Schwester, die sie natürlich auch mal zum Verhör geholt haben? Egal. Tun wir der Stasi die Ehre nicht an, dem nachzuforschen.

Sie wußten, wo sie das Köfferchen finden konnten, bei unserem Vater, im Häuschen ihres Staatsfeindes Nummer 1, und also machten sie bei ihm eine Hausdurchsuchung. Und fanden das Köfferchen. Bei Robert Havemann im Kleiderschrank versteckt. Sie mußten die Tür zu diesem Kleiderschrank nur öffnen, da sahen sie das Köfferchen schon. Sie nahmen das Köfferchen heraus, öffneten es und fanden den Stapel nichtverteilter Flugblätter, wegen denen ich und auch Uzkoreit in der Untersuchungshaft waren. Damit hatten sie das Beweismittel und waren nicht nur auf unsere Aussage angewiesen, auf die freimütig alles zugebende von Uzkoreit erst. Dann später aber auch von mir zugegeben. Und sie fanden noch mehr darin: einen kleinen, mit poppigen Farben umrandeten Zettel, auf dem, mit Schreibmaschine geschrieben, ein Zitat von Brecht stand, aus dem *Me-Ti*, wo Brecht sich despektierlich über die Polizei äußert und den Staat, der Menschen zu Polizisten macht. Sie kannten diesen Zettel, sie hatten ihn schon mal vor ein paar Monaten, an mehreren Orten Berlins verteilt, auf Plakaten gefunden zum Tag der Volkspolizei, ganz ordentlich dort aufgeklebt, als gehörte auch dies mit zum Plakat dazu. Auf den zweiten Blick erst nur erkennbar. Damit hatten sie auch für diese staatsfeindliche Aktion den Täter gefunden, meinen Bruder.

Und eine größere Blamage konnte es doch nicht geben als die, daß sie auch dieses Beweisstück noch fanden. In dem Köfferchen meines Bruders und das Köfferchen meines Bruders im Schrank unseres Vaters. Im Kleiderschrank von Robert Havemann. Des einstigen Widerstandskämpfers. Der wohl nicht eine Sekunde daran gedacht hatte, daß man Beweisstücke doch wohl besser vernichtet. Und also hatten sie einen wunderbaren Grund, ihren Staatsfeind Nummer 1 zum Verhör zu laden. Und Robert Havemann dann verweigert erst einmal die Aussage, erklärt, von seinem Recht der Aussageverweigerung Gebrauch machen zu wollen. Was den Stasi-Mann nicht hindert, Robert Havemann doch noch nach diesem Köfferchen zu befragen, was Robert

Havemann dann auch nicht hindert, zu diesem Köfferchen auszusagen. Und er ist ganz rührig, ganz eilfertig dabei, gibt da hintereinander ein paar Erklärungen ab, und die zweite, die dritte seiner Erklärungen, die schiebt er nach, ohne noch einmal von diesem Stasi-Mann gefragt zu sein. Ahnend wohl, daß das nicht so sehr glaubwürdig klingen mag, was er da sagt. Und er lügt ja auch, jeder kann es auf dieser Kassette hören, auf diesem heimlich angefertigten Mitschnitt des Verhörs. Das ist die Stimme eines Mannes, der lügt. Und am Ende sogar empört behauptet, es würde ihm doch niemals in den Sinn kommen, nachzuschauen, was es da wohl in dem Köfferchen seines immerhin erwachsenen und volljährigen Sohnes geben könnte.

Gespür für die Blamagen anderer habe ich also – was wiederum blamabel ist. Für mich. Und hatte ich das so genannt, daß mein Vater *eilfertig* auf die Fragen dieses Vernehmers antwortet? Ja, das hatte ich, zweimal sogar dieses gemeine Wort verwendend, und natürlich wird man mir dies wieder so auslegen, als könne ich von meiner Leidenschaft nicht lassen, am Nimbus meines Vaters, des großen Dissidenten, zu kratzen. Und dabei habe ich, dies hörend, darunter gelitten, wie unsouverän sich auch mein Vater in dieser Verhörsituation verhält, selbst dann, wenn er diesen subalternen Stasi-Beamten belehrt und ihn zum Beispiel daran erinnert, daß er es schließlich im Widerstandskampf gegen die Nazis gelernt habe, sich Dinge gut merken zu können, und dies hört sich dann so an, als wolle er diesem Würstchen klarmachen, wen er da vor sich zu sitzen hat. Aber das weiß der doch, so möchte ich meinem Vater zurufen, das ist doch gar nicht nötig, den daran zu erinnern, der vor dieser Vernehmung dein Dossier gelesen haben wird. Und: das hast du doch gar nicht nötig, das solltest du doch gar nicht nötig haben – der sich aufdrängende Gedanke, wieviel unsouveräner noch ich mich bei diesen Vernehmungen, Verhören verhalten haben werde, er ist bedrückend, er ist peinlich, er ist ärgerlich. Aber mein Vater, er kann mich nicht hören, ich ereiche ihn nicht, nicht mehr, er ist tot, so tot. Zum Glück aber auch gibt es die DDR mitsamt ihrer Stasi nicht mehr, und dies wird beim Hören dieser Kassetten dann immer mehr zum Erlebnis: wie lange das her ist und wie es doch gegenwärtig ist, die Gegenwart durchdringt, wie sich da die Dinge so eigenartig durchdringen. Diese langen Pausen, wo dann nur Straßengeräusche zu hören sind, die vorbeifahrende Straßenbahn, das Hüsteln meines Vaters, während der Vertreter einer untergegangenen Staatsmacht schreibt, und auch ich sitze nun mit einer Vertreterin der Staatsmacht, einer zwar anderen Staatsmacht in einem Büro – aber eben immer noch in einem Büro, und das Fenster ist offen, und die Straßengeräusche dringen zu uns in den zehnten Stock herauf, wir schweigen, die gute Frau geht ihrer Bürotätigkeit nach, und nichts anderes ist auf dem Tonband zu hören, nur sind's da die Geräusche von vor 38 Jahren.

Anlage 7 44

(10)

ENDE

Kopie BStU

Schluß

»Haben Sie sich da nicht vielleicht in der Seitenzahl geirrt?« fragte mich die nette deutsche Beamtin, die wohl ihr ganzes Berufsleben mit alten Stasi-Akten verbringen wird, und dabei hielt sie die letzte Seite all der mich betreffenden Akten hoch, die sie mir am Tage zuvor vorgelegt hatte, die Seite, auf der so schön in großen, unerbittlichen Versalien das Wort *ENDE* geschrieben steht – sie mußte das ja noch einmal durchsehen, mein Begehr nach fotokopierten Seiten auf jeder der gewünschten Seiten überprüfen. Man kriegt da nicht alles aus dieser Behörde heraus, was man hat lesen dürfen. Und Ordnung muß sein. Nicht nur bei der Stasi mußte Ordnung sein, auch bei der Anti-Stasi muß nun Ordnung sein. Was jetzt nur etwas über die Ordnung aussagt, nichts gegen sie.

»Doch, doch«, antwortete ich rasch, »genau diese Seite will ich, von der würde ich gern eine Fotokopie haben.«

Sie schaute mich freundlich an, meine deutsche Beamtin, ein bißchen ironisch, und natürlich wollte sie schon gern wissen, was mich grad an dieser Seite interessiere, deren Kopie sie mir nicht gut verwehren konnte. Aber sie wußte wohl auch nicht so richtig, wie mich fragen, und deshalb nahm sie zu ihrer beamtisch-bürokratischen Fachkenntnis Zuflucht und erklärte mir, daß so ein *ENDE* nicht viel zu bedeuten habe, daß die Stasi damit nur einen Ermittlungsvorgang behördenintern als abgeschlossen gekennzeichnet habe. Das möge durchaus so sein, erwiderte ich, ich würde auch gar nicht beanspruchen, mit diesem *ENDE* etwas ganz Besonderes in meiner Akte gefunden zu haben, aber nachdem ich so oft auf den Aktendeckeln derjenigen Akten, die sie für mich herausgesucht und mir vorgelegt habe, *dauernd aufbewahren* hätte lesen müssen, sei mir dieses *ENDE* am Ende der Akte, die sich mit meiner Flucht in den Westen undsoweiter befasse, wie eine Erlösung vorgekommen. Diesen ganzen Unsinn dauernd aufzubewahren, den sie da bei ihrer Schnüffeltätigkeit zusammengetragen haben, klar, daß sie das wollten, die Genossen von der Staatssicherheit, daran sind sie ja dann auch zugrunde gegangen,

daß sie nicht mehr wichtig von unwichtig zu unterscheiden wussten, nun aber, nachdem wir die Stasi losgeworden seien, setze sich dieser Unsinn des *dauernd aufbewahren* unerbittlich bürokratisch fort, und irgendwann bleibe das übrig, dieser Aktenberg, diese wohlgeordneten, wohlsortierten Aktenkilometer, auf die sich dann die historische Forschung stürze, und bei einer solchen komfortablen Quellenlage dann auch sicher stützen zu können meine, in der irrigen Annahme, so wäre es gewesen, so, wie's in diesen Akten steht.
Das wußte sie natürlich auch, meine gute und nette und ja auch intelligente deutsche Beamtin, daß das, was es in ihren sorgsam von ihr gehüteten Stasi-Akten zu lesen gibt, nicht das Leben ist, nicht die DDR, in der wir gelebt haben, und deshalb sagte sie mir, dann müsse ich das halt mal aufschreiben, was ich erlebt habe, wie ich diese DDR erlebt habe, und ich sagte ihr: »Das tue ich schon.« Und ich sagte ihr, für dieses Buch wolle ich die Fotokopie der Seite mit dem wunderbaren *ENDE* haben, denn es sei doch wohl gut, wenn etwas zu einem Ende komme, ein Ende habe. Und mit diesem *ENDE* wolle ich mein Buch beenden, und ich tue es auch. Auch wenn für mich natürlich damit Havemann nicht zu Ende ist. Ich habe lebenslänglich Havemann. Und da doch auch nichts dagegen.

Auf Anfang

Noch einmal von vorn. Noch einmal das Ganze vom Anfang an durchgehen. Den ganzen Havemann noch einmal von vorn anfangen, aufrollen, aufmischen. Havemann zum x-tenmal recyceln, die gereinigte Kurzversion von Havemann geben, damit auch jeder versteht, das bringt nichts. Einen Marathon-, Lang- und Dauerlauf-Havemann, den Gewaltmarsch-Havemann durchhalten, den Zehntausender an Seiten Havemann. Den einzig echten, den wahren, den überprüften, bewiesenen und nachgewiesenen, den studierten Havemann. Die historisch-kritische Fassung.

Die Akzente anders setzen. Andere Perspektiven wählen, andere Aspekte beleuchten. Bisher verschwommene Konturen herausarbeiten. Einen anderen Einstieg wählen, woanders, an einer andern Stelle mit Havemann beginnen. Mit *Neu Beginnen* neu beginnen. Oder mal mit dem unvermeidlichen Ende der Stasi-Akten. Auf die dann nicht zum Schluß erst zu kommen ist, aus denen sich mühselig herauszuarbeiten wäre. Oder einen Havemann versuchen, der, solange es nur geht, ohne meinen Vater Robert Havemann auskommt. Das ganze Ding, den Havemann mal chronologisch durcherzählen, auf die Gefahr hin, daß es dann langweilig wird. Einen ganz anderen Havemann präsentieren. Einen Lobeshymnen-Havemann.
Sich an Havemann zerkreisen. Sich in einer Kreisbewegung Havemann mit Havemann spiralig in die Höhe bewegen, tiefer in die Tiefe bohren. In alle Havemann-Untiefen und Abgründe hinein. Einen Havemann behaupten, dem gegenüber der bisher schon von mir behauptete Havemann einen Gipfel der Harmlosigkeit darstellt. Einen Havemann auf den Buchmarkt werfen, der nur aus geschwärzten Seiten besteht. Aus nicht mehr vorsorglich, sondern erst nachträglich geschwärzten Seiten.
Weniger Selbst-, mehr Gerechtigkeit gegen andere walten lassen. Mehr von den anderen, weniger von mir sprechen. Dinge noch stärker relativieren. Dem moralischen Rigorismus, der immer noch durchscheint, mit moralischem Rigorismus begegnen. Alle Schwarzweißmalerei in Grau in Grau auflösen. Alle Gewißheiten in Frage stellen. Besonders die eigenen. Havemann nur noch durch Zweifel gewinnen. Durch Zweifel an sich selber. Viel radikaler noch mit Havemann sein, Havemann wirklich an die Wurzel gehen der eigenen Unzulänglichkeit.
So lange mit Havemann weitermachen, bis alle Havemann über haben, sich für Havemann niemand mehr interessiert. Havemann inflationieren, Havemann total entwerten. Havemann auf das *BILD*-Zeitungs-Format runterbringen, auf die Vorabendserie, Havemann nach Hollywood verkaufen. Dann etwas machen, das nicht Havemann ist, denn aus Havemann wird erst wirklich Havemann, wenn Havemann Nicht-Havemann

geworden ist. So lange Havemann, bis keiner mehr Havemann versteht, keiner mehr weiß, was Havemann ist. Havemann von Havemann befreien.
Das ist Havemann, das alles ist Havemann, ich bin Havemann. Mein Vater und sein Vater, mein Großvater Havemann. Drei Generationen Havemann. Egal, ob in allen Punkten wahr, mit den Fakten übereinstimmend. Die Behauptung Havemann, die Legende, der Mythos. Die Selbstmystifizierung als Havemann. So baut sich eine Identität auf, so die eines Havemann. So wurde ich Havemann. Das hat mich zu einem Havemann werden lassen, zu Havemann gemacht. Das Bekenntnis zu Havemann, die Aneignung von Havemann, das Amen nach all dem Havemann – so soll es sein. Viel wichtiger aber wäre doch, was ich aus dem gemacht habe, was mich gemacht hat, was ich geworden bin. Havemann macht etwas aus Havemann. Die Hälfte fehlt noch. Ist nur in Andeutungen vorhanden. Ich könnte von der Politik erzählen, in die ich mich gemengt habe, wie ich Verfassungsrichter wurde, warum ich bloß für den Bundestag kandidiert habe – vielleicht zum Glück erfolglos. Ich müßte vom Theater erzählen, von meiner Erfolglosigkeit auch dort, die aber eben keine in der Sache ist. Es ist doch bei alldem etwas herausgekommen, nur ist es noch nicht wirklich an die Öffentlichkeit gekommen. Immer noch könnte man meinen, Havemann habe mir geschadet, Havemann halte mich gefangen, ermögliche mir nicht das Eigene. Aber ich habe doch aus Havemann etwas gemacht. Meins. Meinen Havemann. Mich. Nicht mehr das Havemann-Sein allein, auch das Havemann-Tun nun.
Ich habe mich mit Havemann auseinandergesetzt. Ich wollte Havemann loswerden, Havemann hinter mir lassen. Es ist mir nicht gelungen, ich bin Havemann geblieben, Havemann geworden. Havemann gibt es nur noch mit mir zusammen. Ich habe Havemann kompromittiert, Havemann mit Dreck beworfen, Havemanns guten Namen beschmutzt. Typisch Havemann. Ich habe Havemann Vorwürfe gemacht, Havemann angeklagt, Havemann verurteilt, Havemann verdammt und immer doch dabei auch mir selber weh getan. Zynischer Havemann. Ich habe Havemann erklärt,

Havemann relativiert, Havemann entschuldigt, Havemann freigesprochen, Havemann Havemann sein lassen. Auch das typisch Havemann. Havemann-Wahn. Aristokratischer Wahn, elitärer Wahn. Auserwählt, aber selbsterwählt. Eine Fortsetzungsgeschichte. Die Fahne Havemann hochhalten. Die eigene Fahne nun.

Und dann all diese Menschen, die ich mal hier, mal dort erwähnt, von denen ich aber noch nicht wirklich etwas erzählt habe, nicht, wie wichtig sie mir waren: Schleef, Einar Schleef, von dem ich sogar sage, es wäre ganz klar eine Liebesgeschichte, die uns miteinander verbunden hat, Christos Joachimides, mit dem ich so viel Zeit verbracht habe, Schall, Ekkehard Schall, der von mir so bewunderte Schauspieler, mit dem ich dann nach meiner kindlichen Bewunderung für ihn und seinen Ui das Glück hatte zusammenzukommen, wegen und für meinen *SPEER*. Und Achim Freyer, mein Lehrer, der Bühnenbildner, und mit ihm auf das engste verbunden Claus Peymann, der Theaterdirektor Peymann, von dem ich doch eine Geschichte zu erzählen hätte. Und dann all die anderen noch, die bisher hier noch nicht ihren Auftritt hatten und doch wichtig waren für mich, mein Leben, für das, was ich aus Havemann gemacht habe: Carlin, der Maler, Pansch, der Witzezeichner, Hermann van Harten, in dessen Terror-Theatergruppe ich so viel gelernt habe. Und dann Gysi, Gabi Zimmer, all die Leute aus der Politik, die ich kenne. Da gäbe es viel zu erzählen – egal, ob das dann noch jemanden interessiert, ob sie mich nach einem Havemann nicht vielleicht schon über haben, mich, Florian Havemann.

Inhalt